2004

北京教育年鉴

□ 北京市教育委员会

□ 开明出版社

北京教育年鉴编纂委员会

顾　　问　陈大白

主　　任　耿学超

副 主 任　夏　强　李观政　杜松彭（常务）
汤世雄（常务）

委　　员　（按姓氏笔画排列）
丁红宇　方中雄（常务）　甘北林　冯　刚　孙善学
汤　静　许志矛（常务）　李　鏊（常务）
时　龙（常务）　吴松元　吴晓川（常务）　吴晓燕
张　强（常务）　张肃建　何劲松（常务）　陈殿华
孟祥辉（常务）　郑登文　耿　申（常务）　袁　博
徐小珍　徐宝力（常务）　符悦群　董柏林　彭斌柏
魏　强（常务）

（2004年11月8日，市委教育工委、市教委决定，调整北京教育年鉴编纂委员会组成人员）

顾　　问　陈大白

主　　任　耿学超

副 主 任　张建明　杜松彭　线联平　马胜杰（常务）
李　鏊　汤世雄（常务）

委　　员　（按姓氏笔画排列）
叶茂林　甘北林　乔树平（常务）　关国珍　汤　静
许志矛（常务）　何劲松（常务）　吴晓川（常务）
宋立军　张小红（常务）　时　龙（常务）　李　京
杨文茹　陈兴涛　周志成　孟祥辉（常务）
郑登文（常务）　徐宝力（常务）　耿　申（常务）
袁　博　符悦群　彭斌柏　魏　强（常务）

北京教育年鉴编辑部

编 辑 说 明

一、《北京教育年鉴》是一部大型专业性资料工具书。在中共北京市委教育工委、北京市教委领导下，由北京教育年鉴编纂委员会（北京教育年鉴编辑部）主持编纂。

二、本年鉴以文章和条目为基本体裁，条目为主，使用规范的语体文、记述体，直陈其事，文字力求言简意赅。文前配有彩色图片，文内配有彩色随文图片，文后附有主题词、单位名称和人名索引。

三、本年鉴继续原《北京市高等教育年鉴》、《北京市普通教育年鉴》和《北京成人教育大事典》的编纂原则，从1997年开始，逐年编纂。当年出版的年鉴，记述上一年内北京教育事业各个方面发生的新情况，为领导决策提供依据，为教育规划发展提供资料，为国内外各方面人士了解、研究北京教育事业提供最新的信息。

四、本年鉴除记述北京市市属市管各教育部门情况外，对北京境域内中央部门所属各级各类教育也全面记述，力求反映北京教育事业的全貌。

五、本年鉴的文字内容设有法规、特载、调研与报告、北京教育总述、各级各类教育、校园生活、统计表共7个基本栏目。其中，各级各类教育是本年鉴的主体。

六、本年鉴所载各级各类教育采用分类编纂法。本年度设有综合管理、教育督导、普通高等教育、基础教育、学前教育、职业教育、成人教育、社会力量办学、德育、科学技术、体育·卫生、艺术与校外教育、学生、招生·考试、教师、教育研究、现代教育技术、出版、对外事务·港澳台侨事务、校办产业、教育团体、区县（单位）教育22个类目，各类目下条目以事件发生时间为序排列。

七、特载记载发生在北京教育系统，但对全市乃至全国产生较大影响的事件。本卷收录6篇专文，记载北京教育系统防控非典型肺炎（SARS）的主要工作。

八、调研与报告栏目除收录教育事业热点调查报告外，还收录教育法律法规执行情况的检查报告和北京市教育事业费执行情况的公告两个工作报告。

九、北京教育总述由北京教育事业简况和北京教育大事记组成。其中所载重大事件及观点，均经过主管领导审核。

十、本年鉴收有北京各级教育行政部门主要负责人名录，所列均以2003年内任职为限，其中任免情况分别予以注明。

十一、本年鉴收录的文章和条目，均由各级教育行政部门确定专人负责提供，并经主要负责人审核。北京市教育事业统计资料由市教委发展规划处提供。

十二、本年鉴记述货币名称中，人民币直书“元”，其他货币采用通用名称。

十三、本年鉴涉及各项年度数据以2003年12月31日为统计口径，其他非年度数据以各统计部门或业务主管部门的统计口径为准。

十四、本年鉴反映2003年1月1日至12月31日期间情况（部分内容依据实际情况时限前后略有延伸）。凡2003年事情，在条目中除概况外，均直书月、日，不再书写年份。

EDITOR'S REMARKS

1. *Beijing Education Yearbook* is an overall specialized reference book. Led by Education Working Committee of Beijing Commission of CPC and Beijing Municipal Education Commission, Beijng Education Yearbook of Editiorial Commiffee (Beijing Education Yearbook editorial staff) takes charge of its editing.

2. This yearbook takes passages and items as its types of writing with the type of items as the main form. It uses standard narratives to state the facts and tries to be concise and comprehensive. It sets colour photographs in front of the text, and sets colour photographs in the text. It sets index of main words, units' names, people's names and sets index list behind the text.

3. This yearbook continues to follow the editing principle of the former *Beijing High Education Yearbook*, *Beijing Compulsory Education Yearbook* and *Beijing Adult Education Chronicle* and writes annually from 1997. Each yearbook states the historical events and new things happened in the last year in all aspects of Beijing's educational undertakings. It provides reliable basis for leaders to make decisions, valuable materials for various educational institutions to make their plans and up—to—date information for all people at home and abroad to know Beijing's educational undertakings.

4. With the focus on things and events of various educational institutions of Beijing, this yearbook also includes overall information on all kinds of educational institutions of the central government in Beijing and tries to represent all aspects of Beijing's educational undertakings.

5. In the section of passages, seven parts are set including laws and regulations, special record, research and resport, generality of Beijing education, education of various levels and kinds, campus life and statistics, in which education of various levels and kinds are the main parts of this yearbook.

6. Items under the part of education of various levels and kinds are compiled according to different categories. There are 22 categories as follows: comprehensive administration, supervision, higher education, pre—school education, fundamental education, vocational education, adult education, social force schooling, moral education, science and technology, physical education and public health, art and education outside school, students, enrolling and testing, teachers,

education research, modern educational technology, publication, foreign affairs and affairs with Hong Kong Macao Taiwan and overseas chinese, school—run enterprises, educational groups, district and county education. Items under each category are in chronological sequence.

7. In the special record records, it records the incident which happened in Beijing education system, but producing very great influence on Beijing and the whole country. There are 6 special articles in this yearbook, which record the main word of Beijing education system preventing SARS.

8. In the reseach and reports, with the focus on investigation and reports of Beijing's educational undertakings in last year, it writes annually two reports as follows: *Report on the State of the Education Laws and Regulations Implemented* and *Report on the State of the Education Cost Implemented in Beijing*.

9. Generality of Beijing education consists of tow parts: a brief introduction of Beijing 's education undertakings and chief educational events in Beijing. Chief leaders of Beijing education undertakings have checked important events and opinions.

10. There are lists of chief leaders of Beijing educational administrative sections at various levels. All the positions listed are based on situations within 2003. New appointments and removals are noted if there are any.

11. All the items appearing in this yearbook are provided by people specially assigned by various educational administrative sections and checked by their chief leaders. Planning department of Beijing municipal education commission provides statistic materials of Beijing educational undertakings.

12. This yearbooks take in names of currency. RMB is written as Yuan and current names for other currencies are adopted.

13. The data of statistic requirements is selected on December 31th, 2003. Except the data of statistic requiments, others is registered in this yearbook.

14. This yearbooks states situations and things have happened from January 1 to December 31 of 2003 (Due to the real situations part of contents may have to extend a little), so except for the generals the year of 2003 is omitted for things of 2002 and only months and dates are mentioned.

领导关怀

五四青年节,温家宝与中国农业大学学生在一起

（侯玉峰 摄）

陈至立、周济等到北京育才学校视察”空中课堂”教学

（张波 摄）

刘淇视察北京市中小学"空中课堂"

王岐山参加北京工业大学综合楼落成典礼

（牟钟诚　摄）

龙新民到平谷区刘家店中学调研

朱善璐到北京市十一学校调研

改革创新

北京市人民政府、中国医学科学院签署全面合作框架协议
（陈希贵 摄）

北京航空航天大学与中关村科技园签署共建北航留学人员创业园协议
（谭典元 摄）

中国农业大学与新疆维吾尔自治区签署全面合作协议

中华女子学院与加拿大注册会计师协会签署 CGA 本科班合作办学协议

北京邮电大学硕士毕业生在网上做毕业答辩
（刘如林 摄）

中国科学院研究生院举办专场研究生推介会

房山区召开企业发展与职成教育人才培养对接会

海淀区教师进修学校附属实验学校举行校本培训现场会

①虎坊路幼儿园开展小组教学应用与研究 （何秀平 摄）

②小百合幼儿园引进台湾CPM图书馆进行教学改革 （蒋俊华 摄）

③密云县开展跨世纪青年农民培训工程

④丰台区第二中学校本课程“中国传统文化——茶文化” （崔文建 摄）

⑤北京外国语大学举办“高校开放日”

⑥首都经济贸易大学模拟法庭刑事审判会 （邸燕茹 摄）

学校建设

密云县第一中学综合实验楼

平谷区第六中学教学楼
（邢久海 摄）

大兴区兴达中学

北京市第十四中学分校校园

潞河中学科技楼
（孙慧芹 摄）

北京市第一零九中学运动场

首都师范大学历史博物馆

北京第二外国语学院国际交流中心　　（马宪超 摄）

中央音乐学院附中音乐厅

北京商贸学校改建后的学生食堂　　（赵殿军 摄）

海淀区教师进修学校附属实验学校北校区门厅

北京市供销学校校园

崇文区电子技术职业教育中心

北京市建材工业学校图书馆
（张涛 摄）

北京农业职业学院运动场

中央民族大学图书馆
（汤其燕 摄）

中国管理软件学院北校区
（苗福官 摄）

北京青年政治学院综合楼

北京工业大学综合楼
（牟钟诚 摄）

清华大学饮食文化广场

中国农业大学校园

北京外国语大学日本学研究中心教学楼

北京工业职业技术学院数控车间
（王俊峰 摄）

北京市丰台区第二中学地理综合教室
（崔文建 摄）

崇文区光明小学现代化科技教室

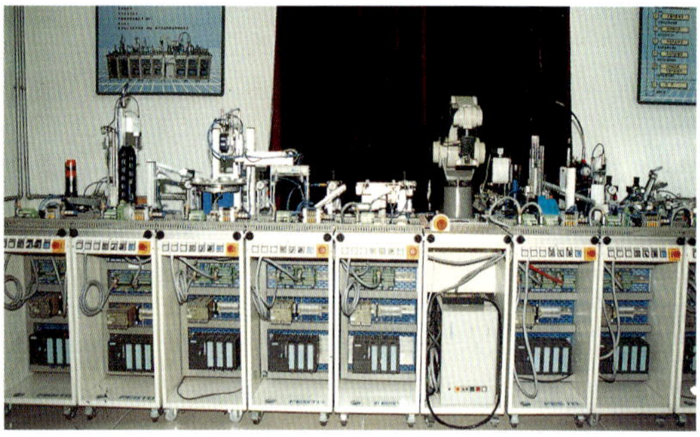

首钢工学院控制技术实训室配置的 9 站 MPS
（王福学 摄）

北京教学植物园草本植物区
（顾思本 摄）

人才培养

丰台区第五小学举行升旗仪式
（霍良庆 摄）

北京第一实验小学学生讨论班级文明公约

东城区职业教育中心举办法制校长咨询会

东城区文明小使者走进社区 （周良 摄）

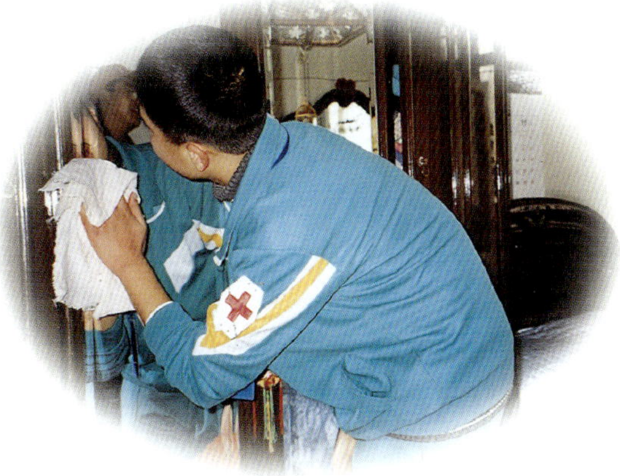

北京市第六十六中学红十字会员到孤残老教师家慰问

东四七条小学义务服务队义务打气十年如一日
（周良 摄）

北海幼儿园儿童听教师讲航天知识课

北京旅游实验幼儿园儿童母亲节寄一封信给妈妈　　（王利 摄）

丰台区第一幼儿园儿童自主选择游戏角色
（黄凌 摄）

北京大学幼教中心参加北京市“童心绿色未来”泥塑比赛获奖选手及作品（潘燕生 摄）

平谷区第一幼儿园儿童认识标志

门头沟区幼儿走进区图书馆阅览图书
（董艳丽 摄）

东城区特殊教育学校学生在全国第三次扶残助残表彰大会上献辞　　（张宏　摄）

北京市第三聋人学校学生上语训课

密云县开展信息技术与学科教学整合

海淀区中关村一小成立宇航中队

平谷区第二小学“走进消防队一日营”活动　　（张拾印　摄）

宏志中学首届高中毕业生全部考上大学

（周良 摄）

北京市第一七一中学书法特长生才艺展示

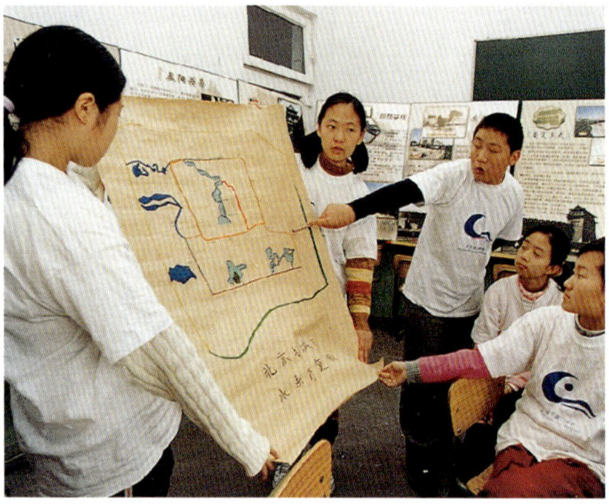

东直门中学学生在全国环境教育观摩会上展示“中学生眼中的北京护城河”

北京市少年宫举办中英机器人挑战赛——大师培训班

云岗中学成立中国中学生报社记者站

（张会利 摄）

北京市商贸学校学生上点钞课
（赵殿军 摄）

北京劲松职业高中学生在居庸关长城社会实践

首届北京市中专校工程绘图技能竞赛在仪器仪表工业学校举行

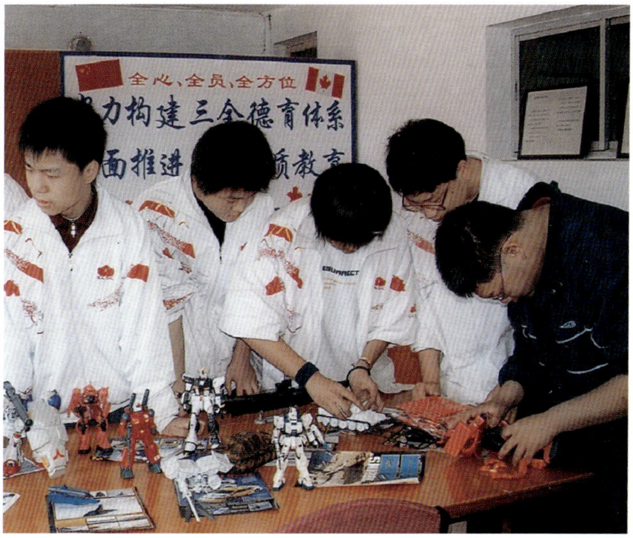

北京中加学校学生在智能机器人兴趣小组活动

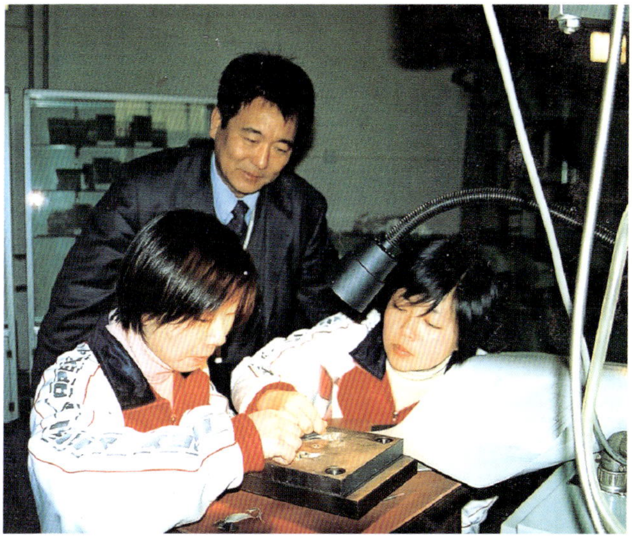

北京二轻工业学校学生开展研究性学习

北京航空航天大学“冯如杯”学生课外学术科技竞赛作品　　　（谭典元　摄）

北京信息职业技术学院学生参加全国大学生电子技能竞赛

北京工业大学学生在图书馆无线上网学习
（牟钟诚　摄）

北京京北职业技术学院
专业学生测量实习
（彭明建

杨利伟与清华大学学生在一起
（丁柏明　摄）

首都大学生志愿者在造血干细胞资料库义务服务

首都体育学院徐峰、董亮志愿服务西部

（王兆鼎 摄）

中央民族大学开展“大学生志愿服务西部计划”咨询活动 （汤其燕 摄）

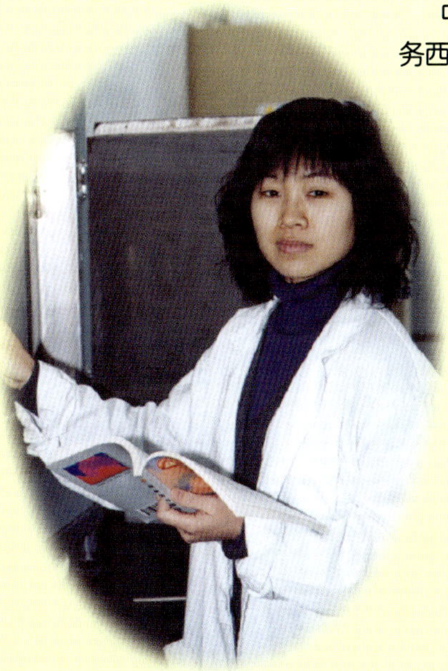

北京林业大学曹金珍获全国优秀博士论文奖 （袁东来 摄）

中国社会科学院研究生院举行研究生毕业典礼

（黄晓洪 摄）

首都体育学院学生上
体操技术课（王兆鼎 摄

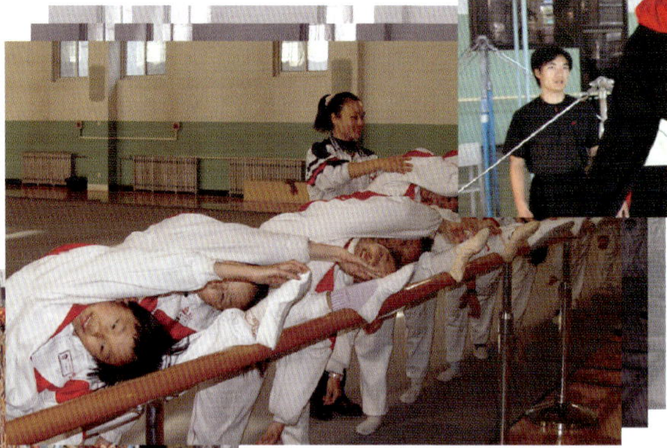

海淀区上地实验学校学生上形体训练课

崇文区光明幼儿园儿童练习攀岩

北京市学生田径运动会开幕式在北京交通大学举办

（沈岩 摄

北京市首届“乐百氏杯”健美操比赛

北京什刹海体育运动学校罗微获得第十六届跆拳道世界锦标赛冠军

（王宜安 摄）

北京理工大学足球队代表中国参加第22届世界大学生运动会（徐思军 摄）

北京石油化工学院运动队获北京市第41届大学生运动会乙组团体总分第一名　（朱三平 摄）

北京史家胡同小学新疆舞《花中乐》获第七届北京市中小学生艺术节一等奖（汪忱 摄）

北京市第二中学舞蹈团在法国巴黎演出《红扇舞》（周良 摄）

北京服装学院《

中国牛仔装设计大赛冠军

北京舞蹈学院王亚彬获全国青少年“桃李杯”舞蹈比赛古典舞青年女子组一等奖

中国戏曲学院创排的京剧《杜十娘》入选2003年国家舞台艺术精品工程初选剧目　（戴王平 摄）

北京电影学院学生
表演话剧《家事》

中国戏曲学院学生
表演《黛诺》

北京电影学院学生
表演《龙须沟》

中央戏剧学院学生表演音乐童话剧《饼干人》　（薛焱 摄）

教师培训

北京教育学院举办中学领导干部教育创新高研班

（丁柏明 摄）

北京市召开化学新教材教学研讨会

北京市教委举办网络信息技术骨干教师培训班

（乌凤山 摄）

北京教育科学研究院举办“爱生学校”教师培训

大兴区幼儿园骨干教师在答辩
（马国娟 摄）

门头沟区举办师德演讲比赛

北京市第五幼儿园举办“幼教人生”特级教师师德访谈活动 （焦桂瑾 摄）

昌平区举办第八届中学化学实验改革教师汇演 （徐敬来 摄）

东城区教师赴延庆县进行教学交流
（周良 摄）

丰台二中请市教研员到校指导教师进行课堂案例研究 （崔文建 摄）

大兴区黄村三中教师集体“充电”

石景山社区学院开展青年教师教学理论教学技能培训系列讲座

平谷区杨桥中学教师听“如何做一名合格教师”讲座

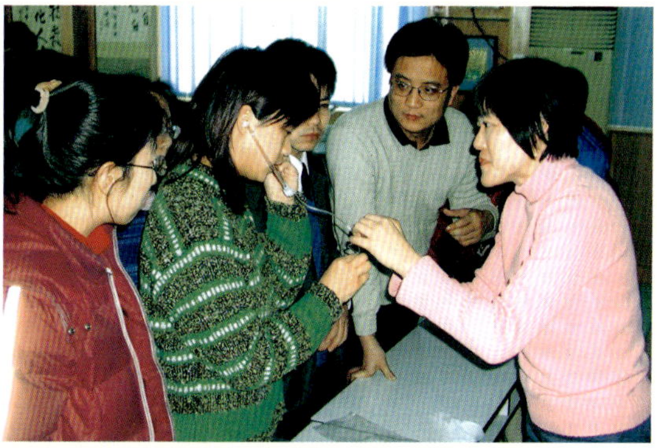

东城特殊教育学校请港澳专家来校进行教师培训　　（宋雯 摄）

密云县首次派英语教师出国培训

北京市特级教师讲师团与泉州市骨干教师进行语文学科座谈

中国政法大学举办人权法师资培训班

北京航空航天大学高等工程学院举行拜师仪式　　（谭典元 摄）

中国科学院研究生院培训教学管理人员

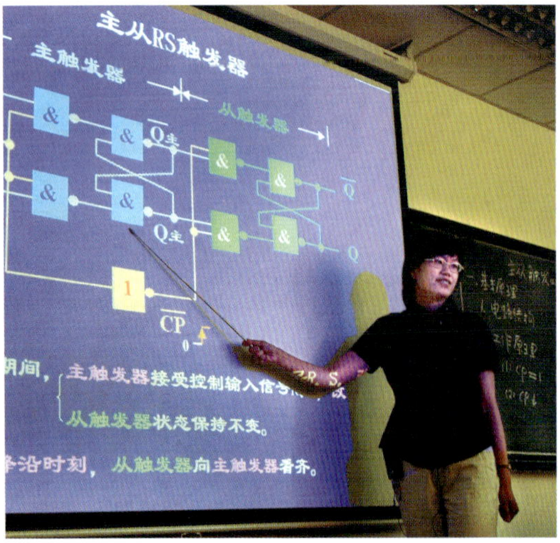

北京工业大学开展教学基本功比赛
（牟钟诚 摄）

首都体育学院举行第三届青年教师教学基本功比赛　　（王兆鼎 摄）

北京交通大学庆祝五位教授执教 50 周年　　（沈岩 摄）

北京外国语大学陈乃芳教授被英国兰卡斯特大学授予荣誉博士学位

北京林业大学教师闪明在第七届民族传统运动会上获得 2项冠军 1项亚军（袁东来 摄）

北京体育大学教师张国政获世界举重锦标赛冠军

中央财经大学教师郝秉键撰写的《清代精神病人管制措施考述》获得优秀华文奖
（黄海涛 摄）

北大幼教中心保证按时给大型活动器械消毒

在“非常”

2003年春天，
认识的非典型肺炎疖
了一切正常秩序。在
育工作者丝毫没有放
难，坚守教育阵地并

北京第二实验小学怡海分校“露天课堂” （博薰 摄）

北京杨桥中学开设“林中课堂”（付庆华 摄）

丰台区翠林小学教师露天辅导学生学习

中国政法大学教师停课不停教

的 日 子 里

性极强、尚未被人类
突然袭击京城，打乱
”的日子里，首都教
任，他们战胜各种困
种新的教学秩序……

教科院数学特级教师郭立昌在电视台答疑

职业与成人教育“空中课堂”在线答疑　（张波 摄）

教师们在“电台课堂”备课

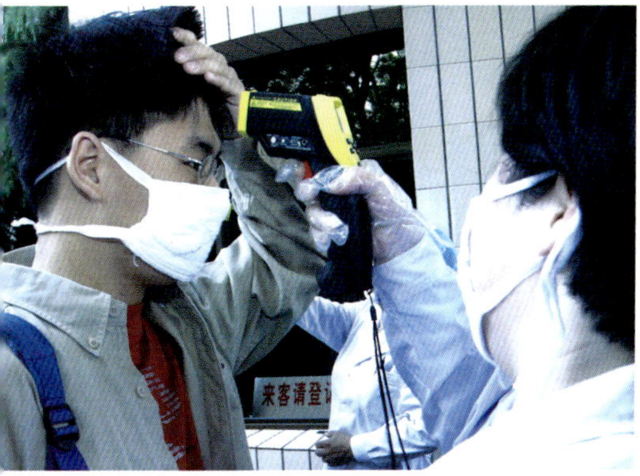

学校为到校复课学生测体温
（丁柏明 摄）

高中毕业班学生到校参加高考复习
（丁柏明 摄）

在“非常”的日子里

北京市教委举行向首都医务界捐赠仪式
（丁柏明 摄）

5月23日，中国船舶重工集团公司捐赠北京市中小学“空中课堂”110万元（林业 摄）

5月8日，中央财经大学家属宿舍楼解除隔离
（黄海涛 摄）

北京高校防治SARS工作先进事迹报告会在北京理工大学召开（徐思军 摄）

目　录

建议提案办理

政策法规

组织干部工作

宣传教育工作

统一战线与群众工作

纪检·监察

保卫·保密

发展规划

财　务

审　计

教育督导

普通高等教育

学位与研究生教育

研究生院

·北京大学研究生院·

·中国人民大学研究生院·

·清华大学研究生院·

普通高等学校

·北京大学·

·中国人民大学·

·清华大学·

·北方交通大学（北京交通大学）·

·北京工业大学·

基础教育

小学教育

示范幼儿园

职业教育

中等职业教育

国家重点中等职业学校

成人教育

社会力量办学

高等教育文凭考试试点校（部分）

德　育

科学技术

·人文社科类·

科技推广与应用

体育·卫生

总　类

场馆建设

体育教学

竞技体育

体育活动

国防教育

卫　生

艺术与校外教育

总　类

艺术教育活动

艺术成果

总　类

学生管理

学籍管理

奖学·助学

留学生

·外派留学生·

·来华留学生·

毕业·就业

招生·考试

教育教学研究

教材编写

史志研究

现代教育技术

总　类

网络建设

资源配置

出 版

图书出版单位

·中国人民大学出版社·

·北京理工大学出版社·

·北京邮电大学出版社·

·外语教学与研究出版社·

对外事务·港澳台侨事务

总 类

引智工作

国际合作

友好往来

群众团体

·北京市教育工会·

·共青团·少先队·

·红十字会·

·北京市老教育工作者协会·

学术团体

·北京市高等教育学会·

·北京市教育学会·

·北京市职业教育学会·

·北京市成人教育学会·

区县（单位）教育

东城区

·基础教育·

延庆县

北京铁路分局

北京京煤集团有限责任公司

团　体

人　物

·先　进·

·逝世人物·

统计表

CONTENTS

HIGHER EDUCATION

PRE—SCHOOL EDUCATION

VOCATIONAL EDUCATION

ADULT EDUCATION

SOCIAL FORCE SCHOOLING

MORAL EDUCATION

SCIENCE AND TECHNOLOGY

PHYSICAL EDUCATION AND PUBLIC HEALTH

ART AND EDUCATION OUTSIDE SCHOOL

STUDENTS

ENROLLING AND TESTING

TEACHERS

EDUCATION RESEARCH

MODERN EDUCATION TECHNOLOGY

PUBLICATION

FOREIGN AFFAIRS AND AFFAIRS WITH HONG KONG, MACAO, TAIWAN AND OVERSEAS CHINESE

SCHOOL—RUN ENTERPRISES

EDUCATION GROUPS

DISTRICT AND COUNTY (UNIT) EDUCATION

CAMPUS LIFE

STATISTICS

法 规

北京市实施《中华人民共和国国家通用语言文字法》若干规定

（2003 年 5 月 30 日北京市第十二届人民代表大会常务委员会第四次会议通过）

北京市人民代表大会常务委员会公告

第 3 号

《北京市实施〈中华人民共和国国家通用语言文字法〉若干规定》已由北京市第十二届人民代表大会常务委员会第四次会议于 2003 年 5 月 30 日通过，现予公布，自 2003 年 8 月 1 日起施行。

北京市第十二届人民代表大会常务委员会

二〇〇三年五月三十日

第一条 为了实施《中华人民共和国国家通用语言文字法》，结合本市实际情况，制定本规定。

第二条 普通话和规范汉字的使用应当依据国家颁布的国家通用语言文字的规范和标准。

第三条 本市各级人民政府应当采取措施推广普通话和推行规范汉字。

市和区、县人民政府应当对语言文字工作部门开展工作所需人员和经费予以保证。

第四条 市和区、县语言文字工作部门管理和监督本行政区域内的国家通用语言文字的使用。

本市语言文字工作规划的制定以及普通话水平测试和培训工作，由市语言文字工作部门负责。

第五条 本市对在通用语言文字使用和管理工作中做出显著成绩的组织和个人予以表彰或者奖励。

第六条 本市国家机关的会议用语、公共场合的讲话用语、公务活动中的交际用语、机关内部的工作语言等应当使用普通话。

国家机关的名称牌、公文、印章、标牌、标志牌、指示牌、电子屏幕、标语等应当使用规范汉字。

第七条 本市学校及其他教育机构在教育教学、会议、宣传和其他集体活动中应当以普通话为基本用语。

学校及其他教育机构的名称牌、标志牌、标语（牌）、指示牌、电子屏幕、公文、印章、校刊（报）、讲义、试卷、板报、板书等应当以规范汉字为基本用字。

本市教育行政部门、劳动和社会保障行政部门以及有关的主管部门，应当将用语用字规范化列入对学校及其他教育机构进行检查和评估的内容。

第八条 本市各级广播电台、电视台应当以普通话作为播音、主持、采访基本用语。

本市制作的影视作品的印刷体厂名、台名、制作单位名称、栏目名称、片名、字幕、演职员表、广告等应当以规范汉字为基本用字。

第九条 本市各有关部门新录（聘）用以普通话作为工作语言的播音员、节目主持人和影视话剧演员、教师、国家机关工作人员时，应当进行普通话水平测试，达到国家规定的等级标准。

第十条 本市以汉语文出版的各类报纸、期刊、图书、电子和网络出版物、音像制品等出版物的报头（名）、刊名、封皮、内文、广告等应当使用普通话和规范汉字。

经批准使用的报名、刊名中含有异体字、繁体字的报纸、期刊，在本报刊其他地方再现其名称时应当使用规范汉字。

本市新闻出版行政部门应当将国家通用语言文字的使用纳入出版物编校质量考评和年度检查的内容，作为评选优秀出版物的条件。

第十一条 在本市从事商业、邮政、电信、网络、文化、餐饮、娱乐、铁路、交通、民航、旅游、银行、保险、医疗以及其他直接面向公众服务的行业的人员，应当以普通话为基本服务用语。

公共服务行业的名称牌、指示牌、标志牌、招牌、公文、印章、票据、报表、说明书、电子屏幕、广告、宣传材料等，应当以规范汉字为基本服务用字。

第十二条　本市公共场所使用的题词和招牌中的手书字，提倡使用规范汉字。

本市山川、河流等地名标志，行政区划名称标志，居民地名称以及路名、街名、站名、桥名、建筑物名称标志，名胜古迹、纪念地、游览地标志等公共场所的设施用字应当使用规范汉字。

违反第二款规定的，由有关行政部门责令改正；拒不改正的，予以警告，并督促其限期改正。

第十三条　企业名称、商品名称以及广告应当以国家通用语言文字为基本用语用字。违反规定的，由本市工商行政部门依据有关法律、法规进行处理。

第十四条　在本市销售的商品的包装、标志、说明等应当以规范汉字为基本用字；信息处理和信息技术产品中使用的国家通用语言文字应当符合国家的规范和标准。违反规定的，由本市质量技术监督行政部门依据有关法律、法规进行处理。

第十五条　以普通话作为工作语言的岗位，其工作人员应当在工作中坚持使用普通话。违反规定的，由所在单位对其进行批评教育，责令改正。

第十六条　违反本规定第六条、第七条第一款和第二款、第八条、第九条、第十条第一款和第二款、第十一条规定的，由市和区、县语言文字工作部门或者有关单位对直接责任人员进行批评教育，责令改正。

第十七条　语言文字工作部门和其他有关部门及其工作人员应当依法履行职责；滥用职权或者不履行法定职责的，由所在单位或者上级主管部门对直接负责的主管人员和其他直接责任人员依法给予行政处分。

第十八条　本规定自2003年8月1日起施行。

北京市中小学生人身伤害事故预防与处理条例

（2003年9月5日北京市第十二届人民代表大会常务委员会第六次会议通过）

北京市人民代表大会常务委员会公告

第10号

《北京市中小学生人身伤害事故预防与处理条例》已由北京市十二届人民代表大会常务委员会第六次会议于2003年9月5日通过，现予公布，自2004年1月1日起施行。

北京市第十二届人民代表大会常务委员会

二〇〇三年九月十二日

第一章　总　则

第一条　为了预防和处理中小学生人身伤害事故，保护中小学生和学校的合法权益，根据国家有关法律法规，结合本市实际情况，制定本条例。

第二条　在本市行政区域内的中小学校（以下简称学校）教育教学活动期间，在校学生人身伤害事故（以下简称事故）的预防与处理，适用本条例。

第三条　保障学生人身安全，预防事故的发生是各级人民政府及其有关部门、学校举办者、学校、学生及其父母或者其他监护人和社会的共同责任。

第四条 事故的处理应当遵循及时、合法、公正的原则。

第五条 市和区、县教育行政部门负责组织学校开展安全工作，监督学校落实事故预防措施，指导和协调事故的处理。

第二章 事故的预防

第六条 教育行政部门应当制定学校安全工作和事故预防的管理规范，并组织实施和检查。

第七条 卫生行政部门应当对学校的教育教学设施、教学用具、食品和饮用水的卫生状况依法进行监督和检查，指导学校改进卫生工作。

公安机关应当维护学校治安秩序，打击危害校园安全的违法犯罪活动，指导和监督学校做好校内防火和安全保卫工作。

规划、建设、质量监督等有关行政部门应当在各自职责范围内做好相关的学校安全工作。

第八条 学校举办者为学校配备的教育教学和生活设施应当符合安全标准。

第九条 在教育教学活动期间，学校依法对学生负有教育、管理和保护的职责。

学校应当对学生进行安全和自护自救知识的教育，增强学生的安全意识，提高防范能力。

学校应当建立健全事故预防制度，落实事故预防措施，做好日常安全管理工作，消除安全隐患。

第十条 学校应当履行下列职责：

(一)保证使用中的教育教学和生活设施符合安全标准；对存在安全隐患的设施和设备，应当采取防护、警示措施并及时维修或者更换；对存在重大安全隐患的，应当立即停止使用。

(二) 配备消防设备，保持安全通道的畅通。

(三)对校园内存在的易燃易爆及有毒物品依法管理。

(四)在选择与学生的学习和生活有关的产品与服务时，应当选择质量与安全性能符合有关标准和要求的产品与服务。

(五) 按照国家课程标准和本市教学要求开展体育、实验和其他教育教学活动。

(六) 组织学生参加与其生理、心理特点相适应的劳动、实习、考察、社会实践和其他集体活动，并在可预见的范围内采取必要的安全措施。

(七)对已知患有不适宜从事教育教学及辅助工作的疾病的教职工，不得安排其担任相应的工作。

(八)对已知有特异体质或者疾病不适宜参加某种教育教学活动的学生，给予必要的照顾。

(九) 对在校期间突发疾病的学生及时救助。

(十) 发现或者知道学生有未到校、擅自离校等与学生人身安全直接相关的情形时，及时告知其父母或者其他监护人，并采取相应措施。

(十一)建立健全住宿学生的管理制度和安全保护措施，设专人负责管理住宿学生的生活和安全保护工作。

第十一条 学校教职工应当遵守工作纪律，不得擅离工作岗位，不得有侮辱、殴打或者体罚、变相体罚及其他伤害学生的行为，不得在工作中违反操作规程及其他有关规定。

学校教职工在组织学生参加教育教学活动时，应当根据学生的年龄和认知能力对学生进行安全教育；发现学生行为具有危险性的，应当及时告诫或者制止。

第十二条 学生父母或者其他监护人应当依法履行监护责任，加强对学生的安全教育；配合学校做好学生的教育、管理和保护工作。

对有特异体质或者疾病的学生，其父母或者其他监护人应当安排学生进行健康状况检查，并向学校提供书面证明。

第十三条 与学生学习和生活有关的产品与服务的提供者，应当保证其所提供的产品与服务符合国家和本市的相关质量和安全标准。

第十四条 学生应当遵守学校纪律和规章制度，服从学校的教育和管理，不得从事危及自身或者其他学生人身安全的活动。

第三章 事故的处理

第十五条 事故发生后，学校应当及时救助受伤害学生，并告知学生父母或者其他监护人。

第十六条 事故发生后，学校应当在24小时内将有关情况报告学校所在地的区、县教育行政部门；属于重大事故的，应当在2小时内报告区、县教育行政部门及有关部门，区、县教育行政部门接到报告后，应当在2小时内报告同级人民政府和市教育行政部门，并及时派人指导、协助事故处理。

第十七条 事故发生后，学校应当及时调查事故原因；必要时，应当保护事故现场及相关证据，并请求公安、卫生等部门进行调查和处理。

教育行政部门及有关部门、受伤害学生的父母或者其他监护人调查取证、了解事故情况时，学校应当协助、配合，提供真实情况和证据。

第十八条 对事故的处理，当事人可以通过协商方式解决，也可以按照自愿的原则，书面请求学校所在地的区、县教育行政部门协调。经协调，当事人对事故处理达成一致意见的，应当签订事故处理协议。区、县教育行政部门自接到请求之日起超过60日，经协调仍不能达成一致意见的，可以终止协调。

当事人不愿协商、协调，或者经协商、协调不能达成一致意见的，可以依法向人民法院提起诉讼。

第十九条 受伤害学生的父母或者其他监护人、参加事故处理的其他人在事故处理过程中，不得扰乱学校正常的教育教学秩序。

第二十条 事故处理结束后，学校应当将事故处理结果书面报告学校所在地的区、县教育行政部门；对重大事故的处理结果，区、县教育行政部门应当上报同级人民政府和市教育行政部门。

第四章 事故责任的承担与赔偿

第二十一条 事故责任应当由有过错的一方承担；过错方为两方以上的，应当按照过错大小，分别承担相应的责任。法律另有规定的，从其规定。

第二十二条 因下列情形之一造成事故的，学校应当承担相应的责任：

（一）学校未履行本条例第十条规定的职责的；

（二）教职工未履行本条例第十一条规定的职责或者履行职责有过失的；

（三）法律、法规规定学校应当承担责任的其他情形。

第二十三条 事故发生后，学校对受伤害学生未采取救助措施，导致损害后果加重的，学校应当承担相应的责任。

第二十四条 有下列情形之一，学校有过错的，应当承担相应的责任；学校无过错的，不承担责任。法律法规另有规定的除外。

（一）学生自行上学、放学、返校、离校途中发生事故的；

（二）学生在学校教育教学活动或者集体活动期间擅自外出发生事故的；

（三）学生违反学校规定在非教育教学活动期间自行到校活动，或者放学后自行滞留学校期间发生事故的；

（四）在教育教学活动期间，学校和学生以外的第三人造成事故的；

（五）学生对自己实施人身伤害的；

（六）在对抗性或者具有风险性的体育活动中发生事故的。

第二十五条 有下列情形之一的，学校不承担责任：

（一）因不可抗力造成事故，并在合理期间内取得相关证明的；

（二）学校不知道或者难于知道学生有特异体质或者疾病，在教育教学活动中发生事故的；

（三）学校有证据证明，学校及其教职工已经履行本条例第十条、第十一条规定的相应职责，但仍然没有避免事故发生的。

第二十六条 因学生、学生父母或者其他监护人的过错造成事故的，学生、学生父母或者其他监护人应当承担相应的责任。

第二十七条 因与学生学习和生活有关的产品与服务提供者的过错造成事故的，产品与服务的提供者应当依法承担相应的责任。学校已先行赔付的，学校可以向产品与服务的提供者追偿。

第二十八条 事故责任人应当依法承担损害赔偿责任。赔偿范围和标准按照国家和本市有关规定执行。

受伤害学生及其亲属的户口、住房、就业、入学等与救助受伤害学生、赔偿相应经济损失无关的事项，不属于学校承担责任的范围。

第二十九条 因教职工未履行本条例第十一条规定的职责或者履行职责有过失造成事故的，学校在承担损害赔偿责任后，可以向有责任的教职工追偿。

第三十条 学校可以本着自愿原则，根据其条件和实际情况，对非因学校责任受到伤害的学生提供帮助。

第三十一条 市和区、县教育行政部门应当组织学校向保险机构办理责任保险。保险费用由学校举办者承担。

提倡学生父母或者其他监护人为学生办理意外伤害保险。

第五章 法律责任

第三十二条 学校及其教职工有下列情形之一的，由教育行政部门依法对直接负责的主管人员和直接责任人给予行政处分；构成犯罪的，依法追究刑事责任：

（一）未履行本条例规定的职责，造成重大事故的；

（二）瞒报、缓报或者谎报事故，造成严重后果的；

（三）妨碍事故调查或者提供虚假情况的。

第三十三条 学校违反本条例，安全管理制度和预防措施不落实、存在重大安全隐患的，教育、卫生行政部门或者公安机关应当责令限期改正，并依法给予行政处罚。

第三十四条 对违反本条例在事故处理过程中，扰乱学校正常教育教学秩序，构成违反治安管理行为的，由公安机关依法处理；给学校造成损失的，应当依法赔偿损失。

第三十五条 对因违反学校纪律或规章制度，造成事故的学生，学校应当依据学籍管理的规定给予相应的处分。

第三十六条　教育、卫生行政部门和公安机关等有关部门及其工作人员未履行本条例规定的法定职责，玩忽职守的，由有关部门对直接负责的主管人员和直接责任人依法给予行政处分；情节严重，构成犯罪的，依法追究刑事责任。

第六章　附　则

第三十七条　本条例下列用语的含义为：

（一）中小学校是指本市行政区域内经批准设立的全日制小学、初级中学、高级中学、各类中等职业学校。

（二）中小学生是指在本条第（一）项所列学校中就读的受教育者。

（三）教职工是指本条第（一）项所列学校的校长、教师及其他工作人员。

（四）教育教学活动期间是指在校内活动期间和寄宿制学生住宿期间，以及学校组织安排的校外活动期间。

（五）人身伤害是指死亡、肢体残疾、组织器官功能障碍及其他影响人身健康的损伤。

第三十八条　技工学校学生的事故预防与处理由本市劳动和社会保障部门依照本条例，负责组织、监督、指导和协调。

第三十九条　学前教育机构中的学龄前儿童，少年宫、少年儿童活动中心、少年科技中心、少年业余体校等校外教育机构中的中小学生的事故预防和处理参照本条例执行。

第四十条　本条例自2004年1月1日起实施。

北京市未成年人保护条例

（1988年10月20日北京市第九届人民代表大会常务委员会第五次会议通过　根据1992年2月14日北京市第九届人民代表大会常务委员会第三十二次会议《关于修改〈北京市未成年人保护条例〉的决定》第一次修正　根据1997年4月16日北京市第十届人民代表大会常务委员会第三十六次会议《关于修改〈北京市未成年人保护条例〉的决定》第二次修正　2003年12月5日北京市第十二届人民代表大会常务委员会第八次会议修订）

北京市人民代表大会常务委员会公告

第14号

《北京市未成年人保护条例》已由北京市第十二届人民代表大会常务委员会第八次会议于2003年12月5日修订，现将修订后的《北京市未成年人保护条例》公布，自2004年1月1日起施行。

北京市第十二届人民代表大会常务委员会

二〇〇三年十二月五日

第一章　总　则

第一条　为了维护未成年人的合法权益，优化未成年人成长环境，保护未成年人健康成长，根据《中华人民共和国宪法》和《中华人民共和国未成年人保护法》等有关法律、法规，结合本市的实际情况，制定本条例。

第二条　本条例所称未成年人是指未满18周岁的公民。

第三条　本市保障未成年人享有宪法、法律规定的权利不受侵犯；培养未成年人在品德、智力、体质等诸方面全面发展，成为有理想、有道德、有文化、有纪律的社会主义建设者。

第四条 未成年人依法享受的权利，不因未成年人或者其监护人的民族、性别、家庭出身、宗教信仰、教育程度、财产状况、病残等而有任何差别。

第五条 未成年人有权对涉及本人利益的事项发表意见。

任何组织和个人对未成年人的意见应当给予重视；处理与未成年人有关的事务，应当根据未成年人的年龄及智力成熟程度，以其可以理解的方式告知未成年人。

第六条 本市国家机关、学校、社会团体和社会福利机构处理与未成年人有关的具体事务，应当以未成年人的最大利益为一种首要考虑。

第七条 培养、教育和保护未成年人是国家机关、政党、社会团体、部队、企业事业单位、学校、居民委员会、村民委员会以及家庭和每个成年公民的共同责任。

对侵犯未成年人合法权益的行为，任何组织和个人都有权予以劝阻、制止，并有权向未成年人保护委员会或者有关部门投诉、举报。

第八条 未成年人应当奋发向上，自尊、自爱，遵守宪法、法律、法规和社会公德。未成年学生应当遵守学生守则。

第二章 未成年人保护委员会

第九条 市和区、县设立未成年人保护委员会，由人民政府及其有关部门、审判机关、检察机关和工会、共青团委员会、妇女联合会、文学艺术界联合会、科学技术协会、社会科学界联合会、律师协会、红十字会、残疾人联合会等社会团体的负责人及社会知名人士组成。委员会的主任委员由人民政府的主要负责人担任。

委员会的办事机构由有关部门和共青团委员会的人员组成。

第十条 乡镇及街道设立未成年人保护委员会。委员会及其办事机构的组成，参照本条例第九条规定。

第十一条 未成年人保护委员会的职责：

（一）宣传国家保护未成年人的法律、法规；

（二）监督国家有关保护未成年人的法律、法规的实施；

（三）协调有关部门对未成年人的教育保护工作；

（四）接受对侵犯未成年人合法权益行为的投诉、举报，交由有关部门查处，为受害者提供或者寻求法律帮助；

（五）对因国家机关和国家机关工作人员的违法、失职行为致使未成年人合法权益受到严重损害的，有权建议有关机关对责任人员给予行政处分，直至依法追究刑事责任；

（六）建立完善未成年人保护工作相关制度，研究未成年人保护工作中的重大事项，并可向主管机关和部门提出意见和建议；

（七）完善未成年人保护工作队伍建设。

第十二条 居民委员会、村民委员会应当组织居民、村民做好对未成年人的教育、保护工作。

第十三条 未成年人保护专项资金列入市和区县财政预算。

第三章 家庭保护和学校保护

第十四条 父母、养父母、有抚养关系的继父母（以下通称父母），对未成年的子女、养子女、有抚养关系的继子女（以下通称未成年子女），应当依法履行监护职责，保护他们的人身、财产及其他合法权益。

任何人不得非法处分、侵占未成年人的财产。

第十五条 父母死亡、丧失监护能力或者监护人监护资格被依法撤销的未成年人，同时具备下列条件的，由民政部门依法担任监护人：

（一）没有祖父母、外祖父母、兄姐，或者祖父母、外祖父母、兄姐不具备监护能力的；

（二）没有其他亲属、朋友担任监护人和无人收养的；

（三）父母所在单位、居民委员会、村民委员会没有监护能力的。

第十六条 父母或者其他监护人必须保证适龄的子女或者其他被监护人依法接受九年制义务教育，不得使其中途退学。因特殊情况不能继续学习的，须经区、县教育行政部门批准。

第十七条 父母或者其他监护人应当教育制止未成年子女或者其他未成年被监护人的下列行为：

（一）擅自夜不归宿；

（二）不满16周岁，未经父母或者其他监护人许可于22时以后外出；

（三）未经父母或者其他监护人允许离家远游。

第十八条 父母或者其他监护人和学校教师应当以健康的思想、品行和适当的方法教育未成年人，引导未成年人进行有益身心健康的活动，预防和制止未成年人吸烟、酗酒、流浪以及赌博、吸毒、卖淫等行为。

第十九条 学校应当与家庭互相配合，密切联系，共同对未成年人进行理想教育、品德教育、文化知识教育和法制教育。

学校应当聘请法制工作者，担任学校专职或者兼职法制辅导员或者法制校长。

第二十条 学校和家庭应当对未成年人进行自我保护教育，增强未成年人自我保护意识和能力。

第二十一条 学校和教师应当执行国家教育行政

部门的有关规定，保证学生必要的休息时间和参加文娱、体育活动的时间。

第二十二条　父母或者其他监护人和学校教师对进入青春期的未成年人应当正确地给予生理上、心理上的关心、教育和指导。

学校应当逐步配备具备法定资质条件的专职或者兼职心理教师，为在校接受教育的未成年人提供心理辅导。

第二十三条　学校、幼儿园、托儿所教职员应当尊重未成年人的人格尊严，不得对未成年人实施体罚，不得有侮辱、诽谤、歧视、恐吓、贬损等损害未成年人身心健康的言行。

第二十四条　对旷课、逃学的未成年学生，父母或者其他监护人和学校应当规劝其返校受课。

学校办理学生转学、复学、退学或者开除学生学籍，不得违反有关规定。

学校不得以停课、劝退等方式变相剥夺学生的受教育权。

第二十五条　对扰乱学校秩序的或者对学生进行拦截强索财物、侮辱、殴打的，学校、教师应当教育制止，或者向公安机关报告。公安机关应当与学校配合，采取有效措施，维护学校秩序，保护学生的人身安全。

第二十六条　学校应当支持、引导本校共青团、少先队、学生会及其他学生组织开展有利于学生身心健康的活动，听取他们的意见与建议。

第二十七条　禁止学校、教师违反国家有关规定向学生收取费用和以罚款手段惩处违反校规的学生。

学校不得强行要求学生捐款捐物。

第二十八条　幼儿园、托儿所应当做好保育、教育工作，组织有利于幼儿健康成长的文化娱乐等活动，促进幼儿在体质、智力、品德等方面和谐发展。组织幼儿活动，应当防止发生人身安全事故。

第二十九条　对有违纪行为的学生，学校应当给予说服、教育和帮助；确须给予处分的，学校应当先向未成年学生及其监护人说明理由并听取意见，按照公平、公正的原则作出处分决定。

第三十条　对有违法或者轻微犯罪行为的中学生，不宜留在原校学习的，应当按照国家有关规定送工读学校学习。家长应当支持，不得阻拦。

工读学校应当对学生加强管理教育，对接近就业年龄的学生，根据社会需要，进行职业技术培训。

工读学校的学生在升学、就业等方面，同普通学校的学生享有同等的权利。

第四章　政府保护和社会保护

第三十一条　本市各级人民政府对未成年人的保护工作，应当全面规划，组织实施。

教育、文化、劳动和社会保障、卫生、民政、公安、工商行政管理等政府部门应当按照各自的职责，贯彻执行法律、法规有关保护未成年人的规定和本条例。

第三十二条　各级工会、共青团委员会、妇女联合会、残疾人联合会应当发挥各自组织的作用，并动员社会力量，从多方面对未成年人进行培养教育，维护未成年人的合法权益。

第三十三条　学校、居民委员会、村民委员会以及未成年犯管教所、劳动教养机关，可以聘请志愿参与未成年人保护工作的公民担任辅导员，对未成年人进行帮助教育。

第三十四条　本市各级人民政府应当支持和鼓励学校、社会组织以及个人兴办家长学校和采取其他形式对家长培养教育未成年人进行指导。

本市各级人民政府应当支持和鼓励社会组织为培养教育未成年人开展生理咨询、心理咨询、法律咨询、教育咨询等服务活动。

第三十五条　本市各级人民政府应当关心未成年人的人身安全和身体健康，为未成年人提供必要的卫生保健条件。

对危险校舍必须及时进行维修、翻建；教室采光必须符合视力卫生保健标准；学生使用的课桌椅应当按规格配备。

定期为中小学生进行体格检查并提供优惠条件。

第三十六条　本市各级人民政府和有关部门应当创造条件，保障外地来京务工经商人员的未成年子女接受义务教育。

第三十七条　不得在中小学校门前和两侧设置集贸市场、停车场，摆摊设点，堆放杂物。

不得在中小学校门前200米半径内设置台球、电子游戏机营业点。

第三十八条　本市各级人民政府应当维护并有计划地新建、扩建、改建供青少年文化娱乐、体育、科技等活动的场所。

本市各级人民政府应当支持和鼓励企业事业单位及其他社会组织和个人提供或者兴建有利于未成年人健康成长的活动场所及设施。

任何组织和个人不得以任何借口侵占供未成年人活动的场所及设施，不得擅自改变未成年人活动场所和活动设施的用途。

第三十九条　任何组织和个人不得招用未满16周岁的未成年人，法律、法规另有规定的除外。

依照法律、法规的有关规定招用已满16周岁未满18周岁的未成年人的，应当在工种、劳动时间、劳动强度和保护措施等方面执行国家有关规定，不得安排其从事过重、有毒、有害的劳动或者危险作业。

第四十条　市和区、县人民政府对完成义务教育不再升学的未成年人，应当统筹安排，由教育、劳动和社会保障等部门组织就业前的职业技术培训。

第四十一条　本市各级人民政府应当支持和鼓励科学家、艺术家和作家及其他创作人员，创作有益于未成年人健康成长的科学、技术、文学、艺术等作品。

第四十二条　新闻出版、广播、电影、电视等单位和文艺团体应当出版、发行、播映、演出有益于未成年人身心健康的书报、杂志、图书、影视、音像制品、电子出版物和文艺节目。

广播电台、电视台应当为未成年人开辟专题节目，并在适宜未成年人收听、收看的时间播出。

第四十三条　图书、报刊、音像制品、电子出版物的出版、发行、经销单位、个体销售摊点和图书管理部门等，不得出版、发行、复制或者以出售、出租等形式传播淫秽、暴力、邪教、迷信、赌博等有害于未成年人身心健康的视听读物。

电影、电视节目中不得含有宣扬淫秽、暴力、邪教、迷信、赌博等有害于未成年人身心健康的内容。

第四十四条　学校、家庭、图书馆以及其他互联网上网服务场所应当采取有效的防范措施，避免让未成年人在互联网上接触有害于未成年人身心健康的内容。

第四十五条　博物馆、纪念馆、科技馆、文化馆、美术馆、影剧院、体育场（馆）、动物园、公园等场所应当对未成年人优惠开放。

第四十六条　儿童食品、玩具、用具、游乐设施以及公共设施，不得有害于未成年人的人身安全和身心健康。生产、销售的前款所列产品应当标有适应年龄范围或者注意事项等警示标志或者中文警示说明。

游乐设施以及其他可能危及未成年人人身安全的设施的经营、管理单位，应当在设施附近的显著位置标明适应年龄范围或者注意事项等警示标志或者中文警示说明。

第四十七条　法律、法规规定禁止未成年人进入的互联网上网服务营业场所以及营业性舞厅、歌厅等场所，应当在入口处的显著位置设置未成年人禁入标志，不得允许其进入。

对难以判明是否已成年的，上述场所的工作人员可以要求其出示有效身份证明。

第四十八条　任何人不得在中小学、幼儿园、托儿所的教室、寝室、活动室和其他未成年人集中活动的场所吸烟。

第四十九条　任何组织和个人不得披露未成年人的个人隐私。

对未成年人的信件，任何组织和个人不得隐匿、毁弃；除因工作需要由司法机关依照法定程序进行检查，或者对无民事行为能力未成年人的信件由其父母或者其他监护人代为开拆外，任何组织或者个人不得开拆。

任何组织和个人未经未成年人的监护人同意，不得在互联网上收集、使用、公布未成年人的个人信息。

第五十条　卫生部门应当对儿童实行预防接种证制度，积极防治儿童常见病、多发病，加强对传染病防治工作的监督管理和对托儿所、幼儿园卫生保健的业务指导。

第五章　特殊保护

第五十一条　任何组织和个人不得歧视、侮辱、虐待和遗弃残疾未成年人。

第五十二条　市和区、县人民政府的教育、民政、劳动和社会保障等部门以及残疾人联合会应当根据残疾未成年人的不同情况，进行定向培训。对年满16周岁，具有一定劳动能力的，应当推荐安排就业。

本市各级人民政府应当支持和鼓励社会组织和个人依法兴办残疾未成年人的福利事业。

第五十三条　对有特殊天赋或者突出成就的未成年人，有关组织和个人应当为他们的发展创造条件，关心他们的身心健康，保护他们的智力成果或者其他成果不受侵犯。

第五十四条　未成年女子在入学、就业、劳动报酬等方面同未成年男子享有同等的权利。

第五十五条　人民法院审理离婚案件、婚姻登记机关办理离婚登记，应当照顾未成年子女的权益，保护他们受抚养、受教育等权利，并对有未成年子女的离婚夫妻进行关于未成年人权益保护方面的教育、指导。

第五十六条　市人民政府设立未成年人紧急救助机构，对因受虐待或者其他家庭问题需要帮助的未成年人提供救助。

第五十七条　对流浪乞讨的未成年人，按照国家的有关规定予以救助。在救助场所内应当与流浪乞讨的成年人分开救助，同时提供心理辅导、短期教育，进行不良行为矫治，并在监护人的带领下可以离开救助场所。

第六章　司法保护

第五十八条　审判机关、检察机关、公安机关、司法行政机关应当依法保护未成年人的合法权益不受侵犯。对侵犯未成年人合法权益行为的投诉、举报应当及时处理。对强奸、拐卖未成年人或者诱骗、胁迫、组织、教唆未成年人进行违法犯罪活动的，必须依法严惩。

第五十九条　对未成年人的刑事案件，公安机关、检察机关和审判机关应当分别组成专门的预审组、起诉组、合议庭，采取适合未成年人特点的方式进行讯问、审查、审理。

人民法院对14周岁以上不满16周岁的未成年人刑事案件一律不公开审理，对16周岁以上不满18周岁的未成年人刑事案件，一般也不公开审理；被告人没有委托辩护人的，人民法院应当为其指定辩护人，并可以通知被告人的法定代理人到场。

第六十条 在审理未成年人刑事案件的过程中，各级人民法院可以委托各级未成年人保护委员会或者其他组织聘请社会调查员。

社会调查员对未成年被告人性格特点、家庭情况、社会交往、成长经历以及实施被指控的犯罪前后的表现等情况进行调查，并制作书面材料提交司法机关。

第六十一条 对判决前的未成年人刑事案件和其他违法案件，新闻报道、影视节目、公开出版物不得披露其姓名、住所和照片及可能推断出该未成年人的资料。

第六十二条 对羁押或者服刑的未成年人，应当同羁押或者服刑的成年人分押、分管。

第六十三条 未成年犯管教所、劳动教养机关与各区、县人民政府之间，应当签订帮教安置协议，对正在服刑和接受收容教养、劳动教养的以及刑满释放、解除收容教养、劳动教养的未成年人进行帮教安置。

人民检察院不起诉、人民法院免予刑事处罚或者宣告缓刑和刑满释放、被解除收容教养、劳动教养的以及受过公安机关治安管理处罚的未成年人，复学、升学、就业不受歧视。

第六十四条 未成年犯管教所、劳动教养机关应当对正在服刑、接受收容教养、劳动教养的未成年人加强管理教育和思想改造工作，组织他们参加力所能及的劳动，参加文化技术学习，并根据社会需要，定向培训，为他们就学、就业创造条件。

第六十五条 公安机关、检察机关、审判机关以及未成年犯管教所、劳动教养机关应当依法保护违法犯罪未成年人的合法权益，尊重他们的人格。严禁辱骂、体罚。

第六十六条 对监护人侵害未成年人合法权益或者不履行监护职责的案件，未成年人可以直接申请法律援助；与该争议事项无利害关系的其他法定代理人也可以代为申请法律援助。

未成年人保护委员会、学校或者居民委员会、村民委员会、妇女联合会、残疾人联合会等社会组织以及未成年人的亲属、邻居等可以帮助未成年人申请法律援助，或者支持未成年人提起诉讼。

第六十七条 对被害人为未成年人的性侵害案件，公安机关、检察机关、审判机关在侦查、审查起诉、审判时，应当采取措施保护未成年人的隐私权和名誉权。

公安机关、医疗机构、未成年人保护委员会、学校、家庭等应当及时采取救助措施，减轻未成年被害人生理、心理上的伤害。

第七章 奖励与处罚

第六十八条 市和区、县人民政府以及有关部门，对有下列情形之一成绩显著的单位或者个人，给予精神鼓励、物质奖励：

（一）保护未成年人合法权益免受不法侵害的；

（二）组织、指导未成年人开展文化、体育、科技活动的；

（三）创作有利于未成年人健康成长的优秀精神产品的；

（四）为未成年人提供、兴建活动场所及设施或者提供经济资助的；

（五）对违法犯罪的未成年人进行教育、挽救的；

（六）培训、安置残疾未成年人就学、就业的；

（七）培训、安置工读学校毕业生就学、就业的；

（八）培训、安置刑满释放、解除收容教养、劳动教养的未成年人就学、就业的；

（九）其他维护未成年人合法权益的。

第六十九条 违反本条例第十六条规定，剥夺未成年人接受义务教育权利的，由教育行政部门给予批评教育，责令改正，并可以处200元以上5000元以下罚款。

第七十条 违反本条例第二十三条规定，对未成年人实施体罚或者有侮辱、诽谤、歧视、恐吓、贬损等言行的，视情节轻重，由其所在单位或者上级机关给予批评教育、行政处分或者解聘。

第七十一条 违反本条例第二十七条第一款规定，学校、教师违反国家有关规定向学生收取费用和以罚款手段惩处违反校规的学生的，由教育行政部门责令退还所收费用；对直接负责的主管人员和其他直接责任人员，依法给予行政处分。

第七十二条 违反本条例第三十九条规定，招用未成年人的，依照《中华人民共和国劳动法》和国务院颁布的《禁止使用童工的规定》予以处罚。

第七十三条 违反本条例第四十三条第一款规定，出版、发行、复制或者以出售、出租等形式传播淫秽、暴力、邪教、迷信、赌博等有害于未成年人身心健康的视听读物的，依照《出版管理条例》的有关规定予以处罚。

第七十四条 违反本条例第四十六条第二款规定，生产、销售的产品没有警示标志或者中文警示说明的，由产品质量监督部门或者工商行政管理部门责令改正；情节严重的，依照《中华人民共和国产品质量法》的有关规定予以处罚。

第七十五条 违反本条例第四十七条的规定，法律、法规规定禁止未成年人进入的互联网上网服务营业场所以及营业性舞厅、歌厅等场所，不设未成年人禁入标志或者允许未成年人进入的，依照《中华人民共和国预防未成年人犯罪法》、《娱乐市场管理条例》、《互联网上网服务营业场所管理条例》的有关规定予以处罚。

第七十六条 侵犯未成年人的合法权益，对其造成财产损失或者其他损失、损害的，应当依法赔偿或者承担其他民事责任，属于违反治安管理的行为，依照《中华人民共和国治安管理处罚条例》予以处罚；构成犯罪的，依法追究刑事责任。

第八章 附 则

第七十七条 本条例自2004年1月1日起施行。

特　　载

万众一心　众志成城
打赢防控“非典”首都校园保卫战

2003年春天，一种传染性极强、尚未被人类认识的非典型肺炎（SARS）病毒，突然袭击北京。北京教育系统因拥有300万教育人口以及人员密集、流动性大、接触面广等特点，成为防控“非典”斗争的主战场之一。3月21日，北京出现第一例学生“非典”病例，4月22日达到最高峰，当日报告新增病例达到40例。截至6月30日，北京教育系统累计报告包括学生、教工以及退休教工“非典”确诊病例、疑似病例和在医院医学观察病例共549人，涉及各级各类学校290所。其中，累计报告“非典”确诊病例260例，累计治愈出院241例，死亡18例（其中学生4人）。

切实加强领导，为打赢校园保卫战提供坚强保证

快速反应，紧急动员，切实加强思想和政治领导

3月24日，市委、市政府召开第一次防控“非典”工作会议。当天下午，市委教育工委、市教委召开紧急会议研究部署教育系统防控工作。各高校党委、各区县教育部门、各直属单位都在第一时间召开领导班子会议，传达市委、市政府和“两委”工作部署，研究落实方案和措施。

主要领导亲自挂帅，迅速建立和完善领导指挥体系

4月8日，全市教育系统防控“非典”工作领导小组成立，领导小组下设办公室，组成值班组、信息组、后勤保障组、普通高校工作组、民办高校工作组、基础教育工作组、职业教育工作组、中外合作办学工作组以及隔离基地工作组、东方大学城工作组，邀请临床医学、公共卫生学、传染病学、流行病学、心理学等方面学者组成专家咨询组。各区县、各高校、各直属单位也迅速建立健全防控工作机构，全系统共有108个单位建立防控工作领导机构。

果断决策，周密部署

防控“非典”期间，“两委”先后就高校实行“三不”和校园封闭式管理、教学方式“两个调整”、开设“空中课堂”、如期高考、毕业生返校等事项及时提出决策建议，报请教育部和市委、市政府，迅速贯彻落实。防控“非典”期间，“两委”召开20次会议、印发50个文件，印发工作简报50期，及时总结推广基层防控斗争中最新工作经验和做法。

及时建立和完善应急工作机制

各高校、各区县在4月初普遍制订防控“非典”工作预案，在高考、学生返校、毕业生离校等工作中，执行预案并建立预案审批制度。严格执行信息报送制度。各高校、各区县、各直属单位实行每日向市教育系统“非典”办和学校主管部门报告发病情况制度。市教育系统防控办公室建立全系统“非典”住院人员数据库，并将每天疫情情况汇总、统计成册，及时报送教育部和主管市领导。三个月来，报送防控“非典”工作专报300期20万字。各高校、各区县、各直属单位向市教育系统“非典”办报送信息2000期。同时，坚持24小时值班制度，确保工作联络畅通。

严格督察，狠抓措施的贯彻落实

“两委”成立督察队，以教育纪工委、监察室为主，配备专门的办公地点和设备，深入学校专项督察。不少高校还重申校规校纪，同时制订和公布防控“非典”期间临时制度和纪律。

群防群控，坚决打赢首都校园保卫战

紧急应对遭遇战，迅速形成全员参战的战斗格局

3月21日，北京中医药大学出现第一例大学生“非典”病例；4月6日，朝阳区三里屯中心小学出现第一例小学生“非典”病例；4月15日，北京大学出现第一例教师“非典”疑似病例；4月9至20日，中央财经大学、北方交通大学相继出现群发病例，防控“非典”遭遇战全面打响。

4月16日，“两委”印发《关于预防控制“非典型肺炎”在教育系统蔓延的意见》，部署教育系统总体防控工作。各学校纷纷发出“防大疫、打硬仗、送瘟神”等号召，利用校园网、闭路电视、广播、报刊、黑板报等形式，宣传防控非典型肺炎知识，发放宣传材料550万份。各单位采取多种形式培训医务人员和广大师生；普遍实行定期消毒制度，大力改善环境卫生条件。通州就投资150万元，为中小学校紧急加装洗手设施584处，增加洗手池769个，加装、更新水龙头5000个，新做上下水管道16000米。防控“非典”期间，教育系统共购置、发放口罩、防护服、手套等防护用品350万件，购买药皂、消毒液等消毒用品360万件（桶），投入资金总计1.8亿元。

各单位全面实行体温监测报告制度，建立学生个人健康档案，及时隔离有症状的人员及密切接触者；发

现“非典”或疑似病人立即报告所在区县疾病预防控制中心，并紧急联系“120绿色通道”送入指定医院。防控“非典”期间，教育系统采取隔离措施的学校167所。各学校为师生员工及校园工地民工免费发放体温计200万支，购买测温仪4000台。

在4月中下旬疫情上升时期，市委教育工委、市教委根据形势及时请示、果断决策，建立北京大兴魏善庄高校军训基地临时医学隔离观察场所。4月22至29日，完成选址、设计、选材和施工建成2200平方米、136间彩塑钢板简易房屋，增加300人应急接待能力。大兴隔离基地自建立以来，先后完成470名师生和教育部、大兴区等方面人员隔离观察任务。

4月初，“两委”决定将在各医院实习的6000名学生立即从急诊科、呼吸科转到其他科室，紧急协调将高考学生体检工作移至区保健所、学校、区考试中心等地，决定将高校学生献血工作推迟到秋季。决定将成人高考、研究生复试、高校艺术类和外语类招生面试、中考等工作推迟。果断做出教师不停教、学生不停学、师生不离京（不离校）和调整教学方式、调整学生学习方式的决定。

3月31日，市教委利用开通的首都教育热线，及时了解收集学生、家长和社会各方面对教育系统防控工作的意见、建议和要求，解答学生、家长和社会各方面热点问题。截至6月24日，首都教育热线每天保证12小时人工服务，共接听电话2万余人次。

周密部署，建立和完善群防群控体系

4月22日，经教育系统防控“非典”工作专家组论证，市委教育工委、市教委请示市委、市政府后，采取全市中小学从4月24日起停止集中授课的措施。

各中小学校“校自为战”，一面通过调整教师教学方式和学生学习方式；一面通过电话、网络指导学生的防控“非典”工作。

4月25日，“两委”召开高校领导干部会议，印发《关于进一步加强高等学校防控非典型肺炎工作的通知》，决定对高校实行严格封闭式管理。

北京城近郊11个区县共有358所打工子弟学校和100411名在校学生。“两委”全面加强打工子弟学校防控“非典”工作管理，要求统一领导、统一部署和统一要求，强化属地管理。防控期间，石景山区向打工子弟学校发放价值7万元消毒液和口罩；朝阳区向每名打工子弟学校学生发放体温计；丰台区将3339名流动少年儿童安置到25所公办学校。

经过近半个多月奋战，从5月5日起，教育系统发病人数开始下降，疫情得到控制。

全力打赢攻坚战，努力为实现“两手抓”奠定坚实基础

5月9日，在胡锦涛总书记对北京防控“非典”工作做出重要指示后，各区县、各学校迅速学习胡锦涛总书记重要指示精神，按照“思想到位、组织到位、措施到位、检查到位”总体要求，确定无疫情学校保持“零”指标，有过疫情学校要确保不再出现新发病例，尚有疫情学校采取严密防控措施，彻底切断传染源，确保5月底实现疫情稳定下降工作目标。

“两委”在听取专家意见后决定，从5月22日至5月底，全市高三应届毕业生、远郊区县中小学生、全市幼儿园幼儿陆续返校（园）。学生返校前，教职工完成10天体温监测；学生返校时，学校设专人在校门口测量学生体温，验收学生假期情况证明。复课后，每天定时消毒，建立复课学生健康档案，印发学生健康登记卡，坚持每日健康监测和体温报告制度。采取小班教学，控制人员密度，各中小学按照每班不低于2个标准为学生安装洗手水龙头。经过细致工作，几十万名先期返校中小学生，没有出现一例“非典”感染病例。

“两委”抽调人员，组成东方大学城和大运村学生公寓防控“非典”工作指挥部，制订驻地防控“非典”工作预案，实行员工晨检制度。同时，对机关和直属单位办公场所定期消毒，停止召开大型会议，坚持体温报告制度。整个防控期间，东方大学城和大运村公寓以及“两委”机关、直属单位没有出现一例感染。

“两委”成立教育系统的督察队，制订31项检查标准，分别督察教育系统“非典”疫情重点区域隔离防控情况、校园封闭式管理情况和中小学停课、复课情况，一旦发现问题及时纠正、现场解决。截至6月20日，督察分队集中检查中央财经大学、北方交通大学、大兴隔离基地等50所学校和单位封闭式管理情况，检查17所学校68处建筑工地施工现场的防控情况，检查10个区中小学返校复课情况，检查学校50万平方米地下空间防控情况。

乘势而上打好总决战，夺取阶段性胜利

为尽量降低考生密集度，全市考点由90个增加到213个，考场由原来的3200个增加到4829个，每考场考生人数由原来30人调整为20人。同时，将高考填报志愿工作调整到考试成绩公布之后，取消招生咨询会，暂停全市统一组织的外语专业口语考试。检测考生和工作人员健康状况，安排280辆高考专用车，设置隔离考点、隔离考场和备用考点、备用考场，对考试和评卷开始前的试卷进行消毒。6月7至8日，在卫生、公安、交管、交通、宣传、城建、市政、城管等部门以及电力、通讯、新闻单位和社会各界大力支持下，全市高考顺利举行，94000名考生、2万多名工作人员没有发生一例感染。

“两委”决定从6月1日组织离校高校应届毕业生分期分批返校。各高校制订返校工作预案，建立“分层管理，分层负责”组织体系，责任到人。在离校学生排

查、建立健康档案、通知学生返校、机场车站接待、设置健康观察区、完善医疗卫生设施和生活保障等环节上完成大量细致工作。到6月18日，离校的20万名大学毕业生顺利返校，没有发生一例毕业生感染和疫情传播。

为做好特殊时期应届毕业生离校工作，“两委”和各高校实行五项制度，即：健康观察制度、离校登记制度、乘坐交通工具登记制度、回函报告制度、防控“非典”责任衔接制度，确保毕业生毕业离校工作简便高效、安全有序。

6月初，为确保学生安全复课，各区县成立复课领导小组，复课前，逐一审查学校的复课方案，与各校签订复课工作责任书，明确职责、责任到人。到6月30日，全市中小学全部实现返校学习，120万名中小学生没有发生一例感染。

规范高校发热筛选门诊。市教委、市卫生局要求在被批准为北京市社区卫生服务中心的28所高校医院中，具备条件的可以设立发热筛选门诊；不具备设立发热筛选门诊条件的负责对体温超过37.2℃或有呼吸系统症状的患者及时转送到定点医院就诊治疗，并为所有的普通高校确定一一对应的定点联系医院。

首都校园保卫战取得喜人战绩，全市4607所学校中，4362所学校未发生疫情，无疫情学校达到94.68%，师生身体健康和生命安全得到切实保障。

开辟首都校园保卫战第二条战线，把“非典”疫情对教育事业造成的损失降到最低点

“非典”疫情使40万名中小学毕业生、11.2万名大学毕业生毕业活动受到干扰；备受家长、社会关注的各级各类教育考试、招生以及毕业生就业工作成为社会热点。

创造性开辟“空中课堂”，确保停课不停学

4月24日，全市中小学生停止集中到校上课的第一天，市教委启动“课堂在线”网络教学，景山学校、五中、人大附中等9所名校优质教育网络资源，也面向全市中小学生无偿开放。5月6日，市教委与中国教育电视台、北京电视台、北京人民广播电台合作的电视教学、广播教学开始运转。5月14日、5月21日，全市职业教育“空中课堂”、学前教育“空中课堂”相继开通。5月26日，当城八区、通州区的中小学生因为疫情影响，不能像郊区县学生一样重返校园学习时，“空中课堂”及时调整教学内容，按照学科教学计划开展以电视教学为主的同步教学活动。6月7日，新课程教师教育“空中课堂”开通。

为保证“空中课堂”的运行，市教委投入1000多万元，增容北京教育信息网络功能，组织238名以特级教师和市、区骨干教师为主的授课教师队伍，参与“空中课堂”远程教学，共计录播1078节课，播出电视教学节目43120分钟。参加在线答疑的教师平均每天5000多人次，在线回答153万个问题，北京教育信息网的日均点击率1200万次，最高达到2000万次。

“空中课堂”，为非常时期北京市180万名中小学生、学前儿童，搭建学会学习、学会生活的虚拟新课堂，学生和家长对电视、电台、课堂在线的满意率分别为84%、83%、80%。

不让一个学生失学于“空中课堂”

5月26日，中小学“空中课堂”同步教学开播后，发现全市有18.4%的小学生、5.9%的中学生不能收看“空中课堂”教学节目。针对这种情况，区县、学校纷纷为家庭困难学生借用甚至赠送计算机、电视或免费安装有线电视线路，组织小范围学生集中收看。同时，刻录“空中课堂”教学光盘324万张，编印“空中课堂”同步教学讲义、练习资料上百万册。干部教师还开展巡回讲课、送课上门、送课下乡等活动。

不让一个学生的正常升学受到影响

2003年，北京考试招生工作面临首次实行高考时间提前一个月、初中毕业生人数进入峰顶年、小学毕业生免试就近升初中办法仍处于不断完善之中的3项困难。

自4月下旬，市教委组织专题问卷调查、多方面座谈会，经过反复论证，提出原则上如期举行高考建议。

各级党委、政府部门、考点学校都建立考试招生指挥部，统一协调指挥。高考期间，全市共派出10支监督队伍，向20个考区派驻巡视员。

针对中小学生暂停集中到校学习的实际，适当调整中考中招和“小升初”工作安排。一是调整工作时间。小学毕业生升入初中延后到小学毕业生开始返校，中考统一招生考试时间、填报志愿时间顺延两周，提前招生学校的专业加试、职业技能测试工作从5月推迟到7月。二是调整有关考试科目和考试组织形式。全市统一招生文化课考试科目由原来的语文、数学、外语、物理、化学五科，原则上调整为语文、数学、外语三科；每天只在上午安排一场考试；原则上暂停统一招生中的“面试”、“加试”；文艺、体育、科技传统项目学校特长生的全市统一测试，改由招生学校自主测试。三是调整提前招生学校录取程序和招收文艺、体育、科技传统项目特长生学校录取程序，尽量减少人群集中和流动的次数。

让每一个学生在非常时期的学习和生活更加充实

疫情初期，不论学生是否在校，各学校都建立教师与学生每日报告联系制度，主动联系学生，帮助他们自主学习、调整心态、保护自己、关心他人。各高校及时调整教学安排，任课教师调整教学进度和学习方式，鼓励和帮助学生通过网络学习、小组研讨等途径，提高自主学习和科学研究能力。

随着疫情逐步趋缓，市委教育工委、市教委制订工作预案，分期、分批地组织各级学生返校。5月22日，高三学生返校进行考前复习，5月26日开始，远郊9个区县（地区）中小学生陆续返校，怀柔区率先在5月30日实现中小学全部返校。5月底，幼儿园开始恢复收托服务。6月初，组织已离校的毕业生返校。6月9日，城八区和通州区、大兴区的小学、初中毕业年级返校学习。6月16日，高二学生提前返校。6月30日，全市中小学全面实现返校学习。

让每一个高校毕业生在特殊时期顺利实现就业

2003年是北京普通高等学校扩招本科学生毕业的第一年，高校毕业生就业形势严峻。全年选拔到乡镇工作的高校毕业生达到1000人，比往年增加400人；组建1000人的大学毕业生基层志愿服务团；党政机关录用公务员、事业单位新增岗位缺额人员主要面向应届高校毕业生；为高校毕业生提供创业小额贷款和担保。到6月底，高校毕业生签约率已达到70%。

和衷共济，共渡难关，积极为防控“非典”斗争做贡献

发挥科技和智力优势，为科学防控做贡献

在自然科学方面。清华大学多次召开防控“非典”科技攻关会议，设立300万元防控“非典”科技攻关专项基金，完成医用垃圾焚烧炉、红外测温仪、非典型肺炎（SARS）病毒检测生物芯片等国家急需的科技成果和产品。北京大学拨款100万元，在医学部建立病毒培养和分离安全性实验室；基因诊断研究中心研制出非典型肺炎（SARS）早期诊断试剂盒，已在第三军医大学、解放军302总医院试用。中国农业大学成立从事人类、动物和农作物重大病毒病害研究的病毒学研究中心。北京中医药大学自筹100万元设立防控“非典”基金，成立中医药防控“非典”医疗服务与临床研究中心，探索中西医结合防治“非典”的方法和措施。北京科技大学采用纳米晶氧化物涂层电极制备技术，研究开发成功便携式家用含氯消毒液发生器、隔离服排汗降温装备。北京工业大学将临床效果明显的复方精致胶囊投入防控“非典”斗争，获得全国防控“非典”指挥部科技攻关组同意，承担调配防控“非典”病毒药物筛选任务，并与日本、加拿大等国合作开展疫苗研制工作。

在社会科学方面。北京大学编发《“非典”与人文社会科学论文专辑》，收录北大人文学科领域防控“非典”研究成果。清华大学成立“非典与艾滋病防治课题项目协调小组”，组织校内一批社会科学领域专家，从公共管理、法律、新闻传播等领域开展研究，将“SARS危机管理研究”、“重大流行病信息披露与新闻报道研究”、“关于‘非典’的经济与社会影响的预测研究”等课题，列入学校“‘非典’科技攻关项目”。

北京教育系统在防控“非典”期间共完成科研成果193项，国家级58项、市级31项；发表科研论文、报告及学术文章1500篇。

发挥心理学科优势，加强人文关怀，应对“非典”危机

北京大学心理和精神卫生学教师从专业角度，撰写大量通俗易懂科普文章，通过媒体发表，产生积极影响。学校心理学系面向社会开通“‘非典’心理援助热线”。北京师范大学成立“心理应急干预中心”，每天有上百人次打电话咨询。

高校医务工作者前仆后继，义无反顾，奋勇投身防控“非典”第一线

北京高校有8家附属医院。截至4月24日，北京大学3家附属医院承担收治全市四分之一“非典”确诊病例任务。“选择了从医，就选择了奉献”，北大附属人民医院医务工作者丁秀兰、王晶以身殉职，用生命实践自己的誓言。在4月下旬“非典”疫情肆虐的日子里，人民医院先后有90多名医护人员被感染，一批倒下去，又一批后继者义无反顾冲上去，前仆后继。应市政府要求，北大医学部、北京中医药大学、首都医科大学等高校先后抽调34名专家，到各区县疾病控制中心、流调队工作。

振奋精神，鼓舞士气，积极支持一线医护人员

中央音乐学院向北京红十字会及宣武医院捐赠1200套“减压系列”音乐治疗光盘；中国音乐学院向中日友好医院等医疗部门捐赠由该校师生创作、演出的歌颂医务人员的CD光盘；中央美术学院向市委宣传部和定点医院捐赠近万张宣传招贴画和艺术作品。5月13日，市委教育工委、市教委机关向首都医务界捐款50万元，并向他们正在中小学读书的子女每人捐赠一套“空中课堂”教学光盘，价值150万元。北京数千名小学生把亲手绘成的图画装进“爱心包”，送给一线的医护人员。全市许多中小学校向从事医务工作的学生家长发出慰问信，许多教师主动担负起“辅导学习、照顾生活”的双重任务，甚至把孩子接到自己家中。

5月初，经市委、市政府批准，北京市教工休养院成为接待防控“非典”一线医护人员隔离休养的定点宾馆，教工休养院全体工作人员以高度的责任感接待一线医护人员、高校医务人员共3批，186人轮换休养，确保服务人员不出现一例感染。

充分发挥党组织的政治核心和宣传思想工作优势，为校园保卫战提供强有力的组织保证、思想保证和舆论支持

战斗堡垒坚不可摧

面对严峻形势，各基层党委高度重视，及时整合力量和调整建制，将党支部建到隔离区、建到第一线，做到哪里有学生，哪里就有党员干部的声音。

广大党员发扬大无畏精神，义无反顾地战斗在防控“非典”的各条战线。涌现出丁秀兰、王晶优秀代表，他们恪尽职守，冲锋在前，甚至献出宝贵的生命。

面对“非典”疫情，北京教育系统党组织加强宣传工作，引导师生树立昂扬向上、积极乐观的精神。各电台、电视台、报刊等新闻媒体给予大力支持和配合，共发布教育系统防控“非典”文章和消息4000余篇(条)，《现代教育报》编辑出版特刊18期，发行百万份。

随着北京防控“非典”斗争取得阶段性重大胜利，北京教育系统校园保卫战也全面告捷。

(何劲松)

大兴高校隔离基地

2003年4月，北京部分高校连续发现“非典”疫情。在对患病师生进行及时抢救治疗的同时，对与“非典”或疑似病人有接触史但尚无病症师生实行隔离观察，阻断疫情在校园内蔓延，成为迫切需要解决的问题。市委教育工委、市教委决定停止高校学生军训，在大兴基地组建“非典”防控隔离点。

大兴基地工作的基本情况

在一个多月中，大兴基地集中接收20所高校和有关单位师生、干部、职工和家属470人，完成隔离观察的任务。接待各校随队教师和医生41人。在此期间，基地内未发生一例交叉感染。

大兴基地的工作可分为三个阶段。

创造条件，保证接收工作按时开始

4月19日，市教委接受在大兴基地组建隔离观察点任务，立即与大兴区政府、市军训办、武装部紧急联系，协调市公交总公司于当晚将正在军训的1270名学生撤离，随后完成基地覆盖式消毒。

4月20日，范伯元副市长在基地主持召开协调会，听取基地工作汇报，决定成立基地工作领导小组，要求各相关部门主动配合，共同做好基地的保障工作。会后，基地紧急落实电话架设、保安人员配备、专业消毒、宿舍楼隔断封堵、送餐、配备必要的生活和办公用品、环境布置等项工作。大兴区政府、教委、卫生局、环卫局、疾控中心、魏善庄镇给予多方面的支持。

当晚，首批被隔离师生入驻基地。次日，医疗器具、药品到位，保洁员到达，第二批被隔离师生入驻。基地启用后确定“尽快使基地生活形成良性运转，尽快形成各种工作规范，营造有效、轻松、愉悦的生活学习氛围”的近期工作目标，印发《致全体师生的一封信》，制订《基地人员工作守则》、《基地工作职责》，并设立四个专业工作组。此时，基地工作人员仅有5人。

边建设，边改善，保证各项工作良性运转

大兴基地启用的第三天，入驻师生达到308人。基地决定将工作重点转移到加强监测防治、防止学生交叉感染。危难时刻，首都医科大学及时派出专业医疗力量，调配转送病人专用车辆，医务人员为入驻师生和工作人员注射自行研制的免疫调节剂——分枝杆菌多糖，并优先保证供应。市教委增加投入，在一周内建成136间活动房，增设10间移动式生态厕所，修建敞开式盥洗间和化粪池。同时，购置150台电视机，为每个宿舍订阅两份报纸。

分类管理、分层指导、重点监控，使各项工作纳入科学管理的轨道

适应防止交叉感染、保证被隔离师生身体健康成为中心工作。基地将工作机构调整为学生工作组、后勤服务组、综合管理组、健康防疫指导专家组。在严把入口关，建立健康观察记录档案的同时，还追溯了解每名入驻人员隔离原因，坚决实行学生分类管理、重点监控，并疏通转诊渠道。先后8名发烧学生被及时发现并迅速转诊(其中1人确定为“非典”，7人排除)，未扩大感染范围。

基地制订《隔离观察点入驻和解除隔离观察工作流程》、《驻地人员医学观察解除隔离办法》，共编发《简报》19期、《专报》1期。建立每日两次入驻学校领队例会制度。

基地工作特点

改善环境，营造氛围，缓解师生心理压力

大兴基地条件简陋。基地采取“改善环境，营造氛围，硬件不足软件补”措施，以《致全体师生的一封信》的形式传达管理规定；布置花坛，美化环境；张挂横幅鼓励师生互相扶助，树立信心；开展短文征集活动，使学生互相交流，互相鼓励；播放欢快音乐，营造宽松氛围。“五一”节向师生赠送鲜花，表达关心和祝福。保持高标准的伙食，提供良好服务。从首批解除隔离师生返校开始，在隔离区内张挂师生留言彩旗，工作人员在“送战友”歌声中欢送师生返校，形成积极配合隔离观察工作的良好气氛。

建立临时团委，加强学生思想教育工作

基地支持入驻学校成立临时团委，积极开展宣传教育工作，开展分散广播操、韵律操、羽毛球等文体活动，丰富生活，调节情绪。

学生之间的鼓励是十分重要的，首都师范大学学生在沙地上看到“回家，我想回家”的文字后，与留言的联合大学特教学院学生交流，他在短文中写到：“在问到隔离结束，他们最想做什么，他们告诉我：最想‘告诉’其他人‘非典’的严重性，尽早预防，因为他们就是没有预防才到这里的。我被一种纯洁的生命力震惊了，他们表达的是对未来的崇敬与渴望。而我，却还在嫌弃空间的狭小，抱怨时间的漫长。我其实并没有读懂《老人与海》，并不曾了解《钢铁是怎样炼成的》。而这次，我借助他们内心的火取了暖，并且下定了决心，从今天起，用眼睛向每个人坚强的表达：‘我也想回家，但我更热爱生命’”！这篇短文通过简报广泛流传，起到良好效果。

实行专业医务人员参与的科学管理

基地组建之初就明确提出要有专业医务人员参与工作的意见。首都医科大学医务人员进驻后，基地立刻调整组织机构，由医务人员组成健康防疫指导专家组，负责医学监测工作，并明确规定把好入口关、建立健康观察记录档案、重点监控、解除隔离等工作，由专家组审核把关。

基地建设得到各方面的通力协作

4月20日，在基地工作最紧张、最艰巨时刻，北京学生活动管理中心派出人员参加工作，保证基地后勤和信息报送，并成立相应工作小组，30多名干部承担基地的物资采购与转运、工作简报的编辑、印刷和报送的任务。

各校在入驻基地时，都派出管理教师和医务人员，他们听从组织召唤，来到防控“非典”第一线。在艰苦的生活、工作环境中不顾个人安危，在学生教育管理、生活管理和健康监测方面，做了大量工作。

基地工作人员实行严格防护措施

基地为每一名工作人员配备防护用具，培训基地工作人员包括保安人员、清洁工防疫知识，严格规定各个工作环节防护措施。由于超负荷的工作，工作人员的体质有所下降，为此基地专门规定每个人必须保持6小时的睡眠，并将保护工作人员的健康列入健康防疫指导组的职责范围。这些措施发挥了重要的作用，基地工作人员包括保安人员、清洁工均未出现病情。

基地工作得到师生赞扬

北京师范大学副校长说：“大兴基地的设立是教育系统用实际行动响应中央的要求，控制高校交叉感染、稳定高校局面的一个非常正确的决策”。北方交通大学党委书记说：“在学校火烧眉毛、苦无良策的情况下，基地的设立给学校解决了隔离问题，感谢市委市政府的关怀”。首都师范大学党委副书记说：“首师大校园面积小，学生密度大，学校专门设立隔离区有很多困难。在学校刚发现有疑似病例的时候，曾一度造成在校师生严重的心理恐慌，正常的教学和生活秩序打乱了，一些学生要求停课回家，学校工作难度很大。大兴基地的设立给学校解决了困难，现在学校教学、生活秩序井然，跟基地有直接关系，基地为稳定高校起到了非常重要的作用”。

北京大学学生写到：“虽然在选择学医，朗读希波克拉底誓言的时候，我们就有了一定的思想准备，可一旦事到临头，还是无法完全克服恐惧”。中国工运学院学生写到：“每个人怀着同样的心情进入了基地：恐慌！当‘全副武装’的工作人员、医生及基地领导出现在我们眼前，恐惧、紧张充斥着我们的每一根神经。随后的生活使我们慢慢地放松。基地对我们无微不至地关怀、各级领导的亲切探望、医护人员的积极防治，使我们树立了与‘非典’斗争的信心”。北方交通大学学生写到：“我们深深地感受到了来自大家庭的温暖，我庆幸自己生活在这样一个国家里。‘一方有难，八方支援’这是我们国家的精神。……过去唱：没有共产党就没有新中国。那现在呢？是不是没有共产党，就没有我们的新生呢”？北京大学附属人民医院的一位医务人员写到：“中国共产党每每临危受命，救中国人民于水火之中，领导人民战胜一个又一个的艰难险阻。我相信在党和政府的领导下，万众一心，必能战胜SARS。我自己也时刻准备着，为这场战斗贡献力量”。

（郑登文）

隔离区教师生活

中央财经大学是北京市遭遇“非典”袭击较早、“非典”疫情较重的单位之一。4月9日凌晨，中央财经大学一名退休教授在北京大学第三附属医院去世。去世前，他曾在人民医院就诊，按“病毒性感冒”治疗，后到北医三院诊治，死亡诊断：肺炎、呼吸衰竭，院方在他死亡之初曾一度怀疑其患有“非典”，后经疾控部门排除。

中央财经大学教工家属宿舍海淀区皂君东里29号楼（校内称西塔楼）是该校首发“非典”病例的居住地。4月12日后，“非典”疫情在该楼迅速蔓延，去世教授的亲属及与其有直接或间接接触的数十名教职工陆续发病，截至4月24日14时，该校教职工累计发生“非典”病例18人（死亡2人），其中8人是皂君东里29号楼居民（死亡2人均为该楼居民）。

4月24日17时，根据《中华人民共和国传染病防治法》、《北京市人民政府关于控制非典型肺炎传播的通告》和《北京市对“非典”疫情重点区域隔离控制通告》的要求，中央财经大学配合海淀区政府对皂君东里29号楼采取封楼隔离措施。

隔离区教师生活

中央财经大学教工家属宿舍皂君东里29号楼，共有居民115户350人，常住239人，其中该校教职工135人（在职教职工70人，离退休人员65人）。4月24日采取封楼隔离措施后，被隔离在楼内的共有43户93人，其中该校教职工38人（在职教职工16人，离退休人员22人）。

隔离后的日常生活情况

隔离期间，隔离区教职工的生活必需品由政府免费供应，政府补给清单如下：

食品：每户14天隔离期补给5公斤面粉、5公斤大米、5公斤鸡蛋、2箱牛奶、5公斤肉类（普通家庭猪肉和鸡肉各2.5公斤，回民家庭牛肉和鸡肉各2.5公斤），标准为320元/户。

调味品、蔬菜：每周送一次，每次21斤，不少于14个蔬菜品种，标准为120元/户。每户送三种水果共20斤，包括苹果、梨和橙子。

卫生用品：卫生纸1大包，香皂2块、肥皂1条、洗发液2瓶、女士用品1份、洗衣粉500克、洗漱用品1份（按一家三口标准，有3把牙刷1支牙膏）。

清洁用品：消毒用药片每家一瓶。

常规药品和计生用品在楼内传达室免费领取。

隔离区教职工如果有额外需求的物品，则由工作人员代买，费用由政府垫付，待隔离期结束后归还。

工作人员送食物和物品进楼道不进屋，食物和物品放在各家门口，敲门后自取。

隔离中的教师说：“24日封楼之后，政府和学校接着就给每家每户送来了食物，大米、白面、水果、蔬菜，还有一些日用品，比我们想的还周到。并且水果按时三天送一次，蔬菜也是一周送一次，所以吃饭方面没什么问题。除了不能出去活动，没法工作，别的没有什么不便。……日子过得还是挺不错”；“需要什么，打个电话给北下关办事处设的服务热线，工作人员就会很快送去，特别方便”。

隔离期间，政府和学校给隔离区教师发放手套、口罩、消毒液等，由教师自己对其户内进行消毒。同时，隔离教师每天上午和下午都要测量体温，并通过电话告诉工作人员。自采取隔离措施后，没有新增病例。

政府和学校照顾隔离居民业余生活，允许让他们在傍晚的时候走出居民楼遛遛弯、下下棋等。4月27日，校外记者到皂君东里29号楼采访时也看到居民们在聊天、侃大山，有说有笑，呈现出一派祥和气氛。

与外界的联系

皂君东里29号楼隔离区防线是距离楼门口3米远的一层铁栅栏门。实施隔离期间，里面的人不能出来，外面的人不能进去，传递物品只能通过工作人员，与外界联系只能通过电话、信函、网络。

4月16日，中央财经大学决定调课，按照教育部“教师不停课、学生不停学、教工学生不离校”要求，调整教学方式和学习方式，要求教师通过网络、电话、信函等方式做好教学指导工作。为此，隔离区在职教师通过电子邮件、电话与学生联系，指导本专科生和研究生学习和科研。

隔离期间，皂君东里29号楼教师之间不相互走动，通过电话问候。在隔离的日子里，经常有领导、同事、学生、朋友、亲戚等打电话慰问他们。中央财经大学领导更是每天一个电话询问教师情况。五一劳动节时，还到隔离区探望被隔离教职工，给他们送去慰问品，通过电话祝福他们节日快乐。个别隔离区教师还通过信函与外界联系。

各级领导、政府、学校和社会对隔离区教师的关心和帮助

中央财经大学突如其来的疫情，受到党中央、国务院和上级领导的高度重视。

上级领导的关心

4月13日，国务委员陈至立批示：“请有关单位对中财大进行学校防控疫情的专门指导”。

4月15日，中共北京市委教育工委、市教委领导到学校，现场与北京市有关部门联系，协调立即增派专业技术力量，协助采购药品10000剂、消毒液1000瓶，设立中央财经大学非典型肺炎监控站。

4月19日，教育部、市委教育工委和海淀区卫生局负责人到校了解防控“非典”工作情况，传达党中央、国务院、教育部和北京市防控“非典”工作精神，要求进一步对皂君东里29号楼等重点场所进行全面消毒，海淀区卫生局承诺优先保障药品和消毒剂的供应。

4月21日，市教委向学校赠送5个便携式红外快捷测温仪。

政府的帮助

皂君东里29号楼隶属海淀区北下关街道办事处辖区，北下关街道办事处专门成立服务保障组、宣传教育组、隔离组、检测组、消毒组等，来自街道、卫生、城管和公安等部门200名工作人员为隔离区居民提供服务。

隔离期间，按隔离区实施方案要求，政府抽调工作人员和中央财经大学后勤人员每天对整栋楼的楼道、电梯等公共场所喷淋消毒，每天两次测量居民体温；并按时分发生活必需品。

隔离期间，街道办事处开通10部咨询热线电话，24小时解答隔离楼内居民的提问，开展心理咨询和治疗。为每户隔离家庭订阅一份《北京日报》，帮助他们及时了解各种信息和形势发展情况。海淀区卫生部门、城管、公安部门工作人员24小时值班，负责处置突发事件。

学校的支持

“非典”疫情发生和皂君东里29号楼实施隔离后，中央财经大学采取一系列防控措施。

中央财经大学4月7日成立防控“非典”工作领导小组，并制订防控“非典”工作预案。4月17日中央财经大学调整防控“非典”工作办公室，分成6个组，即：综合组、宣传新闻组、教工组、学生组、后勤组以及校园管理组，各组职责明确。同时各单位、部门建立24小时值班制度。4月30日，学校取消“五一”放假和所有公休日，各单位、部门和学校“非典”工作组分A、B两部分，实施轮替工作制。

至5月4日，学校先后召集20余次专题研究和布置防控“非典”工作会议，制订防控“非典”措施54项，制订并印发23个与“非典”相关文件。

4月17日，学校做好皂君东里29号楼的隔离防护工作，采取公共场所由学校负责消毒，家庭内由个人负责消毒方式，有效地控制疫情蔓延，为4月24日政府实施封闭式隔离措施奠定基础。

中央财经大学家住皂君东里29号楼的在职教师涉及11个系的11名任课教师，约占应上课班级的40.7%，授课对象包括22个本科班、西山分部的3个专科班、3个研究生班、1个成教班和1门全校选修课。4月12日，鉴于皂君东里29号楼发生疫情，学校要求在该楼居住所有教师在家休息两周，实行相对隔离，在此期间一切待遇不变。教师休息，使学校将近一半的课程难以正常进行，4月16日，中央财经大学决定，暂时停止所有的集中课程教学和大型活动。调课期间，教职工正常上班，各单位、部门日常工作正常运转。中央财经大学是中国“非典”发生后第一个调课的学校，事实证明这一措施是正确和及时的。

4月19日，中央财经大学发出《致西塔楼全体居民的一封信》，要求他们以大局为重，注意休息，不要随意外出，配合学校做好消毒防护工作，同时重点对自家马桶和下水道进行消毒。

4月12至20日，中央财经大学组织人员对皂君东里29号楼进行5次全面消毒。截至4月30日，共投入210万元专项资金防控“非典”，其中50余万元用于住院费用，120余万元用于采购药品，30余万元用于购置医疗器械、消毒液、防护用品和宣传材料，向教职工统一发放消毒液、口罩、手套、体温计、人体免疫球蛋白、宣传册、中药等。该校医务工作者加班加点赶制药剂。从4月15日至5月7日，向皂君东里29号楼居民发放中药2220袋，口罩300个，手套300副，体温计130个，消毒液150瓶，领取并发放宣传材料600多份，并专门购买全自动空气清净器慰问皂君东里29号楼被隔离的教职工。

4月30日，应皂君东里29号楼内教师要求，中央财经大学和海淀区政府向北京市政府申请在楼前的绿地上辟出一块隔离区，允许没有任何“非典”症状反应人员在绿地里晒太阳、做些活动、放松身心。同时审慎处理已故人员的善后事宜。

5月8日16时，经过14天的隔离，中央财经大学皂君东里29号楼正式解除隔离。隔离期间，该楼没有任何新增病例。

（韦　红　张京平）

嘉园学生公寓隔离前后

2003年4月17日，北方交通大学嘉园学生公寓B座1535、1533和1530宿舍4名学生因确诊非典型肺炎（SARS）高疑病例，于4月18日3时被送往海淀区北京胸科医院。到4月21日，北方交大学生出现发热症状达到54人，其中37人送往医院治疗，17人留在校医院观察治疗，另有95名学生进入保护性隔离观察区。鉴于疫情的发展，依据《中华人民共和国传染病防治法》和《北京市人民政府关于控制非典型肺炎传播的通知》精神，市政府决定4月24日至5月8日，对北方交大嘉园学生公寓A、B、C座368名学生采取隔离、控制措施，这些学生共涉及9个学院。

4月24日17时30分，海淀区卫生局负责人宣读交大嘉园公寓实行全封闭隔离决定，368名学生列队，听完公告后报以掌声。在学生们配合下，整个封闭隔离工作用时50分钟。

隔离前后，中共北京市委、市政府和学校领导做了大量工作，4月23日，副市长范伯元到校检查防疫工作时，要求学校做好隔离后准备工作；4月24日晚，中共北京市委常委、政法委书记吉林到学校全面了解被隔离学生情况。4月26日上午，北方交大党委书记、校长及各学校领导看望和慰问被隔离学生，决定由学生工作处、计算机学院等单位4名教师组成嘉园学生工作组，进驻隔离区与368名学生同吃同住，共同渡过难关，并迅速组建学生临时团支部、党支部，开展思想工作，增强凝聚力。

在生活方面，学校党委统一部署，各部门迅速制订用餐、消毒、清扫和洗澡等解决方案与应急预案，先后安装热水器，饮水机，解决洗澡和饮水问题。为了保证学生们身体健康，各学院教师们送来跳绳、毽子，学校在公寓前小广场安装体育器材。为保障学生们正常生活和家人联系，学校统一购买电话卡，统一购买各种生活用品、水果和小食品等。4月25日，电气学院学生在宿舍前面挂起横幅“电气师生齐心协力，坚持到底就是胜利”。5月4日，中国青年节这一天，被隔离的电气学院29名学生团员，面对团旗重温入团誓词，郑重宣读战胜疫情的誓言。在公寓前小广场上，嘉园公寓9个学院全部参加的“抗‘非典’杯”篮球赛，经过一周较量，进入最后决赛。

嘉园学生公寓368名学生的隔离生活是充满活力的，在公寓前小广场，每天10时，是学生们做广播体操的时间，打篮球、看书、读报、聊天、听录音机，生活内容丰富，充满生机。5月6日，中央电视台“焦点访谈”栏目播放北方交大嘉园B座1602宿舍学生自拍录像《隔离生活片断》，集中展示分别来自黑龙江、陕西、北京和四川，4名计算机学院学生的日常生活。

嘉园学生公寓368名学生，引起全校师生和社会各界关注，中软软件学院教师首先向隔离学生捐款，并写信表示问候，坚定学生们必胜信心。4月29日，中国林业国际合作集团公司、北京新东安有限公司向每名学生赠送一束鲜花，让学生们分享五一节带来的欢乐和祥和。

2003年5月8日16时30分，北方交大举行嘉园学生公寓A、B、C座解除隔离控制仪式，教育部、北京市教委和学校领导参加活动，16时40分解除学生公寓隔离控制公告、监控人员撤离命令先后宣布，关闭14天嘉园学生公寓铁门徐徐打开，领导、教师和学生蜂拥而进，欢呼声、掌声、笑声响成一片，人们齐声高唱《歌唱祖国》。这时解除隔离的嘉园学生公寓楼墙壁上展开一个红色横幅，“感谢党中央，感谢祖国，感谢人民”。

（张其坤）

北京的“空中课堂”

2003年春季，严重的“非典”疫情肆虐北京，人们正常工作和生活发生变化。4月24日，市政府决定中小学生开始停课，市教委组织教科院、教育网络信息中心，联合中国教育电视台、北京电视台、北京人民广播电台有关部门，借助网络、电视和广播等手段，为全市130多万名中小学生开办“空中课堂”教学节目。

“空中课堂”是非常创举

“空中课堂”是教育部、中共北京市委、市政府在防控“非典”时期，利用计算机网络、广播、教学光盘，组织广播电视及网络信息部门加强中小学教学工作采取的措施，是学校课堂教学的拓宽和延伸，是跨越时空的新型教学方式。

“空中课堂”包括三个部分：一是电视课堂，由中国教育电视台、北京电视台提供平台，市教委组织一批特级教师根据各年级特点，提供专题性、模块式教学和同步教学，对毕业班学生开设复习指导和答疑。5月1日开始筹备，5月6日正式开播，每天播出15.5小时。二是广播教学，北京人民广播电台教育台每天6小时广播教学，安排英语听力、艺术课堂、科普知识等内容并组织答疑。三是网上教学，市教委从4月24日起开通专题学习网页“课堂在线”，以北京教育信息网为主体，联合二中、五中、景山学校、汇文中学、育才学校、一零一中学、人大附中、北大附中8所学校，无偿提供网上资源，帮助学生在家自学，解答学生学习中的疑难问题。

“空中课堂”教学经历创建网络课堂——课堂在线

(4月17至30日)、创建以电视课堂为主，网络课堂、广播教学三位一体的学习平台（5月1至23日）和同步教学（5月26日至7月4日）三个阶段。

4月17日，市教委筹备开通“课堂在线”，最初面向少部分不能到校学习的学生，由北京教育网络信息中心提供网络环境，教科院负责教学形式、内容及相关组织工作。4月24日，北京中小学生全面停课的第一天，开通16个学科的“课堂在线”网络教学，各学科教研员上线答疑，广大中小学生积极参与。

由于学生家庭条件所限，有80%左右不具备网络学习环境的学生得不到帮助。在北京市委、市政府的直接关怀下，5月6日，市教委开设以电视课堂为主，网上教学与广播教学为辅的北京市中小学“空中课堂”。

中国教育电视台在“非典”期间调整节目，加强防疫宣传，适应北京市中小学停课新情况，在5月6日开播“空中课堂”。在广电总局的大力支持下，中国教育电视台临时增加一个卫星电视频道，5月19日“空中课堂”频道如期开播。

“空中课堂”三个学习平台全部教学任务，从策划到组织实施、从录制到播出每一节课，各部门团结协作、精心策划、分步落实，在不到5天时间里完成10.5个单元/天电视课堂教学内容和5个单元/天广播课堂教学内容，以及16个学科课堂在线的所有准备工作，确保5月6日早8时，中国教育电视台、北京电视台、北京人民广播电台“空中课堂”全面开通。

“空中课堂”主要面向中小学生，其教学内容以复习巩固已学知识为主，辅之以学法、科普、艺术和体育，重在培养学生自学能力，提高学生科学人文素养，采取分学段、分专题、按模块形式组织教学。5月26日，市教委决定将“空中课堂”调整为同步教学，每天电视课堂播出9个年级27个单元教学内容，周课时135节，同时还要为高三、初三年级开设电视辅导答疑直播。为完成繁重的任务，又调用东城、西城、崇文、朝阳、丰台、石景山6个区电教人员和设备，分别负责录制各年级教学节目。

“空中课堂”依据人民教育出版社教科书，课程涵盖从小学一年级到高中三年级。中国教育电视台、人民教育出版社、中央电教馆、中央广播电视大学、北京市教委、河北方圆电子音像出版社、北京大学远程教育学院等多家单位无偿提供经过筛选、编排的教学节目，共同支撑起崭新的、完整的中小学教学频道。除北京之外，河北、山西、内蒙古、天津、辽宁、陕西、宁夏等地，也以不同形式开通“空中课堂”。

配合“空中课堂”和“课堂在线”教学，5月6日，市教委开通北京教育资源网，5月12日，北京市教育委员会、北京景山教育网、北京汇文网校、一零一远程教育网、人大附中教育网、北京育才网校、北京五中网校、北大附中网校、北京二中网校向全市所有网络教育机构和学校，全面开放网上教育资源。5月26日，北京教育网络和信息中心开通“北京教育在线”和“北京数字校园”网站。北京教育在线提供“空中课堂”播出的课程表、教师教案和教学视频，发布“空中课堂”开播以来老师的讲稿、录像资料和“课堂在线”学生论坛精华，学生进入“北京数字学习环境”可自主选择课程，浏览课程内容。“北京数字校园”做为北京市中小学数字校园的总门户，为全市所有中小学的校园网站提供导航和链接，为广大中小学师生提供一个网上学习、交流的平台。

“空中课堂”写满了奉献

“空中课堂”利用多媒体手段在同一时间为分散在城市、农村、山区能够收听、收看广播、电视、上网的每一个学生提供教学服务，规模之大，覆盖范围之广尚无先例。

市教委采取妥善解决流动人员子女和没有电视机家庭子女学习问题。首先，针对一些农村特别是边远山区未安装有线电视，将电视教学内容统一录制成光盘、录像带，发放到各远郊区县和收视困难的学生手中；各区县和学校也采取多种措施同步录像、刻制光盘、印发文本资料、为个别困难家庭捐资安装有线、购买电视机和计算机。其次，市教委印发文件、召开电视电话会，加强对授课教师的培训和指导，采用集体备课、专人同步监听等方式，不断改进教学。

各区县通过区县电视台，转播或录播“空中课堂”教学节目，利用区县和中小学信息技术设备条件，开通局域网和校园网400多个，教师利用网上论坛、电子信件和电话等方式，同步解答学生在“空中课堂”学习中遇到的问题。广大教师克服困难，巡回讲课、送课上门、送课下乡，相比正常教学，他们付出更大地努力。

“空中课堂”授课教师主要是特级教师、学科带头人和骨干教师，各学校组织教师收听收看。学校还从教学实际出发，做好录制、转播和资料积累工作，引导学生开展合作式和研究性学习活动，推进学生学习方式的变革。

“非典”期间北京“课堂在线”点击次数总计6.7亿次，在线答疑630.8万道题，在线答疑教师达31.8万人次；广播教学共播出3450分钟，参与教师125人次；拍摄“空中课堂”教学节目1115节课，播出节目36740分钟，为高三、初三毕业生电视现场辅导答疑780分钟，参与教师达1089人次；整个“空中课堂”参与电视制作和网络技术支撑人员达2000人次；先后共有230名中小学特级教师、市级骨干教师和学科带头人直接参与电视、广播授课。

“非典”期间，中国教育电视台－1、中国教育电视台－3、“空中课堂”频道播出电视教学节目1270小时，北京地区的"空中课堂"时段收视率增长近5倍，中国教育卫星宽带传输网同步转播"空中课堂"节目919小时。北京130多万名中小学生在家上课。

针对一些地区无法接收到"空中课堂"教学节目问题，市教委将"空中课堂"全部课程制成VCD光盘及教学录像带，其中高中42张/套、初中28张/套、小学28张/套。"非典"期间，向远郊区县、医务人员子女和河北、山西、内蒙古、天津、辽宁、陕西、宁夏等地录制发放教学录像带、光盘4万余套。

（倪美娟）

非常时期举办平常高考

6月8日17时30分，随北京高考最后一科课程考试结束，2003年高考在众多考生和家长笑容中，平稳顺利结束。非常时期的"平常高考"，北京教育考试院向党、向全市人民交出一份满意的答卷。

科学决策高考时机

北京非典型肺炎（SARS）疫情最严重的4月，一个问题急须拿出意见：2003年夏季高考究竟是应该推迟，还是如期举行？

在防控"非典"实践中，人们认识到当务之急是切断传染源，而切断传染源的一个行之有效的办法就是减少人员聚集。考试就是人的聚集，一个教室要有30名考生，一个考点校至少要聚集几百人，全市共有9万多名考生，分布在136个学校的3300多个考场。特别是4月24日，教育部决定推迟成人高校统一招生入学考试。成人高考推迟了，高考推迟似乎也是顺理成章的事了。

但4月下旬，随着市委、市政府防控措施不断实施，"非典"防控局面得到根本扭转。

4月22日，市教委、考试院召集东城、西城、宣武、朝阳和海淀5个区招生考试部门负责人和7所中学校长，会商北京地区如期举行高考的可能和存在的问题。4月30日，考试院问卷调查3所不同层次高中校的300名学生，了解他们对推迟或如期举行高考的态度。调查显示，大多数学生希望如期举行高考，他们对政府有能力控制疫情充满信心。

5月6日，考试院向市人大、市政协报告有关情况，并听取对北京如期举行高考的意见和建议。

调查研究，为决策的科学、准确和措施的制订奠定基础。5月8日，国务院办公厅发出通知：2003年全国高等学校统一招生入学考试时间不变。同时，中共北京市委、市政府决定，北京地区高考如期举行。5月10日，市教委负责人就高考问题答记者问时宣布：随着北京对"非典"防控力度的加强，临近高考时疫情可望得到有效的控制。届时，广大考生可以在安全环境下参加考试。

事实证明预测的准确性和前瞻性。北京如期举行高考，与全国考试招生工作保持同步，保证北京考生的利益，体现党和政府以民为本，实践"三个代表"重要思想的决心。

实现"两个确保"，责任重于泰山

高考如期举行！大政方针确定了，但考试期间如何预防传染性疾病，对高考还是一个新课题。考试院成立由公共卫生学、心理学、临床学等专业，高校、疫病控制中心、卫生局等部门组成的专家组，科学论证，及时调整工作程序和组织办法。考生和工作人员考前14天开始监测体温，填写健康登记卡，调整高考志愿填报顺序，变考前填报志愿为考后填报。减少单位面积考生数量，由30人减少到20人，而考点校和考场分别由原来的136个、3300个增加到212个和4829个。

5月19日，市教委、市卫生局转发教育部、卫生部加强2003年普通高校招生期间做好传染性非典型肺炎防治工作文件，随后考试院印发《关于做好我市今年普通高校全国统一招生考试工作的通知》。北京高考执行的入场时体温排查，设立隔离考点和备用考场，临场突发事件处置程序等规定，就是在这两个文件中确认的。两个文件，凝聚各方面努力的心血和智慧，成为北京2003年高考防控"非典"最具权威的操作规范，也为随后举行其他教育考试，提供整套规范、科学标准和依据。

负责北京高考高招工作的高招办工作人员不到20人，为此，考试院院务会议提出"举全院之力做好高考工作"的口号，会议决定，成立考试院高考指挥部，下设考务、监督检查、卫生防疫、财务支持、秘书等小组，组长由考试院相关各处处长担任，明确职责。随后，考试院派出8组巡视队伍，完成全市20个考区落实考务要求和防控"非典"措施实地检查。

为实地检验组织情况和防控措施，5月底北京各考区开展高考实战模拟演练。从考场入场时体温测试排查，到突然出现发病考生的处置，全方位地实践各种程序。通过演练，一些程序得到调整，比如临场考生突发高烧或严重咳嗽，原方案是如经排查没有问题，该考生留在考场继续答题，转移其他19名考生到备用考场。演练后，调整方案为转移有事考生，而其他19人留下继续考试。

全社会关心高考，结果是全社会满意

非常时期高考，牵动各方面、各部门。市委、市政府领导的关心和协调，就显得非常重要。

5月21日，市委副书记龙新民，市委教育工委书记朱善璐，副市长范伯元来到考试院，具体了解考试组织和检查防控“非典”措施落实情况。

5月，范伯元协调、落实由时代集团为北京高考提供体温测量仪。不久，所有体温测量仪全部到位。

6月3日，中共北京市委书记刘淇检查八一中学考点，明确提出要把“确保考生和工作人员的身体健康和生命安全，确保高考的公平公正放在工作的第一位”。6月5日，教育部部长周济在陈经纶中学检查工作，提出高考要做到“考生、家长和社会三个满意”。

在6月7日、8日两天考试时间里，范伯元、耿学超一直在考试院现场指挥。

各考区的党委、政府部门建立考区主要领导负责制，成立高考指挥部，调拨物资，落实经费，充实人员，统一协调指挥考区内涉及高考的一切事宜；卫生防疫部门协助教育部门，组织专家，制订高考期间考生、考场和工作人员防疫、消毒规定，并派专人排查处理临场发生事件，保证高考自始至终处于安全环境；公安部门加大警力，保障试卷保管和阅卷场所安全，保证高考严肃性；交通部门与各区县考试机构协商，为全市20个考区开通150多条线路，投入接送考生专用车280辆；供电部门保障考场用电。在北京疫情已经得到有效控制的背景下，考试院考务规定中取消监考员穿白大褂、戴手套的防护要求，各考点校撤下关于“非典”的标语，改为祝考生考试成功鼓励性横幅，播放音乐，摆放鲜花，体现人文关怀。

在社会各界通力支持下，2003年高考虽然是在非常时期举办，但却平静地结束了。

（刘　泓）

调研与报告

关于2003年度教育法律法规执行情况的检查报告

市政府：

根据北京市教育执法检查制度规定，市人大常委会教科文卫体办公室、市政府教育督导室于2003年6月3日联合印发《关于北京市2003年教育执法检查工作意见的通知》及市人大常委会林文漪副主任和市政府范伯元副市长书面讲话。2003年度教育执法检查工作由此开始，并于11月23日结束。检查对象是各区县人民政府，市政府各有关委、办、局、总公司（企业集团）。鉴于4月出现“非典”特殊情况，2003年教育执法检查工作没有召开全市会议，检查内容也适当从简。检查重点是各级政府贯彻执行《教育法》第五十四、五十五条规定，2002年教育经费支出占财政支出总额比例比2001年提高情况，教育经费按市里规定的计算口径实现“三个增长”情况，落实北京市普通教育事业公用经费新定额标准情况，2003年教育经费预算情况；市和远郊区县政府贯彻执行北京市《实施〈义务教育法〉办法》第二条规定、落实市政府人大议案办理报告，加快农村基础教育发展工作落实情况；贯彻北京市《实施〈职业教育法〉办法》第二十二条规定，市政府各有关主管部门对所属企业依法提取和使用职业教育经费管理情况；2002年教育执法检查中提出问题改进情况。检查工作分两个阶段：第一阶段，各区县人民政府、市政府各有关委、办、局、总公司（企业集团）自查，市教育督导室随访、调研和督导；第二阶段，市检查组于10月、11月抽查6个区和3个市属总公司，听取（审查）自查报告，与有关部门座谈，查阅财务报表，并检查29个乡镇、39所中小学及2个职工培训基地。现将检查情况报告如下：

区县政府和市政府有关委、办、局、总公司（企业集团）的自查情况

2003年教育执法检查各区县政府和市政府有关委、办、局、总公司（企业集团）都十分重视。尽管检查正值防控“非典”时期，但各区县政府和市属各有关单位，认真安排自查，并通过自查进一步增强执法意识，解决教育执法中存在的问题。主要表现在以下两个方面：

积极进取，求真务实，检查力度不减

尽管教育执法检查受“非典”疫情影响，但许多区县仍然召开教育执法检查工作会议或动员大会，有的区县在市检查重点之外，又增加检查内容。东城区除要求对市里规定的检查重点自查外，还明确其他有关委、办、局、街道办事处自查内容，并要求这些单位上交自查报告。西城区将教育执法自查同对区属相关职能部门、街道办事处党政主要领导干部履行素质教育目标责任考核，及评选表彰实施素质教育先进单位、先进个人工作一并进行，推动素质教育的深入开展。丰台区把教育执法检查与贯彻落实《北京市区县政府全面实施素质教育评价方案》结合，组织人大代表和特约教育督导员，检查16个街道、5个乡镇和财政局，并向被检查单位反馈情况。怀柔区同样组织人大代表及有关职能部门，分三路分别由区委副书记、区人大副主任、副区长带队，抽查6个镇、11所中小学，并反馈情况。海淀、房山、通州、顺义、密云、昌平、延庆等区县也组织人大代表或有关人员抽查重点部门、重点地区教育执法工作。顺义区政府重新修订印发《关于建立评选实施素质教育先进集体和先进个人制度的意见》，要求各部门对教育执法工作做到“四优先”：在议事日程上优先，精力投入上优先，解决问题上优先，财政投入上优先；“五有”：党委政府有研究，各项工作有人管，有实施方案，有点面结合，有检查考核。并组织有关委、办、局、镇政府、街道办事处有关领导及专兼职督学近百人，召开坚持依法行政，推进依法治教，全面实施素质教育研讨会。

有法必依，执法必严，坚决整改执法中存在的问题

海淀区认真研究2002年市教育执法检查组对该区职教工作提出的“两个问题”、“四点建议”，具体整改方案，经过努力，学校布局调整工作取得明显进展，2003年底全部调整到位；现代化标志学校、示范校建设基本完成；提高教师教学水平的激励机制已经建立，引进优秀教师工作取得进展；加强职业技能培训工作已制订实施方案，全区职业教育的改革与发展取得新的成绩。

石景山区针对2002年市教育执法检查组提出的古城六小周边环境问题，全力做好整治工作，经过教育、城管、交通、工商、街道的共同努力，小区停车场被撤销，学校周边小饭馆和小卖部得到整顿，学校西墙外出租房被改作他用，学校北墙外50平方米违章建筑和临建厕所被拆除，学校周边环境得到改善。

大兴区针对2002年市教育执法检查组提出的部分乡镇未按区政府要求落实中小学公用经费标准问题，专门召开乡镇长会议，再次强调教育执法严肃性和工作要求。会后区教育督导室逐个检查乡镇，困难较大乡镇，主管区长亲自上门指导，使这一问题最终得到切实解决。

对于范伯元副市长在2003年关于教育执法检查工作的书面讲话中提到的有的区县在落实农村义务教育"以县为主"管理体制中没有按规定将教师工资直接拨入个人账户的问题，通州、昌平、延庆3个区县认真研究，并召开财政、银行、教育等相关部门协调会，制订解决办法。通州区已于2003年11月底前向每名教师发放工资卡。

市政府有关委、办、局、总公司（企业集团）自查工作，由于许多单位独立设置教育机构被撤销而不够规范，市政府教育督导室仅收到12份自查报告。从收到的自查报告看，这些单位均按照市教育执法检查工作意见完成自查。首钢总公司在自查报告中总结提取和使用职工教育经费情况。

几个重点问题的执法情况

关于教育经费的执行情况

1. 经检查，北京市2002年财政支出总额中教育经费所占比例18.83%，比2001年的18.40%提高0.43百分点，达到《教育法》第五十四条规定的"财政支出总额中教育经费所占比例应当随着国民经济的发展逐步提高"的要求。从区县情况看，18个区县和燕山地区向市政府教育督导室提供的报表显示，大兴和密云两区县2002年财政支出总额中教育经费所占比例分别比2001年下降3.55和3.73个百分点，其他区县和燕山地区均有所提高，达到《教育法》的要求。

北京市2002年区县（地区）教育支出占财政支出总额比例及提高情况一览表

区县（地区）	教育支出占财政支出总额比例	比上年提高百分点
东城	28.26%	0.9
西城	29.38%	0.24
崇文	29.02%	0.06
宣武	24.66%	0.1
朝阳	25.90%	0.002
海淀	24.32%	1.08
丰台	27.99%	0.23
石景山	22.91%	0.1
门头沟	20.63%	1.46
房山	27.50%	0.46
大兴	20.82%	－3.55
通州	23.20%	0.5
顺义	26.31%	1.70
平谷	25.77%	0.13
密云	21.06%	－3.73
怀柔	16.70%	0.47
昌平	25.20%	0.1
延庆	23.16%	0.1
燕山	33.63%	0.89

2. 北京市2002年教育经费执行情况公告显示，2002年全市教育经费拨款实现"三个增长"：预算内教育经费执行数为1091008万元，比2001年的946587万元增长15.26%，高于财政经常性收入增长比例（14.09%）1.17个百分点；生均教育事业费，高校、高中、初中、小学分别为15146.05元、4421.89元、3273.16元、2891.43元，比2001年分别增长18.98%、12.12%、15.23%、18.61%；生均公用经费，高校、高中、初中、小学分别为9871.62元、1602.94元、1064.74元、667.95元，比2001年分别增长58.68%、19.02%、22.11%、17.82%。据各区县政府向市政府教育督导室提供的自查报告显示，2002年全市各区县预算内教育经费拨款均实现"三个增长"。

3. 落实普通教育事业公用经费新定额标准情况：根据各区县政府自查报告及市教育执法检查组对部分区县抽查，全市各区县按照本区县分年度实施计划，落实北京市2001年颁布的普通教育事业公用经费定额标准。其中东城、西城、海淀、朝阳4个区2002年已按新定额标准执行，宣武、石景山两区2003年正在按新定额标准执行，崇文、丰台、通州、大兴、顺义5个区将于2004年完全执行新定额标准，门头沟、房山、平谷、怀柔、延庆5个区县计划于2005年，密云、昌平两区县计划于2006年完全执行新定额标准。朝阳区2003年财政预算中公用经费安排，除普遍高于市制订的新定额标准外，还按照中学300元/班·年、小学100元/班·年、工读学校300元/班·年、培智学校100元/班·年的标准安排实验教学经费。

为确保按期落实公用经费新定额标准，各区县均采取有效措施。平谷区财政局、教育督导室每年召开有镇乡教育助理、财政所长参加的年度预算工作会，强调这项工作要责任到人，杜绝“秋后算总账”现象。房山区财政局每年在自查工作动员会上，公示年度公用经费标准和落实要求，区人大教科文卫体办公室、区教育督导室还把公用经费落实情况做为检查、监督内容。

4. 2002 年，北京市教育经费执行中存在的主要问题：一是大兴区和密云县教育经费支出占财政支出总额的比例比 2001 年分别下降 3.55 和 3.73 个百分点，没有达到《教育法》的规定。二是北京市出台远郊区县义务教育阶段免除杂费和特困生课本费政策后，随着区县负担比例增加，区县政府财政压力很大，认为庞大杂费和课本费支出，使区县教育事业发展经费难以大幅度提高。

关于加快农村基础教育发展工作情况

2002 年 10 月，市十一届人大常委会第三十七次会议，林文漪副市长作《关于加快农村基础教育发展问题议案办理情况的报告》，提出进一步加强农村基础教育发展思路、主要目标和工作措施，承诺用三年左右时间使全市基础教育在完善管理体制、调整学校布局、改善办学条件、信息化建设、提高教师队伍素质和办学质量六个方面再上一个新台阶。经检查，在落实议案办理报告的第一年，尽管存在“非典”疫情影响，市政府有关部门和 10 个远郊区县政府仍然给予高度重视。仅农村中小学采暖设施改造、半山区和平原地区办学条件困难校改造和 100 个网络计算机教室配备 3 项，市、区（县）两级就投入资金 2.1864 亿元（其中市级投入 1.3278 亿元）。各区县政府均按照议案办理报告的要求，制订农村基础教育 3 年发展规划和分年度实施计划，并明确各部门责任，取得以下成绩：

1. 布局调整取得进展。2003 年，北京 10 个远郊区县共撤并农村中小学 103 所，一些区县已基本形成每个乡镇 1 至 2 所初中、1 所中心小学、若干所完小的学校设置格局，乡镇还创办九年一贯制学校。调整后的中小学，大多数都改建扩建校舍，整修校园，增添新的教学设备，学校管理有序，规模办学效益得到提高。

2. 办学条件改善。主要体现在三个方面：一是明火取暖全部取消。2003 年，市、区县政府投入资金 4609 万元，改造 10 个远郊区县 417 所明火取暖学校采暖设施，全市远郊区县中小学告别使用明火取暖的历史。检查组所到学校供暖情况良好，师生都很满意。二是半山区和平原地区办学条件困难校改造完成过半。2003 年市教委和 10 个远郊区县教委共同认定的 113 所办学条件困难校，市、区县两级共投入资金 1.55 亿元，其中 57 所已经达标。全年完成基建修缮 48.2 万平方米，购置教学设备 19.4 万件套，购置办公设备 2.8 万件套，购置图书资料 31.3 万册，购置寄宿设施 1.3 万件套。三是教育信息化建设取得新进展。2003 年市财政投入 1755 万元，为平谷、密云、怀柔、延庆、房山、大兴 6 个区县农村完小配备 100 个网络计算机教室，同时采取企业垫资，市、区县共同分担的方法，为远郊 205 所完小建设计算机教室，使全市完小以上中小学全部开设信息技术课，提前两年达到教育部提出的开课要求。校园网建设加快，2003 年 10 个远郊区县农村中小学新建校园网 320 个，使远郊农村中小学建成校园网总数达到 563 个，占总校数的 50.5%，所有中学和中心小学基本实现“校校通”。

3. 教师队伍整体水平提高。10 个远郊区县为提高农村中小学教师队伍水平，主要采取 6 项措施：一是引进优秀大学毕业生。2003 年共引进 708 人。二是提高学历层次。门头沟和房山两区为支持山区教师提高学历层次制订优惠政策。门头沟区教委每年拨款 5 万元设立山区教师学历进修奖学金，对取得国民教育系列大专以上学历教师给予 100 至 400 元奖励；房山区规定，山区学校教师法定学历进修学费报销比例增加到三分之二。2003 年远郊区县农村小学专任教师中大专以上学历已达到 61%，比 2002 年提高 10 个百分点；初中专任教师大学本科以上学历已达 44%，比 2002 年提高 6 个百分点。三是职称评定向农村倾斜。2003 年远郊区小学高级教师、中学一级教师、中学高级教师已分别达到 47.97%、40.72%、7.8%，比 2002 年分别提高 1.67、2.49 和 0.22 个百分点。四是制订政策，稳定骨干队伍。顺义区规定，农村地区工作教师浮动一级工资，满八年后改为固定工资，边远困难地区教师奖励工资指标比其他地区高 2 个百分点。房山区规定，从 2003 年 7 月，山区教师补贴每人每月由 6 元提高到 56 元，山区骨干教师津贴每人每月在全区标准基础上提高 20 元。昌平区规定，山区、边远地区优秀教师每月享受奖励津贴 100 元。五是优化队伍结构。延庆县超编学校实施人员分流，1998 年分流百名、2002 年分流 80 名，2003 年又推荐 11 名到居委会、农经站任职。六是提高教学能力。观摩课、评优课、青年教师拜师学徒、信息技术培训、组织课题研究等培训方式在许多区县和学校形成制度。门头沟区以优秀教师和优秀教研员为成员的青年教师导师团送教进山已坚持多年，每年 10 余次进入山区学校现场指导青年教师，2003 年该区又选派 50 名有教学经验的优秀教师到山区支教，一方面教课，一方面培养青年教师。该区开办的“星期日课堂”一年中开设 8 次讲座。

4. 办学质量和管理水平稳步提高。2003 年，北京 10 个远郊区县小学入学率达到 100%，小学毕业率达到 99.9%，初中入学率达到 99.7%，初中毕业率达到 99.1%，初中升学率达到 92.2%，其中升入普通高中比率达到 35.8%。门头沟区通过各种教育活动提高学生思想品德，从教学管理、课堂教学、学生成绩检测等方面管理与监控教学质量。房山区2002年制订《学校管理工作岗位职责》，2003年又制订《学校工作规范和流程》、《中小学阶段性教育质量标准》，提高学校管理的规范化、标准化和科学化水平。昌平区在学校管理中执行教育法律法规，建立健全各项规章制度，使学校管理工作有法可依，有章可循。2002至2003学年他们又进一步综合治理，在校务公开、治理乱收费、师德建设方面严格纪律、严格管理。

农村基础教育发展中，当前一个比较大的问题是教师学历偏低，缺少高水平人才。2003年初中教师中大学本科学历所占比例只有44%，距离北京市到2005年达到80%的目标相差甚远。中学高级教师人数占专任教师人数的比例也仅有7.8%。随着中小学办学条件的改善，这一问题将成为北京市农村基础教育提高质量的最大制约因素。

关于市属企业依法提取和使用职业教育经费情况

《北京市实施〈中华人民共和国职业教育法〉办法》第二十二条规定："企业按照不低于职工工资总额1.5%提取的职工教育经费，应当主要用于职工的职业培训"。对这一法条执行情况的检查，采用调研与检查相结合办法。调研采用发调查表和问卷两种方式，涉及市经委、建委、商委、农委所属14个总公司及其下属65个二级企业，检查涉及新燕莎、城建、京城机电3个集团总公司。结果显示：北京市国有骨干企业提取职工教育经费总体水平低于国家规定，市经委等四委合计，2002年实际拨付职工教育经费占职工工资总额比例为1.3%，低于法定1.5%的要求。各企业在职工教育经费提取比例上差距较大。如市建委所属城建集团2002年提取比例为1.54%，而建工集团、住总集团均未达到1%，市商委所属个别企业仅达到0.6%。

造成以上情况原因，一是领导干部在行业、企业重组、改制、调整过程中对职工教育重要性认识不一致，重视程度不同。如首钢总公司为提高职工素质，规定凡经单位同意进修取得学历证书的，均可报销学费的30至40%，在职进修硕士、博士的，公司承担70%培训费，工人取得技术等级证书的，报销70%培训费，但许多企业没有类似规定；二是管理上缺乏有效监督。有些企业在撤销教育培训主管部门之后，职工教育管理随之削弱。

检查中还发现职工教育经费使用中的一些问题需要给予重视：一是职工教育经费使用中存在重管理岗位人员轻生产岗位人员倾向。从调查数据看，2002年干部与工人培训经费之比为4.97：1；二是有些政府部门办职工培训班时，要求企业必须参加，且收费很高，增加企业负担。如2002年市城建集团设备安装公司有240人参加岗位证书培训，缴费达到20万元；三是有些政府职能部门、行业协会、咨询公司举办的培训班费用过高，降低企业教育经费利用率。

北京市人民政府教育督导室

关于北京市2003年教育事业费执行情况公告

依照《中华人民共和国教育法》第五十五条规定："各级人民政府教育财政拨款的增长应当高于财政经常性收入的增长，并使按在校学生人数平均的教育费用逐步增长，保证教师工资和学生人均公用经费逐步增长"。根据《北京市教育经费执行情况监测制度〈试行〉》的规定，现将2003年北京市教育事业费执行情况公告如下：

教育经费拨款：

2003年全市预算内教育经费执行数为1268129万元，比2002年的1091008万元增长16.23%；全市财政经常性收入2003年为5122466万元，比2002年的4844539万元增长5.74%；预算内教育经费的增长比例高于财政经常性收入增长比例10.49个百分点。

生均教育事业费执行情况：

（一）普通高校：2003年生均教育事业费为15806.43元，比2002年的15146.05元增加660.38元，增长4.36%；

（二）职业高中：2003年生均教育事业费为4092.39元，比2002年的3867.68元增加224.71元，增长5.81%；

（三）普通高中：2003年生均教育事业费为4845.4元，比2002年的4421.89元增加423.51元，增长9.58%；

（四）初中：2003年生均教育事业费为3680.73元，比2002年的3273.16元增加407.57元，增长12.45%；

（五）小学：2003年生均教育事业费为3348.24元，比2002年的2891.43元增加456.81元，增长15.80%；

生均公用经费执行情况：

（一）普通高校：2003年生均公用经费为9946.66元，比2002年的9871.62元增加75.04元，增长0.76%；

（二）职业高中：2003年生均教育事业费为1116.37元，比2002年的1116.10元增加0.27元，增长0.02%；

（三）普通高中：2003年生均公用经费为1769.36元，比2002年的1602.94元增加166.42元，增长10.38%；

（四）初中：2003年生均公用经费为1210.37元，比2002年的1064.74元增加145.63元，增长13.68%；

（五）小学：2003年生均公用经费为860.57元，比2002年的667.95元增加192.62元，增长28.84%。

北京市教育委员会
北京市财政局
北京市统计局
北京市发展和改革委员会
北京市科学技术委员会

北京高等教育质量状况分析

2002年下旬，市教委调研北京高校师资队伍、经费、硬件设施、教学、学生等方面情况。接受调查的北京普通高等学校66所，成人高等学校12所，民办高等学校7所。

师资队伍情况

专任教师队伍

图1至图4从教师的职称结构、学历结构、年龄结构、学缘结构四个方面分析北京普通高等学校和成人高等学校专任教师基本情况。职称结构上，2001年、2002年各级职称所占比例变化不大，其中普通高校除助教所占比例略有增长外，其他各级职称所占比例均有所下降；成人高校教授、助教所占比例略有增长，而副教授、讲师所占比例略有下降。学历结构上，北京高校专任教师队伍学历结构正在朝着高学历方向发展。

图1　北京高等学校专任教师职称结构百分比

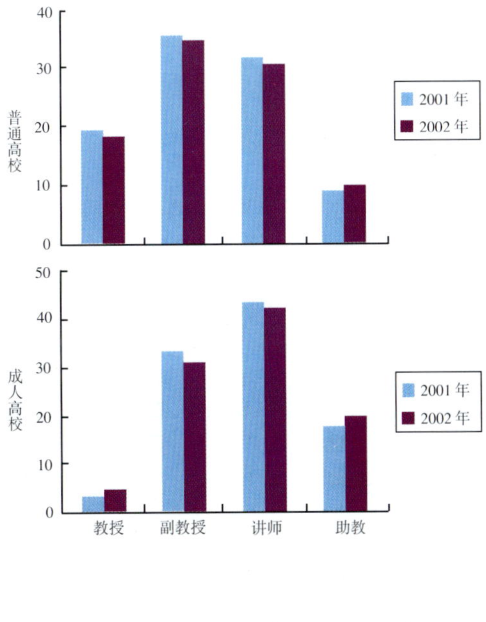

图2　北京高等学校专任教师学历结构百分比

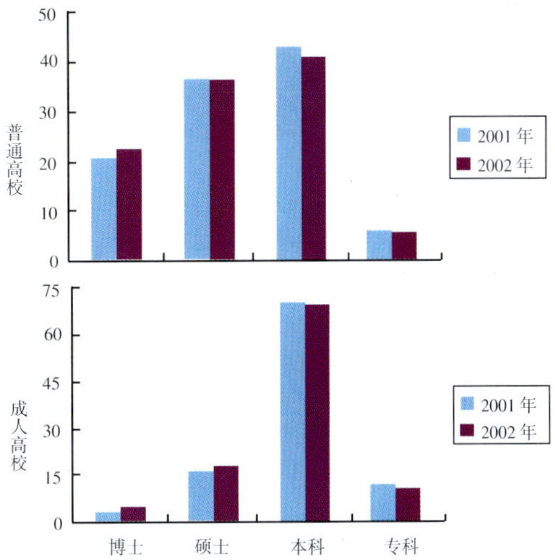

图3　北京高等学校专任教师年龄结构百分比

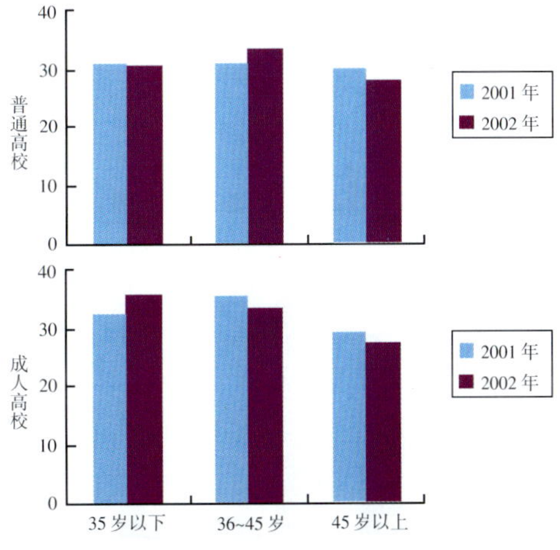

2002年普通高校拥有博士学位教师所占比例明显增

长，而成人高校拥有硕士学位教师所占比例有一定增长。年龄结构上，2002 年普通高校 35 岁以下以及 36 至 45 岁教师所占比例都有增长，但 45 岁以下教师略有下降；成人高校除 35 岁以下教师所占比例有所增长外，其余均下降。学缘结构上，无论是普通高校还是成人高校，外校毕业教师占专任教师队伍主流，2002 年又有较大幅度增长。

图 4　北京高等学校专任教师学缘结构百分比

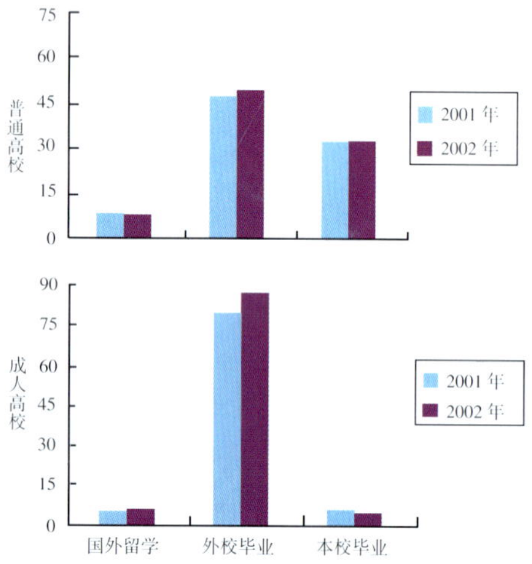

兼职教师队伍

图 5 反映北京高校兼职教师队伍情况。2002 年度中央部委高校中校内返聘、校际共享、社会兼职、外教等教师数均有增加，反映北京高校兼职教师构成变化。从成人高校来看，各项指标均有增长，特别是校际共享和社会兼职两项增幅较大，并成为成人高校兼职教师队伍主体。

图 5　北京高等学校兼职教师来源结构百分比

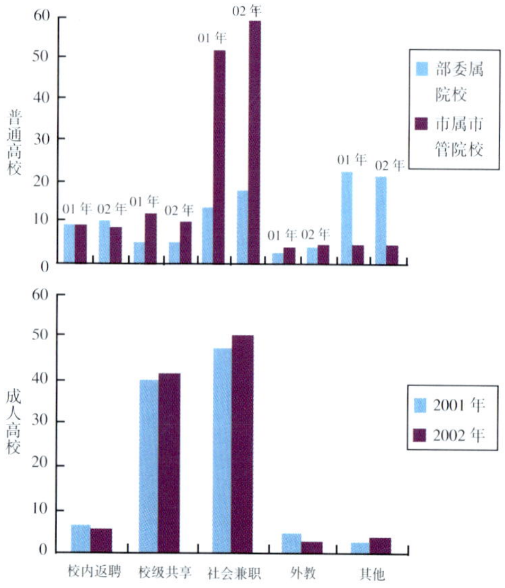

总的说来，北京高校专任教师中低职称、高学历，年轻教师有比较大增长。从职称和年龄来判断，这些教师大多为新教师，这在一定程度上对教育教学质量产生不利影响。同时，兼职教师队伍增加也在一定程度上表明师资队伍紧缺状况。

经费情况

6 项教学经费支出

图 6 显示北京普通高校 6 项教学经费支出的情况。从图 6—1 中可以看出，在 6 项教学经费支出总额上，各项教学经费三年来都呈逐年增加态势，其中尤其以教学仪器设备购置费增幅明显，其次是本专科业务费。从图 6—2 中可以看出，6 项教学经费中各单项经费占总支出比例在三年来的变化趋势：本专科业务费和教学仪器设备购置费两项占 6 项教学经费支出的八成以上，图书资料购置费所占比例则呈逐年减少的趋势；其他各项所占的比例基本保持不变。从图 6—3 中

图 6—1　北京普通高校 6 项教学经费支出

（单位：万元）

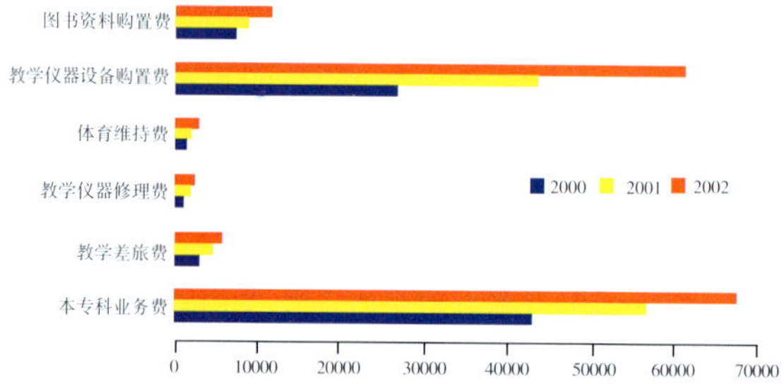

图 6—2　北京普通高校 6 项教学经费支出比例从内环到外环分别代表 2000 年、2001 年、2002 年（单位：百分比）

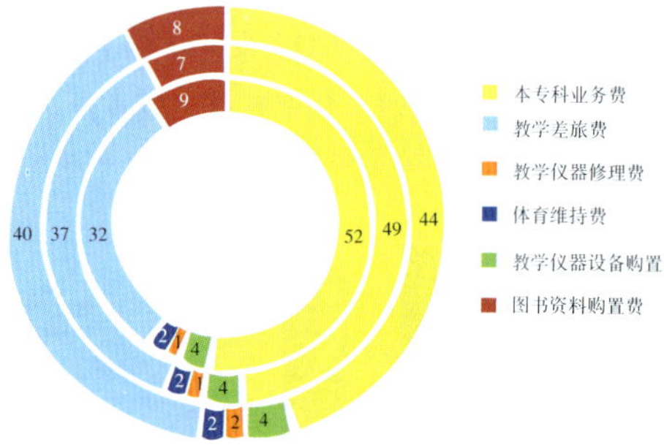

图 6—3　部委属与市属市管高校 6 项经费支出比例

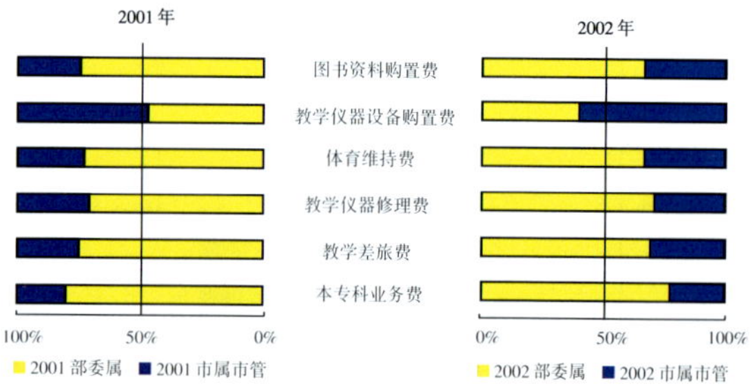

可以看出，北京部委院校和市属市管院校6项教学经费支出比例不同：除在教学仪器设备购置费方面市属市管院校与部委属院校基本相当外，其他各项教学经费支出比例，部委属院校均高于市属市管院校。

日常教学经费和师资培训费

图7显示日常教学经费和师资培训费支出情况。三年来两者都呈增长趋势，其中，2002年日常教学经费上年增长27%；教师培训费达2773万元，比2000年增加1552万元，增幅达到127%。

图7 2000年至2002年北京普通高校日常教学经费和师资培训费支出

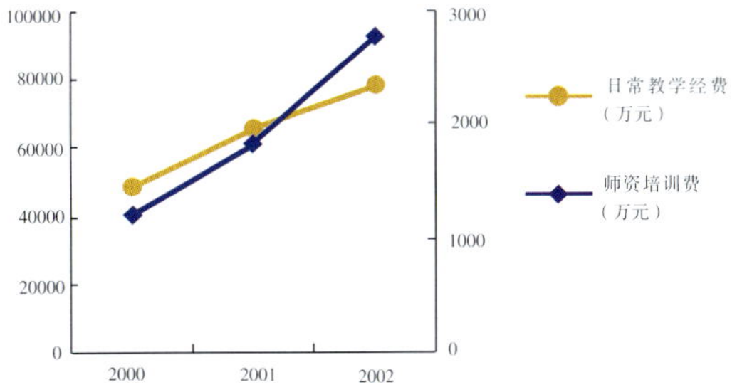

图8显示北京普通高校学费收入用于日常教学经费的比例。无论是部委属还是市属市管院校，三年来学费收入在日常教学经费中所占比例都呈下降趋势。

图8 学费收入用于日常教学经费的比例

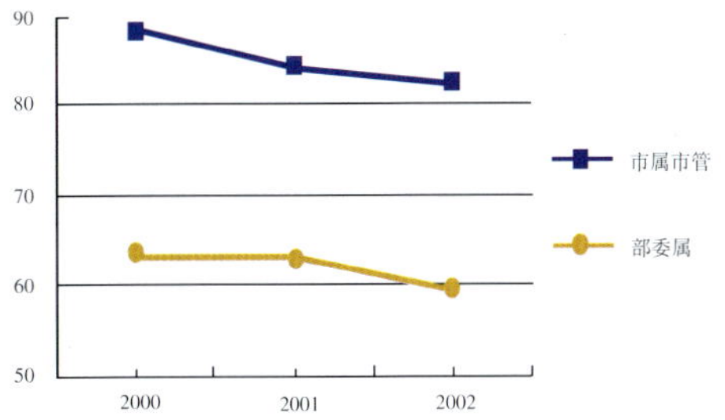

直接与学生相关的基础设施建设经费

直接与学生相关的基础设施主要指宿舍、教室以及其他方面如操场、食堂、浴室等。图9—1反映北京普通高校在直接与学生相关的基础设施建设经费方面投入情况。在学生宿舍建设方面，部委属院校与市属市管院校在资金投入总额上基本相当，但在教室建设和改造方面，部委属院校投入的资金远远多于市属市管院校。图9—2反映这一投入的逐年变化情况。在改善学生住宿条件上，市属市管院校的经费投入比例高于部委属院校；而在教室建设方面，部委属院校投入在2001年和2002年均高于市属市管院校。

总的来说，从2000年到2002年，北京普通高等学校6项教学经费、日常教学经费、师资培训费支出逐年增长；在直接与学生相关的基础设施建设经费投入方面，保持增长趋势的是教室建设和改造经费投入。经费连年增长可以在一定程度上反映三年来高校在教学经费投入、教学条件改善方面所做努力；同时，学费收入在日常教学经费中所占比例逐年下降，在某种程度上表明高校筹措经费渠道更加多样化。

图9—1 直接与学生相关的基础设施建设的经费投入 （单位：万元）

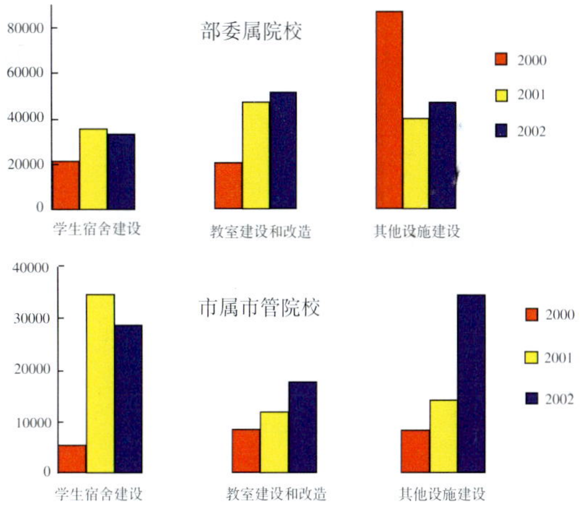

图9—2 2000年至2002年直接与学生相关的基础设施建设经费投入比例

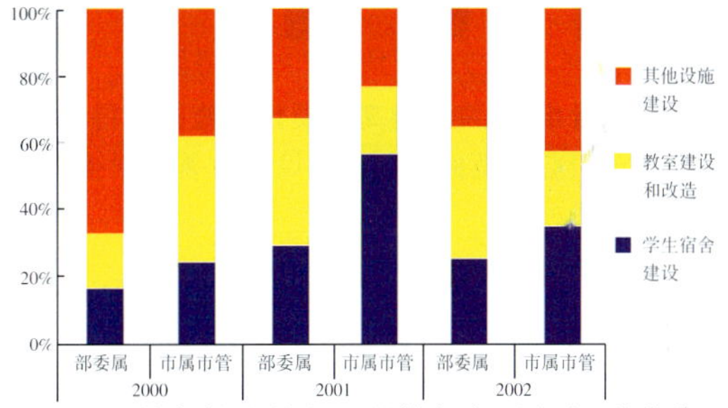

硬件设施

图10显示北京普通高校生均教学仪器设备情况。2002年部委属院校生均教学仪器设备值超过万元，市属市管院校生均教学仪器设备值也逐年增加，但与部委所属院校相比，生均教学仪器设备值仍相差50%。

图10 北京普通高等学校生均教学仪器设备值 （单位：万元）

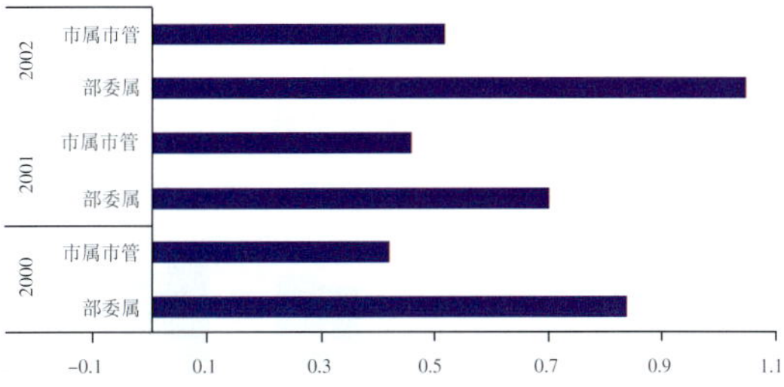

图11显示北京普通高校在教室面积、运动场面积、图书馆面积、实验室面积、学生宿舍面积五个方面教学设施情况。从图11—1中可以看出，以上五项的总面积在2002年均比上年有所增加；但图11—2却表

明，以上五项生均面积在2002年均比上年有所减少。

图11—1　北京普通高等学校教学设施面积

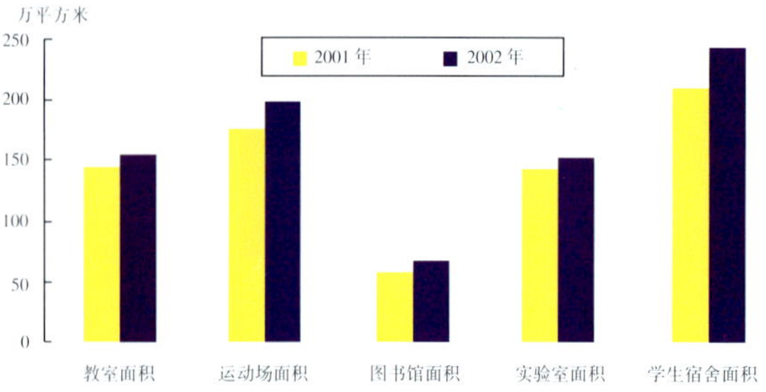

图11—2　北京普通高等学校生均教学设施面积

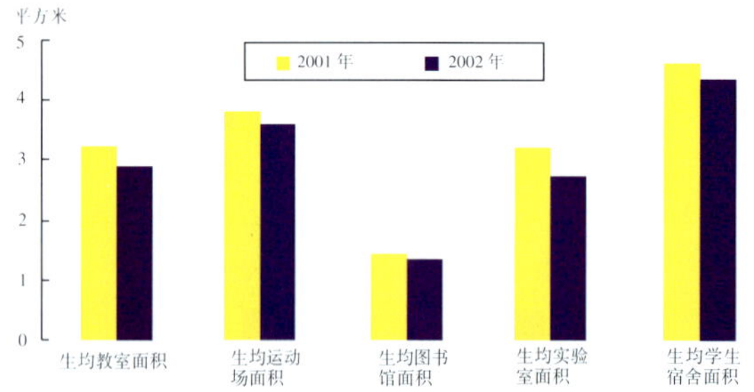

可以看出，北京普通高校硬件设施持续得到改善，但是应该引起注意的是，教学设施改善与学生增加并不完全同步。

教学情况

教授授课

图12、13反映教授、副教授讲授本科生课程情况。讲授本科课程教授、副教授数及由教授、副教授讲授的本科课程数在2002年均有所增加，但就其所占比例来看，两年间相对比较稳定，增幅较小。

图12　北京普通高校讲授本科课程教授、副教授占总人数百分比

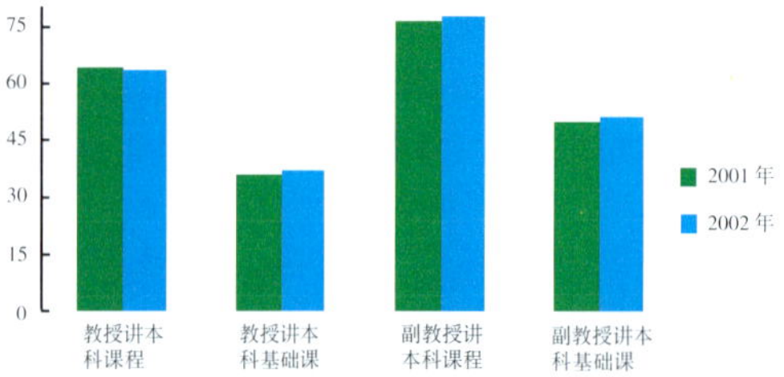

图13　北京普通高校由教授、副教授讲授本科课程占总课程门数百分比

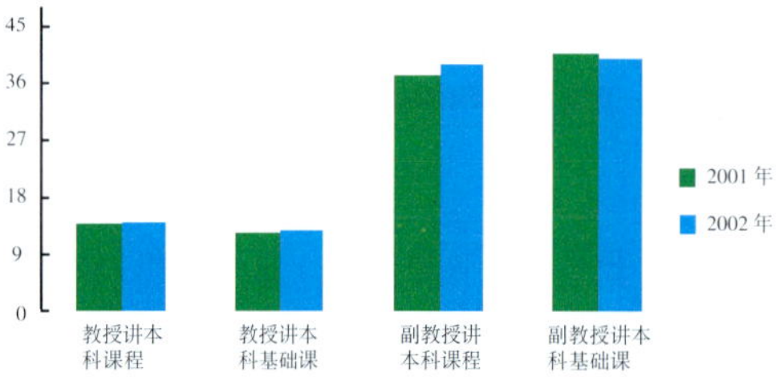

教材选用

图14显示北京普通高校2001年、2002年教材选用情况。两年间在教材选用上无变化，外文原版教材所占比例虽然在2002年度有小幅增长，但总量仍十分有限；新教材所占比例几乎没有变化，约占45%。

图14　北京普通高等学校教材选用百分比

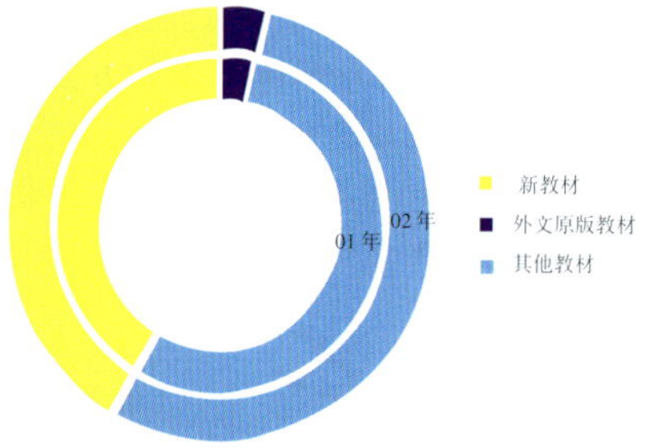

双语教学

图15反映北京普通高校双语教学情况。外文教材双语讲授、外文教材汉语讲授以及中文教材外语或双语讲授3项指标在2002年均有增长。

图15　北京普通高等学校双语教学所占百分比

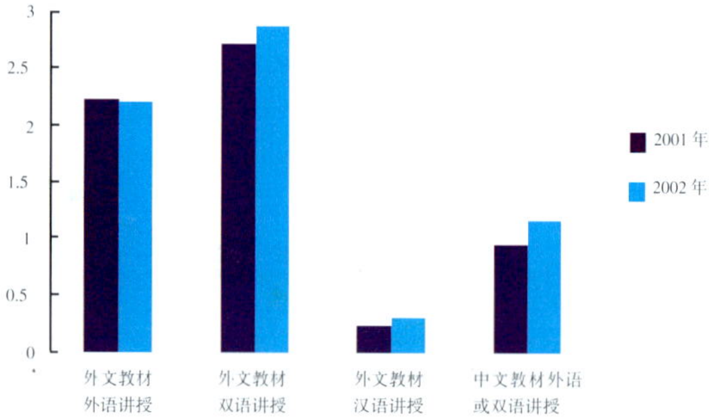

多媒体教学

图16反映北京普通高校2001年、2002年多媒体教学情况。可以看出，2002年完全采用多媒体教学及50%课时采用多媒体教学比例均有较大增长。当然，多媒体在教学的使用不能一概而论，要根据课程类型和教学实际效果来决定。

图16　北京普通高等学校多媒体教学所占百分比

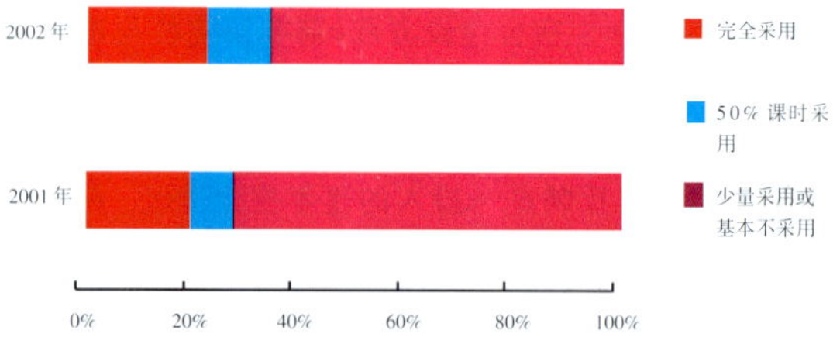

实验教学

图17、图18反映北京普通高校2001年、2002年实验教学情况。其中，有实验课的课程及有综合性设计性实验的课程二者所占比例在2002年有增长。同时，北京普通高校实验开出率很好，两年均在96%以上。其中，中央部委属院校实验开出率在2002年有所增

长，但市属市管院校这一指标则降低 2 个百分点。

图 17 北京普通高等学校
不同实验教学类型所占百分比

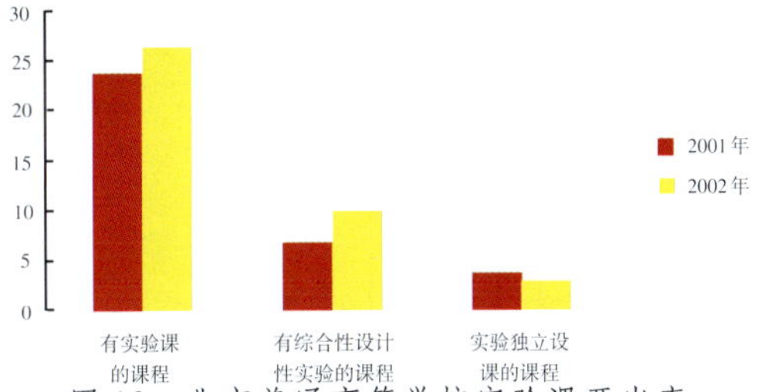

图 18 北京普通高等学校实验课开出率

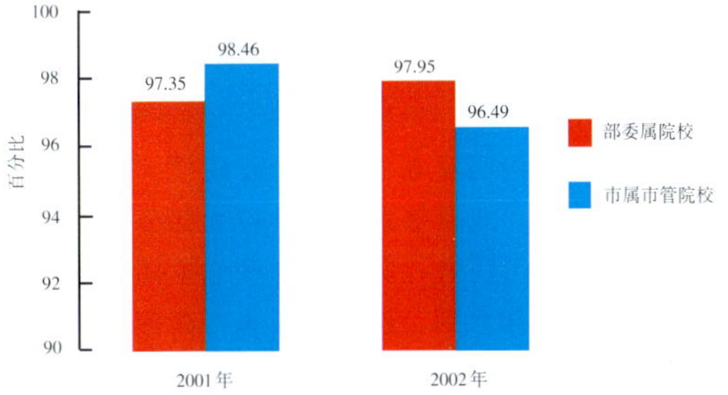

创新教育与实践教学环节

图 19 显示北京普通高校 2001 年、2002 年开展创新教育和实践教学情况。2002 年除开设创新课指标比 2001 年有小幅增长外，其余指标相对稳定。

图 19 北京普通高等学校创新教育
与实践教学所占百分比

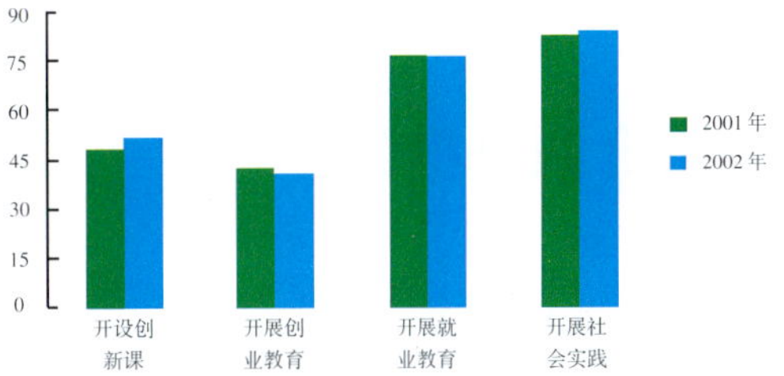

图 20 显示科研专用实验室 2002 年比 2001 年均有所增加，这反映北京普通高校重视本科生科研教学。

图 20 北京普通高等学校实验室开放数（单位：个）

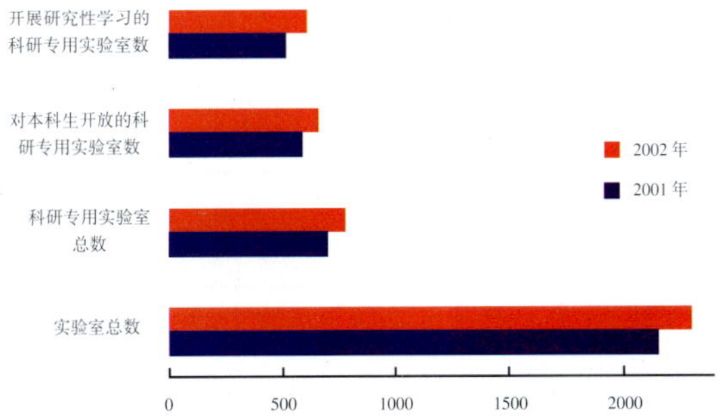

教改立项

图 21 显示北京普通高校各级教改立项情况。各级教改立项数在 2002 年均有增加，而且部分立项增幅较大。特别是国家级教改立项增幅达到 89%，可以反映高校对教改研究的重视。

图 21 北京普通高等学校教改立项数（单位：个）

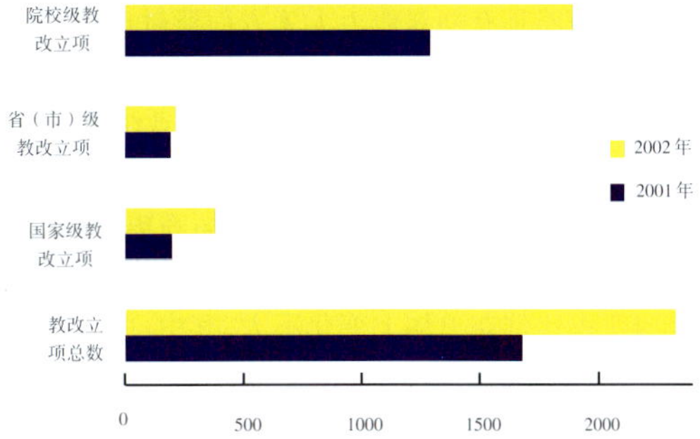

总的来看，教学方面北京高等学校在教授授课，双语教学、多媒体教学、实验教学、创新教育和实践教学环节取得成绩，部分高校创造条件，培训教师；增加双语教学教师工作量，以提高他们的积极性。

学生情况

本科生的学习科研

图 22 显示北京普通高校 2002 年大学英语四、六级考试情况。四级的通过率保持在 35%以上，优秀率在 5%左右；六级的通过率保持在 25%以上，优秀率在 3%左右。

图 22 2002 年北京普通高等学校本科生全国
大学英语四、六级考试通过率及优秀率

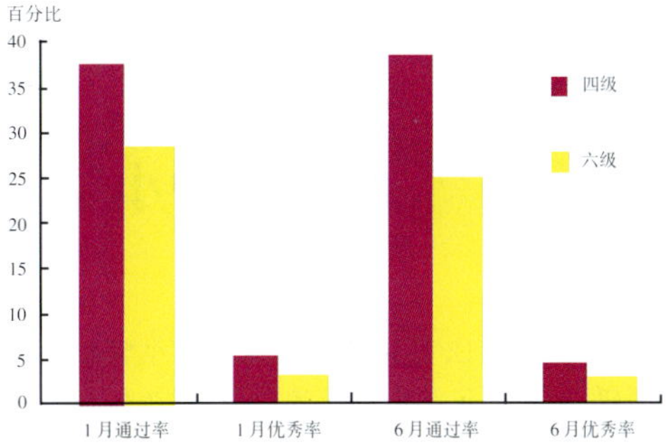

市教委调查北京普通高校本科生课程重修情况。从表 1 中可以看出，除一年级外，其他 3 个年级课程重修百分比 2002 年比 2001 年有所增长，反映各高校在课程考核方面严把质量关、提高质量要求态度。二年级课程重修率与一年级相比有显著增长，可能反映学生在进入二年级后对待课程学习重视程度有所降低，应该引起教学管理部门重视。

表 1 北京普通高等学校本科生课程重修百分比
（单位：百分比）

	一年级重修百分比	二年级重修百分比	三年级重修百分比	四年级重修百分比
2001	9.05	11.36	10.51	9.54
2002	6.46	14.93	13.02	11.10

在北京普通高校在校本科生科研情况调查中。2002年在校本科生公开发表科研论文达到881篇，取得专利发明创造达13个，较上学年增加近两倍。反映各高校在培养具有创新能力人才方面所付出的努力。

毕业生就业

图23、图24反映北京普通高校毕业生的就业情况。从一次就业率来看，2002年略低于2001年，主要是因为1999年扩招以来第一届学生面临毕业，致使毕业生总数激增。从毕业生的去向来看，两年间毕业生各种去向所占比例在总体上变化不大。其中，中央部委属院校学生，毕业后进国有企业、事业单位及继续读研成为占据较大比例的三大出路；而市属市管院校学生的主要去向是国有企业和事业单位，此外还有相当比例的人待业；中央部委属院校毕业生继续攻读研究生及进政府机关比例明显高于市属市管院校。

图23 北京普通高等学校本科毕业生一次就业率

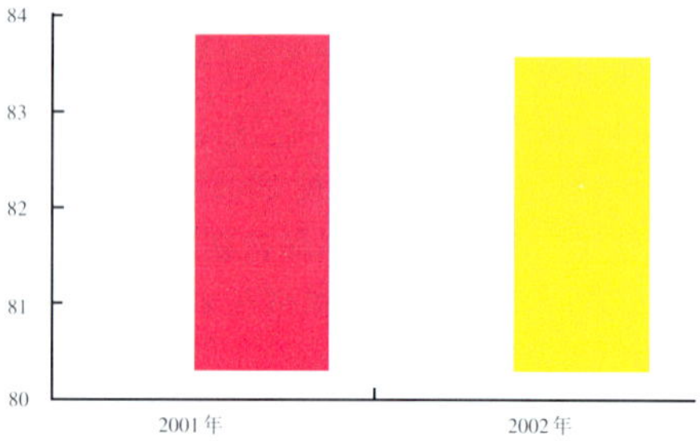

图24 北京普通高等学校本科毕业生就业去向

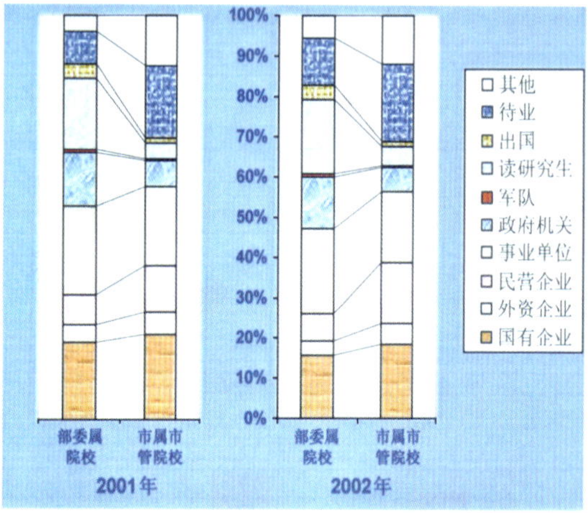

总的来说，北京普通高等学校大部分的本科生能够较好完成学习任务，其中有一些学生还显示较强的科学研究能力和水平，这与近年来各高等学校在创新人才培养和推进研究型学习方面的努力是分不开的。就业情况，2002年比2001年略有下降，但一次就业率仍在83%以上；事业单位、国有企业仍然是毕业生的首选，继续深造也开始成为越来越多人的选择。

（执笔人：张有声）

北京市中小学教育社会评价调研报告

2003年3至12月，市教委完成中小学教育社会评价调研。调研以了解中小学教育现状、为领导提供决策依据、推动中小学全面实施素质教育和提高教育教学质量为目的，重点是中小学教育政策、学校教育管理和教育教学质量的评价意见，对象为中小学学生家长、街道办事处、乡镇政府干部及其所属居委会或村委会干部。

调研方法

问卷调查法

1. 确定研究对象具体范围和样本

首先，依据区县特点在全市18个区县确定具有代表性的8个区县：城区东城和宣武，近郊区海淀和石景山，远郊区县顺义、房山、大兴和密云。然后，依据学校性质、类别、所在区域，按每区县10%的比例，在8个区县共抽取117所中小学，其中有小学81所、初中28所、高中8所。最后，在抽取的学校（小学1至2年级和中小学的毕业年级除外）中，每校随机确定100名学生家长做为研究对象样本。

2. 问卷的制订、发放和回收

问卷由市政府教育督导室统一制订并印发区县。共发出中小学生家长问卷11700份。回收有效问卷11105份，回收率为95%。

3. 样本分布情况，见（表1）。

表1 学生家长分布情况

区县	抽取学校所数				抽取学生家长人数			
	小学	初中	高中	合计	小学	初中	高中	合计
东城	5	3	1	9	500	300	100	900
宣武	4	2	1	7	400	200	100	700
海淀	15	8	1	24	1500	800	100	2400
石景山	4	1	1	6	400	100	100	600

续表

区县	抽取学校所数				抽取学生家长人数			
	小学	初中	高中	合计	小学	初中	高中	合计
顺义	10	3	1	14	1000	300	100	1400
房山	20	5	1	26	2000	500	100	2600
大兴	14	4	1	19	1400	400	100	1900
密云	9	2	1	12	900	200	100	1200
合计	81	28	8	117	8100	2800	800	11700

家长职业和文化程度，见表2和表3

表2 学生家长职业

家长职业	数量（人）	占总数百分比（%）
公务员	619	5.6
国企职工	1659	14.9
农民	3512	31.6
军人	340	3.1
事业单位职工	2107	19.0
其他	2028	18.3
私营企业和外企雇员	840	7.6

表3 学生家长文化程度

家长文化程度	数量（人）	占总数百分比（%）
小学毕业	536	4.82
初中毕业	3882	34.94
高中毕业	3590	32.32
大专以上	3097	27.89

座谈和个别访谈法

围绕调研内容，市调研组在东城、石景山、房山、密云各召开一次座谈会，参加人员为街道办事处、乡镇政府以及其所属居委会、村委会干部和学生家长，共52人，其中20人既是干部又是学生家长。个别访谈共计2名区教委主任、1名镇党委书记、1名主管教育副镇长、2名区县教育督导室主任。

调研结果

调查结果

1. 问卷调查结果。

对北京市中小学教育工作写出书面意见或建议家长4684人，占家长总数的42.2%。他们的意见或建议4700条（内容有重复），主要涉及社会公众关心的教育热点、难点问题，如入学招生办法、学校教育管理、教师队伍、学生负担、乱收费、素质教育等。

2. 座谈会和个别访谈结果

被调查者对中小学教育工作都持肯定态度，既肯定成绩，又提出意见或建议，其内容与问卷调查结果一致。

研究结果

被调查者职业广泛，文化程度是不尽相同，具有社会代表性；他们关注北京市中小学教育工作，了解情况有多有少，了解程度也不完全相同，提出的意见或建议是中肯的、有价值的、真实可信的；他们的评价意见和评价状况反映北京市中小学教育实际情况。

1. 北京市中小学教育总体现状

（1）在学校教育管理方面，被调查者认为，各级人民政府和教育行政部门乃至大多数中小学校十分重视教育工作，贯彻国家教育法律法规和方针政策，努力实施素质教育，办学条件得到很大改善办学条件好的和比较好的学校占被调查学校总数71%，较差学校占2%；校风越来越好，校风很好和较好的占75.4%，校风较差的学校占1.7%。

（2）在教育教学质量方面，被调查者认为其得到很大提高，但在学校之间存在着一定差距。有三分之二家长满意的和比较满意中小学教育教学质量。思想道德素质和文化课学习成绩是好的或比较好的，能够基本做到孝敬父母、尊重老人的学生占95.7%、能够基本做到关心他人的学生占94.4%、学习成绩好和比较好的学生占66.6%。

（3）在对中小学教育总体现状估计上，被调查者认为中小学教育是好的或比较好的，取得的成绩是明显的、主要的。

2. 北京市中小学教育存在的问题。

（1）教育政策问题

①入学招生政策，需要进一步调整

社会公众对“电脑派位”办法有争议、意见大。认为“电脑派位”不合理的家长居多数。被调查的11105名家长中有38.8%认为“电脑派位”不合理，28.2%认为合理。东城、宣武、石景山和海淀4个城区中被调查的小学生家长共2372人，其中认为“电脑派位”不合理的占49%，认为合理的占26%。

家长们指出的“电脑派位”弊病如下：A是一种“撞大运”、“抓阄儿”的办法，不考虑学习成绩，学生和家长都不能掌握自己的命运；B不公平，学生们不能公开、公平竞争；C打击好学生积极性，对于学习成绩差的学生也不利；D致使义务教育阶段公办学校取消择校生政策不能落实；E促使家长让孩子不得不走择校之路；F为了择校，家长不得不让自己的孩子参加校内外学习班、辅导班、补习班，加重学生心理和学习负担，影响身体健康发育；G致使一些教育质量好的学校收取的择校费额越来越高。

事实上，“电脑派位”不可能完全落实到位。例如，

2002年某区一所“薄弱校”应该从北京小学收录“电脑派位”新生40名，最后只剩1名智残生。个别家长明确表示反对“电脑派位”，一些家长强烈要求取消“电脑派位”，恢复小学升初中的统一考试制度。座谈会某区98%的家长提出这种意见。

外地来京务工者的子女在京升学有困难。他们要求给其子女与北京市户口学生同等参加全市统一升学考试机会，录取分数也不应该提高。

义务教育阶段，公办校取消择校生的规定不落实，择校生依然存在。

②收费政策应当有调整

远郊区县教委反映，市教委关于农村小学和初中“只可代收课本费，即教科书费”的规定不符合农村实际，应当取消。

义务教育阶段学校收费应该统一，不应该有多有少，不应该收择校费。对重点中学改制后高收费，家长们很反感、不赞成。某家长说：“这不符合义务教育精神，难道高质量义务教育就得高收费”？

③“减负”规定落实得差

“减负”规定已出台多年，至今仍然得不到落实。加重学生课业负担现象屡禁不止。有15.1%的学生在7点以前到校，1.6%的学生睡眠不足6小时，8.6%的学生完成作业时间在2小时以上。

（2）学校教育管理问题

①缺乏法律意识，执法不严，违法违规违纪问题年年出现，乱收费问题依然存在

学校自定收费项目、收费标准。据家长反映，某所有名的中学收取每生择校费高达20万元。有些学校擅自增加“收费卡”以外的项目，如人身保险费、课外辅导书费、课外练习册费、班费、非毕业班讲义费。

学校利用双休日、寒暑假、节假日举办补习班、辅导班屡禁不止。某所较好的中学利用双休日举办同步班，每个年级分成A、B、C班，名义上让学生自愿参加，实际上要求学生都参加，还收取补课费。

②办学思想不端正，素质教育不能全面落实

学校仍然存在重视升学考试科目，轻视其他科目；重视智育，轻视德育、美育、劳动和劳动技术教育倾向。如学生的课业负担过重，不开展学生社会实践活动，音乐、美术教材没有充分利用（某所小学中年级美术教材根本没用过），对学生不能一视同仁，重优轻劣。有1.8%学校没有开展学生社会实践活动，22%的学校对学生干家务没有要求，有8.7%的学校对学生卫生习惯没有要求。

衡量学校教育质量仍然是以文化课学习成绩做为惟一标准。

③学校规章制度不健全或落实得差

对教师管理不严格、不到位。仍有教师动手打学生，体罚和变相体罚学生；有的教师让学生代替批改作业；有的教师留作业量过多。

缺乏家访制度或家访制度不落实。某所较好中学的一名家长认为学校没有家访，没有征求家长意见途径，开家长会只是让家长听学校领导和学科教师讲。15%的家长指出与家长没有联系。

④班额超标

城区某些好校和郊区县直属学校（特别是小学）班额超标。如某区直属小学班额超过45人，使教师面向全体学生困难加大，影响课堂教学质量。

⑤课程设置和教材问题值得深入研究

课程设置门类偏多，教学内容在学科之间有重复现象，有的教材内容偏离学生生活实际。

如何处理校本教材与课程计划规定教材关系，如何使用好校本教材的问题也值得深入研究。

⑥城区学校与郊区学校的办学条件差别较大

农村学校的教学仪器设备（特别是体育器材、电脑）仍显不足。建议市政府政策向农村学校倾斜。

（3）教师队伍问题

“学生负担过重”、“素质教育不能全面落实”以及违法、违规、违纪问题，反映中小学教师队伍问题，如教育思想不端正，没有树立起素质教育思想；缺乏法律意识和依法执教意识；教改意识不强；教育教学能力和水平有待提高。

家长们希望政府和教育部门重视和加强教师队伍建设。

“重点校”和普通校的师资力量相差较大。好教师流向“重点校”，使普通校师资力量日益下降。这类问题涉及教师人事管理。家长们要求教育行政部门协调义务教育阶段师资，缩小校际差异。

（执笔人：陈兴江）

北京教育总述

2003年北京教育简况

2003年，北京教育系统取得防控“非典”和教育事业发展双胜利。按时、按计划完成52项“两委”折子工程，11项市政府折子工程、2个市政府实事项目、6项市领导批示交办事项。市教委第一次被市政府评选为2003年政绩突出单位（全市共有16个单位）。

各级各类教育持续发展，各项改革稳步推进

（一）继续扩大普通高中招生规模，招生9.5万人，比上年增长12%；中等职业学校招生8.2万人，初中毕业生升学率达到99.66%，圆满完成初中毕业生高峰年的升学任务。高考录取率继续稳定在74%。市属市管高等学校招生5.47万人，同比增长8.71%。市属市管高校研究生招生3988人，同比增长40%。

（二）贯彻落实全国农村教育工作会议和北京市基础教育工作会议精神，进一步改善基础教育办学条件。扩大义务教育课程改革实验面，小学在18个区县实验，已经滚动实验到三年级；初中在宣武、海淀、延庆不同类型地区开展实验，参加实验学生达20万人。继续加快中小学结构布局调整，撤并中小学103所，改造半山区及农村平原地区60所办学条件困难学校；完成第二批12所示范普通高中建设，北京示范普通高中学校达到26所，第三批20所学校的前期评估考察工作已经完成。投入1000多万元改善教育网络，完成123个网络计算机教室和205个计算机教室建设，建成557个中小学校园网。教育督导部门完善实施素质教育工作评价指标体系，在学校试点效果良好。

（三）整合首都高等教育资源优势，提升高等教育的整体水平。与教育部签署共建中国人民大学协议。北京信息工程学院和北京机械工程学院合并组建北京信息科技大学。新审批设置高等职业技术学院6所，审批设置2所民办非学历高校。市属市管高校的教学研究质量进一步提高。增列一级学科博士点7个、博士学位授权点15个、硕士学位授权点70个。依据首都经济和社会发展需要调整本科专业结构，启动高等学校教学质量与教学改革工程精品课程建设，评出98项市级精品课程。以建立高等学校现代管理制度为目标，制订《北京高等学校按学分收费的初步意见》，受到兄弟省市和社会各界关注。积极支持服务首都经济社会发展应用性科研立项，制订市属市管高校市级重点实验室建设规划，投入经费5800万元。科技成果转让金额1200万元。

良乡高教园区和沙河高教园区建设稳步推进。全年竣工学生公寓60万平方米，市属市管高校大学生公寓建设资金补助意见得到市政府批准，落实补助资金6.6亿元。投入3亿元整治北大、清华校园周边环境。全市学校及校园周边环境整治和建设工作取得成绩，2003年学校及校园周边环境整治和建设工作涉及学校550所，拆除违法建筑82676平方米，撤除集贸市场36个、摊点1839个，拆迁转停商业网点246个，整顿交通拥堵和机动车私停乱放点253处，整顿治安乱点91处，绿化194076平方米，铺（修）路面200721平方米，铺（修）操场35365平方米，改造旧房59822平方米，新建垃圾站7个，清理垃圾722吨。

（四）全面落实全国和北京市职业教育工作会议精神，推动职业教育改革。全面启动10所现代化标志学校建设，北京市经济技术开发区内“职教园区”10万平方米建设项目主体结构竣工。新评国家级示范校5所，省部级示范校3所，复评原有25所国家级示范校。优先发展高新技术产业和现代服务业所需新专业，加强重点、骨干专业建设。评选首批15个示范社区教育中心；推动大中型国有企业建立现代企业教育制度，创建学习型企业活动；发展农村远程科技推广培训，建成农村远程教育接收站210个。

（五）积极推进招生制度的改革。支持22所高校做好自主选拔录取改革试点工作。首次开展选拔高等职业教育（专科层次）优秀应届毕业生进入本科阶段继续学习试点工作，2421名毕业生参加“高职升本科”考试，实际录取1516人。

（六）加强高校毕业生就业指导工作。2003年北京共有各类毕业生112157人，毕业生总数比上年净增23355人，增长26.3%，就业形势严峻。市教委协调有关部门采取积极措施，大力加强毕业生就业工作，与市委组织部、市人事局、市农委联合印发《关于鼓励高校毕业生到农村基层工作，加快郊区经济发展的若干意见》，1200名毕业生与农村基层单位签订三方协议。截至9月，毕业生全员初次就业率为86.88%，与上年持平，高职生就业率比上年增长9个百分点。同时，市教委投资兴建的毕业生常年固定就业市场——大学生就业之家正式启用。

（七）扩大教育对外交流与合作，引进国外优质教育资源。投入1309万元资助市属院校开展引智工作，聘请长期外国文教专家1304人次；促成8所中小学与英国有关学校签订交流协议；赴欧、美、东亚及南亚地区举办来华留学教育展。批准北京2所学校赴境外办学，批准中外合作办学项目10个，其中高等学历职业教育4项，高等非学历职业教育4项，普通高中1项，职业培训1项。经外专局批准10项境外培训计划，派出253名中小学英语教师、高校专业教师及管理人员赴美国、加拿大、新西兰等国培训。派出境外短期访问和培训团组43个326人次，审批中学生赴境外交流团组21个，派出学生428人。协助市政府承办亚洲教育北京论坛发起者会议。

（八）教育立法工作得到加强。历时五年调研、起草的《北京市中小学生伤害事故预防和处理条例》，已经市人大常委会审议通过。配合市人大制订《北京市实施〈中华人民共和国国家通用语言文字法〉若干规定》。同时在全国率先完成二类城市语言文字评估工作。《北京市实施〈民办教育促进法〉办法》已完成前期调研、起草工作。组织修改《北京市中、小学生学籍管理办法》，完成《教育法》、《义务教育法》、《行政许可法》等20件有关法律、法规、规章立法或修改草案意见征询与修订工作。

采取各种措施，努力办好让人民满意的教育

（一）支持农村地区义务教育发展。市、区两级共投入1.55亿元，其中市级专项7800万元，区县投入7700万元，改造半山区和农村平原地区办学条件困难学校66所。10个远郊区县共撤并规模小、效益低的乡以下初中和村完小103所。市补助投资3723万元，区县投资885.5万元，完成10个区县413所中小学校明火取暖改造任务，安装土暖气锅炉2224台，集中供暖锅炉73台。至此，北京农村中小学全部取消明火取暖。

（二）扶助弱势群体接受义务教育。市财政投资986万元，免收具有北京市户口，处于最低生活保障线下的农村贫困家庭、城市“低保”家庭及在特殊教育学校就读义务教育阶段学生教科书费；免收特教学校住宿生住宿费，提高伙食补助，3.1万名贫困家庭学生、1016名特教学生受益。投入经费1000万元支持宏志中学、宏志班、新疆高中班办学，投入400万元特教经费，支持改扩建培智学校、残疾学生随班就读和孤独症研究中心。落实《北京市实施流动儿童入学暂行办法》，在京就学流动儿童少年共计23.8万人，其中，在公办中小学借读的17万人，占71.4%；在流动人员自办学校就读的6.8万人，占28.6%。

（三）坚决治理教育乱收费。成立由七个委办局组成的北京市治理教育乱收费局际联席会议及其办公室，先后三次召开全市电视电话会议和座谈会，落实公办高中择校生“三限”政策，要求区县和学校实行“三公示一报告”制度。中央七部委联合督察组专项检查北京市治理教育乱收费工作，认为北京治理工作取得明显成效。针对检查组发现的问题，市教委落实整改。同时，针对丰台区学校出现问题较多，不规范收费问题较为严重的实际，局际联席会议决定，责成丰台区政府通报批评区教委主任。

（四）积极改进机关工作作风，提高为民服务质量。市教委制订《关于优化发展环境，转变工作作风，增强服务意识的意见》，共废止规范性文件330件，取消行政审批事项20项、下放15项。建立“首都教育热线”，从开通至11月20日，共接到市民咨询、查询类电话60073次，建议、投诉类电话590次，外埠及香港咨询电话753次。

优化干部队伍，加强队伍建设

调整补充清华大学、北京工业大学等30所高校领导班子，任免干部134人次。通过调整配备，重点解决高校领导班子长期缺额运转或班子建设不理想问题，改善领导班子专业结构、知识结构和年龄结构。市教委面向社会公开招考市教委委员（副局级）3人，8人走上副局级领导岗位，13人走上处长岗位，17人走上副处长岗位。处级领导干部平均年龄由45.8岁下降到42.7岁，大学本科以上学历由88.9%提高到95.4%。

妥善处理影响高校稳定的各类事件

2003年，影响北京高校稳定的事件不断发生。归纳起来主要有以下几类：一是影响稳定的国际国内重大事件，如：清华和北大餐厅爆炸案、美英发动伊拉克战争、日本人在珠海集体嫖娼事件。二是高校发生突发事件和群体性事件，如：中国农业大学一名研究生在西校门被撞成重伤（此事发生在合肥工业大学两名学生因交通事故死亡引发数千名学生冲击省委省政府事件之后），发生在北外、外经贸大等4所高校静坐示威事件等。三是意识形态领域斗争更加激烈。部分社会研究机构企图在高校学报发表有关“修宪”内容文章、个别高校师生以独立参选人身份参加区县人大换届选举。四是学生非正常死亡事件增加。全年学生非正常死亡33人，其中，自杀12人、他杀8人，猝死、交通事故和安全事故等致死13人。

面对各种影响，市委教育工委、市教委加强领导加强高校安全稳定工作基础建设，推进科技创安工程，完善校园安全防范体系，确保教育系统安全稳定。

北京市的教育事业在不断发展，但是仍然面临着许多困难和挑战，例如，教育发展总体水平与首都现代化建设以及人民群众的需求还有差距；教育结构还不够合理；人才培养适应性不高；教育制度创新不够，办学活力不足，办学效益不高，制约教育的可持续发展；民办教育管理还需要科学化、规范化。困难需要努力解决和克服，促进首都教育事业更快、更好地发展。

（王东江）

2003年北京教育大事记

1 月

3日 市教委颁布《北京市中学生守则》、《北京市小学生守则》及日常行为规范。

△ 北京市第一二二中学3名初一学生在昆玉河成功救起一名10岁落水儿童。

6日 教育部批准北京联合大学、北京信息职业技术学院试办示范性软件学院。

7日 北京锡华教育集团董事长张杰庭入选首届全国民办教育十大杰出人物。

△ 11时11分，清华大学10兆瓦高温气冷实验堆实现并网发电。27至29日，该实验堆实现72小时连续满功率运行。

8日 北京市职业教育工作会议召开。

9日 北京市政府与中国协和医科大学（中国医学科学院）签订全面合作框架。

20日 北京高校5项科研成果获得2002年中国高校十大科技进展称号。

20日和7月23日 市教委、市科委认定中国农业大学科技园、华北电力大学（北京）科技园、中国人民大学文化科技园和首都师范大学科技园为北京市大学科技园。

26日 北京大学医学部科学家初步揭开人类细胞衰老之谜（衰老的细胞与分子机理研究），入选2002年中国十大科技进展。

30日 中共中央政治局常委、国务院副总理李岚清看望北京大学教授季羡林、王选。

2 月

20日 北京高校16人当选“长江学者奖励计划”第五批特聘教授、2人当选讲座教授。

21日 北京教育系统8个单位、6个人入选国家对口支援工作先进。

△ 市财政局、市教委联合印发《关于减轻贫困家庭义务教育负担有关经费问题的通知》。

21日和28日 教育部部长陈至立先后检查中国农业大学、中国矿业大学（北京）工作。

24日 在首届国家奖学金颁奖大会上，北京26所高校476名学生获奖。

25日 11时55分和13时20分，清华大学教工荷园餐厅、北京大学农园餐厅先后发生爆炸，造成9人轻伤。27日，两所食堂恢复营业。

27日 市委教育工委、市教委联合开展王能智先进事迹宣传活动。

28日 在国家最高科学技术奖、国家自然科学奖、国家技术发明奖、国家科学技术进步奖和国际科学技术合作奖颁奖会上，北京12所高校32项成果获奖。

3 月

1日 中共北京市委书记刘淇、北京市市长孟学农在北京大学、清华大学调研。

5日 教育部、公安部联合检查北京小学校安全工作。

7日 西班牙王后索菲娅率代表团访问北京外国语大学。

9至11日 教育部评估海淀区国家基础教育课程改革实验情况。

13日 北京市民办高等教育工作会议召开。

17日 中共北京市委、市教委、市教育工会联合发起“奉献爱心、关注未来——为首都贫困家庭子女完成学业捐资助学”活动。至年底，北京20个区县（地区）57所高校教职工共捐款216万元。

25日 市政府召开校园环境暨高校交通安全整治动员会。

△ 在第27届国际大学生计算机程序设计大赛（ACM/ICPC）上，清华大学代表队获得总决赛银奖第一名。

27日 北京市经济贸易学校教师许国芳获得首都见义勇为好市民称号。

28日 北京5名中学生获得首届北京青少年科技创新市长奖。

△ 圭亚那总统贾格迪奥访问外交学院。

30日 华北电力大学（北京）划转教育部管理。

31日 “首都教育热线”（96391）开通。

△ 北京大学、清华大学、中国人民大学、中国农业大学、北京师范大学、北京航空航天大学和北京理工大学7所高校被教育部确定为34所首次自主确定研

究生复试分数线高校。

4 月

3日 中共东城区教育工委、东城区教委举行纪念人民教师孙维刚专题片《师魂》首发式。

5日 北京38所高校1万名大学生参加“首都百万学子林”植树活动。

6日 清华大学纪念“双肩挑”辅导员制度建立50周年。

11日 中国人民大学首次发布中国年度报告。

13日 在第10届家用机器人灭火比赛中，北京市第二十五中学学生曲恩霈获得初中组冠军。

15日 刘淇检查东交民巷小学防控非典型肺炎（SARS）工作。

17日 国务委员陈至立听取北京9所高校防控“非典”工作汇报。

18日 市委教育工委、市教委召开教育系统防控“非典”工作会。

△ 中共中央政治局常委、国务院总理温家宝检查北京大中小学和幼儿园防控“非典”工作。

22日、29日、5月10日和14日 教育部部长周济先后检查北京5所大学防控“非典”工作情况。

24日 市教委决定中小学生暂时放假两周。5月3日，再次决定延长放假两周。

△ 市教委开通专题学习网页——课堂在线（STADAY.BJEDU.CN）。

24日 17时30分至5月8日16时40分，北方交通大学交大嘉园学生公寓368名学生完成全封闭防疫隔离。

△ 17时至5月8日16时，中央财经大学教工家属宿舍皂君东里29号楼43户居民93人完成全封闭防疫隔离。

26日和5月4日 温家宝先后在北京大学、清华大学和中国农业大学考察“非典”防控情况。

29日 在全国劳动模范座谈会上，北京教育系统3人获得全国五一奖章。

5 月

1日 北京市代市长王岐山参加清华大学“向劳动者致敬”活动。

6日 8时，中国电视台、北京电视台、北京人民广播电台、市教委网站等共同开设“空中课堂”。7月5日，“空中课堂”停播。

7日和9日 刘淇检查北京停课期间教育工作。

8日 陈至立调研“非典”期间北京教育情况。

19日 截至10时，北京教育系统实有“非典”病例391人，其中，学生292人（确诊175人），累积治愈38人，死亡16人，学生发病率为0.06‰。

23日 王岐山检查北京复课情况。

30日 北京市第十二届人民代表大会常务委员会第四次会议通过《北京市实施〈中华人民共和国国家通用语言文字法〉若干规定》。

31日 中共中央总书记、国家主席胡锦涛复信北京7名少年儿童，勉励他们成为社会主义事业的合格建设者和接班人。

6 月

1日 9时，北京“十佳”少先队员、红领巾奖章获得者和奋战在一线的医护人员子女共50名少先队员在人民英雄纪念碑站先锋岗。

3日 刘淇检查北京市八一中学高考考场。

5日 周济在北京市陈经纶中学了解高考准备情况。

△ 部分人大代表在东城区检查高考防控“非典”工作。

6日 市委、市政府召开高考考风考纪和安全保密工作会。

△ 海淀走读大学更名为北京城市学院。

7至8日 “非典”时期，北京地区高考如期举行。

16日 北京市教委认定第二批12所北京市示范高中。

26日 在意大利国标舞国际公开赛上，北京舞蹈学院两名教师获得拉丁舞职业新星组第三名。

30日 北京城近郊区中小学、中等职业学校复课。至此，北京170万名学生全部回归课堂。

7 月

3日 北京首届民办教育论坛举行。

4日 市委、市政府召开治理教育乱收费工作电视电话会议。

8至10日 北京市18.2万名初中学生参加中考，为历史上考生最多的一次。同时，首次使用盲文试卷，北京市盲人学校12名初中毕业生参加考试；首批54名外来人员打工子弟参加在北京中考。

9日 韩国总统卢武铉访问清华大学。

15日 中共中央政治局常委、全国政协主席贾庆林致信北京宏志中学，祝贺首届高中宏志生毕业。

16日 清华大学附属中学学生付云皓获得第44届国际数学奥林匹克竞赛金牌。

17日 清华大学登山队4名队员成功登上海拔

6590 米的桑丹康桑峰。

18 日 北京高校 246 名毕业生入选大学生志愿服务西部计划。

22 日 英国首相布莱尔夫妇访问清华大学。

29 日 陈至立在北京考察农村中小学现代远程教育。

8 月

4 日 温家宝对环境人口与可持续发展（EPD）教育做出批示。

11 至 12 日 在全国首届独轮车精英赛上，怀柔区庙城镇中心小学独轮车队获得团体冠军。

14 至 19 日 北京市第一六六中学学生唐鼎皓“水稻两组分信号传递系统基因 OSPK1 植物表达载体的构建及其亚细胞定位”项目获得优秀一等奖和首届柯达科学奖。

21 日 市委教育工委、市教委召开高校调整改革工作会。

21 日至 9 月 3 日 在第 22 届世界大学生运动会上，中国人民大学 8 名学生获得 8 枚跳水金牌，北京师范大学女子足球队获得第三名。

25 至 27 日 北京 7 所幼儿园通过卫生部、教育部联合检查。

28 日 市教委、昌平区政府联合举办沙河高教园区入驻签约。

△ 市教委与荷兰国际集团（ING）签订培养体育后备人才协议。

△ 朝阳区政府宣布取消义务教育阶段捐资助学款。

△ 北京服装学院学生张晨当选第 16 届世界女大学生和平大使。

31 日 北京高校千名毕业生开赴郊区，开始为期一年的志愿服务。

9 月

1 日 23 万名流动人口子女在北京就近入学。

2 日 市教委、市监察局通报查处北京 3 所学校乱收费情况。

4 日 部分全国政协教科文卫委员慰问北京市第三聋人学校师生。

5 日 北京市人大常委会第六次会议通过《北京市中小学生人身伤害事故预防与处理条例》。

9 日 北京高校 18 人获得首届高校教学名师奖。

△ 北京博士学位授予单位 34 篇学位论文获得全国优秀博士学位论文奖。

△ 温家宝看望北京玉泉路小学、北京市第十二中学、北京第二实验小学教师。

△ 北京汇佳职业学校成立。

10 日 北方交通大学恢复北京交通大学原校名。

11 日 市委教育工委、市教委邀请 23 个国家部分外国专家、教师和留学生代表共渡中秋。

12 日 德国总统约翰内斯·劳访问清华大学。

15 日 北京教育界师生在人民大会堂纪念邓小平“三个面向”题词发表 20 周年。

15 至 16 日 北京 6 部门联合检查东城区招生收费工作。

17 至 30 日 中国高等教育展在法国巴黎举行。

20 至 10 月 12 日 北京师范大学举办第十届北京大学生电影节。

22 至 27 日 市教委举办第七届学生艺术节。

23 日 北京京育学生营养餐原材料配送中心在大兴建成。

△ 新西兰议长乔纳森·亨特访问潞河中学。

24 日 北京教育系统 5 名外籍专家获得“长城友谊奖”。

△ 北京地区英语四、六级考试发生泄密事件。犯罪嫌疑人于 11 月移交司法机关。

是月 在第九次全国学位委员会授权审核工作中，北京新增学位授权点 529 个。

10 月

1 日 市教委财务试行国库集中支付试点。

9 至 10 日 市教委召开基础教育课程教材改革实验总结会，会议宣布北京市 21 世纪基础教育课程教材改革实验纳入教育部改革系列。

10 日 爱尔兰总统玛丽·麦卡利斯访问北京大学。

12 日至 12 月 28 日 市教委举办第 21 届中小学爱科学月活动。

15 日 首都高校中外学生艺术团在北京语言大学成立。

△ 北京大学生就业之家成立。

16 日 市教委举办庆祝中国“百年幼教”文艺晚会。

17 至 19 日 清华大学承办首届全国博士生学术论坛。

17 至 24 日 国家 7 部委联合督察组专项检查北京市治理教育乱收费工作。

21 日 部分全国人大教科文委员会代表在广渠门中学调研。

23 至 24 日 在第二次全国大学科技园工作会议

上，清华大学、北京大学、北京航空航天大学、北京邮电大学和北京师范大学——北京中医药大学6个科技园入选国家大学科技园。

25日　王岐山在门头沟区妙峰山学校调研。

27日　国家民委调研组在北京民族职业高中调研。

△　北京理工大学男子足球队获得“飞利浦”全国大学生足球联赛冠军。

28日　市人大代表检查房山区中小学教育情况。

11　月

2日　北京科技研修学院更名为北京科技职业学校。

3日　北京科技大学获得第二届大学生机器人电视大赛冠军。

4日　巴基斯坦总统佩尔韦兹·穆沙拉夫访问北京大学。

5日　北京市人大常委会第八次会议修订《北京市未成年人保护条例》。

△　北京教育考试院高等教育自学考试办公室首次举办违纪考生听证会。

6和9日　中宣部、教育部、中共北京市委联合举办首都高校师生学习载人航天先进事迹报告会。17日，航天英雄杨利伟等7人在清华大学举办首场报告会。

8至14日　首都大学生艺术团赴香港演出。

9日　北京5所中学获得首届全国中学生九十九佳文学社刊（报）奖。

15日　北京农村中小学全部取消明火取暖。

15至16日　北京18万考生参加全国成人高校招生统一入学考试。北京成考首次招收残疾人。

15至23日　在第18届世界中学生足球锦标赛上，中国人民大学附属中学代表队获得亚军。

19日至20日　市教委召开京、津、沪、渝直辖市基础教育改革与发展交流研讨会。

21日　瑞士联邦主席帕斯卡尔·库什潘主席访问北京外国语大学。

24日　北京高校22人当选中国科学院院士。

29日至12月2日　在第二届泰国“泰王杯”邀请赛上，中国农业大学橄榄球队获得碗级冠军。

截至30日　北京10个远郊区县撤并中小学103所。

12　月

3日　北京市第一六六中学入选全国首批青少年科技创新实验校。

4日　教育部检查房山区中小学法制教育情况。

5日　北京11所高校147名师生获得2003宝钢教育奖。

10日　新华社与北京28所高校签订加速数字化建设协议。

12日　教育部、北京市政府联合举办2004年首都外国留学生新年文艺晚会。

15日　海淀区被教育部认定第二批全国社区教育实验区。

18日　清华控股有限公司成立。

△　以色列总统摩西·卡察夫访问中国农业大学。

△　周济看望清华大学教授杨振宁。

△　西城区洁民幼儿园举办百年园庆。

28日　市政府与北京师范大学联合创建首都教育经济研究院。

30日　市教委召开第三批示范幼儿园，早期教育示范基地颁牌会议。

是月　在教育部与研究生教育发展中心第二次学科评估中，北京7所高校22个一级学科排名第一。

（孟祥辉）

综合管理

综　　述

2003年，北京教育系统落实市委、市政府总体工作部署，统一思想，加强教育系统党的建设，有力地推动教育事业持续健康发展。

上半年，市委教育工委、市教委率领教育系统300万干部师生完成防控“非典”首都校园保卫任务。全市4607所学校有4362所学校未发生疫情，达到94.68%。通过空中课堂、在线答疑等形式保证教育教学不停顿。大学园区建设、示范校建设、布局结构调整和教育信息化建设等工作继续推进。大学毕业生就业、中小学生复课、高考、中考和“小升初”等工作进展顺利。

防控“非典”时期，“两委”建立和完善包括领导管理机制、疫情监测机制、信息处理机制、宣传引导机制和综合协调机制在内的危机应对和处理工作系统，强调党政一把手是防控“非典”工作第一责任人，要做到认识到位、工作到位和措施到位，并制订《北京市教育系统预防与控制传染性非典型肺炎应急预案》。坚持做好防控“非典”有关措施，特别注意维护学生食品卫生、消防、交通等各个方面的安全工作。

以领导班子理论中心组学习为重点，兴起学习贯彻“三个代表”重要思想新高潮。高校积极推进“三个代表”重要思想“进教材、进课堂、进头脑”工作。开设“三个代表”重要思想课程，编写《“三个代表”重要思想教程》，并举办北京高校“三个代表”重要思想课程骨干教师培训班。组织专家开展“三个代表”重要思想理论宣讲，动员万名大学生到社区向市民宣讲。各区县和中小学校通过党员学习、党员教师风采展示、专题培训和系列报告会等形式努力宣传和实践“三个代表”重要思想。开展保持共产党员先进性为主题的教育活动，组织王能智先进事迹报告团在全市基、职、成教系统巡回宣讲。

继续开展“大学习、大讨论、大调研”活动，筹备北京市教育工作大会，谋划首都教育事业的改革与发展。在“两委”机关继续组织开展“大学习、大讨论、大调研”活动，围绕首都教育率先实现现代化目标，开展首都教育战略研究。抽调20名机关干部和研究人员组成筹备工作组，召开座谈会20次，走访80名领导、教育专家和学者，先后听取各方面意见300人次；分三组赴广东、浙江、江苏、上海、陕西等地考察高等教育、职业教育、基础教育、民办教育情况；在“两委”离退休老干部中开展百条优秀建议征集活动；委托国家教育发展中心专题研究《首都教育发展纲要》。

调整优化干部队伍，加强各级领导干部队伍建设。指导10家单位完成换届工作，调整补充30所高校领导班子，任免干部134人次。面向社会公开招考市教委委员（副局级）3人；“两委”机关有8人走上副局级领导岗位；13人走上处长岗位，17人走上副处长岗位；选拔2名调研员和4名助理调研员，完成19名干部轮岗交流。加大干部培训力度。108名高校校局级领导干部和12名校级后备干部参加市委组织部、国家高级教育行政学院举办的培训。54名主管科研工作副校长和科研处长参加高校科研管理培训班。23名高校校级后备干部和学术骨干参加北京高校中青年干部英语培训班。委托清华大学举办为期四个月的教育行政干部研修班。完成11所市属市管高校领导班子换届考察工作。“两委”19名年轻干部参加第一期挂职锻炼。

推进高校精神文明建设和校园文化建设。贯彻《公民道德建设实施纲要》，开展“健康校园”教育实践活动，加强大学生的文明礼仪教育。申报高校系统精神文明建设先进单位和首都精神文明建设奖。以“神州5号”载人航天成功为契机，大力培育和弘扬民族精神。年内，市教委修订《北京高等学校德育大纲（试行）》，举办新时期基本价值观念教育体系工作研讨会，组织高校学生工作部长研讨和交流，倡导“国家利益至上”、“在集体中求发展”、“诚信受益”、“在创业中实现人生理想”基本价值观，评选出网络思想政治工作优秀案例。

坚决治理教育乱收费，加强党风廉政建设。各高校修订落实“三重一大”制度。建立谈话制度，58所高校校级领导干部与院系领导干部开展任职廉政谈话、提醒谈话、警示谈话。提出加强高校办案工作的意见，季度案件排查改变为月月案件排查，协审改变为“一案一审”，重微观指导改变为强化宏观管理，严厉惩治腐败。

“两委”把高校安全稳定工作放在突出位置抓紧抓好，多次部署高校安全稳定工作；加强高校安全稳定工作基础建设，推进科技创安工程，完善校园安全防范体系建设。配合专门机关做好失泄密案件的查处，并加强校园网管理。

加强高校统一战线工作，做好培养选拔党外代表人士；贯彻落实《北京市老干部工作领导责任制》，重点落实老干部的政治待遇和生活待遇。3至11月，完成北京高校归侨侨眷情况调研，结果显示，归侨比改革开放前增长2倍。

（邵　鹏）

总　　类

【龙新民慰问见义勇为中学生】 1月6日，龙新民到北京市第一二二中学看望3名见义勇为中学生。在听取学校德育工作汇报后，龙新民说，3名见义勇为学生行动体现青少年积极向上、助人为乐的精神风貌，是学校加强德育教育的成果。学校要以3名学生事迹为教材，推进学校精神文明建设。1月3日，一二二中初一学生张乐声、扈邑、梅冬雨成功救起一名10岁落水儿童。

（钱进军）

【市政府召开职业教育工作会】 1

月8日，市政府召开职业教育工作会议。会议听取市委题为《大力推动职业教育的改革与发展，为北京率先基本实现现代化而努力奋斗》工作报告，听取市政府题为《认真贯彻全国职业教育工作会议精神、全面提高首都劳动者素质、努力开创职业教育改革和发展新局面》讲话，听取市计委、市经委、市财政局、市劳动保障局先进经验介绍。会议表彰先进学校及先进工作者。来自市教委、高等职业技术学校、国家重点职高以及中专、技校教师参加会议。

（许淑英　伊　宏）

【市政府召开学生营养餐工作会议】

1月9日，北京市学生营养餐工作办公室召开营养餐工作会议。会议听取林文漪营养餐工作总结报告，市教委学生营养餐工作部署，营养学家营养餐工作成绩分析；听取市卫生局学生营养餐监控和指导及朝阳区政府、北京仁缘营养食品公司经验介绍。会议指出，2002年北京有32万名中小学生食用营养餐，年提供6000万份，说明北京学生营养餐工作取得成果。会议要求继续提高营养餐工作认识，按照市政府“食品放心工程”要求，提高北京学生营养餐工作整体水平。来自市政府、市教委和市卫生局领导及学生营养餐先进单位、各学生营养餐生产单位代表400人参加会议。

（肖燕平）

【市政府与协和医大合作办学】 1月9日，北京市政府与中国协和医科大学（中国医学科学院）签订全面合作框架协议。根据协议，市政府支持协和医大（医科院）各项改革，并在政策、人才、服务、科研经费与各类计划、发展环境及空间等方面创造条件，支持院校在北京经济技术开发区建设生物医药研发园区，支持院校在中关村生命科学园建设北部医学中心，并将医学中心建设成为北京高层次医疗和教学基地。来自卫生部、北京市政府、市科委领导参加签字仪式。

（林　菲）

【朱善璐检查山区小学】 1月13日，朱善璐检查密云县石城寄宿小学工作。朱善璐听取学校工作情况汇报，参观计算机教室、多媒体教室、语音教室和主控室，询问校园网使用情况，看望全体教师。在讲话中，他希望教职工团结协作，提高学历层次和教学质量，推动山区教育工作发展。石城寄宿小学位于密云水库北岸，云蒙山下，创建于1987年，是山区寄宿制小学。

（郭占云）

【召开专家顾问新春座谈会】 1月

21日，市教委召开市政府教育专家顾问团工作座谈会。会议向教育专家顾问致以新春祝福，希望教育专家顾问继续关注、支持北京教育事业改革与发展。会议听取专家顾问关于北京教育战略规划研究，基础教育课程改革以及建立国内领先、世界一流的高质量、高水平首都教育体系意见和建议。“两委”领导、教育专家顾问20人参加会议。2002年，教育专家顾问团参与、指导基础教育研究、高等教育教学质量评估和重大规划课题研究。

（钱进军　林　业）

【召开高校领导干部会议】 1月22日，市委教育工委、市教委召开2003年寒假高校领导干部会议。会议听取市委教育工委题为《认真学习贯彻十六大精神全面开创首都高等教育工作新局面》工作报告，听取中央文献研究室、教育部学习十六大精神和高等教育改革发展辅导报告。会议指出，北京高校应该全面落实党的十六大精神和“三个代表”重要思想，结合北京社会经济发展，突出发展高层次高等教育，扩大对外开放，保持北京高等教育在全国领先地位。北京高校领导200人参加会议。

（韩　燕）

【“两委”领导慰问远郊师生】 1月28至29日，朱善璐、耿学超慰问远郊师生。在延庆、门头沟和房山，走访慰问12名生活困难学生家庭，询问贫困农民教育负担和学生学习情况，赠送慰问品和慰问金。“两委”领导听取学校关于收费、贫困学生人数、贫困学生家庭收入情况汇报。“两委”领导指出，各学校要坚决制止乱收费现象，减轻农民负担，保证家庭困难学生完成义务教育。此前，“两委”领导慰问10个远郊区县30名生活困难教师，向每人发放慰问金1200元及大米和食用油。

（钱进军　李翼明）

【李岚清看望北大教授】 1月30日，李岚清在北京大学看望两名教授。在季羡林家中，李岚清向其询问有关生活、学习情况，祝老教授身体健康、新春愉快。在看望王选时，李岚清高度评价其在科技研究和高科技产业开发中所做出的贡献。

（廖志敏）

【召开基职成教领导干部会】 2月

17日，市委教育工委、市教委召开基础教育、职业教育和成人教育领导干部会。会议提出，北京要确立教育优先发展适度超前的战略地位，率先实现自身现代化，并在全国教育现代化进程中发挥龙头作用，在世界教育格局中赢得一席之地。北京启动义务教育阶段中小学办学条件标准化建设工程，促进普通高中教育稳步发展，加快农村基础教育发展，关注困难群体义务教育工作。加快中等职业教育结构部局调整，继续实施成人教育培训工程，促进行业、企业、社区及农村成人教育制度建立；推进社区教育发展，促进企业人力资源开发；推进农村教育综合改革，促进农村成人教育发展。

（任　彧　丁柏明）

【范伯元到营养餐生产单位调研】

2月20日，范伯元到学生营养餐定点生产单位调研。在检查北京都丽梦食品有限公司、北京呀咪呀咪学生营养餐配送有限公司后，范伯元肯定两个定点生产单位现代化生产条件和管理模式。范伯元强调，学生营养餐工作是一件大事，与广大人民群众利益关系重大，要继续把这项工作持续发展下去，把学生饮食卫生安全作为工作重点，确保学生吃到合格营养餐。

（肖燕平　丁柏明）

【8个单位入选对口支援工作先进】 2月21日，北京教育系统8个单位和6个人入选国家对口支援工作先进。该奖励由教育部、中央组织部和国家计委等7部委联合评选，面向在“两个工程”中贡献突出单位和个人。全国评选对口支援工作先进单位111个，对口支援工作先进个人150人。2000年，党中央、国务院实施“东部地区学校对口支援西部贫困地区学校工程”和“大中城市对口支援本省（自治区、直辖市）贫困地区学校工程”。

（初春霖　邓常利　刘长旭）

全国学校对口支援工作先进单位（北京）

崇文区教委
朝阳区教委
北京大学
中国农业大学
北京师范大学
北京联合大学
北京市建筑材料工业学校
北京市房山区良乡第二小学

（初春霖　邓常利　刘长旭）

全国学校对口支援工作先进个人（北京）

韩文仁　顺义区教委办公室主任
张　岭　石景山区古城中心小学教学主任
刘振林　怀柔区教科研中心教研室主任
朱　琳　门头沟区新桥路中学教师
赵　杰　北京大学教授
宋烈侠　清华大学教授

（初春霖　邓常利）

【陈至立检查两所高校工作】 2月

21日和28日，陈至立先后检查北京两所高校工作。陈至立在听取中国农业大学工会汇报后，肯定农大各项事业成绩，肯定学校规划和发展设想。希望农大在建设世界一流大学发展目标上，多做设计和思考。在听取中国矿业大学（北京）工作汇报后，陈至立肯定学校工作成绩，她强调学校发展定位要保持特色，发挥优势，办出水平，为国家全面实现小康社会的奋斗目标做出应有的贡献。1月27日，陈至立先后看望北京师范大学教授启功、北京大学教授季羡林和清华大学教授张光斗。

（田肃肃　谭　凯）

【476名学生获得首届国家奖学金】 2月24日，在首届国家奖学金领发仪式上，北京26所高校476名学生获得奖学金。其中，一等奖104人、二等奖372人。李岚清、陈至立及北京高校师生600人参加人民大会堂

颁奖仪式。该奖项经国家科技教育领导小组第十次会议研究决定，由财政部、教育部共同主持，面向全国家庭经济困难且品学兼优的普通高校学生，奖学金总计2亿元。一等奖奖金6000元，二等奖4000元。全国共有45000名大学生获奖。奖项规定，学校一律减免获奖学生当年全部学费。

（张宪国　江飒英　鲍效农）

【耿学超调研二中示范高中建设】 2月28日，耿学超调研北京市第二中学示范高中建设情况。在听取学校介绍、参观数字化校园建设、检查学校安全工作后，耿学超肯定学校示范高中建设成绩及办成国内一流学校方向。耿学超希望二中在培养拔尖人才方面做出表率，在世界学科竞赛上取得好成绩。

（秦晓芳）

【教育部铁道部共建北交大】 2月，教育部、铁道部联合发出共建北方交通大学文件。根据文件，教育部、铁道部第一期共建时间为2003年至2005年，教育部支持学校保持和发挥原有铁路办学特色，承担为铁路服务培养各类高层次人才任务，支持学校参与铁路企业成人教育和继续教育工作；铁道部指导学校铁路特色专业建设。双方共同支持学校开展面向铁路的科学研究，承担铁道部部级科研开发项目，支持学校不断加强与铁路有关重点学科及重点实验室建设。双方共同支持学校加强基本建设，支持学校进入“211工程”建设。

（张其坤）

【刘淇孟学农到清华北大调研】 3月1日，刘淇、孟学农先后到清华大

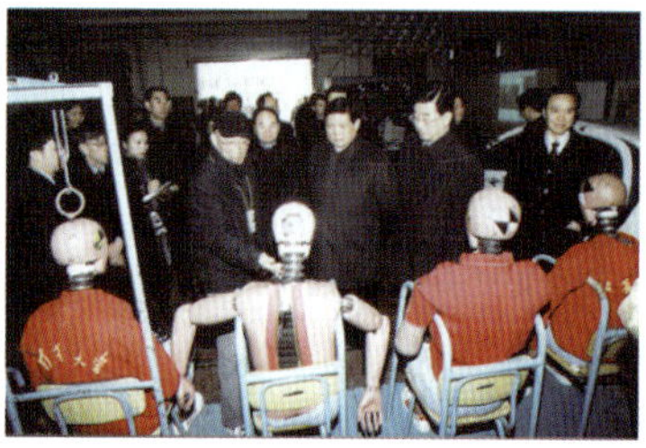

学、北京大学调研。在听取清华发展规划和为北京建设服务情况汇报后，刘淇、孟学农参观汽车碰撞实验室，试乘燃料电池城市客车。刘淇、孟学农表示，建成世界一流清华大学，不仅是清华人的历史责任，也是北京市政府义不容辞的责任。在北大座谈会上，刘淇、孟学农表示继续支持北大创建世界一流大学工作。

（崔　凯　廖志敏）

【两部委调研小学安全工作】 3月5日，教育部、公安部调研北京市小学安全工作。在史家胡同小学，调研组听取学校安全保卫工作汇报，通过网络检查岗位责任制，处理突发事件应急方案和学生疏散路线图，实地察看食堂和校园。调研团肯定学校安全保卫工作成绩，希望总结经验，在全国推广。

（秦晓芳）

【“两委”领导在城区调研】 3月5至7日和11日，朱善璐、耿学超在城区调研。“两委”领导先后走访东城区北京市第一九五中学、北池子小学和新建的史家胡同小学分校，西城区北京市第一五九中学、护国寺小学，崇文区汇文中学、天坛中学和宣武区广安中学、育才学校。在东城，“两委”领导指出，要建成教育强区，要出精品、要打质量和品牌旗。在西城，朱善璐指出，“校长职级制”工作增强校长责任感、荣誉感，形成相互赶超、相互交流管理机制，值得在全市推广。在崇文区，“两委”领导肯定区政府“再穷也要重教育”观念，指出要结合实际，修订教育发展战略目标，重视薄弱校条件改善，敢于用“灭弱”方式改造难以改善学校。在宣武区，朱善璐肯定解决外来人员子女入学、学校布局调整、促进义务教育均衡化发展、职业教育定位等工作成绩。

（崔亚兰　郝洪春　钱进军）

【朱善璐在房山调研】 3月8日，

朱善璐在房山区调研。在听取区教委工作汇报后，朱善璐要求区政府应该努力创造条件，采用盘活存量、引进增量办法，强化学校设施建设，实现学校教育设施的跨越式发展；利用北师大、首师大优势资源，培训农村地区教师，造就符合现代教育要求的教师队伍，实现教师素质跨越式发展。

（李翼明）

【市委市政府领导在高教园区调研】 3月11、21日和10月23日，市委、市政府领导3次调研高教园区建设情况。3月11日，范伯元到昌平区沙河高教园区调研。在听取园区建设进展情况汇报及园区建设主要存在问题说明，询问北航、北邮、北师大、财经大学和外交学院征地、资金筹备、资源配置等情况后，范伯元指出，教育在北京占有突出地位，支持大学发展是市委、市政府既定方针，希望各部门提高办事效率，优化北京高校发展环境。3月21日，龙新民到房山区良乡高教园区调研。在听取良乡高教园区工作情况汇报后，龙新民指出，园区建设进展较慢，没有体现北京水平，要加强领导，由市政府主管领导牵头，明确专人负责，加快建设，要做好高教园区建设和良乡卫星城建设总体规划衔接和协调工作。10月23日，龙新民再次调研房山区良乡高教园区建设情况。在查看工商大学良乡高教园

区建设工地及园区长虹东路，听取房山区政府、承建单位建设工作汇报后，龙新民强调，市委、市政府关注高教园区，要加强园区建设和协调，以新眼光看待公用设施建设和后勤社会化问题，不搞小而全。

（钱进军 韩 燕）

【市政府召开校园环境整治会议】 3月25日，市政府召开校园环境暨高校交通安全整治动员会。会议表彰年度校园环境整治工作138个先进集体、145名先进个人，印发《2003年校园环境整治、建设和管理工作方案》、《北京高校周边交通秩序整治工作方案》。会议听取海淀区政府、北工大开展校园及周边环境整治工作介绍，听取市公安局、市教委开展高校周边交通秩序整治和校园及周边环境整治、建设和管理工作部署。

（张 龙）

【颁发首届青少年科技创新市长奖】

3月28日，孟学农颁发首届北京青少年科技创新市长奖。北京市第八十中学孟奂、北京市第六十五中学曹鹏飞、北京市第一零一中学陈炜、马尧和北京市第四中学王思远共5人获得奖励。

（秦晓芳 崔向红）

【首都教育热线开通】 3月31日，“首都教育热线”(96391)开通。该热线借助电讯通讯平台，设有教育法律、法规及其实施过程中有关问题咨询、查询，求学、办学、出国留学等事项的办事程序、受理部门及办公地点、联系方式的咨询、查询以及教育工作建议、情况反映和教育投诉等。同时，设置600题教育咨询信息库。对于投诉、反映问题、建议等内容，接线人员将录入登记、分类存档，通过网络系统处理。每日8时至20时，开展声讯服务。

（钱进军）

【陈至立考察清华新能源技术研究院】 4月15日，陈至立考察清华大学核能与新能源技术研究院。在听取学院工作汇报后，陈至立参观10兆瓦高温气冷实验堆、5兆瓦低温核供热堆和热工水力学实验室。她说，经过实际运行，清华利用高温堆发电的技术线路是可行的。她强调，实验的工程化问题是关键，应尽早立项建设10万千瓦级高温气冷堆示范电站。

（崔 凯）

【刘淇检查东城“非典”防控工作】

4月15日，刘淇检查东城区“非典”防控工作。在东交民巷小学，刘淇检查学校各项防范工作，听取区教委、学校防治工作汇报，肯定东城区防治工作。他说，儿童安全非常重要，学校责任很重，区教委和学校要进一步做好工作。

（秦晓芳 蒋 东）

【陈至立听取高校防控工作汇报】 4月17日，陈至立听取高校“非典”防控工作汇报。其中包括听取财经大学、中医药大学、北林大、法大、戏剧学院、北师大、人大、清华和北大9所学校防控工作汇报，中国CDC病毒预防控制所介绍病原研究进展、疾病传播途径、预防主要措施，市教委关于北京教育系统疫情汇报。陈至立提出，要高度重视“非典”防控工作，认识防控严峻形势和高校的特殊性，调动校内各种媒体，加强宣传科学防范知识，全面开展消毒工作。同时，制订工作预案，把工作落到实处、细处，保证应急机制灵活、高效，想方设法做好物资储备工作。

（吴雅星）

【温家宝检查教育系统防疫工作】

4月18日，温家宝检查北京教育系统防控非典型肺炎工作情况。温家宝先后走访六一幼儿院、北京市第一零一中学、北京大学附属小学和北京航空航天大学，听取上述学校防控工作汇报，询问师生身体和学习情况，检查教室、宿舍和阅览室。温家宝指出，学校防治工作要突出重点部位、环节，青少年是我们的未来和希望，各类学校都要重视防疫工作，特别是中小学和幼儿园教师，要切实负起责任，教育孩子养成良好生活、卫生习惯。温家宝说：“多难兴邦，我们国家现在遇到的实际上是一个突发的疾病灾难，但是我相信，我们这个民族是有凝聚力的，我们一定能够打赢这场防控‘非典’的战役”，他勉励大学生注意劳逸结合，加强户外活动。

（范 玮 钱进军 蔚有生）

【召开防控“非典”工作会】 4月18日，市委教育工委、市教委召开教育系统防控“非典”工作会。会议转达中央政治局常委、北京市委常委会关于进一步做好防控“非典”工作的有关精神，要求各校加强领导，充分认识“非典”危害和疫情严重性，绝对不能存在任何麻痹情绪。会议强调，党政一把手是防控“非典”工作第一责任人，做到认识到位、工作到位和措施到位。会议强调，各校全力做好预防工作，尽量减少外出活动，严格控制校外人员进入学校。来自北京高校、中专校领导110人参加会议。

（刘锦震）

【“两委”领导检查防控工作】 4月18日至5月22日，“两委”领导多次检查教育系统防控“非典”工作。4月18日，朱善璐检查中国人民大学、北京交通大学及附中防控工作。他强调，学校要集中人力、物力和财力打好“学校保卫战”。4月19日，耿学超检查自学考试考场，他说，自考机构要周密组织，预防“非典”责任重于泰山。4月26日，朱善璐检查首都师范大学防控“非典”工作，帮助学校解决实际问题。5月17日和22日，朱善璐先后检查通州区运河中学、青少年活动中心和东城区北京市第六十五中学、北京市第二十二中学，慰问师生，检查防控工作和复课情况。

（宋亚甫　穆　松　勾庆祥）

【市委市政府领导检查防控工作】 4月21日至5月22日，市委、市政府领导分别检查教育系统防控“非典”工作。4月21日，范伯元先后检查北京市第二中学、北京商贸学校防控“非典”工作，在听取汇报后，范伯元检查学校防控器械和学生宿舍。5月1日，龙新民检查北京工业大学、首都经济贸易大学防控工作，龙新民询问大学生学习、生活情况，要求学校坚持校园封闭管理，坚持消毒制度。5月1日，范伯元检查北京化工大学防控工作，要求学校正确引导学生，坚定战胜困难信心。5月7日，范伯元检查清华附中“网络大课堂”，在查看录制课件教室、电话答疑教室和培训教师答疑阶梯教室后，范伯元认为，在放假期间，利用网络实现交互学习，是一件好事。5月16日，龙新民在密云听取防控工作、高考准备工作汇报，龙新民强调，教育系统要做好复课工作，必须立足防控“非典”、立足师生安全。5月22日，范伯元检查吉利大学防控工作，他希望师生继续努力取得防控工作全面胜利。

（秦晓芳　钟志红　刘　玲）

【刘淇检查高校防控工作】 4月22日和5月2日，刘淇检查两所高校防控“非典”工作。在中央民族大学，刘淇来到教室看望正在上课的部分师生，表达市委、市政府对各族师生身心健康的关心。在听取学校防控工作汇报后，刘淇要求学校加强防控工作，确保师生生命安全。检查中，刘淇现场解决民大高热学生转诊问题。在首都师范大学，刘淇到运动场与师生交谈，询问师生学习生活情况，鼓励同学们积极参加体育锻炼，以健康的身体和积极向上的心态抗击“非典”。随后刘淇听取学校防治“非典”工作汇报，特别询问学校“非典”病例治疗情况。刘淇强调，只要依靠科学，依靠党组织，群防群治，切断传染链，就一定能够战胜“非典”。

（哈斯也提　王　群）

【周济检查高校防控工作】 4月22、29日和5月10、14日，周济检查北京5所高校防控“非典”工作。在中国人民大学，周济听取学校汇报后，先后电告北京市急救中心（120）、市卫生局协调解决“非典”症状疑似病人转诊、治疗工作。在北京师范大学和北京科技大学，周济分别听取两校防控工作情况汇报，检查防控工作落实情况和北科大次氯酸纳消毒液制备技术。周济肯定学校防控工作成绩，强调要把防控工作困难估计严重些，依靠科学力量战胜“非典”。在北京语言大学，周济检查学校防控工作领导小组办公室，听取学校工作汇报，肯定学校严把校门、各单位轮流值班制度，并看望正在读书的学生。在北京化工大学，周济听取学校防控工作汇报，到学生宿舍看望学生，询问生活、学习情况。他叮嘱学生做好室内通风，保证身体健康。

（白连永　刘长旭　盛国家）

【王岐山参加清华庆“五一”活动】

5月1日，王岐山参加清华大学“向劳动者致敬”活动并发表简短讲话。王岐山肯定清华工作成绩，称赞学校正常的工作、学习秩序，表达战胜疫情的信心。市政府、市教委及清华师生参加活动。会后，王岐山检查大运村学生公寓防控“非典”工作。

（崔　凯　李异军）

【温家宝看望高校学生】 5月4日，温家宝看望清华大学、中国农业大学学生。在清华，温家宝参加学生座谈会，步入校园询问师生学习、生活情况，并与师生共同高唱歌曲《团结就是力量》。他说，党和政府关心你们，希望你们好好学习，锻炼身

体，为祖国繁荣昌盛贡献力量。在农大，温家宝听取学校防疫工作汇报，告诫师生坚持科学方法，树立战胜“非典”信心。

（崔 凯 桂银生）

【刘淇检查停课期间教育工作】 5

月7日和9日，刘淇检查北京停课期间教育工作。在北京基础教育“课堂在线”现场，刘淇询问网络答疑数量、恢复速度等问题，肯定教科院职工在特殊时期稳定教育秩序做出的贡献。在北京市第十二中学，刘淇检查学校网络答疑和高三学生现场答疑教学情况，肯定学校在特殊时期工作成绩。要求学校安排好教师生活，确保师生生命安全。

（郝景元 郝淑仪）

【陈至立调研“非典”期间教育情况】 5月8日，陈至立调研北京中

小学“非典”期间教学工作。在听取市教委中小学生“课堂在线”、“空中课堂”情况汇报后，陈至立查看“课堂在线”工作现场、北京教育网络和信息中心及育才学校。她向北京教育系统干部教师表示感谢。陈至立指出，北京市教委提供“课堂在线”、“空中课堂”等多种辅导方式，实现优质教育资源全市、全国共享，受到各方特别是中小学生家长欢迎。她指出，北京要进一步发挥教育信息网络优势，推进信息技术在教育教学中应用，积极为实施现代远程教育探索可供借鉴的经验。

（钱进军 郝淑仪 马宝顺）

【王岐山检查复课情况】 5月23

日，王岐山检查北京高三学生复课情况。在北京市第八中学，王岐山走进教室与学生交谈，祝贺学生取得高考好成绩，慰问坚持教学教师。在15所学校校长座谈会上，王岐山听取市教委防控“非典”、复课和高考准备情况汇报，听取校长们发言。王岐山指出，北京疫情数字下降，说明北京应对疫情手段、方法已经奏效，战胜“非典”的信心来自我们的力量。他强调，高考、中考之际，要引导学生放松精神，社会、学校和家庭都要关心学生思想和心理引导。在北京市第十四中学，王岐山走进“二模”考场看望学生和教师。他说，学校要采用多种渠道，指导学生备战高考，给学生创造和谐氛围。

（张 挥 张 练）

【召开大学工作座谈会】 5月30日，市委教育工委在北京航空航天大学举办高校工作座谈会。会议听取高校学生就业、毕业生离校、新生入学安排等工作汇报，肯定高校工作方法，表示市委教育工委全力支持学校工作。来自北航、清华、北大、首经贸、城市大学、吉利大学6所高校领导人参加会议。

（陈 颖）

【胡锦涛复信小学生记者】 5月31

日，胡锦涛复信北京小学生记者。胡锦涛在信中说，中华民族在几千年的发展中历经沧桑，饱尝忧患，但愈挫愈奋，百炼成钢，靠的就是不屈不挠、自强不息的民族精神。他希望少年儿童从小树立远大理想，坚定爱国信念，学习科技知识，培养品德，从各方面提高自身素质，努力成为社会主义事业的合格建设者和接班人。5月15日，崇文区前门小学中华小记者杂志社6名学生联名致信胡锦涛，表达“非典”以来北京中小学生心情和小记者采访愿望。

（方 媛）

【刘淇检查高考考场】 6月3日，刘淇检查北京高考考场准备情况。在海淀区八一中学，刘淇实地查看各方面准备情况。刘淇要求，北京高考要做到确保全体考生和工作人员健康、安全，确保高考公平、公正。

（刘 泓）

【周济检查北京高考准备工作】 6月5日，周济检查北京高考准备工作。在朝阳区陈经纶中学，周济实地检查考场，查阅考点应急防范预案，并询问有关工作细节。周济指出，高考期间，北京各级领导要做到让考生放心、家长放心、广大人民群众放心；让考生满意、家长满意，广大人民群众满意。

（赵 光）

【人大代表检查高考准备工作】 6月5日，于均波率领部分人大代表检查东城区高考准备工作。检查组听取东城区高考准备工作汇报，观

摩六十五中及五中高考程序模拟演练，检查3所考点校考场安排及卫生防疫情况。

（秦晓芳）

【市委市政府部署高考保密工作】6月6日，市委、市政府召开高考考风考纪和安全保密工作紧急会议。会议传达教育部加强2003年普通高校招生全国统一考试考风考纪和安全保密工作紧急会议精神，宣布成立由市委政法委、市委教育工委、市公安局领导参加的高考安全、保密工作领导小组。会议要求，各有关部门迅速行动，连夜传达部署，层层落实。来自北京市教育及公安、保密、卫生部门领导参加会议。

（钱进军）

【耿学超到教育学院调研】6月18

日，耿学超到北京教育学院调研。在听取学校工作汇报后，耿学超要求学校要研究学院的定位、发展方向、整合师资培训资源和师资培训信息化建设问题。

（郭　坤　聂　荣）

【“两委”领导到教科院调研】6月

19日，朱善璐、耿学超到教科院调研。在听取教科院研究工作情况汇报后，“两委”领导指出，教科院在北京乃至全国都具有相当规模，是重要的教育综合研究机构，具有不可替代的作用。他要求教科院重视业务骨干队伍建设，引进优秀人才，形成合理的业务人员队伍结构；要坚持“创建一流工程”目标，与时俱进，坚持国内一流，达到全国领先。该院部门领导干部及部分研究人员40人参加调研活动。

（韩　燕　郝淑仪）

【市领导到大兴区调研】6月19

日，龙新民、范伯元在大兴区调研。在黄村一中，龙新民参观学校体育馆、运动场、图书馆、电子阅览室、教学楼、学生餐厅，询问学生复课、高考、校园建设、学生管理等各方面情况。课间，龙新民在校园与学生交谈。他说，一中校园整洁，学生文明礼貌，学校管理规范。

（刘振明　李永奎）

【教育部召开共建民大协调会】6月21日，教育部、国家民委召开落实《关于重点共建中央民族大学的协议》协调会议。会议听取共建工作汇报，依据学校发展需要和《共建协议》内容，提出学科建设、科研项目、建立少数民族师资培训基地、教师学习培训和后备干部挂职锻炼、开辟新校区和校园周边环境整治方面需要解决的问题。教育部表示，将在其职权范围内给予学校支持和帮助，同时对学校定位及如何建成世界一流大学问题提出意见。国家民委提出，落实《共建协议》学校应主动向教育部汇报，国家民委做好服务和协调工作，教育部明确综合部门协调各司局办工作。教育部、国家民委和学校领导20人参加会议。2002年，教育部、国家民委、北京市政府联合签订共建民族大学协议。

（哈斯也提）

【市委市政府召开治理乱收费工作会】7月4日，市委、市政府召开治理教育乱收费工作电视电话会议。会议设立市政府主会场和区县分会场，先后听取市委、市政府、市教委领导讲话，提出2003年治理教育乱收费工作目标和具体措施。来自市委、市委教育工委、北京市治理教育乱收费局际联席会议成员、高校、各区县领导参加会议。

（何　群　张　华）

【范伯元检查昌平学校食堂工作】7月9日，范伯元检查昌平区学校食堂工作。在华北电力大学（北京）和北京农学院，范伯元检查两校食堂主食、副食操作和储藏间，询问餐具消毒过程，听取两校后勤工作汇报。范伯元指出，应该从实践“三个代表”、维护社会稳定的高度做好学校食堂工作，确保学生身体健康。在昌平实验小学，范伯元检查学校整体环境，食堂设施，他告诫学校要从源头把好食品卫生关，确保不出现任何食品卫生事故。

（裴志林　杨晓伟）

【贾庆林祝贺首届宏志生毕业】7月15日，贾庆林祝贺北京宏志中学首届高中宏志生毕业。贺信希望宏志中学总结办学经验，把学校办成北京市乃至全国具有特色、人民满意的一流学校。贺信指出：“在过去三年多的办学历程中，北京宏志中学全面贯彻党的教育方针，积极组织实施素质教育，以‘一切为了学生，为了一切学生，为了学生一切’为办学宗旨，实现了让学生在校期间‘学会做人，学会学习，学会做事，学会协作，学会健康，学会生存’的教育目标”。该校首届高中宏志生毕业69人，高考上线率100%，本科上线率90%，重点院校（一批）上线率63.8%。宏志中学是全国第一所公益学校。

（秦晓芳　丁尔庆）

【召开暑期高校领导干部会议】7月18至19日，市委教育工委、市教委召开暑期高校领导干部会议。会议总结北京高校防控“非典”工

作，听取中宣部学习“三个代表”重要思想辅导报告、教育部下半年工作要求和北京大学、清华大学工作经验介绍。会议提出学习胡锦涛“七一”讲话，学习“三个代表”重要思想，把“办学为民”作为首都高校治校之本，把教育创新作为治校之道工作目标。会议指出，要从北京城市发展和高等教育发展实际出发，增强北京教育整体实力，推动高等教育资源整合与建设，做好高等教育布局、结构调整。全面提高教育质量，使高等教育满足北京经济社会发展和人民群众需要。会议强调，发挥高等教育在建设国际化大都市、国际教育交流中作用，提高北京高等教育国际竞争能力。中宣部、教育部、北京市政府领导以及高校党委书记、校长 200 人参加会议。

（吴雅星　韩　燕　丁柏明）

【41 个单位获得防控“非典”先进】

7 月 25 日，中组部、中共北京市委、市政府联合召开防治“非典”工作表彰会。会议表彰在防控“非典”工作中做出贡献的先进集体 1000 个，先进个人 250 人。其中，北京教育系统有 41 个集体和 250 人获得表彰。

（吴　武　付爱珍　丁柏明）

【温家宝批示中小学环境教育】　8 月 4 日，温家宝批示中国环境人口与可持续发展教育（EPD）项目。批示指出：“对广大公民特别是青少年进行环境、健康与可持续发展的教育很有必要，要把这项工作同公民道德教育和学生素质教育结合起来，使之经常化、制度化”。4 月 28 日至 6 月 4 日，北京 5 个区县和 3 个省市环境人口与可持续发展教育项目负责人利用电话、电子邮件方式讨论加强环境与人口健康教育、保证青少年身心健康、促进民族与国家发展的可持续发展问题。北京、上海和广州 126 所学校共同联名致信温家宝，倡议在全国开展环境、健康与可持续发展教育。

（富　涛）

【朱善璐到“春蕾班”调研】　8 月 15 日，朱善璐调研北京市第一七一中学“春蕾班”。在听取有关“春蕾班”学生高考入学情况以及学校与和平里中学整合工作汇报后，他提出有关部门、高校要主动做好“春蕾班”学生入学资助工作，并责成有关部门对此项工作进行督促检查，保证这些学生顺利入学。

（秦　蕾）

【召开高校调整改革工作会】　8 月 21 日，市委教育工委、市教委联合召开北京高校调整改革工作会议。会议宣布，市委、市政府关于北京机械工业学院与北京信息工程学院合并，组建北京信息科技大学决定。同时，宣布成立北京信息科技大学筹备组及其党组。市教委、机械学院、信息学院领导参加会议。

（王志伟）

【通报 3 所学校乱收费查处情况】　9 月 2 日，市教委、市监察局通报北京 3 所学校乱收费查处情况。该通报陈述北京市中医学校擅自设立收费项目超范围收费、丰台区角门中学变相收取补课费、昌平区第四中学违反规定收取捐资助学款情况，公布对上述单位查处意见。通报要求，各级纪检监察、纠风部门加强监督检查和查处，严肃处理各种违规收费行为。建立学校收费巡查制度，建立受理投诉、举报快速反应机制，坚决把住春秋两季开学关口。对顶风违纪的要严查快办，追究直接责任人和有关领导责任，并通报全市媒体曝光。

（钱进军）

【全国政协委员慰问聋校师生】　9

月 4 日，全国政协教科文卫体委员慰问北京市第三聋人学校师生。委员们听取学校各项工作汇报，全面了解学校发展、手语使用、残疾人心理、残疾人就业情况，参观学校设施，观看聋人学生表演舞蹈并与学校师生合影留念。

（陈建功）

【温家宝慰问北京中小学师生】　9

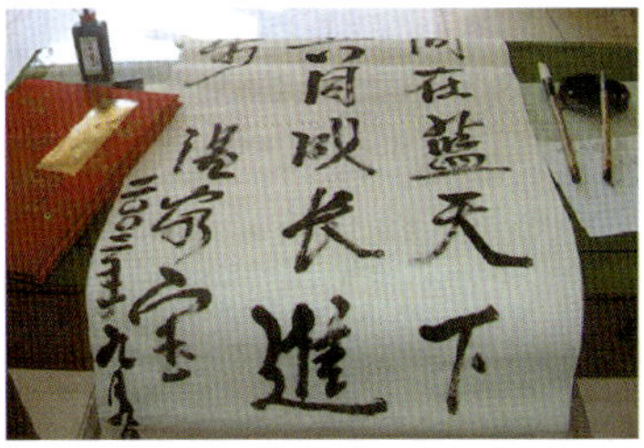

月 9 日，温家宝慰问北京中小学师生。在北京第二实验小学，温家宝听取学校办学思想汇报，参观学校科技长廊，题写“以爱育爱”题词；在玉泉路小学，温家宝看望教师和流动人口子女，询问学习、生活情况，称赞石景山区用公办学校招收流动子女的做法，并写下“同在蓝天下，共同成长进步”题词；在北京市第十二中学，温家宝视察校园、生态博物馆，与该校师生交谈，会见慰问教师代表。温家宝提出教师准则：师有德、行有范。

（吴德荣　王德文　郝景元）

【龙新民慰问高校师生】　9 月 9 日，龙新民慰问北京高校师生。在中央民族大学，龙新民听取学校建设情况以及征地、西校门道路改造、环境整治和贫困学生资助等问题汇报。龙新民首先对教师表示节日祝贺，他明确指出，市委、市政府支持学校在房山良乡新校区建设工作，市政府每年出资 500 万元解决民大贫困学生资助问题。在北京外国语大学，龙新民看望教师，询问师生学习、生活情况。

（秦　蕾　哈斯也提　王嘉云）

【六部门联合检查东城收费工作】 9 月 15 至 16 日，市教委、市财政局、市物价局、市纠风办、市审计局、市新闻出版局联合检查东城区招生收费工作。检查组听取区教委财政教育经费投入、招生、教育布局调整、治理中小学乱收费等方面情况汇报，全面检查黑芝麻胡同小学、二十二中、五中招生收费及校务公开工作。检查组肯定东城区治理教育乱收费工作所取得成绩。

（秦晓芳）

【教育部与石油企业共建石大】 10

月 2 日，教育部与中国石油天然气集团公司、中国石油化工集团公司、中国海洋石油总公司、中国化工进出口总公司共建石油大学协议签字。根据协议，四大企业将支持学校参与企业科技攻关和国家重大科研项目申报，支持石大的“211 工程”项目建设。同时在石大设立奖学金、贷学金，鼓励毕业生献身国家石油、石化工业及地方建设事业。教育部在石大学科建设、重点实验室建设，科研及人才培养方面继续给予支持，双方共同将石大建成有国际影响特色大学。

（张　奎）

【七部委检查治理乱收费工作】 10 月 17 至 24 日，国家七部委督查组联合检查北京治理教育乱收费工作。督查组听取市教委治理教育乱收费工作汇报，采取临时抽查，查看账目、收费公示栏，询问情况，找校长谈话，召开座谈会，访谈家长、学生，入户了解学校收费情况等方法。先后检查 7 个区县 19 所学校（11 所中学，8 所小学），3 个单位（2 个教育分院，1 个学区财务中心），走访百名学生家长。督查组认为，北京市重视治理教育乱收费工作，机构健全，态度坚决、措施得力、治理工作成效明显。

（何　群　张　华）

【全国人大代表到广渠门中学调研】

10 月 21 日，全国人大教科文委员会在崇文区广渠门中学调研。该调研团由 4 人组成，他们听取学校贯彻义务教育法、教育收费和宏志班办学情况汇报，参观宏志班展览和宏志班学生宿舍。

（彭雪兰）

【王岐山调研山区学校】 10 月 25 日，王岐山调研山区学校。在门头沟妙峰山学校，王岐山察看学校规划模型、化学实验室、计算机教室和生物实验室，详细询问学校收费、生源和学生学习、住宿、升学等情况，并与兴趣小组学生交谈。王岐山强调，要把北京率先基本实现现代化和“新北京、新奥运”两大战略目标纳入学校教育教学工作，努力解决农村教育存在问题。

（李维东）

【国家民委在民族职高调研】 10 月 27 日，国家民委、市民委到北京市民族职业高中调研。调研组一行 8 人，参观校园，听取学校办学情况介绍，肯定学校“职业是根，民族是魂”办学方针。调研组表示，国家民委支持学校建设发展。

（张静静）

【市人大代表检查房山教育情况】 10 月 28 日，市人大代表检查房山区中小学教育情况。该检查团由 20 人组成，在听取区政府教育工作汇报后，以专用教室建设、公用经费落实情况为重点，先后检查交道中学、琉璃河中学和长沟中心小学等 12 所学校。

（李翼明）

【范伯元调研昌平基础教育情况】

11 月 6 日，范伯元调研昌平区基础教育情况。在听取昌平区教育概况、经费和发展情况汇报后，范伯元询问教育信息化建设、新开发小区配套设施建设、流动人口子女入学、教育结构布局调整等情况。实地考察南口学校和长陵中心小学，听取学校汇报，查看校园设施建设，询问学校教育教学、设备设施、教师待遇等有关情况。范伯元肯定区政府增加流动人口子女 1 万人借读公立学校补充经费的做法，要求扶助打工子弟学校，逐步改善办学条件。他说农村学校发展、建设要做全面整体规划，充分考虑地域特点和当地群众需求，让农村孩子和城里孩子享受同样教育环境、教育条件。

（杨晓伟　李华民　潘红梅）

【龙新民在建工学院调研】 11 月 11 日，龙新民在北京建筑工程学院调研。在听取学校建设工作汇报后，龙新民指出，学校发展战略目标是实事求是的，市委、市政府支持学校二校区建设，学校应该加强党的建

设，加强干部、教师队伍建设，开好第四次党代会。7月28日和10月10日，范伯元、朱善璐先后检查该校二校区建设工作。

（牛志霖　黄　琇）

【龙新民调研郊区教育情况】 11月13日、12月3日和11日，龙新民先后调研通州、平谷和怀柔教育情况。在通州永乐店中学，龙新民察看教育技术示范班教学情况、学生宿舍、风雨操场，他希望通州区切实帮助学校解决实际困难，为师生工

作、学习创造条件。在平谷刘家店中学和北师大附属平谷中学，龙新民察看教学楼、实验楼和学生宿舍，他强调，基础教育主要任务在区县，要关心、支持农村基础教育。在怀柔北京京北职业技术学院和怀柔一中，龙新民检查教学楼、实验楼、体育馆和学生宿舍，他说，职业教育要加强办学针对性、实用性，高等职业技术学院，不求规模大、数量多，但求能与区域经济发展相结合。

（刘立军　岳广顺　杜书霞）

【周济看望杨振宁教授】 12月28

日，周济看望清华大学教授杨振宁。周济代表教育部向杨振宁赠送花篮，询问在清华工作和生活情况。谈话中周济还高度评价杨振宁在清华定居和工作，感谢他对科学和教育做出的贡献，并祝贺新年愉快，身体健康。看望中，周济与杨振宁交流对美国和中国大学教育看法。

（崔　凯）

建议提案办理

【概　况】 2003年，北京市政府办公厅交市教委办理市人大代表建议74件，平类建议2件，全国政协委员提案2件，市政协提案委员会交市教委办理的常派团体提案6件，市政协委员提案77件，共计161件。其中，由市教委主办的市人大代表建议65件，平类建议2件，党派团体提案5件，市政协委员提案62件，平类提案4件，全国政协委员提案1件，共139件。提案主要内容涉及学校管理工作共32件，占总量的22%；涉及教育的地位和作用21件，占总量的14%；涉及学生教育工作26件，占总量的18%；涉及教学工作19件，占总量的13%；涉及招生考试工作12件，占总量的8%；涉及教师待遇和队伍建设11件，占总量的7.5%；涉及学生管理工作8件，占总量的5.5%；涉及社会力量办学5件，占总量的3.5%；涉及外来人口子女教育4件，占总量的2.4%；涉及语言文字工作1件，占总量的0.6%；涉及具体学校的工作8件，占总量的5.5%。市教委主办的建议、提案中，办理结果按类别划分：A1类（已解决）1件；A2类（办理过程中）104件；A3类（解释～理解）19件；B类（1至2年内解决）1件；C类（说明解释）3件。办理答复过程中，当面同代表、委员交换意见（个别或座谈）41件；书面答复代表、委员，代表、委员审阅后提出意见返回后正式报告的46件；电话方式交换意见并记录代表、委员意见的32件，在5月10日前将办理报告初稿发给代表委员未收到回复意见的4件，由于“非典”疫情防控工作影响，未能征求代表委员意见的5件。

（王　晖）

【高校普遍实行学分制建议办复】 3月9日，市教委办复市第十二届人大一次会议第0771号周华斌代表提出的“尽快在首都高等院校内普遍实行‘学分制’”建议。市教委回复报告指出，北京普通高校普遍实行学分制管理制度，其中部分学校已实行3至8年、3至6年弹性学制，学生按规定修满学分即可毕业；在部分学校实行学年学分制。市教委重视推进学分制改革，将“开展以学分制为核心的高等学校运行制度改革”列入工作要点，研究制订高等学校按学分收费规定，并按计划组织实施。代表周华斌对答复表示满意。

（王　晖）

【大学生公寓建设提案办复】 3月17日，市教委办复北京市政协十届一次会议王子镐委员第0409号提案“关于推进高校后勤社会化改革

和大学生公寓建设的建议”。办理报告指出，为解决东方大学城所属四校学生公寓建设问题，北京市规划委员会在芍药居供热厂预留地上划出4公顷拟建设大学生公寓15万平方米。该公寓由法政集团出资建设，2000年12月15日奠基，后因开发商资金不到位，周边市政环境不完善，工程没有进行。2001年下半年，中央领导根据大运村进住情况指示，学生公寓放在校外从管理上、生活上都存在很大问题。提出一寓一校建设办法和尽量将学生公寓建在校内的意见，提倡尽量将校内教师宿舍置换到校外。按照以上意见，2002年3月13日和4月3日，市教委主任两次与东方大学城四校共同研究学生公寓建设问题。经研究达成建设方案，该建设用地为对外经济贸易大学建设3.5万平方米学生公寓和8000平方米附属用房，其余改建为教师住房用于置换校内教师宿舍。2002年11月19日，市规划委协调会结论：原芍药居7.6公顷用地全部用于北部区域供热，该处不能再建设学生公寓。提出校内挖潜，放宽建设学生公寓规划条件和购置周边经济适用住房置换校内教师宿舍等方法。王子镐委员同意以上意见。

（王　晖）

【建立职业教育人才培养立交桥提案办复】　3月21日，市教委办复北京市政协十届一次会议第0198号尹幼奇委员“关于建立职业教育人才培养的‘立交桥’提案”。市教委报告中指出，1997年，北京市开始试行劳动预备制度试点，实施“以职业培训为主导、以就业准入控制为主要措施、其他相应组织管理为基础的劳动预备制度”，重点在未升入高一级学校学习的初、高中毕业生中推行，并设计职业技能培训、中等职业技术教育、高等教育自学考试高职专业助学3种模式。近两年劳动预备制培训累计招生10300人，基本保证有培训要求的中、高考“落榜生”能够接受相应职业培训。北京市确定普通高中教育与中等职业教育招生比例为5：5，保证普通教育与职业教育健康协调发展。对市教委答复，政协委员表示满意，建议加强改革和创新。

（王　晖）

【加强农村师资力量建议办复】　3月27日，市教委办复市第十二届人大一次会议第0855号赵淑雅代表提出的“关于加强农村中小学师资力量的建议”。市教委在回复中指出，《北京市中小学、中等职业学校、高等学校教师队伍建设“十五”计划》提出要“融通使用各类学校优秀师资。各区县建立可跨校流动人才库，改变中小学骨干教师归学校、单位所有的状况。市级中小学骨干教师和学科带头人由区县教育行政部门统一调配，可跨校承担教学科研任务，实现教育资源配置的合理化、均衡化及优秀师资的资源共享”。在教师继续教育方面，提出“培训模式要具有多样性，在职学习与脱产学习相结合，面授式课堂学习与远程学习相结合”，“要充分发挥远程教育、网络技术、音像资料等现代教育手段在培训中的作用”。市教委将建立教师合理交流与流动机制问题做为研究课题，尽快出台行之有效的办法。代表赵淑雅对答复表示满意。

（王　晖）

【示范高中建设应结合城区实际建议办复】　4月16日，市教委办复市第十二届人大一次会议第2269号钮小华代表提出的“示范性普通高中校建设标准应紧密结合中心城区的实际”建议。办理报告指出在1995年5月，国家教委召开全国普通高中教育工作会议，提出分期分批建设并评估1000所示范高中任务。市教委从1999年启动这项工作，提出有计划地分批、分步建设60所左右市级示范高中，提出“软件建设从硬，硬件建设从实”。评估重点是：学校具有鲜明的办学特色，在教育系统内、外部有较大影响；学校教育教学改革、教育科研取得有特色、有影响成果，确实起到示范作用；学校设施设备能满足教育教学需要，且使用效益高，并实现资源共享。根据以上指导思想，在已完成的两批市级示范高中评估中，强调或评估的是学校“软件”建设。因此，关于“建议市教委根据中心城区的实际，考虑示范校的硬件建设标准的有关问题”引起市教委注意，并调整城市中心地区示范高中建设占地标准。代表钮小华同意市教委答复，并感谢教委对建议的关注。

（王　晖）

政　策　法　规

【概　况】　2003年，市教委完成自1979年以来发布规范文件清理，清理市教委行政管理事项，起草《北京市中小学生人身伤害事故预防与处理条例》等法规。确定调研课题46项，其中《首都教育战略》、《民办高等教育研究》2项课题被列为中共北京市委重点课题；委托教科院承办课题26项。全年共接待处理教师、学生申诉案件29起，做出申诉决定24起。接待处理教育行政复议案件15起，不予受理9起。代理机关行政诉讼12起，胜诉11起。代理机关民事诉讼案件5起，胜诉5起。

指导区县行政执法案件9起，协调处理学校纠纷11起。

（熊 红 马 乐）

【完成行政管理事项清理】 3月，市教委完成行政管理事项清理工作。共保留行政管理事项53个，下放行政管理事项11个，取消行政管理事项19个。

（马 乐）

【印发防控“非典”系列文件】 4月16日，市委教育工委、市教委印发防控非典型肺炎系列文件。“非典”期间共起草、印发《关于预防控制非典型肺炎在教育系统蔓延的意见》、《关于进一步加强高等学校防控非典型肺炎工作的通知》、《致教育系统全体共产党员的一封信》、《关于针对预防和控制非典型肺炎在高校蔓延做好宣传思想工作的紧急通知》、《防控“非典”时期做好高校思想政治工作的八项措施》和《关于进一步做好下一阶段防控“非典”时期高校学生工作的意见》等。同时，发放《传染病防治法》、《学校卫生管理条例》等宣传材料，起草、印发《北京市教育系统预防与控制传染性非典型肺炎应急案》。

（邵 鹏）

【首体院举办“五四”普法讲座】 6月27日，首都体育学院党委举办领导干部“四五”普法学习讲座。系统讲授中国普法历史和意义，领导干部应该掌握的法律知识。该讲座对领导干部学法、用法制度化建设，不断探索开展法制宣传教育新途径起到推动作用。该校处级干部38人参加学习。

（郑 刚）

【房山清理行政审批和规范性文件】 6月，房山区教委完成行政审批和规范性文件清理。该教委共清理行政审批事项59个，其中，保留19项，取消2项，分离出属业务范围37项，修改1项。表彰项目通过分离、取消、合并、保留，由原来90项减少到31项。

（李翼明）

【房山召开法制工作会】 7月15日，

房山区教委召开法制工作会。会议听取实验中学、韩村河中心校和长阳中学“加强法治建设，推进依法治校”经验介绍。总结两年来依法治教工作，布置“四五普法”工作任务。会议要求各校建立预防青少年违法犯罪体系，推进警学共建，发挥法制教育课作用，以课堂教学为主渠道建立监督机制和奖励机制，开展综合评价工作。会议印发依法治校验收标准、法治教育验收规划两个文件。该区法治办、区法院、区司法局及各中小学领导150人参加会议。

（李翼明）

【举办机关公务员法律培训班】 7月28至30日，市教委举办“两委”机关公务员法律知识培训班。该培训班采用专题讲座形式，全国人大教科文卫委员会分别讲授《民办教育促进法》和《中外合作办学条例》等法规常识。来自“两委”机关公务员48人参加学习。

（马 乐）

【清理行政规范性文件】 8月19日，市教委完成行政规范性文件清理工作。该工作清理1979年以来发布的规范性文件，决定自2003年9月1日起，停止执行《关于启用北京市教育执法检查证的通知》等规范性文件329件。

（马 乐）

【教育部检查房山法制教育工作】 12月4日，教育部、市教委检查房山区法制教育工作。检查组听取该区法制工作介绍，查看房山中学、赵各庄小学工作情况，肯定成绩。检查组强调，学校保证法制教育经费投入，做到课程计划、课时、教材和师资四落实。检查组希望做好中小学普法试点工作，探索和实践生动活泼、行之有效方式，不断总结经验。来自山东、吉林、上海、贵州等省市领导30人参加检查活动。

（李翼明）

【完成法律法规规章意见征询】 至年底，市教委完成21件法规、规章草案意见征询工作。这些法规包括《教育法》、《义务教育法》、《行政许可法》、《民法典》、《国务院实施〈民办教育促进法〉办法》、《北京市依法治市工作规划》和《北京市安全生产规定》等，涉及干部教师200人。

（马 乐）

组织干部工作

【概 况】 2003年，市委教育工委协助中央主管部委、市委组织部做好高校领导班子建设工作，共任免校级领导干部134人次。其中，双管高校50人次，市属、市管高校84人次。调整直属事业单位领导班子，共任免干部12人，其中任5人，免7人。组织多次干部培训，抽调108名校级干部和12名校级后备干部参加国家高级教育行政学院和市委党校培训。组织完成教育系统政工职称考试、申报、评审，共选政工师、助理政工师7名，上报市高评委高级政工师27名（通过21名）。全年发展高校学生党员 19142 人，北京高校学生党员达到 11.5%；35 岁以下青年教师中党员比例达到 44.5%。其中，本科生中党员比例为 7.4%。市委教育工委完成市属市管高校领导干部 400 人次、直属中专校 100 人次收入申报；完成 11 所市属市管高校换届考察；完成 3 名高校领导干部提醒谈话；办理因公出国（境）131 人，因私出国（境）15 人；组织市属市管高校领导干部档案审查工作，共审查档案 190 卷，催补档案材料 2000 多份；整理、审查两委机关处级干部档案 220 人，催补档案材料 1500 份。

（吴　武　姬云鹏）

【密云教委召开第一次党代会】　1 月 6 日，中共密云县教委召开第一次党员代表大会。会议听取题为《全面加强党的建设，努力开创我县教育事业新局面》工作报告，总结教委成立一年来工作，提出今后主要任务，选举产生中共密云县教委第一届委员会和第一届纪律检查委员会。会议提出贯彻民主集中制，完善党委议事和决策机制，加强制度建设等近期工作任务。该区各中小学、直属单位和机关党员代表 80 人参加会议。

（郭占云）

【北工大获得全国文明建设先进】　1 月 23 日，北京工业大学获得全国精神文明建设工作先进单位称号。该校在精神文明建设中坚持目标实际、方式创新、载体有效、队伍优化，持续开展“红烛工程”师德建设、以“诚信与责任”为主题学生思想道德建设。2000 年至 2001 年先后获得北京市思想政治工作优秀单位、党建和思想政治工作先进校、“四五”普法先进单位，2001 年被评为首都文明标兵单位。

（江飒英）

【召开党委组织部部长会议】　2 月，市委教育工委召开高校党委组织部部长会议。会议听取题为《认真贯彻十六大精神，以“三个代表”重要思想为指导，努力开创北京高校党的建设和组织工作局面》的工作报告，总结年度干部和组织工作，部署新一年工作任务。来自 62 所高校组织部长 70 人参加会议。

（吴　武）

【召开艺术院校党建工作会】　3 月，市委教育工委召开艺术院校党建工作座谈会。会议通报 2002 年艺术院校党建工作调研情况，研讨高等院校党建工作分类指导以及提高艺术院校党的建设工作水平等问题。来自北京 7 所艺术院校党委书记、校长、党委组织部长 20 人参加会议。

（姬云鹏）

【举办教育创新高级研修班】　4 月

9 日，市委教育工委、市教委举办“十五”期间第一期推进教育创新中学校长高级研修班。该研修班由北京教育学院、北京教育党校和北京市普教干部培训中心联合承办，以推进教育创新为主题，解决问题为中心，采用专题讲座、座谈和参观调研等形式，开展探究式学习。研修班为期一年半，来自 30 所中学校长参加学习。9 月 18 日，“两委”领导参加研修班学员座谈会，共同研讨教育现代化与学校改革发展问题。

（王俊空　郭　坤　聂　荣）

【开展不合格党员处置工作试点】　4 月，市委教育工委开展不合格党员处置工作试点。该工作选定清华、人大两所高校，以学校系（院）为单位，开展不合格党员处置试点。至年底，两所高校已完成试点工作总结报告。

（姬云鹏）

【完成防控期间党员状况调查】　4 至 5 月，市委教育工委完成防控“非典”时期党员工作状况调查。该调查以中小学复课，中、高考时期为重点。调查结果显示，全市中小学党员干部在防控“非典”时期表现突出。群众满意的党员干部占总数的 80.2%，表现较好、比较满意的占 19.6%，两项和为 99.8%。全市中小学申请入党 2507 人，发展党员 1133 人。

（王俊空）

【表彰防控“非典”先进党组织】

6 月 26 日，市委教育工委在北京航空航天大学召开北京高校表彰先进座谈会。会议表彰防控“非典”时期先进基层党组织 60 个，优秀党员 120 人。同时，市委教育工委完成市委、中组部先进集体和个人推荐，北京高校受中组部表彰的全国防控“非典”工作先进基层党组织 1 个，优秀共产党员 5 名；受市委表彰党组织 14 个，优秀共产党员 35 名。

（姬云鹏　陈　颖　丁柏明）

【评选优秀理论学习论文】　7 月，市委教育工委举办领导干部理论学习优秀论文评选。该评选以学校为单位，分为高校、高职中专两个组，要求突出理论学习的实际指导意义。其中，7 所高校获得优秀组织奖，32 篇论文获奖；高职及中专校 11 篇论文获奖。

（吴　武）

【选派高校处级干部挂职锻炼】　7 月，市委教育工委选派首批高校处级领导干部挂职锻炼。首批干部共计 11 人，均来自市属市管高校，此批干部计划在中央所属重点大学完成为期一年挂职锻炼。

（吴　武）

【完成“两委”机关处职干部聘任】 8至10月，市委教育工委完成“两委”机关处级干部竞聘。该竞聘坚持公开、公正、公平原则，采用公布岗位、报名、资格审查、面试、考察、工委会议讨论等程序。来自“两委”机关及其他单位94人参加正副处职竞聘，36人选拔至上一级岗位。其中，处职岗位13人、副处职岗位17人、调研员2人、助理调研员4人。竞聘工作中，共有19人轮岗交流，其中，处职平级轮岗5人、副处职4人，提任轮岗处职4人、副处长6人。

（吴　武）

【开设新世纪校长专业化课堂】 10月18日，市委教育工委、北京教育学院、北京教育党校、北京市普职成教干训中心联合主办新世纪首都校长专业化课堂。该课堂是新世纪北京校长培训工程重要内容，按照校长专业化理念设计教学内容和相应课程，聘请有关专家、学者，通过课堂讲授、案例分析、对话研讨等方式，分析和探讨校长作为新世纪教育者、领导者、管理者、服务者在专业伦理、专业意识、专业知识和专业能力等要求。首期听取教育部中学校长培训中心主任题为《新世纪校长发展之路——校长专业化》专题报告。来自区县教育工委领导和民办学校校长400人参加学习。

（王俊空　郭　坤）

【完成干训基地建设评估】 11月

20至26日，市委教育工委完成区县教育领导干部培训基地建设评估。该评估由区县申报，采用听取汇报、实地检查和查阅档案方法，重点是3年来培训条件、培训过程和培训效果。来自17个区县（地区）干训基地参加评估。结果显示，区县干训基地基本建设、培训管理均达到规定要求。

（王俊空　李凤安）

【完成7所中专学校党建工作评估】 11至12月，市委教育工委完成北京市中等专业学校党建工作评估。该评估采用实地检查、听取汇报、召开座谈会等方法，评估学校党组织政治核心作用、自身建设、思想政治工作、对群众组织领导、统一战线和老干部工作五个方面17项指标。全市7所中专学校参加此项评估。结果显示，各中专学校党建工作较好，工作中出现多种创新方法，值得学习和借鉴。

（王俊空　谢　了）

宣传教育工作

【概　况】 2003年，北京高校宣传教育工作以学习贯彻“三个代表”重要思想为重点，大力加强理论建设，进一步深化理论武装工作；充分发挥宣传思想工作的功能和作用，为抗击“非典”斗争的胜利提供思想保证；以建设学校文化、培育学校精神为重点，大力加强精神文明建设，进一步拓展宣传工作的功能；以基本价值观教育为核心，突出重点，加强建设，全面提高大学生的素质；加强宣传教育工作的基础建设，提升工作整体水平。

（周志成）

【法大承办新闻宣传总结会】 1月17至18日，中国政法大学承办2002年教育部新闻宣传工作总结会。会议听取政法大学《关于新闻采访权的中外法律保护》和《关于黑哨事件的法律思考》的演讲，观摩根据西南高校发生诉讼案件改编的模拟法庭活动。来自中央、北京39个媒体70名记者参加会议。

（武　焰）

【宣传王能智先进事迹】 2月27日，市委教育工委、市教委、石景山区委宣传部联合开展王能智先进事迹宣传活动。该活动通过《人民日报》、《光明日报》和北京电视台等媒体，播发宣传稿件60篇，系统宣传王能智先进事迹。

（李　明　王俊空　王德文）

【召开高校宣传教育工作会议】 2月20日，市委教育工委召开高校宣传教育工作会议。会议总结年度宣传教育工作，分析高校宣传教育工作形势和任务，听取清华大学等高校经验介绍。来自60所高校宣传部长、学生工作部长150人参加会议。

（王达品　寇红江）

【举办应对危机心理素质研讨班】 6月，市委教育工委举办应对危机心理素质教育研讨班。该研讨班采用座谈形式，广泛听取心理教师意见。来自60所高校100名心理素质教育教师和德育工作干部参加。

（王达品　寇红江）

【召开学习“三个代表”思想座谈会】 7月2日，市委教育工委在中国人民大学召开学习胡锦涛“七一”讲话座谈会。会议印发市委教育工委《关于在全市教育系统兴起学习贯彻“三个代表”重要思想新高潮的实施意见》，听取“两委”领导发言，听取北大、清华和人大等6所高校领导学习经验介绍。来自部分高校领导 50 人参加会议。

（白连永　王达品　寇红江）

【参加防控先进事迹报告会】 8 月 22 日和 9 月 10 日，教育部、北京市委、市政府联合举办两场防控“非典”英雄事迹专场报告会。该报告会听取 302 医院、佑安医院、北京大学第一附属医院、中医药大学附属东方医院、北京大学人民医院报告会和北京武警总队医院 6 名英雄模范作先进事迹报告。报告会分别在北京理工大学和北京航空航天大学举办，来自 40 所高校 2000 名大学生参加。

（陈　颖　王达品）

【召开中小学领导形势报告会】 8

月 28 日，市委教育工委、市教委召开中小学领导干部形势报告会。朱善璐在报告中指出，北京基础教育正处在重大战略机遇期，各级领导干部要高度重视，切实落实基础教育战略地位，坚持以创新作为治教、治校之道，形成首都教育创新思路，增强首都教育创新能力。报告强调，要加快学校建设，调整义务教育学校布局，促进义务教育均衡发展，建成 60 所示范高中；加快中小学教育信息化建设，解决跨越式发展问题，力争在 2004 年前基本实现北京教育信息化。市委教育工委、市教委、市政府教育督导室及各区县教育工委书记、教委主任、督导室主任、部分中小学校长党政负责人 1500 人参加学习。

（钱进军　吴雅星　丁柏明）

【召开学习王能智先进事迹座谈会】 9 月 10 日，市委教育工委、市教委和市委宣传部联合召开学习王能智先进事迹座谈会。会议印发《关于开展向王能智学习的决定》，听取石景山区王能智事迹报告团成员以及北师大、朝阳、顺义和四中干部教师发言。会议要求全市教育系统广泛开展向北京教育学院石景山分院地理教研员王能智学习活动。会议号召全体党员、干部和教职员工以王能智为榜样，学习他“与时俱进、勇于探索、澹泊名利、甘于奉献、为人师表、教书育人”的精神。会后，市委教育工委，石景山区委教育工委、区教委联合组建王能智先进事迹报告团。

（王俊空　王德文）

【举办“三个代表”思想培训班】 10 月 9 日，市委教育工委举办贯彻“三个代表”重要思想培训班。该培训班听取人大党委书记题为《按照“三个代表”的要求，全面推进高校改革和创新》专题报告，要求学员从战略和全局认识学习“三个代表”重要思想及其深远意义，坚持理论与实际相结合，切实做到真学、真懂、真用。市属高校副校级领导干部参加学习。

（吴雅星）

【召开载人航天事迹报告会】 11

月 6 日和 9 日，中宣部、教育部和中共北京市委联合召开两次首都大学生学习载人航天先进事迹报告会。会议邀请载人航天飞船设计系统总指挥、“长征”二号 F 运载火箭副总设计师等 7 名功臣以及航天英雄杨利伟作载人航天精神专题报告。报告会分别在北京航空航天大学、清华大学举办，来自北京 60 所高校及 18 个区县大中小学师生 1 万人参加学习。

（陈　颖　崔　凯　王达品）

【举办学生工作干部培训班】 12 月 15 日，市委教育工委举办北京高校学生工作干部培训班。该培训班听取清华、北大、北工大和北科大学生工作干部专题讲座，结合工作中实际，传授学生工作知识和经验。来自 60 所高校 120 名新任学生工作干部参加学习。

（王达品　寇红江）

统一战线与群众工作

【顺义召开民主人士座谈会】 1 月 11 日，顺义区教委召开该区教育系统市、区人大代表、政协委员和民主党派成员座谈会。会议听取顺义区教委 2002 年各项工作完成情况和 2003 年重点工作情况介绍，肯定区教委工作成绩并提出意见和建议。该区人大、政协领导及民主党派代表参加会议。

（王英丽）

【召开高校统战部长会议】 2 月 25 日，市委教育工委召开高校统战部长会议。会议总结高校贯彻落实全国统战工作会议精神情况，听取北京大学、清华大学培养选拔党外代表人士担任学校管理工作经验介绍，部署 2003 年统战工作。来自 58 所高校（包括直属单位）党委统战领导干部参加会议。

（王朋信）

【完成高校归侨侨眷情况调研】 3至11月，市委教育工委与市委统战部、市侨联联合完成北京高校归侨侨眷情况调研。该调研采取发放调查表、召开座谈会等方式，加强高校侨务工作针对性，发挥高校归侨侨眷优势、增强侨联组织凝聚力。调研结果显示，北京高校共有归侨侨眷5570人，归侨总数比改革开放前增长2倍，侨眷总数比改革开放前增长5倍。

（王朋信）

【召开高校统战部长分片联席会议】 4月和12月，市委教育工委召开高校统战部长分片联席会议。会议交流党外代表人物培养选拔工作经验，部署新一轮党外代表人物后备人选工作，并征求教育工委统战工作意见和建议。

（王朋信）

【民盟大兴支部慰问医护人员子女】 5月31日，中国民主同盟会大兴区支部慰问防控“非典”一线医护人员子女。该支部通过区教委向防控“非典”一线医护人员表示敬意，向医护人员子女表示慰问，并捐赠6000元慰问金。

（李永奎）

【苹果园中学慰问民主党派人士】 6月2日，石景山区苹果园中学慰问民主党派人士。该校党支部向民主党派、少数民族教职工发出慰问信，感谢他们在防控“非典”时期坚守岗位、履行教师职责，不忘学校发展，积极参与学校建设，服从学校安排，出色完成本职以外工作。

（陈翼茹）

【杨桥中学致公图书室落成】 9月23日，平谷区杨桥中学致公图书室落成。该图书室由致公党北京市委员会捐赠1450册图书组建，图书室根据学校需要，计划每年添置新书。该区主管教育领导及师生300人参加落成典礼。

（岳广顺　叶海民）

【民盟市委资助北臧村镇特困生】 9月23日，大兴区北臧村镇接收中国民主同盟北京市委员会现金捐赠。这笔现金共计13900元，全部由民盟基层组织盟员和市委机关干部个人捐资，共资助北臧村镇小学生15人、初中生10人、高中生2人完成1年学业。

（李金艳）

【举办民主党派基层负责人培训班】 9月24至26日，市委教育工委、市委统战部联合举办高校民主党派基层组织负责人培训班。该培训班采用专题报告、讨论和交流方式，普及中国现行政党制度知识，提高“三个代表”重要思想内涵理解，加强高校民主党派基层组织自身建设。来自32所高校57人参加会议。

（王朋信）

【西城统战部检查育民小学工作】 11月19日，西城区统战工作小组检查育民小学统战工作。该检查组听取学校工作汇报，介绍统战人士档案建立、统战工作小组组成、统战工作计划、党外知识分子培养预案、统战对象座谈5个方面情况。检查组认为，育民小学统战意识强，工作细致。

（李新兵）

【崇文农工民主党看望特教师生】

11月27日，崇文区农工民主党组团看望特殊教育学校师生。在崇文区培智中心学校，他们参观校园，观摩学生课间操，召开师生座谈会，并赠送价值2000元健身器材。

（郝洪春　张桂芝）

【一零九中召开民主党派座谈会】 12月29日，北京市第一零九中学召开民主党派座谈会。会议通报学校建设发展情况，听取民主党派人士提出意见和建议，表示努力提高工作水平。来自该校8名民主党派人士参加会议。

（庞文华）

纪　检·监　察

【概　况】 2003年，北京普通高校纪检监察机构73个，其中局级单位58个，处级单位15个；纪检监察专职干部251人，其中局级干部58人，处级干部131人；具备大专以上学历的占98.4%；35岁以下和50岁以上的分别占8.8%和25.8%；妇女干部占35%；少数民族干部占6.49%。另配备兼职纪检监察干部277人（以上数字为历史最高）。全年教育系统纪检监察部门共受理群众信访2134件次，北京高校纪检监察部门共查处案件37件，其中新立案29件，同比增长4%；新立大要案20件，占新立案总数69%，结案率达59%。给予党政纪律处分22人，其中县处级4人，科级6人，挽回经济损失759万元。

（符悦群）

【召开党风廉政建设工作会】 3月19日，市委教育工委、市教委召开党风廉政建设工作会。会议听取市教育纪工委题为《坚持“三个代表”重要思想深入推进教育系统党风廉政建设和反腐败工作》报告，会议强调，要加强管理，从严治教，务求在重点领域取得阶段性成果和突破性进展，要打赢解决群众反映强烈的乱收费问题攻坚战。来自中纪委驻教育部纪检组、市纪委及高校、区县领导、市委教育工委联络员和党风廉政监督员300人参加会议。

（符悦群）

【完成干部出境私自不归情况调查】 4月，市委教育纪工委完成高校党员干部出境私自不归情况调查。调查结果显示，1997年1月至2003年5月，北京58所普通高校中有24所高校61名党员干部出境私自不归，他们中处级以上党员干部占45.9%，博士学历占14.8%、硕士学历占36.1%、大学本科学历占40.98%，因公派出占16.4%、自费出国占67.2%。

（符悦群）

【加强防控时期干部管理】 4至5月，市教育纪检监察部门严肃防控“非典”时期党员干部各项纪律。根据中纪委和市纪委要求，严肃处理擅离职守、临危退缩、不服从指挥、贻误工作和违反党纪条规人员，共有9所高校38人受到处分。其中，党员10人，占被处分人员总数的26.3%，教职工16人，占42.1%；学生22人，占57.9%。

（符悦群）

【完成监督制约工作调查】 5月，市委教育纪工委完成上半年教育系统监督工作调查。该调查涉及北京58所高校。调查结果显示，高校党政一把手述职述廉2088人，其中，局级干部144人，处级干部1736人；实行校务公开制度达到100%；实施谈话1736人，其中，领导干部任前廉政谈话947人，诫免谈话180人；在干部人事改革中，实行党政一把手票决制共104人；控制压缩公费出国13个团组共31人，节约资金41.3万元。违反党风廉政建设责任制实行责任追究3人。

（符悦群）

【完成廉政制度执行情况调研】 6月，市委教育纪工委完成高校廉政制度执行情况调研。该调研面向58所高校，时限为1999年1月至2003年6月。结果显示，高校党风廉政建设责任制建制率100%，系（院）级建制率95.7%；制订行业纪律规范66个，部门纪律规范61个，领导干部自律行为规范388个。各高校开展廉政教育650次，接受教育105092人次；解决群众反映问题913个；公务接待活动节约资金656.48万元；控制公费出国资金147.67万元。

（符悦群）

【4区县建立治理乱收费联席会】 6至8月，宣武、昌平、崇文和密云4区县先后建立治理教育乱收费局际联席会议制度。该会议由区教委、监察局、纠风办、财政局、物价局和审计局联合组成，负责统一指导、协调本区治理教育乱收费工作。联席会下设办公室，负责具体日常工作。至年底，昌平共印发治理教育乱收费文件20个，纠正学校乱收费行为4起，查处乱收费案件2起，清退乱收费29.795万元；崇文完成53所学校招生、收费情况检查，复盖率100%，通报批评违规学校3所，政纪处分1人。

（李贵松　郝洪春　郭占云）

【召开治理乱收费工作交流会】 7月22日，市教委召开中小学治理教育乱收费工作交流会。会议听取市委、市政府、市教委领导讲话，听取西城、朝阳、宣武和东城区政府经验介绍。会议要求，各级政府要认识治理教育乱收费工作重要性和紧迫性，严肃查处各种乱收费行为。要注重治本，总结经验与教训，探索有效的工作机制和对策。会议强调，各级政府要千方百计增加教育经费投入，完善义务教育经费保障机制，强化经费管理，提高使用效益；用两年左右时间，基本解决初中学校不均衡问题。各区县领导、市治理教育乱收费局际联席会议成员单位代表参加会议。

（何　群　张　华）

【检查中小学捐资助学收费情况】 7月29日至8月1日，市治理教育乱收费局际联席会议办公室完成捐资助学收费情况专项检查。该检查以捐资助学款、共建费为重点，检查范围涉及城8区和高校附中、附小共计15所学校。检查显示，绝大多数区和高校领导重视治理教育乱收费工作，采取相应措施，取得效果。主要问题有，收取高额捐资助学款、捐资助学款收取渠道不规范、共建行为不规范问题。

（何　群　张　华）

【大兴制订择校生收费标准】 7月，大兴区教委制订择校生收费标准。该区规定黄村一中作为市级示范高中择校费不得超过3万元，黄村二中、黄村五中、黄村八中、兴达中学、兴华中学择校费不得超过2.8万元，旧宫中学、采育中学、榆垡中学、魏善庄中学择校费不得超过2万元。

（李金艳）

【召开暑期交流会】 8月6至8日，市治理教育乱收费局际联席会议办公室召开中小学治理乱收费暑期工作会。会议听取全国治理教育乱收费部际联席会议办公室、市纠风办、市教育纪工委领导讲话，听取宣武区教委经验介绍和区县工作情况通报。会议要求，利用不同形式加强宣传，严格执行国家教育收费政策，严肃纪律，查究并举。各区县教委、纠风办、高校负责人100人参加会议。

（何　群　张　华）

【北广召开治理乱收费工作会】 9月17日，北京广播学院党委召开治理教育乱收费工作会议。会议传达中纪委在教育部调研时关于治理教育乱收费工作讲话精神，要求各学院行动起来，按照集中学习、自查自纠和治理整治3个阶段，切实做好自查工作。会议要求，各级党组织要深刻认识治理教育乱收费工作意义，体现中国共产党立党为公，执政为民本质要求。各级党组织要把自党维护广大人民群众切身利益做为坚持党性原则的具体行动。

（张桂凤）

【检查廉政建设责任制落实情况】 12月，市委教育纪工委完成高校廉政建设责任制落实情况检查。该检查分为5个小组，先后检查财经大学、北语、中医药大学、联大和石化学院。检查结果表明，高校校级领导干部“一岗双责”意识不断增强，党风廉政建设任务分解与学校中心工作结合紧密，党风廉政建设方面的突出问题得到解决。测评显示，群众对严肃查处和纠正违法乱纪问题的满意率比上年提高0.78个百分点；领导干部从政行为群众满意率比上年提高2.64个百分点。

（符悦群）

【处理高校各类案件23件】 至年底，高校纪检监察部门处理各类案件23件。该部门新立案件29件，涉案金额2714万元。其中经济类20件，占新立案件总数的69%；依次是违反社会管理秩序类4件，占14%；失职类2件，占8%；侵犯党员权利公民权利类、严重违反社会主义道德类、其他各1件，分别占3%。结案23件，结案率59%，挽回经济损失759万元。共处分22人，其中党纪处分15人，政纪处分12人，政纪双重处分5人。刑事处分6人。

（周　广）

保　卫·保　密

【概　况】 2003年，北京53所高校共有专职保卫干部820人，其中，处职干部50人、副处职干部57人。

（高福亭）

【海淀召开保卫工作会议】 1月3日，海淀区教委召开年度保卫工作会议。会议听取海淀公安分局、海淀交通支队近期刑事案件、交通事故情况通报，提出春节期间安全、保卫工作任务，要求各单位执行有关法律、法规，把稳定、安全作为学校保卫工作首要任务。会议强调学校以预防为主，加强领导和管理，完善和强化安全责任制，建立健全保卫工作体系，推进“科技创安”工程，努力创造安全、文明校园环境。该区教育单位领导参加会议。

（宋亚甫）

【清华北大餐厅发生爆炸】 2月25日11时55分和13时30分，清华大学教工荷园餐厅、北京大学农园餐厅一层先后发生爆炸。两次爆炸造成局部设施损坏，共计9人轻伤，其中，荷园餐厅6人，农园餐厅3人。至2月27日，两所食堂损坏设备全部修复，食堂恢复正常营业。3月8日，爆炸案犯嫌疑人在福州被

警方抓获。

（钱进军　崔　凯）

【召开教育系统安全稳定紧急会议】 2月25日，市委教育工委、市教委召开安全稳定工作紧急会议。会议通报清华、北大两个餐厅爆炸案件情况，要求各高等学校、各区县立即排查本地区、本单位安全隐患，确保不发生危害师生生命和财产安全恶性事件。会议强调，落实责任制，校园内安全工作由学校党政一把手负责；校园外安全工作按属地原则由区县委、政府负责。

（钱进军）

【查处重大失泄密案件】 3至4月，市委教育工委严肃查处北京电影学院重大失泄密案件。该工作配合市国家保密局，先后开展案件调查、失密文件追踪等工作，并结合泄密事实提出处理意见，在全市高校中通报。2002年6月底，电影学院纪检审办公室在干部调整、工作交接过程中，工作失误，导致大量涉密文件流失。

（高福亭）

【海淀防控“法轮功”人员】 4月，中共海淀区委教育工委、区教委部署“法轮功”练习人员防控工作。该区要求各单位加强“法轮功”邪教组织打击，严格落实教育责任制，坚决打击“法轮功”犯罪活动，确保防控“非典”工作顺利进行。

（宋亚甫）

【建工学院举办国家安全讲座】 9月18日，北京建筑工程学院首次举办国家安全讲座。该讲座邀请市公安局、市国家安全局干警，针对高校学生自身防范和国家安全薄弱等问题，结合大学校园、大学生人身安全及国家安全真实案例，讲授自身防范和国家安全知识。该校2003级新生参加学习。

（黄　琇）

【地大安装用电智能识别器】 11月11日，中国地质大学（北京）学生宿舍安装大功率用电器智能识别器。该识别器具有限电功能，通过自动断电方式，警告学生宿舍不要违规使用大功率电器，防止发生火灾。识别器共计安装1200台，总投资9万元。

（承　金）

【外语电职举办保密条例宣传活动】

11月13日，海淀区外语电子职业高中举办保密条例宣传活动。该活动以“我们都有保守国家秘密义务”为主题，采用展板、宣讲等方式，宣传保密条例，并举办保密条例知识试卷答题。

（乐心妙）

【建立与“法轮功”邪教斗争机制】 11月13日，市委教育工委印发《关于建立北京高校同法轮功邪教组织斗争长效机制，全面创建“四无”校园的意见》。该意见按照市委关于开展同“法轮功”邪教斗争要实现“四个纳入”、建立斗争长效机制工作要求提出具体目标，确定清华、首师大两家试点单位。意见要求高校提高同“法轮功”邪教组织斗争科学性、规范性，逐步建立起适应斗争需要、符合高校实际、具有前瞻特点的斗争机制。截至年底，北京90％以上高校实现“四无”，即无“法轮功”人员滋事、无“法轮功”人员反复、无恶性“法轮功”宣传品案件，无“法轮功”窝点的工作目标。

（高福亭）

【理工大安防监控系统竣工】 12月12日，北京理工大学安防监控系统一期工程竣工。该系统包括监控中心和家属区分监控室，巡逻系统、无线指挥系统，各教学楼线缆，校园重要出入口和主要路段全天候监控摄像头等设施。其中，监控中心占地面积160平方米，使用面积210平方米。系统采用数字视频、光纤传输，拥有视频显示、控制管理、视频报警、报警后处理、自我保护多种功能，可靠性强、易操作。系统2002年9月开工建设，一期工程投资360万元，9月投入试运行。

（辛雪琴　徐思军）

【科技创安工作取得进展】 至年底，北京高校科技创安工作取得进展。北京28所高校完成中央监控室和重点要害部位监控系统的建设任务，21所高校在建设之中。全年科技创安工程实现投资6390万元，其中，教育部投资678万元，市财政投资1103万元，学校自筹4609万元。

（高福亭）

发　展　规　划

【概　况】 2003年，北京市共有中学763所，比上年减少23所，其中：高中329所，比上年增加4所，初中434所，比上年减少27所；小学1652所，比上年减少172所。基础教育在校学生125万人，其中高中250959人，比上年增加30292人；初中453446人，比上年减少56609人；小学546530人，比上年减少47711人。初中、小学在校生规模随着人口自然下降而减少。高中阶段招生180604人，其中普通高中招生94894人，比上年增加10215人。全市幼儿园1430所，比上年减少110所；特殊教育学校25所，比上年增加2所；工读学校6所。幼儿园19.9万人，特殊教育学校0.6万人，工读学校0.0832万人。全市共有中等职业学校225所，比上年增加1所，其中技工学校减少3所。中等职业学校中职业中学97所，中等专业学校63所，技工学校48所，成人中专17所。共有学生278781人，比上年减少6402人。其中，职业中学在校生84262人，比上年增加1278人；中等专业学校116725人，比上年增加2855人；技工学校61800人，比上年增加6218人；成人中专学校15994人。全市有46所普通高校和118个科研机构培养研究生，共有在学研究生12万人，比上年增加2.3万人，其中博士生3.5万人，比上年增加0.62万人，硕士生8.56万人，比上年增加1.6万人。2003年招收研究生4.76万人，比上年增加0.87万人。北京市共有普通高等学校74所，普通本专科在校生45万人。其中市属市管普通高校41所，普通本专科在校生19.3万人。全市普通高校本专科招生14万人，比上年增长12.5％，高校招生录取比例达74％。18至22岁人口高等教育毛入学率达到52％。成人教育学校3409所，其中成人高校32所，成人中专17所，成人技术培训学校3360所。共有学生217万人，其中成人高校在校生36万人（含普通高校举办的函授、业余、成人脱产班的学生30.9万人）；成人技术培训学校培训179.7万人次。成人本专科招生12.5万人。全市民办高等教育机构76所，民办中学81所，民办职业中学18所，民办小学10所，民办幼儿园218所。

（彭斌柏）

【批准设立北京城市学院】 4月16日，教育部批准设立北京城市学院。该学院在海淀走读大学基础上组建，同时撤销海淀走读大学建制。北

京城市学院为本科层次普通高等学校，以实施本科教育为主，可举办专科层次高等职业教育。

（丁　健）

【批准晶博国际经济学院成立】　5月19日，市教委批准成立北京工业职业技术学院晶博国际经济学院。该学院是北京工业职业技术学院与华博远大教育咨询有限责任公司共同创办，为北京工业职业技术学院的二级学院，不具有独立法人资格。

（丁　健）

【撤销两所学校建制】　5月23日和11月19日，市教委、市政府先后批准撤销两所学校建制。5月23日，市教委批准北京城乡建设学校并入北京农业职业学院，同时，撤销北京城乡建设学校建制。11月19日，市政府批准首钢职工大学并入首钢工学院，同时，撤销首钢职工大学建制。

（丁　健）

【批准北方工大建设用地】　8月7

日，市政府批准北方工业大学东南校区建设用地。东南校区与现校园毗邻，总征地面积9.8674公顷，其中建设用地5.5294公顷、代征道路用地2.1958公顷、代征绿化用地2.1422公顷。新征土地上主要用于建设教学、实验和学生生活用房以及第二运动场。建设工程将于2004年下半年开工。

（刘　姝　许　仁）

【市属高校研究生教育规模扩大】　9月，北京市属市管高校研究生教育规模扩大。全市招收研究生普通高等学校46所，有博士学位授予单位36个，硕士学位授予单位51个；博士、硕士授权一级学科168个（共覆盖796个二级学科），博士学位授权点179个，硕士学位授权点947个。研究生毕业生19434人，招生40989人，在校生103757人。市属市管普通高校具有招收研究生资格的普通高等学校17所，研究生毕业生1605人，招生3988人，在校生9157人。北京市属市管普通高校研究生教育事业发展迅速，博士在校生规模为2000年的2.2倍，硕士在校生规模为2000年2.1倍。

（彭斌柏）

【召开高校发展规划汇报会】　10月21日，北京建筑工程学院承办北京市高校学科专业建设汇报会。会议听取6所市属市管高校发展规划汇报，研讨近、远期发展规划，学科专业调整和具体发展目标等问题。6所市属市管高校28人参加会议，收交流经验材料6份。

（黄　琇）

【教育统计实现电算化】　11月18日，平谷区教委首次使用计算机应用软件完成教育事业统计工作。该工作历时一个月，分为各单位多点采集，区招生办公室集中汇总，市教委定点查收3个阶段，设计261所学校、312个培训机构。与上年相比，统计资料中新增中等职业教育内容。

（岳广顺）

【接收铁路系统在京学校】　12月31日，市教委等7个委办局联合发出《关于印发铁路系统在京学校、幼儿园移交北京市管理实施意见的通知》。通知明确，铁路系统在京17所中小学、5所职业学校、5所幼儿园整建制移交北京市，分别由市教委和所在区人民政府接收。

（杨桂元）

【批准设立6所高等职业学院】　至年底，市政府批准设立6所高等职业学院（其中3所公办、3所民办）。6校分别是：北京经济技术职业学院（民办）；北京汇佳职业学院（民办）；北京科技职业学院（民办）；在北京市财贸管理干部学院、北京市立信会计职工大学、北京财政学校的基础上组建北京财贸职业学院，同时，撤销北京市财贸管理干部学院、北京市立信会计职工大学、北京财政学校三所学校建制；在顺义区职教中心的基础上设立北京现代职业技术学院；在北京市政法管理干部学院、北京市第三人民警察学校的基础上组建北京政法职业学院，同时，撤销北京市政法管理干部学院、北京市第三人民警察学校建制。

（丁　健）

财　　务

【概　况】　2003年，北京市地方国家财政性教育经费142.63亿元，占全市GDP（国内生产总值）3611.9亿元的3.95%；预算内教育经费（含城市教育费附加）138.59亿元，占当年财政支出734.80亿元的18.86%。全市预算内教育经费执行数为1268129万元，比2002年的1091008万元增加177121万元，增长16.23%；全市财政经常性收入为5122466万元，比2002年的4844539万元增加1064545万元，增长5.74%；预算内教育经费的增长比例高于财政经常性收入增长比例10.49个百分点。

（李艳春）

【平谷教委完成清产核资】　1月4

至10日，平谷区教委完成固定资产清产核资工作。该工作涉及78个单位，净增资产73507件，价值2989.2万元，比上年增长34%。至上年底，仪器设备资产增至246.3万件，总价值1.18亿元。12月10日，该区完成2003年固定资产清产核资，教育系统共有固定资产246.8万件，资产总值为1.27亿元。比上年增加6176件，价值903万元，增长7.65%。

（岳广顺）

【保障家庭经济困难学生就学】 2月21日，市财政局、市教委联合印发《关于减轻贫困家庭义务教育负担有关经费问题的通知》。该通知要求，对具有本市户口，处于最低生活保障线以下农村贫困家庭、城市低保家庭及在特殊教育学校就读的义务教育阶段学生免收教科书费；免收特教学校住宿生的住宿费，并发放伙食补助。免费教科书指由区县教育行政部门认定的义务教育阶段教科书目录所列书目。特教学校学习的住宿学生全部免收住宿费。特教学校学习的住宿学生每人每月发放100元伙食补助，每年按10个月计发，原则上发放到学生手中。通知指出，此次免收义务教育阶段学生和特教学生的教科书费、住宿费和伙食补助费属于正常经费范围，按照现行基础教育管理体制，应由区县负担。以上政策所需经费按照分级负担原则，2003年由市财政全部负担，2004年市财政、区县财政各负担50%，2005年市财政负担20%，区县财政负担80%，2006年起全部由区县财政负担，截至9月，北京10个远郊区县、城8区“低保”家庭288072名初中学生、318025名小学生享受免交杂费政策，经费由市、区县政府各补贴一半，共计9160万元。市教委拨款792万元使城市和农村“低保”家庭义务教育阶段学生和特殊教育学校学生享受教科书免费政策，拨款92万元使特殊教育学校住宿生免交住宿费，拨款102万元为特殊教育学校学生每月发放100元伙食补助（按10个月计发）。市级补助共计986万元，15654名初中学生、15348名小学生、2139名特殊教育学校学生（其中住宿生1016人）受益。2002年，市教委发出通知，秋季开学免收10个远郊区县和城8区“低保”家庭义务教育阶段学生杂费。

（李艳春　钱进军）

【首经贸大举办废旧物资拍卖会】

3月12日，首都经济贸易大学举办首次废旧物资拍卖会。会议拍卖物资以电力增容替换电器设备为主，包括变压器、高压柜、低压柜、电容等。来自全国10家公司参加竞拍活动，其中，河北省徐水市隆昌废旧物资回收站以5万元价格竞拍成功。

（钟志红　王银江）

【房山召开计划财务工作会】 3月28日，房山区教委召开年度计划财务工作会。会议指出，学校要树立大教育观，用发展眼光，站在全区高度看待教育经费。会议强调，财务工作核心是通过多渠道筹措资金，开源节流，提高理财能力，保证学校教育教学工作顺利开展。各乡镇、中小学领导100人参加会议。

（李翼明）

【房山教委完成固定资产清产核资】 至4月10日，房山区教委完成2002年固定资产清产核资工作。共清产核资282家单位，其中，中学53所、职高1所、直属幼儿园2所、小学214所、其他单位12家。结果显示，2002年该区教育系统固定资产5.6亿元，净增0.48亿元。

（李翼明）

【保证防控“非典”资金使用】 4月，市教委保证防控“非典”专项资金使用。防控“非典”时期，共调配资金4000万元，保证大兴医学观察区建设、工作人员补助及免征个人所得税、空中课堂、网上在线、高考、中考等资金使用。同时，提出《关于调整我委2003年度预算的草案》，起草《妥善安排资金确保防治“非典”工作顺利实施的紧急通知》等文件，保证教育系统防控“非典”工作。在市审计局、财政部对市教委4000万元防控“非典”资金和物资审计中，做出“程序规范、手续齐全、账物相符、账目清楚”的审计结论。

（林　峰）

【工商大学完成年度仪器设备报废】 5月，北京工商大学完成年度仪器设备报废工作。该工作分为两个阶段，第一阶段集中报废处置仪器设备，采用社会招标方式分批变卖处置报废仪器，要求参加废旧物资回收公司不少于5家，当众开标，校内工作人员不得少于3人；第二阶段处置其他达到报废条件仪器设备，包括由于技术落后、损坏等原因不能修复使用的；维修费用过高，无修复价值的；质量不过关自制仪器设备；需要更新换代或耗能大、效率低、属国家统一公布淘汰产品。该校共计报废仪器设备1179件，总价值669万元。

（王晓华）

【完成机动车普查】 5至9月，市教委完成本级系统机动车普查。该普查依据《北京市市级行政事业单位机动车辆统一维修管理暂行办法》、《车辆保险统一管理规定》等文件精神，完成60个单位1000辆机动车普查，全面掌握机动车基础资料。配合管理工作，印发发机动车维修卡和车辆保险中标公司名单，规范机动车维修和保险管理。

（林　峰）

【昌平成立“收支两条线”办公室】 7月1日，昌平区教委成立“收支两条线”管理办公室。该办公室隶属昌平区教委，编制4人，主要职责是监督、规范中小学收费工作，研究并制订相应管理办法。

（纪俊伟）

【崇文完成第四次会计委派】 7月16日，崇文区教委召开第四次会计委派会。会议听取区教委《加强财务管理，健全会计职能，努力推进教育系统会计委派工作》工作报告，指出实行会计委派制是强化内部制约机制和外部监督机制，堵塞财务管理漏洞，加强会计监督和管理有效形式。会议委派76个单位151名会计，其中，参与流动调整18个单位22人。来自区教委、区财政局领导以及会计人员161人参加大会。崇文区教育系统会计委派制度2000年开始实行。

（张光祥）

【实施财政国库管理制度】 10月1日，市教委试行国库集中支付试点。该试点资金范围是财政性资金。政府采购项目实行财政直接支付，试点单位除按规定实行直接支付和按原渠道支付部分外，其余全部实行财政授权支付。北京教育系统市教委机关、首都体育学院、首都医科大学、北京工商大学4个单位参加试点。国库集中支付是以国库单一账户体系为基础，以健全的财政支付信息系统和银行间实时清算系统为依托，预算单位在需要购买商品和支付劳务款项时，由预算单位提出申请，经国库集中支付机构审核后，将资金通过单一账户体系支付给收款人的制度。

（陶春梅　王晓华）

【延庆检查财务基础规范工作】 10月9至21日，延庆县教委会计总站完成所属单位财务基础规范工作检查。该工作采取集中检查、统一标准、当面评分办法，检查情况及时向单位财物主管领导反馈。该县教委所属87个会计单位参加检查，结果显示90分以上单位共计28个，占总数32%；80至89分单位35个，占总数40%；80分以下单位24个，占总数27.6%；全系统有8个单位会计机构不健全，占总数9%；18名从事会计工作人员未取得《会计从业资格证书》，占10.6%。10月27至29日，会计总站举办财会人员培训班，来自基层单位262人参加学习。

（赵约林）

【举办会计人员继续教育培训班】 10月，市教委、中国教育会计学会联合举办财会人员培训班。该培训班采用专题讲座形式，听取中国人民大学、教育部专业人员专题讲座，先后讲授财务人员职业道德与规范、会计监督与内部控制制度、在新形势下财会人员如何做好本职工作等专题。来自直属单位财务负责人、主管会计及财务人员1000人参加学习。

（刘　伟）

审　　计

【概　况】 2003年，北京市教育系统内部审计机构46个，其中独立设置机构32个；内部审计人员1802人，其中专职审计人员112人。全年完成审计项目2867项，其中财务收支审计396项，预算执行与决算审计45项，基本建设审计293项，修缮项目审计854项，经济责任审计392项，经济效益审计17项，专项资金审计427项，其他项目审计183项，委托社会审计260项。审计资金总额186.5亿元。查出有问题资金6380.8万元，其中账务处理不当1874.7万元，损失浪费14.4万元，违纪违规金额4491.7万元。已纠正违纪金额4580.3万元。促进增收节支395.3万元。发现经济案件线索5件，移送司法机关1件，移送纪检部门5件，涉案金额63.9万元，受党纪政纪处分7人。完成审计调查项目44项，提交审计调查报告43篇。科研项目3个，撰写论文26篇，公开发表15篇。基建、修缮项目送审金额57995.67万元，审减金额4316.02万元，审减率7.44%。其中自审项目送审金额13390万元，审减金额1566.12万元，审减率11.7%；委托社会审计送审金额44606万元，审减金额2749.9万元，审减率6.16%。

（白亚玲）

【完成部分民办学校审计】 2至4月，市教委完成部分民办学校财务工作审计。该审计根据《社会力量办学条例》、《北京市社会力量办学若干规定》和《中外合作办学条例》，采用报送自审报告、小组现场审计方法。共有136所民办高校、中外合作办学机构参加审计。其中民办高校79所，中外合作办学机构13所，民办中小学44所。

（白亚玲）

【评选特约审计员72人】 3月10日，市教委完成新一届72名特约审计员评选。该评选采用各区县、高校和委直属单位分别推荐方法，要求持有审计或会计从业资格证书，财经中专或其他专业大专学历，从事审计、财会或基建工程技术3年（高校5年）以上实际工作经验。特约审计员应保证参加每年不少于3周的审计活动。特约审计员任期一年。

（任　彧）

【修订特约审计员工作办法】 4月3日，市教委印发特约审计员内部审计工作办法（修订）。该办法共计

12条，规定特约审计员推荐办法，任职资格、主要职责以及组织管理。办法要求，特约审计员在审计工作中要严守审计纪律，恪守审计职业道德，保持严谨、稳健、负责的职业态度。

（任 彧）

【印发高校内部审计指导意见】 4月20日，市教委印发市属市管高等学校建立预算执行和财务决算内部审计制度指导意见。该意见要求预算执行和财务决算审计由校（院）长领导，内部审计机构和审计人员按照内部审计规范和制度，审计年度预算执行和财务决算，并根据实际情况提出纠正、处理违法违规行为意见和改进管理建议。意见强调，预算执行和财务决算审计工作核心是审计意见和建议的落实，内部审计机构和人员要按规定出具内部审计报告，领导要及时审批审计报告，并向职工代表大会公布。有关部门和个人要认真落实审计意见和建议。

（白亚玲）

【高校开展预算执行和决算审计】 6月23日，市教委印发市属市管高等学校预算执行和财务决算内部审计操作指南（试行）。该指南共计6章59条，从一般规程、预算执行审计和财务决算审计3方面，说明预算执行审计和财务决算审计的一般程序、主要内容、基本方法及其相关实务操作流程。指南强调，审计机构在实施审计前，应向学校财务处或被审计部门送达审计通知书，审计中发现问题要采用审核、观察、监盘、询问、函证、计算、分析性复核等方法获取审计证据，并在审计终了后10日内提交审计报告。学校主管领导应当在审计报告10日内做出批复。至年底，市属市管高校共完成审计金额36亿元。

（白亚玲）

【开展审计工作检查】 7月28日，市教委开展教育系统内部审计工作检查。该检查范围涉及各区县教委、市属市管高校和委直属单位，期限为2001年以来各单位内部审计工作情况，采用单位自查和互查两种方式，分为自查、互查和总结整改共计3个阶段，重点审计近年来内部审计队伍建设、内部审计制度建设和内部审计工作开展情况。至年底，全市共有77个单位参加检查，其中，18个单位获得表扬。

（白亚玲）

【召开高校审计协作组工作会议】 10月31日，北方工业大学承办市属市管高校审计协作组（第五组）工作会议。会议听取市教委审计情况通报，听取各单位年度审计计划落实情况汇报，交流预算执行和财务决算审计工作做法和各单位自查工作情况，交流基建审计、经济责任审计工作经验。来自成员单位10所高校审计机构领导及部分代表18人参加会议。

（刘 姝）

【印发干部任期经济责任审计指南】 11月14日，市教委印发市属市管高校处级干部任期经济责任审计操作指南（试行）。该指南共分为5章，从专业角度规定干部经济责任审计组织、程序、方法、内容、评价及审计文书等规定。指南明确财务、基建、后勤服务集团、后勤管理、校办产业、教务、科研、资产（设备）、人事、学生、研究生、外事、保卫、办公室、研究所、实验室、图书馆以及二级学院负责人审计内容，重点强调内部控制制度健全率、内部控制制度执行率、财务收支真实性、财务收支合法性、收入预算完成率和支出预算完成率6方面。

（白亚玲）

【机械学院完成内部审计46项】 至年底，北京机械工业学院完成年度内部审计。该校共完成内部审计46项，涉及金额4236万元，审减金额100.2万元，调整违规金额83万元，审计确认追回经济损失17万元。通过审计节约资金334万元。

（王志伟）

基 本 建 设

【概 况】 2003年，北京基础教育、职业教育和成人教育完成修缮和新建校舍投资106795万元（城八区33459万元，远郊区73336万元），其中，市财政拨款12040万元，区县投资66443万元，乡村投资20680万元，社会支持816万元，其他投资6816万元。北京高校大学生公寓开复工面积150万平方米，竣工24处，建筑面积76.53万平方米，其中，中央部委院校竣工56.26万平方米、市属市管院校竣工20.27万平方米；校园内竣工66.53万平方米，校外竣工10万平方米。可供7.5万名学生住宿。市教委所属单位开复工42项，建筑面积80.5万平方米，其中，新开工项目24个，建筑面积47.23万平方米。当年竣工验收项目18个，建筑面积21.92万平方米。全年市教委系统共完成基建投资8.5亿元，其中，中央财政预算内资金6391万元，市财政预算内资金22956万元，社会事业费7210万元，全民自筹48392万元。全年各级各类学校完成固定资产投资178402万元，其中，中央预算内投资30350万元，市财政投资41408万元，其他自筹资金106644万元。全年竣工建筑面积518842平方米，新增固定资产121783万元。其中，教学及辅助用房381698平方米，行政办公用房39723平方米，其他用房97421平方米。

（李华勇　王海光　刘占军）

【平谷召开中小学基建工作会】 1月16日，平谷区教委召开中小学基础设施建设工作会。会议听取上年中小学基建工作总结，部署新的工作。该区中小学基建主管领导85人参加会议。2002年，平谷区共筹措资金5684万元，新建、翻建平房1020间、围墙4544米，粉刷房屋3200平方米，挑顶、揭瓦713间，吊顶、装饰地面1170间，修甬路32000平方米，做屋顶防水13000平方米，新建楼房7栋共25000平方米，新装锅炉28台，更新锅炉8台，增加取暖面积60000平方米，改造、更新26所学校用电线路。

（符太海）

【北语逸夫体育馆工程获奖】 7月

18日，在全国教育系统第12批邵氏基金赠款优秀工程项目颁奖会议上，北京语言大学逸夫体育馆工程获一等奖，中国戏曲学院逸夫图书馆获得三等奖。北语体育馆占地面积512平方米，建筑面积9053平方米，框架建筑结构，由比赛馆和游泳馆两部分组成，同时设有保龄球馆和其他附属用房。工程于2001年9月竣工，总造价5489万元。戏曲学院图书馆占地面积960平方米，建筑面积4798平方米，工程于1999年竣工，总造价300万元。

（彭艳崇　薛中君）

【延庆制订闲置校舍管理办法】 7月，延庆县教委印发《关于处置中小学闲置校舍的管理办法》。该办法规定处置闲置校舍原则、办法和程序，要求闲置校舍管理必须规范化。同时，该办法明确规定延庆教委教育国有资产管理中心为闲置校舍主管部门，负责处置闲置校舍问题引发各种矛盾。

（赵约林）

【建材学校完成土地征用】 8月7日，北京建筑材料工业学校召开新征土地协调会。会议签订征用土地合同，根据合同，建材学校获得荒坡地28373平方米永久使用权。会议与琉璃河镇政府联合主持，来自北洛村、平各庄村和镇农机站领导10人参加会议。

（王新法）

【石大第三教学楼获奖】 8月20

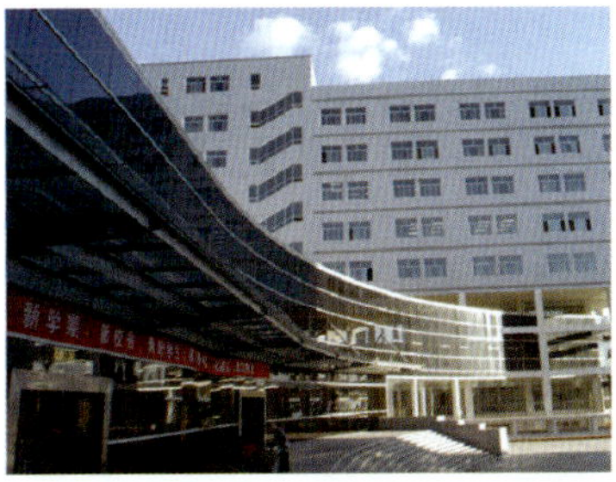

日，石油大学（北京）第三教学楼投入使用。该教学楼位于学校南院，占地面积5460平方米，建筑面积25890平方米，由南楼、中楼和北楼三部分组成。其中，中楼采用集中空调系统。全楼安装保安监控系统，设有大小教室61个，座位8132个，可容纳6000人上课。其中，6个阶梯教室配有实物投影仪、投影仪、计算机和交互式对话系统，21个教室配有台式计算机和投影仪，教学楼2002年5月开工建设，总投资6250万元，该建筑是北京市“结构长城杯”及优质工程。

（张　奎）

【举办沙河高教园区入驻签约活动】 8月28日，市教委、昌平区政府联合举办沙河高教园区入驻签约活动。该活动听取园区情况介绍，北京师范大学、北京航空航天大学、北京

邮电大学、中央财经大学和外交学院5所高校分别与昌平区政府签订入住协议。来自市委、市政府、教育部、外交部、国防科工委100人参加签约活动。沙河高教园区建设是北京市年度60项重大工程之一。

（刘长旭　陈　颖　韦　红）

【崇文完成暑期校园建设工程】 8月，崇文区教委完成暑期校园建设工程。该工程包括7所学校装修、改造工程，1所学校烹饪专业教室装修、配电增容、天然气管道铺设工程以及8所学校电气改造和1所学校古建筑翻建工程，总建筑面积1500平方米，工程总投资750万元。

（张　楠　郝洪春）

【北方工大两个基建工程获奖】 9月，北方工业大学第八公寓和教学实验楼获得“结构长城杯”奖。其中，第八公寓2002年11月开工建设，占地面积16000平方米，建筑面积21603平方米，总投资3659万元；教学实验楼工程2003年初开工建设，占地面积3100平方米，建筑面积26849平方米，总投资6900万元。北京市工程建设质量管理协会专家组认为两个工程5项指标全部达到“精”等级。

（刘　姝）

【北航两学生公寓提前竣工】 9月，北京航空航天大学9号、10号两栋学生公寓提前竣工。两栋公寓占地面积2300平方米，建筑面积10800平方米，地上7层，地下1层，共有学生宿舍328间。工程于2003年2月6日开工建设，计划工期365天，实际173天，总投资1914万元。

（陈　颖）

【完成农村学校明火取暖改造】 至

10月底，市教委完成农村中小学取消明火取暖改造工程。该工程是市政府2003年60件实事之一，涉及10个区县413所中小学校，改造建筑面积58万平方米，完成改造投资4609万元，其中市财政补助投资3723万元，区县投资885.5万元；安装土暖气锅炉2224台；安装集中供暖锅炉73台。

（赵登英）

【工商大学签订司法介入基建合同】 11月26日，北京工商大学签订司法介入基建工程合同。该校与房山区人民检察院签订《关于在良乡新校区建设中联合开展预防职务犯罪工作的意见》，与施工方、监理方签订《良乡新校区工程实施共建“阳光工程”廉政责任书》，要求有关方面完善工程建设各项规章制度，在招投标、施工管理、财务支付、原材料采购方面严格执行。同时，邀请房山区检察院反贪局在施工现场设立检察官信箱。

（王晓华）

【东城制订基建工程监督办法】 12月1日，中共东城区委教育工委制订基本建设项目实施“阳光工程”办法。该办法提出规范基本建设工程行为、实行政务公开、校务公开、严格依法执政、依程序办事和加强执法检查具体意见。要求各单位从审批、规划、用地、收费、拆迁、招标、采购、施工、执法和验收全过程公开透明，杜绝暗箱操作。办法要求建立政策透明、制度公开、要求明确、管理有效、监督到位工作体系，建设廉洁、优质、高效工程。

（秦晓芳）

【区县完成维修投资9.7亿元】 至年底，北京18个区县教育系统完成维修投资97153万元。其中，投资2611万元，完成危房建筑面积37007平米（城八区4267平方米，远郊区32740平方米）；投资10813万元，完成楼房综合维修建筑面积640913平方米（城八区242086平方米，远郊区398827平方米）；投资4147万元，完成翻建校舍建筑面积56301平方米（城八区14691平方米，远郊区41610平方米）；投资67665万元，改建校舍建筑面积501214平方米（城八区60002平方米，远郊区441412平方米）；其他维修投资11917万元。

（赵登英）

【区县完成设备更新投资9392万元】 至年底，北京市18个区县共完成设备更新改造投资9392万元。其中，锅炉更新508台（城八区18台，远郊区490台），管线路改造325所学校（城八区301校，远郊区101校），共投资5608万元；电器线路改造维修262所学校（城八区87所，远郊区175所），共投资3784万元。

（赵登英）

学　校　后　勤

【概　况】 2003年，北京市继续推动学校后勤改革规范分离验收，完善高校后勤规范化建设，以创建和验收评估标准化学生公寓和标准化学生食堂为重点，全面改善后勤条件，全市高校后勤主要用品实行招投标购买，统一配送。完善学校安全工作管理制度，营造安全环境，整改安全隐患。完善校园及周边环境整治各项服务设施建设，为师生安全出行提供服务。进一步规范学生营养餐工作管理，全市学生营养餐生产条件明显改善、产品质量显著提高。通过招标确定47家企业学生营养餐定点生产单位。每天向中小学校配送20多万份学生营养餐。全市有150多家学校食堂通过区级认证，在学校食堂食用学生营养餐学生达10万人。

（李异军）

【首经贸大公开竞聘后勤领导】 1月9日，首都经济贸易大学后勤领导岗位实行公开竞聘。该竞聘采取本人申请、公开答辩、民主测评形式，强调公平、公开。答辩现场发放民主测评表，由观众现场打分。综合评委打分后与现场观众打分同时提交校党委讨论决定。该校职工14人参加竞聘。其中，5人竞聘后勤服务集团总经理、9人竞聘后勤管理处处长。

（钟志红　王银江）

【海淀举办营养餐研讨班】 1月13至17日，海淀区教委举办营养餐学习研讨班。该研讨班听取饮食卫生形势报告，总结学生营养餐工作和营养学者关于学生餐管理、营养学专题讲座。研讨班认为麦当劳式管理模式是学生食堂发展方向。来自20家营养餐配送单位、80所学校营养餐工作者180人参加学习。

（宋亚甫）

【东城召开营养餐工作会】 1月15日，东城区教委召开学生营养餐工作会。会议听取北官厅小学“以情待人，三个到位，把学校食堂办得有声有色”、二十四中“想办法、创新招，让学生吃上放心餐”和二中“与送餐公司相互配合，引导学生，沟通家长，大力推进营养餐工作”经验介绍，表彰先进集体20家、先进校长5人、先进校医6人、先进食堂管理员14人。会议分析学生营养餐工作中问题，要求各学校贯彻“安全、卫生、质量、管理、品牌”方针，把营养餐工作做好。该区中小学校长、校医及食堂管理员200人参加会议。

（秦晓芳）

【工商大学实施“食品放心”工程】 1

月，北京工商大学实施“食品放心”工程。该校饮食服务中心严把食品采购关，主副食原料一律在高校采购中心统一进货，加强员工业务培训和思想政治教育，与全体员工签订以炊管人员业务水平（身体状况）、岗位职责、食品加工、制作、出售、食品储存、冷荤制作、餐具消毒以及责任追究等方面为主要内容的安全生产责任书。

（王晓华）

【密云完成学生食堂卫生检查】 3月6至7日，密云县教委完成食堂工作检查。该检查采用不事先通知方法，重点是学校领导重视、食堂工作人员素质和管理制度落实情况。该区39家单位参加检查，卫生工作普遍符合要求。检查组肯定清洗池旁安装方便清洗剂容器、储粮库设置专用隔墙栅栏和建立学校食堂检查监督记录册等创新措施。

（郭占云）

【北语召开后勤改革会议】 3月13日，北京语言大学后勤改革领导小组召开会议，分析后勤机制成本核算不到位、“小机关、多实体”管理模式造成财力过于分散、后勤职工观念转变不到位、后勤实体依赖心理严重等问题。提出把握相关政策，随时分析总结后勤改革经验和教训，坚持用社会化方式管理后勤，整合人、财、物等后勤资源等工作任务。该校后勤管理领导34人参加会议。北语后勤社会化改革始于2000年7月，第一步按照“小机关，多实体”原则，成立8个后勤实体，实现服务与管理规范分离。

（彭艳崇）

【完成首次营养餐生产企业招投标】 3至4月，市学生营养餐工作办公室完成首次学生营养餐定点生产企业招投标工作。该招投标采用无标底、邀请招标、综合评标形式。评标委员会由招标方代表、法律顾问、市卫生局、部分区教委、营养餐专家、财务专家组成，全部过程均在法律顾问监督之下。来自北京54家企业参加投标，47家企业中标。中标企业获得为期一年的生产配送学生营养餐合同。

（肖燕平）

【开展食品卫生检查】 3月和9月，市教委开展两次学校食品卫生检查。该检查分为区县、高校和中等专业学校3个组，区县由区县教委负责检查，高校由协作组互查或循环检查，中专学校自查，按照《北京高校食品卫生安全检查评分标准》，采用现场打分的方法，检查内容包括食堂环境卫生、炊具消毒设备卫生、食品卫生、个人卫生和消防安全。检查证明，北京学校食堂卫生总体情况良好。

（宋玉珍）

【举办高校伙食联合招标采购活动】 4月15日，市教委举办高校第四次伙食联合招标采购活动。该招标采购范围包括大米、面粉、食用油、肉类、禽、蛋及副食调料。34所高校同58家厂商签订初步合同。成交面粉1108600公斤、大米1340100公斤、食油366600公斤、肉类147964公斤、副食564400公斤。来自全国114家厂商和北京52所高校参加招标活动，合同成交金额近千万元。

（李异军　宋玉珍）

【确认学生床上用品】 4月21日，市教委举办高校学生公寓床上用品产品确认评审。该评审由公证部门监督，来自全国72个厂家参加确认，60个厂家产品质量和价格通过认定。北京59所高校与26个厂商签订购销合同。

（李异军）

【北航签订社区托管协议】 6月11日，北京航空航天大学签订社区物业管理委托协议。依据协议，自7月，北京育新物业管理公司分阶段接收北航社区物业管理服务工作。北航社区位于校园西部，占地面积266800平方米，建筑面积256000平方米，共有居民3784户，共计11638人口。北航社区物业管理采用招标方式进行。

（陈　颖）

【召开营养餐生产单位经理会议】 8月26日，市学生营养餐工作办公室召开学生营养餐定点生产单位工作会。会议主要总结上半年本市学生营养餐生产单位工作情况，通报定点生产单位招标情况，提出新学期学生营养餐生产单位工作要求。全市新中标47家市级学生营养餐定点生产单位经理80人参加会议。

（肖燕平）

【营养餐原材料采购配送中心开业】 9月23日，北京京育学生营养餐原材料采购配送中心开业。该中心位于大兴区，中心一期工程占地面积11988平方米，建筑面积2300平方米，拥有1600平方米普通仓库和200吨冷库。中心2002年9月开工建设，总投资200万元。

（肖燕平）

【3所高校介绍国际认证经验】 9月26日，在全国高校后勤系统质量管理认证咨询培训班上，北京3所

高校介绍参加国际质量认证经验。该培训班由全国后勤研究会主办，来自全国103所高校240人参加学习。北京航空航天大学、北京师范大学、北京林业大学分别介绍经验，并接待会议代表参观。至年底，中央民族大学、北京林业大学和北京邮电大学通过ISO9000质量体系认证。至此，北京共有11所高校后勤工作通过国际质量认证。

（李异军）

【举办拒绝“黑心棉”承诺仪式】 9月，市教委、市监督局联合举办校园拒绝“黑心棉”承诺仪式暨新闻发布会。该活动在北京航空航天大学举行。11个厂家当场签订“承诺书”，郑重承诺，合法生产，合法经营，遵守国家法律法规，遵守北京市主管部门规定，严格执行质量标准，认真履行合同。不使用明令禁止使用的原料，不掺杂使假，不以次充好，不生产、销售有害物质超标产品，让广大学生用上放心床上用品。

（李异军）

【召开高校节能工作会】 10月，市教委、北京高校后勤研究会物业专业委员会和北京高校节水监测站联合召开高校节能工作会。会议听取北京市城市节水办关于北京节水形势和高校节水工作要求工作报告，听取北师大、服装学院、北工大节水经验介绍，举办各校分组座谈会。会议总结高校节水工作，要求高校采用新科技手段，推动节水工作发展。北京高校后勤领导、节能部门人员120人参加会议。

（韩宝来）

【水电学校雨水利用工程竣工】 10

月，北京水利水电学校雨水利用一期工程竣工。该工程占地面积4万平方米，建筑面积3万平方米，采取敞开式建筑，适合直观教学，按年四次调水计算，年蓄水能力4000立方米。工程2003年7月开工建设，总投资260万元。

（汪玉龙　李结良）

【完成标准化学生公寓食堂验收】 11月30日，市教委完成高校标准化学生公寓、食堂验收。该验收按照修订后的标准化学生公寓、食堂验收标准，采用实地检查方式。7所学校17栋学生公寓获得标准化学生公寓称号，10所学校12所食堂获得标准化食堂称号。

（李异军　甘　哲　高鸿和）

【完成年度校园周边环境整治任务】 至年底，市教委完成年度校园周边环境整治任务。全市共有632所大中小学校开展校园及周边环境整治工作，共拆除违法建设10.3万平方米，拆迁转停商业设施301个，治理校园周边治安乱点107处，清理非法外来人口120人；整顿交通拥堵和机动车私停乱放点253处，绿化面积完成10.8万平方米，植树7183棵，铺修路面20万平方米；改造旧房6万平方米，新建垃圾站7个。同时，完成清理、关闭黑网吧、清除垃圾、清刷非法小广告、拆墙透绿、粉刷建筑物外立面、建设景观景点、设置交通标牌、施划交通标识线等项工作。

（张　龙）

安　全　工　作

【概　况】 2003年，市委教育工委、市教委妥善处理各种事端，保证学校安全。北京地区高校全年共发生不稳定事端2866起，其中盗窃1951起，打架181起，人民内部矛盾181起，交通事故77起，诈骗51起，火灾35起，抢夺（抢劫）23起，学生出走18起。共发生非正常死亡41人，其中学生31人，教工9人。在2千余起不稳定事端中，包括有重大影响突发事件30起，北大、清华爆炸案，中国农业大学西门外交通事故、化工大学碳纤维聚合反应实验室爆炸起火等。

（高福亭）

【燕山召开安全工作会】 1月6日，燕山教委召开年度安全工作会议。会议宣读安全生产工作安排、关于做好春节期间安全生产工作两个文件，提出中小学放假前安全工作。会议要求，各单位执行值班制度，做好特殊物品保管工作。该教委所属各单位领导20人参加会议。

（李守业）

【崇文专项检查危险化学药品】 2月24至26日，崇文区教委完成危险化学药品专项检查。检查与区公安分局联合举办，重点是剧毒药品安全管理和药品使用登记制度，共涉及18个单位。结果显示，各单位均能按规定管理，制度公示，账物相符，责任到人。

（王文涛　郝洪春）

【召开校车管理工作会】 3月21日，市教委召开农村寄宿制中小学校车管理工作会议。会议总结农村寄宿学校校车管理工作，听取门头沟区教委、斋堂中学校车管理经验介绍。来自7个远郊区县教委主管领导30人参加会议。

（邓建民）

【海淀建立学生消防教育基地】 3月31日，海淀区建立中小学生消防教育基地。该基地与市消防局第四支队联合建立，设在双榆树消防中队，利用每月第一个星期五开展课外活动时间，基地向全区中小学生免费开放。3月31日是全国中小学生安全教育日。

（宋亚甫）

【顺义收缴危险易爆物品】 5月29日至12月29日，顺义区教委完成危险易爆物品收缴工作。该工作分为登记上报，逐一核实和统一包装上缴等步骤，完成68所中小学上缴闲置危险物品297789克，其中，硝酸铵75790克、氯酸钾221999克。

（单秋英）

【北航清理出租（借）房屋】 5月30日，北京航空航天大学完成校园出租（借）房屋清理工作。该工作按照属地管理原则，按全面登记、普遍检查和规范监管执行等步骤，完成校内居住外地经商务工人员登记和租（借）用房清理，在保卫部门支持下，完成两间被强占公房强制搬出工作。

（陈　颖）

【怀柔完成山区防汛工作检查】 6月4日，怀柔区教委完成山区、半山区防汛工作检查。该检查设立防汛工作预案、防汛宣传、防汛抢险队建制、防汛值班、防汛物资准备等项目，重点是房屋、电器线路安全隐患。检查范围涉及沙峪中心小学、九渡河中心小学及宝山镇、汤河口镇、琉璃庙镇、长哨营满族乡和喇叭沟门满族乡所属10所中小学。结果显示，各校防汛工作已经落实。

（王凤海）

【房山举办防汛遇险演习】 6月27日，房山区教委举办防汛遇险演习。演习得到乡镇政府、公安和交通部门支持，完成接受汛情通报、领导小组紧急调度、人员转移、控制安全集结地、医疗保障和通讯联络等程序。该区95所地处坡底、沟口、河道、水库泄洪道旁、采空区学校共2万名师生参加演习。5月23日，该区教委召开防汛工作会，传达区政府防汛工作要求，部署学校工作。

（李翼明）

【编辑安全教育参考资料】 6月，市委教育工委编辑《大学生安全教育参考资料》(试用)。该资料配合高校学生安全教育，包括法律法规、工作经验交流和重大事故案例等。该资料印发至各高校。

（高福亭）

【工商大学学生公寓发生火灾】 9月12日12时46分，北京工商大学新大学生公寓A座0306室发生火灾。火灾发生后，学校义务消防队立即赶往现场，12时58分将火扑灭。火灾由使用劣质充电器起火引发，过火面积15平方米，未造成人员伤亡，烧毁2台计算机及日常生活用品，总值4000元。该校当天16时召开现场会，通报火灾情况，提出全面安全检查，成立学校火灾事故处理工作小组等任务。

（王晓华）

【顺义新增校园周边交通安全标志】 9月，顺义区教委新增部分校园周边交通安全标志。新增工作由区安委会、区交巡支队共同完成，经过论证、实地勘察，在25所临近公路中小学校路口，新增人行横道、减速让行辅助标志、警示灯等130个交通安全标志，总投资62万元。

（杨广田）

【举办交通安全有奖竞答活动】 9至10月，市教委、市公安局、市交通安全委员会办公室、市政府教育督导室举办小学生交通安全有奖竞答活动。该活动以“文明伴您行”为主题，以学校为单位，在全市小学开展“小手拉大手，我与家人共答题”交通安全教育活动。北京50万名小学生与家人参加答题，通过评比和抽奖，160名学生获奖。

（张　龙　段新仓　郭占云）

【首经贸大举办消防安全演练】 11月4日，首都经济贸易大学举办消防安全演练。该演练提出让生命远离火灾，普及消防法规、消防安全知

识教育，并根据东、西校区不同地形、环境，先后完成报警、疏散、紧急抢救、控制火场、灭火等演练科目。该校师生300人参加演练活动。

（钟志红　吴思宏）

【仪器仪表学校举办消防运动会】

11月14日，北京市仪器仪表工业学校举办首届学生消防运动会。该比赛以宿舍为单位，设立“119”火警报送接力、灭火器操作使用、灭火器灭火和连接消防水带接力等项目。该校学生近千人参加比赛。

（董　锋）

【民大举办消防实地演练】 11月

14日，中央民族大学举办消防培训和消防器材实地演练。演练场地设置3个着火点，专职消防干部边讲解边示范，先后有20人参加实际演练操作。该校有关部门管理人员、学生及校内施工单位200人参加学习演练。

（哈斯也提　汤其燕）

【表彰小黄帽路队制先进单位】 11

月20日，市教委、市公安局、市交通安全委员会办公室、市政府教育督导室联合表彰小黄帽路队制活动先进单位。西城区、崇文区、朝阳区、海淀区、丰台区、昌平区、顺义区、密云县8个区县为市级先进区县，120所学校为市级先进学校。北京自1989年开展小黄帽路队制活动，每两年总结表彰一次。

（张　龙　侯立坤　史殿柏）

【北交大学生宿舍发生失火事故】 12月2日6时45分，北京交通大学学生宿舍失火。失火地点在18号楼626室。原因是使用热水器不当引起，过火面积20平方米，没有人员伤亡。该事故烧毁4张床及其被褥和一些日用品。7时42分，大火被消防队扑灭。

（孟祥辉）

【紧急部署防火安全工作】 12月2日，市委教育工委、市教委与市委政法委联合召开教育系统防火安全工作会议。通报莫斯科友谊大学火灾、12月2日北交大失火、全国及北京市火灾情况，要求各级领导要以高度的政治责任心，做好以防火为重点安全工作。要增加防火安全设施投入，落实工作责任制，健全所有办学机构及学校防火安全制度和措施。会议强调，各单位立即开展以防火为重点的安全检查。来自各区县、各高校、民办高校、中外合作办学机构领导250人参加会议。

（钱进军）

【石景山骑车学生试行交通安全卡】 12月3日，石景山区教委举行中学生交通安全卡发放仪式。首批共有2所学校2650名学生获得交通卡。来自区交通支队、区交通安委会和师生代表500人参加发放仪式。该区要求骑车中学生接受交通部门规范训练，通过测试，领取交通安全卡后，才能骑车上下学。交通卡制度首先在2所学校试点。

（段新仓）

【怀柔二中举办消防演习】 12月5

日，怀柔区第二中学举办防火、灭火演习。该演习由公安消防五支队、公安消防监督科官兵和有关工作人员主持，利用学校操场开展防火、灭火实战演习表演，讲授防火、灭火基本常识，并指导部分师生学习掌握灭火技能。该校师生2000人参加消防演习活动。

（宋学淑　张崇华）

图　书·装　备

【概　况】 2003年，市教委完成高校教学科研仪器设备统计。北京高等学校72所（含地质、矿业、华北电力北京校区）共有单价800元以上教学科研仪器设备6.4万台件，价值84.2亿元，比2002年同期增长13亿元。单价10万元以上设备10万台，价值36亿元，比上年同期增加1556台件，增长5亿元。2003年末，单位价值40万元以上仪器仪表类精密贵重仪器设备907台件，总价值9.5亿元，分布在22所高校中，其中市属高校6所拥有61台件。北京地区有55所普通高校上报《实验室任务及人员情况》数据，经汇总数据表明1754个实验室共开出教学实验7.4万个，承担课题9033项，承担社会服务项目7431项。实验室工作人员11000人，其中，实验教师5723人，实验技术人员4520人。

（郝亚清）

【北工大入选省部共建实验室】 1月3日，北京工业大学交通工程重点实验室入选科技部首批省部共建实验室。省部共建实验室是科技部支持优秀地方实验室建设的重点项目，通过科技部和地方以省部共建形式，提高地方实验室整体水平。省部共建实验室要求科研用房面积2000平方米以上，科研仪器设备总值（原值）不低于1200万元，近5年间承担的国家级科研项目不少于5项，省部级重大科研项目或资助强度50万元以上的科研项目不少于3项，科研项目总经费1500万元以上。首批29个地方重点实验室入选，并统一命名为“XX省（自治区、市）XXX重点实验室——省部共建国家重点实验室培育基地”。

（江飒英）

【民大图书馆落成】 2月27日，中央民族大学图书馆落成。该图书馆占地面积1512.5平方米，建筑面积24500平方米，地下2层，地上15层，设计藏书量160万册，设有2400个座位阅览室、同声传译系统学术报告厅、电子阅览室、视听室、自习室、计算机教室等11个。馆内全部采用中央空调、网络综合布线、自动化图书管理、消防报警、电视监控等系统及恒温恒湿设备，装配教学计算机500台。该图书馆于2001年6月21日开工建设，总投资10392万元。

（王嘉云）

【图书馆联合体试行馆际借阅服务】 3月3日，学院路地区高校图书馆联合体试行馆际借阅服务。该联合体由北京航空航天大学等11家图书馆组成，凭借馆际借阅证，师生可以到11所图书馆借阅图书。馆际借阅服务试行期一年。

（陈　颖）

【爆炸灾害预防实验室通过评估】 3月8至9日，北京理工大学爆炸灾害预防、控制国家重点实验室通过评估。科技部和国家自然科学基金委评估结果“良好”。该实验室建于1991年，其支撑学科方向包括爆炸预防、爆炸防护与控制、爆炸仿真与安全评估、炸药应用技术与安全、炸药技术与安全。主要研究起燃起爆机理和抑制技术、爆炸控制与防护技术、系统安全设计、仿真与安全性评估、炸药应用技术与安全、炸药技术与安全。该实验室是理工大“211工程”重点建设学科之一，是教育部“长江学者奖励计划”特聘教授设岗学科。

（辛雪琴）

【二外外文报刊信息中心投入使用】

3月10日，北京第二外国语学院外文报刊信息中心投入使用。该中心位于一号教学楼西配楼一层，分为过刊合订本密集检索、近两年外文合订本阅览、现时外文报刊阅览、计算机网络查询、综合服务、衣物存放7个服务区，提供现时外文报刊110种，中文报刊50种，外文过刊8000册及各种工具书。其中，最早的外文报刊为上个世纪60年代。中心使用面积为800平方米，可以同时接待200名读者。

（李志杰　马宪超）

【北科大金属材料实验室通过评估】 3月21至22日，北京科技大学新金属材料国家重点实验室通过评估。评估工作由科技部委托国家自然科学基金委员会组织实施，专家组听取学校汇报，实地考察实验室，认为实验室基础好、学术水平高、特色鲜明、人员结构合理、管理规范、规章制度健全、学术气氛活跃，符合实验室发展要求。专家组建议，实验室加强学科交叉研究，不断拓宽研究领域。该实验室成立于1997年，开展Nb－TiAl化合物方面基础研究，属原始创新工作，受到国内外专家好评。同时在国际合作方面，引进和培养人才方面卓有成效。

（盛国家）

【召开高校重点实验室工作会议】 4月2日，北京市属市管高校重点实验室工作会议在北京工商大学召开。会议听取21个重点实验室建设情况汇报，研讨实验室建设发展方向。会议认为，实验室是从事高水平学术活动和管理活动场所，更是高素质人才的教育基地。因此，在观念上要突出科学性和实践性，在发展方向上要明确重点研究任务，突出特色，在队伍建设上要组建固定专家和高水平实验人员和研究生研究队伍。会议提出拓展研究领域，加强与企事业单位合作，做好开放课题和学术交流，开放课题要求短、小、快，解决问题。来自市教委、北京高校领导60人参加会议。

（王晓华）

【举办教育设备展示会】 4月9至11日，市教育技术设备中心、北京高教学会技术物资研究会联合举办高教、普教教育教学设备展示会。会场占地面积3000平方米，设置展位230个，来自全国16个省市140个厂家（公司）10000余件展品参加展览，北京及周边地区学校3000人次参观展览。

（赵英斌）

【工商大学西区图书馆投入使用】 5月，北京工商大学西区图书馆投入使用。该图书馆在原有主体结构布局不变情况下，完成重新装修，扩大阅览空间改造工程，设有9个阅览室，500多个阅览座位，新增文学艺术阅览室、政治法律图书阅览室，开放70个座位电子阅览室。图书馆装备联机书目检索、网络信息服务、电子文献阅览、多媒体资料视听、闭架藏书、外借出纳台等系统。装修改造工程于2002年开工建设，总投资673万元。

（王晓华）

【北语图书馆开展长期借阅服务】 7月3日，北京语言大学图书馆开展长期文献信息借阅服务。该图书馆推出《长期集体借书证》，校医院凭借此证首次获得《中华人民共和国药典2000版》、《实用放射学》等14册价值1500元医药类图书长期借阅权。

（彭艳崇）

【举办图书管理员培训班】 7月28至29日，昌平区教委举办中小学图书管理员培训班。该培训班采用短期培训方式，开设有中小学图书室《中国图书分类法》分类、图书建账、管理制度建设、借阅等课程。该区中小学领导、图书管理教师共130人参加学习。

（高秀莲）

【干细胞技术研究中心通过评估】 8月17日，中国协和医科大学（中国医学科学院）血液学研究所国家干细胞工程技术研究中心通过阶段成果评估。该中心2002年4月成立，由干细胞产品研究开发中心、干细胞应用基础研究部、干细胞临床应用研究部、脐带血干细胞库四部分组成。成立以来，先后发表学术论文140篇，其中，美国《科学引文索引》(SCI)30篇，国内期刊索引110篇，专著3部；获国家自然科学二等奖1项，省部级科技成果奖7项，获得发明专利3项，组织召开3次国际干细胞和血管新生研讨会。中心建立10多个高科技技术平台，转化科研成果3300万元，干细胞产业化取得经济效益3500万元，上交利税80万元。

（林　菲）

【顺义首次培训中小学图书管理员】

9月23日至11月14日，顺义区教委首次举办中小学图书管理员培训班。培训班与首都图书馆共同举办，开设图书馆学工作引论、图书分类、文献编目、文献检索、图书馆信息技术工作5门课程。该区中小学图书管理员6人参加学习，经考试全部取得结业证书。

（单秋英）

【举办图书资料人员上岗培训班】 9月24日至11月3日，市教育技术设备中心与首都图书馆培训中心联合举办图书资料人员上岗培训班。该培训班采用专题讲座形式，先后讲授图书馆工作引论、图书分类、文献编目、文献信息开发工作、图书馆信息技术工作5门课程。来自中小学图书馆教师60人参加学习。

（陈　谦）

【举办基础教育自制教具评选】 10月29至30日，市教育技术设备中心举办基础教育系统自制教具评选活动。来自全市20个区县（地区）、直属单位教师学生266人202件教具参加展览，涉及中小学物理、化学、生物、自然、科技、信息技术、语文、数学、英语、历史、地理、体育和特教等学科。其中，73件作品获奖。来自中小学教师500人参观自制教具展览。

（郑　立）

【化大可控化学实验室通过评估】 12月5至6日，北京化工大学可控化学反应科学与技术基础教育部重点实验室通过教育部评估。专家组听取重点实验室工作报告、成果报告以及实验室国际合作报告，并检查实验室。该实验室2000年8月入选教育部重点实验室，承担国家和省部级及企业委托的重大科研项目，组建以年轻学术骨干为主、具有竞争力的科研队伍。在超分子插层结构无机功能材料的组装、环境友好催化及反应过程、可控聚合及聚合物改性等领域，实现系列功能材料和关键技术创新，并实现科技成果的转化，产生显著社会经济效益。获得国家发明专利18项和2项国家科技进步二等奖。本次教育部化学领域重点实验室评估涉及清华、北大、复旦大学等7个重点实验室。

（张晓丰）

【召开高校创新信息教育研讨会】 12月18日，北京高校创新信息素质教育学术研讨会北京石油化工学院图书馆召开。会议听取清华文献检索专家题为《高校信息素质标准体系国内外研究现状及发展趋势》的专题报告，分别研讨高校信息素质标准体系国内外研究发展趋势、文献课考核方式及题库系统研究、文献课数字化研究和研究会年度工作报告4个议题。会议受北京地区高校文献课教学研究会委托召开，来自北京、石家庄和天津高校图书馆代表110人参加活动。

（张翠华）

【21个重点实验室通过中期检查】 12月，市教委、市科委组织专家组完成市属市管高校北京市重点实验室中期检查，该检查根据重点实验室6项指标内容进行评价。其中，北京工业大学工程抗震与结构诊治实验室、首都师范大学资源环境与地理信息系统实验室、首都医科大学神经再生修复研究实验室、北京信息工程学院传感器实验室、北京工商大学植物资源研究开发与评价实验室、首都师范大学纳米光电子学实验室、北京服装学院服装材料研究开发与评价实验室、北京工业大学水质科学与水环境恢复工程实验室8个北京市重点实验室被评为优秀等级。北京工业大学交通工程实验室、北京农学院农业应用新技术实验室、北京工业大学传热与能源利用实验室、北京工业大学先进制造技术实验室、首都师范大学学习与认知实验室、北京工业大学多媒体与智能软件技术实验室、北方工业大学现场总线技术及自动化实验室、北京联合大学生物活性物质与功能食品实验室、北京物资学院物流系统与技术实验室、首都医科大学肝脏保护与再生实验室、北京机械工业学院机电系统测控实验室、北京体育大学和首都体育学院运动机能评定与技术分析实验室、北京建筑工程学院供热、供燃气、通风及空调工程实验室13个北京市重点实验室被评为合格等级。

（张年武　江飒英　黄　琇）

老　干　部　工　作

【概　况】 2003年，北京市教育系统（组织关系在市委教育工委）共有离退休干部50569人。其中，离休干部6230人，80岁以上952人，70至80岁5025人。全年教育系统各高校共举办辅导报告487场（次），参加43248人次。组织老同志参观30余处230场（次）24976人次。共有33个老干部党支部和247名老干部被评为先进集体和优秀个人，其中，5个集体和7名个人获得市级表彰。全市高校共有专职老干部工作人员300人，离退休干部约50000人。35个老干部部门和58名老干部工作人员被评为先进单位和优秀个人，其中，2个集体和3名个人受到市级表彰。近60所高校共有活动站室面积45262平方米。

（刘金和）

【召开教育系统老干部座谈会】 1

月8至9日，市委教育工委、市教委召开教育系统第14次老干部座谈会。会议听取市委教育工委老干部工作报告，传达北京市第16次老干部座谈会精神，听取市教委2002年各级各类教育进展情况通报，2003年市教委工作要点介绍。各高校、市教委直属直管单位领导及老干部代表200人参加会议。

（刘金和）

【走访慰问老干部】 6月，市委教育工委、市教委开展走访老干部工作。该工作利用休息日，分别看望市教委、联大、服装学院和市委教育工委8位老干部、老党员。“两委”领导询问老同志们身体状况，对老同志为北京教育事业呕心沥血贡献表示衷心感谢。

（刘金和）

【举办“颐身九段锦”健身操培训班】 7月2至8日，市委教育工委、市教委和北京教育老干部活动中心联合举办教育系统老同志“颐身九段锦”健身操培训班。该培训班结合老同志年龄特点、身体情况和抵御疾病能力情况，讲授“颐身九段锦”操工作要领。来自54所高校和市教委直属单位120人参加学习。

（刘金和）

【举办老同志情况通报会】 7月4日，市委教育工委、市教委举办教育系统老同志情况通报会。会议听取市委教育工委、市教委通报教育系统防控“非典”情况，介绍下半年“两委”工作要点。“两委”机关150名老同志参加会议。

（刘金和）

【举办国际形势专题报告会】 9月25日，市委教育工委、市教委举办老干部国际形势专题报告会。会议听取新华社高级记者题为《当前国际形势三大热点问题》国际形势专题演讲，主要讲述内容有伊拉克问题、朝核问题和台湾问题。“两委”机关和教育系统150名局职老干部参加学习。

（刘金和）

【举办带给心灵的感悟征文活动】 9月，市委教育工委、市教委举办《非典，带给心灵的感悟……》有奖征文评选活动。该活动以防控“非典”时期为背景，记载教育战线职工抗“非典”事迹，表达老同志们真实感受，弘扬民族正气。60所学校老同志参加活动，共收到征文103篇。

（刘金和）

【开展百条优秀建议征集活动】 10月，市委教育工委、市教委、市老教育工作者协会联合举办百条优秀建议征集活动。该活动以深化“学习十六大，为首都教育添光彩”为主题，发挥教育系统离退休老同志政治优势和专业优势，为北京教育率先基本实现现代化目标建言献策。来自24所高校及18个区县老干部参加活动。共推荐上报建议513条，评选优秀建议102条。

（刘金和　李守德）

【举办老干部党员读书班】 11月18至20日，市委教育工委、市教委举办老干部党员读书班。该读书班通报“两委”主要工作，介绍北京教育大会筹备情况，收看王岐山《深入学习“三个代表”，创新是民族发展的灵魂》报告录像。听取北京大学经济学院《中共中央关于完善社会主义市场经济体制若干问题的决定》、新华社《关于当前国际形势三大热点问题》报告录音。“两委”机关、直属单位老同志110人参加学习。

（刘金和）

档　案·信　息

【概　况】 2003年，市教委机关全年接收各类归档案卷531卷。其中，文书档案286卷，包含文件5494份；会计档案245卷。接收与档案相关资料38册。增编检索工具4册、全年提供利用档案、资料626卷(册)次，197人次；提供复印件463页。新增档案管理数据库数据6139条。

（王　薇）

【东城举办幼儿园公文写作培训班】 3月5日，东城区教委举办幼儿园公文写作培训班。该培训班讲授公文写作基本知识以及计划、总结、请示等公文写作方法，指出公文写作中存在的一些问题。该区44所幼儿园园长参加学习。

（秦晓芳）

【燕山召开信息档案工作总结会】 3月20日，燕山教委召开信息档案总结表彰会。会议总结信息档案工作成绩，表彰20名信息工作者和16名档案工作人员，提出2004年度信息档案工作目标。会议要求各单位进一步重视信息档案工作，发挥信息档案作用，增进社会对教育关心与支持。该教委所属单位领导及信息员、档案员70人参加会议。

（李守业）

【大兴召开信息工作会议】 4月11日，大兴区教委召开宣传信息工作会议。会议听取工作报告，肯定工作成绩，提出信息工作要求，表彰先进集体17个、优秀校长8人、优秀信息员26人。该区各镇教育助理、中小学及职业学校校长、幼儿园园长及信息员200人参加会议。

（李永奎）

【工商大学召开信息工作会议】 4月17日，北京工商大学召开信息员工作会议。会议总结学校年度信息工作，表彰11名信息员。会议要求信息员加强基本功训练，文字力求简练，在报送信息上做到"及时，客观，准确，全面"。针对3个单位全年未报送信息情况，会议提出，消灭报送空白点，提高报送水平，挖掘信息资源，反映学校全面工作等工作任务。该校信息员30人参加会议。

（王晓华）

【密云建立"非典"防控档案】 5月，密云县教委建立防控"非典"档案。该教委要求中小学建立"非典"防控工作预案、学生健康、师生社会关系、师生亲属在外区县和外省市情况、师生家庭开办民俗旅游服务情况、放假期间防控工作方案、放假期间留校学生及其活动安排8方面档案，并上报"非典"防控办公室。截至6月，共整理防控"非典"档案30余类44盒67352人次。

（郭占云）

【完成防控"非典"档案移交】 9月，市教委完成防控"非典"专项档案移交。移交档案共计17卷，根据教育系统防控"非典"工作进程，突出专项工作特点，执行专题档案单独归档应急方案，采取两种不同立卷分类方案，使机关档案分类保持整体统一，兼顾向市档案馆移交档案时接口通用性。

（王　薇）

【完成高校档案行政执法检查】 9月，市档案局、市教委完成市属高校档案行政执法检查。该检查内容包括：院校领导重视档案工作情况、档案管理规范性文件制订情况、档案业务监督指导情况、档案管理和开发利用情况、举报档案违法行为情况等方面。北京12所高校参加检查。6所学校及市教委获得优秀。

（王　薇）

【海淀举办工会信息员培训班】 10月7至9日，海淀区教育工会举办工会信息员培训班。该培训班听取《劳动午报》报社副总编辑、海淀区工会题为《如何写好信息》、《如何做好工会信息报送》两个专题讲座。来自50所学校工会信息员50人参加学习。

（宋亚甫）

【昌平少年宫档案管理获得市级先进】 10月16日，昌平区少年宫档案获得科技事业档案工作管理市级先进单位奖牌。该少年宫共整理档案1101卷。其中，文书档案314卷，教学档案130卷，会计档案581卷，声像档案22卷，设备档案8卷，实物档案46卷。

（李玉明）

【东城建立教育信息发布制度】 12月2日，东城区教委建立中学教育教学信息发布例会制度。该制度以不定期召开信息发布例会形式，向社会介绍东城教育目标、任务及工作进程，通过新闻媒体为教育系统提供重要、及时反馈信息，寻求全社会支持和理解。来自新华社、光明日报和中国教育电视台等24家新闻媒体记者参加首次发布会。

（秦晓芳）

【召开高校档案研究会年会】 12月18日，北京高校档案研究会召开年会。会议总结学会年度工作，听取档案行政执法检查中优秀院校档案管理工作经验介绍，研讨电子文档管理、本科院校评估中档案工作作用等问题。学会理事、北京高校档案部门领导参加会议。

（王　薇）

语　言　文　字

【概　况】 2003年，北京市共有4768人参加北京市语委组织的普通话水平测试，大部分参加测试人员在测前均接受普通话培训，主要是北京地区中小学、幼儿园专任教师、高等师范学校学生。此外，还有少量广电系统播音员、主持人及部分窗口行业的人员。其中，中小学、幼儿园教师2467人，合格率为97.6%，高等师范学校的学生2145人，合格率为99.5%，广电系统的播音员、主持人6人，合格率为100%，窗口行业150人，合格率为97.3%。

（杜琪方）

【双兴小学开展讲普通话活动】 4月，顺义区双兴小学开展"讲普通话，写规范字"活动。该活动要求师生留心观察校报、板报和宣传栏，查找错别字，发现一个，纠正一个，保证人人讲普通话、写规范字，人人争做规范语言文字宣传员、监督员。该校师生780人参加活动。

（王晓翠）

【完成年度语言文字工作评估】 4

至11月，市语委完成首次二类城市语言文字工作评估。该评估采用区县初评，全员动员、培训、整改，市评估组抽查的方法，内容包括语言文字综合管理、普及普通话情况和社会用字管理等方面，涉及10个郊区党政机关、新闻媒体、教育机构和公共服务行业，共检查100个单位，从播音员、主持人到机关干部、教师、售货员、工人500人参加测试。10个郊区县通过评估。

（吴晓燕　李翼明　李玉荣）

【房山语委召开语言文字工作会】 7月11日，房山区语委召开公共服务行业语言文字工作会。会议转达市语委《关于开展北京市二类城市（远郊区县）语言文字工作评估的通知》精神，部署评估服务行业自查自改工作，并完成有关人员培训。该区服务行业领导100人参加会议。

（李翼明）

【语言文字网站开通】 7月14日，市语委语言文字网开通。该网站设有政策法规、语委政务、信息快递、城市评估、汉语规范、推普指南、测试园地、社会语文和学术研究等栏目，主要开展国家语言文字方针政策、法律法规宣传，语文信息交流和语言文字学术探讨等活动。网址：http://www.beijing-language.gov.cn。

（宋建民）

【举办语委干部网络培训班】 7月14至17日，市语委举办区县语委干部网络知识培训班。该培训班采用专题讲座形式，听取教育部信息管理司题为《信息化时代的语言问题》工作报告，讲授推广普通话、加快汉语汉字规范化建设、发挥汉语拼音作用、加快中国语言文字信息处理研究、建设基于网络数据库、实施汉语国际化战略等专题。培训班还讲授计算机网络知识、网站建设和维护、网页制作方法等专业知识，同时，部署区县语言文字网络建设工作。来自18个区县语言文字管理干部60人参加学习。

（宋建民）

【宣武举办推广普通话宣传周】 9月14至20日，宣武区教委举办第六届推广普通话宣传周活动。该活动以大型宣传活动为中心，各街道宣传为重点，通过发放宣传手册、宣传画报、展板展示和群众娱乐等形式，开展推广普通话宣传。同时开展《国家通用语言文字法》宣讲及如何规范用字咨询活动。共发放《北京市实施〈中华人民共和国国家通用语言文字法〉若干规定》宣传手册2000本，宣传画报200张，印有“请说普通话，请写规范字”的口号手提袋800个。

（李　辉）

【开展普通话宣传周活动】 9月20至27日，市语委举办第六届全国推广普通话宣传周活动。该活动以宣传《国家通用语言文字法》和《北京市贯彻〈国家通用语言文字法〉若干规定》为重点，举办朗诵比赛、文艺表演和演讲等活动。全市18个咨询站共接待万人次咨询，发放宣传材料5万份。

（吴晓燕）

【密云举办语言文字培训班】 10月14日，密云县教委举办语言文字培训班。该培训班听取市语委语言文字规范知识专题讲座，系统讲授异体字、简化字、汉语拼音规则。该县各委办局、乡镇教委及中小学校领导98人参加学习。

（郭占云）

【鉴定香港少儿普通话能力】 12月，市语委完成香港少儿普通话能力测试。该测试应香港天平儿童基础教育中心要求，由普通话测试中心主持。来自香港30名儿童参加鉴定。其中，14人达到少儿普通话能力四级水平，其他测试儿童分别达到一、二、三级水平。测试者分别获得相应普通话能力证书。这是全国语言文字工作系统首次测试香港地区儿童。

（吴晓燕）

中共北京市委教育工作委员会 书记、副书记、委员

书　记　朱善璐

副书记　夏　强（11月免）　张建明（11月任）　耿学超　李　明　李观政　刘　建（12月任）

委　员　高云华　杜松彭　线联平　刘宇辉

北京市教育委员会 主任、副主任、委员

主　任　耿学超

副主任　李观政　张国华　杜松彭　线联平

委　员　高云华　廖万才（4月免）　孙善学（6月任）　王旭东（10月任）　马胜杰（10月任）

直属部门负责人

办公室主任 张　强（8月免）
教育工委（市教委）办公室主任 张光一（8月任）
市教委（教育工委）办公室主任 郑登文（8月任）
政策研究与法制工作处处长 李　鋆（8月免）
何劲松（9月任）
保卫保密处处长 张德玉
老干部处处长 张光一（8月免）
徐小珍（8月任）
北京市监察局驻市教委监察处处长 何　群
机关党委办公室主任 许志矛
组织处处长 黄海洋（2002年10月免）
高喜军（9月任）
干部处处长 刘宇辉（兼）
宣教处处长 冯　刚（8月免）
统一战线与群众工作处处长 徐连春
基层联络处处长 张希平（1月免）
张学宜（9月任）
发展规划处处长 线联平（兼，8月免）
彭斌柏（9月任）
人事处处长 张肃建
财务处处长 徐小珍（8月免）
基本建设处处长 袁　博
学前教育处处长 吴晓燕（8月免）
张小红（9月任）
基础教育处处长 方中雄（8月免）
乔树平（9月任）
职业教育与成人教育处处长 吴晓川
高等教育处 吴松元（8月免）
徐宝力（9月任）
德育处处长 董柏林（8月免）
关国珍（9月任）
学生处处长 陈殿华（8月免）
杨文茹（9月任）
科学技术与研究生工作处处长 孙善学（8月免）
叶茂林（9月任）
体育美育处处长 郑登文（8月免）
甘北林（8月任）
对外合作与交流处处长 丁红宇（8月免）
学校后勤处处长 甘北林（8月免）
李　京（9月任）
审计处处长 曹永模
语言文字工作处处长 范毓美（8月免）
吴晓燕（8月任）

中共北京市纪律检查委员会
教育工作委员会
书记、副书记

书　记 高云华
副书记 符悦群　何　群

教育督导

综　　述

2003年，北京市人民政府教育督导室以邓小平理论和“三个代表”重要思想为指导，深入贯彻落实党的十六大精神，围绕教育中心工作和重点、难点问题，更新观念、转变作风、与时俱进、开拓创新，教育督导工作取得新进展。

深入开展教育执法检查，促进教育法律法规的落实

6月，市人大常委会教科文卫体办公室、市政府教育督导室联合印发通知，提出2003年教育执法检查工作的意见。10至11月，市检查组完成崇文、丰台、房山、怀柔、大兴、通州6个区和新燕莎集团公司、城建集团总公司、京城机电控股有限责任公司3个总公司(集团)重点检查，听取政府和企业有关领导汇报，查看29个乡镇、39所中小学校以及2个职工培训基地。召开有关人员座谈会，深入企业考察，了解企业培训机构情况。检查结果显示：2002年，全市教育经费实现“三个增长”，财政支出总额中教育经费所占比例比2001年提高0.43个百分点。加快农村基础教育发展工作进展显著，10个远郊区县撤并农村中小学103所，有效整合教育资源。改造417所学校供暖设施，全部取消明火取暖；市教委认定113所困难校有57所完成改造；完小以上中小学全部配置计算机教室，提前两年达到教育部提出的开设信息技术课要求。2002年，市属国有骨干行业职工教育经费提取比例为1.3%，未达到法定1.5%比例，部分企业提取比例不足1%。

督政与督学相结合，教育督导工作有新的突破

积极推进规范与发展相结合的督导评价新模式。开展对西城、门头沟两个区政府、教委全面实施素质教育督导评价和崇文、丰台两个区普通中小学全面实施素质教育督导评价试点，重点研究和探索实施发展性评价与合作性评价的途径和方法。市督导室对两个区政府、教委的督评，除听取汇报外，还深入到学校、乡镇（街道办事处）、校外教育机构、教育基地达42个单位，发放调查问卷452张，全面了解情况。通过督导评价试点，在加强规范评价的同时，研究和总结区县政府、教委、中小学校充分发挥自身优势，制订自主发展指标，进行自主发展和可持续发展，逐步形成区域教育优势和办学特色的初步经验，以及在督导评价中引入合作评价，督导与被督导双方“共同建构”评价过程的初步经验。

开展督导检查，促进教育重点难点工作的落实

6月，开展对东城等10个区“空中课堂”同步教学工作情况检查，深入到20所中小学了解情况；9月，开展流动儿童少年实施义务教育工作专项督导评估；12月，开展对平谷等4个区县农村基础教育发展情况专项督导检查。通过检查，促进有关工作的落实。另外，督导室还综合督导2所中专学校并开展14所中专学校办学条件合格评估工作，促进学校办学条件改善和办学水平提高。建立九年义务教育实施情况监测制度，颁布《北京市建立九年义务教育实施情况监测制度的意见》并完成相应工作。

督导调研与科研取得初步成果

深入开展全国教育科学“十五”规划国家级课题“关于建立有利于中小学素质教育实施的监督机制与教育督导制度”中，北京市承担的建立有利于实施素质教育的监督机制与教育督导制度理论框架、学校实施素质教育监督机制与教育督导制度、学校实施素质教育发展水平的教育督导与评价制度3个子课题的研究工作，完成阶段性研究任务。完成国有企业职工教育经费拨付使用与管理现状、打工子弟学校防控“非典”情况、流动儿童少年实施义务教育工作情况、东城和门头沟两区教育经费情况、区县职业教育经费情况、中小学办学自主权、关于北京市中小学教育社会评价7个调研课题，并撰写相应的调研报告。

加强督学队伍建设

2003年，全市有特约教育督导员12人，市督导室首次聘任10名督学顾问，并聘任71名新一届兼职督学。市督导室共有专兼职督学75人，其中，专职督学4人，兼职督学71人，全市18个区县政府教育督导室共有专兼职教育督导工作人员416人，其中，专职103人，兼职313人。市督导室召开区县督导室主任会，总结交流普通中小学全面实施素质教育督导评价工作经验。全市区县教育督导完成668所学校教育督导任务，全市中、小、幼、职、成学校（含民办）中有1796所完成自评工作，10个区县的977所学校开展教师评价，947所学校开展学生评价。编发《教育督导动态》9期；印发《教育督导》杂志6期，共计60万字。

3月7日，教育部颁发《关于表彰全国教育督导工作先进集体和全国教育督导先进工作者的决定》，在受表彰的全国教育督导工作先进集体、先进工作者中，北京2个单位、3名工作者获得表彰，其中，北京市海淀区人民政府教育督导室、北京市门头沟区人民政府教育督导室获得先进单位称号。

（汤　静）

总　　类

【举办教育质量监控培训班】 1月

13至14日，市督导室举办教育质量监控培训班。该培训班与新加坡信威技术有限公司联合主办，针对合作项目学校教学质量监控问题，开展专题培训。来自全市30余名专、兼职督学参加学习，全部获得结业证书。

（顾寿林）

【两区获得全国督导工作先进】 3月7日，在全国教育督导工作先进集体、先进工作者表彰活动中，北京2个单位、3名工作者获得表彰。该活动由教育部主持，面向各级教育督导部门和教育督导工作者，表彰模范执行教育法律、法规，坚持督政督学结合，探索中国特色教育督导制度，督促各级政府落实教育战略地位，推动中小学实施素质教育等方面做出成绩的先进单位和个人。来自全国62个单位、111名教育督导工作者获得表彰。

（华　蕾）

全国教育督导工作先进集体
（北京）

海淀区人民政府教育督导室
门头沟区人民政府教育督导室

（华　蕾）

【聘任新一届督学顾问和兼职督学】

3月26日，市督导室召开聘任督学顾问和兼职督学工作会。会议向首次聘任的9名督学顾问和新一届71名兼职督学颁发聘书。会议希望督学顾问和兼职督学努力工作，发挥教育行政监督作用，为北京教育事业做出贡献。新一届兼职督学由教育行政管理干部、教育科研工作者、校长和教师组成。

（赵志德　丁柏明）

【部署教育执法检查工作】 6月3日，市人大、市督导室联合印发《关于北京市2003年教育执法检查工作意见的通知》。该通知强调年度教育执法检查工作重点是区县政府2002年教育经费支出占财政支出总额比例情况、教育经费“三个增长”落实情况、普通教育事业公用经费新定额标准执行情况、本年度教育经费预算制订情况、落实市政府人大议案办理报告加快农村基础教育发展工作情况、市有关部门及其所属企业依法提取和使用职业教育经费情况。

（李长禄）

【完成学前教育自查报告】 11月28日，市教委完成学前教育专项督导自查报告。该报告根据教育部《幼儿教育专项督导自查细则》精神，以督政为主，落实《国务院办公厅转发教育部等部门（单位）关于幼儿教育改革与发展指导意见的通知》，全面检查幼儿教育工作。报告显示，截至11月15日，北京市拥有0至6岁儿童41.8万人，其中，3岁以上23.2万人，3岁以下18.6万人。在园儿童21.4万人，3岁以上儿童入园率为82.3%。全市共有幼儿园1540所，其中，城市541所，县镇397所，农村602所。报告指出，北京市长期把学前教育做为基础教育的一部分，在城镇、农村分别实行“托幼一体化”、“小幼一体化”办园模式，全市3至6岁儿童入园率长期保持在80%，其中，城镇达到90%。调动社会各方面积极参与，全市1540所幼儿园中，教育部门办145所，占9%，其他部门办350所，占23%，集体办818所，占53%，新体制和民办园227所，占15%。形成教育部门办园为示范、社会力量办园为主体办园格局。截至11月15日，北京已有559所3个教学班以上幼儿园取得等级证书，其中，一级一类园186所，一级二类或二级一类园108所，两项合计占城镇园所总数31.3%。

（李　壑）

【6篇教育督导论文获奖】 12月，在中国教育学会教育督导分会第五届年会上，市督导室《关于北京市教育督导体制的研究》获得一等奖。本次年会北京教育督导系统共有6篇论文参加评选，其中，获得一等奖一项、二等奖一项、三等奖两项。门头沟督导室、怀柔区第一小学各1篇论文获得优秀奖。

（师其鹤）

【召开区县督导室主任会议】 12月，市督导室召开区县督导室主任会议。会议听取各区县教育督导工作汇报，总结普通中小学全面实施素质教育督导评价工作，听取各区县加强和改进市教育督导工作意见和建议。来自18个区县督导室主任和市督学共30人参加会议。

（汤　静）

督 导 检 查

【概 况】 2003年，北京市人民政府教育督导室共有专兼职督学75人，其中，专职督学4人、兼职督学71人。全年完成督导任务8项，其中，专项督导5项，综合督导3项，共涉及18个区县64所学校。完成督导评估意见、报告42篇，总计12.6万字。

（汤 静）

【检查“空中课堂”同步教学情况】 6月11至13日，市督导室、市教委完成“空中课堂”同步教学落实情况。该检查涉及8个城近郊区及通州、大兴两区教委，采用听取主管领导和有关部门汇报，查看相关资料等方法，并进入20所中小学现场了解“空中课堂”同步教学工作落实情况，完成检查情况报告。检查结果显示，“空中课堂”同步教学落实情况较好。

（晨 阳）

【完成14所中专校办学条件评估】 9月2至12日，市督导室完成14所中专学校办学条件评估工作。该评估按照中专学校办学条件要求，分为学校自评、市督导室复评两个阶段，全面检查学校各方面条件。评估结果显示，各校利用自评，以评促建，完善各项办学设施，14所学校均达到合格标准。

（顾寿林）

【探索督导评价新模式】 9月，市

督导室开展规范性与发展性相结合素质教育督导评价试点。该实验依据《北京市区县政府、教委、普通中小学全面实施素质教育评价方案（修订、试行）》文件，重点探索实施发展督导评价途径、方法，总结区县政府、教委、中小学校根据区情、校情制订自主发展指标，在自评中把规范性评价与发展性评价相结合的经验，以及督导与被督导双方共同建构评价过程的经验。来自西城、门头沟、崇文和丰台四个区共计20所中小学参加实验。

（刘任同）

【完成流动儿童义务教育专项督导】 9月，市督导室完成流动儿童少年实施义务教育工作专项督导。该督导涉及朝阳、海淀、丰台、石景山、昌平和大兴6个区，以在京流动儿童少年接受义务教育情况，各区县整顿民办打工子弟学校工作情况为主要内容。结果显示，各区采用在公办中小学借读方法，解决大部分流动儿童少年就学问题，并且受到与本市儿童少年相同的教育。各区县在撤销部分办学条件不合格打工子弟学校同时，都能妥善安置在校就读学生。检查发现，部分区县整顿打工子弟学校工作进展缓慢，对打工子弟学校管理体制不健全，少数领导对整顿工作认识不够和应该完善相关政策措施等问题。

（李长禄）

【检查教育执法情况】 10至11月，市督导室完成教育执法检查工作。该检查涉及城近郊6个区、3个市属总公司。结果显示，2002年全市教育经费实现“三个增长”，财政支出总额中教育经费所占比例比

2001年提高0.43个百分点。加快农村基础教育发展工作效率提高，10个远郊区县撤并农村中小学103所，教育资源得到整合；改造417所学校供暖设施，远郊区中小学全部取消明火取暖；在市教委认定的113所困难校中，57所完成改造；全市完小以上中小学全部配置计算机教室，提前两年达到教育部提出开设信息技术课要求。2002年市属国有骨干企业职工教育经费提取比例为1.3%，未达到法定1.5%比例，部分企业提取比例不足1%。

（李长禄 陈 红）

【完成2所中专校综合评估】 11月，市督导室完成两所中专学校综合督导评估。评估组多次前往北京铁路运输学校、北京市国际艺术学校随访，听取学校建设方面工作汇报，查阅相关档案资料，举办师生座谈会，并与学校交换意见，提出改进工作的建议。

（顾寿林）

【完成中小学法制教育情况检查】

12月3至18日，市督导室与市教委完成中小学法制教育和工读教育联合检查。该检查涉及丰台、西城两个区，采用听取汇报、查阅资料、召开座谈会、访谈、听课、问卷调查、实地查看方式，系统了解情况。结果显示，两个区中小学法制教育工作扎实有效，预防青少年违法犯罪工作机制健全，中学生违法犯罪率低

于0.5‰；工读学校办学条件较好，经费来源稳定，管理工作规范，严重不良行为学生教育、矫治、挽救工作取得成绩。至此，自1999年开始的全市工读教育（含6所工读学校）督导检查工作全部完成。

（李长禄　卢大伟）

【完成农村基础教育发展专项督导】 12月，市督导室完成农村基础教育发展情况检查工作。检查涉及平谷、密云、延庆和昌平4个区县。检查结果表明，各区县完成农村中小学布局调整、改善办学条件，完成教育信息化建设、干部教师队伍建设等工作规划和计划，完成年度实施计划及资金投入；完成2003年改造农村中小学办学条件困难校任务，采用干部交流、教师培训等管理方法，学校管理水平和教师教学水平得到提高。

（师其鹄）

督导调研

【完成企业职工教育经费情况调研】 3月，市督导室完成国有企业教育经费拨付、使用与管理调研。该调研采用调查问卷方式，涉及市经委、市建委、市商委和市农委所属14个总公司及其下属65个二级企业，共计企业职工156985人。重点调研近两年职工教育经费拨付、使用与管理情况。调研组下发调查表65套，回收率97%；下发调研问卷1400份，回收率96.4%。并完成《关于对我市国有企业职工教育经费拨付、使用与管理现状的调研报告》调研结果显示，职工教育地位显著提高，培训内容适应需要，培训工作取得较好效果，教育经费提取基本保证，其经费分配使用需要规范和改进。主要问题是国有骨干企业职工教育经费提取总水平低于国家规定，企业之间差距大；职工教育经费管理尚未建制；职工教育存在着重管理岗位员工培训，轻生产岗位员工培训倾向。

（关慧敏）

【调研打工子弟学校防控情况】 5至6月，市督导室完成打工子弟学校防控"非典"情况调研。该调研通过电话、传真等方式，重点了解11个区县358所打工子弟学校防控"非典"情况，系统总结区县采取应急措施和规范管理各种办法。同时，针对学校校舍、饮食卫生、管理等方面问题，提出加强领导和管理的意见及建议。

（汤　静）

【完成流动儿童义务教育情况调研】 6至9月，市督导室完成全市流动儿童少年实施义务教育工作情况调研。调研组采取实地调查和发放调查表相结合方式，听取朝阳、海淀、丰台、石景山、昌平、大兴和通州7个区县教育、民政和公安部门情况介绍，发调查表18张，收集汇报材料18份，实地走访6个乡镇、6所公办小学、12所民办打工子弟学校。调查结果显示，在京就学流动儿童少年共计23.8万人，其中，在公办中小学借读17万人，占就学流动儿童少年总数的71.4%。

（李长禄）

【调研中小学办学自主权】 9月，市督导室完成普通公办中小学校办学自主权状况调查。调查组采用召开座谈会、发放调查问卷两种方法，先后共有52人参加区县教委领导和中小学校长座谈会，发放问卷78份。调研结果显示，影响办学自主权原因有行政机关管理、教育经费投入不足、政府职能转变等。

（晨　阳）

【完成两区教育经费情况调研】 10月，市督导室完成东城、门头沟两区教育经费执行情况调研。该调研涉及2002年两区教育经费"一个提高"、"三个增长"情况、落实北京市普通教育事业公用经费新定额标准情况和中小学教育经费使用及自筹情况。采用区教委自查与市政府教育督导室调研相结合方式，涉及两个区县8所中小学校，召开座谈会12个，同时完成《东城、门头沟区教育经费执行情况的调研报告》。调研结果显示，与2001年相比，东城、门头沟两个区教育支出占财政支出总额比例分别提高0.9和1个百分点；财政经常性收入分别增长10%和18.92%，教育事业费分别增长29.9%和20.66%，两区小学生生均教育事业费和生均公用经费分别增长14.3%、38.7%和14.2%、88.3%；东城教育公用经费已按新综合定额标准（小学220元/生、初中260元/生）拨款，门头沟2003年达到综合定额标准的60%。存在主要问题是示范高中校建设投资大，影响义务教育经费；教育经费仍不能满足基础教育事业发展需求；中小学需要自筹资金补充学校教育经费不足，造成学校负担重；中小学自筹资金渠道窄，很难再补充学校教育经费不足。

（师其鹄）

【完成区县职业教育经费专项调研】 10月，市督导室完成区县职业教育经费执行情况调研。该调研采用发放调查问卷、召开座谈会和走访学校方法，涉及东城、西城、朝阳、丰台、石景山、顺义和通州7个区县。调查结果显示，各区县财政职教经费能够做到逐步增长，但由于各区县职教经费投入不平衡，财政收入困难区县职业教育专项经费难以保障。教育费附加不低于20%用于职业教育落实情况缺乏可操作具体规定，工作得不到保障。

（李小燕）

【完成中职生素质研究调研】 12月8日，市督导室完成《中职生全面素质及其教育的研究》调研报告。该报告根据北京中专政治理论教学研究会、广东省德育工作研究会联合调查材料，涉及北京、广东30所中职校学生6657人。研究认为，中职生主流是好的，82%的学生认为只有改革开放，中国才有前途；91%肯定"国家兴亡，匹夫有责"；北京"非典"隔离区、门诊万名护士中70%是中专毕业生，其中，北京护士学校500名毕业生占6所市级医院一线护士70%。学生中参加学雷锋活动72%，参加救灾捐款的80%，参加公益劳动77%，参加资助贫困生59%；77%认为学习很重要，73%想学得更好，50%认为应取得大学本科学历，就业能力强，首都铁路卫生学校、北京建筑材料工业学校、北京电子工业学校、北京二轻工业学校和北京机械工业学校2001、2002和2003年就业率分别为92%、93%、98%，93.1%、97.8%、96%，95%、97%、96%，90.23%、90.31%、98%和99%、99%、98%。中职生主要问题是价值观方面的急功近利，认为做企业家和白领可以逃避劳动的占48.7%，想当工人占5.6%，想当官占8.4%。在1.6万名入校生三门主要文化基础课测试中，64.6%学生未达及格水平；其中，丰台职业教育中心录取新生三科平均不及格占91%。调查显示，41%学生不能独立完成作业，52.4%学生不会复习功课。2003年招生工作总结会议上，市教委领导指出，仍有20%不合格初中毕业生进入中职学校。

（李　鋆）

区县督导

【丰台督导检查协调小组召开会议】 1月8日，丰台区教育督导检查协调小组召开首次联席会议。会议学习区教育督导室《关于贯彻〈北京市普通中小学全面实施素质教育评价方案（修订·试行）〉对全区中、小学进行综合督导评价的实施意见（试行）》文件精神，决定采用学校申报、行政科室指定两种方式，在3年内完成全区中小学综合督导评价。同时，对于第一年和最后一年接受督导评价学校结果实行动态管理。该区教育督导室、区教委共14人参加会议。

（石　蕊）

【房山修订教育评价指标】 2月24日，房山区教委召开教育评价工作会。会议指出，教育评价要正确区分规范指标与发展指标，突出"新"和"质"，进一步规范评价体系。会议要求，在一级指标体系中增加"发展"评价指标，二级指标内容由教育督导室制订，"三级指标"及"评价要素"由学校自主制订。同时整体评价内容增加信息宣传、老干部、安全保卫和团队工作。该区教育督导、各校领导150人参加会议。

（李翼明）

【丰台举办自评辅导培训班】 3月18日至4月4日，丰台区教育督导室举办学校自评工作辅导培训班。该培训班分为10个片区、相对集中小范围形式，通过讲解提问等方法，宣讲《评价方案》框架、内容、特点，如何把握指标体系内涵，重点辅导学校如何开展每年自评工作。该区126所学校161名领导参加学习。

（乔菊芳）

【门头沟召开素质教育自评工作会】 3月21日，门头沟区教育督导室召开素质教育自评工作会。会议总结2002年素质教育目标责任书考核情况，部署全面实施素质教育工作，并与各委办局、镇、街道办事处主管领导签订目标责任书。

（刘雪琴）

【宣武完成教育执法自查】 6至8月，宣武区政府教育督导室完成教育执法自查。自查工作依据市教育执法检查工作意见和《宣武区实施素质教育目标责任制》的要求，涉及区属委办局，街道办事处共计32个单位。自查结果显示，2002年宣武区教育经费支出41055万元，同期财政支出总额为166454万元，教育经费支出占财政支出总额的24.7%，比上年提高0.1个百分点；区财政经常性收入120187万元，比上年增长12.6%，教育事业费拨款21633万元，比上年增长13.05%；教育事业生均经费支出3344元，比上年增加293元，增长9.6%，教育事业费生均公用经费支出678元，比上年增加82元，增长13.7%，全年教师人均工资收入27420元，比上年增加3136元，增长12.9%，高于行政机关公务员人均工资26964元水平。

（邢　安）

【怀柔检查教育执法情况】 7至9月，中共怀柔区委、区人大常委会、区政府联合检查教育执法情况。该检查重点是教育经费实现"三个增长"、年度教育经费预算和1至8月农村中小学经费投入实际情况，范围涉及宝山、长哨营、雁栖、桥梓、怀柔和庙城6个乡镇。结果显示，乡镇领导能把教育放在优先发展战略地位，除宝山镇外，其他5个乡镇实现“三个增长”；乡镇及中小学制订各项制度，保证贫困学生全部入学；各学校坚持依法治校，入学、毕业合格、体育锻炼等指标，均达到市、区规定标准。检查中发现3个乡镇学校布局未达到区规划要求，1个乡镇未颁发年度教师奖金（第13个月工资），4个乡镇中学教师本科以上学历达标率未能达到区规划标准，2个乡镇未补贴年度教师医疗费超指标部分。

（杜书霞）

【宣武随访督导市民教育情况】 9月5日和16日，宣武区教育督导室随访督导市民教育情况。督导小组分别听取广外街道办事处、陶然亭街道办事处市民教育情况汇报，举办十几个相关科室人员座谈会，查阅有关资料，并走访红莲中里社区居民委员会和龙泉社区居民委员会。督导结果显示，街道办事处、社区居委会重视市民教育工作，强化基础建设，捐资助学，实现街校互动，教育资源共享。

（邢　安）

【昌平专项督导流动儿童义务教育】 9月24日，昌平区教育督导室完成流动儿童少年实施义务教育工作专项督导。督导组听取区政府、区教委、公安分局、区民政局汇报，肯定该区工作成绩。昌平区共有流动儿童18788人，其中，公办中小学接收9315人；47所流动人口自办学校接收9473人，分布在东小口镇、北七家镇、回龙观镇等城乡结合部。该区教委将流动儿童入学纳入区教育整体规划，加强流动儿童义务教育工作管理和服务，多次检查外来务工子弟学校，“非典”时期，流动人口子女学校中未发现一例“非典”病例。

（陈　山）

【昌平完成实施素质教育督导】 10月21至24日，昌平区教育督导室完成中小学全面实施素质教育督导评价工作。该督导分为4个小组，采用收集信息数据，量化打分，填写督评表方法，实地听取学校自评报告，查阅文书档案，听取部分课程，巡视校园环境，教学仪器、图书室和计算机室，并召开部分教师、学生座谈会，举办问卷调查活动。该区23所中小学参加督导评价，其中，优秀19所、合格4所。

（陈　山）

【海淀试行新的素质教育评价方案】 10月22日和29日，海淀区教育督导室试行新的全面实施素质教育评价方案。新方案增加“自主发展指标”，由学校根据自身实际，制订发展目标、项目、措施和阶段发展绩效。同时，以三个不同档次评价要素评价不同学校，激励学校根据不同基础，向更高标准看齐。根据新方案，该区完成万泉小学和明光中学实施素质教育综合督导。

（宋亚甫）

【崇文启动新一轮教育评价工作】 10月，崇文区教育督导室启动新一轮教育评价工作。该工作根据《学校制订自主发展评价指标的建议和说明》以及修订后的《评价细则》，要求各校完成自主发展评价指标，学期结束前完成自评，准备新学期教

育评价。至年底，区督导室完成3所中学、6所小学教育评价。

（田　琦　陈　红）

【宣武完成年度学校（园）综合督导】 至年底，宣武区督导室完成年度学校、幼儿园综合督导。督导工作邀请市督导室、教科院科研人员参加，以实施素质教育为重点，本着“一帮二导”原则，采用合作式、协商式工作方法，指导学校制订发展指标，依据北京市新颁评价方案，听取校（园）长自评汇报，察看校园环境与设施，查阅档案资料。督导期间，共听课801节，参加班会180次，个别访谈干部、教师411人，并举办学生、家长座谈会和教职工、学生和家长问卷调查活动。该区10所学校（园）参加综合督导，其中，中学4所、小学5所、幼儿园1所。

（邢　安）

北京市人民政府
教育督导室
主任、副主任

主　任　耿学超

副主任　刘　莉（主持工作）
　　　　佟志衷（4月免）
　　　　董柏林（6月任）
　　　　李　銮（6月任）

普通高等教育

综　　述

2003年，北京高等教育按照党中央、国务院的一手抓经济建设，一手抓抗击“非典”的要求，在市委、市政府的领导下，对高等教育工作重新进行整体统筹安排，完成年初计划预定目标。

发挥首都教育资源优势，提升北京高等教育的整体水平。

完成清华大学、北京大学、中国人民大学、北京师范大学、中央民族大学等中央在京高校的共建工作调研。经过调研，北京市形成意向性意见，在土地、资金、学生公寓建设、教师住宅向校外置换等方面，给予清华大学、北京大学、中国人民大学等高校有力度的支持。4月，完成委领导向市领导汇报支持清华大学、北京大学、中国人民大学等高校拓展办学空间的汇报稿。

在大量调查研究的基础上，完成北京市人民政府、国家广电总局共建北京电影学院协议的起草工作。

就北京师范大学共建工作和学校成立教育经济发展研究院问题，调研完成《关于解决北京师范大学共建中几个问题的意见》。

完成《对北京外国语大学“关于建议北京市人民政府与教育部共建北京外国语大学的请示”的调研情况及对有关问题的意见》，上报市政府办公厅和有关市领导。

协调有关方面研究中国人民大学共建协议，11月，教育部和市政府签署《教育部和北京市人民政府关于重点共建中国人民大学的决定》。

组织召开2003年北京学院路地区16所高校（同时邀请中关村地区13所高校及东区4所高校参加）教学共同体工作研讨会，探索发挥首都优质高等教育资源作用，培养高水平人才的新方式、新途径。

强化创新意识，建立新机制，优化发展环境，推进北京高等教育深入发展。

实施学分制是高等学校深化教育教学改革，推动学校其他改革的一项重要工作。市教委就高等学校按学分收取学费等问题，组成高校专家组展开调研，分别召开30多所不同类型高校参加的座谈会，在广泛了解情况，征求意见的基础上形成“北京高等学校按学分收费的初步意见”。

加强教育教学工作，深化以专业、课程建设为核心的教育教学改革。

年内，市教委核定市属市管高校普通高考招生专业、成人高考招生专业，完成市属市管普通高校、成人高校和高职高专院校新增专业申请，新增普通高等教育专业点31个，高等职业教育专业点62个，成人高等教育专业点68个。

启动高等学校教学质量与教学改革工程精品课程建设工作。

根据北京市精品课程建设工作实施意见及评审指标，组织有关专家评出98项市级精品课程，推荐26项参加国家级精品课程评选。组织开展2001年北京精品教材建设立项项目中期检查；落实2002年精品教材立项项目经费支持，组织262个立项项目出版单位的确认工作并统筹落实项目出版协议；组织开展2003年北京高等教育精品教材建设立项工作。

组织完成《北京市高校精品教材建设文集》编辑、出版以及《北京市高校成人本科教育优秀毕业设计汇编（二）》的编辑、出版。

开展北京地区非计算机专业学生计算机应用水平测试的组织工作。完成2003年大学生数学建模与计算机应用竞赛和大学生电子设计竞赛北京赛区的筹备、报名、评审和公示工作。

强化质量意识，不断提高教学质量。

通过收集各高校提交的《年度分析报告》材料，整理有关高等教育质量方面的大量数据与文献，组织专家筛选高校上报的材料，编辑出版《北京高等教育质量报告》（2002年度）。其中，全文刊载15所学校报告，摘编20所学校报告。组织召开北京高等教育质量年报工作的研讨会，并开始组织编写2003年北京高等教育质量年报。

为充分发挥高等学校依法自主办学和教育行政部门宏观调控、监督、检查的作用，切实加强高等教育教学质量监控工作，确保北京高等教育教学质量的提高，组织专家制订教学质量调研方案，并进校调研教学质量。

组织专家制订北京高校专业实验室评估办法和评估标准，制订北京高校基础课教学实验室复评标准并开展复评工作。

开展北京市高等学校教学名师奖表彰工作，全市推荐高校教学名师候选人118人，其中74人获得北京市高等学校教学名师奖，18人获得教育部国家级教学名师奖。

增强服务意识、转变工作作风，优化首都高等教育环境。制订高教处纠风督察员制度和责任追究制度；接受群众咨询和投诉，建立咨询和投拆处理工作程序；制订重要文件出台前，召开专家座谈会和教师座谈会的两会制度，保证工作质量。

（张有声）

总　　类

【工商大学严肃考风考纪】 1月13日,北京工商大学完成期末考试违纪事件处理。共有35名学生因作弊、替考受到警告、留校查看或勒令退学处分;9名教师因出现教学事故或工作失误受到处分,其中,1人被解聘。期末考试期间,该校教务处选派工作人员巡视检查每一考场,并做好相关记录。通报批评迟到、不到,或不执行监考规则教师。

(王晓华)

【电力大学划转教育部管理】 3月

28日,教育部和国家电力公司在华北电力大学(北京)举行学校划转交接仪式。教育部、国家电力公司签署划转协议书,华北电力大学由国家电力公司划转为教育部直属全国重点大学。

(裴志林)

【北大北航合作举办工程教育】 4月15至16日,在北京大学工程研究院年会上,北大与北京航空航天大学研讨工程研究与工程教育合作项目,双方决定在材料、信息和航空航天三大领域开展合作。确定湍流、空间环境、遥感、通讯、生物医学工程学科合作意向,以及生物医学工程等教育教学合作项目。双方100名专家学者分为材料、信息和航空航天3个小组参加讨论。

(陈　颖)

【海大更名为北京城市学院】 6月

6日,海淀走读大学更名为北京城市学院。更名后,该校升格为本科普通高校,由北京教育行政部门负责管理,以实施本科教育为主,同时举办专科层次高等职业教育,继续培养应用型、技能型人才。首批招生本科专业6个。根据有关规定,海大优秀应届专科毕业生可以继续学习本科专业。

(徐　莹)

【市学位委员会召开第八次会议】 6月30日,北京市学位委员会召开第八次会议。会议听取第九次增列硕士点工作情况汇报,审议硕士点增列方案,投票通过新增155个硕士点,报国务院学位委员会办公室备案。听取中华女子学院增列学士学位授予单位方案说明,审议增列方案,投票通过中华女子学院为学士学位授予单位。该委员会委员30人参加会议。

(赵　清)

【中国矿业大学调整办学体制】 6月,中国矿业大学调整办学管理体制。调整后,北京校区与徐州校区两地实行校长分设,进一步理顺办学体制。中国矿业大学北京校区成立于1997年,2002年北京、徐州两校区党委分设。

(高来举)

【二外变更英文校名】 7月11日,北京第二外国语学院变更英文校名。变更后该校英文校名为"Beijing International Studies University",缩写"BISU",与原英文校名相比,外延扩大,便于拓展国际交流与合作渠道。

(李志杰)

【精品课程建设取得成果】 7月,市教委印发《北京地区高等学校精品课程建设工作实施意见》,开始实施北京地区高等学校精品课程建设工程。市教委明确北京精品课程建设分为校、市、国家级三级建设,工作目标是在北京地区高等学校中,遴选若干课程,进行精品课程建设,每年原则上建成100门,经过5年努力,力争建成500门(包括高职高专约100门)左右市级精品课程,并向教育部推荐其中的300门申报国家级精品课程。至年底,北京地区41所高校申报参加2003年北京市精品课程评审,申报216门课程,其中本科课程201门,高职高专课程15门。经过7个学科63名专家评审,评出26所高校的98门课程(本科课程91门,高职高专课程7门)为北京市级精品课程。经教育部评审,北京12所高校34门课程(本科课程31门,高职高专课程3门)被评为国家级精品课程,占全部国家级精品课程的22.5%,在全国名列前茅。

(金红莲)

【北交大恢复原校名】 9月10日,

北方交通大学召开恢复"北京交通大学"原校名庆祝会。会议宣读教育部关于同意恢复北京交通大学批文,宣布恢复"知行"校训。该校师生

1万人参加会议。北交大前身是在北京创建的铁路管理传习所，是中国第一所专门培养铁路管理人才高等院校，1921年与上海、唐山两所工业专门学校合并，组建全国统一的交通大学，1923年交通大学改组，更名为北京交通大学，定校训为“知行”，校名一直沿用到1928年。1950年，更名北方交通大学。

（张其坤　沈　岩）

【40万人参加大学英语考试】 9月20日和12月27日，市教委举办两次大学英语考试。9月，196836人报名，其中，四级119028人，六级77808人。111887人实际参加四级考试，40574人通过，通过率36.3%；3368人优秀，优秀率3.0%。64198人实际参加六级考试，16389人通过，通过率25.5%，287人优秀，优秀率0.4%。12月，200497人报名，其中，四级117039人，六级83458人。94861人实际参加四级考试，29299人通过，通过率30.9%；3247人优秀，优秀率3.4%。71340人实际参加六级考试，18506人通过，通过率25.9%，465人优秀，优秀率0.7%。

（祁　昕）

【北广非通用语基地通过评估】 9

月25至27日，北京广播学院非通用语本科人才培养基地通过教育部评审。评审专家组由40人组成，采用实地考察、召开座谈会、听取汇报等形式，全面考察基地建设情况。专家组肯定基地培养指导思想与办学特色，肯定“双语”教学、三位一体师资队伍建设和非通用语教育成绩。北广2001年3月入选教育部非通用语本科人才培养基地，拥有教学语种23个，在校本科学生700人。

（张桂凤　高作志）

【财经大学停招专科生】 9月，中央财经大学停止招收专科生。该校专科教育始于2001年，设有5个专业，共培养专科生437人。

（韦　红　张京平）

【建工学院实行考教分离制】 10月，北京建筑工程学院部分课程实行考教分离制度。该制度由教务部门出题考试，实现教学与考试分离，学生成绩由平时成绩、单独考核和考教分离考试成绩3个方面综合评定。首批实行课程包括公共基础课、专业基础课和主干专业课，其中，院级重点建设课程、优秀课程是重点。至年底，该校共有7门课程2882名学生实行考教分离制度。

（黄　琇）

【147人获宝钢教育奖】 12月5日，2003年宝钢教育奖颁奖，北京11所高校147人获奖。其中，2人获得优秀教师特等奖，35人获得优秀教师奖，110人获得优秀学生奖。本年宝钢教育奖共有76所高校和中科院17个研究所的797名师生获奖，其中优秀学生奖605人、优秀教师奖182人、优秀教师特等奖10人。1990年宝山钢铁(集团)公司设立宝钢奖学金，1994年扩大设立宝钢教育基金，宝钢教育奖是其主要奖励项目。宝钢教育奖面向部分直属高等院校，全国冶金系统和上海市高等院校，中科院部分直属研究所和少数其它部委直属高等院校，设立优秀教师奖和优秀学生奖，每年评颁一次。优秀教师特等奖每人奖励10000元，优秀教师奖每人5000元，优秀学生奖每人2000元。自1990年累计奖励师生10070人。

（李同铮　哈斯也提）

【举办英语应用能力考试】 12月28日，市教委举办高等学校英语应用能力考试。由于“非典”疫情影响，原定两次考试并为一次，其中，两次A级考试报名7285人，实考5339人，通过1567人，总通过率29.4%；两次B级考试共报名7866人，实考5776人，通过2723人，总通过率47.1%。

（祁　昕）

【22学科全国排名第一】 12月，教育部学位与研究生教育发展中心公布第二次学科评估结果，7所北京高校的22个一级学科排名第一。评估涉及哲学等42个一级学科，按学科门类分为文、理、工、农、医、管理六类，采用客观评估与主观评估相结合方法进行。客观数据来源于各学位授予单位基本数据表，以及教育部“211工程”办公室、教育部信息中心、中科院文献情报中心、南京大学中国社会科学研究评价中心公共信息源。学术声誉来源于1040名同行专家反馈的声誉调查信息。对客观数据和学术声誉调查结果按照学科评估指标体系综合处理，即将客观数据进行线性变换，得到每个参评学科点指标得分，结合学术声誉指标得分，根据指标体系权重集，采用加权平均法计算出每个学科点的综合得分，并进行排名。2002年，全国学位与研究生教育发展中心开展首次一级学科整体水平评估试点，涉及全国12个一级学科，清华大学机械工程、电子科学与技术、信息与通信工程，北京大学化学、数学，中国农业大学植物保护排名全国第一。一级学科评估周期暂定3年，即每3年对现有一级学科(除军事学门类外)进行一轮评估，2004年计划进行第一轮的第三次评估。

（廖志敏　崔　凯　冯秀娟）

2003年全国一级学科
评估第一(北京高校)

北京大学

0101　哲学
0705　地理学
0708　地球物理学
1001　基础医学
1204　公共管理

清华大学
0801 力学
0803 光学工程
0804 仪器科学与技术
0807 动力工程及工程热物理
0808 电气工程
0813 建筑学
0815 水利工程
0827 核科学与技术
1202 工商管理
北京航空航天大学
0825 航空宇航科学与技术
北京理工大学
0826 兵器科学与技术
北京科技大学
0806 冶金工程
中国农业大学
0828 农业工程
0832 食品科学与工程
0905 畜牧学
0906 兽医学
北京林业大学
0907 林学

(廖志敏 崔 凯 冯秀娟)

学位与研究生教育

【北工大首次远程教学课程结束】 2月,北京工业大学首次研究生远程教学课程"网络安全"(Internet Security)结束。该课程开始于2002年10月,由北工大客座教授、德国特里尔(Trier)大学麦伦(Meinel)教授主讲,借助国际互联网(Internet)在中德两国同步教学。其间,麦伦(Meinel)教授在北工大组织课程考试,举办相关讲座8次。

(江飒英)

【何振梁受聘北体大校外博士生导师】 3月5日,北京体育大学聘请何振梁为校外博士生导师。该校本次共聘请校外博士生导师10人。何振梁是国际奥委会执委、中国奥委会名誉主席。

(徐翔鸿)

【化大首届春季研究生开学】 3月14日,北京化工大学首届春季研究生开学。首届春季研究生招生169人。其中,博士研究生28人,工程硕士研究生141人;年龄最大44岁,最小23岁。

(任 雯)

【法大举办首届研究生论坛】 3月18日,中国政法大学举办首届研究生"明法、创新、竞鸣"学术文化节暨法学名家论坛。该论坛主题是:中国司法改革评估。该校研究生400人参加论坛活动。

(武 焰)

【法大聘请研究生学风督导员】 3

月20日,中国政法大学法学院聘请学风建设督导员。首批督导员共计3人,配合学校党风、校风、政风、教风和学风建设,负责研究生学习、生活监督指导,并为研究生培养、教育工作提供帮助。

(武 焰)

【北邮研究生广东教学点招生】 3月22日,北京邮电大学软件学院广东教学点招生。该教学点与广州科技风险投资有限公司合作举办,设立软件工程硕士学位,生源以广东省计算机领域为主,首批春季招生共有158人报名,91人参加复试,录取85人。

(李 萍)

【外经贸大举办高级工商管理硕士班】 3月28日,对外经济贸易大学举办高级工商管理硕士(EMBA)招生咨询会。会议介绍高级工商管理硕士办学方向,人才培养模式以及报考资格等。该校高级工商管理硕士班开设基础模块、核心模块和特色模块等六大模块,共20门课程,学制2年,首批计划招生40人。

(袁利新)

【北工大举办博士生创新报告会】 4月4日,北京工业大学召开博士生创新能力培养报告会。会议听取全国学位与研究生教育发展中心教授题为《研究生教育发展与研究生培养及质量》、大连理工大学教授《指导优秀博士学位论文的回顾》两个专题报告,通过大量事例论证研究生创新能力的重要性,认为提高博士生培养质量关键是增强博士生创新能力。该校博士生导师和博士生300人参加学习。

(江飒英)

【首师大4人通过广岛大学远程面试】 5月21日,首都师范大学4名学生通过日本广岛大学远程系统入学面试。4人均为该校日语系应届毕业生,按照编排顺序,依次接受日方教师提问。5月26日,广岛大学向4名学生发出硕士研究生入学通知。远程面试利用日本大荣教育集团捐赠的国际远程教育系统设备进行。

(王 群)

【完成研究生课程进修班备案】 5月26日,市学位委员会办公室完成研究生课程进修班备案工作。该工作始于2月24日,按照国务院学位办规定,严格执行各项要求,并填报研究生课程进修班教学情况表。北京共有 39 个学位授予单位申报举办研究生课程进修班 430 个，其中，高等学校 34 所、科研机构 5 所。审核同意备案 370 个，其中，北京办班 253 个，在外省合作办班 117 个。

（周仁伯）

【北交大召开学位评定会议】 5 月 31 日和 11 月 26 日，北方交通大学召开两次学位评定委员会会议。会议经投票表决，决定授予 880 人研究生学位。其中，博士学位 54 人、硕士 531 人、工程硕士 203 人、企业管理人员在职攻读硕士(MBA)63 人、同等学力申请硕士 37 人。

（赵永敏）

【首经贸大举办工商硕士教育】 6 月 11 日，首都经济贸易大学工商管理硕士(MBA)教育中心成立。该中心是相对独立二级教学管理单位，负责工商管理硕士研究生教育。任课教师 38 人，其中教授 23 人、副教授 15 人，教师中 58%具有博士学位，63%曾在国外学习或进修，82%具有企业实践经验或企业项目研究经历。2004 年中心计划招收工商管理硕士研究生 60 人。

（徐维海　钟志红）

【美院实行研究生指导教师申报制】 6 月，中央美术学院学位委员会制订研究生指导教师申报办法。明确规定任职年龄、任职条件及申报研究方向等内容，其中规定新的导师每年申报一次，已聘导师三年复审一次。同时，依据申报办法审定 2004 年硕士研究生招生计划、指导教师及研究方向。最后确定 2004 年硕士研究生招生方向 83 个，硕士研究生导师 74 人，其中新聘任的导师 35 人，并上报教育部备案。

（王晓琳）

【首经贸大举办首次博士论文答辩】 7 月 3 至 4 日，首都经济贸易大学举办首次博士论文答辩。答辩委员会由中科院院士、研究员担任，听取博士生论文观点陈述后，分别从理论基础、存在问题、创新点和对社会

现实意义方面提出问题。该校 3 名数量经济专业博士生参加答辩，全部通过。这是该校 1998 年 6 月被国务院学位办批准为博士学位授予单位后，首次举办博士论文答辩。

（钟志红　王银江）

【外交学院召开学位评定会议】 7 月 11 日，外交学院第七届学位评定委员会召开第二次会议。会议听取研究生部毕业生分配、研究生录取、新学位申报和教学工作汇报，表决同意授予 5 人博士学位、55 人硕士学位。同时，同意授予 204 人第二学士学位和学士学位。委员会委员 18 人参加会议。

（李洪梅）

【北交大举办高级工商管理硕士班】 7 月 12 日，北方交通大学首期高级管理人员工商管理硕士(EMBA)班开学。该硕士班采取以中外专家学者理论讲授为主，以高级政府官员、大型企业总经理专题报告会和学员学习考察交流为辅的教学模式，学制 1 年半。首期共招收学员 38 人。

（张其坤）

【中国音乐学院举办大师讲座】 8 月 3 日，中国音乐学院举办陈其钢大师个人作品专题讲座。该讲座结合《蝶恋花》等 3 部作品创作实践，讲授中国音乐传统和西方现代作曲技法相结合理论，并以对话的形式，现场回答学生提出的如何批判吸收中西方传统和现代技法，如何理解作品思想和人性的个性化。讲座由研究生部、作曲系和星文唱片公司联合举办，来自该校研究生 80 人参加学习。陈其钢，旅法作曲家，中国音乐学院作曲系客座教授，自 2000 年多次举办个人作品讲座。

（田　婷）

【民大研究生公寓楼落成】 8 月 20 日，中央民族大学研究生公寓楼建设工程竣工。该公寓楼占地面积 1452.85 平方米，建筑面积 17820 平方米，地上 10 层，地下 2 层，拥有 332 个套间，含 354 个单间，配有室内阳台和卫生间以及电话、电视、网络线、空调、电开水器插口设施，可容纳 1672 人入住。公寓楼 2001 年 5 月 9 日开工建设，总投资 4000 万元，全部由学校自筹。

（哈斯也提）

【北语开设中日同声传译研究生班】

9 月 4 日，北京语言大学中日同声传译方向研究生班开学。该班聘请日本中日同声传译学者塚本庆一为客座教授，培养精通中日双语言和双文化的高级口译实践人才，首届招收同等学力中国学员和日本学员 24 人。这是国内中日同声传译方向第一个研究生班。20 世纪 70 年代末、80 年代初北语开设日语班，累计培训学生 2000 人，其中，本科生 400 人。

（彭艳崇）

【公安大学获得博士学位授权点】 9 月 8 日，中国人民公安大学获得诉讼法学博士学位授权点。这是全国公安系统高等学校第一次获得博士学位授予权。至年底，公安大学增列法学理论、计算机应用技术、安全技术及工程、交通运输规划与管理、军事教育训练学 5 个硕士点。至此，该校拥有 10 个硕士学位授权点。公安大学 1993 年获得诉讼法学硕士学位授权点，1995 年首次招收硕士研究生，1996 至 1998 年获得刑法学、行政管理、应用心理学、法医学 4 个硕士学位授权点，1999 年获得招收外国留学生和授予留学生硕士

学位资格。

(尹华业)

【新增专业学位研究生培养单位】 9月9日,国务院学位委员会办公室批准北京地区新增7个专业学位授权点。其中,中国社会科学院研究生院、中国人民公安大学为法律硕士专业学位研究生培养单位;首都经济贸易大学、中国科学院研究生院、中国农业大学、中央财经大学为工商管理硕士(MBA)专业学位研究生培养单位;中国社会科学院研究生院为公共管理硕士专业学位研究生培养单位。本次全国新增专业学位研究生培养单位95个,其中,教育硕士培养单位12个,法律硕士培养单位11个,工商管理硕士培养单位25个,公共管理硕士培养单位23个,临床医学硕士培养单位14个,口腔医学硕士培养单位10个。

(周仁伯)

【34篇博士论文入选全国优秀】 9月9日,北京地区博士学位授予单位34篇学位论文被批准为2003年全国优秀博士学位论文。其中北京大学4篇,中国人民大学3篇,清华大学8篇,北京工业大学、北京航空航天大学、北京科技大学、北京林业大学、北京中医药大学、北京师范大学、中央美术学院、石油大学、中共中央党校、钢铁研究总院、国防大学、军事科学院14个单位各1篇,中国科学院(在京单位)7篇。同时,北京地区57篇学位论文被批准为全国优秀博士论文提名论文。其中,北京大学12篇,中国人民大学3篇,清华大学7篇,北京航空航天大学3篇,北京理工大学2篇,北京科技大学2篇,中国农业大学3篇,中国社会科学院研究生院3篇,北方交通大学、北京邮电大学、中国协和医科大学、北京师范大学、北京外国语大学、对外经济贸易大学、中央音乐学院、中国政法大学、中国原子能科学研究院、中国艺术研究院、中国地震局地质研究所、中国工程物理研究院、中国人民解放军后勤指挥学院、军事医学科学院14个单位各1篇,中国科学院(在京单位)8篇。2003年全国优秀博士学位论文评选,评选范围是2000年9月1日至2001年8月31日在国内学位授予单位获得博士学位论文。经初选,北京市推荐132篇学位论文参加全国评选。教育部、国务院学位委员会共评选全国优秀博士学位论文97篇,全国优秀博士学位论文提名论文179篇。

(周仁伯)

【民大签署联合培养研究生协议】 9月10日,中央民族大学与中南民大签署联合培养博士研究生协议。依据协议,两校联合在中南民大培养博士研究生,中央民族大学负责博士生导师评聘、公布联合招生信息、制订博士生培养方案,并发放博士生学位证书和毕业证书;中南民大负责招生工作,并为联合培养博士生提供学习和生活条件。国家民委、两校及有关高校领导30人参加签字仪式。

(哈斯也提)

【美院举办艺术管理研究生课程班】 9月17日,中央美术学院艺术管理研究生主要课程班开学。该班是该校第一个艺术管理专业课程班,主要课程包括艺术市场学、艺术管理学、应用经济分析、文化理论专题研究、中国和西方现代美术研究、艺术管理专业写作、艺术法。该班面向各种艺术机构(包括画廊、美术馆、拍卖公司、媒体)具有实际工作经验的艺术管理从业人员,集中专业学习一年,通过国家研究生外语统一水平考核后可获得硕士学位。

(余 丁)

【北方工大举办同等学力研究生教育】 9月,北方工业大学首批同等学力研究生课程班开学。首期学生共计65人,分别参加机械电子工程、检测技术与自动化装置、计算机应用等5个专业硕士课程学习,学制最长5年。1月,该校获得同等学力研究生教育资格,可以在全国举办研究生课程进修班,修业期满,获得相应学分,完成科研课题,并通过国家外语考试和专业综合考试可获得硕士学位。

(刘 姝)

【矿大新增博士后流动站】 9月,中国矿业大学(北京校区)建立土木工程博士后科研流动站。至此,矿大(北京)博士后科研流动站增至9个。

(谭 凯)

【美院举办造型艺术类博士生班】 9月,中央美术学院首次举办造型艺术类博士生班。共招收学生20人,其中油画方向11人、国画方向9人。博士生班学制3年,培养目标为学者型艺术家、擅长绘画实践和理论研究的专业人才。根据教育部博士学历教育的要求,采取课程制与学位论文、创作相结合的体制,即修满院级、二级学院和专业的必修、选修学分,通过学位创作展览和学位论文答辩获取学位。

(陈卫和)

【矿大启用研究生管理系统】 9月,中国矿业大学(北京校区)研究生教育管理信息系统投入使用。该系统包括客户端服务系统(C/S)和浏览服务系统(B/S),可以提供研究生培养计划、选课、查询成绩等管理信息服务。

(高举来)

【舞院推出首批研究生课程】 9月,北京舞蹈学院研究生部推出首批研究生课程。首批研究生课程共计5门,分别是《舞蹈身体语言的研究维度》、《舞蹈发生学研究》、《三大舞种教学法比较研究》、《现代舞身体语言学》、《编导学应用理论与技术技法研究》。配合首批研究生课堂教学,该校研究生部决定研究生英语、政治等公共基础课采用外聘教师到本院授课方法,改变以往到外校选课方式。该校研究生教育开始于1999年。

(肖卫兵)

【新增学位授权点529个】 9月,

在第九次全国学位授权审核工作中，北京新增学位授权点529个。增列一级学科博士点52个，其中，普通高等学校增列35个（中央在京高校28个、市属市管高校7个）；增列博士学位授权点101个，其中，普通高等学校增列81个（中央在京高校66个、市属市管高校15个）；增列硕士学位授权点376个（含教育部批准自行审批的硕士点），其中，普通高等学校增列340个（中央在京高校270个、市属市管高校70个）。至此，北京地区一级学科博士点236个（覆盖1131个二级学科），其中，普通高校168个（共覆盖821个二级学科），占全国高校一级学科博士点的19.7%；博士学位授权点297个，其中，普通高校179个，占全国高校博士学位授权点的12.3%；硕士学位授权点1345个，其中，普通高校943个，占全国高校硕士学位授权点的9.53%（具有一级学科授权的学科不再单列博士点和硕士点）。

（赵　清）

第九次全国学位授权审核增列一级学科博士点（北京地区52个）

北京大学
　　法学
　　社会学
　　外国语言文学
　　临床医学
　　工商管理
　　公共管理
中国人民大学
　　法学
　　公共管理
清华大学
　　公共管理
北京工业大学
　　土木工程
　　环境科学与工程
　　生物医学工程
北京航空航天大学
　　动力工程及工程热物理
　　电力科学与技术
北京理工大学
　　力学
　　电子科学与技术
　　航空宇航科学与技术
中国农业大学
　　农林经济管理
北京林业大学
　　生物学
　　林业工程
中国协和医科大学
　　临床医学
首都医科大学
　　临床医学
　　口腔医学
北京师范大学
　　哲学
　　理论经济学
　　化学
　　地理学
　　环境科学与工程
　　公共管理
首都师范大学
　　中国语言文学
　　历史学
北京外国语大学
　　外国语言文学
中央财经大学
　　应用经常学
中国政法大学
　　法学
中国矿业大学（北京校区）
　　力学
中共中央党校
　　政法学
中国科学院研究生院
　　系统科学
　　动力工程及工程热物理
　　电力科学与技术
中国社会科学院研究生院
　　法学
中国农业学院
　　农业资源利用
中国农业科学院
　　农业经济管理
中国林业科学研究院
　　林学
中国水利水电科学研究院
　　水利工程
中国地质科学院
　　地质学
　　地质资源与地质工程
冶金部钢铁研究总院
　　冶金工程
中国原子能科学研究院
　　物理学
中国艺术研究院
　　艺术学
中国人民解放军国防大学
　　战略学
中国人民解放军军医进修学院
　　临床医学
中国人民解放军军事科学院
　　战略学

（赵　清）

【新增6个学位授权单位】 9月，在第九次全国学位授权审核工作中，北京新增6个学位授权单位。其中，新增北京电影学院、中国人民公安大学2个博士学位授予单位，新增北京农学院、中国青年政治学院、总参谋部第58研究所及总装备部系统工程研究所4个硕士学位授予单位。至此，北京地区共有博士学位授予单位90个，其中普通高等学校36个，占全国高校博士学位授予单位的15.1%；硕士学位授予单位183个，其中普通高等学校51个，占全国高校博士学位授予单位的11.1%。

（赵　清）

【财经大学研究生教育规模扩大】 9月，中央财经大学研究生招生规模比上年增长79%。该校硕士生报考人数2683人，比上年增长88%，录取555人，比上年增长82%。录取博士生55人，研究生招生总体规模1231人，本科生、研究生比例接近4∶1。

（韦　红　张京平）

【北广开设博士论坛】 10月14日，北京广播学院开设博士论坛。论坛邀请获奖博士论文作者，讲授博士

论文选题、写作构思和撰写过程问题，系统介绍博士论文写作方式、方法和技巧。北广博士论坛由博士担任主讲，以学术先锋性、深刻性和思辨性为特点，采用演讲现场回答提问方法，成为研究生教育教学环节。至年底，论坛共举办4次。

（张桂凤）

【财经大学研讨工商管理硕士教育】 10月16日，中央财经大学召开工商管理硕士(MBA)教育研讨会。会议听取国内工商管理硕士教育现状和学校申报工商管理硕士培养单位的说明，交流办学优势和不足，研讨办学特色和管理模式等。会议认为，财经大学具有学校品牌、学科专业、师资和区域优势，要充分发挥自身优势，打造"中国财经黄埔"特色品牌。该校研究生部、工商管理硕士教育中心以及院系领导12人参加会议。9月9日，财经大学获得工商管理硕士(MBA)专业学位研究生培养单位资格，开设6个专业方向，当年计划招生80人。

（韦　红　张京平）

【建立市属高校研究生联席会议】 10月16日，市学位委员会决定建立市属市管高等学校研究生处(部)长联席会议制度。联席会是市属市管高等学校研究生管理部门进行交流、研究、合作的一种组织形式，在业务上接受北京市教育委员会和北京市学位委员会指导。主要任务是：各联席会成员单位间、联席会与上级领导部门和其它省、自治区、直辖市所属研究生培养单位间的联络与沟通；各联席会成员单位间就学位与研究生教育及学科建设等工作进行交流、研究与合作；开展针对地方高校学位与研究生教育发展战略、研究生培养模式、研究生培养质量等问题研究；为北京市科技发展和高层次人才培养科学决策提供咨询；承担上级有关部门委托的调研、评议、咨询等工作。联席会设主席单位，由北京市属市管高等学校博士学位授予单位组成。联席会下设秘书处，秘书处挂靠在北京工业大学研究生部。

（周仁伯）

【清华承办全国博士生学术论坛】 10月17至19日，清华大学承办首届"全国博士生学术论坛"。该论坛以"启迪智慧、推进创新"为主题，讨论计算机科学与技术、物理学、信息与通信工程、建筑学、材料科学与工程、法学、管理科学与工程、力学、生命科学9个学科前沿课题。论坛收到全国43所高校研究生院和中科院研究生院提交论文摘要共计875篇，评选出327篇优秀论文作为参会论文，其中各分论坛现场宣读187篇。博士生学术论坛由国务院学位委员会和教育部主办，财政部资助，清华大学承办，来自全国35个研究生院的328名博士生参加会议。

（崔　凯　肖　斌）

【财经大学设立博士后流动站】 10月23日，中央财经大学设立应用经济学博士后流动站。应用经济学是财经大学重点一级学科，拥有博士点6个，硕士点20个，涵盖18个本科专业，包含国家重点学科1个，北京市重点学科2个，有教授35人，副教授65个，博士生导师15人。这是该校第一个博士后流动站。

（韦　红　张京平）

【首师大新增两个博士后流动站】 10月23日，首都师范大学新增两个博士后流动站。新增博士后流动站分别是数学、生物学。至此，该校建有4个博士后站，1个项目博士后。首师大于1999年始建博士后站，先后出站科技人员11人。

（王　群）

【北交大举办商务硕士班】 10月，北京交通大学举办企业资源计划系统(ERP)商务硕士班。该硕士班与澳大利亚维多利亚理工大学合作举办，教材由维多利亚理工大学提供，所有课程采用英文授课，学制2年，完成学业获得维多利亚理工大学硕士学位证书。企业资源计划系统(简称ERP)是企业管理和信息管理技术融合的信息化系统。

（张其坤）

【北交大举办本硕博连读试点】 10月，北京交通大学电信学院举办本硕博连读试点班。该试点班以电信学院2001级通信专业本科生为生源，采用初试、复试两种方法，初试条件要求思想品德好、身体好，基础课平均成绩在82分以上；复试为面试，考察综合运用知识能力。首期共有27名在读本科生入选试点班，参加"全光通信网"研究方向学习，学制8年。

（张其坤）

【工商大学与财经大学联合培养博士生】 11月10日，北京工商大学与中央财经大学签订联合招收、培养博士生协议。根据协议，双方招收、培养会计学专业博士研究生，工商大学将招生计划纳入中央财经大学博士研究生培养总体计划，实行双导师制，博士研究生公共课程由中央财经大学承担，专业课程、方向课程由工商大学承担。符合毕业资格博士研究生由中央财经大学颁发毕业证书和学位证书。

（王晓华）

【石大建立5个研究生工作站】 11月11至12日，石油大学(北京)建立5个研究生工作站。这批工作站分别设在大庆油田勘探开发研究院、设计院、采油工程研究院、钻井研究院和石化研究院，对应学校5个重点学科，合作培养研究生、合作开展学科建设和承担国家重点课题研究、技术攻关等工作。至此，该校在石油石化企业组建12个研究生工作站。

（张　奎）

【北林大召开研究生教育工作会】 11月29日，北京林业大学召开年度研究生教育工作会议。会议总结研究生教育工作，分析问题，部署近期工作任务。该校教师440人参加会议。北林大研究生教育开始于1955年，2001年获准试办研究生院，在校研究生1439人。

（汪海洋）

【北交大实施博士资格考试制】 11月，北京交通大学实施博士生资格考试制度。该制度规定，考试由各学院资格考试委员会组织，根据学科专业、培养目标和培养方案确定考试形式和内容，重点是符合学位标准要求的基础理论和专门知识。未通过博士生资格考试，不能进入博士学位论文开题论证。该校2002级221名博士生参加首次资格考试。

（赵永敏）

【北语与莱顿大学合作培养研究生】 12月4日，北京语言大学与荷兰莱顿大学签订合作办学协议。根据协议，自2004年，莱顿大学接收北语信息科学学院优秀应届本科毕业生攻读硕士研究生，学制2年，修业期满获得莱顿大学硕士学位证书。

（彭艳崇）

【首体院培养赛事管理研究生】 12月20日，首都体育学院与悉尼科技大学联合培养体育赛事管理硕士研究生协议签字。根据协议，双方自2004年合作开设体育赛事管理硕士课程，合作开展职业培训项目、教师互访和科教信息交流共享。签字仪式上，首体院聘请英世企中国集团董事长严骏(Jonathan Yan)为客座教授。12月8日，国务院学位委员会批复同意首体院与澳大利亚悉尼科技大学合作培养体育赛事管理硕士，招生80人，学制1年半，学生在国内学习结束，可授予澳方硕士学位。

（郑　刚）

【北广举办报纸版面编排作业展】

12月20日，北京广播学院举办硕士生报纸版面编排作业展览。展览的作业全部借助党报党刊研究中心报纸版面编排试验平台制作完成，分为报纸和期刊两种。30名2000级新闻传播学院报刊新闻业务研究课硕士生作业参加展览。

（张桂凤）

【化大新增化学博士后流动站】 12月，北京化工大学被批准设立化学一级学科博士后科研流动站。至此，该校共有化学工程与技术、材料科学与工程、化学3个一级学科设有博士后科研流动站，涵盖化学工程、化学工艺、生物化工、应用化学、工业催化、材料学、材料物理与化学、材料加工工程、物理化学、高分子化学与物理、化工工程机械、控制理论与控制工程、机械设计及理论13个博士学位授权点。1988年至2003年11月，化大进站博士后45人，其中外籍博士后1人，出站博士后31人。

（梁占发）

【首医大增设口腔医学博士后流动站】 12月，首都医科大学增设口腔医学博士后科研流动站。该流动站设在附属北京口腔医院，主要开展口腔医学领域研究。这是首医大设立的第二个博士后科研流动站。1992年，该校设立临床医学博士后科研流动站。

（甘　哲）

【建工学院联合培养硕士生】 12月，北京建筑工程学院与澳大利亚南澳大学联合办学协议签字。根据协议，两校共同承担教学和管理任务，合作培养土木工程硕士研究生，学制1年半，修业期满，获得南澳大学硕士学位。

（黄　琇）

研　究　生　院

北京大学研究生院

【概　况】 2003年，北京大学有硕士学位授予权专业221个、博士学位授予权专业199个，博士生导师1287人。毕业研究生3275人，其中，博士生1034人，硕士生2241人。招收研究生4225人，其中，博士生1248人，硕士生2977人。在校研究生12599人，其中，博士生4227人，硕士生8372人。

（廖志敏）

【调整研究生培养年限】 6月，北大研究生院制订调整研究生学习年限的意见。该意见明确，从2004级研究生开始，普通博士研究生的在校学习期限为3至6年，基本学习年限4年左右；本直博、硕博连读研究生在校学习期限为5至6年，基本学习年限5年左右；硕士研究生在校学习期限为2至3年，基本学习年限为2年左右，个别专业暂为3年。

(廖志敏)

【改进博士生入学选拔方式】 6月，北大研究生院制订博士研究生入学选拔方式意见。该意见明确，自2004年，北大普通博士研究生选拔录取方式，由考试成绩为基础，向以素质能力为基础、申请与考核相结合过渡。录取工作将以资格考试(水平考试)为基础，重点是素质审核和复试。

(廖志敏)

【完成3个学科研究生精品课程】 8月，北大研究生院完成3个学科研究生精品课程项目。这3个学科分别数学学科、物理学科和世界历史学科。研究生精品课程是教育部"研究生教育创新工程"子项目，北大首期立项包括数学、物理、化学、环境、中国现当代文学、世界历史和中外哲学7个系列。

(廖志敏)

【举办研究生交流论坛】 9月17日至10月12日，北大研究生院举办研究生交流论坛。该论坛以"创一流学术，做一流学子"为主题，听取4名教授题为《学术北大(文科)》、《学术北大(理科)》、《生活北大》和《情感北大》4次讲演。同时，举办研究生、团委与新生"师生面对面"交流活动。该院2003级研究生1000人次参加学习。

(廖志敏)

【召开研究生工作研讨会】 10月31日至11月1日，北大召开研究生工作研讨会。会议以提高研究生教育质量，完善研究生教育质量保证体系为主题，听取《面向国际学术前沿，提高培养质量，建设世界一流研究生教育基地》工作报告，肯定北大研究生教育成绩，提出保证和提高研究生培养质量基本原则和要求。会议重点讨论研究生生源质量、博士研究生学位论文质量、博士研究生指导教师的职责和遴选、博士学科点建设质量和评估问题。会议从提高认识、追求卓越、理顺体制、导师素质、生源质量、课程改革和国际合作七个方面，论证研究生教育发展目标，要求各院系讨论制订保证措施。该校教师100人参加会议。12月4日，北大召开落实研究生质量保证措施院系情况汇报会。

(廖志敏)

【首次举办招生咨询活动】 11月2日，北大研究生院首次举办研究生招生现场咨询活动。该活动利用北大百年纪念讲堂前广场，采用开设咨询台、宣传栏等形式，现场回答考生和家长问题。同时开通网上在线咨询，高峰时在线人数近千人。

(廖志敏)

【派出首批赴莫斯科大学研究生】 11月，北大派出首批赴莫斯科大学研修研究生。首批学生共计7人，分别来自环境学院、法学院、国际关系学院和马克思主义学院，均为博士研究生，他们将在北京大学——莫斯科大学联合研究生院完成为期一年研修交流。该联合研究生院由北大和莫斯科大学合作举办，是中国第一个正式建立的培养高层次人才中俄国际合作机构。

(廖志敏)

【举办公共卫生专业暑期学校】 12月1至20日，北大研究生院举办首期公共卫生专业研究生暑期学校。该学校针对"非典"思考与教训，听取著名学者、院士讲授流行病防治、公共卫生管理、"非典"研究成果以及科研方法、卫生政策法规课程，学制3周。暑期学校受教育部委托开办，来自23所研究生院的102名博士、硕士研究生参加学习。

(廖志敏)

【颁发优秀博士学位论文奖】 12月25日，北大研究生院颁发优秀博士学位论文奖。本年度该院共有53篇博士学位论文获奖。其中，4篇获得一等奖，20篇获得二等奖，29篇获得三等奖。一等奖均为全国优秀博士学位获奖论文，包括细胞生物学、计算数学、中国古代史和中国古典文献学各1篇。自1999年，北大共有35篇入选全国优秀博士学位论文。

(廖志敏)

中国人民大学研究生院

【概　况】 2003年，中国人民大学研究生院下设研究生招生办公室、培养管理办公室、学位办公室、教学服务办公室等机构，职工33人。设有97个硕士学科点、74个博士学科点(其中新增硕士点6个、博士点10个)。博士生导师400人(含兼职博士生导师61人)、硕士生导师754人，国务院学位委员会委员1人、学科评议组成员14人。博士后流动站14个，本年博士后研究人员出站32人、进站67人、在站145人。研究生毕业1977人，其中，博士生371人，硕士生1606人。授予博士学位378人，授予硕士学位1634人。接受在职人员以同等学力申请硕士学位7758人，授予硕士学位785人。招生3232人，其中博士生763人、硕士生2469人。在校研究生8233人(不含在职攻读专业学位硕士生1539人、"两课"硕士生178人)，其中博士生2070人，硕士生6163人。

(白连永)

【举办文艺管理研究生课程班】 2月20日，人大举办文化艺术管理研究生课程研修班。该研修班采用集中面授教学方式，讲授文化产业通论、市场营销管理、人力资源管理等课程，学制两年，修业期满获得人大培训学院结业证书。研修班由文化部委托，与中国对外演出公司联合举办，来自全国文化艺术领域研究人员和管理人员64人参加学习。

(白连永)

【召开第十次研究生代表大会】 4月19日，人大召开第十次研究生代表大会。会议审议通过第九届委员会工作报告，选举产生第十届委员会委员 33 人。来自各院系正式代表 311 人参加会议。

（白连永）

【第三期合作培养高级工商管理硕士毕业】 11 月 21 日，人大——布法罗纽约州立大学合作培养高级工商管理硕士（EMBA）第三期学员毕业。本期毕业学员 130 人，其中 6 人入选美国贝塔·伽玛·西格玛（Beta Gamma Sigma）协会会员。1999 年，人大与美国布法罗纽约州立大学签订合作培养高级工商管理硕士协议，合作培养采用不脱产方式，由人大和布法罗纽约州立大学共同教学，开设 16 门课程，学制 2 年。西格玛协会是美国国际高级工商管理人士评价和交流组织，入选会员是美国经济管理毕业生最高荣誉。

（白连永）

【召开优秀博士学位论文表彰会】 12 月 11 日，人大召开优秀博士论文获得者及指导教师表彰会。会议表彰获得第五届全国优秀博士学位论文奖博士生 3 人、指导教师 3 人。该校学位评定委员会委员、师生代表共计 100 人参加会议。在第五届全国优秀博士学位论文评选中，人大共有 3 篇论文获奖。同时，在首次设立的“全国优秀博士学位论文提名奖”评选中，有 3 篇论文入选。至此，人大累计共有 13 篇论文获得全国优秀博士学位论文奖，获奖总数与上海交通大学并列第六名（前五位依次是清华大学、北京大学、复旦大学、浙江大学、南京大学）。在人文社会科学领域获奖 13 篇，位居全国高校首位。

（白连永）

清华大学研究生院

【概　况】 2003 年，清华大学研究生院拥有博士、硕士学位一级学科授权点 25 个，二级学科博士学位授权点 123 个、硕士学位授权点 159 个。拥有全国重点学科 49 个，北京市重点学科 4 个，博士后流动站 27 个。在岗博士生导师 735 人，中国科学院院士 32 人，中国工程院院士 25 人。毕业 3965 人，其中，博士生 573 人、硕士生 3392 人。招生 5955 人，其中，博士生 1063 人（含留学生 35 人、港澳台生 7 人），硕士生 2999 人（含留学生 54 人、港澳台生 19 人），无学籍专业学位硕士生 1893 人。在校生 16519 人，其中，博士生 4214 人（含留学生 52 人）、硕士生 7921 人（含留学生 121 人），非学历专业学位硕士生 4384 人。

（崔　凯）

【8篇博士学位论文入选全国优秀】 9 月 9 日，清华研究生院 8 篇博士学位论文入选全国优秀博士学位论文。至此，全国优秀博士学位论文共评选五届，清华共有 39 篇博士学位论文入选，入选总篇数、入选篇数占同期授予博士学位总人数的比例均位居全国高校之首。

（崔　凯）

【全面实施一级学科管理方案】 9 月，清华研究生院决定全面实施按照一级学科管理方案。1996 年，清华率先在 5 个一级学科实行招生、培养、毕业及授予学位按照一级学科管理方案。至 2002 年，经国务院学位委员会批准，清华一级学科授权点已达 25 个。

（崔　凯）

【完善博士学位论文隐名评审制】 10 月，清华研究生院完善博士学位论文隐名评审制度。该院要求隐名评审制实行重点检查和一般检查两种方式，本年 380 名博士毕业生学位论文参加重点检查，参加检查人数占同期毕业博士生总数的 60%。

（崔　凯）

【完成博士生科研基金结题检查】 11 月，清华研究生院完成首批博士生科研创新基金项目（2001 年）结题检查。该检查按照《清华大学博士生科研创新基金实施细则》，采用听取完成者口头报告和审阅结题材料的方式进行。该院 2001 年立项 17 个课题参加检查，全部合格。

（崔　凯）

【调整工程硕士生培养方案】 12 月，清华研究生院完成工程硕士研究生培养方案调整。该调整涉及 20 个工程领域硕士研究生培养方案，突出“厚基础理论，博前沿知识，重实际应用”的课程设置要求。同时，印发《清华工程硕士专业学位论文质量参考标准》，严格控制工程硕士学位论文质量。

（崔　凯）

【完成年度国际合作与交流】 至年底，清华研究生院完成研究生年度国际交流与合作任务。该院派出研究生 630 人次，其中，参加国际会议 233 人次，进修课程 19 人次，开展合作研究 348 人次，派出参与国际合作办学项目 30 人次。同时，执行海外学者短期讲学计划，聘请海外学者 15 人次。

（崔　凯）

【举办博士生学术论坛 23 期】 至年底，清华研究生院举办博士生学术论坛 23 期。论坛共举办学科前沿问题、热点问题专题讲座 79 场。来自 23 个院系 1699 名博士生和 240 名博士生导师参加论坛活动，其中，1057 名博士生作学术报告。

（崔　凯）

北京航空航天大学研究生院

【概　况】 2003 年，北京航空航天大学研究生院有教职工 25 人，其中教授 5 人，副教授 6 人；具有博士学位 6 人，硕士学位 10 人。一级学科博士授权点 12 个，博士学位授权点 44 个，硕士学位授权点 72 个。毕业研究生 1308 人，其中，博士生 146 人，硕士生 1162 人。招生 3630 人，其中，博士生 615 人，硕士生 3015 人（含工程硕士生 716 人、公共管理硕士生 120 人、高级工商管理硕士生63人、软件工程硕士生181人)。在校生9503人,其中,博士生2077人,硕士生7426人。外国留学生毕业20人,招生60人(博士生19人,硕士生41人),在校生369人。全年授予学位1259人,其中,博士学位169人(含同等学力人员申请博士学位13人),比上年增长5.6%;授予硕士学位1090人(含工程硕士217人、工商管理硕士108人、同等学力人员申请硕士学位37人),比上年增长33%。

(冯秀娟)

【第二届公共管理在职硕士班开学】 3月16日,北航公共管理学院第二届在职攻读公共管理硕士(MPA)研究生班开学。该研究生班招收北京、河北、山东学员120人,4门课程联考平均总分(265.9分),管理学和综合知识单科成绩平均分均列全国24所试点院校第一。

(陈 颖)

【成立工商管理硕士教育中心】 5月12日,北航成立工商管理硕士(MBA)教育中心。该中心设有工作人员3人,负责工商管理硕士教育项目建设与日常管理。中心设在经济管理学院,为学院下属机构,隶属学院领导和管理,业务上受研究生院和校工商管理硕士(MBA)教育指导委员会领导。1998年,北航开展工商管理硕士教育。

(陈 颖)

【制订研究生研究项目指南】 5月,北航研究生院制订研究生研究项目指南。根据项目指南,该校共申报课题45个,批准27个。其中,校重要级、一般级课题14个,院(系)级专业学位研究课题5个、培养体系研究课题3个、课程或课程体系研究课题5个。

(冯秀娟)

【设立论文研究和创新基金】 5至6月,北航研究生院实施《博士生学位论文研究奖学金实施办法》和《博士生创新性研究基金管理办法》。其中,论文研究奖学金面向博士生,每年评选一次,每人生活补贴1000元;创新研究基金面向二年级以上(含)博士生,每年评选一次,每人平均资助3万元。首次共有24名博士生获奖,其中,19人获得论文研究奖学金,5人获得创新研究基金。

(冯秀娟)

【电子与通信工程硕士培养质量通过评估】 7月14日,北航电子与通信工程领域工程硕士培养质量通过试评估。全国工程硕士专业学位教育指导委员会专家组听取学校汇报,逐项检查电子与通信工程领域工程硕士招生、教学、教材及学位答辩材料,参观两个合作办学点,召开合作单位领导、部分在读工程硕士研究生座谈会。评估组肯定工程硕士培养工作,并指出存在问题。

(陈 颖)

【完成一批多媒体教室改造】 9月,北航研究生院与教务处完成一批多媒体教室改造。工程包括:改建20个大教室,新建15个中、小教室,改建4个投影语音教室和12个语音教室,总投资214.3万元。

(冯秀娟)

【与克兰菲尔德大学合作办学】 11

月3至6日,北航与英国克兰菲尔德(Cranfield)大学签订研究生教育合作协议。依据协议,北航机械工程与自动化学院、英国克兰菲尔德大学工业与制造科学学院联合培养“北航——克兰菲尔德双学位”研究生,两校联络办公室设在北航国际交流合作处。

(陈 颖 谭典元)

【博士生代表团参加国际会议】 12月10至13日,北航博士生代表团参加国际会议。该代表团由6名博士生组成,在日本东京第十届环太平洋空间技术国际会议上,他们宣读自己的论文。这是北航首次派出博士生代表团参加国际会议,并以独立作者名义宣读论文。其中,3篇论文获奖。

(陈 颖)

【表彰工程硕士教育工作先进】 12月26日,北航召开工程硕士教育工作表彰会。会议表彰11个工程硕士教育工作先进集体、19名优秀硕士毕业生和30名优秀教育工作者。自1997年,北航在全国首批试点开展工程硕士研究生教育,累计招收工程硕士2435人,其中,已有702人通过论文答辩,获得工程专业硕士学位。

(陈 颖)

【工商管理硕士教育实行双导师制】 12月,北航经济管理学院工商管理硕士(MBA)教育实行双导师制。该学院从美世咨询、赛特集团和中航集团等公司聘请10人担任社会指导导师,参与工商管理硕士生学习、实习以及毕业论文撰写,传授实践经验和前沿管理知识。

(陈 颖)

北京理工大学研究生院

【概 况】 2003年,北京理工大学研究生院具有博士学位授予权一级学科10个,博士学位授权点49个,硕士学位授权点81个,以及工商管理硕士和工程硕士2个专业学位授权点。国家重点学科11个,国防科工委重点学科20个,北京市重点学科5个。拥有14个博士后科研流动站,比上年增加3个。中国科学院院士1人,中国工程院院士6人,博士生导师220人。毕业研究生1026人,其中博士生202人,硕士生824人。授予博士学位206人,授予硕士学位 1221 人（含攻读学位 195 人）。招生 2736 人，其中，博士生 501 人，硕士生 1868 人，工程硕士生 246 人，高级工商管理硕士生 43 人，工商管理硕士生 78 人。在校研究生 7706 人，其中，博士生 1648 人，硕士生 4419 人，攻读研究生学位 1639 人。

（辛雪琴）

【召开研究生培养工作会】 3 月 13 日，理工大研究生院召开研究生培养工作会议。会议传达该校学科建设与研究生教育工作会议精神，通报研究生教学指导专家组教学检查情况。提出学生管理规范化、严格注册制度，行政管理规范化、实行研究生校院两级管理，保证教学秩序规范化、提高教学质量 3 项整改措施。该校研究生院及各学院研究生教育工作负责人 20 人参加会议。

（辛雪琴）

【学位评定委员会召开会议】 3 月 24 日，理工大研究生院召开第六届学位评定委员会第 13 次会议。会议审定并授予学位 908 人。其中，授予 94 人工学博士学位，1 人理学博士学位，3 人管理学博士学位；授予 613 人工学硕士学位，41 人理学硕士学位，39 人管理学硕士学位，7 人教育学硕士学位，46 人工程硕士专业学位，64 人工商管理硕士专业学位。评选出 9 篇优秀博士论文，51 篇优秀硕士论文。

（辛雪琴）

【联合建立校外培养基地】 3 月 27 日，理工大研究生院与中国工程物理研究院化工材料研究所联合建立培养基地协议签字。根据协议，双方利用物理研究院科研实力和实验测试条件，以及研究生院教育资源、基础科学研究和实验技术优势，共同参与西部开发、支持国防建设，在共同合作领域形成新的综合优势，探索研究生教育创新工作，为国家培养高素质、高层次创新人才。

（辛雪琴）

【建立工商硕士管理创业园】 12

月 20 日，理工大工商管理硕士（MBA）创业园成立。该创业园与曲阜市政府联合建设，依据“总体规划、分期实施、集中创业、分园建设”原则，曲阜市政府提供适于技术创新和科技项目转化的市场环境、投资环境，建立科技园区管理体制。理工大发挥自身优势，以成果转化方式向创业园提供科技成果。同时，支持理工大工商管理硕士学生进园创业，建设理工大校友和以校友产业为主的关联产业园区。

（辛雪琴）

北京科技大学研究生院

【概　况】 2003 年，北京科技大学研究生院设有 6 个博士、硕士学位授权一级学科，22 个博士学位授权点，62 个硕士学位授权点。另有 15 个工程领域可授予工程硕士专业学位，同时拥有工商管理硕士（MBA、EMBA）、公共管理硕士（MPA）专业学位授予权。设有 7 个博士后科研流动站，在站博士后研究人员 28 人。拥有博士生导师 261 人，中科院院士 7 人，工程院院士 3 人，国务院学位委员会委员 1 人，国务院学位委员会学科评议组成员 4 人，北京市学位委员会委员 1 人。本年授予博士学位 103 人、授予硕士学位 739 人（含工程硕士）。招收研究生 2272 人，其中，博士生 400 人、硕士生 1349 人、工程硕士生 523 人。在读研究生 5490 人，其中，博士生 1140 人、硕士生 3056 人、工程硕士生 1294 人。

（盛国家）

【完成“非典”时期研究生复试】

5 月 27 日，北科大研究生院完成“非典”时期硕士研究生复试。在校学生复试采用面试方法。校外学生采用网络视讯、视频会议和电话方式，共有 1151 名学生参加复试，涉及全国 26 个省市。其中，教育部直属院校考生利用教育部视频会议系统，来自武汉科技大学、鞍山科技大学等校 27 名考生参加复试；其他考生利用电话复试。考试时间由原来的 30 分钟减为 15 分钟，复试成绩占总成绩比重由原来的 30%下降为 15%。

（盛国家）

【新增 36 名博士生导师】 11 月 7 日，北科大学位评定委员会审议新增博士生导师。经无记名投票表决，该校学位评定委员会同意新增 36 人为博士生指导教师，其中北科大教师 33 人，外单位专家 3 人。本年 70 名校内外教授、研究员报名申请该校博士生导师。经校研究生院及各学院初选，专家评议组评审，38 名教授、研究员进入该校学位评定委员会审核范围。38 名候选人平均年龄 43 岁，36 人具有博士学位，外单位专家 4 人。

（盛国家）

中国农业大学研究生院

【概　况】 2003 年，中国农业大学研究生院下设招生与学生工作处、培养处、学位管理处、院办公室和研究生教育创新研究中心。设有 9 大学科门类,拥有 11 个博士学位授权一级学科,61 个博士学位授权点,96 个硕士学位授权点。本年研究生毕业 784 人,其中博士生 294 人,硕士生 490 人。招生 1730 人,其中,博士生 600 人,硕士生 1130 人。另招收专业学位研究生 656 人,其中公共管理硕士生 103 人、工程硕士生 89 人、农业推广硕士生 386 人、兽医硕士生 51 人,兽医博士生 27 人。在读研究生 3951 人,其中,博士生 1429 人,硕士生 2522 人。

(张树川)

【成立学位教育指导委员会】 3 月,农大研究生院成立 4 个专业学位教育指导委员会。分别是工程硕士、农业推广硕士、公共管理硕士和兽医专业学位教育指导委员会。承担任务是:按照社会发展需要,探讨研究生培养途径;协调专业学位研究生生源、招生录取及培养管理;研究、指导培养方案制订及实施、课程体系建设、教材建设和教师队伍建设;确定导师及任课教师遴选办法,认证导师课程水平;制订研究生论文评价标准,指导论文选题及其论文研究;检查研究生培养水平。

(吕　艳　郭立群)

【获准举办工商管理硕士教育】 9 月 9 日,农大研究生院获得工商管理硕士(MBA)专业学位授予权。至此,该校专业学位包括工程硕士、农业推广硕士、兽医硕士和博士、公共管理硕士(MPA)和工商管理硕士、教育硕士六种类型,硕士、博士两个层次。

(吕　艳　郭立群)

【设立一批重点课程建设项目】 12 月 31 日,农大研究生院设立一批教改和重点课程建设项目。这批项目包括重点课程建设 74 项、精品课程建设 12 项,分两年资助 318 万元;教材建设、教学改革研究 53 项,资助 15 万元;国外知名高校研究生教育研究 22 项,资助 15 万元。

(吕　艳　郭立群)

中国协和医科大学(中国医学科学院)研究生院

【概　况】 2003 年,中国协和医科大学(中国医学科学院)研究生教育实行以所院级为基础的三级管理模式,研究生院统一领导全校学位与研究生工作,全校 19 个单位招收培养研究生。学位授权点和招生专业覆盖医学、理学、工学、管理学 4 个门类,生物学、生物医学工程、基础医学、临床医学、口腔医学、公共卫生与预防医学、中西医结合、药学、公共管理、图书馆情报与档案管理、哲学 12 个一级学科。共有博士学位授权点 30 个,硕士学位授权点 40 个。博士后流动站 6 个,本年进站 22 人,在站 50 人,出站 7 人。设有医学博士/理学博士(MD/PHD)双博士学位教育。博士生导师 254 人,硕士生导师 287 人。本年毕业博士生 280 人,硕士生 211 人。授予博士学位 280 人,硕士学位 211 人。招收博士生 262 人,硕士生 393 人。在校生 3048 人,其中,博士生 975 人,硕士生 1123 人。

(林　菲)

【27 人获得博士生导师资格】 5 月 28 日,协和医大(医科院)批准第 11 批博士生导师。这批博导共计 27 人,其中,基础所 3 人,药生所 1 人,药植所 2 人,肿瘤医院 5 人,协和医院 5 人,阜外医院 2 人,皮研所 1 人,血研所 1 人,动物所 1 人,放射所 1 人,临检中心 1 人,北京医院 3 人,中日医院 1 人。

(纪富存)

北京师范大学研究生院

【概　况】 2003 年,北京师范大学研究生教育设 69 个博士学位授权点,127 个硕士学位授权点,教育硕士、公共管理硕士 2 个专业学位授权点,是高校、中职教师在职攻读硕士学位招生学校。拥有博士、硕士学位授权一级学科 14 个,国家重点学科 16 个。16 个学科设有博士后流动站。博士生指导教师 361 人,硕士生指导教师 798 人。中科院院士 11 人,工程院院士 3 人,国务院学位委员会学科评议组成员 13 人。本年,研究生毕业 884 人,其中,博士生 216 人,硕士生 668 人。授予博士学位 216 人,硕士学位 666 人,教育硕士学位 114 人。招生 2382 人,其中,博士生 596 人,硕士生 1786 人。在校研究生 5938 人,其中,博士生 1602 人,硕士生 4336 人,在职攻读教育硕士研究生 718 人,在职攻读公共管理硕士研究生 356 人。

(刘长旭)

【扩大复试比例和复试权重】 3 月,北师大研究生院实验扩大复试比例和复试权重招生方法。该院招生专业学生按照 120%比例差额复试,复试成绩计入总成绩,权重不得低于 20%。同时,制订考生复试规则,规范复试各工作环节,选派工作人员到各院、系、所监督复试工作。

(刘长旭)

【实施优秀本科生直读博士试点】 9 月,北师大研究生院实施理科优秀本科毕业生直读博士试点。该试点采用学校推荐方法,根据学术科研水平,从重点大学毕业生中首批招收校内外直博生 42 人。

(刘长旭)

【招生信息管理系统投入使用】 10 月 8 日,北师大研究生院招生信息管理系统投入使用。该系统由研究生院自行研制,包括博士生网络报名系统和硕士生网络报名系统两部分,具备报名、注册、查询等项功能。这是北京开展网络研究生报名的第 4 所高校。

(刘长旭)

【改革研究生考试命题方法】 11 月,北师大研究生院改革研究生考试命题方法。该院实践“按一级学科招生,按二级学科培养”改革理念,强调试题科学、综合，注重考察学生基本素质、培养潜力和创新能力。考试命题压缩招生科目，拓宽考察口径，扩展命题范围。一级学科、二级学科分别命题一门课程，杜绝按照二级学科甚至研究方向命题现象。

（刘长旭）

【完成管理规章制度修订】 11月，北师大研究生院完成管理规章制度修订。该修订工作按照国家新颁布的《婚姻法》、教育部新的研究生出国留学管理规定，分析近年学校法律纠纷案例，借鉴各高校学籍管理经验，分别修订《研究生学籍管理规定》、《研究生违纪处分条例》、《研究生出国管理规定》等文件。

（刘长旭）

中国地质大学（北京）研究生院

【概　况】 2003年，中国地质大学（北京）研究生院博士授权点30个，硕士授权点65个，覆盖理学、工学、管理学、经济学、法学、文学、教育学7个学科门类，25个一级学科；设有3个博士后流动站，11个工程硕士招生领域。学校设有5个国家重点学科、13个省部级重点学科，建有2个国家专业实验室、1个教育部重点实验室、2个北京市重点实验室、3个国土资源部开放研究实验室，16个基础课实验室，24个专业课实验室，15个研究所。与北大联合组建北大地学研究中心，与中国石油化工集团公司联合建立油气勘探开发研究实验室。拥有教授100人（含中科院院士8人，外籍科学院院士3人），副教授181人，博士生导师105人，硕士以上学历人员80%。毕业研究生388人，其中，博士生115人，硕士生203人，工程硕士生70人。毕业研究生就业率98.42%。招生1224人，其中，博士生361人，硕士生588人，工程硕士生275人。在校研究生2878人，其中，博士生869人，硕士生1245人，工程硕士生764人。

（承　金）

【举办千家店地质现象专题报告】 7月，地大（北京）地质学研究方向博士团在延庆县千家店镇地质公园举办地质现象专题报告。该报告由《千家店的地质现象是怎么形成的》、《对千家店地质公园建设的意见和建议》两部分组成，系统论证千家店地区地质现象形成原因以及在地质学中地位。当地领导、导游员参加学习。延庆县千家店镇地质公园是当地经济支柱产业，导游因缺乏专业知识，解说词和景物标牌不够准确，无法吸引游客。

（承　金）

【完成北京地区工程硕士报名】 8月27至31日，地大（北京）研究生院完成北京地区工程硕士报名。该工作受市学位办、市教育综合服务中心委托，完成考生网上报名、现场采集图像信息和上报数据等，共有4900人报名参加考试。这是地大（北京）连续3年承担此项工作。

（承　金）

【举办院士学术报告】 9月22至30日，地大（北京）研究生院举办院士系列讲座。该讲座邀请中科院院士刘光鼎教授举办9场学术专题报告，围绕地球科学家任务与培养、中国大地构造格架及演化史、环渤海地区前新生代海相油气资源研究等8个专题，讨论地球科学研究的主要问题。该院研究生70人参加学习。刘光鼎长期领导中国沿海地质地球物理调查工作，2000年，担任地大(北京)地球物理与信息技术学院院长。

（承　金）

【举办研究生学术交流活动】 12月6至7日，地大(北京)举办研究生学术交流活动。该活动采用专家教授评估、学生现场打分方法，要求形式灵活、多样，体现学术创新、学风严谨，包括新观点、新成果以及研究生关注的科研热点问题。该校研究生1400人次参加交流活动。

（承　金）

中国科学院研究生院

院　　长　白春礼（兼）
党委书记　邓　勇

【概　况】 2003年，中国科学院研究生院由设在北京的研究生院本部、5个研究生教育基地及108个研究生培养单位构成。具有博士学位授权一级学科26个，二级学科博士学位授权点114个，二级学科硕士学位授权点130个以及软件工程和工商管理硕士专业学位授权点。本年毕业研究生3108人，其中，授予博士学位1652人，硕士学位1395人。招生9210人，其中，博士生4356人、硕士生4854人。在校研究生22416人，其中博士生11163人，硕士生11253人。教职工424人，其中，专任教师193人。300余名中科院院士和工程院院士、4500余名研究员和教授、2000余名博士生导师参加研究生的培养和指导工作。研究生院本部设有地球科学学院、人文学院、信息科学与工程学院等直属教学机构10个，设有信息安全国家重点实验室、中科院认知科学开放研究实验室、国家计算机网络入侵防范中心等直属研究机构6个，主办《中国科学院研究生院学报》、《自然辩证法通讯》、《管理评论》和《研究生院》4个刊物。

（肖　斌）

【首次实现研究生统一报名】 1月18日，中科院研究生院举办2003年硕士学位研究生入学考试。该考试改变原各培养单位分散报名方式，采用集中方法，统一报名渠道。北京考点共有1770人参加考试，比上年增长51.4%。

（肖　斌）

【举办素质教育讲堂】 3月1日，

中科院研究生院举办研究生素质教育讲堂活动。该讲堂邀请两院院士、著名学者，采用系列专题报告形式，讲授弘扬科学精神、维护科学道德、人文素质与科技创新等内容。讲堂报告通过远程教育系统向国内18个培养单位实时转播。至年底，素质教育讲堂举办7讲。该院师生2000人参加学习。

（肖　斌）

【合作培养日式软件开发人才】 3月8日，中科院研究生院与4家公司签订培养日式软件人才合作框架协议。依据协议，合作方联合建设日式软件人才培训基地，坚持“以产业界需求为导向，以学员为中心”教育理念，采取“产学研一体化”办学模式，培养掌握日式实用软件开发技能、熟悉日本特色软件工程规范的软件工程师。

（肖　斌）

【举办教学管理人员培训班】 3月26日，中科院研究生院举办教学管理人员培训班。该培训班利用每周3个半天，讲授计算机应用、公文写作和教务管理制度等课程，历时2个月。该校各学院（系）教学管理人员12人参加学习。

（肖　斌）

【举办心理健康系列讲座】 4月4

日，中科院研究生院举办心理健康系列讲座。该讲座听取北大精神卫生研究所医师专题报告，讲解常见心理问题与心理障碍，分析研究生心理特征，提出健康定义和心身合一概念，列举心理问题与心理障碍常见心理社会因素以及引发的疾病，指出生活质量与健康密不可分。报告讲述中外学者公认的心理健康标准，并介绍调整心态方法。该院师生200人参加学习。

（肖　斌）

【举办科学家人文论坛】 4月15

至17日，中科院研究生院举办中国科学家人文论坛第一单元主题报告会。会议听取13名专家、学者专题演讲，从不同领域论证人文科学的重要，推动自然科学与人文社会科学结合，提高科学人员人文社会科学素养。来自全国高校校长和重点高校学生1万人参加会议。1月15日，中科院研究生院人文学院召开学术委员会会议，接受路甬祥、郑必坚倡议，决定举办中国科学家人文论坛活动。

（肖　斌）

【成立生物动力学实验室】 4月22日，中科院研究生院生物运动力学实验室成立。该实验室隶属物理系，承担飞行和游动生物力学与仿生技术研究和教学任务。共有教师12人，其中，高级专业技术职务7人。

（肖　斌）

【管理学院举办“开放日”活动】 9月14日，中科院研究生院管理学院举办“开放日”活动。该活动举办管理学院招生政策、报考注意事项讲座，并现场解答考生问题。来自中科院系统所、科技政策与管理科学所、文献情报中心、环境生态中心以及中国农业政策研究中心5家研究生培养单位和北京高校学生5000人参加活动。

（肖　斌）

【举办生命科学论坛】 9月25日，

中科院研究生院生物系举办生命科学论坛。该论坛邀请生命科学学者，以对话的形式，介绍最新生物学研究进展，提出研究领域前沿问题，并现场回答研究生问题。截至年底，论坛举办5次讲座，该院师生1500人参加学习。

（肖　斌）

【累计授予博士学位超万人】 9月，中科院研究生院完成学位授予工作。该校3047名学生获得学位，其中博士学位1652人，硕士学位1395人。至此，中科院研究生院共授予10301人博士学位，23128人硕士学位，是中国第一个授予博士学位超万人的高等学校。该校自1981年开始培养博士生。

（肖　斌）

【举办高级管理人员硕士班】 9月，中科院研究生院举办中科院高级管理人员工商管理(EMBA)硕士班。该硕士班与美国威斯康星大学联合开办，面向中科院所级领导、相关管理部门及所属高科技公司管理人员，开设10门课程，其中6门课程由美国教师任教，学制1年。首期招生48人。

（肖　斌）

【物理系开设物理学进展课程】 10月，中科院研究生院物理系开设物理学进展课程。该课程以听取物理学各个领域内学术带头人、院士及知名科学家学术报告的形式，丰富学生物理知识提高科研能力。至年底，课程举办8次专题讲座。

（肖 斌）

【召开跨学科学术年会】 12月5

日，中科院研究生院召开跨学科学术年会。会议由生物系和化学系联合举办，交流两个系研究进展，研讨生物和化学两个不同领域研究合作，拟订若干合作研究方向，为研究生物和化学的交叉学科创造条件。该院教师50人参加会议。

（肖 斌）

【物理系召开学术报告年会】 12月6日，中科院研究生院物理系召开学术报告会。会议按照国际会议通常程序，听取21人各15分钟学术报告，交流内容涵盖物理学、力学、天文学、动力工程及工程热物理、材料科学5个一级学科，部分报告属于交叉学科范畴。该系30名师生参加会议。

（肖 斌）

【开设创新案例系列讲座】 12月10日，中科院研究生院举办创新案例系列讲座。该讲座通过视频会议系统在北京、上海、武汉、广州和中国科学技术大学五地实时直播，北京共有500人参加学习。自2001年6月，该校总结中科院50年来科技成果和创新经验，完成100个创新案例编写，涉及科技创新、制度创新、管理创新和文化创新多个领域。

（肖 斌）

【合作举办双学位课程】 12月23日，中科院研究生院、香港理工大学、中科院软件研究所签订软件工程硕士及软件科技（软件开发）理学硕士双学位课程合作协议。依据协议，中科院研究生院承担8门课程，香港理工大学承担15门课程并派教师到北京授课，双方共同开办硕士研究生教育，学制1年半，修业期满，获得规定学分可以获得中科院研究生院颁发的软件工程硕士学位和香港理工大学颁发的软件科技（软件开发）理学硕士学位。

（肖 斌）

中国社会科学院研究生院

院　　长 武 寅
党委书记 晋保平

【概　况】 2003年，中国社会科学院研究生院设有哲学、经济学、法学、文学、史学和国际问题6个教学研究部，38个教学系，涵盖哲学社会科学领域78个学科专业。博士学位授予学科68个、硕士学位授予学科78个。博士生导师337人、硕士生导师600余人。全年毕业299人，其中，博士生186人、硕士生113人。招生441人，其中，博士生250人、硕士生191人。在校生1234人，其中，博士生696人、硕士生538人。港澳台地区研究生毕业1人、招生10人、在校生34人。外国留学研究生毕业15人、招生28人、在校生122人。本年度，授予博士学位200人，授予硕士学位180人。

（文学国）

【召开教授委员会执委会议】 1月

2日，社科院研究生院召开教授委员会执委会议。会议讨论教材编审工作，决定调整教材编审委员会，聘请专家审读书稿。会议同意教授委员会实行例会制，全体大会根据实际情况由执委会决定召开，要求制订优秀导师评选初步方案，提交下次执委会研究。该院教授委员会执行委员会委员7人参加会议。

（陈剑青 黄晓珙）

【召开毕业生就业指导会】 1月8日，社科院研究生院召开毕业生就业工作指导会议。会议传达教育部、市教委有关文件精神与政策，分析2003年高校毕业生就业形势，交流毕业生求职经验与技巧，解答学生问题。该院师生100人参加会议。

（陈剑青）

【校园广播台开播】 3月10日，社

科院研究生院广播台开播。该广播台以“提供信息、服务同学、活跃气氛、寓教于乐”为宗旨，随时报道院内外各学科动态、时事和文化新闻。同时，为体育爱好者、音乐爱好者提供信息交流平台。

（陈剑青 黄晓洪）

【380人获得硕博学位】 6月30日，社科院研究生院学位评定委员会召开七届七次会议。会议完成毕业生学位材料审议，提出学位工作改进建议。会议决定，授予200人博士学位，其中包括12名留学生、1名港澳台学生、1名以同等学力申请博士学位人员；授予180人硕士学位，其中包括3名留学生、64名以同等学力申请硕士学位人员。

（陈剑青）

【产生新一届研究生会】 10月18日，社科院研究生院第26次研究生代表大会选举产生新一届研究生会。新一届研究生会由15人组成，坚持“以学术回报社会，以实践深化理论”宗旨，发挥研究生院学术优

势，组织各种社会实践活动。同时，利用网站、宣传栏和学习小组等形式，建立多渠道学习交流场所。

(陈剑青)

【参加两岸三地博士生工作坊活动】 11月17至20日，社科院研究生院博士生参加第三届两岸三地博士生工作坊活动。该活动由上海交通大学承办，来自全国13所高校50名博士生参加活动。社科院研究生院3名博士生参加活动，其中1人获得优秀口述奖。两岸三地博士生工作坊由香港中文大学于2001年发起，是台、港及大陆两岸三地经济、管理学科博士论文交流平台。

(陈剑青)

【举办首届社会科学论坛】 12月6

日，社科院研究生院首届社会科学论坛开幕。该论坛根据不同学科，分设经济学论坛、法学论坛、史学论坛等5个单元。开幕式作为第一个单元，研讨经济热点问题。该院教师和学生180人参加论坛活动。

(陈剑青　黄晓洪)

中国农业科学院研究生院

院　　长　*翟虎渠(兼)*

【概　况】 2003年，中国农业科学院研究生院拥有硕士学位授权专业38个，博士学位授权专业26个，15个一级学科。在岗博士生导师260人，硕士生导师1000人，中科院院士3人，工程院院士8人。招收博士和硕士研究生337人，比上年增长72%。其中硕士研究生增长76%、博士研究生增长66%。进站博士后37人，比上年增长105%。在校生规模1000人。

(赵庆惠)

【召开第五次研究生工作会议】 1月15日，农科院研究生院召开第五次研究生工作会议。会议总结研究生工作基本经验，分析办学优势、特色和面临形势，提出整合全院教学资源、科技资源和智力资源，建立研究生教学和培训平台，实现研究生教育跨越式发展目标。该院教师200人参加会议。

(赵庆惠)

【新建教学楼投入使用】 4月，农科院研究生院新建教学楼投入使用。该教学楼建筑面积3518平方米，地上5层，地下1层，设教室24个，分别安装多媒体和语音设备。教学楼2002年6月开工建设，总投资847万元。

(赵庆惠)

【开通学院网站】 6月16日，农科院研究生院网站开通。该网站设有研究生培养、招生信息、电子公告等51个栏目，通过局域网与国际互联网连接，可以实现新闻浏览、数据查询、网上讨论等功能。

(赵庆惠)

【综合办公楼投入使用】 7月6日，农科院研究生院综合办公楼投入使用。该办公楼建筑面积1200平方米，地上8层，地下1层。办公楼2002年1月开工建设，总投资1900万元。

(李志平)

【召开五届七次学位会议】 7月12

至13日，农科院研究生院召开五届七次学位会议。会议审议通过授予24人以同等学力申请硕士学位，36人博士学位和72人硕士学位。会议按照《中国农业科学院研究生指导教师工作条例》，审议批准新增博士生导师83人。该校学位委员会委员29人参加会议。

(赵庆惠)

【完成研究生培养质量调研】 7至11月，农科院研究生院完成研究生培养质量调研。该调研分为3个组，涉及京内京外26个研究所，重点考察中科院、社科院和北大、清华等高校研究生培养方法。该院教师20人参加调研。

(赵庆惠)

【召开第10次团代会】 10月17日，农科院研究生院召开第10次团代会暨第19次研究生代表大会。会议审议并通过研究生院第9届团委工作报告、第19届研究生会工作报告以及研究生会章程修改报告。选举产生新一届团委及研究生会委员。该院团员、研究生代表114人参加会议，共提交提案10项。

(李志平)

【召开中荷农业生物技术科学会议】

11月10至15日，农科院研究生院召开中荷农业生物技术科学家会议。会议通报中荷两国农业科技进展和最新成果，总结研究生院与荷兰瓦赫宁根大学联合培养研究生合作项目实施情况。会议决定将双方合作领域从蔬菜育种扩大到植物基因组学、营养与健康等学科。会议与荷兰瓦赫宁根大学联合举办，来自荷兰19名教授与中国科学院、中国医学科学院、农大等单位专家60人参加会议。

(赵庆惠)

本（专）科教育

【工商大学共同课实行双重管理】 1月，北京工商大学计算机学院共同课实行双重管理。该方法组建跨专业课程组，指定副教授以上职务教师任组长，实行教研室和课程组双重管理。其中，课程设置、授课时数及教学内容由教研室负责；授课教师选派及教学质量保证则由课程组负责。双重管理解决电子商务、计算机科学与技术、信息管理与信息系统3个专业共同课多，任课教师教学水平不平衡问题。

（王晓华）

【新增本科专业108个】 2月10日，北京38所高校108个本科专业通过2002年度教育部备案或批准设置，涉及专业82个。其中，16所市属市管高校增设34个本专科专业，涉及专业27个。新增专业自2003年开始招生。

（张树刚）

2002年度教育部备案或批准设置高等学校本科专业（北京）

北京航空航天大学
050203 德语
110210 物流管理
北京理工大学
030302 社会工作
071302 材料化学
071601 统计学
080302 材料成型及控制工程
中央民族大学
050103 对外汉语
050410 舞蹈编导
050412 表演
071203 光信息科学与技术
071601 统计学
080602 自动化
081102 制药工程
北京大学
020115 环境资源与发展经济学
030406 国际政治经济学
100311 医学实验学
100402 口腔修复工艺学
100807 应用药学
110307 公共政策学
110308 城市管理
中国人民大学
050102 汉语言
050304 编辑出版学
北京科技大学
020109 金融工程
050207 日语
071302 材料化学
071402 生态学
080604 通信工程
中国农业大学
081407 食品质量与安全
110202 市场营销
110309 公共管理
北京林业大学
070101 数学与应用数学
北京中医药大学
030101 法学
050201 英语
北京师范大学
040202 运动训练
050408 艺术设计
050423 影视学
071206 信息科学技术
071403 资源环境科学
110203 会计学
110209 电子商务
北京外国语大学
050247 乌克兰语
北京语言大学
050404 绘画
110102 信息管理与信息系统
北京广播学院
050103 对外汉语
050204 法语
050205 西班牙语
050208 波斯语
050217 马来语
050219 僧加罗语
050234 土耳其语
050237 意大利语
050306 媒体创意
070101 数学与应用数学
080623 数字媒体艺术
中央财经大学
020113 体育经济
030301 社会学
070101 数学与应用数学
对外经济贸易大学
020109 金融工程
中央美术学院
080701 建筑学
中央戏剧学院
050419 播音与主持艺术
中国政法大学
030301 社会学
050101 汉语言文学
110211 国际商务
石油大学
050202 俄语
080611 软件工程
080701 建筑学
110301 行政管理
国际关系学院
020102 国际经济与贸易
030101 法学
110102 信息管理与信息系统
北京体育大学
071502 应用心理学
中国青年政治学院
020102 国际经济与贸易
050101 汉语言文学
050302 广播电视新闻学
北京工业大学
020104 金融学
050106 中国语言文化

050201 英语
071205 信息安全
080709 水务工程(由原给水排水工程专业调整)
北方工业大学
071202 微电子学
北京服装学院
050406 美术学
050416 摄影
北京建筑工程学院
030101 法学
北京石油化工学院
080307 机械电子工程
北京农学院
030302 社会工作
050408 艺术设计
110202 市场营销
110206 旅游管理
首都医科大学
080622 假肢矫形工程
100801 药学
首都师范大学
080609 信息工程
080611 软件工程
110302 公共事业管理
首都体育学院
110302 公共事业管理
北京第二外国语学院
030101 法学
050301 新闻学
北京工商大学
020107 保险
080611 软件工程
110103 工业工程
北京物资学院
110209 电子商务
北京舞蹈学院
050415 戏剧影视美术设计
北京信息工程学院
110101 管理科学
110205 人力资源管理
110209 电子商务
北京联合大学
040102 学前教育
080303 工业设计
110209 电子商务
首都经济贸易大学
050201 英语

(张树刚)

【北航举办工程创新成果比赛】 3月30日,北京航空航天大学工程训练中心举办工程创新课程成果比赛。该项比赛设立"爬楼车"、"势能车"等项目,要求学生利用势能等物理原理,自己设计、计算,编制加工工艺,自己动手加工零件,完成组装和调试。工程训练中心教师审查设计方案、批改设计图纸和工艺规程,完成成绩判定。该校3个院系2000级本科生92人参加比赛,共制作"爬楼车"、"势能车"23辆。1999年,北航在全国高校中首次设立工程创新课程。

(陈 颖)

【机械学院鼓励"双语"教学】 3月,北京机械工业学院继续推动"双语"教学。该校推出3门"双语"教学课程,制订鼓励实施"双语"教学政策,规定开设"双语"教学教师工作量按照1.5倍计算,原版外语教材实行半价补贴,外籍教师课程配一名中国助教。该校"双语"教学开始于2001年,多数师生认为,使用原版最新教材便于与世界接轨,便于提高学生专业外语能力。部分师生担心影响学生对课程理解,降低教学质量。

(王志伟)

【北广召开本科教学评估汇报会】 4月4日和7日,北京广播学院召开本科教学评估工作汇报会和经验交流会。会议听取信息工程学院按照相关指标体系,开展本科教学评估工作情况汇报,交流本科教学管理制度化、规范化及档案分类管理方面成功经验,汇报"以评促建、以评促改"工作体会。会议分析本科教学评估工作存在问题,研讨解决问题具体办法。该校二级学院领导、教学秘书参加会议。

(张桂凤)

【首经贸大召开学分制研讨会】 4月11日,首都经济贸易大学召开学分制学习研讨会。会议决定实施学

分制改革,本科学生3至6年修满90至100学分必修课,50至60学分选修课(不同专业略有不同)即可毕业。与原学籍管理相比,学分制增加选修课,限选课、任选课占总学分40%;增加综合素质考评,完成学业不少于10个学分;取消补考、留降级,实行重修,一学期必须完成规定学分三分之二,不能达标学生直接退学;按照学分授予学位,重修学分20个以上(含20学分)不能获得学位。学分制首先在2002级2280名学生中实行。

(钟志红 王银江)

【北航实行本科教育导师制】 4月11日,北京航空航天大学高等工程学院召开本科学生拜师会。会议听取学院领导关于导师情况介绍,听取导师、学生代表发言,30名学生代表向导师敬献鲜花。该院受聘导师、师生代表1000人参加会议。北航高等工程学院为每名一年级本科学生聘请导师,导师均为两院院士、博士生导师和长江学者奖励计划特聘教授,他们负责帮助学生制订学习计划,引导学生参与科研研究、参加社会及外事活动。

(陈 颖)

【地大召开实践教学工作会议】 4月15至16日,中国地质大学(北京)召开本专科实践教学工作会。会议听取题为《加强实践教学,培养精品人才》工作报告,通报学校实践教学工作现状。会议认为,学校传统地学类专业实践教学完善,勘察技术与工程、机械设计制造及其自动化、石油工程、环境工程、地球物理专业能够做到"产学研"结合,拥有稳定产学研基地和实习定点单位。部分专业实践教学环节薄弱,存在经费不足、实习地点缺乏、实习条件较

差、思想认识不到位问题。会议提出加强实践教学6项措施：提高认识，切实重视实践教学；增加投入；加快实践教学手段信息化；加快装备现代化；灵活实践课程设置；充分利用第二课堂。会议期间，举办2002届本科毕业生优秀论文和实践教学成果展览。该校教师50人参加会议。

（承　金）

【工商大学分校实行“住教”制】

5月4日，北京工商大学在东方大学城分校实行“住教”制度。该制度针对防控“非典”特殊时期，要求教师分批进驻分校，变“走教”为“住教”。“住教”教师由一名校级领导带队，2名医务人员、5名工作人员和任课教师组成，每批“住教”两周，负责分校学生管理，按照“住教”教学计划完成教学任务。至6月15日，该校派出“住教”教师324人次。

（王晓华）

【法大开设一批“双语”课程】 5月6日，中国政法大学法学院一批“双语”课程通过论证。这批课程共计国际货物买卖与支付、世贸组织法、普通法商法原理、比较保险法、日本商法原理、国际民事诉讼和仲裁程序、欧盟法概论（含英中、德中两类语言）和现代消费者保护法8门，其中，英文中文“双语”3门、日文中文“双语”2门、德文中文“双语”3门。任课教师均有在国外学习、教学经历，且从事科研10年以上。

（武　焰）

【舞院实施“非典”临时课表】 5月6日，北京舞蹈学院实施“非典”特殊时期临时课表。该课表调整部分课程授课时数和授课方法，哲学、舞蹈作品赏析、中国舞蹈史等主干课

程采取电视教学，要求分散收视，减少人数过多的大课。编导等部分专业课程，由教室调整到操场或露天舞台。“非典”时期，该校共有900名学生在校坚持学习，占全体学生总数的97.5%。

（肖卫兵　牟　可）

【北工大评审“双语”教学课程】 7月26日，北京工业大学完成第二批“双语”课程评审。该评审经过学院审核、校内专家评审两个阶段，采用申报材料审核、教师答辩方法，要求“双语”表达能力强、讲课有激情。该校45门课程参加申报，其中，17门学科基础课程和专业课获准立项，分布在机电、电控、建工、城建、环能、数理、材料、经管和软件9个学院。

（兰劲华）

【民大实行学分制教学改革】 8月30日，中央民族大学实行学分制教学改革。新学分制以课程为核心，以专业课和通用性课程为基础，以选课制为标志，实行弹性学制，压缩总学时，实行跨专业（校）选修，赋予学生“选时、选师、选课”权利。改革自2002级本科生开始，每个学生可以选择4门课程。学校共推出史哲、经管法、语言、人文社科、文学、艺术体育、自然科学7个大类选修课232门。其中，50门为专业必修课或专业选修课，其余为跨专业选修课程，且允许“文理互选”。

（哈斯也提）

【北广交流综合课程成果】 9月21日，北京广播学院召开学生综合课程设计成果交流会。会议听取学生综合课程设计成果介绍，观摩成果现场演示，并交流制作经验、体会。该校63名学生设计成果共计20件参加交流活动。综合课程设计是北广信息工程学院工科学生提高科研、实际动手能力的课程改革实验，2002年调整教学内容，2001级教学以计算机软件设计为主，2000级以硬件制作为主。

（张桂凤）

【北方工大试行“双语”教学】 9月，北方工业大学试行“双语”教学。首批“双语”课程共计17门，均为选修课及小班课，采用英文教材，中英两种语言授课，其中英语授课量占50%。3月，北方工大20名教师申报“双语”教学资格，12人通过“双语”教学审查，6人获准采用英文教材中文授课。

（刘　姝）

【财经大学实验本科导师制】 9月，中央财经大学实验本科生导师制。该实验选派优秀教师担任本科学生导师，导师结合课堂教学与课外活动，针对学生不同情况开展个性化教育，把教书育人工作延伸到八小时之外。实验首先在社会学系28名本科新生中实行。

（韦　红　张京平）

【民大完成35项教改中期检查】 10月至11月20日，中央民族大学教务处完成校级项目中期检查。检查分为较好、一般、较差和差4个等级，采用听取项目负责人汇报、提问、查看可见成果和跟踪听课形式，评价教学内容、教学手段、教学方法、教学效果、课堂氛围、师生交流、教师教学能力和责任心、学生出勤、学习状态指标。同时，教学质量办公室组织完成学生评价委员会辅助评价。该校2002年教改立项、合格（优秀）课程和精品教材课程共35个项目参加检查，其中，2项“较好”课程转为“优秀”，24项“一般”项目可正常使用立项经费，依据检查结论改进项目建设；8个“较差”项目暂停立项经费使用，但继续项目建设，待复查合格后方可使用经费；1个“差”项目取消立项。

（哈斯也提）

【首钢工学院试行“考教”分离】 12月，首钢工学院实施“考教”分离试点。该试点按照课程大纲要求，聘请校内外专家制订统一的考试试题和标准答案，采用流水判卷。试点首先在2003级学生“高等数学”课程进行。

（徐　励）

【财经大学改革本科生创新教育】 至年底，中央财经大学实施3项本科生创新教育改革。第一，在本科生培养方案中设立实践、创新奖励学分，根据学生社会实践活动和科研成果、学术论文获奖级别给予奖励学分，并计入学生任选课总学分。第二，改革课程体系和课堂教学，在教学计划中开设创新教育特色课程，在“货币银行学”课程开设课程讲座，邀请权威学者介绍学科发展最新成果。第三，资助本科生开展科研创新活动，覆盖面在20%以上，全校共有11个院系的85个项目得到资助。2002年12月，财经大学制订“推进本科生创新教育的决定”，实施创新教育改革。

（韦　红　张京平）

普通高等学校

北京大学

党委书记　闵维方
校　　长　许智宏

【概　况】 2003年，北京大学设31个学院和14个系，13个国家重点实验室，2个国家工程研究中心，8个教育部重点实验室，8个卫生部重点实验室，有6所附属医院和10所教学医院。全校有199个博士点，221个硕士点，100个本科专业，81个国家重点学科，35个博士后科研流动站。教职工16073人，教授1206人，博士生导师1287人，中科院、工程院院士57人，“长江计划”特聘教授和讲座教授57人。毕业11766人，其中，研究生3140人（博士生924人、硕士生2216人），普通本专科生3264人（本科3014人、专科250人），成人教育本专科生3627人（本科952人、专科2675人），网络教育本科生1735人。招生16799人，其中，研究生4286人（博士生1249人、硕士生3037人），普通教育本专科生3888人（本科3563人、专科325人），成人教育本专科生4039人（本科684人、专科3355人），网络教育本科生4586人。在校生69737人，其中，研究生12732人（博士生4234人、硕士生8498人），普通本专科生15060人（本科14240人、专科820人），成人教育本专科生13109人（本科2349人、专科10760人），网络教育本科生28836人。学校占地总面积2661581平方米，建筑面积1422301平方米。图书馆藏书703万册，是亚洲高校最大的图书馆。网址：www.pku.edu.cn。

（廖志敏）

【举办莱顿大学专题演讲】 3月15至17日，北大接待荷兰莱顿大学访问团。其间，莱顿大学校长道维·布莱默（Douwe D. Breimer）发表题为《莱顿大学的历史、现状与未来》专题演讲。该校师生参加学习。

（廖志敏）

【合作建立血液流变生物研究中心】 3月18日，北大与美国加州大学合作成立血液流变学生物信息联合研究中心协议签字。根据协议，北大医学部与加州大学圣地亚哥分校生物工程系共同建设血液流变学生物信息联合研究中心，合作开展血液流变生物学领域研究，联合培养专业人才。

（廖志敏）

【举办诺贝尔奖获得者系列演讲】 3月20日，北大举办“站在巨人的肩上诺贝尔奖得主系列演讲”。首场报告邀请1999年诺贝尔经济学奖获得者、美国经济学家罗伯特·蒙代尔教授发表演讲。该校师生参加学习。至年底，该系列演讲共举办3讲。

（廖志敏）

【举办建校105周年纪念活动】 5月4日，北大举办建校105周年纪念活动。该活动以象征105周年的105名青年在百年纪念广场举行升国旗仪式开始，先后举办教育成果展，校友风采展，未名湖、芍园露天音乐会，“远离‘非典’放飞希望”风筝比赛和500人长跑比赛。该校师生数千人参加纪念活动。

（廖志敏）

【医学部纪念国际护士节】 5月11日，北大医学部召开“5·12国际护士节”纪念表彰会。会议表彰在防控“非典”一线涌现的15名杰出护士、88名优秀护士。医学部师生参加纪念会。

（廖志敏）

【联合开展嵌入式系统工程研究】 8月5日，北大软件学院与摩托罗拉下属子公司麦特伟特（Metrowerks）公司签署合作备忘录。根据协议，双方合作开展嵌入式系统工程领域研究，培养高层次嵌入式系统软件人才。

（廖志敏）

【成立中国政府创新研究中心】 8

月24日，北大中国政府创新研究中心成立。该中心是国内首家评估与咨询政府改革与创新的非营利性独立学术机构，主要开展政府改革与创新研究，推动创新工作开展。

（廖志敏）

【万柳学区本科生回迁校本部】 8月24至25日，北大万柳学区住宿学生全部回迁燕园本部住宿。回迁涉及2001级本科生2393人。自此，万柳学区不再住宿学生。

（廖志敏）

【举办驻华大使系列演讲】 11月6日，北大启动“中国与世界”驻华大使系列演讲。该演讲邀请各国驻华使节，讲授国际形势和与中国关系等问题。首次演讲邀请英国驻华大使韩魁发（Christopher Hum）发表题为《中英共创未来》演讲。该校师生参加学习。

（廖志敏）

【合作成立浦东微电子研究院】 12月2日，北大与上海市政府共建北大浦东微电子研究院合作协议签字。依据协议，北大与上海市政府合作建设北大浦东微电子研究院，开展微电子研究。

（廖志敏）

【燕穹海量网络信息服务平台通过鉴定】 12月13日，北大“燕穹海量网络信息的收集、组织与服务平台”通过教育部鉴定。该平台包括“天网中英文网页和文件搜索引擎”、“中国网页信息博物馆”和“中文数字财富大全库”等3个子系统，是国内功能最全、容量最大的公益网络信息服务平台。

（廖志敏）

中国人民大学

党委书记 程天权
校　　长 纪宝成

【概　况】 2003年，中国人民大学设有研究生院、18个学院和1个校属系、13个校级研究所、14个博士后流动站，另设有成人高等教育学院、网络教育学院和培训学院。拥有6个国家文科基础学科人才培养和科研基地，12个国家人文社会科学重点研究基地，25个国家重点学科，设有学士学位专业58个，第二学士学位专业8个，硕士学位学科点97个，博士学位学科点74个、一级授权学科11个。成人教育专科专业9个，本科专业11个。专任教师1464人。其中教授396人，副教授543人；博士生导师400人（其中专职博导339人、兼职博导61人），硕士生导师754人。拥有第五届国务院学位委员会委员1人、学科评议组成员14人，其中7人担任学科评议组召集人。122人享受政府特殊津贴，24人入选教育部哲学社会科学“跨世纪优秀人才培养计划”工程，11人获得教育部“高校青年教师奖”，50人入选北京市“新世纪社科理论人才百人工程”。毕业7752人，其中，研究生2040人（博士生432人、硕士生1608人），普通本科生1720人，成人教育本专科生3417人（本科2458人、专科959人），网络教育本专科生575人（本科424人、专科151人）。招生21801人，其中，研究生3252人（博士生763人、硕士生2489人），普通本科生2308人，成人教育本专科生3400人（本科2800人、专科600人），网络教育本专科生12841人（本科10532人、专科2309人）。在校生56987人，其中，研究生8167人（博士生2060人、硕士生6107人），普通本科生8639人，成人教育本专科生7765人（本科5982人、专科1783人），网络教育本专科生32416人（本科27571人、专科4845人）。外国留学生毕业75人、招生393人、在校生778人。图书馆藏书314万册，设有教育部人大文科文献信息中心。出版《中国人民大学学报》、《教学与研究》、《清史研究》等10种期刊，复印报刊资料系列刊125种，文摘卡系列刊14种，报刊资料索引系列刊2种。学校占地面积670000平方米，建筑面积628791平方米。全年教育经费投入83388万元，其中，国拨43439万元，自筹39949万元。本年高考北京地区本科提档线理科580分，文科560分。网址：www.ruc.edu.cn。

（白连永）

【两名教师在美国开设课程】 1至4月，人大两名教师应邀赴美国讲学。在美国密执安大学福特公共政策学院，两教授担任“中国改革中的公共政策”研究生课程。由于讲课效果良好，福特公共政策学院决定将“中国改革中的公共政策”课程列入正式课程，每年开设一次。

（白连永）

【举办行为金融学专题讲座】 2月25日，人大举办行为金融学专题讲座。该讲座听取行为金融学奠基人、美国耶鲁大学教授罗伯特·希勒（Robert J. Shiller）题为《行为金融学发展历程》学术演讲，结合实例系统介绍行为金融学基本常识及其发展历程。该校财政金融学院师生400人参加学习。演讲前，希勒受聘人大名誉教授。

（白连永）

【法学院举办大检察官讲坛】 3月4日，人大法学院举办大检察官讲坛。活动听取最高人民检察院检察长、首席大检察官韩杼滨题为《检察工作的回顾与展望》专题演讲。该校师生400人参加学习。本年人大法学院分别举办“大法官讲坛”、“大检察官讲坛”和“名家法学讲坛”系列活动。11月3日，人大法学院举办“大法官讲坛”，听取葡萄牙最高法院题为《葡萄牙司法制度和司法独立》、澳门终审法院题为《“葡萄牙语国家和地区最高法院院长会议”的历史沿革及澳门司法体制》的演讲。来自中国、巴西、安哥拉、佛得角、几内亚比绍、莫桑比克、葡萄牙、圣多美及普林西比和东帝汶9个国家最高法院院长参加讲坛活动。

（白连永）

【森栋公夫受聘客座教授】 3月5日，人大聘请日本经济学家森栋公夫为经济学院客座教授。聘任仪式上，森栋公夫发表题为《计量经济学和统计学》学术演讲。该院师生400人参加学习。森栋公夫，日本京都大学教授，曾获美国斯坦福大学和日本京都大学经济学双博士学位，是国际知名理论计量经济学家。

（白连永）

【东芝日本文化音像中心落成】 3月7日，人大东芝日本文化音像中心落成。该中心由日本东芝公司出资30万元设立，建筑面积60平方米，装备有东芝公司捐赠的10台计算机、10台电视机、5台数字影碟机(DVD)、5台录放机、1台投影仪以及复印机、计算机桌等办公用具。中心通过借阅日本文化音像资料等方式，为人大及其他院校学生学习日语、了解日本文化、掌握专业知识提供条件。

（白连永）

【举办人大代表系列报告会】 3月14日和17日，人大举办人大代表系列报告会。该报告会先后邀请全国人大代表、河北阳光集团董事长、乌鲁木齐市市长和联想集团董事局主席发表题为《中国零售业现状及发展趋势》、《西部大开发与乌鲁木齐经济发展》和《联想的核心竞争力》演讲。该校师生400人参加学习。自1996年人大举办“人大代表人大行”系列活动，每年举办一次。

（白连永）

【商学院邀请台湾学者担任教学】 3月，人大商学院邀请台湾学者石滋宜博士担任教学。石滋宜为商学院讲授“领导与变革”课程，共计36学时。该学院企业管理专业博士研究生、工商管理硕士研究生200人参加学习。石滋宜，全球华人竞争力基金会董事长，享有“自动化之父”美誉。

（白连永）

【曾宪义获得日本名誉博士学位】 6月，人大法学院院长曾宪义教授获得日本立命馆大学名誉博士学位。曾宪义，1936年1月出生，山东省济宁市人，主要从事中国法制史、比较法律文化、台湾法等领域研究。这是中国政法院校学者首次获得外国高校名誉博士学位。

（白连永）

【举办马克思遗稿出版讲座】 7月8日，人大举办马克思遗稿出版讲座。该讲座听取法国巴黎第八大学教授弗莱德(E・Schraber Fred)关于马克思遗稿整理出版演讲，介绍世界马克思遗稿研究出版小组工作情况，并结合马克思笔记、著作，阐述马克思学术历程，以及他本人对马克思主义的理解。弗莱德希望更多学者，尤其是中国学者能够参与研究出版工作。该校马克思主义学院部分师生400人参加学习。弗莱德是世界马克思遗稿研究出版小组负责人。

（白连永）

【祝贺许崇德教授执教50周年】 9月12日，人大法学院召开许崇德教授执教50周年学术研讨会。会议宣读学校贺词、贺联，宣布成立面向宪法学研究领域的许崇德宪法学发展基金会。会议听取许崇德题为《我与新中国宪法学》学术演讲，分析、研讨社会转型与宪政、宪政与行政程序和21世纪中国宪政发展走向3个专题。全国人大、国务院、最高法院、最高检察院、各民主党派负责人，清华、北大、中国社科院等学者以及媒体记者共120人参加会议。

（白连永）

【两名美国学者受聘名誉教授】 9

月24日，人大授予两名美国学者名誉教授称号。两名学者是阿德莱・斯蒂文森(Adlai. E. Stevenson)和列昂・梅拉梅德(Leo. Melamed)，聘任仪式上，他们分别发表金融学术演讲，并现场回答学生提问。人大国际关系学院和财政金融学院90名学生参加学习。斯蒂文森是美国联邦参议院银行委员会主席、金融市场发展委员会联合主席，梅拉梅德是芝加哥商品期货交易所名誉主席，有“金融期货之父”美誉。

（白连永）

【佛教与宗教学研究所获得资助】 9月25日，人大佛教与宗教学理论研究所与香港慈辉佛教基金会签订合作协议。根据协议，基金会继2002年向研究所每年提供5万元学生奖学金外，提供学术资助30万元。协议有效期3年。

（白连永）

【举办中国人文社会科学论坛】 9

月27日至10月26日，人大举办2003年中国人文社会科学论坛。该论坛主题是“重要战略机遇期的中国”，由主论坛和分论坛两部分组成。主论坛由博鳌亚洲论坛秘书长的《WTO与重要战略机遇期的中国》、人大法学院教授的《战略机遇期应充分实施宪法》、劳动人事学院教授的《民生问题与全面建设小康社会》、国际关系学院教授的《从国际层面看中国的战略机遇》和经济学院教授的《中国与东盟的经济合作》5个主题报告组成，从不同学科角度，阐述中国经济、法制、国际关系领域重要问题。分论坛围绕当代人文社会科学研究热点问题，设立“马克思主义法学与当代”、“中国的国际环境与外交战略”、“中国的人口危机与出路”、“‘三农’问题：中国发展最大的变数”、“重要战略机遇期的国有企业改革与公司治理结构创新”、“中西历史比较研究”6个分论坛。该校师生400人参加论坛活动。人大2001年创办中国人文社会科学论坛。

（白连永）

【“十五”“211工程”项目获得批复】 9月，人大“十五”期间“211工程”建设项目获得国家发展与改革委员会批准。该校“十五”期间“211工程”建设项目分为重点学科建设、公共服务体系建设和师资队伍建设3个部分。其中，重点学科建设项目14个，涉及新闻传播、法学、金融学、企业管理、哲学、历史学、国际政治、信息技术管理学科；公共服务体系建设项目3个，即数字图书馆、交互式远程教育系统支撑平台和管理信息系统升级；师资队伍建设项目3个，即引进人才工程、学科带头人国际化培训和青年学术骨干培训。项目总金额1.4亿元。其中，中央专项资金7000万元，北京市政府共建资金1000万元，学校自筹资金6000万元。截至10月，该校“211工程”项目中央财政预算拨款到位4350万元，主要用于重点学科建设和公共服务体系建设；学校自筹资金到位1360万元，主要用于师资队伍建设。

（白连永）

【举办复校25周年纪念活动】 10

月10日，人大举办纪念复校25周年系列活动。该活动包括成仿吾老校长塑像揭幕仪式、纪念复校25周年专题展览、纪念复校座谈会等。复校时教师、校友代表和复校后师生代表150人参加纪念座谈会。人大1973年撤销，1978年复校。复校25年共毕业本科学生39074人，研究生17999人。

（白连永）

【接受日本教育团体捐赠】 10月22日，人大接受日本教育团体一批捐赠。这批捐赠包括图书155本，理想RISO RP3105数字式一体化速印机、RISO P323N激光打印机各1台，以及“有关中国零售、流通行业的现状及未来展望研究”专项课题研究经费300万日元。赠物由日本理想教育财团、日本伊藤谢恩育英财团共同提供。

（白连永）

【杜维明受聘名誉教授】 10月22日，人大授予哈佛大学教授杜维明名誉教授称号。聘任仪式上，杜维明同时当选孔子研究院首届学术委员会委员，他表示愿为增进人大与哈佛大学人文社科领域交流与合作做出贡献，并发表《启蒙反思与儒学创新》演讲。杜维明是哈佛大学燕京学社社长，当代新儒家学派代表人物之一。

（白连永）

【成立社会与人口学院】 10月29

日，人大社会与人口学院成立。该学院由原社会学系、人口学系（所）合并组建，下设社会学系、人口学系和人类学、老年学两个研究所，开展人口与社会经济发展、人类学、人口健康等方面研究，同时开展学士、硕士、博士层次教育。教职工69人，其中高级职务48人。在校生585人，其中研究生260人，本科生325人。

（白连永）

【举办日本电通广告讲座】 10月29日至11月5日，人大举办日本电通广告系列讲座。该讲座分为12个单元，围绕品牌构筑、媒体策划主题，全面介绍电通集团在广告和市场营销方面最新经验和研究成果。讲座是“日中广告教育交流项目”和“日中市场营销交流项目”之一，人大师生400人参加学习。

（白连永）

【庆祝书报资料中心成立45周年】 10月31日，人大召开书报资料中心成立45周年庆祝会。会议听取国家新闻出版总署、教育部代表发言。来自中宣部、国家版权局、中国信息协会领导与师生300人参加会议。人大书报资料中心成立于1958年，主要编发《复印报刊资料》系列刊。该产品信息量大、内容丰富，受到读者欢迎，被誉为“中华学术的窗口”，“中外文化交流的桥梁”。

（白连永）

【庆祝劳动人事学院成立20周年】 12月6日，人大召开人才强国论坛暨劳动人事学院成立20周年庆祝会。会议听取2000年诺贝尔经济学奖获得者、芝加哥大学教授海克曼题为《中国的人力资本投资与强国战略》演讲，听取劳动和社会保障部、中组部、人大劳动人事学院主题报告。来自全国人大、劳动和社会保障部、北京市政府以及企事业单位700人参加会议。人大劳动人事学院成立于1983年10月。

（白连永）

【吴敬琏受聘兼职教授】 12月17日，人大聘任经济学家吴敬琏为兼职教授。聘任仪式后，吴敬琏发表题为《当前经济形势分析与展望》报告，并回答学生提问。来自各院系600名师生参加学习。吴敬琏，国务院发展研究中心研究员。

（白连永）

【庆祝高铭暄王作富执教50周年】 12月28日，人大法学院召开庆祝高铭暄、王作富教授执教50周年学术座谈会。全国人大、国务院、北京市政府、各民主党派代表，北大、清华和政法大学教授以及新闻媒体记者120人参加会议。高铭暄，1928年出生，浙江省玉环县人，1953年人大法律系研究生毕业，同年在人大任教。他长期从事刑法学的教学与研究，担任人大文法学院院务委员会主任、法学教授、博士生导师、国际刑法研究所所长，兼任中国法学会副会长等社会职务。王作富，1928年出生，河北省唐山人，1952年人大法律系研究生毕业，同年在人大任教。他长期从事刑法学的教学与研究，任法学院教授，博士生导师，兼任中国法学会刑法学研究会顾问，北京市检察学会副会长。

（白连永）

清华大学

党委书记　陈　希
校　　长　王大中（4月免）
　　　　　　顾秉林（4月任）

【概　况】 2003年，清华大学有12个学院52个系。有数量经济学、固体力学、车辆工程、材料学、城市规划与设计等全国重点学科49个。本科专业54个，有博士、硕士学位授予权的一级学科25个，有博士学位授予权的二级学科17个，仅有硕士学位授予权的二级学科36个。共有博士学位授权点123个，硕士学位授权点159个，有博士后科研流动站27个。实验室170个，其中13个国家重点实验室，5个国家工程研究中心。本年毕业6790人，其中，研究生2965人（博士生573人、硕士生2392人），普通本专科生3825人（本科3792人、专科33人）。招生7866人，其中，研究生4054人（博士生1065人、硕士生2989人），普通本科生3812人。在校生26312人，其中，研究生12135人（博士生4214人、硕士生7921人），本科生和第二学士学位生14177人。在校留学生及进修生来自58个国家和地区共1025人，其中本科生386人、硕士生121人、博士生52人、进修生465人、研究学者1人。教职工7827人，其中专任教师2055人，一线科研人员（含博士后）2003人。中科院院士31人，工程院院士25人。全年聘请来校讲学外籍专家451人，接待来访海外来宾9800人次。聘请外籍客座教授26人、顾问教授1人、名誉教授2人。全校教职工因公派出国（出境）2979人次，其中留学253人次，短期交流2726人次。举办国际或地区学术会议31次，与会代表3497人（其中境外代表1130人）。图书馆藏书392.3万册（件）。校园建筑面积218.7万平方米。网址：www.tsinghua.edu.cn。

（崔　凯）

【专利申请数量增加】 1月，清华统计结果显示专利申请数量增加。2002年，该校专利申请总数583项，申请数量比2001年增加142项，增长32%。其中，发明专利共计477项，实用新型106项。截至2002年底，清华累计申请专利2953项，其中，发明专利1970项，实用新型959项，外观设计24项。

（崔　凯）

【获得国家科技奖13项】 2月28日，清华13项成果获得2002年度国家科学技术奖励。其中，自然科学奖二等奖1项、技术发明奖二等奖2项、科学技术进步奖二等奖10项，获奖数居全国高校第一。清华获奖项目中完成人43人。截至2002年，清华获国家科技奖296项，其中自然科学奖29项、技术发明奖88项、科学技术进步奖179项。

（崔　凯）

【纪念“双肩挑”辅导员制度50周年】 4月6日，清华召开纪念“双肩挑”辅导员制度建立50周年座谈会。会议回顾清华学生思想政治工作传统，总结50年来辅导员工作经验，交流工作体会。该校五六十年代老辅导员40人参加会议。1953年，清华实行“双肩挑”辅导员制度。

（崔　凯）

【开通网络高考预报志愿服务】 6月9日，清华开通网络高考预报志愿活动。该活动面向报考清华学生，提供填报志愿方面咨询服务，通过网络了解考生预报志愿填写情况，并在最短时间与考生取得联系，提供一对一招生信息咨询服务。同时，该校招生部门开设24小时电话咨询服务和网络在线咨询服务。

（崔　凯）

【成立景观学系】 10月8日，清华建筑学院景观学系成立。首任系主任由美国艺术与科学院院士、哈佛大学景观学系前系主任欧阳劳瑞（Laurie D. Olin）教授担任。这是1998年高校专业目录调整后，国内重新建立的第一个景观学系。

（崔　凯）

【研讨艾滋病与“非典”预防】 11

月10日，清华召开艾滋病（AIDS）与非典型肺炎（SARS）国际研讨会。会议听取中国教育部、卫生部、国家计生委和美国戴蒙艾滋病研究中心、清华学者专题报告，听取国际防治艾滋病基金会共同主席、美国前总统比尔·克林顿演讲。会议分为5个专题研讨艾滋病和“非典”控制途径、防治办法。来自世界防治艾滋病和“非典”政府组织、团体和学者参加会议。

（崔　凯）

【收录索引论文保持高校第一】 12月9日，2002年度中国科技论文统计结果显示，清华被《科学引文索引》(SCI)、《工程引文索引》(EI)、《国际科学技术会议目录引文索引》(ISTP)收录论文继续保持全国高校第一位。该校被三大索引收录论文分别为1899篇、2094篇、1144篇。被《科学引文索引》引用数由2001年的全国高校第5位上升为第3位。发表国内与国际论文总数9427篇，居全国高校首位，其中在国内重要科技期刊上发表论文共4290篇，居全国高校第3位。数学系杨小京副教授以当年21篇《科学引文索引》论文并列全国数学学科个人发表论文第1名。物理系博士生韩伟强为第一作者发表在《科学》(Science)的论文被引用102次，列为单篇国际论文被引用的全国第1名。该统计结果由中国科学技术信息研究所公布。

（崔　凯）

北方交通大学（北京交通大学）

党委书记　张永甡
校　　长　谈振辉

【概　况】 2003年，北方交通大学(北京交通大学)下设研究生院、远程与继续教育学院，以及10个学院，24个系。本科专业37个，专科专业12个。国家级重点学科5个，省部级重点学科15个，博士学科专业点28个，硕士学科专业点71个，博士学位一级学科授权点4个，二级授权点28个，硕士学位授权点71个。实验室41个，其中，省部级重点实验室9个。教职工2575人，其中，专任教师1191人。专任教师中教授191人，副教授416人，讲师460人，外籍教师111人，中科院、工程院院士6人。博士生导师115人，硕士生导师352人。毕业5736人，其中，研究生634人（博士生101人、硕士生533人），普通本专科生2949人（本科2260人、专科689人），成人教育本专科生1718人(本科710人、专科1008人)，网络教育本专科生435人（本科273人、专科162人)。招生12361人，其中，研究生1635人(博士生321人、硕士生1314人)，普通本专科生4241人（本科3531人、专科710人)，成人教育本专科生4187人(本科2014人、专科2173人)，网络教育本专科生2298人(本科1201人、专科1097人)。在校生37519人，其中，研究生3869人(博士生924人、硕士生2945人)，普通本专科生15020人(本科13150人、专科1870人)，成人教育本专科生10809人(本科4664人、专科6145人)，网络教育本专科生7821人（本科4303人、专科3518人)。留学生毕业10人（硕士研究生1人、本科生4人、进修生5人)，招生10人(本科生4人、博士生3人、进修生3人)，在校生35人（博士生3人、硕士生5人、本科生22人、进修生5人)。博士后流动站8个，本年博士后研究人员出站8人、进站13人、在站27人。图书馆建筑面积13796平方米，藏书107万册。学校占地面积64万平方米，建筑面积57.33万平方米，固定资产总值13.37亿元，其中教学仪器设备总值4.24亿元。全年教育经费投入60912万元，其中，国拨26082万元（含基建拨款9225万元)。本年高考北京地区提档线理工类539分，文史类520分。高职理工类提档线361分，文史类407分。学校网址：www.njtu.edu.cn。9月10日，北方交通大学恢复北京交通大学校名。

（张其坤）

【召开重点学科建设专家论证会议】 3月10至14日，北交大召开“十五”期间“211工程”重点学科建设、学科方向建设实施方案论证会。会议听取各学科方向建设目标、学术梯队及研究条件汇报，研究讨论8个重点学科建设项目，共计40个学科方向建设实施方案。同时，提出具体修改意见。6名院士和20个单位40名学者参加会议。

（张其坤）

【“非典”时期调整教学计划】 4月21日，北交大发出关于调整教学计划的通知。依据通知，该校将本学期教学计划顺延一个月。4月18日，该校嘉园公寓B座4名学生确诊为“非典”疑似病例。4月19日，教育部、中共北京市委明确指示，立即采取向后顺延教学计划，有条件有组织疏散在校学生等措施。

（张其坤）

【获得国际会计师专业资格认证】 9月5日，北交大与国际会计师公会签订国际会计师专业资格认证协议。依据协议，该校会计学毕业硕士生免试12门，本科生免试9门，分别加考会计师公会规定的另外4门课程和7门课程，即可获得国际会计师专业资格证书。这是国际会计师专业资格认证第一次签约承认国内高校会计学专业教育。国际会计师公会总部位于英国。

（张其坤）

【庆祝老教授执教50年】 9月6

日，北交大在人民大会堂召开老教授执教50周年庆祝会。会议庆贺光纤通信专家简水生院士、信号与信息处理专家袁保宗教授、运输自动化专家汪希时教授、无线通信专家李承恕教授和电磁兼容领域专家张林昌教授执教50周年。铁道部、学校领导和学生100人参加会议。

（张其坤　沈　岩）

【郑振铎厅落成】 9月10日，北交大郑振铎厅落成。该厅使用面积20

平方米，厅内悬挂着郑振铎油画像，摆放着半身铜像，厅内历史照片系统介绍郑振铎生活经历，弘扬郑振铎“应时而学”，为祖国建功立业优秀品质。郑振铎之子，民建中央委员、编著家郑尔康为郑振铎厅剪彩。郑振铎1920年毕业于该校。

（张其坤）

【实施新的本科培养计划】 9月，北交大实行新的本科培养计划。该培养计划突出按大类招生、按大类培养、拓宽专业口径特点，结合考研、就业实际需要设置课程，实行分级教学、分流培养。新的培养计划重新设计实践实验教学体系，重视学生创新能力和解决实际问题能力的培养。强调自主教育，专门设置15个自主教学学分，鼓励学生课内与课外、理论与实践结合，根据个人兴趣自主选择。

（张其坤）

【参展深圳高交会】 10月12至15日，北交大参加在深圳举行的第五届中国国际高新技术成果交易会。该校参展团11人携带26个项目参展，参展面积40平方米。其间，签署意向协议5项，协议金额2600万元，较上届增长9.6%。5项成果参加历届高交会优秀成果展，列参展高校第一。

（张其坤）

【举办首届图书文化周】 10月20至24日，北交大图书馆举办首届图书文化周活动。该活动以读书、爱书为主题，先后举办综合展览、馆长论坛、中外出版社图书联展、图书数据库检索平台系列讲座、读者座谈会。闭幕式听取作家梁晓声题为《文学给我营养》专题讲座。该校师生5000人次参加活动。

（张其坤）

【杭州交通系统战略规划通过鉴定】 10月，北交大运输学院研究制订的《杭州市智能交通系统战略规划》通过鉴定。该课题与杭州市建委联合立项，规划5至10年内，在杭州市建立一套由停车引导屏、自动收费系统、交通信息中心组成的智能化交通运输管理体系。

（张其坤）

【举办生物特征识别技术研讨班】 12月1至6日，北交大举办“生物特征识别技术研究与发展”高级研讨班。该研讨班邀请香港理工大学、北交大、清华等校8名专家，总结、归纳、介绍生物特征识别技术发展特征和发展趋势。研讨班由教育部主办，来自全国科技工作者100人参加学习。

（张其坤）

北京工业大学

党委书记 孙崇正
校　　长 左铁镛

【概　况】 2003年，北京工业大学设13个二级学院，以及高等职业教育学院、成人教育学院和合作办学的实验学院。全校34个本科专业；55个硕士学位授予点和11个工程硕士授予权培养领域；6个一级学科博士学位授予点，25个二级学科博士学位授予点；9个博士后科研流动站。设有光学、材料学2个国家级重点学科及8个北京市重点学科、11个北京市重点建设学科，2个教育部重点实验室、11个北京市高新技术实验室和重点实验室，以及国家级产学研激光加工中心和中德激光技术中心，教育部数字社区工程中心。教职工2821人，其中，专任教师1164人。专任教师中，两院院士6人，博士生导师109人，教授226人。本年毕业5465人，其中，研究生467人（博士生37人、硕士生430人），普通本专科生2749人（本科2234人、专科515人），成人教育本专科生2249人（本科562人、专科1687人）。招生7526人，其中，研究生1152人（博士生150人、硕士生1002人），普通本专科生3194人（本科2785人、专科409人），成人教育本专科生3180人（本科1306人、专科1874人）。在校生29136人，其中，研究生3568人（博士生451人、硕士生3117人），普通本专科生14212人（本科12895人、专科1317人），成人教育本专科生11356人（本科4003人、专科7353人）。留学生招生102人、在校生105人。图书馆建筑面积20000平方米，藏书94.74万册，电子图书1618件。学校占地面积189.58万平方米，建筑面积58.19万平方米。固定资产总值85918万元，其中教学科研仪器设备总值35184.66万元。全年教育经费投入55503.16万元，其中，国拨43693.17万元、自筹11809.99万元。全年科技经费到款22064.2万元，其中纵向经费13131.7万元、横向经费8932.5万元。本年高考北京地区提档线本科文科470分、理科472分，高职381分。网址www.bjut.edu.cn。

（江飒英　董　桥）

【地热供暖示范工程竣工】 1月22

日，北工大召开地热供暖示范工程竣工试运行总结会。会议听取课题组地热供暖项目工程及技术报告，市计委、市科委等11家单位50人参加会议。该工程采用热泵技术和梯级利用模式研究能源利用、环保问题，经小试、中试，完成经管楼、逸夫图书馆、综合科学楼、室内游泳池5万平方米示范供暖工程。

（江飒英　牟钟诚）

【召开第五次科技工作会议】 2月23日至4月16日，北工大召开第五次科技工作会议。会议听取“关于加强科技工作若干意见”和“第五届科技工作会议总结报告”，听取北京市、教育部领导4次专题报告，举办座谈会8次，出版简报7期。会议研讨全面推进科技工作具体措施，决定成立学校科技创新领导小组，提出转变科技工作观念，弘扬科技精神，建立与教学研究型大学相适应的科技体制等工作目标。该校副高级以上职务教师和副处级干部400人参加会议。

（江飒英）

【外国语学院成立】 3月14日，北工大成立外国语学院。外国语学院由原外语部和经济与管理学院的外贸英语和外贸日语专业组成，设有英语一系、二系和日语系，英语、国际经济与贸易（外贸英语、外贸日语）两个本科专业，外国语言学及应用语言学一个硕士点。学院教职工94人，其中，专任教师83人。本年本科生招生106人。

（江飒英 牟钟诚）

【建筑与城市规划学院成立】 3月14日，北工大成立建筑与城市规划学院。该学院由建筑工程学院建筑学专业、工业设计专业组成，设有建筑系、城市规划系和工业设计系，2个本科专业，拥有建筑设计及其理论、城市规划与理论两个硕士授权点。学院教职工58人，其中，专任教师46人。在校学生458人，其中，研究生78人，本科生380人。北工大建筑学为北京市重点建设学科，1998年和2002年两次通过全国建筑学专业评估。

（江飒英）

【开设通信工程设计课程】 3月，北工大电子信息与控制工程学院实施通信工程设计课程实验。该课程强化理论与实践教学，突出专业特色，摸索和积累电子工程设计经验。该校2000级200名学生参加实验。

（江飒英）

【举办科技创新报告会】 4月9日，北工大举办科技创新报告会。会议听取中科院院士科技创新专题报告。报告从自然科学和社会科学两方面论证科技创新作用，认为人类历史发展进程主要靠科学创新作用，而人类发展战略创新必须主观符合客观，中国科学创新必须结合中国实际、结合中国资源、中国历史。该校师生300人参加学习。

（江飒英）

【图书馆开通无线网络服务】 4月，北工大逸夫图书馆开通无线网络服务。该图书馆在四层阅览区安装4个无线发射站点，每个最大11Mbps吞吐量，实现与有线以太网无缝连接。客户机接收设备采用适配卡系列，可以从任何一个接入点接入网络。其漫游功能保证配有无线网卡用户，在保持与网络无缝、非中断式连接条件下，在阅览室内自由移动。

（江飒英 牟钟诚）

【成立大气污染控制研究中心】 7月20日，北工大成立大气污染控制研究中心。该中心设在环境与能源工程学院，由环境科学与工程、能源工程、计算机技术等相关学科组成。

（李四平）

【王康隆受聘名誉教授】 7月24日，北工大聘任王康隆为名誉教授。王康隆，美国加利福尼亚大学洛杉矶分校教授，同时任美国麦卡罗（MACRO）纳米中心主任，是国际公认硅锗（SiGe）材料、器件和技术方面先驱和领导者，半导体材料物理与器件专家。

（江飒英）

【“十五”“211工程”项目通过评估】 8月23至24日，北工大“十五”期间“211工程”建设项目可行性研究报告通过专家评估。专家组听取北工大“九五”期间“211工程”建设成绩及“十五”期间“211工程”建设项目可行性研究报告，审阅材料和文件，实地考察实验室。专家组认为，北工大“十五”期间“211工程”建设项目指导思想明确，规划细致，能与学校总体建设规划相结合。北工大“十五”期间“211工程”主要包括重点学科建设（含9个子项目）、公共服务体系建设（含2个子项目）、师资队伍建设、配套基础建设（含2个子项目）4个项目，建设总投资34000万元。

（江飒英 牟钟诚）

【新建学生宿舍楼投入使用】 9月1日，北工大新建学生宿舍楼投入使用。该宿舍楼建筑面积25000平方米，地上5层，局部7层，设宿舍649间，可容纳学生3000人。宿舍楼2月开工建设，工程总投资5300万元。

（江飒英）

【完成新校徽校标校色评选】 10月，北工大完成新校徽、校标、校色标识评选。该评选经过多次讨论、4000名师生投票产生。新校徽在外环形成徽章正圆，中心为原校标标志，英文全称围绕校标，校标下是标准字体（即毛体）校名，最下方标明“1960”，体现学校“立足北京、融入北京、辐射全国、面向世界”办学思想。新校标将原标志向前倾斜15度，同时增加线条，更具有时代感，突出动感、速度、效率，强调“层”和“积淀”含义，知识需要积累，校园文化建设需要代代师生努力。校色标准色为工大蓝，寓意朝气、青春、活力和理性，辅助色为橙红，寓意热烈、醒目和欢快。

（刘　冰）

【举办成长之路专题讲座】　11月18日，北工大举办成长之路专题报告会。会议听取体操运动员莫慧兰题为“我的成长之路”专题讲座，通过多次获得世界体操冠军、为国争光事迹，讲述自己从体操运动员到普通学生，再到凤凰卫视电视记者成长历程。莫慧兰送给学生成功秘诀就是“勤奋”。该校学生300人参加学习。

（江飒英）

【举办预防艾滋病专题讲座】　12月4日，北工大召开预防艾滋病专题报告会。会议听取中科院院士题为“艾滋病流行趋势、科研进展及遏制策略”专题讲座，通过数据和图片介绍艾滋病流行历史、主要症状、流行病学、预防与治疗知识。讲座认为，全社会都应该关注艾滋病预防与控制，宣传教育是艾滋病预防与控制的主要策略，政府、社会和团体都有责任宣传艾滋病防治知识。该校师生800人参加学习。12月1日是世界艾滋病日。

（江飒英）

【综合科学楼投入使用】　12月15日，北工大综合科学楼投入使用。该科学楼建筑面积32000平方米，分A、B两段，A段13层，B段地上3层，地下1层。科学楼2001年1月开工建设，李嘉诚基金会资助1200万元。

（江飒英）

【召开混凝土健康诊断学术研讨会】　12月19至20日，北工大召开中日混凝土结构健康诊断学术研讨会。会议听取中日学者题为《混凝土多裂纹分析》、《混凝土小刀块承重墙应用技术研究》等4个专题学术报告。会议期间，双方商谈科研合作问题。会议由建筑工程学院与日本工营株式会社中央研究所联合举办，该校师生100人参加学习。

（江飒英）

北京航空航天大学

党委书记　杜玉波
校　　长　李　未

【概　况】　2003年，北京航空航天大学设有26个直属院系，45个本科专业，72个硕士学位授权点，44个博士学位授权点，12个博士后科研流动站，12个博士学位授予权一级学科，11个国家重点学科。设有6个国家级重点实验室，5个国家专业实验室，15个部委级重点实验室。全年毕业5859人，其中，全日制研究生932人(博士生133人、硕士生799人)，在职研究生376人(博士生13人、硕士生363人)，普通本专科生3176人(本科2675人、专科501人)，成人教育本专科生1375人（本科288人、专科1087人)。招生11070人，其中，全日制研究生2550人(博士生615人、硕士生1935人)，在职研究生1194人(博士生8人、硕士生1186人)，普通本专科生4098人(本科3816人、专科282人)，成人教育本专科生1809人（本科894人、专科915人)，网络教育本专科生1419人(本科1373人、专科46人)。在校生36042人，其中，全日制研究生6816人（博士生2026人、硕士生4790人)，在职研究生2687人（博士生51人、硕士生2636人)，普通本专科生15310人(本科14511人、专科799人)，成人教育本专科生5151人(本科2661人、专科2490人)，网络教育本专科生6078人（本科6032人、专科46人)。留学生毕业20人、招生261人、在校生369人。博士后研究人员出站37人、进站53人、在站110人。教职工3147人，其中，专任教师1464人。专任教师中，教授363人、副教授674人；具有博士学位526人，两院院士14人。外籍教师27人。图书馆建筑面积24328平方米，藏书122.07万册（不包括电子图书)。学校占地面积107.87万平方米，建筑面积73.16万平方米。固定资产12.12亿元。全年教育经费总投入8.55亿元（不含科研、基建支出)。本年高考北京地区本科提档线理科570分、文科523分，高职理科340分、文科402分。网址：www.buaa.edu.cn。

（赵轶姝）

【召开科技项目网上洽谈会】　1月7日，北航首次通过网络召开科技项目洽谈会。会议在学校网络信息中心培训室，利用网络技术，完成与广西科技厅7个科技开发项目洽谈，项目总金额1000万元。同时，利用网络参加广西科技周活动。北航——广西合作委员会领导及科技工作者参加会议。

（陈　颖）

【校旗搭载“神舟”四号飞船】　1月

8日，北航举行搭载“神舟”四号飞船校旗交接仪式。北航校友、“神舟”四号飞船总设计师戚发轫、总指挥袁家军将随“神舟”四号从太空返回的北航校旗移交母校，并举办“神舟”四号飞船研制、发射和返回情况专题报告会，现场回答学生提问。2002年12月30日，北航校旗搭载“神舟”四号飞入太空。

（陈　颖　谭典元）

【合作成立高等工程教育研究中心】　1月27日，北航高等工程教育研究中心成立。该中心与中国工程院联合共建，挂靠北航高等教育研究所，业务归口中国工程院教育委员会领导，主要任务是研究高等工程教育理论与实践，为教育教学改革提供

实践指导，推动工程教育体制与人才培养模式改革。2001年9月，国防科学技术工业委员会、中国工程院签订“关于共建北京航空航天大学协议”。

（陈　颖　谭典元）

【与韩国科技学院签订合作协议】 3月14日，北航飞行器设计与应用力学系与韩国科学技术学院（KAIST）机械系签订全面合作协议。该协议有效期5年，内容涉及学生交流、教师合作、成果交流等。韩国科技学院（KAIST）是亚洲著名的工科大学之一。

（陈　颖）

【完成优质课程评选】 3至5月，北航教务处完成校级优质课程评选。评选工作由22名专家分为5个小组，按照课程建设与管理、实践教学、教学改革、队伍建设、教学质量与成果指标诸项打分，然后召开会议综合平衡。该校“大学英语”、“概率统计与随机过程”两门课程申请参加评选，全部获得校级优秀课程称号。北航优质课程评选开始于1986年，根据规定，获得校级优质课程称号者享受集体津贴奖励。

（陈　颖）

【调研教师教学效果】 3至6月，北航调研任课教师课堂教学状态和教学效果。调研采用发放学生问卷形式，设立10个方面内容，按照5个等级打分。在校学生17101人次填写问卷，涉及教师334人，占任课教师总数的55%。其中，优秀57人，占调研教师总数的17.1%；良好137人，占41%；一般104人，占31.1%；不合格2人，占0.6%。与上学期比较，优秀率提高0.9个百分点，良好率下降3.8个百分点，不及格率下降0.9个百分点。参评教师中教授76人，占参评教师的22.8%，其中优秀（90分以上）13人，占参评教授的17.1%。

（陈　颖）

【获得优秀博士论文专项资助】 4月，北航计算机学院、能源与动力工程学院两名教师获得2002年“全国优秀博士学位论文作者专项资金”资助。该资金由教育部面向全国优秀博士学位论文作者设立，支持优秀博士学位论文作者开展具有理论或现实意义的科学研究项目或教学研究项目取得创造性成果。北航两名教师分别获得45万元和40万元资助。2001年，北航飞行器设计与应用力学系一名教师曾获得该项资助经费55万元。

（陈　颖）

【成立航空科学与工程学院】 5月23日，北航成立航空科学与工程学院。该学院下设党政办公室以及飞机系、人机与环境工程系、流体力学研究所、固体力学研究所，设跨系、所的微小型飞行器设计研究所、航空发展战略研究中心，系、所承担本单位的教学、科研和学科建设职能，并按学科分类归口管理各实验室。该学院是国家工科基础课程（力学）教学基地，拥有4个国家重点学科、4名院士、4名“长江学者奖励计划”特聘教授，1个国家重点实验室。设有10个硕士学位授权点，7个博士学位授权点，3个博士后流动站，3个一级学科博士点。学院成立同时，飞行器设计与应用力学系撤销。

（陈　颖）

【教学指导委员会换届】 7月7日，北航召开教学指导委员会委员聘任会。会议颁布教学指导委员会章程，聘任教学指导委员会委员54人，与往届不同，新的教学指导委员会设立本科教学和研究生教学两个分委员会。北航教学指导委员会设立于1990年，是学校学术性常设机构之一，其成员享受校级专家待遇，任期4年。

（陈　颖）

【本科生一次就业率98.5%】 至7月，北航2003届毕业生全员一次就业率达到97.77%。其中，研究生（包括博士生）100%，本科生98.5%，专科生94%，高职生93%。毕业生中，中共党员、优秀毕业生、优秀学生干部和三好学生、优秀团员占38%。

（陈　颖）

【土木工程系独立建制】 7月，北航土木工程系独立建制。该系组建于1999年3月，与飞行器设计与应用力学系实行联合管理。经过4年发展，已拥有结构工程、岩土工程、道路与铁道工程专业工学硕士点，建筑与土木工程领域工程硕士点以及道路与铁道工程专业博士点。首届本科毕业生一次就业率达到100%。

（陈　颖）

【首批学生入住廊坊大学城】 8月30日，北航首批学生入住廊坊大学城。这批学生为2003级新生，共计3400人。7月21日，北航与东方大学城管理委员会签订协议，租用廊坊大学城部分校舍，租期一年。

（陈　颖）

【杨肇英受聘图书馆名誉馆长】 9月4日，北航聘任杨肇英为图书馆名誉馆长。受聘仪式听取杨肇英关于图书馆建设学术报告。杨肇英教授担任美国西弗吉尼亚大学理工学院图书馆馆长近40年，长期致力于促进中美两国高校图书馆专业人员交流互访。

（陈　颖）

【贵州工大援建项目竣工】 9月16日，北航援助建设的贵州工业大学电子实训中心竣工。该中心是世界银行贷款“高等教育发展项目”资助项目之一，北航教师参加全部建设过程，援助调试全部设备。世行贷款

"高等教育发展项目"由教育部主办，北航是28所项目学校之一，负责带动边远地区高等教育发展。

（陈　颖）

【李伯虎受聘自动化学院院长】 9月30日，北航聘任李伯虎院士为自动化学院院长。李伯虎，航天科工集团公司二院科技委员会常务副主任、总装备部科技委兼职委员，中国工程院院士，博士生导师。他长期从事计算机仿真和现代集成制造系统(CIMS)技术研究，曾获全国科学大会奖、国家科技进步一等奖、"863"计划一等奖及突出贡献先进个人、国务院政府特殊津贴。6月19日，李伯虎受聘北航导航制导与控制学科负责人和先进仿真技术重点实验室主任。

（陈　颖）

【获得国防科学技术奖9项】 9月，北航获得国防科学技术奖9项。该校共申报国防科学技术奖励13项，获奖9项，其中，一等奖3项、二等奖4项、三等奖2项，缓评1项。一等奖获奖数量居国防科工委所属高校之首。

（陈　颖）

【举办航空百年系列讲座】 10月

10日，北航举办航空百年系列讲座。首次讲座听取中国工程院院士、北航能源与动力工程学院刘大响教授题为《飞翔的动力——航空发动机》学术报告，该校师生300人参加学习。系列讲座是"航空百年"系列活动之一，由"航空百年"组委会、中央电视台和北航联合举办，讲座共分6讲，由国家先进飞机试飞总指挥、飞机总设计师等科学家主讲。

（陈　颖　谭典元）

【古尔受聘顾问教授】 10月20日，巴基斯坦空军少将依夫蒂克·阿·古尔先生被聘为北航顾问教授。古尔少将从事航空工程研究工作，曾获美国波士顿大学（Preston University）经济管理学硕士学位，英国皇家航空学会会员。自上世纪70年代，古尔致力于中国和巴基斯坦航空领域合作。

（陈　颖）

【丁肇中教授访问北航】 10月22

日，诺贝尔物理学奖获得者、美国华裔科学家丁肇中教授访问北航。丁肇中作《在国际空间站上的阿尔法磁谱仪实验》专题演讲，并现场解答学生提问。同时，丁肇中与该校洽谈有关空间实验合作事宜。丁肇中教授是美国科学院院士，研究方向为高能实验粒子物理学。1974年，因发现J/ψ粒子推动粒子物理学的发展，和美国人里希特共同获得1976年诺贝尔物理学奖。

（陈　颖　谭典元）

【签订学科建设项目任务书】 10

月30日，北航签订学科建设项目任务书。任务书6个，分别属于"十五"期间"211工程"、国防重点工程、"教育振兴行动计划"(一期)学科建设、国防科工委重点学科"十五"期间建设项目，总投资超过1.5亿元。学校领导和有关方面代表200人参加签字仪式。

（陈　颖　冯秀娟　谭典元）

【聘请客座教授和顾问教授】 11月18日和19日，北航分别聘请陈关荣、王文为客座教授，埃仲·史密斯（Adrian Smith）为顾问教授。陈关荣，香港城市大学教授，是国际知名非线性科学与工程学者，国际电子电气工程师协会研究员，在非线性科学和电子工程、机械工程等领域有重要建树。王文是英国玛丽皇后伦敦大学（QMUL）国际策略部主任，埃仲·史密斯是英国玛丽皇后伦敦大学校长。

（陈　颖）

【召开国防系统毕业生招聘会】 11月28至29日，北航召开首次国防系统毕业生双选会。来自国内航空、航天、船舶和兵器行业130家企事业单位和北航毕业生5000人参加招聘，其中，200人与用人单位签约。北航2004年将毕业本科生3424人，研究生1382人。

（陈　颖）

【成立仪器与光电工程学院】 12月2日，北航仪器与光电工程学院成立。该学院由自动化电气与工程学院测控技术与仪器系、宇航学院航天导航控制系和光电技术研究所联合组建，下设院党政办公室和测控与信息技术、惯性技术与导航仪器、光电工程3个系，1个教学实验中心。教师73人，学生600人。

（陈　颖）

【聘请两名兼职教授】 12月12日，北航聘任陆善镇、王跃飞为兼职教授。陆善镇教授是中国调和分析专家，曾任北师大校长，现任国务院学位委员会学科评议组成员。王跃飞教授是国家杰出青年基金获得者，中国数学会副理事长、中国科学院数学与系统科学研究院副院长、国家基金委杰出青年基金评委。

（陈　颖）

【召开本科教学工作会议】 12月

18至25日，北航召开年度本科教学工作会议。会议分析本科教育改革背景、指导思想、改革途径等问题，讨论本科教学改革发展阶段目标，提出创建研究型大学一流本科教育，加强理科类基础课教学，实行创新教育和拔尖人才培养工程等工作任务。会议表彰本科教学工作先进个人与集体，颁发“第八届西飞奖教金”、“第七届成飞奖教金”、“校优秀主讲教师”、“宝钢教育基金优秀教师奖”，表彰“北京市精品课程”和“北京市教学名师”。该校教师600人参加会议。

（陈　颖）

【“九五”“211工程”项目通过验收】 12月22至23日，北航“九五”期间“211工程”建设项目通过国防科工委验收。专家组认为北航按计划完成所有项目建设，各工程资料基本齐全，工程质量达标，符合建设要求，增强学校综合实力。专家组同时完成“十五”期间“211工程”建设项目中期检查，听取北航“十一五”期间工程建设计划汇报。北航“九五”期间“211工程”建设项目包括7个学科建设项目、3个教学与公共服务体系建设项目，总投资10100万元。

（陈　颖）

【与第二炮兵部队合作办学】 12

月26日，北航与第二炮兵部队合作办学协议签字。根据协议，自2004年，北航作为部队干部培养高校，每年输送一定数量大学本科毕业生和研究生，同时负责部队在职干部培训；部队在北航设立国防奖学金，资助有志到部队工作大学生。

（陈　颖　谭典元）

北京理工大学

党委书记　焦文俊
校　　长　匡镜明

【概　况】 2003年，北京理工大学设有11个学院，并设有研究生院、继续教育学院、现代远程教育学院、高等职业技术学院、秦皇岛分校和珠海校区及良乡校区，研究所（研究中心）28个。国家重点学科11个、国防科工委重点学科20个，北京市重点学科5个；博士学位一级学科授权点10个，比上年增加3个；博士后流动站14个，比上年增加3个；博士学位授权点49个，比上年增加17个；硕士学位授权点81个，比上年增加24个；设有工商管理硕士和工程硕士2个专业学位授权点。本科专业51个，覆盖理、工、管、文、经、法6个学科门类。实验室84个，其中，国家重点实验室1个、国防科技重点实验室2个、国家重点学科点专业实验室4个、对外开放实验室7个。教职工3485人，其中，中科院院士1人，工程院院士6人；高级技术职务1175人，中级技术职务862人；博士生导师220人，国家级有突出贡献专家18人，享受政府津贴专家251人。毕业7585人，其中，研究生1026人（博士生202人、硕士生824人），普通本专科生3689人（本科2707人、专科982人），成人教育本专科生2455人，网络教育本专科生415人。招生12726人，其中，研究生2736人（博士生501人、硕士生2235人），普通本专科生4533人（本科3429人、专科1104人），成人教育本专科生2835人，网络教育本专科生2622人。在校生41666人，其中，研究生7706人（博士生1648人、硕士生4419人、在职攻读学位研究生1639人），普通本专科生16594人（本科14000人、专科2594人），成人教育本专科生8681人，网络教育本专科生8685人。学校占地面积92.07万平方米，建筑面积73.1万平方米。图书馆建筑面积1.4万平方米，藏书113万册。学校固定资产14.67亿元。本年高考北京地区本科提档线理科550分、文科510分。

（辛雪琴）

【召开教学工作会】 4月21日，理

工大召开教学工作会议。会议听取题为《认清形势，深化改革，全面提高我校教育教学质量》工作报告，要求举办教育教学改革和质量年活动，推动学校教育教学改革，提高教学质量。会议提出制订本专科教学近期工作计划以及中长期发展规划，做好专业建设和专业布局调整，探索教育国际化和对外合作办学新途径，加强本科教学质量检查、监督与评估，深化学分制弹性学制改革，落实“十五”期间“211工程”和“985工程”教学与公共服务体系建设计划，以高等数学和大学英语为重点提高基础课教学质量，推进“双语”教学工作等近期工作任务。该校师生500人参加会议。

（辛雪琴　徐思军）

【检查全校课堂教学秩序】 5月19日，理工大检查全校课堂教学秩序。该校校长率领检查组先后查看主楼，1号、2号、3号、7号教学楼和中心教学楼部分教室课堂教学情况。检查显示，学校课堂教学状况良好，学生情绪稳定。5月19日，理工大排除“非典”疫情干扰，全面恢复课堂教学。

（辛雪琴）

【成立第七届学术委员会】 5月23日，理工大第七届学术委员会、学位

评定委员会成立。自本届开始,该校学术委员会、学位评定委员分别设立,独立开展工作,改变以往两块牌子一套班子做法。其中,学术委员会是学校最高学术组织,学位评定委员行使学校行政管理职权。

(辛雪琴)

【成立第四届教学工作委员会】 5月28日,理工大第四届教学工作委员会成立。与往届相比,该委员会增加全面负责本科教材建设工作职能,学校不再另行组建教材指导委员会。

(辛雪琴)

【召开校企合作工作会议】 7月31日,理工大科技经济合作委员会、中国兵器工业集团公司召开首次校企合作工作会。会议总结一年来双方合作工作,通报阶段性成果。会议提出做好2020年发展战略研究与“十一五”计划、国防五大基础技术开发平台建设、国防高技术工程研究中心申报和军民两用技术与民用科技开发4项近期工作。来自国防科工委、兵器工业集团公司和学校领导90人参加会议。2002年10月10日,理工大与中国兵器工业集团公司签署科技经济合作协议。一年来,理工大向集团公司转让科技成果3项,合作举办6期工程硕士班,委托培养专职硕士、博士生50人。

(辛雪琴)

【信息教学楼投入使用】 8月28

日,理工大信息教学楼投入使用。该教学楼占地面积2690平方米,建筑面积16133平方米,地上6层,框架结构,设220人阶梯教室6个,150人多媒体合班教室24个,以及实验室、研究室、教研室、教学辅助用房及办公管理用房,可安排5388名学生上课。拥有信息网络系统、声像系统、闭路电视系统及投影幕,对外设有2500点全彩信息发布屏幕。教学楼于2002年7月11日开工建设,总投资6000万元。

(辛雪琴)

【学生公寓1号楼投入使用】 12月1日,理工大学生公寓1号楼投入使用。该公寓楼占地面积1690平方米,建筑面积27233平方米,地下1层、地上13层,设宿舍554间,每间宿舍配置一个阳台,可容纳2500名学生入住。同时,安装电梯6部,设有阅览室、洗衣房、淋浴间和监控室。公寓楼于2002年9月开工建设,总投资7000万元。

(辛雪琴)

【成立数字化协同与创新技术中心】

12月5日,理工大数字化协同与创新技术中心成立。该中心是制造业教学实验平台,承担机械学教学和数字化设计与制造、车辆工程技术研究,开展校企合作,改造传统企业和培养机械学科人才等任务。在成立仪式上,电子咨询系统公司(EDS)向中心赠送价值1.45亿美元虚拟设计与仿真、数字化工厂等软件系统588套。

(辛雪琴　徐思军)

【签订昆明科技园共建协议】 12月22日,理工大与昆明市政府签订共建昆明高新五华科技园合作协议。根据协议,理工大积极支持学校科技项目在昆明市孵化和产业化,昆明市为孵化的成果提供配套资金与软、硬件环境支持;双方共同建设五华科技园,开展科技项目孵化和产业化、人才培养工作,为五华科技园的发展提供决策咨询。1998年,理工大与云南省科技厅建立重点学科、重点领域、重点项目基本合作框架,6年双方合作项目20个。

(辛雪琴)

【“九五”建设项目通过验收】 12月

24至25日,理工大“九五”期间建设项目通过国防科工委验收。验收组听取学校建设目标、建设资金、经费使用以及建设成效汇报;分为综合、设备、财审和档案4个组,按照《国防科技工业投资项目竣工验收实施细则》实地考察建设项目。验收组认为,理工大“九五”建设项目符合竣工验收要求。

(辛雪琴　徐思军)

【34项课题获得国家基金资助】 至年底,理工大共有34项基础研究获得国家自然科学基金资助。其中,获国家杰出青年科学基金1项,重点项目课题1项,重大研究计划项目课题2项。总资助经费769万元。

(辛雪琴)

【35项成果获部级以上奖励】 至年底,理工大共有35项科研成果获得部级以上科技成果奖励。其中,1项获得国家科技发明二等奖,3项获部级科技成果一等奖,18项获部级科技成果二等奖,13项获部级科技成果三等奖。

(辛雪琴)

北京科技大学

党委书记　刘建平(1月免)
　　　　　罗维东(1月任)
校　　长　杨天钧

【概　况】 2003年,北京科技大学设有9个学院以及体育部、研究生院、管庄校区和延庆分校。36个本科专业，涉及工、理、管、文、经、法6个学科门类。研究生学科专业设置涉及工、理、管、文、法、教、商、经8个学科门类，有6个博士学位一级学科授权点、22个博士学位授权点、62个硕士学位授权点，另有15个工程领域可授予工程硕士专业学位，同时有工商管理硕士(MBA、EMBA)、公共管理硕士(MPA)专业学位授予权。7个博士后科研流动站、7个国家重点学科、4个北京市重点学科。1个国家工程研究中心、2个国家级重点（专业）实验室、4个部委级开放实验室。教职工2575人，其中，专任教师992人。专任教师中，教授258人、副教授361人，具有博士学位318人、硕士学位412人。博士生导师261人、中科院院士7人、工程院院士3人。“长江学者奖励计划”特聘教授5人，“国家杰出青年科学基金”入选者3人，教育部“跨世纪优秀人才”10人。毕业5630人，其中，研究生627人（博士生104人、硕士生523人），普通本专科生2152人（本科1953人、专科199人），成人教育本专科生2784人。招生7443人，其中，研究生2272人（博士生400人、硕士生1349人、工程硕士生523人），普通本专科生3098人（本科2598人、专科500人）、成人教育本专科生2073人。在校生24424人，其中，研究生5490人（博士生1140人、硕士生3056人、工程硕士生1294人），普通本专科生10978人（本科9661人、专科1317人），成人教育本专科生7956人。留学生毕业67人、招生63人、在校生83人。全年共接待外国学者来校讲学和访问233人次。因公派出参加国际会议、讲学、进修、访问96人次。与18个国家和地区的38所学校建立校际关系。学校占地面积61.19万平方米，建筑面积60.09万平方米。图书馆藏书100万册。固定资产总值6.9亿元。全年教育经费投入5.57亿元，其中国拨3.41亿元、自筹2.16亿元。本年高考北京地区本科提档线理科530分、文科496分，高职理科提档线383分、文科415分。网址：www.ustb.edu.cn。

（盛国家）

【与长治钢铁公司建立合作关系】 1月6日，北科大与长治钢铁公司合作协议签字。根据协议，双方本着“优势互补、互惠互利、联合开发、共同进步”原则，建立紧密校企合作伙伴关系，在科技攻关、教学实习、人才培养方面开展交流与合作。长钢集团有限公司、北科大及有关单位领导参加签字仪式。

（盛国家）

【成立外国语学院】 8月29日，北科大外国语学院成立。该学院以文法学院外国语学科为基础，设有4个系、1个所及外语培训中心，9个语音实验室，拥有外国语言学与应用语言学专业和英语语言文学专业2个硕士学位授权点。教职工80人，其中专任教师69人，教师中教授5人，副教授15人。

（盛国家）

【新学生公寓楼落成】 8月，北科

大新学生公寓楼落成。该公寓楼总建筑面积3万平方米，地上14层、地下1层，拥有房间625套，并配备淋浴间、宽带网和电话。公寓于2002年9月开工建设，是教育部学生宿舍改造试点工程，总投资6980万元。

（盛国家　田　实）

【罗伯特·蒙代尔受聘名誉教授】

9月15日，北科大授予美国经济学家罗伯特·蒙代尔名誉教授称号。受聘仪式上，罗伯特以“亚元区”建立为题发表演讲，详细介绍他的主要经济理论，并现场解答学生提问。罗伯特·蒙代尔，美国哥伦比亚大学经济系终身教授，1999年获得诺贝尔经济学奖，在“区域经济与货币政策”研究领域享有盛誉，有“欧元之父”美誉。

（盛国家　田　实）

【高效轧制工程研究中心通过验收】 11月8日，北科大高效轧制国家工程研究中心建设项目通过验收。验收由国家发展改革委员会、教育部主持，验收委员会听取高效轧制中心技术人员汇报，现场考察中心工程研究验证环境、中试基地基础设施，检查、核对中心采购设备，并审核中心财务决算。验收委员会认为，轧制中心建设项目严格执行国家要求，达到预期建设目标。

（盛国家）

【聘请张天津为名誉教授】 11月8日，北科大授予台北科技大学校长张天津名誉教授。受聘仪式上，两校回顾交往历程，高度评价张天津严谨治学态度、高效求实治校理念和推动海峡两岸交流热诚。张天津表示，作为北科大名誉教授，他将义不容辞地推动北科大与台湾高校的交流，为两岸高等教育事业发展做出贡献。

（盛国家）

【与工商行签订银校合作协议】 12

月19日，北科大与中国工商银行北京市分行签订合作协议。根据协议，银行向北科大提供10亿元贷款授信额度，并在金融上支持校园基本建设、教学科研项目、仪器设备购置和学生国家助学贷款等；北科大利用学校优势向银行提供金融技术开发、企业推荐、信息咨询等支持。工商银行北京分行、北科大领导参加签字仪式。

（盛国家　田　实）

【科技论文保持较好水平】　12月，中国科学技术信息研究所公布中国科技论文2002年度统计，北科大科技论文保持较好水平，全年被3大检索机构收录1198篇。其中，美国《科学引文索引》(SCI) 287篇，列全国高校第22位；美国《工程引文索引》(EI) 206篇，列全国高校第22位；《国际科学技术会议目录检索》(ISTP) 64篇，列全国高校第40位；国内论文641篇，列全国高校第50位。

（盛国家）

【科技经费总额实现3.4亿元】　至年底，北科大科技经费总额实现3.4亿元。其中，到款1.37亿元。该校全年承担国家、省部级课题499项，其中，结题52项。申报各类课题422项，申请专利123项，授权专利41项，首次申请成功国外专利1项。全年共获得国家、省部级奖励26项，其中，国家级奖励5项。学校主办的《北京科技大学学报（中文）》、《北京科技大学学报(英文)》、《稀有金属》全部被美国《工程引文索引》(EI)收录，《北京科技大学学报》被评为第二届国家期刊奖百种重点期刊。

（盛国家）

北方工业大学

党委书记　吴晓云
校　　长　王晓纯

【概　况】　2003年，北方工业大学设有9个学院、10个研究设计院所、11个教学实验中心，以及图书馆、艺术馆、体育馆等基础设施及辅助教学机构。新增7个硕士学位点，硕士点总数12个；本科专业19个，涉及工、经、法、文、管、理6个学科门类；第二学士学位点3个，专科(高职)专业5个。北京市重点实验室1个。毕业2673人，其中，硕士研究生36人，普通本科生1454人，成人教育本专科生1183人（本科395人、专科788人）。招生4333人，其中，硕士研究生165人，普通本专科生2658人(本科2317人、专科259人、第二学士学位82人)，成人教育本专科生1510人（本科610人、专科900人)。在校生13270人，其中，硕士研究生279人，普通本专科生9224人（本科8301人、专科814人、第二学士学位109人)，成人教育本专科生3767人（本科1296人、专科2471人）。外国留学生毕业19人、招生8人、在校生8人。教职工880人，其中专任教师415人。专任教师中，正高级专业技术职务53人、副高级职务161人；具有博士学位51人、硕士学位235人。外聘教师71人，外籍教师4人。图书馆建筑面积7895平方米，馆藏图书54.4万册。多媒体教室座位数8522个。同美国、德国、日本等国家的20多所大学保持校际合作关系。7月，获得招收培养港澳台学生资格。学校占地面积32.05万平方米，建筑面积21.5万平方米。固定资产总值21222.06万元，其中教学科研仪器设备总值6347.69万元。全年科研项目实际到款1960.66万元。校办产业5个，其中具备法人资格企业3个。全年教育经费投入14662万元，其中，国拨9285万元，自筹5377万元。本年高考北京地区本科提档线理科430分、文科452分。网址：www.ncut.edu.cn。

（刘　姝）

【计算机网络教室投入使用】　2月

22日，北方工大阶400计算机网络教室投入使用。该教室由原阶400教室改造而成，建筑面积560平方米，配备有学生用计算机292台，教师用计算机2台，可容纳8个教学班同时使用。其中，学生机免费向学生开放。教室由后勤集团投资200万元建设，以有偿服务方式供学校使用。

（刘　姝）

【成立语言文化研究中心】　3月28日，北方工大语言文化研究中心成立。该中心依托人文社会科学学院，开展文史哲以及语言领域重要课题的跨学科研究，以学术课题研究推动人文社会科学学术梯队建设。近期研究任务是审美文化，同时，开展课题研究、举办系列学术讲座、开展国内外学术交流、承办相关学术会议、组织编写系列教材和丛书。中心共有研究人员25人。

（刘　姝）

【完成第三次岗位聘任】　5至7月，北方工大完成校本部第二次中层人员及第三次中层以下人员岗位聘任工作。该聘任以公开、公正、公平为原则，坚持以岗定人、能上能下用人机制，参考聘期内两次年度考核成绩，严格执行学校规定程序。聘任工作新增校聘岗位40人，岗位变动涉及100人。其中，岗位提高50人，降低10人，告诫5人。1999年，北方工大首次实施中层以下人员岗位聘任。

（刘　姝）

【与美国科利登公司合作办学】 8

月 28 日，北方工大与美国科利登（Credence）公司签订合作协议。根据协议，北方工大为科利登公司培养专门化测试人才，科利登公司协助北工大建设微电子测试中心，双方共同组建教育培训中心和集成电路测试研究开发中心，共同建设北京微电子人才培养和技术服务基地。科利登公司是国际集成电路测试行业最大的公司。

（刘　姝　贾樱英）

【百兆宽带出口改造工程竣工】 8 月底，北方工大校园网百兆宽带出口改造工程竣工。该工程采用光纤链路通过首师大，接入北大中国教育科研网华北地区总节点，网络出口速率达到 100 兆，提高校外站点访问速度。同时，接通电信 2 兆出口，可直接访问国外网站。工程于年初开工建设，总投资 180 万元。改造前该校网络出口速率 10 兆，无法适应学校发展规模。

（刘　姝）

【教学楼多媒体配套改造竣工】 8 月底，北方工大第二教学楼多媒体配套改造工程竣工。该工程为 50 个多媒体教室配备多媒体装置 2500 套，其中，包括索尼投影机和方正商祺 9000 计算机，室内亮度达到 3000 流明。工程于 8 月开工建设，总投资 250 万元。工程竣工后，该校多媒体教室座位总数增加 4000 个，达到 8870 个，在校生生均 0.94 个。

（刘　姝）

【举办新教师岗前培训班】 9 月 1 日，北方工大举办新教师岗前培训班。该培训班为期一周，讲授教学工作、业务要求、师德规范等 9 个单元课程。该校新教师 57 人参加学习。本年，北方工大引进教师 57 人，其中硕士以上人员 43 人，占 75%；副高以上人员 15 人，占 20%。

（刘　姝）

【计算机组装实验室成立】 9 月 1 日，北方工大成立计算机组装（DIY）实验室和校外实习基地。该实验室与三尼诚至科技有限公司合作建立，根据协议，公司投资 30 万元在学校计算机房设立，并开放公司作为学校计算机校外实习基地。配合实验室和实习基地的建成，学校计算中心开设计算机组装（DIY）实践公共选修课，开展硬软件组装实验和撰写实习报告等教学活动。同时，举办计算机组装（DIY）专题讲座和竞赛。

（刘　姝）

【接受一批教学软件捐赠】 9 月 22 日，北方工大接受一批教学软件捐赠。这批捐赠是熊猫电子设计自动化（EDA）软件，共计 40 套，总值 680 万元，由北京中电华大电子设计有限公司捐赠。根据软件服务合同，公司向学校信息工程学院微电子中心提供软件安装调试、技术咨询、本地化培训等技术支持和服务。熊猫电子设计自动化（EDA）软件系统是电子类学科基础教学软件，已被 20 所高校选用。

（刘　姝）

【金鼎园学生食堂营业】 9 月 28

日，北方工大校外学生公寓食堂营业。该食堂位于金鼎园大学生公寓院内，建筑面积 1780 平方米，可满足 3800 人就餐需要。食堂由北京金鼎房地产开发公司投资 195.8 万元建设，北方工大后勤集团承租、管理，并完成装修改造。自 2001 年，北方工大启用金鼎园校外公寓。

（刘　姝）

【微电子学本科专业招生】 9 月，北方工大微电子学本科专业招生。该专业属工学学科门类，共开设课程 59 门，为北京微电子行业发展、改造升级传统产业培养人才，同时提供技术服务和支持，学制 4 年。首次招生 65 人，其中，北京 39 人。

（刘　姝）

【首次完成全国计算机等级考试】 9 月，北方工大首次完成全国计算机等级考试（NCRE）。该考试由计算中心主办，设立一级、二级和三级 3 个模块。7 月，考试院批准北方工大设立全国计算机等级考试考点。

（刘　姝）

【成立高教研究室】 10 月 15 日，北方工大设立高等教育研究室。该研究室直属校部，主要职责是研究学校有关教学、教改课题，为行政决策提供依据。中心拥有研究人员 4 人，其中，高级技术职务 4 人。同时，学报编辑部划入高教研究室。

（刘　姝）

【完成期中教学检查】 10 至 12 月，北方工大完成期中教学检查。该检查采用学生评教、专家评教、班级评教、教师互评、学生座谈会、教师座谈会、学生问卷调查、听课、教师自查、教师互查形式，累计听课 600 门次，召开座谈会 72 次，抽查教案（或讲稿）145 份，检查 2002、2003 级毕业生毕业设计（论文）2000 册，回收学生问卷调查 300 份。该校全部课程参加检查。检查结果表明，学校教学工作总体运行良好，学生评价满意。

（刘　姝）

【举办《皖南记忆》学生作品展】 11 月 13 至 23 日，北方工大艺术设计学院举办《皖南记忆》学生作品展。该展览占地面积 61.5 平方米，

展出 2002 级艺术设计本专科学生 160 人写生实习作品 100 幅，包括绘画、雕塑、摄影、装饰等多种形式，反映学生对自然、社会和人生的思考。8 月 20 日至 9 月 5 日，该校 2002 级艺术设计专业学生在安徽黟县写生实习。

（刘　姝　蒋秀娟）

【经管学院举办国际贸易仿真谈判】 12 月 11 日，北方工大经管学院举办国际贸易仿真谈判。该学院国际贸易、工商管理两个专业学生，分别代表中方和美方，模拟景德镇瓷器贸易谈判，双方全部使用英文，商议产品价格、运输、供货量、保险、包装、交货方式，并举行签字仪式。学院学生 240 人参加活动。

（刘　姝）

【召开教学工作会议】 12 月 15 至

20 日，北方工大召开教学工作会议。会议听取《以"三个代表"重要思想为指导，深化教育教学改革，全面提高人才培养质量》工作报告，总结学校 1999 年以来教学工作，提出近期教学工作任务。会议听取专题报告，分组讨论和交流优秀教学成果，并表彰教学成果奖 33 项、校级优秀课程 15 门。该校各级领导、教师及学生代表 500 人参加会议，共提交经验材料 138 篇。

（刘　姝　贾樱英）

【第八学生公寓工程竣工】 12 月 29 日，北方工大第八学生公寓工程竣工。该公寓占地面积 1600 平方米，建筑面积 21603 平方米，地上 12 层，地下 2 层，共有学生宿舍 520 间，每间宿舍均安装网线接口。同时，设有电梯 4 部，以及会客室、活动室、辅导员室等场所，可容纳学生 2000 人住宿。公寓于 2002 年 11 月开工建设，总投资 3659 万元。

（刘　姝）

北京化工大学

党委书记　王　芳
校　　长　王子镐

【概　况】 2003 年，北京化工大学设有 10 个学院，3 个博士后流动站，13 个博士学位授权点，30 个硕士学位授权点，31 个本科专业；有 2 个国家级重点学科，13 个省部级重点学科，1 个国家级工程技术研究中心，3 个部级工程技术研究中心，5 个校级工程技术研究中心，17 个研究所，1 个教育部重点实验室，2 个北京市重点实验室，1 个国家工科基础课程教学基地。毕业 3632 人，其中，研究生 349 人（博士生 20 人、硕士生 329 人），普通本专科生 2081 人（本科 1916 人、专科 165 人），成人教育本专科生 1202 人（夜大函授 869 人、成人脱产 333 人）。招生 6386 人，其中，研究生 834 人（博士生 100 人、硕士生 734 人），普通本专科生 3089 人（本科 2723 人、专科 366 人），成人教育本专科生 2463 人（夜大函授 1826 人、成人脱产 637 人）。在校生 19746 人，其中，研究生 2584 人（博士生 276 人、硕士生 2308 人），普通本专科生 11571 人（本科生 10585 人、专科 986 人），成人教育本专科生 5591 人（夜大函授 4276 人、成人脱产 1315 人）。留学生毕业 30 人、招生 80 人、在校生 62 人。博士后出站 4 人、进站 8 人、在站 16 人。教职工 1754 人，其中，教学科研人员 768 人。正高级职务 130 人，副高级职务 351 人，中科院院士 1 人，工程院院士 3 人，"长江学者奖励计划"特聘教授 4 人，教育部跨世纪优秀人才 4 人。聘请长期外籍教师 9 人，顺访短期专家 163 人。全校科研经费 13300 万元，通过鉴定成果 13 项，获省部级科技奖励 5 项，在各类刊物发表论文 1058 篇。全年教育经费投入 34093 万元，其中，国拨 15211 万元，自筹 18882 万元（科学研究和科技服务收入 6796 万元、教育事业收入 7469 万元、校办企业上缴收入 238 万元、其他收入 3861 万元、经营收入 518 万元）。校办产业销售额 1.1 亿元，实现利润总额 248 万元，上缴国家税收 1500 万元。学校占地面积 63.86 万平方米，建筑面积 48 万平方米，教学科研仪器设备 17529 万元，图书馆藏书 73 万册。本年高考北京地区理科本科提档线 485 分。网址：www.buct.edu.cn。

（游成梅）

【与台湾中州学院签订合作协议】 1 月 2 日，化大与台湾中州技术学院签订合作协议。根据协议，双方互派研究人员和学生，并开展信息交流与合作。协议有效期 3 年。这是化大与台湾高校签署的第一个合作协议。

（耿海萍）

【完成新一轮机关干部聘任】 1 月 24 日，化大完成新一轮机关中层干部聘任。聘任分为校机关正处级干部聘任和副处级干部聘任两个阶段，经过自愿报名、考核聘任、公开答辩和组织考察，校党委常委会研究决定聘用 22 名正处级干部（其中 1 人由副校长兼任），聘用 32 名副处级干部，1 个校机关副处长职位空缺。本届正处级干部平均年龄比上届降低 0.81 岁，40 岁以下年轻干部由上届的 28.6%提高到本届 38.1%，具有博士学位干部比例由

14.3%提高到28.6%。

（张　亮）

【重点学科建设责任书签字】 6月

27日，化大举行“十五”期间“211工程”重点学科建设项目责任书签字仪式。校长作为“211工程”建设一级项目负责人分别与现代化工与科学技术、先进材料科学与技术、过程装备与控制工程3个二级项目负责人签署责任书，同时，3个二级项目负责人分别与所辖15个三级项目签署三级项目责任书。该校领导，各学科、部门领导参加会议。

（马永红　冯宽昕）

【机电一体化实验室投入使用】 8月，化大机电工程学院机电一体化实验室投入使用。该实验室引进德国费斯托（FESTO）公司最新液压、气动、测试和机电一体化系列教学设备，采用八站母模块化加工系统（MPS）系统，集光、机、气、电、信息为一体，代表现代化企业产品开发、采购和集成的先进设计理念。设备由供料、检测、加工、搬运、暂存、机械手、装配和成品分类8个单元组成，涵盖机械设计、机器人、测试技术、自控技术、信息通讯技术、计算机技术多学科内容。实验室总投资120万元。

（郑新红）

【举办45周年校庆】 9月15至19日，

化大举办建校45周年庆祝活动。该活动由座谈会和学术报告会两部分组成。其中，庆祝建校45周年座谈会围绕“秉承优良传统，开创辉煌未来”主题，老领导、老教授、知名学者和学校首届毕业生80人回顾学校成长、发展历程，分析学校面临的机遇和困难；“迎校庆，展化大风采系列学术报告会”，听取海内外5名学者学科发展前沿报告，该校师生1000人参加学习。

（冯宽昕）

【召开教学工作会】 9月25日，化大召开教学工作会议。会议总结两年来教学工作取得成绩，分析教学改革形势和任务，提出进一步转变教育观念，树立精品意识，突出办学特色和发展目标。会议提出实施“本科教学改革和质量工程”、完成“十五”本科教学规划、落实“本科教学质量和改造工程”五年发展纲要、迎接高等学校教学水平评估的工作任务。会议颁发国家级、市级和校级教学名师奖，表彰近两年获得省部级、校级奖励教师。该校教师400人分别在北校区报告厅主会场和4个分会场参加会议。化大教学工作会议每两年召开一次。

（齐再前）

【合作建立聚合物加工技术研究所】 10月11日，化大与浙江省舟山市定海区政府合作建立聚合物加工技术研究所协议签字。根据协议，定海区政府为研究所技术合作、技术转让、技术培训、技术服务、信息服务提供条件；化大派出科研人员开展聚合物加工技术课题选择和研究，并承担技术咨询、技术服务、信息服务和技术培训。根据协议，研究所一期总投资200万元。

（崔　凯）

【与创励公司签订长期合作协议】 10月14日，化大与美国创励中国公司（InnoCentive）签订长期合作协议。根据协议，创励公司与化大交流研究生，举办专业领域科学研讨会、科学论坛，并每月定期发送电子报（e—News）；化大师生可以在创励公司网站注册成为创励公司科学家社团成员（即科学难题的“解决者”），使用公司网页课题（挑战）作为研究生课业训练。创励公司创办于2001年6月，是世界上第一家设立奖励机制的在线科研网络，主要为各大公司及科研院所发布科研难题，并在全世界范围内悬赏求解，世界上125个国家23000名科研人员在网站注册。

（罗　伟）

【一批教学实验建设项目通过验收】 10月29至31日，化大一批教学实验建设项目通过验收。这批项目包括生物类院级实验平台、化工教学实验中心和生物工程示范专业创新实验室等13个项目。验收组听取实验教学中心实验项目预期目标和建设内容完成情况、实验设备购置及实验开设等情况介绍，实地考察各实验中心。认为化大教学实验中心投入有重点，整体规划设计合理，基础实验教学项目的建设已经能够基本满足教学与实验的需要，同意13个项目全部通过验收。

（孟文庆）

【化大科技论文各项指标增长】 12月9日，在2002年中国科技论文统计结果发布会上，化大科技论文各项指标排名大幅度前提。该校被美国《科学引文索引》（SCI）收录科技论文153篇，比2001年增加85篇，在全国高校排名由2001年56位上升到33位；被美国《工程引文索引》（EI）收录82篇，增加22篇，排名由45位上升到40位。

（霍京华）

【成立生命科学与技术学院】 12月25日，化大生命科学与技术学院成立。该学院以生物工程为特色，设有生物科学系、生物工程系、制药工程系、生物资源与生物能源中心，设有生物工程和制药工程两个本科生专业，生物化工，发酵工程，粮油、油脂和蛋白质工程，制药工程共4个硕士点，生物化工和制药工程两

个博士点（制药工程为一级学科自主设置博士点）。教师 49 人，其中，“长江计划”特聘教授 1 人，国家杰出青年基金获得者 1 人，教授(含研究员)7 人，博士生导师 5 人，副教授 8 人，具有博士学位教师占教师总数的 40%以上。在校本科生 567 人，硕士研究生 150 人，博士生 25 人。近 5 年，该学科群完成国家级和省部级科研项目 22 项，获得国家技术发明二等奖 1 项，省部级一等奖 3 项、二等奖 3 项，省部级以上鉴定成果 11 项。在研国家级科研项目 16 项、省部级项目 9 项、国际合作项目 4 项、横向合作项目 20 多项。

（郑新红　刘淑兰）

【获得自然科学基金 1100 万元】 至年底，化大获得国家自然科学基金资助 1106 万元，比上年增加 707 万元。该校共申报国家自然科学基金 114 项。经国家自然科学基金委科学部初审、同行专家评议、专家评审组评审、异议期、委务会议审批，2 人获得国家杰出青年科学基金，1 人获得国家自然科学基金重大项目，2 人获得国家自然科学基金重点项目，22 人获得国家自然科学基金面上项目。

（吕　营）

北京工商大学

党委书记　王守法
校　　长　沈　愉

【概　况】 2003 年，北京工商大学设 11 个学院、1 个系、3 个教学部，2 个国家检验中心，1 个北京市重点实验室。学科门类覆盖理学、工学、文学、法学、经济学、管理学、历史学 7 个一级学科，拥有 1 个博士学位授予点（联合培养），21 个硕士学位授予点，1 个二学位专业，39 个本科专业，10 个专科或高职专业，35 个成人教育专业。其中北京市重点学科 2 个，北京市重点建设学科 4 个。毕业 4862 人，其中，研究生 157 人，普通本专科生 2345 人（本科 2171 人、专科 174 人），成人教育本专科生 2360 人。招生 6503 人，其中，研究生 294 人，普通本科生 3222 人，成人教育本专科生 2987 人。在校生 20621 人，其中，研究生 749 人，普通本专科生 11583 人（本科 11159 人、专科 424 人），成人教育本专科生 8289 人。留学生毕业 10 人、招生 23 人、在校生 28 人。教职工 1324 人，其中，专任教师 580 人。专任教师中，正高级职务 71 人，副高级 253 人；博士 57 人，硕士 242 人。学校与美国、加拿大、澳大利亚、新西兰、日本、俄罗斯、乌克兰、法国高校建立校际合作关系，全年因公派出 35 人次参加国际会议、讲学、培训进修。学校占地面积 222866 平方米，建筑面积 341276 平方米。另外，良乡新校区规划用地 806670.7 平方米。固定资产总值 4.12 亿元，其中，科研教学仪器设备总值 9673 万元。《北京工商大学学报》包括社会科学版和自然科学版两个版本。图书馆藏书 80.66 万册。全年教育经费投入 29924 万元，其中，国拨 21360 万元，自筹 8564 万元。本年高考北京地区本科一批录取提档线文史类 470 分，理工类 455 分，二批文史类 432 分，理工类 408 分。网址：www.btbu.edu.cn。

（王晓华）

【举办企业家专题讲座】 1 月 10 日，工商大学举办企业家专题讲座。讲座聘请首创集团总经理刘晓光以“新时期大学生择业观与现代企业的人才观”为题，结合国内就业形势、企业对人才要求及用人原则，提出要提高自身综合素质，培养良好、诚信道德观；正确、客观评价自己，依据自身优势和特长择业；明确选择企业标准，综合考虑各种因素等要求。该校师生 100 人参加学习。刘晓光是北京市十大优秀青年企业家，1982 年毕业于北京商学院，2002 年受聘工商大学兼职教授。

（王晓华）

【经济学院召开学科建设研讨会】 2 月 28 日，工商大学经济学院召开学科建设研讨会。会议听取北师大管理学院教授创建优秀学科发言，提出学科建设不能遍地开花，应有重点突破，创建自己的特色专业，要将申报硕士点、博士点作为工作重点。会议提出塑造品牌专业、培养青年教师、支持科学研究和狠抓课程建设、教材建设工作任务。该院学科带头人、骨干教师 30 人参加会议。

（王晓华）

【艺术类专业报考达到 1∶45】 3 月，工商大学艺术类专业报考人数继续增加。该校计划招生 150 人，比上年招生减少 50 人。其中，艺术设计专业计划招生 60 人，广告学计划招生 60 人，工业设计计划招生 30 人。全国 11 个考点共有 6859 人报考，是招生计划的 45.7 倍。其中，艺术设计专业报考 4116 人，最低控制分数线 148.9 分；广告学报考 1988 人，最低控制分数线 134.2 分；工业设计报考 755 人，最低控制分数线 130.4 分。

（王晓华）

【完成图书剔旧工作】 6 月，工商大学图书馆完成图书剔旧工作。该工作分为逐册甄别、账目查询、计算机注销、重新典藏和下架打捆工序，同时，完成书刊全面统计和不注销书刊典藏规划。共清理图书 22 万册、合订期刊 3.5 万册，剔除图书 5 万册。

（王晓华）

【与内蒙古签订对口支援协议】 7

月 14 日，工商大学与内蒙古财经学院签订对口支援协作协议。依据协议，工商大学支援财经学院建设 1 个重点实验室，每年赠送部分图书，为财经学院培养研究生，接受财经学院教师学习、进修，并派出硕士研究生导师支持研究生教育；每年资助 8 名特困生完成学业。协议规定，双方每年合作开展两项省部级课题研究、1 项教学研究，联合召开财经类学术会议；互相交流学科和专业建设方案，并在新增专业联合办学。协议期限 3 年。

（王晓华）

【大学生公寓建设工程竣工】 8 月 28 日，工商大学大学生公寓建设工程竣工。该公寓为“H”型连体式建筑，占地面积 665.17 平方米，建筑面积 24002 平方米，地上 15 层，地下 2 层，共有学生宿舍 570 间，内设学生活动室等设施。公寓 1 月动工兴建，总投资 5500 万元。

（王晓华）

【成立首都现代服务业研究中心】 9 月，工商大学成立首都现代服务业发展研究中心。该中心编制 5 人，其中，2 人正高级职务，3 人中级职务。其职责是开展首都现代服务业产业定位、发展战略、产业结构、产业布局、政策措施及人才培养研究，为市政府决策提供参考依据。

（王晓华）

【成立水电气暖管理服务中心】 10 月，工商大学成立水、电、气、暖管理服务中心。该中心直接与学校后勤管理处形成甲乙方关系，其经营方式由学校全额付款，转变为经费总承包。中心主要职责以服务为主，代行相关管理职能。负责回收水电气暖费及水电气暖的节约挖潜；负责全校水电气暖的保障及浴室、开水房、电梯等设施的服务与管理工作。中心成立后，有关水、电、气、暖管理服务职能从后勤服务集团工作中分离。

（王晓华）

【评选首批本科教学骨干教师】 11 月 11 日，工商大学完成首批本科教学骨干教师评选。根据规定，评选条件为近 3 年每学期均给本科生上课，每学年给本科生上课周 8 学时以上（含周 8 学时），40 岁以下教师应为研究生毕业，或硕士以上学位，或双学位（外语、体育教师须有学士学位）。同时，本学期学生评教 4.5 分以上，或本学年两次学生评教平均 4.25 分以上，专家评教 90 分以上；近 3 年没有教学事故。该校共有 80 名教师参加评选，经过自评、初审、材料公示、专家审定和校长批准等程序，11 名教师被评为骨干教师。入选教师有效期 2 年，期满后重新参加评选。

（王晓华）

【举办首届多媒体教学比赛】 11 月 11 日，工商大学举办首届多媒体教学汇报演示比赛。该比赛历时两个月，要求运用多媒体课件完成 20 分钟现场教学，评委根据教学方法、课件制作、表达能力、普通话和仪表指标，现场打分确定成绩。来自各院（系、部）33 名教师参加比赛，其中，13 人获奖。

（王晓华）

【首届德育工作研究项目结题】 11 月 21 日，工商大学首届德育工作研究项目结题。首届课题 2002 年 9 月立项，共计 16 个，其中，重点项目 5 个。实际研究完成 14 个，其中，总体评价通过结题 13 个，未能通过结题 1 个。

（王晓华）

【首次举办毕业生双选会】 11月

25 日，工商大学首次举办毕业生与用人单位双选会。49 家用人单位和该校 2004 届 2000 名毕业生参加会议，其中，420 名毕业生与用人单位达成意向。

（王晓华）

【校门及广场改建工程竣工】 11 月，工商大学西区校门及广场改建工程完工。该工程将校门加宽至 60 米，整体设计为展开式，在校门东、西两侧各设一个出入口。广场长 40 米，宽 30 米，施工面积 2000 平方米。广场地面铺设花岗岩，东西绿化地带采取对称式排列，中心地带南端建有喷泉，北端立有旗杆。改建后的校门、广场与四周建筑物和谐融为一体，形成完美整体景观。工程 5 月 8 日开工，总投资 160 万元。

（王晓华）

北京服装学院

党委书记 焦福岩
院　　长 焦福岩

【概　况】 2003 年，北京服装学院设有 6 个系、4 个教学部、1 个教学中心，8 个硕士学位授予点，开设服装设计与工程等 17 个本科专业和 3 个高职专业。有 3 个市级重点建设学科，1 个市级重点实验室。毕业 1186 人，其中，研究生 44 人，普通本专科生 615 人（本科 596 人、高职 19 人）、成人教育本专科生 527 人。招生 2182 人，其中，研究生 99 人，普通本专科生 1549 人（本科 1458 人、高职 80 人、第二学士学位生 11 人），成人教育本专科生 534 人。在校生 7196 人，其中，研究生 242 人，普通本专科生 5356 人（本科 5083 人、高职 262 人、第二学士学位生 11 人），成人教育本专科生 1598 人。外国留学生毕业 4 人、招生 7 人、在校生 29 人。教职工 698 人，其中，专任教师 317 人。教授 26 人、副教授 91 人、讲师 117 人，硕士生导师 76 人、博士生导师 2 人，国家级有突出贡献专家 3 人，享受政府特殊津贴人员32人。图书馆藏书30万册，馆舍建筑面积7267平方米。民族服饰博物馆藏品1万余件，建筑面积1600平方米。学院占地面积8.7万平方米，建筑面积15.5万平方米。固定资产总值24218万元，其中教学仪器设备总值9746万元。全年教育经费投入8894万元，其中，国拨5355万元、自筹3539万元。全年通过鉴定科研项目2个。本年高考北京地区本科提档线理工科408分、文科434分。

（顾　全）

【完成首次课堂教学质量调查】　1月，服装学院完成首次教师课堂教学质量调查。该调查采用问卷形式，分为教师基本印象、教师授课和全局评价三个方面，包括师德、业务能力、教学内容、方法、手段和效果各项指标。该校教师133人参加调查，共收回有效学生问卷6068份。其中，优秀16人，占12.03%；良好68人，占51.13%；中等42人，占31.58%；及格5人，占3.76%；不及格2人，占1.5%。16名优秀教师中，副教授10人，占62.5%；研究生以上学历教师10人，占62.5%。被学生认为教学效果优良教师占被调查教师的63%。

（谢宝祥）

【增设第二学士学位点】　2月13日，服装学院增设国际经济与贸易第二学士学位点。该专业开设国际贸易、电子商务、国际贸易实务等28门课程，修业2年，培养国际经济与贸易应用型高级专门人才。修业期满合格获得经济学学士学位。9月12日，该校首批第二学士学位生11人入学。

（顾　全）

【举办首届科学艺术服装节】　4月14至18日，服装学院举办首届“科学·艺术·服装节”。该服装节先后举办服装专业毕业生优秀作品展示、内衣文化展、民族服饰展。同时，举办传统服饰文化论坛、专题学术报告和讲座，研讨传承中华民族传

统文化、弘扬科学精神、科学与艺术相结合理念。该校师生6000人参加服装节活动。

（顾　全　张淑英）

【民族服饰精品展获得最佳制作奖】　8月1日，在第五届全国博物馆十大陈列展览精品评选活动中，服装学院民族服饰博物馆《衣冠王国——中国民族服饰精品展》获最佳制作奖。该服饰展览创办于1999年，展室面积1600平方米，设有综合展厅、苗族服饰厅、金工首饰厅、织绣染品厅、老照片厅和民间传统服饰工艺室。馆藏全国56个民族的服装、饰品、织物等传统民族服饰精品1万多件，其中，清代至20世纪初的服饰藏品占二分之一。全国博物馆陈列精品评选由国家文物局主办，中国博物馆学会、中国文物报社承办，来自全国23个省市57家博物馆59个项目参加评选，评出一个特别奖、十大陈列精品奖、十大单项奖、五个提名奖。

（顾　全）

【成立圣莎拉教研基地】　9月10

日，服装学院圣莎拉教研基地成立。该基地与福建圣莎拉制衣有限公司共建，公司为学院提供教学和科研实践场所，为学生提供实习、实践机会，学院利用师资优势为公司培训职工。圣莎拉制衣有限公司创立于1995年，生产时装系列产品。

（顾　全　朱光好）

【签订中澳羊毛创新网合作项目】　9月30日，服装学院与澳大利亚羊毛发展公司、迪肯大学(Deakin)签订中澳羊毛创新网合作项目协议。该项目是由澳大利亚羊毛发展公司出资500万澳元，开展科学研究、设立各类奖学金、培训科研人员。全国共有5所高校参与合作。

（顾　全）

【颁发香港桑麻基金奖】　11月15

日，服装学院举办香港桑麻基金颁奖仪式。会议颁发年度香港桑麻基金奖107万元，其中，奖教金35人、奖学金289人，纺织科技奖14人。服装学院共有5名教师、45名学生获奖。香港桑麻基金会主席查济民、北京市有关领导60人参加颁奖仪式。香港桑麻基金由香港实业家、爱国人士查济民先生创立，面向全国5所高校，奖励品学兼优学生和献身纺织教育事业并取得教学科研成绩教师。基金创立于1992年，初期基金总额200万港元，本年扩大到3000万港元。

（顾　全　张淑英）

【完成新生心理健康普查】　11月，服装学院学生心理健康教育与辅导中心完成新生心理健康普查。该普查采用问卷形式，面向2003级新生，发放问卷1583份，收回有效问卷1465份。普查显示，困扰新生主

要问题是学习，其次是未来出路问题。新生普遍希望在学习方法、未来出路、人际关系方面得到指导帮助。8月，该校成立学生心理健康教育与辅导中心，隶属学生工作部，有专职心理咨询教师1人。

（顾 全）

北京邮电大学

党委书记 王德宠

校　　长 林金桐

【概　况】 2003年，北京邮电大学设有研究生院及12个学院。有博士学位授予点11个，硕士学位授予点33个，专业学位硕士点两类（工商管理硕士和工程硕士），本科专业27个。博士后流动站4个，国家级重点学科4个，省、部级重点学科17个，国家重点实验室1个，教育部（信息网络）工程研究中心1个，各类部级重点实验室20个。毕业4825人，其中，研究生499人（博士生57人、硕士生442人），普通本专科生1333人（本科1170人、专科163人）、成人教育本专科生2472人（本科540人、专科1932人），网络教育本科生521人。招生10824人，其中，研究生1820人（博士生297人、硕士生1523人），普通本科生2592人，成人教育本专科生3400人（本科1400人、专科2000人），网络教育本专科生3012人（本科2785人、专科227人）。在校生35814人，其中，研究生4605人（博士生754人、硕士生3851人），普通本专科生9578人（本科9560人、专科18人），成人教育本专科生12740人（本科4864人、专科7876人），网络教育本专科生8891人（本科8664人、专科227人）。留学生在校生113人。教职工总数2158人（校本部1538人），其中，专任教师742人。副高级以上职务595人，博士生导师76人，中科院院士2人，工程院院士2人（其中1人为双院士）。年内全校发表学术论文1623篇，其中，国际发表论文510篇，国内发表1113篇；出版专著（译著）116部。参加国际学术交流、进修培训83人次。科研经费实现金额1.3亿元。全年教育经费总投入51800万元，其中，国拨19955万元，自筹31845万元。校园占地面积343817平方米，建筑总面积370936平方米。藏书89.85万册，电子图书34.7万部（片）。固定资产总值93532.85万元，教学科研仪器设备资产25119.16万元。本年高考北京地区本科提档线理科500分，文科490分。网址：www.bupt.edu.cn。

（李 萍）

【接待英国南安普顿大学校长】 3月28日，北邮接待英国南安普顿大学校长比尔·维克汉姆(Bill Wakeham)教授。双方讨论联合培养硕博研究生和英语教学人才，商讨教学计划、教学大纲等具体问题。维克汉姆认为，通过多方位深层次合作，可以实现两校不同专业、不同领域和不同层次的共同提高。

（李 萍）

【学生六公寓楼投入使用】 5月29日，北邮学生六公寓楼投入使用。该公寓楼占地面积2560平方米，建筑面积14060平方米，宿舍330间，均配备卫生间，可容纳1700名本科生、研究生住宿。公寓楼2002年1月开工，由后勤集团自筹经费3200万元建设。

（李 萍 刘如林）

【召开学分制教学改革会】 6月5日，北邮召开学分制教学改革专题会议。会议分析学分制改革目标及实行学分制现实情况，研讨实行学分制优势、存在困难以及解决办法。会议认为，学分制体现“以学生为主体、以教师为主导”教学规律，提出“提高认识、创造条件、稳步推进、分步实施、逐步完善”目标。各学院主管教学人员30人参加会议。

（李 萍）

【召开精品课程建设工作会】 6月13日，北邮召开精品课程建设工作会。会议明确精品课程建设实行校、院两级共同规划、分级推进，并建立相关激励和评价机制。同时，明确精品课程建设经费由校、院两级共同投入，学校设立精品课程建设专项经费，规划建设校级以上精品课程；学院投入专项经费建设院级优秀课程。会议决定精品课程建设11月开始实施，首批规划建设校级精品课程20门。每项启动经费1万元。该校领导和教师26人参加会议。

（李 萍）

【修订本科专业培养计划】 8月，北邮完成本科专业培养计划修订。新计划按照北邮本科专业培养计划修订指导意见，由各学院研究修改，共修订本科专业培养计划27个，最后编印培养计划合订本。

（李 萍）

【个性化试点生免试攻读硕士学位】 9月17日，北邮“个性化专业”人才培养模式试点学生免试攻读硕士研究生。该校参加实验学生共4人，经专家组考核，3人被推荐免试攻读北大、清华、北邮的硕士研究生。“个性化专业”人才培养模式强调学生主观能动性，培养学生个性发展和自主学习能力，北邮4名学生于2001年参加实验。

（李 萍）

【与微软公司签署合作协议】 10月10日，北邮与微软公司签署合作协议。依据协议，双方共同成立“北邮微软通信联合实验室”和“北邮微

软教学联合实验室”。签字仪式上，微软公司副总裁扎瓦德·卡其(Jawad Khaki)被聘为北邮名誉教授，并发表题为《新一代网络技术展望》演讲，该校师生1100人听讲。

（李　萍　刘如林）

【成立课程建设指导委员会】　10月24日，北邮成立课程建设指导委员会。该委员会负责课程建设工作研究、咨询及指导，为学校课程建设规划、立项和评审提供决策依据。首批委员共17人。

（李　萍）

【与迈普通信公司合作办学】　10

月28日，北邮与迈普公司签订合作办学协议。根据协议，双方合作成立北邮迈普网络工程实验室和北邮迈普宽带研究中心，公司向学校捐赠200万元通讯网络设备，学校聘请公司董事长为客座教授。迈普公司是国内优秀数据通信设备供应商。

（李　萍　刘如林）

【召开教学质量监控经验交流会】　10月31日，北邮召开教学质量监控经验交流会。会议交流计算机学院行政管理、科研管理、教学管理改革经验，听取“教学质量监控体系”建设、执行情况汇报，演示该校网上教学评估系统。该校教学评估组专家及教师41人参加会议。

（李　萍）

【完成两个学院本科教改情况检查】　11月3日，北邮完成计算机学院、电信工程学院本科教学教改情况检查。专家组听取两院领导整改措施和落实情况汇报，检查教学条件、师资队伍、实践教学、专业建设、育人环境和教学改革六个方面内容，肯定两院本科教学评估整改工作取得的成绩。

（李　萍）

北京印刷学院

党委书记　崔文志

院　　长　曲德森（12月任）

【概　况】　2003年，北京印刷学院设有印刷与包装工程学院、信息与机电工程学院、出版传播与管理学院、设计艺术学院、继续教育学院、职业技术学院6个二级学院，社科部、基础部、体育部3个教学部，3个研究生专业，14个本科专业和8个高职专科专业。教职工691人，其中，专任教师353人。拥有高级技术职务112人，外聘专家、教授55人。毕业2185人，其中，硕士生15人，普通本专科生1275人（本科842人、专科415人），成人教育本专科生913人。招生3404人，其中，硕士生21人，普通本专科生1780人（本科1400人、专科380人），成人教育本专科生1603人。在校生10617人，其中，硕士生54人，普通本专科生6397人（本科5399人、专科998人），成人教育本专科生4166人。图书馆藏书56万册，中外文期刊850种，设有多媒体电子阅览室，中国学术期刊二级检索站。学院定期出版《北京印刷学院学报》、《中国印刷物资商情》。全院在国内外学术刊物发表论文344篇，专著译著10部。学院本部占地面积20万平方米，建筑面积16万平方米。中国印刷博物馆建筑面积8100平方米，展陈面积6000平方米，藏品21556件。全年教育经费投入12549万元，其中，国拨8470万元，自筹3788万元。本年高考北京地区本科提档线文科436分、理科408分。网址：www.bigc.edu.cn。

（杨少敏）

【实行校院两级管理体制】　3至4月，印刷学院完成校院两级管理体制改革。该改革按照扩大二级学院管理自主权，突出业务职能，淡化行政管理原则，组建印刷与包装工程学院、出版传播与管理学院、信息与机电工程学院等6个学院和3个教学部。二级学院管（下）辖系、所、教研室（研究室、工作室），是教学科研业务组织机构。配合改革该校整合办学资源，提高学科专业建设水平和师资水平。

（杨少敏）

【康庄大学生公寓投入使用】　10

月，印刷学院康庄大学生公寓投入使用。该公寓占地面积3203平方米，建筑面积19220.4平方米，地上6层，拥有学生宿舍653间，可容纳住宿学生2160人。公寓2月开工建设，总投资2500万元。

（杨少敏）

【举办首届社会助学活动】　11月26日至12月3日，印刷学院举办首届社会助学活动周。该活动举办“印刷出版人才培养和行业发展”报告会，17家单位捐赠助学金53万元，奖励学生268人。来自印刷包装及出版界50家企业代表及师生600人参加活动。

（杨少敏）

【召开毕业生双选会】 11月，印刷学院召开毕业生供需见面会。会议期间，用人单位与毕业生互相选择，并举办用人单位单独面试和企业家讲座，52家用人单位共提供需求职位376个。该校2004届毕业生900人参加会议，近百人与用人单位达成聘用意向。

（杨少敏）

北京建筑工程学院

党委书记 王保东（1月免）
柯文进（1月任）
院　　长 裴立德（5月任）

【概　况】 2003年，北京建筑工程学院设有9个系、2个学院、1个现代教育技术中心和1个城市研究所。设有20个实验室，其中8个为北京市双基合格实验室，1个市级重点实验室。设有17个本科专业和18个专科、高职专业，有9个硕士学位授权点和土木工程领域工程硕士授权点。教职工845人，其中，专任教师303人。专任教师中高级专业技术职务31人，副高级151人，中级90人；拥有博士学位27人，硕士学位182人。毕业1099人，其中，研究生40人，普通本专科生649人（本科593人、专科56人），成人教育本专科生410人。招生2847人，其中，研究生85人，普通本专科生1766人（本科1459人、专科307人），成人教育本专科生996人。在校生8946人，其中，研究生205人，普通本专科生5816人（本科4717人、专科1099人），成人教育本专科生2925人。学院设有中关村分校区和百万庄分校区，本部占地面积13.3万平方米，建筑面积15万平方米。教学仪器设备总资产4482万元。图书馆建筑面积6570平方米，馆藏图书44万册。全年教育经费投入11945万元，其中，国拨7173万元，自筹4772万元。本年高考北京地区提档线本科理科421分、文科434分，专科理科323分、文科384分。网址：www.bicea.edu.cn。

（牛志霖）

【与柏林工业大学签署合作协议】 3月3日，建工学院与德国柏林工业大学科研合作协议签字。根据协议，双方共同申报科研课题，合作开展城市更新、节能和城市生态及住宅方面研究。

（黄　琇）

【现代教育技术中心成立】 6月，建工学院现代教育技术中心成立。该中心由原网络中心和电教中心合并组建，负责教育技术理论、多媒体教学方法、网络应用技术、网络教学方法、信息管理技术研究与应用。中心下设教育技术部、网络技术部和信息技术部。教职工9人，其中，高级专业技术职务4人。

（黄　琇）

【聘请外籍客座教授】 9月19日，建工学院聘请新西兰巴塞尔(Pradeep Bansel)教授为外籍教授。巴塞尔是奥克兰(Auckland)大学教授，他从事空调制冷专业教研，研制的冷冻冷藏箱能量转化量化标准，成为商业和工业试验标准。受聘后，巴塞尔担任该校城市建设系建筑环境与设备专业部分教学。

（黄　琇）

【科贸楼置换协议签字】 9月22日，建工学院与首创集团签订科贸楼置换补偿合同。根据合同，建工学院转让科贸楼所有权；首创集团出资3.55亿元，买断科贸楼所有权，拥有完整科贸楼产权，付款期限2年。1997年，建工学院与首创集团合作建设科贸楼，分别占有科贸楼产权45%和55%。

（黄　琇）

【举办测绘学术报告会】 9月23日，建工学院举办测绘学术报告会。会议听取测绘系教师《三维激光影像扫描测绘技术及其应用初探》专题学术报告，通报三维激光影像扫描仪在古建测绘与建模方面应用成绩。北京高校师生30人参加学习。

（黄　琇）

【举办英语教学活动月】 10月15日至11月19日，建工学院举办英语教学活动月。该活动举办英文讲座、英语角、英文原声电影展、英文图书展、英文演讲比赛和英文歌曲比赛。该校学生400人参加活动。

（黄　琇）

【举办“益学讲堂”】 10月21日，建工学院举办“益学讲堂”。该讲堂由校团委和教务处联合主办，采用不定期系列讲座形式，落实“勤于学习、善于创造、甘于奉献”青年要求。首期邀请中青院教授发表题为《同青年朋友谈成才与修养》演讲。该校学生360人参加学习。

（黄　琇）

【网络实验室通过验收】 10月27日，建工学院计算机系网络实验室通过验收。该实验室建筑面积50平方米，承担网络实验、网络测试等教学和科研任务。实验室9月开工建设，采取政府采购形式，总投资60万元。

（黄　琇）

【总配电室工程竣工】 10月31日，建工学院总配电室工程竣工。该工程包括土建和电气安装两部分，建筑面积210平方米，配备低压开关柜、干式电力变压器、直流屏等设备。工程于8月8日开工建设，总投资50万元。

（黄　琇）

【召开毕业生就业工作会】 12月23日，建工学院召开毕业生就业工作会议。会议分析各专业就业形势，提出“全员参与就业，共促学院发展”工作目标。会议表彰毕业生就业工作先进教师26人。该校学生管理干部60人参加会议。

(黄 琇)

【与玛赫西大学联合办学】 12月，建工学院、燕京华侨大学与美国玛赫西管理大学联合办学协议签字。根据协议，建工学院承担基础课和专业基础课教学任务；侨大负责提供200万元教学场地、教材、教学设备，承担公共基础课教学；玛赫西大学提供27万美元支持基金、50万册网络图书资源，每学期选派5名教师承担专业课教学任务。三方合作开展工商管理、计算机科学与技术学士学位教育，学制4年，修业期满获得双学士学位。

(黄 琇 刘金菁)

北京石油化工学院

党委书记 牛继升
院　　长 佟泽民

【概 况】 2003年，北京石油化工学院设有6个二级学院，1个系，3个教学部，其中，工程实践教学部7月成立，外语系11月由原外语部更名后组建，国际教育学院由原国际交流与合作中心改建。设有21个专业，专业覆盖理、工、经、管、文五大学科。教职工767人，其中，专任教师416人。专任教师中具有博士学位38人，正高级职务45人，副高级职务127人。毕业884人，其中，普通本科生698人，成人教育专科生186人。招生2504人，其中，普通本科生1692人，成人教育本专科生812人（本科234人、专科578人）。在校生6511人，其中，联合培养硕士生30人，博士生1人。全年完成实践教学项目投资964.8万元。新签科研合同615.2万元，科研经费到款623.5万元。首次承担“彩虹工程”项目3个，国家环保总局项目1个，国家禁止化学武器工作领导小组项目1个。申报专利10项，其中发明专利8项，实用新型专利2项。两本教材被评为北京市精品教材项目。学校国际合作项目8个，派出访问专家30余人次，接待外国和港台专家组15批次。派出留学生62人，接收长期和短期留学生88人。图书馆藏书47万册，中外文期刊924种，各类数据库32个。校园占地面积25万平方米，建筑面积15万平方米；校外学生公寓区3个，建筑面积24500平方米。全年教育经费投入13903万元，其中，国拨8318万元，自筹5585万元。固定资产总值2.8亿元。本年高考北京地区本科提档线理科408分，文科436分。网址：www.bipt.edu.cn。

(张翠华)

【中共石化学院委员会召开第一次党代会】 3月21至22日，中共石化学院第一次代表大会召开。会议听取和审议学校第二届党委题为《与时俱进，加快发展，为开创学校工作新局面而努力奋斗》工作报告，审议学校纪律检查委员会工作报告，选举产生中共石化学院第三届委员会，选举产生中共石化学院纪律检查委员会。会议进一步明确学校办学指导思想，提出学校今后四年及中、远期发展目标。该校中共党员代表122人参加会议。

(张翠华)

【实施新的人事制度改革】 7月2日，石化学院实施新的人事制度改革。新改革包括优化学校内部组织结构，完善二级管理体制；加强编制管理，控制人工成本；改革用人制度，强化岗位管理，按照“按需设岗、公开招聘、平等竞争、择优聘任、严格考核、合约管理”原则，全面推行聘用合同制；改革分配制度，实行以岗定薪，易岗易薪，按劳分配，优劳优酬，体现岗位和业绩差别，体现教职工年资和历史贡献的分配制度。至年底，该校共有552名职工公开招聘上岗，占职工总数的72%。

(张翠华)

【召开战地记者专题报告会】 8月28日，石化学院召开战地记者专题报告会。会议听取闾丘露薇《自我塑造＋目标职业＝成功》专题报告，系统介绍战地记者自我成长和在巴格达战场采访经历，并现场回答学生问题。会后，闾丘露薇以职业与成功为题接受学生记者采访。该校参加军训的2003级全体学生和解放军教官300人参加会议。闾丘露薇，香港凤凰卫视女记者。

(张翠华)

【科技实验楼投入使用】 8月，石化学院科技实验楼投入使用。该实验楼建筑面积10572平方米，地上5层。实验楼于2002年7月开工建设，总投资1730万元。

(张翠华)

【合作举办香港分院】 9月3日，石化学院获准举办香港分院。该分院与香港汇知教育机构合作举办，依据协议，香港分院学生可转入石化学院学习；完成学业，经考试合格获得石化学院本科毕业证书及学士学位证书。

(张翠华 桑 澎)

【成立大学生艺术团】 9月28日，石化学院大学生艺术团成立。该艺术团分为合唱团、舞蹈团、民乐团、轻音乐团、戏剧团、礼仪队，首批100名团员均为在校擅长艺术学生。艺术团由校团委管理，聘请校内外艺术教师、文艺界人士担任艺术顾问和指导教师。

(张翠华)

【成立天秦新型材料研究室】 11月20日，石化学院天秦新型材料研究室成立。该研究室主要任务是为企业提供长期技术支持，参与新型军用包装材料研制开发工作；合作申请军队系统或国家级科研课题；为石化学院科研成果产业化提供平

台，促进科研成果产业化进程；建立实习基地，为高分子材料学生提供实习场所；为企业建设选拔人才，为化工学院学生提供就业机会。研究室与秦皇岛天秦塑胶工业有限公司联合成立，是“企业研究室建在学校、学校研究室建在企业”教学改革的实践。

（张翠华　朱三平）

【首次召开学科工作会议】 12月

11至12日，石化学院首次召开学科工作会议。会议听取二级教学单位学科建设工作、学科建设规划情况介绍，研讨学科建设相关问题。会议提出学院学科建设规划，以及人才建设工程、学位点建设工程、重点实验室建设工程、重大科技项目与科技成果培育工程、学校形象建设工程5项工程学科建设规划。该校全体教师、机关与教辅单位骨干岗位人员共300人参加会议。

（张翠华）

【校园安全监控系统一期工程竣工】 12月20日，石化学院第一期校园安全技防监控报警系统竣工。该系统中央监控大厅安装18面电视屏幕和一台背投电视，画面清晰，声音逼真，实时显示校园各个监控部位情况，通过操作按钮，技术人员可以分组切换画面。通过人员防范、技术防范和实体防范等手段，实施校园全天候监控。系统于11月开始安装，一期投资97万元。

（张翠华）

北京电子科技学院

党委书记　张锡杰
院　　长　王贵和

【概　况】 2003年，北京电子科技学院设4个系和基础教学部、实验教学中心6个教学单位。设有4个本科专业，具有计算机科学与技术、通信工程2个本科专业学士学位授予权。教职工321人，其中，专任教师112人。专任教师中，教授16人，副教授47人，讲师35人，硕士以上学位教师57人。毕业506人，其中，普通本专科生256人（本科171人、专科85人），成人教育本专科生250人（本科96人、专科154人）。招生502人，其中，普通本科生360人，成人教育本专科生142人（本科74人、专科68人）。在校生2366人，其中，普通本科生1209人，成人教育本专科生1157人（本科559人、专科598人）。短期培训24期900人。学院占地面积78200平方米，校舍建筑总面积63635平方米。图书馆建筑面积4204平方米，藏书18.02万册，其中外文科技藏书1303册，中外文期刊627种。全院固定资产总值32090.78万元，其中教学仪器设备资产总值2926.31万元。全年教育经费投入4921.19万元，其中，国拨4129.33万元（财政拨款2902.73万元，基建投资拨款1226.6万元）。本年高考北京地区本科提档线理科465分、文科483.5分。

（朱晓萍）

【完成本科培养计划修订】 4月30日，电子科技学院完成本科培养计划修订。新计划明确各专业发展方向，优化本科专业课程设置。与以往计划相比，新计划更加突出特色专业，全校设置特色课程17门。

（朱晓萍）

【召开发展规划研讨会】 8月18至20日，电子科技学院召开暑期发展规划研讨会。会议听取学院“十五”计划制订工作说明，研讨“十五”计划和中长期发展规划，提出加强教学管理，提高教学质量工作任务。该院院系领导及部分教师45人参加会议。

（朱晓萍）

【成立信息安全与保密重点实验室】

11月13日，电子科技学院信息安全与保密重点实验室成立。该实验室属于学术机构，采取学院行政领导，学术委员会指导，专家主持管理模式，主要从事信息安全与保密基础研究和前沿课题研究，开发具有自主知识产权信息安全与保密技术。同时，培养国家信息安全与保密人才。实验室共有研究人员86人，其中，高级专业技术职务40人。固定资产总值100万元。

（朱晓萍　唐　伟）

中国农业大学

党委书记　瞿振元
校　　长　陈章良

【概　况】 2003年，中国农业大学设有14个学院和研究生院，开设

57个本科专业和15个专科专业。重点学科33个,其中国家重点学科19个,省、部重点学科14个。博士学位授权点40个,硕士学位授权点65个,博士后流动站10个。国家级重点实验室2个,国家级工程中心4个,省部级研究中心、实验室19个。毕业5374人,其中,研究生508人(博士生202人、硕士生306人),普通本专科生2120人(本科1643人、专科477人),成人教育本专科生2746人。招生14250人,其中,研究生1277人(博士生429人、硕士生848人),普通本专科生4689人(本科3739人、专科950人),成人教育本专科生4282人,网络教育本科生4002人。在校生34961人,其中,研究生2977人(博士生1033人、硕士生1944人),普通本专科生14707人(本科13012人、专科1695人),成人教育本专科生13275人,网络教育本科生4002人。外国留学生毕业119人、招生136人、在校生144人。博士后出站8人、进站13人、在站30人。教职工2722人,其中,专任教师1177人。专任教师中,教授235人,副教授524人。中科院院士5人,工程院院士5人,博士生导师202人。学校占地面积130万平方米,校舍建筑面积56万平方米,运动场地面积7.6万平方米。固定资产总值6.2亿元,其中教学科研仪器设备总值2.7亿元。拥有国家级工业性试验基地、教学实验农场各1个,实验站2个。学校定期公开出版《中国农业大学学报》等9种专业刊物。与美国、德国、以色列等20多个国家和地区50多所著名大学建立友好合作关系,校内设有中德综合农业发展中心,中日农机维修培训中心,中以国际农业培训中心,中日神内农牧经营研究中心。全年教育经费投入76032万元,其中,国拨52069万元,自筹23963万元。

(田肃肃)

【中共农大委员会召开首次党代会】 2月26至27日,中共农大委员会召

开第一次党代会。会议听取并审议校党委、纪委工作报告,选举产生新一届校党委、纪委。20个分党委、党总支和直属支部199名党员代表参加会议。

(田肃肃)

【召开毕业生工作会】 3月17日,农大召开年度毕业生工作会。会议要求重视毕业生就业工作,各单位要把毕业生就业的指导和服务工作落实到基层,发动教师向用人单位、关系单位推荐学生。同时,鼓励学生到就业单位毕业设计。会议强调做好毕业生思想工作,转变不切实际的就业观念。该校教师108人参加会议。

(田肃肃)

【外聘9名教授】 3月31日,农大聘任9名客座教授、讲座教授、兼职教授。其中,聘任中国农业科学院方智远院士、法国国家植物新品种审定与种子检测中心张永祥研究员、美国坎贝尔(Campbell)公司研究中心哈桑·布肯(Hasan Bolkan)教授、洛桑试验站农业与环境部菲利浦·布鲁克斯(Philip C Brookes)教授4人为客座教授,聘任欧洲分子生物学实验室袁燕平研究员、美国明尼苏达大学阮榕生教授、美国伊利诺依大学张勤教授3人为讲座教授,聘任中国农业部副部长张宝文、中国农业科学院林敏教授为兼职教授。

(田肃肃)

【成立科技创新领导小组】 4月18日,农大成立科技创新领导小组。该小组由科研处、研究生院等部门负责人组成,负责学校“科技创新行动规划”的组织实施,优化整合科技资源、不断提高科研、教学和管理水平,努力造就优秀创新科研队伍。

(郭立群)

【成立病毒研究中心】 6月,农大病毒研究中心成立。该中心从事人类、动物和农作物病毒病害研究,解决影响国计民生、国家安全的科学问题,其研究方向涉及非典型肺炎(SARS)冠状病毒研究,动、植物病毒基因组学、分子生物学和诊断技术研究与诊断试剂盒开发,动物病毒性疫苗研制开发等。中心拥有科研工作者45人。

(郭立群)

【改革后勤管理机关】 7月,农大完成后勤管理机关改革。该校后勤管理机构由原来4个科室合并为3个,原15个中心合并改组为9个后勤服务实体。这是学校后勤改革的第一步。

(郭立群)

【开设生命科学实验班】 10月,农大开设生命科学实验班。该实验班实行弹性学制、学分制和导师制,按照“宽口径、厚基础、个性化、研究型”的办学思想,借鉴研究生教育模式,在专业上为学生个性培养提供选择空间。课程班共开设植物生物学、生物化学和细胞生物学等30门课程,学制3至6年,学业期满获得理学学士学位。

(郭立群)

【获得草业科学王栋奖学金】 11月20日,在首届草业科学王栋奖学金颁奖会上,农大教师、学生各1人获奖。该奖项为纪念王栋对草业科学做出贡献,由中国草学会于2003年设立,面向全国农业院校、研究所攻读草业科学专业学位的硕士生、博士生,每年评选一次,每次10至15人,每人5000元。本届全国10人获奖。

(郭立群)

【牧歌合唱团举办专场演出】 12月14日,农大牧歌合唱团举办专场演出。演出在国图音乐厅举行,先后

上演《这是五月天》、《卖花生》、《梦中美人苏珊娜》等10个曲目。该合唱团成立于2001年，由师生35人组成，是国内惟一的中世纪欧洲世俗音乐演出团体。

（郭立群）

【毕业生就业率94.78%】 至12月31日，农大毕业生全员就业率94.78%。其中，本科毕业生就业率93.09%，专科毕业生就业率100%。该校克服毕业生人数增加、“非典”疫情等不利影响，举办毕业讲座60场，举办供需见面会及双选洽谈会近百场，接待用人单位数百家，发布招聘信息750条，提供需求工作岗位6000个。

（郭立群）

【多渠道资助贫困学生】 至年底，农大采用多种渠道资助贫困学生。全年该校通过奖、贷、勤、助、补、减措施资助贫困学生557人次，发放资助金额112万元。其中，221人次获得校外12批资助，金额93万元；336人次获得校内5批资助，金额19万元；320人减免学杂费，金额130万元，9204人次参与勤工助学，收入106万元。

（郭立群）

北京农学院

党委书记 孙尧东
院　　长 孙尧东

【概　况】 2003年，北京农学院设有8个系和继续教育学院、职业技术学院两个二级学院。设有20个本科专业及8个专科（高职）专业，涵盖农、工、理、经、管、法、文七大门类，拥有果树学、临床兽医学两个专业的硕士授予权，果树学、临床兽医学为市级重点学科，作物遗传育种、园林植物与观赏园艺、农产品贮藏加工等学科为市级重点建设学科。设有禽病防治研究所、果树研究所、作物遗传育种研究所、园林植物研究所、都市农业研究所。各类实验室22个，其中农业应用新技术实验室为市级重点实验室。全年毕业896人，其中，本科生529人，专科生367人。招生1980人，其中，本科生1500人，专科生480人。在校生5802人，其中，本科生4641人，专科生1161人。教职员工610人，其中，专任教师337人。专任教师中，教授35人、副教授106人、讲师120人。全院副高级以上专业技术职务173人，博士36人。校园占地面积70万平方米，建筑面积14万平方米。建有农业实验站、园林实验站、园艺实验站、畜牧实验站、饮料厂5个实验场所。校外建有70余个实验教学基地和科教兴农基地。图书馆藏书18万余册、电子图书3万册。与英国哈珀·亚当斯大学学院、澳大利亚悉尼大学、哈萨克斯坦国立农业大学建立合作关系。全年教育经费投入9951万元，其中，国拨7244万元，自筹2707万元。固定资产总值17766万元，其中教学仪器设备总值4060万元。本年高考北京地区本科提档线理科408分，文科434分，专科提档线理科300分，文科300分。网址：www.bac.edu.cn。

（马同斌）

【中共农学院委员会召开首次党代会】 6月14日，中共北京农学院

第一次代表大会召开。会议总结农学院办学经验，明确农学院建设多科融合现代化农林大学的奋斗目标，明确立足首都，服务首都现代化，服务都市型郊区经济，培养具有创新精神和实践能力的技术人才、经营人才和管理人才，为实现首都的农村城镇化、农业现代化和农民知识化提供有效人才与智力支持的办学指导思想。会议提出以本科教育为主，发展研究生教育，开展高等职业技术教育和继续教育，不断提高科研水平，不断增强开发创收能力，建成以农科为特色，兼有工、经、管、法、文、理的多科型、都市型农林大学的办学定位，以及专业建设、队伍建设、校园基本建设工作方向。该校党员代表119人参加会议。

（马同斌）

【入选硕士学位授权单位】 9月8日，农学院入选硕士学位授予权单位。该校首次经国务院学位办批准，获得硕士学位授予权，分别是果树学和临床兽医学两个专业。根据有关规定，两个专业将于2004年9月招生，招生名额60人。

（马同斌）

【合建校园工程竣工】 9月，农学院与华北电力大学（北京）合作建设的校园工程竣工。该工程包括打通校园围墙，共建校园广场和道路工程等项目，总建筑面积840平方米，道路改造面积20725平方米，绿化面积45000平方米。工程于2002年10月开工建设，共投资600万元。农学院与华北电力大学（北京）均位于德胜门外朱辛庄，两校仅一路之隔。改造工程后两校共用一个校门，实现一园两校。

（马同斌）

【与亚当斯大学合作办学】 9月，农学院与英国哈珀·亚当斯大学学院联合举办本科生教学班开学。首次合作办学为国际经济与贸易、食品科学与工程两个专业，均为全日制本科教学，学生前两年在农学院学习，考核合格后，到英国哈珀·亚当斯大学学院完成后两年学业，成绩合格者获得英国哈珀·亚当斯大学学院学士学位和农学院学士学位。合作教学班首批招生48人，均为全国高考统一招生。

（马同斌）

北京林业大学

党委书记　胡汉斌
校　　长　朱金兆

【概　况】　2003年，北京林业大学设有11个学院及研究生院，22个研究所，9个部级重点实验室，1个部级工程中心，1个国家理科人才培养基地，4个国家级重点学科，5个部级重点学科，3个一级学科，4个博士后流动站，28个博士点，50个硕士点，拥有农业推广硕士和工程硕士2个专业硕士学位授权点。开设40个本科专业，8个专科专业和1个双学位专业。毕业3378人，其中，研究生255人(博士生73人、硕士生182人)，普通本专科生1780人(本科1445人、专科335人)，成人教育本专科生1343人(本科149人、专科1194人)。招生8652人，其中，研究生661人(博士生181人、硕士生480人)，普通本专科生3672人(本科3154人、专科518人)，成人教育本专科生4319人(本科1913人、专科2406人)。在校生22968人，其中，研究生1439人(博士生423人、硕士生1016人)，普通本专科生12662人(本科生11716人、专科生946人)，成人教育本专科生8867人(本科3435人、专科5432)。留学生毕业14人、招生34人、在校生20人。全校教职工1369人，其中，专任教师606人。专任教师中具有博士学位169人，硕士学位251人，中国工程院院士5人，教授140人、副教授186人。校园占地面积445556平方米，建筑面积447236平方米，图书馆建筑面积31876平方米，藏书87万册。教学综合实习林场1.3万亩，固定资产总值72874万元。与15个国家和地区的36所院校、科研机构和非政府组织建有国际学术交流及合作关系，邀请外籍专家讲学及从事科研合作37人次，派出人员49人次。全年教育经费投入33302万元，其中，国拨21444万元，自筹11858万元。本年高考北京地区本科提档线理科508分，文科534分。网址：www.bjfu.edu.cn。

(汪海洋)

【合作开设草坪管理专业】　3月25日，北林大和美国密歇根州立大学(Michigan State University)签署合作办学协议。依据协议，两校合作培养草坪管理专业人才，完成学业，学生可以同时获得两校学士学位。北林大草业科学系创办于1999年，是我国林业院校中惟一的草业科学教学和科研团队，是国家草业科学高等教育和科研基地。

(汪海洋)

【与莫斯科林业大学签订合作协议】　3月26日，北林大与莫斯科国立林业大学(Moscow Forestry University)签署合作办学协议。协议规定，双方在园林、林学等学科方面开展合作，共同培养人才，共同开展科学研究。

(汪海洋)

【调整本科专业设置】　3月27日，北林大调整本科专业设置。该校新增数学与应用数学专业，培养掌握数学科学基本理论与方法，具备使用计算机解决实际问题的能力，从事实际应用工作高级专门人才，学制4年，授予理学学士学位；草业科学专业新设高尔夫球场方向，培养面向城市高尔夫草业高素质专门人才；木材科学与工程专业增加家具设计与制造方向。同时，环境工程专业停止招生。专业调整后，该校本科招生总规模仍然保持3600人。

(汪海洋)

【与朝阳市签署科教合作协议】　7月12日，北林大与辽宁省朝阳市签署科教合作协议。依据协议，双方开展生态环境建设工程、经济林建设工程、速生丰产林建设工程、城市园林绿化、森林旅游、自然保护区建设、生物多样性保护科研合作。北林大采取委托培养、定向培养和举办培训班等方式，为朝阳市培养本科生和研究生。

(汪海洋)

【三栋学生公寓投入使用】　9月8日，北林大三栋学生公寓投入使用。其中，购买六道口大学生公寓两栋，占地总面积6000平方米，建筑总面积62220平方米，均为地下1层，地上14层，共有学生宿舍884间，总投资28000万元；校内新建10号学生公寓，占地面积1700平方米，建筑面积38500平方米，地下2层，地上24层，共有学生宿舍594间，2002年9月开工建设，总投资8600万元。至此，该校实现教育部学生宿舍本科生4人一间、硕士生2人一间、博士生1人一间标准。

(汪海洋)

【合作建设教学实验林场】　11月12日，北林大与湖北省太子山林场管理局、湖北省林业局合作建设教学实验林场协议签字。根据协议，北林大在湖北太子山建立教学实验林场。该林场占地面积22平方公里，可以从事林业经济、水土保持、森林培育等方面研究实习。

(汪海洋)

【与中科院合作办学】　11月21日，

北林大与中国科学院生态环境研究中心签订合作办学协议。根据协议，双方在教学科研方面长期合作，发挥各自学科、地缘、实验室和后勤服务优势，联合培养本科生、研究生，合作申报科研项目。北林大聘任中心研究人员为客座教授、研究生导师，承担本科生、研究生教学；中心为北林大提供课程实习、观摩实验场地，聘任学校教师为客座研究人员。

（汪海洋　袁东来）

【与武警森林指挥学校联合办学】

11 月 25 日，北林大与武警森林指挥学校联合办学协议签字。依据协议，北林大协助武警森林指挥学校开办本科教育，派出教师承担部分本科课程，并负责培养武警森林指挥学校教员；武警指挥学校负责北林大新生军事训练和国防教育。

（汪海洋　袁东来）

【鹫峰林场晋升国家级森林公园】 12 月 25 日，北林大鹫峰林场晋升国家级森林公园。国家森林公园由中国森林风景资源评价委员会主持评审，本次全国共有 61 家林场当选。鹫峰林场占地面积 870 万平方米，拥有华北地区各类树种、野生动物等林业资源，1952 年划归北林大管理，是中国科学技术协会全国科普教育基地。

（汪海洋）

中国协和医科大学（中国医学科学院）

党委书记　刘　谦
校(院)长　刘德培

【概　况】 2003 年，中国协和医科大学（中国医学科学院）设 17 个研究所及 2 个分所、5 所分院、7 所临床医院（含与北京市共建的天坛医院）、5 所学院，以及研究生院和出版社。研究生教育以培养博士为主，具有自行审批博士导师权。有博士学位授予点 30 个，硕士学位授予点 39 个，有 18 个全国高等学校医学重点学科点，3 个国家级重点实验室，6 个卫生部重点实验室，4 个博士后流动站。教职工 11075 人，其中，专业技术人员 9064 人（高级职务 1546 人，中级职务 3130 人）；两院院士 25 人，博士生导师 254 人，硕士生导师 287 人。本年毕业 543 人，其中，研究生 455 人（博士生 310 人、硕士生 145 人），本科生 32 人，专科生 56 人。招生 1331 人，其中，研究生 655 人（博士生 262 人、硕士生 393 人），八年制临床医学专业学生 90 人，护理本专科学生 186 人，“七年制转八年制”学生 15 人（其中 5 人攻读双博士学位），成人教育本专科生 385 人（专科 219 人，专升本 166 人）。在校学生 3048 人，其中，研究生 2098 人（博士生 975 人、硕士生 1123 人），本科生 714 人，专科生 236 人。港澳台学生招生 11 人、毕业 2 人、在校生 11 人（其中八年制临床医学专业者 8 人，护理学本科 3 人）。全年接待外宾 45 批，派出人员 532 人次，授予 20 名国外学者名誉或客座教授称号。学校占地面积 122.8 万平方米，图书馆藏书 40.96 万册。全年申请专利 74 项（其中发明专利 72 项），比上年增长 39%，在美国《科学引文索引》源杂志期刊上发表科技论文 267 篇，比上年增长 16.1%。全年教育经费投入 9615.9 万元，其中，国拨 8553.9 万元（财政拨款 6033.9 万元、基建拨款 2520 万元），自筹 1062 万元。学校固定资产总值 317075 万元，其中，教学科研仪器设备 41810.37 万元。本年高考北京地区提档分数线八年制临床医学专业 603 分，护理本科 472 分、专科 319 分。网址：www.cams.ac.cn。

（林　菲）

【教学科研楼落成】 2 月 12 日，协和医大教学科研楼落成。该教研楼占地面积 2833 平方米，建筑面积 17800 平方米，局部高 39 米，地下 2 层，地上 8 层。西侧为教学区，东侧为科研区，建有容纳 320 人学术报告厅和大小会议室 4 个，并设有供教职员工健身娱乐的球类馆、活动中心。楼内综合布线系统可满足多媒体及远程教育需要，公共区和重点实验室配有 24 小时全程监控摄像保安系统。教研楼于 2001 年 8 月开工建设，计划工期 458 天，实际 567 天，总投资 11665 万元。

（林　菲）

【解剖课全部使用捐献遗体】 2 月

27 日，协和医大 2000 级学生解剖教学课使用志愿者无偿捐献遗体。课前 88 名学生手捧菊花向遗体三鞠躬，表达对捐献者的敬意。至此，该校解剖课全部使用捐献遗体。该校自 1999 年成立遗体接受站，共收到志愿捐献遗体 134 具，可以满足科研和教学需要。

（林　菲）

【三井物产株式会社捐赠科研设备】 5 月 26 日，协和医大（医科院）接受日本三井物产株式会社科研设备捐赠。这批捐赠设备包括超低温冰箱、二氧化氮培养箱、生物显微镜等精密仪器，总价值 100 万元。设备全部用于三级生物安全防护（P3）实验室防治“非典”科研攻关。

（林　菲）

【护理讲学团赴拉萨讲学】 9 月 15 日，协和医大（医科院）护理讲学团赴西藏自治区拉萨市讲学。该讲学团由护理部主任、手术室总护士长等 5 人组成，在拉萨市，重点讲授护理管理、整体化护理、心理护理与交流沟通技巧、院内感染控制、护理论文写作、从法律角度提高自我保护意识和能力、监护室管理、手术室管理课程。来自拉萨市各医院医护人员 300 人参加学习。

（林　菲）

【参加美国全球医学最低基本考试】 10 月 16 至 19 日，协和医大学生参加美国全球医学最低基本(GMER)考试。该考试由美国中华医学基金会资助、国际医学教育研究所负责组织，是在中国实施的教改项目。协和医大临床医学专业 1996 级学生 82 人参加考试，全部合格，占参加考试学生总数的 100%。

（林　菲）

【图书馆博士论文数据库开通】 11 月 11 日，协和医大图书馆博士学位论文全文数据库开通。该数据库搜集 1998 年至 2002 年协和医大全部博士学位论文共计 1630 篇，读者可以联网随时查阅。数据库网址：www.ibrary.imicams.ac.cn。

（林　菲）

【举办首届英语教学基本功比赛】

11 月 12 日，协和医大举办首届青年教师英语教学基本功比赛。该比赛采取“教案选讲与教学媒体”相结合方法，设立教案、教学技能、英语口语 3 个项目。来自 3 个单位 8 名教师参加比赛，其中，第一名空缺，护理学院、整形医院两名教师分获二、三名。

（林　菲）

【119 个科研项目获得资助】 至年底，协和医大(医科院) 119 项科研课题获得政府资助。资助总金额 4843.76 万元。其中，75 项国家自然科学基金课题 2547.76 万元，3 项“十五”国家重大科技专项课题 190 万元，3 项“十五”国家科技攻关课题 560 万元，11 项“863 计划”课题 1290 万元，18 项教育部博士点基金课题 103 万元，2 项教育部优秀教师资助计划课题 15 万元，6 项教育部回国人员科技活动启动基金课题 18 万元，1 项北京市科委课题 120 万元。

（潘　宣）

首都医科大学

党委书记　史炳忠（6 月免）

　　　　　吕兆丰（6 月任）

校　　长　杜金香

【概　况】 2003 年，首都医科大学设有硕士学位授予权学科 58 个，博士学位授予权学科 38 个，2 个博士后科研流动站。国家重点学科 3 个，北京市重点学科 7 个，北京市重点建设学科 8 个，北京市重点实验室 2 个。设 7 年制临床医学和口腔医学专业，5 年制临床医学、口腔医学、预防医学、生物医学工程、护理学、中医学和中药学专业，临床医学中设有儿科医学和精神病学与精神卫生专业方向。附属医院 12 所，病床 10039 张。毕业 3297 人，其中，研究生 232 人(博士生 58 人、硕士生 174 人)，普通本专科生 1109 人(本科 440 人、专科 669 人)，成人教育本专科生 1956 人。招生 4410 人，其中，研究生 562 人(博士生 135 人、硕士生 427 人)，普通本专科生 1581 人(本科 861 人、专科 720 人)，成人教育本专科生 2267 人。在校生 15228 人，其中，研究生 1193 人(博士生 312 人、硕士生 881 人)，普通本专科生 5438 人(本科 3358 人、专科 2080 人)，成人教育本专科生 8597 人。本部和附属医院共有教职工和医务人员 20903 人，其中院士 4 人，正高级职务 711 人，副高级职务 1740 人。校本部教职工 1672 人，其中，专任教师 615 人。专任教师中，教授 59 人，副教授 190 人，讲师 218 人。校本部和附属医院占地面积 97.30 万平方米，建筑面积 134.5 万平方米。全年教育经费投入 25662.71 万元，其中，国拨 18608.92 万元，自筹 7053.79 万元。学校固定资产总值 46.5 亿元，图书馆藏书 108.3 万册。本年高考北京地区本科提档线一批理科 455 分、文科 475 分，二批理科 454 分、专科理科 371 分。学校网址：www.cpums.edu.cn。

（甘　哲）

【吴阶平受聘终身名誉校长】 1 月

28 日，首医大聘请吴阶平为终身名誉校长。吴阶平院士是著名医学家、教育家，原任全国人大常委会副委员长，是中国科学院、中国工程院两院院士，是该校前身北京第二医学院的第一任院长。

（甘　哲）

【公开选拔副处级干部】 1 月，首医大完成公开选拔副处级干部工作。该项工作 2002 年 11 开始，经过民主推荐、资格审查、公开答辩、组织考察、党委常委会讨论决定和任前公示，选拔 9 人分别担任 9 个副处级岗位，4 个岗位暂时空缺。

（甘　哲）

【附属北京中医医院挂牌】 3 月 2 日，首医大举办附属北京中医医院暨首都医科大学中医药临床医学院揭牌仪式。市卫生局宣布《北京市机构编制委员会关于北京市医学院校合并调整的批复》、《北京市机构编制委员会办公室关于北京中医医院更名的批复》，并宣布人事任命通知。北京中医医院成立于1956年，占地面积26600平方米、建筑面积51703平方米，医护人员649人，拥有临床床位600张。

（甘 哲）

【庆祝国际护士节】 5月12日，首

医大召开“5·12”国际护士节庆祝会。会议宣读《首都医科大学全体学生致各附属、教学医院全体教师的慰问信》，向防控“非典”一线医务人员表达崇高敬意和慰问，校本部160名护士身穿职业装，举手宣读护士誓词。会议还举办向防控“非典”一线医护人员捐款活动。

（甘 哲）

【与山东大学合作办学】 6月18日，首医大与山东大学签署合作办学协议。根据协议，双方实行研究生导师和教授互聘，每年互派部分教师到对方优势学科、重点实验室进修；双方合作培养人才，山东大学每年接收首医大二年级学生100至150人学习一年，首医大每年接收山东大学50至100名高年级医学本科生到临床医学院实习半年到一年；双方开展科研合作，相互开放国家重点实验室、省部级重点实验室，联合申报和承担国家重大课题；双方加强学术交流，不定期组织知名学者互访，合作举办高层次学术讲座。2001年，首医大与山东大学签订联合培养七年制医学类专业学生协议。

（甘 哲）

【建立国家生命科学人才培养基地】 11月12日，首医大举办国家生命科学与技术人才培养基地揭牌仪式。该基地是教育部、国家发展计划委员会批准的36个国家培养基地之一，是市属院校惟一入选单位，也是36个项目中惟一“临床医学应用型高级人才培养基地”。来自教育部、市教委、市卫生局等领导参加揭牌仪式。

（甘 哲）

【总结基础临床科研工作】 12月3至4日，首医大召开科技工作交流会。会议总结基础——临床科研合作项目10年工作，分析项目执行中存在的经费不足、课题分散、重立项轻管理问题，提出增加资金投入，提出建立“绩效挂钩”和滚动激励管理机制，加强课题中后期管理等解决方法。国家自然科学基金委员会、市教委、市卫生局附属医院领导参加会议。1993年，首医大实施基础——临床科研合作项目，10年择优资助289项课题，涉及该校全部自然科学系（部）、12家临床医院和4家市属研究所，推动基础研究向应用研究的转变。

（甘 哲）

北京中医药大学

党委书记 郑英良
校　　长 郑守曾

【概　况】 2003年，北京中医药大学设有基础医学院、中药学院、针灸学院等9个学院以及研究生部、体育部和文法系，开设中医学、中药学、制药工程等9个专业，其中中医学七年制含9个培养方向班。有6个国家级重点学科、13个部局级重点学科、3个部局级重点实验室、3个博士后科研工作流动站，3个一级学科具有硕士学位、博士学位授予权。毕业1221人，其中，研究生132人（博士生75人、硕士生57人），普通本专科生463人（本科434人、专科29人），成人教育本专科生553人（本科57人、专科496人）、网络教育本科生73人。招生4741人，其中，研究生388人（博士生131人、硕士生257人），普通本专科生1702人（本科1036人、专科666人），成人教育本专科生665人（本科88人、专科577人）、网络教育本专科生1986人（本科1217人、专科769人）。在校生16550人，其中，研究生966人（博士生354人、硕士生612人），普通本专科生5203人（本科3888人、专科1315人），成人教育本专科生3713人（本科618人、专科3095人），网络教育本专科生6668人（本科4431人、专科2237人）。留学生（含港澳台）毕业264人、招生600人、在校生1196人。博士后科研人员出站4人、进站8人、在站18人。教职工2653人，其中，校本部1198人，附属医院1293人，药厂162人。各类专业技术人员978人（校本部），占校本部教职工总数81.6%；具有高级专业技术职务361人（校本部），占校本部专业技术人员36.9%。校园占地面积22万平方米，建筑面积133万平方米。图书馆藏书50万余册，其中，中医古籍线装书1639种3550函。中药博物馆陈列各类中药标本9000多种。全年获省部级科技奖8项，在国内核心期刊发表论文277篇。全年教育经费投入17708万元，其中，国拨10800万元、自筹6908万元。本年高考北京地区本科提档线理科489分、文科491分。网址：www.bjucmp.edu.cn。

（付爱珍）

【东方医院入选扶贫助残单位】 1月9日，中医药大学附属东方医院入选扶贫助残白内障复明手术医院。根据规定，该院在完成日常诊疗工作同时，免费为丰台区贫困白内障患者实施复明手术。东方医院是北京中医系统首家扶贫助残白内障复明手术指定医院。扶贫助残医院由北京残疾人联合会、丰台区残疾

人联合会认定，该院是三级甲等医院中的惟一一家。

（付爱珍）

【设立段立军抗“非典”基金】 5月6日，中医药大学设立段立军抗“非典”基金。该基金共计100万元，分为临床医疗奖、重点攻关项目奖、组织管理奖3个奖项。其中，临床医疗奖面向抗“非典”临床一线医护人员，重点攻关项目奖面向抗“非典”灌浆课题科研人员，组织管理奖面向抗“非典”工作中做出贡献管理人员。段立军，1968年出生，云南省人，中医药大学附属东直门医院急诊科主治医师，在抢救“非典”病人时，不幸感染牺牲。

（付爱珍）

【成立文法系】 7月9日，中医药大学成立文法系。该文法系由原社科部、外文部和管理学院组成，承担原外语部、社科部的公共课教学任务，开设英语（医学方向）、法学（医药卫生）两个专业。其中，英语（医学）专业培养达到英国语言文学学士学位标准，掌握中医学基本理论知识的英文人才；法学（医药卫生）专业培养掌握民法、医药卫生法和必要医药卫生知识，能够办理医药卫生领域法律事务司法人员。文法系教职工43人，其中教授1人，副教授17人，讲师12人，助教9人；具有硕士研究生学历（学位）16人。首次招生70人，其中，英语（医学）专业40人、法学（医药卫生）专业30人。

（付爱珍）

北京师范大学

党委书记 陈文博
校　　长 钟秉林

【概　况】 2003年，北京师范大学设有21个学院，7个系，14个研究院（所、中心）。本科专业52个，硕士学位授权点127个、博士学位授权点69个、博士后流动站12个。14个一级学科拥有硕士、博士学位授予权，博士点数在全国高校居于前列。有16个国家重点学科、6个北京市重点学科。设有8个国家文理基础学科人才培养基地及对外汉语教学人才培养基地，6个教育部人文社会科学重点研究基地。与有关单位共建2个国家级重点实验室，1个国家专业实验室，7个教育部重点实验室。教职工2715人，其中，专任教师1225人。拥有博士学位的教师占教师总数的48.7%，45岁以下的教师占教师总数的64%。中科院院士11人，中国工程院院士3人；国务院学位委员会委员1人，国务院学科评议组成员13人，“长江学者奖励计划”特聘教授8人。毕业2794人，其中，研究生884人（博士生216人、硕士生668人），普通本专科生1910人（本科1610人、专科300人）。招生12913人，其中，研究生2382人（博士生596人、硕士生1786人），普通本科生2142人，网络教育本专科生8389人。在校生27372人，其中，研究生5398人（博士生1602人、硕士生3796人），普通本专科生8524人（本科8202人、专科322人），网络教育本专科生13450人。留学生毕业1129人、招生1084人、在校生1026人。图书馆藏书291.76万册，电子图书10万件。学校占地面积715140平方米。固定资产总值60282.38万元，其中教学科研仪器设备总值19653万元。网址：www.bnu.edu.cn。

（刘长旭）

【遥感与气候研究实验室成立】 2月10日，北师大——中国气象局遥感与气候信息开放研究实验室成立。该实验室设在中国气象局，隶属于即将成立的北师大——中国气象局地球系统科学与可持续发展研究院，从事遥感/气候信息获取技术与机理研究、遥感/气候信息在数值预报和气候系统应用研究、灾害性天气遥感/气候信息应用研究、生态环境与农业气象遥感/气候信息应用研究、大气环境遥感5个领域科学研究与合作。通过联合培养硕士、博士研究生，互聘教师、共建学生实验实习基地、共同申请科研项目、举办大型国际国内学术会议，建立学校与气象局长期人才供求关系，实现资源共享。9月26日，北师大——中国气象局地球系统科学与可持续发展研究院在中国气象局成立。

（刘长旭）

【合作举办质谱检测高级培训班】 2月18至22日，北师大与美国菲尼根仪器公司合作举办畜禽产品中氯霉素残留气相色谱——质谱检测方法高级培训班。该培训班采用专题讲座形式，重点讲解氯霉素残留气相色谱——质谱检测方法。来自农业、卫生检验检疫和海关质检职工25人参加学习。氯霉素是一种广谱抗生素，作为药物常用于家畜疾病治疗和预防，人类常见的癌症、畸形和抗药性与畜禽产品中抗生素、激素和其它合成药物残留有关。

（刘长旭）

【首届新加坡汉语学士项目毕业】 3月21日，北师大首届汉语言文学学士项目在新加坡毕业。该项目与新加坡管理学院联合举办，北师大负责教学，新加坡管理学院负责日常管理，学制5年。首期招收学员180人，其中，120人通过论文答辩，获得北师大学士学位及毕业证书。

（刘长旭）

【第六届励耘奖颁奖】 3月28日，北师大颁发第六届励耘奖。本届励耘奖评出优秀青年教师奖14人，优秀学术成果奖6人，优秀学生奖35人，奖金总额9.6万元。该奖项由启功出资163万元设立，面向青年教师和优秀学生，每年评选一次，每次分为优秀青年教师奖、优秀学术成果奖和优秀学生奖3项，其中，优秀青年教师奖、优秀学术成果奖500至2000元，优秀学生奖500至1000元。前五届累计350名优秀青年教师和学生获得奖励。

（刘长旭）

【成立哲学与社会学学院】 4月28日，北师大哲学与社会学学院成立。该学院下设哲学系、思想政治教育系、社会学系、马克思主义哲学研究所、中国哲学与文化研究所、外国哲学与文化研究所、伦理学与道德教育研究所，主要承担哲学、思想政治教育、社会学方面教学与研究工作，培养相关方面人才。学院教职工50人，其中，高级职务40人。

（刘长旭）

【成立文学院】 5月14日，北师大文学院成立。该学院在原中文系基础上组建，下设汉语言文学研究所、文艺学研究所、中国古代文学研究所、中国现当代文学研究所、比较文学与世界文学研究所、民俗学与文化人类研究所、新闻传播学研究所、语文教育研究所，培养相关专业人才。学院教职工84人，其中，高级职务76人。北师大中文学科在全国享有声誉。

（刘长旭）

【图书馆开通网络版引文数据库】 5月27日，北师大图书馆开通美国科学情报所学术信息资源体系（ISI Web of Knowledge）。该体系以学术信息资源数据库形式，包括八大类数据库，其中，核心部分是引文数据库（ISI Web of Science）和学术会议录数据库（ISI Proceedings），检索内容涵盖自然科学、工程技术、社会科学、艺术与人文最具影响8500种学术期刊，可通过网络检索国际会议、座谈会和专题讨论会发表论文文献信息和著者摘要等数据。

（刘长旭）

【举办人类遗产学系列讲座】 11月21日，北师大人类遗产学中心举办人类遗产学系列讲座。该讲座以“世界城市治理中的人类遗产学与北京遗产保护”为主题，采用专题演讲形式，邀请联合国科教文组织、法国历史遗产局、清华和北师大学者、教授，讲解《联合国教科文组织的遗产保护条例和中国——北京计划》、《里昂，人类世界文化遗产》、《北京什刹海烟袋斜街地区保护更新政策研究》、《北京云居寺石刻佛经与文化遗产保护》、《文物建筑和历史地段保护》、《全人类遗产：新的价值理论参照系》专题。北师大人类遗产学中心由该校与联合国科教文组织驻北京代表处、欧中可持续交流委员会、欧洲梅耶人类基金会和法国雷恩大学联合组建。

（刘长旭）

【成立资源学院】 12月28日，北师大资源学院成立。该学院由资源科学研究所改建，以资源科学综合应用为研究方向，涉及遥感、地理信息系统、全球定位系统等资源科学与技术，重点培养相关方面专业人才。学院教职工60人，其中，中科院院士1人，工程院院士1人，教授20人，85%以上具有博士学位，60%具有海外留学或工作经历。在读研究生178人，其中博士生74人，硕士生104人。北师大资源科学研究所1997年成立，前身为1993年成立的资源利用与可持续发展研究中心。10年来，先后获得国家科技进步二等奖1项、省部级奖励10项。自1997年，累计毕业研究生69人，其中，硕士生52人，博士生17人。

（刘长旭）

首都师范大学

党委书记 谢维和
校　　长 许祥源

【概　况】 2003年，首都师范大学设有文学院、政法学院、教育科学学院、外国语学院、美术学院、音乐学院、资源环境与旅游学院、信息工程学院、初等教育学院、国际文化学院和成人教育学院11个学院，历史、数学、物理、化学、生物、教育技术6个系及大学英语教研部、两课理论部和体育教研部。拥有51个本科专业，60个硕士学位授权点，26个博士学位授权点，2个博士、硕士学位授权一级学科，4个博士后流动站、1个项目博士后流动站，1个国家文科基础学科人才培养和科学研究基地，1个全国省属高校人文社会科学重点研究基地，1个国家体育与艺术师资培养培训基地，1个教育部重点实验室，3个北京市重点实验室，1个北京市生命科学人才培养和产学研基地，以及53个成人教育专业和专业方向。学校教职工2497人，其中，专任教师1104人。专任教师中，教授160人，副教授465人，讲师369人；博士177人，硕士393人。博士生导师75人，硕士生导师361人，国务院学位委员会学科评议组成员1人，教育部学科教学指导委员会委员3人。外籍教师10人，其中博士1人，硕士5人。全年毕业7148人，其中，博士生42人，硕士生460人，普通本科生2518人，成人教育本专科生3770人，外国留学生358人。招生8211人，其中，博士生73人，硕士生610人，普通本科生2867人，成人教育本专科生4378人，外国留学生283人。在校学生27495人，其中，博士生177人，硕士生1738人（含教育硕士388人），普通本科生10077人，成人教育本专科生15209人，外国留学生294人。学校同五大洲63所大学建立校际交流合作关系。图书馆建筑面积3.42万平方米，藏书233.9万册。在研项目560个（文科293个、理科267个），其中，本年新增82个（国家级21个、省部级61个）。学校占地面积（包括良乡新校区）1273924.8平方米，建筑面积601373平方米。全年教育经费总投入46634万元，其中，国拨34786万元，自筹11848万元。全校固定资产2.53亿元，其中，教学仪器设备1.82亿元。本年高考北京地区本科提档线文科470分、理科

465分。网址：www.cnu.edu.cn。

（王　群）

【表彰优秀学生科研成果】　3月6日，首师大召开学生科研成果表彰会。会议表彰优秀学生成果25项，其中，本科生科研成果15项，研究生科研成果10项。会议总结“诚信、关爱、责任”主题特色活动，表彰优秀活动22项。该校师生400人参加会议。2000年9月，首师大开展大学生科研活动，121个学生项目获准立项，其中按时结题的115项科研成果参加本次评选。

（王　群）

【成立音乐学院】　3月10日，首师

大音乐学院成立。该学院设有音乐教育、理论作曲指挥、音乐表演、音乐科技、舞蹈5个系以及音乐教育研究、音乐科技研究、音乐信息处理交流3个中心。拥有教职工64人，其中教授6人、副教授23人，学生297人，其中研究生43人。

（王　群）

【首次公开竞聘处级领导岗位】　4

月15至18日，首师大完成首次处级领导岗位公开竞聘。首次竞聘涉及处级领导岗位16个，其中正处级3个，副处级11个，其他岗位2个。竞聘工作坚持公开、平等、竞争、择优和竞聘人选不少于1∶2原则。该校38人53人次报名参加竞聘，最终校党委常委会讨论决定聘任9个岗位9名副处级领导干部。

（王　群）

【教学条件改善工程竣工】　8月18日，首师大教育教学条件改善工程竣工。该工程包括主楼、教二、教三、教四楼、图书馆结构加固、装修改造和校园道路系统改造、绿化、综合环境整体治理，完成室内装修面积22000平方米，校园改造总面积26000平方米。工程6月底开工，总投资2000万元。

（王　群）

【与社科院合作办学】　9月4日，首师大历史系与中国社会科学院世界历史研究所签订科研与教学合作协议。依据协议，双方发挥资源优势共同申报科研课题、合作举办对外交流活动和学术性会议；社科院帮助首师大培养世界历史学专业人才。首师大历史系拥有一批专家、教授和优秀生源。

（王　群）

【数字化报到服务平台投入使用】　9月8日，首师大数字化报到服务信息平台投入使用。服务平台包括招生录取、报到登录和信息导入教务系统三个部分，储存信息可以伴随学生在校学习全过程，学生毕业前可以连接“就业之路”平台，合成学生在校全程信息。这是继清华之后全国第二所使用数字化报到服务信息平台的高校。

（王　群）

【“211工程”项目通过论证】　9月11至12日，首师大“十五”期间“211工程”建设项目通过专家论证暨立项审核。市政府专家组听取学校整体情况、重点学科和公共服务体系子项目汇报，实地考察部分重点建设学科和培养基地，分别召开师生座谈会，经过论证和审核，原则同意通过学校建设项目可行性研究报告。专家组建议，首师大“211工程”建设应突出为首都服务指导思想，突出重点学科建设，坚持特色，形成优势。

（王　群　赵　清）

【举办人文学术论坛】　9月24日，首师大举办人文学术论坛开幕式。该论坛由图书馆和文学院中文系共同举办，以提高人文素质，促进学风建设为宗旨，邀请校内外专家、学者，举办热点话题和研究成果专题报告，是人文学科领域学术交流平台。论坛每逢双周三晚上举行，至年底共举办14次。

（王　群）

【新图书馆投入使用】　10月8日，

首师大图书馆新馆(北一区)投入使用。该图书馆占地面积3004平方米，建筑面积16800平方米，地上7层，地下1层，为建筑自动化、办公自动化、通信自动化、消防自动化和安保自动化的智能化大厦。图书馆建设工程于7月31日竣工，总投资5258万元。投入使用后图书馆改藏阅、借阅分离为藏（收藏）、借（外借）、阅（阅览）合一。

（王　群）

【举办第二期新课改研修班】　10月8日，首师大举办第二期国家基础教育课程改革实验骨干教师培训国家级研修班。研修班为期10天，开设小学美术、中学综合实践活动两个学科。来自全国31个省市中小学教师180人参加学习。根据教育部统一部署，全国300万中小学教师参与新课改。

（王　群）

【历史博物馆开馆】　10月9日，首师大历史博物馆开馆。该博物馆兼有展览、收藏、研究和交流功能，馆藏文物6个大类4000件。博物馆前

身是创办于 1956 年的北京师范学院文物室。

（王　群）

【召开中外语言文化国际研讨会】 11 月 4 至 5 日，首师大召开北京中外语言文化对比研究——中日国际研讨会。会议听取日本汉文教育家石川忠久发言，他从日本汉诗起源、中国古典诗歌对其影响等方面，指出日本汉诗逐渐形成的特色、自有的文学价值。会议听取日本美国文学学者田中久男演讲，他以福克纳小说中两个美国梦追求者为主题，交流美国文学研究成果。中外有关专家、学者 50 人及该校日语系学生参加会议。

（王　群）

【国家校外教育培训中心成立】 11 月 18 日，首师大全国青少年校外教育培训中心（北京部）成立。该中心经全国青少年校外教育工作联系会议批准，负责全国青少年校外活动场所建设国家扶持项目主持人培训。首期培训为期 10 天，来自东北、西北 12 个省（区）和新疆生产建设兵团的 100 人参加学习。中心同时是北京市校外课外培训中心。

（王　群　崔向红）

【召开教师发展学校研讨会】 11

月 27 至 29 日，首师大召开教师发展学校研讨会。听取美国国家教师教育认证委员会高级顾问玛莎·莱温，以及美国加州州立大学、北师大、首师大教授关于教师教育研究与发展专题报告，研讨教师培养模式等问题。会议期间，代表参观北京 5 所教师发展学校，听取学校经验介绍。研讨会由教育部、市教委与首师大联合主办，教育部领导、国内高等师范院校学者、部分教师发展学校校长 200 人参加会议。2001 年 4 月，首师大发起建立教师发展学校，经过 3 年努力，北京已经建立教师发展学校 9 所。

（王　群）

【召开两岸三地校本课程研讨会】 12 月 27 至 28 日，首师大召开两岸三地校本课程开发与校本化课程实施学术研讨会。会议研讨校本课程开发与校本化课程实施问题，交流两岸三地校本课程开发、校本化课程实施研究成果、经验。会议认为，校本课程开发与校本化课程实施是两岸三地基础教育课程改革中共同面对的课题，开展学术交流有益于课程建设。来自大陆、香港和台湾的课程专家、中小学校长、教师 100 人参加会议。

（王　群）

首都体育学院

党委书记　张来芬
院　　长　李鸿江

【概　况】 2003 年，首都体育学院设体育教育系、运动训练系、运动人体科学系、社会体育系、民族传统体育系、管理系、竞技体育系 7 个系，基础部、成人教育部和研究生部 3 个部和国际交流中心，附设有竞技体育学校、体育科学研究所和华西培训基地。设硕士学位授予专业 5 个，本科专业 6 个，省部级重点学科 1 个。教职工 437 人，其中，专任教师 176 人。专任教师中，教授 22 人，副教授 50 人，讲师 82 人，助教 9 人，研究生导师 44 人。毕业 1072 人，其中，硕士生 30 人，普通本专科生 360 人（本科 349 人、专科 11 人），成人教育本专科生 682 人。招生 1488 人，其中，硕士生 65 人，普通本科生 623 人，成人教育本专科生 800 人。在校生 4788 人，其中，硕士生 155 人，普通本科生 2264 人，成人教育本专科生 2369 人（本科 1334 人、专科 1035 人）。留学生毕业 37 人、招生 21 人、在校生 32 人。校园占地面积 233100 平方米，建筑面积 117715 平方米。固定资产 25630 万元，其中教学科研仪器设备 2504 万元。图书馆藏书 17.01 万册。全年教育经费投入 12928 万元，其中，国拨 11571 万元，自筹 1357 万元。本年高考北京地区体育教育学专业和社会体育学专业本科提档线文科 300 分，理科 285 分；运动人体科学专业和公共事业管理学专业本科提档线文科 432 分，理科 408 分。网址：www.cipe.net.cn。

（郑　刚）

【实施全员聘任制】 1 月 8 日，首体院完成教职工聘用合同签订。聘用合同规定聘用期限、岗位职责、解聘辞聘等内容，聘期 2 至 5 年。该院教职工共 398 人在聘用合同签字，占职工总数 99%；4 人未签订合同，占 1%。

（郑　刚）

【成立管理系】 1 月 24 日，首体院管理系成立。该系拥有教师 6 人，其中，教授 1 人。管理系开展公共事业管理专业本科教育，学制 4 年，修业期满授予管理学位。在校生 46 人。

（郑　刚）

【实施教学成果奖励办法】 5 月 28 日，首体院实施教学成果奖励办法。办法规定，首体院教职工担任课题第一负责人、第一作者或第一主编获得国家级、省部级和首体院教学成果奖，学院分别给予 20000 元至 500 元不等奖励，评选资格以国家、北京市、有关部委及学校正式文件为准。办法明确，各类社会团体、民间组织教学成果评奖活动，不在奖励范围内。

（郑　刚）

【144 人取得教育技术合格证书】 至 5 月，首体院专兼职教师 144 人取得计算机教育技术一级合格证书。其中，教授 7 人，副教授 38 人，

讲师 80 人，助教 19 人。其中，13 人直接参加考试取得合格证书。自 2002 年，该校教师分 5 批参加北京市高校师资培训中心计算机教育技术培训。

(郑　刚)

【举办高级体育管理人才培训班】 8 月 27 日至 12 月 31 日，首体院举办第 2 期高级体育管理人才培训班。培训班由北京——悉尼高级体育管理人才培训中心举办，第一阶段在首体院完成 1 个月英语培训，第二阶段在澳大利亚悉尼科技大学完成两个月体育管理课程学习。来自市体育局、各区县和首体院的 17 名学员参加学习。

(郑　刚)

【成立科技创安工作领导小组】 9 月 21 日，首体院成立科技创安工作领导小组和工作小组。该小组由总务处、保卫处和信息中心等各部门组成，主要职责是领导和负责学院科技创安工程。

(郑　刚)

【召开教学工作会议】 10 月 23 日，首体院召开教学工作会议。会议以"强化质量意识，注重内涵发展，建设精品课程，迎接教学评估"为主题，认为教研室建设和管理方面存在问题，与学院整体发展要求差距较大，不能适应高等教育改革发展需要。会议提出，建立健全教研室建设和管理工作条例；理顺教学管理职能部门、各系部及教研室教学业务关系，建立健全教学质量保障与监控体系；加强师资管理，扭转师资队伍建设滞后状况；增加教研室和课程建设经费投入；改进管理机制，建立有效的评价与激励机制。该校领导、各部门负责人和教师 120 人参加会议。

(郑　刚)

【评选首批本科教学优秀教师】 10 月 23 日，首体院完成首批本科教学课优秀教师评选。评选按照《教学质量评价实施办法(试行)》有关规定，采用学生评价、同行评价和专家评价相结合评价方法。该校教师 102 人参加评选，其中，15 人当选首批优秀教师。

(郑　刚)

【举办首届人文与科技大学生论坛】

12 月 8 日，首体院举办首届人文与科技大学生论坛。论坛主题"人文与科技"，内容涉及奥运会及其相关产业评论、校园建设和校园文化分析、体育文化综合研究等。该院师生 200 人参加活动，共提交论文 40 余篇，两人获得一等奖。

(郑　刚　王兆鼎)

【获得全国大学生龙狮锦标赛银奖】 12 月 28 日，首体院代表队获得首届中国大学生龙狮锦标赛银奖。该比赛由中国大学生体育协会主办，设立舞龙、舞狮、锣鼓技艺、书画和摄影等项目。来自全国 16 支大学生龙狮队、12 支观摩队 436 名选手参加比赛，首体院校代表队由 22 名学生组成，分别参加 2 个项目比赛，获得舞狮银奖，同时获得体育道德风尚奖。

(郑　刚)

【聘任新一届处级干部】 12 月 29 日，首体院召开新一届处级干部聘任会。本届新聘任处级干部 44 人，任期自 2004 年 1 月 1 日至 2007 年 12 月 31 日。其中，新任命干部 21 人，占总数的 47.7%。平均年龄 46 岁，比上届下降 6 岁；博士、硕士或研究生学历占 36.4%，比上届提高 3.9 个百分点；副高级以上专业技术职务占 61.4%，比上届提高 8.9 个百分点。

(郑　刚)

北京外国语大学

党委书记　杨学义
校　　长　陈乃芳

【概　况】 2003 年，北京外国语大学设有 7 个学院，11 个系部，开设 44 个本科专业，讲授 34 种外国语，其中，18 种语言是全国惟一学科点。设 1 个一级学科博士点，9 个二级学科博士点和 13 个硕士点，1 个博士后流动站(外国语言文学)。全国重点学科点 2 个，北京市重点学科点 2 个，国家级重点人文社会科学研究基地 1 个。教职工 1430 人，其中，专任教师 603 人。专任教师中，博士生导师 41 人、硕士生导师 221 人，教授 113 人、副教授 177 人，国务院学科评议组成员 2 人，教育部高校外语专业教学指导委员会委员 13 人，国家级有突出贡献中青年专家 4 人，享受政府特殊津贴人员 128 人。聘用外籍专家、教师 105 人。毕业 1581 人，其中，研究生 160 人(博士生 12 人、硕士生 148 人)，普通本科生 811 人，成人教育本专科生 610 人(本科 75 人、专科 535 人)。招生 5923 人，其中，研究生 304 人(博士生 40 人、硕士生 304 人)，普通本科生 1055 人，成人教育本专科生 901 人(本科 206 人、专科 695 人)，网络教育本专科生 3663 人。在校生 10325 人，其中，研究生 787 人(博士生 124 人、硕士生 663 人)，普通本科生 3939 人，成人教育本专科生 1936 人，网络教育本专科生 3663 人(本科 3067 人、专科 596 人)。留学生毕业 176 人、招生 547 人、在校生 812 人。博士后研究人员出站 1 人、在站 4 人。学校占地面积 31 万平方米，校舍建筑总面积 30.6 万平方米，固定资产总值 49711.00 万元，其中教学科研仪器设备总值 2975.55 万元。图书馆藏书约 80 万册，中外文期刊 1200 多种，各种音像资料4000多种。全年教育经费投入23760万元，其中，国拨14203.4万元（教育事业拨款9930.4万元、基建拨款4273万元）。本年度科研在研项目13个，其中，国家社会科学规划项目4个，全国教育科学规划项目1个，教育部社会科学规划一般基金项目和博士点基金项目5个，年度科研经费到款173.2万元，学校投入科研经费239万元。本年高考北京地区本科提档线文科524分、理科544分。学校网址：www.bfsu.edu.cn。

（李 勇）

【日本学研究中心教学楼落成】 3月21日，北外日本学研究中心新教学楼落成。该教学楼为日本政府无偿援助建设项目，共5层，占地面积1750平方米，建筑面积4139平方米。教学楼于2002年3月开工建设，北外投资300万元，日方援建8亿日元。

（李 勇）

【技术中心举办“红五月”竞赛】

5月，北外教育技术中心举办“红五月”百分竞赛。该竞赛以强化教学和科研服务，提高工作效率为宗旨，结合日常工作设立政治思想、本职工作、业务理论、劳动纪律和文明礼貌5个方面比赛项目。该中心教师30人参加竞赛，其中，获得优秀3人，合格27人。北外教育技术中心“红五月”百分竞赛始于1998年，每年举办一次。

（李 勇）

【陈乃芳获兰卡斯特大学荣誉博士学位】 7月15日，北外校长陈乃芳教授获得英国兰卡斯特大学(Lancaster University)荣誉法学博士学位。陈乃芳，1940年出生，江苏省南通县人，1964年毕业于北京外国语学院，并留校任教，1997年任校长，为北外与兰卡斯特大学友好合作做出重要贡献。

（李 勇）

【部级干部英语培训班结业】 9月

17日，北外部级干部英语培训班结业。该培训班采用小班授课形式，开设情景英语、新概念英语和口语强化等课程，学制2年。来自全国20名部级干部参加学习，全部获得结业证书。

（李 勇）

【参加大东文化大学80周年校庆】 11月5至8日，北外代表团参加日本大东文化大学80周年校庆活动。1980年，北外与日本大东文化大学建立校际交流关系，23年来，大东文化大学派遣20名教师到北外任教和进修，每年派遣100名学生参加北外暑假汉语进修班。北外向大东文化大学派遣40名教师任教和进修，任教教师发表论文30篇、著书3部、参与编辑工具书6部。

（李 勇）

【举办“创意英国”英国专题讲座】

11月19日，北外举办“创意英国”(Think UK)专题讲座。该讲座听取英国驻华大使韩魁发爵士(Sir Christopher Hum)演讲，系统介绍“创意英国”活动形式、内容以及创造与革新的主题思想，并表达推动中英两国年轻人之间交流愿望。该校师生1000余人参加学习。“创意英国”是英国政府在中国举办的系列活动。

（李 勇）

【举办首届新闻主持人比赛】 12月5日，北外举办首届新闻主持人决赛。该比赛由新闻中心主办，分为初赛和决赛两个阶段，初赛阶段选手自选形式表演，决赛阶段现场抽题进行风采展示。30名选手报名参加比赛，10人进入决赛，最后俄语系选手获得一等奖。

（李 勇）

北京第二外国语学院

党委书记 段建国
院　　长 杜　江

【概　况】 2003年，北京第二外国语学院设有8个系7个院，16个本科专业、3个专科专业和7个硕士点。学院设有教育技术中心、图书馆、旅游发展研究院、跨文化研究所、旅游教育出版社、实业集团公司等科研、教学辅助机构及经济实体。毕业2327人，其中，硕士生53人，普通本专科生1491人（本科708人、专科783人），成人教育本专科生783人（本科410人、专科373人）。招生4546人，其中，硕士生106人，普通本专科生2760人（含第二学士学位生108人），成人教育本专科生1680人（本科1125人、专科555人）。在校生10665人，其中，硕士生272人，普通本专科生7021人（本科4741人、专科2280人），成人教育本专科生3372人（本科

2060人、专科1312人)。留学生毕业301人,招生532人(长期29人、短期503人),在校生1342人(长期448人、短期894人)。教职工944人,其中,专任教师464人。另聘有外籍教师30人和兼职教授51人。学校与日本、美国、韩国等国家61所高校建立校际交流关系。全年教育经费投入15338万元,其中,国拨7360万元、自筹7978万元。校办企业营销总收入5269万元,利润79.8万元。旅游教育出版社共出书175种,发行码洋1680万元。学院占地面积22万平方米,建筑面积23.2万平方米。图书馆建筑面积6872平方米,藏书60万册,中外期刊1000余种。本年高考北京地区本科提档线文科491分、理科493分。网址www.bisu.edu.cn。

(李志杰)

【学术委员会召开会议】 3月6日,二外学术委员会召开会议。会议评选2002年校级优秀科研成果,这批成果分为专著、教材、译著和论文4类3个等级,共计18项获奖。同时,审定年度校级科研资助项目,这批项目分专著、教材、其他三类,分为重点、一般和青年项目3个等级,共计30项,资助总金额20.4万元。该校学术委员13人参加会议。

(李志杰)

【成立发展咨询委员会】 10月13日,二外发展咨询委员会成立。该委员会聘任委员9人,办公室设在院办,主要参与学院中、长期发展规划调研论证,为学院重大决策提供咨询服务,为学院改革创新,提高办学水平开展调研论证、决策咨询和决策评价。

(李志杰)

【召开中韩女性社会作用研讨会】 10月27日,二外召开中韩女性社会作用研讨会。会议主题是“21世纪中韩女性社会作用”,听取二外教师《世纪之旅——中国现代诗人的写作历程》和《永远的寻觅到现实的困境》论文演说,听取韩国威德大学

教师《中韩女性交流关系——新罗的三位女王及对华关系》和《韩国女性偏爱男孩状况及原因的研究》论文报告,以现场提问的方式研讨“中韩两国社会男女差异比较”、“两国社会中男女是否真正实现同工同酬”、“中韩两国家庭家务事分配状况”等问题。会议认为:“真正意义上的男女平等不等于抹杀双方的差异,而是要让男女各自的优势更加彰显,从而以更积极的心态投入社会生活”。会议由二外女教授联谊会与韩国未来女性协会共同主办,来自中韩两国女教师40人参加会议。

(李志杰　马宪超)

【首次获得国家社科资金资助】 10月,二外承担的“美国多学科美育模式研究”入选年度国家社科基金项目。该课题是一般项目类别,资助总额7.5万元。这是该校首次获得国家级社科基金项目。国家社科基金是中国最高级别人文社科项目。

(李志杰)

【国际交流中心落成】 11月21日,二外国际交流中心落成。该中心占地面积3000平方米,建筑面积17240平方米,共16层,设有200间客房,主楼为留学生、外教以及外国专家公寓,内设室内游泳池、风雨操场等体育及健身设施。中心于2000年8月开工建设,总投资5000万元。

(李志杰)

【举办怀特海教育思想研讨会】 11月,二外举办“过程思维与全球化时代的教育改革”国际学术研讨会。会议通报中美大学教育改革和通识教育实践介绍,听取美国思想家小约翰·柯布博士、大卫·格里芬和小威廉·多尔专题发言,研讨怀特海教育哲学,研讨教育宗旨与能动智慧、教育艺术风格与人格全面塑造、全球化背景下民主教育、以人为本教育模式问题。会议代表参观罗优拉·玛丽蒙特大学、勒湾大学、培泽学院等学校。会议在美国加州克莱蒙特大学召开,由二外跨文化研究所与美国过程研究中心联合举办,来自中国、美国和奥地利等国家18所大学60名学者参加会议。

(李志杰)

【举办首届音乐作品比赛】 12月3日,二外举办首届音乐作品比赛。比赛设立原创歌曲、音乐剧、乐器演奏、舞蹈和合唱5个项目,分为初赛、复赛和决赛3个层次。该校15个院系15个作品参加比赛,10组作品进入决赛,其中,吉他与小提琴协奏曲《My Song》获得一等奖。

(李志杰)

【学院视觉识别系统确定】 12月30日,二外公布确定后的学院视觉识别系统(VIS)。该系统是学院形象设计主体部分,包括标识标准图形、标识标准色与辅助色、中英文校名的规范使用组合,以及办公用品系统、指示识别系统和事务用品系统规范等。系统由专业设计公司设计,是40年校庆活动组成部分。

(李志杰)

北京语言大学

党委书记　王路江
校　　长　曲德林

【概　况】 2003年,北京语言大学设有汉语学院、外国语学院、人文学院(汉语教师进修学院)、汉语速成学院、汉语进修学院、信息科学学院(语言信息处理研究所)、继续教育学院、网络教育学院8个学院,出国留学人员培训部、金融系和体育教

学部 3 个教学单位，对外汉语研究中心、语言研究所、汉语水平考试中心等 13 个研究单位及其他教学辅助机构。设有 15 个本科专业、14 个硕士专业、3 个博士专业。教育部普通高等学校人文社会科学重点研究基地 1 个，国家重点学科 1 个，北京市重点学科 2 个。毕业 494 人，其中，研究生 62 人（博士生 6 人、硕士生 56 人），普通本科生 297 人，成人教育本专科生 135 人。招生 1120 人，其中，研究生 266 人（博士生 25 人、硕士生 241 人），普通本科生 724 人，网络教育本专科生 130 人。在校生 3898 人，其中，研究生 599 人（博士生 66 人、硕士生 533 人），普通本科生 2567 人，成人教育本专科生 732 人。留学生和港澳台学生毕业 3936 人（本科生 279 人、研究生 17 人、非学历生 3640 人），招生 4383 人（本科生 685 人、研究生 22 人、非学历生 3676 人）。在校生 6005 人（本科生 1862 人、硕士生 108 人、博士生 6 人、非学历生 4029 人）。教职工 1408 人，其中专任教师 733 人，拥有高级职务教师 301 人，中级职务 496 人。校园占地总面积约 38 万平方米，建筑面积 31 万平方米。图书馆建筑面积 9870 平方米，藏书 63 万余册，中外文期刊 934 种。全年教育经费总投入 20264 万元（教育事业费支出 16669 万元、经营支出 170 万元、基建支出 3425 万元），其中国拨 9679 万元，自筹 10585 万元。至年底，语言大学同 27 个国家和地区的 131 所大学或教育机构建立交流关系。网址：www.blcu.edu.cn。

（彭艳崇）

【调整教学机构设置】 1 月 10 日，北语调整教学机构设置。调整工作后按照不同教学对象、教学要求和培养目标设置教学机构，区分短期速成、长期进修和本科教育，实行学历教育和非学历教育分离，以便按照不同教学目标和教学大纲及教育模式实施教学。调整后该校增加两个教学机构，汉语学院分为汉语学院、汉语进修学院，外国语学院分为外国语学院和出国留学人员培训部，人员、编制不变。

（彭艳崇）

【召开青年教师座谈会】 3 月 7 日，北语召开青年教师座谈会。会议分析青年教师教学课时过多与科研经费投入不足的矛盾，研讨教学、科研和管理等问题。会议提出建立“学术休假”制度，增加科研奖励，建立学术网站等建议。会议认为，应该协调教学与科研关系，在科研经费、课题申请和进修等方面关注青年教师成长。该校教学、科研单位 20 名青年教师参加座谈会。

（彭艳崇）

【一教学楼投入使用】 3 月，北语教学一楼投入使用。该教学楼占地面积 2475 平方米，建筑面积 25169 平方米，地上 12 层，地下 2 层，拥有教室 120 间，配备有报告厅、会议室和教员休息室。教学楼于 2001 年开工建设，总投资 10664 万元。教学楼投入使用后，首次实行物业管理，包括周边 5 米内卫生、安全保卫、楼前广场升旗和车辆停放管理。

（彭艳崇）

【开通科研互动网站】 6 月 9 日，北语开通科研互动网站。该网站包括学术论坛、学术沙龙、科研信箱 3 个二级栏目，其中，学术论坛为学术论文交流、争鸣园地，刊登尚未正式发表，希望与同行探讨、切磋的学术论文；学术沙龙为交流学术思想和研讨学校科研发展战略场所；科研信箱是发表科研信息、提供科研建议、开展科研服务的信息园地。网址：www.blcu.edu.cn /kych /default.asp。

（彭艳崇）

【汉语速成班开课】 6 月 23 日，北语速成学院汉语速成班开课。学院根据学生“非典”离校期间自学情况重新编班，并调整教学计划，周课时从原 20 学时增加到 26 学时，6 周完成 8 周教学任务。来自 31 个国家的 160 名留学生参加学习。

（彭艳崇）

【汉语学院完成留学生论文答辩】 6 月 23 日和 12 月 25 日，北语汉语学院完成两次留学生论文答辩。6 月 23 日来自 14 个国家 41 名 2002 至 2003 学年秋季班学生参加答辩，内容涉及中国经济、中外语言文化比较和少数民族历史文化。12 月 25 日共有 134 名留学生参加答辩，内容包括中国汽车、纺织、外商投资、通信、交通、文化、旅游、教育、人民币汇率、西部开发和农村问题。

（彭艳崇）

【承办首届华北世界语会议】 8 月 29 至 31 日，北语承办首届华北地区世界语会议。会议听取中华全国世界语协会瑞典第 88 届国际世界语会议情况通报，听取 2004 年北京第 89 届国际世界语会议筹备工作汇报，交流各地世界语组织工作经验。会议由北京市世界语协会主办，华北地区 100 名代表参加会议。

（彭艳崇）

【第二届新加坡学位班毕业】 9 月

7 日，北语中国语言文化专业学士学位第二届新加坡学位班毕业。该学位班开设 20 门课程，涵盖中国社会与文化、传统与现代等方面，采用海外集中授课方式。北语选派教师担任教学，学员最后到北语完成毕业论文答辩。学位班与新加坡迈新机构联合开办，2000 年 9 月开学，学员共计 33 人，其中，新加坡 30 人、马来西亚 3 人，全部完成论文获得学士学位。

（彭艳崇）

【召开汉语预备教育教学研讨会】 9月16日，北语召开汉语预备教育教学研讨会。会议研讨预备教育发展方向，提出预备教育课程设置、教材编写、招生宣传等具体建议，拟定预备教育调研、教学整体设计、课程内容设计、教材研发工作计划。会议认为，部分留学生专业学习前语言能力、专业知识准备不足，需要开展预备教育。该校教师74人参加研讨会。

（彭艳崇）

【汉语学院举办科研报告会】 9月19日，北语汉语学院举办第10届科研报告会。会议通报科研成果，2002至2003学年该学院完成国家级课题1项、院级2项，出版著作6部，发表论文30余篇（其中核心期刊发表超过50%），出版教材8种。学院教师200人参加会议，共提交论文27篇。汉语学院1993年举办首届科研报告会，10年共通报科研成果350项，其中，专著30部、教材100种、论文220篇。

（彭艳崇）

【召开教学工作会】 10月10日，北语召开教学工作会。会议提出加快非英语专业英语教学改革，突出中国学生本科专业办学特色；实施教学名师培养工程；推进学分制建设工作；验收校第一批重点课程，明确学校课程建设方向；开展年度校级教学、教改研究项目立项；验收2001年校级教学、教改研究项目和2002至2003学年第一学期新开课、教学实验课；制订教师教学绩效评估体系（征求意见稿）；落实高校本科教学工作水平评估指标和要求，加强教学基本建设，修订各项教学管理规范。会议号召，发挥教师和专家作用，转变教学理念和观念，建立教学质量评估体系，重视教学管理流程和具体教学环节建设，努力提升办学水平和竞争力。该校教师38人参加会议。

（彭艳崇）

【完成教学教改研究成果验收】 10月12日，北语完成校级教学、教改研究成果验收工作。验收组采取听取项目负责人研究进展和完成情况陈述、观摩多媒体和成果演示的方式，验收2001年校级教学、教改研究项目11个。结果显示，11个项目建成多媒体辅助教学系统、教学课件、句型教学多媒体素材库8个，完成教学模式、课程体系研究2个，完成应试教材编写1个；9个新开课、教学实验课项目全部提交学期讲义、实验报告，其中，6门课程完成多媒体课件制作。

（彭艳崇）

【与宋卡王子大学签署合作协议】 10月19日，北语与泰国宋卡王子大学签订合作协议。根据协议，双方在教学、科研和人员交流领域开展合作。签字仪式后，双方磋商合作的具体细节。泰国宋卡王子大学代表团由7人组成。

（彭艳崇）

【举办新生口语比赛】 10月30日，北语举办第五届联想天玑杯新生口语比赛。该比赛分为初赛、决赛两个阶段，设立一、二、三等和最佳机智幽默、最佳人气5个奖项。该校新生85人参加比赛，12名选手进入决赛，其中5人获奖。

（彭艳崇）

【完成与新加坡大学生交流】 11月27日至12月18日，北语完成与新加坡学生首轮交流。11月27日，北语10名学生参加中国优秀大学生访问团赴新加坡访问，先后参观新加坡南洋理工大学、苏丹清真寺、新加坡国立大学和教育部。12月18日，新加坡50名大学生回访北语，观摩汉语课、英语课和经贸课，听取《感悟中国文化》讲座，参观同声传译教室、树华电子智源中心、网络直播教室和校史展览馆。

（彭艳崇）

【举办定向越野活动】 11月29日，北语举办首届定向越野比赛。比赛规定每两分钟出发男女各一名选手，手持地图、指卡和指北针，越野2公里。73名选手参加比赛，其中，男子组冠军成绩33分32秒，女子组冠军成绩47分41秒。定向越野比赛是世界流行运动，参赛队员凭借指北针和地图寻找事先设置的点，并用打点机验证，以检测体能、快速反应及快速选择能力。

（彭艳崇）

北京广播学院

党委书记　郑和平

院　　长　刘继南

【概　况】 2003年，北京广播学院设新闻传播学院、电视学院、广告学院等14个二级学院、38个系、68个本科专业，拥有3个博士后科研流动站，13个博士专业，29个硕士专业，6个专业学位点。26个研究所（中心），1个国家人文社科重点研究基地、3个部级人文社科研究基地、2个部级重点实验室，以及由国家广电总局和国家语言文字工作委员会共建的普通话水平测试实验中心。毕业6619人，其中，研究生204人（博士生14人、硕士生190人），普通本专科生2186人（本科1625人、专科561人），成人教育本专科生3328人（本科957人、专科2371人），网络教育本科生901人。招生10070人，其中，研究生874人（博士生135人、硕士生739人），普通本专科生2605人（本科2380人、专科225人），成人教育本专科生3333人（本科1776人、专科1557

人），网络教育本专科生3258人（本科2908人、专科350人）。在校生28141人，其中，研究生1628人（博士生226人、硕士生1402人），普通本专科生9053人（本科8154人、专科899人），成人教育本专科生11075人（本科5730人、专科5945人），网络教育本专科生6520（本科6170、专科350人）。留学生招生135人，毕业142人，在校生135人。教职工1524人，其中，专任教师751人，教授、副教授占50%以上。图书馆藏书103万册，音像资料50余万盒，报刊3100多种，电子报刊7800多种。定期出版《北京广播学院学报》（现代传播版、自然科学版）、《中国广播电视年鉴》、《IMI消费行为与生活形态年鉴》、《中国广告作品年鉴》。学校与五大洲近50个国家和地区的160多个科研单位、高等院校和传媒机构建立友好合作关系。本年高考北京地区本科提档线文科515分，理科456分。网址：www.cuc.edu.cn。

（张桂凤）

【召开学校工作会议】 2月23至

25日，北广召开年度学校工作会议。会议传达教育部、广电部年度工作安排，听取学校国际问题专家伊拉克问题国际形势报告，听取年度党建和思想政治工作要点、开学教学准备和本科教育评估、定编定岗及人事制度改革、年度基建和后勤工作、毕业生就业工作以及50周年校庆筹备方案工作报告，分成7个小组，研讨学校发展、创新、管理和作风4个方面内容。该校处级以上干部、博士生导师、人大代表等200人参加会议。

（张桂凤 高作志）

【接待澳门理工学院访问团】 2月25日，北广接待澳门理工学院访问团。双方听取葡萄牙语教学班学生学习情况通报，商讨两校联合举办葡萄牙语教学班招生、教师互派等事宜。2002年3月，北广与澳门理工学院签订合作办学协议，共同开展葡萄牙语教学，北广首批学生20人到澳门理工学院学习，学习2年。

（张桂凤）

【召开教学督导工作会议】 2月28日，北广召开新学期教学督导评估工作会议。会议通报学校年度工作要点，总结教学督导评估工作，提出完善学院和二级学院评估体系，坚持"巩固、深化、提高、发展"方针，有计划、有步骤开展教学评估，做到客观公正，言之有据，为领导及主管部门提供客观、准确信息和咨询意见等工作任务。学院教学督导评估所专家、二级学院教学督导评估组组长共18人参加会议。

（张桂凤）

【完成二期教改第三次结题评审】 3月6日，北广完成二期教改课题第三次结题评选。评审分为初评、终审和公示3个阶段，其中，初评完成结题答辩、评估和打分等工作步骤。共有17个项目申请参加结题，其中重点课程5项、重点教材5项、课件7项。1999年，该校二期教改分三批立项课题102项。其中，重点课程28项、重点教材48项、课件26项。

（张桂凤）

【科学艺术系举办专题讲座】 4月9日，北广科学艺术系举办科学与艺术专题讲座。该讲座邀请中国电视剧制作中心学者，以"数字化、网络化对我国电视产业的影响"为题，介绍数字化、网络化给广播电视事业和播出方式带来的变革，分析中国电视剧制作特点和发展趋势，提出电视广播事业未来发展模式。该系师生200人参加学习。

（张桂凤）

【完成"校园真情"栏目制作】 4月27日，北广接受中国教育电视台"校园真情·真情故事"制作任务。该栏目由教育部主持，北广与中国教育电视台合作制作，每日播出，反映大学师生防控"非典"先进事迹，并结合演播室访谈，介绍全国高校防控"非典"工作进展，引导师生正确应对这一灾难。栏目共计5期，总长80分钟。该校师生40人分期、分批参加筹划和日常制作工作。

（张桂凤）

【公开招聘二级学院副院长】 10月22日，北广举办二级学院副院长公开招聘答辩会。招聘工作由领导小组负责，答辩委员会由教学、科研主管部门和二级学院领导组成，要求参加竞聘人员利用20分种时间陈述个人基本情况、竞聘优势和工作设想，并回答委员提问。该校6名教师参加社科学院、影视艺术学院4个副院长公开招聘，其中，3人入选，聘期3年。

（张桂凤）

【完成新生心理健康检查】 11月20日，北广完成2003级新生心理健康状况测查。该检查以身心症状自评量表（scl－90）为工具，抽查该校信息工程学院、媒体管理学院、理学院3个学院的311名大一新生。其中有效问卷307份，年龄16至24岁，平均年龄18.69岁（SD＝92）。Scl－90对躯体化、强迫、人际关系敏感、抑郁、焦虑、敌意、恐怖、妄想、精神病性以及其他10个方面的状况进行初步了解。以每个因子平均数的两个标准差作为是否有此症状表现的临界值，其中被测学生的19.5%表现出焦虑倾向，14.3%表现出轻度精神病性倾向，12.1%表现出强迫倾向。表现出抑郁倾向、敌意倾向、恐怖倾向、躯体化倾向、妄想倾向、人际关系敏感倾向的学生比例分别为11.6%、11.2%、9.5%、9.2%、7.3%、5.3%。

（张桂凤）

【举办"新闻调查"栏目发展论坛】

12月12日，北广举办“新闻调查”栏目发展高级论坛。论坛由新闻传播学院与中央电视台新闻中心联合举办，听取10名专家学者专题演讲。在研讨会上，“新闻调查”栏目主创人员现场回答学生的提问，共同探索“新闻调查”栏目发展定位。北京电视新闻界、学术界代表与师生代表120人参加。

（张桂凤）

【纪念播音与主持专业创建40年】

12月16至18日，北广举办播音与主持艺术专业创建40周年庆祝活动。该活动举办庆祝大会，齐越教授纪念铜像揭幕仪式，齐越播音艺术和播音教学思想研讨会，“献给祖国的声音”联欢晚会以及全国高校播音与主持艺术专业教育与人才培养研讨会。来自教育部、广电总局、全国50家广电媒体、30所大学代表共计700人参加纪念活动。北广播音与主持艺术专业创建于1963年。1996年创建播音与主持艺术学院，40年累计培养本科生、硕士研究生、博士研究生3500人，培训在职学员26000人次，完成普通话水平测试上万人次。

（张桂凤　王新开）

中央财经大学

党委书记　李保仁
校　　长　王柯敬（6月免）
王广谦（6月任）

【概　况】　2003年，中央财经大学设有财政与公共管理学院、金融学院、会计学院、商学院、经济学院5个学院，信息管理系、投资经济系、保险系、法律系、中文系、社会学系、外语系、经济数学系、体育经济与管理系9个系以及研究生部、工商管理硕士（MBA）教育中心和继续教育学院。设有1个校属研究机构、16个院系属研究机构，以及图书馆、网络信息中心2个教学辅助机构。4个重点学科，其中1个国家级重点学科，3个省部级重点学科。28个本科专业、7个本科专业方向和5个专科专业，涵盖经、管、法、文、理5个学科。19个硕士学位授权点，1个工商管理硕士专业学位学科，1个博士学位授予权一级学科，12个博士学位授权点和1个博士后科研流动站。成人教育开设4个本科专业和3个专科专业。毕业3612人，其中，研究生215人(博士生25人、硕士生190人)，普通本科生1006人，成人教育本专科生2391人（本科1027人、专科1364人）。招生4101人，其中，研究生613人（博士生58人、硕士生555人)，普通本科生1234人，成人教育本专科生2254人。在校生11282人，其中，研究生1231人（博士生133人、硕士生1098人)，普通本专科生5442人（本科5005人、专科437人)，成人教育本专科生4609人（本科2340人、专科2269人）。在职研究生课程进修班招生643人，结业651人，在校（籍）1588人。留学生招生43人，毕结业73人，在校生43人。教职工952人，其中，专任教师490人。博士生导师84人、硕士生导师154人；教授62人、副教授175人。教师中具有高级专业技术职务者占48.4%，18人享受政府特殊津贴。全年公派出国（出境）41人次，接待境外来访93人次。在研科研项目103个，当年新增24个（其中国家级2个）。完成课题18个，各类获奖成果8个，其中获省部级以上奖励4个。学校占地总面积99.29万平方米，建筑面积21.42万平方米。图书馆总藏书66.5万册，其中，中文藏书59.4万册、外文藏书3.2万册、期刊3.9万册。固定资产总值3.1亿元，其中，教学仪器设备总值2633万元。全年教育经费投入12691万元(其中科研经费支出285万元)。本年高考北京地区本科提档线文科470分、理科455分。网址：www.cufe.edu.cn。

（韦　红　张京平）

【庆祝祁永彪从教60周年】　2月22日，财经大学举办祁永彪教授从教60周年暨80华诞庆典。庆典仪式回顾祁永彪60年从教经历，高度评价祁永彪对中国财务会计、成本会计等学科研究、教育教学贡献。该校师生20人参加庆典活动。祁永彪，1923年出生，甘肃省临夏市人，1948年毕业于兰州大学，1962年到中央财政金融学院(财经大学前身)工作，1993年退休后发起创办北京会计专修学院。他长期从事财务会计和成本会计等学科的教学研究工作，发表学术论文20余篇；曾先后出版《工业会计》、《成本会计》、《中外合资经营企业会计》等著作；1992年以后，他研究重点转向会计学科体系建设，编写《现代工业会计》、《成本会计学》等新教材。

（韦　红　张京平）

【完成与雷恩高等商学院首轮交流】

4月10至18日和9月21至28日，财经大学完成与法国雷恩高等商学院首轮交流。4月，财经大学代表团一行4人出访法国，参加国际商校联合会第八届年会，了解在法国学生学习生活状况，研讨毕业生就业具体程序和办理方法，以及雷恩高等商学院高级企业管理人员在职攻

读工商管理硕士(EMBA)学员中国实习具体方法。9月，法国实习生11人到中国学习，财经大学承担“中国经济环境”、“中国投资的税务问题”、“中国文化”和“中国风俗”4门全英文授课课程。2002年，财经大学首批20名本科毕业学生赴法国雷恩高等商学院攻读本科学业，已完成学业，取得两校本科毕业证书和学位证书。

（韦　红　张京平　黄海涛）

【举办广场文化论坛】 5月24日

至7月8日，财经大学举办非常时期广场文化论坛。该论坛以探讨学术问题、交流思想感情为主题，34名教师举办33场专题讲座，内容涉及考研、英语等级考试、专业知识、论文写作、大学生活以及“非典”对中国经济、社会等方面影响等。该校1200名学生参加学习。

（韦　红　张京平　黄海涛）

【召开新学期本科教学工作会】 8月5日，财经大学召开新学期本科教学工作会。会议分析师资队伍建设迫切性，提出改造现有教师队伍结构、大量引进人才等具体建设规划。会议提出教学工作规范化管理，教材、课程建设，教学改革创新等教学管理近期任务。该校各院系主管领导20人参加会议。

（韦　红　张京平）

【会计学院成立】 8月6日，财经大学会计学院成立。该学院由原会计系和原财政系的财务管理专业合并组建，设有财务会计系、管理会计系、审计系、财务管理系和会计与财务研究中心，拥有会计学和财务管理等本科专业，注册会计师本科专业方向，会计学硕士点和博士点。学院教师49人，其中教授10人，副教授27人，博士及在读博士学位者占37%。学生850人，其中本科生600人，研究生250人。财经大学会计系始建于1952年，是建国后高等院校成立较早会计学专业点，共培养毕业生3550人。

（韦　红　张京平）

【商学院成立】 8月6日，财经大学商学院成立。该学院由原经济管理系组建，下设工商管理系、营销管理系、人力资源管理系和管理咨询中心，开设工商管理、市场营销、人力资源管理3个本科专业，企业管理硕士点和国民经济学博士点。学院教师42人，其中博士生导师1人，教授比例20%，副教授比例30%，拥有博士学位者占30%，有海外留学经历者占35%。在校生430人，其中本科生376人，硕士生54人。财经大学经济管理系始建于1985年，累计培养毕业生1080人。

（韦　红　张京平）

【经济学院成立】 8月6日，财经

大学经济学院成立。该学院由原经济系和原经济管理系国民经济学、国民经济管理专业合并组建，是财经大学规模最大学院，下设经济学系、统计学系、国民经济学系、国际经济学系、产业经济学系、经济史研究所和经济改革与发展研究中心，内设统计学、经济学和国民经济管理3个本科专业，政治经济学、经济史、西方经济学、产业经济学、统计学和国民经济学6个硕士点和政治经济学、产业经济学、统计学和国民经济学4个博士点，其中国民经济学是北京市重点学科。学院教师36人，其中教授4人，副教授12人。在校生510人，其中本科生392人，研究生118人。财经大学经济系始建于2000年，共培养毕业生266人。

（韦　红　张京平　黄海涛）

【金融学院成立】 8月6日，财经大学金融学院成立。该学院由原金融系组建，主要从事金融学研究和教学工作，下设金融学系、应用金融系、金融工程系、国际金融系、国际经济与贸易系、证券期货研究所和国际金融研究中心。有金融学、国际金融学、国际经济与贸易、金融工程4个本科专业，金融学、国际经济与贸易学2个硕士点和金融学1个博士点，其中，金融学为国家重点学科。学院教师36人，其中教授11人，副教授11人。学生1044人，其中本科生700人，研究生344人。财经大学金融系始建于1961年，共培养毕业生1961人。

（韦　红　张京平）

【财政与公共管理学院成立】 8月

6日，财经大学财政与公共管理学院成立。该学院由原财政系和税务系合并组建，主要从事财政学、税收学、公共事业管理、行政管理研究和教学工作，下设财政系、税务系、公共管理系、国有资产管理系、财税研究所、资产评估研究所和中国财政史研究所，设有财政学、税收学、公共事业管理、行政管理4个本科专业，财政学、行政管理学2个硕士点和财政学1个博士点，其中，财政学为北京市重点学科，同时也是该校最早设立的学科之一。学院教师29人，其中教授7人，副教授16人。本

年在读学生753人，其中本科生575人，研究生178人。财经大学财政系始建于1952年，税务系始建于1986年，两系累计培养各类毕业生4091人。

(韦　红　张京平　黄海涛)

【成立社会学系】　8月6日，财经大学成立社会学系。该系由政治理论教学部组建，同时保留政治理论教学部，下设社会学理论与方法研究室、应用社会学教研室、社会调查与统计中心和社会经济发展研究所。设有社会学本科专业，学制4年，开设社会学概论、社会统计学、经济社会学等40门课程。同时承担全校马克思主义政治理论和思想品德课程教学任务。学院教师31人，其中教授4人，副教授13人，拥有博士、硕士学位者占80%以上。本年首批招生28人。财经大学政治理论教学部始建于1979年，1999年与德育教学部合并，仍称政治理论教学部。

(韦　红　张京平)

【成立经济数学系】　8月6日，财经大学成立经济数学系。该系由数学教学部组建，同时保留数学教学部，设有微积分教研室、线性代数与数理统计教研室2个教研室，拥有数学与应用数学本科专业，学制4年，开设数学分析、微分方程、经济数学方法等40余门课程。同时，承担全校基础数学课程教学任务。学院教师24人，其中教授2人，副教授13人。本年数学与应用数学专业首批招生28人。财经大学数学教学部1995年成立。

(韦　红　张京平)

【成立体育经济与管理系】　8月6日，财经大学成立体育经济与管理系。该系由体育教学部组建，同时保留体育教学部。设有体育经济本科专业，学制4年。开设体育产业学、体育经纪人、产业经济学等40门课程。同时承担全校体育课程教学任务。学院教师23人，其中副教授7人。本年首批招生25人。财经大学

体育教学部1995年成立。

(韦　红　张京平　黄海涛)

【举办美国经济专题讲座】　8月22日，财经大学举办美国经济专题讲座。该讲座听取美国纽约州政府中小企业发展中心张金水题为《美国当前经济状况和中小企业的发展与管理》专题学术讲座，论述美国经济状况和中小企业的发展与管理，分析布什的减税政策、美国联邦储备委员会主席格林斯潘的降息政策和伊拉克战争对美国经济影响。讲座强调，在经济全球化的今天，中小企业在经济发展、就业和社会协调发展方面所起作用越来越大。该校部分院系专业教师和研究生50人参加学习。

(韦　红　张京平)

【与维多利亚理工大学联合办学】　8月25日，财经大学与澳大利亚维多利亚理工大学联合办学协议签字。根据协议，财经大学引进维多利亚大学特色专业国际贸易/金融风险管理复合专业全部24门核心课程，共360学分，学制4年。其中，一、二年级8门基础课程120学分教学由财经大学教师承担，三、四年级16门课程240学分教学由维多利亚大学提供教材、教学大纲和考卷并负责考卷审阅，两校教师联合授课。学生完成所有课程学习并考核合格，获维多利亚大学颁发的国际贸易/金融风险管理商学学士学位。该专业2004年开始招生，每年招收80人。

(韦　红　张京平)

【完成新一轮机构改革】　8月，财经大学完成新一轮机构改革。改革坚持精简高效与科学合理、管理决策与事务服务分开、总体规划与分步实施原则。成立法律事务办公室，设在学校办公室；成立新闻中心，设在宣传部；审计处与监察处合并，与纪委合署办公；成立武装部，与学生工作部、学生处合署办公；成立发展规划处，将学校办公室下设的高教研究室划归发展规划处；成立资产管理处，将校办产业办公室并入，与总务处合署办公；撤销校园规划办公室，成立新校区规划建设驻昌平区办公室；成立工商管理硕士(MBA)教育中心。改革后，该校党政部门、群团组织共有24个，其中6个合署办公。

(韦　红　张京平)

【举办入世谈判焦点专题讲座】　8

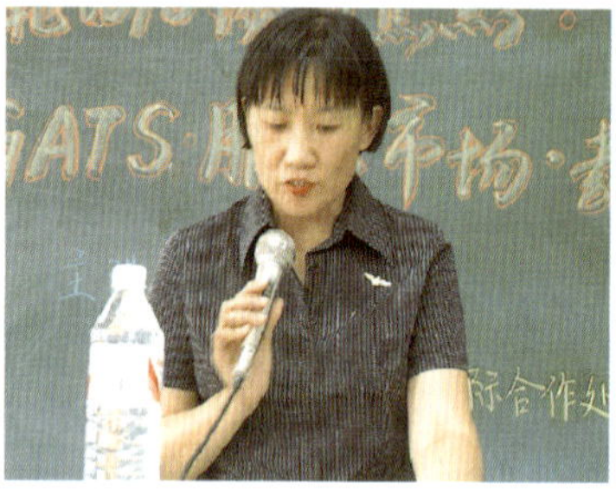

月，财经大学举办入世谈判焦点专题讲座。该讲座听取联合国大会事务部经济社会理事处张丽雯题为《新一轮WTO谈判焦点——GATS·服务市场·教育市场化》专题讲座，论述新一轮入世谈判焦点之一教育服务贸易问题。讲座指出，中国应正确把握教育服务开放度，通过制订比较严格法律规章，设定技术门槛保护国内教育市场。在考虑教育服务贸易开放度的同时，必须同步着眼和立足于国内人才培养。该校师生200人参加学习。

(韦　红　张京平　黄海涛)

【毕业生就业率提高】　至9月1日，财经大学总体就业率91.64%，比上年增加6个百分点。其中，本科毕业生就业率90.16%，比上年增加近5个百分点，毕业研究生就业率98.6%，总体就业率和分项就业率均高于全国、北京平均水平。该校

本年毕业生共计1220人，其中，本科生1006人，研究生214人。

（韦 红 张京平）

【外语系成立外语角】 9月17日，

财经大学外语系成立外语角。该外语角利用每周三时间，开展口语交流、英语讲座、外文书籍鉴赏和影视欣赏活动。至年底，共有600名学生参加活动。

（韦 红 张京平 黄海涛）

【与大阪商业大学签订交流协议】 9月23日，财经大学与日本大阪商业大学签订合作交流协议。根据协议，两校在学术交流、教职工交流、学生交流等方面开展合作。学术交流包括经济、文化、历史等领域研究，企业活动调查研究等；教职工交流包括在研究生院、教学系举办专题讲座，互相介绍学生辅导方法；学生交流包括相互派遣短期和长期留学生。

（韦 红 张京平）

【首次获得国家自然科学基金资助】 11月，财经大学获得国家自然科学基金“面上项目”资助。资助项目为“中国地下金融规模与宏观经济影响的测度方法研究”，资助金额5万元。课题由金融学院申请，这是该校首次获得国家自然科学基金资助。

（韦 红 张京平）

【举办第7场部长论坛】 12月22日，财经大学举办第7场部长论坛。该论坛听取项怀诚“分税制改革回顾”学术报告，回顾建国以来中国财政体制改革历程、分析分税制改革意义、评价分税制改革对社会主义市场经济发展的重大贡献。该校师生1000人参加学习。财经大学部长论坛1999年开始举办，本年共邀请6名部长举办7场报告。

（韦 红 张京平）

【举办张志超学术报告会】 12月29日和30日，财经大学举办张志超学术报告会。29日听取张志超题为《评人民币汇率升值问题的国际争论》专题报告，论述近期国际社会和学术界对人民币汇率升值问题的争论、人民币汇率的选择和人民币汇率制度改革等问题。30日听取张志超题为《行为金融学的新发展》专题报告，论述行为金融学的崛起及对现代金融学三个基本命题的挑战、行为金融学在认知和应用方面的新发展。该校师生200人参加学习。张志超是国际金融学家、牛津大学经济学博士、英国多伦大学教授。

（韦 红 张京平）

【饮用水置换工程竣工】 12月，财经大学完成校内饮用水置换工程。工程铺设上水管线3424米，总造价36万元。该校长期使用独立封闭自供水系统，水质和水压不稳定。

（韦 红 张京平）

对外经济贸易大学

党委书记 许其立
校　　长 陈准民

【概　况】 2003年，对外经济贸易大学设有15个学院和直属系，以及研究生部和体育部，本科专业24个，硕士点19个，博士点4个，博士后流动站4个。设有国际经济研究院等9个研究机构和图书馆、网络与计算中心、教育技术中心3个教学辅助机构，以及15个培训机构。全年毕业6209人，其中，研究生351人，普通本科生1567人，成人教育本专科生4291人。招生7655人，其中，研究生878人，普通本科生1989人，成人教育本专科生4788人。在校生22952人，其中，研究生2147人，普通本科生6993人，成人教育本专科生13812人。留学生毕业59人、招生953人、在校生950人。教职工1485人，其中，专任教师623人。专任教师中，教授107人，副教授291人；博士88人，硕士329人。另聘请外国专家66人。学校与美国、英国、加拿大等20个国家和地区的60所院校和研究机构建立学术交流关系。占地面积33.06万平方米，校舍建筑面积33.77万平方米。固定资产总值62128万元。图书馆藏书71.2万册，其中外文图书6.8万册。全年教育经费总收入40368万元，其中，国拨13959.23万元，自筹26408.77万元。本年高考北京地区本科提档线文科539分，理科559分。网址：www.uibe.edu.cn。

（袁利新）

【表彰优秀教学科研工作者】 2月27日，外经贸大召开十佳教师、科研奖获得者表彰会。会议通报学校十佳教师在教学、科研和师德建设方面成绩，颁发荣誉证书和奖金。同时，表彰2002年获得省部级以上优秀科研成果奖教师10人。该校教师1000人参加会议。2002年12月，外经贸大设立十佳教师奖，奖励在学校教学、科研一线工作3年以上，取得突出成绩的教师和科研人员。

（袁利新）

【合作成立物流研究中心】 3月9日，外经贸大成立大田物流研究中心协议签字。该中心与大田集团联合建设，负责承接物流研究项目，培养各类物流人才，举办危险品物流操作培训，出版学术季刊《物流世界》。根据协议，大田集团出资100万元作为中心启动经费。

（袁利新）

【召开安子介研究奖10周年纪念会】 3月20日，外经贸大召开安子介国际贸易研究奖10周年纪念会。会议总结安子介国际贸易研究奖10年历程，肯定该奖项在推动国际经贸理论与政策研究，发现和鼓励学术

人才方面起到积极作用。1991年，安子介出资设立安子介国际贸易研究奖，用于促进祖国经济贸易领域的科学研究，为国际贸易事业培养更多杰出人才。10年来陆续出资600万港币，共资助58部著作，110篇论文，奖励191人。

（袁利新 刘永阁）

【召开国际贸易理论学术交流会】 3月20日，外经贸大召开中国国际贸易理论与政策学术交流会。会议以中国对外经济贸易发展为主题，听取龙永图、沈觉人等专家学术报告，研讨中国东盟自由贸易区建设、服务贸易与国家核心竞争力、中国外贸政策体系等热点问题。相关领域100名学者参加会议，提交论文30篇。

（袁利新）

【召开中国与日本国际研讨会】 3月21日，外经贸大召开入世后中国与日本国际研讨会。会议与日本贸易振兴会联合举办，听取斋藤圭介等8名学者学术报告，研讨入世后中国金融业、日本跨国公司对华战略调整、技术性贸易壁垒等问题。会议交流中日双方信息，表明中日双方在技术性贸易壁垒等方面存在分歧。会议认为，中日贸易应该求同存异，共同促进两国经济发展。来自中日两国学者100人参加会议，共提交论文20篇。

（袁利新）

【首届“民生班”毕业】 7月2日，外经贸大首届“民生班”毕业。首届“民生班”毕业生51人毕业后直接进入民生银行工作。该班与中国民生银行合作举办，属于金融企业的定向培训项目。学校为“民生班”制订专门培养方案和培养计划，在合格本科生基础上培养适合银行发展专业化人才，缩短在校生和在岗人员差距，增加实际业务知识和操作能力。具体做法是从在校大三学生中选拔，在本科第四年增加金融业务知识学习。中国民生银行成立于1996年，是国内首家主要由非公有制企业入股的全国性股份制企业。

（袁利新）

【建成数字化教学资源库】 8月，外经贸大建成数字化教学资源库。该资源库提供数字化教学应用多语种实时视听环境，为教学点播创造条件。同时，具备资料查询和教学、办公管理功能。

（袁利新）

【合作开设国际会计课程】 11月11日，外经贸大与加拿大注册会计师协会（CGA）合作办学协议签字。依据协议，外经贸大会计学本科专业开设加拿大注册会计师协会4个级别11门国际会计课程，完成学业，通过加拿大注册会计师协会另外5门课程考试，获得加拿大注册会计师协会认证。

（袁利新）

【举办中国企业国际化战略论坛】

11月22至23日，外经贸大举办世贸组织（WTO）与中国企业国际化战略论坛。该论坛涉及国内企业应对反倾销的策略、中国企业价值链的国际转移、海尔集团国际化战略、青岛啤酒集团国际品牌推广策略、中小企业国际化战略和加入世贸组织对国内相关产业影响6个主题。来自企业高级管理人员以及该校工商管理硕士学员120人参加活动。

（袁利新 刘永阁）

北京物资学院

党委书记 阙光淮（1月免）
刘木春（1月任）
院　　长 陈　宏

【概　况】 2003年，北京物资学院设有经济系、工商管理系、会计系、管理科学与工程系、劳动人事系、物流系、外语系7个系，以及4个教学部和成人教育学院、高等职业技术学院2个学院。本科教育设有经济学（含证券期货贸易方向）、国际经济与贸易、人力资源管理、劳动与社会保障、工商管理、市场营销、物流管理、会计学（含注册会计师、注册资产评估师方向）、财务管理、信息管理与信息系统、电子商务、英语（商贸英语方向）12个专业，高等职业技术教育设股票证券投资、计算机应用技术、电算会计、商贸英语4个本专科专业，研究生教育设有产业经济学、管理科学与工程、企业管理、劳动经济4个硕士点，物流管理一个双学位专业。毕业2306人，其中，研究生23人，普通本专科生1114人（本科978人、专科136人），成人教育本专科生1169人。招生1967人，其中，研究生50人，普通本专科生1635人（本科1500人、专科135人），成人教育本专科生282人（本科134人、专科148人）。在校学生7192人，其中，研究生115人，普通本专科生5561人（本科5263人、专科298人），成人教育本专科生1516人。外国留学生结业4人、招生28人、在校生11人。全院教职工469人，其中，专任教师254人。教授19人，副教授89人，讲师101人。国家级专家1人，享受政府特殊津贴专家3人，部级专家7人。图书馆藏书32万余册，订阅中外期刊杂志900余种。全院占地面积236430平方米，建筑面积147837平方米，固定资产总值12196万元，其中教学仪器设备1932万元。全年教育经费投入8313万元。本年高考北京地区本科提档线理科444分、文科451分。网址：www.bmi.edu.cn。

（高和鸿）

【成立教学指导委员会】 4月14日，物院成立教学指导委员会。该委员会是学院教学工作最高领导机构，负责审议教学工作中的重大问题，并提出建议、参与决策。委员会由15名委员组成，设主任委员1人，副主任委员1人，秘书长1人。

（高和鸿）

【完成电子阅览室改造】 8月20日，物院完成图书馆电子阅览室改造和扩建。改造后，该阅览室拥有计算机170台，设有国际互联网阅览室、教师（留学生）专用阅览室、资料检索和资源阅读专用阅览室，配备中国电子期刊、国研网财政信息等专用数据资源。改造工程7月开工，总投资40万元。

（高和鸿）

【与日本庆应义塾大学合作办学】 10月10至12日，物院与日本庆应义塾大学达成合作意向。根据协议，物资学院引进庆应义塾大学课程，筹办中日国际商学院，合作培养工商管理硕士（MBA）或物流管理硕士，庆应义塾大学负责培训物资学院教师。同时，引进并翻译日本最新物流系列丛书。协议还规定双方合作开展东亚经济发展空间研究，合作举办中日物流研究论坛等内容。庆应义塾大学是日本四所著名大学之一，与东京大学、早稻田大学、京都大学齐名。

（高和鸿）

【举办系列文化活动】 10月15至27日，物院举办系列文化活动。该活动包括“健康生活进校园”文化活动，经典英文影片对白现场表演，游览新农村，中科院博士、北外教师和全国英语辩论赛“最佳辩手”英语讲座，公司人事管理讲座，街舞培训班和英语四、六级考试专题讲座。该校师生1000人参加活动。

（高和鸿）

【接待韩国平泽大学访问团】 10月

16日，物院接待韩国平泽大学访问团。访问期间，双方签署谅解备忘录，决定建立友好院校关系，在教学、留学生和学术研究等方面合作。平泽大学建于1912年，位于韩国平泽市。

（高和鸿）

【举办首届新生运动会】 10月25日，物院举办首届新生运动会。该运动会以系为单位，设立田赛、竞赛共计19个项目。该院新生200人参加比赛，物流系获得团体冠军。

（高和鸿）

【举办学生创业比赛】 11月24日至12月30日，物院举办学生创业比赛。该比赛以“释放创业激情，实现创业梦想”为主题，分为创业计划书、初赛和复赛三个阶段，其间，举办创业竞赛宣传活动以及创业知识讲座。该校7个系165人参加比赛，提交创业方案32个。

（高和鸿）

【召开多媒体教学观摩研讨会】 11月26日，物院召开多媒体教学观摩研讨会。会议观摩2名教师多媒体教学演示，并完成演示、讨论和交流。该校教师21人参加会议。

（高和鸿）

【召开教育教学研讨会】 12月10日，物院召开教育教学研讨会。会议

听取30名教师宣读论文，内容涉及教育教学思想观念研究、学科专业与课程改革研究、人才培养方案研究和教育教学运行与管理研究4个方面。该校教师46人参加会议，共提交论文43篇。

（高和鸿）

首都经济贸易大学

党委书记　苏志平（12月免）
　　　　　申建军（12月任）
校　　长　张理泉（12月免）
　　　　　文　魁（12月任）

【概　况】 2003年，首都经济贸易大学设9个学院14个系，25个本科专业，7个专科专业，21个硕士学位点（含MBA），3个博士点，1个博士后流动站，2个北京市重点学科，6个北京市重点建设学科。毕业生4215人，其中，研究生175人（博士生3人、硕士生172人），普通本专科生1452人（本科1305人、专科147人），成人教育本专科生2588人（夜大1286人、函授1244人、脱产58人）。招生6037人，其中，研究生356人（博士生16人、硕士生340人），普通本专科生2806人（本科2341人、专科465人），成人教育本专科生2875人（夜大1627人、函授967人、脱产281人）。在校生19279人，其中，研究生853人（博士生36人、硕士生817人），普通本专科生9414人（本科8361人、专科1053人），成人教育本专科生9012人（夜大5546人、

函授3120人、脱产346人)。留学生毕业20人、招生206人、在校生227人。教职工1667人，其中，专任教师602人。专任教师中，教授66人、副教授264人、讲师221人、助教33人；博士生导师14人，硕士生导师170人。另聘请外籍教师20人，其中教授2人、讲师9人；兼职教授22人。学校占地面积30.2万平方米，建筑面积27.6万平方米。全年教育经费投入26097万元，其中，国拨15513万元，自筹10584万元。校办产业年营销总收入3238.3万元。图书馆建筑面积2.4万平方米，藏书99.4万册。固定资产总值25038万元，其中教学科研仪器设备资产值5056万元。本年高考北京地区提档线本科第一批文科493分、理科490分。

(钟志红)

【旅游学院召开教学改革专题会】 2月26日，首经贸大长城旅游学院召开教学改革专题会。会议提出体育课、外语课、写作复合课和旅游文学4个教改项目，以提高教学质量为中心，逐步树立长城旅游学院品牌。会议强调，发挥院长办公室、教学部、学生会、团委、班主任作用，保证教学改革任务落实。该院教师21人参加会议。

(钟志红)

【开通电子政务系统】 3月，首经贸大电子政务系统开通。该系统设有会议信息、导航条和文档下载区，借助国际互联网，读者可以浏览学校信息。系统由学校自行研制开发，信息、网页和编程可以随时升级。网址：info.cueb.edu.cn。

(钟志红)

【完成基本建设投资3000万元】 3月，首经贸大完成教学基本建设投资3000万元。其中，政府专项资金拨款1443万元，学校设备费拨款130万元，专项款179万元，重点学科资金880万元，中央和地方共建项目资金200万元。添置教学、科研及行政办公设备3000多台(件)，教学用计算机2637台。新建电子阅览室5个，建筑面积300平方米，计算机170台，购置引进国研网、中经网、中国学术期刊等财经数据库和原始材料。投资改造东西两校区运动场地，新建室内健身房、更新和增添体育设施。至此，该校拥有实验室53个，实习场所及附属设施用房建筑总面积7520平方米，生均0.834平方米；公共计算机实验室7个，计算机800台；运动场地建筑总面积49402平方米，生均5.48平方米，其中，室内运动场所5处，建筑总面积5197.68平方米，生均0.58平方米。

(钟志红)

【98个专用教室通过验收】 3月和12月，首经贸大98个专用教室通过验收。其中，投资270万元，新建、更新语音实验室8个，增加226个座位；投资550万元，新建、更新多媒体教室90个，新增座位8943个，多媒体投影设备30套，网上教学课程11种。至此，该校共有121个多媒体教室，125个普通教室，14499个座位，建筑总面积3.3万平方米，生均2.41平方米。

(钟志红)

【与西维尔大学合作办学】 4月8日，首经贸大代表团出访加拿大3所大学。访问期间，代表团考察多伦多大学罗特曼管理学院、不列颠哥伦比亚大学工商管理学院和圣·弗朗西斯·西维尔大学，并与西维尔大学签署合作办学协议。依据协议，首经贸大每年选派部分大三学生到西维尔大学学习，两年后获得西维尔大学管理学学士学位；或者学习一年，返校后继续学习，获得首经贸大工商管理学士学位。协议规定，首经贸大每年选派教师到西维尔大学进修，西维尔大学每年派出教师到首经贸大讲学。2002年，西维尔大学在加拿大本科院校综合指标测试中名列第一。

(钟志红)

【实施网络辅助教学】 4月，首经贸大实施网络辅助教学。该校开辟“网上学习园地”，各院系(部)通过网络发布教学计划和教学进度安排，登载课程教学大纲、教学课件、复习思考题及教学参考书目，公布网络答疑教师及具体时间和电子邮件地址。学生采取课外自主学习、撰写读书报告、网上答疑等形式学习。

(钟志红)

【举办首届商务节】 4至5月，首

经贸大举办首届商务节。该商务节聘任专业指导教师，先后举办电子商务员考证讲座、模拟商务谈判、商务文案设计比赛、“驿动朝阳”创意比赛和颁奖闭幕仪式。该校学生及往届毕业生350人参加活动。

(钟志红　刘增荣)

【成立图书馆工作委员会】 6月4

日，首经贸大首次成立图书馆工作专家指导委员会。该委员会由图书馆领导、校内各院系27名教授组成，负责文献信息工作咨询和协调，指导图书馆建设、发展。

(钟志红　王银江)

【毕业生就业签约率80%】 6月，首经贸大“非典”期间毕业生就业签约率达到80%。该校毕业生1627人，比上年增加202人，增加14个

百分点。其中，参加就业1580人，实际签约1302人，占就业毕业生总数的80%，比上年增加12个百分点。

（钟志红）

【成立外语系】 7月，首经贸大成立外语系。外语系设英语（经贸英语）专业，主要培养具有经济贸易专业知识英语人才和国际贸易人才。外语系教职工53人，其中，教师48人。教师中，教授1人、副教授18人、讲师26人，副高级以上职务教师占37.5%。首次招生30人。

（钟志红）

【首次表彰优秀任课教师】 9月10日，首经贸大首次表彰优秀任课教师。该评选依据优秀任课教师评选奖励办法及实施细则，按照公开、公平、公正原则进行，包括教师自荐、教研室（组）推荐、任课班级学生问卷调查，各院（系）部综合考察等程序。该校教师602人参加评选，其中，27人获得表彰。根据规定，获奖教师每人颁发奖金2000元。

（钟志红）

【评价教师课堂教学质量】 10月14日，首经贸大评价教师课堂教学质量。该工作由学校教学工作指导委员会负责，依据课堂教学质量评价指标体系，采用教师自评、学生评价、同行教师评价和专家评价综合方法，要求学生评价必须大于听课学生人数50%，同行教师、专家评价不得少于5人。至年底，该校担任一门以上课程教学在编教师380人报名参加评价，占应该参加评价教师总数的63.12%，其中，303人优秀，74人良好，3人合格。

（钟志红）

【一批学生公寓落成】 11月，首经贸大一批学生公寓落成。这批公寓共计6栋，均为6层框架结构，总占地面积23310平方米，建筑面积45000平方米，按本科生4人间标准设计，可满足本科生5100人入住。公寓于2002年12月6日开工建设，总投资9000万元。

（钟志红）

【观摩法庭刑事审判】 12月4日，首经贸大首次举办法庭刑事审判观摩。该活动在法学系新建模拟法庭进行，丰台区法院模拟审判男青年抢劫未遂案，展示指控、法庭调查、法庭辩论等全部司法程序。该校师生200人观摩完整庭审过程。

（钟志红）

【与朝阳法院合作办学】 12月11

日，首经贸大法学系与朝阳区人民法院签订法学共建协议。根据协议，法院为法学系学生提供实习基地和旁听案件机会，选派法官指导学生模拟法庭活动，选派领导担任学校兼职教授；法学系选派教师培训法院人员，通报法学理论前沿问题。协议规定，双方"互通信息、共享资源、相互支持"，共同探讨法学理论与实践问题，联合申请和承办司法理论与实践科研项目，在立项和经费投入上共同支持。此前，该校先后与宣武区检察院、法院和北京第二中级人民法院签订合作办学协议。

（钟志红 邸燕如）

【表彰年度优秀科研成果】 12月30日，首经贸大召开优秀科研成果颁奖暨经验交流会。会议表彰3个科研活动先进单位，8名先进科研系主任，向17项成果颁发校级优秀科研成果奖。该校教师、科研工作者60人参加会议。2002年，首经贸大完成纵向科研课题13个，获得北京市第七届哲学社会科学优秀成果奖3个。举办学术活动24次，其中，独立举办国际国内学术会议5次，参加各种国内外学术会议796人次，提交论文152篇。教师公开发表论文694篇，提交研究、咨询报告60篇，出版专著34部，编著教材68部，工具书12部。

（钟志红）

外交学院

党委书记 安永玉

院　　长 杨福昌（7月免）

吴建民（7月任）

【概　况】 2003年，外交学院设有外交学系、英语系、外语系、国际法系、国际经济系5个系，以及国际关系研究所、国际法研究所、研究生部、基础教学部、成人教育学院和留学生办公室，中国国际法学会、中国国际关系学会挂靠外交学院。设有香港发展研究中心、欧洲研究中心、联合国研究中心等学术团体。全院在岗教职工388人，其中，专任教师178人。拥有正高级职务18人，副高级职务65人，另聘请外籍专家和教师18人，兼职教授47人。毕业426人，其中，研究生48人（博士生5人、硕士生43人），普通本科生204人，成人教育本专科生174人（本科74人、专科100人）。招生764人，其中，研究生122人（博士生14人、硕士生108人），普通本科生219人，成人教育本专科生423人（本科208人、专科215人）。在校生2069人，其中，研究生305人（博士生33人、硕士生272人），普通本专科生824人（本科809人、专科15人），成人教育本专科生940人（本科576人、专科364人）。外国留学生招生32人、在校生55人。学院占地面积65039平方米，建筑总面积74251平方米。图书馆藏书27万册。至年底，外交学院与44个国家的70所院校、基金会或科研机构建立文化和学术交流关系。接待外国领导人、使节、专家学者访问团64次。本年高考北京地区本科提档线理科578分、文科542分。网址：

www.cfau.edu.cn。

(李洪梅)

【举办外交官培训班】 2月24日至4月24日,7月14日至9月17日,外交学院举办外交部第四期、第五期高级外交官培训班。与前3期相比,两期培训班调整部分课程,由外交实务、内部管理、外交与国际关系理论和专家论坛4个系列,共计54讲组成,并赴宁夏考察。来自全国的39名学员参加学习。

(李洪梅)

【举办6次外国学者专题讲座】 3月11日至12月23日,外交学院举办6次外国专家学者专题讲座。3月11日,听取印度外交官、外交学院荣誉教授拉纳教授(Kishan Rana)题为《当代大使的作用》专题讲座;3月19日,听取美国驻华使馆一秘费尔斯坦(David Firestein)题为《美国乡村音乐》专题讲座;3月21日,听取美国波士顿伯克利音乐学院加德纳(Peter Gardner)教授《语言交流风格上的文化差异》问题专题讲座;4月15日,听取美国哈佛大学费正清研究中心罗斯(Robert Ross)教授题为《美国对外政策和中美关系》专题讲座;11月13日,听取美国前副国务卿、布鲁金斯基金会总裁塔尔博特(Strobe Talbott)先生《国际关系与当前中美关系问题》专题讲座;12月23日,听取美国阿默斯特(Amherst)学院蕾尔斯基(Ronald Tiersky)教授题为《伊战后的美欧关系》专题讲座。该校师生共计200人次参加学习。

(李洪梅)

【与罗马尼亚外交学院合作办学】 8月20日,外交学院与罗马尼亚外交学院合作协议签字。根据协议,双方开展教学、青年外交官培训等方面合作。协议自2003年生效,有效期3年。

(李洪梅)

【举办伊拉克战争与美国专题讲座】 9月12日,外交学院举办伊拉克战争与美国讲座。该讲座听取钱其琛介绍"911"事件以后美国战略调整的三个阶段,分析伊拉克和阿富汗两场战争异同以及中东形势。同时,论证中国政府态度和原则立场。他要求外交学院要扩展教学内容,教学安排、课程设计随形势需要增加,并增加实际锻炼、实际知识。该校师生500人参加学习。

(李洪梅)

【举办"了解现代中国讲习班"】 9月15日至10月3日、10月13至30日,外交学院举办第八期非洲外交官、第三期拉美及加勒比"了解现代中国讲习班"。该讲习班开设中国历史文化、中国基本国情、中国外交政策、中国经济、台湾问题、国际社会和中国安全专题讲座,听取中国外交部非洲司、拉美司关于中国与其他国家关系报告,并游览故宫、颐和园,观看京剧、杂技等中国传统文艺表演。来自非洲、拉美及加勒比地区40名学员参加学习。

(李洪梅)

【举办中国与联合国专题报告】 9月17日,外交学院举办中国与联合国专题报告。中国驻日内瓦全权代表沙祖康以"国际问题和中国在联合国组织中的斗争"为题,讲授日内瓦制订国际政治、经济、安全、环境和科技规则的基本程序,及其对于中国的重要性,讲述"非典"期间中国反对台湾当局加入世界卫生组织的斗争。该校师生600人参加学习。

(李洪梅)

【举办宇宙中最基本结构讲座】 10月21日,外交学院举办"寻找宇宙中最基本的结构"专题讲座。该讲座听取丁肇中结合测量电子半径、新粒子家族发现、胶子发现、国际科学合作,以及对外太空反物质(AMS实验)研究,讲述科学研究体会。他认为,一个做科学的人,不要盲从专家结论;做基础研究,要有信心,认为正确事,不要因为多数人反对而改变;做科学,应对意料之外现象有充分准备;选取科学上重要题目,争

取国际合作,争取参加国政府长期优先支持。丁肇中是物理学家、诺贝尔物理学奖获得者。

(李洪梅)

【举办外国官员系列演讲】 10月29日至12月11日,外交学院举办6次外国政府官员演讲。10月29日,听取德国前总理科尔外事及防务顾问彼得利奇(Joachim Bitterlich)题为《欧洲的挑战》演讲;11月13日,听取以色列驻华大使海逸达博士关于"中东问题"演讲;11月20日,听取巴勒斯坦驻华大使扎卡利亚(Zakaria Abdul-Rahim)关于"中东问题"演讲;11月27日,听取韩国驻华大使金夏中关于"朝核问题"演讲;12月10日,听取联合国海洋法法庭法官、德国马克斯·普朗克研究所所长沃尔夫兰姆(Wolfrum)题为《打击海洋恐怖主义:国际法上的选择与限制》演讲;12月11日,听取埃及驻华大使阿里·希夫尼(Aly El-Hefny)关于"中东问题"演讲。该校师生共计300人次参加学习。

(李洪梅)

【举办全球化与中国专题讲座】 11

月 8 日，外交学院举办全球化与中国专题讲座。该演讲听取世界经济论坛创始人兼主席克劳斯·施瓦布(Klaus Schwab)和世界经济论坛首席经济学家、全球竞争项目主任卢佩斯·克拉柔 (Lopez Claros) 题为《全球化与中国》、《人民币汇率和中国的全球竞争力排名问题》讲演，系统分析经济全球化趋势，指出阻碍全球化的主要问题是各国政治分歧，世界经济论坛提供各国政府、政界与商界等不同实体交流的平台，力求促进各方交流与沟通。他们认为，中国仍然处于落后状态，全球排名并不是很重要问题，应该重视发展潜力，中国发展的“瓶颈”是技术创新能力与政府效率问题，应该增加教育投入。该校师生 600 人参加学习。

（李洪梅）

【颁发郭莎拉爵士奖学金】 11 月

17 日，外交学院首次颁发郭莎拉爵士奖学金。该奖学金由台湾郭莎拉爵士出资 8 万元设立，面向品学兼优、家庭经济困难的学生，每年评选一次，每年奖励 30 人。其中，本科生 20 人，每人奖励 2000 元，研究生 10 人，每人奖励 4000 元。

（李洪梅）

【与日本中部大学合作办学】 12 月 1 日，外交学院与日本中部大学签署两校合作协议。根据协议，双方开展教师、学生交流，交换信息、资料，分组举办研讨会。协议自 2003 年生效，有效期 5 年。

（李洪梅）

【举办国际舆论环境报告会】 12 月 3 日，外交学院举办国际舆论环境报告会。该报告会听取国务院新闻办公室题为《努力建设一个有利于我国的国际舆论环境》报告，介绍国际舆论环境对国家发展的重要性，分析中国在国际舆论中的处境。报告要求外交学院学生除具备国际政治、国际经济、外交家所需要基本能力外，一定要有国际舆论斗争基本概念。该校师生 600 人参加学习。

（李洪梅）

中国人民公安大学

党委书记 王彦吉
校　　长 王彦吉

【概　况】 2003 年，中国人民公安大学设木樨地、团河与沙河 3 个校区。校内党群行政机构 17 个，比上一年减少 6 个。教学机构设有 4 个教研部，10 个系，以及图书馆、网络信息中心和出版社 3 个教辅机构。另有公安部自考办、公安部考试中心挂靠学校。教职工 1271 人，其中专任教师 459 人，外聘教官 129 人、教辅人员 210 人，行政人员 320 人。专任教师中，正高级职务 50 人、副高级职务 167 人、中级职务 197 人，享受国家级津贴教师 28 人，享受部级津贴教师 19 人，博士生、硕士生导师 76 人。本科设 8 个专业、15 个专业方向。专科 6 个专业，学制 2 至 3 年。设诉讼法学博士学位点 1 个，硕士学位点 10 个。在校学生 18144 人，其中，研究生 472 人、普通本科生 3964 人、专科生 477 人，成人教育本专科生 13231 人。毕业 6611 人，其中硕士研究生 62 人，普通本科生 932 人、专科生 385 人，成人教育本科生 806 人、专科生 4426 人。招生 4442 人，其中，硕士研究生 226 人，普通本科生 1193 人、专科生 158 人，成人教育本科生 1564 人、专科生 1301 人。学校占地面积 579333 平方米，另在团河校区西侧租赁土地 157333 平方米，使用期第一阶段为 50 年。校舍建筑面积 334672 平方米，固定资产总值 29537 万元，其中教学科研仪器设备 4142 万元。图书馆建筑面积 9610 平方米，藏书 63 万册、电子图书 3723 片。全年教育经费投入 24330 万元。校办产业完成营销产值 278 万元，补充教育经费 123.9 万元。全年外派 13 批 37 人次出国(境)访问，接待 18 个国家和地区的警官、学者 283 人次。本年高考北京地区本科提档线理科 481 分，文科 478 分。网址：www.cppsu.cn。

（尹华业）

【执行公安部五条禁令】 2 月 1 日，公安大学转发公安部五条禁令通知。该通知要求全校教师、干部和学生严格执行公安部五条禁令，出现违反禁令单位直接领导、主要领导要接受纪律处分。2 月 24 至 27 日，该校分别召开师生执行五条禁令宣誓和签名仪式，共有师生 19415 人参加活动。1 月，公安部发出五条禁令：严禁违反枪支管理使用规定、严禁携带枪支饮酒、严禁酒后驾驶机动车、严禁工作时间饮酒、严禁参与赌博，违反上述规定予以辞退，情节严重的，予以开除。

（尹华业）

【完成本科教学计划修订】 2 月 26 日，公安大学完成本科教学计划修订工作。修订后的教学计划分政治理论课、公共文化课、法学课、警体技能战训课、专业与专业基础课。新计划突出公安特色，培养厚基础、宽口径、公安通用高素质复合型人才。

（尹华业）

【完成党群行政机构调整】 3 月 14 日，公安大学完成行政机构调整。调整后党群机构设有宣传部、纪检办、工会 3 个；行政机构有办公室、组织人事处、教务处、研究生部、进修部、继续教育学院、培训基地、科研处、学生工作处、外事办公室、离退休工作处、计划财务处、审计处、后勤管理处、基建处、物资设备处、保卫处

17 个。党群行政机构比调整前减少6 个。

(尹华业)

【接待香港警察女子排球队】 3 月28 日至 4 月 1 日,公安大学接待香港警察女子排球队。该女排由 17 人组成,访问期间,双方举办友谊比赛,香港警察女排以 3∶2 总成绩获得胜利。

(尹华业)

【表彰防控“非典”先进】 7 月 15 日,公安大学表彰防控“非典”工作先进。该校 3 个单位获得集体三等功、5 个单位获得集体嘉奖,12 名工作人员获得个人三等功、58 人获得嘉奖。4 月 17 日和 5 月 2 日,公安大学分别发现一名学生和一名家属疑似病例,117 名学生、16 户居民参加 15 天医学隔离观察。

(尹华业)

【4 栋学生公寓楼落成】 8 月 28 日,公安大学 4 栋学生公寓楼落成。4 栋公寓楼每栋 7 层,总建筑面积 45175 平方米,可入住学生 6240 人。公寓 2002 年 7 月开工,由北京城建集团承建,总投资 5500 万元。

(尹华业)

【校园环境整治工程竣工】 9 月 3

日,公安大学校园环境整治绿化工程竣工。该工程包括团河校区 4 栋学生宿舍楼装修改造、道路环境绿化、礼堂装修及广场改造、师生食堂装修改造、服务中心装修、图书馆装修改造、警体训练馆装修改造、靶场改造、修建多功能文化广场、校南门重修及广场改造,木樨地校区商业网点装修改造、东配楼加层、礼堂两侧广场改造。工程于 6 月开工建设,共投资 7600 万元。

(尹华业 贾 勇)

【木樨地校区开通公安工作局域网】 9 月 8 日,公安大学木樨地校区开通公安工作局域网。该局域网与公安部 1000 兆光纤直接相连,可传送数据信息、视频信息、语音信息。通过网络学校可以迅速了解公安部最新信息和全国公安工作动态。局域网于 2002 年 5 月开工建设,总投资 50 万元。

(尹华业)

【完成与韩国警察大学互访】 9 月

15 至 24 日和 10 月 10 至 19 日,公安大学与韩国警察大学完成互访。9 月,公安大学警察教育研修团师生 16 人出访韩国,考察韩国警察大学警务教育和在职警察培训,了解课程设置和教学管理。10 月,韩国警察大学师生 17 人访问公安大学,韩国师生听取学校情况介绍,参加中韩侦查学术研讨会,参观校史馆、图书馆、实验室和公安部物证鉴定中心,游览故宫、天坛、长城和十三陵。

(尹华业 贾 勇)

【举办建校 55 周年庆典】 10 月 16 日,公安大学举办建校 55 周年庆祝活动。该活动分为庆祝大会、警体技能表演和专场文艺演出。其中,庆祝大会有来自全国人大、公安部、北京市政府领导和学校师生共计 6477 人参加;警体技能表演由 1934 名预备警官表演分列式和团体警体拳,以及擒拿格斗、解救人质、散打等;专场文艺演出于 16 日、17 日分别在木樨地和团河校区举行。

(尹华业)

【机关干部计算机培训班结束】 12 月 16 日,公安大学公安部直属机关干部计算机应用技能培训班结束。培训班开设办公自动化、计算机应用和网络应用等课程。培训开始于 2002 年 12 月 2 日,共举办 33 期普通干部班、3 期局级干部班,1506 人参加培训,其中 1400 人通过计算机应用技能考试。

(尹华业)

国际关系学院

党委书记 殷 捷
院 长 戴守英(12 月免)
刘 慧(12 月任)

【概 况】 2003 年,国际关系学院设有国际政治、法律、信息科技、国际经济、管理、英语、日法语 7 个系和马列公共基础、成人教育、研究生 3 个部。英语、日语、法语、国际关系、通信与信息系统、国际政治、应用化学和世界经济 8 个专业拥有硕士学位授予权。毕业 1162 人,其中,研究生 80 人,普通本专科生 398 人,成人教育本专科生 684 人。招生 1064 人,其中,研究生 93 人,普通本专科生 337 人,成人教育本专科生 634 人。在校生 3301 人,其中,研究生 159 人,普通本专科生 1246 人,成人教育本专科生 1896 人。外国留学生毕结业 94 人,在校外国留学生 94 人。教职工 503 人,其中,专任教师 225 人。教授(研究员)37 人,副教授(副研究员)116 人,硕士研究生导师、客座教授和兼职教师 89 人,享受政府特殊津贴专家 23 人,聘请英语、日语等专业外国文教专家 15 人次。学院占地面积 14.3 万平方米,建筑面积 9 万平方米。拥有计算机房 7 个,语音教室 10 个,图书馆藏书 28 万册,电子图书 7262 片,订有各种期刊 740 多种。全年教育经费投入 3300 万元本年高考本科提档线 512 分，专科 380 分。网址：www.uir.edu.cn。

（刘平杰）

【主教学楼工程竣工】 4 月，国关学院主教学楼建设工程竣工。该教学楼占地面积 2000 平方米，建筑面积 10412 平方米，采用框架结构，地上 5 层，地下 1 层，内设教室 63 间，办公用房 55 间，并安装有中央空调等设施。教学楼 2002 年 3 月 18 日开工建设，总投资 2591 万元。

（刘平杰）

【组建两个教学系】 6 月，国关学院组建法律系和信息科技系。其中，法律系设立法学 1 个本科专业，信息科技系设立信息管理和信息系统 1 个本科专业。两个新系共有教职工 18 人，首批招收本科生 207 人。

（刘平杰）

【门诊部迁移改造工程竣工】 11 月，国关学院门诊部迁移改造工程竣工。门诊部新址位于学院青年公寓一层，建筑面积 935 平方米，是原址的 2 倍。改造工程于 6 月 25 日开工建设，总投资 130 万元。

（刘平杰）

【学生食堂加层工程竣工】 12 月，国关学院学生食堂加层装修工程竣工。该工程在两层食堂上面加盖一层，改造后学生食堂总建筑面积 3512 平方米，一、二层为教工、学生食堂，三层为招待餐厅，可同时容纳 1200 人就餐。工程于 6 月 25 日开工建设，总投资 750 万元。

（刘平杰）

北京体育大学

党委书记　张万增

校　　长　杨　桦

【概　况】 2003 年，北京体育大学设管理学院、研究生院、成人教育学院、竞技体育学院、教育学院、武术学院、运动人体科学学院，附属竞技体育学校、附属中等体育专业学校。全校设有 24 个教研室，拥有 1 个国家级重点学科和 12 个部委级重点学科、6 个研究中心和 1 个市级重点实验室，拥有国家一级学科体育学博士授予权（含 4 个二级学科博士授予权和 5 个专业 25 个研究方向硕士学位授予权），设运动训练、民族传统体育、体育教育等 10 个本科专业。毕业 2333 人，其中，研究生 155 人，普通本科生 763 人，成人教育本专科生 1260 人，中专生 155 人。招生 3720 人，其中，研究生 297 人，普通本科生 1305 人，成人教育本专科生 1825 人，中专生 293 人。在校生 9963 人，其中，研究生 642 人，普通本科生 4143 人，成人教育本专科生 4513 人，中专生 665 人。留学生毕业 21 人、招生 76 人、在校生 205 人。教职工 832 人，其中，正高职 42 人，副高职 185 人；博士生导师 40 余人，硕士生导师 100 余人；外籍教师 9 人；国家级教练 5 人，高级教练 6 人，国际级裁判 40 人，国家级裁判 210 人，15 人在国家队担任教练。另外聘请客座教授 46 人。学校占地面积 66.6 万平方米，建筑面积 25 万平方米。建有田径、体操、球类等不同运动项目 17 个室内训练馆，68 块室外运动场。全年教育经费投入 12154.5 万元，其中，国拨 8594.27 万元，自筹 3560.27 万元（其中校办企业营销总收入 569 万元）。本年高考北京地区本科提档线体育教育专业体育分 70 分，文科文化分 300 分、理科文化分 285 分；社会体育专业体育分 70 分，文科文化分 300 分、理科文化分 285；公共事业管理专业文科 470 分，理科 455 分；新闻学专业 470 分；运动人体科学专业分 455 分；应用心理学专业分 455 分。网址：www.bsu.edu.cn。

（林　珊）

【加入国际体育科学与教育理事会】 4 月 1 日，北体大加入国际体育科学与体育教育理事会。根据该组织来函，北体大以 D 类会员身份入会（会员号为 D126—1）。国际体育科学与体育教育理事会是隶属联合国教科文组织的国际机构，每 4 年举办一次奥林匹克科学大会，其会员分为 A、B、C、D 四类，拥有来自世界 60 个国家的会员 200 多个。中华全国体育总会是 A 类会员。

（石　凌）

【与索非亚学院合作办学】 9 月，北体大与保加利亚索非亚奥林匹克学院签订合作办学协议。根据协议，双方建立友好校际关系，共同促进奥林匹克运动，共同发展体育教育，开展学术交流与学者互访活动。保加利亚索非亚奥林匹克学院是培养体育教育、体育管理、体育竞技、体育社会及心理学、体育法、体育史和体育新闻人才方面的学院。

（赵　杨）

【校园基本建设系列工程竣工】 10

月 4 日，北体大校园基本建设系列工程竣工。该工程包括校园建设项目 16 个、维修改造项目 70 余个。其中，新建教学楼建筑面积 17009 平方米、学生餐饮楼建筑面积 11500 平方米，改建西、南校门，改造面积 2650 平方米，完成道路、地下管网维修改造、校园绿化美化数十万平方米。工程配合 50 年校庆建设，总投资 2.4 亿元。

（林　珊　杨再春）

【举办中外体育院校校长论坛】 10 月 4 至 5 日，北体大举办中外体育院校校长论坛。论坛听取 7 所院校校长的学术报告，从不同角度分别探讨新世纪体育院校建设、高等体育教学改革、体育院校发展规律和趋势。来自国内外 40 所体育院校校长参加论坛活动。

(王　辉)

【庆祝建校50周年】　10月4至6

日,北体大举办庆祝建校50周年活动。校庆期间,各级领导、来宾、海内外校友和师生员工15000人参加庆祝大会,其间举办校史展、校庆招待会、校庆田径运动会等36项活动。学校编辑的《北京体育大学校史》、《情系北体》、《科研成果汇编》等110万字校庆专著同时发行,系统介绍北体大50年创业、改革、发展历程和取得的成就。该校建于1954年,建校50年累计培养毕业生3万人。自1980年获得世界冠军43人次、亚洲冠军63人次、全国冠军607人次。

(徐翔鸿　杨再春)

【与德蒙福特大学合作办学】　10月7日,北体大与英国德蒙福特大学签订合作办学意向书。根据协议,两校建立友好校际关系,在学术交流、学生与教职员互访、合作教学和办学、共享双方信息资源、互相尊重知识产权方面开展合作。

(赵　杨)

【与匈牙利大学合作办学】　10月7日,北体大与匈牙利塞梅威斯(SEMMELWEIS)大学体育学院签订合作办学协议。根据协议,以增进友谊、平等互利为原则,两校建立友好校际关系,发展友好关系。同时,实现教学、训练和科研领域合作。

(赵　杨)

【苔伯受聘客座教授】　10月22日,北体大授予德国女博士苔伯客座教授称号。苔伯是德国柏林自由大学教授,体育教育、科学和残疾人体育专家,任国际体育科学与体育教育理事会主席、欧洲伤残体育研究协会主席。她多次在国际体育科学期刊发表论文,出版著作300部,曾获得多项国际体育奖励。

(赵　杨)

中央音乐学院

党委书记　郭淑兰
院　　长　王次炤

【概　况】　2003年,中央音乐学院设有声乐歌剧、指挥、作曲、钢琴、管弦、民乐、音乐学、音乐教育8个系和音乐科技部、继续教育学院、现代远程音乐教育学院等11个教学部门,以及社会音乐教育部、中央音乐学院学报和音乐出版社,另设音乐学研究所和附属中学。学院设有国家重点学科3个,国家人文社会科学重点研究基地1个,有博士点、硕士点各1个。教职工555人,其中,教授66人(含博士生导师32人),一级演奏员5人,副教授79人,讲师85人。毕业299人,其中,研究生29人(博士生4人、硕士生25人),普通本科生137人,成人教育本专科生133人(本科105人、专科28人)。招生1823人,其中,研究生90人(博士生17人、硕士生73人),普通本科生317人,成人教育本专科生174人(本科137人、专科37人),网络教育本专科生1242人。在校生2812人,其中,研究生220人,普通本专科生1099人(本科1098人、专科1人),成人教育本专科生251人,网络教育本专科生1242人。学院占地面积53000平方米。图书馆藏书50.62万册,其中电子版图书10万余册。学院建有中国青年交响乐团、中国青年合唱团、中国青年民族乐团、中国少年交响乐团和中央音乐学院古典室内乐团6个艺术实践基地。全年教育经费投入7929万元,其中,国拨4506万元,自筹3423万元。本年高考北京地区本科提档线音乐学390分,其他表演专业220分。网址:www.ccom.edu.cn。

(李雪英)

【举办视唱练耳教学讲座】　5月,11月17日至12月15日,中央音乐学院举办视唱练耳教学系列讲座。系列讲座共设10个专题,展示视唱练耳教学现代数字研究成果,揭示专业研究、教学发展空间。来自国内各音乐院校有关学者240人参加学习。

(赵易山　李雪英)

【为医护人员实施心理治疗】　6月,中央音乐学院音乐治疗中心为"非典"一线医护人员实施音乐心理治疗。该中心4名师生在国家教育行政学院,运用自己制作的音乐曲目,帮助休养人员调节心理,放松情绪。来自北大医院、北医三院400名医护人员接受音乐心理治疗。

(刘燕青　李雪英)

【召开吴伯超诞辰100周年座谈会】　8月22日,中央音乐学院召开纪念吴伯超诞辰100周年座谈会。会议回顾吴伯超追求音乐,以发展民族音乐为己任的一生,高度评价为中国音乐教育事业和中央音乐学院做出贡献。会议由中央音乐学院、萧友梅音乐教育促进会联合主办,北京音乐教育界学者、原国立音乐院校友参加会议。吴伯超(1903～1949),江苏常州人,1922年考入北大音乐传习所学习二胡、琵琶及钢琴,1926年毕业后在北京师范学校和孔德学校任教。1931年,赴比利时留学。1935年10月回国任教于国立音乐专科学校。1937年,与其他音乐界同行成立业余管弦乐团。1938年,投身于抗日救亡文化活动,谱写《中国人》、《冲锋歌》、《暮色》等救亡歌曲。1943年,吴伯超接任国立音乐院(中央音乐学院前身)院长。1945

年，他创办专功器乐演奏的十年制幼年班，为中国交响乐事业创建和发展培养后备人才。

（黄旭东　李雪英）

【举办刘北茂诞辰百年纪念活动】　9月24至25日，中央音乐学院举办刘北茂诞辰100周年纪念活动。该活动包括刘北茂艺术创作、教育思想与人格风范学术研讨会、刘北茂百年诞辰纪念音乐会等内容。活动由北大、中国音乐家协会和中央音乐学院等单位联合举办，来自全国各地学者，刘北茂学生、故友等1000人参加活动。刘北茂，1903年7月10日出生，江苏省江阴市人，是中国近代著名的作曲家、二胡演奏家、音乐教育家，“刘氏三杰”（刘半农、刘天华和刘北茂）三兄弟之一。1927年燕京大学英文系毕业，先后在北大等高校讲授英文。1942年，他任重庆国立音乐院的二胡教授。1949年后，在中央音乐学院、安徽艺术学院、安徽师大等院校讲授二胡，同时创作百余首二胡曲，代表作有《汉江潮》、《前进操》和《欢乐舞曲》等。

（邓　克　李雪英）

【青年室内乐团赴西班牙演出】　10月31日至11月15日，中央音乐学院青年艺术家室内乐团赴西班牙巡回演出。该乐团由20名学生组成，在马德里、萨拉格萨等城市举办8场演出，包括埃尔加《引子与快板》、图里纳《斗牛士的祈祷》和布里顿《前奏曲与赋格》等经典曲目，以及该院作曲系徐昌俊教授创作的中西方风格结合作品《凤点头》。青年艺术家室内乐团由该院大学生弦乐队组成，本次出访首次增加扬琴演奏。

（李雪英　徐昌俊）

【举办国际音乐节大师班】　10至11月，中央音乐学院举办国际音乐节大师班。教学班由作曲家约翰·科里利亚诺、小提琴家基登·克莱默、大提琴家伯纳德·格林豪斯以及伦敦室内乐团示范讲学和演出。教学班与第六届北京国际音乐节组织委员会联合举办，来自全国专家、学生和音乐爱好者1000人参加学习。

（李雪英）

【举办音乐欣赏教学研讨会】　11月8至12日，中央音乐学院召开首届全国音乐欣赏教学研讨会。会议听取题为《从交响音乐鉴赏谈音乐的特性》、《中国当代音乐作品中的吟诵调》和《如何挖掘学生在音乐欣赏中的潜力》等10个专题讲座，听取20人教学成果和教学体会经验交流，研讨各地音乐欣赏教学面临问题和未来发展方向。会议与中国音乐教育学会等学术团体联合举办，全国各地教学第一线的学术骨干、教师和音乐理论工作者90人参加会议，共提交论文24篇。

（吴小萍　李雪英）

中国音乐学院

党委书记　戴嘉枋（12月免）
　　　　　　张　雪（12月任）
院　　长　金铁霖

【概　况】　2003年，中国音乐学院设有音乐学、作曲、民族器乐、声乐歌剧、音乐教育、钢琴、合唱指挥、艺术管理8个系，以及研究部、社会科学部、成人教育部和附属中等专科学校。本科学制4至8年。本年毕业563人，其中，研究生13人，普通本科生98人，成人教育本专科生452人。招生464人，其中，研究生43人，学位班33人，普通本科生209人，成人教育本专科生179人（不含函授学生）。在校生1156人，其中，研究生118人，普通本科生718人，成人教育本专科生320人（不含函授学生）。教职工294人，其中，专任教师155人，正、副教授86人。校园占地面积45000平方米，建筑面积97765平方米，其中教学科研及辅助用房建筑面积23354平方米。图书馆藏书16万册。固定资产6373万元，其中教学、科研仪器设备3174万元。全年教育经费投入5261.39万元。本年高考北京地区本科提档线文化课文科表演208分、史论编导305分，理科表演245分、史论编导408分。网址：www.ccmusic.edu.cn。

（田　婷）

【招生考试题库投入使用】　3月，中国音乐学院招生考试题库投入使用。该题库根据教学和考试等级、难易程度，按照教学大纲或考试级别设定标准，由计算机随机自动生成试题，包括本科入学考试视唱练耳各级考题和研究生入学考试史论卷，同时完成文字、音响和答案制作。该题库与富士通计算机北京总代理得利公司联合研制，这是首次在2003年本科和研究生招考中使用。

（田　婷）

【召开首次学生代表大会】　8月18至22日，中国音乐学院召开第一届学生代表大会。会议预备会议先后通过大会选举办法（草案），以及大会主席团、秘书长、检票组成员名单，学生会委员候选人建议名单。正式会议选举产生2003届学生会委员10人。该校学生代表80人参加会议。

（田　婷）

【举办国际现代音乐季】　10月23

至28日，中国音乐学院举办2003国际现代音乐季系列活动。该活动包括新生代室内乐团与瑞士诺维尔室内乐团在四川举办的作曲系教师作品音乐会，在北京举办的瑞士作

曲家音乐会、新生代室内乐团教师作品音乐会、作曲系学生新作品音乐会和瑞士音乐家讲座。该校师生65人参加活动。

(田 婷 唐 锐)

【举办美国钢琴家讲学活动】 10月27日至11月2日，中国音乐学院举办美国钢琴家、羽管键琴演奏家赫蒂萨兰奇鲁巴特讲学活动。赫蒂萨兰奇鲁巴特先后举办钢琴演奏专家课，两场巴洛克时期钢琴作品专题讲座，并举办专场音乐会。该校钢琴系师生45人参加学习。

(田 婷)

中央美术学院

党委书记 杨 力

院 长 潘公凯

【概 况】 2003年，中央美术学院设有绘画、雕塑、美术学、艺术设计、摄影、动画、建筑7个本科专业，2个硕士学位点，1个博士学位点，1个艺术学博士后流动站。本年新成立造型学院、建筑学院、人文学院。教职工406人，其中，专任教师257人。教师中正高级职务47人、副高级职务77人、中级职务93人。毕业158人，招生811人，在校生1973人，其中，研究生252人、本科生1651人。学院占地总面积158739平方米，建筑总面积76000平方米。全年教育经费总投入10510万元(教育经费拨款2095万元、基建拨款866万元、专项经费拨款3124万元、教育事业费收入3750万元、其他经费拨款675万元)。本年高考北京地区本科录取分数线绘画和设计专业320分，美术史学518分。

(岳洁琼)

【举办首届动漫展】 3月6至9日，美院举办首届动漫展。该展览由设计学院、学生会和团委深水漫画社主办，包括真人模仿秀(cosplay)比赛、原创漫画大赛颁奖、国内原创漫画论坛和羽化乐队演出四项活动。经过专家评委评选，美院和北工大各一名学生作品获得原创漫画一等奖。来自全国高校动漫社团和动漫爱好者提交作品参加活动。

(陈 迟)

【举办新媒体艺术创作讲座】 3月14日，美院邀请德国巴巴拉·哈曼(Barbara Hammann)举办新媒体艺术创作讲座。巴巴拉·哈曼女士通过介绍《身体·传记》、《桔子》、《视觉的诗》等作品，讲解其艺术创作历程和经验。巴巴拉·哈曼，德国卡塞尔大学艺术学院自由艺术专业教授，上个世纪70年代开始从事视频艺术(video)创作，并于1979年获得国际重要艺术展览大奖，创作活动也由视频艺术扩展到多媒体艺术领域。

(余 博)

【王临乙王合内墓碑揭幕】 3月19日，美院在万佛华侨陵园举行王临乙、王合内墓碑揭幕暨骨灰安葬仪式。法国驻华使馆官员、首都雕塑界和美术界有关专家、学者100人参加活动。王临乙，1908年出生，上海人。1929年赴法国留学，先后在里昂国立美术学院、巴黎国立高等美术学院学习雕塑。1937年与法国同学合内(Renee)结婚，一同回到中国，在北京国立艺专雕塑系执教。解放后，王临乙先后担任中央美术学院雕塑系主任、教研室主任和学院总务长，是中国现代雕塑教学事业的开拓者之一，1997年7月病逝。王合内，生于1912年4月17日，法国巴黎人。1955年加入中国籍，长期在中央美术学院雕塑系任教，并创作大量雕塑作品，2000年1月病故。

(王晓霖)

【中国画写意高研班开学】 3月31日，美院中国画写意高研班开学。该高研班开设“写意中国画”专题课程，通过教学实践，为写意中国画当代发展提供可行方案和教学实例。高研班学制两年，首期学员22人。来自中国美术协会、韩国亚洲美术馆及国内美术、书法界人士100人参加开学典礼。

(唐书安)

【举办建校85周年作品展】 4月1至10日，美院举办“我们同行”建校85周年作品展。展览以学校教师肖像为主题，通过画、刻、雕等方式记录美院同行音容笑貌。该校师生85人100余件作品参加展览。

(唐 斌)

【举办首届“学院之光”作品年展】 9月2至10日，美院造型学院举办“学院之光”毕业生优秀作品年度展。该展览包括作品展、研讨会和专题讲座3部分。作品展展出应届毕业生优秀作品205件，其中国画47件、油画74件、版画34件、雕塑21件、壁画29件。分别评选摩托罗拉造型艺术金奖1项、“新浪造型艺术银奖”1项、“艺术创新奖”3项、“艺术传承奖”3项、“公众参与奖”1项。“从2003届毕业生展反观美术基础教学”学术研讨会，听取《发达国家高等教育改革趋势》和《中国传统教育思想精华》演讲，观摩8名教师教学案例演示。专题讲座共5讲，分别是《齐白石的基本功》、《紫禁城的规划与营建特点》、《数字技术与纪录片》、《1957年与新中国美术》和法国具像雕塑家《我与我的作品》。“学院之光”项目由美院造型学院和研究部筹办，是民间赞助造型学院毕业生展览的长期项目。

(陈卫和 邵 亮)

【参加中国北京国际美术双年展】 9月20日至10月20日，美院15名教师作品入选“中国北京国际美术双年展”。其中，壁画系教师王颖生国画作品《踱步之二》获中国青年艺术家作品奖。首届“北京双年展”由中国文学艺术界联合会、北京市政府、中国美术家协会共同主办，来自45个国家423件作品参展，中国参展作品154件，共有3件作品获得青年艺术家作品奖。展览同时举办4个特展，8个序列展。

（岳洁琼 高萌萌）

【完成奥林匹克文化节形象设计】 9月，美院完成首届奥林匹克文化节视觉形象设计。该设计体现奥林匹克精神，强调继往开来、中外文化融合与时空互动，通过整体秩序美感体现视觉延续和流动。项目受北京奥组委委托，由设计学院师生10人完成。同时，完成首届奥林匹克文化节开幕式、闭幕式和主题音乐会形象以及用品设计。

（许 平）

【恢复青年教师协会】 11月17日，美院召开恢复青年教师协会会议。会议介绍青年教师协会历史，讨论并通过《中央美术学院青年教师协会章程》，选举产生新一届青教会执委会委员、会长。该校青年教师协会前身是成立于1988年的青年教师艺术研究会。

（宋晓霞）

【3人获得造型表演艺术成就奖】 12月24日，美院卢沉、罗工柳、彦涵3人获得第二届“造型表演艺术成就奖”。卢沉，中央美术美院教授、博士生导师，中国美术学院名誉教授，清华大学美术学院特聘博士生导师。1935年生，江苏省苏州人。卢沉擅长水墨人物画，并致力于西方现代艺术的研究，尝试把西方现代艺术的意识和中国画的笔墨意趣沟通。他在教学中开设“水墨小品”、“水墨构成”等课程，改革基础课教学。罗工柳，1916年生，广东人。解放后任中央美术学院绘画系主任、教授。他主张从中国传统绘画中吸收营养，以发展油画的表现方法。彦涵，版画家，1916年7月29日生，江苏省东海人。1951年后任中央美术学院教授、版画系主任、年画连环画系主任，中国美术家协会常务理事等职。彦涵画风单纯、明快、生动，刀法简练、有力，在写实的基础上重视形象的提炼和画面的构成，构图饱满，于均衡中求变化，富有装饰性。70年代后兼事中国画创作，其中国画汲取版画的表现手法，注重形式探索，风格独特。“造型艺术成就奖”2002年由日本著名友好人士深见东州先生无偿捐赠设立，文化部艺术司组织专家评选，每年获奖者10人左右，专门用于奖励中国在造型表演领域内取得卓越成就的艺术家和艺术理论家，每年评选一次，具有终身成就奖的性质。

（王晓霖）

中央戏剧学院

党委书记 刘国富
院　　长 王永德（8月免）
徐　翔（8月任）

【概　况】 2003年，中央戏剧学院设有表演系、导演系、戏剧文学系、舞台美术系、电视艺术系和艺术管理系6个系，成人教育学院和影视艺术职业学院两所二级学院，以及公共课教学部、戏剧研究所、国际文化交流中心和影视制作中心。该校是全国“戏剧戏曲学”重点学科点，艺术学博士后科研流动站站点。本专科设置表演、导演、戏剧文学等7个专业。研究生专业设有戏剧戏曲学专业。教职工317人，其中，教授22人，副教授54人，讲师46人；博士生导师13人，硕士生导师34人。成教学院外聘教师127人，影视艺术职业学院外聘教师29人。本年毕业676人，其中，博士生8人、硕士生12人，普通本科生112人，成人脱产专科生544人。招生646人，其中，博士生14人、硕士生32人，普通本科生300人、专科300人。在校生2470人，其中，博士生38人、硕士生80人，普通本科生950人、专科524人，成人脱产本科生78人、成人脱产专科生606人，研究生课程班80人，留学生114人。学院占地面积53758.7平方米，建筑面积80129平方米。图书馆藏书40万册。学院实验剧院建筑面积5111平方米，715个座位。全年教育经费投入8125万元，其中，国拨6218万元，自筹1907万元。本年高考北京地区本科提档线，表演专业文科243分（不含数学），理科286分；导演专业、戏剧影视文学专业、戏剧学专业文科347分（不含数学），理科408分；戏剧影视美术设计专业文科312分（不含数学），理科367分；公共事业管理专业文科330分（不含数学），理科388分；播音与主持艺术专业文科278分（不含数学），理科326分。网址：www.chntheatre.edu.cn。

（张 般）

【首次评选本科教学示范课程】 2月17日，戏剧学院完成首次本科教学示范课程评选。评选按照教学态度、教学方法和教学效果等综合指标，采用评估小组和学生共同打分、院办公会议批准的评比方法。首批共有6门课程参加评选，其中，台词、导表演、编剧和戏剧管理4门课程获得优秀称号。该校评选工作将作为制度长期开展。

（张 般）

【统一管理外聘专家讲座】 2月，

戏剧学院统一管理各系外聘专家讲座。管理制度规定，聘请校外专家、学者讲座必须以拓展学生专业知识为目的，讲座时间统一规定为每星期五，实现资源共享。制度要求，各系每学期外请专家讲座不少于4次。截至12月，该校共举办外聘专家讲座14人次，其中，国外学者4

人次，国内学者 10 人次。

（张　般　边保瑞）

【6 个本科专业首次招生】 9 月，戏剧学院 6 个本科专业首次招生。其中，电视艺术系广播电视节目主持专业主要培养采编、制作、播出主持，开设电视采访与写作、主持语言基础和演播空间处理等 25 门课程，学制 4 年，首次招生 25 人。电视艺术系影视广告导演专业主要培养以影视广告创意为重点的广告创意制作专业人才，开设广告学概论、广告创意技巧和影视广告创作等 21 门课程，学制 4 年，首次招生 7 人。电脑美术设计专业主要培养以计算机应用为手段的艺术创作、策划专业人才，开设广告设计、网页设计、三维设计等 39 门课程，学制 4 年，首次招生 10 人。演出艺术史专业主要培养具有戏剧影视演出史论知识，以及专业舞台美术、导演表演基础，达到专业外语水平的复合型人才，开设演出艺术史、建筑史、评论与写作等 41 门课程，学制 4 年，首次招生 14 人。戏剧学专业主要培养具有戏剧艺术史论基础，从事戏剧艺术理论研究及教学的专门人才，开设写作、外国戏剧史、戏剧批评写作等 32 门课程，学制 4 年，首次招生 20 人。文化行政管理专业主要培养文化行政部门、文化事业单位管理专门人才，开设文化行政管理学、文化市场管理学等 23 门课程，学制 4 年，首次招生 16 人。

（张　般）

【召开谭霈生戏剧理论研讨会】 10

月 5 至 7 日，戏剧学院召开谭霈生教授戏剧理论研讨会。会议研讨谭霈生戏剧理论、中国戏剧美学和戏剧理论以及中国戏剧舞台演出实践历史与现状等问题。会议与北京戏剧家协会联合举办，20 个单位学者共 90 人参加会议。谭霈生，1933 年生，河北省蓟县人，1962 年到戏剧学院任教。先后任教授、博士生导师，国务院学位委员会第四届学科组成员，被国家评为第一批有突出贡献的专家学者。曾出版专著《论戏剧性》、《戏剧本体论纲》等。

（张　般　薛　焱）

【联合演出意大利假面喜剧】 10

月 24 至 26 日，戏剧学院与意大利艺术场所剧团联合演出意大利喜剧《一戳就破的骗局，打情骂俏的谎言》。该校表演系学生参加表演。演出前期，意大利艺术场所剧团路里(Marco Luly)教授为该校学生举办表演工作坊，讲解古代意大利假面喜剧历史、现代喜剧发展及其导演风格。

（张　般　边保瑞）

【制订本科教学毕业剧目演出规定】 10 月 28 日，戏剧学院制订本科教学实习毕业剧目制作演出规定。该规定明确演出剧目选定、制作经费标准、舞美制作、演出剧目审查、学院剧场使用期限及演出宣传要求。全年该校 7 部毕业实习剧目共演出 70 场。戏剧院校高年级教学实习剧目、毕业剧目演出，是展示教学成果的重要手段。

（张　般）

【制订教学演出交流实施办法】 11 月，戏剧学院制订《教学演出交流实施办法》。该办法规定管理机构、交流对象、交流剧目遴选、交流时间及演出场次、交流活动经费保障以及交流活动资料管理方面内容。明确交流剧目由表演系、导演系从当年教学实习汇报演出中选出一个剧目由院办公会议审定，院办公室安排交流时间。交流时间一般为一周，包括演出和举办研讨会。活动结束后，各种材料交档案室留存。

（张　般）

【首次举办教学交流演出】 12 月

17 至 29 日，戏剧学院首次举办教学交流演出。交流演出团由表演系 2000 级中国儿童艺术本科班学生组成，先后在南京艺术学院、上海戏剧学院演出毕业实习剧目《小妇人》、《足球俱乐部》各 4 场，并与两院校学生举办“戏剧表演教学”专题座谈。

（张　般　周　焰）

中国戏曲学院

党委书记　杜长胜
院　　长　杜长胜

【概　况】 2003 年，中国戏曲学院设戏曲表演、戏曲导演、戏曲文学、戏曲舞台美术、戏曲音乐、艺术教育 6 个系和基础教育部、成人教育部、研究生部、附属中专等教学单位。毕业 324 人，其中，本科生 155 人，高职生（专科）51 人，成人教育学生 112 人，戏曲戏剧学硕士研究生 6

人。招生518人，其中，本科生502人，戏曲戏剧学硕士研究生16人。在校生2370人，其中，本科生1671人，高职生（专科）73人，成人教育学生550人，硕士研究生33人，第三届中国京剧优秀青年演员研究生班43人。教职工382人，其中，专任教师191人。专任教师中高级技术职务67人。学院本部占地面积5.5万平方米，校舍建筑面积6.1万平方米。教学固定资产3947万元。图书馆建筑面积4247平方米，藏书12万册，订阅中文期刊160种，外文期刊15种，馆藏图书戏曲、艺术类专业书籍占35%。全年教育经费投入6893万元，其中，国拨3552万元，自筹3341万元。本年高考北京地区本科文化课提档线：表演195分，戏曲导演文科220分、理科275分，影视导演文科260分、理科325分，戏曲文学文科305分、理科380分，电脑音乐文科225分、理科280分，京剧器乐文科195分，民乐文科225分、理科280分，戏曲作曲文科225分、理科280分，音乐编辑文科250分、理科310分，舞台美术系灯光、动画、服装、化妆、舞美设计、数码影像专业245分，教育系美术专业文科245分、理科303分，国际文化交流文科320分、理科400分，舞蹈表演文科195分，影视表演男生文科200分，女生文科225分，音乐师资文科225分、理科280分。网址：www.acto.org.cn。

（薛中君）

【严肃招生纪律】 1月16日，戏曲学院制订《关于在2003年招生工作中进一步加强廉政建设严肃招生纪律的规定》。该规定要求录取前公布报考条件、录取标准、录取程序和规则，录取中不得更改招生简章对考生、家长和社会的各项承诺，注意保守考试、录取秘密。规定强调严格执行招生计划，严格执行招生纪律、收费标准和招生程序，实行回避制度，新生入学后严格审查入学资格。

（薛中君）

【表演系学生送戏下乡】 5月21日，戏曲学院表演系学生举办送戏下乡活动。该系曲剧班20名学生为怀柔区长哨营满族乡上孟营村群众演出小品《真情》、《两个馋虫》和《误会》等节目，当地群众300人观看演出。送戏下乡为纪念毛泽东《在延安文艺座谈会上的讲话》发表60周年举办。

（薛中君）

【举办学生自排剧目演出】 8月16

日，戏曲学院表演系举办学生自排剧目汇报演出。该系学生先后演出《黛诺》、《华子良》、《周仁献嫂》3个剧目片段，其中，《黛诺》5名演员，《华子良》5名演员，《周仁献嫂》1名演员。4至6月，针对“非典”期间不便近距离上课和排练，表演系在校学生自学、自导、自排3个剧目片段。

（薛中君 王梓丞）

【成立教学监控与督导领导小组】 9月24日，戏曲学院成立教学监控与督导领导小组。该小组由主管教学副院长任组长，成员由教务处、工会等部门领导共9人组成，主要职责是开展教学监控与督导工作，通过教学过程监督检查与教学结果的量化评价，解决教学中问题，维护教学秩序，提高教学质量。

（薛中君 戴天平）

【召开课程建设汇报会】 10月30日，戏曲学院召开年度课程建设汇报会。会议听取全院课程建设检查情况汇报，总结交流先进经验。该校36人参加会议。自2002年6月，该院提出“一个好的课程内容，一名好教师，一本好教材，一个好大纲，一个好题库，一个好梯队”课程建设目标，先后投入资金120万元，召开7次课程建设论证会，开展学院180门课程建设。各系部制订教材建设规划，落实负责人，完成60部教材编写，培养40名中青年教师。

（薛中君）

【举办加拿大动画艺术讲座】 11月6日，戏曲学院举办加拿大动画艺术专题讲座。该讲座邀请加拿大动画艺术家克里斯多夫·欣顿，系统介绍加拿大著名动画家以及代表作品，并指导戏曲学院学生完成动画设计。在京动画专业院校教师、动画协会等12个单位200人参加学习。克里斯多夫·欣顿，加拿大康考迪亚大学教授，1993年曾获奥斯卡奖提名奖。

（薛中君）

【表演系展示教学成果】 11月26日至12月3日，戏曲学院表演系举办“盛世风华”教学成果展示周活动。该活动共演出《辕门斩子》、《白蛇传》、《雁荡山》等22部传统剧目。表演系100名学生、部分青年教师参加演出。学校师生6000人次观看演出。

（薛中君）

【信息网络中心成立】 12月1日，戏曲学院信息网络中心成立。该中心负责统一管理学校信息化建设和校园网建设，监督和开展各项网络信息业务。中心为学校处级单位，设主任1人、管理人员1人、工程技术人员4人。

（薛中君）

【举办“一二九戏曲节”】 12月6至10日，戏曲学院举办第十届“一二九戏曲节”。该戏曲节由研讨会、专题展览、纪念晚会3部分组成。其中，研讨会总结艺术节成绩，研讨办好艺术节的各项措施；专题展览共

展出历届戏曲节图片、服装、道具等实物200件（幅）；纪念晚会分为回顾和展望两部分，演出历届戏曲节优秀作品和在校师生创作作品。该院"一二九戏曲节"始于1986年，每年举办一次，"爱国、敬业、创新、合作"始终是戏曲节主题。

（薛中君）

【与汉城艺术大学合作办学】 12月13日，戏曲学院与韩国汉城艺术大学合作办学协议签字。依据协议，汉城艺术大学2004年暑假派学生47人到戏曲学院学习戏曲表演1个月。戏曲学院根据课时授予学分，汉城艺术大学承认其学历。

（薛中君）

【举办毛泽东诞辰110周年演唱会】

12月26日，戏曲学院举办纪念毛泽东诞辰110周年演唱会。该演唱会由师生策划、导演、谱曲并演出《毛泽东诗词》等14个节目。该院师生员工800人观看演出。

（薛中君　邹德旺）

【完成年度音像资料整理】 至年底，戏曲学院完成年度音像资料抢救整理工作。该工作共复制音配像1140套，转录成磁带教学片791盘，其中珍贵教学片56部，制作资料光盘1537套，总投入60万元。戏曲学院保存有1950年以来的8000盘珍贵戏曲音像资料。

（薛中君）

北京电影学院

党委书记　籍之伟

院　　长　张会军

【概　况】 2003年，北京电影学院设有文学、导演、摄影、美术、录音、管理、电影学7个系和摄影学院、动画学院、表演学院、继续教育学院、国际交流学院、高职学院6个二级学院，另有研究生部和基础部2个教学单位，电影研究所和数字媒体技术研究所2个研究机构。设有10个专业，电影学1个博士点，电影学、美术学和广播电视艺术学3个硕士点。毕业813人，其中，硕士生30人，普通本专科生463人（本科285人、专科178人），成人教育本专科生320人。招生1401人，其中，硕士生100人，普通本专科生813人（本科274人、专科539人），成人教育本专科生488人。在校生3281人，其中，硕士生214人，普通本专科生1898人（本科1088人、专科810人），成人教育本专科生1169人。留学生毕业63人、招生76人、在校生106人。进修生毕业236人、招生300人、在校生300人。教职工总数531人，其中，专任教师231人，教辅人员75人。专任教师中，教授35人，副教授83人，讲师133人。校园占地面积9.1万平方米，建筑总面积6.3万平方米。图书馆藏书19万余册，其中，中外影片分镜头完成台本1万余册。全校固定资产23385万元。本年高考北京地区本科提档线：戏剧影视文学文科435分、理科443分，导演文科410分、理科473分，电影摄影353分，图片摄影文科376分、理科405分，录音艺术文科365分、理科423分，音乐录音268.5分，影视广告345分，管理文科419分、理科435分，表演228分，动画艺术文科245分、理科344分，电脑动画文科331分、理科341分。网址：www.bfa.edu.cn。

（刘瑛凯）

【表演学院演出话剧《家事》】 1月7至12日，电影学院表演学院本科班学生公演话剧《家事》。该话剧由陈敢权（香港）编剧，陈兵导演，2000级40名学生参加演出。该校师生4000人观看演出。

（刘瑛凯）

【动画学院举办台湾漫画学术讲座】 3月31日，电影学院动画学院举办台湾漫画学术讲座。该讲座听取台湾漫画家萧言中专题演讲，系统介绍台湾本土漫画发展情况、潜力与弊端。他认为，漫画意义在于它是有创新、有生命、有感情的创作过程，振兴中国漫画事业指日可待。该校师生80人参加学习。

（刘瑛凯）

【举办电影放映现场交流会】 4月

3日、12月10日和12月30日，电影学院举办3次电影放映现场交流会。会议先后放映影片《卡拉是条狗》、《我和爸爸》和《手机》，听取主创和表演人员现场演讲，并回答师生提出的问题。该院师生1000人参加学习。

（刘瑛凯）

【召开学科建设工作研讨会】 8月14至15日，电影学院召开学科建设工作研讨会。会议研讨博士生招生和培养工作、电影教育产业化等问题。会议认为，电影学院树立品牌，一要树名师，二要出版大量学术著作，三要推出优秀创作人才。校内外专家、学者40人参加会议。

（刘瑛凯）

【考察美国数字化编辑设备】 9月22日至10月2日，电影学院组团考察美国数字化非线性编辑设备应用情况。考察团一行6人，在南加州大学影视学院，观看三维（3D）、四维（4D）动感电影，以及演员现场表演和多银幕立体电影放映相结合的剧场表演。代表团认为，引进高端数字设备资金承受能力不可忽视，如何调动、吸引设备厂商在学校无偿提供设备建立实验室，是值得借鉴的经验。

（刘瑛凯）

【召开建设一流电影学院研讨会】

9月25日和10月28日，电影学院两次召开建设世界一流电影学院研讨会。会议研讨建设世界一流电影学院必要性、差距与任务，世界一流的具体内涵，如何扬长避短创建一流等问题。会议认为，必须有加快发展的危机感和紧迫感，不能固步自封，要提高学校整体教学和管理水平。院内外专家学者30人参加两次会议。

（刘瑛凯）

【举办心理健康宣传教育活动】 10月14至23日，电影学院举办大学生心理健康宣传教育活动。该活动举办专家讲座、现场咨询、发放调查表调研学生心理状况等多种活动。该校学生1300人参加教育活动。

（刘瑛凯）

【举办丹麦电影艺术讲座】 11月2至15日，电影学院举办丹麦电影艺术讲座。该讲座邀请来访的丹麦电影学院代表团成员，系统介绍丹麦电影教育和电影市场，同时，放映和交流部分学生作品。该校师生100人参加学习。

（刘瑛凯）

【参加中日电影作品展】 12月18至27日，电影学院组团参加中日学生电影作品放映展。代表团由3人组成，在日本横滨市，举办学生动画作业和电影短片展映，召开电影电视教育、制作和动画制作专题座谈会，研讨世界电影、中国电影、电影历史、电影批评和新闻传媒问题，会见日本学者120人次。

（刘瑛凯）

北京舞蹈学院

党委书记　王国宾

院　　长　王国宾

【概　况】 2003年，北京舞蹈学院共设9个系、2个部。设有舞蹈学专业1个硕士学位点，表演专业、舞蹈编导专业、舞蹈学专业、戏剧影视美术设计专业、公共事业管理专业5个本科专业。教职工390人，其中，专任教师195人。专任教师中，正高级职务15人、副高职务级35人。毕业228人，其中，普通本科生145人，成人教育专科生83人。招生570人，其中，研究生23人，普通本科生286人，成人教育本专科生261人（本科138人、专科123人）。在校生1669人，其中，研究生44人，普通本科生1059人，成人教育本专科生566人（本科242人、专科324人）。在校留学生4人、港澳台学生12人。校园占地面积5.73万平方米，建筑面积9.59万平方米。固定资产10544万元。图书馆藏书及音像资料14.54万册（件）。全年教育经费投入7973万元，其中，国拨4328万元，自筹3645万元。本年高考北京地区本科提档线舞蹈表演专业200分，编导专业230分，舞蹈学文科330分、理科370分，戏剧影视美术设计文科250分、理科300分。网址：www.bda.edu.cn。

（肖卫兵）

【完成首次提前招生专业考试】 1月20至26日和2月10至28日，舞院完成首次提前招生专业考试。该考试分为初试、复试和三试3个阶段，时间由往年寒假后提前至寒假期间。考试由纪检监察部门全程监督，院领导分工参与三试工作。全国1952名考生2783人次参加考试，报考人数为学院历年最高。

（肖卫兵）

【举办热巴鼓舞专题教学】 3月1

至11日，舞院举办热巴鼓舞专题教学活动。该活动邀请藏族昌都歌舞团演员、热巴鼓专家次松拉姆，讲授弦子、踢踏、堆谐和热巴鼓技法知识，该校民间舞系教师和1999级学生31人参加学习。热巴鼓舞，即铃鼓舞，为藏族古老的艺术形式之一，是由铃鼓舞、杂曲、民间歌舞三个主要部份组成的综合表演艺术。

（肖卫兵）

【举办法国芭蕾舞专题教学】 3月16至30日，舞院举办法国芭蕾舞专题教学活动。该活动邀请原法国巴黎歌剧院舞蹈学校吉尔贝·梅耶教授，讲授法国芭蕾舞发展历史、艺术特色，并指导学生完成两周芭蕾舞基础训练。其间，梅耶教授与教师座谈，提出改进芭蕾舞教学意见和建议。该校芭蕾舞系2001级男生12人、2002级表演班女生16人参加学习。

（肖卫兵）

【举办以色列芭蕾舞教学活动】 3月28日至4月19日，舞院举办以色列芭蕾舞教学活动。该活动邀请以色列芭蕾舞教育专家罗莎琳·休伯女士讲授以色列芭蕾舞文化内涵、艺术特色，并指导排练芭蕾舞剧目，芭蕾舞系学生25人参加学习和排练。同时，为休伯女士伴奏的以色列钢琴家雪莎娜·班德女士举办音乐理论和钢琴技术专题讲座。该校音乐部全体教师参加学习。

（肖卫兵）

【组团出访西欧两国】 4月2至18日，舞院组团出访西欧两国。访问团由该校同景舞团及古典舞系34名师生组成，应法国古柏芭蕾剧院邀请，先后访问法国、摩纳哥等地并举办专场演出，表演《踏歌》等中国古典舞蹈。这是学院同景舞团恢复以来首次出访。

（肖卫兵）

【古典舞教研室召开暑期教研会】

7月14至20日，舞院汉唐古典舞教研室召开暑期教研会。会议听取汉唐古典舞教研室教学专题讲座、教材规范指导，观摩艺术院校考试录像，研讨课程教学中问题，交流教学经验及成品组合。来自天津音乐学院、重庆大学、民大等校艺术教师18人参加会议。

（肖卫兵）

【古典舞教研室完成汉代文化考察】 7月21至26日，舞院汉唐古典舞教研室完成汉代文化考察。该教研室6人先后走访河南南阳、洛阳和郑州等地，收集汉代社会状况、乐舞文字资料82.4万字，照片240张，图册3本，影像资料20分钟。

（肖卫兵）

【举办德国现代舞专题讲座】 10月23日，舞院举办德国现代舞专题讲座。该讲座听取德国国际艺术负责人、艺术史论专家约翰内斯·奥登塔尔博士《德国现代舞发展史》专题演讲，系统讲授德国现代舞产生、发展历史及其艺术特色，并现场回答学生的提问。该校编导系、艺术传播系师生107人参加学习。

（肖卫兵）

【获得多项舞蹈比赛奖】 11月29日至12月9日，在深圳举办的国际标准舞深圳国际公开赛、亚洲地区公开赛和第17届全国锦标赛上，舞院获得多项奖励。舞院社会舞蹈系师生50人参加比赛，共获得18个单项奖励和团体总分第二名。其中，获得亚洲地区公开赛职业拉丁舞、职业新星拉丁舞，第17届全国锦标赛职业C组拉丁舞3项第一名。比赛由中国国际舞学会、深圳市政府和深圳港龙文化机构联合举办，来自16个国家1000余名国际标准舞选手参加比赛。

（肖卫兵）

【与世界舞蹈联合会合作办学】 12月17至18日，舞院与世界舞蹈联合会签订合作协议。根据协议，双方联合举办国际标准舞摩登舞、拉丁舞大师班，合作举办2004年北京国际标准舞公开赛。

（肖卫兵）

中央民族大学

党委书记　王　彦
校　　长　荣仕星

【概　况】 2003年，中央民族大学下设15个学院、13个系、4个教学部、61个本科专业，有2个国家级重点学科、9个部委级重点学科、2个国家级文科基础学科人才培养和科学研究基地、1个全国普通高校人文社会科学重点科研基地、17个博士学位授权点、38个硕士学位授权点、2个博士后流动站、1个民族学科文献信息中心，在16个省、区、市设有29个成人教育函授站。毕业2239人，其中，研究生174人（博士生45人、硕士生129人），普通本科生864人，成人教育本专科生1201人（本科647人、专科554人）。招生8228人，其中，研究生431人（博士生105人、硕士生326人），普通本科生2602人，成人教育本专科生5195人（本科3369人、专科1826人）。在校生19849人，其中，研究生970人（博士生232人、硕士生738人），普通本科生8100人，成人教育本专科生10779人（本科7242人、专科3537人）。在校生中，少数民族学生5752人（48个民族）。留学生390人，其中博士生28人、硕士生19人、本科生13人、语言生233人、进修生77人、短期生20人。港澳台学生6人。教职工1501人，其中，专任教师734人。专任教师中教授105人，副教授239人，分别占教师总数14.3%和32.6%；讲师327人；博士生导师35人，硕士生导师243人；外籍教师11人。入选"北京市跨世纪社科百人工程"7人、享受政府特殊津贴人员99人、北京市青年学科带头人10人、优秀青年骨干教师50人。图书馆建筑面积24500平方米，藏书140万册。民族博物馆藏有各类文物2.13万件。在研科研项目111个，总经费500万元。学校占地总面积33.6万平方米，建筑面积34.37万平方米。固定资产总值23980万元，其中教学科研仪器设备总值2853万元。全年教育经费投入20336.64万元，其中，国拨10406.64万元，自筹9930万元。本年高考北京地区本科提档线文科481分、理科479分。学校网址：

www.con.edu.cn。

（哈斯也提）

【成立7个二级学院】 2月21日，民大成立7个二级学院。7个学院分别是管理学院、文学与新闻传播学院、舞蹈学院、外国语学院、生命与环境科学学院、音乐学院和美术学院，均设有学院办公室、党团办公室，并配备党政干部负责管理。学院下设各教研室，不再设系，并配备相应实验室和研究机构。其中，管理学院设有工商管理、会计学、旅游管理学等7个专业，是该校专业设置最多的二级学院。

（王嘉云）

【召开数字化校园建设座谈会】 3月20日，民大“211工程”办公室召开“数字化校园建设工程”座谈会。会议通报该校“十五”“211工程”建设进展情况和“数字化校园建设工程”项目立项背景及《“十五”“211工程”数字化校园建设工程子项目可行性论证报告》编制思路及主要内容，就建设内容提出意见。相关单位领导16人参加会议。

（王嘉云）

【教务处印发学习任务书】 4月18

日，民大教务处向每个学生印发学习任务书。任务书利用网络、传真和邮寄方式发送，内容包括课程基本要求，必须完成任务、思考题、学习小结和体会，要求学生以自学方式完成课业，执行现行教学计划。“非典”期间，该校教务处停止60人以上大班上课，以室内、室外结合方式授课，并开辟网络学习园地。

（王嘉云　汤其燕）

【设立精品学术著作出版基金】 5月26日，民大设立精品学术著作出版基金。该基金总额100万元，面向高水平学术著作和学科前沿最新研究成果，每部著作给予部分或全额资助。其中，部分资助最低5000元，全额资助最高20000元。基金每年评审一次。12月24日，基金首次颁发资助款9项，其中，5项获得部分资助5000元，4项获得全额资助1万元。全校15个项目参加评选。

（哈斯也提）

【召开王钟翰90华诞学术研讨会】 8月16至18日，民大召开纪念王钟翰90华诞暨清史、满族史国际学术研讨会。会议研讨清代历史与文化、八旗制度与满族社会生活、满族史等专题，内容涉及“满族、清朝政治成就和对中国历史影响”、“满族史、清史经济、风俗、社会状况研究”、“与满族史、清史相关的中国民族史研究”等三大类。国家民委、国家清史编纂委员会以及美国、日本等国家学者200人参加会议，提交论文70篇。王钟翰，民大终身教授，1913年出生，湖南东安人。1940年获得燕京大学历史学部硕士学位，1945年赴美国哈佛大学研究院学习，1948年回国任燕京大学历史系副教授，1952年调入民院，历任研究员、教授、博士生导师。王钟翰是国家“七五”重点科研项目《中国民族史》主编、国家清史编纂委员会顾问，发表论文百余篇，通纂《满族简史》，出版《清史杂考》、《清史新考》、《清史续考》、《清史余考》4部论集，曾参加《清史稿》点校和460万字《清史列传》校注工作。

（哈斯也提）

【新生第一志愿录取率93.4%】 8月30日，民大招生工作完成。该校共招收新生2991人，包括基诺、阿昌和布朗等48个少数民族。其中，本科生2608人、预科生262人、中专生121人，比上年增加125人，第一志愿录取率首次达到93.4%。

（哈斯也提）

【实施“健康校园”计划】 9月26日，民大实施“健康校园”计划。该计划包括加强校内卫生防疫、食品卫生安全、维护公共环境卫生及个人健康卫生宣传和检查，开展消防、交通和危险化学品保管安全教育，关注新生心理健康，帮助他们做好心理调适等内容。活动以学校文明校园建设职能小组为实施单位，首先检查生化实验室危险化学品储存、使用和废弃处理情况。该校师生3000人参加检查活动。

（哈斯也提）

【庆祝民族学与社会学学院成立10周年】 10月7日，民大召开民族学与社会学学院成立10周年暨民族学系成立20周年庆祝会。来自国家民委、有关科研单位、高校领导及海外同行、系友及在校生500人参加会议。民族学与社会学学院（民族学系）前身为1952年成立的中央民族学院研究部，1980年改称中央民族学院民族研究所。1983年成立民族学系，1993年成立民族学研究院，2000年更名为民族学与社会学学院。学院由民族学系、民族理论与政策教科部、岩画中心组成，是国家级重点学科民族学学科人才培养重点基地，拥有6个本科专业、6个硕士学位点、4个博士学位点和1个博士后流动站。在校本科生515人，硕士生87人，博士生75人。在职教师52人，其中教授19人（博士生导师10人）、副教授17人，教师中博士26人，占教师总数50%，2名教师入选教育部“百千万人才工程”。学院曾获得国内外研究项目80个，科研经费800万元，发表著作、教材120余部、论文近100篇。

（哈斯也提）

【举办预科部成立50周年庆典】 10月24日，民大举办庆祝预科部成立50周年大会。全国政协、国家民委、教育部及新疆、西藏等自治区有关领导及该校师生、校友1000人参加会议。预科部创建于1953年，针对少数民族学生特点，着重提高文化基础知识，完成升入高校本、专

科前专业知识准备。预科部下设汉语文、汉语言、数理化、英语4个教研室，在校生300人，学制分为一年和二年制。教职工30人，其中副教授12人，硕士4人。50年来，向全国70所高校培养和输送少数民族各类专业人才15000人。

（哈斯也提　汤其燕）

【召开语言学学术报告会】 10月31日，民大中国少数民族语言文学学院召开语言学学术报告会。会议听取香港中文大学《从使动结构说开去》、民大《手语与语言共性》两个学术报告，前者运用转换生成学说和类型学等现代语言学理论和方法，通过对汉语、景颇语、英语、日语不同语言分析比较，提出人类语言都有一个轻动词新观点；后者认为手语也是一种自然语言，同人类有声语言一样，有音乐、形态和句法。该院师生100人参加学习。

（哈斯也提）

【开通“211工程”视窗网站】 10月，民大“211工程”视窗网站开通。该网站由“211工程”办公室主办，面向全校师生展示“211工程”建设成就，并提供各种信息服务，设有“新闻特快”、“发展论坛”、“项目管理”、“他山之石”、“学科前沿”、“好望角”和视频专题片栏目。网址：cun211.cun.edu.cn。

（哈斯也提）

【召开与中科院共建座谈会】 11月10日，民大与中科院召开共建座谈会。会议听取民大学科发展状况介绍，希望中科院在学校理工科、研究生教育、学科建设、科学研究、师资培养方面给予支持。双方商定，民大各院系可与中科院相关院所联系，中科院院部负责统筹安排。来自中科院、国家民委领导、学者30人参加会议。会后中科院举办《极地梦想》、《信息科学的发展趋势》两场报告，民大师生200人参加学习。

（哈斯也提）

【成立教育学院】 11月，民大教育学院成立。该学院由教育学系、艺术研究所和公共艺术教研室合并组建，下设教育学、心理学、教育史、民族教育4个教研室和艺术教育中心、民族教育研究所、艺术研究所，拥有教育学原理、比较教育学、中国少数民族教育、中国少数民族艺术4个硕士点，中国少数民族教育和少数民族艺术2个博士点。在校本科生135人、硕士生46人、博士生11人。教师19人，其中，教授2人，副教授6人，讲师11人。教师中博士9人。学院承担全国教育科学“十五”重点课题4项，省部级和校级研究课题10项。

（哈斯也提）

【举办民族团结联欢会】 12月23日，民大团委、学生会联合举办首都大学生民族团结欢乐夜联欢晚会。晚会表演各民族舞蹈、诗朗诵等节目，并用汉、蒙、维、壮、朝、彝多种文字在“维护祖国统一，促进民族团结，共同全面建设小康社会”条幅上签字，表达对祖国繁荣、民族团结祝福。来自北京40所高校1000名各族学生参加晚会。

（哈斯也提）

中国政法大学

党委书记　石亚军
校　　长　徐显明

【概　况】 2003年，中国政法大学设有法学院、民商经济法学院、国际法学院、刑事司法学院、政治与公共管理学院、商学院、人文学院、外国语学院、继续教育学院、国际教育学院10个学院，以及科学技术教学部和体育教学部2个部，6个研究所（中心）。设法学、政治学、行政管理学、工商管理学、英语言文学、社会学、侦查学、公共事业管理、国际政治、哲学、新闻学、经济学12个本科专业。有5个博士学位授权专业，13个硕士学位授权专业，12个学士学位授权专业。国家级重点学科2个，教育部人文社会科学研究基地1个，北京市重点学科2个，校级重点学科5个。教职工总数1492人，其中，专任教师605人。专任教师中，正高级专业技术职务141人，副高级专业技术职务220人，中级专业技术职务139人；博士生导师45人，硕士生导师137人，享受政府特殊津贴30人。本年毕业6639人，其中，研究生448人（博士生75人、硕士生373人），第二学士学位生498人，普通本科生1744人，成人教育本专科生3949人（本科2418人、专科1531人）。招生7457人，其中，研究生1091人（博士生175人、硕士生916人），第二学士学位生243人，普通本科生1986人，成人教育本专科生4137人（本科2920人、专科1217人）。在校生22177人，其中，研究生2438人（博士生399人、硕士生2039人），第二学士学位生564人，普通本科生7848人，成人教育本专科生11327人（本科6795人、专科4532人）。留学生毕业4人、招生29人、在校生65人。学校设昌平校区和学院路校区，占地总面积487358平方米，建筑面积总418680平方米，固定资产总值22754万元，图书馆藏书105万册。全年教育经费总投入35581万元，其中，国拨15485万元，自筹20096万元。

（武　焰）

【启用综合教务管理系统】 3月21日，法大启用综合教务管理系统。该系统面向全校师生，具有课程设置

选择、学生个人资料和考试成绩管理等功能，全部数据均可以通过校园网传输。

（武　焰）

【举办俄罗斯破产企业管理培训班】 3月，法大举办俄罗斯破产企业管理经验交流培训班。该培训班听取4名中方专家关于中国破产问题专题讲座，系统讲解国有企业债务重组、中国政策性破产和国有企业破产财务处理等问题。培训班与俄罗斯联邦财务整顿与破产管理局联合主办，俄罗斯国家财务整顿与破产局领导以及俄罗斯政界、学界、商界和破产专业人员70人参加学习。

（武　焰）

【成立专家督导组】 5月23日，法大教学督导组成立。该督导组由督导专家4人组成，负责检查、指导本科教学各环节，监督教学质量和教师教学态度、教学方法等工作。

（武　焰）

【宪政研究与修宪建议课题完成】 7月，法大承担的“宪政研究与修宪建议”课题结题。该课题组研究中国社会转型时期宪法和法治领域问题，最终形成《关于宪法修改的意见和建议》、《修宪论证报告》、《中华人民共和国宪法专家建议稿》3份研究报告，共计12万字。课题4月10日立项，是校级重大科研攻关课题。

（武　焰）

【聘任两名台湾客座教授】 9月8日，法大聘任吴琼恩、李传洪两名台湾客座教授。吴琼恩，台湾政治大学公共行政学系的资深教授，在台湾公共行政领域享有盛誉，多年在欧美讲学。李传洪，台湾著名学者、实业家、教育家和社会活动家，师从国学大师南怀瑾先生，在学术及管理实务取得成绩。

（武　焰）

【举办安全月活动】 9月24日至

10月24日，法大举办安全月活动。该活动采用专家现场咨询、管理人员入室讲解和展览图片、挂放条幅、发放安全常识材料、播放声像资料，开展安全教育。同时，学校建立新生入学安全教育与校园安全三级责任制、启动校园“110”和保卫干部巡视制，实行电视监控系统及重点部位封闭管理。该校师生2万人参加教育活动。

（武　焰）

【首次获得自然科学基金资助】 9月28日，法大获得国家自然科学基金项目资助。获得资助项目是“人民币汇率趋势及其对国内外经济的影响”课题，资助金额6万元。这是该校首次获得国家自然科学基金项目资助。

（武　焰）

【授予范徐丽泰法学名誉博士学位】

10月11日，法大授予范徐丽泰女士法学名誉博士学位。范徐丽泰，香港特别行政区立法委员会主席，为香港公共事业管理和法制文明做出贡献。

（武　焰）

【举办首届模拟法庭比赛】 10月24日至11月15日，法大举办首届模拟法庭比赛。该比赛以学院为单位，分为初赛和决赛两个阶段，初赛实行单场积分制，按照执行现行庭审制度正误计分。该校6支代表队共计48名学生参加比赛。

（武　焰）

【举办英国皇家仲裁员培训班】 10月，法大举办英国皇家仲裁员培训班。该培训班为期3天，由英国皇家特许仲裁员协会仲裁委员会主席马克·卡图（D. Mark Cato）担任教学，开设海商法讲座，完成学业可以申请英国皇家仲裁员协会会员资格。培训班与英国皇家特许仲裁员协会联合举办，来自法大、清华40名学生参加学习。

（武　焰）

【诉讼原理研究结题】 10月，法大诉讼法学研究中心主持的“诉讼原理研究”结题。该课题是教育部人文社会科学重点研究基地重大科研项目，2000年立项，课题组研究刑事诉讼、民事诉讼、行政诉讼共性问题，实现中国诉讼法学研究从规范诉讼法学向理论诉讼法学的突破。课题成果《诉讼原理研究》四卷本由法律出版社出版。

（武　焰）

【接收英国文化协会捐赠图书】 11

月4日，法大人权与人道主义法研究所接收英国文化协会捐赠一批图书。这批图书共计167册，总价值10万元，主要用于人权资料中心建设。1998年，法大与英国文化协会建立合作关系。

（武　焰）

【共建实践教学基地协议签字】 11月27日，法大与朝阳区人民检察院合作建立实践教学基地协议签字。根据协议，朝阳检察院向法大学生开放，负责指导法大学生教学实践和日常管理；法大负责朝阳检察院工作人员培训。

（武　焰）

【举办德国司法专题讲座】 12月2日，法大举办德国司法专题讲座。该讲座听取德国司法部长齐普里斯女士题为《国家与网络》学术演讲，阐述国家网络发展、调控和管理4个问题，涉及政治、时事、法律和德国司法部机构职权多方面内容，并现场回答教师、研究生提问。该校师生200人参加学习。

（武　焰）

【运动场改造工程竣工】 12月17日，法大昌平校区运动场改造工程竣工。该运动场总占地面积20000平方米（其中草坪面积7500平方米），拥有足球场、跑道、跳高等设施。改造工程开始于8月，总投资490万元。

（武　焰）

华北电力大学（北京）

党委书记　徐大平
校　　长　刘吉臻

【概　况】 2003年，华北电力大学（北京）设有电气工程学院、能源与动力工程学院、控制科学与工程学院等14个学院，全国重点学科1个，省部级重点学科9个，省部级重点实验室4个，普通本专科专业及方向47个，第二学士学位专业4个，硕士点29个，博士点7个，博士后流动站2个，博士后项目工作站1个。教职工1029人，其中，专任教师538人。教授96人，副教授157人，讲师215人，工程院院士3人。博士生导师30人，硕士生导师172人。毕业2535人，其中，研究生318人（博士生16人、硕士生302人），普通本专科生1284人（本科1075人、二学位107人、专科102人），成人教育本专科生933人（本科342人、专科591人）。招生4704人，其中，研究生518人（博士生48人、硕士470人），普通本科生2180人（本科2155人、二学位25人），成人教育本专科生2006人（本科1073人、专科933人）。在校生13220人，其中，研究生851人（博士生85人、硕士生766人），普通本专科生7262人（本科6796人、二学位91人、专科375人），成人教育本专科生5107人（本科2559人、专科2548人）。外国留学生毕业4人、招生34人、在校生60人。学校占地面积36.9万平方米，建筑面积26.6万平方米。固定资产总额35622万元。全年教育经费总投入18327万元。本年高考北京地区本科提档线理工类476分，文科类476分。学校网址：www.ncepubj.edu.cn。

（裴志林）

【宋永华受聘客座教授】 3月3日，电力大学（北京）聘请宋永华担任客座教授。受聘仪式上，宋永华教授向学校图书馆赠送四部自己著作，并举办电力系研究生学术报告。宋永华，英国布鲁内尔大学终身教授，1964年出生，四川巴中县人。2001年当选为英国皇家艺术工商业制造业院会员。2001年，宋永华被聘为教育部“长江学者奖励计划”西安交大特聘教授和中科院海外评审专家。2002年3月，由于对电气学科研究做出贡献被英国布鲁内尔大学授予科学博士（DSC）。

（裴志林）

【新增17名博士生导师】 4月，电力大学（北京）新增17名博士生指导教师。经本人申请、院（系）学位评定分委员会初审、学科专家组评议、校学位委员会审核公示，该校认定14人具有博士生指导教师资格。同时，聘任黄其励院士、陈蕴博院士和香港大学倪以信教授为博士生指导教师。至此，该校拥有54名博士生导师。

（裴志林）

【学校董事会成立】 6月30日，

华北电力大学董事会成立。该董事会由国家电网公司、国电集团公司、大唐集团公司、中国电力投资集团公司、南方电网公司、华能集团公司和华电集团7家董事单位组成。其职责是促进电力企业与大学密切合作，推动产学研合作。在董事会第一次会议上，7家董事单位讨论董事会章程、组成人员、筹资情况，并通过《华北电力大学董事会章程》，听取该校教学、科研、师资、人才培养以及学校发展规划汇报。会议要求各董事单位保证所提供资金足额到位，支持学校发展和建设。

（裴志林）

【与韩国加宾大学合作办学】 8月6日，电力大学（北京）与韩国加宾大学签署两校合作办学协议。协议为期3年，规定双方合作开展校领导互访、师生交流、学术信息交流等内容。

（裴志林）

【三项目获得“863计划”资助】 8月29日，电力大学（北京）三个科研项目获得2003年度国家“863计划”资助，资助金额共计550万元。其中，该校独立申请的“电热爆炸超高速喷涂法制备超细晶、纳米晶涂层”项目，获得资助80万元；与华能国际电力股份有限公司共同申请的“超超临界锅炉受热面温度监测及炉膛清洁度监测的研究”项目，获得资助70万元；与中国国电集团公司联合申请的“洁净煤发电调峰机组成套设计技术”项目，获得资助300万元。

（裴志林）

【调整内部管理体制】 8月29日，华北电力大学制订《华北电力大学学院运行机制》。该文件规定，在北京和保定分别设系的学院实行校、院、系三级管理，学院以资源共享、协调发展为宗旨，负责整个学院的学科规划与建设，重大事项的统一协调，以及对外交流管理。同时，新调整成立10个学院：电气工程学院、能源与动力工程学院、控制科学与工程学院、计算机科学与技术学院、电子与信息工程学院、数理学院、人文与社会科学学院、外国语学院、环境科学与工程学院、机械工程学院。

（裴志林）

【举办院士专题报告会】 9月23日，电力大学（北京）举办院士专题报告。中科院院士、华北电力大学客座教授蔡睿贤发表题为《我国发展电力的一个方向》学术报告。蔡睿贤院士在比较煤电、水电、核电、可再生能源发电的基础上，提出将天然气发电作为中国发展电力一个重要方向，并进行技术经济分析，介绍改进现有蒸汽电厂有效途径。报告会后蔡睿贤院士与动力系有关教师座谈。该校师生1000人参加学习。

（裴志林）

【与北郊农场签订土地转让协议】 10月17日，电力大学（北京）与北郊农场签订土地转让协议。根据协议，北郊农场向电力大学转让土地541.28亩，转让价格13532万元。该宗土地位于昌平回龙观镇，转让后用于校园基本建设。

（裴志林）

【教育部与校董事会签署共建意见】 11月3日，教育部与校董事会成员单位共建华北电力大学意见签字。教育部、国家电力监管委员会、北京市和河北省代表，以及7家董事会成员单位代表参加签字仪式。根据共建意见书，教育部鼓励和支持7家大型电力企业集团参与学校建设与管理。在参与直属高校项目评比中，结合电力工业发展实际需求给予政策支持。教育部将对学校的事业发展和整体建设给予必要的投入保障和政策支持。意见书同时规定，校董事会成员单位根据学校的主要服务面向继续对学校的建设与发展予以必要支持，并努力发挥大学人才、学科和知识优势，促进企业与大学合作创新。

（裴志林）

【庆祝建校45周年】 11月3日，

华北电力大学召开庆祝教育部与校董事会成员单位共建暨建校45周年大会。教育部、国家电力监管委员会、北京市政府、河北省政府以及董事会成员单位、电力企业、兄弟院校代表、历届校友和部分师生1000人参加会议。会议回顾该校45年发展历程和取得成果，展望学校发展目标，并在教三楼东侧广场举行综合科技楼开工奠基仪式。

（裴志林）

北京信息工程学院

党委书记	赵国森（8月免）
	刘志东（8月任）
院　　长	甘圣予（8月免）
	杜　林（8月任）

【概　况】 2003年，北京信息工程学院设有5系5部，4个研究机构。开设10个本科专业和3个专科专业。其中计算机科学与技术等8个理工科专业和经济贸易等2个文科专业具有学士学位授予权。省部级重点学科4个，省部级重点实验室3个。毕业2714人，其中，普通本专科生678人（本科472人、专科206人），成人教育本专科生2036人（本科686人、专科1350人）。招生3111人，其中，普通本专科生1434人（本科1333人、专科101人），成人教育本专科生1677人（本科420人、专科1257人）。在校生9980人，其中，普通本专科生4787人（本科4320人、专科467人），成人教育本专科生5193人（本科1166人、专科4027人）。教职工663人，其中，专任教师278人。正高级技术职务13人，副高级技术职务67人，中级技术职务155人。另聘请校外教师44人。图书馆建筑面积4735平方米，藏书26.50万册。学院分为苇子坑、清河、酒仙桥3个校区，占地面积15.85万平方米，建筑面积12万平方米。本年高考北京地区本科提档线理科424分、文科434分。网址：www.biti.edu.cn。

（胡凌斌）

【修订本科培养计划】 6月，北信修订本科培养计划。该计划包括总则、本科专业教学计划和课外教育活动计划3个部分。与以往本科培养计划相比，新计划更加注重实践教学环节，在学时上给予保障，在实践教学内容上加大综合、设计和实验内容，并增加电子商务专业培养计划。

（胡凌斌）

【实验教学楼投入使用】 9月，北信苇子坑校区实验教学楼投入使用。该教学楼占地面积1872平方米，建筑面积9097平方米，6层框架结构，设电路、普通物理等实验室、研究室16个。教学楼2001年开工建设，总投资1841万元。

（胡凌斌）

【清河校区电子阅览室开放】 10月，北信清河校区图书馆电子阅览室开放。该阅览室设有学生用计算机34台，教师用3台，服务器1台，交换机3台。阅览室每天开放9小时，实行有偿收费服务。

（胡凌斌）

【完成重点建设课程检查】 11月，北信完成重点建设课程检查。该检查涉及课程建设、师资建设和教学质量等内容，采用专家实地检查、课程组汇报、专家评议等程序。该校16门重点建设课程参加检查，结果显示各课程建设进度正常。

（胡凌斌）

【修订学分制管理细则】 12月1日，北信完成本科学分制管理细则修订。该细则结合学年制管理的统一性和学分制的灵活性，明确在培养计划框架内，以班级授课为主要形式组织教学，并以学分计算学生学习量，以绩点反映学习质量。细则包括课程分类、学期及教学安排、学分与绩点、毕业学分要求、学制与学籍、选课、退学学分标准、附则8部分内容。

（胡凌斌）

【完成实验室设备投资540万元】 至年底，北信完成实验室设备投资540万元。该校先后建成EDA原理与应用、单片机原理与应用、计算机原理与接口技术3个实验室，以及5个自动化专业实验室。

（胡凌斌）

北京机械工业学院

党委书记　林少岩（8月免）
院　　长　刘志东（8月免）

【概　况】 2003年，北京机械工业学院设有2院5系3部共10个教学单位，硕士学位授权点12个，本科专业16个，北京市重点学科1个，北京市重点建设学科3个。建有北京市重点实验室1个、工科校外实习基地5个、文科校外实习基地6个。教职工795人，其中，专任教师296人。专任教师中，正高级专业技术职务30人，副高级专业技术职务78人；具有博士学位14人，硕士学位152人，享受政府特殊津贴专家25人，硕士研究生指导教师42人。外聘教师17人，外籍教师8人。毕业1683人，其中，硕士研究生45人，普通本专科生1024人（本科966人、专科58人），成人教育本专科生614人。招生2934人，其中，硕士研究生110人，普通本专科生1755人（本科1657人、专科98人），成人教育本专科生1069人。在校生9435人，其中，硕士研究生216人，普通本专科生6023人（本科5737人、专科286人），成人教育本专科生3196人。留学生招生60人、在校生61人。全年新立项科研课题64项，其中2项获得国家自然科学基金资助，新增科研经费477.5万元。发表科技论文251篇，其中在核心期刊上发表科技论文108篇，出版科技类著作55部。学校占地总面积15.7万平方米，建筑总面积16.8万平方米。全年教育经费总投入12900万元，其中，国拨8521万元。固定资产总值19690万元，其中教学科研仪器设备总值3704万元。图书馆订阅各种中外文期刊1021种，馆藏图书26.5万册。本年高考北京地区本科提档线理科408分、文科434分，专科提档线理科304分、文科342分。学校网址：www.bim.edu.cn。8月，市教委宣布北京机械工业学院、北京信息工程学院合并筹建北京信息科技大学。

（王志伟）

【严格毕业设计管理】 3月，机械学院加强毕业设计管理。该校提出，毕业设计管理重点是毕业设计题目审查、毕业设计实施中检查和规范答辩程序3个环节。同时，要求坚持校级抽查制度、对于达不到质量要求的毕业设计，给予暂缓答辩处理。本学期初，该校教学督导组发现学生毕业设计存在计算机及自动化系学生多而毕业设计题目偏少、人文社会科学系题目偏离专业培养方式等问题。

（王志伟）

【学生公寓5号楼投入使用】 8月

30日，机械学院学生公寓5号楼投入使用。该公寓占地面积1740平方米，建筑面积28400平方米，钢筋混凝土框架结构，地下2层，地上16层。拥有学生宿舍666间，可容纳4000名学生住宿。公寓2002年9月26日开工建设，工程总投资6320万元。

（王志伟　李　刚）

【举办印度计算机专家讲座】 9月2日至11月21日，机械学院举办印度计算机专家讲座。该讲座邀请印度国家工学院计算机科学与工程系主任埃尔（K.V.Iyer）教授，为本科生讲授“数值分析”和“算法分析与设计”两门专业课，为研究生讲授“高级算法分析与设计”课程，并与学校教师探讨软件工程教育与密码、软件工程专业方向课程设置和培养计划等问题。该校师生200人参加学习和研究活动。埃尔教授1984年毕业于印度班加罗尔学院，获硕士学位，长期从事软件设计开发和测试研究。

（王志伟）

【增补一批硕士研究生导师】 9月28日，机械学院增补首批硕士研究生指导教师。这批教师共计21人，其中，副教授13人，40岁以下7

人，博士7人。增补工作依据硕士生导师条件和办法遴选，由校学位评定委员会全体会议讨论决定。

（王志伟）

【新建学生食堂投入使用】 9月30

日，机械学院新建学生食堂投入使用。该学生食堂占地面积1750平方米，建筑面积8160平方米，钢筋混凝土框架结构，地下一层，地上主体三层，局部五层，可容纳2100名学生同时就餐。食堂3月20日开工建设，总投资2600万元。该校原食堂为上世纪60年代初修建，建筑面积2500平方米，2002年6月因修建学生公寓拆除。

（王志伟　李　刚）

【完成基础设施改造投资2100万元】 至9月，机械学院完成校园基础设施改造2100万元。其中，投资534万元，完成学生1、2号公寓改造，建筑面积7280平方米；投资253万元，完成校园道路改造，建筑面积6630平方米；投资418万元，完成图书馆中央空调安装工程；投资350万元，完成篮、排、网球场塑胶工程，建筑面积1192平方米；投资545万元，完成道路改造、家属区环境改造等工程。

（王志伟）

【后勤公司开展优质服务】 11月，机械学院后勤服务总公司举办优质服务活动月。该活动强调面向不同服务主体、针对不同服务对象推出特殊服务项目，其中，饮食中心举办“微笑服务”，维修中心举办“维修承诺服务”，门诊部举办“三心服务”。机械学院后勤服务总公司成立于1998年，拥有职工115人，承担餐饮、维修、住宿管理等十余项后勤服务工作。

（王志伟）

【完成重点学科年终检查】 12月29日，机械学院完成市级重点学科、市级重点建设学科年终检查。检查内容涉及学科建设计划执行情况、研究方向、学术水平和研究成果、队伍建设、专项建设经费使用、管理制度、发展规划要点、建设中问题以及发展规划8个项目，该校1个市级重点学科、3个市级重点建设学科全部参加检查。专家组认为，重点学科和重点建设学科均按计划开展工作，取得较好成绩和成果。同时指出差距和不足。

（王志伟）

【毕业生就业率上升】 至年底，机械学院毕业生就业率上升。该校本专科毕业生就业率88.75%，比上年增加26个百分点，结束本专科毕业生就业率连续两年下滑局面。研究生就业率继续保持100%。

（王志伟）

中国矿业大学（北京校区）

党委书记　张保军
校　　长　谢和平（6月免）
　　　　　　乔建永（7月任）

【概　况】 2003年，中国矿业大学（北京校区）设有9个学院，国家重点学科7个，省部级重点学科8个，具有博士、硕士整体授予权的一级学科5个，“十五”期间“211工程”重点学科建设项目8个，7个学科设置“长江学者奖励计划”特聘教授岗位。31个博士点，70个硕士点，53个本科专业。教育部重点实验室1个，北京市重点实验室1个，博士后科研流动站9个。教职工656人，其中，专任教师298人。专任教师中，中国工程院院士2人，博士生导师63人，硕士生导师130人；教授89人，副教授114人；具有博士学位143人，占48%，硕士学位107人，占36%。毕业1230人，其中，研究生380人（博士生88人、硕士生292人），普通本科生850人。招生2085人，其中，研究生850人（博士生245人、硕士生605人），普通本科生1200人，成人教育本专科生35人（本科21人、专科14人）。在校生6822人，其中，研究生2361人（博士生666人、硕士生1695人），普通本科生3953人，成人教育本专科生508人。博士后研究人员进站13人、出站13人、在站25人。在研科研课题400余项，科研经费3347万元。学校与9个国家的26所高校和科研机构建立学术交流和科技合作关系，出访和参加国际学术会议30人次，接待国外专家来访16人次。全年教育经费投人21261万元，其中，国拨13886万元（教育经费拨款11638万元、科研经费拨款1291万元、其它经费拨款957万元），自筹6531万元。校办企业总资产1023万元，年营销收入245万元。学校占地面积21.73万平方米，建筑面积22.32万平方米，固定资产总值29303万元，其中教学仪器设备总值9988万元。图书馆建筑面积3524平方米，藏书37.8万册，其中，电子图书5.8万册。本年高考北京地区本科提档线文科470分，理科459分。本科生就业率92%，研究生就业率96%。学校网址：www.cumtb.edu.cn。

（谭　凯）

【与诺丁汉大学合作办学】 3月26

日，矿大（北京）与英国诺丁汉大学土木工程学院签订合作办学协议。

根据协议，矿大（北京）每年选派不少于15名留学生在诺丁汉大学学习；诺丁汉大学为矿大（北京）留学生提供奖学金，其中，攻读硕士学位学生每年奖学金6000英镑，攻读博士学位学生可获得半额学费奖学金。协议自2004年起实施，有效期3年。

（高来举）

【8号宿舍楼（二期）投入使用】 6月19日，矿大（北京）学生宿舍8号楼（二期）投入使用。该宿舍楼建筑面积1208平方米，为6层小型混凝土空心砌块结构，拥有43个房间，可容纳学生340人。宿舍楼2002年9月开工建设，是学生宿舍8号楼续建项目，总投资150万元。

（高来举）

【成立安全科学技术学院】 7月15

日，矿大（北京）安全科学技术学院成立。该学院下设矿山安全工程等3个系、安全培训等4个中心、重大事故分析等2个研究机构以及安全科学研究生部，承担培养煤矿安全技术、管理和监察中、高层次人才，开展煤矿安全和管理科技研究等工作。学院挂靠资源与安全工程学院，实行师资、实验室资源共享。

（谭　凯）

【新生管理软件投入使用】 7月，矿大(北京)新生管理软件系统投入使用。该系统包括新生数据信息系统和新生报到管理系统，可实现数据信息统计分析(含新生图像)和报到数据化管理。

（谭　凯）

【完成机关机构改革】 9至10月，矿大(北京)完成机关机构设置调整和改革。改革后，该校机关共有处级机构18个，新增非常设机构共建办公室1个。配合机构调整，学校共聘任处级干部31人，新聘任干部试用期1年。

（高来举）

【举办第五届田径运动会】 11月21至22日，矿大（北京）举办第五届田径运动会。该校学生786人参加比赛，是历届运动会中规模最大的一次。1999年矿大（北京）举办首次田径运动会。

（高来举）

【启用本科教材管理系统】 12月，矿大(北京)启用本科教材管理软件系统。该系统根据开课计划订阅教材，可以有效避免差错，同时与学籍管理库连接，能够根据学生人数自动生成订单，按班级分类、结账。

（谭　凯）

【图书馆网络建设阶段任务完成】

12月，矿大（北京）完成图书馆自动化网络建设第一阶段任务。该项目包括建设和扩充中文学位论文、期刊、图书等全文数据库镜像站点，更新网络服务器、数据库存贮设备及设施，重新整理网络资源，引进并建设“万方学位论文数据库”镜像站点，提高数据传输速度和检索效果。项目是“十五”期间“211工程”公共服务体系建设项目之一，11月开工建设，总投资60万元。

（高来举）

【39个科研项目获得资助】 至年底，矿大（北京）39个科研项目获得1086万元科研经费资助。其中“技术标准在社会经济发展中的作用机理研究”等2个项目被列为“十五”国家重大科技专项，获得40万元资助；“煤基生态环境修复剂的研究与开发及其应用”被列为国家“863”计划项目，获得60万元资助；“矿山岩体力学基础理论研究与工程应用”等26个项目被列为国家自然科学基金项目，获得884万元资助；“煤矿冲击地压的动力学机理研究”等10个项目分别被列为教育部博士点基金等省部级项目，获得102万元资助。

（谭　凯）

【完成校园环境整治任务】 至年底，

矿大(北京)完成年度校园环境清理整治工作。该校完成供水管线改造工程，清理和拆除平房违章建筑400平方米，打通4条消防通道，铺装道路3100平方米，家属区铺装彩砖1000平方米，完成绿化工程2000平方米。

（高来举）

石油大学（北京）

党委书记　李秀生
校　　长　罗维东(2002年12月免)
　　　　　　李秀生(2002年12月任)

【概　况】 2003年，石油大学（北京）有12个二级教学院（系、部）。设有23个本科专业，3个博士、硕士学位授权一级学科，22个博士点、47个硕士点，并在8个工程领域享有工程硕士学位授予权，1个国家工科基础课程教学基地，5个全国重点学科，4个博士后流动站，

1个国家重点实验室，1个教育部重点实验室和1个北京市重点实验室，12个中国石油天然气集团公司研究机构。博士后研究人员出站7人、进站31人、在站78人。毕业1087人，其中，研究生594人（博士生57人、硕士生537人），普通本科生369人，成人教育本专科生124人（本科79人、专科45人）。招生3053人，其中，研究生1000人（博士生179人、硕士生821人），普通本专科生1791人（本科1601人、专科190人），成人教育本专科生262人（本科217人、专科45人）。在校生8895人，其中，研究生2433人（博士生417人、硕士生2016人），普通本专科生5789人（本科5177人、专科612人），成人教育本专科生673人（本科583人、专科90人）。留学生毕业21人、招生50人、在校生142人。教职工940人，其中，专任教师506人。专任教师中，博士生导师70人，教授109人、副教授164人，工程院院士2人，“长江学者奖励计划”特聘教授3人，“973”项目首席科学家1人。学校占地面积28.83万平方米，建筑面积24.99万平方米。固定资产总值8.19亿元，其中教学仪器设备总值2.1亿元。全年教育经费投入34805万元，其中，国拨12416万元、自筹22389万元。图书馆藏书25万册，数字化图书5.3万册，新增中、外文图书2万册。本年高考北京地区本科提档线理科459分、文科472分。学校网址：www.bjpeu.edu.cn.

（张　奎）

【与新疆油田签订长期合作协议】 2月16日，石大（北京）与新疆油田签订长期合作协议。根据协议，学校以新疆油田为教学科研基地，聘请新疆油田工程师担任学校兼职教师，定期举办学术讲座，共同指导研究生。双方合作开展应用基础研究、超前性研究、新技术开发和影响油田生产关键技术研究，联合申报和承担国家重大科研项目。同时，学校通过各种方式为新疆油田培养博士、硕士等高层次技术或管理人才，鼓励石油主干专业博士生到新疆油田工作。

（张　奎）

【地质博物馆开馆】 10月1日，石大（北京）地质博物馆在新科研楼开馆。该博物馆占地面积400平方米，陈列展示地球发展历史和生物演化历史的各种典型标本458块（个），图表58幅。拥有反映石油地质勘探和石油开采、运输和炼化全过程以及中国石油主要分布地区大型模型各1个。博物馆是学校教学基地及昌平地区青少年科普教育基地。

（张　奎）

【举办建校50周年庆祝活动】 10

月2日，石油大学举办建校50周年庆祝活动。校庆由21世纪石油工业与高等教育国际论坛、国际大学校长学术报告会和百名海外石油学子学术报告会等多种活动组成，教育部与中国石油天然气集团公司、中国石油化工集团公司、中国海洋石油总公司和中国化工进出口总公司共建石油大学协议签字仪式也在校庆期间举行。来自国务院、教育部、中共北京市委领导以及师生代表1万人参加庆祝活动。石油大学前身是北京石油学院，1953年由清华石油系组建。1960年确定为全国重点大学，1969年迁往山东东营市，改称华东石油学院。1988年更名为石油大学，实行一校两地统一规划、功能互补、相对独立办学体制。建校50年来，为石油、石化战线输送全日制毕业生6万人，成人教育学生1.6万人，培训3万人。

（张　奎）

中国地质大学（北京）

党委书记　吴淦国
校　　长　吴淦国

【概　况】 2003年，中国地质大学（北京）设有11个院系，40个本科专业，博士授权点30个，硕士授权点65个，覆盖理学、工学、管理学、经济学、法学、文学、教育学7个学科门类，26个一级学科。其中，5个国家重点学科、13个省部级重点学科。设有3个博士后流动站，11个工程硕士招生领域。国家专业实验室2个，教育部重点实验室1个，北京市重点实验室2个，国土资源部开放研究实验室3个，基础课实验室16个，专业课实验室24个，并设15个研究所。毕业1980人，其中，研究生388人（博士生115人、硕士生203人、工程硕士生70人），普通本专科生847人（本科816人、专科31人），成人教育本专科生745人（本科210人、专科535人）。招生4341人，其中，研究生1224人（博士生361人、硕士生588人、工程硕士生275人），普通本专科生2260人（本科2195人、专科65人），成人教育本专科生857人（本科752人、专科105人）。在校生13045人，其中，研究生2878人（博士生869人、硕士生1245人、工程硕士764人），普通本专科生8037人（本科7786人、专科251人），成人教育本专科生2130人（本科1748人、专科382人）。外国留学生毕业69人、招生55人、在校生28人。教职工1026人，其中，专任教师526人。专任教师中教授100人（含中国科学院院士8人、外籍科学院院士3人），副教授181人，博士生导师

105人，硕士以上学位人员80%。聘请兼职教授70人。全年科研经费4446.6万元，人均科研经费10万元，获得国家科技进步奖二等奖2项，国家发明专利1项，省部级科技进步奖一等奖3项，二等奖4项，入选三大检索系统论文50余篇。学校占地面积53.8万平方米，总建筑面积50万平方米。固定资产50650万元，其中教学科研仪器设备资产10890万元。图书馆藏书80万册，地质博物馆藏有5万件标本和化石。毕业生就业率89.75%，其中，本科生87.37%，研究生98.42%。本年高考北京地区本科提档线理科457分、文科481分。学校网址：www.cuab.edu.cn。

（承　金）

【签订校园建设贷款协议】　2月26

日，地大（北京）与北京市商业银行签订校园建设贷款协议。根据协议，市商业银行双秀支行在3年内，提供地大（北京）贷款1亿元，支持学校教学和校园基本建设项目，贷款还贷期1年，年利率4.779%。

（承　金　王世林）

【设立后勤管理服务接待日】　3月4日，地大（北京）后勤集团设立后勤管理服务接待日。接待日利用每周二下午时间，设专人负责解答师生关于后勤管理工作问题，听取师生服务工作意见和建议。至年底，接待师生218人次。

（承　金）

【工程技术学院开设双语专业课】　3月，地大（北京）工程技术学院勘察专业开设“双语”专业课程。该课程为“国际工程咨询工程联合会（FIDIC）条款与项目介绍”，由出访德国的访问学者主讲，以国际国内工程咨询、承包中合同管理为重点，讲解各种合同和协议标准范本、各项工作指南以及工作惯例和建议。该学院毕业班学生参加学习。国际工程咨询工程联合会是国际工程咨询业权威组织。

（承　金）

【本科生首次跨国地质实习】　7月23日至8月13日，地大（北京）完成首次本科生跨国地质实习。该实习由俄罗斯伊尔库茨克国立技术大学P·M·洛芭茨卡娅教授担任指导，地点位于贝加尔裂谷带中部黑矿村，共完成9条地质观察路线、54个观察点岩性描述、构造要素测量、标本采集、素描图绘制和相机拍照野外实习任务，完成裂谷地貌、构造、地层与岩性实习报告，并通过中俄双方答辩。该校地质学理科基地班二、三年级13名本科生参加实习。贝加尔裂谷是世界上最典型的造山带和裂谷带之一。

（承　金）

【勘察与工程专业实习基地落成】

7月24日，地大（北京）勘察技术与工程专业实习基地落成。该基地与北京京煤集团共建，设在门头沟北京矿务局综合地质工程公司，面向勘察技术与工程专业学生，每年接待100人次教学和生产实习。

（承　金　王世林）

【研讨创建一流大学战略】　7月30至31日，地大（北京）召开创建地球科学领域世界一流大学战略研讨会。会议学习温家宝关于地大建设讲话，分析创建“地球科学领域世界一流大学”必要、可能和紧迫性，分析与世界一流大学存在的差距，以及解决问题、缩小差距办法和措施。会议认为，理顺京汉两地办学体制是实现建设“地球科学领域世界一流大学”目标关键，是创建活动基础和前提。来自地大京汉两地领导、部分学者20人参加会议。2002年10月6日，温家宝回母校看望师生，提出“把中国地质大学建成地球科学领域世界一流大学”。

（承　金）

【欧阳自远受聘兼职教授】　10月11日，地大（北京）聘任中国科学院院士欧阳自远为兼职教授。聘任仪式上，欧阳自远发表题为《月球探测的进展与我国的月球探测》学术报告，介绍月球探测历程与趋势、目标演变、主要成果、探测最新进展以及“嫦娥一号”探测原则和规划。该校师生550人参加学习。欧阳自远1956年毕业于北京地质学院，1991年当选中国科学院院士，是中国月球探测首席科学家，中科院地球化学研究所研究员。

（承　金）

【举办首届电影配音比赛】　10月22日，地大（北京）举办首届电影配音比赛。该比赛分为初赛、复赛两个阶段，邀请广播学院专业人士担任评委，采用现场评分方法。来自各院系50队报名参加比赛，11队参加决赛，其中，3队获奖。

（承　金）

【完成校内科技基金项目评审】　10月24至25日，地大（北京）完成年度校内科学技术基金项目评审。该校76名教师申报项目76项，经评审认定校内基金项目29项，其中，重点项目19项、一般项目10项，资助总额30万元。同时，审议、通过年度校内科学技术基金结题项目14个。地大（北京）2002年设立科学技术基金。

（承　金）

【纪念材料科学学院成立10周年】

10月26日，地大（北京）召开材料科学与工程学院成立10周年学术报告会。会议听取7个学术报告。该校领导、各院系处室代表及师生500人参加会议。材料科学与工程学院1993年成立，在校博士生12人，硕士生50人，本科生550人。建院以来，培养博士研究生42人，硕士研究生128人，普通本专科毕业生600人，成人教育专科毕业生65人。

（承　金　王世林）

【纪念人文经管学院成立10周年】 11月28日，地大（北京）召开人文经管学院成立10周年庆祝会。会议听取题为《坚持改革、推动发展、加快文管学院建设》主题讲话，向学院9名客座教授颁发聘书，表彰首次代表学校获得全国大学生“挑战杯”科技作品一等奖学生和指导老师。该校师生1500人参加会议。地大（北京）人文经管学院1993年成立，初名人文与社科部，1994年更名人文与经管系，1998年改名为人文经管学院。在校生1790人，其中，研究生104人。教职工80人，其中，教授5人、副教授34人，另聘有兼职教授11人。建院10年共培养研究生31人，本专科生1255人。

（承　金）

【召开学生科技立项申请答辩会】 12月4日，地大（北京）召开2004年度学生学术科技立项申请答辩会。会议采用公开答辩方式，经过前期预审、答辩和评审，立项课题114个，比上年增长50%。根据学校规定，学生科技立项课题将得到7.38万元资助。

（承　金）

【外语系召开成立10周年座谈会】

12月20日，地大（北京）外语系召开成立10周年座谈会。会议回顾外语系成立10年来工作成绩，提出近期工作目标。该系师生176人参加会议。外语系1993年成立，教职工55人，其中，教师47人，教辅人员8人，另聘有9名外籍教师，在校生388人，成为以英语教学为主，俄语、日语、法语教学为辅的教学与科研单位。

（承　金　王世林）

【与托姆斯克理工大学联合办学】 12月23日，地大（北京）与俄罗斯托姆斯克理工大学国际合作协议签字。根据协议，地大（北京）采用“1+3”学制每年选派本科生赴托姆斯克理工大学留学，修业期满，颁发两校学历证书。同时，选派部分专业教师参加进修学习。俄罗斯托姆斯克理工大学综合排名在全俄48所综合性技术大学中名列第三。

（承　金）

北京联合大学

党委书记　席文启
校　　长　张妙弟

【概　况】 2003年，北京联合大学设有13所学院、12个校级研究所和1个研究中心，设有国家级的保健食品功能检测中心和1个北京市重点实验室以及100多个实验室，3个北京市重点建设学科和6个校级重点建设实训基地。共有43个本科专业、55个高职高专专业，覆盖工学、理学、文学、法学、经济学、历史学、教育学、管理学8个学科门类。毕业学生6336人，比上年增长33%，其中，本科生2583人、高职高专生2441人、成人教育学生1312人。招生9047人，比上年增长9%，其中，本科生3997人、高职高专生2997人、成人教育学生2053人。在校生30172人，比上年增长10%，其中，本科生15923人、高职高专生8507人、成人教育学生5742人。长短期外国留学生449人。教职工3101人，其中，专任教师1249人。专任教师中，高级职务49人、副高级职务379人、中级职务555人。享受政府津贴专家43人。学校占地面积95.6万平方米，校舍建筑总面积88.05万平方米，租借用校舍及正在施工面积34.15万平方米。图书馆藏书116.89万册，固定资产总值4.44亿元，其中教学科研仪器设备资产1.50亿元。全年教育经费总投入34228.42万元，比上年增长9.6%，其中国拨18913.32万元、自筹15315.10万元。本年高考北京地区提档线本科理科408分、文科434分，高职高专理科300分、文科340分。网址：www.buu.edu.cn。

（张　伟）

【加入国际高等教育网络】 2月20日，联大特殊教育学院与美国聋人工学院及天津聋人工学院签订加入国际高等教育网络（PEN－International，简称PEN项目）三方合作备忘录。特殊教育学院获得第一期项目资助款项2万美元。国际高等教育网络是美国罗杰斯特理工学院国家聋人工学院接受日本财团资助建立的国际网络，主要任务是开发和推广提高聋人高等教育水平网络项目，支持和发展成员学校所在地的网络化水平。成员学院包括日本筑波短期技术大学、俄罗斯莫斯科保曼技术大学、中国天津聋人工学院等7所，联大特殊教育学院是国内第二所成员校。

（杜　娟）

【职业技术师范学院更名】　3月3日，联大职业技术师范学院更名为北京联合大学师范学院。该学院成立于1985年，教职工340人，设艺术设计、电子信息工程、计算机科学与技术、生物技术、经济学等10个本科专业和服装设计与工艺、计算机应用技术(网络)、电子商务等11个高职专业。

（杜　娟）

【捐助山西城头学校】　4月11日，联大捐助山西省交城县城头学校32台计算机。来自交城县政府、县人大和联大的有关领导参加捐赠仪式。2002年10月联大首次捐赠城头学校3万元、图书500册，以及计算机、英文打字机等设备。山西城头学校是联大的对口扶贫单位。2002年底，联大获得全国学校对口扶贫工作先进单位称号。

（杜　娟）

【召开奥林匹克日座谈会】　6月23日，联大奥林匹克文化研究中心召开奥林匹克日座谈会。国家体育总局、北大、清华等单位专家、学者40人参加会议，讨论该校学生整理出的奥运宣传口号。该校学生从“奥运大舞台、北京最精彩”、“我与奥运零距离”、“奥运精神”、“东方奥运、东方神韵”、“让奥运认识北京、让世界认识中国”五个方面解释奥运宣传口号内容。会议指出，奥林匹克不仅仅是竞技，还应和教育、文化结合起来。要深入发掘中国传统文化，寻求精湛的语言。口号要有代表性、意义深刻、便于译成英文。5至6月，该校学生创作奥运宣传口号41句。

（杜　娟）

【成立6个校级研究所】　6至11月，联大成立6个校级研究所。其中，应用经济与管理研究所面向首都经济，突出应用研究，开展应用经济与管理学科研究。信息技术研究所面向首都信息化建设，开展信息应用研究与开发，重点研究信息系统工程、基于网络的计算机应用技术、多媒体技术等。城市管理与社区建设研究所与北京市民政局合作成立，面向现代社区发展，开展“现代经济与管理工程”学科建设。特殊教育研究所主要开展特殊教育理论研究、残疾人职业教育研究、特殊教育师资培训研究、特殊教育技术研究。制药工程研究所主要开展北京中药现代化生产技术等方面研究，实现产学研结合，促进科研合作和资源共享。人民代表大会制度研究所由联大与北京市人大常务会研究室合作举办，研究人民代表大会制度的理论和实践策略。

（杜　娟）

【听力语言康复首届学生毕业】　7月31日，联大特殊教育学院举行北京听力语言康复技术学院首届学生毕业典礼。93名听力语言康复技术专业首届毕业生完成学业，分赴全国各地残联聋儿康复机构等一线岗位担任聋儿语训教师。北京听力语言康复技术学院由中国残疾人联合会与联大特殊教育学院联合举办，联大特殊教育学院和中国聋儿康复研究中心具体承办，并得到李嘉诚博士及属下香港长江实业以及和记黄埔集团资助，其发展被纳入“长江新里程计划”聋儿语训教师培养项目与国家残疾人康复“十五”计划。该学院在全国设立5个教学基地，50个实习基地，听力语言康复技术专业是北京市高等职业教育重点专业。2001年，该专业首次招生，学制两年，开设课程23门，毕业颁发高职文凭。

（杜　娟）

【举办财务顾问师培训】　8月23日，联大举办首期国际认证财务顾问师(RFC)培训班。培训班招收学员42人，开设经济概论、金融概论等6门课程，共96学时。11月30日，培训班结业，经考核42人获得认证证书。培训与台湾保险行销集团联合举办。国际认证财务顾问师的主要职责是帮助家庭和个人进行合理的消费、储蓄、投资、投保以及规划未来财务。全球有3000多人取得国际认证财务顾问师协会的认证资格。

（杜　娟）

【中国乐器协会考察特教学院】　9月8日，中国乐器协会考察联大特殊教育学院艺术系钢琴调律专业建设及教学工作。经考察，中国乐器协会决定在联大特殊教育学院设立盲人职业资格考评点。中国乐器协会是钢琴调律行业管理部门。

（杜　娟）

【北京学研究所召开学术研讨会】　9月19日，联大北京学研究所在首都图书馆召开第五次学术研讨会。会议主题是“都城的文脉传承与国际化大都市建设”。舒乙等北京学专家50余人参加会议，提交论文20余篇。研讨会由北京学研究所与首都图书馆合作举办，是双方首次学术合作。

（杜　娟）

【召开残疾人大学生就业洽谈会】　9月26日，联大特殊教育学院与市劳动和社会保障局、市残联、北京青年报等单位联合举办北京市第二届残疾人大学生就业洽谈会。53个用人单位参加会议招聘，168名残疾人大学生投递简历，达成用人意向10份。

（杜　娟）

【获得北京市计量认证证书】　11月，联大应用文理学院环境系室内环境监测与评价中心通过北京市质量技术监督局、市建委资质考核，取得北京市室内空气质量检测计量认证(CMA)证书。全市44家室内空气质量检测机构首批通过认证，其检测报告具有法律效力。其中，联大室内环境监测与评价中心等6家机构主要面向普通消费者开展检测服务。2002年5月，联大成立室内环境监测与评价中心，承担室内环境研究和教学，同时面向社会提供室内环境监测与评价服务。

（杜　娟）

【举办第四届奥林匹克科学论坛】 12月12日，联大举办第四届奥林匹克科学论坛。论坛由联大奥林匹克文化研究中心、北大税法研究中心、中国财税法学会、联大应用文理学院法律系联合举办，主题是“北京新奥运与法制环境”。法学界、体育界、中国老教授协会、高等院校专家学者50人参加会议，并以中国法学会“北京新奥运与法制环境研究”课题成果为基础，研讨法制对2008年奥运会的保障作用。会议认为，“北京新奥运与法制环境”结题报告目标明确，思路清晰，内容全面，方法多样，建议具有实用价值。

（杜　娟）

海淀走读大学（北京城市学院）

党委书记　傅正泰
校　　长　傅正泰

【概　况】 2003年，海淀走读大学（北京城市学院）设有10个学部（系）、1个培训中心，102个专业。毕业3348人，招生5834人，在校生14706人，其中本科生670人，专科生14036人。教职工983人，其中专任教师705人，正高级职务42人，副高级职务147人。兼课教师1398人，其中正高级职务216人，副高级职务439人。学校占地面积306417平方米，建筑面积209912平方米。图书馆藏书75万余册。全年教育经费投入21147万元，其中，自筹20721万元。本年高考提档线文科364分，理科323分。6月，海淀走读大学更名为北京城市学院。

（徐　莹）

【学生素质管理系统投入使用】 1月，海大素质拓展活动管理系统投入使用。该管理系统用于大学生素质拓展证书和第二课堂学分制管理，包括学生查分和管理两个系统。其中，查分系统可以提供各学期参加素质拓展活动情况和得分，管理系统分中心主任、超级管理员和普通管理员，分别管理各项活动和学分的录入。大学生素质拓展计划由团中央主持实施，海大是试点校当中民办学校代表。

（徐　莹）

【培训学院与电视台签订合作协议】 1月，海大培训学院与中央电视台、北京电视台签订长期合作协议。依据协议，培训学院组织学生参加相关节目现场录制活动，包括中央电视台“同一首歌”、“幸运52”和“开心辞典”，北京电视台“欢乐总动员”、“绝对现场”和“公益歌曲大擂台”等。4月14日，该校传统文化学院文物专业70名学生参加中央电视台《遥感秦皇陵》节目录制。

（徐　莹）

【举办第一届新生开学典礼】 9月

9日，城市学院在人民大会堂举办更名后首届新生开学典礼。会议听取市政府、市教委和学校领导讲话，表示继续弘扬顽强拼搏精神和创新意识，探索民办体制和市场机制，把学院建设成国内一流民办高校。该校新生6000人参加典礼活动。

（徐　莹）

【培训中心民族班毕业】 9月26日，城市学院培训中心高职部民族班学生毕业。该民族班于2000年开学，学制2年，共开设14门课程。来自甘肃省东乡族自治县学生23人参加学习，毕业生23人。其中，4人获得“四好学生”称号，2人获“百分状元”荣誉称号。

（徐　莹）

【成立城市经济研究所】 10月10日，城市学院北京城市经济研究所成立。该研究所重点开展中韩经济、民营企业管理和民办高校发展融资模式方面研究，并逐步形成特色。研究所有专兼职研究人员10人，其中，博士3人，高级专业技术职务2人。这是该校第一个经济类研究所。

（徐　莹）

【与香港城市大学完成首轮互访】

12月17至20日，城市学院接待香港城市大学一行四人。访问期间，双方签订第一份教材出版合同，听取香港学者题为《当代教育教学新理念》和《香港社会工作注册制度》主题报告。1月23至29日，海大（城市学院前身）一行4人出访香港城市大学，海大教师应邀发表题为《私立大学——海大的办学经验》和《中国文化旅游》专题报告。

（徐　莹）

【招生就业网络系统开通】 12月19日和25日，城市学院就业工作公告发布系统和学生在线报名系统先后开通。两个系统均由网络中心开发，其中，就业工作公告发布系统使就业信息方便、快捷；学生在线报名系统可以减轻部分工作量。

（徐　莹）

【获得市民风采赛冠军】 12月23

日，城市学院教师获得首届首都市

民文明礼仪风采电视大奖赛冠军。比赛由首都精神文明办公室主办,分为初赛、复赛和决赛3个阶段。来自各区县15支代表队参加决赛,城市学院教师5人代表海淀区参赛,获得总分第一名。

(徐 莹)

【召开中职学校校长会】 12月30日,城市学院召开中等职业教育学校校长会。会议听取城市学院办学情况介绍,通报学院高职单考单招设置本科专业信息,研讨学院与各中职学校合作,建立“职高高职”直通车步骤。来自55所中职学校150人参加会议。

(徐 莹)

【学生自主管理烹饪实训基地】 12月,城市学院烹饪实训基地交由学生自主管理。该基地采用股份制模式,由学生出资入股,利用股资滚动发展。同时,按餐厅经营模式,设立经理负责制,从采购、出品、到餐厅服务全部由学生管理。基地2002年10月建成,总投资20万元,投入使用以来每天接待两个年级48课时烹饪实际操练课程。

(徐 莹)

中国青年政治学院

党委书记 褚 平
院　　长 周 强(兼)

【概 况】 2003年,中国青年政治学院设有7系2部3个中心和职业技术学院,并设有继续教育学院(在全国10省区设有11个函授站)、轮训部等成人教育机构。拥有经济学、法学、文学、管理学、教育学学士学位授予权和法学硕士学位授予权。毕业2089人,其中,中央党校委托培养研究生51人,普通本专科生949人(本科537人、专升本63人、高职349人),成人教育本专科生1089人(夜大139人、函授950人)。招生2563人,其中,中央党校委托培养研究生75人,普通本专科生1347人(本科850人、专升本116人、二学位27人、高职354人),成人教育本专科生1141人(夜大261人、函授880人)。在校生8203人,其中,中央党校委托培养研究生173人,普通本专科生3612人(本科2532人、专升本197人、二学位59人、高职824人),成人教育本专科生4418人(夜大802人、函授3616人)。全年举办各类团干部短训班共23期,培训学员2695人。外国语言生招生43人、毕(结)业22人、在校43人。学院教职工469人,其中,专任教师211人。专任教师中,教授25人、副教授68人、讲师62人;拥有博士学位42人、硕士学位103人。聘任外籍教师11人,其中,教授5人、副教授1人、讲师5人。全年出访法国、英国、韩国等11个国家和地区27人次,接待法国、美国、澳大利亚等9个国家和地区参观访问、讲学、学术交流164人次。校本部占地总面积11.32万平方米,建筑总面积11.58万平方米,固定资产总值12057万元,其中教学仪器设备总值1625万元。图书馆建筑面积6980平方米,藏书48.6万册。全年教育经费总投入5991.74万元,其中,国拨3821.74万元,自筹2170万元。学校网址:www.cyu.edu.cn。

(邱娟章)

【成立中国语言文学系】 6月3日,中青院中国语言文学系成立。该系设有汉语言文学专业,开设现代汉语、古代汉语、古代文学史等课程,学制4年。教职工18人,其中正高级专业技术职务3人,副高级8人,博士7人。在校生55人。

(邱娟章)

【纪念中央团校建校55周年】 8至9月,中青院举办纪念中央团校建校55周年系列活动。纪念活动由“回首平山路、重温奋斗史”考察、召开纪念座谈会和在京中央团校老校友联谊会等组成,其中,考察团前往西柏坡参观,在七届二中全会旧址举行“中央团校、中国青年政治学院教学实践基地”挂牌仪式,向两河乡政府捐赠图书。学校优秀党员、优秀党务工作者、先进党支部和学生干部代表60人参加活动。

(邱娟章)

【首次获得硕士学位授予权】 9月8日,中青院首次获得硕士学位授予权。根据国务院学位委员会文件,该校可授予刑法学、马克思主义理论与思想政治教育两个专业硕士学位。11月10至15日,该校完成研究生招生报名工作,首批招收两个专业研究生25人。

(邱娟章)

【纪念社工系建系10周年】 10月18日,中青院举办社工系建系10周年庆典暨社会工作教育与社会福利服务发展研讨会。会议回顾社工系10年发展历程,听取民政部、团中央、中国社科院等学者发言,研讨社会工作教育和社会福利服务发展等问题。认为社会工作在经济、社会发展中起到重要作用,在反贫困、青少年教育、妇女发展等社会福利服务领域扮演积极的角色。同时强调,社会工作作为西方成熟专业在中国本土应有独特的发展战略。来自团中央、民政部等相关部门领导,北大、香港大学、社科院等单位代表,历届系友及在校师生600人参加庆典。中青院社工系开设2个专业,现有教职工33人,在校生600人。建系10年累计培养毕业生500人。

(邱娟章)

北京青年政治学院

党委书记 朱天麟(2002年12月免)
　　　　　关成华(2002年12月任)
院　　长 梁绿琦(2002年12月任)

【概 况】 2003年,北京青年政治学院设有青少年教育与管理系、社会工作系、管理系等12个教学科研单位，14个党政后勤管理单位，1个临时机构廊坊分院，1个中外合作办学二级教育机构泰尔弗商务分院。设有社会工作、电算会计、公司管理等18个专科专业。全日制学生毕业1094人，招生1433人，在校生3408人。留学生毕业156人、招生66人、在校生400人。全年举办共青团干部培训班51期，培训学员3323人次。学校占地面积26400平方米，校舍建筑面积40724平方米。固定资产总值2570万元，其中教学科研仪器设备资产1023.7万元。图书馆藏书14.6万册。

（邓雪凯）

【首届春季招生学生毕业】 1月15日，北青院首届春季招生学生毕业。这批学生分别来自安徽、北京，共计168人，经过3年学习，分别完成青年教育、商务秘书与计算机应用、少儿思想教育、涉外秘书专业学习，获得大专学历证书。

（邓雪凯）

【召开青少年公民道德教育研讨会】 6月21日，北青院召开青少年公民道德与民族精神教育研讨会。会议听取21个专题报告，研讨抗击“非典”斗争中青少年公民意识与道德等17个议题，认为公民的整体道德水平决定一个城市文明程度，民族精神是国家和民族兴旺发达的精神动力，应加强青少年公民道德和民族精神教育。会议与团市委联合举办，来自各界学者、青年工作者50人参加会议，提交论文21篇。

（邓雪凯）

【综合教学楼落成】 8月24日，北青院新建综合教学楼落成。该教学楼占地面积844.3平方米，建筑面积5910平方米，框架建筑结构，地下1层，地上6层，拥有报告厅、会议室、多媒体教室等设施。教学楼2002年12月15日开工建设，总投资1100万元。

（邓雪凯）

【录制《百家讲坛》节目】 10月23日，北青院和中央电视台在院学术报告厅联合录制科学报告会现场节目《百家讲坛》。至2004年3月，录制节目5期，农科院万方浩教授、清华经济管理学院韩秀云教授等分别举办《警惕外来植物入侵》、《宏观经济形势》等讲座。《百家讲坛》是中央电视台科教频道栏目，2001年7月9日开播，每周一至周五中午和晚间两个时段向全国播放专题讲座，被誉为“开放式大学”。讲坛利用具像化教学辅助手段和教学工具，邀请海内外名家主讲科学与人文知识。讲授多采用以点带面方式，强调雅俗共赏，普及性与尖端性相结合。内容涵盖科技人文社会，选题范围包括：大学通选课、选修课精华，名校内有影响的专题讲座、主题演讲，社会各界学者、名流演讲，中学文科类课程及第二课堂、兴趣课堂，中外名家大师学术专访。

（邓雪凯）

首钢工学院

党委书记 申艳丽（3月免）
赵连言（3月任）
院　　长 张功焰

【概　况】 2003年，首钢工学院设经济管理系、建筑与环保工程系、计算机系、机电工程系4个系，以及基础部、实验中心、图书馆和成人教育学院。设有普通高等教育6个本科专业，高职教育20个专业，成人教育10个专业。毕业1317人，其中，高职523人，成人教育本专科生794人（本科392人、专科402人）。招生1593人，其中，高职1007人，成人教育本专科生586人（本科323人、专科263人）。在校生5421人，其中，高职2393人，成人教育本专科生3028人（本科1365人、专科1663人）。教职工320人，其中，专任教师164人，专任教师中高级职务48人。另聘兼职教师46人，高级技术职务41人。学院占地面积22万平方米，建筑面积6万平方米，图书馆藏书20余万册。全年教育经费投入2288.9万元。本年高考北京地区提档线（高职）理科320分、文科340分。网址：www.sgitc.com.cn。

（徐　励）

【修订专业教学计划】 2至4月，首钢工学院完成专业教学计划修订。修订以人才市场需求为依据，调研分析用人单位需求，按照重点培养学生专业核心能力和综合素质的目标与要求，重新确定专业定位，优化课程体系。共完成17个专业教学计划调整。

（徐　励）

【改革英语课程教学】 8月，首钢工学院实施英语课程教学改革。该改革以听说技能训练代替传统学习英语知识方法，课堂以学生为主体，增加学生口语训练，考试采用笔试、口试、平时训练复合计分方法。该校11个专业694名学生参加改革。

（徐　励）

【完成校训修订】 9月9日，首钢工学院完成校训修订。新校训共计“自强、求实、团结、创新”8个字。配合校训修订，该校完成教师职业道德公约修订。首钢工学院原校训确立于1991年，为“严肃、团结、勤学、奋进”。

（徐　励）

【实施学分制改革】 9月，首钢工学院实施学分制改革。该学分制要求高职学生在3年内修满130学分。配合学分制学校制订教学计划、课程考核和学分管理配套改革方案。该校本年新生参加改革。

（徐　励）

【华枫国际管理学院招生】 10月，首钢工学院华枫国际管理学院招生。该学院与加拿大国际管理学院联合成立，开设金融、财会和计算机等6个专业，全部由外籍教师任教，学制4年。首批招收商科专业学生18人。

(徐 励)

【举办就业观专题讲座】 12月11日，首钢工学院举办就业观专题讲座。该讲座听取凯尔公司人力资源学者和国际商用机器公司(IBM)技术专家“高薪就业成功之路”专题演讲，先后讲授认识社会、认识自我和转变角色等问题，并结合个人实际经历回答学生提问。该校学生240人参加学习。

(徐 励)

【严格考试管理】 12月，首钢工学院严格考试管理。该校成立期末考试工作领导小组和监察小组，教育学生诚信做人。同时，严肃处理并公布考试作弊学生18人。

(徐 励)

【完成教学设施投入235万元】 至

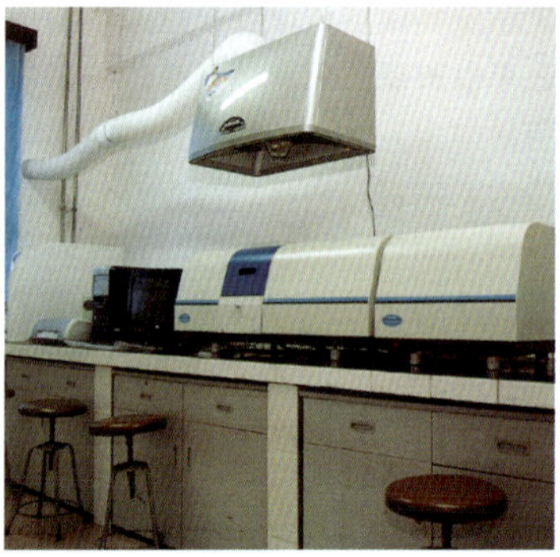

年底，首钢工学院完成年度教学设施改造。该校完成环境实验室(续建)、液压和气动实验室(续建)、计算机多媒体机房、语音实验室(扩建)、学生体质健康合格标准测试中心建设，投入资金235万元。

(徐 励 王福学)

【完成基建投入959万元】 至年底，首钢工学院完成基础设施投入959万元。其中，完成学生宿舍装修投入155万元，教室改造投入158万元，校园电力增容改造128万元，校园绿化投入18万元，运动场改造投入500万元。

(徐 励)

中华女子学院

党委书记 莫文秀(兼)
院 长 回春茹

【概 况】 2003年，中华女子学院设10个系，1个教学部，1个教学中心，2个二级学院，另在山东济南设有1所分院。毕业460人。在校生3989人，其中，普通本专科生2301人(本科1540人、专科761人)，成人教育本专科生1688人(本科692人、专科996人)。与有关省市妇联合作举办妇女干部培训班5期，来自全国300人参加培训。教职工300人，其中，专兼任教师271人。教学人员中，具有博士学位9人，硕士学位65人；正高级8人，副高级59人。院本部占地面积近11万平方米，建筑面积7.5万平方米，图书馆使用面积4689平方米。

(郑 雷)

【加拿大会计本科班开学】 2月28日，女子学院加拿大注册会计师(CGA)本科班开学。该本科班与加拿大注册会计师协会(CGA)联合

举办，由加拿大教师担任教学。

(郑 雷 郑伟功)

【艺术设计中心成立】 9月24日，女子学院艺术设计中心成立。该中心隶属于艺术系，承担服装设计理念、媒体宣传和消费市场研究，开展服装、模特和表演艺术教学，同时承担学生模拟设计实践基地任务。

(郑 雷)

【毕业就业工作通过检查】 11月26日，女子学院毕业生就业工作通过市教委检查。检查组听取学校汇报，检查有关档案资料，肯定学校毕业生就业工作。该校坚持“举全校之力，齐抓共管”方针，就业工作取得较好成绩，普通本科毕业生就业率达到92.86%，专科毕业生就业率80%，均高于北京高校平均水平。

(郑 雷)

【举办心理健康活动月】 11月，女子学院举办“守护健康心灵”心理健康综合活动月。该活动由校内外学者举办“专家心理咨询日”活动，针对学生学习生活中考试焦虑、人际关系、生活适应等问题举办专题讲座或团体咨询，举办“说出你的心灵故事”主题征文等内容组成。

(郑 雷)

基础教育

综 述

2003年，北京市基础教育认真贯彻党的十六大和北京市第九次党代会精神，把推进教育事业发展和满足群众需求作为工作出发点，围绕提高教育质量这个核心继续深化基础教育领域的各项改革，全面推进素质教育。

全面加强农村基础教育

落实《国务院关于进一步加强农村教育工作的决定》和全国农村教育工作会议精神，继续完善“以县为主”的农村义务教育管理体制，加大对农村教育的政策倾斜和经费投入。2003年，市教育费附加累计下拨经费3.65亿元，其中，用于远郊区县基础教育2.5亿元，占总数68.49%。市政府将“农村中小学全部取消明火取暖”和“为农村完小配备100个网络计算机教室”列入60件实事。市、区县投入4609万元，其中，投入市级投入3723万元，区县投入886万元，为10个远郊区县的413所农村中小学改造供暖建筑面积58万平方米，安装集中供暖锅炉73台，土暖气锅炉2224台。改造半山区和农村平原地区113所办学条件困难学校。年内，市、区县两级共投入1.55亿元，其中市级专项7800万元，区县投入7700万元，动工改造中小学66所，共完成基建和修缮面积28万平方米，为学校添置教学仪器设备5.5万件（套），生活设施4000套，图书资料12万册。

继续推进布局调整和学校建设

按照适度超前，相对集中，服务群众，均衡发展原则，全年撤并规模小、效益低的中小学216所。支持城八区继续改造60所办学困难学校，通过撤销、合并、改建、异地新建等方式，使义务教育阶段学校逐步做到规模化办学，优质教育资源得到扩充。普通高中优质教育资源继续扩大。

2003年，普通高中招生9.4万人，占初中毕业生总数52%，在进入普通高中的学生中50%在优质资源学校就读。被认定的示范性高中达到26所，招生规模占普通高中招生总数四分之一。

以课程改革为突破，深化教育教学改革

继续推进21世纪基础教育课程教材改革实验，18个区县600多所小学的一至三年级学生参加实验；初中在海淀、宣武、延庆的百余所学校开展实验。参加实验学生共计20万人。实验教材覆盖实验各年级和各学科。

在推广实验的同时，深化课堂教学改革。年内，组织全国教研改革与创新研讨会、课程改革与管理创新研讨会和信息技术与教师发展论坛等。研究探索教学质量监控评价办法，初步制订完成义务教育教学质量监控评价体系，从学科教学过程、校本教研、教学视导、学生学业成就水平和影响教学质量的因素五个方面实施教学质量监控与评价。继续开展走进学校素质教育系列展示活动。至年底，共走进13所学校，5000人次参加观摩。

加快中小学信息化建设步伐

市财政投入1755万元，为6个远郊区县农村完小配备100个网络计算机教室。同时采取企业垫资，市、区县共同分担机制，为远郊区县205所完小建设计算机教室。本年全市启动建设中小学校园网557个，其中，为远郊区县中小学建设415个。至此，校园网建设完成1400所学校，完成总任务的三分之二；学生计算机配备共12万多台，基本达到10人一台；农村地区所有中学和中心小学基本实现校校通，全市完小以上学校全部开设计算机必修课，提前两年完成教育部开课任务。

继续做好家庭经济困难学生和流动人口子女接受义务教育工作

2003年，市、区县投入900余万元，对具有本市户口，处于最低生活保障线以下的农村贫困家庭、城市“低保”家庭及在特殊教育学校就读的义务教育阶段学生共3.1万人免收教科书费；免收1016名特教学校住宿生住宿费，并为每人每月提供100元伙食补助标准。设立高中学生宏志奖学金，投入125万元，使2500名贫困家庭学生继续深造。坚持区县管理为主，公办学校解决为主的原则，解决流动人口子女就学问题，公办学校接受借读生近18万人，占流动人口子女总数78%，比上年净增4万人，提高13个百分点，新批准8所打工人员举办的学校，纳入社会力量办学管理。

以随班就读为主体，提高特殊教育质量

全市有随班就读残疾学生4500人，占全市残疾儿童少年总数63.5%，分布在965所学校的3200多个教学班，随班就读成为残疾学生接受义务教育的主要形式。加强对随班就读学生学籍的管理，进行双档案实验，有效防止随班就读学生辍学。全市4500名随班就读学生中80%的学生定有个别化教育计划、建立个人档案跟踪材料。建立以资源教室为中心的随班就读支持系统，全市投资400多万元重点建设20多个示范性资源教室。健全随班就读的指导网络，成立市级听障、视障、智障随班就读中心教研组，定期开展全市随班就读的教学指导与教研活动。

（张永凯）

总　　类

【开办教师“网上备课”】　1月24日，市教委实施中小学教师“网上备课”。备课活动由特级教师主持，通过网络，完成现场交互备课和教学指导，将城区优质教学资源传输到郊区学校教师。密云40名小学数学教师参加首次备课活动。

（王雪青）

【举办英语教与学展示活动】　2月12日至8月12日，市教委举办基础教育英语教与学展示活动。该活动分为区县、市级阶段，要求区县成立组委会，组织师生参加活动。来自18个区县2000名英语教师参与教学优秀论文评选，占全市英语教师总数三分之一。1000名学龄前儿童、小学生参加市级英语歌曲戏剧比赛，500名初、高中学生参加市级英语征文、演讲比赛。

（李新影）

【举办素质教育展示活动】　2月28

日、4月1日、10月23日和11月21日，市教委举办走进学校——北京市中小学素质教育系列展示活动。分别走进北京第二实验小学、中国人民大学附属中学、房山区良乡第二小学和崇文区光明小学，四校分别做题为《建设学习型组织，促进教师主动发展》、《中学教育的创新思考与实践》、《让课堂“活”起来，让学生“动”起来》和《更新评价观念，促进师生共同发展》校长办学经验报告；展示课堂教学、校园环境和学生才艺。教育行政管理人员、教学人员和校长2000人参加活动。

（张永凯　刘天翔）

【教育部评估海淀新课改实验】　3月9至11日，教育部评估海淀区新课程改革实验。国家基础教育课程改革专家组听取区教委参加国家基础教育课程改革实验工作情况汇报，参观二里沟中心学区新课改成果展览，实地调研上地实验中学、双榆树中学、一二三中、上地实验小学、万泉小学和翠微小学。来自教育部、市教委30人参加评估。

（宋亚甫）

【三十八中并入一五九中】　3月12日，北京市第三十八中学并入北京市第一五九中学。并入后，该校整建制撤销。三十八中1929年成立，校园占地面积2.18万平方米，建筑面积2.87万平方米，74年来共培养毕业生4万人。

（朱语高）

【监控九年义务教育教学质量】　5至12月，市教委开展义务教育阶段教学质量监控与评价工作。初步完成学校、教师、学生调查问卷的项目编写和调研结果资料分析；形成语文、数学、历史和体育4个学科8套评价试题；完成对西城区、宣武区、朝阳区、石景山区、昌平区、房山区、大兴区和密云县8个区县义务教育阶段五年级和八年级6138名学生测试。该项工作由教科院承担。

（李新影）

【丰台组建两所九年一贯制学校】　6月12日和9月1日，丰台区教委先后组建两所九年一贯制学校。其中，赵登禹中学合并嘉园小学，成为九年一贯制学校。合并后，该校共有教职工128人，在校生1237人。王佐学校合并西王佐小学、沙锅村小学、怪村小学、魏各庄小学、西庄店小学、大富庄小学、洛平小学7所小学，成为九年一贯制学校。合并后，该校共有教职工253人，在校生1786人。

（张红旗）

【认定第二批示范高中】　6月16

日，市教委认定第二批示范性高中。该认定采用学校自评、区县初评和专家组评估、市教委主任办公会决定程序。12所学校入选，分别是北京市第二中学、北京景山学校、北京市第八中学、北京市回民学校、北京市第八十中学、北京市第一零一中学、北京市八一中学、顺义区杨镇第一中学、北京市平谷中学、北京大学附属中学、北京师范大学附属良乡中学、北京市第九中学。至此，北京市共有26所示范性高中。

（张士佐　王雪青）

【崇文撤并两所中学】　7月21日和11月5日，崇文区教委先后撤并两所中学。7月21日，因北京市重点工程南中轴路改造，一七八中并入十一中。11月5日，因城市建设和危房改造，五十九中并入广渠门中学。两校撤并共涉及学生1515人，教师358人。一七八中始建于1969年，前身是北京十一中学分校，1972年改名为北京市第一七八中学；五十九中始建于1955年。

（郝洪春）

【门头沟取缔不合格打工子弟学校】 7月23日，门头沟区打工子弟学校全部停办。该批学校共计6所，在校学生554人全部就近统一分配在公办小学借读。6月25日，门头沟区教委、公安和卫生等9个单位联合检查流动人口子女学校办学情况，结果显示，办学条件均不符合有关规定。

（王德习）

【丰台撤销长辛店二中】 7月27日，丰台区教委撤销长辛店二中。撤销后，师生分别并入长辛店一中、北京十中。长辛店二中成立于1965年，共毕业学生9800人。

（张红旗）

【密云撤并3所中学】 7月和8月，密云县教委撤并3所中学。其中，西康各庄中学并入西田各庄中学、半城子中学并入不老屯中学、白龙潭中学并入太师庄中学。并入后，3校建制撤销。西康各庄中学成立于1975年，占地面积1.1万平方米，建筑面积2770平方米，固定资产总值65万元。教职工36人，学生266人，建校以来共毕业学生3120人。半城子中学成立于1967年，占地面积1.83万平方米，建筑面积2543平方米，固定资产总值99万元。教职工24人，学生197人，建校以来共毕业学生2724人。白龙潭中学成立于1975年，占地面积6.6万平方米，建筑面积2000平方米，固定资产总值1000万元。教职工34人，学生341人，建校以来共毕业学生5600人。

（郭占云）

【东城撤并4所中学】 7至8月，东城区教委撤并4所中学。4所学校建制撤销。其中，八十五中并入二中，一二八中并入一六六中，一九五中并入二十四中，一六四中高中部并入五中、初中部并入一六六中。

（秦晓芳）

【府学胡同小学改变办学体制】 8月28日，东城区府学胡同小学改变办学体制。改革后，该校具有独立法人资格，实行人员自聘，经费自筹，学生入学、教育教学、学籍管理、学生评价按市、区教委规定执行，收费按物价部门标准执行，实行独立财务核算和人事管理。

（秦晓芳）

【北京航天中学落成】 8月29日，丰台区教委举办北京航天中学落成及开学典礼。该中学由丰台区政府、中国运载火箭研究院共同兴建的完全中学，建筑面积2.3万平方米，总投资6000万元。其中，丰台区教委投入工程建设款2000万元，专项设备款222万元，信息化建设资金262万元。拥有教职工48人、学生400人。该校是丰台区政府为民所做40件实事之一，也是中国运载火箭研究院10件利民工程之一。至此，丰台区教委完成东有北京航天中学，中有十二中，西有云岗中学的优质高中区域均衡布局。

（崔 兵）

【西城撤销一八四中】 9月6日，西城区教委决定撤销一八四中。撤销后，一八四中教职工全部并入十三中。一八四中1972年成立，校园占地面积5784平方米，建筑面积7682平方米，教职工72人，在校生544人。建校以来共毕业学生1.5万人。

（朱语高）

【顺义九中建成】 9月9日，顺义区第九中学建成开学。该校为普通高中学校，是顺义区中小学第二次布局结构调整重点项目，占地面积10万平方米，建筑面积2.99万平方米，设计容量45个教学班，可容纳2250名学生就读。首次招收普通高中学生800人。学校于2002年9月开工建设，总投资4999万元。9月1日，该校完成教学设备装配，总投资600万元。

（王 伟 单秋英）

【总结课程教材实验】 10月9至10日，市教委召开年度北京市基础教育课程教材改革实验总结会。会议听取教育部题为《课改实践与反思》、清华题为《课改行动研究》两个专题报告，听取各区县新课改成果通报，表彰100个课改实验工作先进单位和400名先进个人。会议宣布北京市基础教育课程教材改革于2004年纳入教育部国家基础教育课程改革实验序列。来自市、区县教育行政、教研、科研及部分实验学校代表300人参加会议。北京市基础教育课程改革于2001年开始。2002年，18个区县（含燕山）674所学校参加实验，其中，初中校增加59所，参与实验学生增至16.9万人，其中，初中增至4万人（初一年级2.4万人、初二年级1.6万人），小学生增至12.9万人（一年级5.4万人、二年级5.4万人、三年级2.1万人）。小学一年级参加实验学生占同年级学生62.5%、二年级占62.5%、三年级占23.2%，初中一年级学生占15.2%、初中二年级占10.1%。

（纪 岩 唐勇明）

【评选优秀自制教具】 10月30日，

市教委基础教育自制教具评选活动结束。该活动采用专家评判打分方法，分为区县初赛、市级决赛两个阶段，266名师生制作的202件教具参加市级决赛，73件作品获奖，石景山区、市特教中心和西城区分获团体前三名。

（王雪青 孟宪龙）

【召开直辖市教育改革研讨会】 11月19至20日，市教委召开京、津、沪、渝直辖市基础教育改革与发展交流研讨会。会议分别听取四市基础教育总体情况通报，研讨义务教育均衡发展、中小学办学体制改

革、示范高中校建设、教育质量监控与评价、流动人口子女就学、高中教育成本分担机制建立以及择校、收费等问题。会议强调，四市保持经常沟通，真正成为事业伙伴。来自教育部、四市教委代表11人参加会议。

（李新影　王雪青）

【改善半山区及农村校办学条件】 至年底，市教委、区县教委继续改善半山区、农村平原地区学校办学条件。全市完成66所困难校改造，占总校数58.4%。完成基建和修缮面积28万平方米，为学校添置教学仪器设备5.5万件（套）、生活设施设备4000件（套）、图书资料12万册。市教委、各区县共投入专项经费1.55亿元。

（张永凯　纪　岩）

【调整城八区中小学结构布局】 至年底，市教委完成年度城八区中小学结构布局调整。此次调整坚持促进教育发展，建设符合城市功能、效益较高学校原则，采用撤销、合并规模较小、布局不合理、声誉较差学校和改扩建需要保留、声誉较好，办学条件较差学校两种方法，城八区共撤并中小学57所，其中，小学43所、中学14所。

（任　虹）

【崇文取缔公办中小学培训部】 至年底，崇文区教委办理48所中小学培训部终止手续。其中，中学培训部18个、小学30个。该区印发《关于终止公办中小学校举办培训部通知》和《关于落实北京市治理教育乱收费工作，规范民办教育机构办学行为的意见》，明令“公办中小学校不得举办以在校中小学生为主要培训对象社会力量办学机构”和“各中小学校不得将校舍出租给社会力量举办培训机构为在校中小学生举办课程补习班”。

（陈　月　沈桂红）

一贯制实验学校（部分）

北京景山学校

【概　况】 2003年，北京景山学校开设教学班52个，其中，小学20个、初中20个、高中12个。招生610人，其中，小学189人、初中222人、高中199人。毕业620人，其中，小学224人、初中212人、高中184人。在校生2369人，其中，小学960人、初中848人、高中561人。高中录取分数线（本区）357分，应届高考录取率100%。教职工231人，其中，专任教师172人，包括高级专业技术职务57人。物化生实验室和各种专业教室35个。体育场地6780.38平方米。图书馆藏书10万册。校园占地面积3.29万平方米、建筑面积3.23万平方米。全年教育经费投入2312.98万元，其中，国拨1113.76万元、自筹1199.22万元。

（贾毓英）

【慰问美国失事航天飞机家属】 2月2日，景山学校致信美国航天局，慰问“哥伦比亚”号航天飞机遇难者家属。慰问信代表全体师生向局长先生及遇难者家属表示亲切慰问，向遇难宇航员表示沉痛哀悼，并说“我们坚信人类探索宇宙的科学实验一定会取得预想的成果”。景山学校学生设计的“蚕在太空吐丝结茧”实验在“哥伦比亚”号航天飞机上实验，1月28日，蚕的幼虫开始在太空失重环境中发育。

（贾毓英）

【召开教育科研课题汇报会】 7月28日，景山学校召开教育科研课题汇报会。会议通报“十五”期间校级教育科研课题研究情况，听取10个课题组汇报交流。该校教师220人参加会议。“十五”期间，景山学校共有六个大类73项教育科研课题结题，研究涉及课程设置、教材建设、教法与学法和学校优质资源管理与开发等方面。

（贾毓英）

【纪念邓小平题词发表20周年】

9月13至15日，景山学校举办纪念邓小平“三个面向”题词发表20周年系列活动。13至14日，该校举办国际教育论坛。会议围绕新世纪“三个面向”与基础教育创新、新世纪“三个面向”与基础教育课程教材改革和新世纪中西方基础教育比较研究等内容探讨和交流，来自北京和香港的专家学者16人分别以《以整体优化思想推进教育事业的改革与发展》、《校本课程发展、课程综合和课程领导的关系》和《打造“学习型社会”的基础教育》为题做专题发言，与会代表探讨中国教育发展优势与现状、中国教育均衡化发展等问题。来自美国、加拿大、俄罗斯、日本等国及上海、山西、广东等省市的专家学者600余人参加论坛，并参观景山学校及二中。15日，该校在人民大会堂召开纪念邓小平“三个面向”题词发表20周年会议。会议听取题为《总结过去，展望未来，再创辉煌》的发言。该校师生900人参加会议。

（贾毓英　秦晓芳　于其林）

【举办录像课评价活动】　9月，景山学校举办录像课评价活动。该活动邀请基础教育研究学者，以高中数学、物理和化学3个学科青年教师录像课示范课为例，结合新的教育理念和生动事例，论证知识与学习观转变、教学任务分类及提高学生思考能力水平、案例与它在教师成长中的重要作用3个方面问题。该校教师160人参加学习。

（贾毓英）

北京市育才学校

【概　况】　2003年，北京市育才学校开设教学班81个，其中，小学26个、初中32个、高中23个。在校生3737人，其中，小学1411人、初中1331人、高中995人。招生958人，其中，小学245人、初中314人、高中399人。毕业1006人，其中，小学232人、初中492人、高中282人。高中录取分数线（本区）298分，应届高考录取率100%。教职工373人，其中，专任教师250人，包括高级专业技术职务教师44人，特级教师7人。物化生实验室和各种专用教室23个。体育场地1.91万平方米。图书馆藏书12.62万册。学校占地面积7.2万平方米，建筑面积4.38万平方米。全年教育经费投入1978万元，其中，国拨1159万元、自筹819万元。

（马宝顺）

【无线电测向队成立】　3月6日，育才学校无线电测向队成立。该测向队拥有教练2人，男、女队员23人。利用业余时间，开展体能和技能训练，代表学校参加比赛。8月，该队参加“英派斯杯”全国青少年测向锦标赛和北京市无线电测向比赛。

（马宝顺）

【建成体质健康测试中心】　4月15日，育才学校建成体质健康测试中心。该中心建筑面积150平方米，拥有大连尤西姆万国汇通有限公司、中体同方体育科技有限公司无偿捐赠“体质健康测试系统”，日检测量400人。至年底，该中心检测学生4000人次。

（马宝顺）

【国际教育部通过验收】　6月，育才学校国际教育部通过检查验收。该验收由市政府外办、市公安局、市教委主持，重点了解外籍学生在校生活、学习情况，检查外籍学生教育情况。2002年，育才学校获准招外籍学生，两个学年共计招收外籍学生90人。

（马宝顺）

【暑期基建工程竣工】　9月1日，育才学校暑期教学楼、校园道路改造工程竣工。教学楼装修面积4.7万平方米。同时，为中学部教室全部安装投影背投、展示台和多媒体等教学设备，总投资180万元。道路改造工程铺设花岗岩、仿古砖、沥青混凝土道路8700平方米，总投资240万元。

（马宝顺）

【配备首批便携式计算机】　9月，育才学校为部分教师配备首批便携式计算机。首批便携式计算机面向高中和网络实验班教师，共计93台，总投资80万元。

（马宝顺）

北京市陈经纶中学

【概　况】　2003年，北京市陈经纶中学为12年一贯制学校，分两址办学。有教学班46个，其中，校本部有教学班40个，包括高中班35个；嘉铭分部教学班6个，分别为小学3个、初中3个。在校生1939人，其中，嘉铭分部小学62人、初中80人，校本部初中208人、高中1589人。招生950人，其中，嘉铭分部小学62人、初中80人，校本部初中207人，高中601人。毕业459人，全部为高中生。高中录取分数线（本区）317分。应届高考上线率100%、录取率100%，其中，90%升入本科，包括60%升入重点高校本科。有教职工206人，任课教师173人。其中，特级教师4人、高级教师41人；市、区级骨干教师、学科带头人、区优秀青年知识分子、优秀拔尖人才57人；具有博士学位1人、硕士学位7人、研究生课程班结业42人。设有800平方米室内篮球馆、50米标准泳道游泳馆、标准400米跑道运动场。有1座高性能天文台、9个物化生实验室、2个劳技专用教室、1个音乐专用教室、1个美术专用教室。有4个计算机房、2个语音室、配有48台终端的闭路电视系统和1套高性能音像编辑系统。设有200座阶梯教室和容纳2000人的大礼堂。餐厅可容纳近千人同时就餐。图书馆藏有图书9万册。校园占地面积4万平方米、校舍建筑面积3万平方米。全年教育经费投入1900万元，其中，国拨1200万元、自筹700万元。

（黄　杰）

【制订人事改革方案】　5月20日至8月27日，陈经纶中学完成人事改革方案及相关政策和管理制度制订。其中，教职工年薪制向重点岗位倾斜，由岗位工资和奖励工资构成，实行弹性发放；内退制度规定满55周岁男教师、职员和工人，年满50岁女教师和职员，年满45岁女工人可以申请办理内退手续；教科研管理条例以首席教师为科研指导，建立以年级、教科研相结合管理体制，并建立教科研档案。

（黄　杰）

【制订收费管理制度】　8月25日，陈经纶中学制订收费管理制度。内容包括规范收费审批程序、严格多项收费标准，加强代收性收费管理、资料订购，加强对违纪人员处罚等。

（黄　杰）

【嘉铭分校开学】　9月1日，陈经纶中学嘉铭分校开学。该分校地处亚运村，是立足嘉铭桐城社区，面向朝阳的九年一贯制公立学校。首批招收小学一年级和初中一年级各3个班共144人，实行小班化教学。朝阳区教委与嘉铭地产开发有限公司签订联合办学协议。依据协议，区教委授权该校承办嘉铭分校，负责学校的教育、教学与管理工作。

（黄　杰）

【恢复初中招生】　9月，陈经纶中学恢复招收初中生。首次招生207人。朝阳区2500人报名参加考试。该校始建于1921年，初为崇贞学园，后改为北平女子四中，解放后更名为北京市第四女子中学，1954年被市政府定为重点中学，“文化大革命”期间易名为朝阳中学。1991年香港企业家陈经纶捐资改建后，被市政府命名为北京市陈经纶中学。1998年前，该校一直为完全中学。在申办市示范高中过程中，根据当时教育行政部门示范高中初中和高中相脱离要求，初中部剥离。

（黄　杰）

【出访日本樱美林学园】　10月22日，陈经纶中学教师代表团第五次访问日本樱美林学园。代表团向樱美林学园递交两校友好交流合作建议书。经过协商，两校自本年起从四个方面加强友好交流，分别是建立固定的互访制度；组织中日学生开展定期和短期留学与互访；组织教师短期交流与培训；双方相互为互访人员提供语言培训。该校与樱美林学园都是由日本友人清水安三创办，并于1988年结为姊妹校。

（黄　杰）

北京市育英学校

【概　况】　2003年，北京市育英学校开设教学班123个，其中，小学48个班、初中52个班、高中23个班。在校学生5479人，其中，小学2158人、初中2315人、高中1006人。招生1334人，小学7个班298人、初中14个班603人、高中10个班433人。毕业1228人，其中，小学10个班484人、初中14个班550人、高中5个班194人。教职工367人，其中，专任教师264人，高级专业技术职务教师53人，海淀区学科带头人8人。硕士毕业3人，研究生课程班结业76人，本科毕业241人。物化生实验室和各种专用教室53个。具有照明设备的国际标准400米全塑胶田径场、标准足球场各1个，有200米跑道塑胶田径场、体育馆、游泳馆、塑胶灯光篮球场。图书馆建筑面积2200平方米，藏书10万册。学校占地面积8.84万平方米，校舍建筑面积6.30万平方米，绿化面积1.85万平方米。全年教育经费投入3502.43万元，其中，国拨2135.23万元、自筹1367.20万元。

（曾宪森）

【小学部举办素质教育成果展览】　1月16日，育英学校小学部举办素质教育成果展览。该展览以“一切为了学生，为了一切学生”为主题，突出优质教育教学成绩，强调拓宽学生发展和展示自由空间，设立书法、版画、静态模型制作等项目。该校2158名学生2500件作品参加展览。小学部师生及家长5000人次参观展览。

（宋亚甫）

【小学部编印英语校本教材】　2月17日，育英学校小学部编印完成五年级英语校本教材。该教材内容贴近学生实际生活，强调独立思考，突出听、说、读、写基本技能训练。在编排上注重学生学习兴趣培养和教材由浅入深梯度结构，同时做到版式新颖。

（宋亚甫）

【接待日本大学代表团】　3月18日，育英学校接待日本三重大学教育部代表团。该代表团由38人组成，他们以小组为单位，分别观摩5个班级12名教师示范课，并举办中日师生课堂教学座谈会。

（曾宪森）

【初中部举办英语口语竞赛】　10月22日，育英学校初中部举办英语口语竞赛。该竞赛以“航空航天知识英文演讲比赛”为主题，分为初赛、决赛两个阶段，设立诗歌和散文朗诵、讲故事和多媒体课件演示等项目。该校初中部400名学生参加比赛，21人进入决赛。

（宋亚甫）

北京市丰台区实验学校

【概　况】　2003年，北京市丰台区实验学校开设教学班71个，其中，小学27个、初中24个、高中20个。在校生2935人，其中，小学984人、初中1041人、高中910人。招生1694人，其中，小学984人、初中360人、高中350人。毕业749人，其中，小学180人、初中338人、高中231人。高中录取分数线（本区）282分，应届高考录取率87%。教职工305人，其中，专任教师240人。教师中高级专业技术职务36人、特级教师1人。物化生实验室和各种专用教室17个，体育场地3.24万平方米。图书馆藏书1.6万册。学校占地面积5.46万平方米，校舍建筑总面积2.6万平方米。全年教育经费投入1442万元，其中，国拨879万元、自筹563万元。

（李继英）

【召开暑期教学研讨会】　7月26至27日，丰台实验学校召开暑期教学研讨会。会议研讨课堂教学改革、教研组建设、教学评价3个议题，听取化学教研组题为《努力把化学教研组建设成"学习型教师"的发展群体》、洋思中学考察随感《"上帝"就在身边》、教学设计《让教学充满活力、充满智慧》和获奖教师《上好每一节课》。会议推出《课堂教学评价方案》、《教研组评价方案》、《教师教学过程评价方案》3个教学评价方案。该校教师100人参加会议。

（支　梅）

【举办课堂教学开放周】　9月1

日，丰台实验学校举办首次课堂教学开放周活动。该活动以学科教研组为单位，每周展示一个教研组全部课程，同时，完成点评。该校17个学科教研组43个备课组参加开放活动，共计听课1701人次。

（支　梅）

【改革学生宿舍管理】　10月7日，丰台实验学校改革学生宿舍管理制度。该制度要求学生每天出早操锻炼身体，每晚在自习功能教室上课。同时，举办"文明住宿生、优秀宿舍长、文明宿舍"评选活动，共同创设优美宿舍环境。

（李晨辉）

【接待英国中学校长代表团】　10

月23日，丰台实验学校接待英国校长代表团。该代表团由英国巴库中学、库斯登中学、方德中学3名校长组成，在实验学校，他们听取美术、音乐和英语3节示范课，参加民乐团民乐演出，并签订交流协议。

（李凯波）

【召开"问题学生"听证会】　12月8日，丰台实验学校召开"问题学生"听证会。会议宣布初三（3）班两名学生去网吧、说谎、旷课所犯错误处理结果，听取学校、家长协会代表和学生代表发言。该校初三(3)班学生及部分家长、教师代表共65人参加会议。

（李晨辉）

北京市京源学校

【概　况】　2003年，北京市京源学校中学部开设教学班35个，其中，高中12个、初中23个。在校生1643人，其中，高中494人、初中1149人。招生573人，其中，高中189人、初中384人。毕业551人，其中，高中161人、初中390人。应届高考录取率96.8%。有教职工147人，其中，专任教师97人。有各种实验室6个，体育场地12.09万平方米。图书馆藏书8.5万册。校园占地面积4.2万平方米，校舍建筑总面积2.7万平方米。小学部开设14个教学班。在校生352人、招生69人。有教职工31人，其中，高级教师19人、一级教师10人。有4000多平方米的塑胶操场。有各种实验室4个。图书馆藏书1万册。校舍建筑总面积4500平方米。实行25名学生的小班化教学。幼儿园有8个班，在园儿童226人、招生53人、毕业52人。有教职工30人，其中，专任教师22人，包括高级教师4人。拥有占地2000平方米的大、中、小型娱乐城。幼儿园占地面积8000平方米，校舍建筑总面积5000平方米。该校全年教育经费投入1284万元，其中，国拨644万元、自筹640万元。

（付江泓　程　鹏）

【召开建设学习型教研组研讨会】　2月27至28日，京源学校召开建设学习型教研组研讨会。会议通报学校建设学习型教师队伍设想和教师队伍建设五年规划，听取12个教研组关于心智模式、自我超越和系统思考等5个方面经验介绍，研讨建设学习型教研组计划和措施。该校教师21人参加会议。

（付江泓　雷锋利）

【举办与新课程同行教师论坛】　3月17日，京源学校中学部举办"我与新课程同行"教师论坛。该论坛以"建设学习型教师群体，积极促进教师发展"为主题，听取教研组、年级组长、"双语"教学课题组发言，从多角度介绍学习型教师群体建设。会议指出，创建学习型组织，要营造和谐环境、共同远景。该校教师26人参加会议。

（付江泓　雷锋利）

【中学部开通学生班车】　3月，京源学校中学部开通学生班车。该班车与公交326路车队联合开通，每天6时20分从模式口出发，6时50分左右到达学校，沿途停靠金顶街、苹果园和八角等9站。此前，该校高一年级研究学习小组开展965路车高峰期客流量调查研究，完成开设学生班车论证。

（付江泓　雷锋利）

【中学部交流"双语"教学】　3月，京源学校中学部召开双语教学交流会。会议分析"双语"教学特点，强调教师要注重自身提高，做到"双语"教学有计划、有目标，不给学生增加负担，不把旧观念带入新的教学环境。会议交流适合"双语"教学的国外网站，介绍并轨、实践和专题教学方法。该校13名参加"双语"教学实验教师参加会议。

（付江泓　雷锋利）

【小学部举办教学比赛】　10月4日至11月3日，京源学校小学部举办"京源杯"教学比赛。该比赛分为骨干教师、语数、科任 3 个组别，要求参赛课程教案缜密、课件新颖，能够体现最新教学理念。

（付江泓　雷锋利）

【中学部开办午间音乐会】 10 月，京源学校中学部开办午间音乐会。该音乐会由团委主持，利用午休时间，在教学楼二楼大厅钢琴旁，举办小型音乐活动。从 1999 年，京源学校在二楼大厅安置大三角钢琴，师生午间或放学以后自由使用。

（付江泓　雷锋利）

【中学部举办化学教研活动】 11 月 5 日，京源学校举办初中化学教学研究活动。该活动推出学校教师化学研究课，并完成点评；听取教科院教研员报告。会议认为新课程需要全体教师在新课标指导下，认真钻研，勇于实践，教学中更好地发挥落实基础、培养能力、提高素质的作用。活动由教科院主持，来自各区县教师 100 人参加会议。

（付江泓　雷锋利）

【举办德育工作评价周活动】 11 月 10 至 14 日，京源学校中学部开展德育工作评价周活动。该活动结合课题"以课堂为主渠道开展德育工作"、"树立高雅文明的教师礼仪形象"研究，以各学科为单位，要求推出 1 名非班主任教师研究课，全体教师参加培训、备课、听课、评课。该校教师 110 人参加评价活动。

（付江泓　雷锋利）

【中学部举办英语艺术节】 12 月 8 至 25 日，京源学校中学部举办首届英语艺术节。该艺术节以"创设情景，拓展空间，张扬个性，强化特色"为主题，由英语歌曲比赛、英语城、学习论坛和狂欢晚会等内容组成。该校师生 1900 人参加活动。

（付江泓　雷锋利）

北京市门头沟区 妙峰山学校

【概　况】 2003 年，北京市门头沟区妙峰山学校有教学班 34 个，其中，小学 24 个、初中 10 个。在校生 807 人，其中，小学 519 人、初中 288 人。招生 141 人，其中，小学 69 人、初中 72 人。毕业 190 人，其中，小学 75 人、初中 115 人。拥有教职工 144 人，其中，专任教师 105 人，包括本科学历 18 人、专科学历 84 人。操场面积 1200 平方米，拥有普通教室 44 个、专用教室 11 个、多功能厅 1 个、电子备课室 1 个。图书馆藏有图书 3.1 万册。学校建筑面积 6548 平方米。全年教育经费投入 427 万元，其中，国拨 413 万元、自筹 14 万元。

（李维东）

【新教学楼投入使用】 2 月 17 日，妙峰山学校新教学楼投入使用。该教学楼建筑面积 4826 平方米，地上 4 层，设有教室 35 间，配备全新课桌椅、计算机等设备。教学楼于 2002 年 11 月开工建设，总投资 800 万元。

（李维东）

【完成"非典"时期家访】 5 月，妙峰山学校完成防控"非典"时期学生家访。此次家访活动由政教处领导带领班主任，按照学生居住的自然村，保证与学生和家长面对面接触一次。该校教师 72 人参加此次家访活动，共走访 17 个自然村 452 个学生家庭。

（孙宏军）

【开办学生中考辅导点】 5 月 22 至 30 日，妙峰山学校开设学生中考辅导点。该校按照 17 个自然村分布情况，利用各村小学共设立 8 个辅导点，面向初三年级学生，开展语文、数学、英语 3 科考前辅导。该校语文、数学和英语任课教师 30 人参加辅导工作。

（陈永周）

【完成上苇甸小学接收工作】 8 月，妙峰山学校完成上苇甸小学接收工作。该校每周派出班车解决学生交通问题，全面布置学生宿舍、食堂工作，并在冬季供暖前，完成取暖设备改造。上苇甸小学建于 1959 年，是一所山区村小，全校教职工 16 人，学生 25 人。

（李维东）

【召开教科研工作研讨会】 12 月 26 日，妙峰山学校召开教育科研工作研讨会。会议通报学校教科研工作，部署近期工作要点。会议决定，成立"小班化"教学研究、山区学生学习障碍及对策研究等 6 个课题小组。该校教科研工作小组成员 48 人参加会议。

（李维东）

北京市昌平区 前锋学校

【概　况】 2003 年，北京市昌平区前锋学校有教学班 29 个，其中，小学 7 个、初中 9 个、高中 13 个。在校生 1296 人，其中，小学 256 人、初中 411 人、高中 629 人。招生 415 人，其中，小学 59 人、初中 138 人、高中 218 人。毕业 261 人，其中，小学 42 人、初中 62 人、高中 157 人。有教职工 162 人，其中，专任教师 107 人，包括高级专业技术职务教师 14 人、中级 48 人，市级骨干教师 1 人、区级骨干教师 16 人，区级学科带头人 2 人。有物化生实验室 6 个，音乐、美术、劳动、计算机、多媒体专用教室 8 个。体育场地 1.8 万平方米。图书室藏有图书 3.6 万册，订阅杂志 84 种，报刊 30 种。校园占地面积 3.59 万平方米、校舍总建筑面积 1.7 万平方米。全年教育经费投入 900 万元，其中，国拨 697 万元、自筹 203 万元。

（朱慧英）

【完成人事制度改革】 7 月 23 日，前锋学校完成人事制度改革。此次改革由人事制度改革领导小组和考评委员会主持，按照该校人事制度改革实施方案，要求参加竞聘人员通过笔试、口试方法竞聘上岗。至年底，该校职工 165 人与学校签订事业单位聘用合同书，162人签订岗位协议书。

（朱慧英）

【接待澳大利亚民间访问团】 10月9日，前锋学校接待澳大利亚民间访问团。该访问团由12人组成，他们听取学校基本情况介绍，交流中澳两国不同的教育教学理念、中学生学习思想状况，以及学生学习、生活、兴趣爱好等问题，并相互赠送礼物。

（王志明）

【与英国教育学者交流英语教学】 10月16日，前锋学校同英国基础教育学者交流英语教学。英国学者听取初中英语课和高二英语课，并与两名教师同台上课，完成两节课

点评。

（王志明　张　博）

【地理科技小组参观环保工程】 11月1日和23日，前锋学校地理科技小组参观环保工程。1日，参观昌平区污水处理厂，听取工程技术人员讲解污水处理全过程。23日，参观区环保局，听取世界环境保护工作、中国环保工作进程以及昌平区环境情况介绍，参观环保局实验室。该校地理科技小组师生76人参加活动。

（王志明）

【召开英语教学观摩会】 12月2日，前锋学校召开英语实验教学观摩会。会议观摩4名初、高中英语教师公开课，听取初中英语教研组题为《前锋学校外语教学改革实验》专题汇报。会议通报该校外语教学改革实验背景、实验过程，总结实验成果。来自昌平教师进修学校、区教委领导及部分初、高中英语教师300人参加会议。

（王志明）

中　学　教　育

【概　况】 2003年，北京市有普通中学786所，比上年减少5所。其中高级中学65所，比上年增加1所；完全中学260所，比上年增加35所；初级中学461所（含九年一贯制学校29所），比上年减少41所。初中入学新生15.6万人，毕业生18.4万人，在校生51万人，与上年持平。高中招生9.48万人，比上年增招1万人；毕业生5.1万人；在校生22.1万人，比上年增加2.7万人。教职工7.64万人，比上年增加500人，专任教师5.14万人，比上年增加900人，中学专任教师占教职工总数67%。其中，初中专任教师3.6万人，与上年基本持平，学历合格率96.34%，比上年提高1.24个百分点，大学本科学历教师占52.99%；高中专任教师1.55万人，比上年增加130人，学历合格率91.29%，比上年提高1.57个百分点。初、高中生师比均为14∶1。普通中学占地总面积2240万平方米，生均30.64平方米；校舍建筑总面积804.7万平方米，生均11平方米；实验室总面积53.87万平方米，实验室达标率87.4%。

（任　虹）

【十四中分校举办学法讲座】 1月16日，北京市第十四中学分校举办学法指导讲座。该校听取北京教育学院教授，讲述培养学习兴趣、课上集中精力、弄懂弄通例题、先复习后作业等专题。该校师生1300人参加学习。

（李宏强）

【文汇中学迁入新校舍】 1月20日，北京市文汇中学迁入新校舍。新校舍位于广渠门外忠实里，占地面积1.2万平方米，建筑面积1.37万平方米，地上六层，地下一层。除教室和办公室外，建有校园网络及VOD数字教学点播系统，建有可容纳500余人的报告厅、多功能厅、物化生实验室、美术和音乐教室以及200米跑道、3个篮球场和1个足球场。新校舍于2001年开工建设，总投资1800万元。

（肖淑春　郝洪春）

【崇文中学校长到小学听课】 3月25日，崇文区教委举办中学校长到小学听课活动。中学校长先后在培新小学、崇文小学观摩数学、语文两节示范课，听取学校夯实基础、培养学生良好学习习惯发言，研讨中小学教学管理与模式、中小学生心理与学习能力差异等问题。该区17所中学校长、中小学衔接课题组成员30人参加听课活动。

（郝洪春）

【海淀实验学校国际班开学】 3

月27日，海淀区教师进修学校附属

实验学校国际教学班开学。该教学班以汉语学习为主，同时，用朝鲜语开展学科教学，学生具备相应汉语水平后，参加学校正常班级学习。教学班共计65人，均为韩国中学生，其中，40人分别组成2个教学班，25人插班学习。

（莫树文）

【九十中建成地理天文综合教室】 3月，北京市第九十中学建成地理天文综合教室。该教室建筑面积140平方米，由听课观摩区和开放区两部分组成。听课观摩区70平方米用于学生听课、观看地理教学资料片，三面墙壁悬挂太阳系运行示意图、地球上四季与昼夜、中国地理景观、海洋资源开发与利用等挂图，正前方是多媒体中央控制台及投影屏幕。开放区70平方米陈列世界洋流演示仪、水循环演示模型、季风活动演示仪、大气环流演示仪和褶皱构造及地貌演变模型。教室于8月开工建设，总投资20万元，其中，区教委拨款12万元。

（郝洪春　郭信达）

【黄松峪中学开设路边课堂】 4月

25日至6月20日，平谷区黄松峪中学开设村头路边课堂。该课堂针对山区收不到“空中课堂”电视信号情况，由120名教师分成30个授课组，每组含语文、数学、英语教师和班主任各1人，在全乡12个自然村，纵、横18条公路边建立授课点25个，每天讲授语文、数学、英语各两节课，每节课30分钟，另外安排1小时自主活动时间。授课点由班主任负责招集学生，收发作业，负责学生考勤，学校每天派出6辆汽车接送教师、提供午餐、饮用水等。

（贾会旺　苏宝春）

【大兴组建学校教学联合体】 4月，大兴区组建学校教学联合体。该联合体由黄村二中、榆垡中学、长子营中学、青云店中学、朱庄中学和垡上中学共6所中学组成，制订共同组织条例和年度计划，明确责任和义务，不断加强校际之间联合和交流。至年底，联合体举办两次教学交流活动。

（李永奎）

【柴厂屯中学开辟田间教学点】 6

月9至27日，通州区柴厂屯中学开辟田间教学点。该校根据学生家庭居住情况，设置10个田间地头授课点，由34名教师携带自制黑板到岗授课。该校初一、初二741名学生参加学习。柴厂屯中学地处通州区最南端，“非典”时期无法收看“空中课堂”。

（勾庆祥）

【黄村八中学习阶梯式教育经验】 6月18日，大兴区黄村八中举办阶梯式教育经验交流会。会议邀请全国青少年发展研究中心教授、怀柔三中领导介绍阶梯式教育经验，要求教师加强教育科研，实现目标具体化、工作精细化、内容综合化、理念时代化和价值人格化。该校教师105人参加学习。阶梯式教育兴起于2001年4月黄村三中，主要内容是指导学生逐步养成良好学习习惯，使学习成为人的终生行为习惯。

（李金艳）

【兴达中学迁入新校址】 8月，大兴区兴达中学迁入新址。新校址位于黄村卫星城东南侧海子角东里，占地面积6.66万平方米，一期工程建成教学楼、实验楼、办公楼、礼堂、

餐厅和学生宿舍楼，建筑总面积2.3万平方米，总投入5000万元。新校每间教室配有投影仪、DVD、展台、计算机、录像机和电视机，建有物理实验室、化学实验室、生物教室、语音教室、电子阅览室、计算机室和可容纳1618人多功能礼堂，总投资200万元。该校有35个教学班，在校生1677人。

（李金艳）

【宣武实施新课改】 9月1日，宣武区初一年级实施国家基础教育课程改革实验。该实验除政治学科外，全部采用教育部新版教材。其中，数学选用华东师范大学出版社新版教材，其他学科采用人民教育出版社教材。来自22所中学16个班初中一年级新生3946人参加实验。此前，该区成立课程改革实验领导小组，完成新课程实验规划制订和教师培训。

（李　辉）

【崇文开展AAT教育测量实验】 9月8日和15日，崇文区教研中心完成首批“AAT”教育测量实验。该实验设有学生学习热情、听课方法、读书和记笔记方法以及性格和身心健康等12个方面数据指标，通过分析数据，可以客观反映新生发展状况。首批十一中和广渠门中学高一年级学生1350人参加实验。

（李振国）

【崇文中学校长观摩小班化教学】 9月25日，崇文区教委举办中学校长观摩小学小班化教学活动。此次活动中，中学校长听取区教研中心和天坛东里小学实行小班化教学经

验介绍，询问小班化教学模式、教学方法以及管理方法。16 所中学主管教学校长 20 人参加观摩。自 1996 年崇文区初中学生逐年减少。

（杨学银　郝洪春）

【黄村八中招收高中生】　9 月，大兴区黄村八中开始招收高中学生。该校首届招收高一新生 4 个教学班，共计 286 名学生。黄村八中成立于 1995 年，是初中校，8 年来，共毕业初中学生 1692 人。

（李永奎）

【三里屯一中举办40周年校庆】

10 月 12 日，朝阳区三里屯一中举办建校 40 周年庆祝活动。该校师生全部参加校庆活动。三里屯一中 1963 年建立，初名为三里屯一中，1985 年更名为北京机械工程学院附属中学，2003 年 3 月更名为朝阳区三里屯一中。

（赵　光）

【召开高中教学改革现场会】　10 月 29 日，昌平区教委召开高中教学改革现场会。会议分为听课、座谈、参观、专家点评、集中会议 5 个环节，采用自由选班方式，听取昌平一中 8 个学科教改课程共计 60 节，举办听课与授课教师座谈会，参观昌平一中教育教学设备建设成果，按照学科分为 5 个小组完成专家点评。集中会议听取昌平一中以人为本办学宗旨以及师德建设、校风建设、教师队伍建设和教改探索总体情况介绍。会议肯定一中教改意识，教师教学能力与扎实专业知识，同时指出学校应该创造教师成长环境，教师要自觉发现问题、解决问题。来自首师大 10 名教授以及昌平区高中学校教师 80 人参加会议。

（王丽梅）

【黄村二中实验构件英语教学】

11 月 9 日，大兴区黄村二中“构件英语”实验班开学。该实验班与北京智慧共享教育研究院合作举办，采用“构件英语”教学模式，应用独创“专项模块”，强化学生听、说、读、写能力。实验班首期招收高一年级 200 人。

（李金艳　孙继春）

【平谷中学分校实验研究型学习】

11 月 17 日，平谷中学分校实验研究型学习课堂教学。该实验以“学习他人，而不照搬他人”为原则，要求课堂教学中实现优化教学全过程，形成师生互动，促使学生主动发展；优化教学手段和方法，提倡启发式、探究式，利用多媒体网络和计算机辅助教学；优化教学环境，创建民主、和谐教学关系。该校 10 个教学班 420 名学生参加实验。

（邢春艳）

【丰台改革学校教学绩效评价方法】　12 月 23 日，丰台区教委改革学校教学绩效评价方法。新方法以校本管理效果为原则，突出自比成绩权重，重点奖励自比成绩提高的学校。其中，初中校以每年中考成绩作为基础，引入自比成绩提高率，强调学校对学生加工效果；高中校以两年高考平均上线率为基础，突出高考上线自比率，以本校上线率与前两年情况自比，奖励重点大学、普通本科上线成绩提高的学校。新方法避免由于学校生源人口不等，教学绩效不易区分的困难。

（富汉生）

示范性普通高中（部分）

北京市第二中学

【概　况】　2003 年，北京市第二中学开设教学班 58 个，其中，初中 26 个、高中 32 个。在校生 3190 人，其中，初中 1430 人、高中 1760 人。招生 1047 人，其中，初中 468 人、高中 579 人。毕业 857 人，其中，初中 433 人、高中 424 人。高中录取分数线（本区）362 分，应届高考录取率 100%。教职工 267 人，其中，专任教师 192 人，包括高级专业技术职务 45 人、特级教师 4 人。物化生实验室和专用教室 18 个。体育场地 7432 平方米。图书馆藏书 10 万册。校园占地面积 2.9 万平方米、建筑面积 2.38 万平方米。全年教育经费投入 1640.06 万元，其中，国拨 838.67 万元、自筹 801.39 万元。

（钮小桦）

【举办关注新课改专题讲座】　3 月

18日，二中举办国家基础教育课程改革实验专题讲座。该讲座听取教科院研究人员题为《关注课程，关注教学》专题报告，论述新课程改革中若干问题，研讨课程方案、教学（课程实施）、课程评价的看法与认识，并介绍探究式、研究性、讨论式、小组学习和合作学习、体验式、实践活动、讲授式（先行组织者）教学模式要点。讲座强调，努力消除课程制度与教学实际隔离关键在于教师，教学是一种个体色彩技艺，教师要努力形成个人教学风格和教学艺术。该校教职工459人参加学习。

（李　震）

【评选优秀青年教工】　3月，二中开展优秀青年教工评选活动。该评选采用各教研组和处室推荐、校内民意测验等程序，设立政治思想、工作态度、教育思想、进修与教研、协作5个方面指标，采用教育教学管理演讲、青年教师评优课，并完成原创试题方法。该校88名教师参加评选，其中，48人当选。二中自1988年每年表彰优秀青年教师，1992年增设“青蓝杯”，1996年改为两年表彰一次，15年共表彰优秀青年教职工255人次，24人次获得“青蓝杯”奖励。

（秦晓芳）

【95％考生达到重点高校提档线】
7月，二中高考再次取得好成绩。该校本年共有291人参加高考，95％考生达到重点高校提档线，100％达到本科提档线。其中，28人考入北大、19人考入清华。

（钮小桦）

【实施导师带教制度】　9月9日，二中召开新学年教师拜师会。会议共有35对师徒签约结对，导师中有老教师和取得成绩青年教师。二中自1992年创建导师带教制度，共有281对师徒。

（李　震）

【召开入选示范高中庆祝会】　11月22日，二中召开入选示范高中庆祝会。会议宣读市教委批准入选示范

高中文件，表彰市、区级优秀班主任和省、市级学生学科竞赛首席指导教师和有突出贡献教师，并举办文艺演出。东城区政府、区教委领导和该校师生956人参加会议。

（李　震　朱世云）

【接待联合国体育顾问】　11月

6日，二中接待联合国体育和发展顾问阿道夫·奥吉。瑞士客人观看学生课间操，发表题为《体育活动是维护世界和平的一项重要形式》专题演讲，现场回答学生有关体育交流问题。奥吉是原瑞士联邦主席，曾访问二中。

（李　震　朱世云）

北京市第四中学

【概　况】　2003年，北京市第四中学有高中教学班31个。在校生1475人、招生490人、毕业488人。高中录取分数线（本区）342分。学生来自15个区县131所学校。教职工在册175人，在岗147人，其中，专任教师108人，包括高级教师38人（含特级教师2人），一级教师51人；35岁以下青年教师占全校教师70％。全年共接待外宾17批177人，内宾58批1262人；师生出访7批64人次。主要交流国家有美国、英国和韩国等。有物化生实验室13个，有音乐、美术和计算机等专用教室9个。体育场地面积1.5万平方米。图书馆藏书12万册。校园占地面积4.3万平方米、建筑面积3.6万平方米。全年教育经费投入2326万元，其中，国拨1422万元（包括440万专项拨款）、自筹904万元。

（黄汉文）

【高考上线率97.72％】　7月，四中高考上线率97.72％。本年毕业488人，参加高考482人，其中，文科考生79人、理科考生403人，达到高考提档线471人。重点大学上线率94.2％，434人被第一批院校录取，135人考入清华、北大。

（黄汉文）

【学生合唱团赴港澳台演出】　2月5至18日，四中合唱团赴港澳台友好学校演出。该校合唱团由5名教师和25名学生组成，分别在香港、澳门和台湾演唱《美丽的草原我的家》、《半个月亮爬上来》和《同一首歌》等歌曲。该校合唱团于1993年成立，10年来共培养学生600人，2002年获得北京市第八届中小学合唱节一等奖。

（黄汉文）

【接待英国哈罗中学足球队】　4月7日，四中接待英国伦敦哈罗中学足球队。该足球队由师生17人组成，双方举办友谊比赛。哈罗中学是英国贵族学校，有400年历史，200年足球历史，有7名英国首相在该校毕业。

（黄汉文）

【生物学实验室投入使用】　12月26日，四中现代生物学实验室投入使用。该实验室集植物细胞培养、动物细胞培养和分子生物学研究于一体，建筑面积160平方米，可以承担细胞水平和分子水平课题研究，承担学生研究型学习教学任务。实验室4月开工建设，总投资45万元。

（黄汉文）

【举办新年文艺汇演】　12月30

日，四中举办新年文艺汇演。汇演采用师生自编、自演的形式，先后演出声乐、器乐和舞蹈等文艺节目，表达师生体验四中精神、展示四中风采和憧憬明日理想等主题。该校师生和部分校友及家长共1800人参加活动。该校新年文艺演出开始于1997年。

（黄汉文）

北京市第八中学

【概　况】 2003年，北京市第八中学有教学班56个，其中，超常儿童实验班2个、初中26个、高中28个。在校生2207人，初中1143人、高中1064人。毕业734人，其中，初中397人、高中337人。招生770人，其中，初中329人、高中441人。高中录取分数线（本区）333分。高考录取率100%。教职工281人，其中，专任教师160人，包括特级教师5人，高级教师50人，学科带头人18人。科技实验楼设有小天文台、生物技术中心、物化生实验室、电化教室、计算机房和心理健康服务中心。图书馆藏有图书6.35万册，电子图书藏有量3万册。学校占地面积3.49万平方米、校舍建筑总面积4.4万平方米，其中，教学、科技实验楼1.39万平方米。全年教育经费投入1570万元。

（张　挥）

【教学顾问团成立】 2月20日，八中教学顾问团成立。顾问团由语文、数学、物理、化学、生物、地理、历史和政治8个学科8名特级教师组成，主要承担研究提高教育教学质量途径、方法，制订教学计划，促进学校可持续发展等任务。

（吴　伟　张　挥）

【召开学生科技创新活动汇报会】 4月4日，八中召开学生科技创新活动阶段汇报会。会议听取7个组别共计13名学生研究课题阶段成果

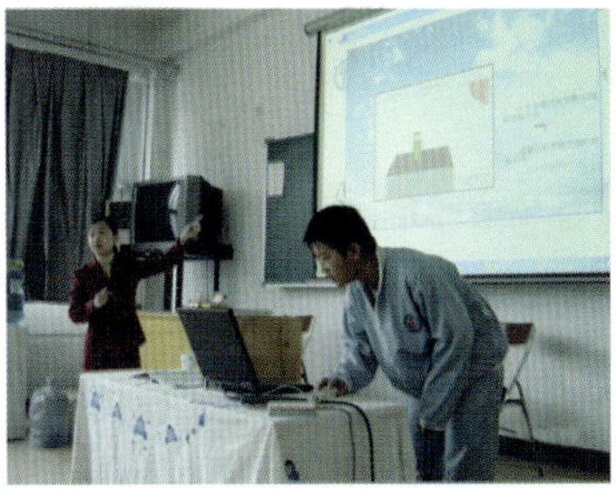

汇报，涉及“耐盐芦苇愈伤组织的悬浮培养”、“植物抗性生理研究——渗透胁迫下加拿大冰草体内保护酶系统的影响”等共计10个课题。会议充分肯定学生研究成果和学校教学实验成绩。来自中科院、首师大教授参加会议。本年，八中植物克隆俱乐部17名会员与9名研究型学习学生承担国家实验课题，3个课题组完成10个子课题第一轮实验研究。

（张　挥）

【举办第10届少儿班招生考试】 7月13日，八中举办第10届少儿班招生考试。该考试设立34个考场，分语文、数学和思维3个项目，46名少儿班毕业生担任引导员。来自全市1400名四年级小学生参加考试。八中少儿班创办于1985年，18年来共培养学生268人。

（张　挥）

【举办社区家庭教育讲座】 8月23日，八中举办社区家庭教育专题讲座。该讲座以《智力超常儿童教育与培养》为题，系统介绍什么是超常儿童，超常儿童测试方法以及对超常儿童的教育与培养等问题。来自西城区社区100名家长、少年儿童参加学习。

（张　挥）

【天文俱乐部举办观测活动】 9月10日，八中天文俱乐部举办观测活动。该活动利用学校天文观测台天文望远镜，观测“火星大冲”天文现象，并完成观测记录等科研活动。该校师生130人参加活动。八中天文俱乐部2001年成立，拥有小组骨干成员12人。

（张　挥）

北京师范大学附属实验中学

【概　况】 2003年，北京师范大学附属实验中学有教学班67个，包括高中三年制全国理科实验班。在校生1713人，包括理科实验班41人。招生589人、毕业346人。高中录取分数线（本区）335分，应届高考录取率100%。教职工256人，其中，专任教师193人，包括特级教师4人、高级教师73人。运动场（馆）面积1.2万平方米。拥有计算机630台。图书馆藏书15.1万册，期刊450种，报纸50种，电子图书600片，有2个电子阅览室，可供110人同时上网阅览。校园占地面积3万平方米、建筑面积4.28万平方米。全年教育经费投入1256万元，其中，国拨667万元、自筹589万元，另有专项款1500万元用于购置教学设备及校舍的维修。

（李　军）

【举办做文明现代人开学典礼】 2月16日，北师大实验中学举办“做文明的现代人”开学典礼。该典礼听取关于“文明”具体含义报告，要求学生举止文明、交往文明、学习文明，部署环境文明、学习文明建设工作任务，表彰上学期46个先进、特色班班集体。该校师生3000人参加典礼。

（李　军）

【举办寒假社会实践活动】 1至2月，北师大实验中学举办寒假社会实践活动。该活动以“走入社会、走进家庭、了解奥运、了解北京、介绍奥运、介绍北京”为主题，举办参观访问、教家人学英语、清除小广告和健身运动等活动，要求学生通过摄影、书画和考察报告等形式，展现新北京、城铁、社区、奥运场馆蓝图、“科技奥运，绿色奥运、人文奥运”感受。该校初一、二和高一、二年级学生846人参加活动，提交各种作品762件。

（陈　晨）

【召开德育工作研讨会】 2月14日，北师大实验中学召开德育工作研讨会。会议以“新时期中学生心理健康教育”为主题，听取学校关于做好学生心理健康工作的必要性、重要性以及班主任工作的责任和要求，听取首经贸大教授、北京卫生学校教师题为《在教育活动中与学生共同成长》、《班主任自身心理健康的调试》专题讲座，采用讲解、讨论相结合形式，阐述心理健康不同状态、自我保健，强调班主任不但要有敬业精神，还必须重视自身心理保健，提出积极地、无条件地关注每一名学生，从把握学生情绪状态入手，了解学生心理需要，赏罚是教育的必要手段，但要慎重使用等观点。该校班主任、年级组长共计76人参加会议。

（李　军）

【召开国际交流活动座谈会】 3月6日，北师大实验中学召开寒假国际交流活动座谈会。会议听取前往欧洲六国、澳大利亚、新加坡和美国开展文化教育交流30名师生，讲述所见所闻、中外学生差异、住在外国学生家庭感受和对祖国的感情。

（文　璐　李　军）

【表达与交流课题结题】 3月14日和21日，北师大实验中学“表达与交流”课题通过鉴定。该鉴定在16间教室同时举办，来自北师大、中央教科所、区教委等单位30人观摩结题课程，肯定该校在实验组织、管理和学生创新实践能力提高等成绩。该课题于2002年9月立项，该校14个教研组78名教师和高一年级629名学生参加研究，采用师生培训校本化、网络课程管理等方法，取得课题研究类（含实验类）、项目活动设计类140项学生课题成果。

（任维兵）

【建成专用机器人教学教室】 8月22日，北师大实验中学建成专用机器人教学教室。该教室建筑面积100平方米，设有奔腾4计算机、“能力风暴”机器人和液晶显示器等设备。教室8月开工建设，总投资50万元。

（王新新）

【召开毕业年级研讨会】 9月14日，北师大实验中学召开毕业年级教育教学研讨会。会议听取毕业年级20名教师教育教学工作总结发言，高度评价毕业年级教师敬业精神和工作热情。该校高三、初三年级教师参加会议。本年该校中考成绩名列西城区总分第一，数学、英语单科分数第一；高考成绩居西城区理科总分第二和文科总分第四，文科英语单科成绩第一，理科重点本科上线率居西城区第一。

（李　军）

【开展生物课教学参观实验】 10月10日，北师大实验中学开展生物课程教学参观实验。该实验参观麋鹿苑，观摩麋鹿生活习性，听取珍稀物种麋鹿从200万年前保留至今故事；参观动物灭绝碑林，增加学生关注地球、保护环境紧迫感；举办刨花生劳动。该校初二年级学生400人参加实验。

（李　军）

【举办软陶创作公开课】 10月20日，北师大实验中学举办软陶创作公开课。该课程利用软陶创作，体现新课改教学思想、理念。来自西城区有关教师10人参加观摩活动。本学年北师大实验中学在劳技课开设软陶制作课程实验，该校学生150人参加实验。

（李　军）

【举办《青年毛泽东》读书座谈会】 11月28日，北师大实验中学举办《青年毛泽东》读书座谈会。会议听取领导、专家和部分革命先辈子女关于革命先辈奋斗业绩，从不同角度阐述对毛泽东一生及其精神的理解，阅读《青年毛泽东》感想，毛新宇回答学生提出的“如何评价毛泽东，毛泽东对你的人生有什么影响”等问题。来自民政部有关人员、毛新宇及部分校友200人参加会议。

（李　军）

北京师范大学第二附属中学

【概　况】 2003年，北京师范大学第二附属中学有在校生1670人、招生634人、毕业334人。应届高考录取率100%，重点本科上线率91%。教职工236人，其中，特级、高级教师71人，国家级中青年骨干教师4人、市级中青年骨干教师10人，区级学科带头人13人。科学楼设有化学实验室8个、物理实验室4个、生物实验室2个、多媒体教室3个。设有音乐教室、演播室、多功能阶梯教室、“三色帆”学生电视台、广播站、天文观象台。本年接待外宾12批次211人，分别来自日本、新加坡和芬兰等6个国家。师生出访9批29人，分别到美国、法国和德国等5个国家和地区。图书馆、资料室藏书10万余册，报刊50余种、杂志300余种。学校占地面积3.41万平方米，建筑面积6.3万平方米，绿化面积8000平方米。全年教育经费投入2009万元，其中，国拨403万元、自筹1606万元。

（姚雪莹）

【与圣彼得堡六五二中合作办学】 1月20日，北师大二附中与俄罗斯圣彼得堡市第六五二中学签订友好协议。依据协议，双方开展教育、文化等方面交流合作。彼得堡六五二中是中文学校。

（姚雪莹）

【庆祝建校50周年】 9月20日，北师大二附中召开建校50周年庆祝会议。会议听取学校50年发展历程报告，宣读吴邦国贺信、许嘉璐贺诗和市教委贺信，听取许嘉璐和中外学校代表、校友代表及师生代表发言。来自教育部、市委、市政府、北师大领导，美国、日本和新加坡等国友好学校负责人，校友代表及部分师生代表共1000人参加会议。配合校庆，学校还举办书法家笔会、校史展览，学生50年校庆设计评比等活动。北师大二附中建于1953年，50年来，共培养初、高中毕业生2万余人。

（姚雪莹　刘长旭）

【举办挑战自我专题讲座】　11月17日，北师大二附中举办挑战自我专题讲座。该讲座听取丝绸之路探险队队员作题为《挑战自我，创造成功——罗布泊探险事迹》报告，以自己传奇经历、生动事例诠释生命意义、人生价值和拼搏乐趣，论证如何以良好心态应对困难、压力挫折和坎坷。该校学生720人参加学习。

（姚雪莹）

【召开数学与现代技术整合研讨会】　12月3日，北师大二附中召开现代教育技术与中学数学教学整合研讨会。会议推出9名教师研究课，探索难点突破、重点突出、知识系统等问题，其中，高一年级研究函数解析式中含有字母参数问题，围绕字母系数变化，利用图形计算器揭示其内在规律；高二年级以“圆锥曲线”为知识载体，利用现代教育技术，鼓励学生自主探索，大胆实践，再回归理论证明。会议由人民教育出版社、教科院联合主办，来自50所学校100名专家、学者参加会议。北师大二附中是国家级实验课题“现代教育技术与数学教学整合”实验学校。

（姚雪莹）

北京汇文中学

【概　况】　2003年，北京汇文中学有教学班35个。在校生1534人，招生520人，毕业430人。高中录取分数线（本区）335分，高考升学率99.5%。有教职工161人，其中，专任教师105人，特级教师2人，中学高级教师49人，中学一级教师58人，中高级专业技术职务以上教师占教职工总数67.7%，享受政府特殊津贴1人，市级骨干教师4人。有专用教室24个。图书馆藏书12万册，各类报纸37种，杂志241种。校园占地面积3.72万平方米。全年教育经费投入1766万元，其中，国拨761万元、自筹1005万元。

（王存良　崔亚兰）

【编写对外汉语教学校本教材】　9月，汇文中学汇文语言文化学校完成对外汉语教学校本教材编写工作。该教材贴近学生实际需要、认知过程和语言水平，重点解决外籍学生学习汉语过程中的难点。教材编写工作始于2002年，全套教材共计44.8万字。

（崔亚兰）

【举办外籍学生社会实践演讲会】

10月13日，汇文中学汇文语言文化学校举办外籍学生社会实践汇报会。会议听取来自5个国家10名外籍学生专题演讲，讲述他们暑期社会实践活动中所见所闻和感受。自1994年，汇文中学每年举办外籍学生暑期实践活动。

（崔亚兰）

【建成AMD64位技术网络教室】

10月28日，汇文中学建成AMD64位技术网络教室。该教室与中基超威信息技术有限公司合作建成，公司提供1台应用AMD64位技术服务器、16台优惠价格AMD牌计算机。该计算机具有能够提供更多的Web访问能力，在频率相同、配置相同的情况下，具有更强的数据处理能力和更高的速度等功能。这是中国第一家应用AMD64位技术多媒体网络教室。

（崔亚兰）

【探索新课标实施方式】　11月9日，汇文中学举办全国基础教育全日制义务教育课程标准实验，实施方式教学研究活动。该活动以“实施高中新课程计划，探索科学、多样的教学方式”为主题，听取不同学科8名教师讲授式授课、软件实验课、网络教学课和体育舞蹈课，介绍探索新课标实施方式。教科院、北师大以及其他学校教师200人参加活动。

（崔亚兰）

北京市八一中学

【概　况】　2003年，北京市八一中学开设教学班74个，其中，初中45个、高中29个。招生1164人，其中，初中663人、高中501人。毕业981人，其中，初中691人、高中290人。在校生3214人，其中，初中1978人、高中1236人。高中录取分数线（本区）307分，应届高考录取率98%。教职工283人，其中，专任教师195人，高级专业技术职务教师47人，特级教师1人。物化生实验室和各种专用教室29个。体育场地1.9万平方米。图书馆藏书11万册。学校占地面积13.2万平方米，建筑面积5.68万平方米。全年教育经费投入3325.72万元，其中，国拨2658.70万元、自筹667.02万元。

（左秋洁）

【高中部多媒体教室改造完成】　3月1日，八一中学完成高中部多媒体教室改造工程。该工程包括教室改造和设备安装两个部分，共计改造教室22间，安装多媒体操作平台、投影仪和计算机等设备22套和1间教室1套。工程于1月19日开工建设，总投资88万元。

（韩　玉）

【举办植树活动】 3月21日，八一

中学举办植树活动。在京郊大兴区，师生共同种植350棵小树，并将其命名为“八一中学少年先锋林”。该校初二年级全体师生420人参加植树活动。3月21日是世界森林日。

（李　敏）

【开展研究型学习指导课程实验】 9月2日，八一中学开展研究型学习指导课程实验。该实验第一阶段由教师讲解研究型学习所必备基本技能和研究流程，第二阶段由学生自主参与研究型学习课程，要求学生在确定研究课题后，通过媒体、网络和书刊等渠道，收集信息加以处理筛选，开展社会调研和实验研究，并选用合适研究方法，得出结论。该校高一年级共计12个教学班500名学生参加实验。

（宋　玉）

【召开新课改现场研讨会】 9月16日，八一中学召开国家基础教育课程改革实验现场研讨会。会议推出地理《地球的公转》示范课，采用学习小组形式，开展探究型学习，利用教师给予的学习空间，相互合作，自己创制模型、展示自制课件。来自海淀区教师进修学校全体地理教师105人参加会议。

（张华生）

【开设语文口语训练校本课程】 9至12月，八一中学开设语文口语训练校本课程。该课程包括普通话语音训练、心理素质训练和思维训练，利用多媒体，采用讲练结合方法，注重课内外衔接与扩展，创造机会开展能力迁移训练。课程先后举办两次“清雨秋韵”、“莹雪冬韵”古诗词与现当代诗歌朗诵会，以及多场辩论会。该校高二年级学生373人参加学习。

（韩　玉）

【开展学生主体实践活动】 9至12

月，八一中学开展学生主体实践活动。该活动以学生发展需要为中心，以学生为主体，由学生自己设计活动内容，自己组织、自愿参与，并建立自我评价和激励机制，先后举办军事训练营、特色教学活动，学生自发开展课外活动、文艺演出、体育活动、野外实践活动和各种比赛。该校初一年级650名学生参加活动。

（卢通生）

北京一零一中学

【概　况】 2003年，北京一零一中学开设教学班56个，其中，初中24个、高中32个。招生770人，其中，初中320人、高中450人。毕业448人，全部为高中生。在校生2180人，其中，初中560人、高中1620人。高中录取分数线（本区）313分，高考录取率100%。教职工521人，其中，专任教师132人，高级专业技术职务76人，特级教师7人。物化生实验室和各种专用教室30个。体育场地3万平方米。图书馆藏书11万册。学校占地面积20万平方米，建筑面积4.5万平方米。全年教育经费投入3530万元，其中，国拨1156万元、自筹2374万元。

（范　玮）

【成立竞技体育运动学校】 5月6日，一零一中竞技体育运动学校成立。该学校由海淀区教委和海淀区体育局联合创办，一零一中承办，采用插班教学方法，面向全市招收体育特长生，体育局负责学生体育训练，一零一中负责学习文化知识。首期20名学生进入初一各班学习。

（王力鹏）

【高考取得好成绩】 6月，一零一中高考取得好成绩。该校学生438人参加高考，430人达到本科录取分数线，其中，理科本科上线率99.68%，文科本科上线率98%。总分600分以上22人。

（范　玮）

【召开新课改经验交流会】 7月16日，一零一中召开国家基础教育课程改革实验教学经验交流会。会议听取数学、语文和外语等10个学科教师，关于新课程下的课堂教学、新课程标准、课堂教学模式、学生学习方式、评价方式、多媒体教学手段、综合实践课、选修课和情感教育等汇报，交流更新教学理念、新教学方式、教学行为以及新课改应对策略。来自3所学校教师80人参加会议，共提交论文40篇。

（平亚茹）

【金帆乐团举办成立15周年演出】 12月18至20日，一零一中金帆交响乐团举办成立15周年音乐会。该音乐会分别在北大百年讲堂、国家图书馆和北体大举办3场专场音乐会，演出《自由射手》、《罗马狂想曲》和《春之声圆舞曲》等曲目。

（范　玮）

清华大学附属中学

【概　况】 2003年，清华大学附属中学开设教学班84个，其中，初中37个、高中47个。在校生3541人，其中，初中1665人、高中1876人。招生1226人，其中，初中574人、高中652人。毕业1054人，其中，初中491人、高中563人。高中录取分数线（本区）314分。教职工324人，

其中，专任教师236人，高级专业技术职务教师110人，特级教师13人。设有物化生实验室和计算机、语音和音乐等专用教室40个。所有计算机通过光纤连入清华大学网进入国际互联网。教职工全部配备计算机，实现无纸化办公。有教学楼、实验楼、图书馆、学生宿舍楼、食堂、八条跑道标准田径运动场及各种球类运动场，体育场地999平方米。图书馆藏书10万册。学校占地面积8万平方米，建筑面积5万平方米。全年教育经费投入3000万元，其中，国拨2000万元、自筹1000万元。

（孙秀荣）

【接待美国理发师合唱团】 3月14

日，清华附中接待美国理发师合唱团。合唱团由12名演员组成，他们演唱代表作品，并用中文演唱《茉莉花》、《康定情歌》等歌曲，讲授理发师合唱常用结尾。该校合唱团师生200人参加交流活动。美国理发师合唱团由业余合唱爱好者组成，理发师是一种合唱风格和形式，主要采用男声无伴奏合唱和女声无伴奏合唱两种形式。

（高　岷）

【举办学生校长助理竞选】 3月20日，清华附中举办学生校长助理竞选活动。该竞选由评委主持，每个年级挑选5人参加竞选演说。来自各年级20名学生参加竞选演讲，其中，2人当选。学生校长助理是学生参与日常管理，提出学校建设合理化建议的“绿色通道”。

（高　岷）

【举办第十届小论文宣讲比赛】 4月3日，清华附中举办第十届学生小论文宣讲比赛。该比赛邀请林科院、人大和理工大教授担任评委，来自高一年级学生526篇小论文参加比赛，其中，5篇获得综合最佳奖。

（高　岷）

【接待新疆米泉一中访问团】 7月17日，清华附中接待新疆米泉第一中学访问团。该访问团由师生39人组成，在清华附中，他们分别观摩初一和初二年级英语、数学和生物课程。学生间举办联欢活动，教师间交流学生教育问题。

（高　岷）

【召开班主任工作研讨会】 9月14日，清华附中召开班主任工作研讨会。会议听取北师大心理学教师题为《班级工作中的冲突管理》专题报告，结合具体案例，论述师生冲突类型产生原因、解决方法和策略，听取初中和高中两名班主任工作体会和感想介绍。该校领导及全体班主任103人参加会议。

（高　岷）

【接待台湾中小学教育交流团】 9

月22日，清华附中接待台湾中小学教育交流团。该交流团由台湾10所中小学校长和家长委员会成员25人组成，听取该校办学传统、办学特色以及办学理念、学校管理、教师队伍和学生素质等情况介绍，研讨有关问题，并参观标准运动场、餐厅、图书馆、课堂教学和校史展。

（高　岷）

【举办社会实践活动】 9月21至28日，清华附中举办社会实践活动。该活动在中国科学院原子能科学研究所开展收玉米、拾红薯、翻地等学农劳动，并参观原子能研究所钱三强等老一辈科学家塑像及原子反应堆设备，听取题为《核能与环境保护》专题报告，分别与当地子弟中学、武警部队战士举办篮球比赛。该校高二年级700名师生参加劳动。清华附中学农社会实践是该校德育特色活动之一。

（高　岷）

【举办“五子棋”专题讲座】 12月4日，清华附中举办“五子棋”专题讲座。该讲座由国际连珠联盟（RIF）亚洲委员会副主席那威，讲授“五子棋”基础知识和技法，现场举办“五子棋”对弈，并向参加对弈学生赠送书籍。该校师生3008人参加学习。那威是五子棋九段棋手、第一届连珠“亚洲杯”执行主席、著名节目主持人。

（高　岷）

首都师范大学附属中学

【概　况】 2003年，首都师范大学附属中学有34个教学班，其中，普通高中班28个、创新实验班6个。在校生1620人，其中，普通班1339人、实验班281人。有外国留学生91人。普通高中班招生45人，实验班招生90人。高中录取分数线（本区）316分。高考升学率100%。有教职工183人，其中，专任教师102人，特级教师11人，参加国家级骨干教师培训3人、市级骨干教师3人，享受政府特殊津贴2人，高级教师61人，有硕士学位教师17人，在读硕士生9人，研究生课程班结业58人。图书馆藏书7万册。学校占地面积3.31万平方米，建筑面积3.45万平方米。全年教育经费投入2078万元，其中，国拨1403万元、自筹675万元。

（杜　颖）

【组织教师假期出国培训】 1月，首师大附中利用寒假组织英语教师出国培训。该培训赴加拿大学习英语教法和口语两门课程，学习1个月，修业期满，获得由国际英语语言学院颁发第二语言课堂教法合格证。该校教师16人参加学习，全部合格。

（杜　颖）

【召开爱心奉献教育会】 6月16日，首师大附中召开"爱在你身边"爱心奉献教育会。会议欢迎被"非典"夺去父母的该校高二年级学生高佳亮，战胜"非典"重返校园。会议听取教职工、学生和团委会代表，以及高佳亮父母单位领导发言，表达对高佳亮祝福和关怀。会议宣布该校出资2万元建立"爱心助学基金"，并决定将第一笔基金资助高佳亮。该校师生共计1380人参加教育活动。

（杜　颖）

【召开新课改阶段总结会】 9月，首师大附中召开国家基础教育课程改革实验阶段总结会。会议推出化学《可燃物燃烧条件的探究》示范课，总结课改一年来的变化，会议认为新课程理念得到更多教师认同并付诸实践，学生逐渐改变被动接受学习局面而形成自主学习、合作学习和探究学习的学习方式，教学方式更加灵活多样，师生之间共同学习、平等交流关系形成，教师更加注重学生在课堂教学中参与等工作成绩。该校参加新课改教师120人参加会议。

（杜　颖）

【天文社完成太阳系九大行星观测】 10月15日，首师大附中天文社成员完成太阳系九大行星观测。该观测利用首师大天文馆，在首师大两名教师讲解和指导下，观测火星及其卫星、天王星和月球，了解记载太阳系九大行星相关天文特征。同时，参观天文教室，学习望远镜全程跟踪系统调试，并观看望远镜全程控制系统操作。天文社成员30人参加活动。该校天文社成立于9月12日，有指导教师2人，学员28人。

（杜　颖）

【慰问毕业生李思睿亲属】 11月28日，首师大附中慰问毕业生李思睿亲属。该活动与市委教育工委、市教委领导共同举办，向亲属捐赠3000元。李思睿是首师大附中2000届初中毕业生，本年前往莫斯科人民友谊大学学习，在11月24日火灾中不幸身亡。

（杜　颖）

【完成全员聘用合同制改革】 12月底，首师大附中完成全员聘用合同制。该改革按照全员聘用合同制实施办法、全员聘用制度改革方案，学校与全体教职工签订《北京市事业单位聘用合同书》，确定聘用关系，明确双方权利和义务。市编办核定编制数额，按照精简效能原则，确定岗位及工资待遇。该校教职工183人参加改革，全部聘任上岗。

（杜　颖）

北京大学附属中学

【概　况】 2003年，北京大学附属中学开设教学班59个，其中，初中11个、高中48个。招生883人，其中，初中177人、高中706人。毕业435人，全部为高中生。在校生2661人，其中，初中509人、高中2152人。高中录取分数线（本区）318分，高考录取率100%。拥有专任教师185人，包括高级专业技术职务102人，特级教师14人，全国先进教育工作者6人，全国优秀教师2人。物化生实验室和各种专用教室84个。300米塑胶跑道1个，塑胶篮球场1个，体育馆1个。图书馆藏书15万册，全部实现计算机管理。学校占地面积4.66万平方米，建筑面积4.41万平方米。

（陈廷礼）

【完成白头叶猴地理种群调研】 1月14至19日，北大附中完成白头叶猴地理种群调研。调研组在广西崇左弄官白头叶猴生态公园，完成白头叶猴生活习性和环境观察，听取白头叶猴社会以及保护动物学专题知识讲座，呼吁人们行动起来，改变日益恶化的环境，保护白头叶猴种群。该校师生9人参加调研。白头叶猴是国家一级保护动物，世界上惟一由中国人发现并命名的灵长类动物。广西崇左弄官白头叶猴生态公园生活着世界上最大的白头叶猴地理种群，共有25群250只。

（宋亚甫）

【出访法国德比西中学】 1月17日至2月1日，北大附中组团出访法国巴黎德比西中学。访问团由23名师生组成，在德比西中学，访问团同法国师生共同上课、参加各种教学活动，并住在法国学生家中，体验法国家居生活。访问团还参观游览巴黎风景名胜。1996年，北大附中与德比西中学建立友好关系，双方每年互访一次。

（宋亚甫）

【组团出访台湾3所中学】 1月24至30日，北大附中教师组团出访台湾。访问团走访台南六信高级中学、台中东海大学附中和台北台湾师范大学附中，举办中等教育座谈交流，听取关于"港澳台统一会考"专题讲座。此次出访应台南市六信中学邀请，该校教师6人参加活动。

（宋亚甫）

【管乐团出访欧洲】 2月3至15日，北大附中管乐团出访欧洲交流演出。管乐团由师生40人组成，走访意大利、梵蒂冈、奥地利和德国4个国家。在德国汉堡市，管乐团在市政厅、中国驻汉堡总领事馆、玛琳坳中学和克斯迪安内文中学举办4次专场演出，并受到汉堡市市长、中国驻汉堡总领事馆领事接见。

（宋亚甫）

【聘请常年法律顾问】 7月18日，北大附中常年法律顾问聘任协议签字。根据协议，北大附中聘任2名律师为常年法律顾问，2名律师负责学校对外合作办学、校办产业经营、附属公司管理等涉及法律问题，聘期1年。

（宋亚甫）

【接待芬兰罗素高中访问团】 10月21至23日，北大附中接待芬兰罗素高中访问团。该访问团由师生6人组成，两校师生共同上课、参加教学活动、参观名胜古迹，共同观看北大附中舞蹈团和管乐团演出。北大附中和罗素高中均为“中芬高中合作项目”学校。

（陈廷礼）

【举办动物保护教育活动】 10月20日至11月3日，北大附中举办动物保护教育活动。该活动由生化教研室和根与芽小组联合主办，先后举办科普报告和外国专家系列生物知识讲座等，并观看科学录像。活动中，根与芽小组学生发表拯救大黑熊演讲，号召全体学生行动起来，为爱护自然、保护动物做出贡献。该校师生620人参加活动。

（宋亚甫）

北京市第十二中学

【概　况】 2003年，北京市第十二中学有教学班33个。在校生1327人，招生643人，毕业生449人。高中录取分数线（本区）318分，应届高考录取率100%，重点大学上线率81%。教职工140人，专任教师96人，包括高级教师51人，特级教师（含退休）5人，市区级青年骨干教师19人。有物化生实验室和各种专用教室30个。设有标准400米塑胶跑道运动场，标准短池游泳馆、篮球馆。图书馆藏书9.2万余册。校园占地面积5.27万平方米，建筑面积[illegible].06万平方米。全年教育经费投入949万元，其中，国拨435万元、自筹514万元。

（郝景元）

【健身中心投入使用】 4月28日，十二中健身中心投入使用。该中心占地面积400平方米，建筑面积520平方米，设有乒乓球台12个、台球案2个，以及各种健身器械20件。该中心1999年3月开工建设，与主楼连在一起总投资1.7亿元。

（郝景元）

【举办人生专题交流会】 12月4日，

十二中举办人生专题交流会。该交流会采用访谈形式，邀请原体操运动员桑兰，以《如何走过人生关槛儿》为题，结合桑兰经历，交流人生成功、失意，以及再创辉煌等经历心得、体会。该校高二年级师生600人参加会议。

（郝景元）

【开展对外交流】 至年底，十二中接待7批次境外代表团。分别来自美国、加拿大、泰国等，共230人次。该校是联合国教科文俱乐部组织成员，主要交往国家有美国、日本和澳大利亚等。本年该校第五次接待澳大利亚和马来西亚短期留学生。5名学生参加国际交流团（项目）文化（AFS）派出项目，分别到俄罗斯、捷克、意大利、德国、阿根廷学习1年。该校有聘请外国文教专家资格，本年1名英籍教师在校任教。

（郝景元）

北京市第九中学

【概　况】 2003年，北京市第九中学开设教学班30个，全部为高中班。在校生1351人，招生450人，毕业398人。高中录取分数线（本区）313分，应届高考升学率95%。教职工168人，其中，专任教师86人，包括高级专业技术职务教师37人。物化生实验室和各种专用教室21个，体育场地2.1万平方米，其中，体育馆4545平方米。图书馆藏书9.6万册。学校占地面积5.67万平方米，建筑面积2.6万平方米。全年教育经费投入国拨1355.04万元、自筹549.03万元。

（乔慧莲）

【选派教师赴云南讲学】 2月，九中选派教师赴云南讲学。该讲学团由高三骨干教师12人组成，在大理市，他们举办“3+x”高考应对策略专题讲座，并与3所中学建立友好交流关系。

（乔慧莲）

【开设科学探索课程】 9月1日，九中开设研究型学习科学探索课程。该课程形式类似选修课，立项课题要求涉及面广、实践性强，研究主体是学生，教师负责必要培训和指导，分为培训、选题、课题发布、开题论证、课题研究、实验小结、成果展示等步骤。该校高一、二年级1100名学生参加200个学生科学探索课题研究。

（乔慧莲）

【艺术体操队再获冠军】 9月21日，

在“华夏银行杯”北京市青少年艺术体操比赛上，九中艺术体操队获得冠军。该比赛由北京体育竞赛管理中心主办，全市10余个学校组队参赛。这是该校第20次获得北京市冠军。九中体操队1983年成立，共获得 400 余枚金牌。

（乔慧莲）

北京师范大学良乡附属中学

【概　况】 2003 年，北京师范大学良乡附属中学开设教学班 36 个。在校生 1683 人，招生 640 人，毕业 489 人。高中录取分数线（本区）322 分，应届高考录取率 94%。教职工 178 人，其中，专任教师 99 人，高级专业技术职务教师 33 人，特级教师 1 人。物化生实验室和各种专用教室 22 个，体育场地 25504 平方米，图书馆藏书 8 万册。学校占地面积 8.27 万平方米，建筑面积 3.79 万平方米。全年教育经费投入 1458.27 万元，其中，国拨 429.91 万元、自筹 1028.36 万元。

（粘明涛）

【开展“爱心工程”活动】 4 月 14

日，良乡附中开展“爱心工程”活动。该活动以“让我们的校园充满爱”为主题，面向家庭经济贫困、品学兼优学生，帮助他们完成学业。该校教职工 178 人参加活动，共捐款 10810 元。该校决定“爱心工程”活动每学期举办一次。

（粘明涛）

【召开研究型学习现场会】 4 月 15 日，良乡附中召开高中新课程暨研究型学习阶段成果展示现场会。会议听取该校新课程工作总结汇报，听取化学、历史教研组关于课题研究及课堂教学改革经验介绍，观摩 12 个学科 18 名教师新课程教学展示课，听取 19 个研究型学习课题组学生结题汇报。来自房山区教委、各高中校领导及部分师生 100 人参加活动。

（粘明涛）

【高考上线率提高】 6 月，良乡附中高考上线率提高。该校 489 人参加高考，487 人达到录取分数线，上线率 99.6%，比上年提高 1.2 个百分点。其中，本科上线率 85.5%，比上年提高 2.1 个百分点；重点本科上线率 61.4%，比上年提高 3.2 个百分点。600 分以上 7 人，文科最高分 600 分，理科最高分 636 分。6 人被清华录取，8 人被北大录取，1 人保送到复旦大学。

（粘明涛）

【举办首届师生体育节】 9 月 16 至 30 日，良乡附中举办第一届师生体育节。该体育节以师生运动会为主要内容，设男子组 13 个项目、女子组 11 个项目、教工组 10 个项目，设立拔河、开火车和推小车等游戏活动和乒乓球、篮球和足球等集体竞赛项目。同时，在教学楼橱窗布置健康知识、健身介绍、体育动态、名人趣闻等内容宣传栏。

（粘明涛）

【举办教学科研展示周活动】 10 月 20 至 30 日，良乡附中举办教学科研展示周活动。该活动总结交流各教研组教学、科研、课程改革工作，推出 11 个教研组 23 节精品展示课程，听取各教研组重点科研课题成果汇报，和下阶段研究计划报告，展示各教研组获奖论文 83 篇、获奖证书 234 张、优秀课件 32 件、优秀教案 54 份、教师著书 95 册和在各级各类报刊杂志上发表文章 34 篇。来自房山区 17 所学校 509 名教师参加交流展示活动。

（粘明涛）

北京市通州区潞河中学

【概　况】 2003 年，北京市通州区潞河中学有高中教学班 53 个。在校生 2600 人，包括新疆学生 410 人、韩国学生 28 人。招生 727 人。高中录取分数线（本区）330 分。高考本科上线率 100%。有教职工 260 人，其中，专任教师 171 人，包括特级教师 4 人，高级教师 71 人，市级学科带头人 1 人，市级中青年骨干教师 6 人。校园占地面积 22 万平方米，建筑面积 6.60 万平方米（不含家属住宅楼）。草坪 3.5 万平方米，符合国际田联、足联标准运动场面积 2 万平方米。体育馆 1 个，物化生实验室 21 个，多功能教室 112 个，报告厅、阶梯教室 7 个，多媒体计算机房 5 个。图书馆藏书 8.5 万册。全年教育经费投入 2110 万元，其中，国拨 1193 万元、自筹 917 万元。

（孙慧芹）

【组建潞河国安少年足球集训队】

8 月 19 日，潞河中学与北京国安足球俱乐部共建北京潞河国安少年足球集训队协议签字。根据协议，双方每年在全国选拔 22 至 24 名学生运动员到集训队，潞河中学负责队员学习、生活，并提供训练场地；国安俱乐部选派优秀教练员负责队员训练和比赛，集训队代表潞河中学、国安俱乐部参加各类比赛。首期招收学员 18 人。

（孙慧芹）

【科技楼投入使用】 9月，潞河中学科技楼投入使用。该科技楼占地面积 2600 平方米，建筑面积 1 万平方米，地上 4 层，设有生命地学馆 1 个，理化生实验室 21 个，音乐、美术和劳技等专用教室 17 个。其中生命地学馆占地面积 600 平方米分为生态、地学和历史的回声 3 个部分，陈列百种中国珍稀动物标本

36亿年前单细胞生物化石以及6亿年前多细胞生物化石，单独陈列10枚大型恐龙蛋连体化石、欧龙化石、海百合化石、大唇犀牛头古化石等。科技楼2002年开工建设，总投资2500万元。

（孙慧芹）

【获得2项欧睦比赛奖】 10月25日，潞河中学代表队获得欧睦比赛最佳导演奖和最佳编剧奖。该比赛由美国欧睦基金会和苹果计算机公司举办，项目为命题视频制作，要求各代表队在规定时间，按照抽签题目构思情节，利用附近社区素材拍摄，并编辑完成2分钟英文短片。全市8个代表队参加比赛，该校代表队由7名高一年级学生组成。

（孙慧芹）

北京市顺义区杨镇第一中学

【概　况】 2003年，北京市顺义区杨镇第一中学开设高中教学班57个。在校生2915人，招生959人，毕业895人。高中录取分数线（本区）309分，应届高考录取率91%。教职工338人，其中，专任教师301人，包括中学高级教师52人，特级教师1人。物化生实验室和各种专用教室21个。体育场地3.4万平方米。图书馆藏书7.5万册。学校占地面积40万平方米、建筑面积11万平方米。全年教育经费投入1908万元，其中，国拨1163万元、自筹745万元。

（武建龙）

【召开未来教育研究专题报告会】 2月10至13日，杨镇一中召开未来教育研究专题报告会。会议分别听取北师大、四中和国家学位委员会学者，题为《未来——向教师提出了挑战》、《兴趣选择，角色参与地理教学模式的初步实验研究》和《美国教育与中国教育的差异》3个专题报告，论证未来教育发展趋势，教师基本技能、综合素质要求等问题。该校教师340人参加学习。

（武建龙）

【举办模拟市场销售活动】 3月8日，杨镇一中举办模拟市场销售活动。该活动购销双方均为学生，销售商品由学生闲置学习用品、生活用品，学生批发小商品组成，全部收入上交学生会，用于资助生活贫困学生。该活动与消费者协会联合举办，该校师生2915人参加活动。

（武建龙）

【高考录取率提高】 8月，杨镇一中高考录取率提高。该校学生970人参加高考，其中，11人考入清华和北大、292人考入其他重点院校、578人考入普通本科院校。本年升学率91.3%，理科录取率92%，文科录取率88%，分别比上年增长10%。

（武建龙）

【学生科技协会成立】 11月13日，杨镇一中学生科技协会成立。该协会隶属学生会，由学生自主管理，下设领导、群体组织和项目活动3个机构，负责举办各种校内科技活动、参加各级各类科技竞赛，提出学校科技活动设想及方案，并对外展示杨镇一中科技活动及成果。

（武建龙）

【首批学生获得新东海奖学金】 7月，杨镇一中首批学生获得新东海奖学金。首批获奖学生共计11人，获奖总金额3.2万元。该奖学金由韩国新东海国际贸易有限公司、杨镇汉征皮鞋厂共同设立，面向杨镇地区品学兼优学生。

（武建龙）

北京市顺义区牛栏山第一中学

【概　况】 2003年，北京市顺义区牛栏山第一中学开设教学班47个，全部为高中班。在校学生2500人、招生900人、毕业721人。高中录取分数线（本区）317分，应届高考录取率98%。教职工230人，其中，专任教师150人，包括高级专业技术职务教师60人，特级教师3人。物化生实验室和各种专用教室22个。体育场地2.5万平方米。图书馆藏书9万册。学校占地面积19万平方米，建筑面积5.4万平方米。全年教育经费投入1876万元，其中，国拨985万元、自筹891万元。

（龚学伟）

【第五次募集慕翔基金】 1月10日，牛栏山一中第五次为慕翔基金捐款。该校师生2300人参加捐款，共募集捐款1.1万元。该基金1998年设立，由全校师生捐款形成，主要资助家庭困难品学兼优学生，5年共募集资金4.7万元，资助贫困生近百人。

（龚学伟）

【召开优秀学子座谈会】 8月20

日，牛栏山一中召开优秀学子成才之路座谈会。会议听取该校被清华、北大录取的50名学生成才之路专题演讲，从不同角度回顾在校学习、生活经历，总结青年学生奋发向上、成人成才规律。该校师生147人参加学习。

（龚学伟　万　柏）

【举办新课改专题培训】 8月21至25日，牛栏山一中举办国家基础教育课程改革实验专题培训。该培训听取教育学院教授题为《理解新课程》专题报告，系统解释新课改知识、要点和意义，交流“十五”期间科研课题阶段成果，听取牛栏山一中分校、金桥培训中心管理经验介绍。此次培训宣布该校新三年规划目标。该校教师160人参加学习。

（龚学伟）

【举办纪念“一二九”运动合唱节】

11月15日至12月11日，牛栏山一中举办纪念“一二九”运动合唱节。该合唱节以教学班为单位，先后演出几十首革命历史歌曲。该校师生2600人参加合唱节活动。

（万　柏）

北京市平谷中学

【概　况】 2003年，北京市平谷中学开设高中教学班54个。在校生3025人、招生940人、毕业970人。高中录取分数线（本区）318分。高考上线率86.6%，专科以上录取率96.5%。教职工257人，其中，专任教师153人；高级专业技术职务96人、中级100人；本科以上学历138人；北京市特级教师1人、全国模范教师5人、北京市优秀教师7人；市级中青年骨干教师12人、市级学科带头人1人。体育场地9800平方米，设有综合体育馆、篮球场和400米环形跑道运动场。有专业教室18个。图书馆藏书3.5万册。固定资产2028.3万元。校园占地面积7.78万平方米、建筑面积2.35万平方米。全年教育经费投入2215.6万元，其中，国拨1420.4万元、自筹795.2万元。

（张景峰）

【颁布新教案管理规定】 3月13

日，平谷中学颁布新教案管理规定。新规定删去教学过程“教师活动、学生活动”有关规定，允许教师自由发挥。打破“复习、引人、讲授、讨论、练习、复习、作业”固定授课模式，各教学步骤由教师自由取舍。同时，分解课堂练习为课堂练习、课下过关练习两个部分，其中，课下过关练习根据学生情况分为A、B两类，由学生自由选取。规定要求，教师每节课后，须将教案、习题、课件输入校园网，实现教师间教学资源共享。

（张景峰　王小文）

【首批留学生赴日本学习】 3月25日，平谷中学两名学生赴日本早鞆高等学校交流学习。根据协议，在早鞆高等学校，两名学生参加日语、公共关系和信息技术等共12门课程学习，学制3年，修业期满，获得高中毕业证书。这是平谷区首次派出中学留学生。7月4日，平谷中学1名教师赴日本参加文化交流，并看望两名学生。

（张景峰）

【举办第20届爱鸟周活动】 4月7日，平谷中学举办第20届“爱鸟周”活动。该活动向行人发放鸟类知识，受国家、市级保护鸟类名录，救护鸟类中心热线电话和如何保护帮助鸟类等宣传资料3000份。该校师生1500人参加宣传活动。

（张景峰）

【实行导师制】 4月12日，平谷中学实行导师制。该制度采用师生双向选择方式，选派任课教师或优秀学生担任5至7名学生导师，负责学生学习、生活、纪律、心理等方面指导工作。制度要求教师、学生导师每月撰写汇报，并接受班主任协调和指导。

（张景峰）

【完成首次中层干部考核】 6月13至24日，平谷中学完成首次中层干部考核。该考核成立有教师代表参加的领导小组，发出考核公告、设立群众信箱、公布举报电话，召开教代会，审阅中层干部每人1500字述职报告，听取个人述职汇报，采用现场评分方法完成考核。配合考核，领导小组采用检查读书笔记、个别谈话、专向调查等辅助方式。该校科级、副科级、分支部书记和主任助理共20人参加考核，其中，优秀5人、合格12人、不合格3人。

（张景峰）

【举办学生会竞选活动】 10月23日，平谷中学举办高一年级学生会竞选活动。该竞选事先不设候选人，由学生代表、教师代表和年级负责人组成评委，要求竞选者发表脱稿讲演3分钟，采用评委现场投票，学生代表计票、唱票方式。39人自主报名参加评选，其中，8人当选。

（张景峰）

北京市大兴区黄村第一中学

【概　况】 2003年，北京市大兴区黄村第一中学开设教学班53个，其中，初中18个、高中35个。在校初中生898人、高中生1807人。招生769人，其中，初中264人、高中505人。毕业770人，其中，初中287人、高中483人。高中录取分数线（本区）320分，应届高考录取率98.1%。教职工216人，其中，专任教师149人，高级专业技术职务教师51人，特级教师3人。物化生实验室和各种专业教室33个。体育场地2.16万平方米，体育馆7630平方米。图书馆藏书10万册。学校占地面积5.3万平方米，建筑面积3.13万平方米。全年教育经费投入2119万元，其中，国拨1589万元、自筹530万元。

（刘振凤）

【举办迎新春课堂美术作品展】 2月，黄村一中举办迎新春课堂美术作品展。该展览占地面积80平方米，主要展示新课改以来课堂教学成果，分为书法、绘画、摄影、陶艺、剪纸和镌刻等部分，来自200名学生创作的300件作品参加展览。展览由政教处、音美教研组联合举办，该校师生2000人次参观展览。

（刘振凤）

【召开学雷锋活动总结会】 3月5日，黄村一中召开学习雷锋活动总结会。会议听取该校一年来开展学雷锋活动情况汇报，表彰学雷锋活动先进集体和先进个人。会议要求各年级各教学班把德育工作融入学雷锋活动，参加团市委“弘扬雷锋精神，开展志愿服务”活动。该校师生1075人参加会议。2002年3月5日，黄村一中开展向雷锋学习活动，先后举办献爱心活动、校区共建和认养绿地等3项活动，该校师生2705人参加活动。

（刘振凤）

【召开新课改教学研讨会】 4月8日，黄村一中召开高中国家基础教育课程改革实验教学研讨会。会议听取《大兴区实施高中新课程计划情况工作总结》和《积极推进课程改革全面提高学生素质》报告，听取教师和学生代表关于新课改“教”与“学”经验介绍，观摩5名教师新课改示范课，研讨教学过程中学科内容处理、学生主体地位发挥等内容。会议听取教科院研究员题为《关注课程关注教学》总结报告。教科院、部分区县教师350人参加会议。

（刘振凤）

【举办模拟高考演练】 5月31日，黄村一中举办模拟高考演练。该演练模拟进校门考生忘带健康卡、体温超过38度、高热但不能立即确诊等情况，要求教师现场妥善处理。市教委、市招办，区委、区教委领导，各考点负责人共100人参加演练。

（刘振凤）

【新教学楼投入使用】 10月8日，黄村一中新教学楼投入使用。该教学楼占地面积986平方米，建筑面积4936平方米，采用框架建筑结构，地上5层，有36个教室，5个大办公室，通过走廊与原教学楼连接。教学楼5月开工建设，总投资729.9万元。

（刘振凤）

【青少年体育俱乐部成立】 10月25日，黄村一中青少年体育俱乐部成立。该俱乐部隶属国家体育总局，依靠该校体育馆，开展游泳和健身等8项体育活动。俱乐部共有学生会员3000人。

（刘振凤）

【爱心基金会成立】 11月17日，

黄村一中“1.2”爱心基金会成立。该基金会由校团委发起成立，利用学生回收矿泉水瓶费用作为基金，资助家庭贫困品学兼优学生完成学业。基金会共有基金4332.12元，其中，学生回收废旧物品捐款2812.12元，学生捐款1520元。

（刘振凤）

【召开做学生喜欢的教师报告会】 12月19日，黄村一中召开做学生喜欢的教师报告会。该报告会听取语文特级教师题为《如何学做一名学生喜欢的教师》演讲，提出教师应该具备平等的思想、民主的意识，喜欢自己的学生、热爱自己的工作，要有激情、要有平常心，要有渊博的知识、又要有灵活的教法等素质。该校教师162人参加学习。

（刘振凤）

普通中学（部分）

北京市第五中学分校

【概　况】 2003年，北京市第五中学分校设有24个初中班。在校生1230人、招生400人、毕业380人。教职工106人，其中，专任教师74人，包括中学高级教师33人，中学一级教师30人。设有物化生实验室及劳技和美术等专用教室10个。体育场地3000平方米。图书馆藏书6万册。校园占地面积8883平方米，建筑面积6500平方米。全年教育经费投入1000万元，全部自筹。

（郝世林）

【成立红领巾交通监督岗】 9月1日，五中分校成立红领巾交通监督岗。该岗位每天早晨6时40分设立，每岗由8名少先队员组成，在教师带领下，负责马路两侧交通检查和指挥，保证校门周边道路畅通。

（戴毅新）

【开设外籍教师口语课】 9月17

日，五中分校开设外籍教师口语课。该校3名外籍教师均来自英国，他们分别承担初一年级8个教学班共计414名学生英语口语课程教学任务，为期1年。外籍教师宽松的教学环境，近似表演的教学方式，新角度提问，不时表扬、夸奖受到学生欢迎。

（韩荣奎　李艳美）

【制订学生安全条例】 9月，五中分校制订《学生安全条例》。该条例以《教育法》、《未成年人保护法》及《学生伤害事故处理办法》为依据，包括体育课安全，实验课、实践课安全，卫生安全，校园安全和交通安全六个方面，涵盖校内、外，课上、下学生各项活动注意事项。条例共4000字，发送每名学生和家长。

（关　伟）

【举办航天知识专题讲座】 11月

10日，五中分校举办航天知识专题讲座。该讲座听取李颐黎研究员关于飞船设计专题报告，以自己亲身感受，讲述飞船构造和航天飞行力学知识，杨利伟刻苦训练及谦虚做人美德，以及几代人梦想和“神舟五号”飞船升空的意义。该校师生1200人参加学习。李颐黎，1958年毕业于北大数学力学系，是杨利伟教师、“神舟五号”飞船设计者之一。

（关　伟　于铁浩）

【评选优秀青年教师】 11月17至28日，五中分校举办优秀青年教师评选活动。该评选设立教学能力、水平，科研能力、水平，多媒体教学与常规教学整合，辅导学生参加学科竞赛成绩以及攻读研究生、继续教育成绩5方面量化分数指标，采用个人申报，评委评审办法。该校28名青年教师参加评比，其中，2人获得“五兴杯”、2人获得“新秀杯”。

（韩荣奎）

北京市第二十五中学

【概　况】 2003年，北京市第二十五中学开设教学班91个，其中，初中57个、高中34个。在校生3725人，其中，初中2298人、高中1427人。招生1218人，其中，初中664人、高中554人。毕业1254人，其中，初中814人、高中440人。高中录取分数线（本区）329分，应届高考上线率99.5%。教职工330人，其中，专任教师225人，包括高级专业技术职务44人。物化生实验室和各种专用教室62个。体育场地2.9万平方米。图书馆藏书11.8万册。学校占地面积21.39万平方米、建筑面积10.69万平方米。全年教育经费投入3800万元，全部自筹。

（王莉莎）

【获得质量环境管理体系双标认证】

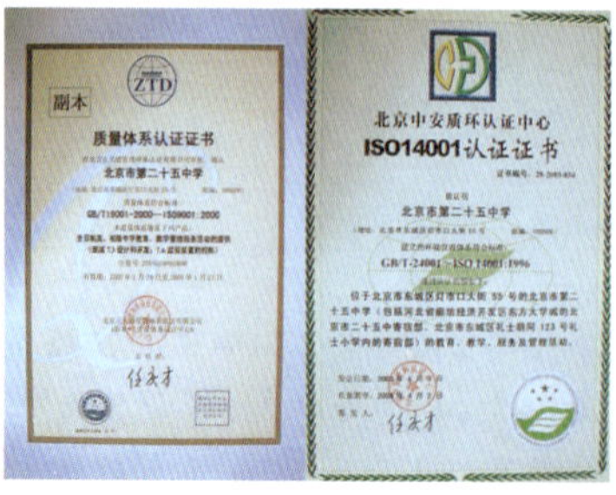

1月4日和4月23日，二十五中获得国家GB/T19001—2000idt ISO9001：2000、GB/T24001—1996idt ISO14001：1996质量环境一体化管理体系认证。该校成立质量环境管理办公室，按照国际ISO认证标准提供程序和机制，制订“依法办学、质量第一，科学管理、精品服务，人际和谐、爱心施教，发展特色、不断创新”质量方针和“遵规守法、污染预防，保护环境、美化校园，全员参与、持续改进，面向未来、造福人类”环境方针，实现“学生满意率应达到85%以上、家长意见反馈率应达到95%以上”目标。根据有关规定该校每10个月接受复查1次，每三年重新接受认证。该认证由北京中安质环认证公司主持，采用国际质量管理体系和环境管理体系标准，主要考察领导水平、教学过程管理、教职工培训等项指标。这是东城区第一所通过国际认证的民办公助学校。

（刘海云　秦晓芳　鲁剑平）

【举办未成年人自护观摩课】 9月

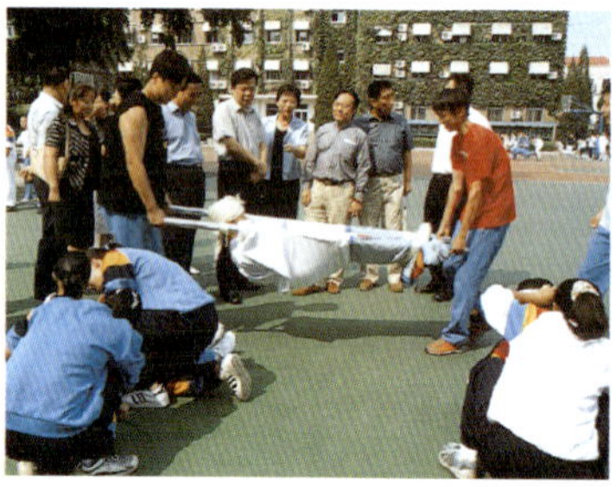

12日，二十五中举办星光青少年未成年人自护课观摩活动。该活动有学生自救互救、团结互助、防卫技能等训练内容，并举行《星光青少年法制与安全教育系列宣传画》首发式。来自市、区领导和该校师生参加观摩活动。

（陈浩宇　鲁剑平）

【成立学术委员会】 10月22日，二十五中成立学术委员会。该委员会由本部和寄宿分部组成，分设教育、教学、管理服务3个分会，负责开展科研课题立项和论证、科研培训、科研研讨会、校内外科研交流活动、征集与评选科研成果、评选科研先进集体和个人、召开科研年会、举办年度科研成果展览等活动。委员会拥有委员124人,其中,本部委员72人、寄宿部委员52人。

(王莉莎　秦晓芳)

【举办首届科研周】 11月26日至12月23日，二十五中举办首届科研周。该科研周总结近年师生科研成果,先后举办科研论文征集、召开科研研讨会、优秀科研课展示、优秀主题班会展示和制作科研展板等活动,要求师生广泛参与,相互交流、通力合作。该校师生1000人次参加活动,共征集论文132篇,召开8个研讨会,展示优秀课6节、优秀主题班会10节，制作展板25块。

(饶　莹)

【建立少年首席执行官学院】 12月23日,二十五中少年首席执行官(CEO)学院成立。该学院是学生课外教育社团,不具有独立法人性质,不具有学历教育资格，通过多种形式课内及课外教育活动，提高学生综合素质和管理能力，使学生初步了解社会经济和企业、事业管理的基本知识。

(王　建)

北京市第一六六中学

【概　况】 2003年,北京市第一六六中学开设教学班66个,其中,初中45个、高中21个。招生1047人,其中,初中570人、高中477人。毕业824人,其中,初中572人、高中252人。在校生2812人，其中，初中1727人、高中1085人。高中录取分数线(本区)348分,应届高考录取率100%。教职工326人，其中，专任教师201人，包括高级专业技术职务教师63人。物化生实验室和各种专用教室17个。体育场地400平方米。图书馆藏书9万册。学校占地面积1.98万平方米，建筑面积2.35万平方米。全年教育经费投入1650.77万元，其中，国拨993.09万元、自筹657.68万元。

(赵文秀)

【探索优秀生考前辅导方式】 10月1至2日，一六六中探索优秀生考前辅导方式。该方式邀请考入清华、北大毕业生,与在校应考学生在宾馆相见，共同生活、学习、交流，自由提问,共同探讨高三复习方法、心理调整、学习目的等问题。该校高三学生25人参加交流活动。

(钱卫东)

【召开示范课研讨会】 11月11日和25日,一六六中举办骨干教师示范课研讨会。会议针对国家基础教育课程改革实验，推出6名教师6节课堂教学，评议和研讨学科课堂教学改革思想、方式和方法。东城区教师200人参加学习。

(钱卫东)

【举办新年音乐会】 12月28日，

一六六中交响乐团在中山公园音乐堂举办2004年新年音乐会。该音乐会演奏马林巴与乐队《威廉·退尔》、《路西德》、《白毛女》和为该校交响乐团创作的《耶堂之舞》等曲目。音乐会最后为乐团高三学生组织告别仪式，在《星》的乐曲声中，低年级团员向高三学生献花，高三学生向乐团赠送自己制作的礼物。该校学生1000人参加音乐会。

(李正华　泉　东)

【邀请科学家点评科研成果】 12月，一六六中聘请科学家点评学生科研成果。点评由来自中科院、首师大院士、教授主持,交流、研讨高一年级开展在研究型学习课程中，完成的94个课题。该校高一学生188人参加点评活动。

(钱卫东)

【开设《鸟之声》《热传递》选修课】 12月，一六六中开设《鸟之声》、《热传递》两门选修课程。《鸟之声》使学生在教室里就能感受生物界中鸟类美丽、多样,领略鸟类行为,树立观察身边鸟类行为、热爱大自然意识。《热传递》以综合理科为基础,培养学生在日常生活中寻找科学事例、科学原理的兴趣和运用多学科知识分析问题、解决问题和动手能力。本年该校共开设13个学科30门选修课程，选修课全部排入正常课表，采用学分制评价、考核。

(钱卫东)

北京市第一七一中学

【概　况】 2003年,北京市第一七一中学开设教学班73个，其中，初中44个、高中29个。招生1057人,其中,初中538人、高中519人。毕业1109人，其中，初中713人、高中396人。在校学生3593人,其中,初中2178人、高中1415人。高中录取分数线(本区)354分。应届高考录取率100%，重点大学上线率92.3%。教职工285人,其中,专任教师190人，高级专业技术职务教师75人，特级教师1人。学校占地面积3.01万平方米，建筑面积2.44万平方米。物化生实验室和各种专用教室42个,体育场地1.2万平方米。图书馆藏书14万册。全年教育经费投入(含基建投入)5259.91万元,其中,国拨4184.04万元、自筹1075.87万元。

(袁为民)

【首届"春蕾班"学生毕业】 7月29日,一七一中首届"春蕾班"学生毕业。该教学班由30名女特困学生组成，分别来自14个省份、10个民族，其中，22人高考成绩达到大专以上录取分数线、3人得到高职录取通知书。在6年学习期间,"春蕾班"学生学费和生活费得到社会各

界捐助。

（徐明建　宗锡江）

【组团赴日本考察】　8月，一七一中组团赴日本考察。该考察团由17人组成，在日本川口市立川口高等中学召开座谈会，双方介绍校园、教育目标、教育方针、课程设置、教师配备、学校机构设置等情况。

（徐明建）

【与美国欧睦基金会签订合作协议】

9月，一七一中与美国欧睦基金会（Oumu Foundation）签订合作协议。根据协议，欧睦基金会向一七一中提供10万元设备，包括4台苹果牌计算机，两部数码摄像机及两部数码照相机，并负责设备使用培训；利用这些设备，一七一中学生拍摄中国民风民俗、传统文化照片和DV短片，并通过网络与美国高中生交流。双方共同促进中美文化交流，促进学生在语言、摄影艺术、计算机使用方面的发展。欧睦基金会是美国非赢利民间组织。

（杜爱民）

【举办课堂教学展示活动】　10月23至30日和11月10至15日，一七一中举办教学展示活动。该活动以“主题、创造、发展”为中心，分为听课、研讨、评课、总结交流4个阶段，要求体现教师应用国家基础教育改革实验对课堂教学理解，展示对探究型、研究型、自主型、合作型课堂教学模式的探索。该校展示12个教研组29节示范课，教师700人次参加观摩。

（陈爱玉）

【举办学生健身运动会】　10至12月，一七一中举办秋季学生健身运动会。该运动会以教学班为单位，分为初中、高中两个组，设立篮球、排球、拔河、长短跳绳、踢毽等项目。该校学生1000人参加运动会。

（邓　辉）

北京宏志中学

【概　况】　北京宏志中学开设33个教学班，包括初中17个、高中16个。其中，宏志班19个，包括初中8个、高中11个。在校生1371人，其中，初中682人、高中689人。在校宏志生688人，其中，初中280人、高中408人，寄宿生470人。高中招生80人。毕业209人，其中，初中140人、高中69人。高中录取分数线（本区）334分，应届高考录取率100%。教职工157人，其中，专任教师93人，包括区级骨干教师2人，中级教师49人、高级32人。体育场地6000平方米。设有物化生实验室4个，计算机教室2个，多媒体教室、音乐教室、电视演播室、学生活动室各1个。图书馆藏书3万余册。校园占地面积1万平方米、建筑面积1.2万平方米。全年教育经费投入1655.4万元，其中，国拨1241.1万元（含宏志生专项款520万元）、自筹424.3万元。

（丁尔庆）

【接受驻京部队捐赠】　1月25日，宏志中学接受驻京部队扶贫济困助学捐赠。该捐赠共计120万元，主要用于学校扩建实验室、购置教室多媒体设备和开展国防教育。

（李　伟）

【联合开展公益活动】　3至12月，宏

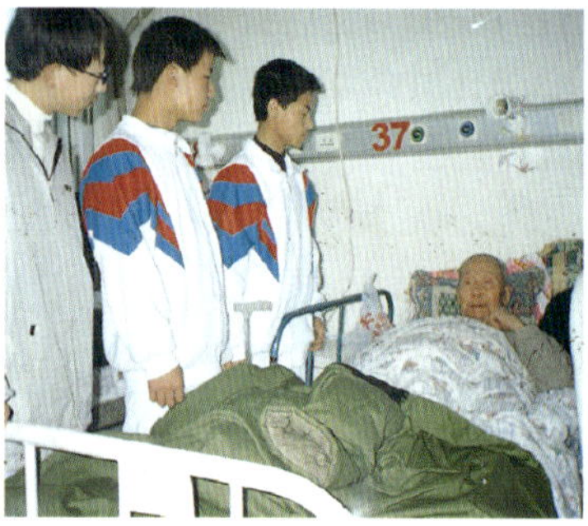

志中学与大学生志愿者联合开展公益活动。该活动以宏志中学“扬帆志愿者服务队”名义，举办松堂关怀医院慰问，高三毕业生考前辅导和为贫困生募捐，做宏志生知心朋友等活动。该校学生180人与大学生志愿者100人参加公益活动。大学生志愿者分别来自清华、北交大、北航、首师大。

（冯　军）

【参加环境人口与可持续发展教育实验】　3月，宏志中学参加环境人口与可持续发展教育（EPD）项目实验。该项目由联合国教科文组织主持，该校以宏志生视角，研究环境人口与可持续发展，以宏志生行动，普及环境人口与可持续发展的知识，以宏志中学的教育促进学生的可持续发展，形成贯穿可持续发展的理念、渗透可持续发展知识的学科教学模式和教育管理模式。

（王　玉）

【初中停止招生】　5月12日，宏志中学初中停止招生。停止初中招生后，该校扩大高中教学规模，形成24个教学班，年招生270人规模。

（丁尔庆）

【开展应考心理教育】　5月27日，宏志中学举办应考心理教育。该教育听取心理学家考前心理辅导讲座，提醒考生60条注意事项，向特困生赠送手表，举办“放松心情，展示自我，温情送你上考场”联欢会。该校首届高中毕业生69人参加教

育活动。

（赵燕平）

【校园网开通】 6月10日，宏志中学校园网开通。该校园网拥有140个终端，具有办公和上网功能，采用路由技术与教育主干网络连接。校园网2月开工建设，总投资50万元。同时，投资102万元，为教师每人配备1台便携式计算机。

（丁尔庆）

【举办回报社会义务劳动】 6月，

宏志中学举办回报社会义务劳动。该活动以“讲究科学，革除陋习，做健康文明北京人”为主题，在安定门外大街、和平里社区、北京站广场等地，设置“文明健康宣传台”，向市民发放湿纸巾和宣传材料，捡拾废弃物和清除污迹等活动。该校268名首届初、高中毕业生参加劳动。

（赵燕平）

【首届高中宏志生毕业】 7月28日，宏志中学首届高中宏志生毕业。首届毕业生共计69人，全部考入大学，其中，重点大学录取率64%。

（赵燕平）

【召开高中教育教学研讨会】 8月3至7日，宏志中学召开高中教育教学研讨会。会议以“培养综合能力，促进个性发展”为主题，作为校本培训的一部分，研讨学校管理人性化、教育科研校本化、教学手段信息化、学生发展个性化等问题。该校高中教师54人参加会议。

（张桂兰）

【确定心理健康日】 10月27日，宏志中学举办第一个心理健康日活动。该活动以“缔造健康，从心开始”为主题，开展心理咨询和心理健康教育等活动。宏志中学心理健康教育突出校本特色，并设心理健康课，开辟心理咨询热线，组建心理健康社团，并确定每年10月最后星期一为心理健康日。

（赵燕平）

北京市广渠门中学

【概　况】 2003年，北京市广渠门中学有教学班66个，其中，高中36个、初中30个。在校生2740人，其中，高中1485人、初中1255人。招生820人，其中，高中487人、初中333人。毕业679人，其中，高中414人、初中265人。高中录取分数线（本区）324分，高考升学率100%。教职工264人，其中，专任教师174人，包括特级教师2人，中学高级教师66人，中学一级教师82人，中高级专业技术职务以上教师占专任教师数86.21%；市级中青年骨干教师4人。操场面积9600平方米，各种专用教室33个。图书馆藏书8.35万册，各类报纸22种，杂志71种。校园占地面积2万平方米、建筑面积2.73万平方米。全年教育经费投入1188万元，其中，国拨686万元、自筹502万元。

（王存良　彭雪兰）

【接待3个国家师生代表团】 3至

10月，广渠门中学分别接待3个国家师生代表团。3个代表团分别来自加拿大、比利时和日本，共计33人，在广渠门中学，他们分别听取学校情况汇报和宏志班办学情况介绍，参观计算机房、化学实验室、生物实验室、操场等教学设施，观摩高中英语教学活动，并与高一、高二年级学生交流英语学习情况，举办宏志班学生学习、生活座谈会。

（高金英　彭雪兰）

【宏志班接受捐款】 4月11日，广渠门中学宏志班接受捐款。蒋百荣夫妇向宏志班8名学生捐款，资助他们完成学业，并连续5年每年向学校和宏志班捐款20万元。蒋百荣是恒逸房地产开发有限公司、百荣世贸商城管理有限公司董事长、总经理。9月1日，北京双全集团向宏志班学生捐款100540元。

（杨秋文　高金英　彭雪兰）

【开设郊区县流动课堂】 6月17至30日，广渠门中学开设远郊区县流动课堂。该课堂面向“非典”期间不能到校上课远郊区县宏志班学生，由学校派出专车和12名教师开设流动课堂，将居住相对集中学生召集在一起，利用乡间、场院空地授课、答疑，先后讲授语文、数学、英语、物理、化学、历史、地理和计算机课程。流动课堂先后前往密云、延庆和门头沟13个区县，听课学生100人。

（彭雪兰）

【举办英语口语培训班】 9月17日，广渠门中学举办迎奥运学英语口语培训班。该培训班利用每周二下午1小时时间，分为初级、中级、高级3个教学班，由该校3名英语教师讲授英语口语课程，学制5个月，修业期满，考试合格者获得奖励。该校200名教职工参加学习。这是第二期英语口语培训班。

（彭雪兰）

【召开多元智能教学研讨会】 11月12日，广渠门中学召开“开发学生潜能，塑造健全人格”多元智能教学研讨会。会议观摩9名教师9节初、高中多个学科展示课，并完成现场点评。会议认为，展示课教案设计符合开发学生潜能原则，教学过程注重学生动手操作能力培养和师生

互动。来自教育学院、区教委及各省市实验校领导120人参加会议。

（郝洪春　杨秋文　彭雪兰）

【宏志班接待驻京外国记者】 11月14日，广渠门中学宏志班接受驻京外国记者采访。该批外国记者由俄罗斯、新加坡、越南、冰岛和日本记者6人组成。在广渠门中学，记者听取宏志班办学模式、教育教学方法及九年来取得成绩汇报，参观宏志班展览、宏志班教室及宿舍并与宏志班师生合影留念。宏志班学生代表接受记者采访。中国记者协会、市记者协会人员参加采访活动。

（赵淑霞　高金英）

北京市第十四中学

【概　况】 2003年，北京市第十四中学开设31个教学班，全部为高中班。在校生1463人，招生545人，毕业363人。高中录取分数线（本区）343分，应届高考录取率100%。教职工164人，其中，专任教师105人，包括高级专业技术职务46人，特级教师2人。物化生实验室和各种专用教室11个。体育场地4500平方米。图书馆藏书5万册。学校占地面积1.67万平方米、建筑面积1.23万平方米。全年教育经费投入1500万元，其中，国拨870万元、自筹630万元。

（张　练）

【教职工为优秀特困生捐款】 2月17日，十四中举办向远郊区县贫困生捐款活动。当天全体教职工向新招收远郊区县特困学生捐款6110元。9月10日，该校部分退休教师、返聘教师和全体教职工再次为特困学生捐款4233元。为优秀特困学生捐款捐物是该校教职工传统，每年都举办不同形式捐款活动。

（张　练）

【接待中外信息技术专家】 2月20

日，十四中接待中国、英国信息技术专家考察团。该考察团由参加中英信息技术（ICT）教学研讨会专家20人组成，听取该校信息技术应用情况汇报，观摩教师运用信息技术课堂教学展示，参观校园电视台、校园网络控制中心、电子阅览室，观看学生自己制作课件和网站。专家认为，中英两国在学校信息技术交流方面存在广阔合作空间。

（张　练）

【第五次获得文明单位标兵称号】 3月，十四中第五次获得首都文明单位标兵称号。自1998年，该校坚持两个文明一起抓，着力抓好干部队伍、党员队伍和教师队伍建设，强化奉献精神、务实精神、团结协作精神和科研意识、服务意识、管理意识。不断实践“对每一个学生负责，帮助每一个学生成功”的办学理念。

（张　练）

【成立信息中心】 9月1日，十四中信息中心成立。该中心由原电教组改建，拥有教职工8人，固定资产644万元，主要负责规范信息技术与课堂整合研究管理，加强教师、学生使用信息技术管理、指导和协调。

（张　练）

【接待奥本沃高中师生】 11月20至12月1日，十四中接待丹麦奥本沃高级中学师生代表团。该代表团由师生31人组成，先后举办随堂听课、到师生家做客以及游览北京名胜古迹等活动。访问期间，两校签订2004至2006年交流协议，根据协议，十四中师生在2004年2月访问奥本沃高级中学。

（张　练）

北京市十一学校

【概　况】 2003年，北京市十一学校有100个教学班。在校生4942人，其中，初中3391人、高中1551人；招生1845人，其中，初中1238人、高中607人；毕业1332人，其中，初中918人、高中414人。高中录取分数线（本区）312分。有教职工356人，专任教师260人，其中，特级教师11人，具有硕士学位52人，研究生课程班结业87人，本科以上学历或高级专业技术职务者占专任教师99%；全国骨干教师或校长培训班学员6人，市级中青年骨干教师和市区学科带头人50人。省部级劳动模范或全国优秀教师11人。有包括8个篮球场和400米标准跑道的体育场。有物化生实验室18个，多功能教室116个，多媒体计算机房4个。图书馆藏书17.2万册。校园占地面积15.6万平方米，校舍建筑面积10.4万平方米。

（陈艳丽）

【召开办学体制改革评估会】 3月

7日，十一学校召开办学体制改革验收评估会。会议听取该校8年办学体制改革情况汇报，认为该校办学体制改革是成功的，有探索价值，改革创新精神值得表彰。会议指出，该校尝试是有益的，但局部成功能不能大面积推广，需要深入研究。该校“五自主”办学经验要深入论证，进一步规范化。来自海淀区教委领导、部分研究人员35人参加会议。十一学校1995年实施自主筹集办学经费、自主经费管理、自主教育改革、自主招生、自主用人“五自主”办学体制改革。

（陈艳丽）

【签订新一轮办学体制改革协议】 7月27日，十一学校与海淀区教工委、教委签订第二轮办学体制改革承办协议。会议听取第一轮办学体制改革工作总结报告，宣读改革成果评估意见，表彰10名教师。会议宣读区教工委、区教委批准该校开展第二轮办学体制改革实验的决定，签订第二轮办学体制改革承办协议。来自市政协、市教委领导和该校教师380人参加会议。

（陈艳丽）

【生命科学基础实验室投入使用】 8月29日，十一学校生命科学基础实验室投入使用。该实验室建筑面积102平方米，拥有植物克隆、细菌培养和光照培养等设备。实验室为原有教室改造，总投资20万元，其中，设备投资20万元。

（陈艳丽）

【接待欧盟环委会驻华代表团】 11

月12日，十一学校接待欧盟环境委员会、欧洲委员会驻华代表团。代表团以了解中国基础教育环保政策落实和“绿色学校”实施情况为目的，采用座谈、交流方式，欧盟环境委员会委员玛戈·瓦尔斯特伦（Margot Wallstrom）作关于欧盟环境政策演讲，介绍比利时布鲁塞尔环境保护方面工作和比利时中学学生环保措施，并向学生提出问题。该校师生400人参加学习。

（陈艳丽）

北京理工大学附属中学

【概　况】 2003年，北京理工大学附属中学开设教学班41个，在校生1886人，其中，初中833人、高中1053人。招生640人，其中，初中263人、高中377人。毕业890人，其中，初中505人、高中385人。高中录取分数线（本区）309分，应届高考录取率95.4%。教职工159人，其中，专任教师117人，高级专业技术职务教师48人。物化生实验室和各种专用教室45个（含28个多媒体教室）。体育场地1.5万平方米。图书馆藏书4.63万册。学校占地面积4.33万平方米，建筑面积150万平方米。

（唐阳平）

【联合国考察环境人口与可持续发展项目】 3月26日，联合国联系学校组织（ASP）考察理工大附中。考察团听取学校、学生开展环境人口与可持续发展（EPD）项目情况介绍，召开学生座谈会，研讨项目开展情况。来自韩国、日本和蒙古等5个国家40名学者参加考察活动。

（唐阳平）

【完成选修课程调查】 11月11日，理工大学附中完成选修课程问卷调查。该调查设置教师驾驭课题能力、知识水平，选修课对于促进学生培养兴趣和发展能力作用以及学生对选修课工作意见和建议等方面问题。该校初一、初二、高一和高二年级1317名学生参加问卷调查。结果显示，学生对选修课课题内容及教师授课情况评价较高。

（宋亚甫）

【完成走班分层教学调研】 11月11日，理工大学附中完成走班分层教学问卷调查。该调查涉及英语、数学两个学科，设置教师组织教学活动，落实分层教学目标，分层教学对于实施“教育面向全体”原则，确保所有学生都能得到提高和发展以及学生对分层教学工作意见和建议等问题。该校高二年级377名学生参加调查，结果显示：87%学生赞成分层教学方式。

（宋亚甫）

【举办影响学习因素讲座】 12月4日，理工大学附中举办影响学习效果因素讲座。该讲座听取教科院研究人员题为《浅析影响学习效果的有关因素》专题报告，分析心态、素质和策略等影响学习效果因素。该校高一年级377名学生参加学习。

（宋亚甫）

【举办女生青春期健康讲座】 12月8日，理工大学附中举办青春期健康教育讲座。该讲座听取市妇幼保健学者题为《新生代快乐青春》专题报告，采取讲解、提问和现场咨询相结合形式，讲解青春期知识，并赠送《健康手册》。该校初一、初二女学生241人参加学习。

（宋亚甫）

北京农业大学附属中学

【概　况】 2003年，北京农业大学附属中学有37个教学班。在校生1682人，其中，初中1029人、高中653人。招生479人，其中，初中255人、高中224人，初中英语实验班216人、高中英语实验班141人。毕业700人，其中，初中467人、高中233人。高中录取分数线276分。应届高考录取率82%。有教职工177人，其中，专任教师142人。有特级教师1人，高级专业技术职务教师33人，市级中青年骨干教师1人，区级学科带头人4人，区级骨干班主任2人。具有硕士学位2人，研究生课程进修班结业48人。建有4台服务器的校园网，近200台计算机。图书馆藏书6万册，各种期刊杂志300种，各类报纸30余种。学校占地面积5.54万平方米，建筑面积2.84万平方米。全年教育经费投入1889.5万元，其中，国拨1641.9万元、自筹247.6万元。

（闫修富）

【修订初中毕业成绩评定办法】 3月1日，农大附中完成初中毕业成绩评定办法修订。新办法规定初中毕业成绩评定由基础发展目标和学科目标两部分构成，两部分成绩均合格准予毕业，任何一部分成绩不合格不得毕业。办法规定，平时学业成绩占毕业总成绩40%，其中，平时作业、测验、期中期末成绩占10%，实践活动成绩占20%，学习态度成绩占10%。

（闫修富）

【青年教师公寓投入使用】 5月，农大附中青年教师公寓投入使用。该公寓占地面积439平方米，建筑面积2194.5平方米，地上5层，拥有住房55套，每套使用面积30平方米，有厨房、卫生间、上下水和暖气。公寓2002年8月开工建设。

（闫修富）

【召开德育工作研讨会】 7月26至27日，农大附中召开德育工作研讨会。会议以“铸师魂、勤奉献、创优质示范校”为主题，听取北师大教授题为《做一个公正的仁慈的教育家》等3个专题报告，听取6名班主任德育工作案例分析，讨论如何根据学校实际开展德育活动等问题。会议认为，师爱是师德之魂，奉献是师德之躯，德育应该为每名学生终身发展服务。该校教师170人参加会议，共提交论文16篇。

（闫修富）

【南教学楼拆除工程竣工】 8月，农大附中南教学楼拆除工程竣工。该教学楼1960年建成，原为3层建筑，1995年增高为4层，占地面积1405平方米，总建筑面积5623平方米。2002年被鉴定为B级危险房屋。教学楼8月开工拆除，总投资25万元。

（闫修富）

【推出34门选修课】 9月25日，农大附中开设34门选修课。选修课采用初中跨年级和高中跨年级混合编班方法，初一、初二年级开设英语口语、诗词鉴赏和健美操等20门，高一、高二年级开设英语话剧、健身和数学趣苑等14门，学生可以根据爱好选修两门课程。

（闫修富）

【改革英语实验班教学】 9月，农大附中改革英语实验班教学。该改革选用教育部考试中心主编《全国英语等级考试》教材，引入全国英语等级考试评价体系，鼓励学生参加教育部考试中心全国英语等级考试。该英语实验班2000年创办。

（闫修富）

【举办拒绝毒品教育活动】 11月7至19日，农大附中举办“拒绝毒品”教育活动。该活动举办“珍爱生命，拒绝毒品”教育挂图展览，撰写“毒品危害”参观心得等。该校1700名学生参观禁毒教育挂图展，1000名学生在参观留言上签名“珍爱生命，拒绝毒品”。

（闫修富）

【举办航天知识讲座】 11月30日，农大附中举办航天知识讲座。该讲座听取航天医学工程研究所研究员题为《飞向太空》航天知识讲座，利用投影、“神舟5号”模型等实物，介绍“神舟5号”飞船结构、各部件主要功能，展示中国航天科技成就；利用具体数字、图片和资料介绍人类飞向太空、探索宇宙历程以及走过的曲折道路，介绍各种航天器。该校师生1800人参加学习。

（闫修富）

北京市丰台区第二中学

【概　况】 2003年，北京市丰台区第二中学开设教学班46个，其中，高中23个班、初中23个班。在校生2313人，其中，初中1160人、高中1153人。招生760人，其中，初中332人、高中428人。毕业694人，其中，初中396人、高中298人。高中录取分数线（本区）304分，应届高考录取率99%。教职工224人，其中，专任教师145人，高级专业技术职务41人，区骨干教师17人。物化生实验室和音美劳等专业教室19个，体育场地6000平方米。图书馆藏书5.77万册。学校占地面积2.37万平方米，建筑面积1.52万平方米。全年教育经费投入1325万元，其中，国拨956万元、自筹369万元。

（崔文建）

【完成首次干部竞聘】 6月，丰台二中完成首次干部竞聘。该竞聘根据学校实际，坚持“公平、公正、公开”原则，按照动员、公布干部职数、述职、民主测评、全校教职工评分、党组织考核、教代会通过等程序。该校教师16人参加竞聘，11人竞聘上岗，其中，4人为新任人选。该校干部每年竞聘一次。

（崔文建）

【开设20门校本课程】 8月30日，丰台二中开设20门校本课程。

20门课程以学生所需为原则，分别是中国传统文化《茶文化》，中国传统体育《抖空竹》，《物理史》、《数学史》等，内容包括学科深度拓展、学科横向联系。校本课程首先在高一年级428名学生中全面开设。该校本课程开发研究始于2001年，是丰台区“十五”期间科研重点课题。

（柴婵娟　崔文建）

【开展教学岗位练兵活动】 9月15

日至11月14日，丰台二中开展教学基本功“岗位练兵”活动。该活动要求每名教师以新课标和新评课标准为指导，经过集体备课在组内开设一节公开课，由教研组完成集体听、评课，学校至少有一名领导参与教研活动，并提出指导意见。该校教师131人参加活动，推出初、高中研究课131节，校级展示课35节。

（黄　京　崔文建）

【开展教学个案研究活动】 9至12月，丰台二中举办教学个案研究活动。该研究以向45分钟要质量，采用“多元智能理论和问题连续体理论”，应用行动研究法，遵循“以课堂实录→教育设计思想→座谈与访谈→反思”模式研究案例。该校教师140人参加研究活动，共收集教师案例65篇。

（王志江）

【召开心理健康教育展示会】 12

月11日，丰台二中召开心理健康教育工作展示会。会议听取学校题为《以教育科研为先导，全员做好心理健康工作》工作汇报，推出初二年级心理健康课《男生女生》、高一年级主题教育活动《成长的故事》，并完成点评。会议认为，展示课在心理健康教育方面具有实效性，初步形成特色，具有示范作用。会议由丰台区教委、区心理健康教育中心联合主办，来自该区52所学校190名教师参加会议。

（韩素光　崔文建）

北京市苹果园中学

【概　况】 2003年，北京市苹果园中学开设教学班26个，全部为高中班。在校生1269人，招生409人，毕业338人。高中录取分数线（本区）282分，应届高考录取率95.2%。教职工134人，其中，专任教师93人，包括高级专业技术职务教师21人。有物化生实验室和各种专用教室12个，体育场地3670平方米，图书馆藏书4万余册。学校占地面积2.7万平方米，建筑面积1万平方米。全年教育经费投入1317.70万元，其中，国拨933.55万元、自筹384.15万元。

（白　雯）

【举办高考模拟考试演练】 5月30日，苹果园中学举办高三第三次模拟考试。该考试最大限度接近高考要求、程序，过程中设置突发事件演习，假设考场发现一名确诊高热考生，由备用隔离考场教师带领其他19名考生转移到隔离考场继续考试，高热考生及原考场教师在原地隔离完成考试。该校学生338人参加模拟考试。

（白　雯）

【举办紧急疏散演习】 12月10日，苹果园中学举办紧急疏散演习。该演习在教学楼燃放6只彩色烟雾弹模拟烟雾，警报响起，学生在任课教师带领下，用湿毛巾捂着口鼻，按指定路线分4个出口迅速撤离教学楼。演习模拟受伤人员包扎、抢救，整个疏散演习用时4分钟。

（白　雯）

北京市房山区房山中学

【概　况】 2003年，北京市房山区房山中学开设教学班49个，其中，初中班15个、高中班34个。在校生2496人，其中，高中1446人、初中1050人；高一招生780人，初中停招初一新生；毕业779人，其中，初中364人、高中415人。高中录取分数线（本区）292分。应届高考录取率70%。教职工223人，其中，专任教师142人，高级专业技术职务33人。学校占地面积4.22万平方米，建筑面积2.99万平方米。各种专用教室57个，体育场地1.7万平方米。图书馆藏书9.8万册。全年教育经费投入1984万元，其中，国拨1748万元、自筹236万元。

（胡　涛）

【青年教师基本功培训班结业】 1月17日，房山中学第五期青年教师基本功培训班结业。该培训班邀请教科院有关人员担任教学，采用专家讲座、外出考察、基本功比赛等方法，开设粉笔字、钢笔字、微格教学录像课、演讲、教案和主题班会设计6门基本技能课程，学制4个月。该校86名青年教师全部参加学习，其中，8人获得优秀学员称号。

（胡　涛）

【召开杨玉玲管理思想研讨会】 1月25日，房山中学召开杨玉玲管理思想研讨会。会议围绕杨玉玲管理思想，听取题为《抓党建工作，促学校中心任务完成》、《夯实基础，多措并举扎实推进学校发展》、《善于理道、精于导理》和《追求育人本源，感悟校长真谛》发言。来自良乡中学、北师大良乡附中、房山实验中学教师参加会议。杨玉玲，1945年出生，房山人，1968年毕业于北京师范学院。1994至2000年担任房山中学党总支书记、校长，2000至2002年担任该校党总支书记。1994年提出“兴我房中，争创一流”办学目标，1995年提出“教研兴学”发展战略，并分阶段确立以升旗仪式、班主任队伍建设为突破口德育方法。著有专集《甘为教育写春秋》。

（胡　涛）

【科技综合楼投入使用】 8月20日，房山中学科技综合楼投入使用。该综合楼占地面积1000平方米，建筑面积2800平方米，设有24个专用教室和2个会议室。综合楼2002年10月开工，总投资400万元。

（胡　涛）

【举办外籍教师专题讲座】 12月8日，房山中学举办外籍教师专题讲座。该讲座听取清华附中美籍教师关于英语口语教学技巧、提高英语教学水平专题报告。该校英语教师、高一年级学生共760人参加学习。

（胡　涛）

北京市门头沟区 大峪中学

【概　况】 2003年，北京市门头沟区大峪中学有高中教学班30个。在校生1358人、招生500人、毕业274人。高中录取分数线（本区）298分，高考上线率95%、升学率98%。有教职工162人，其中，专任教师92人，包括特级教师2人、高级教师41人、中级教师35人，市区级学科带头人和骨干教师占50%以上，硕士毕业和研究生课程班结业51人。有物化生实验室8个和计算机网络教室、多媒体教室等专用教室9个。图书馆建筑面积5000平方米，藏书5万余册。体育馆建筑面积1581.2平方米、体育场13846平方米。有广播电视监控系统和计算机网络系统。学校占地面积7.34万平方米，建筑面积4.3万平方米。全年教育经费投入2300万元，其中，国拨2090万元、自筹210万元。

（王德聪）

【举办首届教育科研周】 10月21日，大峪中学举办首届教育科研周。该活动听取《努力发挥科研先导作用，扎实稳妥地推进课程改革》报告，听取研究人员听、评课和专题报告。育园中学、三家店铁路中学及部分初中学校教师200人参加活动。

（王德聪）

【召开第五届学代会】 11月6日，大峪中学召开第五届学生代表大会。会议以推进自我民主管理为主题，审议通过《学生自我管理实施意见》和《学生一日生活要求》两个文件。该校学生代表120人参加会议。

（石明廷）

【英特尔未来教育培训班结业】 11月28日，大峪中学英特尔未来教育（Intel Teach to the Future）培训班结业。该培训班采用探究方式教学，由教科院人员执教，开设Front-Page、PowerPoint两门课程，学制1个月。该校40名教师参加学习，全部结业。

（石明廷）

【接待内蒙古对口校考察团】 12月4日，大峪中学接待内蒙古喀喇钦旗王爷府中学考察团。该考察团由26人组成，在大峪中学，听取关于示范校建设情况介绍，观摩部分教师示范课。11月12日，大峪中学赠送王爷府中学1台小压道车。

（王德聪）

北京市通州区 运河中学

【概　况】 2003年，北京市通州区运河中学有教学班44个。在校生2236人，毕业855人，其中，高中433人、初中422人。高中招生622人，录取分数线（本区）322分。专任教师161人，中学高级教师48人，市级骨干教师2人。校园占地面积4.83万平方米，建筑面积3.55万平方米。物化生实验室13个，多媒体教室47个，专用教室11个。图书馆藏书4万册。全年教育经费投入1425万元，其中，国拨1025万元、自筹400万元。

（马力行）

【签订联合培训青年教师协议】 2月，运河中学签订联合培训青年教师协议。该协议分别与通州三中、四中和潞州中学签订，根据协议，该校与3所学校结成“帮学对子”，采用定期举办展示课、研讨会等方式，培训青年教师，实现教育资源共享。

（马力行）

【校园网工程全部竣工】 6月，运河中学校园网工程全部竣工。该校园网建有多媒体教室47个、多媒体阅览室1个、多功能报告厅2个，铺设光缆1000米，实现校内计算机联网，并建立校园网站。校园网1998年开工建设，总投资600万元。

（马力行）

【高考取得好成绩】 6月，运河中学453人参加高考。达到专科提档线416人，上线率91.83%，其中，本科录取310人，占参加高考人数68.43%，包括5人考入清华、北大。本年高考为历史最好成绩。

（马力行）

【新增教师16人】 8月，运河中学新增教师16人。其中，应届本科毕业生7人，调入高级专业技术职称教师9人，分别担任高中语文、数学、外语等学科教学。近3年来，该校新增教师40人。

（马力行）

【举办首届学生艺术节】 10月20日至12月9日，运河中学举办首届学生艺术节。该艺术节推出声乐、器乐、美术和书法等多种活动，以纪念

“一二九”歌咏比赛结束。该校 2000 名学生参加活动。

（马力行）

【举办学生评教活动】 12 月 15 日，运河中学举办学生评教活动。该活动采用机读卡形式，设立教育思想、教学方法和工作态度等 10 个方面内容，每项分为 3 个档次，由学生填涂。该校全部科目任课教师 144 人参加评教活动，其中，优秀 90 人、合格 54 人。

（马力行）

【综合实验楼和第二食堂落成】 12

月 20 日，运河中学综合实验楼和第二食堂落成。实验楼建筑面积 5.85 万平方米，地上 3 层，拥有实验室、报告厅和音美教室等。第二食堂建筑面积 496 平方米，拥有标准厨房和饭厅。两项工程 3 月开工，由区政府投资 3934 万元征地并建设。

（马力行）

北京市顺义区第一中学

【概　况】 2003 年，北京市顺义区第一中学开设教学班 43 个，全部为高中班。在校学生 2264 人、招生 690 人、毕业 805 人。高中录取分数线（本区）315 分，应届高考录取率 95%。教职工 204 人，其中，专任教师 136 人，包括高级专业技术职务教师 51 人，特级教师 1 人。物化生实验室和各种专用教室 37 个。体育场地 2.16 万平方米。图书馆藏书 11 万册。学校占地面积 4.47 万平方米。全年教育经费投入 2038.26 万元，其中，国拨 1661.34 万元、自筹 376.92 万元。

（高俊芝）

【举办住宿学生贺生日活动】 自 1 月，顺义一中举办住宿学生贺生日活动。该活动由舍管组教师每天公布过生日学生名单，早晨校园广播站播放，师生为过生日学生点播歌曲，中午举办过生日学生参加的抽奖活动，每人得到一份祝福小礼品。

（高俊芝）

【连续 5 年获得文明标兵称号】 3 月，顺义一中获得首都文明单位标兵称号。这是该校第五次获得首都文明单位标兵称号。自 1998 年，该校以创建精神文明单位工作作为主线，贯穿于各项工作，强调师德建设，全面提高教职工的综合素质。

（刘海廷）

【实施开放式语文教学实验】 4 月 1 日，顺义一中实施开放式语文教学实验。该实验课堂教学采用课前五分钟学生讲与练，课上话题交流与辩论，同题作文的鉴赏与批阅等形式。同时，配合开设选修课，设置研究专题，召开诗歌朗诵会、讲演会，开展课外阅读指导，举办学生书法、对联创作展等活动，开展语文写作教学实验。来自高二年级 14 个教学班 750 名学生参加实验。

（杨凤泉）

【召开第十届青年教师拜师会】 9 月 10 日，顺义一中召开第十届青年教师拜师会。会议举行 7 对师徒协议签字、师徒互赠礼品、师傅给徒弟赠言、师徒合影留念等仪式。会议听取老教师希望青年教师《不当教书匠，要当教育家》发言，听取青年教师《虚心求教，早日站稳讲台》发言，号召青年教师学习老教师爱岗敬业精神，尽快提高教学语言、教学设计和组织教学 3 种能力。该校领导、新老教师 30 人参加会议。

（陈绘民）

【举办首届文体活动月】 10 月和 11 月，顺义一中举办首届师生文体活动月。10 月作为学生文体活动月，举办足球、篮球和羽毛球等 10 个项目体育比赛以及器乐、书画等文艺比赛。11 月作为教师文体活动月，根据教师年龄特点，分别设羽毛球、踢毽、拔河等体育活动项目以及卡拉 OK、现代秧歌赛等文艺比赛。该校师生 2500 人参加活动。

（高俊芝）

【科技实验楼投入使用】 11 月 1 日，顺义一中科技实验楼（含报告厅）投入使用。该实验楼占地面积 2700 平方米，建筑面积 13654 平方米，地上 11 层，1 到 7 层为教学用房，有各类实验室 27 个，其他专用教室 5 个，有实验员办公室、准备室和仪器室 48 间，化学实验室安装废气处理装置。8 到 10 层为行政办公用房，设有接待室和能容纳 70 人会议室，设有 800 个座位的报告厅配有中央空调、电动幕布和校园网等。实验楼 2001 年 5 月开工建设，总投资 3000 万元。

（阎振广）

【完成年度基本建设工程】 至 11 月，顺义一中完成年度基本设施建设。该工程包括科技实验楼（含报告厅）、体育馆和全塑胶田径场，工程总建筑面积 2 万平方米，塑胶操场 1.6 万平方米，原建筑物外装修面积 8000 平方米，总投资 5000 万元。

（阎振广）

北京市怀柔区第三中学

【概　况】 2003 年，北京市怀柔区第三中学开设教学班43个，其中，初中32个、高职考预备班11个。在校生2225人，其中，初中1695人、高中530人。招生833人，其中，初中541人、高中292人。毕业725人，其中，初中399人、高中326人。高中录取分数线（本区）240分，应届高考录取率79.1%。教职工204人，其中，专任教师120人，包括高级专业技术职务33人，市级中青年骨干教师2人，全国优秀教师1人。物化生实验室和各种专业教室13个，体育场地3400平方米，图书馆藏书3.27万册。校园占地面积2.31万平方米、建筑面积1.72万平方米。全年教育经费投入764万元，其中，国拨664万元、自筹100万元。

（李长明）

【举办校友座谈会】 3月1日，怀柔三中举办校友座谈会。会议听取一名北大毕业生和两名正在北大读书校友，讲授坚定自信、确定人生目标、掌握科学学习方法、培养良好学习习惯等问题，并以座谈的形式，讨论正确对待学习、考试和人生，把自己从课业负担、应试心理压力和自我封闭意识解脱出来，掌握系统基础知识、强化学习能力，提高单位时间学习效率，掌握学习和考试技能技巧等问题。该校400名应届初、高中毕业生参加会议。

（李长明）

【完成高自考考点工作】 4月12日，怀柔三中完成高等教育自学考试考点任务。该校按照统一要求，采用允许考生核验考试资格以后戴口罩、考务人员避免与考生近距离接触和每场考试完毕全面消毒3项措施，共设立29个考场，接待890名考生，完成279科次考试。

（李长明）

【首届初中生毕业】 7月，怀柔三中首届初中生毕业。该校初中毕业生399人参加中考，语文、数学、英语三科总分300分以上考生127人，其中，25人被市级重点高中录取、75人被怀柔一中录取，在全区5000名考生中，位居总分前10名和前100名考生，该校分别占33.3%和40%。2000年，怀柔区教育结构调整，该校恢复初中招生。

（李长明）

北京市怀柔区第四中学

【概　况】 2003年，北京市怀柔区第四中学开设初中教学班32个。在校生1455人、招生426人、毕业500人。教职工149人，其中，专任教师104人，包括高级专业技术职务教师19人。物化生实验室和各种专用教室18个。体育场地4000平方米。图书馆藏书4.9万册。校园占地面积1.7万平方米、建筑面积1.07万平方米。全年教育经费投入635.71万元，其中，国拨632.18万元、自筹3.53万元。

（刘利利）

【召开教师业务培训会】 1月19日，怀柔四中召开教师业务培训会。会议交流参观学习北京二中体会，听取中国青少年研究中心教授题为《教会学习，主动发展》专题报告，讲授教会学生学习和成长阶梯式方法。会议听取全国优秀班主任关于心理健康教育专题报告，提出教师研究学生心理，必须做到研究人与研究事、研究教育外化过程与内化过程、研究共性和个性、研究思想教育和研究理想信念教育4个相结合，提高德育实效。该校教师共计70人参加学习。

（刘利利）

【举办争做优秀中学生教育活动】 2月，怀柔四中举办“告别不文明行为，争做优秀中学生”主题教育活动。该活动分为3个阶段，学习宣传阶段，举办红旗下讲话、发倡议书、板报、学习背诵新守则和规范等活动；自查整改阶段，以班级为单位，对照新守则和规范查找自身不足，利用主题班会、教师督导、同学互助等形式整改；总结表彰阶段，表彰表现突出班级和个人。该校师生1500人参加活动。

（刘利利）

【举办两次民主日活动】 2月18日和8月29日，怀柔四中举办两次民主日活动。2月，教代会代表审议并通过学期工作总结、第二学期工作计划、教职工工作考核方案、财务收支以及建立阶梯教室报告。8月，教代会代表审议校长自评报告、财务收支情况及招待费支出情况报告，完成副校级干部民主评议。该校职工代表15人参加会议。

（刘利利）

【举办教师礼仪培训班】 10月8日，怀柔四中举办教师礼仪培训班。该培训班听取区成教中心教师关于教师职业礼仪专题讲座，结合教师职业特点和生活实际，系统讲授教师礼仪知识和规范。该校140人参加学习。

（刘利利）

【举办秋季运动会】 10月24至25日，怀柔四中举办秋季运动会。该运动会以班级为单位，分为6个组别，66个比赛项目。来自32个教学班640名学生参加比赛。其中，12人次打破8个项目校运会纪录。

（刘利利）

【举办爱国主义教育征文活动】 10月，怀柔四中举办爱国主义教育征文活动。该活动以教学班为单位，要求以自己身边真人真事为素材，通过观察、搜集、总结等方式，发现现实生活中爱国主义行为，理解青少年离爱国主义并不远道理。该校学生1000人参加活动，共收到征文760篇。

（刘利利）

北京市密云县第三中学

【概　况】 2003年，北京市密云县第三中学有初中教学班36个。在校生1800人、招生610人、毕业539人。有教职工133人，其中，专任教师101人，包括高级专业技术职务15人、中级58人，市级学科带头人1人。有教学楼2座，教室36个，专用教室8个。图书馆藏书4.5万余册，学生阅览室2个，教师阅览室1个。学校占地面积1.9万平方米、建筑面积1.02万平方米。全年教育经费投入59万元，其中，国拨44万元、自筹15万元。

（张艳秋）

【建立环境人口与可持续发展教育实践基地】 3月9日，密云三中建立环境人口与可持续发展(EPD)社会实践基地。该基地以司马台长城为中心，面向游人每年举办环保知识宣传、维护环境卫生等活动。首次共有师生90人参加活动。

（张艳秋）

【中考优秀率位居全县第一】 7月，密云三中中考优秀率再次位居全县第一。该校初三毕业生539人参加中考，平均分292.5分，优秀率48.8%，平均分和优秀率均位居全县第一。其中，考取县级重点高中152人。这是该校连续5次取得全县第一名。

（张艳秋）

【开通校园网】 9月，密云三中校园网开通。该校园网利用接入光纤技术，与北京教育信息网主干网连接，设立72个终端，每个办公室都配备计算机，师生可以根据需要随时上网查找资料。校园网2001年9月开工建设，总投资45万元。

（张艳秋）

【培训察右中旗学校教师】 9至10月，密云三中接待内蒙古察右中旗职业学校3名教师。该校专门指定3名中学高级教师作为指导教师，先后开展备课、听课和评课活动。

（张艳秋）

【举办维护合法权益知识讲座】 11月7日，密云三中举办维护消费者合法权益专题讲座。该讲座听取工商所干部讲解如何识别伪劣产品知识，听取消费者保护协会消法知识普及报告。该校全体师生参加学习。

（张艳秋）

【举办法制教育观摩课】 12月2日，密云三中举办法制教育观摩课活动。此次活动观摩该校法制副校长专题讲座，系统论证什么是违法、什么是犯罪，青少年犯罪特点及原因，青少年如何远离犯罪和加强自我保护等问题。活动由县政法委、县教委联合主办，来自全县20名学校法制副校长参加学习。

（张艳秋）

【全面提高学生素质研究结题】 12月17日，密云三中“构建初中主体性课堂教学模式——全面提高学生素质”课题通过鉴定。该课题是县级重点课题，2001年立项，课题组利用现代教育理念，采用行动研究等方法，研究学生主体性等问题。

（张艳秋）

北京市密云县太师庄中学

【概　况】 2003年，北京市密云县太师庄中学有49个教学班，其中，初中31个、高中18个。在校生2482人，其中，初中1570人、高中912人。招生782人，其中，初中482人、高中300人。毕业829人，其中，初中523人、高中306人。高中录取分数线442分，应届高考录取率82%。教职工241人，包括专任教师141人，其中，90%以上是35岁以下青年教师，研究生结业43人，本科毕业89人。有高级教师17人，中学一级教师61人，骨干教师7人，学科带头人1人。有普通教室49个，各种专用教室6个。图书馆藏书5.2万册。校园占地面积4.2万平方米、建筑面积1.5万平方米。全年教育经费投入780万元，其中，国拨700万元、自筹80万元。

（赵得利）

【评选“四满意”教师】 3月20日，太师庄中学举办“四满意”教师评选活动。该评选以年级组为单位，分为3个阶段，设立学生满意、家长满意、教师满意和领导满意4个条件，经过4个程序。该校教师141人参加评选，其中30人当选。

（赵得利）

【评选骨干教师】 3至7月，太师庄中学评选骨干教师。经过个人申报、民主评议、公开课观摩、教育理论学习和考试等程序。该校教师15人参加评选，其中，3人当选。

（赵得利）

【高一师生体验军营生活】 9月1至6日，太师庄中学举办体验军营生活活动。该活动与驻京部队联合举办，与官兵生活、居住在一起，先后练习队列、射击和格斗等训练科目。该校高一师生306人参加训练。

（赵得利）

【举办系列爱国教育活动】 10月18日、25日和12月15日，太师庄中学举办系列爱国主义教育活动。该活动分为参观科技馆、天安门升旗仪式和收看爱国主义电影3个部分，先后参观富国海底世界、自然博物馆和清华校园，收看《暖春》、《惊涛骇浪》和《大决战》等影片。该校师生2000人参加教育活动。

（赵得利）

【举办向张虎烈士学习活动】 11月18至19日，太师庄中学举办向张虎烈士学习活动。该校举办主题班会、演讲比赛和征文比赛活动，并向张虎烈士父母捐赠5430元。张虎，1985年出生，1999年就读于太师庄中学，2002年高中毕业后，应征入伍当消防兵。在11月3日衡阳特大火灾中不幸以身殉职。

（赵得利）

【159.8万元完成改善办学条件】 至年底，太师庄中学投资159.8万元完成办学条件改善。其中，投资3万元，建设平房120平方米；投资5.5万元，硬化地面1700平方米；投资1.2万元，修建污水沟120米；投资30万元，绿化校园14000平方

米；投资4.5万元，标示校园文化；投资65万元，教学楼内外装修1600平方米；投资10.6万元，改造卫生洁具、浴室喷头，装混水器；投资6.4万元，更新办公桌椅160套；投资3.6万元，安装师生宿舍电扇167台；投资5万元，内装修学生宿舍；投资25万元，为骨干教师配备便携式计算机21台。

（赵得利）

北京师范大学平谷附属中学

【概　况】　2003年，北京师范大学平谷附属中学有教学班56个，其中，高中班35个、初中班21个。在校生2779人，其中，高中1724人、初中1055人。招生1137人，其中，高中777人、初中360人。毕业1059人，其中，高中493人、初中566人。高考上线率理科94.17%，文科93.16%。教职工268人，其中，专任教师167人。本科学历196人，市级骨干教师1人。有多媒体教室、电子备课室、物化生实验室等专用教室26个，图书馆藏书4.5万册。固定资产总值4500万元。全年教育经费投入1494.4万元，其中，国拨946.7万元、自筹547.7万元。

（李　伟）

【举办考前状态调整专题讲座】　3月29日，北师大平谷附中举办中学生学习与考试状态调整专题讲座。该讲座听取北师大教授题为《努力在今日，圆梦在明天》专题演讲，听取北京电视台编辑结合三个典型案例，讲解考试复习、考场心态和填报志愿等问题，论证饮食起居、科学用脑和家庭气氛等问题，讲解考试中存在的问题及解决办法。该校初、高三学生及家长1000人参加学习。

（李　伟）

【完成女教师体检】　4月18至19日，北师大平谷附中完成女教师体检。该体检设立口腔、胸透和肝功等共12个项目。该校教师126人参加体检，其中，63人患有不同类型疾病，患病人数占50%。

（岳广顺）

【完成微格教学评审】　5月9日，北师大平谷附中完成微格教学评审。该评审以学科教研组为单位，听取体育教研组3名教师各15分钟教学示范课，并完成点评，与体育教师研讨动作衔接、实效、推广、示范性问题，提出6条改进意见。该校教师130人参加评审活动。

（李　伟　岳广顺）

【开展研究型学习展示活动】　7月

14日，北师大平谷附中举办研究型学习展示活动。该活动推出12名教师12节研究型学习展示课，课程按照教师提供学习资料，利用学校教育资源，提出自主学习、生生合作、共同研究和解决问题课堂教学计划。该校教师近百人参加展示活动并完成现场点评。2002年，该校高一年级10个教学班开展研究型学习实验。

（岳广顺　李　伟）

【初中部一期工程竣工】　8月25日，北师大平谷附中初中部一期工程竣工。该工程占地面积1.6万平方米，建筑面积7570平方米，有教学楼1座，有教室96间，可容纳32个教学班，1600名学生就读。工程2002年10月开工建设，总投资1800万元。

（李　伟）

【举办学生学法设计比赛】　12月15日，北师大平谷附中举办学生学法设计比赛。该比赛以教学班为单位，要求学生自己动手设计分学科学习流程，由教育、教学两个部门教师完成评议。该校高一年级教学班8个方案参加比赛，高一（3）班学法方案获奖。

（岳广顺）

北京市大兴区第二中学

【概　况】　2003年，北京市大兴区第二中学开设教学班32个，其中，初中6个、高中26个。在校生1591人，其中，初中306人、高中1285人。招生562人，其中，初中100人、高中462人。毕业481人，其中，初中95人、高中386人。高中录取分数线（本区）306分，应届高考录取率92%。教职工186人，其中，专任教师127人，高级专业技术职务教师26人。物化生实验室和各种专业教室10个，体育场地1.66万平方米。图书馆藏书1.25万册。学校占地面积3.61万平方米，建筑面积1.44万平方米。全年教育经费投入807万元，其中，国拨569万元、自筹238万元。

（孙继春）

【举办新教师培训班】　8月22至24日，大兴二中举办新教师校本培训班。该培训采用专题讲座形式，开设校情、校史、规章制度，德育教育和教学常规课程，收看优秀教学、师德事迹录像，听取优秀教师经验介绍。该校新教师24人参加学习。

（孙继春）

【举办教师教学情境比赛】　9月，大

兴二中举办青年教师教学情境比赛。该项比赛选择教学中容易出现问题，现场出题，要求青年教师现场准备、现场解答，不得超过2分钟。评委根据回答问题内容、表达技巧和仪表风范现场打分。该校青年教师22人参加比赛。

（孙继春）

【学生会完成竞选换届】 9月26至27日，大兴二中学生会完成竞选换届。该竞选采用学生自愿报名、现场发表竞选演说和全体学生投票形式，要求竞争意识强、特点突出、个性鲜明。该校60名学生报名参加竞选，其中，26人当选。

（孙继春）

【学生电视台举办选拔赛】 10月10日，大兴二中学生电视台举办主持人、小记者、编辑选拔赛。该比赛设立笔试答题、主题设计和诗歌朗诵3个项目，测试学生反应程度、文字水平、组织能力和声音条件。该校学生63人参加比赛，其中，4人当选主持人、8人当选小记者、3人当选文字编辑。

（孙继春）

【举办女教师卫生保健讲座】 11

月19日，大兴二中举办女教师卫生保健知识讲座。该讲座听取第四军医大学教授关于妇女卫生保健知识讲座，结合多年临床经验，讲解妇女卫生保健重要性、科学保健方法和如何防治妇科疾病等问题。该校女教师96人参加学习。

（孙继春）

【举办英特尔未来教育培训班】 11月17至27日，大兴二中举办英特尔未来教育（Intel Teach to the Future）培训班。该培训班采用探究式教学方式，讲授Word、PowerPoint和FrontPage等课程。该校新教师58人参加学习。

（孙继春）

【举办篮球联赛】 12月9日，大兴二中举办篮球联赛。该联赛以教学班为单位，分为高中、初中共计2个组别，采用单轮淘汰赛制。来自16个教学班16支代表队参加比赛。

（孙继春）

【开展联合教研活动】 12月17日，大兴二中开展联合教研活动。该校化学教研组教师10人前往榆垡中学，举办听课、评课活动，现场指导两名青年教师研究课。两校教师27人参加活动。

（孙继春）

北京市大兴区兴华中学

【概　况】 2003年，北京市大兴区兴华中学为全寄宿制纯高中校，开设教学班28个。在校生1492人，招生555人，毕业350人。高中录取分数线（本区）311分，应届高考录取率90%。教职工165人，其中，专任教师121人，高级专业技术职务教师22人。物化生实验室和各种专业教室14个，有1.6万平方米塑胶标准田径场和2125平方米体育馆。图书馆藏书3.4万册。学校占地面积5.03万平方米，建筑面积2.89万平方米。全年教育经费投入1172万元，其中，国拨991万元、自筹181万元。

（禹振河）

【广播站选拔播音员】 3月2日，兴华中学举办“飞旋”广播站播音员选拔赛。该比赛分为预赛、初赛和决赛3个阶段，设立朗读、采访和答辩3个项目。该校学生60人参赛，其中，6人当选。该校广播站1998年成立，每年初选择一次播音员。

（李　娟）

【召开高中数学教学模式总结会】

5月20日，兴华中学召开高中数学教材教学模式阶段总结会。会议认为，“高中数学新教材‘导学、探究、解疑、内化’教学模式的实验研究”以教育心理学为依据，采用课前导学、课上探究、点拨解疑多种方法，以四步运行结构开放型教学设计，解决学生思维深入参与和教学进度、分层教学与班级授课制、学生已有知识结构与新知识的矛盾。来自区教研中心研究人员、教师50人参加会议。该课题由该校两名数学教师设计并实施，已经完成导学导练提纲编辑，出版后由区教研室推广。

（刘秀华）

【新建男生宿舍楼投入使用】 8月18日，兴华中学新建男生宿舍楼投入使用。该宿舍楼占地面积800平方米，建筑面积3266平方米，地上5层，拥有宿舍105间，可容纳840名学生入住。宿舍楼2002年10月开工建设，2003年6月竣工，总投资360万元。

（曹立华）

【通过区级中学示范校验收】 11月6日，兴华中学通过大兴区示范校评估验收。验收专家组由16人组成，他们通过听取汇报、查阅资料、召开座谈会和教学检查等程序，肯定学校各项工作。兴华中学前身是大兴师范学校，建于1949年，1997年转办高中教育，更名为兴华中学。

（刘宗武）

【完成学生体检】 11月11至12日，兴华中学完成学生体检。该体检在区防疫站举行，设立身高、体重和视力共计12项检查标准。该校学生1400人参加检查，结果显示，

26.8%学生发育及营养状况超标，72.2%学生视力不良。

（魏秀芳）

【举办校园歌手比赛】　12月8日，兴华中学举办“飞扬的青春”纪念“一二九”运动校园歌手比赛。该比赛分为预赛、初赛和决赛3个阶段，设立美声唱法、通俗唱法和民族唱法3个比赛项目。该校学生100人报名参赛，31人进入决赛。

（李　娟）

【举办“兴华师生情”征文活动】　12月9至22日，兴华中学举办“兴华师生情”征文活动。该活动不限文体，要求真实记录一段学校生活。该校高一年级学生555人共撰写500篇征文，其中，120篇被评为优秀作品。依据内容，征文被分别编成《我的老师》和《我的同学》各一册。

（孙金霞）

北京市昌平区第二中学

【概　况】　2003年，北京市昌平区第二中学有教学班55个，其中，初中13个、高中42个。在校生2820人，其中，初中632人、高中2188人。招生841人，其中，初中159人、高中682人。毕业987人，其中，初中342人、高中645人。高中录取分数线（本区）290分，高考录取率89.2%。教职工272人，其中，专任教师192人，包括高级专业技术职务44人、中级68人，市级骨干教师2人。有物化生实验室14个，各种专用教室48个。建有400米塑胶环形跑道标准田径场和5760平方米人工草坪足球场、1203平方米体育馆、130米的运动跑廊，以及建筑面积120平方米的体育器材室。图书室藏书8.77万册，电子图书4万册，订阅杂志289种，报刊45种。学校占地面积4.33万平方米，建筑面积3.37万平方米。全年教育经费投入2183万元，其中，国拨1287万元、自筹896万元。

（张　利）

【99人考入重点高校】　6月，昌平二中99人考入全国重点高校。该校本年603人参加高考，266人考入本科院校，99人考入重点本科院校，总升学人数538人。本年该校理科数学、英语成绩超过市平均分。

（张　利）

【聘请一批外籍教师】　9月25日，昌平二中聘请一批外籍教师。该批外籍教师共9人，分别来自英国、法国和西班牙等5个国家，在该校他们担任初一至高三年级英语口语课程，为期3个月。同时，举办周一至周四中午英语角活动。

（张　利）

【举办课堂教学片断竞赛】　12月21日，昌平二中举办信息技术与学科整合课堂教学片断竞赛。该竞赛以教研组为单位，设立语文、数学和英语等共计9个比赛项目，要求突出信息技术与学科整合、提高课堂教学效率特点，每个片段15分钟，采用评委现场评分方法。该校教师104人参加竞赛。

（张　利）

【完成信息化建设投入880万元】　至年底，昌平二中完成信息化建设投入880万元。其中，建设校园网670个点、语音教室、多媒体教室和中学阅览室项目，改造完成学生机房和办公设备项目，购置学生计算机370台和办公用计算机60台，同时为每名教师出资5000元购置便携式计算机179台。

（张　利）

北京市昌平区第五中学

【概　况】　2003年，北京市昌平区第五中学有教学班36个。在校生2050人、招生657人、毕业生488人。教职工157人，其中，专任教师103人，包括高级专业技术职务15人、中级41人。物化生实验室4个，音、美、劳、计算机、多媒体专用教室共5个，体育场地1.68万平方米。教学设备总值1936万元。图书室藏书4万册，订阅杂志101种，报刊20种。校园占地面积3.5万平方米、建筑面积1万平方米。全年教育经费投入645万元，其中，国拨567万元、自筹78万元。

（张　慧　刘红兵）

【举办德育主题教育活动】　2月16日，昌平五中举办德育主题教育活动。该活动以“把忠心献给祖国、把爱心献给社会、把关心献给他人、把孝心献给父母、把信心留给自己”为主题，开展“五心”教育系列活动，并将主题内容编成歌谣印发。同期，该校还在教师中开展增强责任心、体谅家长苦心、激发学生上进心等德育活动。

（张　慧　刘红兵）

【召开交流学习经验主题班会】　3月，昌平五中初三（10）班召开《敢问路在何方，路在脚下》主题班会。会议使用英汉双语主持，听取学生学习经验交流和家庭教育经验介绍。最后，学生和家长在“苦战冬仨月，力争结硕果”长联上签字，表达迎接中考决心。该班学生、家长及任课教师108人参加会议。

（张　慧　刘红兵）

【与霞云岭中学签订合作协议】　4月17日，昌平五中与房山区霞云岭中学建立“手拉手”合作协议签字。根据协议，双方建立教学合作关系，共同探讨课堂教学改革，共同提高。协议签订后，霞云岭中学60名教师，观摩昌平五中3个年级7个学科20名教师的“研学导练实践主体性教学模式”研究课。

（张　慧　刘红兵）

【举办英语教研课活动】　10月28日，昌平五中举办英语教研课活动。该活动观摩初一年级英语公开课，运用多媒体自制教具教学，课堂气氛活跃，学生在宽松环境下掌握英语知识，锻炼听说读写能力。活动由昌平区教委主办，各校英语教师 70 人参加学习。

（张　慧　刘红兵）

【召开初三年级教学研讨会】 11 月 8 日，昌平五中召开初三年级教育教学研讨会。会议以“总结情况、明确目标、发现问题、确定措施”为主题，听取初三年级 11 名班主任学生学习现状汇报，分析问题，并提出解决问题方法。会议交流加强备课、以新知识带旧知识及抓好后进生转化经验。该校教师 60 人参加会议。

（张　慧　刘红兵）

北京市延庆县第一中学

【概　况】 2003 年，北京市延庆县第一中学有 42 个教学班。在校生 2100 人、招生 829 人、毕业 460 人。应届高考录取率 78.18%。教职工 264 人，其中，专任教师 152 人，包括特级教师 1 人、高级教师 52 人，一级教师 60 人，北京市学科带头人和骨干教师 8 人。固定资产总值 4847.72 万元。学校占地面积 8.35 万平方米、校舍总建筑面积 3.23 万平方米。全年教育经费投入 1564 万元，其中，国拨 846 万元、自筹 718 万元。

（卫书成）

【召开劳模先进事迹报告会】 3 月 18 日，延庆一中召开劳动模范先进事迹报告会。会议听取李素丽题为《甘做人民公仆》的演讲，讲述参加工作 20 年亲身经历和为人民服务过程中切身感受。该校全体师生参加学习。

（卫书成）

【聘请心育兼职教师】 3 月 31 日，延庆一中聘请心育兼职教师。兼职教师共计 10 人，均为全国优秀教师、市青年学科带头人，他们轮流在心理咨询室挂牌值班，回答学生、家长有关问题，帮助学生调整心理。

（卫书成）

【举办服刑人员法制报告会】 10 月 20 日，延庆一中举办服刑人员法制报告会。会议听取两名服刑人员专题报告，结合具体事例，采用现身说法形式，通过自身由单纯青少年走向犯罪道路经过，沉痛反思，告诫青少年要学法、讲法、守法。该校全体师生参加学习。

（卫书成）

【与 10 个单位签署教育基地协议】 11 月 1 日，延庆一中与 10 个单位签署教育基地协议。包括平北抗日纪念馆、硅化木国家地质公园和 6632 部队防化团等。依据协议，该校师生定期到各基地开展社会实践，接受教育；教育基地提供场地、设施，为学生创造活动机会。

（卫书成）

【社区教育委员会成立】 11 月 12 日，延庆一中社区教育委员会成立。该委员会由城镇办事处、法院和疾控中心等 13 个社区单位组成，利用社区组织形式，结合家长、学校、社会，不断探索德育教育途径，拓展工作网络。

（卫书成）

【举办新青年教师考核答辩】 12 月 8 日，延庆一中举办 2002 年参加工作新教师考核答辩。该答辩设立教育理论知识、专业理论、一般教育观念 3 个方面内容，采用听课、评课、板书课件设计和学生反馈等方法。该校新教师 15 人参加考核，其中，优秀 6 人、合格 9 人。

（卫书成）

北京市延庆县沈家营中学

【概　况】 2003 年，北京市延庆县沈家营中学有教学班 22 个。有在校生 838 人、招生 178 人、毕业 332 人。教职工 98 人，其中，专任教师 59 人，包括中学高级教师 4 人。有普通教室 24 个，各种专用教室 15 个。图书馆藏有图书 3.26 万册。学校占地面积 2.56 万平方米、建筑面积 6300 平方米。全年教育经费投入 287 万元，其中，国拨 277 万元、自筹 10 万元。

（梁秀芳）

【中考取得好成绩】 7 月 24 至 26 日，沈家营中学中考成绩取得好成绩。该校 332 名学生报名参加中考，其中，6 人中考成绩突破 330 分，39 人考入市县重点高中，153 人考入普通高中，其他学生均考入市县各级各类中等职业学校。

（梁秀芳）

【开展心理健康教育】 9 月，沈家营中学开展心理健康教育工作。该活动在不同年级开设心理健康教育课程，开展心理咨询，并设立“心语箱”。同时，收集学生心理问题，组建花季心语广播组，利用每天中午的时间面向全校师生开展心理健康辅导。

（宋爱琴）

【评选骨干教师】 9 至 10 月，沈家营中学完成骨干教师和学科带头人评选。该评选由骨干教师考评小组主持，结合考核成绩，采用实际听课等方法。该校教师 60 人报名参加评选，22 人当选，其中，校级骨干教师 13 人、学科带头人 9 人。

（张新华）

【举办法制教育情景剧演出】 11

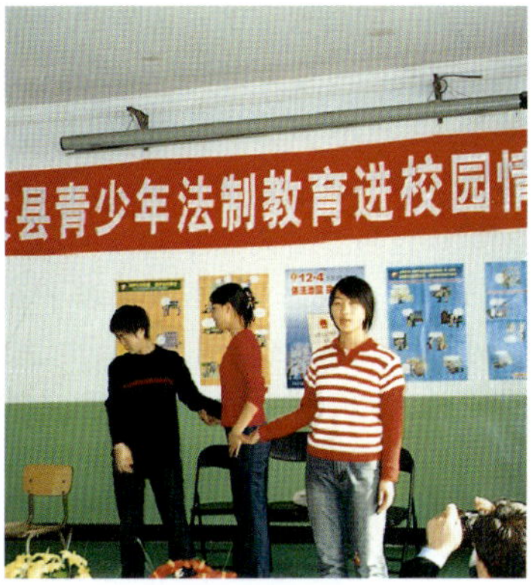

月 30 日，沈家营中学举办青少年法制教育进校园情景剧演出。该演出分六个部分，分别演出《自行车奇遇记》、《悔恨昨日梦》和《沟通》等节目。同时，结合访谈形式，宣传积极预防少年犯罪观点。演出由县团委、县司法局联合主办，来自县教委、县团委领导，师生、家长代表共计177人观看演出。

（丁桂青）

【召开反对家庭暴力报告会】 12月9日，沈家营中学召开反对家庭暴力主题报告会。会议听取检察院人员题为《反对家庭暴力，从孩子抓起》专题演讲，系统讲授家庭暴力的内涵、表现形式和怎样预防家庭暴

力等问题。报告会与县妇联、法院和检察院等单位联合举办，该校师生210人参加学习。

（丁桂青）

【举办青春期教育讲座】 12月17日，沈家营中学举办青春期教育专题讲座。该讲座听取教科院教授题为《青春的成长不是单行线》专题演讲，系统论证青春期交友、做人的准则和学生4种生活体验的选择问题，并现场回答学生提问。该校师生895人参加学习。

（丁桂青）

小　学　教　育

【概　况】 2003年，北京市共有小学1652所，比上年减少172所，减幅9.43%。在校学生546530人，比上年减少47711人，减幅8.03%。本年全市小学共有教职工63174人，其中，专任教师49843人，教职工数比上年减少3061人，减幅4.62%，专任教师减少2997人，减幅5.67%。

（张永凯）

【平谷抽测小学教学质量】 1月7至9日，平谷区教委抽测小学教学质量。该抽测分为语文、数学两科，来自28所小学二年级学生750人参加抽测，其中，优秀150人，占20%；合格542人，占72%；不及格58人，占8%。平谷一小和平谷四小以平均93.2分和95.7分成绩分获语文和数学第一名。抽测结果显示，教师对学困生重视有待加强。

（岳广顺）

【平谷四小改革学生考试评价方法】 1月9至11日，平谷区第四小学改革学生考试评价方法。新方法在书面考试中增加同一学科提供多项内容、同一科目提供3至5张试卷供学生选择，同时增加行为观察、问题研讨、研究型学习、情境测验和成长记录5项评价内容，其中，书面考试分数权重占60%，其他五部分分别占5%、10%、10%、10%和5%。

（岳广顺）

【花乡推广六圈小学科研经验】 1月20日，丰台区花乡教委召开教育工作会。会议听取六圈小学结合课题研究，改进教学方法经验介绍。该校教师过去备课时，只考虑知识。现在打破教学工作与科研界限，重新研究怎样处理教材，重新设计教法。语文《草船借箭》，过去总围绕“你觉得诸葛亮是个什么样的人”设问，通过重新分析课文，发现诸葛亮神机妙算、博学多才很吸引人，于是设问“诸葛亮轻松借到了箭，他哪些做法让你不理解”。学生思维拓宽，展开有理有据争辩，课堂气氛活跃。

（张爱民）

【平谷二小确保校本课程教学时间】 2月27日，平谷区第二小学制订确保校本课程教学时间办法。该办法调整每天课时，一、二节上40分钟，三至六节课上35分钟，然后上20分钟校本课程。至年底，该校共开展校本课程教学3850分钟。2001年，平谷二小开展校本课程教学，语文以古诗、名家名篇、片断诵读为主；数学以口算、心算、速算为主。

（范淑霞）

【法华寺街小学10年坚持“乐考”】

2月，崇文区法华寺街小学举办第10次一年级学生“乐考”。该校一年级期末考试分为语文、数学、特长3个考场，均布置拉花、彩带、气球、窗花。语文、数学考试由学生选取彩带卡片，在教师面前口答，教师根据学生回答情况记分；特长考试包括体育、音乐和美术，学生自选一项接受专科教师测试。该校一年级学生48人参加考试。1993年，法华寺街小学创立“乐考”制度，10年共有1000名学生参加“乐考”，较好解决小幼衔接问题。

（李秀荣　孙永志）

【大兴研讨小班教学】 4月16日，大兴区教委在枣园小学召开小学小班教学研讨会。会议观摩枣园小学两位教师两节小班教学研究课、学生才艺展示，听取五名青年教师题为《沐浴课改春风，我们一路同行》演讲，教育学院教授完成点评。会议肯定枣园小学教学经验，提出在校园营造学习、研究气氛，让教师在研

究中工作，树立为学生终身发展着想理念等任务。该区教师80人参加会议。

（李金艳）

【永生小学开展自主学习教学实验】

4月，崇文区永生小学开展自主学习策略教学实验。该实验要求教师课堂教学，根据教材及学生特点，重新组合单元教学内容，协助学生选择自己希望研究主题，由学生自主选择研究伙伴，并以自己选择的方式汇报成果，其成绩由其他小组评价产生。结果表明，实验使课堂气氛宽松、活跃，学生乐于接受，并能主动参与。该校中高年级学生233人参加实验。

（俞立红）

【平谷五小召开校本课程研讨会】 5月14日，平谷区第五小学召开校本课程研讨会。会议重点是根据现有资源能够开发的校本课程及如何开发两个问题，决定首先开发艺术、武术、民间工艺、计算机课件4门校本课程。会议认为，开发校本课程不能摆空架子，要根据学生需要安排课时，学有所得。会议要求校本课程要坚持天天学习，注重实效。该校骨干教师13人参加会议。

（刘海春）

【滨河小学开办树荫课堂】 5月

24日，大兴区滨河小学开办树荫课堂。该课堂将每班学生分成四组，每组不过10人，上午在家收看空中课堂，下午到校在室外通风树荫下由教师辅导。至6月30日，共举办树荫课堂1110课时。

（史殿柏）

【法华寺街小学利用电话辅导外地学生】 5月，崇文区法华寺街小学通过长途电话辅导外地学生。该校班主任每天利用长途电话跟踪外地学生，询问学生、家庭成员身体状况，同时布置作业、检查作业、辅导作业。共有99名随父母返乡学生每天通过电话接受辅导。法华寺街小学外省市在京借读生占全校学生的40%，分布在17个教学班。

（李秀荣）

【东高房小学开设实践家庭课】 5至6月，东城区东高房小学利用防控“非典”时期开设家庭实践课。该课程要求学生将绿豆、黄豆、花生、西红柿等日常接触植物，种植在家中，观察生长过程，坚持书写观察日记，感受农民劳作辛苦。9月，该校举办植物和观察日记成果展示。

（秦晓芳）

【平谷五小研讨劳动学科教改】 7

月21日，平谷区第五小学召开劳动学科教改研讨会。会议提出劳动学科要打破教学内容，适时、适量传授农技知识，打破传统教学模式，以学生亲临劳动现场、亲自参加劳动过程为重点，培养学生劳动意识。会议参观劳动基地设施，并与基地人员探讨蔬菜管理、果树病虫害防治等知识。该校教师56人参加会议。

（岳广顺　刘海春　李新生）

【流村小学开设地方特色课】 9月1日，昌平区流村中心小学开设地方特色课。该中心小学历经三年社会实践，挖掘地区教育资源，逐步积累流村历史传说、流村解放史和特色资源等资料，编印六集具有地方特色《流村中心小学校本课程》。地方特色课利用活动课时间教学，共有590名学生参加学习。

（王树林）

【大兴实施攀登英语教学实验】 9月1日，大兴区实施攀登英语教学实验。首批参加实验学校有黄村一小、枣园小学、黄村镇第一中心小学、义和庄小学和大庄小学5所学校11个实验班共计397名学生。攀登英语教学实验是认知科学与信息技术整合的英语教学方法，具有形象性和趣味性优点。9月12日和16日，该区举办实验校教师学习活动，分别到石景山区金顶街二小和宣武区康乐里小学听课学习。

（李金艳）

【黄村一小研讨四阶段教学模式】

9月19日，大兴区黄村第一小学召开四阶段课堂教学模式研讨会。会议观摩四阶段教学模式示范课，听取教育学院、区教师进修学校教授点评。会议认为，四阶段教学模式强调实践，操作性强，能够体现国家基础教育课程改革实验精神，具有创新意识。来自教育学院、进修学校教师40人参加会议。四阶段课堂教学模式是指由自学、研讨、精讲和实练4个环节组成课堂教学模式。黄村一小在五(1)教学班41名学生中开展实验。

（王　娜）

【河南村小学分层评价学生作业】 9月，顺义区河南村中心小学实施分层评价学生作业试验。该试验根据不同年级学生身心特点，提出不同的作业要求。低年级作业强调基础知识和基本技能，采用奖励“小红花”方法评价；中年级作业突出科学性、选择性和实效性，通过作业“自选超市”由学生选择作业内容；高年级作业由教师提出范围，由学生设计调查研究、数据分析、资料收集等实践作业。配合试验，该校每月举办一次优秀作业展评活动。至年底，该校师生670人参加试验，评选优秀作业458份。

（王振兴）

【双兴小学试验无纸化备课】 9月，顺义区双兴小学试验无纸化备课。该校以学科、年级组为单位，将教材内容按单元、知识点划分，分阶段通过集体备课形成教案，录入计算机共享文件夹，教师使用时，可以根据自己需要加工完善。至年底，该校共录入12个学科6个年级教案2314个。

（王晓翠）

【黄村八小开展培养读写习惯实验】 9月，大兴区黄村第八小学开展培养学生良好读写习惯实验。该实验结合语文教学课文内容，讲授阅读方法，选取不同类型、题材、风格文章，让学生精读；读懂课文后选取感兴趣段落改编或续写。同时，向课外延伸，要求学生做好课外阅读摘抄笔记。该校四、五年级学生514人参加实验。

（张　青）

【西中街小学开展基因识字实验】 9月，东城区西中街小学开展基因识字实验。该实验要求不增加课时、不加重负担，使用九年义务教育小学教科书语文（字族文版：字族文识字读本）教材，采用“基因识字”方法，辅助基因画、简笔画、计算机教学课件等手段，在一、二年级2个教学班78名学生中实验。至年底，实验班学生分别识字921字和1493字，比同年级学生增加243字和470字。

（高秋菊）

【召开校本课程开发观摩会】 10月17日，市教委、教科院、大兴区教师进修学校联合举办小学校本课程开发和小学生学习方式变革现场观摩会。会议观摩庞各庄第二中心小学“认识我们的新朋友——鸽子”校本课程研究课，听取校长“田园式学校”办学理念校本课程开发情况介绍，研讨校本课程目标、编写过程、校本课程开发对教师自身发展影响等问题。市教委、教育学院、首师大学者120人参加观摩。

（李金艳）

【东城研讨新课改小班教育】 12月12日，东城区教委召开小学国家基础教育课程改革实验小班化教育现场研讨会。会议观摩丁香胡同小学语文课《葡萄沟》、数学课《垂直与平行》小班化教育展示课，语文、数学、英语、品德、自然、音乐、体育和美术8个学科共10节小班教育推门课。听取该校题为《融合小班化教育与新课程理念，促进学生全面主动地发展》经验介绍。会议要求，各校提高小班化教育认识，处理好小班与大班关系，把新课程改革理念融入小班化教育研究中。该区教委、各小学领导及教师代表150人参加会议。丁香胡同小学自1998年开展小班化教学实验，新课改以后，融合小班化教育理念与新课改理念，总结“兴趣、问题、情感、竞争、实践、探究引发主体参与”的“主体参与六法”教学方法。

（秦晓芳）

小　学（部分）

北京市东城区分司厅小学

【概　况】 2003年，北京市东城区分司厅小学开设教学班24个。在校生1003人、招生148人、毕业183人。教职工84人，其中，专任教师58人，包括高级专业技术职务教师2人，特级教师1人。实验室和各种专用教室5个。体育场地1800平方米。图书馆藏书3.69万册。校园占地面积4319平方米、建筑面积5804平方米。全年教育经费投入395.92万元，其中，国拨235.92万元、自筹160万元。

（尤　娜）

【举办读书节活动】 3月17日，分司厅小学读书节开幕。开幕式邀请老艺术家讲解书籍选择、阅读方法，鼓励学生多读书。该校师生1114人参加开幕式。2月，分司厅小学举办读书美容活动，在教职工中开展读书美容展示交流活动，在少先队中举办读书节活动。

（尤　娜　赵　瑛）

【举办科任课教师献课活动】 3月，分司厅小学举办科任课教师献课活动。该活动要求按照全国基础教育全日制义务教育课程标准要求，完成备课、上课、听课、评课和撰写案例分析等环节，探索“旧课新上”途径。该校 25 名科任课教师参加献课活动。

（尤 娜）

【召开爱心网络班会】 5 月 31 日，分司厅小学六（4）班召开爱心网络班会。该班会利用网络，通过视频、音频、语言和文字等手段，实现网络异地欢聚，共同庆祝“非典”疫情时期“六一”儿童节。班会点击访问量 5309 人次，最高在线 79 人次，最低在线 67 人次。班会得到海北科技公司技术援助，六（4）班全体 47 名学生参加会议。

（尤 娜）

【寄宿部召开赏月联欢晚会】 9 月 11 日，分司厅小学寄宿部召开中秋赏月联欢晚会。该晚会推出学生自编自演茶艺、小品、舞蹈等文艺节目，听取月球、火星知识专题讲座，品尝月饼和水果。该校领导、寄宿部师生 251 人参加晚会。

（张 颖 谢 明）

【召开信息技术与数学学科整合现场会】 9月25日，分司厅小学召

开现代信息技术与数学学科整合现场交流会。会议听取数学《有余数除法》研究课，课后完成专家评课、说课。会议由教科院主持，来自北大、教育学院、各区县数学教师 200 人参加会议。

（尤 娜 赵 瑛）

【创办《心心桥家教报》】 9 月，分司厅小学寄宿部创办《心心桥家教报》。该报纸每月出版一期，设有与您共享、光荣榜、习作园地等栏目，向寄宿学生家长通报寄宿部工作进程、寄宿学生校内外获得各种荣誉，展示寄宿学生各类作品。至 12 月，《心心桥家教报》先后共刊登学生短文 20 篇。

（张 颖 谢 明）

北京市东城区史家胡同小学

【概 况】 2003 年，北京市东城区史家胡同小学开设教学班 26 个。在校生 1269 人、招生 246 人、毕业生 204 人。教职工 93 人，其中，专任教师 73 人，包括高级专业技术职务 7 人，特级教师 2 人（另返聘特级教师 2 人）。有多媒体教室、器乐教室和劳技教室等 12 个专用教室。体育场地 2676 平方米。图书馆藏书 4 万余册。校园占地面积 5803 平方米。全年教育经费投入 742 万元，其中，国拨 372 万元、自筹 370 万元。

（孙蒲远）

【召开学雷锋专题报告会】 3 月 25 日，史小召开学习雷锋先进事迹报告会。会议听取孙茂芳先进事迹专题报告，介绍他学习雷锋事迹，讲解爱孤寡老人，做他们小棉袄；爱残疾人，做他们小拐棍；爱不幸的人，做他们小油灯；爱本职工作，做病人小护士；爱青少年朋友，做他们小航标等观点。该校教师 93 人参加学习。

（孙蒲远）

【参加全国新课标课程展示】 4 月 6 日，在走进新课程——全国新课标北京现场观摩教学展示会上，史小推出《理想的风筝》观摩课。该活动由中央教科所主办，史小六年级语文教师，用石景山区学生作课，得到会议代表肯定。这是首次面向全国新课标教材课程展示，来自全国千名教育工作者参加会议。

（孙蒲远）

【接待香港国际学校代表团】 10 月 22 日，史小接待香港澳洲国际学校代表团。该代表团由师生 84 人组成，在史小，他们学习用毛笔书写“炎黄”二字，用普通话吟诵唐诗《咏鹅》，学习民族工艺彩陶制作，学唱歌曲《拉起手》。

（孙蒲远）

【接待全国小学研修班学员】 10 月 27 日，史小接待全国第二届小学校长高级研修班学员。该批学员 43 人均来自河南省南召县希望小学，在史小，他们先后观摩三年级数学课《两步应用题》、六年级语文课《江姐》和六年级社会课《新疆》，听取办学指导思想、和谐教育办学特色、做校长应具备基本素质和如何做好班主任工作介绍，并参观校园。11 月 27 日，史小再次接待沈阳市、荆门市小学骨干校长研修班学员。

（孙蒲远）

【接待全国教育考察团】 10 月 28 日，史小接待北京著名小学特色教育考察团。该考察团由全国十几个省市 210 名小学校长组成，在史小他们先后观摩二年级数学《9 的乘法口诀》、五年级语文课《飞向月球》和二年级劳技课《打绳结》，并参观校园。

（孙蒲远）

【家长俱乐部召开会议】 10 月 31 日，史小四（4）班家长俱乐部召开会议。会议听取 5 名家长家校配合辅导学生学习方法，听取 5 名学生学习经验介绍。该教学班 36 名家长参加会议。四（4）班自一年级创立家长俱乐部，4 年来，教师、家长、学生共同努力，坚持每月活动一次。

（孙蒲远）

【举办卫生知识竞赛】 11 月 3 日，史小二年级举办“健康娃娃”卫生知识竞赛。该竞赛以联合中队会形式，邀请卫生室两名教师担任评委。该校二年级学生 15 人参加比赛，250 多名教师参与。比赛结束后，学生朗诵诗歌《讲卫生》和《做一个快乐的

人》，表演三句半《做健康好少年》和表演唱《洗手绢》。

（孙蒲远）

【实施健康促进学校活动】 11月17日，史小召开健康促进学校启动会议。会议听取学校健康促进学校内容、意义和目的介绍，听取教师、家长和学生发言。该校师生1400人参加会议。健康促进学校是世界卫生组织发起的国际活动，主要工作是开展健康教育，通过学校、社区、家庭共同努力创造安全、健康环境。

（孙蒲远）

【开办信息技术与学科教学整合论坛】 11月24日，史小开办现代信息技术与中小学各学科教学整合研究论坛分会场。史小推出两节英语、一节语文观摩课，播放一节社会课录像，设置英语学科与信息技术整合展板。论坛由市教委、教科院联合举办，来自全市各区教研室和学校600名教师参加会议。

（孙蒲远）

【召开“祖国，我为你骄傲”主题队会】 11月26日，史小六（3）中队召开《祖国，我为你骄傲》主题中队会。会议围绕载人宇宙飞船“神舟五号”飞行成功，推出诗朗诵《贺“神舟五号”上天》、小品《16号晚上》，展示学生自制《人类飞天梦》、《探索宇宙》、《“神舟五号”飞船》、《中国航天梦》和《宇航员》网页。在播放“神舟五号”飞行成功、宇航员刻苦训练录像后，学生发表一分钟即席演讲。该中队学生52人参加队会。东城区各校德育主任和大队辅导员40人观摩。

（孙蒲远）

【召开教学实践研讨会】 12月23日，史小召开第23届教学实践研讨会。会议以“信息技术与学科教学整合”为主题，展示语文课《保护鸟类》、写字课《人字头》各一节，宣读阐述信息技术与学科教学整合宗旨论文。会议认为，现代教育技术与学科教学整合是促进教学内容、呈现方式、学习方式、教师教学方式和师生互动方式的改革，是学生认知、探究和解决问题工具，应该注重学生信息素质培养和利用信息技术自主研究、解决问题的能力，是提高学生学习层次和效率。

（孙蒲远）

【推出信息反馈技术研究课】 12月24日，史小召开“运用信息技术构建高互动教学模式”课题研讨会。会议推出利用信息反馈技术三年级数学《身边的数学问题》研究课，强调利用学生熟悉的生活情境和已有生活知识，渗透数学思想方法，引导学生主动把所学知识应用到实际生活中去。会议由中国教育学会主办，来自全市数学教师70人参加会议。

（孙蒲远）

北京第二实验小学

【概　况】 2003年，北京第二实验小学设校本部和一年级分部。有51个教学班。在校生2400人、招生466人、毕业386人。教职工140人，其中，专任教师106人，包括特级教师2人，市、区学科带头人占16%，中学高级教师占9.6%，专科学历教师占62%，本科学历教师占27%，35岁以下教师占65%。本年新增固定资产248.22万元。各教室均备有多媒体教学设施，所有教室、办公室均能直接登陆国际互联网和校园网。有14个专用教室。图书馆藏书10万册，设有教师、学生阅览室。校园占地面积1.6万平方米。全年教育经费投入2711万元，其中，国拨1787万元、自筹924万元。

（姚静薇）

【举办素质教育展示活动】 2月28日，实验二小举办中小学素质教育系列展示活动。该活动听取该校题为《建设学习型组织，促进教师主动发展》主题报告，全校47个教学班15个学科课堂同时开放，并完成授课教师、学生与听课教师座谈。来自市教委、区县中小学领导、学者和教师700人参加活动。实验二小1997年提出教师是教育工作主体，学生是学习活动主体，在学生获得成长、发展同时，教师也在理解体验自身生命价值和意义。

（于金山）

【校长聊天室开通】 2月，实验二小校长聊天室开通。该聊天室面向全校学生，每周安排5次接待时间，由校长接待学生。至年底，聊天室共接待学生1000人次。

（于金山）

【召开学期家长会】 3月14日，实验二小召开学期家长会。会议主题是“正确理解爱”，听取该校题为《正确理解爱》报告，收看“以爱育爱”记录片。会议认为，每个孩子都应该是遵守规则的人，家长关注孩子应该有“度”，关注过细就忽略孩子自主权，造成孩子依赖性，关注过少会令孩子在成长中行为缺乏操作性。会议强调，培养孩子合作能力很重要，应该引导孩子学会与人合作，教给孩子更好的生存法则。

（于金山）

【开展做个少年君子活动】 3月17日，实验二小召开“做个少年君子”主题校会。会议号召学生向不文明现象宣战。经过互动式讨论，全校师生达成共识，作为“少年君子”，应具备爱国、自尊、自强、明理、守纪、教养、善良、宽厚、诚信、谦逊、勤俭的好品质。

（于金山）

【接待美国肯特大学代表团】 3月25日，实验二小接待美国肯特大学代表团。代表团由4名教授组成，在听取学校基本情况介绍后，参观校园和教学设施，观摩低年级语文、英语、体育教学，中年级音乐，高年级书法和美术课堂教学情况。在座谈会上，中美教育工作者交流有关教育问题。

（于金山）

【怡海分校开办露天课堂】 6月9日，实验二小怡海分校开办露天课堂。该课堂针对“非典”疫情，选择学生住家相对集中，小区内有绿地空间地点开办露天课堂，由教师分批、分组小范围开展面授教学，结合授课与活动两种形式，坚持学习。

（杨　捷）

【接待台湾中小学代表团】 9月26日，实验二小接待台湾中小学代表团。该代表团由台湾教师30人组成，在实验二小，台湾客人听取该校“双主体育人”办学思想汇报，共同研讨教育教学面临的问题，交流办学经验。

（于金山）

【启用正装学生校服】 10月8日，实验二小启用正装学生校服。该校服女装上装为棕色镶格子边西装，内配白衬衣、红领结，下装为同花色的格子裙裤，配白色长统袜、黑皮鞋。男生校服上装与女生相同，下装为格子长裤，配黑皮鞋。

（于金山）

【接待普瑞博格学院代表团】 11月26日，实验二小接待泰国皇家普瑞博格学院教育代表团。该代表团由50人组成，他们听取学校办学情况介绍，交流教育教学问题，并参观该校科技长廊、电子阅览室和图书馆等教学设施。

（于金山）

【举办共创孩子成长乐园研讨会】 11月28日，实验二小召开携手共创孩子成长乐园主题研讨会。会议探讨学校“以爱育爱”、“以学论教”、“以参与求体验”和“以创新求发展”4个办学理念，认为学校教育必须是开放的，学校、家庭、社会必须携手，共同创造孩子成长教育平台。会议指出，小学阶段不仅是长知识、长身体关键时期，更是道德品质形成重要阶段，学生、家长参与学校教育意义何在，在学校教育中家长可以参与什么、参与中要防止进入哪些误区都是值得研究探讨的问题。来自中科院、北师大和市教委领导、学者21人参加会议。

（于金山）

北京市崇文区前门小学

【概　况】 2003年，北京市崇文区前门小学开设24个教学班。在校生809人，其中，住宿生513人；招生105人；毕业170人。教职工93人，其中，专任教师72人；有中学高级教师1人，小学高级教师38人；市级中青年骨干教师1人。中高级专业技术职务以上教师占专任教师54.17%。操场面积1188平方米；各种专业教室8个及演播室、管乐团排练厅、体育馆。图书馆藏书3万册，各类报纸14种，杂志41种，建有前门小学网站和校园网。校园占地面积6220平方米，建筑面积6882平方米。全年教育经费投入529万元，其中，国拨254万元、自筹275万元。

（王存良　方　媛）

【少年干部学习班开学】 1月10日，前门小学第九期少年干部学习班开学。该学习班采用听报告、小组讨论和参观访问教学形式，开设“做同学的小公仆”、“班队干部职责应知应会”两门课程，学生修业期满通过考试和实习，获得结业证书。160名学生参加学习。该学习班1994年创办，每年举办一次，其结业证书是参与班队干部竞选、到低年级担任小辅导员的任职条件。

（方　媛）

【培养学生五项学习习惯】 2月17日，前门小学提出培养学生五项学习习惯。五项习惯均在学科教学中体现，分别是认真听讲、积极思考、大声回答、大胆提问和热烈讨论，要求教师通过情境创设、小组讨论、鼓励赏识等手段，让学生学会听取他人意见、尊重别人，养成善于思考习惯，树立自信，合作学习。配合五项学习习惯养成教育，学校每月检查各教学班情况。

（方　媛）

【少年新闻学院影视分院成立】 3月21日，前门小学新闻学院影视分院成立。该分院由人大、中国少年报社与前门小学联合举办，根据协议，文化课和日常教育教学管理由前门小学承担，专业课由教授和影视界知名人士等担任，先期开设播音与主持、影视舞蹈、DV摄影摄像、学前艺术表演和影视造型专业。首期招生112人。

（方　媛）

【开展校园安全教育活动】 3月31

日，前门小学开展校园安全主题教育活动。该活动要求教职工人人考虑校园安全，树立“我不伤害自己，我不伤害他人，我不被他人伤害”安全准则，利用板报、广播站、学生电视台、网络，普及安全知识，举办人

人查隐患、保安全，张贴“温馨安全提示语”活动，在教学楼设置安全小天使学生岗，制止危险行为。同时在校医务室举办“红十字”四大紧急救护方法演示。该校师生869人参加教育活动。

（方　媛　苏　伟）

【实验英语教学新模式】　9月1日，前门小学实验英语教学新模式。该实验以分层推进、动态管理、集中授课、小班教学为核心，根据三至六年级学生英语水平、学习兴趣差异，将每个年级4个教学班分为听说模仿、情景对话、口语交流不同层次5个英语班，按照不同层次学习目标，给予不同要求辅导，开展不同层次学习。该校三至六年级16个教学班623名学生参加实验。

（方　媛）

北京第一师范学校附属小学

【概　况】　2003年，北京第一师范学校附属小学有教学班25个。在校生1057人，招生164人，毕业196人。有教职工93人，其中，专任教师63人，中学高级教师3人，小学高级教师43人，中高级专业技术职务以上教师占专任教师73.02%，市级中青年骨干教师4人。有各种专用教室12个。图书馆藏有图书5.5万册，有各类报纸19种，杂志60种。校园占地面积7196平方米，校舍建筑面积7694平方米，操场面积3000平方米。全年教育经费投入465万元，其中，国拨257万元、自筹208万元。

（王存良　张　燕）

【培训学生干部】　8月12至14日，一师附小举办学生干部培训班。该培训班在怀柔生存岛举办，开设工作方法和拓展训练两门课程。工作方法由骨干班主任专题辅导，培养如何做好工作，如何依据自己特点，创造适合自己工作方法。拓展训练，有选择地开展空中抓杠、空中断桥和逃生训练，培养合作、勇敢、自信和果断精神。该校学生干部100人参加学习。

（狄永杰）

【要求教师写反思日记】　9月，一师附小教师中开展写反思日记活动。该活动要求教师结合个人专题，每月写出两篇反思日记，记录自己教育教学中收获、经验和教训等。至年底，该校49名教师书写反思日记390篇。

（张　永）

【开展“带题授课”教学活动】　9

月，一师附小开展“带题授课”教学活动。该活动针对“小学快乐教育学习方式的研究”课题，要求教师要结合个人专题，查阅、收集相关资料，完善资料夹，并有目的、有计划地在日常教学中实践课题研究成果。至11月，共有54名教师完成专题展示课。

（张　永　狄永杰）

【举办英语自助餐活动】　11月3日，一师附小举办英语自助餐活动。该活动由金头脑研究社发起，面向中高年级英语爱好者，自愿参加，采用对话训练形式，对话内容由学生自主决定，对话伙伴根据个人水平自由选择。该校500名学生参加练习活动。

（狄永杰）

【接待香港校长代表团】　12月24日，一师附小接待香港校长教学代表团。双方观摩开放课题研究实践活动展示，语文和数学课展示，并交流“快乐教育”办学思想。

（张　永）

北京市崇文区光明小学

【概　况】　2003年，北京市崇文区光明小学有教学班49个。在校生2066人、招生334人、毕业463人。教职工157人，其中，专任教师115人，包括特级教师4人、中学高级教师4人、小学高级教师64人，中级以上专业技术职务教师占专任教师62.61%，享受国务院政府特殊津贴1人，市级中青年骨干教师3人。操场面积3100平方米，各种专用教室13个。图书馆藏书6.48万册，各类报纸10种，杂志15种。校园占地面积1.64万平方米，建筑面积1.02万平方米。全年教育经费投入773.1万元，其中，国拨433.8万元、自筹339.3万元。

（王存良　田　莹）

【制订教师工作评价手册】　2月，光明小学制订新的教师工作评价方案。该方案增加教师发展性评价手册，要求结合教师日常教育教学工作，记录教师成长、发展过程。为评价教师基本素质、工作状况、工作效绩提供依据。

（田　莹）

【试用《学生成长手册》】　2月，光明小学试用《学生成长手册》。该手册由该校自行设计，除学业成绩、评语之外，还增加学生身体、心理和习惯以及责任意识等评价内容。

（田　莹）

【学生网站开通】　4月3日，光明小学开通学生网站。该网站面向全体学生，设有班级讨论区、学科讨论区、兴趣爱好区、谈心交友区、站务区和临时区。与网站同时开通的还有光明图片库、光明影音库。网址：www.5igm.com。

（田　莹）

【召开英语学习工作会】　9月21日，光明小学召开英语学习工作会。会议分别听取教师英语课堂教学方面探索的经验介绍，研讨小学英语学习中存在的问题，明确小学英语学习定位。会议认为，小学英语教学要树立品牌意识，要运用积极评价手段，调动学生学习英语兴趣，要最大限度兼顾“学困生”。该校学生1000人参加研讨活动。

（田　莹）

【科技教室投入使用】 11月，光明小学科技教室投入使用。该教室设有多媒体教学设备，可随意点击网上资源库，墙壁是大海世界，屋顶是星空宇宙，柜内陈列50种贝类、90余种矿物标本和多种动植物生长标本。该教室1月开始建设，区教委、该校共同投资15万元。

（田　莹）

北京市宣武区师范学校附属第一小学

【概　况】 截至2003年11月12日，北京市宣武区师范学校附属第一小学开设教学班29个。在校生1365人，招生263人，毕业234人。有教职工99人，其中，专任教师86人。11月13日，宣师一附小与北京市宣武区里仁街小学合并，共有教学班40个，在校生1699人，教职工131人。体育场地4500平方米。各种专用教室11个。新改建图书馆藏书4.73万册，新建形体教室200平方米。学校占地面积1.91万平方米，建筑面积1.58万平方米。全年教育经费投入815万元，其中，国拨510万元、自筹305万元。

（齐金芬）

【开通校园网站】 4月27日，宣师一附小校园网站开通。该网站设有学校概况、互动教学和家长频道等共8个栏目，固定栏目每两周更新一次，互动栏目随时更新，设有教师、学生和家长的邮箱。通过国际互联网(Internet)进入网站自主学习，教师可以网上指导学生。网址：www.xsyfx.com。

（张慧君）

【接待法国“做中学”科研代表团】

10月14日，宣师一附小接待法国参与“做中学”中小学、幼儿园科学教育实验研究代表团。该代表团由4人组成，听取该校“做中学”中小学、幼儿园科学教育实验课汇报，双方交流工作经验。宣师一附小从2002年起参与“做中学”(LAMAP)探究式学习实验，在实验活动中逐步掌握科学概念与操作技术。

（张慧君）

【召开校本课程北京童谣论证会】

11月12日，宣师一附小召开校本课程《北京童谣》专家论证会。会议听取该校开发《北京童谣》校本课本编写情况，研讨教材编写问题。会议与北京民间文艺协会联合举办，来自中国民间艺术家协会、中央教科所、北师大10名专家参加会议。

（张慧君）

【与里仁街小学合并】 11月13日，宣师一附小与宣武区里仁街小学合并。合并后，校名为宣师一附小，有40个教学班，1699名学生。里仁街小学建于1965年，建校以来共培养学生7600人。

（张慧君）

【“攀登杯”教学研讨活动结束】 12月19日，宣师一附小召开首届“攀登杯”教学研讨活动总结会。会议听取该校题为《以校本教研为依托，转变教育观念，深化课堂教学改革》总结报告，观摩语文、数学、科学和体育4个学科5名教师课程改革实践效果展示，针对数学课例即时研讨。该校全体教师参加课例。

（金惠云）

北京市宣武区康乐里小学

【概　况】 2003年，北京市宣武区康乐里小学有教学班33个。在校生1233人，包括寄宿学生509人。教职工120人，其中，专任教师76人，包括35岁以下教师57人；中学高级教师2人，小学高级教师55人，占全校教师总数47.5%；大专及以上学历86人。体育场地2800平方米，设立计算机、劳动和阅览室等14个专用教室，图书馆藏书5万册。建有校园闭路电视系统及校园网。校园占地面积8730平方米，校舍建筑总面积1.36万平方米。全年教育经费投入998万元，其中，国拨649万元、自筹349万元。网址：www.kllxx.com。

（殷向宇）

【召开新课改研讨会】 1月3日，

康乐里小学召开国家基础教育课程改革实验研讨交流会。会议总结学期新课改研究情况，交流课堂教学中教师的做法与体会。会议推出4节各20分钟研究课，听取3名教师题为《展青春风采，创康小未来》、《注重学生个体发展，引导学生探究讨论》和《重视反思，促进自己在课改过程中成长》发言，从不同侧面介绍新课改进展情况，汇报与交流新课改工作心得与反思。该校教师110人参加会议。

（殷向宇）

【电子备课室投入使用】　3月15日，康乐里小学新建电子备课室投入使用。该备课室建筑面积26平方米，配备奔腾4计算机10台、录像机2台，及扫描仪、刻录机、打印机等设备，可供10人同时上机备课。备课室总投资6万元。

（殷向宇）

【开通校园网站】　4月20日，康乐里小学校园网站正式开通。该校园网站开设学校概览、教育科研和寄宿生活等6个栏目，利用宽带与国际互联网(Internet)主干网相连接，实现远程教育。

（殷向宇）

【塑胶操场投入使用】　5月10日，康乐里小学新建塑胶操场投入使用。该操场占地面积2800平方米，建筑面积2400平方米，安装篮球架、体育活动器械等设施。操场3月开工建设，区教委投资50万元。

（殷向宇）

【计算机教室投入使用】　9月1

日，康乐里小学新建计算机教室投入使用。该教室占地面积64平方米，装备50台奔腾4计算机、1台服务器及液晶投影仪，可供50名学生同时上机操作。教室8月开始建设，总投资30万元。

（殷向宇）

北京市海淀区中关村第一小学

【概　况】　2003年，北京市海淀区中关村第一小学开设教学班94个。在校生4217人，招生848人，毕业617人。教职工211人，其中，专任教师179人，高级专业技术职务教师2人，特级教师1人。学校占地面积3.18万平方米，建筑面积2.37万平方米。实验室和各种专用教室56个。体育场地4200平方米。图书馆藏书7.41万册。全年教育投入3826万元，其中，国拨1529万元、自筹2297万元。

（刘　畅）

【天秀部投入使用】　9月1日，中关村一小天秀部投入使用。该分部位于海淀农大南路4号，占地面积1.9万平方米，建筑面积1.2万平方米，拥有教学楼、学生公寓和图书馆等设施。分部为天秀小区配套工程，学校自筹1000万元建成学生公寓、留学生公寓5984平方米，首次招生599人。

（刘　畅）

【召开科技教育现场会】　10月27

日，中关村一小召开科技教育现场会。会议听取学校科技教育工作、发展规划建设情况介绍，观摩学校科技教育活动课，并参观科技教育环境。来自市、区科委领导、中科院院士、教育专家及部分中小学教师200人参加会议。

（刘　畅）

【寄宿部举办家校联欢活动】　10月31日，中关村一小举办家校联欢活动。该活动以“家校同悦、亲子情浓”为主题，听取朗诵艺术家表演，推出家长与孩子同台演出、共同游戏等项目。活动结束时，寄宿部学生向全市少先队员发出孝敬父母倡议。该校寄宿部学生和家长共1400人参加活动。

（刘　畅）

【弘扬航天精神科技活动结束】　12月30日，中关村一小“弘扬航天精神，培养新世纪人才”科技活动结束。该活动结合数学教学特色，先后举办“宇航杯”数学竞赛，经过全校学生网上初赛，部分学生笔试，共有240名学生获奖。

（刘　畅）

北京师范大学附属实验小学

【概　况】　2003年，北京师范大学附属实验小学开设教学班36个。在校生1718人，招生241人，毕业228人。教职工88人，其中，专任教师73人，高级专业技术职务教师50人。科学实验室和各种专用教室13个。体育场地7500平方米。图书馆藏书4万册。学校占地面积1.38万平方米，建筑面积8900平方米。全年教育经费投入720万元，其中，国拨310万元、自筹410万元。

（陈　飞）

【召开学生评价工作会】　3月1日，北师大实验小学召开学生教育评价工作会议。会议结合以往工作经验和教育评价方案，研讨全国基础教育全日制义务教育课程标准教学评价方案和教育评价方案，提出改变单一评价方式，强调教师评价与学生、家长共同参与，以及突出知识能力、过程方法、情感、态度、价值观等全面评价方案。该校教学干部以及一、二年级教师共20人参加会议。

（陈　飞）

【评选优秀语文课程】　10月21至23日，北师大实验小学举办优秀语文课程评选活动。该评选由外聘研究人员评委主持，以年级教研组为单位，要求选手在规定时间内完成课程教学，采用召开座谈会、说课和评课方式评选。该校30岁以下青年教师 10 人参加比赛，评选特色课程 3 节。

（陈　飞）

【举办语文教学研讨活动】　10 月 28 日，北师大实验小学举办语文教学研讨会。会议听取语文课《圆圆的沙粒》研究课，探讨在大语文观背景下语文教学特点，探索语文教学实践中提高各种语文能力途径。会议认为，三年级使用新教材，要体现教材、学生两个特点，传授语文学习规律，让学生学会学习。在体现教学创新的同时，加强语文“双基”训练。会议强调，语文课要发挥语言特点，用语言展现生动形象，多媒体是一种辅助手段，不是目的。该校语文教师 28 人参加会议。

（陈　飞）

【扩大新课改实验规模】　至年底，北师大实验小学扩大国家基础教育课程改革实验规模。扩大后，全校 37 名教师、800 名学生参加新课改实验。2001 年 9 月，北师大实验小学参加全国首批国家新课改实验，先后完成一年级教师通识培训、制订改革评价方案，实现“乐学、会学、健康、发展”宗旨。参加实验教师推出各级各类研究课、评优课、示范课 161 节，区级以上刊物公开发表论文 32 篇，有 14 名教师参加校本教材、辅助教材编写工作。

（陈　飞）

北京市丰台区第一小学

【概　况】　2003 年，北京市丰台区第一小学开设 53 个教学班。在校生 2339 人，招生 384 人，毕业 377 人。教职工 125 人，其中，专任教师 114 人，小学高级教师 64 人，中学高级教师 3 人。体育场地 2100 平方米，专用教室 14 个，图书馆藏书 7.6 万册。学校占地面积 1.18 万平方米，建筑面积 7032 平方米。全年教育经费投入 99 万元，其中，国拨 69 万元、自筹 30 万元。

（朱世诚）

【开展合作研究课实验】　3 月 12 至 26 日和 9 月 23 日至 10 月 17 日，丰台一小开展两轮合作式研究课实验。该实验遵循合作研究，同伴互助，共同发展指导思想，要求同组教师同上一个内容研究课，按照“合作研究→课堂实践→集体反思→再课堂实践”方法开展教学研究。该校 98 名教师开设研究课 202 节。与教师单独研究课相比，合作研究增强教师间对话与交流。

（朱世诚）

【举办新年音乐会】　12月28日，

丰台一小举办新年音乐会。该音乐会与解放军军乐团联合主办，双方共同演奏《东方红》、《管乐合奏》和《小橡树果序曲》等曲目。丰台一小管乐团在市第七届学生艺术节比赛中，获得西洋乐器管乐合奏一等奖。

（朱世诚）

【举办首届读书节】　12 月 31 日，丰台一小举办首届读书节。该读书节采用诗配画、课本剧形式展示读书成果，推出师生自编自演节目 16 个，评选优秀节目 4 个。该校师生 150 人参加演出活动。

（朱世诚）

北京市丰台区翠林小学

【概　况】　2003 年，北京市丰台区翠林小学有教学班 13 个。在校生 281 人，其中，住宿生 107 人；招生 38 人，毕业生 49 人。教职工 34 人，26 人达到大专以上学历，其中，8 人本科毕业，15 人具有小学高级教师以上职务。有 13 个文化课教室，以及英语、舞蹈和自然等专用教室，并拥有专供学生演出的舞台、教师计算机备课室、图书阅览室、闭路电视、学生电视台、阶梯教室。有 300 平方米的风雨操场和 2240 平方米的塑胶操场。图书馆藏书 7000 多册。学校占地面积 9510 平方米，建筑面积 4700 平方米。全年教育经费投入 118.80 万元，其中，国拨 103.95 万元、自筹 14.85 万元。

（胡春凝）

【举办毕业最后铃声节】　7月8

日，翠林小学举办毕业班最后铃声节活动。该活动观看毕业生汇报演出，听取毕业生代表为母校创作的诗歌朗诵，听取学校代表毕业祝词，颁发毕业证书及获奖证书。最后，由毕业生代表拉响毕业铃声。丰台区教委领导、毕业生、家长及全校师生 400 人参加活动。该校毕业生最后铃声节创立于 1999 年。

（胡春凝）

【举办新老队员交换红领巾活动】　10 月 13 日，翠林小学举办新老少先队员交换红领巾活动。该活动在怀柔生存岛举办，由高年级学生帮助低年级学生戴上红领巾，为小星星预备队学生戴上绿领巾，大队辅导员为新中队授中队旗，新队员们在队旗下庄严宣誓。该校新老少先队员 350 人参加活动。

（胡春凝）

【举办“惜粮日”活动】　10 月 16 日，翠林小学举办“惜粮日”主题教育活动。该活动由学生自主召开队会，绘制手抄报、创编爱惜粮食儿歌等形式，普及惜粮知识。该校师生

350人参加教育活动。

（胡春凝）

【举办女孩节活动】 11月1日，翠林小学举办女孩节主题教育活动。该活动以“争做最聪明的女孩”为主题，先后开展自己动手创作面具，“奇思妙想”拼图和叠被子、梳头等比赛。该校女学生350人参加活动。

（胡春凝）

【评选首批校级骨干教师】 11月17至23日，翠林小学完成首批校级骨干教师评选。该评选由评选领导小组主持，按照学校骨干教师评选意见、条件和执行方案，通过自荐申请、考评小组和领导小组考评、群众投票等程序。该校教师35人申请参加评选，其中，7人当选。

（胡春凝）

【举办第五届舞蹈节】 11月24至30日，翠林小学举办第五届舞蹈节。该舞蹈节以教学班为单位，分为个人、集体两个组别，设立舞蹈知识和舞蹈表演两个项目，要求学生自己创编、排练参加比赛，参加舞蹈个人和集体项目比赛。该校学生281人全部参加比赛。

（胡春凝）

【举办舞蹈班专业课公开考试】 12月20至25日，翠林小学举办舞蹈班专业课公开考试。该考试由中央芭蕾舞团、舞院专业人员联合组成评委，采用公开考试方式，突出基本功训练、表演能力和协调能力等共五方面考核，并完成现场考评。经过考评，优秀77人，合格110人。

（胡春凝）

北京市石景山区古城第二小学

【概　况】 2003年，北京市石景山区古城第二小学开设教学班29个。在校生1235人，招生293人，毕业198人。教职工88人，其中，专任教师73人，包括高级专业技术职务2人。各种专用教室10个。体育场地4000平方米。图书馆藏书5万册。校园占地面积1.06万平方米，建筑面积6471平方米。全年教育经费投入348.94万元，其中，国拨254.64万元、自筹94.30万元。

（胡文生）

【与爱华英语培训中心联合办学】 3月，古城二小与爱华英语培训中心联合办学。根据协议，双方联合举办英语课程全程外籍教师授课实验，授课教师全部聘用中国教育集团爱尔兰外籍教师，采用国外英语教学理念和互动式教学方法。该校一至三年级学生参加实验。

（陈凤云）

【召开首次网络少代会】 10月13日，古城二小少先队召开首次网络少代会。会议利用校园网，听取大会报告，投票选举少先队干部，发布提案。校领导也通过网络答复提案。该校少先队代表1000人参加会议。

（杨燕滨）

【少先队成立雏鹰大队】 11月1日，古城二小少先队雏鹰大队成立。该大队是少先队员课余活动组织，下设阳光图书馆、科学院、网站、自信雏鹰少年警校、自信雏鹰俱乐部、科研所、英语角7个阵地。该大队由少先队员独立组织，开展读书、科研和娱乐等活动。

（杨燕滨）

【举办创意绘画和造型设计赛】 11月，古城二小举办创意绘画和造型设计比赛。该比赛以“关注生存环境，探索宇宙奥秘”为主题，以班级为单位，分为班级初赛、校级评比两个阶段，采用评委现场评比方法。该校师生713人参加活动，其中，180件作品参加校级评比，择优选出30件作品参加全区比赛。

（董彦羽）

北京市房山区良乡第三小学

【概　况】 2003年，北京市房山区良乡第三小学有29个教学班。在校生1396人、毕业生761人。教职工99人，包括专任教师68人，大专以上学历56人，中学高级教师2人、小学高级教师43人，市级骨干教师2人、区级骨干教师12人，区级学科带头人3人。学校占地面积1.21万平方米，建筑面积6805平方米。有教室29个，其中，专用教室4个。体育场地4500平方米。图书馆藏书2.54万册。全年教育经费投入117.87万元，其中，国拨59.57万元、自筹58.30万元。

（李国荣　王文俊）

【建立教师成长档案】 2月，良乡三小建立教师成长档案。该档案分为干部和教师两种，收集个人简历、发表和获奖论文以及各项荣誉等情况，是教师晋级、年终考核的依据。

（李国荣　王文俊）

【设立小饭桌】 2月，良乡三小开始设立小饭桌。该小饭桌坚持“饭菜自己做从不外购、四菜一汤营养搭配”原则，面向中午就餐有困难学生，解决中午就餐问题。至年底，小饭桌增至400人。

（李国荣　王文俊）

【接待联合国教科文组织考察团】 3月26日，良乡三小接待联合国教科文组织联系学校项目考察团。该考察团由来自中国、蒙古、日本、朝鲜和韩国5个国家40名代表组成，先后参观再生纸制作间、环保教育教室和校园环境。查看学生环保资料库、环保日记、成长档案及石头画、编织和刺绣等作品，并听取学校环境人口与可持续发展（EPD）项目开展情况汇报。

（李国荣　王文俊）

【制订课堂评价方案】 7月，良乡三小制订课堂评价方案。该方案包括教育评价要素、教学评价要素。其中，教育评价要素包括体现大纲德育目标，学生读书、写字姿势，课前准备、学具摆放，班级、个人卫生，学生听讲情况等项指标；教学评价要素包括教学准备、教学结构、教学方法、学生活动、教学效果、教学特色6项指标。

（李国荣　王文俊）

【操场改造工程竣工】　8月底，良乡三小操场改造工程竣工。该工程将原操场黄土地改造成为沥青混凝土地面，改造面积4000平方米。工程于5月开工建设，投资28万元。

（李国荣　王文俊）

北京市房山区窦店中心小学

【概　况】　2003年，北京市房山区窦店中心小学开设教学班55个。招生157人，毕业356人。教职工162人，包括专任教师132人，高级教师1人。学校占地面积7.08万平方米，建筑面积1.33万平方米，物化生实验室和各种专用教室21个，体育场地2.7万平方米，图书馆藏书5.5万册。全年教育经费投入461万元，其中，国拨411万元、自筹50万元。

（沙志娟）

【开展学雷锋活动】　3月5日，窦店中心小学开展学雷锋活动。该活动以志愿者形式，组建宣传队、服务队，举着"学雷锋，见行动，讲环保，树新风"、"爱心奉献，助人自助"、"新北京、新奥运、新雷锋"、"人人动手治脏乱，建设优美新窦店"横幅，进入大街小巷，发放环保倡议书500张，清扫红领巾卫生街7条、各村主要街道10条，并慰问窦店敬老院老人。该校师生900人参加活动。

（沙志娟）

【举办趣味展览】　4月10日，窦店中心小学下坡店小学举办趣味展览。该展览设在操场，分为收藏精品、小艺术家和小发明家三部分，展出古币、纪念币、邮票、门票，学生绘画、书法作品和小发明、小制作78件。该校师生110人参观展览。

（沙志娟）

【举办语文教学讲座】　4月16日，窦店中心小学举办语文教学讲座。该讲座以"运用新理念、新策略、深化语文教学改革"为主题，邀请研究人员专题分析课堂教学贯彻国家基础教育课程改革实验理念，运用新理念指导语文课堂教学等专题。135名教师参加学习。

（沙志娟）

【开展绿化美化校园活动】　4月，窦店中心小学开展绿化美化校园活动。该活动移栽松树260棵、金丝柳30棵、金枝槐12棵、柿子树15棵，更新草坪1300平方米，建造花坛8个，栽种黄杨、紫荆50平方米。学校总投资4.3万元。至此，该校绿化面积达到50%，种植各种树木300棵，开辟花圃10个，绿化带300米。

（沙志娟）

【培训课件制作技巧】　11月14日，窦店中心小学举办课件制作校本培训。该培训采用专题讲座形式，介绍制作中软件使用及基本技巧，观摩"运用现代信息技术辅助教学"公开课。该校教师39人参加学习。

（沙志娟）

北京市门头沟区大峪第二小学

【概　况】　2003年，北京市门头沟区大峪第二小学有28个教学班。在校生1357人、招生243人、毕业248人。教职工105人，其中，专任教师86人，包括中学高级教师3人、小学高级教师47人。有教室43个，包括专用教室11个，含计算机房和电子备课室等。图书馆藏书5.87万册。设有校园电视台及闭路电视播出系统。有150平方米人工草皮跑道的操场。学校占地面积6941平方米、建筑面积4808平方米。全年教育经费投入383万元，其中，国拨328万元、自筹55万元。

（高海英）

【征集教学课堂用语】　9月，大峪二小举办征集鼓励学生课堂教学用语活动。该活动面向任课教师，共征集用语45条，其中，筛选25条在全校推广。

（杜春菊）

【举办首届英语节】　11月25日，大峪二小举办首届英语节活动。该活动以年级为单位，采用讲故事、笑话、独幕剧、课本剧等形式展示英语才能。该校师生和部分家长共400人参加活动。

（何　渊）

【召开信息技术与语文学科研讨会】　11月26日，大峪二小召开信息技术与语文学科整合研讨会。会议听取该校两名教师语文教学研究课，并完成点评研讨。会议与教科院、区教师进修学校联合举办，来自市区20名学者参加会议。

（李西刚）

北京市通州区后南仓小学

【概　况】　2003年，北京市通州区后南仓小学有30个教学班，在校学生1556人，毕业227人，招生292人。教职工103人，其中，专任教师98人，有中学高级教师1人，小学高级教师56人。有自然、计算机和语音教室等专业教室12个，图书馆藏书4万册。学校占地面积7038平方米，建筑面积5024平方米，体育场占地面积2913平方米。全年教育经费投入395万元，其中，国拨343万元、自筹52万元。

（张天玲）

【创设科技长廊】　4月9日，后南仓小学科技长廊落成。该长廊设在教学楼楼道内，长110米，高0.5米，采用图片和文字形式，宣传动植物、自然世界和身边科学等知识。

（张天玲）

【综合科技楼落成】　9月1日，后南仓小学综合科技楼落成。该科技楼占地面积144平方米，建筑面积500平方米，地上3层，设有普通教室2个，科技专业教室、图书室、仪器室、生物馆各1个。科技楼2002年10月开工建设，总投资80万元。

（张天玲）

【编印《孩子眼中的春节》】 9月，后南仓小学编印《孩子眼中的春节》知识集锦。该集锦收集30个有关春节小知识，分成中国年文化、春节传说、春节风俗3个部分。全书共计4.5万字，每班配备30本书，是学校校本教材。

（张天玲）

【评选科技之星和小博士】 11月，后南仓小学评选科技之星、科技小博士。该评选结合爱科学月活动，按照读科技书数量、科技展品质量、展品创意3个条件，采用展演科技作品、班集推荐展示、师生共评、讲故事、科技知识竞赛方法评选。来自5个年级200名学生参加评选，其中10人当选科技之星、10人当选科技小博士。

（张天玲）

北京市通州区梨园镇中心小学

【概　况】 2003年，北京市通州区梨园镇中心小学下辖3所完全小学，共有50个教学班。在校生1158人，毕业生348人，招生188人。教职工156人，专任教师131人，其中小学高级教师84人。校园占地面积1万平方米，校舍建筑面积4600平方米。有普通教室24个，有自然实验室、多功能电教室和计算机房等8个专用教室。图书室藏有图书1.6万册。全年教育经费投入743.6万元，其中，国拨704.7万元、自筹38.9万元。

（徐思生）

【举办小学生艺术节】 3月6日，梨园中心小学举办小学生艺术节。该艺术节主题是“新世纪、新北京、新校园、新生活”，举办器乐、戏剧、朗诵、书法和篆刻等活动。来自4所小学350名学生参加活动。该校艺术节1997年创办，每年举办一次。

（徐思生）

【建成百米美德墙】 4月16日，梨园中心小学绘制完成百米美德墙。该美德墙位于学校操场北侧，全长100米，按照忠、孝、诚、信、礼、义、廉、耻8个内容，每个内容分别绘制3幅古代杰出人物故事画。

（徐思生）

【认定镇级骨干教师】 7月，梨园中心小学完成第二批镇级骨干教师认定。该工作分为本人申请、认定小组听课、小组综合评价和全体教师民主评议4个部分。来自4所学校19名教师参加评审，其中，11名教师入选。2001年，该校认定首批镇级骨干教师19人。

（孙亚桂）

北京市顺义区东风小学

【概　况】 2003年，北京市顺义区东风小学开设教学班56个。在校学生2471人，招生415人，毕业384人。教职工147人，其中，专任教师119人，包括小学高级教师67人。各种专用教室6个。体育场地9880平方米。图书馆藏书5万册。学校占地面积1.08万平方米，建筑面积1.04万平方米。全年教育经费投入600.98万元，其中，国拨559.97万元、自筹41.01万元。

（王桂芝）

【举办首届体育节】 4月7至20日，东风小学举办首届体育节。该活动以班为单位，举办体育知识专题讲座、自编“体育报”展示、体育舞蹈展示、广播操比赛、接力赛、足球射门、篮球比赛和春季运动会8项活动。该校师生2570人参加活动。

（段井明）

【举办家教知识系列讲座】 8月15日，东风小学家长学校举办家教知识系列讲座。该讲座以“好习惯益终生”为主题，听取3名市家教学者题为《如何培养孩子良好习惯》、《家庭如何指导孩子的学习发展》和《关注孩子的心灵成长》主题报告会，系统论证家教方面知识。该校师生家长2400人参加会议。

（王桂芝）

【捐赠手拉手小伙伴】 8月底，东风小学开展为手拉手小伙伴献爱心捐款活动。该活动号召全校师生行动起来，向遭受严重地震灾害手拉手对口学校内蒙古鄂尔多斯希望小学捐款，帮助小伙伴重建家园。该校师生共捐款10506.40元。

（范玉霞）

【改革听课评课制度】 9月12日，东风小学改革听课评课制度。该改革要求实现从教师“教”转向学生“学”，从知识点转向学习过程以及学生情感态度价值观形成，从回答问题转向引导学生发现问题、提出问题，从教科书内容转向课程资源开发和利用，从单一教学手段转向多种媒体科学选择和合理运用，从结果评价转向课堂教学过程评价6个方面转变。

（张春旺）

【研讨信息技术与音乐教学整合】 11月18日，东风小学召开信息技术与音乐教学整合研讨会。会议推出音乐组教师“信息技术与音乐教学整合”欣赏课《渔舟唱晚》，展示运用现代信息技术（计算机、网络）、计算机课件、器乐等教学媒体，活跃课堂气氛，突出学生主体地位特点。该校教师148人参加会议。

（刘长荣）

北京市怀柔区第一小学

【概　况】 2003年，北京市怀柔区第一小学有教学班39个。在校生2158人、招生438人、毕业生303人。教职工125人，其中，专任教师99人，包括中学高级教师3人、小学高级教师55人。有教室53个，其中，专用教室14个。图书馆藏书4.65万册，固定资产583.6万元。学校占地面积1.53万平方米、建筑面积1.55万平方米。全年教育经费国拨683.9万元、自筹234.1万元。

（于金红）

【综合教学楼投入使用】 9月1

日，怀柔一小综合教学楼投入使用。该教学楼占地面积5500平方米，建筑面积5480平方米，共4层，设有普通教室28个，自然、实验和计算机室等专用教室14个以及多功能厅、报告厅。教学楼1月开工建设，总投资900万元。

（于金红）

【与芳草地小学开展教学交流】 9

月19日，怀柔一小与北京芳草地小学开展教学交流活动。在怀柔一小，芳草地小学16名青年教师推出语文、数学和自然3节研究课，两校教师共同听取劳动模范事迹报告。在座谈会上，两校教师交流各自经验体会。

（于金红）

【举办音乐教程学习辅导】 11月12日，怀柔一小举办音乐学科教学辅导讲座。该讲座听取教科院研究员题为《国家音乐课程标准与小学音乐教学》专题报告。该区音乐教师67人参加学习。

（于金红）

【举办科技月活动】 11月，怀柔一小举办科技月活动。该活动以“关注生存环境，探索宇宙奥秘”为主题，开展读科技书、完成科技小制作、写科技小论文、收看科普知识录像、举办科技考察活动和科技作品展览等活动。该校师生共计2205人参加科技月活动，提交科技作品120件、小论文24篇。

（于金红）

北京市怀柔区怀柔镇中心小学

【概　况】 2003年，北京市怀柔区怀柔镇中心小学有66个教学班。在校生2090人、招生217人、毕业366人。有教职工259人，其中，专任教师154人，包括小学中、高级教师2人。体育场地1.5万平方米，实验室及各种专用教室24个，图书室藏书38476册。学校占地面积8.06万平方米、建筑面积1.53万平方米。全年教育经费投入1232.65万元，其中，国拨1215.29万元、自筹17.36万元。

（杜永珍）

【举办新课标内容测试】 3月21日，怀柔镇中心小学举办全国基础教育全日制义务教育课程标准实验内容测试。该测试采用闭卷形式，以语文、数学学科为重点，设立新课标基本理念、课程目标、内容标准等项目。该校40周岁以下教师44人参加考试，优秀28人、合格16人。

（杜永珍）

【举办读书故事会】 6月16日，怀柔镇中心小学举办读书故事会。该故事会通过闭路电视，向全校师生播放“读好书优秀征文评选活动”5篇一等奖征文。该校师生924人参加故事会活动。“非典”防疫期间，怀柔镇中心小学开展“自主学习我能行”活动，要求学生在家读书并完成读后感、观后感写作。该校学生共交征文302篇，126篇征文参加评选，76份读后感和观后感进入决赛，其中，64篇获奖。

（杜永珍）

【评选新课标优秀课程】 6月，怀柔镇中心小学完成落实全国基础教育全日制义务教育课程标准实验优秀课程评选。该评选以教研组为单位，要求通过集体备课，选派1人参加学校评选。同时执教人上交说课材料。该校各教研组29名教师参加评选，其中，21人获奖。

（杜永珍）

【雏鹰团校成立】 10月13日，怀

柔镇中心小学召开“我为队旗添光彩”主题大队会暨雏鹰团校成立会。会议听取学校“团队衔接”工作经验介绍，宣布成立雏鹰团校。来自全市教育系统60名团队干部1450名师生参加会议。9月，怀柔镇小学入选团队衔接工作试点校。

（杜永珍）

【举办教师礼仪讲座】 10月14日，怀柔镇中心小学举办教师礼仪讲座。该讲座听取区成教中心礼仪教师题为《礼仪知识、礼仪规范》专

题报告，结合教师职业道德规范，讲解礼仪的重要和基本常识。该校教师259人参加学习。

（杜永珍）

【完成学科教学质量抽测】 11月4日，怀柔镇中心小学完成学科教学质量抽测。该抽测选取学校五年级语文、数学和社会3个学科，共计362名学生。结果显示，31%优秀、95%合格。

（杜永珍）

【开展法制教育活动】 12月4日，怀柔镇中心小学举办法制教育专题讲座。该讲座结合案例，讲解违法犯罪原因、后果、犯罪后痛苦、犯罪量刑以及如何预防犯罪等内容。讲座强调，只有做遵纪守法的人，才会有幸福生活。该校全体师生参加学习。

（杜永珍）

【举办课外积累展示活动】 12月8至9日，怀柔镇中心小学举办语文课外积累展示活动。该活动分为展览和交流两个部分，展览展出学生课外积累，10名学生通过广播介绍自己课外积累体会。该校三至六年级学生950人参加活动。

（杜永珍）

北京市密云县不老屯中心小学

【概　况】 2003年，北京市密云县不老屯中心小学有教学班49个。在校生1342人、招生222人、毕业360人。教职工216人，其中，专任教师185人。有普通教室49个，实验、音乐和计算机等专用教室15个。图书馆藏书6.1万册。校园占地面积5.53万平方米、建筑面积1.02万平方米。全年教育经费投入745万元，其中，国拨730万元、自筹15万元。

（马玉忠）

【召开学校布局调整现场会】 3月21日，不老屯中心小学召开学校布局调整现场会议。会议研究中心小学布局调整及供暖改造等问题，冒雨实地查看半城子小学、兵马营小学和燕落小学情况。会议决定，撤销栗树园小学，与半城子小学合并，迁至半城子中学，组建一所寄宿小学。同时，提出寄宿小学设备、设施解决方法。密云县政府、县教委领导9人参加会议。

（马玉忠）

【空中校园真爱之音开通】 4至5月，不老屯中心小学校园红领巾广播站开通空中校园真爱之音广播节目。该节目开设伴你同行、真情电波、鸿雁来书、快乐ABC和空中信箱5个栏目，向全体师生报道时事信息，开办骨干教师如何复习、预习系列指导课程。节目由校园广播站录制，每天早晨8点以前，由教师送往各村队广播站。不老屯中心小学地处深山区，学生无法接收“空中课堂”教学。

（马玉忠）

【开办“垃圾银行”】 9月1日，不老屯中心小学少先队开办“垃圾银行”。该银行鼓励学生收集校园和周边垃圾，从银行换取报酬存入个人账户，每3个月计算一次利息，以发放学习必需品替代现金。截至年底，银行共计存款1500元。

（马玉忠）

【举办可爱家乡系列教育活动】 9至11月，不老屯中心小学举办“我可爱的家乡”系列教育活动。该活动以“大手拉小手，空中校园——我可爱的家乡”为主题，在镇团委支持下，组成小记者站，走上社会、走进家乡，参加家乡建设劳动，然后制成录音带，在校园和村队中播放。该校学生1342人参加教育活动，共播放录音节目1170分钟。

（马玉忠）

【获得冬季长跑比赛团体冠军】 11月28日，在密云县中小学生冬季长跑比赛中，不老屯中心小学获得男、女团体两项冠军。该校10名学生参赛，其中，3名女生分别以8分32秒、8分38秒和8分40秒成绩，获得小学女子组2000米前三名。

（马玉忠）

北京市密云县石城寄宿小学

【概　况】 2003年，北京市密云县石城寄宿小学有13个教学班。在校生380人，其中，住宿生216人。招生53人、毕业57人。教职工56人，其中，专任教师34人，包括专科以上学历31人、本科学历1人，有高级教师29人，县级骨干教师4人，学科带头人1人。有普通教室14个，多媒体、语音教室和自然实验室等专用教室6个。图书馆藏书1.2万册。校园占地面积2万平方米、建筑面积3657平方米。全年教育经费投入270万元，其中，国拨255万元、自筹15万元。

（陈高峰）

【举办安全疏散演习】 3月26日，石城寄宿小学举办安全疏散演习。该演习以“当自然灾害来临的时候，我们如何保护自己”为主题，模拟在自然灾害面前，师生迅速转移、抢救受伤人员等技术动作，要求师生不带任何东西，用最快速度转移到安全地带。该校师生444人参加演习。

（陈高峰）

【举办继承先烈遗志主题队会】 4月4日，石城寄宿小学大队举办“继承先烈遗志，做‘十佳’文明少年”主题队会。该队会步行往返30里路，在位于密云县河北村白乙化烈士陵园，举办敬献花圈，讲述白乙化烈士生前故事，朗诵歌颂烈士诗篇和一年级学生入队仪式。该校三至六年级263名少先队员参加队会。

（陈高峰）

【举办教师语文课程标准考试】 4月7日，石城寄宿小学举办教师21世纪基础教育课程教材改革语文课程标准考试。该考试采用笔试方法，根据课程教材实验语文课程要求，设置理论、实际操作程序等项目。该校教师 13 人参加考试。

（陈高峰）

【召开信息技术与数学整合研讨会】 4 月 16 日，石城寄宿小学召开信息技术与小学数学教学整合研讨会。会议观摩数学《生活中的数学问题》研究课，听取学校信息技术与小学数学整合研究汇报，分析学校组织领导、研究原则和网络教育条件下整合策略和方式。会议认为，石城寄宿小学信息技术与数学教学整合层面较深，变革学生学习方式获得成功经验和有益探索。来自教科院、县教研中心教师 41 人参加会议。

（陈高峰）

【举办中秋节主题队会】 9 月 11 日，石城寄宿小学少先队大队举办中秋节主题队会。该队会以《中秋节，同学们不要想家》为题，举办优秀电影展播，集体赏月等活动。配合队会学校餐厅向每位学生发放 2 块月饼，并准备可口晚餐。该校师生 233 人参加活动。

（陈高峰）

【创编动作模仿操】 9 月，石城寄宿小学完成动作模仿操创编工作。该模仿操根据学生实际生活，由举重、游泳和射箭等体育项目模仿动作组成，共计 12 节 48 个动作。

（陈高峰）

【开展高年级学生青春期教育】 10 月 30 日，石城寄宿小学开展高年级学生青春期教育。健康教师讲述青春期心理特点，并收看幻灯片、录像片《笑迎花季》等。该校高年级学生 107 人参加教育活动。

（陈高峰）

【举办教研员专题讲座】 11 月 7 日，石城寄宿小学举办教研员专题讲座。该讲座主题为“深化专题研究，提升教育理念”，听取 3 名教师题为《谈谈小组合作学习及有效策略》、《浅谈新课标理念下对数学教学的几点思考》和《“趣”字当头，促进学生乐写作文》专题讲座。该校任课教师 31 人参加学习。

（陈高峰）

【召开心理健康教育现场会】 12 月 12 日，石城寄宿小学召开心理健康教育现场会。会议听取学校题为《加强心理健康教育，提高学校教育教学质量》情况介绍，观摩五年级《快乐之旅》心理健康教育课，班主任教师题为《悉心呵护，让幼苗茁壮成长》经验介绍，收看学校“心海扬帆”心理健康教育网站节目。会议由密云县教委主办，来自 29 所小学心理健康教育教师 40 人参加会议。

（陈高峰）

北京市平谷区第六小学

【概　况】 2003 年，北京市平谷区第六小学有教学班 31 个。在校生 1724 人，招生 270 人，毕业生 362 人。教职工 92 人，其中，专任教师 73 人，包括高级专业技术职务 1 人、中级 46 人、初级 45 人。有劳动、美术、音乐等 10 个专用教室，图书馆藏书 1.5 万册。固定资产总值 600 万元。学校占地面积 1.3 万平方米，校舍建筑面积 3164 平方米。全年教育经费投入 294 万元，其中，国拨 228 万元、自筹 66 万元。

（王海霞）

【举办特级教师讲座】 3 月 19 日，平谷六小举办特级教师语文专题讲座。该讲座听取清华附小特级教师窦桂梅《曼谷的小象》观摩课和《为生命奠基——谈语文课改的三个超越》专题报告，论证“学好教材，超越教材；立足课堂，超越课堂；尊重教师，超越教师”的大语文教学观。该校教师 52 人参加学习。会后，该校开展“学习窦桂梅，让我们的课堂充满活力”教学竞赛活动。

（王海霞）

【建立四级教学监控体系】 3 月，平谷六小强化教学监控体系。该体系分为校级、班级、学生和社会 4 个监控体系，要求学校每月检查一次教师备课、课堂教学、课后作业，每月随机抽测一次教学质量；任课教师每单元评价一次学生成绩，上交样卷及试卷分析；各班学生干部如实填写“班级教学周报表”，记录教学纪律、教学内容和课后辅导等教学环节，综合评价教师教学能力；坚持家长开放周、开放日，允许家长听推门课，把家长评价纳入教师管理积分。

（王海霞）

【实行美诗文诵读考级制】 9 月，平谷六小实行美诗文诵读校本课程考级制。该校成立美诗文诵读活动领导小组，制订考级标准，要求高年级会背 80 首为金牌、70 首为银牌、60 首为铜牌，中低年级标准各有降低。考级采用学生自愿报名方法，每半年举办一次，颁发相应等级的奖牌。至年底，共有 160 人获得金牌、220 人获得银牌、270 人获得铜牌。

（王海霞）

【建立教案分层管理制度】 9 至 10 月，平谷六小建立教案分层管理制度。该制度要求任教本学科 5 年以下教师书写详细规范备课教案；任教本学科 5 年以上教师自由选取三分之一为规范备课，其余写出简单教学设计；区级、校级骨干教师选取四分之一为规范备课。

（王海霞）

【家长学校举办专题讲座】 12 月 21 日，平谷六小家长学校举办专题讲座。该讲座听取区小学教研人员题为《教育就是培养习惯》专题报告，针对学生存在着“小霸王”、“小懒虫”、“小馋猫”、“小犟牛”、“小磨蹭”和“小马虎”问题，提出养成教育内容要做到“规范化、细目化、序列化”，培养良好习惯要保持各种教育途径，学校内部，家庭内部，家庭教育与学校教育，学校、家庭与社会教育 5 个方面一致。该校学生家长 400 余人参加学习。

（王海霞）

【表彰首届优秀学生】 12 月 30 日，平谷六小表彰首届优秀学生 27 人。该评选由学校、教师和学生代表组成评选小组负责，设立德、智、体、美、能5项指标，采用学生自荐、教师评价、学校总评、才艺展示等程序。6个年级100名学生参加评选。

（王海霞）

北京市平谷区峪口镇第一学区

【概　况】 2003年，北京市平谷区峪口镇第一学区有小学6所，教学班42个。在校生1128人、招生167人、毕业360人。小学入学率、巩固率、升学率均为100%。教职工135人，其中，专任教师124人，包括小学高级教师48人，校级骨干教师13人。体育场占地2.20万平方米。有计算机房、美术室、自然实验室、图书室、音乐室等专用教室35个。有计算机153台、便携式计算机1台、数字电视6台、数字投影仪13台、摄像机2架、数码相机1架。有视频广播系统1套。图书室藏书4.28万册。学校占地面积6万平方米，建筑面积1万平方米。全年教育经费投入490.8万元，其中，国拨486.8万元、自筹4万元。

（王靖燕）

【举办课堂教学竞赛】 3月13至

14日，峪口镇第一学区举办课堂教学竞赛。该活动以“新课标、新课程、新理念、新课堂”为主题，设立语文、数学和科任3个组别，采用评课人与讲课人研讨交流形式，要求体现“课前参与、课中讨论、课后延伸”主体参与型教学模式，提倡运用多媒体技术及学科整合。该学区18名教师24节课参加评选，其中，9节课获得优秀。

（王靖燕）

【开展名师课堂活动】 3月21日，峪口镇第一学区举办“名师课堂与感悟”研讨活动。该活动听取1名特级教师语文课《曼谷的小象》及专题讲座《为生命奠基》，学习特级教师《激情与思想——我一生的追求》教研文章，采用座谈形式，学习、交流教师要把课堂40分钟当做自己生命历程，课堂中体现生命价值以及课堂上要实现教材、学生和教师“三情”共振等教学精髓。该校教师共45人参加学习。

（王靖燕）

【开展中华古诗文诵读活动】 9月，峪口镇第一学区开展中华古诗文诵读活动。该活动分为必读和自选两个部分，统一制订活动计划，要求班级制订计划，学生个人建立《诵读文集》，利用课前两分钟及放学的路队时间背诵；每人不少于50首。同时，采用抽查、普查和不定期举办比赛方式监督检查。该校师生950人参加诵读活动。

（王靖燕）

【开展心理健康教育】 10月7日，峪口镇第一学区开展心理健康教育活动。该活动以“消除学生心理障碍，帮助孩子健康成长”为主题，举办心理健康知识讲座，传授消除学生心理隐患技能、技巧，发放心理健康知识宣传材料等。该校师生家长150人参加活动。

（王靖燕）

【举办素质教育展示活动】 11月5日，峪口镇第一学区举办素质教育展示活动。该活动听取学区题为《以信息技术与学科整合为突破口，全面提高农村小学办学水平》主题报告，听取网管人员介绍学区网页、教学资源库建设情况，观摩10节示范课和12名教师课件展示。来自区教委、各学区以及市立园领导140人参加活动。

（王靖燕）

【开展教师通读教材活动】 12月2日，峪口镇第一学区开展教师通读教材活动。该活动建立学区、完小、个人制订三级通读计划，规定完成时间和考核时间，除必读教材语文、数学、品德、自然和社会外，教师还可以选读音乐、体育和美术等教材。该校教师78人参加通读活动。

（王靖燕）

北京市大兴区黄村第二小学

【概　况】 2003年，北京市大兴区黄村第二小学开设教学班44个。在校生2143人，毕业生233人，招生440人。教职工146人，其中，专任教师120人，高级专业技术职务2人。物化生实验室和各种专业教室7个。体育场地8660平方米。图书馆藏书4.8万册。学校占地面积2.14万平方米，校舍建筑面积8530平方米。全年教育经费投入443万元，其中，国拨428.7万元、自筹14.3万元。

（李润森）

【召开暑期教学研讨会】 8月11至13日，黄村二小召开暑期教学研讨会。会议以“德育的立体模式、教学的方法与艺术”为主题，明确把教师当做职业，兢兢业业；把教育作为事业，追求成功和使教育成为艺术，让学生如临春风，如沐春雨“为师”的3个层次。会议提出以“爱”为轴心，以“美”为归宿，培养学生良好行为习惯，塑造美好社会形象，打好学生做人基础工作目标。该校教职工50人参加会议。

（李润森）

【举办体育艺术节】 10月24日至11月15日，黄村二小举办第二届艺术节和首届体育节。艺术节设置150平方米展厅，展出学生美术、工艺作品2300件，举办两个小时文艺汇演，演出师生自己创作、演出节目22个。体育节举办教师广播操、学生武术操、学生艺术体操和家庭

体育竞赛等活动。该校师生、家长2000人参加活动。

（李润森）

【举办教学展示活动】　12月2日，黄村二小举办教学展示活动。18名教师参加展示，教师400人次参加听课、评课。该活动由直属小学课堂教学研究会举办，来自11所直属校、6所挂钩农村校参加活动。

（李润森）

北京市大兴区魏善庄镇第一中心小学

【概　况】　2003年，北京市大兴区魏善庄镇第一中心小学开设教学班41个。在校生1022人，毕业生481人，招生120人。教职工104人，其中，专任教师100人。实验室和各种专用教室13个。体育场地1.02万平方米。图书馆藏书4万余册。学校占地面积1.22万平方米。全年教育经费投入407万元，其中，国拨403万元、自筹4万元。

（崔剑梅）

【创建个性化教研组】　3月，魏善庄镇第一中心小学成立个性化教研组。该教研组组长由市、区级骨干教师、学科带头人担任，并以其名字命名，组员为各校中级以上专业技术职务教师，主要开展个性化教育方法研究。

（崔剑梅）

【创建田园课堂】　4月15日，魏善庄镇第一中心小学创建田园课堂。该课堂针对“非典”防疫时期，学生不能到校上课情况，由教师送课下乡，在田野地头开展教学。截至6月18日，该校101人次教师共开办田园课堂308课时。该校学生1640人次参加学习。

（崔剑梅）

【完成两轮集体教学反思】　10月14至15日和11月19日，魏善庄镇第一中心小学完成两轮集体教学反思活动。该活动由执行主任教师主持，采用听课、评课和评选等方式。10月，首轮集体教学反思，听取5名教师语文、数学研究课，完成现场说课、评课活动。11月，举办第二轮集体教学反思，听取9名教师语文、数学和美术课程，完成说课、评课活动后，推选4人参加镇级骨干教师评选。

（李　伟）

【举办体育健身节】　10月24日，

魏善庄镇第一中心小学举办体育健身节。该健身节以学校为单位，设立田径和队列广播操比赛项目，采用现场评分方法。来自4所学校师生1500人参加比赛，其中，王各庄完小获得团体总分和队列广播操比赛第一名。

（李　伟）

【开展班级文化建设】　10月，魏善庄镇第一中心小学举办教学班文化建设活动。该活动以教学班为单位，由各班学生自主寻找特色，根据这一特色设立班名、制作班徽、布置环境。该校学生360人参加活动。

（李　伟）

【举办“爱路护路”系列活动】　12月15日，魏善庄镇第一中心小学少先队举办“爱路护路”系列活动。该活动听取北京铁路分局廊坊路段警官题为《关爱生命》铁路安全知识演讲，举办“爱路护路”手抄报比赛。该校师生210人参加活动。

（李　伟）

北京市昌平区师范学校附属小学

【概　况】　2003年，北京市昌平区师范学校附属小学有教学班34个。在校生1618人、招生277人、毕业241人。教职工108人，其中，专任教师81人，包括中级专业技术职务教师51人，市级骨干教师1人，区级骨干教师20人，区级学科带头人1人。有专用教室4个。图书馆藏书3.2万册，订阅杂志30种，报刊18种。学校占地面积6713平方米、建筑面积5403平方米。全年教育经费投入503万元，其中，国拨467万元、自筹36万元。

（许顺心）

【国产中央处理器计算机教室落成】　10月17日，昌师附小国产中央处理器(CPU)网络计算机教室落成。该教室建筑面积62平方米，内设1台服务器、1台教师机和40台学生机。教室是国产中央处理器应用教育网络系统示范工程，国家发展改革委员会批准，市政府组织实施。

（许顺心）

【举办家长参与教学活动】　11月10至14日，昌师附小举办家长参与教学活动。该活动由学生作业、作品和获奖情况展览，任意观摩11个学科2节课，观看学生集体表演和才艺展示，学校现场回答家长提出热点及疑点问题等内容组成，要求家长以书面选择和简答形式，评价学校管理和教师教育教学能力。该校六年级学生家长243人参加会议，答卷显示，家长满意率97%。

（孙宝明）

【举办学科知识竞赛活动】　12月4日，昌师附小举办学科知识竞赛。该竞赛以年级为单位，设立语文、数学和英语3个学科，采用书面比赛方法。该校学生1614人参加比赛，每年级每科前10名学生获得优胜奖。

（孙宝明）

北京市昌平区城北中心小学

【概　况】 2003年，北京市昌平区城北中心小学有完全小学4所，有教学班102个。在校生3825人、招生766人、毕业430人。教职工296人，其中，专任教师229人，包括高级专业技术职务教师1人、中级123人，市级骨干教师7人，区级骨干教师29人，区级学科带头人4人。拥有自然实验室6个，音乐、计算机和多媒体等专用教室13个。图书室订阅杂志75种，报刊24种。体育场地1.4万平方米。校园占地面积2.71万平方米、校舍建筑总面积1.60万平方米。全年教育经费投入1755万元，其中，国拨1690万元、自筹65万元。

（王敬阳）

【三街小学举办经典诵读知识讲座】 3月30日和4月6日，城北中心三街小学举办两次经典诵读工程知识讲座。该讲座邀请北京四海经典导读中心教师发表经典诵读工程专题报告，讲授诵读指导方法，开发自身潜力、拓宽知识领域等知识。该校教师87人参加学习。

（王建平）

【完成人事制度改革】 4至7月，城北中心小学完成人事制度改革。该改革提倡一岗多能、多职合一，分为先实行聘用合同制，再实行岗位聘任制两个阶段。该校教职工258人参加竞聘，全部应聘上岗。

（宋秀芝）

【六街小学教学楼投入使用】 8月31日，城北中心六街小学教学楼投入使用。该教学楼占地面积1620平方米，建筑面积7366平方米，地上6层，设有普通教室36个，计算机教室、实验室和语音教室等专用教室12个，可容纳36个教学班。教学楼3月19日开工建设，总投资1200万元。

（王敬阳）

【成立北京少年报小记者站】 11月14日，城北中心小学举办《北京少年报》小记者站成立大会。会议向首批58名小记者颁发证书，听取《北京少年报》领导关于小记者基本要求专题讲话，并现场回答小记者提问。该校师生200人参加会议。

（胡长红）

【举办课堂教学开放周活动】 12月1至5日，城北中心小学举办课堂教学开放周活动。该活动推出语文、数学、英语、美术、音乐、体育6个学科35节课，35个教学班，市区校级骨干教师、优秀教师75人参加开放周活动。每天参与活动家长、教师共计250人。

（禹　芳）

北京市延庆县第四小学

【概　况】 2003年，北京市延庆县第四小学有教学班30个。在校生1134人、招生216人、毕业194人。教职工99人，其中，专任教师67人，包括市级骨干教师1人，小学高级教师57人。有专用教室10个。图书馆藏书1.97万册。学校占地面积3.33万平方米、建筑面积8654平方米。全年教育经费投入333万元，其中，国拨304万元、自筹29万元。

（李　畅）

【与山区学校开展交流】 3至4月，延庆四小与山区学校开展交流。该校接待四海小学2名教师为期一周听课、讲课实践活动，选派2名教师到花盆小学讲课、评课和座谈，体验山区教育教学生活。

（刘金星）

【举办小班化教学现场会】 4月11日，延庆四小召开小班化教学现场会。会议听取学校两年来小班化教学实验经验介绍，观摩2名教师数学、语文观摩课，交流实验学校小班化实验经验，并完成总结。该县教委、教科研中心及小班化教学实验7所学校领导共36人参加会议。

（周瑞红）

【举办法制教育系列活动】 11月5至26日，延庆四小举办法制教育系列活动。该活动举办法制教育图片展，以教学班为单位举办“我身边的法律”演讲比赛，评选优秀选手参加学校比赛。该校师生1269人参加教育活动。

（史培琴）

【举办新课程半日开放活动】 12月4日和11日，延庆四小分别举办一、二年级家长走进新课程半日开放活动。该活动推出学生课外识字、周记展览，语文、数学示范课和座谈会。活动听取新课程、新教材介绍，征求家长对学校工作意见。该校两个年级学生家长380人参加活动。

（于 淼）

【召开新课改教学研讨会】 12月17日，延庆四小召开国家基础教育课程改革实验研讨会。会议听取该校二年级数学示范课，听取宣师附小教师一年级数学示范课，并完成点评。来自宣武、延庆教研中心和该校教师50人参加会议。

（于 淼）

北京市延庆县左所屯中心小学

【概 况】 2003年，北京市延庆县左所屯中心小学有教学班23个。在校生471人、招生63人、毕业128人。教职工73人，其中，专任教师57人，包括小学高级教师39人，县级骨干教师2人。普通教室29个，音乐、美术、计算机等专用教室8个。图书室藏书2万册。固定资产总值97万元。学校占地面积1.66万平方米、建筑面积1845平方米。全年教育经费投入240万元，其中，国拨230万元、自筹10万元。

（于守金）

【举办分校青年教师作课活动】 3月2日，左所屯中心小学举办分校青年教师作课活动。该活动利用每周五时间，要求分校青年教师到中心校作一节研究课，课后听取本人说课介绍，再由听课小组成员完成评课。至年底，共有9名分校教师参加学习。

（李伟新）

【举办新心艺术剪纸比赛】 3月，左所屯中心小学举办“新心艺术”剪纸比赛。该比赛以年级为单位，分为预赛、决赛阶段，设立单色剪纸、填色剪纸、染色剪纸和套色剪纸4个比赛项目。300名学生参加比赛，其中，15人获得“小巧手”奖。

（李伟新）

【编写校本教材】 8月21日，左所屯中心小学完成校本课程教材编写。该教材以剪纸为内容，根据学生年龄特点，编制一、二年级教材各一册，其中，一年级教材以简单的“剪”为主。

（李伟新）

【改革冬季课间操形式】 10月，左所屯中心小学实施冬季课间操改革。该改革将原冬季课间操单一跑步形式改为体育游戏活动，由学生根据自己兴趣和爱好，选择跳长绳、扭秧歌、跳竹竿、呼啦圈和街舞等自己喜欢的运动。

（李伟新）

民 族 教 育

【概 况】 2003年，北京市有民族中学8所（包括潞河中学新疆高中班）、民族职业高中2所、民族中专1所、民族小学39所、九年一贯制学校1所。在校生1.8万人。民族幼儿园9所，在园幼儿1321人。民族中学主要集中在东城、宣武、朝阳、海淀、通州、怀柔、延庆。39所民族小学主要集中在朝阳、房山、通州、怀柔、密云、大兴。民族学校学生总数由2000年2.4万人减至1.8万人。民族小学由原来43所减至39所。民族幼儿园由2000年31所减至9所。

（徐建姝）

【房山召开民族教育工作会】 2月20日，房山区教委召开民族教育工作会。会议听取新街小学、窦店中心小学、黑古台小学关于学校现状、基本建设、发展规划以及面临困难汇报，探讨发展民族教育途径。会议要求，各民族学校教师学习《关于加快民族教育改革与发展的决定》，采用参观考察方法，制订发展规划。会议提出宣传民族教育政策，乡土教材突出民族教育特色等工作目标。该区民族教育学校教师共计115人参加会议。

（李翼明）

【窦店民族小学召开发展工作会】 2月20日，房山区窦店民族小学召开发展工作会。会议听取窦店中心小学落实第五次全国民族工作会议精神汇报，要求民族小学加强学习，提高认识，求真务实，办出特色。会议考察该校民族教育情况，肯定学校信息化建设成就。8月29日，市民委领导调研窦店民族小学教育情况，并捐赠价值2万元图书。

（沙志娟）

【礼贤小学校本课程研究小组成立】 2月，大兴区礼贤第一中心小学校本课程开发研究小组成立。该小组由该校学科骨干教师组成，以民族体育为特色，以民族艺术和民俗民风为基础，结合实践活动，开展民族教育研究。

（兰金龙）

【命名河南寨镇提辖庄满族小学】 3月12日，密云县教委举办河南寨镇提辖庄满族小学命名仪式。市民委、县政府和该校师生260人参加命名仪式。该校原名提辖庄小学，拥有教师20人，在校生198人。其中，满族学生48人。至此，该县拥有民族小学6所，教职工138人，教学班51个，在校生1360人。

（郭占云）

【满族乡小学加强寄宿管理】 3月，怀柔区喇叭沟门满族乡中心小学加强寄宿管理。该校确立科研课题“丰富寄宿课外生活，培养学生五自能力”，探索寄宿管理科学途径。创办住宿生家庭教育导报，传播知识，反馈家长建议。同时，设立每月一次家长接待日。

（王凤海）

【一九六中接待民族教育考察团】

8至10月，北京市第一九六中学接待首批外省市民族教育考察团。该考察团分别来自29个省市区，他们交流学校办学经验，探讨少数民族学生教育途径，相互赠送新时期教育动态及教育发展资料。

（李廷芳）

【张湾村民族小学开学】　9月1日，通州区张湾镇张湾村民族小学开学。该校拥有教师20人，开设9个教学班，有在校学生170人，其中，回族学生占41%。张湾村小学1906年春成立，1990年，张湾镇中心小学迁出后，原址作为分校。1997年分校建成新教学楼，恢复校名为张湾村小学。

（赵元安）

【东城回民小学与朝阳门小学合并】　9月23日，回民小学与朝阳门小学合并。合并后，校名仍为东城区回民小学，原朝阳门小学建制撤销。朝阳门小学于1922年建校，建校以来培养学生1万人。

（许文林）

【陈广元阿訇检查学校工作】　10月24日，陈广元阿訇检查东城区回民小学教育工作。陈广元听取学校新址启用以来情况介绍，参观多功能厅、演播室、计算机教室、网络控制机房、机器人教室、多媒体教室等教学设施和清真食堂。陈广元阿訇是全国政协常委、中国伊斯兰教协会会长。

（许文林）

【崇文举办小学生民族知识竞赛】　12月8至19日，崇文区教委举办小学生民族知识竞赛。该竞赛分为初赛、复赛两个阶段，要求结合教育教学工作，从课程设置、学科渗透、活动渗透、环境渗透和家校联合五方面考核。竞赛与区民委联合举办，全区4至6年级9797名小学生参加比赛，2008名学生进入复赛，213名学生获奖。

（李　芳　刘燕君）

民族教育学校（部分）

北京西藏中学

【概　况】　2003年，北京西藏中学拥有18个高中教学班，在校生780人，全部来自西藏自治区。毕业203人，招生270人。有教职工162人，在岗150人。专任教师50人，均为大专以上学历，其中3人具有硕士学位。中学高级教师和中学一级教师占专任教师65%。学校占地面积3.5万平方米，建筑面积2.7万平方米。建有教学楼、办公楼、实验楼、综合楼、图书馆、阶梯教室、音乐教室、健身房、食堂、学生宿舍、教职工宿舍。有化学实验室3个、物理实验室2个、生物实验室1个、计算机教室4个、微格教室1个。有400米跑道塑胶标准操场1个。图书馆藏书3.5万册。全年教育经费投入1089万元，其中，国拨1041万元、自筹48万元。

（史文波）

【“非典”期间坚持正常教学】　4月22日至6月25日，西藏中学“非典”期间坚持正常教学。该校实行全封闭管理，全体教职工坚守工作岗位，学生正常在校学习、生活，成为北京惟一没有停课中学。其间，学校制作防控“非典”特别节目《同心协力抵御“非典”》送到西藏电视台播放，缓解西藏学生家长紧张心情。

（李险峰）

【高考取得好成绩】　6月，西藏中学高考取得好成绩。该校共有203

人报名参加高考，成绩列内地西藏班（校）第一名，高考升学率100%，升入重点大学者占80%，其中，1人考入清华、3人考入北大。西藏中学始建于1987年，原来是一所完全中学，设有预科、初、高中各3个年级，本年完全过渡为纯高中校。

（张　梅）

【格桑花艺术团赴西藏演出】　8

月1至8日，西藏中学格桑花艺术团赴西藏汇报演出。艺术团由师生101人组成，先后在拉萨市、山南地

区行署泽当举办3次专场演出，展示内地西藏班（校）教育教学成绩。该活动由财政部、教育部和国家民委共同主办。

（李士成）

【举办青年教师基本功竞赛】 10至12月，西藏中学举办青年教师基本功竞赛。该比赛全程录像，并刻录光盘，要求全体教师参加评选。该校32名青年教师参加比赛，占青年教师总数91.42%。此次活动共推出示范课程32节。该校教师500人次参加活动。

（张　梅）

北京市东城区回民小学

【概　况】 2003年，北京市东城区回民小学开设20个教学班。在校生602人、招生72人、毕业62人。教职工71人，其中，专任教师57人，包括高级专业技术职务教师50人，少数民族教师23人。体育场地面积594平方米，各种专用教室5个，图书馆藏有图书2万册。校园占地面积3212平方米、建筑面积4230平方米。全年教育经费投入293.40万元，其中，国拨219.91万元、自筹73.49万元。

（鲍宇红）

【新校址投入使用】 10月8日，回民小学新校址投入使用。新校址位于东城区朝内大街124号，占地面积3212平方米，建筑面积4230平方米，有教学楼1座，教室26个，可容纳700名学生学习。校址2001年开工建设，总投资600万元。

（许文林　王歆宇）

【举办民族知识讲座】 11月11日，回民小学举办民族知识讲座。该讲座听取东城区民族宗教侨务办公室领导，阐述国际宗教形势，党的民族政策以及民族教育等问题，并向学校捐款，赠送民族宗教知识图书。该校60名教师参加学习。

（许文林）

【召开开斋节庆祝会】 11月26日，回民小学召开开斋节庆祝会。会议听取学校领导贺词，代表全校师生向少数民族师生表示节日祝贺，并举办文艺演出。配合庆祝会议，该校清真食堂推出油香、糖卷果等系列回族特色小吃。

（许文林）

【改革学校领导听课制度】 11月，回民小学改革学校领导听课制度。该改革要求全体行政人员，每周一参加集体听课，且形成长期制度，改变过去只是校长和教学干部听课模式。同时，在听课过程中，开展全程教育教学、班级管理等工作评价和指导。

（许文林）

【召开教学研讨会】 12月16日，回民小学召开教学工作研讨会。会议以“学习新课标，落实新理念”为主题，采用开展教学观摩、听取教研人员讲评等方法，研讨教育教学改革、教学思路、教学方法、新课程标准贯彻与实践等问题。该校全体任课教师60人参加会议。

（许文林　卢长源）

【召开心理健康教育研讨会】 12月23日，回民小学召开心理健康教育研讨会。会议观摩学校心理健康课，以座谈形式，与中科院心理研究所研究人员，讨论影响孩子心理健康因素、学生心理健康教育存在问题和今后的发展。该校教师60人参加会议。2002年，回民小学开展心理健康教育研究，是中科院心理研究所东城区实验学校。1年来，学校利用专用教科书开展心理健康教育，总结“智力因素＋非智力因素”两条腿走路教育方法，逐步形成以14名课题组成员为中心，全体教师参与研究的教科研队伍。

（许文林）

北京市崇文区回民小学

【概　况】 2003年，北京市崇文区回民小学有教学班15个。在校生304人、招生30人、毕业70人。教职工67人，其中，专任教师43人，包括小学高级教师26人，中级专业技术职务以上教师占专任教师60.47%。操场面积800平方米，各种专用教室3个。图书馆藏书1.43万册，各类报纸12种，杂志10种。校园占地面积2882平方米，建筑面积4396平方米。全年教育经费投入299万元，其中，国拨184万元、自筹115万元。

（梁泽铭）

【完成年度办学条件改善】 8月，回民小学完成年度办学条件改善。该校重新装修两间小班化教室，配置10个学生学具柜，使国家基础教育课程改革实验和小班化教学环境达到统一标准。同时，更新全部办公室用具，总投资6万元。

（梁泽铭）

【建成浮雕装饰围墙】 8月，回民小学建成浮雕装饰围墙。该围墙位于操场周边，全长120米，高2米，由30幅表现民族团结、科教兴国和

青少年全面发展的浮雕画组成。

（梁泽铭　张　旭）

【人工草坪操场投入使用】 9月，回民小学人工草坪操场投入使用。该操场占地800平方米，设有1个标准篮球场和4个篮球训练架，铺设60米塑胶跑道。操场3月开工建设，总投资22万元。

（梁泽铭）

【校园网开通】 9月，回民小学校

园网开通。该校园网建有网络中心，配备1台教师服务器、30台学生终端机网络系统，通过光纤系统实现与区政务主干网连接。校园网2月开工建设，总投资20万元。网址：www.hm.cwedu.gov.cn.com。

（梁泽铭　郝洪春　张　旭）

【举办开斋节联谊活动】 11月28日，回民小学举办开斋节联谊活动。该活动听取崇文区人大、区政府领导讲话，观看学校学生表演文艺节目，并举办师生游戏活动。该校师生94人参加活动。

（梁泽铭　郝洪春）

【举办学习策略研究会】 12月18日，回民小学举办学习策略研究会。会议推出数学《圆的认识》研究课，运用体验学习方式，通过学生自主学习、合作学习、师生互动学习方式，营造和谐学习氛围，研究学习策略。来自青岛市教育学院、青岛市15所小学及北京民族教育研究会、崇文区教科所教师45人参加会议。

（梁泽铭）

北京市回民学校

【概　况】 2003年，北京市回民学校开设教学班56个，其中，初中32个、高中24个。在校学生2451人，其中，初中1373人、高中1078人。招生772人，其中，初中340人、高中432人。毕业561人，其中，初中289人、高中272人。高中录取分数线（本区）301分（不含体育分），应届高考上线率100%、录取率90%。教职工265人，其中，专任教师154人，包括高级专业技术职务教师50人。物化生实验室和各种专用教室21个。体育场地2.14万平方米。图书馆藏书10万册。学校占地面积5.8万平方米，校舍建筑面积3.86万平方米。全年教育经费投入2419万元，其中，国拨1586万元、自筹833万元。

（刘佳萍）

【召开研究型学习研讨会】 4月25日，回民学校召开研究型学习研讨会。会议听取各教研室在研究型学习过程中学习资源开发不充分、研究手段单一等问题汇报，听取5名指导教师关于研究型学习中，如何指导学生选题、开题、调查、结题和成果展示等教学环节经验介绍，交流实验体会。该校高一、高二年级教师57人参加会议。

（刘　琰）

【民乐团参加国际儿童夏令营】 7月25日至8月3日，回民学校金帆民乐团赴蒙古参加国际儿童活动中心成立25周年庆祝活动。该民乐团由师生30人组成，与蒙古国国家歌舞团同台演出，先后演奏民乐合奏《金蛇狂舞》、《赛马》等乐曲，并与日、俄、美等国家少年儿童参加文体活动。回民学校金帆民乐团成立于1993年，有团员100人。

（陈大方）

【与一八一中学合并】 7月，回民

学校与北京市第一八一中学合并。合并后，学校新增教学班7个，学生301人，教职工52人，离退休职工70人。一八一中建于1972年，是由原老君地小学改建的普通初级中学。2003年，中考合格率97%，升入重点中学学生占50%。31年来，培养学生9000人。

（刘佳萍）

【举办新课改交流活动】 11月13

日，回民学校举办国家基础教育课程改革实验交流活动。该活动邀请珠海八中20名教师针对新课改初中课程交流经验，探讨规律。活动中，两校初一教师推出语文、英语研究课程各一节，观摩回民学校心理、数学和历史等课程，互相听课、评课。该校教师36人参加交流活动。

（刘　琰）

中央民族大学附属中学

【概　况】 2003年，中央民族大学附属中学为寄宿制学校，有13个教学班。在校生462人，来自18个省

市区47个民族。毕业85人，招生204人，分别来自34个民族。高考升学率92.3%，其中，重点大学升学率61.2%。教职工82人，专任教师47人，高级教师15人。教师中具有博士学位2人、硕士学位3人，在读生1人。占地面积2.27万平方米，建筑面积2.28万平方米。有各种实验室4个，多媒体教室4个，300平方米体育操场1个，风雨操场1个，食堂1个。图书馆藏书2.02万册。全年教育经费投入国拨457万元、自筹332万元。

（孙立清）

【获准招收京外少数民族学生】 1月28日，民大附中获准按计划招收京外少数民族学生。根据教育部有关规定，京外少数民族生源纳入北京国民教育系列，毕业时参加北京统一高考和录取，首批招收京外学生204人。同时，学校高中毕业生85人首次享受该项政策在北京参加高考。

（孙立清）

【实验班学生全部升入重点大学】 8月，民大附中克拉玛依实验班学生全部考入重点大学。该实验班创办于2000年，有少数民族学生31人，其中，最高分476分、最低分146分。学校针对学生语言不通，开设汉维双语课程、开展分层教学、分类指导、重点辅导教学方法，提高学生水平，参加全国高考，全部升入重点高校。其中，一名新疆学生以535分考入复旦大学。

（孙立清）

【举办消防安全演习】 11月1日，民大附中举办消防安全演习。该活动听取双榆树消防中队官兵消防安全知识专题讲座，同时，在学生宿舍内举办火灾实战消防演习和安全疏散演练。该校全体师生500人参加演习。

（孙立清）

【续签普法共建协议】 11月26日，民大附中与海淀区人民法院签订普法共建协议。依据协议，学校聘任法院干部担任法制副校长，法院负责指派法官定期到校开展法制教育活动。1999年，民大附中与海淀区法院建立普法合作关系，海淀法院领导多次到校指导工作，解决长期困扰学校周边无照网吧问题。法制副校长尚秀云每学期都到校举办普法讲座，法院少年法庭16名法官还资助6名少数民族学生完成学业。

（孙立清）

【完成人事分配制度改革】 12月18日，民大附中完成人事分配制度改革。该改革按照岗位聘任制与岗位业绩津贴实施方案（试行），坚持打破行政级别界限，按需设岗、定岗定编和全员聘任原则，经过起草、修改方案和教代会、工会代表大会讨论通过等程序。该校教职工58人参加改革，其中，40人竞聘上岗。

（孙立清）

北京市怀柔区长哨营满族中学

【概　况】 2003年，北京市怀柔区长哨营满族中学开设教学班12个。在校生380人、招生127人、毕业105人。教职工52人，其中，专任教师32人，包括高级专业技术职务教师5人，中级专业职务20人。物化生实验室和各种专用教室10个。体育场地1360平方米。图书馆藏有图书1.76万册。校园占地面积9396平方米、校舍建筑面积4465平方米。全年教育经费投入271.54万元，其中，国拨268.54万元、自筹3万元。

（于连水）

【聘请教研员培训青年教师】 3月27日，长哨营满族中学举办青年教师课堂教学培训。该培训聘请区教科研中心3名教研员，分别指导3名青年教师。这是该校实施“名师工程”组成部分。

（于连水）

【开设流动课堂】 5月，长哨营满

族中学开设流动课堂。该课堂针对防控“非典”时期学生放假情况，由学生在家小范围集中，教师抬着黑板，拿着辅导材料走乡串户，为学生答疑、辅导。

（于连水）

【一批基础建设工程竣工】 8月29日，长哨营满族中学一批基本建设工程竣工。工程包括：改造取暖锅炉水除尘系统，升级改造物理、化学、生物实验室，改造师生食堂，绿化、美化校园，实验楼防水、装修，办公室、会议室装修和更新教学设备。工程6月开工建设，总投资40万元。

（于连水）

【举办税法宣传活动】 9月27日，

长哨营满族中学举办税法宣传活动。该活动与怀柔区地税局和长哨营满族乡党委、政府联合举办，以“手拉手，心连心”爱心助学活动、税法宣传进校园活动等形式，宣传税法，发放税法宣传材料3000份。同时，地税局向该校捐赠价值3000元图书。该校全体师生参加活动。

（于连水）

【聘请家长收费监督员】 10月，长哨营满族中学聘请家长收费监督员。该监督员由11名家长组成，承担定期参加学校收费听证会，参与学校收费审批，并对各项收费项目提出意见和建议等任务。

（于连水）

特　殊　教　育

【概　况】 2003 年，北京市有特殊教育学校 23 所，其中，盲校 1 所、聋校 5 所、培智学校 17 所。有 2417 人在特殊教育学校就读，其中，盲校 163 人、聋校 607 人、弱智学校 1647 人。4206 人在普通中小学随班就读，占残疾学生总数 63.51%。残疾儿童九年义务教育入学率 97.5%。特殊教育学校有专任教师 1079 人，96%达到合格学历，其中，专任教师大专以上学历由“八五”末期 10.98%提高至 66%。

（徐建姝）

【海淀召开特殊教育工作会】 3 月 5 日，海淀区教委召开特殊教育工作会。会议提出到 2006 年实现残疾儿童、少年接受教育率 1%（按海淀区 19 万中小学生计算）提高到 50%（世界平均水平）。会议强调发展随班就读，建成普特教育融合先进区。同时，把特教纳入终身教育体系，借助社区力量，发展特殊教育。该区特教工作者 30 人参加会议。

（宋亚甫）

【石景山特殊教育中心成立】 3 月 13 日，石景山区特殊教育中心成立。该中心是区特殊教育实践、教研和科研中心，开展特殊教育规律、方法、策略以及随班就读课堂教学模式研究。同时，承担特殊教育教师、随班就读教师业务培训、指导和考核工作任务。中心共有教研员 22 人，其中，高级职称 16 人。

（厉　丽）

【东城召开随班就读研讨会】 3 月 27 日，东城区教委召开随班就读研讨会。会议分别观摩西总布小学语文、数学各一节随班就读研究课，听取学校题为《给特殊需要予特别关爱》经验和学生家长情况介绍，观看随班就读学生表演节目，并完成点评。来自中央教科所、区随班就读学校领导 70 人参加会议。

（秦晓芳）

【特殊教育教具展览结束】 3 月 28 日至 9 月 24 日，市教委举办特殊教育教具展览。该展览委托特教中心、北京联合大学特教学院承办，来自 20 所盲、聋、弱智学校、46 所残疾随班就读小学教师自制电子课件、光盘、录像带、投影片、模型和图片 1000 件参加展览。

（徐建姝　杜　鹃）

【房山交流视障生教学经验】 4 月 8 日，房山区教委召开视障生随班就读经验交流会。会议听取市盲校视障生随班就读策略与方法介绍，观看部分视障生作业和相关资料，并探讨更好开展教学工作方法。该区特殊教育教师 42 人参加学习。

（李翼明）

【顺义向残疾学生发放辅导材料】 5 月，顺义区特殊教育学校向残疾学生发放学习辅导材料。该校根据每个学生个体特点，制订具体学习资料和康复指导手册，走遍全区 19 个镇，将辅导资料送到每个学生家中。4 月 22 日，“非典”期间，顺义特教学校学生离校在家自学。

（侯亚军）

【良乡二小召开随班就读表彰会】 7 月 10 日，房山区良乡二小召开随班就读表彰会。会议总结随班就读工作，表彰两名随班就读学生，并颁发奖学金 500 元。两名学生是双胞胎，均为听残儿童，1997 年入学随正常班学生一起学习，经过自身努力，两个人均以优异成绩完成小学学业，升入初中。

（邓常利）

【东高村镇完成随班就读生认定】 10 月 9 至 15 日，平谷区东高村镇第二学区完成随班就读学生检测认定。认定工作坚持严肃、严格、认真和规范原则，检测内容为学生所在年级最基本语文、数学知识、基础生活常识和技能 3 项。该学区 11 名学生参加检测，其中，7 人认定为智残生，4 人不符合认定标准，作为学困生计入学生总数。

（岳广顺）

【昌平召开随班就读研讨会】 10 月 31 日，昌平区教委召开随班就读工作研讨会。会议听取学校随班就读研究经验介绍，观摩二毛学校随班就读研究课，参观特教成果展览，研讨随班就读工作。会议认为，昌平区已经建立随班就读骨干教师队伍，形成一批科研成果，可以解决三类残疾儿童课堂学习问题。来自教育部、市特教师资培训中心和各校主管特教工作教师 50 人参加会议。

（张建飞　于学志）

【视导清河一小资源教室】 12 月 16 日，市特教中心视导海淀区清河第一小学随班就读资源教室使用情况。3名特殊教育专家肯定该校资源教室的建立、开发和使用过程中体现的教育理念，对该教室研究工作提出建议。2002年，市教委为开展随班就读研究工作，建立10个随班就读资源教室。该校作为海淀区惟一代表参与资源教室建立和研究工作。

（宋亚甫）

【举办成人仪式】 12月9日，北京盲校举办18岁成人仪式。该仪式在北京植物园樱桃沟的"一二九"纪念碑前举行，学生高唱18岁成人仪式歌，宣读成人誓词，播放李素丽电话录音讲话，并将事先准备好家长信交到学生手中。同时，举办义务劳动活动。该校师生59人参加活动。

（黄小丽）

【举办学生艺术节】 12月，北京盲校举办学生艺术节。该艺术节由师生歌会、师生同乐会、原创作品展示以及征文等几组活动组成，从筹备、策划、对外联络、宣传以及后勤剧务等工作，全部由学生自主完成。该校师生237人参加艺术节。

（黄小丽）

特殊教育学校（部分）

北京市盲人学校

【概　况】 2003年，北京市盲人学校是北京惟一视障学生特殊教育学校。设有16个教学班，其中，幼儿班1个（招收4至6岁视障幼儿）、义务教育阶段班9个、高中阶段班6个（普高班2个、按摩中专班3个、钢琴调律职高班1个）。设有0至3岁视障婴幼儿早期智力开发咨询服务，同时承担北京地区普通学校中视障学生随班就读业务指导工作。在校学生171人，其中，低视生73人，全盲生98人，学生全部住宿。招生52人。按摩专业毕业12人，5人考取北京联合大学，其余全部就业；钢琴调律专业毕业8人，全部考取大学。培训中心共举办初、中级按摩培训班4期，共培训160人；受金钥匙视障中心委托，为内蒙古培养学员20余人。有在岗教职工66人，其中，专任教师46人。教师中硕士毕业3人、本科毕业37人、专科毕业21人。特级教师1人、高级教师9人。有计算机房2个，有语音教室、多媒体教室、多功能厅、阶梯教室和美工泥工教室，有琴房2个和阅览室2个。物化生等实验室齐全。有6525平方米的塑胶运动场1个，有北京健桥盲人按摩中心按摩实习基地和成人职业培训按摩培训中心。图书馆藏书1万余册，其中，盲书8000余册、汉字书2000册。学校占地面积1.58万平方米，建筑面积1.13万平方米。全年教育经费投入622万元，其中，国拨572万元、自筹50万元。

（黄小丽）

【参加全国残疾人运动会】 9月，在全国第六届残疾人运动会上，北京盲校代表队获得200米蛙泳女子S12S13组冠军。该运动会由国家体育总局、中国残疾人体协主办，来自33个省市3000名运动员参加比赛。该校16名学生参加比赛，获得冠军1项、亚军1项，季军3项。

（黄小丽）

【开展低视力康复训练】 9月，北京盲校开展低视力康复训练。该训练利用专门低视力康复教室，针对不同年龄段、不同视力状况低视力学生，有计划康复训练，保护残余视力。至年底，该校常规训练8人，临时训练20名学生参加。3月，该校低视力康复训练教师参加由德国汉堡大学和索斯特盲人职业培训所主办的中国低视力师资培训班。

（黄小丽）

【举办教师公开课比赛】 9至10月，北京盲校举办教师公开课比赛。该比赛以部门、年级为单位，要求符合新课改要求，考虑学生特点和差异，选择适当教学工具和手段，教学方法灵活，课堂气氛活跃，采用评委听课打分、讨论、无记名投票等方法。该校24个学科38节公开课参赛，其中，15节获得优秀。

（黄小丽）

北京市东城区特殊教育学校

【概　况】 2003年，北京市东城区特殊教育学校是一所对听力障碍、智力障碍两类有特殊教育需要学生实施9年义务教育的走读住宿制学校，招收来自全国6岁以上智障和听障学生，分智障部和听障部两个业务部门。有19个教学班，另有1个学前班。在校生185人，其中，智障学生89人、听障学生96人。招生13人，其中，智障学生8人、听障学生5人。有教职工60人，其中，48名教师具有大专以上学历、3人在读研究生课程。有律动、美工和个别训练等11个专用教室。开通校园网，并为每班教室安装计算机、实物展台、电视等设备。学校拥有一座3700平方米的教学楼和一个2700平方米的塑胶操场。全年接待国内外交流团120人次。图书馆藏书1万册。校园占地面积5230平方米、建筑面积3751平方米。全年教育经费投入 340 万元，其中，国拨 311 万元、自筹 29 万元。

（周　晔）

【参加全国爱耳日宣传活动】 3月

3 日，东城特教学校参加全国爱耳日宣传活动。在西单科技广场，该校 6 名教师和 5 名聋生宣传护耳、爱耳知识，接受咨询 30 人次，发送宣传资料百余张。

（张　宏）

【完成部分办学条件改善】 5 月，东城特教学校完成部分办学条件改善工作。其中，东城区教委投资 110 万元，修缮操场、更换窗户及护栏；投资 50 余万元，为班级教室添置多媒体计算机和实物展台，安装闭路电视，改造计算机教室。

（尚省三）

【开办智障儿童学前班】 9月，东

城特教学校首次开办智障儿童学前训练班。该学前班采用系列活动形式，开展基本教育教学活动，首期招收 8 人。

（刘志军）

【成立职业培训学校】 9 月，东城特教学校残疾人职业技能培训学校成立。该学校与东城区残联共同举办，开设家政服务、计算机录入 2 个专业，开设烹饪、家政服务技能以及文化、计算机、艺术等课程，学制 1 年。首批家政服务班共招收 10 名智障学生。

（刘志军）

【开展双学籍管理实验】 9 月，东城特教学校开展双学籍管理实验。该实验与东城区教委联合开展，将一名六年级聋生送到西总布小学参加学习，实行双学籍管理。有 3 名智障部学生在聋部试行语文、数学两科随班就读，实行校内双学籍管理。至年底，3 名学生中，2 人学籍完全进入到聋部，1 人 2004 年进入普通教学随班就读。

（宋　雯）

【召开首届学生代表会议】 10 月 27 日，东城特教学校召开首届学生代表会议。会议以“我是学校小主人”为主题，宣布成立学生会、共青团支部和少先队大队委员会，该校 180 名学生代表参加会议。会后召开学生提案发布会，各班代表从不同角度向校领导提出 9 条改进工作建议，校领导完成现场回复。

（张　宏）

【组织学生参加科技活动】 11 月 14 日，东城特教学校组织学生参加科技活动。该活动在顺义绿色度假村青少年科技活动基地举办，以“祖国航天我参与”为主题，听取科普知识报告、发射亲手制作的火箭模型、观看无线电遥控模型飞机飞行表演。该校师生和家长 200 人参加活动。

（张　宏）

【接待港澳政协考察团】 12月19

日，东城特教学校接待港澳政协考察团。该考察团由澳门聋人协会、聋校校长、聋人服务中心共计 18 人组成，他们听取学校整体建设情况介绍，观看智障学生演出男生小合唱《共青团员之歌》、听障学生表演的诗朗诵《妈妈的爱》等节目，高度评价学校各方面工作，并向学校赠送新年礼物。

（张　宏）

【举办聋儿教育师资培训班】 12 月 21 至 23 日，东城特教学校举办聋儿教育师资培训班。该培训班与中国教育学会特教分会、澳门天主教福利会联合举办，采用讲座、小组交流讨论形式，先后讲授听觉、生理及病理和听障语言发展现状及未来趋势等 6 门课程。来自北京二聋、三聋、四聋学校和部分区县教师 60 人参加学习。

（宋　雯）

北京市崇文区培智中心学校

【概　况】 2003 年，北京市崇文区培智中心学校有教学班 9 个。在校生 90 人、招生 9 人、毕业 8 人。教职工 42 人，其中，专任教师 25 人，包括小学高级教师 23 人，中高级专业技术职务以上教师占教师总数 54.76%。操场面积 600 平方米，各种专用教室 5 个。图书馆藏书 767 册，各类报纸 7 种，杂志 22 种。校园占地面积 2225 平方米，建筑面积 2480 平方米。全年教育经费投入 188 万元，其中，国拨 116 万元、自筹 72 万元。

（苏丽莉　王存良）

【培养学生“五自”能力】 7月，崇

文培智中心提出培养学生“五自”能力教学目标。该目标要求教师注重学生心理体验，抓好日常行为规范及养成教育，促进学生学习上要自觉、生活上要自理、行为上要自律、

心理上要自信和安全上要自护的“五自”能力。

（苏丽莉 郝洪春 张桂芝）

【召开综合训练现场会】 10月30日，崇文培智中心召开综合训练现场会。会议围绕“源于生活、回归生活——综合训练的理念与实践”主题，展示该校语文、数学、音乐、美术4节研究课。会议认为，该校办学理念先进，校本课程设置有特色，自编教材、练习册图文并茂，文体节目表演水平高，展示课质量高，充分体现源于生活回归生活综合训练的理念。来自市特教中心、区教委领导以及18个区县20所培智学校教师80人参加会议。

（张桂芝 郝洪春）

【制订社区融合教育实施方案】 12月20日，崇文培智中心完成社区融合教育实施方案制订。该方案包括社区实地教学研究计划，选择社区教学，教师带领学生学习使用社区设施，帮助学生融入社区生活等内容。该方案配合“社区融合教育”研究课题制订。

（苏丽莉 郝洪春）

北京市宣武区培智中心学校

【概 况】 2003年，北京市宣武区培智中心学校设有23个班，其中，学前干预班3个、义务教育班9个、职业教育班11个。在校生216人，其中，学前干预18人、义务教育92人、职业教育106人。招生34人，其中，学前干预12人、义务教育6人、职业教育16人。毕业28人，其中，学前干预10人、义务教育16人、职业教育2人。有教师57人，包括特级教师1人，本科学历9人，职业培训专业教师11人。有音乐、康复和劳动等专用教室36个。固定资产230万元。校园占地1.3万平方米，建筑面积8033平方米。全年教育经费投入450万元，其中，国拨400万元、自筹50万元。

（潘 镭）

【开通校园网】 9月1日，宣武培智中心校园网开通。该校园网设有校园新闻、教师论坛、学校通知等5个栏目，拥有20个终端，采用ASP技术，接入万维网主干网。校园网7月开工建设，总投资20万元，网址：xwpz.web165.com。

（胡锡铃）

【开发教辅用具】 9月，宣武培智中心开发一批教学辅助用具。其中，金木工专业学生制作响板、健身绳球、手爬掌康复健身用具，在体育、课间操和音乐课使用；教师研制的适合中重度弱智儿童“学习读本”语言沟通板及圆心定位切割辅助用具在教学中使用。

（胡锡铃）

【职教部新增3个专业班】 9月，宣武培智中心职教部新增3个专业班。分别是综合服务班和2个家政专业班。其中，综合服务班主要开设餐饮服务课程，培养方向是社区职业，有学生6人。家政专业班主要开设家庭整理课程，培养方向是生活自理，有学生18人。至此，该中心共有11个职教专业班。

（潘 镭）

【举办首次校园音乐会】 10月20日，宣武培智中心举办首次校园音乐会。该音乐会以“金色的旋律”为主题，先后表演唱歌、器乐演奏和舞蹈等节目。职教部、中高年级及南菜园小学辅读班学生18人参加演出。

（胡锡铃）

【制订教科研奖励办法】 10月24日，宣武培智中心教代会审议通过教科研奖励办法。该办法明确设立校内高级教师、科研骨干教师、单项成就和特殊贡献等奖励项目，分为物质和精神两种奖励形式。奖励工作由评委主持，教师可自愿报名评选，经过学期初制订个人教科研计划，期末展示成果，评委评审和结果公示等程序产生。

（胡锡铃）

【职教部二期建设竣工】 11月21日，宣武培智中心职教部二期建设竣工。该项目包括购置联想家悦E2020计算机20台、由投影仪及实物展台组成的多媒体教学设施，重建美工专业教室，开设综合服务和学生生活语文、生活数学等专用学习室。工程9月开工建设，市教委投资30万元。

（潘 镭）

【推出随班就读研究课】 11月25日，宣武培智中心推出随班就读研究课。该研究课以“面向全体，兼顾差异，分组分层，使每个学生都获得发展”为主题，介绍学校课程理念和课程建设以及根据弱智学生学习需要所创造协同教学、分组分层等教学方式。为配合此次研究课，该校还展示8名教师沟通、认知等4节协同课。宣武区随班就读教师35人参加学习。

（潘 镭）

北京市海淀区培智中心学校

【概 况】 2003年，北京市海淀区培智中心学校有教学班12个。在校生186人，年龄7至18岁，男生110人、女生76人，主要是智力障碍、精神障碍、情绪障碍、孤独症儿童。招生18人，毕业27人。在职教师45人，专任教师42人。平均年龄29岁，男12人、女30人，本科学历10人、专科学历25人，38%教师为师范特殊教育毕业、62%教师经过特殊教育培训，取得特殊教育（智障）上岗培训证。学校占地面积4300平方米，建筑面积3040平方米，有电子备课室和多媒体教室各1个，专用教室14个。图书馆藏书1万册。全年教育经费投入国拨384万元、自筹33万元。

（张元元）

【举办特奥活动日队列比赛】 4月2日，海淀培智中心举办特殊奥林匹克活动日队列比赛。该比赛由清华、人大志愿者承担裁判工作，低年级组由体育教师带领、中高年级组由体育委员带领、训练班小学生由家长陪同。该校学生、家长300人参加比赛。该中心自1998年开展特奥活动日比赛，先后开展跳绳比赛、队列比赛、趣味运动会等活动。

（梁　晶）

【参加2003残疾儿童艺术展】 9月4至8日，海淀培智中心参加汇丰中华慈善残疾儿童艺术展。该展览在北京新东安市场举办，来自北京15所培智学校、聋校、盲校以及儿童社会福利机构残疾儿童绘画、雕刻、陶艺、编织等艺术作品参加展览。海淀培智中心26件学生作品参加展览，包括儿童画、豆画、木工制品。其中，4幅作品获得艺术展优秀奖，3名教师获得优秀指导教师奖，童话剧《最大的声音》参加艺术节闭幕式演出。

（胡　斌）

【举办家庭教育专题讲座】 11月4日，海淀培智中心家长学校举办家庭教育专题讲座。该讲座听取青年教师题为《运动训练对智障儿童有促进作用》专题报告，系统讲解运动训练与儿童发展关联、运动训练对儿童发展的作用两部分知识。该校学生家长40人参加学习。

（张继兵）

北京市第三聋人学校

【概　况】 2003年，北京市第三聋人学校是集小学、初中、职业高中于一体的残疾人全日制寄宿学校。有19个教学班，在校生293人，其中，听力残障学生232人、肢体残障学生61人。住校学生234人。招生97人，其中，小学26人、初中19人、高中52人。有聋高三毕业生20人，肢残高三毕业生19人。聋高三高考升学率91%，其中，计算机专业升学率100%。在岗教职工86人，专任教师62人。高级专业技术职务9人，中级40人。中学教师39人，其中，具有大学本科及以上学历34人，占87%。小学教师22人，全部为合格学历，其中，大专学历15人，占60%。在全体专任教师中特殊教育专业毕业人员占7%。学校占地面积1.1万平方米，建筑面积1万平方米，有教学楼、学生宿舍楼、综合楼各1座及小型田径场1个。教学楼有2个多媒体教室、3个计算机房，另有生化实验室、物理实验室各1个。图书馆藏有图书2万册，生均76册。全年教育经费投入307.17万元，其中，国拨236.11万元、自筹71.06万元。

（陈建功）

【取得面向全国招生资格】 4月，第三聋校取得面向全国招生资格。该政策主要面向教育不发达地区残疾学生，为他们提供升学机会。至年底，招收13个省市区学生60人。

（陈建功）

【高三学生参加高考】 6月7至8日，第三聋校高三学生参加北京市统一高考。其中，聋高三学生20人，肢残高三14人。聋高三本科录取12人，专科录取5人。肢残高三录取专科4人，成人大专7人。

（陈建功）

【成立就业处】 9月12日，第三聋校成立就业处。该工作处隶属教育处，有工作人员2人，主要负责就业指导、就业分配和就业单位联系等工作。至年底，就业处共为21名毕业生安排就业单位。

（陈建功）

【纪念国际残疾人日】 12月3日，

第三聋校举办国际残疾人日纪念活动。该活动为在校13名福利院孩子举办《爱在深秋》主题生日联谊会，为残疾孤儿送上生日祝福。来自人大、清华、北师大、财大等高校学生和美国美新路基金会等单位志愿者60人参加纪念活动。

（陈建功）

【接受美新路公益基金会捐赠】

12月，第三聋校接受美国美新路公益基金会捐赠助听器。该批助听器共10个，价值3万元，借助助听器，9名学生可以重新恢复听力。2001年，美新路公益基金会与中国青年基金会达成协议，长期为中国老弱病残孤弱势群体提供“一助一”志愿服务。

（陈建功）

北京市丰台区培智中心学校

【概　况】 2003年，北京市丰台区培智中心学校开设7个弱智教学班、1个自闭症儿童训练班。在校生94人，招生12人，毕业14人。教职工31人，其中，专任教师18人，包括中级以上专业技术职务12人，专科以上学历15人，经过特殊教育培训24人。另有1名英籍教师。设有劳技、音乐、康复训练、计算机房4个专用教室。图书馆藏书1315册。固定资产75万元。校园占地面积1778.09平方米。全年教育经费投入102万元，其中，国拨101.7万元、自筹0.3万元。

（陈凤华）

【举办爱心献给残疾儿童活动】 3

月 27 日，丰台区培智中心举办爱心献给残疾儿童活动。该活动邀请外经贸大部分学生到校，在操场上、教室里，与孩子们手拉手交谈，一起做游戏，并为孩子们带来足球、篮球、羽毛球及各种活动、学习用品。

（陈凤华）

【首次获得“爱科学月”比赛奖】 10 月，丰台培智中心学生首次获得丰台区中小学“爱科学月”比赛奖。该校 5 名学生参加“风筝制作”、“动手做”两项比赛，获得 6 个奖项，其中，一等奖 2 人、二等奖 2 人、三等奖 3 人。这是“爱科学月”举办以来，培智学校智障学生首次获奖。

（张北平）

【举办期末教案展评】 12 月，丰台培智中心举办第一学期教案展评。该展评要求教案知识、技能、思教 3 个目的明确，重点突出，个别化教学体现充分、具体，体现特殊教育教改。该校任课教师 18 人共计 306 节教案参加展评，评出优秀奖 3 人。

（陈凤华）

北京市石景山区培智中心学校

【概　况】 2003 年，北京市石景山区培智中心学校开设教学班 8 个。在校生 86 人，招生 5 人，毕业 6 人。教职工 29 人，其中，专任教师 23 人。各种专用教室 5 个，体育场地 1236 平方米，图书馆藏书 2324 册。学校占地面积 5396 平方米，建筑面积 3441 平方米。全年教育投入 134.94 万元，全部为国拨经费。

（郝洪雁）

【召开学生假日成果汇报】 9 月 15 日，石景山培智中心召开学生假日成果汇报会。会议要求每个学生展示自己在假期中学到的新本领，如做饭、洗衣服，读书和交流社区活动见闻等。该中心假日成果汇报会创办于 1988 年，已经成为传统。

（马金伶）

【举办学习王能智研讨活动】 10 月 16 日，石景山培智中心举办学习王能智研讨活动。该活动以“学习王能智老师，看今天的特殊教育”为主题，学习王能智自主学习、探究学习和实践活动教育思想，结合需要特殊教育孩子实际，提出教师要了解学生特殊需要，善于观察学生、发现每个残疾学生长处等观点。该校教师 26 人参加活动。

（郝洪雁）

【举办随班就读专题讲座】 10 月 30 日，石景山培智中心举办随班就读专题讲座。该讲座听取题为《普通学校视力残疾学生有效参与学习活动》专题报告，系统介绍视障学生特殊需要，接纳视障学生随班就读注意事项，设计面向全体兼顾视障学生教学方案等 8 个方面问题。来自全区中小学教学主任和随班就读教师 85 人参加学习。

（郝洪雁）

【开展综合教学研讨活动】 12 月 30 日，石景山培智中心开展综合课堂教学研讨活动。该活动以体现新理念，注重学生生活体验为重点，在课堂教学中，注意为学生创造宽松学习环境，在课堂教学中注重讲授综合知识，注重多学科知识融通，并注重学科之间相互联系。该校教师 26 人参加研讨活动。

（郝洪雁）

北京市通州区培智学校

【概　况】 2003 年，北京市通州区培智学校有教学班 9 个。在校生 116 人，毕业 11 人，招生 13 人。教职工 31 人，其中，专任教师 27 人。包括中小学高级教师 17 人。学校占地面积 1.13 万平方米，建筑面积 3409 平方米。设有资源教室、音乐治疗室和肢体康复室等 15 个专用教室。图书馆藏书 7594 册。全年教育经费投入 153 万元，其中，国拨 119 万元、自筹 34 万元。

（张海燕）

【开展聋儿拼音教法实验】 2 月，通州培智学校开展聋儿拼音教学方法实验。该实验推出活动舌位图教学法，借助舌位图指导发音舌位；身体辅助法，借助身体语言训练发音；玩中学说话，让学生在玩中学开口，激发说的兴趣 3 种教学方法。该校 2 个教学班 13 名儿童参加实验。

（张海燕）

【完善课程教育体系】 2 至 8 月，通州培智学校完善课程教育体系。该校制订《中度弱智儿童教育训练内容及目标》、《中度弱智学生教学主题及目标》等文件，编写《轻中度智力残疾学生缝纫技能训练纲要》和《中度智力残疾学生烹饪课训练纲要》等 7 种教材，完成包括实用语文、数学、社会适应 3 部分统编《中度智障学生教育训练自编教材与教案》。该校 7 个教学班 80 名学生参加学习。近年，该校学生构成复杂、智损程度参差不齐、中重度学生明显上升，原教材不能适应变化。

（张海燕）

【完成3项基本建设】 4 至 8 月，

通州培智学校投资 80 万元完成 3 项基本建设。其中，4 月，更新升降桌椅 110 套，添置音乐电教黑板和音乐扶手椅 30 把；7 月，建成 200 米塑胶跑道；8 月，完成教学楼危电改造、安装 26 个太阳能热水器、建成网络教室、更换塑钢门窗、拆除旧式燃煤锅炉、安装全自动热水器。

（张海燕）

【完成科研论文集编辑工作】 9 月 9 日，通州培智学校完成《谱写生存的旋律》科研论文集编辑工作。该文集收录教师10年来教科研成果，包括学校管理、教育教学及其他工作论文49篇，其中，研究报告3篇、实验报告5篇、个案研究1篇、经验类论文40篇，智障儿童教育与训练方面论文42篇，聋儿教育与孤独症儿童的教育与训练方面的论文7篇。

（张海燕）

【推出教职工工作8项承诺】　9月，通州培智学校推出教职工工作8项承诺。该承诺分别是：对孩子微笑（任何一个孩子不会受到冷落和歧视）、与孩子交谈（每一个孩子都能和教师平等对话）、帮孩子明理（让每一个孩子在体验中辨别真、善、美）、教孩子求知（耐心解答孩子提出的每一个问题）、让孩子自主（尊重孩子的意志，张扬孩子的个性）、给孩子机会（每一个孩子的特长都能得到充分展示）、为孩子着想（帮助每一个有困难的学生完成学业）和替家长分忧（孩子校园生活愉快、安全，家长无需挂念）。

（张海燕）

【实验聋儿口语手语教学】　9月，

通州培智学校实验聋儿口语手语教学。该实验在聋儿语训大班开展，以《中国手语》为教材，每周安排2节手语课，集中学习手语词汇，通过提供手语支持，增加听力训练，矫正发音。同时，提供书面语支持。该校1个全教学班7名学生参加实验。

（张海燕）

北京市大兴区特殊教育中心

【概　况】　2003年8月29日，北京市大兴区特殊教育中心成立。有4个教学班，在校学生37人，年龄6至17岁。教职工20人，其中，专任教师15人，教师中小学高级教师7人，研究生学历1人，本科学历6人，大专学历7人。建有1000平方米操场，1200平方米绿色草坪。有劳技教室（烹饪、缝纫、销售）、音乐教室等专用教室。固定资产总值633万元，校园占地面积5176平方米，建筑面积1980平方米。至年底，教育经费投入54万元，其中，国拨49万元、自筹5万元。

（刘　健）

【特殊教育中心成立】　8月29日，

大兴特教中心成立。该中心是大兴区惟一招收中度、重度残疾学生，开展康复训练教学的特教学校，有两座相连教学楼和劳技康复设施。中心3月6日开工建设，总投资213万元，首批招生37人。

（李金艳　刘　健）

【召开首次家长会】　9月18日，大兴特教中心召开首次家长会。会议听取学校办学规模、教师队伍、设施及准备到位各种康复训练室、劳技室等情况。家长们表示理解和支持，并提出意见和建议。该校学生、家长40人参加会议。

（刘　健）

【召开创新精神培训会】　10月29日，大兴特教中心召开创新精神培训会。会议结合特教实际，从培养学生主体意识、问题意识、获取新知识的能力、正确处理创造与创新、传统教育与创新教育等方面，讲解怎样培养创新精神与实践能力。该校教师20人参加学习。

（刘　健）

【建立少先队大队】　11月24日，

大兴区特教中心少先队大队建队。成立会议宣布大队委名单，10名学生加入春芽儿童团，聘任中队辅导员。同时，举办少先队大队、春芽儿童团授旗仪式。

（刘　健）

【举办首届趣味运动会】　11月26日，大兴特教中心举办首届趣味运动会。该运动会设立投包入筐、小保龄球和足球射门等6个项目。该校36名学生参加比赛。

（刘　健）

【完成全区随班就读检查】　11月28日至12月9日，大兴特教中心完成全区随班就读检查。该检查重点是3年来学校管理、教科研、教师和学生个人等与随班就读教育相关材料，采用听取学校工作汇报，召开师生座谈和问卷调查等形式。该区12所中小学接受检查。其中，优秀4所、合格6所、不合格2所。

（刘　健）

学 前 教 育

综 述

2003年，北京地区共有各类幼儿园1430所，总班数为7733个，其中，小学附设学前班962个，在园(班)幼儿199390人。全市学龄前儿童38.6万人，3至6周岁儿童208774人。在园幼儿179019人，入园率85.7%。其中，3岁以上幼儿城镇地区入园率92.4%，农村地区77.8%，均比上年提高；农村儿童学前一年入园率95%。全市幼儿园共有保教职工26324人，其中，专任教师14625人，教师中具有大专以上学历7873人，占53.8%，比上年提高4.1个百分点；中专、高中学历6396人，占43.7%，比上年下降3.3%。

4月初，北京发生“非典”疫情，市教委与卫生局密切配合，开展幼儿园防控“非典”工作，要求全市幼儿园停止集体活动以及接待参观等任务，及时印发《幼儿园预防控制非典型肺炎的要求》，并每周一次了解各区县托幼园所防控“非典”工作落实情况，及时汇总上报市教委。5月中旬，市教委印发《关于幼儿园逐步恢复收托服务的意见》，指导并规范全市幼儿园做好防控“非典”工作，恢复收托服务。据统计，在全市各类学校中，幼儿园儿童发病人数最少。

“非典”期间，市教委学前教育处与教科院早期教育研究所密切合作，开设学前教育空中课堂，包括在线指导（www.0—3—6）、电话咨询、电台广播“亲情港湾”专题节目，面向家长宣传科学育儿知识。据统计，5至7月上网咨询13500人次，打热线电话531人次，此项工作扩大学前教育服务范围。

9月，市教委结合本市幼儿教育发展实际，组织专家编写并印发《幼儿园教育指导纲要（试行）实施细则》。市教委对区县幼教管理干部、部分园长和骨干教师进行培训，共计3000人次。

2003年，市教委加强对全市幼儿园质量管理。7月，为全市通过年度考核的633所幼儿园换发质量等级证书，占园所总量44.3%。其中，555所园获得相应“级类证书”，78所农村中心园获合格证书。年内新增一级幼儿园7所，一类幼儿园16所，一级一类幼儿园11所。至年底，全市一级一类幼儿园已达185所。

12月30日，经第14次委办公会同意，认定西城区曙光幼儿园等9所北京市示范园。经网上公示后，召开“北京市示范幼儿园颁牌”大会，各区县主管领导、业务科室干部及各类幼儿园园长400人参加会议。4所示范幼儿园分别介绍教改科研、社区学前教育、园本课程及0至3岁早期教育经验，市教委领导到会并讲话。

12月，市教委命名42个社区早期教育示范基地。至此，市级社区早教基地达62个，分布在12个区50余个街道和乡镇，覆盖社区内的14300余个家庭；各基地均配备适合3岁以下儿童专用活动室、运动器械和各种玩具；300余名教师接受市教委婴幼儿早期教育专业培训。据统计，全市早教基地共开办180个双休日亲子班，每周固定来参加游戏活动社区散居儿童2000余人。为扩大社区儿童受教育率，普及科学育儿知识，全市早教基地义务为社区散居儿童组织近300次开放活动，开设育儿知识讲座、咨询、发放育儿宣传资料等活动，共有1.7万人次参加活动。

2003年，市教委加强队伍建设，委托北师大教育系举办第二期幼教管理干部研修班，46名学员经过半年学习完成学业。同时，开展幼儿教师继续教育、园长岗位培训、保育员技术等级考核和上岗培训工作。全年共有792名保育员参加技术等级考核和上岗培训，有250名园长参加岗位培训，同时，举办2期继续教育必修课和选修课培训，有229名教师参加学习。

2003年，市教委加强幼儿园安全、卫生工作。8月25至27日，崇文、朝阳和密云三个区县，接受卫生部、教育部联合检查组抽查，通过对当场抽出7所不同类型幼儿园卫生保健工作逐项严格检查，联合检查组对北京市托幼园所卫生保健工作给予充分肯定。

9月，市公安局、公安交通管理局与市教委共同编写《幼儿交通安全教材》，并印发《关于推广使用幼儿交通安全教材的通知》。9月16日，在六一幼儿院举行赠书仪式，向全市各幼儿园免费发放《幼儿交通安全教材》2万册。

9月中旬，在全市范围内开展幼儿园安全工作大检查。各区县利用近一个月的时间，对1400余所各类幼儿园房屋、大型玩具、消防设施、幼儿食品采购渠道和食品操作等方面安全工作进行普查。市教委对丰台、东城等6个区的7所不同类型幼儿园安全工作进行抽查，并将抽查结果通报各区县。

10月16日，在京丰宾馆由北京市幼儿教师为中国“百年幼教”庆典活动献上一台文艺晚会。来自10个区县30所幼儿园的近400名幼儿教师，表演19个节目。该场晚会展示北京市幼教改革成果和幼儿教师精神风貌，受到全国各省市与会者一致好评。

（张小红　简尔贤）

总　　类

【朝阳召开园所安全工作会议】　2月28日，朝阳区教委召开幼儿园安全工作会议。会议听取区教委领导讲话，要求幼儿园重视安全工作，健全各项安全制度，加强警卫和食品进货渠道管理。会议要求，各园建立自查制度，针对自查问题积极整改。该区100余个单位幼教工作者共200人参加会议。

（叶　蕾）

【海淀召开学前教育机构招标会】　4月18日，海淀区教委首次举办学前教育设施招标会。会议采用邀请招标方式，开标、评标和定标遵循公平、公正和择优原则，听取投标单位办园宗旨、目标、管理及拟算成本、收费价格等内容阐述，经过评标专家评审，由区教委印发中标通知书。来自北京3家单位参加竞标，其中，北京道勤学前教育投资有限公司、北京锡华未来教育实业股份有限公司中标，分别承办海淀区万柳中区和曙光花园配套幼儿园。

（宋亚甫）

【3个区入选全国幼儿教育先进】　4月，在第三次全国幼儿教育先进区评选活动中，北京西城、宣武和顺义3个区获得先进称号。该评选由教育部主持，全国共有100个区县当选幼儿教育先进。北京有9个区县参加评选，3个入选。其中，西城、顺义两区连续3次获先进称号。

（简尔贤　王洪兰　陈蕾倩）

【开通学前教育"空中课堂"】　5月21日，市教委学前教育"空中课堂"开通。该课堂设有在线指导、电话咨询、电台广播"亲情港湾"专题节目，面向0至6岁儿童家长、幼儿教师宣传科学育儿知识，提供心理健康、体能与健康和膳食与营养方面咨询。至7月，课堂网络咨询13500人次，电话咨询531人次。

（简尔贤　王洪兰　倪美娟）

【完成幼儿园年度考核】　7月，市教委完成幼儿园年度考核。考核以区县为单位，采用幼儿园自查、区县检查两个阶段。来自各区县633所幼儿园通过考核，占全市园所总量44.3%。其中，555所取得相应"级类证书"，78所农村中心园获合格证书。至年底，全市共有一级一类幼儿园185所。

（简尔贤　王洪兰　杨　巍）

【顺义部分农村幼儿园划归教委】　7至8月，顺义区教委完成部分农村幼儿园调整。调整工作将13所农村中心幼儿园划归教委直属事业单位，涉及教师165人，在园幼儿2829人。配合调整，完成部分幼儿园干部教师调整，选调70名小学教师充实幼儿教学一线。

（王艳芳　马占霞）

【7所幼儿园通过联合检查】　8月

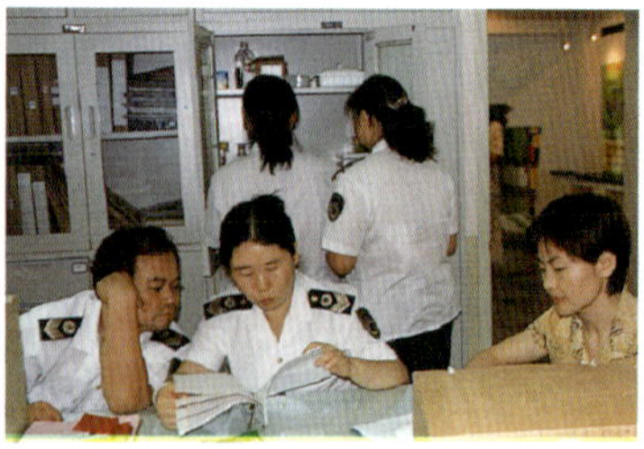

25至27日，北京7所幼儿园全部通过卫生部、教育部联合检查。该检查以卫生保健为重点，采用实地检查方式，涉及管理制度、资料归档以及保健室、食堂、活动室和盥洗室等。崇文、朝阳和密云3个区县共计7所幼儿园参加检查，其中，一级一类3所、二级二类2所、民办园1所和村办园1所。此前，市教委转发卫生部、教育部关于抽查幼儿园卫生保健工作通知，要求幼儿园在近期完成卫生保健自查。

（王洪兰　周立光）

【完成安全工作检查】　8至9月，市教委完成幼儿园安全工作检查。该检查分为幼儿园自查、区县检查和市教委抽查3个阶段，涉及幼儿园房屋、大型玩具、活动场地、消防设施、食品采购和食堂管理5个方面。全市1400所幼儿园参加检查，其中，6个区7所幼儿园参加抽查。结果显示，电路走线不规范、电线老化、无明显疏散标记等问题。

（简尔贤　王洪兰　张　伟）

【崇文三幼承办体制改革研讨会】　9月26至28日，崇文区第三幼儿园承办体制改革与运营策略研讨会。会议听取崇文三幼《新时期幼儿园管理体制的建立与运行》、《幼儿园园长挑战自我创造未来》两个专题报告，研讨"新体制与幼儿园生存发展"、"21世纪学前教育新西兰所扮演的角色"等问题。会议由市老教协、新西兰基督教教育学院联合主办，来自北师大、市老教协领导及学者共100人参加会议。

（王　辉）

【举办百年幼教文艺晚会】　10月

16日，市教委举办庆祝中国"百年幼教"文艺晚会。晚会以展示北京幼教改革成绩为主题，推出师生自编自演文艺节目19个。来自10个区县30所幼儿园400名师生参加演出，参加中国"百年幼教"各省市代表1000人观看演出。

（简尔贤　王洪兰　田秀花）

【海淀调研“莱娃乐园”】 10月21日，中共海淀区委、区政府组团调研“莱娃乐园”。调研组来到八里庄地区玲珑塔徐庄批发市场，查看“莱娃乐园”儿童游戏场所，询问“莱娃乐园”兴建和管理情况，托管学前儿童数量等问题。调研组召开托管儿童家长现场座谈会，询问他们生活、收入和受教育情况，征求摊主学前教育需求和对政府要求。该区“莱娃乐园”成立于2003年，园址在八里庄地区玲珑塔徐庄批发市场，共收托学前儿童40人。

（宋亚甫）

【光明幼儿园接待英国考察团】 10

月23日，崇文区光明幼儿园接待英国教育考察团考察。该考察团由3人组成，观摩教育活动和活动区游戏，参加半日亲子活动。在随后举办的座谈会上，中英教师交流幼儿教育及发展情况，研讨课程设置、教育教学等问题。

（单金雪　郝洪春）

【密云召开农村幼儿园户外活动现场会】 10月，密云县教委在巨各庄中心幼儿园召开农村幼儿园户外活动现场会。会议听取幼儿园题为《锐意改革，勇于进取，开创农村园特色办学之路》经验介绍，观看中心园户外体育活动，研讨推广中心园先进经验途径等问题。该县幼儿教师90人参加会议。

（郭占云）

【中科院三幼9个方案入选科技活动方案库】 11月10日，中国科学院第三幼儿园9个科技活动方案入选《国家科技活动方案库》。该方案库评选由中国青少年科学普及指导纲要实施项目课题组主持，每年评选一次，本次全国共有2000个方案参加评选，其中，103个入选。中科院三幼46个方案参加评选，其中，《神奇的植物》、《衣服图案设计制作展》、《小闹钟》、《有趣的压面机》、《学做小木工》、《可爱的鸡蛋》、《爱护我们的牙齿》、《认识面粉》、《看图自编儿歌“小鸭子”》9个方案入选。

（王学军）

【曙光幼儿园与房山幼儿园互助办学】 11月17日，西城区曙光幼儿

园与房山幼儿园互帮互学协议签字。根据协议，曙光幼儿园将利用教育教学、教科研优势，帮助房山幼儿园提高教育教学水平，创造全面发展和提高教师素质等条件。双方互相观摩学习，共同开展教研、科研。

（陈淑兰　何成文　任京华）

【海淀召开农村幼儿园领导座谈会】 12月3日，海淀区教委召开农村幼儿园园长座谈会。会议邀请区卫生局医生、幼教专家，分别讲解农村幼儿园存在问题和学前教育标准化理解等专题，听取西北旺镇中心园改善办园条件、提高办园质量经验介绍，交流各乡镇幼教工作情况，听取园长对农村学前教育发展意见和建议。该区农村幼儿教育领导12人参加会议。海淀区拥有农村幼儿园36所，分布在6个乡（镇），收托儿童2364人。

（宋亚甫）

【昌平举办幼儿师生雕塑赛】 12月21日，昌平区教委举办首届幼儿园“童心、绿色、未来”幼儿师生雕塑比赛。该比赛分为园所初评、片组复评和区级展评3个阶段，分为幼儿和教师两个组。该区各类托幼园所3000名幼儿师生数千件作品参加比赛，23所幼儿园167件幼儿作品、158件教师作品进入区级比赛，其中，85件幼儿作品、43件教师作品获奖。

（尚　南）

【洁民幼儿园举办百年园庆】 12

月28日，西城区洁民幼儿园举办百年园庆。园庆由百年园庆会议和文艺演出两部分组成，来自市教委、区政府领导及幼儿园师生参加会议，并观看演出。

（魏　科）

【评选示范园和早期教育基地】 12

月30日，市教委召开第三批示范幼儿园、早期教育示范基地颁牌大会。会议听取4所幼儿园教改科研、社区学前教育、园本课程和0至3岁早期教育经验介绍，向9所入选幼儿园颁发证书和铜牌，向42个社区早期教育示范基地颁发铜牌。来自各区县领导及幼儿园园长400人参加会议。北京市第三批示范幼儿园评审采用观摩半日活动、园长答辩和召开座谈会方式，参加评审学者、教师410人次。7月21日，市教委认定第二批示范幼儿园5所。北京市早期教育示范基地分布在12个区50个街道（乡镇），覆盖14300个家庭。基地配备适合3岁以下儿童专用活动教室、运动器械和各种玩具，接受婴幼儿早期教育培训教师300人。至此，北京市早期教育示范

基地达到62个。

（简尔贤　王洪兰）

北京市示范幼儿园

第二批

崇文区第二幼儿园
朝阳区安华里第二幼儿园
丰台区丰台第一幼儿园
延庆县新城幼儿园
武警总部机关幼儿园

第三批

朝阳区劲松第一幼儿园
西城区曙光幼儿园
丰台区方庄第三幼儿园
宣武区槐柏幼儿园
石景山区实验幼儿园
东城区东四五条幼儿园
大兴区黄村第二幼儿园
海淀区四季青乡常青幼儿园
顺义区建南幼儿园

（简尔贤　王洪兰）

【明天幼稚集团获3项管理认证】 至12月，北京明天幼稚集团通过3项管理认证。3项认证分别是ISO9001质量管理体系、ISO14001

环境管理体系和GB/T28001职业健康安全管理体系认证，成为国内首家通过三项环保管理体系认证资格学前教育机构。

（孙敬东　魏秋艳）

保　育·教　育

【崇文三幼研讨蒙台梭利教育】 1月16至18日，崇文区第三幼儿园召开蒙台梭利教育融合研讨会。会议听取北京师范大学教授题为《〈幼儿园教育纲要〉（试行）与蒙台梭利十点相通处》专题报告，观摩环境设施及幼儿自主操作活动课，采用参与式专题讨论方法，研讨现代幼儿教育改革实际及热点问题，内容涉及蒙台梭利教法与幼儿一日生活相结合，应用蒙台梭利教育方法转化为幼儿园内部管理质量等方面。来自崇文区教委领导及教师共80人参加会议。

（王　辉）

【建南幼儿园举办废旧物品创意作品赛】 2月，顺义区建南幼儿园举

办废旧物品创意作品比赛。该比赛采用现场制作、现场评比方法，要求参赛教师自备材料，结合美术创新教学，制作适合本班幼儿年龄特点的创意作品。该园39名教师参加比赛，其中，10人获奖。

（雷宝珍　董秀云）

【崇文三幼举办多种早教活动】 3月2日，崇文区第三幼儿园举办多种幼儿早期教育活动。该活动推出蒙台梭利教育在家庭中的应用讲座，早期教育咨询服务，开设蒙台梭利教育、奥尔夫音乐教育和感觉统合体能教育特色课程等。来自社区幼儿及家长共40人参加学习。该园2002年开办“亲子园”，已有150名幼儿参与亲子活动。

（王　辉　郝洪春）

【石景山实验园开办半日班】 3月3日，石景山区实验幼儿园开办“月亮船”亲子园半日班。半日班本着服务社区、服务家庭为宗旨，招收0至3岁婴幼儿，扩大早教活动辐射范围。该幼儿园2002年5月成立“月亮船”亲子园，招收20名幼儿，2002年12月被市教委命名为北京市社区儿童早期教育示范基地。这是石景山区第一个亲子园半日班。

（李国荣）

【良乡幼儿园强化肥胖儿管理工作】

3月4日，房山区良乡幼儿园强化肥胖儿管理工作。该园制订肥胖儿管理计划，采用召开肥胖儿家长座谈会、建立肥胖儿家园调查卡等方法，记录儿童进餐情况，举办每日上下午共计80分钟集体训练。同时，定期检测肥胖儿身高和体重。

（何艳萍）

【东城展示幼儿园英语教育成果】 3月11日，东城区教委举办幼儿园英语教育成果展示活动。该活动传达北京市开展基础教育英语教与学展示活动通知精神，观摩9所幼儿园英文戏剧、英文歌曲表演。活动要求幼儿园营造良好语言环境，提高幼儿英语交流能力。该区学前教育教师100余人参加学习。

（秦晓芳）

【平谷三幼举办首届风筝节】 4月3至9日，平谷区第三幼儿园举办

首届风筝节。该节日要求中、大班每名幼儿都准备风筝，以班为单位开展放风筝户外游戏活动，逐渐过渡到班级内比赛、全园比赛，最后选拔出优秀选手参加全区幼儿放风筝比赛。该园幼儿300人参加活动。

（曹红梅）

【海淀召开早期教育现场会】 4月14日，海淀区教委召开早期教育现场会。会议听取国务院事务管理局花园村幼儿园0至3岁幼儿早期教育情况介绍，观摩该园"七彩宝宝亲子乐园"教学活动，交流、研讨发挥园所优势，开放办学经验。该区200所幼儿园200人参加会议。

（夏红霞）

【和平街幼儿园早教基地落成】 4月25日，朝阳区和平街幼儿园早期教育基地落成。该基地开设花花班（0至1岁）、铃铃班（1至2岁）、童童班（2至3岁）3种教学班，招收0至3岁幼儿30人。同时，举办免费办理社区幼儿服务卡，定期开放大型玩具器械，举办育儿讲座等早教宣传活动。

（寇 力）

【三义里一幼开展交通安全教育】

4月，宣武区三义里第一幼儿园开展交通安全知识教育。该教育包括交通标志认读、听取交通民警讲座和交通安全事例漫画等活动，强化幼儿交通安全意识。该园幼儿170人参加学习。

（张惠清）

【监管局幼儿园开展家访活动】 6月1至10日，北京市监管局幼儿园开展教师家访活动。该活动要求教师了解幼儿家庭教育背景、生活条件、起居方式、家长教育思想和教育方法、幼儿在家行为表现、新生性格特点和兴趣爱好等情况，并向家长介绍幼儿在园情况。该校教师20人参加家访活动，走访新生家庭131个，走访率达到100%。

（高秀红）

【青龙湖中心园开展快速识字实验】

7月，房山区青龙湖幼儿园开展快速识字实验。该实验采用"炳人识字法"，具有"七言段式、合辙押韵、顶针连环、易背易记"特点，幼儿识字兴趣高。该校学前班幼儿23人参加实验。结果证明，幼儿2个月可识字160个。

（魏桂霞 郐龙梅 王海山）

【房山幼儿园举办食品展示】 8月

17日，房山幼儿园举办"食品一条街"活动。该活动面向新生及新生家长，展示各种食品80个品种，为家长提供了解幼儿园伙食、熟悉幼儿园环境机会。新生及家长160人参加活动。

（何成文 刘玉红）

【回民幼儿园实验新生提前入园】 8月，宣武区回民幼儿园开展新生提前入园实验。该实验采用亲子活动形式，新生提前3周入园，第一周幼儿每天来园活动两小时，由家长陪伴参与教学活动，第二周延长至半日，第三周午睡后离园。该园新生57人参加实验，新生与家长分离时焦虑心理明显缓解。

（陈玉欣）

【京源学校幼儿部参加"攀登英语"实验】 9月1日，北京市京源学校幼儿部参加"攀登英语"学习实验。该实验以幼儿英语学习兴趣和情感培养为先，着眼于幼儿综合素质发展，选用北师大实验项目组提供教材、"攀登英语"课堂用Flash学习光盘和迪士尼神奇英语光盘，每节实验课50分钟，采用收看迪士尼英语动画片、Flash英语动画和游戏形式开展教学，在幼儿一日生活中渗透英语教学活动。实验首先在三个小班71名幼儿中开展。

（史晓枫）

【张家湾镇幼儿园实验欢乐英语教学】 9月1日，通州区张家湾镇中心幼儿园开设朗文儿童欢乐英语教学班。该教学班分大、中、小3个层次，采用自然教学法，让儿童通过肢体语言回应教师各种指令。整个教学分为五个步骤：①以卡通形象为主角将幼儿引入主题环境，做热身练习；②用色彩靓丽的图画、儿童喜爱的游戏角色和动物形象，向幼儿讲授日常生活基本词汇和会话；③通过戏剧表演、唱歌和吟诵、图画、游戏以及全身反应活动练习；④将学习的语言应用到剪纸、涂色、粘贴等活动中；⑤在教师、家长共同参与的情境中展示，评估教学效果。经过两个月教学，小班幼儿能听懂做出正确反应、能正确表达礼貌问候用语及简单教室用语；会说数字1至10；会说简单颜色、形状词汇；会说唱简单歌谣和歌曲；能听、说家庭成员称谓。

（勾庆祥）

【义宾幼儿园珠心算教学班开学】
9月7日，顺义区义宾幼儿园珠心算教学班开学。该教学班采用珠算、心算结合方法，通过加减混合运算训练，完成幼儿快速计算教学实验。教学班首期招收4至9岁儿童45人。8月28日，义宾幼儿园被北京珠算协会确定为儿童珠心算规范化联合培训基地。

（李秀梅）

【和平街幼儿园实施定期自助餐】

9月20日，朝阳区和平街幼儿园首次实施幼儿自助餐。该自助餐每月举办一次，强调营养设计和营养教育，要求幼儿自助选择饭菜搭配，在进餐中锻炼自理能力。该园380名幼儿参加自助进餐活动。

（寇　力）

【西辛幼儿园举办当小树医生活动】

9月28日，顺义区西辛幼儿园举办“我给小树当医生”主题教育活动。该活动结合“做中学”研究课题，要求幼儿通过猜想、讨论、实验、记录和交流等环节，完成园内60棵树木防虫蛀粉刷工作。该园“做中学”实验班师生90人参加活动。

（张桂梅　尹桂芝）

【崇文三幼举办小制作展示】　9月，崇文区第三幼儿园举办幼儿小制作展示月活动。该活动以班级为单位，要求各教学班确立主题，运用折、剪、粘、贴、画及废旧材料再利用多种形式，完成制作活动。该园15个教学班400人参加制作活动，完成14个主题作品450件。

（王　辉）

【平谷三幼实验蒙台梭利教学法】

10月8至11日，平谷区第三幼儿园开展蒙台梭利教学法实验。该实验指导思想是听了会忘记，看了会记住，做了会理解，注重幼儿专注、独立、秩序、协调方面培养。该园中小年龄段共计38名幼儿参加混龄教学实验。蒙台梭利教学法是世界流行学前教育方式之一。

（岳广顺　曹红梅）

【军区政治部幼儿园举办交通运动会】　10月24日，北京军区政治部幼儿园举办交通安全运动会。该运动会以“交通安全走进幼儿生活”为主题，采用家园同乐方法，将交通安全知识编入游戏，推出“小小邮递员”、“跑得快、拿得准”等自创交通安全游戏。该园360名幼儿、600名家长参加运动会。

（段春梅）

【烂漫幼儿园开展音乐教学实验】

10月25日，宣武区烂漫幼儿园开展音乐教学实验。该实验分为“美丽的秋天”和“小蝌蚪变音符”两个项目。“美丽的秋天”要求幼儿到公园观察秋天景色，凭借自己想象，通过舞蹈动作，表现秋天风、树、小落叶、大雁形态，培养幼儿美感意识。“小蝌蚪变音符”采用观看计算机课件、听教师讲故事，掌握音符高低位置及唱名，然后利用身体律动表现音符高低，培养幼儿想象力、创造力。该园幼儿96人参加实验。

（杜　陈）

【昌平财贸幼儿园实验计算机教学】
10月，昌平区财贸幼儿园开展计算机教学实验。该实验分为小、中、大3个年龄段，编制教学计划，选配益智游戏和教学实例，让幼儿自己动手操作键盘，自由选择。该园幼儿230人参加实验。

（丁建明）

【门头沟区幼儿园开办早期阅读实验班】　10月，门头沟区幼儿园开办早期阅读实验班。该实验班配合“家园同步开展幼儿早期阅读教育研究”，开展“走进图书馆”、“亲子阅读日”、“逛书市”等活动，编辑《幼儿阅读家长指导手册》，开办阅读专刊《春芽小报》。该园幼儿35人参加实验。

（董艳丽）

【平谷二幼举办家园共育活动】　11

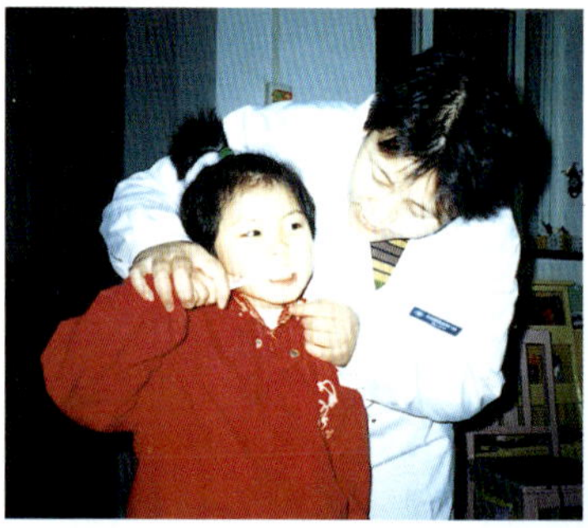

月14日和16日，平谷区第二幼儿园举办两次家园共育活动。14日聘请滨河派出所民警（幼儿父亲）介绍如何区分交通警和治安警，如何使用110、122、119和120电话以及如何自我保护等。16日聘请岳协医院儿科医生（幼儿母亲）讲解正确刷牙和洗手方法以及如何养成良好卫生习惯，争做不挑食好孩子。该园师生400人参加学习。

（李金凤　白晶玉）

【东城建立人口早期教育基地】 11月15日，东城区教委建立人口早期教育基地。该基地设在东华门幼儿园，开办“准妈妈”俱乐部，实验与计生部门共同开展早期教育模式，通过互动形式向“准妈妈”宣传孕期营养保健、心理调节、教育理念和方法，实现早期教育零岁开始。东华门幼儿园是市教委首批命名20家早期教育基地之一。

（秦晓芳）

【召开社区早教工作研讨会】 11月20日，市教委召开社区早教工作现场会。会议听取东城区卫生局第三幼儿园创办组建社区早教小分队，开展社区早教实验经验介绍，并肯定该园工作成绩。来自全市20所幼儿园教师40人参加会议。9月，东城卫生局三幼在社区建立4个早教活动站，组建社区早教小分队，每周两次到各活动站开展义务亲子教育服务。至年底，参加早教活动幼儿和家长200人次，免费发放玩具及宣传材料2000份，创编亲子游戏100例，创编亲子教材3本。

（王丽颖）

【宣武举办园本课程教研活动】 11月25日至12月9日，宣武区教委举办园本课程教学研讨活动。该活动采用听取学校经验汇报，召开园长、教师座谈会等形式，回民、四幼、槐柏、实验4所幼儿园推广示范园本课程实践经验。该区园长、教师100人参加学习。

（陈蕾倩）

【举办儿童有权拥有最佳人生开端论坛】 12月2日，西城区石油机关幼儿园承办儿童有权拥有最佳人生开端论坛。该论坛听取全国妇联、中华预防医学会、儿童保健学会、教科院新浪网站育儿频道、石油机关幼儿园和联合国儿童基金会项目官员专题演讲，参观石油机关幼儿园

早期教育基地，并向参加活动的儿童赠送礼品。论坛与联合国儿童基金会、全国妇联、中国妇女报、北京市妇女儿童工作部、当代家庭教育报联合举办，来自联合国儿童基金会、全国妇联、中国儿童中心、中华预防医学会学者及该园师生近百人参加活动。

（许育红）

【黄村三幼探索音乐教学模式】 12月3至5日，大兴区黄村第三幼儿园探索音乐教学新模式。该园克服音乐教学活动范围狭小等困难，利用多功能厅开设音乐教室，要求以班级为单位设计一次音乐教学活动，举办全园教师参加观摩研讨活动，共同探索符合儿童特点的音乐教学模式。

（李金艳）

【平谷一幼展示维思德教学成果】 12月9日，平谷区第一幼儿园召开展示幼儿维思德潜能开发教学成果座谈会。会议观摩幼儿操作维思德“六六九”学具教学过程，举办家长、教师和幼儿共同参与学具游戏活动。该园幼儿家长50人参加座谈会。维思德（WISDOMIEP）是个性化指导方案教学方法的英文译音，它汇集百名中外教育学、心理学和脑科学专家研究成果，重点培养儿童注意力、观察力、记忆力、想象力、逻辑思维能力、协调能力和自控能力。“六六九”学具是北京维思德儿童潜能开发研究所利用维思德教学方法开发的一套儿童综合训练棋类玩具。一幼维思德潜能开发课程实验始于9月。

（岳广顺　李晓芳）

【黄村四幼举办幼儿自理能力竞赛】

12月10至12日，大兴区黄村第四幼儿园举办幼儿自理能力竞赛活动。该活动以教学班为单位，推出穿衣、叠被、夹豆、擦椅子等竞赛项目。全园幼儿260人参加竞赛。

（孙　娜　金月荣）

【平谷三幼编写园本教材】 12月，平谷区第三幼儿园完成园本教材归档。年初，该园成立科研小组，在工作中注意积累，相继汇编一系列园本教材，包括五大领域与潜能开发普通班教材、教师创编游戏、儿歌、德育教育连环画、幼儿口头作文汇编和表象训练画等，共计3万字。

（崔书义）

【回民幼儿园举办幼儿伙食展】 12月，宣武区回民幼儿园举办迎新年幼儿伙食展。该展览展出面点及菜肴10个品种，均为厨房教师根据幼儿年龄特点，自己制作，也是学生经常食用食品。配合展览，该园举办育儿膳食科学知识展览，并发放调查表。该园师生及家长200余人观看展览并参加品尝活动。

（陈玉欣）

【李桥幼儿园推广珠心算教学】 截至年底，顺义区李桥幼儿园已有7名幼儿获得中国珠算协会《珠算式心算等级鉴定证书》。该园自2001年开展幼儿珠心算教学，探索帮助幼儿家长了解珠心算学习意义、学会辅导幼儿学习方法；家长参加幼儿园珠心算竞赛活动，调动家长和幼儿学习热情；建立珠心算兴趣小组，定期培训幼儿珠心算知识等方法。

（高淑荣　田红艳）

园　所　建　设

【西便门幼儿园更名】　3月4日，

宣武区西便门幼儿园更名为小百合幼儿园。更名后，隶属关系、办园方针不变。西便门幼儿园1989年10月成立，教职工29人，在园幼儿155人，2000年1月迁入长椿街甲1号，新址占地面积1437平方米，建筑面积1456平方米。迁址后，原园名与现地址明显不符。

（蒋俊华）

【北方之星托幼中心成立】　3月，朝阳区京港大厦北方之星托幼中心成立。该中心由北方之星幼教集团主办，招收0至3岁幼儿，园址位于京港大厦一层，建筑面积550平方米。固定资产总值150万元。有教职工23人，在园幼儿50人。

（吴　瑛）

【大兴政府幼儿园更名】　4月14日，大兴区政府机关幼儿园更名为黄村第五幼儿园。更名后，该园不再隶属区政府，整建制移交区教委管理。大兴区政府机关幼儿园成立于1980年，占地面积4615平方米，建筑面积2472平方米，固定资产总值96万元，教职工76人，先后毕业学生1680人。

（李金艳）

【房山幼儿园亲子专用教室建成】　4月23日，房山幼儿园亲子专用教室投入使用。该教室采用木质地板，

并装备有海洋球、按摩球、彩虹伞、鸣笛小火车、婴儿组合滑梯、纸砖、多用钻桶等玩具，并设置家长休息室。教室建筑面积200平方米，总投资15万元。

（何成文　刘玉红）

【原子能研究院幼儿园新楼落成】

4月，中国原子能研究院幼儿园新教学楼落成。该教学楼为拆除危险住房改建，占地面积455平方米，建有地上2层。同时，完成电视机、空调机装配。教学楼4月开工建设，总投资120万元。

（崔素娥　高志忠）

【房山幼儿园完成基建投资88万元】　5月27日至7月15日，房山幼儿园完成基建投资88万元。其中，投资16万元改造花园，增添动物房、植物园、沙水池、石子路等。投资57万元，装修改造东教学楼。

（鲁全红　何成文）

【黄村三幼改善办园条件】　7月10日，大兴区黄村第三幼儿园投资70万元改善办园条件。该园投资10.8万元，购置幼儿室内外玩具、蒙氏学具28套。投资21万元，装修亲子教室，成立“嘟嘟猴共享屋”。投资30万元，更换活动室门窗、壁柜；改造幼儿盥洗室及幼儿园大门。投资8万元，购置安装空调19台，建成计算机房。

（周晓燕　樊淑敏　李慧君）

【黄村二幼分园开园】　8月25日，大兴区黄村第二幼儿园分园开园。该幼儿园由原化纤厂幼儿园改建，占地面积2500平方米，建筑面积650平方米，教职工18人，可容纳幼儿112人。幼儿园改建工程总投资100万元。该园于9月3日正式开学。

（沈蓉晖）

【监管局幼儿园完成基建投资30万元】　8月31日，北京市监管局幼儿园完成基建投资30万元。其中，国家拨款25万元，自筹资金5万元。先后修缮幼儿户外游戏场地、两个教学班、教师宿舍、洗衣房、办公室等，购置泰山乐园、大型多功能滑梯、亲子教学用品和玩具材料等。

（杨岱芝）

【中和艺术幼儿园落成】　9月1日，朝阳区中和艺术幼儿园成立。该幼儿园占地面积3200平方米，建筑面积2500平方米，配有钢琴房、多功能厅等辅助教学设施，开设英语、形体、钢琴、音乐欣赏、音乐基础知识等课程。招收大、中、小3个教学班，在园幼儿38人，拥有教职工20人。幼儿园6月开工建设，总投资80万元。

（赵红涛）

【东城开通幼儿园网站】　9月1日，东城区教委幼儿园网站开通。该网站开设家长信箱、园所简介、教师风采、教育咨询、卫生保健等栏目，同时在北京市第一幼儿园、东华门幼儿园、东四五条幼儿园开通。网站于6月开工建设，总投资10万元。

（秦晓芳　吴瑞华）

【张家湾镇中心幼儿园建成】 9月

1日，通州区张家湾镇中心幼儿园投入使用。幼儿园占地面积6200平方米，设有10个教学班及活动室、睡眠室、绘画室、音乐室、多功能室、健身室，可同时容纳幼儿300人。建设工程于2月开工，镇政府总投资300万元。该园原使用面积800平方米，无法满足幼儿入学要求。

（勾庆祥）

【梨园幼儿园建成儿童潜能发展教育基地】 9月1日，通州区梨园中

心幼儿园建成儿童潜能发展(C.P.M)教育基地(玩具图书馆)。该基地建筑面积130平方米，拥有71个系列玩具宝盒1000余册，一次可容纳60名幼儿活动，可满足300至400名幼儿教学游戏。基地建设总投资7万元。儿童潜能发展(C.P.M)教育强调现代理念，其玩具图书馆把课本变成玩具，把学习变成游戏。通过游戏，培养幼儿热爱学习，帮助幼儿学会认知、做事、共同生活。

（勾庆祥）

【大石窝镇幼儿园开园】 9月5

日，房山区大石窝镇幼儿园开园。该幼儿园占地面积3415平方米，建筑面积550平方米。园内设有教室、休息室、活动室、办公室及教师宿舍共计22间。户外活动器械5件，教职工15人，在园幼儿110人。幼儿园6月开工建设，镇政府总投资50万元建成。

（张联合）

【宣武四幼改建工程竣工】 9月5日，宣武区第四幼儿园改造工程竣工。该工程包括大库房和健身房改造两个项目，改造后，幼儿活动范围增加100平方米。工程8月开工，总投资159万元。

（刘来荣）

【星星艺术幼儿园开园】 10月9日，丰台区星星艺术幼儿园开园。该幼儿园属幼儿教育连锁机构，隶属方庄二幼，幼儿园占地面积4700平方米，建筑面积2980平方米。开设6个教学班，共收托幼儿170余人，有教职工37人，其中，专任教师16人。幼儿园3月开工建设，总投资100万元。

（王宇凡）

【宇锋幼儿园教学楼落成】 10月28日，西城区蓝天宇锋幼儿园教学楼落成。该教学楼占地面积2316平方米，建筑面积3380平方米，地上5层，地下1层。教学楼为原址翻建，工程4月开工建设，总投资600万元，其中，国家拨款500万元，自筹经费100万元。

（赵春荣）

【北大幼教中心完成设备投资100万元】 12月15日，北大幼教中心完成基建设备投资100万元。其中，投资49万元，扩建330平方米。投资10万元，铺装道路。投资30万元，购置教学设备，投资4万元，完成班班通局域网建设。

（余　丽）

示范幼儿园

北京市第一幼儿园

【概　况】 2003年，北京市第一幼儿园共设大、中、小13个教学班，其中，大班4个、中班4个、小班5个，为全寄宿制幼儿园。在园幼儿395人，毕业135人，招生138人。有教职工82人，其中，专任教师29人，教师中具有本科学历16人，专科学历28人；中高职称1人，小高职称20人。园内设有科学宫、电子琴室、美工教室、体能训练室、多功能厅等专用教室7个。固定资产总值221万元。园舍占地面积5584平方米，建筑面积6000平方米。全年教育经费投入506万元，其中，国家拨款288万元，自筹经费218万元。

（王　岩）

【举办端午节教育活动】 6月4日，一幼举办庆端午节主题教育活动。该活动改变以往以年龄班为单位在室内举行方法，全园师生80人在操场共同参加舞龙表演、包粽子、歌舞、赛龙舟游戏和品尝活动。

（王　岩）

【举办保健示范园开放日活动】 11月25日，一幼举办保健示范园开放

日活动。该活动“以健康教育，促幼儿园卫生保健工作”为主题，先后推出“小熊补牙”、“我来教你过马路”等健康教育活动展示。来自市、区县妇幼保健院专家及18个区县保健院领导100人参加活动。一幼1994年开展健康教育，实现健康教育与日常工作，与幼儿一日生活，与家长工作，与保健医生、保教人员4个方面结合，是北京市首批认定市级卫生保健工作示范园。

（王　岩　秦晓芳　铁艳红）

【举办“一幼杯”舞蹈比赛】 11月

30日，一幼举办“一幼杯”舞蹈比赛。该比赛设立独舞和群舞两个项目，采用现场记分方法。来自东城25个单位200名教师参加比赛，其中，9个独舞比赛，22个群舞比赛。一幼12名教师参加比赛，分获独舞、群舞一等奖。

（王　岩　刘金玉）

北京市第五幼儿园

【概　况】 2003年，北京市第五幼儿园设13个教学班，招收3至6岁幼儿，寄宿、日托兼收。全年招生125人，在园幼儿450人，毕业184人。有教职工82人，专任教师30人，其中，中学高级教师1人，小学高级教师16人。校园占地面积8250平方米，建筑面积5600平方米。园内设有音体室、游戏室、科学室、计算机室、电子琴室等专用教室。全园固定资产总值557万元。全年教育经费投入491万元，其中，国拨243万元，自筹248万元。

（朱小娟　高玉静）

【召开园所管理反思会】 2月11日，五幼召开园所管理反思会议。会议分析园所现有管理制度，指出管理策略中阻碍幼儿园创新和发展因素，提出制订《管理手册》、借鉴优秀企业管理经验、建立人才成长激励导向机制等改进策略。该园领导、教师代表28人参加会议。

（高玉静）

【开展创新课活动】 3月17至28

日，五幼开展教学创新课活动。该活动要求教师按照新教育理念，在教育内容、教学方法、活动组织形式等方面创新。该园教师30人全部参加创新课活动，共推出“多米诺骨牌”、“有趣的动词”和“我是环保小卫士”等创新活动26个。

（高玉静　焦桂瑾）

【接待大连教改项目考察团】 8月16日，五幼接待大连“做中学”科教项目考察团。该考察团由大连市教委、实验园6人组成，观摩“空气”、“沉浮”和“天气预报”等科教活动，研讨“做中学”基本教育理念在实践中应用、成功案例设计实施等问题。

（高玉静）

【改革教师环境建设评比方法】 9月25至26日，五幼改革教师环境建设评比方法。该方法变优劣式他人评比为研究发现问题式自评，要求参加评比教师介绍本班环境建设构想、意图，并提出问题、发现不足，评价教师以提建议形式完成评价。该园教师30人参加评价，总结“要突出幼儿兴趣与目标的融合”、“充分体现与幼儿、家长的互动”和“使墙饰主题的变化与幼儿的认知发展协同形成系统渐进过程”等环境建设要点。

（高玉静）

【接待世界学前教育组织学者】 10

月16日，五幼接待世界学前教育组织（OMEP）希尔玛·西蒙斯坦参观访问。希尔玛听取五幼教育理念与基本情况介绍，观摩校园教育环境和教学游戏活动。希尔玛认为，五幼幼儿参与教学游戏活动意识强，教师爱心指导具体，体现学前教育基本原则。希尔玛·西蒙斯坦是智利中央大学教育科学系主任。

（高玉静　田秀花）

【承办教师培训课题研讨会】 11月27日，五幼承办“改善在职教师培训过程与方式的研究”全国研讨会。会议观摩五幼教学、游戏活动和教育环境，听取教师“花的一生”、“风”等成功案例介绍，研讨教育活动设计、互动墙饰创设等问题。在职教师培训研究是国家级“十五”期间重点课题，来自北京、天津和唐山课题组成员、实验园园长及教师150人参加会议。

（高玉静）

【举办示范园开放日活动】 12月17日，五幼举办示范园开放日活动。该活动推出“怎样让冰化的更快”、“榨果汁”和“蛋”等创新活动。来自全区 100 名幼教工作者参加开放日活动。

（高玉静）

【举办“做中学”课题研讨活动】

12 月 26 日，五幼举办“做中学”科学教育观摩研讨活动。该活动观摩五幼“磁铁”、“小鸽子”等教学实践活动，研讨“做中学”活动主题确立与具体开展方法等。来自市区县“做中学”科教项目负责人、实验园园长、小学校长及教师 50 人参加研讨活动。

（高玉静　田秀花）

北京市北海幼儿园

【概　况】 2003 年，北京市北海幼儿园有托、小、中、大 4 个年级共 20 个教学班，为寄宿制幼儿园。在园幼儿 569 人，毕业 164 人，招生 157 人，其中托儿班 72 人，小班 70 人，中大班 15 人。教职工 115 人，其中专任教师 50 人，保育员 32 人。教师中具有大专以上学历 37 人，小教高级职称 31 人，高级保育员 23 人。园内设有 7 个蒙台梭利教室，1 个可同时容纳 40 人计算机教室，2 个教师用计算机备课室及体育走廊、健身房等设施。园舍占地面积（包括托儿部）25346 平方米，建筑面积（包括托儿部）9482 平方米。全园固定资产总值 728 万元。全年投入教育经费 895 万元，其中，国家拨款 524 万元，自筹 371 万元。

（李　红）

【无偿培训总装基地幼教师资】 9 月 3 日，北海幼儿园与解放军总装备部签订无偿代培幼教骨干师资协议。根据协议，北海幼儿园利用自身优势，采用见习培训方式，培训总装备部幼儿教师，每期两个月，每期 4 人。协议有效期 5 年，共计代培骨干教师 40 人。

（李　红）

【探索新生入园解除分离焦虑途径】 9 月，北海幼儿园探索新生入园解除分离焦虑心情途径。该幼儿园采用游戏方法，加快新老生融合，消除入园新生焦虑情绪。同时，设计“成长手册”，要求教师、家长和幼儿共同完成，达到增加幼儿信任感和得到家长支持双重目的。该园小二班学生 25 人参加实验。

（李　红）

【实行年级教学研讨会制度】 自 9 月，北海幼儿园实行年级教学研讨会制度。该制度要求园行政干部参与，年级组组长主持，教师集体研讨方式，每月召开一次年级教学研讨会。会议主题是教学中普遍问题，采用讨论方法，分析原因，寻找解决问题办法。年级教学研讨会促进年轻教师业务水平提高。

（李　红）

【举办教学观摩活动】 11 月 26 至 28 日，北海幼儿园举办两次教学观摩活动。两次活动分别是体育活动“学做解放军”和音乐欣赏活动“摇篮曲和进行曲”。来自全国“幼儿教师专业素质与专业成长——理论与实践的探讨”幼儿教育学术研讨会代表 100 人参加会议。

（李　红）

【介绍“预操作”教学经验】 12 月 3 日，在西城区第三届学前教育科研周活动中，北海幼儿园介绍“预操作”教学经验。9 月，北海幼儿园提出“预操作”教学方法，要求正式实行教育活动以前，事先由教师按照教学计划体验学习全过程，验证计划的可行、合理和有效。同时，完成计划调整、完善，形成研究学科、研

究幼儿、研究教育的全部过程。

（李　红　王晓青）

北京市六一幼儿院

【概　况】 2003 年，北京市六一幼儿院设有 24 个教学班，其中，大班 7 个，中班 8 个，小班 9 个。全年在园幼儿 670 人，毕业 245 人，招生 260 人，全部为寄宿制。有教职工 113 人，其中，专任教师 52 人，保育员 30 人。教师中具有大专以上学历 42 人；市级骨干教师 2 人，幼儿园高级专业技术职务 31 人。院内设有幼儿体操房、音乐教室、计算机教室、美术教室、资料室、图书室、多功能厅，并配备多媒体、投影、音像等电教设备。拥有户外大型玩具数 10 种。园舍占地面积 6 万平方米，建筑面积 16985.6 平方米。全园固定资产总值 2014 万元。全年投入教育经费 965 万元，其中，国家拨款 440 万元。

（王秋萍）

【开通幼儿网站】 6 月 1 日，六一幼儿院幼儿网站开通。该网站开设新闻动态、保教合一、科研课题、家园共育、健康生活、交流园地、0 至 3 岁亲子乐园和幼儿院概况共计 8 个栏目，通过广域网系统，与国际互联网主干网络连接，成为幼儿院和幼儿家长沟通、交流信息平台。网址：www.LYYEY.com。

（王秋萍）

【实施财政制度改革】 7 月 1 日，六一幼儿院实施财政集中收付制改

革。该制度改变过去收支两条线管理方法，实行新的国库集中管理方法。2001年，国务院提出逐步实行财政国库管理制，2003年1月和7月，海淀区先后有43个事业单位参加试点。

（王秋萍）

【举办汇操表演活动】 10月31日，六一幼儿院举办汇操表演活动。该表演按照大、中、小三个年龄班，设立模仿操、徒手操、器械操及操后游戏展示4项活动。该园师生800人参加表演。

（王秋萍）

【开展爱心传递活动】 11月，六一幼儿院开展爱心传递活动。该活动以“小小一本书，爱心大传递”为主题，要求教师及大班幼儿将自己闲置育儿书籍赠送亲子园0至3岁婴幼儿和家长。该园师生360人参加活动，共捐赠图书680册。

（王秋萍）

【举办安全教育活动】 12月5日，六一幼儿院举办安全教育活动。该园推出“学会保护我自己——安全教育小舞台”活动，依据幼儿年龄特点，要求幼儿结合安全教育表演游戏。同时，以教学班为单位，举办防火安全疏散演习，引导幼儿掌握安全保护方法。该园师生共800人参加教育活动。

（王秋萍）

北京市东城区东华门幼儿园

【概　况】 2003年，北京市东城区东华门幼儿园有大、中、小、托7个教学班，寄宿、日托兼有。在园幼儿230人，其中，寄宿幼儿81人；招生80人，毕业70人。有教职工40人，其中，专任教师19人，教师中具有大专以上学历15人，其中，本科学历4人，小学高级教师11人，一级教师8人。园内设有多功能厅、音乐教室、幼儿阅读室、实验室、滚轴溜冰场、攀岩等，并配有计算机，建有校园网。拥有幼儿图书5000余册，玩教具1万余件、种类1千余种。固定资产总值140万元。全年教育经费投入190万元。其中，国拨经费97万元，自筹经费93万元。园舍占地面积2210平方米，建筑面积3383平方米。

（王莲欣）

【制作爱心贺卡】 5月28日，东华门幼儿园举办庆“六一”献爱心卡活动。该活动要求教师为每个幼儿制作一份爱心贺卡，并以邮寄方式，赶在“六一”前夕送到每个幼儿家中。该园教师15人参加活动，共寄送贺卡200份。

（王莲欣）

【首次举办早教基地开放日活动】

11月8日，东华门幼儿园举办0至3岁社区早期教育基地开放日活动。该活动听取幼儿园工作汇报，观摩星光乐园亲子活动。来自市教委、市早教研究所领导及全市幼教工作者60人参加开放日活动。

（王莲欣　周　良）

北京市西城区棉花胡同幼儿园

【概　况】 2003年，北京市西城区棉花胡同幼儿园设托、小、中、大共14个教学班，招收1.5岁至6岁幼儿入托。在园幼儿400人，招生160人，毕业110人。教职工87人，其中，专任教师43人。教职工中85%以上具有大专以上学历，保育员全部为高级职称。园舍占地面积4900平方米。园内设有音体室、电教室、计算机室、小礼堂、图书室、蒙台梭利实验室、多功能厅等专业教室及教学设备。拥有图书2065册，其中，成人用书1565册，幼儿图书500册。固定资产总值371万元。全年投入教育经费443万元，其中，国家拨款230万元。

（李　瑞）

【举办学习《纲要》培训班】 8月

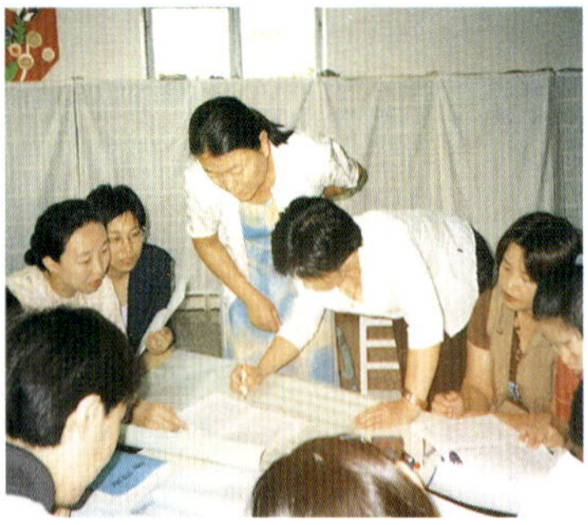

30日，棉幼举办学习《幼儿园教育指导纲要》培训班。该培训班采取小组学习、共同讨论形式，听取教师结合实际介绍学习纲要和工作中困惑，完成专家答疑、点评。来自市早教研究所、区幼教教研室学者及教师35人参加学习。

（李　瑞　王　薇）

【举办半日教学评优活动】 9月1日，棉幼举办第一届“春苗杯”半日教学评优活动。该活动要求突出教育观念更新，设立教育环境和教育活动共两个评选指标，采用交摄像带评选方法。该园教师12人参加评选，其中，8人获奖。

（李　瑞）

【厨房改造工程竣工】 9月30日，棉幼厨房改造工程竣工。该工程包括房屋翻建，更新炊事机械，增加油烟净化器2套、不锈钢成型槽2套，消毒柜1台以及配餐车等设施。改造后，厨房面积由原81.23平方米增至121.23平方米，形成加工间、操作间、配餐间、消毒间和库房等独立配套环境。工程7月8日开工建设，总投资21.5万元。

（李　瑞）

【成立蒙台梭利教学混龄班】 9

月，棉幼成立蒙台梭利教学混龄班。该教学班将不同年龄段30名幼儿混编在一起，通过共同生活、学习，模拟“真实的社会环境”，培养幼儿互助合作意识。

（李　瑞）

【举办青年教师观摩教学】 11月，棉幼举办青年教师观摩教学活动。该活动以怎样制订教育目标为主题，要求涉及社会、语言、科学、艺术和健康5个领域做一节公开课。该园5名青年教师参加观摩活动。

（李　瑞）

北京市宣武区实验幼儿园

【概　况】 2003年，北京市宣武区实验幼儿园设有8个教学班，其中，3个小班、2个中班、3个大班。共收托幼儿250人，毕业69人，招生78人。教职工32人，其中，专任教师18人，专任教师中，中高级教师1人、小高级教师8人、小一级教师3人、小二级教师4人、见习生2人；具有本科学历1人、专科学历9人，保育员8人，厨师5人。园舍占地面积2270平方米，建筑面积2500平方米。园内设有教学、游戏、生活专用教室，拥有计算机、摄像设备，各班配有电视机、录音机、VCD机及实物投影仪。拥有幼儿图书3000余册，建构、美劳、表演、益智、角色、运动类等玩具1000余种。固定资总值89万元。全年投入教育经费37万元，其中，国家拨款25万元、自筹经费12万元。

（李　洁　孙　禹）

【接受督导检查】 9月23至24日，宣武实验幼儿园接受区督导室综合督导检查。检查组由30人组成，观摩该园5个教学班幼儿游戏、集体教育活动，听取自评、《自主发展评价指标》总体规划及具体措施报告，访谈22名教职工，并查阅有关文字资料，完成点评。

（李　洁　孙　禹）

【举办反思日记写作专题报告】 10月20日，宣武实验幼儿园举办反思日记专题报告。该报告邀请《学前教育》编辑部编辑，专题讲解什么是反思日记、如何写反思日记等问题，并现场回答教师提问。该园教师18人参加学习。

（李　洁　孙　禹）

【举办园本课程展评活动】 12月9

日，宣武实验幼儿园举办园本课程展评活动。该活动观摩8个教学班室内游戏、教学，并参观室内、外教学环境，听取园本课程开发和管理经验总结等组成，共接待幼儿教师150人。

（李　洁　孙　禹）

【完成年度办园条件改善】 至年底，宣武实验幼儿园完成年度办园条件改善工作。该园投资43万元，重修幼儿园大门，更换院落地砖，重新规划绿地布局并更换草坪。投资10万元，购置14台教学用计算机。

（李　洁　孙　禹）

北京师范大学实验幼儿园

【概　况】 2003年，北京师范大学实验幼儿园2个园区共有22个日托班、12个寄宿班，招收2至6岁幼儿。在园幼儿1000人，招生248人，毕业218人。教职工200人，其中，专任教师67人，教师中博士1人、硕士2人、本科16人、大专37人；高级教师12人、一级教师36人、二级教师19人。两园占地面积13845平方米，建筑面积8431平方米。园内拥有4座教学楼及大型音体室、保健室、资料室、接待室、库房、厨房等教辅设施。设有1个幼儿教育研究中心，1个蒙台梭利教育研究中心。固定资产总值432万元。全年教育经费投入893万元，其中，国家拨款182万元，自筹经费711万元。全年接待9人次来访，派出13人赴3个国家访问，并与日本柏学园柏幼稚园、英国麦克米伦幼儿园结为友好园。

（高　岩）

【与维多利亚教育机构合作办学】

10月20日，北师大实验幼儿园与香港维多利亚教育机构签订合作办学协议。根据协议，双方互派教师参加互换教学实习，为期3个月。至年底，双方各两名教师完成首轮实习。

（高　岩）

【承办新城小区幼儿园】 11月，北师大实验幼儿园与朝阳区国有资产办公室签订协议。协议规定，北师大幼儿园承办朝阳区大西洋新城小区幼儿园，承办期5年。同时，更名北师大望京大西洋幼儿园。新城小区幼儿园将于2004年建成，占地面积1800平方米，建筑面积3880平方米，教职工54人，设有12个教学班，收托幼儿356人。该园是北师大实验幼儿园第二所分园。21日，日本柏学园柏幼稚园向北师大实验幼儿园捐赠300万日元建设款。

（高　岩）

【完成“做中学”实践研究总结】

12月15日，北师大实验幼儿园完成“做中学”实践研究总结。该总结发表在《学前教育信息与研究》杂志，共计5个部分，约7万字，24篇文章。其中，13篇分别记录教师与幼儿“做中学”实践经验。北师大实验幼儿园2001年开始“做中学”实践研究，2003年3月，成立“做中学”科学教育课题组。

（高　岩）

中国人民解放军总后勤部六一幼儿园

【概　况】　2003年，中国人民解放军总后勤部六一幼儿园有19个教学班，其中，大、中班各5个，小班6个，托儿班3个。该园以寄宿制为主，在园幼儿583人，招生185人，毕业143人。有教职工107人，其中，专任教师38人。教师中，中学高级教师1人，幼儿园高级教师13人，80%以上教师具有幼教专业大专以上学历；保育员40人，其中，高级保育员17人，中级保育员10人，93%保育员具有幼教中专以上学历。园舍占地面积24000平方米，建筑面积11000平方米。园内设有图书室、计算机房、音体室等。拥有幼儿图书9880余册，教师用书4000余册。固定资产总值370万元。全年教育经费投入450万元，其中，教育教学经费投入180万元，基建投入40万元；国拨经费178万元，自筹经费52万元。

（范　茜）

【实施预约听课制】　3月，总后六一幼儿园实施预约听课制。该制度要求教师主动与教学领导约课，时间、内容均由教师自己决定。实现课前教师认真准备，课后园领导、教师相互交流，强化园领导对每位教师业务工作了解。至年底，共有32名教师完成预约听课。

（范　茜）

【推出家园联心小报】　8月，总后六一幼儿园推出《家园联心小报》。该小报包括本班教师简介、教育目标、教学特色介绍和要求家长协助做好开学前各项准备。配合小报发行，该校召开两次新生家长会，讲解孩子入园各项准备，消除新生入园焦虑心情。

（范　茜）

【2篇教研论文获奖】　8月，在学前儿童健康教育专业委员会第四届学术研讨会论文评选中，总后六一幼儿园两篇论文入围。该评选由中国学前教育研究会主持，来自全国2000篇论文参加评选，总后六一幼儿园共有两篇参加评选，全部入围。其中，《幼儿园民族体育活动的研究》以《幼儿园教育指导纲要》为指南，采用行动研究法，探讨幼儿园民族体育游戏项目器械选择组织形式与指导过程；《大班户外区域体育活动的研究》探讨大班户外体育区域设置、材料投放、教师指导和幼儿主动发挥等问题。

（范　茜）

【完成年度幼儿家访】　至9月1日，总后六一幼儿园完成年度暑期幼儿家访。该家访要求教师制订访问提纲，填写访问记录，为新学期教学计划和个性教育提供依据。该园教师38人完成533名幼儿、家长访谈，访谈率97%。其中，完成427名幼儿家访，家访率为75%。自1996年总后六一幼儿园开展家长访谈工作，每年访谈率不低于95%。

（范　茜）

【推出系列安全措施】　9月，总后六一幼儿园推出系列安全措施。该园成立安全工作领导小组，制订《幼儿园安全工作预案》、《班级安全责任制》，签订安全责任书，要求责任到人。同时，增设安全指示灯、药品柜、安全柜和安全夹，规定各班紧急疏散通道。

（范　茜）

【出版幼儿园户外体育游戏光盘】

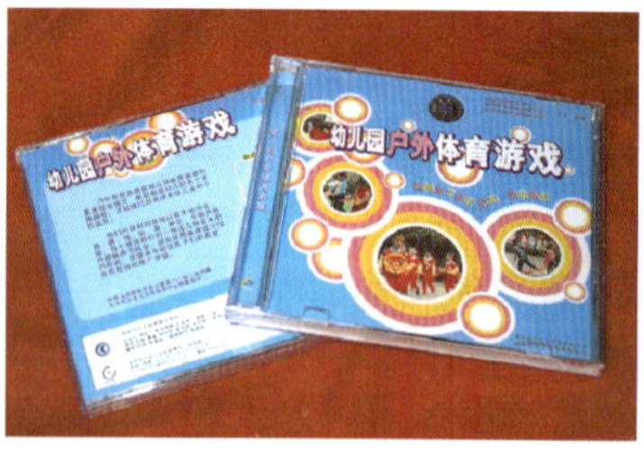

10月，总后六一幼儿园编辑出版发行VCD教学光盘《幼儿园户外体育游戏》。该光盘整理39个幼儿户外游戏活动，按幼儿基本动作分为走跑类、跳跃类、投掷类、钻爬类、攀登类、平衡类游戏，每个游戏创编针对幼儿发展的1至2种基本动作，具有操作简单、易于指导等特点。光盘长40分钟，由国际文化交流音像出版社出版。

（范　茜）

中国工运学院幼儿园

【概　况】　2003年，中国工运学院幼儿园2个园区共有12个教学班。其中，本园6个教学班，分园6个教学班。大班2个、中班2个、小班3个、蒙班1个、托班4个。招收2至6岁幼儿。在园幼儿270人，本年毕业20人，招生45人。教职工57人，其中，专任教师24人，专任教师中，中高级教师1人、小高级教师2人、小一级教师3人、小二级教师3人；本科以上学历2人、专科学历17人；保育员14人。园舍占地面积6471平方米，建筑面积5800平方米。其中，太阳园占地面积3160平方米，建筑面积3900平方米；太月园占地面积3310平方米，建筑面积1900平方米。园内分别配备成套幼儿用房及多功能厅、音乐教室、阳光棚、蒙台梭利教室、图书室、美劳室等教学活动室。固定资产总值74万元。全年教育经费投入91.7万元，其中，国家拨款5万元，自筹经费86.7万元。

（周立莉）

【开展“做中学”教学实验】 4至7月，工运学院幼儿园开展“做中学”教学实验研究。该实验完成从农作物育苗、移苗、种植、护理全过程，要求幼儿通过观察、记录，了解玉米、向日葵、黄豆、蚕豆和花生等农作物生长变化，增强对自然、科学了解，学习科学记录方法。该园大中班幼儿及教师共54人参加实验。

（周立莉）

【举办国旗故事系列教育活动】 9

月26日，工运学院幼儿园举办国旗故事系列教育活动。该活动由在天安门广场观看升国旗仪式、举办国旗班战士座谈、听讲国旗故事3个部分组成。该园中大班幼儿50人参加学习。

（周立莉）

【完成校园移址】 10月8日，工运学院幼儿园完成校园移址。该园由中国工运学院迁至大钟寺太阳园小区内，同时接管知春路太月园小区幼儿园为分园。新校园占地面积3160平方米，建筑面积3900平方米，拥有成套幼儿用房、多功能厅、图书室、音乐教室和活动大厅等教学活动室。

（周立莉）

【举办亲子共爬长城活动】 10月10日，工运学院幼儿园举办亲子共

爬长城活动。该活动以“我爱中国”为主题，在八达岭长城，师生完成写生、与爸爸妈妈共编赞美长城诗歌等活动。该园大班幼儿家长及教师35人参加活动。

（周立莉）

【举办果园采摘活动】 10月24

日，工运学院幼儿园举办幼儿采摘活动。该活动以采摘苹果为主，要求幼儿感受“硕果累累”，体验丰收喜悦。回园后，开展做果串儿、榨果汁、做果酱等游戏活动。该园幼儿240人参加活动。

（周立莉）

【举办首届美食品尝会】 12月24日，工运学院幼儿园举办第一届美食品尝会。该品尝会食品全部有教师指导学生完成，其中，婴儿班制作三明治，小班制作比萨饼、水果串儿、果冻，中班制作甜点心，大班制作各种小面点。该园幼儿、家长100人参加品尝活动。

（周立莉）

武警总部机关幼儿园

【概　况】 2003年，武警总部机关幼儿园设有9个班，其中，大班2个、中班2个、小班2个，托班2个，半日班1个，招收2至6岁幼儿，寄宿、日托兼有。在园幼儿253人，招生82人，毕业72人。有教职工47人，其中专任教师15人，教师全部具有大专以上学历，其中，本科学历占47%。园舍占地面积2700平方米，建筑面积2800平方米。园内建有幼儿图书阅览室、计算机室、科技操作室、多功能厅，每班配有计算机。幼儿园拥有室外塑胶地面活动场，大型玩具。固定资产总价值900万元。全年教育经费投入120万元，其中，国家拨款90万元，自筹经费30万元。

（赵　峰）

【开办小托班】 3月1日和9月1日，武警总机关幼儿园先后开办两个小托班。该小托班根据幼儿年龄特点，寻找幼儿兴趣点，通过游戏活动、生活活动，培养幼儿生活常规和自理能力。小托班招收2至3岁婴幼儿42人。

（赵　峰）

【举办地球保护伞教育活动】 3月，武警总机关幼儿园举办地球保护伞——森林主题教育活动。该活动推出户外观察春天树木、花草变化，观看录像了解树木对人类作用，种植蚕豆了解植物生长条件等系列活动。同时，分为无光、无水、无土和全有4个组，完成观察记录。该园幼儿32人参加活动。

（范晓东）

【合作开办“家园沟通”栏目】 6月，武警总机关幼儿园与《学前教育》（家教版）合作开辟《家园面对面——对话》栏目。该栏目针对幼儿爱哭、幼儿家园表现不一致、幼儿不把玩具送回家、幼儿之间发生争执和幼儿园兴趣班等问题，回答家长提问。

（李雪松）

【举办半日亲子园教学活动】 9月15日，武警总机关幼儿园举办半日亲子园教学活动。该活动由有经验教师担任，借鉴国外半日班办园模

式和国内亲子园开办经验，设立兴趣宝宝、快乐宝宝、能干宝宝 3 个部分，注重培养幼儿生活能力和自理能力。至年底，招收婴幼儿 16 人。

（赵　峰）

【举办秋季采摘活动】 11 月，武警总机关幼儿园举办秋季采摘活动。该活动通过采摘、品尝，使幼儿认识和了解向日葵、白薯、花生生长环境、主要特征等。该园幼儿 110 人参加活动。

（韩玉玲）

【幼儿科学精神培养结题】 11 月，武警总机关幼儿园承担的"幼儿科学精神的培养"结题。该课题是国家"十五"期间重点课题"中国青少年科学技术普及活动指导纲要"的子课题，2001 年 3 月立项，课题组采用行动研究理论，开展幼儿身边科学研究、培养幼儿主动探究意识和操作技能方面研究，取得"中国青少年科学技术普及活动指导纲要""实施项目示范园"称号。

（韩玉玲）

北京市朝阳区安华里第二幼儿园

【概　况】 2003 年，北京市朝阳区安华里第二幼儿园有大、中、小、托、社区早教 13 个教学班，招收 2 至 6 岁婴幼儿，寄宿、日托、半日制兼有。本年在园幼儿 412 人，其中，寄宿 23 人，毕业 105 人，招生 127 人。有教职工 62 人，其中，专任教师 29 人，教师中具有特级专业职务教师 1 人，幼教高级专业职务教师 12 人，大专以上学历 32 人，市级骨干教师 1 人，区级骨干教师 9 人。园舍占地面积 3391 平方米，建筑面积 3322 平方米。园内拥有 2 座教学楼及音体室、多媒体计算机室等教学辅助设施。固定资产总值 344 万元。全年教育经费投入 300 万元，其中，国家拨款 143 万元，自筹 157 万元。

（贾玉玲）

【举办实习教师岗前培训】 8 月 10 至 22 日，安华二幼举办实习教师岗前培训班。该培训班以专题讲座形式，开设幼儿园教师师德标准、岗位职责、月考核评价标准、奖惩制度、《幼儿园教育指导纲要》等制度和法律、法规学习。该园新教师 6 人参加学习。

（贾玉玲）

【开展儿童科学启蒙教育】 9 月 15 日至 12 月 19 日，安华二幼开展幼儿科学启蒙教育。该教育从幼儿身边常见事物、现象入手，主题、活动形式、如何完成均由幼儿自主决定。该园幼儿 142 人分别参加风从哪里来、会变的水、有趣的摩擦电、奇怪的肥皂泡等活动，并完成观察、查阅资料、咨询、讨论、记录和存档等工作。科学启蒙教育是该园"做中学"科研课题组成部分。

（贾玉玲）

【举办建园 10 周年研讨会】 9 月 30 日，安华二幼举办庆祝建园 10 周年研讨会。会议回顾建园 10 年来发展历程，以"质量求生存、管理创效益、特色促发展"为主题，研讨"家园共育培养幼儿养成良好行为习惯"和"婴儿社区早期教育的开发"等问题。来自市、区领导、学前教育学者及幼儿、家长共 200 人参加会议。安华二幼建于 1993 年，10 年来共培养幼儿 1300 人。

（贾玉玲）

【开展多种新生入园准备工作】 9 月，安华二幼开展多种新生入园准备工作。该工作包括：家访要求教师利用双休日和假期，走访新生家庭，带去小礼物，并送去新生入园前家

园合作活动计划；召开家长会，与新生家长共同分析幼儿年龄特点，探讨克服新生入园焦虑情绪，并听取经验介绍；发放调查表，了解幼儿生活习惯、性格和爱好等特点；开展半日入园活动，邀请家长与幼儿共同入园，以松散式模拟入园活动，体验集体生活，缓解幼儿与家长分离产生的焦虑情绪。该园新生 127 人参加活动。

（贾玉玲）

【举办健康知识专题讲座】 10 月 19 日，安华二幼举办健康知识专题讲座。该讲座邀请儿保所专家，以《让我们了解人体免疫系统》为主题，讲述免役系统如何工作、什么是特异性免疫防线、有关免役力说法与观点和一张提升免疫力的营养清单等内容，并解答家长实际困惑与问题。143 名幼儿家长及 26 名散居婴幼儿家长参加学习。

（贾玉玲）

【开展幼儿安全系列教育】 11 月，

安华二幼开展幼儿安全系列教育活动。该活动学习家用电器使用小常识、意外发生时自我保护，火警、匪警、医疗急救电话拨打等安全知识。并举办消防疏散演习，学习如何使用湿毛巾挡烟雾、灭火器实际操作。该园 62 名教师及 350 名幼儿参加学习。

（贾玉玲）

【幼儿园网站开通】 12 月 16 日，

安华二幼幼儿园网站开通。该网站设有幼儿园简介、幼儿园大事记、办园特色、新闻互动和家园合作等10个栏目，具有幼儿园教育信息查询、各年龄班幼儿发展查询、卫生保健信息查询等功能，并能通过电子邮件建立幼儿园与家长联系。网址：www.ahey.com.cn。

（贯玉玲）

【人事制度改革方案获得通过】 12月，安华二幼人员聘任制度改革方案获得通过。该方案由领导职能小组制订，利用双休日召开教职工代表大会，经过讨论、修改、完善和公示等程序，完成岗位职责、任职资格、级别工资等人事制度改革方案。调查结果显示，满意率98%，基本满意率2%。

（贯玉玲）

北京市丰台区 丰台第一幼儿园

【概　况】 2003年，北京市丰台区丰台第一幼儿园开设15个教学班，其中，大班3个、中班5个、小班7个，招收2.5至5岁幼儿，为寄宿制幼儿园。本年在园幼儿488人，招生227人，毕业120人。有教职工72人，其中，专任教师32人。教师中具有专科学历22人；中级教师16人，区级骨干教师1人。园舍占地面积10060平方米，建筑面积6480平方米。园内设有音体教室、儿童玩具图书馆、亲子教室、计算机室及各种大型玩具。固定资产总值442.6万元。全年教育经费投入338万元，其中，国家拨款187万元，自筹经费151万元。

（黄　凌）

【开办半日亲子班】 3月31日，丰台一幼开办半日亲子教学班。该教学班按照家、园、社区一体化方针，设有亲子教室、多种玩具材料，由经过培训教师担任教学，采用游戏化学习，运动化训练，促进幼儿健康发展，使家长掌握科学育儿知识。教学班共有学生44人。

（黄　凌）

【举办幼儿种植活动】 4月，丰台

一幼举办幼儿种植活动。该活动在教师指导下，分为种植、浇灌两个环节，培养幼儿环保意识。全园教师及幼儿共144人参加活动。

（黄　凌）

【接管丰益花园幼儿园】 7月13日，丰台一幼接管丰益花园幼儿园。接管后，丰益花园幼儿园改名丰台一幼丰益花园分园，面向小区周边社会招生，办学规模8个教学班。丰益花园分园占地面积4220平方米，建筑面积2359平方米，有教职工15人。

（黄　凌）

【改进入园新生体检】 8月13日，丰台一幼改进入园新生体检工作。该园邀请医院大夫在园内为幼儿体检，避免幼儿去医院交叉感染，为家长提供方便。该园新生197人参加体检。

（黄　凌）

北京市崇文区 第二幼儿园

【概　况】 2003年，北京市崇文区第二幼儿园有10个教学班，其中，大班3个、中班3个、小班4个。招收3至6岁幼儿入托，为寄宿制幼儿园。有教职工46人，其中，专任教师21人。专任教师中具有本科学历4人，专科11人，中专6人；小学高级教师5人、小学一级教师11人、小学二级教师5人。园内设有电教教室、图书室、科学游戏室专用教室3个。园舍占地面积4525平方米，建筑面积2717平方米。固定资产总值251万元。全年教育经费投入296万元，其中，国家拨款144万元、自筹经费152万元。

（武应杰）

【举办新学期家长会】 3月3日，崇文二幼举办新学期家长会。会议以教学班为单位，采用绘画作品展览、发放教育教学资料和举办音乐游戏活动等形式。该园10个教学班300名幼儿家长参加会议。

（武应杰）

【召开大班幼儿手工制作研讨会】 3月18日，崇文二幼召开大班幼儿手工制作活动研讨会。会议观看大班幼儿“汽车制作”手工活动课，研讨制作过程中教师指导策略、制作材料和选择符合幼儿特点项目等问题。来自北师大及大班教师15人参加会议。

（武应杰）

【举办新生亲子教育活动】 8月23日和30日，崇文二幼举办新生亲子教育活动。该活动由教师带领，推出团纸球比赛、说儿歌、制作“糖果”等亲子教育活动，增加幼儿与幼儿间、幼儿与教师间了解，消除焦虑感。该园3个小班幼儿、家长75人参加活动。

（武应杰）

【接待法国幼儿教育学者】 10月14日，崇文二幼接待法国幼儿教育学者雷纳。雷纳观摩该园中三班“金属都能吸吗？”磁铁教学活动课；参观大三班教育环境布置。在座谈会上，雷纳对该园工作给予肯定。

（武应杰）

【举办我爱天坛教育活动】 11月7日，崇文二幼举办“我爱天坛”教育活动。该活动配合“我爱北京、我爱家乡”教育活动，举办步行前往天坛参观了解祈年殿建造、回音壁奇妙现象，回园后开展有关天坛历史知识和“我爱天坛”绘画活动。该园中、大班幼儿参加学习。

（武应杰）

【幼儿网站开通】 11月，崇文二幼网站开通。该网站开设幼儿园概况、招生简章、学习环境、教师简介、家教理论、保健知识、家长论坛等栏目。网址：www.cwck.com。

（武应杰）

北京市延庆县新城幼儿园

【概　况】 2003年，北京市延庆县新城幼儿园有13个教学班，其中，大班3个，中班5个，小班5个，招收3至6岁幼儿。在园幼儿430人，招生150人，毕业120人。有教职工62人，其中，专任教师37人，专任教师中，小高级教师22人、小一级教师14人、小二级教师1人；专科学历30人、本科以上学历2人；保育员12人，其中，高级工1人。园舍占地面积5300平方米，建筑面积2865平方米。园内拥有教师资料室、保健室、隔离室、财务室、幼儿食堂、多功能教室、幼儿图书室及各种大型活动器械，各班配有钢琴、计算机、热水器、空调等设备。固定资产总值219万元。全年教育投入276.67万元，其中，国拨174.29万元，自筹102.38万元。

（李爱华）

【举办室外自制玩具展览】 4月3

日，新城幼儿园举办室外自制玩具展览。该展览推出教师、幼儿及家长利用废旧、民间材料制成室外玩具102件。该园师生、家长300人参观展览。

（李爱华）

【实行教师轮岗制度】 9月1日，新城幼儿园实行教师轮岗制度。该制度以班级为单位，要求3名教师轮流担任班长，为每名教师提供体验对方、验证自身能力机会，帮助教师找到适合自己的工作。

（李爱华）

【采集民间幼儿教育素材】 9月21日，新城幼儿园举办采集民间教育素材活动。在千家店镇，该园教师走访农户5家，共采集民间幼儿教育素材80件。该园教师48人参加采集活动。

（李爱华）

【举办民间游戏课程评比】 11月14日，新城幼儿园举办民间游戏课程评比。该评比以教学班为单位，分为小、中、大3个组，设立室内民间游戏、户外民间游戏和过渡环节小游戏等项目。该园幼儿教师创作76个民间游戏参加评选，其中，40个获奖。

（李爱华）

【成立研究指导小组】 12月1日，

新城幼儿园成立幼儿园研究指导小组。该小组由8名县、园骨干教师组成，负责协调幼儿园管理层与一线教师关系，规划幼儿园发展。同时，发挥骨干教师业务能力，指导教育教学活动，提高保教质量等工作。

（李爱华）

【举办教师心理健康知识讲座】 12月11日，新城幼儿园举办教师心理健康知识讲座。该讲座聘请县教科研中心教师，以《教师心理健康的维护和促进》为主题，讲解教师心理健康现状、亚健康成因和心理健康的维护等问题。该园教师62人参加心理健康知识学习。

（李爱华）

职 业 教 育

综　　述

2003年，北京职业教育工作全面贯彻“三个代表”重要思想和十六大精神，各项工作取得新进展，为北京经济和社会发展做出新贡献。

2003年，北京市加强高等职业教育专业设置的宏观调控和管理，市教委依据《北京高等学校高职高专专业设置管理办法》及《北京高等学校高职高专指导性专业目录》，对各高校申请新增的普通高等职业教育专业点进行咨询和指导，至年底，普通高职专业点达到800个，其中，独立设置高等职业学校开设250个，市属市管本科高校开设400个，部委本科高校开设100余个，此外，还在部分成人高校举办普通高等职业专业。北京联合大学和北京信息职业技术学院被教育部批准为国家级示范性软件职业技术学院。

2003年，北京中等职业教育进一步发展。基本完成三年布局结构调整任务。中等职业学校调整到180所（不含技工学校），在校生规模增加到1300人。校均招生人数增加到510人，自2000年以来，基本保持职普比例1∶1的格局。30所国家级重点职业学校办学实力得到加强，校均占地面积达到68000平方米，校均建筑面积41000平方米。校均实验实习设备达到1299万元，校均在校生规模达到2900人。北京职业教育基本走出小而全、效益差、低水平发展模式，向大规模、集团化、高层次、多功能方向发展。

优化专业结构，加强实验实训基地建设，“105020工程”建设初见成效。

针对北京市经济结构、产业结构调整以及劳动力市场需求，2003年，加快中等职业学校专业调整步伐，优先发展市场急需的电子信息，生物工程和新医药，光机电一体化，新材料，环保与资源综合利用等现代制造业和现代服务业所需要的新专业。中等职业学校新增设通信技术，生物制药，外贸通关实务，物流管理，生态环保以及会展服务，汽车整形涂装等专业。

实施10个现代化标志专业，50个重点特色专业建设工程。新认定重点特色专业7个，市重点特色专业总数达到44个，基本完成重点特色专业和现代化标志专业第一轮评估认定工作。同时，加强汽车运用与维修，计算机及应用，电子信息技术应用等10个现代化标志专业的建设。

与本市现代制造业、现代服务业相适应的20个重点实验实训基地建设工程初具规模。建立北京市建材工业学校机电及数控技术实验实训中心、北京商贸学校金融、旅游实训中心、昌平职业学校航空服务实训中心等8个实验实训基地。

积极推进对外合作，深化教学改革，加快引进课程本土化。

近年来，市中等职业学校积极开展对外合作办学和交流。目前，合作项目达到30多个。与英国、德国、澳大利亚等多个国家建立合作关系。合作方式主要有引进国外职业教育课程，引进国外职业资格证书，引进国外教育模式，合作办学学生在国内外分段学习等。结合首都经济发展的实际，本着引进、消化、吸收、创新的原则，推进中等职业教育课程体系整体改革，初步形成具有首都特点的“综合性，应用性，模块化”三种课程体系和教学模式，即：“2＋X多元混合模式”、“核心能力与研究性学习模式”、“主轴并行模式”等。

通过推进课程体系改革，改革教学内容和教学方法，推进中等职业教育开展研究性学习和考核方法改革，强化学生的综合职业能力和可持续发展能力培养，提高学生的就业竞争力，拓宽就业渠道。

根据中职生源新情况，在部分专业试行分层次教学法。对于部分初中文化基础不好的学生因材施教，重点强化初中文化知识，适当减少中职文化课的要求，相应增加专业课课时，使学生在专业课和实训中增加学习兴趣，培养学习习惯，提高就业技能，收到初步效果。

2003年，进一步推广学分制及弹性学制改革，满足学生分阶段完成学业及自主学习、多元化发展和终身学习需求。

在推进国际交流的同时，北京市电子工业学校率先将电子设备维修课程输出到新加坡，创造中国职业学校课程向发达国家输出先例。

开展非学历短期培训。2003年，中等职业学校开展短期培训18.4万人次。同时，利用数控加工、电工、焊接等工种和专业考试鉴定中心，开展技能培训，培养社会急需的中高级技术工人及专业人员。

加强职业教育信息化建设。2003年，北京市国家级和省部级重点校校园网建设基本完成，计算机和多媒体教学设备以及网络设备进一步完善，国家级重点校学生数和计算机台数之比为8∶1。多数学校在教师中普及现代教育技术，鼓励教师选用直观、形象的多媒体课件进行教学。各学校还开发一批模拟仿真系统，推动教学手段现代化。北京职成教信息网进一步完善，开发多项网上办公系统，网上远程教育系统初步运行，成为本市职业教育与成人教育信息化重要平台。

（吴晓川）

总　　类

【评选标志和特色专业】　1月3日，市教委完成中等职业学校现代化标志专业和骨干特色专业评选。该评选分为学校申请、自评，专家组复评方式两个阶段，按照现代化标志专业、骨干特色专业评估指标体系15项指标，共认定现代化标志专业4个，骨干特色专业14个。

（武怀海）

【2院校试办示范软件职业学院】　1月6日，教育部批准北京联合大学、北京信息职业技术学院为首批试办示范性软件职业技术学院。教育部首批示范软件学院建设目标是：经过三至五年努力，建设成校均规模在4000人以上，能够培养大量就业能力较强、高质量实用型软件技术人才的基地。

（米　兰）

【6个专业入选全国教学改革试点】　2月25日，市教委公布入选全国高职高专教育专业教学改革试点名单。北京第三批共计入选6所学校6个专业，分别是北京工业职业技术学院测量工程、北京轻工职业技术学院生物技术应用、北京信息职业技术学院软件技术、北京农业职业学院畜牧兽医、北京计划劳动管理干部学院劳动和社会保障、北京理工大学汽车运用工程专业。根据规定，试点专业将得到市教委经费支持。

（侯　彤）

【实现中职布局结构调整3年目标】　2月，市教委完成年度中等职业学校布局结构调整。批准撤并中等职业学校16所，其中，撤销6所（职业高中3所，成人中专3所），撤并10所（职业高中9所，成人中专1所）。北京中等职业学校布局结构调整始于2000年，3年来，中职学校由523所调整到180所（不含技工学校），调整幅度66%。在校生校均规模由470人增加到1300人，增长1.7倍；校均招生规模由115人增加到510人，增长3.4倍。保持职普比例1∶1格局。其中，30所国家级重点职业学校校均占地面积达到68000平方米，校均建筑面积41000平方米，校均实验、实习设备总值1299万元，校均在校生规模达到2900人。

（马千里　巫梅琳　邵和平）

【召开标志校建设研讨会】　3月7日，市教委在北京商贸学校召开加快现代化标志校建设研讨会。会议听取商贸学校建设标志校经验介绍，通报各校标志校建设工程进展情况。会议要求，学习商贸学校先进经验，加快标志校建设。来自9所中职学校15人参加会议。

（刘庆选）

【正义职业学校与一零三中合并】　7月21日，北京正义职业学校与一零三中合并。合并后两校定名北京酒店管理职业学校，借助正义学校ISO9000先进管理体系，发挥一零三中专家治校优势，开发特色专业，逐步实现与国际接轨。一零三中成立于1965年，1981年开办职业高中，2003年7月校舍随南中轴路改造拆除。

（刘静萍　李素珍）

【外电职高完成南校搬迁】　7月24日，北京市海淀区外语电子职业高中完成南校搬迁。新校址位于清河地区，占地面积78978平方米，建筑面积22679平方米。搬迁历时20天，动用车辆300台/次。搬迁后，该校由一校三址为一校两址，开设10个专业不变。

（乐心妙）

【花园路职高与西苑中学合并】　7月，北京市花园路职业高中与西苑中学合并。合并后，西苑中学成为花园路职高西校区，建制撤销。西苑中学成立于1981年，占地面积1114平方米，建筑面积6709平方米，自成立以来，共培养毕业生2358人。

（李海容）

【现代职业技术学院成立】　8月1日，北京现代职业技术学院成立。该学院是全日制公立普通高等职业技术学校，由顺义区政府创办，面向参加普通高等学校招生考试和参加高等职业教育单独招生考试考生，学制3年。学校占地面积17.4万平方米，建筑面积4.8万平方米，教职工166人，在校生127人。

（李跃谦）

【成立信息职业学院董事会】　8月5日，北京信息职业技术学院董事会成立。该董事会是北京电子控股有限责任公司教育系统领导集体，由北京信息职业技术学院、北京计算机工业学校和北京电子工业学校共同组建，负责3所学校教育资源整合，形成以高等职业教育为主、多层次职业教育并存，适应教育市场发展的职业教育集团。

（侯　彤　左少华　康宝泉）

【超额完成技工学校招生计划】　8月，北京地区47所技工学校共招生21492人，完成招生计划100.6%。其中，提前招生6044人，完成计划的93.39%，统一招生12488人，完成83.5%。补录2960人。

（王　飞）

【六十一中并入东城职教中心】　9月30日，北京市第六十一中学并入东城职业教育中心学校。合并后，六十一中建制撤销，东城职教中心占地面积由35353平方米增加到55315平方米，建筑面积由27714平方米增加到57714平方米，固定资产由1101.23万元增加到1527.97万元，学生由1758人增加到2520人。六十一中成立于1956年，1983年开展职业教育。拥有教职工149人，学生755人。自2000年来，共培养毕业生1066人。

（刘春玲）

【完成市级重点中职学校认定】 9月，市教委完成市级重点中等职业学校认定工作。该工作按照重点中等职业学校评估标准，分为学校自评，专家组综合评估、推荐，市教委认定3个阶段。共认定3所，分别是北京市园林学校、北京市外贸学校和中华商科学校。至此，市重点中职学校达到32所。

（巫梅琳）

【完成中职8个专业复评】 9至11

月，市教委完成年度中等职业学校现代化标志专业和骨干特色专业复评。复评计划完成20个专业，实际完成8个，其余12个专业推迟至下学年。完成复评8个专业中，1个现代化标志专业、7个骨干特色专业，全部通过复评。

（马千里　蔡季良）

【北工院通过教育部评估】 10月

13至18日，北京工业职业技术学院人才培养工作水平通过教育部评估。教育部专家组听取学校工作汇报，逐一评价办学指导思想、教学中心地位、领导班子建设等8个方面工作，并同意将学院“创新教学管理模式，实行教学工作两条线管理”列为特色和创新项目。专家组同时指出图书馆建筑面积、科研工作、师资队伍结构、专业建设和课程建设方面不足。专家组总体评价为优秀。

（王希忠　闫大志　王俊峰）

【崇文职教中心新校舍落成】 10月，北京市崇文区电子技术职业教育中心新校舍落成。该校舍在原址重新建设，占地面积1.13万平方米，建筑面积1.5万平方米，设有标准200米跑道田径场1个，教学楼共计7层，拥有标准教室31个，网络中心1个，计算机房6个，实验室9个，还设有学生宿舍、餐厅、大会议厅等。校舍2002年11月开工建设，总投资3000万元。

（皋树森）

【电子职教中心迁入新校舍】 11月3日，北京市崇文区电子技术职业教育中心迁入新校舍。新校舍位于向新西里，教学楼拥有教室30间、宿舍10间及实验室、计算机房、画室、图书馆和阅览室，教室设有网络电视双向教学系统及广播系统。新校舍结合小区改造，拆除向新小学和一七九中后建成，占地面积11302平方米，建筑面积15000平方米，比原两校多2000平方米。

（刘静萍　李素珍）

【完成中等职业学校评估】 11月26日，市教委完成中等职业学校评估。该评估按照教育部《中等职业学校设置标准》、《中等职业学校设置标准（试行）实施办法》和《北京市合格中等职业学校评估细则》等标准，采用专家组实地考察、市教委审核方法。北京经教育行政部门审批、招生3年以上中等职业学校（国家级、省部级重点校除外）73所学校参加评估，60所学校合格，其中，普通中专30所，职业高中、职业中专和成人中专30所；9所基本合格；4所不合格。

（巫梅琳）

【总结国家重点职业学校复评工作】

12月12日，市教委在北京市昌平职业学校召开国家级重点职业学校复评工作总结会。会议听取昌平区题为《政府统筹，教委搭台，学校自主发展》经验介绍，肯定昌平区职业教育成绩。来自各区县教委主任19人参加会议。10至11月，市教委完成国家级重点中等职业学校复评。该复评以《国家级重点中等职业学校条件》及《评估指标体系》为依据，设立办学方向、质量效益、基础条件、规范管理和改革创新五个方面指标，采用现场量化评分方法，分为优秀、合格和基本合格3类。北京1999年教育部认定的25所学校参加复评，其中，优秀学校5所，合格14所，基本合格6所。

（巫梅琳　刘文军）

【电子学校承办合作项目班圣诞联谊会】 12月23日，北京市电子工

业学校承办新西兰基督城理工学院（CPIT）合作项目班圣诞节联谊会。联谊会听取教育部领导贺词，观看4所合作项目校师生自编自演英语文艺节目。联谊会由教育部主办，北京11所院校领导、师生1100人参加活动。

（康宝泉　崔启佳）

**【评选第二批现代化标志中等职业

学校】　12月，市教委完成第二批

现代化标志性中等职业学校评选。该评选根据《关于印发北京市现代标志性中等专业学校基本标准的通知》，采用学校申报、专家组评审和市教委审核等程序。其中，北京铁路电气化学校、北京市建筑材料工业学校、北京市计算机工业学校、北京市电子工业学校、北京市商业学校、北京市昌平职业学校6所学校入选。至此，北京现代化标志性中等职业学校共有9所。

（巫梅琳　乌凤山）

【完成信息化重点建设项目】　至年底，市教委完成中等职业学校信息化重点建设项目。其中，完成14所重点学校新增服务器80台，校均6.5台；新建多媒体网络教室86个，校均6.62个；新建多媒体演示教室336个，校均25.85个；新增教学用便携式计算机409台，校均31.46台；连接终端计算机网络节点数6279个，平均483个，平均每5个学生拥有教学用计算机1台；各校均建设独立的学校网站和电子图书馆，电子图书馆藏书总量达到98.8万册，校均7.6万册。市、区县、校总投入3426万元。

（武怀海）

【457家技能培训机构通过年检】　至年底，北京地区457家职业技能培训机构通过市劳动和社会保障局年检。参加年检培训机构438所，其中，撤销28所，缓办30所。本年，对职业技能培训机构实行总量控制，新增与撤销、缓办的培训机构数相抵后，净增培训机构19所。

（王　飞）

【137家技能培训机构获得高级培训资格】　至年底，北京地区137所职业技能培训机构拥有高级职业证书培训资格，占培训机构总数的30%。本年，新增高级职业培训机构82家、高级职业（工种）27个。全年，颁发高级职业资格证书16235人。

（王　飞）

【5所技工学校实验学分制】　至年底，北京地区5所高级技工学校进行开放式办学、弹性学制和学分制试点。试点学校学生可根据实际情况，合理安排学习时间，自主选择学习课程。这些学校分别是：北京市经贸高级技工学校、北京市工业高级技工学校、北京市一轻高级技工学校、北京市公共交通技工学校、北京市工贸高级技工学校，试点期限2至4年。

（赵文静）

【培训技师223人】　至年底，北京地区技校共培训技师223人。承担培训任务学校为市工贸技师学院和市工业技师学院，开设数控加工、电气维修、电工电子等专业，系统学习专业理论、实用英语、计算机基础及生产管理等知识。

（赵文静）

高等职业教育

【概　况】　2003年，北京市独立设置高等职业学校18所，其中民办学校7所；普通高校毕业生82324人，其中高职高专22955人；招生140226人，其中高职高专43074人；在校生450789人，其中高职高专99468人，比上年增长27.7%。至12月31日，北京地区高职毕业生总就业率为80.02%。

（祁　昕）

【建工学院首批春季高职生毕业】　1月7日，北京建筑工程学院首批春季高职生毕业。首届毕业生包括汽车技术与维修、土木工程施工两个专业，共计56人，学制3年。其中，就业52人，就业率92.9%。

（黄　琇）

【召开京职学校办学协调会】　1月25日，市教委召开北京京北职业学院办学协调会。会议协商京职学院建设发展有关事宜，讨论如何办好郊区第一所高等职业技术学院等问题。会议指出，应该明确京职学院未来发展方向，在整合资源、选派师资、招生就业和建立郊区人才培养平台等方面，通力合作，重点扶持。来自市教委、京职学院、美国席勒国际大学中方代表和建工学院及联合办学单位领导25人参加会议。

（彭明建）

【首钢工学院实验“三学期”制】　6月，首钢工学院开展“三学期”制产学合作教育试点。该学制改变每学年两个学期，设立两个大学期和1个小学期，在教学计划、实施方案上压缩理论课程，利用小学期开展以职业素质实践（新生）和以专业素质实践（非新生）为目的校外实训教学。该校建筑工程专业76名学生参加实验。

（王素俭）

【丰台开设高职特色专业】　7月，丰台社区学院增设高等职业教育特色专业。该学院针对实用型人才紧缺现实，与丰台政府、北方车辆集团公司联合举办定向培养教学班，增设“社会工作与管理”、“数控机床应用技术”两个高职专业，首次招生251人。

（陈 颖）

【首批毕业生获得职业资格证书】 8月8日，北京工商大学、北京工业大学联合召开毕业生职业资格培训工程试点总结会。会议向通过职业资格培训考试的176名毕业生颁发证书。来自劳动和社会保障部、教育部、市教委和两校师生500人参加会议。职业资格培训工程（Start Your Business，简称SYB模式）在世界84个国家推广应用，2002年在上海建立师资中心，北京2003年7月开展培训工作，首批培训包括“助理电子商务师”和“人力资源管理员”两个职业级别，来自工商大学、北工大349名在校生参加学习。

（王晓华）

【联大召开海峡两岸高职学术研讨会】 11月5至7日，北京联合大学召开第五届海峡两岸高等职业（技职）教育学术研讨会。会议由联大、上海第二工业大学、深圳职业技术学院、台北科技大学主办，来自海峡两岸的高教高职界专家学者、代表及有关领导100人参加。会议主题是“国际化、现代化、社会发展中的高职（技职）教育”，听取教育部高教司《就业导向——高等职业教育改革与发展的主旋律》、联大《发展应用型教育，建设应用型大学》、台北科技大学《发展中的高等职业（技职）教育》等5个专题报告。并研讨新世纪世界高职（技职）教育发展趋势、校企合作培养技术应用型人才培养模式、高职（技职）教育专业设置和课程体系等问题。1999年，联大举办首届海峡两岸高等职业（技职）教育学术研讨会，第二、三、四届分别在中国台北、深圳、上海举行。

（杜 娟）

【新增62个高职教育专业点】 11月26日，市教委批准年度新增普通高等职业教育专业。本年18所普通高等学校高等职业教育、普通高等职业技术学院、民办高等职业技术学院共申报新增专业116个，批准62个。其中，文化教育体育类17个、电子信息类7个、经贸金融保险类13个、医疗卫生类4个、行政司法类5个、光机电与自动化类5个、交通旅游服务休闲类3个、现代农业和房地产与土建类各1个。

（张树刚）

【丰台发展高职教育】 12月，丰台社区学院召开高职教育专题研讨会。会议研讨高职发展与对策、高职教学改革与实践、高职教法探讨等问题。35人参加会议，共提交论文12篇，形成《高等职业教育理论研讨专集》。近年来，丰台社区学院通过各种活动发展高职专业，聘请行业专家与教师、教学管理干部共同研讨高职专业课程设置。

（席青肖）

【首钢工学院开发实训课程】 至年底，首钢工学院共开发5项实训课程。该校环境监测与保护专业采用“走出去、请进来”方式，利用首钢焦化厂、动力厂和市环境监测中心的设备，先后完成环境监测、大气污染治理、废水处理技术、环境监测信息技术和环保概况共计5项实训，教学中突出实际操作训练，引用环境监测中心监测标准和监测报告作为教学标准。该校环境监测与保护专业是北京市高职高专教学改革试点专业。

（徐 励）

独立建制高等职业学校

北京工业职业技术学院

党委书记 刘爱菊

院　　长 李振华（9月免）

陈建民（9月任）

【概　况】 2003年，北京工业职业技术学院开设机电工程系、信息工程系、建筑工程系、经济工程系、法律系、基础部五系一部，设高职专业28个。招生1944人，在校生5998人，毕业生1310人。教学仪器设备总值3200万元，实验室56个，多媒体教室65个，专业教室12个，校内实习工厂2个，校外实训基地20处。教职工385人，其中副高级职称86人。校园占地面积20.7万平方米，建筑面积13.1万平方米。全年教育经费投入6630万元，其中，国拨4742万元，自筹1888万元。网址：www.bgy.org.cn。

（王希忠 闫大志）

【新增一批数控实验设备】 5月30日，北工院新增一批数控实训设备。这批设备包括：FV－800A立式数控加工中心1台、XK714数控铣钻床2台、50台位CAD/CAM专业教室及30台编程模拟器，总投资200万元。

（王希忠 闫大志）

【一号学生公寓楼落成】 6月27日，北工院一号学生公寓楼落成。该公寓占地面积1150平方米，建筑面积10963平方米，共6层，拥有学生宿舍308间，容纳1840名学生住宿。公寓楼于2002年8月开工建设，总投资1400万元。

（王希忠 闫大志）

【确定5个院级改革试点专业】 8

月 29 日，北工院确定 5 个院级改革试点专业。5 个试点专业分别是电子商务、经济法、通信工程、建筑工程、计算机数控技术，均通过教育部评估。该院拥有国家精品专业 1 个，国家级教学改革试点专业 2 个，院级改革试点专业 5 个。

（王希忠　闫大志）

【教师配备便携式计算机】 9 月 15 日，北工院为教师配备便携式计算机。首批投入 45 万元，为 90 名教师配备计算机 90 台。该校决定分批为教师配备手提式计算机，首批面向运用多媒体手段教学的教师和骨干教师。

（王希忠　闫大志）

【多媒体教学监控系统开通】 9 月

30 日，北工院多媒体教学监控系统开通。该系统采用开放型、智能化设计，通过网络中控系统连接各多媒体教室计算机、投影仪、电子讲台和影音系统，实现多媒体教室实时监控、远程服务和远程维护。

（王希忠　闫大志　王俊峰）

【举办首届教师基本功比赛】 12 月 8 日，北工院举办第一届教师教学基本功比赛决赛。该比赛分为系部初赛和学院决赛两个阶段进行，要求参赛选手熟练运用多媒体教学手段，完成电子教案制作。该校教师共计 98 人参加比赛，其中，11 人进入决赛。

（王希忠　闫大志）

【举办教育教学改革研讨会】 12 月 17 至 18 日，北工院召开教育教学改革研讨会。会议听取学院领导发言，确立适应社会经济发展要求办学思想，提出建立校企合作办学机制、加快现代教育技术应用、推进职业资格证书制度等工作任务。该校教师 32 人参加会议。

（王希忠　闫大志）

北京信息职业技术学院

党委书记　陈小平
院　　长　张伯旭（8 月免）
　　　　　　武马群（8 月任）

【概　况】 2003 年，北京信息职业技术学院设有计算机工程系、电子工程系、自动化工程系、电子信息系、财经与工程艺术系、外语系 6 个系部，在校生 6084 人，其中，高职生 3079 人、中专生 817 人、成人学生 2188 人。毕业生 360 人，招生 1371 人。教职工 337 人，专任教师 126 人，副教授以上职称 65 人。文科录取分数线 320 分，理科录取分数线 282 分。图书馆藏书 15 万余册，教学仪器设备总值 1860 万元。学院建筑面积 60687 平方米。全年教育经费投入 4588 万元，其中，国拨 1049 万元，自筹 2939 万元。网址：http：//bitc.bjedu.gov.cn。

（侯　彤）

【多路信号视频监测仪通过验收】 3 月 10 日，信息职业学院开发的多路信号视频监测仪通过用户验收。该监视仪是视频图像处理技术开发项目，在显示器显示正常图像的同时，可以显示数字、文字等信息；在监视图像的同时检测不能用图像表达的信息，也可以在观看图像时插播文字信息。监视仪支持屏幕 128 个 12＊18 点阵日文、英文和数字字符叠加。

（侯　彤）

【33 名毕业生升入本科】 6 月 21 日，信息职业学院应届高职毕业生参加“专接本”考试。该校推荐 48 名学生参加英语、基础课和专业基础课考试，33 名学生进入联大本科阶段学习。

（侯　彤）

【举办拒绝吸烟签名活动】 7 月 10

日，信息职业学院举办“珍爱健康，拒绝吸烟，全院学生齐参与”签名活动。该活动由团委、学生会联合举办，采用有奖问答、散发宣传材料等多种形式。学院本部师生 400 人参加现场签名活动。

（侯　彤）

【首次参加大学生电子设计竞赛】 9 月 15 至 18 日，信息职业学院首次组队参加全国大学生电子设计竞赛。比赛中，该校 3 名学生完成“低频数字式相位测量仪”理论设计和实际制作与调试，获得北京赛区参赛荣誉证书，成为北京市参赛惟一高职学院。此前，学院 10 名学生参加暑期集训。

（侯　彤）

【举办手机维修中级认证考试】 10 月，信息职业学院举办手机维修中级认证考试。该考试分为笔试、实际操作两个部分，内容涉及手机实际维修各方面知识以及法律法规、职业道德规范。该校 77 名学生参加考试，全部获得《国家职业资格用户通信终端设备维修员（中级）》证书。

（侯　彤）

【举行电子技能比赛】 11月27日，

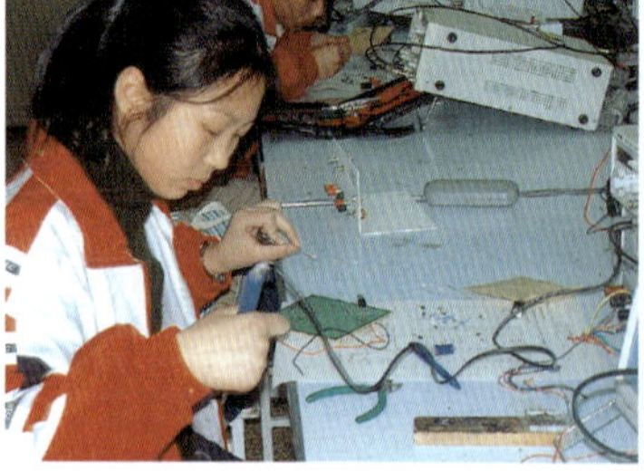

信息职业学院举办电子技能操作比赛。该比赛由电子工程系、实验实训中心联合举办，设立电子原器件识

别、光控小制作两个项目。该校学生38人参加比赛。

（侯 彤）

【举办毕业生“双选”活动】 11月29日，信息职业学院举办首次毕业生校内“双选”活动。来自北京50家用人单位和800名学生参加活动，达成求职意向379人次。该校将就业教育纳入教学计划，编写《就业指导讲座教学大纲》，开展毕业年级就业心理、简历与求职信写作技巧、面试应聘技巧等教学。

（侯 彤）

【举办美育专题讲座】 12月12日，信息职业学院举办美育专题讲座。该讲座听取北京交响乐团首席指挥题为《交响乐欣赏》专题报告，系统讲授什么是交响乐、交响乐发展史和如何欣赏交响乐等方面知识，并回答师生们问题。配合讲座现场播放莫扎特、贝多芬、柴可夫斯基名曲片段。该校师生1000人参加学习。

（侯 彤）

北京农业职业学院

党委书记 周文济

院 长 聂玉藻（9月免）

【概 况】 2003年，北京农业职业学院设有8个教学系部及北苑分院，设园林、畜牧兽医等普通高职专业26个，成人高等教育专业8个，普通中职专业28个。在校生8028人，其中，普通高职1874人，成人大专664人，普通中职4383人，成人中专1107人；招生2749人，其中，普通高职1002人，成人大专206人，普通中职1325人，成人中专216人；毕业生2386人，其中，普通高职304人，成人大专277人，普通中职1652人，成人中专153人。中职毕业生就业率达到91%，高职毕业生就业率超过80%。举办培训3400人次。教职工665人，其中，专任教师260人，具有副高级以上职称101人，中级职称191人，青年教师中具有硕士以上学位31人。5月，接收原北京市城乡建设学校，成立北苑分院，形成“一院三地”办学格局。总占地面积81.2万平方米，总建筑面积18万平方米，绿化用地面积7.8万平方米，运动场面积3万平方米。固定资产总值1.73亿元，用于教学资产4955.8万元，其中当年新增205万元。图书馆藏书30万册。拥有专业实习基地40个。文科录取分数线340分，理科录取分数线300分。全年教育经费投入8204.1万元，其中，国拨6693.1万元，自筹1511万元。网址：www.bvca.net.cn。

（肖 兵）

【园艺系举办就业指导讲座】 2月26日至3月5日，农职院园艺系举办毕业生就业指导系列讲座。该讲座邀请行业专家讲解专业知识、行业发展动态，具体指导毕业生求职方法和要领。

（刘淑芳）

【举办首届毕业生“双选”活动】

2月28日，农职院举办首届毕业生“双选”活动。来自北京39家用人单位和700名应届毕业生参加活动，其中，300名毕业生与用人单位签订就业意向书。

（王学强）

【实训管理中心花卉储备增加】 2月，农职院实训管理中心花卉储备增加。该中心通过进口、外购和自养等方式，储备优良品种花卉上百种近万株，包括产自荷兰的红掌、火炬、天鹅绒等。初步形成自养为主、进口为辅、外购补充花卉储备模式。

（唐存莲）

【信管系教师赴农村调研】 7月，农职院信息管理系教师赴农村调研。在顺义区后沙峪镇，该系5名教师走访农户，了解信息化建设情况，重点研讨数字化乡镇建设中计算机人才需求，教学专业建设和课程改革等问题。

（时文清）

【举办现代养羊技术研讨班】 9月17至20日，农职院举办首届全国现代化养羊技术研讨班。该研讨班听取中国肉羊产业发展现状、问题与对策、肉羊杂交改良效果分析等学术报告，研讨入世对中国养羊业影响、国外肉羊产业发展现状与趋势等问题。研讨班与中国畜牧兽医学会养羊学分会、平谷区畜牧服务中心等单位联合举办，来自辽宁、河北和甘肃等10个省市养羊专家及技术人员共120人参加学习。

（赵庶吏 于凤芝）

【举行首届学生田径运动会】 10

月23至24日，农职院举办第一届学生田径运动会。该运动会采取高职以系、中专以班为单位，设立短跑、中长跑和跳远等共23个比赛项目。来自7个系900名学生参加比赛，其中，女子跳高以1.57米成绩，女子5000米长跑项目以16分40秒25的成绩打破两项原农校纪录。

（王 超）

【开展教学质量评价】 10月，农职院开展教育教学质量评价工作。该评价由系（部）主任评价、教务处评价、课堂教学评价和学生评价四部分组成，权重分别为0.1、0.1、0.1和0.7，评价成绩为优秀、合格和不合格三个等级。其中，课堂教学评价采取随机听课方式。该校教师187人、443门课程参加教学质量评价，其中，优秀课程 113 门，良好 288 门，合格 41 门，不合格 1 门。

（黄彦芳　许红春）

【举办文明校园建设活动】　11 月 3 日，农职院牧医系举办“告别陋习、讲究文明、校园健康行”活动。该活动在房山区城管大队指导下，由 100 名学生分别组成城管协管小分队和文明行为检查小组，监督管理学生行为。同时，举办主题征文、演讲和视听宣传等活动。该校学生 3000 人参加教育活动。

（王　超）

【召开高职教育研讨会】　11月7日，

农职院召开高等职业教育研讨会。会议主题是完成成人高等教育、中等职业教育向普通高等职业教育转变，听取教育研究督导室、财会金融系等 4 名教师高等职业教育概念、内涵和特点，所在系部教学改革措施和成功经验介绍，听取学院题为《把握“两个转变”，创建一流农职院》工作报告。会议提出，“两个转变”必要性、紧迫性和近期工作任务。该校教师 200 人参加会议。

（肖　兵）

【赴文水县扶贫支教】　11 月 18 至 21 日，农职院赴山西省文水县扶贫支教。该校教师一行 8 人，向文水县职业高中赠送计算机 42 台，向特困生捐赠 8000 元。2002 年 7 月，农职院与文水县签订长期帮扶与协作意向书。

（肖　兵）

【完成供暖设备改造】　11 月，农职院完成南校区锅炉房改造工程。该工程包括安装大功率锅炉，配套供暖管道、除尘设备改造更新。改造工程于 8 月开工建设，总投资 126 万元。改造后，该校后勤供暖工作改由专业公司经营。

（王文利）

【召开教育科研工作会议】　12 月 17 日，农职院召开首次教育科研工作会议。会议听取 3 名教师开展科研工作经验介绍，通报年度院级科研课题立项情况。会议宣布，学院投入 40 万元专项经费，支持 34 项院级教育科研课题研究。该校教师 2000 人参加会议。

（肖　兵）

北京艺术设计学院

党委书记　张呈祥

院　　长　屠舜耘（7 月病逝）

【概　况】　2003 年，北京艺术设计学院设有 7 个系，开设装潢艺术设计、多媒体网络传播设计、雕塑等 15 个专业。大专学历教育毕业生 81 人，招生 491 人，在校生 1292 人；成人专科学生脱产生毕业 99 人，招生 60 人，在校生 112 人；成人专科学生非脱产班毕业生 97 人，招生 180 人，在校生 433 人；中专毕业生 237 人，招生 150 人，在校生 977 人。教职工 282 人，其中，专任教师 155 人，高级职称 41 人，中级职称 53 人。占地面积 37000 平方米，建筑面积 50000 平方米，固定资产总值 8000 万元，图书馆藏书 9.73 万册。全年教育经费投入 3223.95 万元，其中，国拨 1365.41 万元，自筹 1858.53 万元。

（王　伟）

【建立大师工作室】　10 月，艺术学院建立大师工作室。该工作室聘请著名工艺美术大师，以装饰工艺设计教育为北京文化产业、现代生活服务理念，承担为工艺美术专业学科建设提供可行建议，参与传统工艺教学，举办系列讲座等任务。

（王　伟）

【举办现代家具设计讲座】　12 月，

艺术学院举办现代家具设计专题讲座。该讲座邀请伊利诺依设计总监担任，系统讲授家具产业概况、木制及布艺家具设计以及如何成为杰出设计师等问题。

（王　伟）

【召开教学工作研讨会】　12 月，艺

术学院召开教学工作研讨会。会议听取题为《加强教学建设与管理，切实提高教学质量》工作报告，通报学院建设发展以及教学工作情况。会议强调，教学工作应该突出学院教育特色，适应经济形势发展需求，为北京文化产业服务。学院、各系领导以及设计公司、广告公司等人员参加会议。

（王　伟）

北京京北职业技术学院

党委书记　彭彧华

院　　长　袁宝旺

【概　况】　2003 年，北京京北职业技术学院开设基础教学部、建筑工程系、机电工程系、管理工程系共 4 个系部，开设建筑工程、建筑设备工程、建筑装饰工程、国际贸易等 1

个专业。招生 607 人，在校生 1800 人，毕业生 450 人。教职工 120 人，专任教师 70 人，外聘教授 106 人。专任教师均为大学本科及以上学历，其中副教授以上职称 100 人，中级职称 60 人。本年高考专科提档线理科 280 分、文科 320 分。学校占地面积 11 万平方米，建筑面积 4.5 万平方米，固定资产总值 4500 万元，图书馆藏书 20.5 万册。全年教育经费投入 2100 万元，其中，国拨 1000 万元，自筹 1100 万元。网址：www.jbzy.com.cn。

（彭明建）

【举办“京职杯”足球赛】 4 月 17 日至 7 月 24 日，京职学院举办“京职杯”足球比赛。该比赛设立男子项目，采用单循环赛制。来自 4 个系部 11 支代表队 160 名学生参加比赛。

（彭明建）

【超额完成招生计划】 8 月 4 日，京职学院超额完成招生计划。该校年度招生计划 560 人，实际招生 607 人，超额完成计划 8.39%，实现连续五年扩招。

（彭明建）

【科技楼投入使用】 8 月 20 日，京职学院科技楼投入使用。该科技楼建筑面积 4182 平方米，共 4 层，拥有报告厅 1 个、计算机室 4 个、多媒体教室 4 个、制图室及语音教室 5 个。科技楼于 2002 年开工建设，总投资 1400 万元。

（彭明建）

【举办军民中秋文艺联欢】 9 月 11 日，京职学院举办军民中秋文艺联欢。该活动与装备指挥技术学院联合举办，以师生自编、自导节目为主，采用歌舞、器乐、戏剧和小品等艺术形式，演出节目 23 个。两校师生 1700 人参加联欢活动。

（彭明建）

【评选青年教师优秀课程】 9 至 11 月，京职学院举办青年教师优秀课评选活动。该活动分为各组推荐、集中展示和总结评比三个阶段，要求体现以人为本教育理念，突出学科特点，把个人风格融入教学，并能够合理应用现代教育技术。该校教师 19 人参加比赛，平均年龄 29 岁。

（彭明建）

【实施学期集中考试】 10 月 16 日，京职学院实施学期集中考试制度。该校将各班期中考试安排在报告厅集中进行，要求每名学生必须持身份证、学生证按预定座位参加考试，同排考生相隔 4 座，前后相隔一排。每场监考教师不得少于 5 人，领导巡检不低于 20 分钟。考试持续 3 周时间共计 15 场，该校学生 3000 人次参加考试，共纠正作弊行为 10 人次。

（彭明建）

【举办消防安全培训】 10 月 20 日，京职学院举办消防安全培训。该培训邀请怀柔公安分局消防干警专题讲解消防灭火知识，共分为理论讲解、专业示范、学员模拟和现场演练 4 个阶段。该校师生 1000 人参加学习。

（彭明建）

【举办法制教育专题报告】 12 月 2 日，京职学院举办法制教育专题报告会。会议听取怀柔镇干警法制专题讲座，结合具体案例、青少年心理特点，分析刑事犯罪有关条款。该校师生 800 人参加学习。

（彭明建）

中等职业教育

【概　况】 2003 年，北京市有职业高中 97 所；毕业生 23261，招生 25946 人，在校生 84262 人；教职工 11244 人，专任教师 6634 人。中等专业学校 62 所；毕业生 29248 人，招生 35271 人，在校生 116725 人；教职工 8001 人，专任教师 3775 人。

（许淑英）

【将台路中学改革考试方法】 1 月 16 日，北京市将台路中学改革考试方法。该改革首先在制冷、电工、电子和汽车 4 个专业实行，试题根据实际生产故障、问题，在模拟现场设备上设定，考核学生自己动手检测、排除故障能力，评委根据学生使用工具、操作规范和维修工艺综合评判。该校学生 900 人参加改革。

（刘淑珍）

【电子学校合作项目教学班通过考察】 2 月 27 日，新西兰基督城理工学院（CPIT）考察北京市电子工业学校合作项目。考察团一行 5 人听取电子学校合作项目班教学和学生学习情况汇报，听取合作班在国内国际获奖情况介绍，并召开师生座谈会，现场解答合作班师资配备问题。

（康宝泉）

【仪器仪表学校实施模块化教学】 2 月，北京市仪器仪表工业学校实施模块化教学试点。该教学法推出 4 个模块教学内容，打乱现行教学班，由学生根据自己兴趣、特长和需求自主选择学习内容。模块化教学首先在信息技术课 2002 级 298 名学生中试验。

（曲　锜）

【古城职校召开烹饪专业指导会】 3 月 27 日，北京市古城旅游职业学校召开烹饪专业专家教育教学指导委员会会议。会议审议、通过指导委员会章程，研讨烹饪专业人才培养规格、课程设置和专业发展前景及动态等问题。专业委员会委员 14 人参加会议。

（王秀峥）

【电子学校赴新加坡办学】 5月10日，北京市电子工业学校与新加坡特许科技学院（CITECH）合作办学协议签字。根据协议，双方合作在新加坡开设手机维修工程师培养课程班，采用电子学校教材，由电子学校教师担任教学，培训时间为期8周，修业期满获得特许科技学院和电子学校技能培训证书。

（康宝泉）

【计算机学校实施教学指导方案】 5月27日，北京市计算机工业学校实施教学指导方案。该方案以利于教师教学应用指导、增进师生交流、明确学生学习目的为宗旨，提出各专业课程教学重点、难点和学生应该掌握基本知识与技能，共计7个方面内容。

（左少华）

【宣武一职完成在线答疑任务】 5

月，宣武区第一职业学校完成在线答疑教学任务。该校利用自己物质资源、信息资源和人力资源，通过北京职成教育网络，承担语文、英语高职考前在线答疑教学任务。在线答疑日点击达8000次，最高达到2万次。该校教师30人参加工作。宣武一职是市教委确定的“职成空中课堂”在线答疑基地。

（于和华）

【召开电子商务专业建设研讨会】 7月10日，市教委在北京市洋桥职业学校召开中等职业学校电子商务专业建设专家研讨会。会议听取洋桥职校电子商务专业建设情况汇报，分析、研讨电子商务专业课程设置、电子商务专业学生就业前景。会议认为，应该把“汉语编程”、“数码影像技术”两门课程引入电子商务专业课程体系。来自北大、清华、区教委以及企业领导、学者30人参加会议。

（秦　云）

【怀柔一职机电技术应用专业招生】 7月18日，怀柔区第一职业高中完成机电技术应用专业招生。该专业与北京电子工业学校联合办学，学制4年，主要培养应用机电技术人才。首届招收初中毕业生50人。

（杜书霞）

【商业学校两项基建工程竣工】 8月24日，北京市商业学校教学楼、学生公寓楼（二期）工程竣工。教学楼占地面积1400平方米，建筑面积6250平方米，地上4层，拥有教室36个，专业教室12个。学生公寓楼占地面积1000平方米，建筑面积5500平方米，地上5层，拥有学生宿舍150间，可提供900至1200名学生住宿。两项基建工程于3月同时开工建设，总投资1400万元。

（金瑞明）

【通过英国职教委员会课程审查】

8月26日，北京市计算机工业学校通过英国商业与职业技术教育委员会（BTEC）课程审查。审查由英国职业技术教育委员会邓肯先生（Duncan Poultney）主持，采用听取学校办学情况汇报、审核作业、召开师生座谈会方式，提出教学中存在问题，得出综合评价合格结论。7月17日，计算机学校首批英国职业教育委员会课程班学生39人毕业。

（左少华　艾瑾琪）

【计算机学校实施多元考核】 9月1日，北京市计算机工业学校实施学生多元考核。该考核由学生平时成绩、提问、作业及期末考试成绩多元组成，结合不同学生类型、不同课程侧重、不同年级，按不同百分比计入学期成绩。

（左少华）

【开办航空服务国际班】 9月1日，

北京市昌平职业学校航空服务国际班开学。该国际班与新加坡樟宜国际机场服务有限公司、新加坡华星联合有限公司联合举办，按照新加坡管理方案、服务标准授课，开设客舱服务、机上急救、专业化形象等16门课程，学制三年，其中，两年实施全英语教学。修业期满获得新加坡樟宜国际机场服务有限公司专业资格培训合格证书学历证书。国际班首批招生53人。

（刘文军）

【民族职高与福海职中结成友谊校】

9月12日，北京市民族职业高中与新疆福海县职业中学建立友谊校协议签字。根据协议，双方将在专业设置、师资培训、人员交流等方面开展合作。

（张静静）

【大兴研讨职高语文教学】 9月16日，大兴区教师进修学校召开职业高中语文教学研讨会。会议听取高三年级语文教学工作介绍，分析教学中存在问题，提出改进意见。会议认为，高三语文复习重点应放在现代文阅读、文言文阅读和写作上。同时，加强职高学校互相交流，实现共同进步目标。

（李永奎）

【商业学校首批学生赴英国学习】

9 月 23 日，北京市商业学校首批中职生赴英国学习。首批学生共计 24 人，均来自国际酒店专业，他们将在奇切斯特学院、伯恩茅斯学院完成国际酒店服务与管理专业学习，学制 9 个月，修业期满、成绩合格获得国际酒店服务与管理专业职能资格学历证书。

（冯瑞琴）

【电子学校召开教学计划论证会】 9 月 24 日，北京市电子工业学校召开教学计划专家论证会。会议听取学校 2003 级教学计划编制情况汇报，研讨教学计划有关问题。会议认为，教学计划应该删除陈旧知识，教材应该尽量缩小与新科技差距。该校专业发展指导委员会委员 10 人参加会议。

（康宝泉）

【民族职高接待澳大利亚客人】 9

月 29 日，北京市民族职业高中接待澳大利亚塔姆沃斯市澳克斯雷高级中学友好交流团。该交流团由师生 36 人组成，先后参观校园，观摩专业课教学，参加包饺子、民族传统体育运动会和美育表演。访问期间，两校研讨互派教师、学生事宜。

（张静静）

【洋桥职高实验学分制】 9 月，北京市洋桥职业学校实验学分制。该学制规定，每天正课时间学习必修课，下午开设两节选修课，选修课以考核结果计算学分。该学制规定，学生必须在两年内完成规定学分。该校电子商务专业 236 名学生参加实验。

（秦　云）

【平谷一职实行教学管理改革】 9 月，平谷区第一职业学校实施教学管理改革。该改革由分类管理、分层教学两个部分组成，学校根据学生成绩和个人志向，以年级为单位，划分升学和就业两类教学班，实行分类管理。学校修改教学计划，制订语文、数学、英语学科分层教学课程标准。同时，在升学班增加文化课课时，在就业班增加专业技能课课时。

（李翠敏）

【仪器仪表学校实施学分制】 9 月，北京市仪器仪表工业学校实施学分制实验。该实验按照配套学分制管理办法、各专业教学计划，同时推出 87 门兴趣类、人文类、工具类和专业拓展类选修课程。该校 2003 级 440 名新生参加实验。

（曲　锜）

【平谷二职创办综合高中】 9 月，平谷区第二职业学校创办综合高中。该高中开设英语加强专业、日语加强专业、美术加强专业和高职预备班 4 个专业，共计 12 个教学班，首批招生 538 人。

（王　燕）

【供销学校举办 40 周年校庆】 10

月 17 日，北京市供销学校举办建校 40 周年庆祝活动。该活动以“团结、奋进”为主题，召开庆祝会议，举办师资、基建、专业建设、学校建设成就展览。来自中华全国供销总社、市教委领导，师生、校友共计 300 人参加会议。供销学校 1963 年成立，隶属北京市供销合作总社，建校以来，共培养毕业生 9262 人。

（郝小玉）

【供销学校建成物业实训教室】 10

月 25 日，北京市供销学校建成物业管理专业实训室。该实训室建筑面积 200 平方米，分为教学、实际操作和展示 3 个区域，设立模拟环境、网络环境、监控设备、背景音乐、新增产品及设备 5 个项目，具有物业管理专业学生职业技能各项仿真、模拟功能。实训室 7 月 20 日开始建设，总投资 54 万元。

（宋建军　郑志强）

【经管学校举办 40 周年校庆】 11

月 8 日，北京市经济管理学校举办建校 40 周年庆祝活动。该活动由庆祝大会、建校 40 年成就展览、文艺演出等组成，来自各级领导、校友 1000 人参加活动。经管学校 1963 年成立，隶属于市粮食局，成立以来共培养毕业生 11658 人。

（张福成　李新宇）

【海旅职校调整考核成绩结构】 11 月 12 日，北京市海淀区旅游职业学校召开教育教学研讨会。会议决定，调整学生学期成绩评定结构，将原来 3∶3∶4（学期成绩＝平时成绩 30%＋期中成绩 30%＋期末成绩 40%）改为 5∶2∶3（学期成绩＝平时成绩 50%＋期中成绩 20%＋期末成绩 30%），突出学生平时学习过程。该校 36 名教师参加会议。

（霍冬梅）

【民族职高举办开斋节座谈会】 11 月 26 日，北京市民族职业高中举办开斋节座谈会。会议听取学校建设发展情况介绍，师生们交流对民族职业教育认识，分析问题，提出解决问题的方法途径。该校回、蒙、满、维和朝鲜等民族师生参加会议。

（张静静）

【水电学校举办 50 周年校庆】 11

月，北京水利水电学校举办建校 50 周年校庆系列活动。该活动由举办书画展、出版校庆特刊、召开专题报告会等内容组成。该校师生 2000 人参加校庆活动。水电学校建于 1953 年，隶属市水务局，50 年来，共培养毕业生 1 万余人。

（汪玉龙　陈明昭）

【将台路中学与英国学院联合办学】

12 月 1 日，北京市将台路中学与英国格里姆斯比学院（Grimsby College）联合办学协议签字。根据协议，双方共同开设英国行业协会中方培训中心，将台路中学负责选派学生到英国培训；格里姆斯比学院承担中国留学生 34 周教学、实习任务。协议还规定双方开展教师、教学资料和评估发展 3 方面合作。

（刘淑珍　赵伟刚）

【大兴三职举办作业展示】 12 月 16 日，大兴区第三职业学校举办学生作业展示活动。该活动突出学生"做"和教师"批"两个特点，采用先班级后学科摆放形式，由学校在全部学生作业中挑选、评审，每门课程展示 5 本最优和 5 本最差作业。该校师生 565 人参加展示活动

（李永奎）

【民族职高与丰宁职教中心联合办学】 12 月 19 日，北京市民族职业高中与河北丰宁职业教育中心签订联合办学协议。根据协议，双方联合举办文秘礼仪专业，采取"2＋1"教学模式，丰宁职教中心负责招生和第一、二学年教学工作，民族职高负责第三学年教学和实习工作，学生毕业后获得河北职高、北京职高毕业证书和北京职业技能合格证书。

（张静静）

国家重点中等职业学校

北京市交通学校

【概　况】 2003 年，北京市交通学校开设汽车运用与维修、汽车整形与涂装、汽车商务、现代物流、国际贸易、交通运输管理、出租车运营与管理、计算机应用、市场营销 9 个专业。在校生 5775 人，毕业生 1195 人，招生 1759 人，短期培训 13500 人。教职工 324 人，其中，专任教师 141 人，教辅人员 27 人。专任教师中研究生 6 人，大学本科学历 134 人；高级讲师 26 人，讲师 44 人。占地面积 12.27 万平方米，建筑面积 6.6 万平方米，固定资产 4608 万元，图书馆藏书 10 万册。全年教育经费投入 3835 万元，其中国拨 2512 万元，自筹 1323 万元。

（王绍慧）

【完成聘用合同制改革】 1 月，交通学校完成聘用合同制改革。该校共有教职工 283 人参加竞聘，签订聘用合同 276 人，其中，管理岗位 53 人、教学岗位 138 人。职工办理内退 26 人，离岗待退 2 人，内部待岗 1 人，病退 3 人，安排临时性工作 1 人。

（王绍慧）

【完成防疫医学隔离任务】 4 月 19 至 29 日，交通学校南校区完成"非典"防疫医学隔离任务。19 日，该校南校区一名怀柔籍学生被诊断"疑似非典"病例，学校启动紧急预案，完成校园消毒和所在班级学生 44 人、任课教师 11 人隔离观察。

（王绍慧）

【完成内部分配制度改革】 4 月，交通学校完成内部分配制度改革。该改革按照综合管理、教学管理和后勤服务三大系统，综合管理实行岗薪制，教学系统实行课薪制，后勤服务系统实行量薪制。改革以课薪制为中心，建立校内连动工资分配制度，行政、后勤均以教学为中心。

（王绍慧）

【交管委召开现场办公会】 6 月 24 日，市交通管理委员会在交通学校召开现场办公会。会议确定交通学校现代化标志校建设指导思想、工作方案，决定建设资金筹集及还贷方式，审议并通过一期工程现代化

教育中心楼、综合体育馆楼设计方案。来自市交管委领导、学校教师18人参加会议。

（王绍慧）

【与两国公司合作办学】 9月1日，

交通学校与日本丰田汽车公司、德国巴斯夫公司合作办学意向书签字。根据协议，三方在汽车运用与维修、整形与涂装两个专业开展订单教学，丰田公司、巴斯夫公司分别与交通学校开办“丰田班”和“巴斯夫班”，合作班采用日本、德国公司培训教材，由合作班共同管理。

（王绍慧　贾东清）

【完成公交“一卡通”测试】 12月13至14日，交通学校完成公共交通系统“一卡通”测试。该测试涉及121条公交线路、5000辆公共车载机及城铁13号线。该校师生538人参加测试活动。

（王绍慧）

【完成年度社会培训任务】 至年底，交通学校完成年度社会和职业技能鉴定考核培训任务。参加该校培训共计13500人，其中，汽车尾气治理培训3858人（含师资班100人），押运员培训2020人，营运员培训3900人，汽车驾驶员、汽车修理工初中高级培训及鉴定3600人，汽车修理师资培训122人。

（王绍慧）

北京商贸学校

【概　况】 2003年，北京商贸学校开设会计、金融事务、国际商务等16个专业。在校生5404人，毕业生1088人，招生1450人，完成招生计划的104%。成人党校学历在校生826人，短期培训6366人。教职工209人，其中，专任教师104人，教辅人员23人。专任教师中研究生11人，大学本科学历80人；高级职称25人，中级职称42人，招收新教师19人。占地面积79700平方米，建筑面积60000平方米。固定资产总值5830万元，图书馆藏书15.2万册。全年教育经费投入3370万元，其中，国拨2232万元，自筹1138万元。

（刘庆选）

【组团赴英国考察学习】 1月11至21日，商贸学校组团考察英国职业教育。在英国吉尔福德学院，考察组与学院签订联合举办旅游管理专业高等职业教育协议；在威·根利学院，考察组与学院达成合作开办汽车维修与汽车美容专业意向。同时，考察组看望在两个学院学习的留学生。

（刘庆选）

【召开研究型学习研讨会】 1月24日和4月28日，商贸学校召开两次研究型学习研讨会。会议听取研究型学习重要性和必要性论证，交流认识和初步实验感受，听取基础部语文教研室参加市研究型学习作文活动课成绩汇报，研讨实施方案。该校各系（部）、各教研室领导、学术委员会委员共70人次参加会议。商贸学校2002年开展研究型学习实验，首批参加实验学生1000人。

（刘庆选）

【调整专业课水平测试年限】 3月，商贸学校调整专业课水平测试年限。调整后原高二年级参加基础课水平测试改为高一年级，为专业课教学赢得时间。配合调整，学校采用分层教学、动态调整方法，按照A、B不同等级重新编班，制订不同教学计划、实施不同教学内容、进度和方法，强化基础课程教学。首次2002级高一年级1070名学生参加测试，语文、数学和外语3科及格率均在90%以上。

（刘庆选）

【完成年度岗位聘任】 6月10至25日，商贸学校完成年度岗位聘任。该竞聘坚持公开、公平、公正原则，允许校内合理流动，按照各部门岗位职责和修订的考核标准、考核办法，共设置三系一部、10个部门工作岗位178个。该校教师155人参加竞聘，聘任152人，落聘3人。

（刘庆选）

【信息旅游系英语兴趣班结束】 6月29日，商贸学校信息旅游系英语课外兴趣班结束。该兴趣班历经招生考试、理论学习、实践翻译、网上指导和总结5个阶段，重点讲授翻译基本方法和步骤。该班2月开学，信息旅游系学生1200人参加学习。

（刘庆选）

【完成教学副校长竞聘】 7月10

日，商贸学校完成教学副校长竞聘。竞聘历时80天，经过个人申请、资格审查、民主推荐、组织考察、校党委研究、集团党委批准和公示7项程序。该校中层干部3人参加竞聘，其中1人竞聘上岗，聘期3年。

（刘庆选　赵殿军）

【召开食堂社会化招标会】 8月21日，商贸学校召开食堂社会化公开招标会。会议由学校办公室、学生科、后勤部7人评议小组主持，采用公开招标、竞标答辩、评议组讨论决定等程序，推出一、二层餐厅，两处大排档和小卖部共5个承包部门。15家单位参加竞标，5家单位中标。

（刘庆选）

【学生女子公寓投入使用】 8月30

日，商贸学校学生女子公寓投入使用。该公寓占地面积753.6平方米，建筑面积4522平方米，共5层，共有学生宿舍149间，可容纳住宿学生1380人，首批入住学生1050人。公寓2002年10月开工，总投资650万元。

（刘庆选）

【图书信息中心投入使用】 9月4日，商贸学校新图书信息中心投入使用。该中心占地面积770.45平方米，总建筑面积3000平方米，共6层，设有电子阅览室、专业阅览室、期刊阅览室、图书外借室、多功能教师备课室和学生自习室等。其中阅览座位1000个。利用这些设备可以举办讲座、培训和办公自动化训练。中心2002年10月开工建设，总投资1082万元。

（刘庆选）

【实验实训楼落成】 9月，商贸学

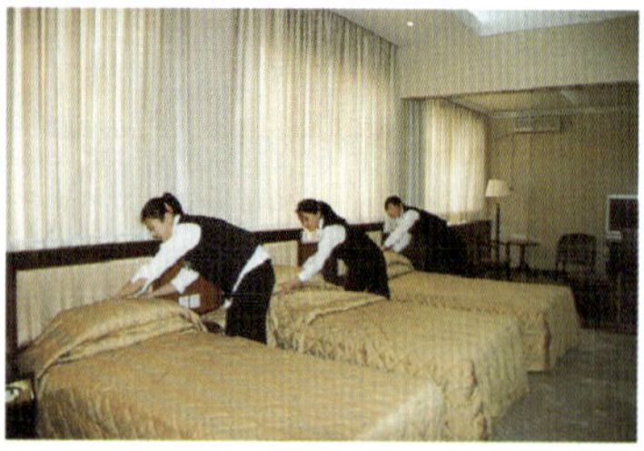

校实验实训楼落成。该实训楼占地面积841.1平方米，建筑面积1652平方米，由电子商务、旅游饭店、金融保险和连锁超市4部分组成，拥有实验实训教室28间。实训楼于2002年3月开工，总投资1088万元。

（刘庆选　赵殿军）

【信息旅游系开办实践课程】 11月17日，商贸学校信息旅游系开办实验课程。该课程将学生分为5人小组，采用动手实践方法，在教师指导下，边工作边发现问题、解决问题，学习复印机、打印机和扫描仪使用、构造和故障排除基础知识。该系商务英语专业每次选派15名学生参加学习。

（刘庆选）

【商学系举办营销系列讲座】 11月19日，商贸学校商学系举办营销系列讲座。该讲座分为商务礼仪、公共关系和营销组合等共11个专题，每周举办一次。该系学生1100人次参加学习。

（刘庆选）

【参加英语口语考试】 11月，商贸学校举办英语口语第二期考试。该校设立18个考场，共有2001、2002级在校学生2148人报名参加考试，实考2048人，其中，1556人合格，合格率为76%。

（刘庆选）

北京市建筑材料工业学校

【概　况】 2003年，北京市建筑材料工业学校开设硅酸盐工艺及工业控制、数控技术应用、电气运行与控制、建筑与工程材料、机电设备安装与维修、机械加工技术、机电技术应用、焊接、环境治理技术、工业与民用建筑、建筑装饰、电气设备安装、电子商务、商务外语、美术设计、计算机及应用、计算机软件、市场营销、物流管理、文秘等21个专业。在校生5157人（其中成人中专170人、大专和本科生167人、技工306人），毕业1350人（其中技工330人），招生1645人，短期培训4366人。教职工336人，其中专任教师162人，教辅人员42人。专任教师中研究生5人，在读研究生42人，本科以上学历占教师总数99%；高级职称56人，中级职称85人。占地面积116673平方米，建筑面积64000平方米，固定资产5048万元，图书馆藏书15.7万册。全年教育经费投入4205.8万元，其中，国拨3071.9万元，自筹1133.9万元。

（王新法）

【校区装修工程竣工】 6至8月，建材学校完成校区装修改造工程。该工程规划、布局继承建校以来文化传统，富有时代感，装修范围包括全部8个建筑，涉及标牌、墙壁、道路、绿化等方面，总投资300万元。

（王新法）

【新教学楼落成】 9月8日，建材

学校新教学楼落成。该教学楼占地面积960平方米，建筑面积6465平方米，采用框架结构，地下一层为体育活动室，地上五层为标准教室，六层为报告厅，室内设有闭路电视、多媒体、网络等现代化教学设施。教学楼2002年8月开工建设，总投资800万元。

（王新法　张　涛）

【举办水泥生产操作员培训班】 10月8日，建材学校举办水泥生产中央控制室操作员培训班。该培训班采用专题讲座形式，讲授水泥生产工艺、控制、调节等专题，学制3个月。来自辽宁铁岭水泥有限公司30名学员参加学习，全部获上岗证书。

（王新法）

【数控技术实训基地落成】 11月19日，建材学校数控技术实训基地落成。该基地占地面积1200平方米，建筑面积1200平方米，拥有数控加工中心、数控车和数控铣设备。基地1998年12月开工建设，总投资500万元。

（王新法）

【审议3个学科建设】 12月，建材学校召开专业指导委员会年会。会议审议材料类、机械类和电子信息类3个专业建设方案，研讨相关问题，提出专业建设意见。来自25个单位教育学者28人参加会议。

（王新法）

中央音乐学院附属中等音乐学校

【概　况】 2003年，中央音乐学院附属中等音乐学校开设键盘、理论作曲（指挥）、管弦、民乐、声乐5个专业。拥有少年交响乐团、少年管乐团、少年民族乐团、少年室内乐团、少年合唱团共5个文艺团体。在校生719人，毕业生68人，招生153人。教职工122人，其中专任教师88人，教辅人员34人。专任教师中博士生1人，研究生17人，大学本科以上学历57人；教授4人，副教授27人，讲师32人。占地面积1.4万平方米，建筑面积2.9万平方米，固定资产总值2.4亿元。其中不动产2.01亿元，设备家俱3000万元。全年教育经费投入1540万元，其中，国拨教育经费740万元，自筹800万元。

（刘美琴）

【举办班主任工作讲座】 1月2日，音乐学院附中学生科举办班主任工作专题讲座。该讲座听取班主任杂志社主编题为《怎样做好班主任工作、怎样写学生评语、对班主任的自身要求》专题报告，并以座谈形式交流工作体会。该校全体班主任12人参加学习。

（刘美琴）

【图书馆集成系统开通】 3月，音乐学院附中图书馆开通清大新洋图书馆集成系统。该系统凭借校园网络运行，具有采访、编目和流通等功能，可以实现远程查询服务。至年底，已有4000册书刊和300名读者纳入系统管理。

（刘美琴）

【圆号大师班开学】 4月，音乐学院附中圆号大师班开学。该大师班由韩小明执教，采取“集中授课”、个别课与重奏课相结合教学方式，学制6年，修业期满获得附中学历证书。首次招收3人。韩小明，旅欧华人圆号演奏家、瑞士巴塞尔及德国萨尔布吕肯音乐学院终身教授。

（刘美琴）

【参加加拿大音乐桥夏令营】 7月5日，音乐学院附中9名学生赴加拿大参加第8届音乐桥大师班夏令营。该夏令营每年举办一次，每次25天。来自世界数十个国家艺术院校学生参加活动。1997年音乐学院附中首次参加活动。

（刘美琴）

【音乐电铃通过验收】 7月31日，音乐学院附中音乐电铃通过验收。该电铃分为学生公寓、教学区两部分，采用计算机控制，具有校园分区控制、区域定向播放功能，实现学生公寓起床、晚间熄灯和教学区上下课分区音乐播放。

（刘美琴）

【室内乐团出访韩国】 9月18至

23日，音乐学院附中中国少年室内乐团参加第一届韩中青少年交流音乐会。该乐团由学生40人组成，在韩国国立艺术综合大学音乐学校，中韩师生举办3场交流演出。

（刘美琴）

【实验基础课与专业课结合教学】

10月30日，音乐学院附中开展基础课与专业课相结合教学实验。该校在初三年级语文教学中，采用举办占诗词配乐演唱会形式，由学生自己为古典诗词谱曲演唱。该校初三年级作曲专业学生参加实验。

（刘美琴）

【网络数字图书馆开通】 10月，音乐学院附中网络数字图书馆开通。该图书馆利用校园网，采用“书生之家”专题库，拥有19类50000册电子图书，可实现多种检索功能。初期数字图书建设投资10万元。

（刘美琴）

【电子阅览室落成】 11月13日，

音乐学院附中电子阅览室落成。该阅览室配备计算机42台，音像视听设备8套，可容纳50名学生查阅网络和多媒体资料。阅览室于7月开始建设，总投资62万元。

（刘美琴）

【举办校园辩论赛】 11月18日，音乐学院附中举办“CCOM杯”首届学生辩论赛。该比赛以班级为单位，分为初中、高中两个组别，设立贫穷是一种灾难，还是一种财富；逆境是否有利于人的成长；人是轰轰烈烈过一生，还是平平淡淡才是真3个辩题。来自12个班级12支代表队48名选手参加比赛。

（刘美琴）

北京舞蹈学院附属中等舞蹈学校

【概　况】 2003年，北京舞蹈学院附属中等舞蹈学校开设芭蕾舞专业、中国舞专业、歌舞专业、国际标准舞专业、舞台美术专业5个专业。在校生925人，毕业生67人，招生170人。短期培训678人。教职工

144人，其中专任教师136人，教辅人员8人。专任教师中在读研究生16人，高级讲师27人，讲师55人。学校占地面积57333平方米，建筑面积60073平方米，固定资产总值457万元，图书馆藏书10万册。全年教育经费投入1734万元，其中，国拨847万元，自筹887万元。

（李雪梅）

【完成首次中层干部考核】 1月10日，舞院附中完成首次中层干部年终工作考核。该考核面向竞聘上岗一年中层干部，采用书面总结、个人述职、群众打分和领导评议方法，全面评价教学及管理工作。来自7个部门14名中层干部参加考核，全部合格。

（李雪梅）

【举办教师计算机培训班】 4月，舞院附中举办教师计算机培训班。该培训班采用讲座形式，讲授计算机知识、网络应用等专题。首期共有40名教职工参加学习。

（李雪梅）

【颁布班主任奖励条例】 9月，舞院附中颁布班主任奖励条例。该条例设立班主任出勤、组织活动、工作总结、检查公寓、科主任评议和班级综合评比6项指标，以评比与评议相结合方式，给每个班主任量化评分，获得90分以上即获得评选优秀班主任资格。条例规定每年奖励名额不超过30%。

（李雪梅）

北京市什刹海体育运动学校

【概　况】 2003年，北京市什刹海体育运动学校开设运动训练、体育管理2个专业。在校生361人，毕业生83人，招生97人。短期培训2859人。教职工197人，其中专职教师56人，教辅人员8人。专任教师中研究生4人，大学本科学历30人；高级讲师25人，讲师31人。占地面积35372.12平方米，建筑面积42468.33平方米，固定资产3475万元，图书馆藏书6万余册。全年教育经费投入1910万元，其中国拨1773万元，自筹137万元。

（李　媛）

【接待国际拳击协会主席】 9月18日，什刹海体校接待国际拳击协会主席乔·杜里(Anwar Chowdhry)。杜里先生听取学校情况介绍，参观校园和运动场馆，并与教练员、运动员交谈。

（李　媛）

【举办国际跆拳道裁判员学习班】

10月31日至11月2日，什刹海体校举办第45届世界跆拳道裁判员学习班。该培训班采用专题讲座形式，讲授比赛规则并进行实战训练。来自19个国家171名裁判员参加学习。

（李　媛）

【接待国际羽协主席】 11月27日，什刹海体校接待国际羽毛球协会主席昆。在听取学校情况汇报后，昆参观校园和运动场馆，并与正在训练的北京羽毛球队运动员交谈。

（李　媛）

北京市化工学校

【概　况】 2003年，北京市化工学校开设化工及材料、高分子加工工艺、机电技术及应用、工业分析与检测、工业仪表及自动化、计算机及应用、生物化工、文秘与档案、市场营销等10个专业。在校生4351人，毕业生919人，招生1590人。教职工240人，其中专任教师108人，教辅人员26人；专任教师中，研究生5人，大学本科104人；高级讲师29人，讲师46人。占地面积30625平方米，建筑面积33000平方米，固定资产3678万元，新建成实验室3个，总投资100万元。图书馆藏书21.65万册，包括电子图书10.1万册。全年教育经费投入2644万元，其中国拨1714万元，自筹930万元。

（史官章）

【完善学分制实施方案】 9月，化工学校执行新的学分制实施方案。该方案完善学分制施行总体方案，增加配套4个主体文件及其附件。同时，制订《学生操行评定标准》，增设学生行为管理32个学分。2001年9月，化工学校首次在新生中试行学分制。

（史官章）

【举办青年教师教学比赛】 9月，化工学校举办青年教师教学基本功比赛。该比赛按照课堂教学程序、对讲课的基本要求、衡量上好一堂课的一般标准等文件，设立教案评比、说课和课堂教学3个项目，采用量化评分方法。比赛历时半年，共有26名青年教师参加比赛。

（史官章）

【合作开展定岗实习】 10月15日，化工学校与北京中新联科技股份有限责任公司签订学生定岗实习协议。根据协议，化工学校选派机电科两个专业四年级学生，到中新联定岗实习，毕业后由中新联择优安置就业。首期共有63名学生参加定岗实习。

（史官章）

北京二轻工业学校

【概　况】 2003年，北京二轻工业学校开设模具设计与制造专业、楼宇智能化专业、机电技术应用专业、数控技术应用专业、计算机网络技术专业、计算机与应用专业、服装设计与工艺专业、装潢设计、造型设计、室内设计、美术设计、电脑实用及美术专业、国际商务专业、电子商务专业、商务秘书、商务外语16个专业。在校生4457人，毕业生1446人，招生1359人。教职工219人，其中专任教师95人，教辅人员19人，专任教师中研究生学历5人，大学本科学历90人；高级讲师30人，中级讲师42人。学校占地面积59902平方米，建筑面积36936平方米。固定资产总值3752.40万元，图书馆藏书10万册。全年教育经费投入3233.07万元，其中，国拨2303.07万元，自筹930万元。

（杨香荣）

【召开“职成空中课堂”总结会】

6月6日，二轻学校召开“职成空中课堂”在线总结会。会议高度评价二轻学校空中课堂在线答疑工作，认为用实际行动证实二轻学校有一支过硬的教师队伍。来自市教委、教科院和学校领导8人参加会议。5月14日至6月4日，二轻学校承担市教委“职成空中课堂”数学、英语在线答疑任务。

（杨香荣）

【举办教师实际操作训练】 6月6至20日，二轻学校机电专业科完成教师机加工与数控机床实际操作训练。该训练开设车床、磨床、铣床，加工机械零件，线切割加工和电火花加工，数控编程软件等专题。该校教师16人参加学习。

（杨香荣）

【选派骨干教师出国培训】 7月17日和23日，二轻学校选派骨干教师分赴新西兰、英国出国培训。两批培训教师共计14人，其中，赴新西兰4人，赴英国10人，学习课程分别为现代教学教法和现代教育管理，学习时间分别为6周和2周。14人全部获得合格证书。

（杨香荣）

【首批学分制学生提前毕业】 9月

1日，二轻学校首批学分制学生提前毕业。首批学生共计5人，他们在3年内修满规定学分，提前1年毕业。2001年，二轻学校实施学分制教学改革。

（杨香荣）

【第三期中新合作教学班开学】 9

月25日，二轻学校与新西兰基督城理工学院联合开设第三期“双语”教学班开学。该教学班开设信息与通信专业，按照基督城理工学院(CPIT)教材和教学管理模式，由外籍教师执教，采用“双语”教学方式，学制三年，修业期满获得二轻学校中专毕业证书及新西兰基督城理工学院DICT毕业证书。共有23名学生参加第三期教学班学习。

（杨香荣）

【专业建设指导委员会召开会议】 9月，二轻学校四个专业专业建设指导委员会分别召开会议。会议研讨各专业发展现状、专业设置和课程内容等问题。会议认为，学校应该修改教育计划，形成主干专业建设为重点，贯通其他短、快、新专业，形成学历与培训互补，多元结合，滚动发展的专业建设新格局。4个专业建设委员会委员27人分别参加会议。

（杨香荣）

【完成课堂教学督导】 10月20日至12月3日，二轻学校完成课堂教学督导。该督导由校外专家组主持，采用听课、评议、反馈和汇报方式，设立教学规范、教学设计、教学内容、教材选定、教学方法、教学手段、语言表达和板书8项指标。该校教师91人接受督导。

（杨香荣）

【举办教职工英语培训班】 10月，二轻学校举办教职工英语提高培训班。该培训班聘请外籍教师执教，以《人人说英语》中级课本为教材，主要开展口语和听力训练。培训班每周授课4学时，共计10周，60名教师参加学习。

（杨香荣）

【举办法制宣传周活动】 12月，二轻学校举办法制宣传周活动。该活动由播放《为了母亲的微笑》法制教育片，召开主题班会，举办《珍惜自己清白的历史，走好人生每一步》法制专题报告，学习《学生手册》和法律知识竞赛等内容组成。该校师生1750人参加教育活动。

（杨香荣）

北京八一农业机械化学校

【概　况】 2003年，北京市八一农业机械化学校开设农业机械化、农业现代设施、农副产品加工、汽运工程、机械制造与控制、数控技术应用、机电设备安装与维修、汽车运用与维修、会计、文秘、计算机应用(信息管理)、计算机网络技术、电子商务、物流管理14个专业。在校生2246人，毕业生513人，招生769人。短期培训2009人，取得职业证书1600人次。教职工138人，其中专任教师65人，教辅人员16人。大学本科学历59人，高级讲师18人，讲师46人。其中，市级骨干教师3人，校级骨干教师24人。学校占地面积47999.52平方米，建筑面积39959平方米，固定资产总值3023万元，图书馆藏书14.67万册。全年教育经费投入1729万元，其中，国拨1189万元，自筹540万元。

（刘国宏）

【实施计算机专业课程体系改革】 2月，八一农机校实施计算机专业课程体系改革。该改革按照“宽基础、活模块”指导思想，制订相应课程标准、实施分层教学和学分制。低年级学生强调学习文化必修课，不分专业；高年级根据市场需求、学习状况和个人志向选择专业。同时，在每学期设置任选课和限选课，拓宽学生知识面。该校计算机专业2001、2002级学生347人参加改革。

（刘国宏）

【举办计算机网络知识培训】 6月6日，八一农机校举办教师计算机网络知识培训班。该培训班采用讲座与实际操作结合形式，讲授国际互联网(Internet)信息搜索和保存、电子邮件软件Outlook Express 5.0使用、国际互联网免费邮箱申请、校园实时信息服务——腾讯QQ使用教程等专题。该校教师50人参加学习。

（刘国宏）

【开展中专大专连读实验】 8月17日，八一农机校与计划劳动干部学院联合开展中专大专连读实验。该实验由八一农机校选派毕业生到计划劳动干部管理学院，参加英语、数学和语文3门基础课考前辅导学习，入学考试成绩合格，成为计划劳动干部管理学院正式学生，直接进入3年大专学习。八一农机校首批毕业生37人参加连读实验。

（刘国宏）

【招生就业办公室成立】 10月，八一农机校招生就业办公室成立。该办公室承担毕业生就业宣传、教育和推荐，协调各科室开展就业工作，宣传国家就业政策，引导毕业生参与就业竞争等工作。办公室共有工作人员3人。

（刘国宏）

【举办宏志精神报告会】 12月6日，八一农机校举办宏志精神报告会。会议听取广渠门中学师生专题报告，介绍宏志班学生“刻苦求学、自强不息、奉献社会、争做有志青年”事迹和“特别有礼貌、特别守纪律、特别能吃苦、特别能忍耐、特别有志气、特别有作为”宏志班精神。该校师生156人参加学习。

（刘国宏）

【开展听评课教学督导活动】 12

月8至12日，八一农机校开展听评课教学督导活动。该活动聘请校外职教专家主持，采用听课、评课和反馈意见方式，督导教师课堂教学理念、授课方式、教学活动组织和专业知识等方面情况。该校机电教研室、文秘企管教研室和基础教研室33名教师接受督导。

（刘国宏　卜小东）

【举办学校学生合法权益讲座】 12

月19日，八一农机校举办维护学校、学生合法权益法规讲座。该讲座听取市教委法规处专题报告，按照《北京市中小学人身伤害事故预防与处理条例》精神，结合不同性质、不同情形案例以及后果，讲解伤害事故预防、处理和承担与赔偿法律责任。该校师生131人参加学习。

（刘国宏　卜小东）

北京市东城区职业教育中心学校

【概　况】 2003年，北京市东城区职业教育中心学校开设金融事务(银行)、国际商务、文秘、旅游服务与管理（中文导游)、幼儿教育、园林、电子商务、美容美发、饭店服务与管理、休闲体育服务与管理、服装设计与模特、商务英语、烹饪13个专业。在校生2520人，毕业生585人，招生563人，短期培训1652人，教职工427人，其中专任教师231人，教辅人员31人。专任教师中，大学本科以上学历191人，研究生课程班结业74人；高级教师68人，中级教师108人。占地面积55315平方米，建筑面积57714平方米，固定资产1527.97万元，图书馆藏书26万册，其中电子图书19万册。全年教育经费投入3429万元，其中，国拨2311万元，自筹1118万元。

（刘春玲）

【召开教育教学研讨会】 1月20日和7月30日，东城职教中心校分别召开寒、暑假教育教学研讨会。会议先后听取25名教师“新时期如何做好教育教学工作”主题发言，具体介绍自己教学经验和成长经历，分析教育教学问题。该校教师80人参加会议。

（刘春玲）

【完成高考考务工作】 6月7至8日，东城职教中心完成全国统一高考考务工作。该校共安排23个考场，33名教师参加工作。此前，该校成立高考工作领导小组，举办考务人员培训班，完成模拟突发事件处置演练和考场消毒。

（刘春玲）

【225名学生参加技术等级考试】 6至12月，东城职教中心225名学生参加技术等级证书考试。其中，70

人参加导游证考试，28 人参加秘书中级证书考试；67 人参加花卉初级工考试；60 人参加餐厅服务员初级证书考试。

（刘春玲）

【举办学校田径运动会】 10 月 24 日，东城职教中心学校举办田径运动会。该运动会设立跳高、跳远和长跑等共计 10 个比赛项目，该校师生 480 人参加比赛，其中，2 人次打破 2 项校运动会纪录。该校田径运动会每年举办一次。

（刘春玲）

【举办专业技能比赛】 10 至 12 月，东城职教中心学校举办专业技能比赛。该比赛分为初赛、复赛两个阶段，设立英语口语、点钞和艺术插花等 36 个项目。该校 11 个专业 1500 名学生参加比赛，其中，398 人次获奖。

（刘春玲）

【举办中日插花艺术表演】 11 月 6 日，东城职教中心举办中日插花艺术交流表演。该活动听取日本池坊流插花大师竹内林书教授插花艺术讲座，中日学生代表先后表演插花技艺。该校师生 273 人参加学习。

（刘春玲）

【评选青年教师优秀课程】 11 月 24 日，东城职教中心举办青年教师优秀课程评选活动。该评选要求全校教师参加。全校教师共计听课 720 人次，其中评委听课 330 节。57 名青年教师参加评选，33 人获奖。

（刘春玲）

【召开跨校交流研讨会】 11 月 25 日，东城职教中心学校召开跨校教学交流研讨会。会议听取朝阳区团结湖二中教师申办金融事务(银行)中职骨干特色专业情况说明，交流金融事务专业教学和学科建设经验。两校教师 20 余人参加研讨会。

（刘春玲）

【开展法制教育宣传活动】 11 月，东城职教中心学校举办法制教育宣传月活动。该活动听取市第二监狱综合治理办公室、东城公安分局内

保处干警和法制副校长专题报告，采用校会、班会和座谈形式，普及法律知识，并举办“托起明天的太阳”法制教育宣传。该校师生 1000 人参加教育活动。

（刘春玲）

【举办毕业教育专题报告】 12 月 17 日，东城职教中心举办毕业教育专题报告会。会议听取饭店服务与管理专业毕业生专题汇报，结合参加工作事例，系统介绍几年来工作实践中经验和体会。该校毕业生 585 人参加学习。

（刘春玲）

【举办毕业生“双选”会】 12 月 19 日，东城职教中心举办应届毕业生就业双向选择招聘洽谈会。来自饭店、幼儿园、公司（旅行社）等 81 家用人单位，该校 8 个专业 413 名学生参加，85%以上的学生签订就业意向书。

（刘春玲）

【幼儿教育专业实验公开化考核】 12 月 19 日，东城职教中心实验公开化考核。该实验采用公开表演方式，针对专业设立项目。该校幼儿教育声乐专业 40 名毕业生参加钢琴、演唱和舞蹈等 5 个项目表演。

（刘春玲）

北京市外事服务职业高中

【概　况】 2003 年，北京市外事服务职业高中开设饭店服务与管理、旅游服务与管理、烹饪、国际商务、公关礼仪、涉外企业管理、商务英语、电子商务、金融事务 9 个专业。有教学班 81 个，在校生 2881 人，毕业生 591 人，招生 472 人。有教职工 332 人，专任教师 162 人，专业教师 27 人。其中高级职称 64 人，中级职称 128 人，大学本科学历 176 人。有多媒体演示教室 40 个，多媒体计算机房 12 个，多媒体教室 6 个。此外，学校还有专业模拟教室、电子备课室、形体教室及 1 个演播室。图书馆藏书 14.3 万册。学校分三址办学，占地面积共 25076 平方米，其中南址 8998 平方米、中心址 4583 平方米、北址 11495 平方米；建筑面积 28719 平方米，其中南址 5829 平方米、中心址 4300 平方米、北址 18590 平方米。另建实习饭店 1 座，占地面积 3700 平方米；北京市饭店服务与管理专业重点实验实训基地 1 座，占地面积 7000 平方米。固定资产总值 2579 万元，全年教育经费投入 4094 万元，其中，国拨 2592 万元，自筹 1502 万元。

（严　虹）

【组团赴瑞士考察学习】 4 月 8 至

15 日，外事职高组团赴瑞士考察学习。在瑞士洛桑酒店管理学院，该校“课程体系改革课题组”教师 10 人考察学院办学模式、培训方式和现代化教育手段，并参加专业技术学习。这是该校首次独立组团赴国外考察。

（严　虹）

【完成首次高考考务任务】 6 月 7 至 8 日，外事职高完成首次全国统一考试考务任务。该校考点共设立 20 个考场，接待 400 名学生参加考试，教师 80 人参加考务工作。该校组建高考领导小组，完成试卷保密、分发，以及考场消毒、车辆疏导、体

温检测等工作。

（严　虹）

【完成文化基础课水平考试】　9月24至25日，外事职高举办文化基础课水平考试。该考试设立语文、英语和数学共3门课程，分为中心址、南址和北址3个考点，共计26个考场。该校学生769人参加语文考试，770人参加数学和英语考试。三科优秀人数分别为37、217和271人，合格人数分别为711、429和448人，不合格人数分别为12人、124人、51人。

（严　虹）

【参加景观歌剧演出】　9月27至28日，外事职高学生参加超大型景观歌剧《阿依达》演出。歌剧在北京工人体育场上演，该校学生215人分别承担男、女祭祀，小号手，宫女，侍女，战死士兵和神等11个角色演出任务。

（严　虹）

【举办机场安检培训班】　10月29日，外事职高首都机场安检培训班开学。该培训班开设理论课、验证课和手检等6门课程，按照校园规范、行为规范，实行准军事化管理，学制4周。来自外事职高、电子电器职高、机场子弟学校和实用美术4所学校100名学生参加学习。

（严　虹）

【举办第二专业培训班】　至12月，外事职高培训中心完成第二专业培训任务。该中心举办英语口语、调酒和中国烹饪等专业培训班10个，该校学生600人参加学习，其中，570人获得结业证书，取证率95%。

（严　虹）

北京市实用美术职业学校

【概　况】　2003年，北京市实用美术职业学校开设美容美发与形象设计、美术绘画、影视表演等22个专业。在校生2230人，毕业生656人，招生650人，教学班96个。教职工421人，其中专任教师241人，高级职称55人、中级职称99人。占地面积24819平方米，建筑面积36848平方米，固定资产总值1393.63万元，图书馆藏书112899册。全年教育经费投入3388万元，其中，国拨2412万元，自筹976万元。

（王秋生）

【举办新教师拜师会】　3月25日和12月2日，美术学校西址和本址分别召开青年教师拜师会。会议听取青年教师代表在老教师帮助、关爱下，迅速成长经历，听取老教师代表勉励青年教师奋发向上发言，会议号召老中青教师通力合作，力争成为名师，创品牌学校。该校新老教师150人参加会议。

（王秋生）

【召开第五届德育研讨会】　8月21至22日，美术学校召开第五届德育研讨会。会议听取题为《以贯彻〈中学生守则〉和〈中学生日常行为规范〉为契机，狠抓养成教育，促进校风转变》工作报告，通过《班主任工作管理条例》、《对违反校规校纪学生的处理规定》和《文明纪律评比制度》修订方案。会议要求克服畏难情绪和无所作为观点，“以爱国主义教育为主线、以养成教育为基础、以法制教育为重点”推动德育工作。会议强调，养成教育是德育工作高层次要求，矫正学生不良行为习惯，要做到“理要讲明，情要到位”，养成教育要站在学生立场，围绕“对自己负责”，培养对集体、社会、国家负责的人。该校教师120人参加会议。

（王秋生）

【开展“爱生周”活动】　9月，美术学校开展“爱生周”活动。该活动由为品学兼优贫困生捐款、免费办学生证、义务购买学习用书、提供家教信息和为高三学生解答高考问题等组成，同时，开展“爱我学校”等活动。该校教师100人参加活动。

（王秋生）

【举办圣诞联谊活动】　12月24日，美术学校举办圣诞联谊活动。该活动要求使用英语和日语，先后表演歌曲、舞蹈和器乐等节目，听取外籍教师讲述“圣诞节的故事”。该校师生920人参加联欢活动。

（王秋生）

北京现代职业学校

【概　况】　2003年，北京现代职业学校开设统计、金融、计算机管理、电子商务、国际商贸、生物技术等11个专业，其中，统计专业为骨干特色专业，共有73个教学班，在校生2651人，招生721人，毕业883人。短期培训3010人次。教职工246人（包括区职业教育技术中心），其中专任教师154人，教辅人员49人。教师中本科以上学历146人，其中，研究生课程班32人，高级教师51人，一级教师65人。占地面积36459平方米，建筑面积27786平方米，固定资产总值2489.7万元，图书馆藏书7.6万册。全年教育经费投入2057.8万元，其中国拨1402万元，自筹655.8万元。网址：www.bjmvs.edu.cn。

（翟立军）

【完成校园网升级改造】　8月，现代职业学校完成校园网升级改造。改造后，校园网主干为光纤千兆网，百兆到桌面，所有计算机均与校园网相连，可浏览国际互联网（Internet）。改造工程于7月开工建设，总投资460万元。

（翟立军）

【与西部地区联合办学】　9月，现代职业学校与湖南湘西自治州联合开办饭店管理服务专业班。该教学班与吉首市职业学校联合举办，开设文化课、专业课和实训实操共22门课程，采取“1+2”形式，学生在当地学习一年，后两年在现代职业学校完成学业，学业期满，获得北京市中等职业学校毕业证书。教学班首期招收湖南学生93人。

（翟立军）

【召开专业建设研讨会】 10月16日和23日，现代职业学校召开两次专业建设研讨会。会议分析学校专业建设与社会适应程度、各个专业课程设置问题。研讨如何适应社会需求、如何加强和提高学生专业技能、新专业开设、老专业改造等。会议决定开发适合与外地相关学校联合开办专业，把金融事务、电子商务两个老专业建设成为骨干特色专业，以及进一步提高学生专业技能等工作任务。该校教师22人参加会议。

（翟立军）

【举办专业课公开课评比】 10月，现代职业学校举办专业课公开课评比。该评比采用教师自愿报名和教研组推荐相结合方式，项目为研究型学习教学方法。共有30名专业教师参加评比。

（翟立军）

【举办篮排球联赛】 11月11日至12月11日，现代职业学校举办篮排球联赛。该比赛以教学班为单位，利用中午、下午业余时间，设立篮球和软式排球两个项目，采用循环计分制。来自33个教学班42支代表队500名学生分别参加两项比赛。

（翟立军）

【召开师德建设经验交流会】 11月25日，现代职业学校召开师德建设经验交流会。会议听取5名教师发言，讨论在教学实践中如何提高师德素质问题，介绍在落实教师职业道德工作中体会。该校教师200人参加学习。

（翟立军）

【举办联合消防演练】 11月25日，现代职业学校举办联合消防安全演练。该演练邀请消防监督处、天坛派出所干警担任指导，设立警报、紧急疏散、灭火、抢救伤员等项目。该校师生及校内市统计局教育中心、附近宏源南门涮肉城职工300人参加演练。

（翟立军）

北京市宣武区第一职业学校

【概　况】 2003年，北京市宣武区第一职业学校开设金融事务、会计、文秘、计算机应用、计算机网络技术、国际商务、商务英语、旅游服务与管理、饭店服务与管理等18个专业。在校生2230人，毕业生538人，招生559人，短期培训5000余人。教职工284人，其中，专任教师134人，研究生及课程班学历22人，大学本科以上学历124人；高级教师39人，占教师总数21%。固定资产总值1700万元，图书馆藏书17万册。占地面积35315平方米，建筑面积35900平方米。全年教育经费投入2359万元，其中国拨1890万元，自筹469万元。

（于和华）

【参加春节庙会演出活动】 2月1至6日，宣武一职学生参加大观园春节庙会演出活动。该校教师和学生共计80人参加“元妃省亲”表演。分别扮演各种角色，再现省亲壮观场面。

（于和华）

【开设两个新专业】 4月，宣武一职开设两个新专业。两个专业分别是计算机应用和计算机网络技术专业。其中，计算机应用专业开设计算机信息安全、常用工具软件、多媒体技术应用共计16门课程；计算机网络技术专业开设计算机安全与维护、局域网建设共计16门课程，学制均为3年，修业期满获得中专学历。首批招收新生70人，其中，计算机应用专业35人、计算机网络技术专业35人。

（于和华）

【举办营业员培训班】 7至8月，宣武一职举办中级营业员培训班。该培训班采用面授教学方式，开设商业法规、商品知识和商业企业经营管理等77门课程。来自西单购物中心300名职工参加学习。

（于和华）

【召开教育教学工作会】 8月15至16日，宣武一职召开教育教学工作会。会议听取教育部干部关于职教面临形势与现代教育理念专题报告，分析学校教育教学发展方向，提出必须抓好教科研，有质量才能生存，有品牌才有发展。会议提出团结协作，更新教育观念，做好教科研各方面工作的奋斗目标。该校教研组长、学科带头人、年级组长58人参加会议。

（于和华）

【举办商业服务英语培训班】 9至11月，宣武一职举办商业服务英语培训班。该培训班分为初级、中级两个教学班，分别以北京市商业服务业英语培训初级和中级为教材，采用模拟教学方式。来自菜市口百货股份有限公司199名在职职工参加学习。

（于和华）

【召开课程体系改革现场会】 12月24日，宣武一职召开课程体系改革工作现场会。会议听取学校开展课程整体改革3年情况汇报和经验介绍，参观校园和学生素质和职业能力展示。2001年，宣武一职参加课程体系改革实验，探索适应教育发展的办学体制、开发教材、探索多种教学模式。其中，“案例引导——发现法”、“情景教学法”和“行规为准，讲练结合法”推动学校信息建设发展。

（于和华）

北京市宣武区第二职业学校

【概　况】 2003年，北京市宣武区第二职业学校开设计算机应用、计算机网络、技术编辑、旅游服务、文秘、出版发行、印刷技术、金融、电气技术、物业管理、平面广告设计11个专业。在校生2027人，毕业生815人，招生371人，短期培训3072人。教职工223人，其中专任教师138人，教辅人员9人。专任教师中研究生2人，在读研究生2人。本科学历占教师总数71%；高级教师24人，一级教师63人。占地面积56199平方米，建筑面积30850平方米，固定资产1416.66万元，图书馆藏书10万册。全年教育经费投入2202.96万元，其中国拨1716.45万元，自筹486.51万元。

（王式杰）

【开展多种健康教育】 2月28日至4月15日，宣武二职举办多种健康教育活动。该校利用业余时间，听取医务室医生健康讲座，普及健康知识，养成卫生习惯，提高自我保护、预防疾病意识。举办健康知识问卷调查，促进教职工学习健康教育政策，增强关注学生心理健康、身体健康，引导学生树立健康第一意识。该校师生420人参加学习活动。

（丁　润）

【完成专业建设调研】 4月25至30日，宣武二职完成学科专业建设调研。该调研包括搜集产业调整、行业进步、生产设备和技术更新信息，收集毕业生、实习生评价和学校专业改造意见，听取用人单位对学校教育教学意见和征求实习生、毕业生意见4个方面。共走访重点企业和联合办学单位30家，完成调研资料3万字。

（叶孔伟）

【入选电气智能实验教学备选学校】 4月，宣武二职入选国家“电气智能实验教学公共平台”备选学校。“电气智能实验教学公共平台”由科技部主持，是国家“十五”期间科技教育规划项目，以政府指导、依靠学校、企业行业介入模式，开展面向一线技术工人和在校学生的现代光机电技术技能实验培训，入选全国备选学校共有21个。

（叶孔伟）

【举办青年班主任校本培训】 5月8日至7月4日，宣武二职开展青年班主任校本培训。该培训以班级管理、养成教育为重点，通过课题研究学习方式，以学习、实践、体验、研究为主线，先后举办收听、收看专家讲座、经验介绍、案例分析等活动。参加学习26人。

（石金菊）

【学分制改革取得成效】 7月，宣武二职学分制改革取得成效。该校首批试行学分制2000级225名学生中，60人选修多种课程模块，取得3种以上职业资格证书，自主择业走上实习和工作岗位；40人自主选择修完1个专业，提前一年毕业；原四年制各专业学生中，有50人选修升学辅导课程，提前一年取得毕业资格，通过高职考试升入高等院校学习。

（叶孔伟）

【开展社区志愿服务活动】 9月15日至10月20日，宣武二职团委和学生会举办社区志愿服务活动。该活动以助残、扶老助幼和义务服务为重点，突出学生专业知识、技能特长，帮助居民普及计算机、网络知识应用。该校学生20人参加活动。

（黄丽京）

【参观密云水库发电厂】 10月，宣武二职学生赴密云水库发电厂参观学习。参观过程中，学生们听取工厂发电、变电、输电及供电、供热全程讲解，学习各种高压开关电器、电器设备外型构造、操作方式和升压站接线方式。该校2000级机电班56名学生参加学习。

（徐　扬）

【机电专业技能训练室建成】 10月，宣武二职建成机电专业实验、技能训练教室。该教室装备15套电气智能培训平台设备，在网络服务器中装备机电各工种模拟仿真教学软件，建立电工、制冷、自动化控制等工种的培训软件和考核题库，彻底改变机电各专业教师教学和训练手段。教室于9月开始建设，总投资60万元。

（杨　达）

【完成多种职业技术培训】 至年底，宣武二职完成多种职业技术培训。该校特种作业工种培训部举办在职技术人员职业资格培训、专业技术培训和技术安全培训班100个，3000名转岗待业人员、进城务工人员获得职业资格证书；与国家邮票印制局联合举办在职人员学历班，50人接受中等学历补偿教育和专业技术培训；与房山区联合举办印刷专业班，100名山区学生参加学习。

（叶孔伟　金秋生）

北京市劲松职业高中

【概　况】 2003年，北京市劲松职业高中学校开设烹饪（中餐）、烹饪（西餐）、国际酒店管理、美容美发与形象设计、影像艺术、音乐、钢琴调律、外语导游（英语）、商品经营、保险和计算机网络技术11个专业。在校生2202人，毕业生451人，招生616人。教职工147人，其中，专任教师89人，教学辅助人员38人，教师中，高级教师11人，一级教师58人，研究生课程班结业25人。占地面积34000平方米，建筑面积20700平方米。图书馆藏书19万册，其中电子图书10万册。固定资产总值2550万元。全年教育经费投入1379万元，其中，国拨850万元，自筹529万元。

（文梅龄）

【组团赴四川广西考察】 1月20

至27日，劲松职高组团赴四川广西考察。该考察采用举办教师座谈会和实地参观两种形式，在四川成都，考察团走访烹饪高等专科学校、商业服务学校和成都七中，在广西南宁，走访航运学校。该校中餐、西餐、美容美发与形象设计和国际酒店管理4个专业技能课教师25人参加学习。

（文梅龄）

【接待德国驻华使馆官员】 4月4日，劲松职高接待德国驻华使馆文化参赞梅瑞纳先生。参赞参观学校教学设备，观摩专业课教学，询问即将赴德国留学学生情况。2002年，劲松职高与德国科隆餐饮协会职业培训学校建立合作关系，每年派遣30名学生赴德国学习。

（文梅龄）

【召开烹饪专业课教师继续教育征询会】 11月25日，劲松职高召开烹饪专业课教师"十五"期间继续教育建议征询会。会议通报全市职业学校教师继续教育开展情况，分析全市烹饪专业教师状况和"十五"期间继续教育需求，研讨学校继续教育计划。来自全市13所职业高中24名教师参加会议。

（文梅龄）

【举办职业生涯规划设计比赛】 12

月5日，劲松职高举办年度职业生涯规划设计比赛。该比赛以"设计理想人生，通向未来之路"为主题，采用全员参予方式，设立文稿版、彩图版和电子版共计3个项目。该校学生1300人参加比赛。

（文梅龄）

北京市求实职业学校

【概　况】 2003年，北京市求实职业学校开设文秘、商务英语、商务日语、计算机网络技术、电脑美术设计、文物鉴定与营销6个专业。在校生1882人，毕业生309人，招生412人，短期培训3659人。教职工148人，其中专任教师107人，教辅人员41人。专任教师中大学本科学历105人，研究生学历29人；高级职务24人；双师型教师23人。占地面积47070.8平方米，建筑面积21324.24平方米，固定资产总值3290万元，图书馆藏书10万册。全年教育经费投入1169.9万元，其中国拨838.2万元，自筹331.7万元。

（陈　磊）

【召开文秘专业课程改革研讨会】 4月15日，求实职校召开文秘专业课程改革研讨会。会议确立以有利于建立灵活开放教学制度，设置限选课程和任选课程；以有利于学生全面发展，开展模块式课程和综合课程调整；突出专业课应用特点，调整实践课程；立足市场经济，开发课程内容4项原则。该校教师70人参加会议。

（晋秉筠　张玉香）

【召开德育工作研讨会】 7月25至28日，求实职校召开德育工作研讨会。会议听取朝阳区教委校长顾问团顾问和教委职教中心研究员两个专题报告，并举办班主任工作座谈会。会议通报德育工作信息，明确班主任工作近期任务。该校教师45人参加会议。

（邹国祥　王玉琴　吴　跃）

【举办课程改革研讨会】 8月15日，求实职校举办课程改革研讨会。会议围绕"一切为了每一位学生的发展"主题展开研讨，认为课程体系整体改革涉及各项教学改革，各个专业都要给予重视。会议要求，各专业要举办教学研讨会，围绕学校课程改革实施意见，修订专业、学科课程和教学改革方案。该校领导和各专业组长、教研组长共计70人参加会议。

（晋秉筠　张玉香　杨上飞）

【望京校址计算机房投入使用】 9月3日，求实职校望京校址2个计算机房投入使用。两个计算机房占地面积400平方米，拥有计算机82台。计算机房于7月6日开工建设，总投资44万元。

（陈　磊）

【签订军民共建协议书】 9月21日，求实职校与解放军总装备部、空军第六研究所、总参二部技术局签订军民共建协议书。根据协议，部队选派战士担任学校校外辅导员，开展国防、爱国主义和集体主义教育，并开放装备设施，接待学生参观。学校面向部队开放教育资源，选派教师开展文化课、职业技能培训。

（刘丽君）

【召开课程整合讨论会】 9月28日，求实职校召开课程整合讨论会。会议讨论中心是：整合各专业和学科课程内容，使之更加符合社会需要和学生发展。会议要求，各专业组继续讨论，逐步形成各专业人才培养模式课程改革方案。该校领导、各专业教师20人参加会议。

（晋秉筠　张玉香　杨上飞）

【求实职校完成大型展览服务】 9至11月，求实职校完成"白垩纪恐龙展"服务工作。该展览在朝阳公园举办，求实职校担任引导、讲解服务任务，锻炼学生待人接物、语言表达、应变能力和团队合作能力。该校学生35人参加服务。

（刘丽君　周小芳）

【安贞校址完成年度基建任务】 至10月10日，求实职校安贞校址完成年度基建工程。该工程包括安贞校址食堂改造、电增容工作、教学楼污水管道改造3个项目，总投资70万元。

（阳　杰　张慧静）

【接待德国教育考察团】　10月30日，求实职校接待德国教育考察团。考察团由25人组成，先后参观学校教学楼、宿舍楼、计算机房、秘书实习室、音乐教室和文物展室，并举办师生座谈会。

（陈　磊　夏雷震）

【举办教学开放周活动】　11月24至28日，求实职校举办教育教学开放周。该活动包括邀请家长任意听取一名教师课堂教学；填写听课记录，提出学校改进教学意见；邀请家长参加学校教学案例研讨会3部分。该校学生家长26人参加活动。

（晋秉筠　张玉香　杨上飞）

【召开教学案例研讨会】　11月28日，求实职校召开教学案例研讨会。会议以“让新理念走进学校、走进课堂”为主题，听取6名教师教改体会介绍，两名学生参加社会实践体会汇报。会议强调，教师要转变教育观念，关心引导学生，严格要求，用人格和知识魅力让学生接受自己。该校领导及教职工96人参加会议。

（晋秉筠　张玉香　杨上飞）

【举办毕业生供需见面会】　11月30日，求实职校举办2004届毕业生供需见面会。来自北京30家用人单位和学校文秘、商务英语和计算机网络技术6个专业100名学生参加应聘，其中，50名学生签订就业意向书。

（陈　磊　石　淳　徐　莹）

【举办知识技能比赛】　12月22日，求实职校举办知识、技能比赛。该比赛坚持人人参与的原则，采用现场实操、笔试等方式，共设立书法、金融综合知识和地理综合知识等11个项目。该校规定竞赛成绩记入学生记分册，学生1088人全部参加比赛。

（晋秉筠　张玉香）

【召开专门化课程研讨会】　12月30日，求实职校召开专门化课程研讨会。会议听取文秘、商务英语和商务日语3个专业培养目标、专门化课程方案介绍，结合各专业实际和市场需求，研讨专业设置、课程安排和学生分流等问题。会议要求，各专业组不断完善专业方案，使之符合社会需求和学生可持续发展实际。该校教师28人参加会议。

（晋秉筠　张玉香　杨上飞）

北京市信息管理学校

【概　况】　2003年，北京市信息管理学校开设计算机及应用、计算机网络技术、计算机软件、电子信息与技术、电脑美术设计、商务英语、金融事务、空调制冷8个专业。在校生2139人，毕业生734人，招生795人，社区培训2136人。教职工215人，其中专职教师120人，专任教师中研究生1人，研究生课程班毕业38人，大学本科学历占100%，高级教师51人。占地面积70902平方米，建筑面积43000平方米，固定资产6083.39万元，图书馆藏书12.6万册。全年教育经费投入2703.26万元，其中国拨2037.35万元，自筹665.91万元。

（杨彩玲）

【举办首次教学开放日活动】　4月7日，信息学校举办首次教学开放日活动。该活动分为听课、咨询和参观3个部分，共推出公开课22节、推荐课5节。来自外校教师47人和学生家长107人参加活动。

（杨彩玲）

【为教师配备便携式计算机】　9月，信息学校为教师配备便携式计算机。该工作采用分期分批方法，首先面向任课教师，计划投资100万元。结合配备工作，该校举办计算机应用技能培训。

（杨彩玲）

【网络中心扩建工程竣工】　10月，信息学校网络中心扩建工程竣工。该工程校园网主干设备采用斯科6509等千兆交换机，SUN－880，SUN－L25磁带库，惠普LH6000和SUN企业级服务器，Oracle 8i数据库。中心拥有交换机48台、路由器3台、服务器14台。各校区以光纤连接，与国际互联网(Internet)百兆光纤接入，网络教学系统采用“毕博”软件。工程于3月开工建设，总投资1300万元。

（杨彩玲）

北京市海淀区外语电子职业高中

【概　况】　2003年，北京市海淀区外语电子职业高中开设普通高中、电脑美术设计、电子电器应用与推介、饭店服务与管理、公关礼仪、计算机应用、文秘、旅游服务与管理、金融事务、商务英语10个专业。在校生1465人，毕业生649人，招生601人，短期培训984人。教职工180人，其中专职教师105人，教辅人员75人，专任教师中研究生2人，本科学历占教师92%，高级教师41人，中级教师65人。占地面积79755平方米，建筑面积21738平方米，固定资产11666万元，图书馆藏书9.5万册，拥有室内体育馆1座。全年教育经费投入1609万元，其中国拨1076万元，自筹533万元。

（乐心妙）

【举办教科研论文撰写讲座】　1月16日，外电职高举办教科研论文撰写方法讲座。该讲座邀请教科研专家，讲解教育教学、科研工作常见问题。该校20名教师参加学习。

（乐心妙）

【接受教育收费检查】　9月8日，外电职高教育收费工作通过海淀区物价局检查。该检查按照《收费许可证管理办法》标准，设立中学招生考试费等11个项目。检查组认为，学

校财务公开，收费帐目清晰，无乱收费及违规行为。

（乐心妙）

【举办外籍教师观摩课】 9月15日，外电职高举办外籍教师观摩课活动。该活动听取彼得（Peter）学校美国英语教师口语课程，采用师生互动方法，不断引起话题，创造语言环境。

（乐心妙）

【举办世界环保日宣传活动】 9月28日，外电职高团委举办世界环保日宣传活动。该活动配合海淀环境宣传年，先后举办美化环境、清洁社区义务劳动。该校60名团员、青年参加活动。

（乐心妙）

【参加社区志愿者服务活动】 10

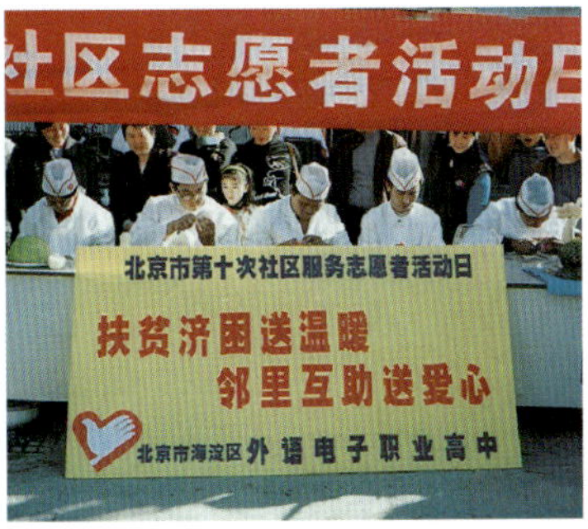

月18日，外电职高参加第十次社区志愿者活动日。该校学生在社区举办食品雕刻、叠口布花、英语口语等技能表演。该校40名学生参加服务活动。

（乐心妙）

【举办航天科普讲座】 10月27日，外电职高举办航天科普知识讲座。该讲座邀请中科院航天学者讲授载人航天与中国探月，载人航天发展方向知识，并举办“讴歌载人航天精神剪报图片展”。

（乐心妙）

【签订普法共建协议书】 11月26日，外电职高与海淀区法院签订普法共建协议书。根据协议，法院承担普及法律知识，学校承担组织培训工作，双方共同开展法律知识普及活动。

（乐心妙）

北京市丰台区职业教育中心学校

【概　况】 2003年，北京市丰台区职业教育中心学校开设烹饪、饭店服务与管理、计算机美术等10个专业。在校生1700人，毕业生623人，招生420人。教职工132人，其中专任教师75人，实习指导教师7人。学校占地面积3.3万平方米，建筑面积2.1万平方米。固定资产1130.59万元。图书馆藏书11.9万册。全年教育经费投入1141.45万元，其中国拨716.32万元，自筹425.12万元。

（唐耶夫）

【举办教学基本功比赛】 3至4月，丰台职教中心举办“师慧杯”教学基本功比赛。该比赛分为初赛、复赛两个阶段，设立教案设计、课堂授课两个项目，采用评委现场打分方法。该校教师82人参加比赛，61人获奖。

（唐耶夫）

【举办刀工技能竞赛】 4月10日，

丰台职教中心烹饪专业举办第三届刀工技能竞赛。该项比赛设立直刀、平刀、花刀和斜刀4个项目，采用评委现场打分方法。该校烹饪专业20名学生参加比赛。

（唐耶夫　刘大海）

【举办法制教育报告会】 10月28日，丰台职教中心举办法制教育报告会。会议听取全国优秀法官尚秀云题为《珍惜自己清白的历史，做一个守法的好公民》法制专题报告，用生动事例宣传法制，普及法律常识。她告诫学生们，要珍惜自己“清白的历史”。会后，举办尚秀云与学生代表座谈会。该校师生共计1280人参加学习。

（唐耶夫）

【举办青年教师板书比赛】 11月14日，丰台职教中心举办青年教师板书比赛。该比赛设立板书设计和书写两个项目，采用评委现场评分办法。该校33名30岁以下青年教师参加比赛。

（唐耶夫）

【举办青春期教育报告会】 11月28日，丰台职教中心举办青春期教育报告会。会议听取全国青春期教育专家专题报告，该报告从怎样解读青春密码、如何疏导孩子早恋情结、如何帮助孩子渡过心理断乳期、如何正确看待孩子异性间交往、如何教育孩子维护性健康5个方面，论证青春期教育重要性和怎样开展青春期教育问题。该校教师及300名家长参加学习。

（唐耶夫）

【首批马来西亚留学生返校】 12月，丰台职教中心首批马来西亚留学师生返校。这批学生共计4人，在马来西亚王子学院完成英语强化训练、西餐制作等课程，学制9个月。

（唐耶夫）

北京市黄庄职业高中

【概　况】 2003年，北京市黄庄职业高中开设国际金融、中文导游、商务英语、计算机及应用、计算机网络管理与应用、电子商务、电脑美术设计、服装CAD设计、美容美发与形象设计、服装表演、影视表演、影视制作共12个专业。毕业生442人，招生450人，在校生1930人。教职工150人，其中专任教师75人（文化课教师50人，专业课教师20人，实习指导教师5人）。占地面积60406平方米，建筑面积22534.96平方米，图书馆藏书11万册，固定资产总值2100万元。全年教育经费投入700万元，其中，国拨390万元，自筹310万元。

（赵　华）

【召开用人单位联谊会】　1月13

日，黄庄职高召开用人单位联谊会。会议听取用人单位使用毕业生反馈信息，分析社会经济发展对人才需求，听取专业设置、课程安排意见和建议。来自20个用人单位代表26人参加会议。

（赵　华）

【装备E网通校园双向交互系统】　9月16日，黄庄职高E网通校园双向交互系统投入使用。该系统实现音像双向交互传送。系统于9月开始安装，总投资200万元。

（赵　华）

【一批专用教室投入使用】　9月16日，黄庄职高一批专用教室投入使用。这批专用教室包括4个实训室和1个苹果机房，建筑面积600平方米，总投资210万元。

（赵　华）

【非凡学校入选韩语认证学校】　12月4日，黄庄职高北京非凡学校入选韩语认证考试学校。该学校由韩国文字、世界韩国语认证考试委员会主持认定。北京非凡学校成立于2002年，拥有教职工11人，主要开展计算机、外语、高考辅导等类培训活动。

（赵　华）

北京市昌平职业学校

【概　况】　2003年，北京市昌平职业学校开设金融事务（保险专门化）、计算机网络技术、多媒体技术与应用、汽车运用与维修、航空服务、旅游服务与管理、园林花卉、社区服务与管理、休闲体育服务与管理（高尔夫球）9个专业。在校生1479人，在籍生2785人，毕业生389人，招生536人，短期培训2000余人次。教职工183人，其中专任教师123人，教辅人员38人。专任教师中研究生3人，研究生课程班41人，在读研究生5人，本科学历占教师总数的95.14%；高级教师21人，一级教师48人。学校占地面积133200平方米，建筑面积55707平方米，固定资产总值3505万元，图书馆藏有图书7.4万册，电子图书4万册。全年教育经费投入2000万元，其中国拨1700万元，自筹300万元。

（刘文军）

【接待日本福野高校师生】　3月21

日，昌平职校接待日本富山县福野高校师生。日本客人参观校园，举办中日师生座谈会、联欢会，共同表演歌舞节目。昌平职校园林花卉专业师生40人参加接待活动。

（刘文军）

【举办教师粉笔书法比赛】　4月16日，昌平职校举办教师粉笔书法比赛。该比赛设立书写结构、笔力和特色等5个项目，采用评委打分评比方法。该校21名教师参加比赛。

（刘文军）

【共建公用花卉组培室】　6月19

日，昌平职校与北京市埃威威斯特公司共同建设花卉组培室协议签字。根据协议，公司承担提供“蚊净香草”项目实验配方，学校承担场地和生产操作，双方联合建设公用花卉组培室，首批引进中科院遗传与发展研究所新一代实用环保植物“蚊净香草”。

（刘文军）

【90名学生通过高职考试】　6月25日，昌平职校学生参加高职考试取得好成绩。该校102名学生报名参加考试，90人通过录取分数线。其中，计算机专业高职预备班38名考生数学、语文和英语文化课平均成绩为96.4分、96.7分和92.3分，分别超过市均分数26.81分、14.71分、24.75分。

（刘文军）

【第二批民族团结班学生毕业】　6月26日，昌平职校2003届“民族团结班”学生毕业。该教学班2000年创办，主要学习公关专业，招收少数民族学生41人，其中，贵州学生19人，内蒙古22人，全部毕业。这是该校“民族团结班”第二批毕业生。

（刘文军）

【超额完成招生任务】　8月30日，昌平职校超额完成招生计划。该校计划招生500人，实际招生570人，超出计划7.29%。其中，提前招生163人，参加统一招生202人。

（刘文军）

【首批合办汽车专业学生开学】　9

月16日，昌平职校与延庆一职联合举办汽车维修专业教学班开学。根据协议，该教学班学制三年，在延庆一职招收新生27人，完成两年文化课、专业知识学习后，到昌平职校完成一年专业课理论学习和实际操作培训。

（刘文军）

【校园电视台开播】 9月29日，昌平职校校园电视台开播。该电视台由学校投资60万元建设，利用课余时间播放，每天播出40分钟，首期播出包括高职考试、军训、开学典礼等重要活动新闻节目。

（刘文军）

【与鄂尔多斯农牧学校联合办学】 10月16日，昌平职校与内蒙古鄂尔多斯农牧学校联合办学协议签字。根据协议，双方联合举办旅游服务与管理、航空服务两个专业教学班，鄂尔多斯农牧学校负责招生，昌平职校负责教学组织、实施。采取"1+2"学制，第一学年在鄂尔多斯农牧学校学习基础知识，第二、三学年在昌平职校完成专业知识学习和实习。首期计划招生80人。

（刘文军）

【举办日本插花艺术表演】 10月30日，昌平职校举办插花艺术教学表演。该表演观摩日本华道家元池坊插花大师加藤碧波东方插花技艺，现场讲解、表演生花、盛花和自由花等作品创作理念、艺术要领。该校师生1200人参加学习。

（刘文军 滕文学）

【与中关村学院联合办学】 11月12日，昌平职校与中关村学院联合办学协议签字。根据协议，昌平职校作为中关村学院三分院，在对口专业、大专高职班、五年一贯制高职班、职业技能培训等方面开展合作。

（刘文军）

【开通教育技术网站】 11月，昌平职业学校开通教育技术网站。该网站开设教育技术、信息资料、校园影视、为您服务4个栏目，提供课程整合、信息技术、教学实践、媒体应用、摄影、音响和刻录技术等内容。

（刘文军）

【3号宿舍楼落成】 11月，昌平职校3号宿舍楼竣工。该宿舍楼占地面积165平方米，建筑面积5093平方米，共有5层，拥有学生宿舍131间，可住宿学生1050人。宿舍楼于4月开工建设，总投资600万元。

（刘文军）

北京市大兴区第一职业学校

【概　况】 2003年，北京市大兴区第一职业学校开设空军飞行学员预备班、航空服务、工程潜水、园林、电子商务、计算机网络技术、电脑美术设计、生物制药、计算机应用、商务英语、机电应用技术、物业管理、市场营销、汽车运营14个专业。在校生2768人，毕业生517人，招生771人。教职工244人，其中专任教师150人，实习指导人员15人。专任教师中研究生课程班毕业34人，大学本科以上学历146人，高级教师14人，中级教师56人。占地面积197343.2平方米，建筑面积33111平方米，固定资产总值2941.28万元，图书馆藏书8.2万册。全年教育经费投入850.98万元，其中，国拨836.6万元，自筹14.38万元。

（李希方）

【召开教育教学研讨会】 2月14日，大兴一职召开教育教学工作研讨会。会议分为3个大组，分析职教学生学习态度、认知能力和行为习惯方面问题，提出提高班主任管理能力、加强管理；贯彻"双证书"制度，明确学生学习目标，树立职业意识；开展法制教育，增强法制观念；加强养成教育，开展多种课外活动等项解决问题方法。同时，宣布开展教育教学各种活动方案。该校全体教师170人参加会议。

（李希方）

【举办青春自护专题讲座】 3月31日，大兴一职举办青春自护专题讲座。该讲座邀请市青少年法律与心理咨询服务中心人员，采用创设具体环境方法，诠释学生在自护行为中"寻求安全、躲避险境、逃离危险、缓兵之计、丢兵保帅、防卫反击"策略。该校2300名学生参加学习。

（李希方）

【调整宿舍住宿学生人数】 5月22日，大兴一职召开返校学生安全工作会议。会议要求教师严格执行学生返校制度，调整教学班额，每班由45人减少为20人，宿舍学生人数由每间寝室8人减少为4人。会议决定增派任课教师和班主任，强调提高学生伙食标准。该校教师和宿舍管理员共计200人参加会议。

（李希方）

【高考录取率再次超过90%】 6月7至8日，大兴一职学生高考录取率再次超过90%。该校151名学生参加高职考试，录取141人，其中，大学本科18人，高等职业院校123人，高考录取率93.38%。大兴一职自1997年组织学生参加高考，高考补习班配备最好师资和设备，录取率始终保持在90%以上。

（李希方）

【完成飞行专业加试】 6月14至15日，大兴一职完成空军飞行专业加试工作。该工作与北京空军飞行员招收中心、区医院联合完成，按照《"非典"期间专业加试工作预案》，加试学生测定体温后，由专人带领进入加试现场，先后完成外科、内科、眼科和五官科检查。学生200人参加加试。

（李永奎）

【两栋办公楼投入使用】 9月1日，

大兴一职行政办公楼和教师办公楼

投入使用。两栋办公楼占地面积1500平方米，建筑面积6000平方米，其中，行政办公楼775平方米，教师办公楼725平方米。办公楼于2002年10月开工建设，总投资900万元。

（李希方）

【举办远离吸烟危害主题活动】 10

月7日，大兴一职举办“远离吸烟危害、共建无烟学校”主题活动。该活动由主题漫画展览、大型签名活动两部分组成，其中，漫画展征集作品110幅，展出30幅；签名活动在阳光广场举行，2600名师生参加签名活动。8月22日，大兴一职六届五次教职工代表会议通过禁止吸烟规定，9月1日正式实施。

（李希方）

【成立学生记者站】 12月5日，大兴一职《中国中学生报》记者站成立。该记者站由校团委负责日常管理，拥有学生小记者20人，开展订报、读报、评报和写稿等工作。

（李金艳）

延庆县第一职业学校

【概　况】 2003年，延庆县第一职业学校开设旅游服务与管理、烹饪、艺术、建电、服装、计算机等6类共15个专业。在校生2766人，毕业生355人，招生932人，短期培训2953人。教职工200人，其中专任教师133人。专任教师中研究生课程班结业21人，大学本科学历106人；高级职称30人，中级职称38人；专业教师56人，实习指导教师10人。占地面积118690平方米，建筑面积24060平方米，固定资产总值3113.91万元，图书馆藏书23791册，电子图书36332册。全年教育经费投入2016.5万元，其中国拨1380.2万元，自筹636.3万元。

（刘　静）

【聘任烹饪专业指导委员会成员】

3月19日，延庆一职召开烹饪专业教育教学专家指导委员会聘任会。会议聘任主任委员1人，副主任委员3人，秘书长1人，委员8人。委员会成员由名厨、特级教师、高级技师组成，承担学校烹饪专业长期指导任务。

（张秀丽　龙云杰）

【首批赴英国学习学生返校】 6月1日，延庆一职首批赴英国培训学习学生返校。首批学生共计6人，他们在英国博恩茅思学院，先后完成烹饪、英语和服务课程学习，学制36周。

（张秀丽）

【为骨干教师配备便携式计算机】 8月17日，延庆一职为骨干教师配备便携式计算机。首批采用竞标方式，从3个公司购置计算机30台，总投资34.2万元。

（刘　静）

【学校发展建设指委会成立】 9月

12日，延庆一职学校发展建设指导委员会成立。该委员会由县政府、县政协和县教委等55人组成，采用定期召开会议的形式，负责制订学校长远发展规划，协调各有关单位完成国家级重点校验收等工作。

（刘　静　吴铁华　龙云杰）

【举办拓普公司培训班】 11月10至30日，延庆一职举办八达岭拓普公司培训班。该培训班采取讲座形式，讲授职业道德、礼仪和说话技巧等专题。来自八达岭拓普公司职工32人参加学习。

（王冬梅）

【举办消防安全知识讲座】 12月

17日，延庆一职举办消防安全知识讲座。该讲座采用专题报告形式，听取延庆消防支队指导员关于消防安全知识、器械使用和紧急避难等讲解。该校师生2000人参加学习。

（刘　静　龙云杰）

成人教育

综述

2003年，北京市教委成人教育工作重点是深入实施北京市成人教育培训工程，把发展社区教育、企业教育、农村教育与在全市构建终身教育体系和终身学习制度结合起来，提高市民整体素质，增强首都城市综合竞争力，使成人教育在创建学习型城市中更好地发挥基础性和主导性作用。

北京市8个城区均建有社区学院，200多个街道、镇成立社区教育中心（社区学校），居委会普遍建立社区学校办学点或市民学校，形成以社区学院为骨干，街道社区教育中心为基础，各种教育机构广泛参与的社会化社区教育网络。社区教育开设课程涉及思想道德、时事形势、政策法规、科学技术、读书指导、家政服务和下岗职工再就业培训等数十项内容。北京市社区教育具有以下特点：

1. 多数区县建立相应领导机构，并成立区一级社区教育委员会，统筹协调全区范围内社区教育发展中重大问题，形成市、区、街道三级社区教育管理体系。

2. 加大社区教育经费投入，用于鼓励支持部分先进区县社区教育工作。

3. 部分区打破各类教育界线，将基础教育资源与社区教育资源整合。全市各区加强街道社区教育中心建设，形成一批规模大、水平高、示范性社区教育中心。8所社区学院办学条件得到不同程度改善，较好的起到社区教育龙头和社区教育工作者培训基地作用。

4. 学校教育和社区教育双向融合，实现相互参与有机促进，全面提高社区教育管理水平。区教委选派干部教师赴社区任教，使社会与学校双向互动。

5. 以建设学习型城区为现代化建设重要组成部分，将终身学习理念渗透于城市建设、管理和发展规划中，努力建成市民工作、学习、生活一体化城区。

6. 区教委与教育部、大学、科研院所合作，进行学习型城区、社区建设状况课题研究，并建立专家指导制度。

市教委在国有企业改革关键期，加强指导企业在深化改革中建立现代企业教育制度，发展企业教育，加快企业人力资源开发，提高企业管理水平和技术创新能力，使企业教育获得新发展，部分企业已进入创建学习型企业新阶段。

通过典型引路、面上推动和培训提高等多种途径，市教委帮助企业转变观念，扩大企业在教育和培训方面职能，使企业教育在组织形式、工作方式和手段上，能够有效促进个体在团队中成长发展，并达到企业组织发展目标。

市教委总结推广企业教育新理念，结合重点培训和全员培训，培养高素质人才，建立企业教育新运行机制和保障制度。并组织专家开展第三批“发展企业教育，创建学习型企业先进单位”评估活动，共评出先进企业13家。促进全市各主要企业加强在职人员培训，加速培养所急需技能型人才，严格履行劳动准入制度，积极推进职业资格证书培训，加强职工教育投入，全面提高职工素质。

市教委积极参与实施农业现代化培训工程，把加快农业产业化和推进农村城市化作为教育培训重点：

1. 开展各种农村实用技术培训，以开发农业科技示范项目为纽带，加大农科教结合力度。积极开展重点科技推广项目培训，并推广科教兴村、科教兴乡镇典型。

2. 拓展农村远程教育功能，遍布郊区平原和山区远程教育站点达210个。北京市重点建设顺义、大兴、平谷、怀柔农村远程教育基地初具规模，教育内容涉及农村种植养殖实用技术、科技知识普及、文明健康生活、民主法治管理等多方面。农村远程教育在防治非典型肺炎（SARS）期间开展一系列农村科学防治“非典”知识讲座，培训大批农村医疗骨干，为保证疫情不向农村蔓延做出贡献。

3. 加强乡镇、村两级成人学校建设，郊区各区县在乡镇行政区域加强各类教育资源统筹力度，进一步强化乡带村、村带户培训网络。郊区各区县利用调整乡镇中小学布局机遇，充实调整成人教育资源。

4. 结合农村城市化进程加快，积极开展农村富余劳动力转岗转业培训，增强农民在二、三产业就业和创业能力。

2003年，北京地区有成人教育学校3409所，其中，独立设置成人高等学校32所，中等专业学校17所，技术培训学校3360所。共有专任教师2.3万人，其中，成人高校3537人，中专414人，技术培训学校1.9万人。共有在学学生217万人，其中，成人高校36万人（含普通高校举办函授班、业余、成人脱产班学生30.9万人），中专1.2万人，技术培训学校179.7万人（在学学生数为注册学生数）。成人教育培训总人次825.8万人次，比上年增加30%，其中，企业岗位培训和继续教育361.4万人次，社区教育369.2万人次，农村教育95.2万人次。

（吴晓川）

总　　类

【顺义召开学习型组织实践报告会】 3月14日，顺义区政府召开学习型社会组织理论实践报告会。会议听取市社科院学者《学习型组织理论与实践》专题报告，讲授学习型组织的提出、内涵和特点等概念，分析为什么要创建学习型组织、如何创建学习型组织等问题。会议要求，各单位重视学习型组织创建，分步骤制订创建学习型组织具体措施。该区人大、政府及各单位领导310人参加报告会。

（赵云霞）

【举办社区教育干部培训班】 4月16至17日，市教委举办社区教育干部培训班。该培训班采用专题讲座形式，邀请教育部职成司领导及有关专家先后讲授社区教育、企业教育和学习型组织建设等专题。各区县教委领导、社区教育干部200人参加学习。

（武怀海）

【矿大阳坊教学区撤销】 4月，中国矿业大学（北京校区）昌平区成教学院阳坊教学区撤销。该教学区是矿大（北京）2002年5月与北京阳坊同和文化交流有限公司合作设立，用于培养成人教育学生。因北京阳坊同和文化交流有限公司违约，矿大（北京）终止与其合作办学关系，并将成教学生全部迁回学校。

（谭　凯）

【工商大学成教学院更名】 5月13日，北京工商大学成人教育学院更名为继续教育学院。更名后继续教育学院在开办成人高等本、专科学历教育同时，根据社会需求加强开展高层次职业技能培训和高层次短期继续教育，并探索国际合作办学、培训途径。

（王晓华）

【北航成立非学历高教管理小组】 5月16日，北京航空航天大学成立非学历高等教育规范管理领导小组。该小组由校职能部门、办学单位负责人15人组成，分别在继续教育学院和研究生院设立办公室。该小组负责与本部门共同进行办学管理工作，加强非学历高等教育管理，治理校内和周边办学环境。

（陈　颖）

【公安大学调整成人教育机构】 7月14日，中国人民公安大学调整成人教育机构。调整后，该校继续教育学院与西藏部合署办公，学院党委改为党总支，西藏部对外保留机构建制名称。公安大学继续教育学院成立于2000年6月12日，由成教处和专修部合并而成，主要承担干部专修科、函授、夜大学、自学考试等各种形式成人学历教育，教职工39人。西藏部成立于1958年12月，主要为西藏自治区公安机关培养本专科学生及培训公安干警，教职工7人，至12月，共培养西藏自治区政法干警1825人。

（尹华业）

【财经大学成人教育学院更名】 8月11日，中央财经大学成人教育学院更名为继续教育学院。更名后，学院以举办高等学历教育为主，兼有函授、夜大学和成人脱产班等办学形式，高中起点专科、专科起点本科和高中起点本科三个办学层次，在24个省、市、自治区设有58个函授站（点）。学院工作人员22人，函授站管理人员200人，在校生7200人。1982年中央财经大学（时名为中央财政金融学院，1996年改现名）设函授干训处，开始举办成人函授专科教育；1983年增设函授部；1987年开始举办夜大学专科教育；1990年函授部更名为成人教育处；1993年开始举办函授、夜大学本科教育，成人教育处更名为成人教育部；1997年财经大学成立成人教育学院。自1982年，中央财经大学累计培养函授、夜大学专科和专科起点本科毕业生23400人，干部专修科毕业生3300人。

（韦　红　张京平）

【西城职工中专并入西城经科大】 8月，西城区职工中专学校并入西城经济科学大学。并入后，职工中专建制撤销。西城职工中专1979年成立，校园占地面积259平方米，建筑面积2890平方米，教职工43人，在校学生678人。建校以来共毕业学生22409人。

（侯百红）

【戏曲学院成教部迁址】 8月，中国戏曲学院成人教育部迁往陶然亭路北京市总工会职工大学办学。迁址后，该校租用总工会职工大学教室、宿舍，采用经费包干、自谋出路、自主发展管理体制。成教部成立于1998年，共培养学员790人。

（薛中君）

【评估示范社区教育中心】 9月16至30日，市教委完成示范社区教育中心评估工作。该评估由专家组主持，按照《北京市示范性社区教育中心评估指标体系》进行。全市22家社区教育中心报名参加评选，其中，13家街道社区教育中心当选。

（武怀海）

【北方工大海尔培训中心成立】 11

月 6 日，北方工业大学海尔培训中心成立。该中心与海尔集团公司共同建立，双方共同制订教学计划，面向青岛海尔集团公司，主要培训高水平售后服务人员和维修人员。至年底，首期 50 名学员毕业。

（刘　姝）

【崇文当选社区教育先进】 11月

10 至 13 日，市教委完成崇文区发展社区教育、促进学习型社区建设评估。评估围绕规划与计划、组织与管理、基地与网络、实施与成效、保障措施和特色与创新 6 个方面，采用听取自查报告，召开座谈会，查阅档案资料等方法，实地考察社区学院、东花市街道和金鱼池小区等 9 家单位。专家组认为，崇文区达到《北京市发展社区教育，促进学习化社区建设先进区县评估指标体系》标准。崇文区着重推广社区教育，在全市范围内建立第一家文明市民学校（崇外街道），第一家文明市民学校总校，第一家社区网络图书馆（东花市街道），第一家社区青少年科学工作室（体育馆路街道），举办第一个男生艺术节，制订第一个终身学习计划（东花市社区）。

（武怀海　张　婷　李素珍）

【审批现代远程教育校外中心】 11 月，市教委公布年度高等教育学校在京设立现代远程教育校外学习中心审核结果。来自 28 所现代远程教育试点学校的 62 个校外学习中心参加评审，其中，36 个学习中心通过审核，8 个停止继续办学，18 个不予批准。

（张　毅）

【协和医大成教学院更名】 12 月 2 日，中国协和医科大学成人教育学院更名为继续教育学院。协和医大 1984 年开始成人教育，1986 年成立成人继续教育处，1998 年成立成人教育学院，开展教职工培训与成人学历教育、住院医师培训、医学继续教育项目申报和成人自学考试工作多种类型教育。成人学历教育开设专科和专升本两个层次，设有护理学、医学影像、医学检验等专业。在学学生 1500 人，教职工 7 人。

（林　菲）

【海淀顺义当选全国社区教育实验区】 12 月 15 日，海淀区、顺义区入选第二批全国社区教育实验区。该实验区评选由教育部主持，来自全国 26 个省市 33 个区县当选。北京市申报海淀、顺义两个区参加评选，全部当选。

（武怀海）

【召开京津沪渝电大协作会】 12

月 24 至 26 日，北京广播电视大学主办 2003 年京津沪渝四市电大协作会。会议主要议题：交流开放教育试点工作经验，推进试点工作向深层次发展；结合教育发展新形势，制订学校总体发展规划及学科建设和队伍建设规划；内部管理体制改革和人事制度改革设想。会议听取中央电大工作总结报告，听取《远程教育的发展与电大试点的教学改革》报告，总结全国电大发展成绩，同时分析电大面临危机和挑战；介绍国内外远程教育发展历程及其启示，评估电大试点工作和总结，提出电大试点工作建议。会议以交流、分组讨论形式，研讨四市电大工作发展面临的共同问题，提出加强队伍建设，特别是师资队伍建设；加强教学资源建设，以专业为基础，完成资源整合；改革内部管理体制，建立新机制和做好试点工作，保证试点项目结题 4 项建议。

（唐　鹏）

成人高等教育

【概　况】 2003 年，北京地区独立设置成人高等学校 32 所，在学学生 51224 人，招生 16911 人，毕业 15072 人，教职工 8804 人，专任教师 3537 人。普通高校举办函授班招生 108544 人，在学学生 309404 人，毕业生 881102 人；业余班在学学生 147924 人，招生 46768 人，毕业生 39034 人；成人脱产班在学学生 82745 人，招生 27139 人，毕业生 18731 人。

（武怀海）

【公安大学举办港澳警察研修班】 2 月 24 至 28 日、9 月 15 至 21 日和 10 月 25 日至 11 月 1 日，中国人民公安大学举办第七、八两期香港警察研修班，第三期澳门司法警察研修班。该研修班讲授《中国内地现行法律制度》、《内地治安管理》、《刑事侦查》等课程，组织观看天安门广场升国旗仪式，游览天安门城楼、故宫、长城等名胜古迹。来自港澳地区警察 46 人参加学习，其中香港 33

人，澳门 13 人。

（尹华业　贾　勇）

【工商大学获得项目管理培训资格】 3 月 24 日，北京工商大学教育培训中心获得项目管理培训（鉴定报名）试点资格。该试点负责参加项目管理鉴定人员考前培训，合格人员可以获得《国家职业资格证书》。根据有关规定，项目管理鉴定每年 11 月 9 日举行，参加鉴定人员可提前 35 天报名参加培训。项目管理是 20 世纪 50 年代兴起计划管理方法，合理组合人员、资源，采用规范化管理流程，在规定时间、预算和质量目标内完成项目。培训试点资格由市劳动和社会保障局主持认定，首次全国共有 15 所高校获得试点资格。

（王晓华）

【北语汉语进修学院开学】 3 月，北京语言大学汉语进修学院开学。该学院 1 月 10 日成立，首批招生开设 66 个必修课班级、121 个选修课班级共计 1100 名学生。其中，初级进修教学开设 10 门 20 课时选修课，中级进修教学开设 22 门 56 课时选修课。学院转变原先整齐划一教学模式，提出尊重进修生个体差异、让每一个学生都能提高的教学目标，扩大选课范围，实行灵活换课、退课、考勤、考绩管理制度。

（彭艳崇）

【工商大学研讨合作办学教学工作】 4 月 5 日，北京工商大学与中央广播电视大学联合召开合作办学教学研讨会。会议总结三年来合作办学经验，研讨学位证书审查、颁发，学位英语考试等方面问题。双方商定联合开展在职研究生试点工作。两校领导、教师 28 人参加会议。2000 年，工商大学与中央电大合作教学本科开放教育会计学专业，来自全国 9 万名学生参加学习。

（王晓华）

【法大举办法学研究生班】 4 月 10 日，中国政法大学政治与公共管理学院举办机关青年干部法学研究生班。该研究生班开设《宪法行政法》与《行政评论法》共计 12 门课程，学制 2 年。研究生班与中纪委机关联合举办，来自中纪委青年干部 80 人参加学习。

（武　焰）

【城市学院成教部举办专升本教育】 6 月 6 日，北京城市学院成人教育部获得举办成人专升本教育资格。根据有关文件，该校 2004 年首批专升本教育招生有法学、金融学、广告学和计算机科学技术 4 个专业，其中，广告学专业为脱产学习，学制 2 年；其余 3 个专业为业余学习，学制 3 年。

（徐　莹）

【财经大学培养在职硕士教师】 6 月 26 日，中央财经大学获得高校教师在职攻读硕士学位培养资格。该校招生学科（专业）为金融学、国民经济学、财政学、会计学，计划招生 120 人，金融学专业学制 3 年，国民经济学、财政学、会计学专业学制 2 年。高校教师在职攻读硕士学位研究生单位资格认定由国务院学位委员会主持。

（韦　红　张京平）

【民大与波士顿大学合作办学】 10

月 10 日，中央民族大学成人教育学院与美国波士顿大学继续教育学院签订合作交流协议。依据协议，双方将不定期开展继续教育和远程教育学术交流和互访，共同进行课题研究，互换学术信息资料，共同培养本科生和研究生。民大成人教育学院可以组织西部民族地区管理人员赴美国学习。

（哈斯也提　汤其燕）

【外交学院授予 63 人学士学位】 10 月 31 日，外交学院第七届学位评定委员会召开第三次会议。该会议研讨成人教育学院制订毕业生学位授予规定草案，同时研讨增设《西方经济学》课程问题。会议决定，授予成人教育学院毕业生 63 人学士学位。

（李洪梅）

【艺术学院中国画研修班结业】 10 月，北京艺术设计学院成人教育部中国画研修班结业。该研修班聘请老画家负责教学，采用探索、研讨和专题讲座形式，讲授中国传统绘画精神、传统技艺等课程，学制 3 年。共有 12 人参加学习。

（王　伟）

【批准成人高校新增专业 68 个】 11 月 26 日，北京市高等专业设置委员会批准成人高校新增高等教育专业 69 个。全市 27 所成人高校共申报新增专业 88 个，批准 69 个。

（张树刚）

【财经大学获得财经管理培训权】 11 月，中央财经大学商学院获得国际项目管理学会财经行业培训总授权。国际项目管理专业资质认证是国际项目管理学会在全球推行的四级专业资质认证体系，获得认证人员将分别具有负责大型国际项目、大型复杂项目、一般复杂项目或从事项目管理专业工作能力。

（韦　红　张京平）

【女子学院成立国际合作部】 12 月 2 日，中华女子学院继续教育学院合作建立国际合作部。该合作部与普瑞坊（北京）科技有限公司联合建设，采用学制式教学、培训式教育及文化学术交流等形式，开展国际文化教育合作与交流。

（张艳玲）

【北方工大成立教学专家组】 12月30日，北方工业大学成教学院教学专家组成立。该专家组由专家、学者及教学管理者共计15人组成，是该校成人高等教育专家咨询组织，负责对成人高等教育培养目标、教学基本要求、教改方向、途径等重大问题和专业设立、培养计划制订、课程建设、教材建设提供咨询与建议。

（刘 姝）

【舞蹈学院举办评教活动】 12月，北京舞蹈学院继续教育学院首次举办评教活动。该活动要求进修班学员采用问卷方式，评选优秀任课教师。该班28名教师参加评选，其中，25名教师获得优秀。

（肖卫兵）

【首经贸大招收全日制成人学生】 12月，首都经济贸易大学首次招收全日制成人学生。首批招生共有会计、人力资源管理、商务管理等4个专业。其中，会计、人力资源管理专业面向社会招生；商务管理和金融与保险专业面向郊区招生160人。全日制成人学生分别在怀柔区、门头沟区教学点就读，并采取封闭式住宿管理。

（钟志红）

独立建制成人高等教育学校

北京教育学院

党委书记 倪益琛（5月免）
徐永利（5月任）
院 长 李 方

【概 况】 2003年，北京教育学院开设教育学、应用心理学和人物形象设计等66个专业。设党政管理机构13个，教学机构8个，17个部属教学系。学院设有教育科学研究所、图书资料中心和《中小学管理》杂志社。有教职员工597人，其中，专任教师237人，教授、副教授109人，讲师102人。拥有博士、硕士学位教师86人，兼职教师347人。学历教育招生4639人（专科2476人，本科2163人），专科、本科在校学员15366人，比上年增长3.87%。研究生课程班学员1209人，预科生206人；学历班毕业生4181人；参加岗位培训和继续教育结业学员2123人次。学院图书资料中心馆藏图书62.9万册，电子图书4325片，占地面积54228平方米，产权建筑面积105714平方米，固定资产总值23280万元，其中，教学、科研、仪器等资产2285万元。学院分为5个校区，总部在西城区德胜门外黄寺大街什坊街2号。

（杨 军）

【召开院务公开工作考评会议】 1月2日，教育学院召开院务公开工作考评会议。会议听取考核工作小组关于考核评价说明，根据《评价考核指标》中“公开内容、公开效果”及相关考核评价要素，完成学院9个部门评价。该院教代会代表68人参加考评工作。

（郭 坤）

【举办胜利油田小学教师培训班】 2月5日，教育学院举办山东胜利油田小学骨干教师培训班。该培训班采用专题讲座形式，讲授初等教育教学理论和科研培训等课程。来自胜利油田小学骨干教师51人参加学习。

（郭 坤）

【组团赴新西兰接受培训】 2月13日至3月10日，教育学院组团赴新西兰进行培训。该培训主题是“新西兰教师专业发展”，采取课堂教学与参观考察相结合方式，主要学习“中新教育体制比较”、“教师专业发展研究理论与实践”、“学校发展模式和策略”、“合格教师标准与监控”和“现代信息技术在教育中运用”5个专题。来自教育学院、分院16名教师参加学习。

（郭 坤）

【召开教学带头人述职评审会】 2月18至19日，教育学院召开特聘、普通学科教学带头人述职评议总结会。会议听取两级学科教学带头人任职工作情况汇报，学院两级学科教学带头人工作述职报告，完成两级学科教学带头人互评和小组学科教学带头人履职情况综合评议。该校学科教学带头人评议小组成员17人参加面试。

（郭 坤）

【举办首次拟接收人员面试会】 2月25日，教育学院举办首次学院拟接收人员面试会。会议听取应聘人员自我介绍，提出“以你个人的能力，你认为是否能胜任教育学院的工作”、“你如何尽快地与周围同事友好相处”两个问题。面试者听取学院教育、教学、管理等方面情况介绍，学院要求应聘人员做到爱岗敬业、提高能力和终身学习。来自北京应聘人员13人参加面试。

（郭 坤）

【举办行政人员上岗宣誓活动】 3月5日，教育学院举办党政工作人员上岗宣誓活动。上岗工作人员听取学校领导讲话。活动要求行政人员具备综合学习、服务大局、优化环境和进取创新4方面意识，完成党政部门工作人员上岗宣誓。该校领

导、党政部门工作人员 90 人参加宣誓仪式。

（郭　坤　聂　荣）

【组团赴挪威考察师范教育】 3 月 16 至 31 日，教育学院组团赴挪威等国考察高等教育。考察团一行 11 人，在贝尔根大学教育学院参加“中国日”活动，介绍中国师范教育情况。同时，考察北欧部分国家高等师范教育院校。

（郭　坤）

【完成首次网络答疑试验】 4 月 3 日，教育学院完成首次高中物理新课程远程教育网络答疑试验。该试验利用计算机和网络技术，历时 2 个小时，探讨高中新课程理念、内容变化等问题。学院信息技术部、物理系教师 4 人先后与不同区县中学物理教师 30 人参加试验。

（郭　坤）

【“十五”继续教育学科指导组成立】 4 月 15 日，教育学院中小学教师“十五”期间继续教育学科指导组及管理指导组成立。该小组主要承担北京中小学教师继续教育与教研科研、业务指导与培训，成员由区县、高校等单位领导 150 人组成。

（郭　坤）

【召开网络教学研究专题研讨会】 4 月 17 日，教育学院召开网络课程教学模式应用研究专题研讨会。会议研讨网络课程教学应用方案、面授与网络学习比重安排、如何有效开展师生之间交流与沟通、如何处理好个性化学习与协同性学习关系、网络课程教学组织与管理、如何建立网络课程教学效果评估体系等问题，到会人员交流网络课程实践心得、体会。来自学院 6 个部门 20 人参加会议。

（郭　坤）

【完成“空中课堂”课程录制任务】

5 月 8 日至 7 月 16 日，教育学院完成“空中课堂”课程录制任务。学院连续在北京电视台教育频道中播出共计 48 课时空中课堂课程。学院信息技术部技术人员担负全部录像及编辑工作。教育学院教授 15 人及教学骨干在“空中课堂”讲座中担任教学任务。

（郭　坤　聂　荣）

【美国外交官汉语培训结束】 6 月 20 日，教育学院完成美国外交官(FSI)汉语培训。该培训学习课程由外交官与教师共同讨论，根据外交官要求设计教学，通过各种语言技能训练，达到在较短时间内掌握汉语语言知识与文化知识目的。培训为期 1 年，来自美国外交官 8 人参加学习。

（郭　坤）

【完成高中新课改培训教材录制】 8 月 15 日至 9 月 6 日，教育学院完成高一年级国家基础教育课程改革实验培训教材录制。该教材分数学、语文、政治、物理、化学、生物、地理、历史、体育 9 个学科，共计 208 课时。该校教师 53 人参加录制。

（郭　坤）

【开办深圳教师培训班】 9 月 15 日，教育学院深圳教育工作者培训班开学。该培训班突出“实际、实用”特点，采用专题讲座教学方法，开设课程改革与管理改革、新课程与教学艺术、新课程与课堂教学改革、课程改革与教研作用等共计 12 门课程，学制 80 课时。来自深圳市宝安区教育工作者 43 人参加学习。教育学院初等教育系是深圳市课程改革研修班承办单位。

（郭　坤）

【成立教师继续教育联合体】 9 月

16 日，北京市中小幼教师继续教育联合体成立。该联合体由北京教育学院发起，各区县教师培训基地 21 家单位共同组建，主要开展教师继续教育理论研讨和政策研究工作。12 月 20 至 21 日，联合体召开第一次工作会议，各区县教委主管领导、教师培训基地院（校）长 70 人参加会议。

（郭　坤　聂　荣）

【外语系举办教学改革专题讲座】 10 月 9 日，教育学院外语系举办教学改革专题讲座。该讲座听取英语教育家张道真《英语语言实验室教学改革》专题报告，并研讨外语课程改革问题。该校英语教师 23 人参加学习。

（郭　坤）

【举办第二外语水平测试】 10 月 12 日，教育学院举办第二外语水平测试。该测试设立日语和俄语两个语种。该校 1999 级、2000 级 84 名学生参加考试。其中，合格 23 人，不合格 61 人。

（郭　坤）

【举办新课改国家研修班】 10 月 12 日至 11 月 5 日，教育学院举办第二期国家基础教育课程改革实验省级骨干培训者研修班。该研修班分为两批，首批 10 月 12 至 22 日，举办中学语文、数学、历史与社会和综合科学 4 个教学班，第二批 10 月 25 日至 11 月 5 日，举办中学物理、历史与社会和综合科学 3 个教学班。来自全国 30 个省市 6 个专业

362 人参加学习。

（郭　坤）

【召开学习王能智先进事迹报告会】 10 月 16 日，教育学院召开学习王能智先进事迹报告会。会议听取王能智《我的经历》专题报告，该报告介绍主人公几十年在教育工作岗位上刻苦学习、不断创新、甘为人梯、辛勤耕耘体会。该院师生 490 人听取报告。

（郭　坤）

【调研千名中小学校长状况】 10 月 24 日，教育学院完成首次千名中小学校长状况调研。该调研采用问卷调查方式，抽取东城、西城、海淀、宣武、朝阳、顺义、大兴、门头沟、石景山、延庆 10 个区（县）作为样本，发放校长问卷 900 份，回收有效问卷 772 份；发放中小学教师问卷 1100 份，回收有效问卷 939 份。同时，完成校长所在区（县）教委问卷调查和 30 名校长访谈。调查分析表明，北京中小学校长队伍总体状况良好，但基础结构、工作方式、核心能力、制度因素方面存在问题。该调研由院长负责，该校教师 20 人参加调研。

（郭　坤）

【首次颁发学士学位】 11 月 8 日，教育学院举行 1999 级本科生毕业典礼。1999 级学生共计 4 个专业 924 名学生，其中，来自中文、数学、外语和教育管理 4 个专业优秀学员 34 人首次获得学士学位。

（郭　坤）

【与韩国祥明大学建立互助关系】

12 月 16 日，教育学院与韩国祥明大学签署合作协议。根据协议，自 2004 年，两校建立姊妹校关系，互相开展教育交流、考察和访问，互派学生开展学习交流。

（郭　坤　聂　荣）

北京宣武红旗业余大学

【概　况】 2003 年，北京宣武红旗业余大学有大专在校生 877 人，毕业 375 人；市委党校红旗大学分院在校生 1090 人，招生 422 人，毕业 160 人；北京理工大学继续教育学院红旗业大教学站在校生 150 人，招生 72 人，毕业 135 人。高等教育职业技术类自学考试招生 249 人。培训中心共培训 1982 人次。红旗业大教职工 160 人，其中，专任教师 63 人，兼职教师 33 人，专任教师中中级以上技术职务 50 人。学校开设计算机应用技术、实用美术和会计等 10 个专业。有专业画室 8 间，计算机房 6 间，计算机 200 台，语音室 3 间，影室、暗房各 1 间，图书馆藏书 6 万册。宣武红旗业大占地面积 32837 平方米，建筑面积 35997 平方米。全年教育经费投入 1002 万元，其中，国家拨款 456 万元，自筹 546 万元。

（杜　敏）

【校园网开通】 2 月，红旗业大校园网开通。该校园网分为信息共享、办公管理和电子教学 3 个部分，通过 WIN2000server 系统，连接 Internet 主干网络，实现各种最新信息共享，内容涉及各个知识领域，如科技、软件、经济、政治等，促进学校教学和科研。校园网 2002 年 12 月开工建设，总投资 2 万元。

（姜小欣）

【设置高考特殊考场】 6 月 7 至 8 日，红旗业大设置全国高等教育统一入学考试宣武区特殊考场。特殊考场为在考试过程中出现“非典”症状考生提供，每个考场只安排 6 个座位，要求所有参与人员完成防控“非典”技能培训，使用各种防护用品，制订严格消毒措施和消毒程序，并提前完成消毒。

（杜　敏）

【开展社区专职工作者岗位培训】 7 月，红旗业大实施社区专职工作者岗位培训。该培训设立邓小平理论、社区建设理论、社区工作相关法律、社区居委会工作实务、计算机基础知识和操作等科目，系统讲授社区党建、社区建设和学习型社区基本理论与专业知识。培训为期 1 个月。来自宣武区社区干部 420 人参加学习。

（姜小欣）

【举办学生艺术作品展会】 10 月 18 日，红旗业大举办“我的红旗，我的风格”展会。该展会由风展红旗书画社主办，参展作品数量、规格、形式不限，突出学生平时学习成果，共展出油画、国画、素描、速写和摄影作品 200 件，建筑雕塑作品 2 件。该校师生 600 人参观展览。

（姜小欣）

【召开第五届教代会】 11 月 28 日，红旗业大召开第五届教职工代表会。会议审议《关于深化校内人事制度改革的意见》、《校内结构工资实施方案》、《关于部门主任、系部主任聘任实施方案》、《关于实行聘用合同制的实施办法》、《对开拓办学部门的奖励办法》、《关于教职工考核实施办法》、《关于实行聘用合同制中未聘人员安置办法》、《机构岗位设置方案》文件。该校教代会代表 27 人参加会议。

（杜　敏）

【完成人事制度改革】 12 月，红旗业大完成人事制度改革。该改革与校内管理体制改革同期进行，先由教职工与学校签订聘用合同，确立劳动关系；学校公布岗位职数、职责、任职资格和任期目标；经过竞职演说、群众评议，确定部门主任；部门主任根据每人所报意向，与主管校长商量确定拟聘人选，最后由学校法人授权聘任。该校全体教职工

143 人参加改革，其中，132 人竞聘上岗。

（杜　敏）

北京市总工会职工大学

【概　况】 2003 年，北京市总工会职工大学有教职工 161 人，其中，专任教师 68 人。教师中有高级专业技术职务 29 人，中级职务 37 人。设有工会干部教育部、大学部、高等职业教育部、职工培训部等 4 个教学管理部门。大学部设有行政管理本科，有企业管理、金融与投资、会计（计算机辅助管理）、法律等专科。高职部设有计算机应用技术、电子商务、会计、英语导游等高职专业。在校学生 2791 人。成人高等学历教育招生 365 人，毕业 380 人；市委党校市总干院分院招生 401 人，毕业 337 人；自考高职招生 214 人。总工会职工大学全年培训工会干部 6734 人，短期培训 4562 人，组织各类考试 6332 人。学校占地面积 20720 平方米，建筑面积 28711 平方米，图书馆藏书 9 万册，固定资产总值 1330 万元。全年教育经费投入 405.5 万元，全部自筹。

（宋艳明　魏　珺）

【召开防控“非典”先进事迹报告会】 7 月 15 日，总工会职大召开防控“非典”先进事迹报告会。会议听取市工人疗养院党委、内科急诊医生、心内病房护士作专题报告，他们结合亲身经历，详细介绍医护人员在防控“非典”斗争中勇于面对各种挑战事迹。该校教职工 120 人参加学习。

（宋艳明　魏　珺）

【编写工会干部培训教程】 7 月，总工会职大编写工会干部培训教程。该教程根据全国总工会轮训要求和市培训规划要求编写，总结工会干部课堂教学实践经验，经过调研、论证和理论升华，从工会理论与工会业务、工会法与劳动法、经济管理与企业管理 3 个方面论证工会干部基本素质。教程共计 16.5 万字。

（宋艳明　魏　珺）

【开展教学质量检查】 9 至 10 月，总工会职大开展教学质量检查。该检查采用发放调查问卷、召开座谈会两种形式，检查员向 16 个教学班 720 名学生发放有效调查问卷 1172 份，完成相关专、兼职教师 51 门课程评价。质量检查召开座谈会 3 次，交流探讨推进素质教育与成人教育特色、改革教学内容与方法等问题。

（宋艳明　魏　珺）

企业教育综合改革

【崇文交流创建学习型企业经验】 2 月 25 日，崇文区教委召开创建学习型企业经验交流会。会议听取崇建工程公司、大龙集团、曙光药业有限责任公司和普仁医院创建学习型组织经验介绍，宣布在企业中扩大创建学习型组织试点单位，推动创建学习型组织活动开展。该区委办局、企事业单位教育干部 68 人参加会议。

（李素珍）

【西城召开创建学习型企业会议】 4 月 2 日，西城区教委召开创建学习型企业、建立现代企业教育制度专题研讨会。会议听取华天公司及有关部门学者专题报告，研讨论证建立学习型企业有关问题。会议研讨如何在企业中树立终身教育学习理念，如何加强企业教育及创建学习型企业等问题。该区 30 家单位参加会议。

（侯百红）

【房山召开学习型企业现场会】 6 月 5 日，房山区教委召开创建学习型企业先进单位工作现场会。会议总结 2002 年学习型企业创建工作，听取崇民防伪印刷集团、利民物资有限公司经验介绍。会议指出，创建学习型企业，有利于深化企业教育综合改革、推动企业传统经营管理改革、推动企业向开发人才科学经营方面改革。同时，能够促进形成学习型社会，提高文明素质，使企业全面和可持续发展。会议要求，增强学习型企业创建工作紧迫感和自觉性，通过学习型企业创建，促进学习化社区建设，推进区域城市化进程。会议提出建立、完善现代企业管理制度，明确岗位培训任务，推进企业教育改革，建立高水平企业教育师资队伍等工作任务。该区企业教育工作者 100 人参加会议。

（李翼明）

【延庆举办学习化社会专题讲座】 8 月 14 日，延庆县教委举办创建学习化社会专题讲座。该讲座在延庆县中医院举办，讲授当今世界知识更新、信息发展对人类要求，医务人员所应具备职业道德等课程。论述终身学习，提高素质重要性。该医院医护人员 68 人参加学习。

（吴铁华）

【举办创建学习型企业理论与实践培训班】 9 月 17 至 18 日，市教委举办发展企业教育创建学习型企业理论与实践培训班。该培训班采用专题讲座形式，邀请有关专家讲授学习型城市、学习型社区和学习型组织建设等共计 6 个专题。来自委、办、局、总公司，各区县教委领导 100 人参加学习。

（武怀海）

【延庆一职举办银行职工培训班】 11 月 4 至 11 日，延庆县第一职业学校举办中国人民银行延庆分行职工培训班。该培训班采用讲座形式，先后讲授礼仪、职业道德和说话技巧等专题。来自中国人民银行延庆分行职工 110 人参加学习。

（王冬梅）

【昌平职校举办中级电工培训班】 11 月 10 日，北京市昌平职业学校技术培训中心举办职工中级电工培训班。该培训班采用专题讲座形式，开设电工基础知识、磁路知识、电磁感应知识、常用电子电路和晶体管知识共计 5 门课程，学制 11 天，经考试合格获得市劳动局电工中级等级证书。来自南口农场各企事业单位电工 23 人参加学习。

（刘文军）

【曙光药业公司通过学习型企业评估】 12 月 12 日，崇文区曙光药业

有限责任公司通过“发展企业教育，创建学习型企业”评估。市教委组织评估专家小组，听取公司学习型企业创建工作汇报，实地查看公司工作情况，并举办干部工人座谈会。评估组认为，该公司创建学习型企业工作起步早，效果明显，同意获得北京市创建学习型企业先进单位称号。曙光药业公司以“所有的学习都是为了工作，在工作中有针对性地自觉学习”为理念，将职工学习成绩与使用、奖惩和增加工资挂钩，全体干部、职工 174 人参加迎奥运英语口语班、计算机等级培训班学习。

（李素珍）

【房山研讨企业人才培养】 12 月 30 日，房山区教委召开企业发展与职成教育人才培养研讨会。会议听取区教委职成教育为经济建设服务工作汇报，讨论企业发展与职成教育对接问题，成教中心、职教中心教育机构分别与区内企业（公司）签订人才培养意向书。该区企业代表 30 人参加会议。

（李翼明）

【评估创建学习型先进企业】 12 月，市教委完成学习型先进企业评估。该评估分企业自评、企业申报和专家组评估 3 个阶段，依照企业人力资源开发与教育培训管理系统、企业教育培训保障系统和企业教育培训实施系统等指标。来自全市 32 家企业参加评估，其中，13 家当选北京市发展企业教育、创建学习型企业先进单位。

（许淑英　武怀海）

【铁路电气化学校完成成人培训】 至年底，北京铁路电气化学校完成年度成人培训教学任务。该任务受北京铁路局委托，选派教师 34 人次，分赴 31 个教学点，累计授课 4528 课时。同时，完成《计算机基础》、《工程力学》和《机械基础》等 6 部非脱产教材编写，刻录教学光盘 2000 盘。

（丰　艳）

农村成人教育

【平谷分校总结农技培训工作】 1 月 10 日，农广校平谷分校召开农民实用技术培训工作总结会。会议听取培训工作总结，表彰先进工作者。该校师生 120 人参加会议。2002 年该校完成区委、区政府现代化农业千人培训考核目标，实际有 1011 人取得绿色证书，其中果树专业 95%，蔬菜专业 5%。

（岳广顺）

【视导怀柔农民网络学校】 3 月 12 日，市教委视导怀柔区农民网络学校。视导组听取杨宋镇镇、村两级农民网络学校工作汇报，察看网络教学设施。视导组要求农村镇、村应该利用中小学和农民网校教育设施，实现资源整合和共享，引导农民走科技致富之路。怀柔区要总结杨宋镇农民教育先进经验，以点带面，促进农村教育全面开展。

（杜书霞）

【农职院召开咨询热线研讨会】 3 月 14 日，北京农业职业学院召开农

业专家咨询热线研讨会。会议回顾热线开通两年工作情况，总结经验，分析问题，注重研讨制订发展规划。会议认为，热线应开展上门服务，从事面对面指导培训，加快农业实用技术推广。该热线于2001年开通，由农职院所属农村实用技术服务中心主办。两年来，咨询热线共答复咨询电话2500个，上门服务100次；赠送图书4000册，发放农业技术多媒体光盘1000盘，提供实用技术资料2万份。

（迟全勃）

【采育镇开展成人教育】 4月2至3日，大兴区采育镇成人学校开展成人教育。2日，举办《婚姻法》、《未成年人保护法》、《工会法》、《市民道德行为规范》以及种植、养殖技术培训，发放宣传材料4000份，培训农民4000人。3日，举办农村剩余劳动力就业指导培训，农民700人参加学习。

（李金艳）

【怀柔总结农村学校达标工作】 4月4日，怀柔区教委召开农村成人教育达标村校总结表彰会。会议参观杨宋镇张自口村、杨宋庄村、北房镇附马庄村和怀北镇西庄村4所成人教育学校，分别听取3个镇农村成人教育整体情况介绍、村校建设经验及村成人教育发展规划汇报，表彰奖励81所达标村校13.5万元。该区各镇（乡）领导及部分达标村校校长代表50人参加会议。怀柔区农村成人学校建设始于1987年，已建成区级达标农村学校108所，全区14个乡镇分别建立独立设置成人学校。

（杜书霞）

【长哨营乡举办科技赶集活动】 4月，怀柔区长哨营满族乡成教中心举办科技赶集活动。该活动与乡科技站、乡养殖协会共同举办，展出土地法规、环保、种植技术等知识展板40块，接受农业科技、法律、畜牧养殖、计划生育知识咨询500人次，发放《动物检疫法》、《野生动物保护法》和《肉鸡养殖技术》等宣传材料6000份。该乡群众3000人参加活动。

（杜书霞）

【南定福村开展农民信息化培训】 4月，平谷区马昌营镇南定福村开展农民信息化培训。该村自筹资金10万元，购置19台计算机及多媒体设备，建立农民电子信息室，培训计算机操作及网络基础知识。首期共有103名农民参加学习。

（李　强）

【马坊镇举办“农转非”人员培训】 5月20日，平谷区马坊镇成人学校举办“农转非”人员转岗再就业培训班。该培训班设立花卉栽培技术专业，学制1个月，首批招生120人。马坊镇政府制订《农转非人员转岗再就业培训实施意见》，要求采用定向定岗、校企联合办学、远程教育形式，完成农转非人员职业技术和从业艺术培训。

（岳广顺）

【平谷分校实施农业现代化培训】 6月30日，农广校平谷分校召开农业现代化培训工程动员会。会议听取区政府《实施科教兴农战略，加强农民培训工作，为造就21世纪新型农民而努力》工作报告，宣读《关于大力发展农村成人教育、深入实施农业现代化培训工程，全面提高农村劳动者素质的意见》等文件，印发绿色证书培训师资库教师名单、绿色证书培训教学计划，向37名绿色证书培训教师颁发聘书。该区教委、区农委、各乡镇领导和教师70人参加会议。

（岳广顺）

【长阳镇举办葡萄栽培培训班】 7月3日，房山区长阳镇成人学校举办葡萄栽培新技术培训班。该培训班邀请北京农学院、中国葡萄协会学者讲授病虫害防治、温室葡萄采摘后管理课程，并完成现场指导。来自该镇5个村160名果农参加学习。

（李翼明）

【张坊镇举办果树管理残疾人培训班】 7月28日，房山区张坊镇成人学校举办果树管理残疾人培训班。该培训班邀请区林业学会、特教中心教师讲授猕猴桃、磨盘柿等果树养植培育知识，并通过考试检验培训效果。该镇105名残疾人果农参加学习，其中，100人获得“绿色证书”。

（李翼明）

【电大顺义分校11期农大脱产班开学】 8月31日，电大顺义分校第11期中国农业大学脱产班开学。该脱产班分为市场营销、公共管理、工商管理、财务会计4个专业，开设101门课程，学制2年，考试合格者获得大专学历。脱产班共招生220人。1993年，电大顺义分校与中国农业大学联合办学，共招收学员71人，其中毕业71人。

（聂　鑫）

【平谷二职校完成转岗就业培训】 8至12月，平谷区第二职业学校完成两期青年农民转岗再就业技能培训。该培训班开设汽车修理与驾驶、计算机操作、烹饪、中文速记等13个专业，该区青年农民800人参加学习。

（焦艳茹）

【南独乐河镇社区教育中心成立】 9月1日，平谷区南独乐河镇社区教育中心成立。该中心位于峨嵋山村，占地面积4.26万平方米，建筑面积2100平方米，建有计算机房、多媒体教室，配备30台计算机、多媒体教学设备、部分桌椅、书架和图书，总投资425万元，其中，区教委投资25万元。9月29日，中心通过教育部、市教委市级示范性社区教育中心评估。这是北京市首家农村社区教育中心。

（岳广顺）

【平谷验收示范村成人学校】 9月2至18日，平谷区教委、区农委联合完成区级示范村成人学校评估。验收组根据示范村成人学校（社区文明大院）标准，采用实地考察方法评估。该区12所村成人学校参加验收，其中，刘店镇万庄子村、峪口镇兴隆庄村、夏各庄镇夏各庄村成为首批区级示范村成人学校。至年底，平谷区共有244个行政村建立村成人学校。

（岳广顺）

【永顺镇成人学校本科班开学】 9月6日，通州区永顺镇成人学校本科班开学。该教学班与市委党校物资分院联合举办，开设现代物资管理专业，设有《物流学概论》、《仓储管理学》和《物流实物学》等17门课程，聘请市物资学院和电大教师负责教学，学制3年。首批39名学员分别来自镇、村两级干部和乡镇企业职工。

（勾庆祥）

【昌平职校举办餐饮服务培训班】 11月3日，昌平职业学校培训中心举办首届农村餐饮服务技能培训班。该培训班采用专题讲座形式，开

设民俗旅游、餐饮和服务管理等课程。学制10天，经考试合格获得市劳动局餐厅服务员初级资格证书。来自兴寿镇桃峪口村农民30人参加学习。

（刘文军　刘江禹　赵　爽）

【延庆一职举办民俗户培训班】 11月9至20日，延庆县第一职业学校举办民俗户培训班。该培训班采用讲座形式，讲授礼仪、室内布置和四海镇民俗史等专题。来自四海镇民俗户78人参加学习。

（吴铁华）

【康庄镇举办村民转岗培训】 12月9日，延庆县康庄镇刁营村举办村民转岗再就业培训班。该培训班由延庆一职、成教中心和县疾控中心教师担任教学，专题讲授烹饪知识、礼仪常识、园林绿化、家政服务、延庆历史与文化等15项课程，共计74课时。讲座历时10天，该镇68名村民参加学习，全部获得农村技术资格证书。

（吴铁华）

【平谷分校培训桃树修剪技术】 12月25至26日，平谷农广校举办桃树修剪技术培训班。该培训班讲解桃树冬剪依据、桃树整形剪枝技术要点、成树改造技术要点、桃树整形修剪依据、桃树整形修剪技术、效果及注意问题和桃树冬季病虫害防治要点，专业人员研讨桃树品种改造、套袋技术及增产增收等问题。该校果树专业教师、各乡镇果树技术员43人参加学习。

（岳广顺）

社　区　教　育

【海大与田村路街道合作办学】 1月20日，海淀走读大学中国传统文化学院与海淀区田村路街道办事处签订合作办学协议。依据协议，海大社区管理专业学生帮助海淀区建设健康、文明社区。田村路街道办事处聘请海大15名学生担任居委会主任助理，并配备指导教师，共同开展社区教育系列活动。田村路街道办事处作为社区管理专业稳定实训基地，参与教学、实习活动。

（徐　莹）

【建工学院成立学生宣讲团】 1月，北京建筑工程学院大学生十六大精神宣讲团成立。该宣讲团共计29支队伍，负责进入社区开展十六

大、市第九次党代会精神、奥运行动规划、首都现代化建设成就、全面建设小康社会奋斗目标和北京“绿色奥运、人文奥运、科技奥运”理念等。该校学生140人参加活动，先后完成西城区20个社区宣讲任务。

（黄　琇）

【广内社区学院成立】 3月26日，

宣武社区学院广内社区分院成立。该社区学院设在宣武区第一职业学校培训中心，根据社会需求担负开展多层次社区教育活动。

（于和华）

【三十三中阳光社区培训学校成立】 3月28日，西城区阳光社区培训学校在三十三中成立。该学校以三十三中为载体，依靠月坛社区，通过市场化方式，满足社区从幼儿至老年人，不同人群、不同团体学习技能培训和文化娱乐方面需求，探索月坛社区学习型组织模式。来自北京武警官兵70人参加首期3个月计算

机技能学习。

（王华芬）

【崇文培训市民学校校长教师】 4月1至2日，崇文区教委举办市民学校校长、教师培训班。该培训班从理论上论证市民学校重要性，明确市民教育在社区教育中地位、作用。同时，举办文化基础课专题讲座，提高社区干部应用写作知识。该区各街道市民学校校长、教师76人参加学习。

（李素珍）

【顺义开展大众英语角学习活动】 4月12日，顺义区政府开展大众英语角活动。该英语角设在区科委和区教师之家，分为大众角、学生角、风采角三种形式，其中，大众角帮助普通市民学习、交流大众英语；学生角面向中小学生，培养学生听说能力；风采角由各单位主办，展示外语学习成果。英语角每月第二、四星期的六、日9时至11时举办，由回国人员、英语教师和外籍教师担任主持人。至年底，共举办英语角活动96次，其中，大众角32次、学生角32次、风采角32次，2100名市民参加学习。

（赵云霞）

【房山召开社区教育工作现场会】

6月24日，房山区教委召开社区教育工作现场会。会议要求创建文明市民学校纳入教育管理，形成具有区域特点学习型社会，增强市民终身学习意识，提高全民文化素养。会议提出，创建首都文明区和学习型社会目标，加强社区教育网络机构建设，争创学习型社区、学习型组织及学习型家庭，创建评估检查体系等工作任务。会议向16所新建文明市民学校颁牌。该区文明市民学校、社区教育领导80人参加会议。

（李翼明）

【宣武一职召开社区教育工作会】 7月10日，宣武区第一职业学校召开社区教育工作会议。会议听取社区教育工作情况通报，研讨社区教育、职业培训、科技文化活动等问题。会议与广安门内街道办事处联合举办，19个街道居委会领导参加会议。

（于和华）

【丰台选派社区教育专职教师】 7月，丰台区教委选派首批专职社区教育工作人员。首批专职教师通过自愿报名、单位选拔、“两委”办公会核定等程序，并完成为期2个月专业培养。首批专职教师共计32人，全部进驻16个街道工作。

（林　宇）

【广内社区教育网开通】 8月11日，宣武区广内社区教育网开通。该网络与宣武区第一职业学校联合举办，以提高社区成员综合素质和生活质量为宗旨，开办社区教育新闻、社区分院、学习型社区、终身教育等栏目，宣传社区教育理念，指导市民生活，满足市民教育需求。网址：www.xwgn.gov.cn。至年底，点击率3万次。

（张志怀　于和华）

【海淀召开社区建设现场会】 8月29日，中共海淀区委、区政府在北京航空航天大学召开推进大院社区建设工作现场会。参加会议者参观北航社区建设，听取北航社区工作、地方政府与北航合作共建情况汇报，交流社区工作经验。该区37家社区工作成员单位领导、22个街道办事处主管主任200人参加会议。

（陈　颖）

【昌平机关幼儿园开展社区服务】 10月18日，昌平区机关幼儿园在亢山广场举办社区服务活动。该活动以“家园携手，共育未来”为主题，举办分发家教知识宣传材料、手工制做、讲故事和亲子游戏等活动。来自社区幼儿、家长共500人参加活动。

（廖　熠）

【崇文举办首届市民书画展】 10

月22至24日，崇文区市民总校举办首届市民书画展。来自7所市民分校76名学员147幅作品参加展览，其中，绘画72幅、书法75幅。经评选，4幅作品获得一等奖。

（李素珍）

【举办残疾人老年人计算机培训班】

10月，宣武区第一职业学校培训中心举办社区残疾人、老年人计算机培训班。该培训班采用互动学习方式，开设计算机文字录入、计算机应用基础培训等课程。广内社区居民25人参加学习。

（于和华）

【工商大学开展社区英语教育】 11月，北京工商大学“社区义务英语普及”活动取得成绩。该校创业实践协会在海淀区阜北社区建立教学点，以《北京市民100句》、《北京市民讲英语》为教材，每周坚持授课两次；阜北社区以老年活动中心作为教室，组织社区人员参加学习。活动开始于2002年11月，1年来该校有50余名学生参加义务普及英语活动，社区有1200人次参加学习。

（王晓华）

【宣武一职举办计算机培训班】 11月和12月，宣武区第一职业学校培训中心举办两期计算机培训班。该培训班采用互动式学习方式，开设Windows98、Word和Excel等模块基础知识课程、计算机信息化管理、网络办公必备专业知识课程。来自广内社区主任、17名协管员共140人参加学习。

（于和华）

【大兴成立社区教育联合会】 12月3日，大兴区黄村西里社区教育联合会成立。该联合会由黄村三中、黄村镇派出所、黄村西里社区居委会共同组建，负责“阳光”、“彩虹”、“天使”党员、团员、少先队员三级志愿服务队与老年志愿服务队组建、日常管理和开展活动，加强社会、学校、家庭三方对学生教育合力。

（李金艳　张利欣）

【西辛房小学召开社区教育会】 12月11日，门头沟区西辛房小学召开街校互动共建美好家园社区教育工作会。会议听取学校美德教育双向辐射式研究报告、科学开展社区教育活动情况介绍和今后工作设想，并展示部分活动照片；听取办事处、成教中心关于开展“街校互动共建美好家园”假期学生活动安排。会议同时选举产生社区教育领导小组。该校所处东辛房办事处、派出所、成教中心及村镇居委会干部50人参加会议。

（石明廷）

社区教育学院（部分）

中关村学院

【概　况】 2003年，中关村学院设有19个专业，招生2143人，毕业653人，在校生3728人；教职工109人，其中，专任教师75人。物、化、生实验室和各种专用教室38间，体育场地17830平方米，图书馆藏书8.8万册。学校占地面积67235平方米，建筑面积27812平方米，固定资产总值3483万元。全年教育投入1280万元，其中，国家拨款720万元，自筹560万元。

（李传红）

【建立新教师导师制度】 8至9月，中关村学院建立新教师导师制度。该制度选派老教师担任新教师导师，采用指导、共同研究方式，指导新教师教学科研工作，使其尽快进入教师角色，适应学院教学科研需要。首批选派导师共计12人。

（李传红）

【首次举办公开课活动】 10至11月，中关村学院首次举办公开课活动。该公开课要求课堂教学展示各自特色，同时完成全程录像和现场点评打分。来自4个系4名教师参加公开课活动，60人次参加听课。

（李传红）

【入选物流师资格认证中心】 11月28日，中关村学院入选首批物流师职业资格认证培训中心。该中心由中国物流与采购联合会、全国物流标准化技术委员会联合认证，主要负责培训工作。首批全国共有7家单位当选。

（李传红）

【与当代商城联合办学】 12月9日，中关村学院与北京当代商城联合办学协议签字。根据协议，学院为商城开展物流师、电子营销员培训；商城为学院学员提供实习岗位，并择优录用学生。

（王志勇）

石景山社区学院

【概　况】 2003年，石景山区业余大学暨石景山社区学院开设专业40个，其中，业大开设专科专业15个，电大开设本科专业10个，专科专业14个，中专专业1个；教学班58个；招生1355人，毕业487人，在校生2350人；教职工150人，其中，专任教师43人，高级专业技术职务10人。有计算机房、视听阅览室、财模室、音乐教室、舞蹈房、钢琴房等专业教室69间，各种专用教室83间，体育场地4800平方米，图书馆藏书10.9万册。学校占地面积25480.5平方米，建筑面积25471平方米。全年教育投入1524.95万元，其中，国家拨款696.42万元，自筹828.53万元。网址：www.sjsyd.com.cn。

（王　松）

【与中科院研究生院联合办学】 3月，石景山社区学院与中国科学院研究生院培训中心签订合作办学协议。根据协议，双方联合在社区学院东学区面向全国招收英国商业与技术教育委员会（BTEC）计算机专业和高等教育自学考试学生。培训中心高教自考班通过率达90%。

（王　松）

【举办社区专职干部岗位培训班】 7月12日，石景山社区学院社区专职工作者第二期岗位培训班开学。该培训班采用专题讲座形式，邀请市民政局、北京社科院和石景山区政府干部、学者讲授《社区工作实务》等课程，学制2个月。来自石景山社

区专职工作者181人参加学习，经市民政局统一考试，全部取得北京市社区专职工作资格证书。

（张云波）

【新教学楼落成】　7月25日，石景

山社区学院新教学楼落成。该楼占地面积489.44平方米，建筑面积2447.2平方米，拥有7间专用教室、2间美术天光教室、学生宿舍51间，可容纳400人。教学楼2002年12月开工建设，总投资423万元。

（李贝贝）

【举办公益英语广场活动】　10月12日，石景山社区学院举办迎奥运市民公益英语广场活动。该活动利用每月第二个周日，在公园、广场和

街道社区开展群众学英语活动，提高石景山区市民整体英语水平。

（许怀达）

丰台社区学院

【概　况】　2003年，丰台社区学院开设经济管理、会计和电脑美术等28个专业，77个教学班。招生1170人，毕业670人，在校生3544人，各类短期培训3905人。教职工88人，其中，专任教师37人，高级专业技术职务16人；大专以上学历75人。学院占地面积53280平方米，建筑面积23100平方米，固定资产总值429万元。全年教育经费投入537万元，其中，国家拨款173万元，自筹364万元。

（陈爱民）

【开展社区教育培训工作】　3月8日，丰台社区学院社区工作者培训中心、市民学校总校（社区教育指导中心）成立。两个机构均为社区教育专职工作者培训机构，负责推动社区教育开展。4至6月，培训中心首次完成社区专职工作人员培训，32人参加学习。

（陈　军）

【举办"农转非"人员岗前培训班】　4至5月，丰台社区学院举办"农转非"人员岗前培训班。该培训班开设现代企业知识、员工素质和物业管理岗前培训课程。参加中关村科技园区（丰台园）二期工程"农转非"工人243人参加学习，全部获得上岗证书。

（李志民）

【培训社区教育专职人员】　8至10月，丰台社区学院（社区教育指导中心）完成社区教育专职人员培训。该培训按照民政局要求，采用集中授课方式，讲授社会概论、社区建设和社区实务等7门课程。该区社区教育专职工作者449人参加学习。

（陈　军）

【举办社区教育领导专题讲座】　10月，丰台社区学院（社区教育指导中心）举办社区教育领导干部专题讲座。该讲座邀请北京市学习化社区先进区县评估专家组成员作《创建学习化社区的理论与实践》专题讲座，并发放1000份学习指导材料。该区16个街道、243个社区主管社会教育工作领导449人参加学习。

（陈　军）

远　程　教　育

网络教育

【中科院召开英语教学会议】　1月15日，中科院研究生院远程与继续教育学院召开首次英语学科专家委员会教学工作会。会议审议《研究生课程进修班英语教学大纲（草案）》，研讨英语教学目的、课时要求和教学方式，并形成一致意见，会议提出编写研究生课程进修班英语教材及参考文献等建议。中科院研究生院远程与继续教育学院英语教学取得成绩，参加同等学力申请硕士学位课程全国统考学员，英语通过率52.8%，高于北京市同级考试平均水平19个百分点。

（肖　斌）

【北广召开远程教育主讲教师会】　2月28日，北京广播学院召开现代远程教育学年度第二学期主讲教师会。会议要求主讲教师统一教学要

求，明确职责，采用更加熟悉的现代远程教育教学模式，更好发挥主导作用。该校高中起点本专科新闻学专业、专科起点本科新闻学专业、广告学专业、通信工程学专业部分主讲教师50人参加会议。

（张桂凤）

【北大附中银川远程教育学校落成】 3月，北大附中远程教育示范学校在银川四中落成。该校利用远程教育网，通过卫星和国际互联网（Internet）两种通讯形式，同步即时传送优秀教育资源。其中，卫星主要传送北大附中课堂实况，涵盖各年级各学科重点、难点章节和习题课、试卷讲评课等；互联网主要传送北大附中文字教学资料，各年级各学科教师教案及各种习题、试卷等。同时，远程教育学校承担为银川四中培训、交流教师和学生任务。北大附中远程教育网由北大附中和联想集团共同建设，总投资97.8万元，与全国300家中学联网，实现优质教育资源共享。

（宋亚甫）

【北外开通“名师在线”】 4月5日，北京外国语大学网络学院开通助学项目“名师在线”。该项目由北外网络学院英语俱乐部举办，课程由设计与开发中心等部门联合设计，邀请知名学者及教授开设系列讲座，通过名师信箱、在线直播、在线转播等栏目，开设英语学习方法沙龙、英语知识专题沙龙、网络学习方法沙龙和课程学习指导沙龙4个系列讲座。

（李　勇）

【开设“课堂在线”网络教学】 4月

24日，市教委开设“课堂在线”网络教学。网络面向全市中小学生，设16个学科，教育网络信息中心负责网络环境建设与维护，教科院负责教学形式、内容及相关工作组织和各学科在线答疑。“课堂在线”开通后，点击总次数6.7亿次，在线答疑630.8万道题，在线答疑教师达31.8万人次。

（倪美娟）

【十九中同步课堂网校开通】 5月8日，北京市第十九中学同步课堂网校开通。该网校由智博公司无偿支持，利用面向大西北“基础教育同步课堂”资源，将45分钟正常授课时间压缩成15分钟，有讲解、例题和作业等。

（吴欣如）

【北广举办新闻采访人员培训班】 5月9日，北京广播学院举办全国新闻采编人员资格培训班。该培训班开设总论、政策法规和新闻理论等14门课程，利用网络，辅以影碟机（VCD）授课，在贵州电视台《空中课堂》栏目播出。来自全国30个省市（自治区）广播影视局9万名新闻采编人员参加学习，其中，西部12个省区共计3万人。

（张桂凤）

【8家网络学校开放教育资源】 5月12日，市教委宣布北京8家网络学校开放教育资源。8家教育机构分别是北京景山教育网、北京汇文网校、101远程教育网、人大附中教育网、北京育才网校、北京五中网校、北大附中网校和北京二中网校。开放资源包括免费开放网络教育资源，在停课放假时期实现全方位教育资源全体学生共享。同时，8家网校把学习进入步骤简化至最低点，免除繁琐注册登录手续，使学生访问即可直接下载。

（倪美娟）

【北邮毕业生完成网络答辩】 5月19日至6月15日，北京邮电大学网络教育学院完成首次网络答辩。答辩利用远程教育网（ATM）和会议视频系统，教师在学院远程主播

室，与各地教学总站远程教室学生进行实时交流、答疑，并指导答辩。来自广东、福建和辽宁等地150名“计算机科学与技术”专业首届毕业生参加答辩。

（李　萍　刘如林）

【北广现代远程教育开学】 9月19日，北京广播学院现代远程教育开学。开学典礼利用国家有线电视网和视频会议系统连接学院中心远程教育中心主教室和18个省市校外学习中心分会场。来自全国2400名新生分别在各地参加开学典礼。北广现代远程教育开办于2001年，开设新闻学、广告学和通信工程等7个专业，包括本、专科层次教育，在册学生共计5523人。

（张桂凤）

【北交大举办美国课程国际论坛】 9月23至24日，北京交通大学举办美国麻省理工学院（MIT）开放式课程国际论坛。该论坛与美国国际工程技术公司（IET）基金会、MIT联合举办，美国专家和26所国际工程技术公司（IET）基金会成员学校，67所现代远程教育试点学校，44所电大代表及部分企业界人士200人参加会议。2001年4月，美国麻省理工学院实施“开放式课程”计划，将学校所有课程教学资料在网上公布，供全世界学者免费使用。至2003年网上公布2000门课程。

（张其坤）

【卫星学校召开教学总结会】 9月28日，北师大实验中学卫星学校召开教学总结会。会议总结学校教学和各地小站发展情况，表彰2个先进备课组和17名优秀教师。该校师生90人参加会议。至年底，该校地

面小站发展到近百个，有近6万名学生收看卫星学校课程，还有近千名教师与各地学生同时收看。实验中学卫星学校创建于2001年，主要开展升学辅导课程，拥有河北、新疆和广东等15个省区53个教学站，300名教师参与教学站辅导工作，在册学生达到6万人。

（王新新）

【平谷总结农村远程教育】　10月18日，平谷区教委召开农村远程教育工作总结会。会议指出，农村远程教育要坚持农、科、教相结合，坚持典型引路，发挥大华山镇成人学校和南独乐河镇社区教育中心示范作用，推进农村远程教育良性发展。该区农村教育工作者80人参加会议。至10月15日，平谷区共建立30个远程教育基地，通过互联网、有线广播电视系统培训农民8000多人次，初步建立区农广校、镇村成人学校和农民家庭立体远程教育网络。

（岳广顺）

【农大开通农业科技与教育网站】　11月2日，高校农业科技与教育网络联盟及其网站在中国农业大学开通。该联盟建立中心门户网站和各地分网站，覆盖各联盟高校农业科技、教育资源，以农业部门、农业协会、涉农企业和农户为服务对象，通过现代信息技术手段，实现对不同技术需求用户个性服务。教育部、科技部、农业部和全国首批8个农林重点大学领导40人参加开通仪式。

（郭立群）

【供销学校入选东北农大远程教育点】　11月，北京市供销学校入选东北农业大学现代远程教育北京学习中心。该中心开设工商管理、会计和法学专业教学，分为专、本科两个层次，首批招收学员23人。

（李战屹）

函授教育

【舞院完成中国舞考级调研】　7月5日至8月26日，北京舞蹈学院完成中国舞考级调研工作。调研采用问卷和访谈形式，走访13个省21个市26所学校及培训中心，该校艺术传播系23名学生参加调查，共发放问卷3868份，回收3120份，有效问卷2400份，完成4万字调研报告，2万字营销战略论文，系统总结中国舞考级教学点情况。

（肖卫兵）

【十中开办函授写作班】　8月6日，北京市第十中学开办函授写作班。该写作班与《中国中学生报》联合主办，由《中国中学生报》编辑和北京十中语文教师等9人执教，开设《怎样选材》、《怎样使语言更生动》、《怎样修改作文》、《写作技巧》和《写作常识》共计5门课程，学制3年。来自北京十中初二和高一年级118名学生参加学习，优秀习作编辑成《百草园》。

（刁春华）

【财经大学建立盘锦函授站】　10月12日，中央财经大学继续教育学院建立盘锦函授站。根据协议，财经大学继续教育学院在辽宁省盘锦市财政局建立盘锦函授站，招收会计学专业专科学历层次成人学生。至此，财经大学函授站（点）达到58个，学生4609人。

（韦　红　张京平）

【北邮召开函授远程教育工作会议】

12月5日，北京邮电大学召开函授、远程教育工作会议。会议通报网络教育学院发展战略及学院改革情况，研讨函授教育有关问题。来自全国20个省24个教学中心主管领导及教师69人参加会议。北邮函授教育开始于1956年，拥有注册学生19883人。

（李　萍）

远程教育单位

北京广播电视大学

校　　长　林文漪（兼）
党委书记　卢松明（4月免）
　　　　　　赵国森（4月任）

【概　况】　2003年，北京广播电视大学所属分校18个、工作站20个，另有办学点5个。高等专科学历教育开设13个专业，毕业1334人，招生915人，在校生3498人；开放教育本科开设13个专业，毕业2112人，招生（春、秋两季）8323人，在校生20168人；开放教育专科开设17个专业，毕业生610人，招生（春、秋两季）11817人，在校生24649人；注册视听生开设5个专业，毕业生475人，在校生2125人；中等专业学历教育毕业生1106人，招生1547人，在校生3920人。非学历教育培训与考试结业12612人，招生15970人，在校生10950人。全市电大共有教职工1488人，其中，专任教师583人。全市电大固定资产总值23832万元，其中，教学设备7270万元，新增设备1347万元；拥有教学计算机3395台，语音实验室座位929个，多媒体教室座位5144个。网上教学课程1196门；建设多媒体教学资源52个专业321门课程；开发建设流媒体课件460课时。拥有图书38.94万册，电子图书8219片。全市电大学校产权建筑面积135091平方米；非学校产权建筑面积259639平方米。北京电大校本部有教职工270人，其中，专任教师63人，固定资产总值4083万元，校舍建筑总面积17925平方米，网上教学课程239门，图书3.5万册，电子图书2000片。全年教育经费投入6135万元，其中，国拨经费1928万元，自筹4207万元。学校网址：www.btvu.org。

（高勤丽）

【与香港明爱签订合作办学意向】

1月9日，北京电大与香港明爱成人及高等教育服务签订合作办学意向。双方今后在成人教育、终身教育领域合作交流，共同开发双方感兴趣的课程。

（高勤丽　刘爱军）

【完成期末考试专项督导】 1月，北京电大完成期末考试专项督导。该督导面向全市各电大分校（工作站），设立组织、管理、阅卷、评卷、登分和考点组考、考试实施、考风考纪检查项目，重点是教务处工作、分校（工作站）考风考纪和阅卷质量审核及试卷抽样分析。来自全市39个分校（工作站）参加督导。

（唐　鹏）

【完成试点项目年报年检】 3月10日，北京电大完成年度中央广播电视大学人才培养模式改革和开放教育试点项目年报年检。年检依照中央电大年报年检实施办法、省级电大自查要点和统计表要求，完成全市37家试点单位和校本部数据采集，并利用办公自动化（OA）系统填报，共计19种，涵盖各试点单位教学、管理、技术、研究人员、教学资源、实践教学环节、学生注册、考点设置等基本情况。年检报告包括各试点工作地址、试点队伍建设、多种媒体教学资源建设与应用、招生与入学测试、教学模式改革和实施、实践性教学环节、学习支持服务、课程考核与考试工作、教学管理模式改革、试点课题研究、自评共计11个方面。

（唐　鹏）

【完成春季开放教育招生工作】 3月，北京电大春季开放教育招生工作结束。此次招生共开设21个专业，其中，本科专业9个、专科专业12个。本年新开设行政管理和现代文员两个专科专业。录取新生6495人，其中，专科3740人，本科2755人。共有28个试点教学点招生，其中海淀卫校、公务员培训中心、市检察院为新增试点教学点。

（唐　鹏）

【推出3门电视新课】 3月，北京电大推出3门电视新课程。3门课程分别是《会计政策判断与选择》、《市场营销学》和《高等数学（B）》共计2700分钟，课程图像质量好、电子课件制作精良，北京电视台技术审核一次全部合格。

（唐　鹏）

【举办试卷分析培训班】 4月15日，北京电大举办命题与试卷分析专题培训班。该培训班邀请刘德荫教授讲解考试定义、数字特征、经典测量理论基本假设、试题难度与区分度、试卷信度与效度计算方法及评分标准等专题。电大本部及分校（工作站）教师共60人参加学习。

（唐　鹏）

【举办英语教学培训班】 4月16至18日，北京电大举办英语教学与师资培训班。该培训班采用专题演讲、座谈和观摩示范3种形式，先后听取中央电大外语部、北师大外语学院关于电大英语教学特点、发展和英语教学新趋势专题讲座；举办教学管理干部及教师座谈会，交流教学形式和内容、课程变化与教学要求；举办本科专业主干课程示范课，完成现场教学法观摩演示。各分校（工作站）领导、教学管理人员及英语专兼职教师52人参加学习。

（唐　鹏）

【召开网络教学工作会议】 5月21日，北京电大召开网络教学工作会议。会议利用城域校园网，通报近期教学工作情况和工作要求，强调加强网络教学资源建设和交互式教学，强化教学组织管理和远程学习引导、指导及服务工作。来自36所分校教学管理干部50人参加学习。

（高勤丽）

【首次举办学位英语网络考试】 6月28日，北京电大举办工商管理专业学位英语网络考试。该考试由北京电大继续教育学院组织，利用中央电大网络考试系统进行。该校学生205人参加考试。这是电大首次利用网络举办学位英语考试。

（唐　鹏）

【成立奥鹏远程教育学习中心】 7月5日，北京电大奥鹏远程教育中心成立。该中心隶属于北京电大，主要负责远程教育工作，采用网络、激光视盘和电视教学方法，利用高等学校远程教育公共服务体系资源，开办专、本科层次教育。

（唐　鹏）

【电大首图教学实践基地成立】 7月17日，北京电大首都图书馆教学实践基地成立。该基地与首都图书馆联合建立，电大利用图书馆文化资源优势，传播先进文化思想，面向学生实施素质教育；图书馆利用电大网络、学生资源，发挥支持教育、服务社会和传播文化功能。基地是电大第一个校级实践基地，也是首

都图书馆历史上第一次与高等学校合作项目。

（高勤丽　唐　鹏）

【赠送护理学专业学生教学资料】 7月22日，北京电大向护理学专业学生赠送教学资料。这批教学资料赠予全市近千名护理学专业在校学生，分为光盘与文字材料两部分，涵盖护理学专业全部课程。“非典”防疫期间，北京电大护理学专业学生以责任感、使命感和职业道德，参加一线救护工作。

（高勤丽）

【航天部二院工作站恢复招生】 8月24日，北京电大航天部二院工作站恢复招生。该工作站开设现代远程开放教育电子信息技术专科专业，共计招收学生196人。电大航天部二院工作站于1987年开设，1991年停止招生。

（唐　鹏）

【完成校园网主网站改版】 9月，北京电大完成校园网主网站改版。改版后，校园网强化整体设计，整合各栏目资源，突出对外宣传和教学活动，开设学校概况、办学形式、招生信息、教学教务、社会考试、学术研究、校园文化栏目。首页设置公告版、最新消息、远教动态及校内平台链接。

（唐　鹏）

【开放教育学院实行网络刷卡制】 10月13日，北京电大开放教育学院实行网络刷卡制度。该制度省去繁琐登记手续，学生凭借一张磁卡可以在视听阅览室查看、下载网络信息。磁卡载有学员姓名、专业、年级、上网次数、各专业在校上网人数等相关信息，为教师掌握学员网络学习情况提供方便。刷卡制度首先在秋季新生和部分往届学生935人中实行。

（唐　鹏）

【召开电大分校工作会】 12月3至5日，北京电大招开电大分校（工作站）工作会。会议听取北京电大工作主报告，听取市教委《关于新时期高等教育发展与成人高等教育体制创新若干问题的思考》专题报告，部署2004年春季招生工作。会议采用分组讨论形式，交流加强师资队伍建设，加强资源建设，做好开放教育试点工作，分校（工作站）发展定位，电大教育向农村延伸，强化电大系统校园文化建设等教学管理问题。来自42所分校（工作站）负责人和主管部门领导80人参加会议。

（高勤丽）

【开放教育学院召开首次学代会】 12月20日，北京电大开放教育学院召开首次学生代表会议。会议选举产生第一届学生会委员，确立结合成人教育特点，发挥远程开放教育优势，利用各种远程交互技术开展学生活动，促进远程开放教育环境下学员全面发展，探索远程开放教育环境下学生会工作模式和规律。来自中央电大和开放教育学院18个专业6个年级学生代表120人参加会议。

（唐　鹏）

北京市广播电视中等专业学校

【概　况】 2003年，北京市广播电视中等专业学校开设13个专业，全年招生1500人，毕业2000人，在校生4000人。学校占地面积7000平方米，建筑面积4100平方米。全年投入教育经费213万元，其中，国家拨款159万元，自筹经费54万元。在全市共有24所办学单位，其中，分校7所，工作站17个。

（齐长兴）

【新增康复保健专业】 3月10日，电视中专新增康复保健中等教育专业。该专业开设解剖学、生理学和病理学共计17门课程，主要培养康复保健人才，学制3年。新专业于2004年开始招生。

（齐长兴）

【试行学分制】 9月1日，电视中专获准试行学分制。该学分制首先在2003级所有专业1500名学生中试行，要求学生在2至6年期限内，获得所学学分。

（齐长兴）

【召开年度工作会议】 12月3日，电视中专召开年度工作会议。会议总结一年来工作情况，表彰在招生工作中取得成绩和教材管理工作中做出成绩办学单位12家。来自全市24家办学单位40人参加会议。

（齐长兴）

社会力量办学

综　　述

2003年，北京市各级各类民办学校和教育机构2052所，在校生103.8万人。学校和教育机构总数比2000年减少152所，其中：举办本科学历教育民办高校1所；高等职业教育学校7所，比2000年增加6所；非学历高等教育机构76所，比2000年减少17所，在校生规模22.7万人，比2000年增加7.4万人；民办普通中学81所，比2000年增加30所；在校生3.3万人，比2000年增加1.4万人；民办小学10所，比2000年增加6所，在校生4750人；民办学前教育机构218所，比2000年增加105所，入园儿童2.2万人；民办培训机构1641个，比2000年减少395个，在校生74.7万人，比2000年增加1.2万人；民办中等职业学校18所，比2000年增加2所。

2003年，北京市民办高等教育机构拥有固定资产103968万元，教科仪器23121万元，语音室座位6200个，计算机13825台，多媒体教室座位17755个，图书230万册，电子图书547236片。

2003年，市、区县教育行政部门以鼓励支持社会力量举办高水平学校，为社会提供高质量教育服务为宗旨，采取积极措施，继续推进民办教育稳步健康发展。教育行政部门将民办教育作为教育事业的组成部分，纳入区域教育发展规划综合考虑，在利用民间教育资源，扩大教育供给方面进行积极的探索，取得良好的效果。随着《民办教育促进法》的颁布和实施，教育行政部门和各民办学校认真学习，依法行政、依法办学的意识得到加强，政府鼓励支持高发展水平民办学校工作正在逐步落实。十六届三中全会以来，通过学习《中共中央关于完善社会主义市场经济体制若干问题的决定》，研究民办教育规律，制订鼓励支持措施，把发展民办教育作为北京深化教育投资体制改革的重要举措。组建民办教育行业协会，实施行业规范、行业服务和行业自律，进一步转变政府管理职能和管理方式，通过良性竞争，促进健康发展。

推进民办学校的评估、督导工作，提高教育教学质量和办学水平。组织专家组审核126所民办高校（含中外合作办学）申报的年检材料，确定112所民办高校通过年检，并公示、通告。接受学生及家长对学校投诉100份，开展调研工作，将学校的答复意见转达给投诉人，及时化解矛盾。召开北京民办高等教育工作会议，100余所民办高等学校近200人参加会议。

开展《〈中华人民共和国民办教育促进法〉北京市实施办法》立法调研工作。完善行政审批制度，公开办事程序，严格办学条件标准，依法审批民办学校。

推进民办高等职业学校发展，引导民办高等教育逐步提高办学水平，完成4所民办高等职业学校设置审批工作。

举办民办高校招生诚信公约活动。6月15日，中国招生考试在线、北京绿田民办教育咨询中心等单位联合举办2003年首都优秀民办高校招生诚信公约活动。37所民办高校参加活动。活动宣读诚信公约包括依法办学、保证质量、兑现承诺、尊重选择、资讯公开、互相尊重、接受监督等内容。活动推举北京城市学院为首届公约执行主席单位。

为宣传北京民办高等教育机构特色和优势，探讨民办高等教育发展方向，北京青年报、北京教育科学研究院民办教育研究所联合举办“2003北京民办高等教育高峰论坛”。会议作“我国民办高等教育发展的现状和未来”主题发言，与会人员围绕“首都民办高等教育办学模式的特色与创新”，“首都民办高等教育教学与管理的特色与创新”、“首都民办高等教育招生与就业策略与创新”三个主题开展研讨，60余所民办高校负责人及有关专家学者参加研讨。

2003年，批准12所民办高校为高等教育学历文凭考试试点学校。分别是北京科技研修学院、北京工商学院、北京自修大学、北京高等秘书研修学院、北京圆明园专修学院、北京卓达经济管理研修学院、北京外事研修学院、北京华诚研修学院、东方文化艺术学院、北京经济技术研修学院、北京现代音乐研修学院、北京北大方正软件技术学院。

2003年，依据市教委、市编办关于下发部分高中阶段学校审批权限等文件精神，北京盛基艺术学校等13所原市教委直接管理的民办中等职业学校日常管理权限下放到所在区县教育行政部门。

加强民办幼儿园质量管理工作。市教委印发《关于加强民办幼儿园质量管理的通知》，文件规定，自2003年9月起，北京市建立民办幼儿园办学质量年度考核评估和公示制度。市教委负责制订管理办法和质量评估标准，组织有关部门或中介机构对申报一级一类的民办幼儿园进行验收和评估，定期公布民办幼儿园质量评估结果。区县教委负责对辖区内所有民办幼儿园的年度考核和申报二级二类及以下的民办幼儿园的验收评估，以及日常管理监督工作。

（杨　颉　祁　昕）

总　　类

【大兴召开打工子弟学校会议】 1月15日,大兴区教委召开接收流动儿童少年学校(打工子弟学校)举办者会议。会议通报打工子弟学校现状,明确办学标准,提出今后工作目标。会议强调,6月30日前达到规定办学条件标准的,提出申请可以开办专门接收流动儿童少年学校,并纳入日常管理;未能达到规定办学条件标准的,区教委根据实际情况提出撤销意见,报请区政府后实施。会议印发《加强学校校车交通安全管理责任保证书》。该区39所打工子弟学校负责人参加会议。

(李金艳)

【东城社会力量办学协会召开总结会】 1月24至25日,东城区社会力量办学协会召开工作总结暨新春联谊会。会议听取教育部《中华人民共和国民办教育促进法》辅导报告,总结协会年度工作,讨论年度工作计划及论文提纲。会议要求各办学单位贯彻《中华人民共和国民办教育促进法》,不断提高东城区民办教育办学质量和管理水平。该协会会员200人参加会议。

(秦晓芳)

【两区县制订收退费管理办法】 1月和3月,怀柔、宣武区教委分别制订社会力量办学收退费管理办法。该办法规定,社会力量教育机构按照规定收费项目、标准收费,统一使用税务费据,不得跨学期收取;学生因故退学退费应提交书面申请,出据收费票据,并根据学习时间长短确定退费标准。办法强调,各校收退费管理办法必须在招生简章公布。

(李　辉　王凤海)

【举办首期民办教育促进法讲习班】 3月26至28日,教科院与中国民办教育联谊会联合举办全国首期《民办教育促进法》高级讲习班。该讲习班采用专题讲座形式,先后听取全国人大常委会、《民办教育促进法》起草领导小组、教育部和教科院领导专题报告,听取教育部关于《民办教育促进法实施条例》与《中外合作办学条例》起草说明。来自全国20个省市教育行政部门领导、民办教育机构承办单位、办学人员400人参加学习。

(董青青　郝淑仪)

【大兴民办学校审批程序上网】 3月,大兴区教委社会力量办学审批程序全部公开上网。该程序包括中央和地方有关社会力量办学政策、申办条件和申请程序等内容。网址:www.shejao.dxedu.gov.cn。

(李金艳)

【石景山培训社会力量办学校长】 4月2日,石景山区教委举办社会力量办学校长任职资格证书培训班。培训班采取系列讲座、面授和研讨方式,讲授有关法律、法规,社会力量办学理论基础、办学义务、办学方向和发展趋势等内容。该区社会力量办学校长42人参加培训,经考核全部取得任职资格证书。

(白新茹)

【平谷调查民办幼儿园】 4月20至30日,平谷区教委完成民办幼儿园调查。调查显示,平谷区未取得社会力量办学许可证民办幼儿园40所,在园幼儿1770人,教师100人。其中,城区17所,在园幼儿804人,教师73人,幼教、职高以上学历62人,中专学历以上园长4人;乡镇地区23所,在园幼儿966人,教师27人(幼教、职高以上学历23人),中专学历以上园长1人。

(岳广顺)

【丰台取缔非法打工子弟学校】 4月27日,丰台区教委、公安、城管和公证部门联合取缔非法外来打工子弟学校。取缔学校共计5所,均为消防、交通、防疫和饮食卫生方面存在重大安全隐患,且未经教育行政部门批准非法学校。根据安置方案,5所学校3339名学生按就近原则到24所公办学校上学,借读费执行小学每学期200元、中学500元的北京市统一收费标准。对于没有"三证"学生,采取先入学后补办方法,保证学生入学。

(崔　兵)

【立方财会培训学校更名】 4月,崇文区立方财会培训学校更名现代远程教育培训中心。更名后,该中心与北京电大联合设立理工大远程教育学院北京电大教学站,招生指标300人。中心从事高中起点专科、高中起点本科学历教育,设有会计学和计算机科学与技术两个专业,教职工22人,其中,专任教师16人。专任教师中,正教授5人,副教授7人,讲师4人;具有博士学历2人,硕士学历4人。在校生419人。

(陈　月　沈桂红)

【建设大学变更主办单位】 6月19日,北京建设大学变更主办单位。变更后学校主办单位为北京中农大科技企业孵化器有限公司,学校性质、办学层次不变。该校原承办单位宝泰隆实业投资有限公司因资金紧缺,无力完成新校舍建设项目。

(刘凤海)

【大兴评估打工子弟学校】 6月30日至7月21日,大兴区教委完成打工子弟学校办学条件评估。该评估按照办学标准,分为办学思想、组织机构、教师队伍、资金保障、校园校舍等8项指标。该区51所打工子弟学校参加评估。其中,7所条件极差学校被撤销、3所被合并。

(李金艳)

【崇文制订新民办校标准】 8月，崇文区教委制订新的民办学校设置标准和审批程序暂行办法。暂行办法分为“中等以下非学历教育机构设立条件和设置标准”和“申请举办中等以下非学历教育机构的程序”两个文件，明确规定民办学校举办者资格、资产来源及使用、教学场所及设施、教职员工条件和申请举办民办学校步骤、程序等。

（陈 月 沈桂红）

【汇佳职业学院成立】 9月9日，汇佳职业学院召开成立会议暨开学典礼。该会议宣读市领导贺信，听取全国民办教育工作者联谊会主席、学校、董事局代表讲话。会议希望学院坚持“新型、高品味、多层次、国际化”和“以动为本、互动结合”的教育理念，突出职业型、国际化教育特色，逐步建立高等职业教育、国际学分管理，面向职业、岗位、行业为一体的多元教育格局。来自市教委、教育界学者及师生1200人参加会议。5月23日，北京市人民政府批准汇佳职业学院成立，参加计划内全国统一招生，开展专科层次高等职业教育。

（殷 俊）

【北科院纳入普通高校系列】 11月2日，北京科技职业学院召开纳入国家普通高校庆祝会。会议宣读北京市政府关于北京科技职业学院纳入国家普通高校计划序列通知，听取学校顾问、教科院领导讲话。会议宣布，北京科技研修学院更名为北京科技职业学院。10月27日，市政府批准北科院纳入国家普通高校计划系列，开展大学专科层次学历教育。

（张树印）

【大兴召开打工子弟学校工作会】 11月6日，大兴区教委召开打工子弟学校工作座谈会。会议听取各镇整顿打工子弟学校经验、进展情况、存在问题和建议汇报，肯定调研打工子弟学校、实施管理及整顿工作中取得成效，明确审批部分达标学校、规范有望达标学校，清理整顿未达标学校工作方针。会议要求，各镇教委要把打工子弟学校纳入管理范围，加强政策宣传和教育培训；做好外地务工人员子弟接受义务教育调查，并妥善安排好在校学生。该区黄村、旧宫等五镇教育干部60人参加会议。

（李永奎）

【崇文研讨民办学校办学思想】 11月16至18日，崇文区教委召开民办学校办学思想研讨会。会议听取新东方学校、明德学校经验介绍，汇报、交流办学理念、办学形式和教师队伍建设等情况。会议认为，发展民办教育，办学者要有独特办学理念和教育思想，确立较高办学起点。要敢于投入，不断扩大规模。

（陈 月 沈桂红）

【参加全国民办学校联欢晚会】

12月26日，北京美国英语语言学院参加全国民办学校迎新春“祖国之恋”联欢晚会。该晚会演出万家民办学校优秀节目，美语学院4名副院长参加演出，组织并指挥百名校长《歌唱祖国》大合唱。晚会为纪念毛泽东诞辰110周年举办。

（蒋淑云）

民办高等教育

【概 况】 2003年，北京民办高等教育机构共76所，其中，学历文凭试点校38所。毕（结）业生24643人，其中，学历文凭试点校22753人。招生51237人。其中，学历文凭试点校45415人。在校生169143人，其中，学历文凭试点校107221人。教职工9333人，其中，专任教师3597人。学历文凭试点校教职工7562人，专任教师2823人。高等教育机构兼任教师16560人。

（魏 强）

【印发民办高校教学管理规程】 3月3日，市教委印发《北京市民办高等学校教学管理规程》。该规程分7章40条，从教学机构、教学运行、教学队伍建设等方面，对民办高校教学管理作出规定。该规程强调，民办高校要“以教学为中心，把提高教学质量、培养人才作为中心任务”。该规程自9月1日实施。

（魏 强）

【石化学院与新东方学校合作办学】 3月17日，北京石油化工学院与新东方学校签署合作办学协议。依据协议，新东方南城分点设在石化学院，双方合作举办大学英语四级培训；石化学院为参加培训学生提供食宿保障。新东方南城分点是新东方京南地区唯一教学点。

（张翠华）

【培黎职大庆祝建校20周年】 5月28日，北京培黎职业大学举办建校20周年庆祝活动。该活动采取小型、分散形式，先后召开教职工庆祝建校20周年会议，露天聚餐晚会以及印制校庆纪念册、《培黎通讯》校庆专辑等。该校全体教职工、部分留校学生680人参加庆祝活动。培黎职大源于抗日战争时期国际友人路易·艾黎创立的培黎学校，1983年5月28日建校，原名北京朝阳区民办人民科学文化大学。建校以来，共培养毕业生2万人。

(张荫如)

【开展民办高校十强评选活动】 6月22日，北京民办高校“十强”评选活动揭晓。该活动由教科院民办教育研究所与中青世纪教育机构等单位联合举办。评选依据在校生人数、办学时间、学校收入、学校资产总数、办学层次、学校建筑面积、占地面积七项指标进行评定，七项数据指标位于前十位的学校当选。

(刘金菁　张荫如　魏　强)

北京民办高校“十强”
(按先后顺序排列)

北京城市学院
北京汇佳职业学院
中国管理软件学院
北京吉利大学
北京科技经营管理学院
北京科技研修学院
北京美国英语语言学院
北京培黎职业大学
北京人文大学
燕京华侨大学

(刘金菁　张荫如　魏　强)

【承办民办高等教育论坛】 7月5日，教科院、北京青年报社联合举办“2003北京民办高等教育论坛”。该论坛以首都民办高等教育特色发展与创新为主题，研讨、交流首都民办高等教育办学模式特色与创新、教学管理特色与创新、招生与就业策略、教学特色与创新等问题。来自北京市112个民办教育机构130人参加会议。

(董青青)

【民办大学学生参加中关村电脑节】 9月6至8日，北京东方大学、北京科技经营管理学院、中国管理软件学院学生参加中关村第六届电脑节。该电脑节由海淀区政府、中关村科技园区管委会联合主办，来自3所民办高校1500名学生分两批参加各项活动，并观看《希望与未来》大型文艺汇演。这是民办学校大学生首次参加中关村电脑节。

(张　劲)

【侨大举办建校20周年庆祝活动】

10月19日，燕京华侨大学举办庆祝建校20周年暨新教学楼落成典礼。该庆典先后举办外籍教师英语讲座，英语百词、演讲和征文等学科竞赛，书法、绘画和摄影新作展等艺术展览，篮球、乒乓球、拔河等体育比赛以及卡拉OK等群众文艺活动。来自全国人大、全国政协、中国侨联、中共北京市委、市政府领导，海外嘉宾以及师生代表800人参加庆典。侨大1983年创建，20年来，共培养毕业生400人。

(刘金菁)

【美语学院举办建校10周年校庆】

10月19日，北京美国英语学院举办建校10周年校庆。该庆典先后举办校友联谊会、系列报导和为母校捐赠等10个活动。来自教育部、市委教育工委、市教委领导，海内外校友以及师生2000人参加庆典。美语学院创办于1993年，是北京市第一所中外合作办学高等外语学院，建校以来共培养学生10万人。

(蒋淑云)

民办高等教育学校（部分）

北京科技经营管理学院

党委书记　蒋淑云
院　　长　董新保

【概　况】 2003年，北京科技经营管理学院开设计算机科学与技术、工商管理、网络与信息工程等19个系56个专业7个教学分部。在校生12025人，其中，计划内2153人，计划外9872人。招生4900人，毕业生2600人。教职工460人，其中，专职教师410人，兼职教师465人；中级职称220人，副高级以上职称620人。固定资产总值29000万元，图书馆藏书15万册。占地面积12万平方米，建筑面积15.2万平方米。全年教育经费投入15000万元。其中，学费6000万元。学校网址：www.1985.cn。

(董新保)

【入选英语口语考试点】 9月1日，科技经营管理学院入选北京市英语口语等级考试点和培训点。该考点由市教委验收批准，面向社会

开展英语口语等级考试和英语口语培训。该校10名英语教师同时获得监考员资格。

（于潮洪）

【一批教学专用教室投入使用】 9月15日，科技经营管理学院教学专用教室投入使用。这批专用教室包括电工电子、网络技术、计算机组成原理等实验室6个，建立拥有450台计算机的计算机教室和拥有400个座位语音教室及数字化语音实验室。专用教室于2002年11月开工建设，总投资100万元。

（于东江）

【超额完成招生计划】 9月，科技经营管理学院超额完成招生计划。本年度该校计划内学历教育招生1300人，实际招生1480人，比计划提高14个百分点。

（王宏刚）

【图书馆投入使用】 10月20日，科技经营管理学院新建图书馆投入使用。该图书馆占地面积300平方米，建筑面积300平方米，藏书15万册。图书馆2002年11月开工建设，总投资100万元。

（于东江）

【举办校园文化节】 11月18日至

12月25日，科技经营管理学院举办第四届校园文化节。该文化节设立象棋、拔河等体育比赛，校园歌手比赛、超级模仿秀、宿舍文化节等文化活动。同时，举办弘扬载人航天精神主题报告和党团知识竞赛等活动。该校师生共计1万人次参加各项活动。

（祁路通）

【举办英语演讲比赛】 11月26日，科技经营管理学院举办第17届英语演讲比赛。该比赛分为英语类和非英语类两个组别，设立个人、团体等22个奖项，采用评委现场评分方法，要求参赛选手展示语言基本技巧、个人风采和教学实际水平。该校学生120人参加比赛。

（于潮洪）

北京吉利大学

党委书记 张国庆
校　　长 闻邦椿

【概　况】 2003年，北京吉利大学设有商学院、音乐舞蹈学院和附属北京欧美外语中学等15个院（校），70余个专业（方向）。招生9728人，在校生18000余人，毕业生221人。教职工600余人，其中，两院院士3人，博士生导师22人，教授、副教授、讲师400余人。拥有教学楼6栋，现代化实验大楼2栋、阶梯教学楼1栋、大型武术场馆4座、学生公寓18栋、专家博士楼2栋、学生餐饮楼3栋。拥有计算机网络中心、多媒体语音室、电工电子实验室等实验室49个，多媒体教室18个。全年教育经费投入1.5亿元，其中，基建经费1.2亿元。网址：www.bgeeliyu.cn

（夏娇霞　崔　瑛）

【首届学术报告会召开】 1月14日，吉利大学召开首届学术报告会。会议听取中科院院士、医学博士和教育研究人员18个专题学术报告，内容涉及外语教学、医学和基础教育等学术领域。该校教师683人参加学习。

（夏娇霞　崔　瑛）

【与美国贝克大学签订合作协议】 2月24日，吉利大学与美国贝克大学签订合作办学协议。根据协议，双方联合开设国际贸易、计算机两个专业，吉利大学负责招生和学生日常管理，贝克大学负责提供教学计划、教材和选派教师。修业期满，获得贝克大学本科和学士学位，并可以申请赴贝克大学攻读硕士学位。贝克大学位于美国麻省，拥有218年历史。

（夏娇霞　崔　瑛）

【成立汽车学院】 3月3日，吉利大学成立汽车学院。该学院设有应用电子技术、汽车应用技术、机电一体化和数控应用技术共计4个专业，主要培养大学专科理论知识和中、高级职业技能的面向现代汽车运用技术及机电技术应用专业人才。学院在校学生492人，教职工28人，其中，高级专业技术职务人员20人。

（夏娇霞　崔　瑛）

【与英国格鲁斯比学院合作办学】 4月20日，吉利大学与英国格鲁斯比学院（Grimsby College）签订联合办学协议。根据协议，双方联合培养工商管理、计算机应用、数字媒体制作、国贸英语专业学生，实行“2＋2”、“1＋3”、“3＋1”学制，学生在吉利大学完成基础课程学习后在格鲁斯比学院完成专业课学习，修业期满，获得英国大学学历证书。

（夏娇霞　崔　瑛）

【外语学院设立陈琳奖励基金】 5月，吉利大学外语学院设立陈琳奖励基金。该基金由陈琳捐资50万元设立，面向外语学院优秀学生，每年评选一次，名额不限，其中，一等奖每人1000元、二等奖500元、三等奖300元。

（夏娇霞　崔　瑛）

【成立科研处】 8月22日，吉利大学成立科研处。该科研处隶属学院主管领导，是科研管理职能机构，负责科研项目及科研合同、科研经费管理，协调校内外科研力量开展科技攻关等。

(夏娇霞　崔　瑛)

【成立信访排查工作领导小组】 9月23日，吉利大学成立信访排查调处工作领导小组。该小组由校党委书记担任组长，以维护学校稳定为中心，负责全校教职工信访、排查和调解处理工作。

(夏娇霞　崔　瑛)

【成立文学研究院】 11月5日，吉利大学成立文学研究院。该研究院主要从事国内外文学作品、吉利企业文化发展方向等方面研究。同时，承担发现和培养校内文学创作人才任务。

(夏娇霞　崔　瑛)

【商学院开展捐资助学活动】 12

月7日，吉利大学商学院在内蒙古士默特左旗陶思浩学区举办捐赠仪式。该活动共计捐款8000元、衣物1040件，课桌椅66套，图书200册及米面、水果等食品，并在当地设立吉利图书馆。

(夏娇霞　崔　瑛)

【成立应用心理学院】 12月9日，

吉利大学成立应用心理学院。该学院设立心理学、应用心理学(心理咨询与心理治疗)、应用心理学(人力资源开发与管理)共计3个专业，主要培养心理学教学与科研、心理咨询与心理治疗、人力资源开发与培训方面人才。学院拥有学生54人，教职工5人，其中，高级专业技术职务3人。

(夏娇霞　崔　瑛)

【校舍基建三期工程竣工】 至年底，吉利大学校舍基建三期工程竣工。该工程占地面积106272.09平方米，建筑面积110913.36平方米，包括教学楼2栋、学生公寓8栋、教师公寓2栋和食堂1座。工程2002年9月开工建设。

(夏娇霞　崔　瑛)

北京经贸职业学院

党总支书记　费玉忠

院　　　长　杨平忠

【概　况】 2003年，北京经贸职业学院开设外贸英语、旅游英语、国际贸易、计算机应用、会计、环境艺术设计6个专业。首批招生556人；高等教育学历文凭考试计划外开设15个专业招生314人，毕业生344人，在校生1902人。教职工219人，其中专职教师83人，管理干部103人，工勤人员33人。教师和管理干部中具有高级职称86人；兼职教师121人，具有高级职称81人。占地面积133585平方米，建筑面积36000平方米；院外教学区2个，学院占地面积20192平方米；固定资产总值10047万元，图书馆藏有图书20万册。全年教育经费投入683万元。

(刘德礼)

【举办招生干部培训班】 6月，经贸职业学院举办招生工作人员培训班。该培训班学习教育主管部门关于招生工作规定、要求和注意事项，学习6个高职专业培养目标、教学计划和课程设置，明确高职招生的基本条件。同时，介绍招生计划涉及的8个省、市基本情况。培训班强调依法招生、诚信为本、实事求是地宣传学院基本情况。该校招生干部32人参加学习。

(刘德礼)

【完成专业系设置调整】 7月，经贸职业学院完成专业系设置调整。该调整以适应高职教育为重点，将原4个系调整为外语、国际贸易、工商管理、计算机应用和艺术设计5个系，并重新聘任5名教授、副教授任系主任和学科带头人。

(刘德礼)

【举办学生管理干部培训班】 8月，经贸职业学院举办学生管理干部培训班。该培训班学习学生管理规章制度，分析当代学生特点，修订《学生手册》，并听取优秀班主任经验介绍。培训班明确学生处和班主任职责，建立岗位责任制等项工作。该校学生处、系主任和班主任共计52人参加学习。

(刘德礼)

【首届高职班开学】 9月29日，经贸职业学院举办首届高职班开学典礼。该典礼听取学校对新生要求和希望，听取毕业生代表和新生代表发言，观看学校庆祝建国54周年文艺演出。来自房山区委、区政府领导，该校师生1200人参加典礼。经贸职业学院首届高职班6个专业共招生556人。

(刘德礼)

【加强体育课程教学】 10月，经贸职业学院加强体育课程教学。该校先后聘任专职体育教师2人，建立体育课教学场地，添置部分体育器材。同时，严格按照教学计划实施教学工作。

(刘德礼)

【制订高职各专业考试规定】 10月，经贸职业学院完成高职各专业考试暂行规定。该规定明确拟制试卷、考场规则、考生须知、考场纪律、违纪处罚、成绩评定和补考各项考试环节。

(刘德礼)

【成立青年志愿者服务队】 11月

27 日，经贸职业学院举办青年志愿者现场招募活动。该活动以“热爱学院，遵纪守规，争做文明大学生”为主题，号召师生以主人翁姿态，自觉参加学校发展建设。该校 300 名师生报名参加志愿者服务队伍。

（李 英 黄海华）

【完成年度教学质量检查】 11 月，经贸职业学院完成教学质量检查。该检查涉及 5 个系、3 个教学部，重点是首届高职专业教学计划落实情况和学历文凭考试专业调整后教学计划执行情况。检查结果表明，学校高职专业和学历文凭考试专业调整后教学计划执行情况较好。配合检查，学校提出总结每个教学环节、征集教师学生对课程设置和教学内容意见、调动学生学习积极共计 3 项工作任务。

（刘德礼）

【整顿校风校纪】 11月，经贸职业

学院举办校风校纪整顿周活动。该活动坚持正面宣传教育，组织学生学习首都大学生文明守则、学生手册等文件。同时，通报学生违纪违规行为，开展违纪违规处罚方式讨论。该校教师和学生共计 2000 人参加整顿活动。

（刘德礼 李 京）

北京经济技术职业学院

党支部书记 李 平
院　　　长 熊家华

【概 况】 2003 年，北京经济技术职业学院开设金融、英语、市场营销等 5 个专业，招生 628 人。教职工 76 人，其中，专任教师 18 人，兼职教师 15 人。占地面积 96048 平方米，建筑面积 50186 平方米；注册资产总值 1950 万元，图书馆藏书 12 万册。全年教育经费投入 1200 万元，其中，学费 870 万元。

（邹剑影）

【召开国际合作与招生就业座谈会】

6 月，经济技术职业学院召开国际教育合作与招生就业座谈会。会议听取教育部介绍国际教育合作与交流历史背景，讲解教育外事工作指导思想、定位和原则以及对在职工商管理硕士（MBA）教育认识，听取高校毕业生就业形势分析报告。会议指出，高校办学要树立以“学生为本”理念，依法办学、严格管理。来自教育部、香港《文汇报》、贝斯科技投资有限公司北京办事处共 15 人参加会议。

（邹剑影 李道柳）

【获得爱国主义教育示范学校称号】 9 月 27 日，经济技术职业学院获得爱国主义教育示范学校称号。该称号由中华爱国工程联合会主持评选。2003 年，汤大立、黄沁等人联合创办北京经济技术职业学院，是全国首所归国学子创办学校。

（李道柳）

【开展学生养成教育】 9 月，经济技术职业学院在新生中开展养成教育。该教育结合学院入学教育、各系专业教育以及班级学风教育，强调养成良好学习、生活和文明道德习惯。该校学生 628 人参加教育活动。

（李 平）

【签订军民共建协议】 9 月，经济技术职业学院与廊坊陆军导弹学院签订共建社会主义精神文明协议。根据协议，双方按照“同呼吸、共命运、心连心”的原则，全面开展各方面合作建设。

（邹剑影）

【旅游管理系开展校企合作】 9 月，经济技术职业学院旅游管理系开展校企合作。该专业系与北京 10 家酒店、旅行社签订合作协议，共同开展教学与社会实践、拓展就业渠道等方面合作。10 月，该校首批 130 名学生到昆仑饭店、亮马河大厦、广西大厦等酒店实习、参观。

（姬 卡）

【英语系成立“英语岛”俱乐部】 10 月 23 日，经济技术职业学院英语系成立“英语岛”俱乐部。该俱乐部面向具有英语专长、学有余力英语爱好者，举办英语原声影片欣赏，口语沙龙，英文歌曲演唱，大学四、六级培训和英文戏剧等活动。俱乐部拥有学生会员 168 人。

（刘 燕）

【商务管理系开展成功能力训练】 10 月，经济技术职业学院商务管理系开展新生入学教育。该教育以“成功能力训练”为主题，通过举办《目标的树立》、《有效的目标》、《自我激励》、《角色确认：我是谁?》等专题讲座和实践活动，帮助新生迅速进入大学生角色。该专业系学生 90 人参加教育活动。

（索桂芝）

【部分学生免修技能课程】 10 月，经济技术职业学院实行部分技能课程免修制。该制度面向中专、中技和职高学校毕业生，通过考核测试，可以免去部分技术技能课程。通过免

修考核，共有2人获得免修资格。

(陈　茜)

【召开航天飞行专题报告会】 11月21日，经济技术职业学院召开航天飞行专题报告会。会议听取中国航天员选拔与训练总训练师题为《航天员选拔与培训》专题演讲，结合自己亲身经历，系统介绍航天员选拔与训练的艰苦历程，勉励学生树立远大理想，随时准备为祖国贡献力量。该校师生200人参加学习。

(邹剑影)

【探索实用型人才培养目标】 11月，经济技术职业学院商务管理系探索实用型人才培养目标。该系利用车展、会展、媒体等渠道，先后与北京、广州、山东、河北和内蒙古等地企业建立联系，通过交流合作、共建实习、实践基地方式，了解企业实际需要，培养订单型实用人才。

(索桂芝)

【举办纪念“一二九”运动演讲比赛】 12月9日，经济技术职业学院举办纪念“一二九”运动68周年演讲比赛。该比赛以班级为单位，分为三个阶段，演讲内容要求突出爱国主义精神，继承“五四”优良传统。该校50名学生参加比赛，400名师生观看比赛。

(李　平)

【举办西方文化专题讲座】 12月，经济技术职业学院举办西方文化专题讲座。该讲座共分4讲，分别听取美国、加拿大、新西兰和澳大利亚访华学者，介绍各自国家历史、文化、风土和人情。该校师生300人次参加学习。

(刘　燕)

北京汇佳职业学院

党支部书记　徐恒亮
院　　长　徐恒亮

【概　况】 2003年9月9日，北京汇佳职业学院成立，该院开设英语教育、商贸英语、国际商务、文化科技市场经营与管理、多媒体艺术设计、艺术设计6个专业。招生404人，教学班40个，在校生1504人，其中，英语系182人、经管系246人、教育系63人、动画系377人、国际部212人、法律系424人。教职工150人，其中，管理人员40人，专职教师68人，兼职教师110人。教师中，教授8人、副教授12人、讲师70人。拥有多功能阶梯教室17个、语音室1个、画室4个、计算机室4个及高标准田径运动场、足球场、篮球场等。图书馆藏书6万册。固定资产总值2226万元。全年教育经费投入1034.92万元，其中，学费1033.54万元，其他1.38万元。

(杨海平)

【联合开办教育学本科班】 10月13日，汇佳职业学院英国教育学学士学位班开学。该学位班与英国哈德斯菲尔德大学联合开办，设置英国教育学(中小学教育方向、幼儿教育方向)专业，开设课程研究和教与学技巧共计6门课程，全部聘用外籍教师授课，全日制班学制一年，业余班学制两年。修业期满获得英国教育高等学历证书，首期招收学生38人。

(刘　梅)

【召开首届学代会】 10月29日，汇佳职业学院召开第一届学生代表会议。会议按照“高效、有序、民主、公开”的原则，以无记名方式选举产生学委会委员13人。该校领导及学生代表150人参加会议。

(殷　俊)

【动画学院实行学分制】 11月3日，汇佳职业学院动画学院实行学分制。该学分制以学生成绩、教学计划规定课时量为依据，决定学生晋级、毕业、评优和升学。学分每学期统计一次，并记入学生学籍档案。

(王　强)

【入选英国商业技术教育委员会项目学校】 11月，汇佳职业学院入选英国商业与技术教育委员会(BTEC)职业资格证书考试分中心。该中心拥有开设英国商业与技术教育委员会双学历证书班资格，双学历班学制3年，修业期满获得国家大专毕业证书和英国高等国家教育毕业证书(BTEC-HND)。

(郭　睿)

【建成动画制作工作室】 12月3日，汇佳职业学院动画学院建成动画制作工作室。该工作室建筑面积88平方米，拥有初检仪、计算机和动画拷贝台设施，是学生在专业教师指导下，独立完成动画作品的生产基地。

(王　强)

北京科技研修学院(北京科技职业学院)

党委书记　周继庭
院　　长　汪馥郁

【概　况】 2003年，北京科技研修学院(11月2日更名北京科技职业学院)设有计算机工程系、财经系、英语系、法律系、新闻与传播系、汽车工程技术与应用系、艺术设计系、生命科学系、航空服务学院、旅游学院、影视学院、国际学院、继续教育学院、北京仁德中学14个系和二级学院，共51个专业。招生5000人，在校生12000人，毕业生1800人。教职工851人，其中，专任教师300人，教授155人、副教授66人、讲师79人，兼职教师285人。拥有计算机、电工电子、生物工程等实验室20个，有多媒体教室座位数4190个，计算机3000台。图书馆藏书5万册，网上教学课程139种。占地面积100万平方米，建筑面积20万平方米。固定资产总值10亿元。全年教育经费投入17800万元。网址：www.5aaa.com。

(张树印)

【召开全体教工会议】 2月17日

北科院召开全体教工会议。会议听取题为《一切为了学院的声誉》报告，研讨完善管理、优质服务和提高质量等问题，部署开展六个转化、因材施教等工作。来自教育部、教科院领导，该校教职工共计1000人参加会议。

（张树印）

【接待加拿大红河学院代表团】 3月10日，北科院接待加拿大红河学院工业技术学院代表团。该代表团参观学校校园，部分教学设施，听取学校建设情况汇报，并举办座谈会，商讨联合办学事宜。

（张树印）

【入选学历文凭考试试点校】 4月4日，北科院入选高等教育学历文凭考试试点学院。该试点校由市教委组织评选，可从事管理学、心理学和教育学等10个学科学历文凭考试教育，通过学历文凭考试，获得专科学历证书。

（张树印）

【举办经济学术论坛】 4月9日，北科院举办经济学术论坛。该论坛以银校合作为主题，先后听取中国农业银行北京分行、北大和教科院学者题为《为何选择北科院开展银校合作》、《民办高校在未来教育格局中的角色》和《走在国办院校前面，敢为天下先》共计3个专题演讲，系统论证资源整合、优势互补和双赢等问题。该校师生200人参加学习。

（张树印）

【与清华继续教育学院联合办学】 6月9日，北科院与清华继续教育学院签订联合办学协议。根据协议，双方合作开展“IT教育院校合作项目”，北科院可开展清华IT工程师培训认证、计算机专业专升本学历教育等工作，清华继续教育学院承担提供辅助教学工具、技术、资产等任务。

（张树印）

【签订银校合作协议】 8月27日，北科院与农行昌平支行联合签订银校合作协议。根据协议，昌平支行向北科院提供5580万元授信额度，用于教育教学。至此，该校总计接受昌平支行授信额度9700万元。在签字仪式上，昌平支行向该校颁发AAA信誉等级证书并授牌。

（张树印）

【励耘楼投入使用】 8月，北科院励耘楼投入使用。励耘楼占地面积3446平方米，建筑面积13405平方米，采取框架结构，地上六层，拥有教室79个，实验室8个，设有自动化办公设备，以及宽带计算机网络、有线电视网络、广播网络和电话网络。励耘楼2002年11月开工建设，总投资2204.2万元。

（张树印）

【大学生服务中心投入使用】 8月，北科院大学生服务中心投入使用。该中心占地面积1798平方米，建筑面积7000平方米，拥有餐厅、购物和娱乐等服务设施。中心2002年11月开工建设，总投资1138.7万元。

（张树印）

【与内蒙古广电局联合办学】 12

月10日，北科院与内蒙古自治区广播电影电视局签订联合办学协议。根据协议，双方联合投资建立北京天骄影视城，北科院将为对方开办本科层次、硕士研究生层次的教育，以及职业技能培训和其他培训。内蒙古广电局将成为对方影视专业和新闻与传播专业实训实习基地。

（张树印　林华良）

高等教育文凭考试试点校（部分）

燕京华侨大学

【概　况】 2003年，燕京华侨大学开设国家学历文凭考试学院、国际商学院、中国语言文化学院3个学院。国家学历文凭考试学院开设英语、法语、日语、中文、国际贸易、国际金融、信息、会计、管理（含工商、旅游管理）、法律10个系。其中，国际商学院开设英语、经济管理、计算机科学3个系。招生701人，其中，国际商学院43人，毕业生258人，在校生1500人。教职工295人，其中专任教师84人，兼职教师211人；教授、副教授占教师总数的69%，中高级职称占98%，并聘用外籍教师15人。新校舍占地面积6.89万平方米，建筑面积7.4万平方米。租用改建学生宿舍楼5栋，建筑面积1.1万平方米。固定资产总值1.2亿元。藏书15万册。全年教育经费投入9914万元，其中，学费812万元，牛津、剑桥国际集团投入9000万元。

（孟庆文）

【学历文凭考试及格率提高】 1月和10月，华侨大学两次参加国家学历文凭考试。1月平均及格率为78.56%，10月平均及格率为74.62%，全年平均及格率为

76.56%。比上年提高2个百分点。其中，及格率在70%以上科目32科，占全年考试科目的61.5%；及格率达到70%以上班级共25个，占班级总数的73.5%。该校先后表彰国家学历文凭考试科目成绩全部合格和单科成绩优异学生(85分以上)583人次。

(孟庆文)

【6个专业获得高职教育资格】 3月14日，侨大6个专业获得国家高职学历教育资格。分别是商贸英语、国际经济与贸易、国际金融、计算机应用技术、工商管理和秘书(国际商务方向)专业。

(刘金菁)

【完成新生军训】 8月19至29日，

侨大完成新生军训。该军训在大兴区大学生军训基地进行，设立队列训练、站岗放哨、整理内务卫生等项目。该校新生421人参加训练。

(慧　萍)

【综合教学楼投入使用】 8月30日，侨大新校舍综合教学楼投入使用。该教学楼由中国建筑技术发展研究中心设计院设计，占地面积33496.2平方米，总建筑面积34000平方米，拥有教室、办公室272间，可供7000名学生上课使用；计算机教室6间，座位306个；语言教室4间，座位224个；有可容纳400人的报告厅1个，大礼堂1个，座位800个。教学楼由北京建工集团第六建筑公司承建，1998年9月开工建设，总投资2亿元。其中，海外华侨捐资5000万元，牛津·剑桥国际集团投资1.1亿元。

(宋鼎丰)

【校园一卡通投入使用】 8月，侨大校园一卡通管理系统投入使用。该系统利用校园网，应用于食堂、小卖部、计算机房(上网)和财务部等收费部门，取代现金支付弊端。

(林竹梅)

【确定校训】 8月，侨大颁布校训。

该校训以“回报”命名，寓意弘扬“回报”精神，通过勤奋工作，发奋学习，报效祖国，回报海内外华侨界对学校的捐赠和厚爱。

(孟庆文　郭林生)

【调整校内管理机构】 9月23日，侨大调整内部机构设置。撤销学生处、教学处、总务处，新建校长办公室、人事管理部、财务部等部门。调整后，职能部门共8个，教学辅助和后勤部门6个。

(崔燕平)

【接待海外华侨代表团】 9月28日，侨大接待海外华侨代表团。该代表团由为新校舍做出贡献的华侨40人组成，在侨大，他们听取学校建设发展情况介绍，参观新校园和校舍。

(刘金菁)

【校园网投入使用】 9月，侨大校园网投入使用。该校园网采用千兆以太网作为系统骨干网，支持多种计算机网络协议及多种设备信息互连，可适应各种组网方案，有较强扩充性。布线系统采用国际标准，任意信息点均可插接不同类型终端设备。同时，全面支持通信网络、数据处理中心等各种应用系统。校园网于3月开工建设，总投资150万元，网址：www.yanjangoc. com。

(林竹梅)

【与凯斯里大学文学院联合办学】 10月24日，侨大与澳大利亚凯斯里大学文学院签订联合办学协议。根据协议，双方联合开展“2+2”模式合作办学项目，侨大负责前两年教学；凯斯里大学文学院负责后两年教学并授予学位。

(张卫东)

【与奥克兰商学院联合办学】 10月28日，侨大与新西兰奥克兰商学院签订联合办学协议。根据协议，双方合作举办“2+2”模式合作办学项目，侨大负责前两年教学；奥克兰商学院负责后两年教学并授予学位。

(张卫东)

【新图书馆投入使用】 10月，侨大新图书馆竣工并投入使用。该图书馆共投资1313万元，建筑面积1048.96平方米，拥有图书15万册，订阅各种报刊杂志100余种，实现图书检索和管理自动化。

(刘金菁)

【与斯泰恩拜斯大学联合办学】 12月15日，侨大与德国斯泰恩拜斯大学签订联合办学协议。根据协议，双方将合作开展工商管理硕士研究生(MBA)项目，侨大负责提供中方授课部分的教学场地、教学设备以及部分课程教师；斯泰恩拜斯大学负责理论教学与实践指导，以及德国授课部分的全部内容。

(苏　焱　郭林生)

【颁发首届启铸敦品励学奖学金】 12月30日，侨大颁发首届启铸敦品励学奖学金。该奖学金由印度尼西亚华侨企业家黄启铸先生出资设立，面向全体学生，每学年评选一次，人数不限。首届共有23人获奖，其中，二等奖4人、每人1500元，三等奖5人、每人1000元，学习突出进步奖4人、每人600元，服务奉献奖10人、每人600元。本年度该校共有264人获得奖励，奖学金总额66635元。

(金　花)

【44名学生出国留学】 至年底，侨大共有44名学生出国留学。其中，赴英国普茨茅斯大学学习32人，赴荷兰莱瓦顿北方学院和邓博契学院

学习 8 人，澳大利亚南岸技术学院学习 3 人，被海牙商学院研究生院录取 1 人。

（张卫东）

北京建设大学

【概　况】 2003 年，北京建设大学开设艺术设计、建筑工程、体育产业管理等 21 个专业，其中，艺术设计专业为特色专业。设有教学一部、美术设计教学部等 5 个校区，在校生 1065 人，招生 203 人，毕业生 507 人。教职工 87 人，专任教师 108 人，兼职教师 174 人。固定资产总值 1.4 亿元，图书馆藏书 8 万册。占地面积 4.5 万平方米，建筑面积 7.7 万平方米，租用面积 2.3 万平方米。全年教育经费投入 200 万元。

（韩春燕）

【召开班主任工作交流会】 10月

23 日，建设大学召开班主任工作交流会。会议听取学校班主任工作总结，听取抓好学生思想政治工作、严格教学管理等经验介绍。会议要求，班主任应该做到热爱学生、以身作则，同时，要懂教学，抓好学生的考勤考绩，树立每个学生都是“可塑之才”观念。该校机关、各教学部主任和班主任共 41 人参加会议。

（韩光云　程习毅）

【实行新的教学管理工作条例】 11 月 1 日，建设大学实行新的《教学管理工作条例》。新条例共计 9 章 40 条，按照以教学为中心，提高教学质量，促进教学管理工作科学化、规范化和制度化原则，包括学校性质、培养目标、教学管理机构等 13 个方面内容。

（陈六保）

【举办消防安全知识讲座】 12 月 9 日，建设大学第三教学部举办消防安全知识讲座。该讲座听取丰台消防大队干警，结合火灾案例，讲授消防安全知识、发生火灾后紧急避险方法和灭火器使用方法等知识。该校师生 160 人参加学习。

（刘绍基）

【编写《学习方法集锦》】 12 月，建设大学编写《学习方法集锦》。该集锦共计 8 万字，由学生会主持编辑，用采访方式，总结优秀学生学习方法，旨在提高学习效果。

（程习毅）

【成立考试领导小组】 12 月，建设大学成立考试领导小组。该小组由校领导、教务处和教学部负责人组成，负责学校考风考纪教育，严肃考场纪律，树立良好学风、教风和校风等工作。

（陈六保）

中国管理软件学院

【概　况】 2003 年，中国管理软件学院开设通信工程、计算机控制及应用、计算机网络等 50 个专业。在校生 7800 人，招生 2800 人，毕业生 1500 人。教职工 679 人，其中，专任教师 389 人，兼职教师 107 人。教授 135 人，副教授 277 人。固定资产总值 1.2 亿元，教学仪器设备 800 万元。占地面积 22.35 万平方米，建筑面积 11.5 万平方米。教学楼 4 栋，拥有实验楼 1 栋，400 米标准体育运动场 2 个，实训基地 2 个，大礼堂 2 个。图书馆藏书 8.1 万册。全年教育经费投入 3480 万元，其中，学费 3110 万元。

（朱忠才）

【成立学生管理委员会】 3 月 15 日，管理软件学院现代经济管理系成立学生综合管理委员会。该委员会由学生会、团总支、宿舍管理委员会组成，按照工作暂行办法，实行民主决策、主任负责制，采用委员按时间分组排班、轮流值勤方法，确保学生出勤率和物品安全。

（王志远）

【商管系举办毕业设计答辩会】 6

月 14 日，管理软件学院商业管理系举办首届毕业生(2000 级)毕业设计(论文)答辩会。答辩会由考试院、清华、北科大等教授主持，采用毕业设计（论文）陈述、现场提问、现场回答等方式。该专业系共计 300 名学生参加答辩，其中，288 人通过答辩。

（杨世成）

【北校区基建工程竣工】 6 月 18 日，管理软件学院北校区基建工程竣工。该校区占地面积 7.9 万平方米，建筑面积 3 万平方米，包括可以容纳 3000 名学生 6 层教学楼 1 栋，容纳 2000 名学生住宿 6 层宿舍楼 4 栋和拥有学生食堂、图书馆、礼堂综合楼 1 栋。校区 2001 年开工建设，总投资 6000 万元。

（苗福官）

【信管系实施任课教师评分制】 9 月 11 日，管理软件学院信息管理软件系实施任课教师评分制。该制度由教务处、班主任及辅导员组成评分小组负责实施，采用听课方法，设立教案、板书、讲课方式和课堂气氛等指标，现场评分，并根据评分结果，评定教师授课水平。该专业系任课教师 16 人参加评比，其中，优秀 6 人、合格 10 人。

（吴　东）

【计算机系改革教学方法】 9 月，管理软件学院计算机科学与技术系实施教学方法改革。该改革针对学生差别，实行分级教学管理，分层教学。在高等数学课程开设正常班和辅导班，基础英语课程开设正常班、中级班、初级班，采取不同教学方法。同时，增加初级班授课量，强化训练，力争在一年内消除差别，完成教学计划。该专业系新生521人参加改革。

（朱敬英）

【接待波兰旅游文化学院访问团】 10月3至6日，管理软件学院接待波兰比得哥什国际旅游文化学院访问团。该访问团由院长安德列率领，先后参观两个校区，并在沙河校区发表《旅游与文化》专题演讲。该校国际旅游系师生共计50人参加学习。

（薛风娟）

【举办首届中软网页设计赛】 10月15日至11月30日，管理软件学院举办首届中软网页设计赛。该比赛设计题材不限，鼓励学生自由发挥。该校39名学生40件作品参加比赛，其中，自动化系1名学生作品《大学生创业》获得金奖。

（赵　钢）

【参加文凭考试取得好成绩】 10月，管理软件学院参加文凭考试取得好成绩。该校参加考试8704科次，及格4934科次，及格率为56.69%，列北京市第二名。其中，高等数学获得满分28人。

（谢　玉）

【信管系召开学习经验交流会】 11月8日，管理软件学院信息管理软件系召开学生学习经验交流会。会议针对部分学生基础差、成绩低情况，邀请获得奖学金优秀学生、优秀班干部结合实例，介绍新的学习方法，提出有目标、有方向、有信心要求。该专业系240名师生参加会议。

（李志红）

【举办优秀学生宿舍评比检查】 11月15日，管理软件学院举办优秀学生宿舍评比检查。该检查按照宿舍管理制度，重点检查内部卫生，采用公开评比、评委现场评分方法。该校北校区8个专业系学生宿舍参加检查，其中，国际金融系获得男生宿舍第一、二名，女生宿舍第一名3面流动红旗。

（樊爱萍）

【召开就业教育报告会】 11月，管

理软件学院电脑新闻系召开就业教育报告会。会议听取北大教授题为《未来、就业、现实》专题演讲，论证一个人要想取得成功，必须刻苦学习，博学多才，艰苦奋斗。同时，正确处理人际关系，不能把成功和失败当做前进包袱。该专业系师生28人参加学习。

（陆　广）

北京培黎职业大学

【概　况】 2003年，北京培黎职业大学设置艺术学院、工商学院、外语系等5院9系8处，增设新闻、广告、行政管理、电子商务4个高自考本科专业。在校生4235人，其中，学历文凭考试学生3890人，招生1566人，毕业生811人，其中大学本科231人，专科580人。专任教师72人，兼职教师239人。占地面积13.5万平方米，建筑面积4.3万平方米。固定资产总值896万元，图书馆藏书8万册。全年教育经费投入2149万元，其中，学费2000万元、其他149万元。

（尤锡良）

【参加登八达岭长城比赛】 1月1日，培黎职大参加第八届登八达岭长城比赛。该比赛由市体育局主办，每年举办一次，本届共有2003人参加比赛。培黎职大体育学院师生30人分老年、中年和青年3个组参加比赛，获得男子青年组第一、二和七名，女子青年组第一、四、五和六名，老年女子组第二名。

（孙鹤松）

【参加文凭考试取得好成绩】 1月和10月，培黎职大参加文凭考试取得好成绩。1月参加考试785人次，报考2753科次，及格1224科次，及格率44.5%，比上年提高2.2个百分点。10月参加考试4116人次，报考4213科次，及格2009科次，及格率达到47.7%，比上年提高2个百分点。

（彭　录）

【召开首次团代会】 3月30日，培黎职大召开第一次团员代表会。会议以无记名差额选举方式，选举产生由9人组成的第一届团委会，以举手表决方式通过“确立团务工作全面发展，重点抓组织建设，为教育事业服务”团务工作目标。该校177名团员代表参加会议。

（徐　会）

【完成年度教学机构调整】 3月和8月，培黎职大完成教学机构调整。3月，撤销第一教学部，设立工商学院、旅游系、中医美容系；第二教学部停止招生。8月，增设新闻广告系、行政管理系，同时增设新闻、广告、行政管理、电子商务4个高自考本科专业。

（尤锡良）

【学生公寓落成】 7月20日，培黎职大学生公寓楼落成。该公寓楼占地面积1090平方米，建筑面积4360平方米，拥有学生宿舍122间，可容纳964名学生住宿。公寓楼2002年10月开工建设，总投资1348.8万元。

（刘祝城）

【成立国际交流中心】 7月，培黎职大国际交流中心成立。该中心由4人组成，是学校对外联络的窗口，承担与国外文化教育部门保持联系，策划和组织学生对外交流活动，举办讲座、组建出国学习团工作。

（杨彦青）

【培黎网页点击率增加】　7至8月，培黎职大网页点击率大幅增加。该网页设有学校校徽、路易·艾黎肖像和“为黎明而培训”主题词，设有院校概况、新闻动态等10个大栏目，40个小栏目，招生期间点击猛增40万次，报名4000多人。点击数和报名数分别是上年的4倍和2.7倍。网页2002年7月建立，隶属于校办公室领导，实名：北京培黎大学，网址：www.bjpldx.edu.cn和www.bjpldx.cn。

（刘宁赤）

【新建教学楼落成】　8月25日，培黎职大新建教学楼落成。该教学楼占地面积575平方米，建筑面积2300平方米，地上4层，拥有教室、计算机房等设施。教学楼于3月开工建设，总投资784万元。

（刘祝城）

【完成首次学生军训】　8月26日至9月7日，培黎职大完成首次学生军训。该军训在八达岭军事训练基地举办，设立队列、军体操、会操、国防知识、内务评比等科目。该校2003年级新生1000人分三批参加军训。

（徐　会）

【艺术学院建成数码工作室】　8月28日，培黎职大艺术学院建成数码工作室。该工作室建筑面积135平方米，配置教学用计算机63台，教师用计算机、苹果计算机、扫描仪和复印机各1台，以及资料图片和作品图片资料。工作室于3月开工建设，总投资40万元。

（周　民）

【图书馆迁入新址】　9月1日，培黎职大图书馆迁入新址。新址位于2号教学楼，建筑面积由原120平方米增加到535平方米，拥有书库两间，电子阅览室两间，采编室1间，新增图书3万册。

（王国权）

【“春蕾班”开始专接本学习】　9月4日，培黎职大“春蕾班”学生开始专接本学习。该教学班与中国儿童少年基金会联合举办，创办于2001年，35名学生中34人完成财会专科课程考试，取证率达到97.1%。

（刘绪明）

【学生食堂落成】　9月16日，培黎职大学生食堂落成。该食堂总占地面积840平方米，建筑面积1680平方米，地上为两层，一层为学生食堂，可容纳1300名学生同时就餐；二层为多功能教室，可容纳1000人。食堂于6月开工建设，总投资568万元。

（刘祝城）

【举办留学生专题讲座】　12月4日，培黎职大举办大学生澳大利亚留学及实验专题讲座。该讲座听取学校国际交流中心顾问爱得华·史密斯先生介绍澳大利亚概况、教育现状、留学选择、海外实习和海外休学游等情况，并现场回答学生的提问。该校学生100人参加学习。

（杨彦青）

【计算机系增加教学设备】　至年底，培黎职大计算机系增加部分教学设备。该专业系建成硬件实验室，可满足50名学生“计算机诊断与维修”实验。在软件实验室增添背投电视机，实现上机教学过程演示。同时，增加部分电教室投影机部件，解决长期以来投影效果不良的问题。

（赵　杰）

京师科技学院

【概　况】　2003年，京师科技学院开设英语、日语、国际贸易、金融、财务会计、工商企业管理、文秘（信息管理方向）、法律、计算机应用、旅游管理10个专业。招生286人，毕业生167人，在校生1017人。教职工144人，其中专任教师87人。建筑面积5600平方米。图书馆藏书1万册，固定资产总值92万元。全年教育经费投入402.2万元。

（辛霓峰）

【完成文秘专业教学大纲修订】　3至6月，京师科技学院完成北京地区国家文凭考试文秘专业教学大纲修订。该修订工作受市教委委托，修订文凭考试文秘专业属于市考的秘书实务、行政管理学、公共关系学、管理学原理、应用写作和法学概论6门课程的教学大纲。

（张显传　张崇浩）

【推广“元认知理论”学习方法】

9月，京师科技学院推广“元认知理论”学习方法。该推广工作结合新生入学教育，利用会议、教学环节宣讲“元认知理论”。“元认知理论”是研究人对自身认知过程的认知，是个体对自身获得知识和应用知识过程的反思，指导和调节人们学习的认知过程，选择有效认知策略的控制执行过程。

（张显传　张崇浩　娄　波）

【文凭考试及格率提高】　10月，京师科技学院国家文凭考试及格率提高。该校参加考试705人次，及格率40.5%，比上年提高5个百分点。其中，2002级计算机班四科平均及格率66%，2001级文秘及格率提高50%。

（张显传）

【开展考试诚信教育】　11月，京师科技学院开展考试诚信教育。该教育通过班主任在学生中进行诚信教育，指出考试作弊的危害，防止作弊现象出现。举办全校文凭考试模拟演练，严格考场纪律。同时，派出巡视组，巡查各个考场，发现问题立即处理，并将违纪行为公布于众。

（张显传　张崇浩）

【团委开展多种实践活动】　至年底，京师科技学院团委利用团员基金开展多种社会实践活动。该校15

个团支部分别举办社区访问、义务劳动、野外环保以及中秋晚会、乘坐城铁、参观郭沫若故居等50项活动。该校30个教学班、900名团员参加活动。

（张显传　张梅英　张惠春）

东方财经日语大学

【概　况】 2003年，东方财经日语大学开设日语、航空、英语、国际贸易、财会、旅游管理、计算机8个专业。在校生1143人，招生358人，毕业生236人。教职工172人，其中专任教师47人，聘任教师76人。教师中高级专业技术职务占61%。校园占地面积9291平方米，固定资产总值1033万元，全年教育经费投入390万元。

（郭俊敏）

【学历文凭考试取得好成绩】 1月和10月，东方财经日语大学参加国家学历文凭考试取得好成绩。1月参加考试1340人次，报考14个学科，平均及格率58%；10月参加考试1394人次，及格907人次，报考24个学科，平均及格率65%。其中，参加计算机基础课考试395人，及格368人，及格率93%。参加大二基础日语考试118人，及格108人，合格率91.5%。参加民航乘务服务与管理考试44人，及格36人，合格率81.8%。

（郭俊敏）

【召开教学总结会议】 3月21日，东方财经日语大学召开教学总结会议。会议听取教务教学总结报告，要求各单位不断探索教学规律，自觉遵守教学规律。会议提出强化效率意识，提出提高教学质量、提高学科及格率等工作目标。会议表彰参加文凭考试取得优异成绩学生136人，颁发奖学金6630元。该校师生1200人参加会议。

（郭俊敏）

【日语系强化语言技能训练】 3月，东方财经日语大学日语系强化学生语言技能训练。该训练采用召开日语班会、日语联谊会，建立日语广播站，开办日语角等形式，增加日常会话交流。同时，组建日语教学志愿服务小组，进入社区开展第二外语教学活动。该专业系35名学生参加志愿服务。

（于　祥）

【坚持听课评议制度】 7至12月，东方财经日语大学坚持听课评议制度。该制度采用班主任跟班听课、教务人员每周听课、召开学生座谈会、举办问卷调查等形式，全面考察外聘教师教学质量。完成班主任跟班听课1200人次、教务人员每周两次听课、召开学生座谈会8次、发放调查问卷650份。该校外聘教师95人参加评议，其中，优秀20人、良好62人、中等11人、较差2人。该校拥有外聘教师108人。

（郭俊敏）

【成立监考巡场小组】 11月，东方财经日语大学成立监考巡场小组。该小组由教学副校长、教务主任和教务干事等人员组成，负责考场巡视、考场纪律监控任务，同时，负责监考教师管理、建立监考教师考评档案、制订考评方案等工作。

（郭俊敏）

【举办团干部培训班】 至年底，东方财经日语大学团委先后举办3期共青团干部培训班。3期培训班分别学习共青团工作常识、党与共青团的关系、加强理论教育和实践分析以及团干部阶段考核评定条例等内容。来自8个专业系团干部35人参加学习。

（于　祥）

北京东方大学

【概　况】 2003年，北京东方大学开设经济管理、物流、计算机、建筑工程、艺术设计、旅游、外语、文法、中医9个系18个专业。在校生1771人，招生528人，毕（结）业生912人，颁发大专毕业证书343人。在职人员78人，专兼职教师374人，副教授以上职务251人，占67.1%。其中专职教师63人，副教授以上57人，占90.5%。拥有教室35个，其中，计算机室4个、语音室2个、多功能厅1个、多媒体教室1个、阶梯教室1个、画室3个。图书馆面积700平方米、藏书40000余册，有1万多平方米的运动场1个。校园占地面积19723平方米（租用），建筑面积14824平方米。编辑出版校报《东大之声》2期、校刊《东方》2期，编印《学生课外读物系列丛书》2本。全年教育经费投入580.2万元。

（王益伟）

【文凭考试及格率提高】 1月和10月，东大两次参加学历文凭考试及格率提高。1月该校共有2093人次参加考试，其中，一年级972人次，比上年提高4.3个百分点；二年级1121人次，比上年提高6.1个百分点。10月共有2151人次参加考试，实考及格率为56.2%，比上年提高4.5个百分点。

（周东鲁　薛清良）

【首届作文比赛结束】 3月21日，东大首届作文比赛结束。该比赛分奋进篇、感想篇、评议见解篇等专题命题，分别采用记叙、抒情、议论等不同文体，由学校两名语言文学教授评判。比赛始于2002年11月，共收到参赛作文139篇，其中，61篇优秀作文编辑成书出版。

（刘 琳）

【开通免费报平安长途电话】 5月1至5日，东大开通报平安免费长途电话。该电话面向住校学生，每人可以给家人打一次限时3分钟报平安电话。

（王益伟）

【召开《民办教育促进法》座谈会】 6月11日，东大召开学生《民办教育促进法》座谈会。会议列举文凭考试学生4年才能参加成教专升本考试（公立院校大专生两年），文凭考试毕业证书、自考毕业证书要在10个月后发放，民办学生不能直接报考英语四、六级考试等升学、就业方面与公办学校学生不平等实际情况，期盼《民办教育促进法》能够全面、切实的实施。该校学生代表11人参加会议。

（刘钟英）

【举办学科带头人见面会】 9月10日，东大举办新生与学科带头人见面会。会议听取清华、二外和中医药大学等6个专业系7名兼职教授发言，系统介绍本专业现状和发展前景，提出学生掌握专业知识、提高专业能力注意的问题，并现场回答学生提出的就业、学历证书和资格证书等问题。该校新生共计300人参加会议。

（刘钟英）

【成立对外汉语教学研究中心】 9月14日，东大召开对外汉语教学研究中心成立会议。该中心隶属东大学术委员会，拥有专业技术人员30人，适应世界汉语教学需求，开展欢乐汉语教学、词典编写和多媒体汉语教学等项目研究。据2002年第七届国际汉语教学讨论会数据，世界上共有85个国家2027所大学开设中文系或中文课，世界各地2500万人参加中文学习。

（薛清良）

【举办教学参观考察活动】 9月22

日和10月22日，东大举办两次教学参观考察活动。该考察结合学生所学专业和课程设置，强调理论联系实际。其中，9月建筑工程系60名学生参观前三门大街住宅楼、国贸中心和东方广场；10月计算机系60名学生参观北京四通智能交通系统集成有限公司生产基地和公司新产品演示。

（王益伟）

【成立物流系】 11月4日，东大成立物流系。物流系开设物流管理1个专业，属大学专科层次教育，学制3年。教师12人，其中，高级专业技术职务12人。首批招收新生116人。

（王益伟）

【举办成功之路专题讲座】 11月4日，东大举办成功之路专题讲座。该讲座以“从载人飞船成功看青年成长之路”为主题，听取国际宇航联副主席、“神舟五号”飞船总设计师袁家军成长历程介绍，通过生动事例、幽默语言，讲授特别能吃苦、特别能战斗的航天精神，并现场回答学生的提问。该校师生200人参加学习。

（刘钟英）

【多功能厅投入使用】 11月9日，东大新多功能厅投入使用。该多功能厅占地面积145平方米，建筑面积150平方米，拥有座位180个，由布线、计算机设备和多媒体中央控制器共计6个系统组成，可以从事计算机、多媒体教学和多种娱乐活动。多功能厅于7月开工建设，总投资30万元。

（丁艳巍）

【实施晨检制度】 11月11日，东大实施晨检制度。该制度由晨检工作小组负责实施，以严格教学管理、保证教学计划实施为原则，每天7时50分开始，全面检查各教学班考勤、卫生以及防控“非典”预案措施落实情况。晨检结果填入《周晨检表》，经过统计汇总每周讲评一次。

（王益伟）

【入选艺术形象设计考试单位】 11月23日，东大入选艺术形象设计定点培训考试单位。该单位具有举办艺术形象设计培训班、考试和颁发艺术形象设计水平等级证书等资格。评选由文化部主持，全国共有9家单位获得批准。艺术形象设计专业水平考试分为五个等级，其中一、二、三级艺术形象设计分为生活时尚和舞台、影视形象设计两大类别。

（刘兰英）

【完成安全防火自查】 12月3至5日，东大完成安全防火自查。该检查根据市教委安全会议精神，设立消防知识宣传、重点部位安全防火措施、安全防火制度等检查项目。配合自查，该校建立防火指挥部、成立15名队员的义务消防队，与各部、处、室、系签订安全防火责任书，同时，开展不合格电路、收缴违规使用电器等整改工作。

（王益伟）

【召开年度教学工作会议】 12月

28日，东大召开年度教学工作会议。会议听取学校教学工作总结报告，传达市教委教学工作会议精神，

听取各专业学科带头人发言。会议明确要坚持重质量、创品牌、走内涵发展道路，紧跟市场需要，不断开拓教育资源工作方针。明确培养应用型专业人才办学定位和确保教学质量的民办学校目标。提出建立专、兼职教师队伍，不断摸索提高及格率、毕业率、就业率教学方法工作目标。会议要求，教职员工把“教书育人、管理育人、环境育人、服务育人”办学理念贯穿于教学全过程，班主任要跟班听课，机关干部要进入教学第一线，各专业系要开展学生参观见习，加强社会实践环节。该校领导、各专业学科带头人、校学术委员会委员和系主任共30人参加会议。

(薛清良)

民办中小学幼儿园

【概　况】 2003年，北京市民办普通中学81所，其中，高中24所，初中57所。毕(结)业生6393人，其中，高中2602人，初中3791人。招生12720人，其中，高中8148人，初中4572人。在校生33882人，其中，高中18349人，初中15533人。教职工3169人，其中，专任教师1924人，另有兼任教师163人。有职业中学18所，毕(结)业生1486人，招生1243人，在校生4230人，教职工989人，其中，专任教师528人。另有兼任教师126人。小学10所，毕(结)业生777人，招生845人，在校生4750人，教职工797人，专任教师540人。另有兼任教师9人。幼儿园218所，毕(结)业生6358人，招生9118人，在校生21808人，教职工4341人，其中，专任教师2134人。另有兼任教师81人。

(魏　强)

【诚明中学实行新奖金制度】 3月18日，平谷区诚明中学实行奖金发放新办法。新办法将学期奖金分为学生奖学金和教师管理奖两部分。其中，奖学金分3个等级，分别奖励2000元、1000元和500元；管理奖分4个等级，分别奖励3000元、2000元、1000元和500元。首次发放共计4.4万元，其中奖学金1.3万元，管理奖3.1万元。共有师生42人获得奖励，其中，学生17人，教师25人。

(岳广顺)

【北京亚奥幼儿园成立】 6月30日，北京亚奥幼儿园成立。该幼儿园由北京新力迈教育投资管理公司与北海幼儿园联合创办，开设大、中、小、托共计5个教学班，收托幼儿72人，教职工26人。幼儿园占地面积3347平方米，建筑面积3298平方米。

(成玉英)

【世纪英才幼儿园开园】 8月31日，密云县民办世纪英才实验幼儿园开园。该幼儿园位于花园校区，为小区配套设施，由居民承租，占地面积3811.27平方米，建筑面积3628.47平方米，拥有户外大型玩具11件。幼儿园教师48人，以蒙台梭利教育理念为指导，开设英才、英语和常规3类教学班。首批招收11个教学班，幼儿217人。

(郭占云)

【百汇艺校引进8名新教师】 8月31日，北京百汇演艺学校引进8名新教师。8名教师均为应届本科毕业生，分别来自舞院、民大、中国音乐学院和陕西师范大学，她们将担任一线教学任务。

(刘　茜)

【百汇艺校开展学生情感教育】 9月1日，北京百汇演艺学校开展学生情感教育。该教育采用专题报告和师生互访互谈形式，弘扬祖国情、民族情、文化情、师生情和同窗情，要求学生从点滴做起，从小事做起，培养高尚情操。该校学生550人参加教育活动。

(刘　茜)

【海淀首家打工子弟学校开学】 9月1日，海淀区明圆学校开学。该校为民办全日制小学，具有独立事业法人资格，实行自筹资金、自聘教师、自主办学管理体制，收费执行物价部门标准，行政和业务指导归区教委。学校占地面积13000平方米，建筑面积50600平方米，固定资产总值270万元，教职工113人，在校学生2000人。这是海淀区第一所打工子弟学校。

(宋亚甫)

【平谷首家私立园落成】 9月2

日，平谷区首家社会力量办平谷区第五幼儿园落成。该幼儿园按照一级一类幼儿园标准建设，占地面积6600平方米，建筑面积5000平方米，有教职工60人，其中，专任教师42人。可接纳幼儿360人，首次招收幼儿97人。幼儿园于3月17日开工建设，总投资850万元。

(岳广顺　张秀芳　王凤兰)

【汇佳幼儿园远洋园成立】 9月15日，汇佳幼儿园远洋园成立。该幼儿园属民办性质，占地面积4056.13平方米，建筑面积3200平方米，开设大、中、小、托6个教学班，在园幼儿113人，教职工46人，其中，专任教师19人。幼儿园配有计算机室、蒙氏教室、多功能厅、感统教室等专用教室，总投资150万元。

（王珊珊）

【百汇艺校实施文化课教学改革】 9月，北京百汇演艺学校实施文化课教学改革。该改革按照学校文化课改革设想，要求将灌输式教学方式改为自助式，根本扭转艺术学校学生重专业教育、轻文化知识状况。该校19个教学班550名学生参加改革实验。

（刘 茜）

【汇佳幼儿园举办英语课开放日】 10月23日，汇佳幼儿园举办外教英语课开放日活动。该活动展示外教生动语言、形象肢体动作和与幼儿互动教学过程。该校4个年级9个教学班共计182名儿童参加开放活动。

（杜 鑫）

【汇佳幼儿园举办古筝汇报表演】

12月5日，汇佳幼儿园举办幼儿古筝班表演。该表演分为独奏与合奏，合奏曲目为《太阳出来喜洋洋》、《分果果》。汇佳幼儿园古筝班是新开设兴趣班，9名儿童参加两个月训练。

（罗小妹）

【海淀召开民办园现场会】 12月5日，海淀区教委召开民办幼儿园现场研讨会。会议以“依法办园，提高办园质量”为主题，听取北京21世纪实验幼儿园成长历程、办园经验介绍，观摩幼儿园环境建设和教育教学活动。会议研讨民办幼儿园发展问题，提出近期工作目标。该区民办幼儿园园长共20人参加会议。

（杨宝玲）

【百汇艺校新教学综合楼投入使用】 12月21日，北京百汇演艺学校新教学综合楼投入使用。该综合楼占地面积1200平方米，建筑面积5000平方米，建有200平方米舞蹈排练厅4间，400平方米舞蹈排练厅1间，宿舍100间，并配备淋浴设备和网络宽带。综合楼2002年12月开工建设，总投资500万元。

（刘 茜）

中外合作办学（部分）

北京美国英语语言学院

【概 况】 2003年，北京美国英语语言学院拥有校本部、大兴教学部和西电教学部共三个区，教学班108个，举办中外合作办学、高等教育学历文凭考试、网络远程教育和高自考共四类教育。共开设外贸英语、外国语大学网络远程教育、英语专升本等31个专业。在校生3847人，招生1793人，毕业生941人。教职工219人，其中专任教师125人，兼职教师94人。有教授21人，副教授47人，讲师122人，中高级职称占87%，外籍教师34人。拥有教室107间，语音教室1个、计算机教室3个及音乐教室和琴房、练功房等。固定资产总值1188万元，占地面积24841.8平方米，建筑面积17000平方米。图书馆藏书6.1万册，其中外语原版图书4899册。全年教育经费投入3356万元。

（蒋淑云）

【举办安格丽亚教学法培训班】 1

月12日，美语学院举办安格丽亚（Anglia）英语教学法培训班。该培训班听取学校领导、外籍教师发言，观摩安格丽亚教学示范课，并完成点评。培训班听取英国齐彻斯特艺术与科技学院教师关于安格丽亚英语教学法专题讲座。该校英语教师40人参加学习。

（蒋淑云）

【远程教育辅导中心通过评估】 7月11日和28日，美语学院远程教育辅导中心通过评估。该评估包括现场提问、实地考察和审阅资料3个部分，市教委专家组肯定学校工作成绩，并提出意见和建议。美语学院是外经贸大远程教育校外学习中心、北外网络教育学院辅导中心和中央音乐学院现代远程音乐教育学院辅导中心。

（蒋淑云）

【入选爱德思资格考试分中心】 8

月5日，美语学院入选英国爱德思国家学历及职业资格考试北京分中

心。以英国爱德思国家学历及职业资格考试委员会工作人员组成的评审组,经过资料审查、实地考察和授课教师资格验证,同意该校开展爱德思国家学历及职业资格考试培训。爱德思国家学历及职业资格考试中等、高等职业证书,得到世界130个国家承认。

(蒋淑云)

【接待新西兰尤克学院官员】 8月29日,美语学院接待新西兰尤克(UCOL)学院国际部官员。访问期间,双方磋商开设合作项目,讨论学位授予、签证办理等细节,并签订合作意向书。

(蒋淑云)

【美语学院举办中秋节慰问活动】 9月5至6日,美国英语语言学院举办教师节慰问活动。该活动以游览雁栖湖为中心,先后举办联欢会、座谈会。该校学术委员会成员、学科带头人50余人参加慰问活动。

(蒋淑云)

【举办青年教师公开课】 10月21日,美语学院举办青年教师英语语法公开示范课。该公开课经过充分准备、反复试讲,采用师生互动方式,要求学生主动参与教学,课堂气氛活跃。该校青年教师20人参加观摩活动。

(蒋淑云)

【举办优秀毕业生专题讲座】 10月31日,美语学院举办优秀毕业生专题讲座。该讲座以"当代大学生如何面对挫折与困难"为主题,邀请校友林寿贺结合自己亲身经历,讲解作为一名大学生,面临困难与坎坷,应该保持良好心态和不屈不挠的拼搏精神等问题。该校师生2000人参加学习。林寿贺,1997年赴美语学院学习。2001年,以优异成绩获得美语学院留学奖学金,赴英国朴茨茅斯学院学习。留学期间,获得英国高等奖学金,并取得硕士学位。

(蒋淑云)

【开展消防安全演练】 12月2至3日,美语学院举办消防安全演练。该

演练由消防中心专职人员指导,首先讲解防火知识、突发火灾营救与自我营救方法、消防器械的安全使用方法讲座、防火撤离常识等,然后举办防火撤离演习。该校师生2000人参加学习和演练。

(蒋淑云)

【举办母亲心语主题班会】 12月10日,美语学院2003级师资班举办母亲心语主题班会。该班会以"聆听母亲的心语"为主题,通过唱歌、朗诵形式,倾诉母亲对自己寄托,表达自己对母亲的爱。决心好好学习,报答母亲、报答母校。该班学生45人参加会议。

(蒋淑云)

【成立青年志愿者协会】 12月16日,美语学院召开青年志愿者协会成立会议。会议宣读青年志愿者协会章程、管理条例,听取老队员成长过程和工作经历介绍,提出希望和要求。该协会100名新老志愿者参加会议。

(蒋淑云)

【举办毕业生招聘会】 12月19日,美语学院举办毕业生招聘会。会议听取学院2004级毕业生基本情况介绍和用人单位基本情况介绍。来自京东信远饭店、华润饭店和国际航空物流中心等用人单位与毕业生200人参加会议,其中,150人签订就业意向书。

(蒋淑云)

【实施英才教育计划】 12月26日,美语学院举办英才教育计划第一次专题讲座。该讲座听取北大教授《演讲技巧》专题演讲,系统介绍有关演讲知识。该校英才班学生33人参加学习。美语学院英才教育计

划依据学生平时学习成绩、思想政治表现、社会实践等考核内容,挑选部分优秀学生组成英才班,开展综合能力再培训。

(蒋淑云)

北京中加学校

【概　况】 2003年,北京中加学校在校生1084人,招生371人,毕业生340人,毕业生报考国内外大学升学率98%,85%的学生获得国外大学奖学金。教职工215人,其中,加拿大籍教师24人。特级教师和高级教师20人。占地面积达到73370平方米,建筑面积36202平方米。拥有教学楼2栋、实验楼2栋,400米跑道进口人造纤维草坪田径运动场1个及足球场、棒球场、网球、羽毛球、篮球、排球场等体育设施。图书馆藏书2万册。固定资产总值4080万元。全年教育经费投入4898万元。

(荆　枝)

【中国画《芳华》获奖】 5月1日,在2003年全国教师美术书法作品大赛活动中,中加学校教师创作的中国画《芳华》获得一等奖。该比赛由中国教育学会美术教育研究会主办,来自全国2700名教师2700件作品参加比赛。其中,10人获得一等奖。

(荆　枝)

【成立校本课程工作委员会】 5月12日,中加学校校本课程建设与发展工作委员会成立。该委员会在学校理事长和法人直接领导下,由9人组成,负责规划、编制和组织实施

校本课程体系，根据教育部学科高中课程标准，制订学校学科校本课程标准；开设有学校特色选修课、活动课课程。

（荆　枝）

【举办新课改学习班】 6 月 16 至 20 日，中加学校举办国家基础教育课程改革实验体系改革学习班。该学习班听取教育部关于新课改 6 个目标意义和普通高中新课改方案制订过程报告，学习教育部文件、各学科新课程标准和有关教育学者论述。听取题为《关于构建北京中加学校校本课程体系的几点意见》报告和课改委题为《中外课程改革的背景与趋势》专题报告，并开展学习、讨论等活动。该校师生 1000 人参加学习。

（荆　枝）

【高职学生完成在加拿大学习】 6 月 20 日，中加学校高等职业教育部学生完成在加拿大大专课程学习。这批学生共计 36 人，其中，国际五星级旅游酒店管理专业（IHM）20 人、工商管理与科技专业（BTM）16 人。他们分别获得加拿大、瑞士和美国等国外大学本科学习录取通知，其中，两人分别获得 4000 美元奖学金。

（荆　枝）

【赴加拿大短期交流学生回国】 6 月 26 日，中加学校赴加拿大短期交流学生回国。这批学生共计 42 人，在 4 个月交流学习中，先后完成加拿大高中基础文化课程学习，进入加拿大学生家庭，介绍中国文化，了解加拿大文化背景和风土人情。

（荆　枝）

【入选教育部新课改联系校】 7 月 7 日，中加学校入选教育部高中国家基础教育课程改革实验联系校。该联系校将承担与实施新课改方案相关研究、实验任务，并负责相关设备设施、师资等方面准备。中加学校在新高一学生中实施国家基础教育课程改革实验改革。

（荆　枝）

【举办生命智慧专题讲座】 7 月 13 日，中加学校举办生命智慧专题讲座。该讲座邀请世界青年成功学会学者以《生命智慧》为题，讲授珍惜生命、热爱生活、拼搏学习等方面知识，并回答学生问题。该校师生 1300 人参加学习。

（荆　枝）

【接待圣保罗足球俱乐部官员】 9 月 12 日，中加学校接待巴西圣保罗足球俱乐部官员。在中加学校，双方交流开展体育活动情况，探讨合作途径。

（荆　枝）

【举办中加明月之夜晚会】 9月14

日，中加学校举办中加明月之夜晚会。该晚会举办葫芦丝、古筝演奏，傣族舞和壮族舞等文艺表演，举办中国武术太极剑表演和网球、篮球和羽毛球等比赛，以及中国传统赏月、品尝月饼和猜灯谜等活动。该校师生 1300 人参加活动。

（荆　枝）

【慰问敬老院老人】 10 月 23 日，中加学校举办慰问敬老院老人活动。该活动由校团委主办，在通州区敬老院，师生为老人表演文艺节目，向老人赠送慰问品。同时，看望通州区福利院收养 14 名孤儿。该校高二（4）班师生 35 人参加慰问活动。

（荆　枝）

【开展创办优质校本课程活动】 10 月，中加学校开展创办优质校本课程活动。该活动是学校校本课程改革的组成部分，首讲推出英语专题系列课程“社区环境”，共计 12 课时。该校高一年级学生 400 人参加学习。

（荆　枝）

【召开新课改阶段教学研讨会】 11

月 20 日，中加学校召开高中全国基础教育全日制义务教育课程标准第一模块教学研讨会。会议听取新课标第一模块教学情况汇报，传达教育部实行新课改实验区工作会议精神。会议听取各学科新课改教学经验介绍，交流语文课通过采访、考察、制作电子课件、撰写调查报告、制作手工制品，培养学生协作、交流和写作能力；政治课举办课前“时事开讲”讨论、举办如何看待金钱辩论赛、模拟法庭改变教学环境等成功经验。来自市教委、通州区教委以及教师 300 人参加会议。

（荆　枝）

北京英迪经贸学院

【概　况】 2003 年，北京英迪经贸学院开设工商管理、市场营销、金融 3 个专业，在校生 429 人，招生 180 人，毕业生 130 人，其中，专科 30 人。教职工 44 人，其中，专任教师 17 人，外籍教师 15 人，占专任教师的 88%。兼职教师 7 人。图书馆藏书 1.8 万册。占地面积 3.13 万平方米，建筑面积 1 万平方米。固定资产总值 308.7 万元，全年教育经费投入 400 万元。

（王雅成）

【实施国际标准化管理】 1 月，英迪学院施行 ISO9000 国际标准化管理。该管理涉及学校国际合作部、招生部、教务部、行政部、学生管理部、财务部、后勤部、计算机室和图书馆共计 9 个部门，各部门均制订质量管理标准，严格按国际化标准管理。

(王雅成)

【举办形体舞蹈培训班】 2月，英迪学院举办舞蹈形体培训班。该培训班邀请舞蹈专业教师任教，开设国际标准舞和形体操等项目，每周活动三次，每次不少于3个小时。该校师生500人次参加学习，占在校师生总数70%。

(王雅成)

【举办民族舞蹈联谊会】 3月6日，英迪学院举办庆三八师生民族舞蹈联谊活动。该活动要求穿戴少数民族服装，共同学习56个民族舞蹈，宣讲民族文化知识。活动由学生会、学生管理部联合举办，中外教师及学生300人参加活动。

(王雅成)

【举办篮球友谊比赛】 4月1日，英迪学院举办篮球友谊比赛。该比赛与首钢工学院联合举办，采用主客场赛制，双方共有20余名学生参加比赛，其中，首钢代表队以2∶1成绩，获得胜利。该校学生100人观看比赛。

(王雅成)

【迁入新校址】 8月9日，英迪学院迁入新校址。新校址位于房山区良乡昊天北大街3号，占地面积31335平方米，建筑面积10000平

方米，其中，教室面积5144平方米、宿舍面积1521平方米、计算机房面积235平方米、语音室面积60平方米、图书馆和书店面积320平方米、食堂1000平方米。校园内设有足球场、篮球场、羽毛球场等。新校址于6月开工建设，总投资293万元。此前，该校租借石景山区八大处高科技园区双园路1号办公。

(王雅成)

【聘用专职保安人员】 8月15日，英迪学院聘用专职保安人员。这批保安人员共计5人，配备有对讲机、警棍和手电筒等用具，实施24小时值勤。配合保安制度，该校制订门卫值班、进出车辆管理和学生晚归登记等10项管理制度。

(王雅成)

【增加部分消防设备】 9月10日和10月10日，英迪学院增加部分消防设备。这批设备包括30台4公斤手提灭火器、18盘水袋和水枪，更新楼内应急灯、疏散标志和安全标志等，总计投资2万元。

(王雅成)

【举办英语周活动】 11月，英迪学

院举办英语周活动。该活动以中西文化交流为特点，采用小品、演讲、猜谜语、演唱和模特表演等形式，充分发挥学生想象力。该校师生400人参加活动。

(王雅成)

【毕业生就业率100%】 12月，英迪学院毕业生就业率达到100%。本年该校毕业生130人，其中，在国外就读和深造70人，就业70人，包括联想集团就业8人，通用电器公司10人，神州数码5人，海尔集团6人，在外企等部门就业30余人。

(王雅成)

德　育

综　　述

2003年，北京各级各类学校德育工作以中共十六大精神和“三个代表”重要思想为指导，以贯彻《中小学生守则》和《中小学生日常行为规范》，开展奥运知识和奥运精神教育，加强法制教育和学校心理健康教育工作，提高学生文明素养和基础道德教育实效性为重点，各项工作取得新进展。

制订德育文件。依据《公民道德建设实施纲要》重新修订并颁布《北京市中小学生守则》和《北京市中小学生日常行为规范》。加强对文件的宣传工作，各新闻媒体报道50多次，专题培训干部教师20余场次。修订《北京市中小学德育整体化工作纲要》、《北京市中小学心理健康教育工作纲要》，完成两个《纲要》征求意见稿。与市公安局、市司法局等单位联合印制《关于加强对有严重不良行为学生管理教育的意见》，为加强工读学校建设，做好有严重不良行为学生的教育、矫治和转化工作提供政策依据。

开展专项调查研究。进行北京市中小学生吸烟状况调查、青少年法制教育和预防青少年违法犯罪情况分析、非常时期德育工作调查，形成《北京市中小学生吸烟状况调查报告》等调研成果。

总结德育工作先进经验，推广实验成果。一是总结43所校园环境示范校经验并通过光盘等形式推广，根据政府职能转变要求，校园环境示范校评选工作下放到区县，推出区县评优评先管理模式。二是召开北京市中小学心理健康教育研究与实验工作总结会，推广三年来心理健康教育研究与实验成果。该实验受教育部委托举办，全市共有242所学校参加实验。三是总结班主任工作。编辑《班主任新视野》、《温暖心灵的诗篇》等班主任工作、工读教育文集，为学校德育工作提供指导。

指导区县围绕文明素质培养、奥运知识和奥运精神教育开展专题活动。与团市委联合开展“中国小公民道德教育计划”和“我为奥运做贡献”活动，与团市委、市文化局、北京少年儿童图书馆联合开展“红领巾读书活动”等。

与督导室联合开展西城区、丰台区工读教育、法制教育专项督导评估，与市禁毒办联合举办《禁毒专题教育大纲》教师培训，参加培训教师80人。

完成常规性工作。完成市级三好学生、优秀学生干部、优秀班集体、北京市十佳中学生评选、表彰工作，共评审市级三好学生16434人，优秀学生干部895人，优秀班集体500个；开展第16届“紫禁杯”优秀班主任表彰，第23届“瞭望杯”时事知识竞赛，市级“百所好家长学校”评选等工作。

开展“非常时期德育工作调研”，及时掌握区县、学校德育工作动态；在中学生中开展“我给陋习开方子”，在小学生中开展“改掉一个坏毛病，养成一个好习惯”及《在非常的日子里》征文活动；利用网络与区县沟通情况、交流信息，开展“落实十六大精神，推动德育创新大讨论”，通过网络为学生提供心理服务。

开展多种调研工作。走访10名德育专家及教育部负责人；召开16个不同类型的座谈会，涉及普通中学、重点中学、工读学校、职业学校，参加人员包括长期从事德育工作人员、校长、班主任、教师和学生；考察上海、广东等省市德育工作；对美国、英国、日本等国家青少年道德教育情况进行分析比较，初步确定本市今后一个时期加强学校德育工作的指导思想、目标任务和措施。

加强德育重点、难点问题研究。针对未成年人违法犯罪的新情况、新问题，提出预防未成年人违法犯罪工作机制六条措施；针对学生上网时间、空间越来越大，一些学生甚至上网成瘾的情况，召开专题研讨会，提出建设数字德育平台的框架思路。

2003年，市委教育工委完成北京高校德育大纲修订工作。由于德育外部环境、工作对象和工作要求发生变化，对1995年制订的高校德育大纲进行修订。此次修订适应形势变化对德育工作提出的新要求，新的德育大纲增加“三个代表”内容，强调“育人为本”、“特色性”和“整体性”原则。要求德育工作立足首都实际，立足本校文化传统、学科特点和培养目标，探索实践具有首都特色、本校特点的工作模式，培养有理想、有道德、有文化、有纪律的中国特色社会主义事业的建设者和接班人。新德育大纲增加推进“三个代表”重要思想以及马克思主义中国化的最新理论成果“进课堂、进教材、进学生头脑”的内容。

新颁德育大纲还增加社会主义民主、法制和纪律教育，中华民族优良传统道德和社会主义道德教育，劳动观念和劳动态度等公民教育内容。

2003年，完成北京高校第二批“两课”学科带头人的认定工作，召开第二批马克思主义理论课和思想品德课学科带头人拜师会，批准14名青年教师为培养对象。

（关国珍）

总　类

【一六三中实践基地扩建工程竣工】 1月15日，北京市第一六三中学顺义教育实践基地改扩建工程竣工。改建后，该基地占地面积由原来1.2万平方米增加到4万平方米，建筑面积1万平方米，分为食宿生活区、种植学农实践区和养殖学习活动区共3个部分，建有师生宿舍、大小教室、会议室、活动厅、食堂、浴室、活动室和机房等设施。改造工程2002年6月开工，总投资12万元。

（罗春山）

【命名第五批市级校园环境示范校】

3月29日，市教委命名第五批市级校园环境示范校。该批示范校共43所，其中，城区高校22所，远郊区县学校23所。1995年，市教委制订《北京市中小学校园环境管理的实施意见》和《北京市中小学校园环境管理评价标准》，提出建设区县级和市级校园环境示范校标准。自文件颁布以来，全市中小学全部达到规定标准，并评选出区县级环境示范校500所，市级环境示范校203所。

（王　蕤　王慧瑾）

【顺义命名首批青少年德育基地】 4月12日，顺义区精神文明办公室、团区委和区教委共同命名首批青少年教育基地。首批命名18家单位，由潮白烈士陵园等党史教育基地、焦庄户地道战遗址纪念馆等爱国主义教育基地和三高科技农业试验示范区建设成就教育基地3部分组成。至年底，18家基地共接待中小学生15万人次。

（王英丽）

【昌平成立德育教研室】 6月24日，昌平区教委德育教研室成立。该教研室主要任务是指导、推动全区德育工作开展，系统研究德育工作规律。至年底，教研室拥有教研人员4人。

（张　捷）

【舞院召开德育工作研讨会】 7月

9至11日，北京舞蹈学院召开德育工作研讨会。会议总结“非典”期间学生工作经验，研讨毕业生就业工作。会议认为，学生工作要以学生为本，不断改进学生管理办法，提高学生工作干部自身素质，引导学生形成积极向上学院作风。该校德育教师26人参加会议。

（肖卫兵）

【举办禁毒教育教师培训班】 9月17至19日，市教委、市禁毒办和团市委联合举办中小学禁毒教育教师培训班。该培训班以教育部颁发的《中小学生毒品预防专题教育大纲》为教材，采用专题讲座形式，先后讲授毒品基本知识、预防教育等课程。来自20个区县单位教委和9所毒品预防教育示范学校教师共计80人参加学习。

（沈柳莺）

【颁发第16届“紫禁杯”优秀班主任奖】 10月21日，市教委召开中小学第16届“紫禁杯”优秀班主任表彰会。会议表彰“紫禁杯”优秀班主任800人，其中，特等奖20人、一等奖380人、二等奖400人。来自市教委、“紫禁杯”教育奖励基金管理委员会和师生共计1000人参加会议。“紫禁杯”优秀班主任奖励基金由北京旅游业职工捐资设立，自1988年设立以来，共有6400人次获得奖励。

（王　蕤）

【两高校设立爱国主义教育基地】 11月22日和12月5日，中央民族大学、中国地质大学（北京）先后在中国人民抗日战争纪念馆设立爱国主义教育基地。根据协议，两校以纪念馆为基地，定期开展爱国主义教育；纪念馆负责安排时间、提供场地，并给予价格优惠。

（哈斯也提　承　金）

【房山建立首批爱国主义教育基地】 11月，房山区政府建立首批爱国主义教育基地。首批基地共有北京猿人遗址、平西抗日烈士陵园和良乡戒毒所等30个，涵盖房山区历史文化，现代政治、经济、文化和社会发展成果两个方面。

（李翼明）

【东城召开德育研讨会】 12月10日，东城区教委召开“反思尊重习惯，深化尊重教育”德育工作研讨会。会议听取11名教师典型教育案例、教育思想转变及阶段性研究成果汇报，听取中国教育学会教育案例评析。会议认为，随着教育改革不断深入，教育功能和意义已有全新发展，教师角色也发生质的变化。应该以“尊重”理念为指导，反思、审视日常教育习惯，对落实“以生为本，全面推进素质教育”做出新诠释。该区各单位领导、教师及其他区县代表400人参加会议。

（秦晓芳）

课　程　建　设

【北交大举办“两课”教师讲座】 1月2日，北方交通大学举办“两课”教师专题讲座。该讲座邀请清华“两课”教学部教授，通报清华“两课”建设情况，论证“两课”教学定位、建设规律，介绍“两课”教学技巧，并现场回答教师们提出的问题。该校教师36人参加学习。

（张其坤）

【3所高校举办“三个代表”思想论坛】 4月3日，中国人民大学研究生院举办学习“三个代表”重要思想博士生论坛。该论坛以“三个代表”重要思想与马克思主义理论创新为主题，听取北大、清华、人大3名教授题为《准确把握“三个代表”重要思想的内涵》、《“三个代表”重要思想与三大文明建设的关系》和《“三个代表”重要思想的科学体系及历史地位》专题演讲。论坛与北大、清华联合发起，来自3校师生60人参加学习。

（白连永）

【公安大学举办思想教育讲座】 4月7日，中国人民公安大学举办思想教育专题讲座。讲座听取北方交大教授理论创新指导新时代专题报告，将政治理论与形势结合，阐释江泽民十六大报告精髓，系统解释新形势下党的路线、方针、政策。该校学生180人参加学习。

（尹华业）

【人大举办时事政治报告会】 4月12日，中国人民大学举办时事政治报告会。该报告邀请香港凤凰卫视首席时事评论员发表题为《美伊战争与当前国际形势》专题报告，系统讲解美伊战争在国际法上的合法性、战后联合国作用、中国在战争中态度和角色扮演等热点问题。并现场回答“非典”防治问题。该校师生400人参加学习。

（白连永）

【人大承办全国“两课”教学座谈会】 5月12至13日，中国人民大学承办全国普通高校“两课”教育教学调研座谈会。会议通报全国“两课”教学情况，听取部分省市教育教学情况汇报，研讨新世纪新阶段高校“两课”课程体系、课程设置、教学体系、教材内容及如何深化“三个代表”重要思想“三进”工作等问题。来自全国高校“两课”教育教学调研小组和人大学者30人参加会议。

（白连永）

【物院“两课”资料室落成】 7月，北京物资学院“两课”专业资料室落成。该资料室建筑面积50.34平方米，按照高校马克思主义理论课和思想品德课程建设标准，教师人均图书（音像）资料达到500册，电子图书1000册，订阅报刊、杂志20种。资料室配有1台主计算机和5台终端计算机，并与国际互联网（Internet）联接。

（高和鸿）

【外经贸大完成“两课”自查工作】 8月12日，对外经济贸易大学召开“两课”指导委员会全体会议。会议听取“两课”办公室关于“两课”自查情况汇报，研讨学校“两课”现状、存在差距以及如何以评促建等问题。该校领导、“两课”指导委员会成员30人参加会议。

（袁利新）

【首钢工学院改革道德修养课考核方法】 9月，首钢工学院改革道德修养课程考核方法。该校修订道德修养课程教学大纲，将每学期课程教学考核改为在校全过程道德评价，课程学分在学生毕业前得以确认，避免课程教学与学生表现脱节现象。该校学生1007人参加改革。

（徐　励）

【中央音乐学院改革德育课程教学】 9月，中央音乐学院实施德育课程教学改革。该改革将传统授课改为专题讲座，授课教师由德育教师改为院领导和音乐专业学者。至年底，共举办讲座8次，包括《大学是人生发展的新阶段》、《树立正确的人生目的和态度》、《培养良好的道德品质》等内容。

（李雪英）

【北林大实施时事网络教学】 10月26日，北京林业大学首次实施校园网络教学。该校《形势与政策》课程通过校园网络同步播放，1名教师讲课声像通过校园网络面向15个教室，3200名学生参加学习。

（汪海洋）

【工商大学试办“形势与政策”系列课程】 11月4日，北京工商大学试办“形势与政策”系列课程。该系列课程每周二举行，分为《使命与创新》、《学习贯彻“三个代表”重要思想与大学生成长成才》、《当前中国经济形势与热点问题》等6个专题，由校内外专家学者担任教学。该课程面向大一学生，与假期社会实践相结合，以提交论文等形式考核，记1个学分。来自会计学院和传播与艺术学院共计500名新生参加首次学习。

（王晓华）

【门头沟研讨思想品德课教学】 12月3日，门头沟区教委召开思想品德课教学研讨会。该活动听取大台中心小学计算机与思想品德课教学整合观摩课，并展开研讨。会议认为，互联网应用思想品德课可以使学生了解更多信息，但要防止腐蚀孩子心灵负面作用。该区科任教师20人参加会议。

（艾艳敏）

德　育　活　动

【平谷五小召开法制教育报告会】

1月17日，平谷区第五小学召开法制教育报告会。会议听取平谷镇城关派出所民警《当前犯罪情况分析》专题讲座，结合平谷镇犯罪人数、年龄、性质，重点分析14岁以下犯罪案例，要求学生言行、举止做到不与行为不端的人来往、不聚众打架斗殴、不做损人利己的事、不看不健康录像和书籍。该校师生920人参加学习。会后举办遵守交通法规展览。

（刘海春）

【召开心理健康教育实验交流会】 1月19日，市教委召开中小学心理健康教育研究与实验工作总结交流会。会议听取20个单位经验介绍，交流38个单位书面经验材料。会议认为，北京中小学心理健康教育研究与实践在建立心理健康教育管理、制订规范文件、建立健康教育师资队伍、开展专题研究和优化环境等方面取得成绩。400名师生参加会议。2000年，教育部委托北师大、市教委、上海市教委等5个单位开展中小学心理健康教育研究与实验，北京共有14个区县294所学校参加实验。

（王　蕤）

【玉桥小学开展社区传统美德教育】 2月，通州区玉桥小学利用社区开展传统美德教育。该活动实现与社区道德建设、社区体验两个结合。在社区道德建设方面，采用画、讲、唱、做、展等形式，以“忠”、“孝”传统美德为中心，增强学生学习的积极性；在社区体验方面，通过社区实际事例，开发校外教育资源，促进学生传统美德观念的形成。

（勾庆祥）

【北方工大开展学习雷锋活动】 2至3月，北方工业大学团委举办纪念学习雷锋40周年活动。该活动以“弘扬雷锋精神，拒绝不文明行为，建设高品位校园文化”为主题，以图片、召开主题座谈会形式进行宣传，开展百名青年志愿者“学雷锋高潮日——清理高井排洪渠志愿活动”和敬老助残、扶贫济困、环境保护、公益劳动、法律援助、科技服务志愿活动。该校学生400人参加活动。

（刘　姝）

【东大举办德育系列讲座】 3月3日，北京东方大学举办德育系列讲座。该讲座由教务部和学生会共同举办，分为法律基础道德修养和公关礼仪两个系列，每个系列设立4个专题，利用双周三下午全校统一活动时间，聘请外校教授讲授一个专题。讲座列入教学计划，课程结束后，每名学生写出心得体会，其成绩记入学生学习档案。至年底，共举办《全面提高大学生整体素质，迎接21世纪新的挑战》、《树立正确的世界观、人生观、道德观》、《人生以诚信为本，树立高尚道德，顺利闯过恋爱观》等4个专题。该校师生3000人次参加学习。

（周东鲁）

【北交大举办于海波事迹报告会】 3月19日，北方交通大学举办于海波先进事迹报告会。会议听取于海波题为《给生命一个支点》专题报告，通过自己的经历，于海波鼓励大学生勇于面对困难、战胜困难，向弱者奉献爱心，不断陶冶挑战自我高贵品德，她寄语大学生“拥有爱是幸福的，给予爱是快乐的”。该校师生2000人参加学习。于海波，1970年出生，吉林省长春市人，患有先天性脆骨症，仍能自学汉语语言文学、心理学等专业课程，1995年开通长春市首部无偿心语电话，帮助遇到挫折的人们战胜困难。

（张其坤）

【北语举办寒假见闻报告会】 3月

25日，北京语言大学金融系举办寒假见闻报告会。报告会有来自5个教学班11名学生代表发言，利用寒假所见、所闻、所感，表达对社会现象、家乡发展变化和实习经验等问题深层次思考。

（彭艳崇）

【仪器仪表学校开展“净口儿”活动】 3月，北京市仪器仪表工业学校开展“净口儿”活动。该活动以“说文明话，做文明人”为主题，针对不同年级举办社交培训，收看“公务员礼仪”报告录像，制作文明礼貌手抄报，创作、导演文明短剧、小品、相声、三句半等节目。该校学生1200人参加活动。

（董　锋）

【密云开展革命传统教育】 4月5日，密云县教委开展革命传统教育。该教育由祭奠白乙化烈士陵园、刘殿文烈士墓和古北口长城抗战烈士墓，参观王波烈士碑园和云蒙山抗日纪念碑，听取老党员烈士英雄事迹介绍，举行入队、入团仪式，表演文艺节目和植树等活动组成。该县师生1100人参加教育活动。

（郭占云）

【丰台五小新升旗台落成】 4月21日，丰台区第五小学新升旗台落成。该升旗台位于运动场北侧艺术楼前，建筑面积25平方米，基座由大青石和汉白玉制成，旗杆为不锈钢材质，高12米。

（霍良庆）

【举办“瞭望杯”时事知识竞赛】 4月25日，市教委、北京青年报中学时事报联合举办的第22届“瞭望杯”时事知识竞赛结束。该活动面向全市初三年级学生，以学校为单位，设立区县团体总分奖、学校奖、学校表扬奖。全市初三学生参加竞赛，其中，崇文、大兴分获城区、郊区团体奖，6所学校获得“瞭望杯”学校奖，58名学生获得“瞭望杯”一等奖。崇文区19名学生获一等奖，占全市获奖总数的32.8%。

（王 蕤 杨学银 郝洪青）

【桥梓镇小学实行日记式家庭教育】 5月，怀柔区桥梓镇中心小学实行“日记式”学生家庭行为规范管理。该活动针对“非典”时期，以“做一天最优秀的自己”为主题，要求学生在家填写学校印发的日记考核单，包括按时起床、家务劳动和按计划学习等10项内容，并且按照量化指标，完成自我评价。该校所有学生填写日记考核单。

（杜书霞）

【房山开展远离毒品教育活动】 6月26日，房山区教委开展“远离毒品”主题教育活动。该活动通过班队会、国旗下讲话、板报等形式，宣传毒品危害，开展主题演讲、征文等比赛，教育学生远离毒品。活动中，师生们走上街头、进入社区，向路人及社区居民发放有关宣传材料。该区师生10万人参加教育活动。

（李翼明）

【举办在非常的日子里征文活动】

6月，市教委、北京青年报联合举办“在非常的日子里”征文活动。该活动以学校为单位，要求学生通过“非典”期间亲身经历，表达自己在面对突发事件真实感受，弘扬民族精神、爱国主义和青少年社会责任。活动共收到来自18个区县征文2万篇，其中，3篇获得一等奖，部分获奖作品在北京青年报刊登。

（王 蕤）

【公安大学举办日军化学武器讲座】 9月18日，中国人民公安大学举办侵华日军化学武器讲座。讲座邀请苏向祥律师系统介绍侵华日军遗留化学武器案件，分析案件背景、意义和进展情况。该校学生1262人参加学习。苏向祥是侵华日军遗留化学武器诉讼案中方代理人。

（尹华业）

【密云举办学生规范知识竞赛】 9月27日，密云县教委举办学生规范知识竞赛。该竞赛分为库南、库北两个赛区，采用问卷、答辩、讨论和演讲4种形式。该区24所小学中高年级学生72人、25所中学学生125人参加竞赛。

（郭占云）

【延庆举办预防犯罪情景剧比赛】 10月12日，延庆县教委举办未成年人权益保护及预防犯罪情景剧比赛。该比赛与团县委等单位联合举办，分小学、中学两个组。来自17所中小学校代表队参加比赛。

（吴铁华）

【5高校开展价值观系列教育】 10至11月，中央民族大学、中央财经大学、北京邮电大学、北京交通大学、北京电影学院联合开展“青春·信念·未来”基本价值观主题系列教育活动。其中，财大围绕“诚信受益”主题，举办展览、问卷调查、会计师报告及调研等活动。北京交大以“交大论坛”为题，开展“在创业中实现人生理想”系列报告会，“诚信受益”图片展，在“集体中求得发展”攀岩比赛及“人生理想”征文活动。民大围绕“围绕国家利益至上”主题，开展民族知识高校行、征文比赛和长城宣誓等活动。北邮举办“诚信受益”讲座，阐述建立健全信用机制，建设良好的信用环境，企业员工信用等问题。

（哈斯也提 张其坤 韦 红）

【东城举办青春期主题教育活动】 11月15日，东城区教委举办初中学生青春期主题教育活动。该活动通过展板、演讲方式表达学生们青春期感受，听取“知心姐姐”卢勤青春期教育专题讲座，并与学生们共同探讨异性交友、零花钱使用、抵触情绪等问题。来自4所学校师生、家长400人参加活动。

（秦晓芳）

【北小营小学纪念毛泽东诞辰110周年】 12月，顺义区北小营中心小学举办纪念毛泽东诞辰110周年活动月。该活动包括讲毛泽东故事，播放学唱歌颂毛主席歌曲，召开“咱们的领袖毛泽东”主题大队会，播放《中国出了个毛泽东》专题片。该校师生670人参加纪念活动，共搜集毛泽东小故事100个，搜集图片20余幅，学唱歌曲40首。

（郭瑞清）

【大兴小学预防网络危害】 12月，大兴区教委开展小学预防网络危害工作。该区黄村一小、黄村六小、黄村七小、黄村八小成立“拒绝网吧”工作组，负责调查学校周围网吧及学生进出情况，与家长签订“拒绝网吧”协议书，要求学生在家中上网必须得到家长允许，要求家长保证按时接送学生。同时，要求各班召开班会，教育学生远离网吧，增强自我保护意识。对于经常进入网吧学生，由学校与家长配合，实施重点监护。

（李金艳）

社　会　实　践

【侨大开展社会实践活动】　3月2至6日，燕京华侨大学开展社会实践活动。该活动分别在燕山石油化工有限公司、房山区韩村河村开展，通过参观、听报告、专访等活动，考察国有企业改革情况和改革开放后农村新面貌。该校1999级258名学生参加活动。

（孟庆文）

【良乡二小举办“一日售货员”活动】　3月2日，房山区良乡第二小

学举办“一日售货员”社会实践活动。该活动要求少先队员佩戴“实习售货员”标志，在良乡商场，学习售货员工作，接待顾客、介绍商品、开票售货。该校学生50人参加学习。

（邓常利）

【平谷四小建立社会实践基地】　3

月4日，平谷区第四小学社会实践活动基地成立。该基地与乐园西社区居委会共建，利用社区开展公益活动。至年底，学生清除社区内非法小广告15000张，清理卫生“死角”12处，清运垃圾120立方米，清扫街道21条1600米。区教委、兴谷开发区、乐园西社区居委会干部及四小250名师生参加劳动。

（岳广顺）

【社科院研究生院赴攀枝花市调研】

7月21至27日，社科院研究生院博士生考察团赴四川攀枝花市调研。考察团由经济、金融等专业13名博士生组成，分为财政金融、产业结构调整，国企改革、贸易、旅游，城市建设与可持续发展3个小组，以西部大开发与社会经济发展情况为主题，调研攀枝花市未来5年经济总量翻番的投融资支持、国企改革及产业结构调整方向、可持续发展道路等问题，并完成调研报告。

（陈剑青　何　辉）

【地大开展暑期社会实践】　7月26至30日，中国地质大学（北京）举办“绿色奥运”暑期社会实践。学生们登上怀柔区响水湖长城，宣誓用行动建造中华民族“绿色长城”。在大榛峪村，学生们发放自制《农村环境保护知识手册》，取样分析响水湖源头水质，调查当地环境状况。该校水资源与环境学院10名学生参加实践服务。

（承　金）

【外交学院学生赴贵州支教】　7月，外交学院学生完成贵州支教活

动。该活动由校团委主持，8名学生分别与贵州省凯里第一中学高中生、三棵树镇龙井小学青年教师举办座谈会，为龙井小学学生讲授英语、计算机、城市概况等12门课程，支教活动历时19天。

（李洪梅）

【外事职高学生参加奥运徽记发布仪式】　8月3日，北京市外事服务职业高中学生参加北京2008年奥运会会徽发布仪式。该校礼仪专业师生共计140人参加活动，其中，100名学生参加文艺演出，40名学生参加礼仪服务。

（严　虹）

【京职学院学生完成社会实践】　8月8至20日，北京京北职业技术学院完成学生暑期社会实践。该实践活动与区电信局联合举办，先后走访10个村镇、30个社区，上门服务4500家，为2100户免费开通来电显示业务，为近万人提供电信业务咨询服务，撰写社会实践报告22篇。来自8个专业31名学生参加实践活动。

（彭明建）

【理工大附中调研北京水源】　8月12日，北京理工大学附属中学举办北京水源调研活动。该校爱水小组师生10人，沿京密引水渠长河支系，调查北京水资源，抽取水样，获取数据，在完成分析统计后，写出调查报告上交有关部门。

（宋亚甫）

【交通学校完成车流量调查】　9月18至19日，北京市交通学校完成城区车流量、客流量调查。该调查由交管委主持，设立车流量调查点

163 个，客流量调查点 82 个。该校师生 3299 人参加调研。

（王绍慧）

【平谷四小举办体验教育活动】 9

月 20 日，平谷区第四小学少先大队举办在实验中体验、在体验中成长体验教育活动。该活动举办“小采访，我能行”、“小超市，我能干”、“小书市，我能帮”、“小调查，我能来”、“小银行，我当家”等实践体验活动，走进书店、邮局、餐厅和超市等服务场所，体验劳动艰辛，感受主人翁责任。该校 13 支雏鹰假日小队队员参加活动。

（王志金　费秋香）

【北工大建立社区科普基地】 9 月 20 日，北京工业大学社区科普实践基地成立。该基地由人文社科学院与崇文区金鱼池社区科学技术协会联合组建，根据协议，社区为该学院社会工作专业学生提供学习、服务场所，学生开办社区科普活动，双方共同探索培养人才和促进社会发展途径。金鱼池社区是北京市和全国优秀社区。

（江飒英）

【西中街小学举办物品展卖会】 10 月 16 和 17 日，东城区西中街小学举办“小鬼当家”物品展卖会。会议要求学生征求家长同意后，自愿把家中玩过的玩具、看过的图书或学习用品，带到学校与其他学生交易。交易中学生们自制“物品大甩卖”、“大减价”牌子，采用有奖销售等方法。该校学生 986 人参加活动。

（马丁一）

【丽泽中学开设综合实践课】 11 月 16 日，首都师范大学附属丽泽中学举办综合实践活动课。该课程以“探索、展望卢沟桥”为主题，由教师提供前期背景材料，学生提出问题，并自愿报名参加。该校 38 名学生分为摄影、板报、多媒体制作、采访和绘画 4 个小组，进行参观访问。访问后，学生制作多种摄影作品展板、多媒体课件。

（田学茹）

班　主　任　工　作

【平谷三小召开评语撰写工作会】 1 月 5 日，平谷区第三小学召开评语撰写工作会。会议印发优秀评语 100 例手册，明确撰写评语目的，提出评语内容要求反映学期学生学习兴趣、学习成绩、动手能力、参加各类活动情况，遵纪守规情况。语言强调口语化、人性化和具体化。

（岳广顺）

【琉璃河中学举办班主任论坛】 1 月 9 日，房山区琉璃河中学举办首届班主任工作论坛。论坛听取 8 名教师经验介绍，提出通过科学教育方法，分析学生现状，有针对性地开展学生工作；通过典型事例引导教育学生自我管理等工作方法。论坛认为只有沟通、理解、信任和尊重学生，才能建立和谐、民主师生关系。该校教师 30 人参加论坛活动。

（李翼明）

【红螺寺中学成立班主任培训学校】 2 月，怀柔区红螺寺中学成立班主任培训学校。该学校聘请《班主任》杂志主编、特级教师为顾问，以班主任工作理论、工作方法为主要内容，采取自学、面授和开展课题研究等形式，计划利用 3 年课外时间完成全校班主任系统培训。

（杜书霞）

【举办优秀班主任培训班】 4 至 6 月，市教委、北京市教育学会联合举办优秀青年班主任培训班。该培训班利用每周一天时间，采用专题讲座的形式，讲授更新教育观念、拓宽视野、提高实践能力和提高科研水平 4 个方面课程。参加学习教师 385 人。

（王　蕤）

【二轻学校研讨班主任工作】 8月

1 至 4 日，北京二轻工业学校召开暑期班主任工作研讨会。会议听取 9 名班主任教师经验介绍，分析中专生生源状况、厌学情绪，研讨如何加强德育教育，调动学生学习积极性，提高教学质量等问题，提出做好班主任工作要点。

（杨香荣）

【马坊中学举办优秀班主任报告会】

10月，平谷区马坊中学举办优秀班主任事迹报告会。报告会听取市“紫禁杯”优秀班主任获奖教师，学生管理、班集体建设经验介绍，感悟班主任工作琐碎、艰辛，分享取得成绩的喜悦。

（张志国）

【东高村镇征集班主任工作案例】 10月，平谷区东高村镇第二学区征集班主任工作案例。征集活动要求案例具有实用和易推广特点，并举办评选活动。该学区62名教师报送班主任工作案例48份，其中，优秀15份。学区将优秀教案编印《德育实效性案例集锦》供教师学习。

（王瑞宝）

【人大表彰先进班主任工作者】 11月5日，中国人民大学召开班主任工作总结表彰会。会议总结学校班主任工作，表彰“十大标兵”班主任、优秀班主任7人，听取班主任工作先进单位代表、标兵班主任代表和学生代表发言。该校德育工作领导、教师和本科班班长共计800人参加

会议。

（白连永）

【大兴一职交流班主任工作经验】 11月21日，大兴区第一职业学校召开班主任工作经验交流会。会议介绍10名优秀班主任经验，认为班主任应该把责任心、爱心、细心、宽容心和公平心作为班级建设和管理基本条件，做好知识、思想、情感等方面准备，学会细、严、信、慈工作方法。该校教师52人参加会议。

（李希方）

【崇文举办班主任工作专题论坛】 11月24日，崇文区教委举办班主任工作论坛活动。该活动以“我为辅导学困生献一计”为主题，听取12名班主任结合近年工作，论证中小学衔接工作、自己所带班级学困生成因等问题和班主任工作体会。会议认为，应该通过心理辅导、思想教育等多种途径，纠正不良学习习惯和行为习惯，帮助学困学生建立学习成功自信心。该区中学班主任30人参加论坛活动。

（李振国）

【崇文评选优秀主题班会】 11月

24日至12月1日，崇文区教委举办首届中学主题班会评优活动。评选分为学校初评、区总评两个阶段，总评采用校际互评方法，将参评班会分为六组，由评委小组到校听会，评选要求参评班会贴近生活，注重实效，达到提高学生思想认识目的。该区共有450个班会参加评选，25节班会进入总评。

（郝洪春　陈德时）

【黄村三中举办异性交往主题班会】 11月，大兴区黄村三中举办“异性交往大家谈”主题班会。该班会观摩学生表演的小品《后桌传来的纸条》、配乐诗朗诵《那个季节我们不需要爱情》等节目，听取教师关于学生早恋的危害，如何开展异性交往，异性交往应注意的问题等知识介绍，全体学生庄严宣誓“以自尊为本、自爱为荣、自信为勇、自主为舵，迈好青春每一步”。该校师生62人参加班会活动。

（李金艳）

工　读　教　育

【概　况】 2003年，北京市共有工读学校6所，在校生832人，工读预备生238人，职业高中在校生701人，招生493人，毕业683人。教职工419人，其中，专任教师220人。

（沈柳莺）

【西电职高与育华中学合作办学】 3月28日，西城区电子电气职业高中与西城育华中学联合办学协议签字。根据协议，西电职高利用专业教学优势，育华中学发挥管理优势，两校共同组建西城电子电器职业高中育华分校，为育华中学学生拓宽就业渠道。

（刘淑汾　白文侠）

【平谷二职建立问题学生档案】 3月，平谷区第二职业学校建立问题学生档案。该档案面对经常不遵守学校纪律、有不良行为学生，记录学校跟踪了解情况，教师谈话教育内容，家长对学生、学校意见。至年底，该校共建问题学生档案12份。

（邓长安）

【召开校际工作研讨会】 6月11至13日，海淀寄读学校召开第九届校际工作研讨会。会议听取学校教

育教学工作情况汇报，研讨对不良行为学生、采取教育措施以及教育成果鉴定等问题。来自海淀区43所中学德育干部57人参加会议。

（孙青梅）

【丰台工读学校完成年度军训任务】 8月，丰台区工读学校完成年度学生军训任务。该校共接待中小学生1500人，在完成各项军事科目训练任务同时，通过法制报告、展览和观看影片等形式，开展法制教育。该校青少年军事训练和法制教育基地自2001年建立，连续三年举办暑期军训夏令营，参加学生共4500人。

（苗　森　卢大伟）

【东城工读学校开展主题教育活动】 11月24日，东城区工读学校开展"成才——在规则中展现自我"主题教育活动。该活动采用回顾成长历程方法，展示学生学习、生活进步；用自己切身体会，论证对于"尊重"理解。活动听取教师代表题为《蹲下来和学生一起看世界》"施与加倍爱的独特方法"工作经验介绍，听取学校题为《实施"尊重教育"淡化"工读"痕迹》发言，强调教育工作者应为"弱势群体"创造和谐有序教育环境，使他们体验"尊重"，并以"尊重"生活态度回报社会。该区德育工作者120人参加教育活动。

（李　子）

【举办"为了明天"文艺汇演】 12

月26日，市教委举办工读教育系统第七届"为了明天"文艺汇演。该汇演以学校为单位，设立舞蹈、歌曲和器乐等项目，要求展示北京严重不良行为学生教育成果，工读学校师生精神风貌。汇演共评出一等奖4名，二等奖5名，三等奖8名。汇演为纪念毛泽东诞辰110周年举办，来自市教委、综治办、市公安局和团市委领导以及6所工读学校1200名师生参加演出活动。

（沈柳莺　李　子）

工读学校（部分）

北京市东城区工读学校

【概　况】 2003年，北京市东城区工读学校共有教学班14个，其中，初中5个，高中9个。在校生319人，其中，初中120人，高中199人。毕业生159人，其中，初中119人，高中40人。教职工86人，其中专任教师37人，具有中高级教师职称22人。学校占地面积82582平方米，其中教学楼建筑面积2972平方米，宿舍楼建筑面积4000平方米。内有16个单元式学生宿舍，实行公寓式管理，可容纳住校生500人。操场面积5800平方米。礼堂面积512平方米。职业高中现代汽车技术专业设有初、中、高级汽修专业实操车间；物业管理与综合维修专业设管工、电气焊等四个专业实操车间。学校还开办东城古城驾校和世纪培训学校。驾校全年培训驾驶员1105人。全年教育经费402万元，其中自筹资金104万元。

（李　子）

【实行内部管理体制改革】 2月17日，东城工读学校实行工读教育与职高教育分离管理体制改革。该改革设立工读部、托管部和职高部，工读部负责管理工读学生，托管部负责学校、家长委托有不良行为学生管理，职高部负责"五年一贯制"托管生和招收初中毕业管理，开展中等职业教育。

（李　子）

【首批学生升入高职学习】 6月5

日，东城工读学校首批毕业生升入高职学习。这批学生共计6人，根据学校"5+2"办学模式，他们在职高部完成5年学业，推荐升入高等职业教育学校，完成2年学业。这是该校自1996年实行"五年一贯制"办学体制以来首批毕业生。

（李　子）

【"小百灵"广播站开播】 9月22日，东城工读学校"小百灵"广播站开播。该广播站由学生自己主持、自己播音，每周开通一次，每次20分钟，采编稿件要求反映学生生活。

（李　子）

【接待丹麦教师工会访问团】 12月4日，东城工读学校接待丹麦教师工会访问团。在东城工读学校，丹

麦客人参观校园，听取学校工作情况汇报，并研讨共同关心的问题。

（李　子）

【举办职业等级证书考试】 12月，东城工读学校举办职高学生职业等级证书考试。该考试由区劳动和社会保障局主持，该校职高部学生167人参加考试，其中，汽车应用技术专业班汽修初级证书56人、汽车电工初级56人；物业管理班管道工初级23人；计算机文字录入初级32人。合格150人，取证率达90%。

（李　子）

北京市海淀寄读学校

【概　况】 2003年，北京市海淀寄读学校开设教学班17个，招生260人，其中，初中227人，高中33人，毕业生244人，其中，初中220人，高中24人。在校生380人，其中，初中307人，高中73人。教职工96人，其中，专任教师67人，高级专业技术职务7人。占地面积5.4万平方米，建筑面积2.45万平方米。物化生物实验室和各种专用教室共9个。图书馆藏书1.7万册。全年教育经费投入999.21万元。

（孙青梅）

【与检察院召开共建座谈会】 6月25日，海淀寄读学校与海淀检察院联合召开法制教育共建座谈会。会议听取学校办学情况介绍，研讨采

用共建形式加强学校法制教育实施问题，检察院干警现场回答教师们提问，并向学校赠送部分法制教育图书。

（孙青梅）

【召开关爱生命报告会】 12月4日，海淀寄读学校召开“关爱生命、预防艾滋”报告会。会议听取市性健康教育研究会研究员专题演讲，通过模拟试验、图片和翔实的数字，系统介绍预防艾滋病知识，倡导“婚前贞洁、婚后忠诚”生活理念。该校师生400人参加学习。

（孙青梅）

【召开“友善用脑”学习方法研讨会】 12月20日，海淀寄读学校召

开“友善用脑”学习方法研讨会。会议听取3名教师开展友善用脑教学实验情况汇报，提出更新教育观念，不断开拓现代教育技术应用领域等任务。来自海淀区教委、奥罗拉国际教育交流中心和部分教师参加会议。

（孙青梅）

北京市门头沟区工读学校

【概　况】 2003年，北京市门头沟区工读学校招生26人，在校生121人，毕业生33人。有教学班7个，教职工58人，其中，专任教师31人，大学本科学历11人，专科学历20人。学校占地面积5065平方米，建筑面积5128平方米，图书馆藏书5036册。全年教育经费投入248.92万元，其中，国拨234.28万元，自筹14.64万元。

（马兴春）

【建立汽车维修实习基地】 9月2日，门头沟工读学校建立汽车维修实习操作基地。该基地占地面积1000平方米，建筑面积400平方米，拥有实操室、钳工室和汽车维修电子教室等设备和汽车配件。基地7月开工建设，总投资15万元。

（李德岩）

【实行寄宿制管理实验】 9月，门头沟工读学校实行工读生寄宿制管理实验。该实验面向参加工读“五年一贯制”、工读教育与职业教育相结合实验学生，强化学生思想教育，减少工读生与普通学校、家庭的相互干扰。该校学生51人参加实验。配合实验，学校面向门头沟区实行工读预备生制度。

（马兴春）

【举办法制安全教育月活动】 11至12月，门头沟工读学校举办法制安全教育月活动。该活动由法制讲座和安全检查两部分组成，听取驻校公安干警题为《预防未成年人犯罪》专题讲座，系统介绍相关法律知识；检查重点是学生自行车，完成全部有隐患自行车维修。

（王　峰）

科 学 技 术

综 述

2003年，根据市委教育工委和市教委的工作部署，市教委科研工作在整合北京高校资源，发挥中央高校为首都经济建设和社会发展服务，以及促进市属市管高校跨越式发展方面采取一些重要措施，取得明显进展。

首都高校科技事业迅速发展。北京地区高校承担的科研经费总量由2002年的40亿元增加到50亿元，增长25%，其中市属市管高校科研经费由4亿元增加到4.5亿元，增长12.5%，人文社科研究经费由0.45亿元增加到0.61亿元，增长35.6%。

实行科研制度改革，加强科研条件建设，提高科研管理水平。

2003年，北京市教育科研工作在上年执行"北京市教育委员会科技发展计划"和"北京市教育委员会人文社会科学研究计划"的基础上，继续推进科研立项改革。

一是部分重点项目向中央院校开放，鼓励支持中央院校与市属市管高校联合承担重点项目，提高科研立项水平；

二是支持以北京市全面建设小康社会和率先基本实现现代化为目标的应用性科研立项，加强同政府有关部门合作，如"彩虹工程"立项，在北京经济建设中发挥实际作用；

三是支持高校学术带头人和中青年骨干开展自由选题研究，支持一批应用性、基础性的研究项目。

2003年，市教委集中力量制订市属市管高校北京市重点实验室建设规划，并按照立项建设的方式，有计划进行重点投入，改善实验室硬件条件，增强科研队伍实力。重点实验室到位经费5800万元，比上年增加800万元；新增仪器设备总值2200万元，10万元以上仪器设备新增86台件；发表论文358篇，获得省部级以上科技成果奖8项，专利15项；科技成果转让金额1200万元，比上年增加40万元。

2003年，市教委重点加强科研管理工作，使2003年成为科研工作管理年。

3月，在市委教育工委支持下，举办为期一周的市属市管高校领导干部科研管理培训班，加强管理队伍建设，提高科研管理干部业务水平。10月，完成80余个重点科研项目中期检查工作，帮助高校解决科研项目进展过程中的重要问题。11月，建立市属市管高校科研（科技）处长联席会制度，加强市属市管高校工作交流、研究与合作。12月，与北京市科委联合进行北京市重点实验室中期检查，并完成科研项目及成果数据库建设。

优化环境，创造条件，推动产学研合作，促进高校科技成果转化和产业化。

2003年，市教委与市科委、市知识产权局、市经委大力合作，产学研合作新机制取得显著成效，为促进高校科技成果转化和产业化搭建平台。

2003年，北京市大学科技园建设取得新进展。新认定中国农业大学科技园、中国人民大学科技园、首都师范大学科技园和华北电力大学（北京）科技园4家大学科技园为北京市大学科技园。北京理工大学科技园、北京师范大学——北京中医药大学科技园、北京航空航天大学科技园、北京邮电大学科技园4家北京市大学科技园被批准为国家大学科技园。至年底，北京地区共有国家大学科技园6家，国家大学科技园建设单位1家，北京市大学科技园12家，国家级大学科技园占全国总数的六分之一。

高校科研成果的知识产权保护和专利工作取得新突破。北京地区高等学校知识产权工作办法，有力促进高校专利申请工作，高校专利申请量达到1500件，比上年增长50%。

高校科技成果转化和高新技术产业取得新发展。年底运用北京市大学科技园的机制和作用，启动新一轮高等学校科技成果转化项目，遴选10个左右的科技成果实施转化，计划支持经费1000万元。年内，市教委举办第11届北京高校科研成果展洽会。组织资助北京近30所高校参加北京国际科技博览会，并共同设立首都高校展区，统一展示北京高校科研成果水平。

建设市属市管高校校园网及教育管理信息系统，为首都高等教育现代化奠定基础。

市属市管高校校园网和信息建设进一步加快，全部市属市管高校基本建成功能较为完善、设备比较先进的校园网。市属市管高校校园网信息点55169个，联网计算机43490台。

校园网工程采取项目管理模式，加强规划论证、招标产生施工单位，实行工程监理制度，做到管理规范、技术规范、市场规范，保证投资效益和工程质量。11月，市教委验收市属市管高校校园网建设项目22个，其中，验收等级优秀9个，合格13个。

同时，制订市属市管高校信息编码标准，在市属市管高校推广使用北京大学教育管理信息（EMIS）系统。全市15所高校安装使用该系统，保证信息化建设资源共享。

（周仁伯）

总　　类

【研讨高校知识产权管理工作】 1月20日，市教委召开知识产权管理工作研讨会。会议听取“北京高校知识产权管理对策研究”课题组汇报，并研讨高校知识产权管理等问题。会议与北京市知识产权局联合举办，有关高校领导、北京高校知识产权管理对策研究课题组成员30人参加会议。

（张年武）

【冯炜权获运动医学杰出成就奖】 3月10日，在全国运动生物化学学术研讨会上，北京体育大学教授冯炜权获得运动医学杰出成就奖。冯炜权，博士生导师，1932年出生，广东省东莞人，毕业于华南师范大学，1956年调入北体大。长期从事运动生物化学研究，先后多次获得国家体育总局科技进步奖，其中，一等奖一次，二等奖两次，三等奖一次，并获得中国体育科学学会颁发的科技贡献奖。运动医学杰出成就奖由国际运动医学联合会（FIMS）主持评选，这是中国运动生物化学领域学者首次获奖。

（梁西淋）

【发布大学专利工作前十位排序】 3月25日，北京市知识产权局召开北京市2003年知识产权工作会议。会议发布北京市2002年专利申请量和授权量前十位排序。2002年北京地区大学专利申请量前十名：清华大学（626件）、石油大学（87件）、北京航空航天大学（82件）、北京化工大学（68件）、北京大学（63件）、北京科技大学（56件）、北京工业大学（52件）、中国农业大学（44件）、北京邮电大学（35件）、北京师范大学（35件）。2002年北京地区大学专利授权量前十名：清华大学（158件）、北京工业大学（15件）、北京大学（11件）、北京化工大学（11件）、石油大学（10件）、北京科技大学（10件）、北方交通大学（3件）、北京师范大学（2件）、中国农业大学（2件）、华北电力大学（1件）。

（周仁伯　刘长旭　卢国楷）

【两人当选俄罗斯外籍院士】 5月和9月，清华大学黄克智、北方交通大学高自友两名教授先后当选俄罗斯科学院外籍院士。黄克智，清华力学系教授，中国科学院院士，国务院学位委员会力学评议组召集人，国际断裂学会执委，长期从事断裂力学理论及应用研究，出版专著5部，发表学术论文170余篇。高自友，北交大运输学院教授、博士生导师，在运筹学理论与技术，交通系统管理与优化，生产管理系统分析等领域取得成果，在国内外学术期刊及国际会议发表学术论文100篇（含合作），出版学术专著3部。

（崔　凯　张其坤）

【吴忠良当选地球内部物理学会副主席】 6月29日至7月11日，在国际大地测量与地球物理学联合会（IUGG）第23届大会上，中国科学院研究生院地球学院吴忠良教授当选国际地震学与地球内部物理（IASPEI）学会第一副主席。吴忠良，1963年出生，辽宁省铁岭人，1991年毕业于北京大学，2002年调入中科院研究生院任教。这是中国学者首次当选该组织副主席。

（肖　斌）

【工商大学颁发科研成果奖励补充规定】 6月，北京工商大学颁发《关于对学校科学研究成果奖励办法的补充规定》。该规定提高以学校（包括集体或个人）名义为第一完成单位科技人员奖励。其中，获得国家自然科学奖、发明奖、科技进步奖一等奖、二等奖成果，奖励90000元或60000元；省（部、市）级自然科学奖、技术发明奖、科技进步奖和北京市哲学社会科学优秀成果一、二、三等奖成果，奖励50000元、30000元或10000元；发明专利成果每项奖励3000元；实用新型专利成果每项奖励1500元；已经执行的国家或部级颁发标准成果每项奖励3000元。

（王晓华）

【8人获得茅以升北京青年科技奖】 6月，北京高校8人获得第七届茅以升北京青年科技奖。8人分别是清华大学数学科学系章梅荣、工程系闵勇、生物科学与技术系陈国强、化学系李亚栋，中国矿业大学（北京校区）丁日佳，北京大学药学院植化研究室屠鹏飞，北京科技大学惠希东，首都师范大学生物系任东。本次评审共有56个在京中央单位、市属单位的99人申报评选，经北京市科协评审，茅以升科技教育基金会审核批准，10人获得茅以升北京青年科技奖，10人获得茅以升北京青年科技奖提名奖。

（周仁伯　崔　凯）

【刘德培当选国际医学生物工程联合会执委】 8月28日，在澳大利亚悉尼医学物理与生物医学工程国际会议上，中国协和医科大学（中国医学科学院）刘德培教授当选国际医学生物工程联合会（IFMBE）执委。国际医学生物工程联合会是国际学术组织，本届共有8人当选执委。刘德培，1950年出生，安徽省阜南县人，1986年毕业于协和医大，获得博士学位，同年在协和医大任教，2001年任协和医大（医科院）校（院）长。

（林　菲）

【批准科研计划项目352项】 10月25日，市教委完成2004年科研计划项目审批。该工作依据科技发展计划项目管理办法、人文社会科学研究计划项目管理办法，经过项目申请、学校初选推荐、市教委评审等程序完成。22所市属市管高校申报科研项目452个。其中，“科技发展计划”重点项目41个、面上项目192个，“人文社科研究计划”重点项目33个、面上项目186个。批准资助项目352个。其中，“科技发展计划”重点资助项目17个、面上项目170个，“人文社科研究计划”重点资助项目16个、面上项目149个。批准项目资助经费总额2400万元，其中“科技发展计划”项目经费1872万元，“人文社科研究计划”项目经费528万元。

（车庆珍）

【48人入选科技新星计划】 10月，北京高校48名教师入选2003年北京市科技新星计划。其中，入选A类34人，B类14人。入选A类人员中，清华大学6人，中国协和医科大学（中国医学科学院）5人，北京化工大学4人，北京工业大学、中国农业大学各3人，北京大学、北京科技大学、北京林业大学、北京邮电大学、首都医科大学各2人，北京农学院、石油大学（北京）、首都师范大学各1人。入选B类人员中，北京工业大学、北京航空航天大学各3人，北京化工大学2人，北京大学、北京科技大学、北京农学院、清华大学、石油大学（北京）、首都师范大学各1人。2003年，来自北京地区的研究院所、大学、医院和高科技企业100名青年科技人员获准入选科技新星计划，其中A类64人，B类36人。该计划是由北京市财政经费支持、北京市科委组织实施的科技人才培养计划，计划培养期3年。科技新星计划自1993年开始启动，每年选拔一批。截至2003年底，共有11批481名青年科技人员入选，入选人员平均年龄32岁，5批入选人员完成计划。

（周仁伯　卢国楷）

【22人当选中国科学院院士】 11月24日，北京高校22人当选中国科学院院士。其中，清华大学6人，北京师范大学2人，北京大学、中国协和医科大学（中国医学科学院）各1人，中国科学院研究生院在京培养单位12人。当选数学物理学部6人，化学部1人，生物学部5人，地学部4人，技术科学部6人。本年，中国科学院院士增选名额60人，经推荐产生有效候选人309人，最终选举产生58名新院士，其中，数学物理学部10人，化学部10人，生物学部11人，地学部10人，技术科学部17人。

（崔　凯　刘长旭　肖　斌）

【朱邦芬当选中科院院士】 11月24日，清华大学物理系教授朱邦芬当选中国科学院数学物理学部院士。朱邦芬，1948年出生，1970年毕业于清华工程物理系，1981年获得清华固体物理学硕士学位。朱邦芬从事固体物理领域研究，确立半导体超晶格光学声子模式理论、量子阱中激子旋量态波理论和量子阱中拉曼散射的微观理论等，曾获得国家自然科学奖二等奖、中科院自然科学奖一等奖各一项，中科院自然科学奖二等奖两项，全国优秀科技图书一等奖和香港求是科技基金会杰出青年学者奖。先后培养2名博士、3名硕士、2名博士后。

（崔　凯）

【邝宇平当选中科院院士】 11月24日，清华大学物理系教授邝宇平当选中国科学院数学物理学部院士。邝宇平，1932年出生，1955年北大物理系毕业。后任清华高能物理中心学术委员会主席，兼任亚太正负电子直线对撞机物理工作组中国联系人，高能物理学会副理事长等。长期从事粒子物理理论研究，在粒子理论研究领域做出重要贡献。讲授粒子理论专题课（高年级研究生提高课），粒子物理课（清华研究生一年级和本科生高年级课）和高等量子力学课（研究生课）。共培养12名博士生，其中8人已获博士学位；培养17名硕士生，已全部获硕士学位。

（崔　凯）

【费维扬当选中科院院士】 11月24日，清华大学化学系教授费维扬当选中国科学院化学部院士。费维扬，1939年出生，1963年毕业于清华工程化学系，后任清华化学工程联合国家重点实验室副主任。费维扬长期从事化工分离科学和技术研究工作，在新型填料用于低界面张力萃取体系研究方面取得成果，曾获得国家科技进步三等奖。在萃取设备强化创新研究方面取得进展，获得中国专利创造发明金奖和布鲁塞尔尤里卡世界发明博览会特别金奖。先后培养30名博士生和硕士生。讲授本科生化工原理课和研究生液液萃取化工基础等课程。编写有《化工原理》和《液液萃取过程和设备》等教材。

（崔　凯）

【饶子和当选中科院院士】 11月24日，清华大学生物系教授饶子和当选中国科学院生物学部院士。饶子和，清华生物系教授，同时任中科院生物物理所所长、学术委员会主任，生物大分子国家重点实验室主任。1950年出生，1977年毕业于中国科技大学，1982年获得中科院研究生院硕士学位，1989年获得墨尔本大学博士学位。主要从事蛋白质三维结构、功能以及蛋白质工程与创新药物研究，曾获得香港求是杰出青年学者奖、何梁何利基金科学与技术进步奖。承担本科生生物物理引论和生物学导论课程共48学时，研究生蛋白质晶体学课程共96学时。培养硕士生10人，其中毕业4人；培养博士生17人，其中毕业10人；指导博士后5人，其中出站5人。

（崔　凯）

【杨卫当选中科院院士】 11月24日，清华大学工程力学系教授杨卫当选中国科学院技术科学部院士。

杨卫，博士生导师，工程力学系主任。1954年出生，1981年获清华工程力学系工学硕士学位，1984年获得美国布朗(Brown)大学工学院博士学位。曾担任美国加州大学、普林斯顿大学客座研究员。从事宏微观破坏力学、结构完整性评价、材料的增强与增韧、微小型航天器研制。曾获得国家教委科技进步一等奖3项，国家自然科学三等奖两项，北京市五四奖章、中国青年科技奖、中国青年科学家奖、全国五一奖章，被评为全国优秀青年教师、北京市十佳教师。2001年受聘俄罗斯宇航科学院院士。先后讲授4门本科生骨干课程、4门研究生课程，培养12名博士、18名硕士，指导2名博士后出站。其中，有2名博士生的学位论文被国务院学位委员会评为全国优秀博士论文。在读9名博士生、1名硕士生。1993年他作为主要骨干的固体力学博士点获得国家教育教学成果（高等教育）特等奖。

（崔　凯）

【范守善当选中科院院士】 11月24日，清华大学物理系教授范守善当选中国科学院技术科学部院士。范守善，1947年出生，1970年毕业于清华，1973至1975年在清华固体物理研究班学习，1981年获得理学硕士学位，同年在清华任教。历任凝聚态物理研究所所长、材料科学与工程研究院副院长、清华——富士康纳米科技研究中心主任。1999年获教育部首届“长江计划”成就奖二等奖。长期从事新型功能材料的制备与物性研究，近年研究方向集中在纳米材料与结构控制合成、表征和应用研究。研究成果曾被列入中国十大科技新闻、科技部十项基础研究成果和中国高等学校十大科技进展。已培养博士后4人、硕士生9人，在读博士后1人，博士生9人，硕士生3人。

（崔　凯）

【郑光美当选中科院院士】 11月24日，北京师范大学教授郑光美当选中国科学院生物学部院士。郑光美，1932年11月出生，黑龙江哈尔滨人，1954年毕业于北师大生物学系，1958年东北师范大学动物生态研究生毕业后，回北师大生物学系任教。1986年受聘教授，1990年担任博士生导师。长期从事鸟类学研究，在鸟类生态学和行为学研究领域，特别是在特产濒危雉类生态适应机制和生活史对策研究方面做出开拓性研究。首次采用无线电遥测技术和3S技术对雉类的栖息地选择、领域、活动区和活动性特征进行分析，对栖息地片断化和人类活动影响进行长期研究，为濒危物种保护提供科学依据。经十余年驯养繁殖研究，攻克存活、受精和繁殖等难题，将原产于亚热带高山的黄腹角雉在北京地区建成可自我维系的人工种群。成功主持多项国家自然科学基金、教育部、林业部基金项目，出版专著或主编著作10部，独自或者合作发表论文90篇。

（刘长旭）

【陈木法当选中科院院士】 11月24日，北京师范大学教授陈木法当选中国科学院数学物理学部院士。陈木法，1946年出生，福建惠安人。1969年毕业于北师大数学系，1980年到北师大任教，后任博士生导师、校学术委员会主任。主要从事概率论与相关领域研究。将概率方法引入第一特征值估计研究并找到下界估计统一的变分公式，使得三个方面的主特征值估计得到全面改观。找到诸不等式的显式判别准则和关系图，拓宽遍历理论，发展谱理论。最早研究马氏耦合并得出一条基本定理，更新耦合理论并开拓一系列新应用。最先从非平衡统计物理中引进无穷维反应扩散过程，解决过程的构造、平衡态存在性和唯一性等根本课题，此方向成为国际上粒子系统研究重要分支。完成一般或可逆跳过程的唯一性准则并找到唯一性强有力的充分条件，被广泛应用。彻底解决“转移概率函数的可微性”等难题，建立跳过程的系统理论。先后出版中英文专著4部，发表专业论文百余篇。

（刘长旭）

【沈岩当选中科院院士】 11月24日，中国协和医科大学(中国医学科学院）基础医学研究所生化学系沈岩教授当选为中国科学院生物学部院士。沈岩，1951年出生，北京市人。1989年毕业于协和医大。主要从事人类疾病分子遗传学研究，包括遗传病基因识别，染色体(DNA）诊断和疾病分子机理研究。1983年以来，先后发表研究论文90篇，其中，美国《科学论文索引》(SCI)收录28篇，编写多部专著。参与完成国际人类基因组计划中国承担基因组测序项目，提前完成人类基因组序列框架图精细图。参加痢疾杆菌副氏2A株全基因组序列分析工作和钩端螺旋体基因组染色体(DNA）测序工作，建立发育中期人胎脑海马基因表达谱，识别25个新的蛋白质编码基因。与北大医院等单位合作，在国际上首次发现T现型钙离子通道H基因变异与儿童失神癫痫发病相关。与天津医科大学口腔医学院合作，在国际上首次发现牙齿涎磷蛋白质（DSPP）基因空变导致遗传性乳光牙本质，获得国家自然科学奖二等奖和中国医学科技奖一等奖。

（林　菲）

【黄琳当选中科院院士】 11月24日，北京大学力学与工程科学系教授黄琳当选中国科学院技术科学部院士。黄琳，1935年出生，江苏扬州人，1957年毕业于北大数学力学系，1961年北大数学力学系研究生毕业。主要从事系统稳定性与控制理论方面研究。给出现代控制理论中的单输入系统极点配置定理，二次型最优控制的存在性、唯一性与线性控制律。建立输出反馈实现二次型最优控制的充要条件，指出一般情况下该问题无解。首先给出稳定多项式其凸组合保持稳定的充要条件。与合作者一起给出分析多项式族稳定性的棱边定理，有效降低计算复杂性。给出更为基础的边界定理，相继提出值映射、参数化等概念，形成一套系统的理论体系。在鲁棒控制前沿领域，控制器与对象同时摄动问题、积分二次约束问题、模型降阶问题、非线性系统总体性质等方面指导开展研究工作。

（廖志敏）

【周远当选中科院院士】 11月24日，中科院理化技术研究所研究员周远当选中国科学院技术科学部院士。周远，1938年生于江苏金坛。1961年毕业于清华热能工程系。他主要从事低温工程和微、小型制冷技术研究。开展低温和极低温度的获得和应用研究，采用直拉进排气阀式长活塞型膨胀机替代液氢研制成功氦液化器，为开展低温超导技术研究极低温条件的建设提供保证，为大型空间环境设备和卫星辐射制冷的实验提供冷源。开展脉冲管制冷技术研究，用实验验证和揭示双向进气脉冲管的优异性能，在国际上首次提出二级脉冲管制冷方案。提出的多路旁通流程，将同轴结构、多路旁通和非对称喷嘴结构用在微型高频脉冲管制冷机上。他领导进行的混合工质节流技术基础研究，其核心技术已成功应用到深冷冰箱的研制上。

（肖　斌）

【张杰当选中科院院士】 11月24日，中科院物理研究所研究员张杰当选中国科学院数学物理学部院士。张杰，1958年生于山西省太原市。1981年毕业于内蒙古大学物理系。他主要从事X射线激光和强场物理研究。在波长14纳米至6纳米的近水窗的波段实现X射线激光的饱和输出，解决通向水窗的主要物理难题。研究X射线激光的最佳泵浦脉冲结构，为X射线激光的小型化做出贡献。对飞秒脉冲强激光与大气相互作用的物理过程进行研究，在大气中产生长等离子体通道，并获得发明专利。研制出超短超强激光装置和其它强场物理诊断系统，建立强场物理研究平台。

（肖　斌）

【李家春当选中科院院士】 11月24日，中科院力学研究所研究员李家春当选中国科学院数学物理学部院士。李家春，1940年生于上海。1962年毕业于复旦大学数学系。他长期从事流体力学研究，在流动的非线性问题和力学中数学方法领域取得理论成果。提出摄动级数多对复奇点的判别准则；最早用剪切解释风浪频谱下移机理，并且得到弱风时不稳定加强，强风时不稳定抑制的新结论；对自然环境中的波、流、涡、湍流进行研究，解决与流体力学有关的诸如陆面过程、海气相互作用、台风异常路径和土壤侵蚀等环境科学问题。

（肖　斌）

【解思深当选中科院院士】 11月24日，中科院物理研究所研究员解思深当选中国科学院物理学部院士。解思深，1942年生于山东青岛。1965年毕业于北大物理系。他长期从事纳米材料的合成、结构及物理性质的研究。发明可控制多层碳管直径的定向生长方法，制备出离散分布、高密度和高纯度的定向碳管列阵。首次对多层碳管拉伸特性进行研究，涉及单个多层碳管径向压缩性质，及高温、高压下多层碳管的相变规律。首先观察到碳管的三阶拉曼谱、三阶光学非线性效应。首次发现多层碳纳米管的声子谱具有平方结构，低温下比热与温度成线性关系。首先用连续介质弹性理论得到碳管的弹性自由能表达式和碳管平衡形状方程及可能的形状。

（肖　斌）

【方荣祥当选中科院院士】 11月24日，中科院微生物研究所研究员方荣祥当选中国科学院生物学部院士。方荣祥，1946年生于上海。1967年毕业于复旦大学。他分析流感病毒血凝素基因序列及其变异的特点，完成花椰菜花叶病毒（新疆株）和水稻黄矮病毒基因组全序列分析，发现弹状病毒中的一个新基因。研制出同时抗烟草花叶病毒和黄瓜花叶病毒的转基因烟草，在种植时间和规模上曾居国际领先。该研究方法同时应用于抗病毒辣椒的研制。在植物生物技术的基础研究方面，方荣祥分析和改造花椰菜花叶病毒35S启动子，研究结果被广泛应用；界定水稻细胞壁蛋白GRP基因启动子中负责维管束特异表达的DNA序列；发现融合CMV外壳蛋白多肽可大幅度提高外源蛋白的表达水平。

（肖　斌）

【陈霖当选中科院院士】 11月24日，中科院研究生院研究员陈霖当选中国科学院生物学部院士。陈霖，1945年生于四川成都。1970年毕业于中国科技大学。他于1982年在《科学》（Science）上提出视知觉拓扑结构和功能层次的理论，并进行大量实验，系统发展拓扑知觉理论。拓扑知觉理论在知觉基本表达的根本问题上，向近代占统治地位的“由局部性质到大范围性质”理论提出挑战，认为知觉过程是“由大范围性质到局部性质”，以大范围拓扑不变性质为基础的各级几何不变性质是图形知觉的基本表达，从而为知觉组织研究提供一个既有科学准确描述、又有生物学约束的不变性知觉的系统理论。

（肖　斌）

【刘嘉麒当选中科院院士】 11月24日，中科院地质与地球物理研究所研究员刘嘉麒当选中国科学院地学部院士。刘嘉麒，满族，1941年生于辽宁北宁。1965年毕业于长春地质学院，1967年该院研究生毕业，1986年获中国科技大学研究生院理学博士。他完成多项国家级和国际合作项目，对中国东北、西北、青藏高原和南、北极等地区进行广泛地质环境调查，新发现多处火山，揭示中国新生代火山活动规律与地质特征，推动中国的火山研究。开拓中国玛珥湖高分辨率古气候研究的新领域，建立渭南黄土剖面高分辨率时间标尺，参与新疆的资源探察和生态环境研究以及南、北极科学考察，在火山地质与第四纪环境地质等方面做出系统创新性工作。

（肖　斌）

【朱日祥当选中科院院士】 11月24日，中科院地质与地球物理研究所研究员朱日祥当选中国科学院地学部院士。朱日祥，1955年生于山西大同。1978年毕业于山西大学物理系，1984年获中国科学院地球物理研究所硕士学位，1989年获中国科学院地质研究所博士学位。他长期从事地球物理学基础理论和实验研究。在极性转换期间地磁场形态学、地质时期地磁场古强度变化与地球深部过程的相关性以及沉积盆地古地磁定年等领域取得系统性、创新性成果。主持创建集成岩石磁学、古地磁学和地磁场古强度研究的综合实验室，开拓新的实验技术方法。该实验室已经成为岩石磁学与古地磁学领域国内研究中心之一，提升该研究领域在国际上的地位和影响。

（肖　斌）

【陆大道当选中科院院士】 11月24日，中科院地理资源研究所研究员陆大道当选中国科学院地学部院士。陆大道，1940年生于安徽桐城，1963年毕业于北大地质地理系。他长期从事经济地理学和国土开发、区域发展问题研究，尤其是工业布局影响因素的评价，初步建立国内工业地理学的理论体系。参与《全国国土总体规划》、《环渤海地区经济发展规划》等多项国家级及地区级规划的制订和战略研究。上个世纪80年代中期提出“点——轴系统”理论和国土开发及区域发展“T”字型空间结构战略，即以海岸地带和长江沿岸作为今后几十年国土开发和经济布局的一级轴线的战略，被国家所采纳，并获得学术界广泛引用和推崇。

（肖　斌）

【符淙斌当选中科院院士】 11月24日，中科院大气物理研究所研究员符淙斌当选中国科学院地学部院士。符淙斌，1939年生于上海市。1962年毕业于南京大学气象系气候专业，1967年中国科学院研究生毕业。他首次提出用沿赤道海温廓线划分厄尔尼诺的思想和方法，被国外称为“符DF廓线”；系统研究气候变化和气候突变，发现20世纪20年代南亚季风的突然增强与全球迅速增暖是同步发生的。应用模拟研究发现大范围植被覆盖状况变化可对区域气候乃至季风环流产生明显影响。他领导建立的区域环境系统模式（RIEMS）研究，被国际上誉为全球变化区域响应研究的一个范例。作为最早参与开拓全球变化科学领域的中国学者之一，为全球变化研究做出重要贡献。

（肖　斌）

【卢柯当选中科院院士】 11月24日，中科院金属研究所研究员卢柯当选中国科学院技术科学部院士。卢柯，1965年生于甘肃华池。1985年毕业于南京理工大学金属材料及热处理专业，1990年在中国科学院金属研究所获工学博士学位。他主要从事金属纳米材料及亚稳材料等研究。发展一种制备无微孔隙和界面污染纳米材料的新方法——非晶完全晶化法，系统研究金属纳米材料的结构性能关系及结构稳定性，揭示纳米材料的本质结构特征和性能，发现纳米铜在室温下具有超塑延展性。深入研究非晶态合金的晶化微观机制和纳米晶体的熔化行为及过热机制，建立过热晶体熔化的动力学极限理论，并获得金属纳米薄膜的稳定过热。发展利用表面机械变形处理实现金属材料表面纳米化的新技术，并大幅度降低铁的表面氮化温度。

（肖　斌）

【陈创天当选中科院院士】 11月24日，中科院理化技术研究所研究员陈创天当选中国科学院技术科学部院士。陈创天，1937年生于浙江奉化。1962年毕业于北大物理系。他主要从事新型非线性光学晶体的研究和发展。1976年提出晶体非线性光学效应的阴离子基团理论，解释各种主要类型非线性光学晶体的结构与性能相互关系，并对探索新型非线性光学晶体起到积极作用。与合作者一起相继发现β－BaB204（BBO）、LiB305（LBO）、KBe2BO3F2（KBBF）等非线性光学晶体，其中BBO、LBO晶体已经被广泛应用于激光科学技术领域和产业界。与相关研究组合作，使用KBBF棱镜耦合技术，在国际上首次实现Nd：YVO4激光的6倍频谐波光（177.3nm）和Ti：Sapphire激光的5倍频谐波光（156.0－160.0nm）输出。

（肖　斌）

【4人获得何梁何利基金科学与技术进步奖】 12月5日，北京高校4名教师获得2003年度何梁何利基金科学与技术进步奖。其中，北京大学甘子钊获得物理学奖，王阳元获得技术科学奖，清华大学饶子和获得生命科学奖，周炳琨获得技术科学奖。本年，全国共有2人获得何梁何利基金科学与技术成就奖，42人获得何梁何利基金科学与技术进步奖。

（廖志敏　崔　凯）

【石耀霖获得李四光地质科学奖】 12月10日，中科院研究生院石耀霖院士获得第八届“李四光地质科学奖”荣誉奖。石耀霖，广西桂林市人。1966年毕业于中国科学技术大学，1986年在美国伯克利加州大学获得博士学位。1988年回国到中科院研究生院任教。他长期从事地球动力学领域研究，在地球动力学基础研究中将地质学、地震学及比较行星学有机联系，考虑变形、孔隙流体和热传递复杂耦合作用，在地球动力学定量化模拟中取得突出成绩。在青藏高原和喜马拉雅山脉研究中对区域地热特征形成机理，特别是印度板块俯冲剪切生热和藏北热松弛作用做出定量化解释。对大别——苏鲁古老超高压变质带和新西兰现今陆壳俯冲带进行比较研究，指出二维模型局限性，提出俯冲洋壳携低密度陆壳窄条俯冲到超高压变质深度的三维动力学模型，并探讨P－T－t轨迹形成的控制条件。李四光地质科学奖由国土资源部主办，本届共有17人获奖。

（肖　斌）

【曾毅当选法国医学科学院院士】 12月16日，在法兰西国家医学科学院院士会议上，北京工业大学曾毅教授当选法国医学科学院院士。曾毅成为中国第一名法兰西国家医学科学院外籍院士。曾毅，1929年3月出生，广东省揭西县人，1952年毕业于上海第一医科大学，2001年到北工大任教，2002年任该校生命科学与生物工程学院院长。长期从事病毒和肿癌领域研究，先后获得国家科技进步三等奖、陈嘉庚医学科学奖和杰出青年科学家称号。1993年当选中科院院士。2003年6月，当选联合国亚太地区艾滋病和发展领导论坛指导委员会委员。

（江飒英）

【33人获得国家青年科学基金】 12月，北京10所高校33名教师获得2003年国家杰出青年科学基金。其中，清华大学11人，北京大学10人，中国农业大学3人，北京师范大学、北京化工大学各2人，北京工业大学、北京科技大学、北京理工大学、北京邮电大学、华北电力大学（北京）各1人。国家杰出青年科学基金是国家设立的专项青年基金，资助国内及尚在境外即将回国定居工作的优秀青年学者，在国内进行自然科学基础研究和应用基础研究。每年评审一次，资助期限一般为3年，应用基础研究资助100万元，自然科学基础研究资助70万元。

（周仁伯　辛雪琴）

2003年国家杰出青年科学基金获得者（北京高校）

清华大学　章梅荣　段文晖　龙桂鲁　王晋辉　潘　峰　李敬锋　邱　勇　姜胜耀　王建龙　方红卫　赵晓波

北京大学　柳　彬　刘晓为　杨　震　齐利民　宛新华　金长文　苏晓东　张立飞　姜　明　周春生

中国农业大学　李大伟　沈建忠　崔　胜

北京师范大学　任海云　史培军

北京化工大学　陈建峰　谭大伟

北京工业大学　杜修力

北京科技大学　张　跃

北京理工大学　胡更开

北京邮电大学　纪越峰

华北电力大学（北京）　崔　翔

（周仁伯　辛雪琴）

科　技　活　动

【概　况】 2003年，北京地区高校共有理工农医类科技活动人员62267人，人文社科类科研人员24246人，科技投入50.03亿元。全年北京地区高校派遣参加合作研究4242人次，接受合作研究3478人次；参加国际学术会议6882人次，交流论文4390篇，特邀报告712篇；主办国际学术会议284次。市属市管高校派遣参加合作研究395人次，接受合作研究319人次；参加国际学术会议1076人次，交流论文410篇，特邀报告142篇；主办国际学术会议22次。北京地区高校举办学术会议1234个；参加学术会议13453人次，提交论文6062篇；受聘讲学派出2372人次，来校受聘讲学1854人次；社科考察派出2401人次，来校社科考察2617人次；进修学习派出1354人次，来校进修学习3021人次；合作研究课题679项。市属市管高校当年举办学术会议408个；参加学术会议3018人次，提交论文939篇；受聘讲学派出452人次，来校讲学736人次；社科考察派出729人次，来校社科考察648人次；进修学习派出520人次，来校进修学习535人次；合作研究课题101项。

（姚林修　赵　清）

【北工大召开中美抵御地震技术研讨会】 2月21至23日，北京工业大学召开中美城市基础设施与公用建筑抵御地震及人为灾害技术研讨会。会议研讨城市生命线系统、交通系统、电力系统、医院、桥梁及大型文化体育场馆抵御地震及人为灾害重大理论问题和工程实践课题，涉及强震、风及可能突发荷载作用下的结构分析、仿真及设计，各种设施与系统防灾减灾策略，结构的健康诊断及控制等研究领域。会议制订中美进一步开展国际合作研究计划。来自美国、德国、加拿大等国家

地震、防灾减灾学者100人参加会议，共交流论文60篇。

（江飒英　牟钟诚）

【首师大研讨教育权法律保护】 3月15日，首都师范大学承办教育权的法律保护研讨会。会议研讨教育权、法律保护等概念的司法界定，认为教育权应界定为宪法上受教育权，既包括受教育者，也包括教育者，更侧重于受教育者。法律保护宜作广义理解，应包括各个层次法律保护。会议由中国法学会宪法学研究会、北京市法学会宪法学研究会主办，来自人大、中国社科院、北大等单位法学专家、学者百余人参加研讨。

（王　群）

【人大举办中国研究报告首发式】 4月11日，中国人民大学举办2002年度中国发展研究报告首发式。该系列报告包括《中国经济发展研究报告》、《中国社会发展研究报告》和《中国人文社会科学发展研究报告》，分别以“经济全球化条件下的中国经济增长”、“弱势群体与社会支持”、“勾画人文社会科学发展轮廓、揭示其问题”为主题，联系改革、发展、稳定现实问题，开展多学科、跨学科交叉融合研究。报告从内容到形式强调以研究、探索为基调，集中展示人大在人文社会科学研究领域总体实力。来自国家发改委、中国社科院、清华等学者，各新闻媒体代表以及参与编写工作人员60人参加首发式。

（白连永）

【首经贸大研讨“非典”后经济发展】 7月8日，首都经济贸易大学

召开防控“非典”与首都经济发展研讨会。会议听取学校首都经济研究所、经济系《抗击“非典”与首都经济对策研究》、《SARS的经济学思考》主题发言，分析、预测“非典”后首都经济发展方向和趋势，并提出对策和建议。来自中国工程院、市政府和学术界、企业界代表50人参加会议。

（钟志红）

【北语发布流行语统计结果】 7月15日，北京语言大学发布2003年春夏主流报纸流行语统计结果。该统计依据发行量，选取14家主流报纸1月1日至6月30日2亿个语料，汇入北语应用语言学研究所动态流通语料库，并分析加工。统计结果分综合和经济两类，以及伊拉克战争和“非典”两个专题发布。其中，综合类覆盖各个分类总语料筛选流行语10个，涵盖各个分类流行语，排位第一的流行语是“非典”。流行语统计与中国新闻技术工作者联合会、中国中文信息学会联合发布。与以往相比，本次发布周期缩短，从一年发布一次改为6个月发布一次；除继续发布综合性十大流行语外，增加经济类十大流行语。北语流行语统计开始于2002年。

（彭艳崇）

【首经贸大完成雁翅镇旅游发展调研】 8月5至9日，首都经济贸易大学完成“雁翅镇旅游发展概念性规划”课题调研。调研采用问卷调查方法，完成景点景区、游客消费行为、消费偏好、景点认知与评价数据统计，通过资源优势分析、评价，推出雁翅镇旅游核心产品概念，形成一村（碣石村）、一河（永定河）、一寺（白瀑寺）、一湖（珍珠湖）、一林（万亩香椿林）、一园（太子墓的苹果园）旅游产品组合。该课题是“彩虹工程”项目之一，该校师生10人参加调研。

（钟志红）

【二外召开后“非典”旅游国际研讨会】 8月22至23日，北京第二外国语学院召开“非典”后的中国旅游

业国际研讨会。会议研讨“非典”对中国旅游业影响、“非典”后旅游行业价格战对策、“非典”与旅游安全研究、“非典”对旅游市场影响与旅游营销对策、“非典”后中国旅游业发展战略问题。探讨如何挽回损失、恢复产业生机、振兴旅游市场对策和途径。会议涉及旅游产业深层次矛盾和发展中出现的新问题，提出科学预测旅游产业变化和发展趋势等研究任务。会议由市旅游局、中国旅游协会、中国旅游报、经济参考报、旅游教育出版社协办，国内外专家、学者以及政府和业界代表100人参加会议。

（李志杰）

【北交大研讨交通科学与工程】 8月27至30日，北方交通大学召开第一届国际华人学者交通科学与工程学术研讨会。会议听取北交大、东南大学长江学者奖励计划特聘教授等国内外22名专家学者专题报告，研讨现代城市交通政策设计与实施效果评价、城市交通系统规划与管理中数学模型、信息技术与交通行为等中外交通热点和难点等问题。来自国内外交通运输领域专家学者共200人参加会议，共提交论文100篇。

（张其坤）

【地大研讨多目标区域生态评价方法】 9月17至18日，中国地质大学（北京）召开“多目标区域生态地球化学评价方法技术体系”研讨会。会议讨论多目标基础调查中方法技术问题，从地球化学、矿物学、环境学、农业学角度，为区域生态地球化学评价提出建议。会议认为，多目标

地球化学调查工作，对于查明土壤有毒有害物质来源、评估危害程度和短期与长期危害趋势预警具有重大意义。会议提出，土壤中重金属对区域生态环境的影响应重点解决重金属的来源查证、重金属污染趋势预警研究及土壤质量评价等问题。会议由该校生态环境研究中心承办，来自全国承担或参与多目标地质调查项目科研院所20名学者参加会议。

（承　金）

【首体院首次参加奥委会科学大会】 10月7至11日，首都体育学院首次参加第7届国际奥委会世界体育科学大会。会议在希腊雅典召开，主题是21世纪关注运动员身体、营养和心理。专题报告和论文以基因研究为主，说明分子生物学研究方法与手段在运动人体科学研究中得到重视和应用。动物实验研究减少，人体实验研究增加，世界体育研究者更加关注并改进实验生态学效能。来自世界各国学者420人参加会议，提交学术论文502篇，其中，提名17篇论文参加“Merode 王子奖”评选。中国大陆学者13人参加会议，首体院《电刺激发展下肢力量研究》和《不同力量训练方案发展肌肉力量效果的研究》两篇论文获得“Merode 王子奖”提名。

（郑　刚）

【民大召开朝鲜族人口问题讨论会】 10月10至12日，中央民族大学召开“中国朝鲜族人口问题及其对策”国际学术讨论会。会议分析中国朝鲜族人口增长停滞或负增长态势，研究中国朝鲜族人口流动与社会问题，研讨各方面具体解决方法，形成解决中国朝鲜族发展与人口问题意见。来自美国、日本和韩国学者及中国东北学者60人参加会议，共提交论文20篇。

（哈斯也提）

【化大召开材料科学国际研讨会】 10月21至24日，北京化工大学召开先进材料及相关科学国际研讨会

(ISAM)。会议听取7名学者分析材料科学领域最新研究动态，内容涉及材料学分子设计、计算材料科学及其相关合成及加工技术、分析技术。会议交流生物化工、纳米材料、碳纤维、能源开发前沿领域成果。来自美国、澳大利亚和法国等6个国家30所高校教授、学者1000人参加会议，共提交论文193篇，其中，19篇论文获奖。

（耿海萍　冯宽昕）

【人大承办世界发展报告发布会】 10月28日，中国人民大学承办世界银行2003年世界发展报告《动态世界的可持续发展：体制、增长与生活质量的转变》发布会。会议听取世行环境与基础设施建设政策研究室发言，人大教授完成2003年世界发展报告评述。来自世行、中国社科院、北大、清华、北师大和人大师生200人参加发布会。

（白连永）

【财经大学研讨人民币汇率改革】

10月30日，中央财经大学召开人民币汇率改革国际学术研讨会。会议听取国际经济学家、基本均衡汇率和汇率目标区理论创始人、美国国际经济研究所资深研究员约翰·威廉姆森《人民币汇率改革与全球货币体制》主题演讲，听取国家发改委、中国银行、中国社科院、外汇管理局4名学者围绕主题演讲的评论发言。同时，会议研讨如何确定基本均衡汇率、是否应该重新评价人民币汇率水平、如何改革人民币汇率制度等问题。该校师生200人旁听会议。

（韦　红　张京平　黄海涛）

【外交学院举办中法及中欧关系国际研讨会】 11月3至4日，外交学院举办全面伙伴关系回顾与展望——中法及中欧关系国际研讨会。会议认为，中法及中欧全面伙伴关系具有坚实基础，双方都主张国际关系民主化，主张加强联合国作用，中法及中欧双方不存在根本利益冲突。会议强调，双方都具有悠久历史与灿烂文明，都主张加强文化交流，相互借鉴。中法及中欧双方各有经济优势，互补性强，在经济技术领域合作潜力巨大。会议与法国南巴黎大学联合举办，来自法国及中国10所大学学者30人参加会议，共提交论文18篇。

（李洪梅）

【外经贸大召开中日经济研讨会】 11月4日，对外经济贸易大学召开中日经济研讨会。会议研讨双边和多边自由贸易协定存在的问题、废物利用与环境保护问题和中日贸易现状与存在问题等专题。会议认为，中国可以在借鉴日本在经济高速增长时期成功经验、汲取日本在环境保护方面教训的同时，加强两国间合作，取长补短，求同存异。会议强调，中日间双边、多边自由贸易(FTA)实质性谈判，有利于两国经济长期稳定、健康发展。会议与东京经济大学联合举办，来自中日两国学者40人参加会议。

（袁利新）

【北林大研讨森林经营管理战术】 11月5至6日，北京林业大学召开森林经营管理战术研讨会。会议研讨提升森林资源管理整体水平、促进森林经营管理事业发展、振兴森林经营管理学科等问题。国家林业

局和来自全国森林经营管理研究学者110人参加会议，共提交论文22篇。

（汪海洋）

【北师大研讨《全元文》编纂】 11月19至20日，北京师范大学古籍所召开元代文化研究暨《全元文》编纂研讨会。会议听取主编关于《全元文》编纂进展和出版情况汇报，听取编委发言。会议认为，在高校古籍编纂委员会8个大型古籍整理项目中，《全元文》编纂速度、编纂质量均保持较高水准。来自中国社科院、北大和香港能仁书院等8个单位20名学者参加会议。

（刘长旭）

【首经贸大研讨完善市场经济体制】

12月1日，首都经济贸易大学召开完善社会主义市场经济体制学术研讨会。会议听取《中共十六届三中全会报告起草情况》、《国有企业的性质、制度性矛盾和法人地位》和《中国自然垄断产业改革》学术报告，研讨产权与所有制关系、现代产权制度内涵、国有制主要形式等问题。会议与北京经济学总会联合召开，来自北京高校、中关村科技发展总公司代表28人参加会议。

（钟志红 王银江）

【民大召开东亚文化国际交流会】 12月5日，中央民族大学召开东亚文化国际学术交流会。会议以“东亚文化交流与发展模式的探讨”为主题，通报近代韩国人东亚连带论、东亚文化交流展望与语言交流、韩国汉文学与中国文学共同性研究等成果。总结经验教训，探讨东亚文化交流和建立东亚经济共同体的可能性。会议认为，应该倡导共同体精神，承认各自独立性、理解相异性，找出共同性，即“合而不同”，最终形成东亚经济共同体。会议与韩国暻园大学亚细亚文化研究所联合举办，来自韩国、日本和中国高校学者70人参加会议，共提交论文30篇。

（哈斯也提）

【中科院研究生院举办社会与人类基因组报告会】 12月8日，中国科学院研究生院举办“社会与人类基因组计划”专题报告会。会议听取2002年诺贝尔生理学和医学奖得主约翰·苏尔斯顿爵士专题报告，强调人类基因组图谱是全人类共同财富，是各国科学家协作结晶，是继染色体（DNA）双螺旋结构发现后生命科学领域最令人激动的成果。在报告中，他详细解释人类基因组图谱数据库的运行方式。报告会还举办约翰·苏尔斯顿著作《生命的线索》出版首发式。会议与英国大使馆、中信出版社联合举办，该院师生300人参加会议。

（肖 斌）

【首经贸大研讨企业人才战略】 12月12日，首都经济贸易大学召开企业人才战略研究研讨会。会议听取17名学者专题报告，研讨企业行为科学理论和实践、劳动力市场与人才战略、行为科学基础性和实证性研究3个问题。在科学理论和实践上，会议提出职工“多变性职业生涯”新观点，认为随着全球化竞争、业务外包和人才租赁，出现“稳定性职业生涯”向“多变性职业生涯”转变，员工将关注能力的提高，按市场需要组合技能，跨越组织边界、跨越职业边界，专注于自我实现。在劳动力市场与人才战略上，会议提出技师、高级技术工人危机问题已经出现。在服务业和制造业中，具有专业知识、处理职业难题能力和相当操作能力技师、高级技工，发达国家比例为40%，而中国只有4%左右。在行为科学的基础性和实证性研究上，会议分析员工离职因素，提出员工对外部心理预期、内部收入预期、内部晋升预期、工作满意感和对组织承诺感5个变量因素。来自中科院、中国社科院、部分北京高校学者和企业代表100人参加会议，共提交论文20篇。

（钟志红）

【外交学院召开中美国际学术研讨会】 12月12至13日，外交学院召开“中美国际关系比较研究：理论与政策”国际学术研讨会。会议采取分议题讨论形式，会前由14名专家分别提交中美关系7个议题论文摘要，议题讨论阶段由中、美各一名学者讨论两份摘要，最后进入自由讨论时间。讨论进程由主持人随机掌握。会议研讨国际关系理论，以及理论与决策关系等问题。会议与福特基金会联合举办，中美15所大学和中国社科院、国际问题研究所30名学者参加会议。

（李洪梅）

【北语召开晚明社会与文化研讨会】

12月15日，北京语言大学召开晚明社会与文化变迁研讨会。会议回顾近年晚明历史研究进展与成果，研讨晚明社会研究模式，通报近期研究计划与成果，交流研究工作经验。会议由北语人文学院《中国文化研究》编辑部、中国社科院历史所明清史研究室联合举办，来自全国学者15人参加会议。晚明社会研究医其涉及历史、哲学和文学多种学科受到国外汉学界关注。

（彭艳崇）

【北广举办首届亚洲传媒论坛】 12月20至21日，北京广播学院举办首届亚洲传媒论坛。该论坛听取20名传媒学者主题演讲，内容涉及传媒领域宏观比较研究和微观个案研究，并通过传媒发展区域性研究，从

理论和实践方面研讨亚洲传媒发展方向。讨论问题涉及文化与传媒、经济与传媒、政治与传媒多种学科。论坛由北广亚洲传媒研究中心和韩国高等教育财团共同主办，来自亚洲地区学者和北广师生100余人参加活动。

（张桂凤）

科　技　成　果

理工农医类

【概　况】 2003年，北京地区高校出版科技专著811部，大专院校教科书722部；发表学术论文31546篇，其中在国外学术刊物发表6433篇，全国性学术刊物发表22387篇，地方性学术刊物发表2726篇，《科学引文索引》（SCI）收录论文4995篇，《工程引文索引》（EI）收录论文3896篇，《国际科技会议目录索引》（ISTP）收录论文2265篇。获奖成果382项，其中国家级奖励41项，国务院各部门科技奖157项，省市自治区科技奖184项。市属市管高校当年出版科技专著171部，大专院校教科书230部；发表学术论文6353篇，其中国外学术刊物发表332篇，全国性学术刊物发表4862篇，地方性学术刊物发表1159篇。《科学引文索引》（SCI）收录论文201篇，《工程引文索引》（EI）收录论文143篇，《国际科技会议目录索引》（ISTP）收录论文97篇。获奖成果64项，其中国家级4项，省部级60项。

（姚林修）

【5项成果入选高校十大科技进展】 1月20日，北京高校5项科研成果入选2002年度中国高校十大科技进展。其中，清华大学完成的“连续碳纳米管长线及其应用”项目，通过对碳纳米管阵列生长机理研究，发现一套大规模生长超顺排碳纳米管阵列方法，可以用来制备连续的碳纳米管线。石油大学（北京）完成的“中国复杂区油气地球物理勘探理论与技术”项目，研究油气储层地震方法在复杂勘探区油气勘探、复杂构造油气藏、岩性油气藏和裂缝油气藏勘探理论与技术，成果为油田增加经济效益11.5亿元。北京大学完成的“人类细胞衰老主导基因P16作用机制及其负调控”项目，初步阐明人类细胞衰老主导基因P16的作用机制，并发现P16基因的一个新调控元件和一个新转录因子，为预防老年病提供理论依据。北京大学完成的“利用DNA微阵列芯片研究拟南芥光调控发育过程”项目，首次利用DNA微阵列芯片，在基因组水平上对三种光受体介导的远红光、红光、蓝光的光形态建成过程进行系统研究，得出光是通过调节代谢和调控途径来控制拟南芥的发育这一重要结论，有力支持COP1是光形态建成蛋白的假说。北京科技大学完成的“青藏铁路风火山隧道制氧供氧系统研制与应用”项目，结合青藏铁路工程，首次开发有压吸附、高原低气压直接解吸的变压吸附制氧工艺并成功应用于高海拔地区制氧系统，研制建成世界上海拔最高的风火山隧道制氧站，填补世界上高海拔制氧技术空白。中国高校十大科技进展由教育部科学技术委员会负责组织评选，每年一次。

（张　奎　盛国家）

【10项成果获得中华医学科技奖】 1月24日，北京4所高校10项成果获得2002年度中华医学科技奖。其中，首都医科大学获得一等奖1项、三等奖2项，北京大学获得二等奖3项、三等奖2项，北京航空航天大学、北京中医药大学分别获得三等奖1项。本年，中华医学科技奖共评出获奖项目69项，其中一等奖6项、二等奖25项、三等奖37项、国际科技合作奖1项。全国25所高校获奖56项，其中，一等奖5项、二等奖22项、三等奖29项。中华医学科技奖2001年由中华医学会设立，是科技部批准的全国医药卫生行业最高奖项，每年评选一次。

（周仁伯）

2002年度中华医学科技奖

（北京高校）

首都医科大学

帕金森病病因的分子遗传学研究

（一等奖）

限制性门腔静脉侧侧分流技术的基础与临床研究（三等奖）

神经电生理监测指标预测全麻下认识功能变化的研究（三等奖）

北京大学

微量营养素补充对孕妇健康及胎儿和儿童生长发育的影响（二等奖）

职业性急性化学物中毒诊断的系列研究（二等奖）

细胞衰老与基因功能状态相互关系的研究（二等奖）

应用遗传学方法探讨慢性阻塞性肺病呼吸衰竭患者二氧化碳潴留的机制（三等奖）

牙菌斑液成分与个体易感染性的研究（三等奖）

北京航空航天大学

机器人辅助无框架定位脑手术（三等奖）

北京中医药大学

中药调变白细胞与血管内皮细胞粘附的机制研究（三等奖）

（周仁伯）

【人类细胞衰老研究入选中国十大科技进展】　1月26日，北京大学科学家初步揭开人类细胞衰老之谜（衰老的细胞与分子机理研究）入选2002年中国十大科技进展新闻。北大科学家经过研究，初步阐明人类细胞衰老的主导基因P16是人类细胞衰老遗传控制程序的主要环节，揭示P16基因在衰老过程中高表达的原因，从而初步揭示人类细胞衰老之谜。这是中国科学家在人类细胞衰老机理上取得的原创性贡献，为进一步阐明人类细胞衰老问题提供一条新途径。该研究是国家自然科学基金重点项目，2001年开始实施。先后发表科研论文32篇，其中《科学引文索引》（SCI）收录17篇。中国十大科技进展新闻评选由科学时报社、中国科学院学部联合办公室、中国工程院学部工作部共同主办，568名中科院院士和工程院院士参与投票。

（廖志敏）

【10兆瓦高温气冷实验堆实现72小时满功率运行】　1月27至29

日，清华大学10兆瓦高温气冷实验堆实现72小时连续满功率运行。该实验堆由核能技术设计研究院设计、建造，是世界首座投入运行的模块式球床高温气冷实验堆。实验堆是国家“863计划”重点项目，1992年立项研制，1995年6月开工建造，2000年12月1日首次实现临界。2003年1月7日11时11分，成功并网发电。

（崔　凯）

【51项成果获提名国家科技奖】　1月，北京高校51项成果获得2002年度教育部提名国家科学技术奖。其中，自然科学一等奖11项、二等奖14项，技术发明一等奖3项、二等奖2项，科技进步一等奖10项、二等奖11项。教育部提名国家科学技术奖共268项，其中，自然科学一等奖48项、二等奖69项，技术发明一等奖8项、二等奖10项，科技进步一等奖44项、二等奖89项。北京、江苏、上海以获奖总数51项、32项、28项位居全国获奖地区前三位。山东大学获得一等奖7项、二等奖11项，清华大学获得一等奖7项、二等奖7项，北京大学获得一等奖3项、二等奖11项，获奖总数分列全国高校前三位。

（周仁伯）

2002年度教育部提名国家科学技术奖（北京高校）

自然科学奖一等奖

北京大学

黎曼——芬斯拉流形的几何和调和映射

北京大学　西南师范大学

光散射技术用于生物大分子反应的基础与分析应用的研究

清华大学

铁电陶瓷的力电耦合失效与本构关系

艾滋病病毒跨膜蛋白生物学功能研究

膜——生物反应器废水处理特性及机理研究

清华大学　中国矿业大学（北京校区）

广义协调理论与四边形面积坐标法新型有限元研究

北京师范大学

变论域自适应模糊控制理论及其在四级倒立摆控制中的应用

势能面交叉与光化学反应的基础理论研究

多尺度生态系统动力学研究

北京科技大学

材料断裂微观和纳观机理的表征方法、理论及实验

石油大学（北京）

橡胶磨损机理的研究

技术发明奖一等奖

清华大学

高硅铸钢及其应用

中国农业大学

猪高产仔数FSHβ基因发现及其应用研究

中国矿业大学（北京校区）

轻型低位放顶煤液压支架

科技进步奖一等奖

北京大学

人工膝关节置换术的临床应用及相关基础研究

清华大学

基于索普卡（SOPCA）网络结构的索普卡电脑—小宝—I

塔里木盆地水资源管理实施对策及社区试验示范研究

北京科技大学

高比容高压阳极用铝箔的研究

石油大学（北京）

塔里木盆地油气源与成藏研究

中国农业大学

玉米单交种农大3138的选育与利用

对外经济贸易大学

企业管理者激励机制分析

北京航空航天大学

基础设施信息网络管理系统生产平台技术

北京工商大学

芦荟乙酰化甘露聚糖的研制与应用

中国矿业大学（北京校区）

水煤浆制备技术

（周仁伯）

【48项成果获得国家科学技术奖励】 2月28日，北京高校48项成果（通用项目）获得2002年度国家科学技术奖励。其中，普通高校获奖32项（自然科学二等奖2项，技术发明二等奖4项，科技进步一等奖1项、二等奖25项），中科院研究生院在京培养单位获得15项（自然科学二等奖7项，技术发明二等奖1项，科技进步二等奖7项），中科院和北京高校联合项目获得自然科学二等奖1项。本年，全国共评出国家自然科学奖24项，国家技术发明奖18项，国家科技进步奖156项。

（周仁伯 肖 斌）

2002年度国家科学技术奖（北京高校）

自然科学二等奖

中国地质大学（北京）

全球二叠系——三叠系界线层型研究

中国协和医科大学

遗传性乳光牙本质致病基因的鉴定

中科院研究生院在京培养单位

定向碳纳米管的制备、结构和物性的研究

高分子稳定金属纳米簇的合成及催化研究

C60的化学和物理若干基本问题研究

行星际扰动传播研究

中国兰科植物研究

蛋白质二硫键异构酶的分子伴侣活性以及分子伴侣帮助的蛋白质折叠

叶轮机械气动正、反问题的求解与设计优化的研究

中科院研究生院在京培养单位、清华大学、北京大学

持久性污染物的环境界面化学与控制技术原理

技术发明二等奖

清华大学

生物塑料PHBHHx的研制与开发

北京化工大学

发酵工业废菌丝体的综合利用

纳米粉体材料超重力法工业性制备新技术

清华大学

统计预测时钟恢复技术及其系列SDH专用芯片与系统

中科院研究生院在京培养单位

高分别率测深侧扫声纳

科技进步一等奖

中国农业大学

优质、高产玉米新品种农大108的选育与推广

科技进步二等奖

清华大学

多功能快速成形制造系统（M—RPMS）技术

DTT4C01A公用电话IC卡专用芯片

叶尔羌河平原绿洲四水转化关系研究

中国高速信息示范网

电影数字制作系统及应用研究开发

电力系统新型静止无功发生器（ASVG）的研制

海上中深层高分辨率地震勘探技术

塔里木河流域整治及生态环境保护研究

城市垃圾卫生填埋示范工程

清华大学、石油大学（北京）

丙烯腈成套工业技术开发

北京大学

颈椎病诊断与治疗研究

防汛抗旱水文气象综合业务系统

原发性小血管炎和抗中性粒细胞胞浆抗体靶抗原的系列研究

绿色植物生长调节剂（GGR）的研究、开发与应用

北京中医药大学、北京大学第一医学院

益肾化浊法治疗老年期血管性痴呆的研究

北京林业大学

防护林杨树天牛灾害持续控制技术研究

黄土高原与华北土石山区防护林体系综合配套技术

“三北”地区防护林植物材料抗逆性选育及栽培技术研究

中国农业大学

猪优质高效饲料产业化关键技术研究与推广

旱地农业保护性耕作技术与机具研究

中国矿业大学（北京校区）

高浓度水煤浆燃料

煤矿高分辨三维地震勘探技术体系及在煤炭工业中的应用

北京工业大学

公路通行能力研究的装备与技术

北京化工大学

氯乙烯可控聚合专用料及PVC合金材料的高性能化和应用研究

华北电力大学（北京）

CSC2000分布式变电站自动化系统

中科院研究生院在京培养单位

科系号大豆种质创新及其应用研究

农田重大害鼠成灾规律及综合防治技术研究

海洋渔业遥感、地理信息系统技术应用服务系统
50兆瓦、400兆瓦蒸发冷却水轮发电机
个人计算与移动计算相结合的算通机技术
网络发布软件支撑平台及石化应用示范工程
现场总线分布控制系统开发及应用

（周仁伯　崔　凯　肖　斌）

【持久性污染物环境界面化学与控制技术原理获奖】　2月28日，中科院研究生院在京培养单位、清华大学、北京大学承担的"持久性污染物的环境界面化学与控制技术原理"获得国家自然科学二等奖。该研究属于环境科学技术领域，研究持久性污染物质（重金属与难降解有机污染物）若干环境界面化学过程及控制技术原理。该成果由2项中科院自然科学一等奖整合而成。

（崔　凯　肖　斌）

【生物塑料PHBHHx研制获奖】　2月28日，清华大学完成的"生物塑料PHBHHx的研制与开发"获得国家技术发明奖二等奖。该项目研究由细菌发酵生产的一种新型生物可降解高分子材料羟基丁酸HB和羟基已酸HHx共聚物PHBHHx及其应用。在国际上首先实现第三代生物塑料——羟基丁酸HB和羟基已酸HHx共聚物PHBHHx的规模化生产，2000年出口创汇100万美元。在项目相关研究中，共发表相关论文74篇，其中《科学引文索引》(SCI)收录论文29项，作国际特邀报告22次。申请中国专利6项，其中专利授权1项，专利公开3项，专利受理2项。

（崔　凯）

【统计预测时钟恢复技术及其系列SDH专用芯片与系统获奖】　2月28日，清华大学完成的"统计预测时钟恢复技术及其系列SDH专用芯片与系统"获得国家技术发明奖二等奖。该项目属数字通信传输技术，应用于光纤、微波、卫星通信数字复接传输系统。成功开发具自主知识产权的同步数字系列(SDH)专用芯片与应用系统。国内大唐电信等多家企业已用本发明的SDH专用芯片替代进口。该发明已获中国发明专利（专利号96109748.5）。

（崔　凯）

【多功能快速成形制造系统获奖】　2月28日，清华大学完成的"多功能快速成形制造系统技术"获得国家科学技术进步奖二等奖。该项目由清华机械工程系与北京殷华激光快速成形与模具技术有限公司合作完成。该技术属于先进制造技术领域，适用于机电、家电、模具、特殊功能器件和生物医学制药等领域新产品的设计、试制与开发。项目完成具有自主知识产权的多功能快速原型（RP）设备及其软件和材料的研发，完成5个系列、18种型号设备的研制，7个定型产品的产品化工作。销售设备37台，设备销售合同额1925万元。获得国内专利12项（其中发明专利2项），培养博士生（已毕业和在读）32人，发表专著1本，论文162篇。

（崔　凯）

【公用电话IC卡专用芯片获奖】　2月28日，清华大学完成的"DTT4C01A公用电话IC卡专用芯片"获得国家科学技术进步奖二等奖。该项目由清华微电子学研究所与大唐电信科技股份有限公司微公司合作完成。该芯片是一种专为公用电话系统设计的计数式逻辑加密IC卡专用集成电路芯片。经过中国邮电电信总局安排的两次试用，于1998年12月24日顺利通过信息产业部组织的部级新产品生产定型鉴定。中国电信已经批准入网使用该芯片，进入大批量生产阶段。至2001年11月生产两亿只芯片，其中2000年出口欧洲2500万只芯片，其市场前景和经济效益可观。

（崔　凯）

【叶尔羌河平原绿洲四水转化关系研究获奖】　2月28日，清华大学完成的"叶尔羌河平原绿洲四水转化关系研究"获得国家科学技术进步奖二等奖。该项目由清华水利水电工程系与新疆维吾尔自治区喀什地区叶尔羌河流域管理处、新疆维吾尔自治区水利厅合作完成。该项目属于水文学及水资源学科领域，主要研究内陆干旱区的水文过程，重点是平原绿洲的水分转化规律与其定量关系，是干旱区水资源承载能力与合理配置的基础，目的是回答西部干旱区水资源开发、利用、配置、保护的重大科学问题，服务于与生态环境保护相协调的社会经济可持续发展的战略部署。研究以现场监测试样为基础、理论分析与模型研究为手段。该项目在新疆大型灌区节水改造规划、塔里木河流域综合治理规划等方面发挥重要作用，对于内陆干旱区水资源配置、生态恢复与建设的研究与规划具有指导意义和参考应用价值。

（崔　凯）

【塔里木河流域生态保护研究获奖】　2月28日，清华大学完成的"塔里木河流域整治及生态环境保护研究"获得国家科学技术进步奖二等奖。该项目由清华水利水电工程系与中国科学院新疆生态与地理研究所、新疆维吾尔自治区水利厅塔里木河流域管理局合作完成。研究涉及生态科学、环境科学、资源科学及地理科学的众多领域，并应用现代信息获取、处理、分析、应用的一系列方法，特别是针对水资源及生态环境问题，多角度、多层次、多方位进行研究与分析，具有明显的系统性及综合性。科研成果为塔里木河流域治理列入世界银行二期贷款项目的立项与论证，塔里木河流域水资源开发、利用及管理方案制订，特别是在"塔里木河水资源和生态问题及其对策"立项中，起到关键作用。该研究成果在近期塔里木河生态规划、流域综合治理等方面得到广泛应用，并正在产生巨大社会经

济效益。

（崔　凯）

【海上中深层地震勘探技术获奖】 2月28日，清华大学完成的“海上中深层高分辨率地震勘探技术”获得国家科学技术进步奖二等奖。该项目由清华自动化系与中海石油研究中心勘探研究院、中海石油地球物理勘探公司、吉林大学合作完成。该项技术属于地球科学地质勘察技术，广泛应用于渤海、南海的油气勘探，取得很好的勘探效果。国家“863”计划820主题办公室验收专家组一致认为该项技术处于国际领先水平，并通过验收。

（崔　凯）

【电力系统新型静止无功发生器研制获奖】 2月28日，清华大学完成的“电力系统新型静止无功发生器（ASVG）的研制”获得国家科学技术进步奖二等奖。该项目由清华大学电机工程与应用电子技术系与河南省电力公司等单位合作完成。新型静止无功发生器（ASVG）是电力行业世界前沿科技柔性交流输电系统（FACTS）中的一种重要装置。该技术是应用现代电力电子技术和控制技术提高对潮流三要素（Q、X、d）的控制能力，动态地、实时地、灵活控制交流输电网的潮流，以达到交流输电系统运行安全稳定性与经济性双提高的综合技术。1999年3月研制成功±20Mvar的ASVG装置，并在洛阳电业局朝阳220kV变电站投入运行。

（崔　凯）

【丙烯腈成套工业技术项目获奖】 2月28日，清华大学完成的“丙烯腈成套工业技术开发”获得国家科学技术进步奖二等奖。该项目由清华化学工程系与石油大学（北京）、中国石化集团齐鲁石油化工公司等单位合作完成。该项目以MB－98丙烯腈催化剂、新型空气分布板和丙烯——氨分布器、新型一串一两级旋风分离器、复合萃取分离技术、负压脱氰塔、导向浮阀和新型汽液分离器等国内自行开发的专利或专有技术为基础，将齐鲁石化公司丙烯腈厂原2.5万吨/年丙烯腈生产装置改造成具有自主知识产权的4万吨/年丙烯腈国产化示范装置。自1999年5月投产以来，装置运行稳定，生产能力大幅提高，实现扭亏为盈。项目的实施为开发10万吨/年以上国产丙烯腈成套技术和国内现有丙烯腈装置的扩能改造提供技术依据，同时提高国内丙烯腈生产技术水平，增强国产丙烯腈技术的国际竞争力。

（崔　凯）

【城市生活垃圾卫生填埋示范工程获奖】 2月28日，清华大学完成的“城市生活垃圾卫生填埋示范工程”获得国家科学技术进步奖二等奖。该项目由清华环境工程与科学系与深圳市下坪固体废弃物填埋场等单位合作完成。深圳市下坪固体废弃物填埋场工程是国内第一座参照经济发达国家卫生填埋技术标准和规范，自行设计、建设和运营管理的城市生活垃圾卫生填埋场。该项目促进城市生活垃圾填埋技术的发展，建立全过程控制、资源化处理、生态型建设的城市生活垃圾可持续发展的管理模式。

（崔　凯）

【电影数字制作系统研究获奖】 2月28日，清华大学完成的“电影数字制作系统及应用研究开发”获得国家科学技术进步奖二等奖。该项目由清华精密仪器与机械学系与中国电影科学技术研究所合作完成。项目重点解决大规模信息系统设计、电影胶片高精度数字化处理，超大容量数据存储及高速传输系统，分布式数据处理系统，连续图像数字处理软件，数字图像还原等关键技术问题。为电影、电视制作及动画、广告等相关行业提供新的技术手段和表现工具。

（崔　凯）

【中国高速信息示范网获奖】 2月28日，清华大学完成的“中国高速信息示范网”获得国家科学技术进步奖二等奖。该项目由清华计算机科学与技术系、网络中心与信息产业部电信传输研究所等单位合作完成。“中国高速信息示范网”是“九五”期间国家新一代信息基础设施开发与研究领域最大的示范和试验工程，体现新一代骨干网核心技术能力的标志性成果，属于通信与计算机学科宽带信息网领域。

（崔　凯）

【纳米粉体材料超重力法工业制备新技术获奖】 2月28日，北京化工大学承担的“纳米粉体材料超重力法工业性制备新技术”获得国家技术发明奖二等奖。该项目是国家“863”计划项目，2001年通过教育部组织的科技成果鉴定。化大超重力工程技术研究中心基于分子混合反应理论，在国际上率先提出超重力反应沉淀法（简称超重力法）合成纳米粉体新方法，利用旋转产生的比地球重力加速度高得多的超重力环境，在分子尺度上有效控制化学反应与结晶过程，从而获得粒度小、分布均匀的高质量纳米粉产品。并完成工业化放大技术开发，建成国际上首条年产3000吨重力法合成纳米碳酸钙粉体工业生产线。该技术已获国家发明专利，方法和技术属国际首创，被国内外专家认定技术处于国际领先水平。

（张晓丰）

【发酵工业废菌丝体综合利用获奖】 2月28日，北京化工大学承担的“发酵工业废菌丝体的综合利用”项目获得国家技术发明奖二等奖。该项目开发成功从发酵工业废菌丝体中提取壳聚糖、麦角固醇及氨基葡萄糖新工艺，发明适合壳聚糖工业废水处理的膨胀床新装置，解决传统固定床易于堵塞的问题，建成国内外第一套壳聚糖处理含重金属离子工业废水的装置，在国内外第一次实现发酵废菌丝体综合利用工业化，从而降低壳聚糖的生产成本（3万元/吨）。该项目2001年获教育部发明二等奖。同年获北京市科技奖发明类一等奖。2002年获得中国发明专利。

（张晓丰）

【氯乙烯可控聚合专用料及PVC合金材料高性能化研究获奖】 2月28日，北京化工大学承担的“氯乙烯可控聚合专用料及PVC合金材料的高性能化和应用研究”获得国家科学技术进步奖二等奖。该课题通过反应挤出使高性能PVC和较低分子量的PP两个不相容聚合物共混，以改善PVC流动性、耐热性，并在其他助剂协同作用下，研制成功用于化学建材、耐寒埋地电缆波纹管的高分子合金材料；解决原始聚氯乙烯国产专用料的内在质量问题，消除PVC颗粒度分布异常所造成的粉料“架桥”现象，使国产PVC专用料满足化学建材、埋地电缆双波纹管的生产和需求。该成果已在国内大型企业得到推广应用，产生巨大的经济效益。1996年以来，新增PVC专用料、新型化学建材及埋地双波纹管材产值63亿元，新增利税11亿元。该项目1996年通过化工部鉴定。

（张晓丰）

【肉鸡腹水症防治项目获奖】 10月8日，中国农业大学主持的“肉鸡腹水症的发病机理及综合防治的研究”获得全国农牧渔业丰收奖一等奖。该课题研究肉鸡腹水症病因学、发病机理、防治措施，建立研究腹水症动物模型，提出一种新的肉鸡腹水症早期诊断方法，即翅膀静脉右心导管法。项目研制的复方腹水散（特效腹水康）肉鸡腹水症防治效果达到98.5%，发病率在1.5%以下，防治效果优于同类产品，并在全国大部分省市区推广应用，收到良好经济效益。课题是农业部“八五”畜牧业重点科研项目“家禽腹水症综合防治开发性研究”和“九五”重点课题“纤维结合蛋白的调控技术在家禽腹水症防治上的应用研究”项目，课题经费25万元，其中，农业部拨款15.5万元，自筹9.5万元。

（郭立群）

【水稻直播增产技术获奖】 10月8日，中国农业大学承担的“北方水稻种子包衣机械直播增产技术”获得全国农牧渔业丰收奖一等奖。该课题研究成功水稻种子包衣专用种衣剂，通过高分子成膜和缓释技术，改善种衣剂在种子表面透气、透水性能，保证种子正常吸水、吸胀、生根发芽，解决北方水稻种子保苗率问题。其专利产品“SBZ水稻直播机”及配套侧深施肥技术，提高出苗率，促进水稻生长，综合防治水稻苗期主要病虫害效果显著。与传统直播方式相比增产幅度20%以上。课题是农业部全国农牧渔业丰收计划后备技术项目，1999年立项，获得农业部课题资助20万元。

（郭立群）

【农大成功克隆转基因体细胞牛】

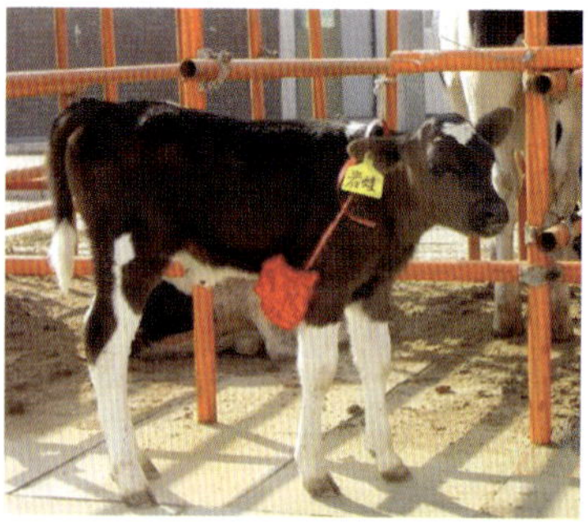

10月，中国农业大学成功培育转基因体细胞克隆牛“岩娃”。该克隆牛“岩娃”在世界上首次获得用于治疗人类胃溃疡疾病的转有人岩藻糖转移酶基因。该项技术首次在同一头牛体内转有3种外源基因的转基因体细胞。

（郭立群）

【冬小麦新品种通过国家审定】 10月，北京农学院培育的冬小麦新品种北农9549通过国家品种审定委员会审定。该品种冬性，株高83厘米，秆壮、韧性好，穗纺锤型、长芒、白壳、白粒、硬质，千粒重45至50克，具有高产、稳产、抗倒和高抗小麦吸浆虫等特点，适宜在北部冬麦区高中肥地麦田种植。这是农学院培育品种首次通过国家审定。

（马同斌）

【纳米颗料改性塑料制品通过验收】 12月26日，北京化工大学承担的“无机纳米颗料增韧改性塑料制品工业化技术”通过教育部鉴定和中国钢协粉末冶金协会、中科院纳米科技中心项目验收。该项目是国家“十五”科技重点攻关课题，利用超重力法及特种表面处理技术制备高性能低成本活性纳米碳酸钙，开发无机——有机纳米复合材料母料法技术，成功解决纳米CaCO3粒子在PVC、ABS塑料中分散及加工流动性问题，实现工业化应用。课题组母料配方体系具有独创性，已获得国家发明专利；开发并建立纳米增韧母料生产线和年产万吨纳米CaCO3/PVC复合门窗异型材示范线。此外还发现纳米CaCO3具有抗光老化和助分散性能。采用该技术研制、示范生产线生产的纳米CaCO3增韧母料，用于生产PVC门窗异型材，性能达到合同指标。

（霍京华）

【小麦产业优化技术研究通过鉴定】 12月31日，中国农业大学承担的“小麦产业结构优化集成技术研究与示范”项目通过鉴定。该项目提出的海河低平原地区超高产小麦、优质专用小麦及抗旱节水小麦“三麦”产业结构模式及其栽培技术体系，包括现在应用技术与前瞻性贮备技术。课题组在农田节水潜力、水肥耦合以及节水技术模式综合评估方面深入研究，就小麦、玉米两熟高产区不同秸秆还田模式对土壤肥力、土壤微生物及土壤呼吸等方面提出创新意见。

（郭立群）

人文社科类

【概　况】 2003年，北京地区高校出版著作4049部；古籍整理11部；

译著465部;发表译文451篇;发表学术论文18915篇，其中国外刊物发表659篇，国内学术刊物发表18256篇;获奖成果130项，其中国家级奖6项，省部级奖107项，地市级奖17项;鉴定成果493项。市属市管高校当年出版著作931部，译著58部;发表译文37篇;发表学术论文3689篇，其中国外刊物发表23篇，国内学术刊物发表3666篇;获奖成果29项，其中国家级奖2项，省部级奖20项，地市级奖7项;鉴定成果171项。

（姚林修）

【中国税制改革研究获奖】 1月，中央财经大学《走向市场经济的中国税制改革研究》获得全国第四次群众性税收学术研究优秀成果评选一等奖。该著作从治税思想、税制原则、税制结构、税制设置、税制各要素发展，论述现行主体税种增值税应适时实现由生产型向消费型转换，并逐步扩大征税范围等问题。提出建立激励知识创新与应用、促进科技进步、推进税制建设等税制改革理念，提出建立、完善企业所得税制、个人所得税制、消费税制、社会保障税制、地方税体系、证券市场税制、生态税制观点。全书共计25万字，由中国财政经济出版社出版。本次评选活动由国家税务总局、中国税务学会联合主办。

（韦　红　张京平）

【入世对金融业影响研究通过鉴定】 4月，中央财经大学主持的“加入WTO对首都金融业的影响及对策研究”课题通过鉴定。该课题是北京市哲学社会科学规划项目，2001年立项，课题组通过调查研究，探讨加入世贸组织（WTO）以后，北京金融业现状和应对策略。其中，“地区视角”与“激活各点、提升全盘”观点，为研究地区金融提出可操作研究方法；首都金融业整体研究与分业分析，提出整体对策与分业对策研究方法。

（韦　红　张京平）

【加快商务中心区建设研究通过鉴定】 9月9日，首都经济贸易大学主持的“北京市加快商务中心区建设研究”通过鉴定。该课题是北京市哲学社会科学“十五”规划项目，研究涉及商务中心区(CBD)功能区及其周边现代服务业发展、培育商务中心区新的经济增长点及商务中心区房地产市场发展问题，并提出改善商务中心区投资环境、将金融服务业作为商务中心区核心产业等对策建议。

（钟志红）

【《两岸现代汉语常用词典》出版】

9月20日，北京语言大学《两岸现代汉语常用词典》出版。该词典与台北中华语文研习所联合编写，共收汉字8000个，词条45000个。其中，大陆通用1300个，台湾通用1000个，合计占5%。对存在差异汉字，依据两岸公布规范字体及正音表，分别列出标准字形及读音；特有词语分别标记，并标明另一方相应词语。词典共计260万字，简体字版由北语出版社出版，繁体字版在台湾出版。这是两岸学者合作编写的第一部词典，编写工作历时4年。

（彭艳崇）

【北京法制建设课题通过鉴定】 9月，中央财经大学“WTO与北京地方法制建设”课题通过鉴定。该课题是北京市哲学社会科学规划项目，2001年立项，主要研究加入世贸组织（WTO）与中国统一法制建设的有关问题，包括中国做为世界贸易组织成员义务问题研究，有关《中国加入议定书》对中国承担世贸组织具体义务和承诺分析，双边协议对国内外贸管理制度影响问题研究等。重点研究加入世贸组织与北京地方法制建设有关问题，包括北京应对加入世贸组织的举措与问题，加入世贸组织对北京地方法制建设的影响及对策，倾销、反倾销及其对北京的影响及对策等。

（韦　红　张京平）

【北大发现北京原始墓葬】 10月19日，北京大学考古队发现北京原始墓葬和东胡林人遗骨。墓葬位于门头沟区斋堂镇东胡林人遗址，探方长约百米，宽近8米，分三层错落成阶梯状。探方发现灶坑7个，内存部分石器、陶器和鹿骨。探方东侧，平躺一具保存完整的人骨。人骨长约1.6米，鼻骨下方摆放有一块约10厘米长玉石。挖掘同时出土石器、陶器、动物骨骼等重要文物。这是自1966年东胡林遗址被发现以来，发现的最为完好墓葬。该墓葬的发现填补自山顶洞人以来，北京乃至华北地区人类发展史上空白，为研究新石器时代晚期、大约距今1万年左右北京古代先民生活状况提供重要实证。

（廖志敏）

【《清代精神病人管制措施考述》获奖】 10月，中央财经大学论文《清代精神病人管制措施考述》被评为2002年优秀华文奖。该论文原载《清史研究》2002年第2期，全文共2万字，以翔实材料考证清政府对精神病人管制措施，从一个新角度揭示清代专制政权发展轨迹，是清史研究领域对这一问题首次梳理。该奖项由美国亚洲当代文化学会、《华文精撷》杂志社共同评选。

（韦　红　张京平）

【中国社会救助改革研究获奖】 11月，在民政部首批民政理论研究成果评选中，北京师范大学完成的《中国社会救助改革研究》获得一等奖。该项目2001年立项，考察中国社会救助思想基础、制度背景和实践现状，重点分析社会救助存在的问题，提出解决问题方法、途径。

（刘长旭）

【《盛唐研究丛书》出版】 12月28日，北京大学召开《盛唐研究丛书》出版座谈会。该丛书是“985工程”重大成果，2000年立项，从不同角度考察唐代历史，特别是女性与社会、宗教信仰与社会、地域与空间等此前较少涉及的领域，反映国内唐史研究前沿水平和发展方向。该丛书第一辑于8月由上海辞书出版社出版，共5种6册，分别为：《盛唐政治制度研究》、《盛唐地域结构与运作空间》、《盛唐时代与东北亚政局》、《唐宋女性与社会》（上、下册）、《盛唐的宗教信仰与社会》。

（廖志敏）

科技推广与应用

【概　况】 2003年，北京地区高校共签订技术转让合同1677项，合同总金额82438万元，平均49万元/项，当年实际收入60304万元，当年申请专利1661项，得到授权816项。市属市管高校签订技术转让合同86项，合同总金额10025万元，平均116万元/项，实际收入7456万元。当年申请专利133项，得到授权85项。

（姚林修）

【集装箱CT检测系统通过评审】

1月17日，清华大学承担的“钴－60集装箱（大型客体）CT检测系统”通过科技部专家评审。该系统由清华核能与新能源技术研究院研制，1999年提出系统方案，2002年12月建成系统样机。系统采用特殊结构设计，可围绕集装箱旋转运动，快速获得集装箱任何设定方向上投影辐射图像和任何选定位置上截面辐射图像，并根据密度为集装箱内所有物体定性。该系统对于反恐、安检和打击走私具有重要意义。

（崔　凯）

【耐合成油特种胶管通过鉴定】 1月17日，北京化工大学材料科学与工程学院承担的“耐合成油特种胶管”项目通过教育部技术鉴定。鉴定委员会认为，该项目以不同的共混胶做内胶、外胶基料，合成纤维做骨架层，研制出具有优异耐合成油和耐高、低温性能胶管，各项性能符合合同要求，配方设计具有创新性。具有自主知识产权的单向渗油仪，成功应用于测试油对胶料渗透性能，并提出低温反向渗透理论，具有广泛实用价值。胶管成品在应用厂家台架、行车试验等考核表明，产品能够满足各种车辆在苛刻条件下使用要求。

（曾宪玉）

【首经贸大获彩虹工程优秀成果奖】 3月26日，在北京市科协召开的彩虹工程表彰会上，首都经济贸易大学《旧县镇岔窑村民俗旅游规划》项目获得“彩虹工程”优秀成果奖。该校课题组对岔窑村进行多次实地考察，取得大量第一手资料，经过深入探讨，本着从实际出发的原则，从强化项目实施的可操作性入手，为旧县镇政府提出《旧县镇岔窑村民俗旅游咨询意见书》，为当地经济发展提供思路。2002年6月，北京市乡镇企业局、团市委、北京市科协发起组织“首都高校专家博士帮助京郊农村发展二三产业活动”，简称“彩虹工程”，该工程得到市农委、市教委和市财政局的支持。

（钟志红）

【北交大建成GSM－R网络】 3月，北方交通大学GSM－R研究与应用模拟系统实验室建成国内第一个GSM－R网络。该网络实现GSM－R各项功能，实现列车调度、区间移动、列车位置跟踪、列车尾部风压压测、调度指令传输，可以直接为铁路运输生产服务。实验室相关研究为GSM－R实际应用，特别是青藏铁路通信信号建设奠定基础。该项目由学校与西门子等公司联合研制。

（张其坤）

【北航组建空间技术研究中心】 4月17日，北京航空航天大学组建空间技术研究中心。该中心与中国空间技术研究院联合建设，面向中国空间技术研究院技术发展和创新研究需求，开展基础研究、应用基础研究和技术合作研究，并在实验室共建、人才培养、学科建设、科学研究、学术交流领域全面合作。

（陈　颖）

【建立“非典”冠状病毒感染动物模型】 4月，中国协和医科大学（中国医学科学院）建立“非典”冠状病毒感染恒河猴动物模型。该校医学实验动物所围绕“非典”病毒体内复制与外排系统、机体特异免疫反应、临床及病毒学研究，对比恒河猴、食蟹猴、大小鼠等十余种实验动物“非典”病毒易感性，首次建立对“非典”冠状病毒感染敏感、可靠的恒河猴动物模型。恒河猴感染“非典”冠状病毒后系列病理学改变、排毒现象以及对“非典”冠状病毒体液免疫应答反应与“非典”患者临床病程有一定相似性。“非典”冠状病毒在动物体内检出时间、抗体水平和病理学动态变化等指标，在一定程度上丰富人类对“非典”早期病理改变的认识。该研究成果为进一步研究“非典”病毒的病原特性、致病机理、药物和疫苗评价奠定技术基础。

（林　菲）

【便携式消毒液发生器研制成功】

4月，北京科技大学研制成功便携式家用含氯消毒液发生器。该发生器利用北科大承担的市科委重大科技项目“表面纳米技术工程及产业化研究”成果，采用纳米晶氧化物涂层电极制备技术，具有体积小、成本低、使用周期长、消毒液制备简便、安全可靠、无有害副产物特点。

（盛国家）

【抗“非典”新药进入临床试验】

5月17日，中国协和医科大学（中国医学科学院）药物研究所研制的抗“非典”西维来司钠进入临床试验研究。该校药物研究所根据国家卫生部和世界卫生组织公布的“非典”临床症状，紧急启动新药西维来司钠攻关项目，克服合成路线长、制剂工艺要求高等技术难题，并与哈尔滨圣泰制药有限公司合作完成产品中试放大。

（林　菲）

【公布抗“非典”药物筛选结果】

5月22日，中国协和医科大学（中国医学科学院）药物筛选中心抗“非黄”药物筛选结果由科技部向社会发布。该校药物所建立肺细胞损伤模型和急性肺损伤动物模型，探索肺细胞免疫炎症反应模型和肺纤维化模型，建立多种筛选方法，并完成数十种临床使用中成药模型筛选，综合分析评价药效，发现清开灵注射液、鱼腥草注射液等几种中成药对治疗“非典”有效。该成果为中成药在“非典”临床治疗中应用，提供新的科学依据。

（林　菲）

【北师大研制成功人体测温系统】

5月，北京师范大学模糊控制实验室研制成功智能人体测温管理系统。该系统采用模糊算法，自动识别人的面部，并跟踪人体额头部位，运用高精度红外测温技术和精确定位控制技术，快速检测人体额头体表温度。能根据环境温度、湿度等参数，运用补偿算法，换算成腋下温度，从而决定是否发出病症警报。同时，通过视频采集技术记录通过安全门每一个人脸部、身高等资料，跟踪检查不同时间体温变化。

（刘长旭）

【防感染电子听诊器研制成功】 5月，首都经济贸易大学研制成功“防感染电子听诊器”。该听诊器采用隔离服外配戴耳机方式，避免传统听诊器与医生耳朵直接接触可能产生的感染；采用电子传感听诊头，并在听诊头表面安装外置听诊膜，随时更换，避免多人使用一个听诊头交叉感染机会。同时，采用电子听诊方式，增强特定频率有效信号，实现远距离传输，便于多名专家会诊和医学教学。6月，首批听诊器捐赠北京8家医院。

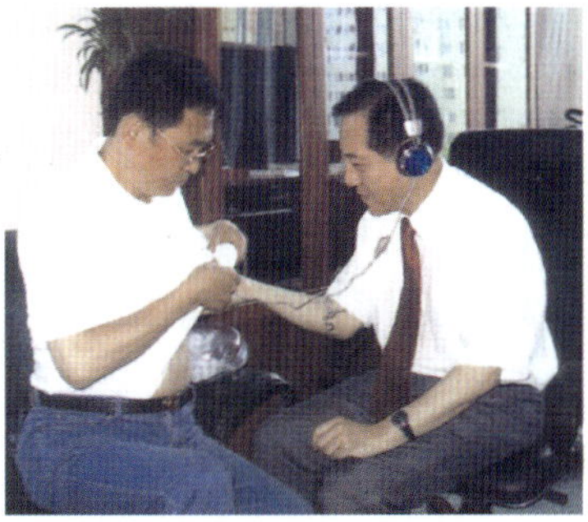

（于启武　钟志红　刘向菲）

【隔离服排汗降温装备研制成功】

5月，北京科技大学研制成功隔离服排汗降温装备样机。该装备利用半导体制冷芯片，产生低于环境温度2至10℃冷空气，并使之进入隔离服内，有效排除积蓄汗液，达到降低人体表面温度目的。该装备每小时可平均带走180瓦热量和150至400克汗液，可以平衡人体正常工作状况所产生的热量，提高穿戴隔离服舒适性。

（陈　颖）

【北科大与石钢共建汽车用钢研究中心】 7月10日，北京科技大学

与石家庄钢铁有限责任公司共建石钢——北科大汽车用钢（棒材）研究中心协议签字。根据协议，双方以石钢工艺装备水平和生产工艺路线、技术操作水平为起点，依靠北科大和石钢公司技术力量，引进国内外汽车、钢铁和金属材料领域科研成果和先进技术，研究汽车用钢发展，缩小国内汽车用钢与世界领先水平差距。北科大、石钢公司领导参加签字仪式。

（盛国家　田　实）

【建立“非典”传染系统动力学模型】 7月，中国科学院研究生院建立非典型肺炎（SARS）传染系统动力学模型。课题组运用系统科学知识，借鉴流体力学中宏观偏微分方程和微观分子动力学相结合方法，成功建立非典型肺炎（SARS）概率模型，具体计算非典型肺炎（SARS）不同时段疫情控制和不同控制疫情发展后果，其结果与实际情况符合较好。国际上对疫情发展的研究工作，一般采用常微分方程方法分析。

（肖　斌）

【北工大3项产品入选科技部重点计划】 7月，北京工业大学3个产业化项目入选科技部重点新产品计划。3个项目分别是北京市光电子技术实验室研制的高效高亮度半导体发光二极管、材料学院功能材料器件研究所研制的复合稀土钼材料（LaMo－100型）、公达电子有限责任公司研制的微型打印机（TPμP－PH32S）。国家新产品计划由科技部、国家税务总局、国家质量监督检验检疫总局、国家环保总局联合主

持，入选产品获得国家重点扶植。

（江飒英）

【首例数字制造技术制备颅骨修复术成功】 8月，北京工业大学与天坛医院成功实施利用数字制造技术制备颅骨修复体修复颅骨手术。课题组利用颅骨CT数据三维重建，完成修复体数字设计、模拟装配、优化工艺参数，将修复体数据直接传输到数控无模多点成形设备制造出修复体，无需铸造和制造模具，从获得CT数据到完成制作只需两小时时间，减少手术风险，减轻病人的痛苦。该项技术采用吉林大学无模成形技术开发研制，是中国首例采用数字技术修复颅骨的手术。

（江飒英）

【北航创办广西工程研究院】 9月14日，北京航空航天大学与广西自治区政府联合创建工程研究院协议签字。该研究院依靠北航学科和人才优势，主要从事信息技术、新材料领域开发，以合作方式推进北航科技成果在广西的产业化。1998年，北航与广西共同建立科技协作委员会，2002年双方签约科研项目18个，合同金额3380万元。

（陈　颖）

【北科大签订热连轧三电控制系统技术合同】 9月15日，北京科技大学与唐山港陆钢铁有限公司签订1250热连轧三电控制系统合同。根据合同，北科大承担唐钢公司1250热连轧三电控制系统开发项目，合同总金额8750万元。

（盛国家　田　实）

【垃圾填埋场渗滤产生规律与处理技术投入使用】 9月，北京工商大学主持研究的“垃圾填埋场渗滤产生规律与处理技术研究”项目在江苏省苏州吴江市垃圾填埋场投入应用。该课题是市教委科技发展项目，2002年11月通过技术鉴定。其技术关键是使垃圾渗滤液经有效处理可直接达标排放，指标值优于文献报道值。同时，高效脱氮技术可应用在禽畜养殖场、生物制药厂、焦化厂及化肥厂废水处理领域。

（王晓华）

【完成灭活非典型肺炎病毒实验】

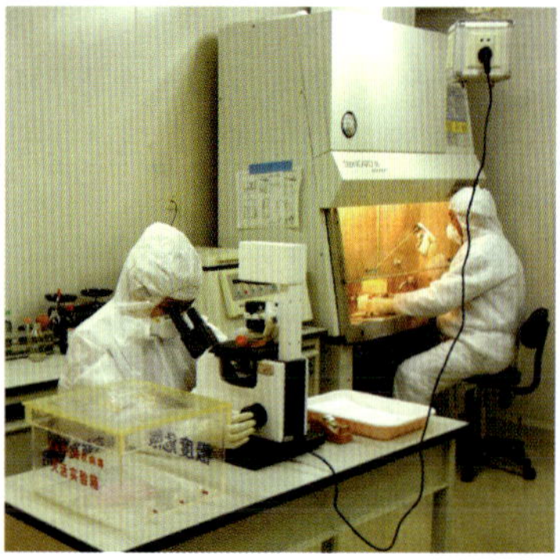

9月，北京工业大学完成灭活非典型肺炎（SARS）病毒实验。课题组在国家生物安全3级（P3）实验室，利用台湾新加士电器有限公司电子设备，多次利用绿猴肾细胞接种非典型肺炎病毒对照实验数据，病毒综合灭活率为99.22%。实验为应用科学提供严格实验数据，掌握准确控制电子发生活性氧浓度剂量，使新加士空气杀菌消毒设备成为世界首台灭活非典型肺炎病毒的电子设备。

（江飒英　李　雷）

【化大科研项目获金桥奖】 11月26日，在第七届北京技术市场金桥奖颁奖大会上，北京化工大学“分子蒸馏技术及其工业化应用”获得项目一等奖，这是化大连续第六次在这一奖项中获奖。同时，清华大学科技开发部获得本届金桥奖集体一等奖，北京大学科技开发部获得集体二等奖，北京交通大学获得集体三等奖。北京大学“新型变压吸附空分制氧分子筛”获得项目二等奖。往届金桥奖设集体奖和个人奖两个奖项，每两年评审一次，表彰在北京技术市场管理工作中做出突出贡献的集体和个人。本年起，该奖项改为每年评审一次，并新增项目奖。项目奖主要表彰在地区经济发展、行业技术进步中发挥重大作用的技术合同项目。

（周仁伯　崔　凯）

【北科大推广各向异性粘结磁体钕铁硼技术】 12月30日，北京科技大学与黄冈源昌石政石材有限公司签署“各向异性粘结磁体钕铁硼技术项目产业化合作协议”。根据协议，北科大以国家“863”计划项目各向异性粘结磁体钕铁硼技术使用权做为出资1000万元，黄冈源昌石政石材有限公司出资4000万元，共同组建有限责任公司，实施各向异性粘结磁体钕铁硼技术产业化。

（盛国家）

体育·卫生

综 述

2003年，北京市学校体育、卫生、国防教育工作坚持以素质教育为核心，坚持以育人为本为原则，以观念创新、体制创新、制度创新为突破，以2008年奥运会为契机，以首都在全国率先实现教育现代化为目标，努力做到发展有新思路，改革有新突破，工作有新局面，全力推动北京市学校体育、卫生和国防教育工作不断迈上新台阶。

2003年，北京市的学校体育、卫生与健康教育、国防教育工作在完成抗击"非典"任务的同时，努力克服"非典"造成的影响和损失，圆满完成各项任务。

学校体育工作方面

2003年，学校体育工作坚持面向全体学生，积极推行《学生体质与健康标准》；加强体育教学与科学研究，提高体育教学质量，促进学生德智体美全面发展；充分利用体育后备人才政策，保证大中小学一条龙体育后备人才的培养机制；充分依靠市大中小学体协、市教育学会学校体育研究会及市学生活动中心等机构，在学校体育各个方面发挥积极作用。

10月18日，市教委举办2003年北京市学生运动会大型开幕式。同时支持各学生体协完成全市大中小学学生体育竞赛活动50余项。加强高校体育工作，组建高校集训代表队备战全国第七届大运会，完成教育部交办或组队参加的国际国内体育赛事。理工大男足获世界大学生运动会第七名、北师大女足获第三名。

全力推动《学生体质健康标准》在北京市学校推广实施。成功举办全国第二届体育科学大会，展示中小学生体育课及体育游戏。组织中小学体育教学评优和系列优秀体育课教学观摩，召开高校体育科学论文报告会。

评估表彰北京高校实施《学校体育工作条例》先进学校。召开贯彻《全国高校体育教学指导纲要》现场研讨会。面向2008年奥运会，做好培养体育后备人才试点校项目布局调整、申报、审批工作。

根据北京教育系统奥运行动计划的要求，做好《北京市中小学生奥林匹克教育研究》及开展各项活动，编写出版中小学生《奥林匹克读本》，召开新闻发布会，并向全市学生赠书。颁发《学校体育教学器材标准》，加强学校体育场地及器材设施建设。

学校卫生与健康教育工作方面

2003年，面对"非典"疫情袭击。教育系统医护人员与全体教职员工一道，成功防止疫情在校园的扩散和蔓延，保证广大师生的身体健康和生命安全，维护学校稳定的大局，顺利完成高考、中考学生体检任务。

市教委与市卫生局联合举办系列"非典"及其他传染病防控培训班。制订并印发《学校卫生技术人员工作职责》。依据《学校卫生工作条例》、《关于进一步加强和改善学校卫生工作的意见》及《学校卫生工作检查评估细则》等文件精神，市教委制订《北京市学校卫生技术人员工作职责》，明确学校卫生工作的性质和各种有关岗位的职责和任务，为学校卫生工作的深入开展提供有力保证。

全力做好北京学生营养餐工作，保证每天30多万份学生营养餐全年安全无事故。顺利承办教育部在北京举办的全国学生营养餐工作现场会。

加强学校饮食饮水安全管理。开展两次大规模食品卫生检查。召开北京高校标准化食堂经验交流会，加强学生食堂的建设和管理。连续四次举办高校伙食联合招标采购活动，合同成交金额上千万元，保证学校伙食原料质量，降低采购价格，增加采购透明度，实现校方、师生和厂商的三满意。

学生军训和国防教育工作方面

2003年，军训工作落实北京市学生军训工作会议精神，制订《北京学生军训、国防教育2002至2008年规划》。该规划分为三步：第一步2003至2004年底落实全市军训全面展开，第二步2005至2006年检查军训工作落实情况，第三步2007至2008年全面评估军训工作；贯彻《学生军训工作实施意见》、《学校国防教育实施意见》。发挥北京高校国防教育协会、军训基地管理办公室、国防大学国防教育中心作用；按照军训基地"东、南、西、北"的布局，落实军训学生的技能训练工作。

检查完成军训基地开训的准备并顺利展开训练。"非典"疫情解除后，适时安排学生集中训练，保障军训工作安全进行。协调北京高校国防教育协会人员的调整，讨论通过2003年协会的工作安排。

举办国防知识竞赛、定向越野比赛等学生国防教育活动。召开北京市学生军训联席会议和举办北京高校国防知识竞赛；组织学生定向越野比赛活动；召开高校军训工作研讨会；与市军训办共同组织高校军训教员重走"长征路"活动；参加教育部"美加"国防教育考察活动；参加教育部召开全国高级中学学生军训工作研讨会。

（刘兆武）

总　　类

【召开学校体育工作总结会】　1月15日，市教委召开高校体育科研论文报告会暨贯彻《学校体育工作条例》总结会。会议表彰高校优秀体育科研论文，听取怀柔实验小学、十四中分校和朝阳区教委落实《学校体育工作条例》经验介绍。来自市教委、教科院、市教育学会、各区县和高校领导600人参加会议。高校优秀体育科研论文评选活动主题是“创新、发展与现代”，224篇论文参加评选。

（郑淑媛）

【钢院附中入选无线电重点单位】　2月16日，海淀区钢院附中入选全国无线电重点单位。该校自1992年开展无线电活动，共有学生3000人参加活动。全国无线电重点单位由国家体育总局主持评选，全国共有9所重点学校。

（宋亚甫）

【联合国考察中学性教育情况】　2

月18日，联合国计划生育联合会总干事森丁博士考察北京中学生性教育情况。在海淀区理工大附中，森丁一行听取学校汇报，观摩“艾滋病与性网络”示范课，并举办中学生座谈会，回答学生的问题。中国计生协、市教委领导参加考察活动。

（宋亚甫　唐阳平）

【房山召开学校体卫工作会】　3月4日，房山区教委召开学校体卫工作会。会议指出，学校以学生身心健康为第一观念，指派专人分管体育卫生工作，做到依法治教。会议要求，建立区校两级评价机制，区教委通过中考体育成绩综合评估学校，学校通过个人体育成绩考核学生。同时，重视经费投入，每年要有经费用于体育卫生工作，开展校外体育活动。会议印发《关于加强学校体育工作和改进学校卫生工作意见》。该区学校主管校长、体育卫生教师200人参加会议。

（李翼明）

【体育总局检查怀柔学校】　3月26

日，国家体育总局检查怀柔区体育特色学校工作。在庙城小学，检查组听取开展独轮车运动情况汇报，并观看独轮车表演，肯定该校开展独轮车运动成绩，要求区教委支持独轮车运动，使独轮车运动更好发展。在怀柔一中，检查组检查建设中体育馆，对体育馆使用提出建议。

（杜书霞）

【印发防控“非典”应急预案】　10月16日，市委教育工委、市教委印发《北京市教育系统预防与控制传染性非典型肺炎应急预案》。该预案总结教育系统在防控“非典”（SARS）工作中经验和做法，以建立预防为主、防控工作长效管理与应急处理机制为根本，实行条块结合、以块为主、属地管理，要求各级各类学校防控工作接受所在区县政府领导，接受区县政府、卫生部门的指导和监督检查。市委教育工委、市教委负责直属单位防控工作部署、指导和检查；区县教育行政部门负责行政区域内学校防控工作部署、指导和检查。预案明确教育系统防控工作决策领导机构、日常管理机构、应急指挥体系、区县教育行政部门和学校职责。规定三级疫情相应具体工作流程和保障措施。

（钱进军）

【召开农村学校体育特色现场会】

10月29日，市教委召开农村学校体育特色现场会。会议观摩密云县西田各庄中心小学2名教师乒乓球、篮球示范课，观看卸甲山小学课间操和武术表演。会议肯定学校体育工作，向西田各庄中心小学、卸甲山小学颁发“全面育人、创有特色”牌匾。会议与市教育学会联合举办，市教委、教科院13人以及体育教师共400人参加会议。

（郭占云）

【召开《学生体质健康标准》现场会】　11月1日，市教委召开贯彻《学生体质健康标准》工作现场会。会议听取市教委主管领导工作报告，先后观摩北大、育才学校和首医大3所贯彻《学生体质健康标准》试点校。会议提出，尽快制订各单位推广实施方案，开始采购测试设备，实现对每个学生体质健康状况测试、分析和咨询指导等近期工作目标。来自北京高校、各区县体卫工作领导 150 人参加会议。

（白荣正）

【5 校入选国家体育传统项目校】 11 月 20 日，北京 5 所学校入选首批国家级体育传统项目学校。5 所学校分别是北京市第二十二中学、北京市第八十中学、中国人民大学附属中学、北京师范大学附属实验中学和顺义区第一中学。此次评选由国家体育总局和教育部联合举办，共有辽宁、黑龙江和河北等 20 余个省市区的 100 所学校入选。

（华　蕾　李朝晖）

【中学生体协田径分会成立】 11 月 29 日，清华大学附属中学召开中国中学生体协田径分会成立会议。会议选举清华附中为主席单位，来自中国中学生体育协会、教育部、国家体育总局以及全国会员学校代表参加会议。该分会隶属于中学生体育协会，拥有团体会员学校 89 所，主要承担全国中学生田径单项体育比赛、举行全国中等学校田径课余训练学术研讨会和培训全国中等学校田径教练员、裁判员等工作。

（高　岷）

【景山学校当选排球分会主席学校】 12 月 4 日，在中国中学生体育协会排球分会成立大会上，景山学校当选主席学校。该排球分会是民政部批准的社团组织，主要开展培训教师、竞赛运动和国内外体育方面交流等工作。该协会有会员学校 112 所。

（贾毓英）

【预防冬季呼吸道传染病】 12 月 6 日，市教委、市卫生局联合印发《关于进一步加强学校呼吸道疾病预防控制工作的通知》。该通知要求各学校切实保证学生每天参加一小时体育锻炼，同时做好安全防护，避免受伤和着凉感冒。学校保持教室、宿舍空气新鲜，严格执行因病缺课登记制度，坚持晨检和午检。通知强调，学校出现学生集中发热情况必须立即报告，接报医疗卫生机构要立即调查处理并上报区县疾控中心。

（宋玉珍）

【召开预防呼吸道疾病紧急会】 12 月 15 日，市教委、市卫生局召开预防冬季呼吸道疾病紧急工作会。会议传达市委、市政府指示精神，要求学校要坚持晨检、午检制度，密切观察学生健康情况，一旦发现学生有发热症状，要立即送往医院就诊。同时，做好学生因病缺课登记制度，发热超过 38℃的学生要在家充分休息。学校要对班主任提出具体要求，在这个重要的环节上不能出现疏漏或流于形式。会议强调，严格执行市教委与市卫生局联合印发《关于进一步加强学校呼吸道疾病预防控制工作的通知》规定。市教委、市卫生局领导以及各区县教委主管主任、卫生局主管局长、中专学校主管校长参加会议。截至 12 月 17 日，北京 12 个区县学生集体发热学校 46 所，发病人数 2704 人。

（宋玉珍）

【5所高校设立奥运场馆】 12月

24 日，北京奥组委决定在北京 5 所高校设立 2008 年奥运会体育场馆。其中，在北京大学设立乒乓球馆、在北京工业大学设立羽毛球馆、在北京科技大学设立柔道馆、在中国农业大学设立摔跤馆，将北京航空航天大学体育馆改建为举重馆。2008 年北京奥运会场馆主要分布在 1 个中心区和 3 个分区。3 个分区为大学区、西部社区和北部风景旅游区。9 月 17 日，北工大接受国际羽毛球单项联合会执行主任耶路·喀麦隆(Neil Cameron）实地考查。

（廖志敏　江飒英　牟钟诚）

场　馆　建　设

【怀柔一中体育馆工程竣工】 1 月，怀柔区第一中学体育馆工程竣工。该体育馆建筑面积 6450 平方米，设有篮球、羽毛球、乒乓球、体操等比赛场地，拥有观众座位 2000 个。体育馆于 2001 年 10 月开工建设，投资 2650 万元。

（王凤海）

【首经贸大田径场通过国家认证】 4 月 18 日，首都经济贸易大学田径场通过国家田径比赛场地认证。该田径场占地面积 2 万平方米，建有橡胶跑道及人工草坪足球场，其中，跑道采用新型环保橡胶面层材料。田径场由市政府招投标建设，强调以人为本、绿色环保。田径场总投资 1235 万元。

（钟志红）

【北广体育场改造工程竣工】 5 月 28 日，北京广播学院田径体育场改造工程竣工。该体育场改造建筑面积 19000 平方米，包括足球场面积 7750 平方米；新建 3 个标准篮球场和 1 个网球场，建筑面积 2731 平方米；主席台新建网架雨棚和加宽工程等。该工程于 2 月 17 日开工建设，按照达到国家二级运动场地标准建设。

（张桂凤）

【兴华中学塑胶田径场投入使用】 6 月 4 日，大兴区兴华中学塑胶标准田径场投入使用。该田径场占地面积1.6万平方米，建筑面积1.59万平方米，设有足球、田径比赛设施。田径场2002年3月开工建设，总投资450万元。

（曹立华）

【良乡附中塑胶田径运动场落成】 6月16日，北京师范大学良乡附属中学塑胶田径运动场落成。该运动场占地面积25504平方米，设有8条400米环形跑道、7616平方米进口人工草坪足球场和5349平方米球类区。运动场2002年9月开工建设，总投资630万元。

（粘明涛）

【一零九中运动场工程竣工】 6月20日，北京市第一零九中学运动场工程竣工并投入使用。该运动场占地面积1万平方米，包括200米塑胶跑道，1个足球场、1个网球场、5个篮球场、2个排球场和健身区。该运动场于2002年10月开工建设，总投资360万元。

（庞文华）

【农职院运动场投入使用】 8月28日，北京农业职业学院主校区田径运动场投入使用。该运动场占地面积15629平方米，建筑面积1115平方米，设有全塑胶8道400米跑道、标准人造草皮足球场以及铅球、跳远、撑杆跳等场地，看台可容纳观众2000人。运动场于2002年8月开工建设，总投资716万元。

（张海超　王文利）

【北工大游泳馆投入使用】 9月10日，北京工业大学游泳馆投入使用。该游泳馆建筑面积3200平方米，设有30×50米游泳池，平均水深1.6米。通过板式换热器长年维持水温26℃。游泳馆于2002年11月开工建设。

（江飒英）

【周口店中学运动场投入使用】 10月12日，房山区周口店中学塑胶运动场投入使用。该操场占地面积2.3万平方米，建筑面积1.5万平方米，拥有1个足球场、3个篮球场和400米塑胶跑道。运动场3月开

工建设，总投资600万元，经国际田联检测为合格（Ⅱ）类场地。

（辛德广　赵淑芳　李翼明）

【地大攀岩场通过验收】 10月31日，中国地质大学（北京）攀岩场地通过验收。该场地占地面积3000平方米，建筑面积800平方米，攀岩高18米，设有速度、难度比赛设施，可以承接国际比赛。该场地7月开工建设，总投资200万元。攀岩是地大（北京）的特色体育项目，多次在国际国内比赛获奖。

（承　金）

【顺义一中体育场馆投入使用】 11月1日，顺义区第一中学体育馆、田径场投入使用。该体育馆占地面积2450平方米，建筑面积5753平方米，为3层框架结构，整体形状像一艘巨轮，设有篮球场、排球场、羽毛球场、乒乓球场和四条180米环形塑胶跑道，以及音乐、美术、舞蹈教室。体育馆2002年6月开工建设，总投资1500万元。田径场占地面积1.6万平方米，完全采用塑胶铺面，拥有一个标准足球场，外部有6条400米跑道和2条200米跑道。田径场2002年3月开工建设，总投资500万元。

（阎振广）

【房山一小建成塑胶操场】 11月8日，房山区第一小学塑胶操场竣工。该操场占地6000平方米，拥有羽毛球、篮球等场地，可同时容纳5个班200名学生上课。操场于本年开工建设，总投资140万元。这是房山区第四块学校塑胶操场。

（李翼明）

【矿大建成塑胶操场】 11月15日，

中国矿业大学（北京校区）塑胶操场建设工程竣工并投入使用。该塑胶操场由原风雨操场改造建设，建筑面积18577平方米。该改建工程于7月31日开工建设，总计投资590万元。

（高来举）

【大成学校体育场改造工程竣工】 11月，丰台区大成学校体育场改造工程竣工。改造后，体育场占地面积1.6万平方米，建筑面积825平方米，拥有标准400米塑胶跑道、人工草坪足球场。工程2002年4月开工建设，总投资500万元。

（李　强）

【杨镇一中体育馆投入使用】 12月12日，顺义区杨镇一中教育集团体育馆投入使用。该体育馆占地面积8800平方米，建筑面积9000平方米，设有篮球训练馆、乒乓球训练馆、羽毛球训练馆和游泳池。体育馆2002年10月开工建设，总投资2000万元。

（武建龙）

【崇文区青少年棋牌俱乐部落成】 12月21日，崇文区青少年棋牌俱乐部落成并投入使用。该俱乐部设有培训活动室、计算机室和比赛大厅，可以开展各类棋牌项目培训，举办各种棋类比赛。通过计算机室，还可以开展"人机对弈"、网上比赛和交流等活动。该俱乐部建筑面积120平方米，由市教委投资40万元建设，这是首家北京市青少年棋牌活动专用场地。

（马俊青）

体 育 教 学

【三里屯小学成立国际象棋训练基地】 2月26日，北京国际象棋少儿

训练基地在朝阳区三里屯小学成立。该基地由北京棋院与三里屯小学联合组建，北京棋院棋手担任教练。2002年，三里屯小学把国际象棋引入校园，作为一门课程纳入教学，形成“以棋益智，以棋育才”办学特色，并将2月26日定为国际象棋日。

（赵　光）

【举办优秀体育课评选活动】 3至11月，市教委举办年度中小学优秀体育课评选活动。该活动分为学校初评、区县复评和市教委终审3个阶段，要求参加评选课程以有利学生身心健康为中心，树立学生主体教学理念，并将这些理念转变为具体可操作教学行为。18个区县（含燕山）的2000人2000节课参加评选，103人进入市级终审，其中，48人获一等奖、55人获二等奖。

（白荣正）

【召开高校体育教学现场会】 4月3日，市教委、市大学生体协在北京航空航天大学召开高校落实《全国普通高校体育教学指导纲要》现场观摩研讨会。会议听取北航开展体育教学和群体活动经验介绍，观摩体育课和群众体育活动情况。来自70所高校体育部领导参加会议。北航自1985年实施体育教学改革，教学工作由单一专项教学到专项程序化教学，再到体育健康教育，逐步形成体育教学特色。

（陈　颖）

【舞院举办国标舞训练营】 8月2至9日，北京舞蹈学院举办国标舞“中国训练营”活动。该训练营邀请乌克兰国家队教练、国标舞专家瓦拉利·斯科洛弗和德国拉丁舞冠军莉迪亚·迪尔曼——韦塞，讲授国标舞动作规范、比赛规则和发展趋势等课程。该校国标专业师生以及外省市师生60人参加学习。

（肖卫兵）

【通州三职增设太极功夫扇课程】 9月1日，通州区第三职业学校体育课增设太极功夫扇教学内容。该内容以太极拳为基础，集武术、器械、舞蹈为一体，共计六段56个动作，强调刚与柔、力与美结合，突出全员参与、终身受益教学原则。该校学生400人参加学习。

（邓尚成）

【高丽营二中实验小组合作学习】 9月1日，顺义区高丽营二中体育教学实施小组合作学习实验。该实验将学生分为学习小组，采用面对面互动方法，强调学生个体和学习小组责任，强调学生间人际关系和小组技能力量，体育科目评价也由小组自己完成。该校师生930人参加实验。

（刘立明）

【崇文举办体育教学评优活动】 9月15日至10月22日，崇文区教委举办体育教学评优。该活动分为学校初评、教学片复评和区级总评3个阶段，按照新一轮国家基础教育体育课程改革要求和《北京市中小学体育学科课堂教学评价方案》六项指标，突出教材钻研、教学任务和教学内容，教学过程和教学方法等方面。评选要求校长亲自听课、评课，体育教研组集体备课。来自全区180名体育教师参加评选，65人进入总评，其中17人获奖。崇文区体育教学评优活动始于1991年，每两年举办一次。

（李松龄　郭静茹）

【舞院举办国标舞大师班】 9月28

日至10月3日，北京舞蹈学院举办国标舞大师班。该班邀请世界拉丁舞大师、英国艺术家道尼·本，系统介绍国标舞运动和文化内涵。来自全国艺术院校师生及选手70人参加学习。道尼·本是世界舞蹈联合会副会长，曾蝉联14届国际锦标赛拉丁舞冠军，1994年被英国女皇授予“英国皇家爵士”爵位。

（肖卫兵）

【北师大承办学校体育科学大会】 10月13至16日，北京师范大学承办第二届中国学校体育科学大会。会议以“学校体育改革与增进学生身心健康”为主题，以“健康第一”为指导思想，通报全国学校体育卫生工作科研成果，研讨深化学校体

育教学改革和创新，促进学校体育卫生科研工作开展，提高学生身体素质等问题。会议由中国体育学会、高等教育学会和教育部联合主办，来自30个省市区和香港、澳门特别行政区正式代表340人，列席代表200人参加会议，提交论文1202篇，会议交流538篇。

（刘长旭）

【大兴展示优秀体育课】 10月23日，大兴区教委举办体育教学评优课展示活动。该活动推出兴华中学、黄村二中和黄村三中3节体育课，并根据评价标准，从上课教师、学生和教学形式三方面完成问卷调查。该区各校体育教师114人参加展示。9月，该区教委举办体育教学评优活动，来自24所学校教师29人参加评选，其中，8人获得一等奖。

（李永奎）

【上地学校开设形体训练课】 10

月，海淀区上地实验学校开设形体训练课。该训练课采用体育组自编教学大纲，教学目标和教学内容，根据师生共同设计和创编动作，讲授基本姿态训练、民族舞、健美操等课程。该校初一学生729人参加学习。

（刘　旭）

【召开独轮车教学现场会】 12月29日，北京教育科学研究院、怀柔区教委召开独轮车教学现场会。会

议听取怀柔区教委《打造中国独轮车运动之乡》主题报告，听取庙城镇中心小学开展以独轮车运动为载体，实施全面育人办学经验，观摩两名教师独轮车教学课，观看独轮车队技能、技巧表演。会议肯定庙城中心小学教育成绩，向庙城中心小学颁发“全面育人、创有特色”奖牌。来自中国学校体育研究会、市教委、教科院和怀柔区教委领导及各区县代表200人参加会议。

（孙凤海）

竞　技　体　育

【举办“振兴中华杯”小学生篮球赛】 1月20至26日，市教委、市体育局联合举办“振兴中华杯”小学生小篮球比赛。该比赛以学校为单位，分为男、女两个组，由八中承办，来自6个区县19支男、女代表队266名运动员参加比赛，其中，西城区宏庙小学男、女队分别获得男、女冠军。

（郑淑媛）

【举办中小学乒乓球比赛】 1月20至27日，市教委举办第19届中小学生乒乓球比赛。该比赛设立单打和团体两类，分为男女高中、初中、小学甲组和乙组，共计16个项目，采用五局三胜赛制，并且首次采用11分制和大球。比赛由北京市少年宫承办，来自14个区县90支中小学代表队500名学生参赛。

（孙吉明　王　斌）

【举办“金帆杯”足球比赛】 1月20至26日，市教委、市体育局联合举办“金帆杯”中学生足球比赛。该比赛以学校为单位，设立男子项目，分为城区和远郊区两个组。比赛由四中承办，6个城区8支代表队160名队员参加28场比赛，其中，海淀区八一中学获得冠军；4个远郊区4支代表队80名队员参加6场比赛，其中，大兴一职获得冠军。

（郑淑媛　李希芳）

【举办“金帆杯”篮球比赛】 1月20至29日，市教委、市体育局联合举办“金帆杯”篮球比赛。该比赛以学校为单位，分为男女两个组，其中，男子组在四中比赛，来自8个区县11支代表队154名运动员参加41场次比赛，清华附中、二十二中代表队获得并列冠军；女子组在二十二中比赛，来自6个区县8支代表队112名运动员参加28场次比赛，清华附中、四中并列冠军。

（郑淑媛）

【获得2项全国青少年游泳锦标赛冠军】 1月22至24日，在全国青少年游泳锦标赛中，北京教育学院西城分院附中学生范一然获得2项冠军。分别是15至17岁赛组50米仰泳和50米自由泳。该项比赛由国家体育总局举办，分为10岁、11岁、12岁、13至14岁、15至17岁组，共设有23个比赛项目。

（夏　琪　华　蕾）

【举办“振兴中华杯”游泳比赛】 1月25至26日，市教委、市体育局联合举办“振兴中华杯”中小学游泳比赛。该比赛分为高中、初中和小学3个组别，在四中游泳馆举办，2075名学生参加比赛，其中，四中、育英学校和七一小学代表队分别获得3个组团体总分第一名。

（郑淑媛）

【举办“金帆杯”排球比赛】 1月27日，市教委、市体育局联合举办“金帆杯”排球比赛。该比赛以区县为单位，分为男女两个组别，在景山学校体育场举办，来自10个区县代表队1000名学生参加比赛，其中，男子组只有东城、海淀3个队参加比赛，景山学校获得冠军；海淀区获得女子组冠军。比赛反映北京市排球运动后备人才危机。

（郑淑媛）

【举办青少年俱乐部乒乓球比赛】

8月13至17日，北京市青少年体育俱乐部乒乓球比赛在北京市第六十六中学举行。该比赛分为高中男女组、初中男女组、小学男女甲、乙组8个组别，设立男女团体、单项2个项目，采用循环赛、单淘汰赛制。比赛由市体育局、市教委联合主办，17所学校43支代表队180名运动员参加比赛，经过86场团体赛、424场单打比赛，六十六中分别获得高中女子、初中男子团体冠军。六十六中是北京市体育运动传统项目学校，其乒乓球队两次代表北京市参加全国中学生运动会。

（吕淑花）

【获得世界大运会奖牌】 8月21

日至9月3日，在第22届世界大学生运动会上，北京两所高校学生获得9枚奖牌。其中，中国人民大学队8人获得跳水项目8枚金牌；北京师范大学女子足球队获得第三名。该比赛在韩国大邱市举行。此次比赛中，中国代表队共获得41枚金牌，跳水队由14名队员组成，获得跳水项目全部12枚金牌，其中，8名队员为人大学生；北师大女子足球队代表中国参赛，25名队员先后参加4场比赛。理工大24名学生组成男子足球队，以2胜1平1负战绩，获得第七名。这是中国首次派出大学生组队参加足球比赛。

（白连永　刘长旭　辛雪琴）

【杨笑蕾获得射击冠军】 8月，在北京市青少年射击锦标赛上，清华大学附属中学学生杨笑蕾获得冠军。该比赛由市体育局主办，来自18个区县选手参加比赛。清华附中两名学生代表海淀区参赛，均获得国家一级运动员称号，其中，杨笑蕾获得女子气步枪冠军。该校射击队成立于2001年，由该校与清华共同建设，大学负责中学队员训练，附中负责队员学习和生活。10月2至5日，该校射击队参加全国大学生射击比赛中学组比赛，获得5个第一名、1个第二名、2个第三名。其中4人达到国家级运动健将标准。全国9所学校组队参赛。

（高　岷）

【参加全国少数民族运动会】 9月

7至14日，北京4所学校参加第七届全国少数民族运动会。北京林业大学教师参加武术比赛，获得刀术金牌和三节棍银牌；首都体育学院参加女子珍珠球比赛，获得冠军。丰台三路居小学参加跳绳比赛，获得花样跳绳金牌和竞技跳绳银牌；一九六中男子陀螺队获得第五名。该比赛设置抢花炮、陀螺和武术等14个比赛项目和126个表演项目。来自各民族3799名运动员参赛。

（汪海洋　王长滨　华　蕾）

【法大获全国藤球锦标赛冠军】 9月10至16日，中国政法大学男子藤球队获得全国藤球锦标赛冠军。该比赛由国家体育总局主办，在江西省宜春市举行，分为预赛和决赛两个阶段，来自全国10个队参加比赛，法大代表队以5场全胜战绩获得冠军。9月20日，该队再次获得全国藤球公开赛冠军。

（武　焰）

【举办“振兴中华杯”排球比赛】

9月14至21日，市教委、市体育局联合举办“振兴中华杯”系列排球比赛。该比赛分为男女高中、初中、小学传统校、小学非传统校、中专共10个组别，分为海淀区北航附中和西城区黄城根小学两个赛场，来自10个区县45支男女代表队共630名学生参加比赛，其中，景山学校和理工大附中并列高中男子组冠军，实验中学一队分别获得女子高、初中组冠军，理工大附中一队获得初中男子组冠军，什锦花园和黄城根小学一队获得传统校男女冠军，北洼路和彩和坊小学获得非传统校男女冠军，物资贸易学校获得中专组男女冠军。

（郑淑媛）

【罗微获得跆拳道冠军】 9月26日，在第16届跆拳道世界锦标赛上，什刹海体育运动学校罗微获得女子72公斤级冠军。该比赛在德国慕尼黑举行，来自100个国家830名运动员参加比赛。罗微同时获得参加2004年雅典奥运会资格。

（张佳声）

【首体院学生获得3项摔跤冠军】 9月27日和12月6日，首都体育学院学生杨艳、帕丽旦获得3项全国中国式摔跤冠军。在国家体育总局主办的“移动杯”中国式摔跤全国锦标赛上，首体院2003级学生杨艳、帕丽旦分别战胜对手获得女子68公斤级和74公斤级冠军，达到国家级运动健将标准。来自全国22个省市232名男女选手参加比赛。在国家体育总局主办的全国中国式摔跤冠军赛上，杨艳再次获得女子68公斤级冠军。来自全国24支代表队297名选手参加男女共17个级别比赛。

（郑　钢）

【北交大承办羽毛球精英赛】 10月3至9日，北京交通大学承办中国大学生羽毛球精英赛。该比赛设立团体一个项目，要求各队由男单、女单、男双、女双、混双各一名（对）选手组成，分为两个阶段，其中，第一个阶段采用分组单循环赛，第二个阶段采用交叉淘汰赛。比赛由中国大学生羽毛球协会主办，来自全国高校12支代表队参加比赛，其中，北京交大、暨南大学和北大分获第一、二、三名。

（张其坤）

【举办“振兴中华杯”篮球比赛】

10月11日至11月9日，市教委、市体育局联合举办“振兴中华杯”系列篮球比赛。该比赛以学校为单位，分为男女高中、初中、小学和职高男子7个组别。74支代表队共计1036名学生参加比赛，其中，二十二中获得高中男子组冠军，清华附中、东直门中学和四中并列高中女子组冠军，财经学校获得职高男子组冠军，首师大实验学校获得初中男子组冠军，东直门中学和三十五中并列获得女子初中组冠军，实验二小获得小学男子组、灯市口小学获得小学女子组冠军。

（郑淑媛）

【举办“振兴中华杯”足球比赛】 10月11日至11月16日，市教委、市体育局联合举办“振兴中华杯”系列足球比赛。该比赛分为俱乐部3个组，普通学校男子高中、初中、小学3个组，中小学女子两个组，分为通州、九中、八一中学、四中和人大附小5个赛场。66支代表队1088名学生参加比赛，其中，首钢技校、人大附中一队、曙光学校获得俱乐部各组冠军，昌平一中、五十四中、彩和坊一队获得普通学校各组冠军，安苑北里中学和安外三条小学获得女子组冠军。

（郑淑媛）

【清华附中参加城市运动会】 10月20至27日，清华大学附属中学参加第五届全国城市运动会，高三学生李翔宇获得男子800米冠军。该比赛由国家体育总局主办，来自全国79个城市6600名选手参加比赛。清华附中学生2人参加比赛，其中，李翔宇以1分49秒93成绩获得男子800米冠军、孙鑫以398环的成绩获得女子气步枪第二名。

（高　岷）

【举办职高“劲职杯”田径运动会】 10月24至25日，市教委举办职业高中第七届“劲职杯”田径运动会。该运动会以学校为单位，分为城区和郊区两个组。来自37所职业学校700名学生参加比赛，其中，黄庄职高和延庆一职分获城区组、郊区组团体总分第一名。

（郑淑媛）

【北方工大获得棒垒球两项冠军】 10月25至26日和11月1日，在北京市高校棒球、垒球联赛中，北方工业大学棒球队、垒球队分别获得冠军。该比赛由市大学生体协主办，清华承办，全市9所学校14支代表队参赛。北方工大棒球队成立于1980年，垒球队成立于1998年。

（刘　姝）

【理工大足球队获得联赛冠军】 10月27日，北京理工大学男子足球队获得“飞利浦”全国大学生足球联赛冠军。该项比赛由教育部主办，全国1000所大学1000支代表队参加比赛，理工大足球队在小组比赛中，以6：0战胜昆明理工大学队，4：0胜人大队；交叉赛中，以7：0胜同济大学队，点球以9：8胜华东大学队，最终以4：0战胜东北财经大学队，获得冠军。这是该校连续第三次获得冠军。

（辛雪琴　郑淑媛）

【人大附中获得世界中学生足球锦标赛亚军】 11月15至23日，在第18届世界中学生足球锦标赛上，中国人民大学附属中学代表队获得亚军。来自18个国家代表队参赛。人大附中三高足球俱乐部高三年级代表中国男足一队参赛，以七战四胜两平一负成绩获得亚军。

（郑淑媛）

【举办大学生女子足球锦标赛】

11月15至29日，北京大学生体协举办第12届大学生女子足球锦标赛。该比赛分成两个小组，采取小组

循环赛制。比赛由北京物资学院承办，8支高校代表队参加比赛，北师大、清华和民大分别获得前三名。

（高和鸿）

【张国政获得世锦赛举重冠军】 11月18日，在2003年世界举重锦标赛上，北京体育大学举重教练员兼运动员张国政获得男子69公斤级冠军。该比赛在加拿大举行，张国政以152.5公斤成绩获得抓举金牌、以192.5公斤成绩获得挺举银牌，最终以345公斤总成绩获得金牌。

（郭　涛）

【农大橄榄球队获得“泰王杯”冠军】 11月29日至12月2日，在第二届泰国“泰王杯”邀请赛上，中国农业大学橄榄球队获得碗级冠军。该比赛由泰国橄榄球协会主办，来自16个国家16支代表队参加比赛，其中，6队参加碗级比赛。农大代表队由12人组成，他们以六战四胜一平一负成绩获得冠军。碗级是橄榄球比赛中第三级别。

（郭立群）

【北大获得3项乒乓球比赛冠军】 12月12日，在北京市高校乒乓球比赛中，北京大学乒乓球队获得男子项目3项冠军。3个项目分别是男子单打、男子双打和男子团体比赛。该校乒乓球队于11月23日被北大方正乒乓球俱乐部接管，这是接管后首次公开参赛。

（廖志敏）

体育活动

【举办“乐百氏杯”健美操比赛】

1月18日，市教委、市体育局联合举办中小学首届“乐百氏”杯健美操比赛。该比赛设立集体项目和个人项目，聘请高校体育教师担任裁判。700名学生参加比赛，其中，一零一中、西颐小学分获中学、小学组团体第一名。

（郑淑媛）

【举行特奥会志愿者启动仪式】 2

月27日，特奥会中国青少年志愿者活动启动仪式在北京中加学校举行。该活动先后听取加拿大驻华大使、国际特奥会董事会成员等中外宾客讲话，向参加志愿者学校代表发放T恤衫。中加学校师生1000人参加启动仪式。

（荆　枝）

【举办职业高中越野长跑比赛】 3月8日，市职高体协举办职业高中第七届越野长跑比赛。该比赛以“争奥运、强体魄”为主题，分为男女城区组、郊区组4个组别。比赛在国家体育总局老山摩托车运动技术学校举办，来自22所职业学校300名学生参加比赛，其中，黄庄职高男女队分别获得城区组冠军、密云一职男女队分别获得远郊区组冠军。

（郑淑媛　韩　武）

【顺义承办小甲A足球活动】 4月8至12日，顺义区教委承办“牵手杯”中华少年小甲A足球活动。该活动设有运球、传球、颠球、射门、盘球过人、一对一防守、3对3比赛和7人制比赛趣味项目，举办全国小甲A足球红领巾论坛、小甲A队员与北京14所学校“手拉手”等活动。通州区陆辛学校获得团体冠军、优秀竞技奖两个奖项，8名运动员共获金牌7块、银牌3块。其中，获得“三对三”比赛单项冠军；“百步穿杨射门赛”单项冠军；“流星赶月颠球赛”单项亚军。来自全国27个省市区的28支小甲A足球队参加活动，顺义区有5000余名小学生参加开幕式和闭幕式。

（王英丽　勾庆祥）

【舞院拉丁舞获国际奖】 6月26日，在意大利国标舞国际公开赛上，北京舞蹈学院教师邵克强、杨娜获得拉丁舞职业新星组第三名。来自21个国家50对选手参加职业新星组比赛，舞院两人组合经过三轮淘汰赛进入前六名决赛，并在决赛中获得第三名。这是亚洲选手在欧洲国际比赛中的最好成绩。

（肖卫兵）

【参加申奥成功万人长跑比赛】 7月13日，北京教育系统参加“三星电子杯”北京申奥成功两周年万人长跑比赛。该比赛由市体育局、市体育竞赛管理中心和韩国三星电子集团举办，分为男女成年、老年、少年6个组别，竞技和健身两个项目，其中，竞技长跑全程8公里，健身全程2.5公里。来自18个区县、武警和党政机关11700人参赛，其中，2700人参加竞技比赛。北京教育系统师生9人分别获得4个组别前三名。这是世界卫生组织宣布北京“双解除”后举办首次大型体育活动。

（华　蕾　李金艳　刘春玲）

【举办北京晚报百队足球赛】 8月8至28日，北京市少年宫等4单位联合举办第20届“安利纽崔莱杯”北京晚报百队足球赛。该比赛分为男女中学、小学4个组别，农大、通州、朝阳、崇文、丰台和石景山6个赛区12个赛场，采用循环和淘汰制相结合赛制。273支中小学足球队5000名学生参加比赛，其中，32支代表队获得奖励。北京晚报百队足球赛创办于1984年，采用自愿组队报名参赛方法，每年举办一次，自创办以来共有50万名中小学生参加比赛。

（王　斌　孙吉明）

【获得首届全国独轮车冠军】 8月11至12日，在全国首届独轮车精英赛上，怀柔区庙城镇中心小学独轮车队夺得团体总分冠军。该比赛由国家体育总局、中国独轮车委员会等单位主办，来自全国8个省市12支代表队参加比赛。庙城小学代表北京参赛，24名队员共获得金牌8枚、银牌4枚、铜牌7枚，获得团体总分冠军、技巧表演团体冠军和篮球亚军。

（孙凤海　赵仕阔）

【举办北京晚报百队篮球赛】 8月13至20日，第三届北京晚报百队篮球赛在北京四中和灯市口小学举办。东城职教中心男队、四中女队分获高中男、女组冠军，育英中学男队获初中男子组冠军，美术馆后街小学男队、灯市口小学女队分获小学男、女组冠军。该比赛由市体育竞赛管理中心、市篮协、市中小学体协和北京晚报联合举办，73支男、女队分5个组别比赛。

（华　蕾　刘春玲　杨志红）

【舞院取得摩登职业新星赛好成绩】 8月13至26日，在德国曼海姆世界体育舞蹈锦标赛上，北京舞蹈学院教师张震、齐志峰获得摩登职业新星赛第五名。这是亚洲选手获得该组别最好成绩。同时，该校代表中国组队参赛。其中，古典舞系3名学生参加开幕式演出，表演剧目包括

《飞天》、《秦王点兵》、《萋萋长亭》。

（肖卫兵）

【王一妍成功横渡琼州海峡】 8月18日，北京大学附属小学四年级学生王一妍成功横渡琼州海峡。横渡开始于6时06分，至16时11分结束，历时10小时05分。王一妍，1993年出生，是世界上年龄最小成功横渡海峡第一人。

（廖志敏）

【理工大学生参加大运会开幕式】 8月19日和20日，北京理工大学武术队参加世界第22届大学生运动会开幕式表演。该武术队由20名学生组成，先后参加开幕式和世界大学技巧暨新千年健美操盛会开幕式，学生们表演集体、个人、枪对刀、刀对刀等项目。世界大学技巧暨新千年健美操盛会是韩国政府配合大运会举办的活动，来自世界8个国家23所大学代表队参加活动。

（辛雪琴）

【门头沟学生参加农运会开幕式】 9

月20日，门头沟区8所小学学生参加北京市第五届农民运动会开幕式。该区1000余名学生参加大型团体操《京郊童谣》的演出。该区学生于7月15日开始团体操训练。

（史炳民）

【参加万人太极拳表演】 9月28

日，中央财经大学、首都体育学院参加“魅力北京、文化奥运——万里长城万人太极拳表演活动”。该活动由市体育局主办，地点在居庸关长城，是北京奥组委首届文化节系列活动之一，来自5个区县的21个单位近万人参加表演。

（张京平　华　蕾　黄海洋）

【北体大举办北京奥运国际论坛】 10月5日，北京体育大学举办奥林匹克与北京奥运国际论坛。该论坛以北京2008年“人文奥运”理念为主题，邀请国内外6名学者发表学术演讲，系统论证奥林匹克精神、人文奥运的内涵以及各方面表现形式。论坛与中国体育科学学会联合举办，来自12个国家代表356人参加论坛活动。

（王　辉）

【举办学生田径运动会开幕式】 10

月18日，市教委、市体育局联合举办北京市学生田径运动会开幕式。来自全市大、中、小学校8000名学生代表参加入场式和团体操表演。本届学生田径运动会有1万名大中

小学生参加比赛。

（白荣正　李东军　汪　忱）

【举办职高七人制足球比赛】 10月24至26日，市教委举办职业高中第七届“大一职杯”足球比赛。该比赛以学校为单位，采用“七人制”比赛方法，设立男子项目，实行单循环赛制。12所学校代表队参加比赛，其中，丰台职教中心代表队获得第一名。

（郑淑媛）

【地大获得长城健行赛冠军】 10月25日，在2003北京长城健行赛上，中国地质大学（北京）获得青年组第一名。该比赛由北京市登山运动协会主办，以团体单位组队参加比赛，每队5人，其中，男队员4人、女队员1人。赛段为密云司马台至河北金山岭，全长共计8公里。来自各企、事业单位、大专院校和驻京部队100支登山队500人参加比赛。

（承　金）

【赵庆建获得两项武术冠军】 11月5日，在第七届世界武术锦标赛上，什刹海体育运动学校赵庆建获得男子长拳、对练两项冠军。该比赛由澳门主办，来自51个国家260名运动员参加比赛。赵庆建，武英级学生，北京武术队队员。

（张佳声）

【首体院学生获得全国八卦掌冠军】 11月20至22日，在全国体育院校武术比赛中，首都体育学院学生获得八卦掌第一名。比赛由国家体育总局主办，首体院共有20名学生参赛，其中，2003级学生赵琳获得八卦掌第一名、太极拳第三名，刘洋获得通臂拳第二名，刘建获得散打70公斤级第三名。该校论文《对武术套路竞赛规则试行方案的探讨》获得全国体育院校武术科研论文一等奖。来自全国14所院校选手分别参加男、女各4项比赛。

（郑　钢）

【举办振兴中华杯系列武术比赛】 12月13至14日，市教委举办中小学“振兴中华杯”武术比赛。该比赛在北京六一中学举行，以学校为单位，分为中学、小学两个组别，来自35所学校的32支代表队共计447名学生参加比赛，其中，中关村中学和平谷六小分别获得中学和小学组第一名。

（郑淑媛）

国　防　教　育

【概　况】 2003年，市教委、北京市国防教育办公室、北京高校国防教育协会继续开展国防教育活动。大兴、门头沟斋堂军训基地首次承担首师大2500人军训任务。由于“非典”疫情影响，至年底，北京学生通过基地训练、校内训练和部队驻训3种军训形式，12.3万学生参加训练，包括36所大学6.4万名大学生。全年北京军区向5个军训基地派出承担训练任务官兵560人，是派出承训部队最多的一年。

（刘兆武）

【国防在线网站开通】 1月20日，首都大学生“国防在线”网站开通。该网站设校园国防和国防论坛等13个栏目。网站由市教委主管，北京高校国防教育协会主办，北航承办。网址：www. guofangonline. com。

（刘兆武）

【高岭中心小学少年军校成立】 3

月，密云县高岭中心小学少年军校成立。该军校与武警总部高岭训练基地联合创办，主要开展队列训练、内务整理等国防教育活动。至年底，该军校培训学生400人。

（郭占云）

【五中分校举办公园越野赛】 4月1日，北京市第五中学分校举办公园越野比赛。该比赛在景山公园举办，利用地理、国防教育知识，提高学生辨别方向、选择路线能力。比赛分为男女两个组别，以10人为一组，每隔10分钟男、女各两个组由起点出发，找全坐标点、用时最少的小组为优胜组。该校初一年级408名学生参加比赛。

（韩荣奎）

【八中举办美伊战争专题讲座】 4月4日，北京市第八中学举办国防教育专题讲座。该讲座采用座谈形式，邀请国防大学教授讲述美伊战争简况，并与研究型学习国防研究课题小组学生，结合中国国防实际，研讨台海局势等问题。该校师生30人参加学习。

（张　挥）

【西城表彰“人防”教育教师】 4月14日，西城区教委召开人民防空教师总结表彰会。会议听取三十一中、七中先进学校和先进教师代表经验介绍，表彰先进学校15所，先进教师15人。会议与西城区人防教育办公室联合举办，来自46所学校人防任课教师46人参加会议。

（詹小雪）

【牛栏山中学完成新生军训】 9月1至10日，顺义区牛栏山一中完成新生军训。该军训与驻顺义高炮部队联合举办，先后开展队列、格斗和射击等项目。该校高一新生900人参加军训。

（万　柏）

【通州三职完成新生军训】 9月5至16日，通州区第三职业学校完成新生军训。军训在天津军事训练学校举行，设有队列训练、军体拳和内务整理等科目。该校新生182人参加学习。

（王文东）

【公安大学完成新生军训】 9月5至25日，中国人民公安大学继续教育学院完成新生军训。军训在卫戍区特警训练基地举行，设立队列、军体拳和军训成果汇报表演等项目。来自全国20个省市新生1000人参加训练。

（尹华业）

【举办国防知识擂台赛】 9月14至28日，市教委、北京高校国防教育协会联合举办高校国防知识擂台赛。该比赛分为笔试预赛、现场攻擂两个阶段。来自19所高校190名学生参加比赛，北京大学等8所学校56名学生进入决赛，其中，北邮代表队获得冠军。

（刘兆武）

【举办军营一日活动】 9月20日，北京高校国防教育协会举办军营一日活动。该活动在天津杨村空军某机场举办，先后听取机场基本情况介绍，观摩“八一”飞行表演队飞行表演、花样跳伞表演。该活动同时为纪念美国莱特兄弟架机升空100周年举办，北京部分高校校长、武装部长共130人参加活动。

（刘兆武）

【张各庄中学开展国防教育】 9月28日，平谷区张各庄中学举办国防教育活动。该校师生到66362部队驻地观看战士仪仗队表演、军事训练，参观部队内务，听取国防教育报告。该校师生150人参加活动。

（孙凤云）

【东凡各庄小学开展军训活动】 10月13至27日，平谷区峪口镇第一学区东凡各庄小学开展军训活动。该活动根据工作计划，由驻地部队选派10名官兵，讲授适合小学生一套八节军体拳操。该校一年级学生120人参加训练。

（岳广顺　王靖燕）

【召开学生军训联席会】 10月21日，北京市学生军训联席会议召开。会议听取市学生军训办公室关于学生军训工作情况汇报，听取、审议《2004至2005年学生军训工作安排》，审议、通过《北京市学生军训基地管理办法》，研究调整北京市学生军训工作办公室组成人员等事宜。来自市政府、卫戍区领导以及军地双方工作人员20余人参加会议。

（刘兆武）

【举办大学生定向越野赛】 11月15日，市教委举办年度大学生定向越野锦标赛。该比赛在密云丘陵地区举办，设立男子标准距离9公里、女子标准距离7公里两个项目。比赛与中国定向运动协会、高校国防教育协会联合举办，来自北京21所高校、6所中学和天津财经学院（应邀）的173名学生参加比赛。其中，清华、民大分获男女团体第一名。

（刘兆武　哈斯也提）

【戏曲学院举办军事报告会】 11月18日，中国戏曲学院举办军事报告会。会议听取国防大学教授题为《高科技战争与国防现代化建设》军事报告，介绍全球高科技战争以及建国以来中国国防现代化建设成就，指出中国国防科技、武器装备与发达国家之间差距，阐述国防建设发展策略与方向。该校师生800人参加学习。

（薛中君）

【门头沟举办人防知识演讲比赛】 11月29日，门头沟区教委举办第四届中学生人防知识演讲比赛。该比赛分为学校初赛和区教委决赛两个阶段，设立演讲和人防知识问答2个项目。比赛与区人防办联合举办，来自13所中学的50名学生参加比赛，其中，17人进入决赛。

（张文生）

【宏志中学获得国防教育图书捐赠】 12月7日，在地坛书市“筑起我们新的长城”国防教育书展上，北京宏志中学获得国防教育图书捐赠。该捐赠由市委宣传部、卫戍区政治部主持，捐赠国防教育图书100册，总值1万元。该校100名宏志生参加捐赠仪式。

（冯　军）

【召开高校学生军训研讨会】 12月25至26日，市教委召开高校学生军训工作研讨会。会议听取教育部、总参谋部、北京军区、北京卫戍区、国防大学和空军指挥学院领导讲话，部署年度学生军训工作要求。来自高校、高职和社会力量办学机构共84所学校军训工作干部140人参加会议。

（刘兆武）

卫　　生

【顺义举办学生健康与卫生知识竞赛】　1月4日，顺义区教委、区卫生局联合举办中小学生健康与卫生知识竞赛。该竞赛以考察学生平衡膳食、预防常见疾病知识为主，分为小学和中学两个组，初赛、预赛和决赛3个阶段。比赛始于2002年11月，共有81所学校81支代表队参加比赛，16支代表队进入决赛，其中，小学8支、中学8支。

（王　伟）

【大兴举办保健教师培训班】　1月13至15日，大兴区中小学卫生保健所举办校医、保健教师继续教育培训班。该培训班讲授学校卫生管理及任务、儿童青少年心理发展及心理卫生、学校健康教育与健康促进、艾滋病预防等课程。该区校医及保健教师80人参加学习。

（李金艳）

【完成初中毕业生体检】　3至4月，大兴区教委完成初中毕业生体检。体检包括身高、体重、四肢、皮肤、平足、视力（裸眼及矫正）、色觉、眼病、胸透、肝功能及乙肝表面抗原、嗅觉、听力及五官科检查，血压、心肺听诊。该区学生12620人参加体检，其中，专业受限6953人，占实检人数55.10%；不合格32人，占0.31%。受限原因多为视力低下，不合格原因多为内科疾病所致。

（李永奎）

【房山召开卫生防病紧急工作会】　4月3日，房山区教委召开卫生防病紧急工作会。会议通报中小学流行性传染病疫情，要求学校重视传染病防控，加强宣传教育，加强饮食、水管理，检查食堂卫生，整治学校周边环境。会议介绍预防“非典”、麻疹、风疹、腮腺炎、水痘和猩红热知识。该区各校领导、校医150人参加会议。

（李翼明）

【完成前进中学师生隔离】　4月24日至5月4日，燕山教委完成前进中学师生隔离任务。隔离区设在机修单身宿舍，经过严密组织和精心照顾，隔离师生生活、学习状况良好，无一人出现发热现象。4月24日，前进中学初四（1）班一名学生被确诊为“非典”疑似病例，燕山防治“非典”指挥部决定对该班58名师生实施隔离，其中，学生51人，教师7人。

（李守业）

【地大发放防治“非典”用品】　4月

26日，中国地质大学（北京）向学生发放“非典”防治用品。该防治用品包括清开灵口服液和医用口罩，面向全体在校6000名学生，每人两盒清开灵口服液、两个医用口罩。防护用品总价值30万元。北京出现“非典”疫情后，防疫物资紧张，购买困难。

（承　金）

【夏各庄中心园预防幼儿龋齿】　4月，平谷区夏各庄中心幼儿园开展预防龋齿工作。该园聘请妇幼保健院医生举办口腔卫生知识讲座，并提出保护牙齿的“三三三疗法”，要求每天刷牙三次，饭后三分钟刷牙，每次刷牙三分钟。实践证明龋齿发病率下降27.5%。

（岳广顺）

【北体大创编预防“非典”健身操】　5月，北京体育大学创编预防“非典”健身操。该健身操分为9节200多个动作，主要锻炼人的心肺功能，通过肢体运动对呼吸的调节，提高心肺功能，达到预防“非典”的目的。健身操由体操教研室创编，服务于一线医护人员。

（梁西淋）

【英城中学举办革除陋习签名活动】　6月15日，平谷区英城中学开展“革除陋习从我做起、创文明环境从现在做起”签名活动。该校65名教职工和490名学生在10米长幅上签字，然后分成10个小分队，清除道路边垃圾、非法小广告，并帮助镇敬老院打扫卫生。活动中，还发放“文明公民十知道”宣传单2500份。

（岳广顺　刘玉林）

【首批安康教室落成】　7月12日，

大兴区首批安康教室落成。该安康教室由中国少年儿童基金会、全国妇联发起，设有电教台、医疗保健柜、体育用品柜和健身图书4个部分。该区首批安康教室共有礼贤一中和庞各庄第二中心小学两个。

（李金艳）

【北方工大校医院开通管理系统】　8月26日，北方工业大学校医院信息管理系统投入使用。该系统具有门诊划价收费、药库管理、医院综合统计查询等功能，实现门诊、药房与社区卫生服务计算机管理。系统以招投标形式购进，总投资14万元。

2002 年 4 月 25 日，市卫生局认定该校医院为社区服务中心。

（刘　姝）

【房山举办流感疫苗接种培训班】 9 月 15 日，房山区教委举办流感疫苗接种培训班。培训班邀请区卫生防疫站有关人员系统介绍流感形成过程、临床表现症状及危害，实地讲授流感疫苗接种方法。培训班要求医疗部门、各中小学校增强责任感，做好宣传工作，提高接种率。该区中小学、幼儿园和各乡镇卫生院领导 100 人参加学习。

（李翼明）

【北航开展“健康校园”教育活动】 9 月 22 日，北京航空航天大学实施“健康校园”教育活动。该活动是全校环境、卫生、健康整风运动，为期 1 个月，内容涉及环境、宣传、管理、教育、卫生项目，包括在学生、教职员工中举办爱护校园和卫生常识知识竞赛、演讲比赛，并结合校风建设，评选“文明宿舍”、“文明班级”。该校师生 1 万人参加活动。

（陈　颖）

【燕山完成学生健康体检】 11 月 15 日至 12 月 27 日，燕山教委中小学卫生保健所完成中小学生健康体检。该体检设立身高、体重、心肺功能、眼科、血色素、防龋、肺活量和脊椎共 7 个项目，来自 11 所学校中小学生 7600 人参加体检。结果表明，燕山地区中小学生视力低于正常值，龋患率高于全市平均值。

（李守业）

【北语完成心理健康普查】 11 月，北京语言大学完成新生心理健康状况普查。该普查采用临床症状自评量表（SCL－90），以躯体化（F1）、强迫症（F2）、敏感化（F3）、抑郁（F4）、焦虑（F5）、敌对（F6）、恐怖（F7）、偏执（F8）和精神病性（F9）10 个因子得分描述各症状轻重程度。共发放问卷 724 份，收回 711 份，其中，有效答卷 696 份。结果显示，阳性症状 196 人，占总人数 28.16%，主要心理问题表现在强迫、敏感、抑郁、偏执等方面，其中，症状痛苦水平中度以上者 38 人，占总人数 5.46%。在有心理问题学生中，往届新生多于应届生，女生多于男生，独生子女多于非独生子女，小城镇、农村学生多于大中城市，贷款学生多于不贷款学生。结果表明，应广泛开展心理健康教育。

（彭艳崇）

【门头沟开通学生“心语热线”】 11 月，门头沟区教委开通中小学生“心语热线”。该热线教师由心理健康学者担任，从家庭关系、师生关系、友伴关系、情绪、自我观念、性心理，社会适应方面，结合青少年身心发展特点，解答学生和家长的问题。至年底，该热线共受理咨询 240 次。

（刘福通）

【财经大学完成新生心理健康诊断】 12 月 5 至 17 日，中央财经大学心理咨询中心完成新生心理健康诊断。该诊断联合清华、北师大的心理咨询教师，涉及 260 名新生，其中，筛选的 153 人，随机抽查 107 人。诊断显示，新生心理问题主要为：无目标状态、学习不适应、人际关系不适应、自卑、强迫倾向和轻微人格障碍等。其中，11 人需要跟踪辅导。11 月，该校完成 1120 名新生心理健康普查，占新生总数 90.61%，收回有效问卷 1109 份，统计分析发现 153 人有中度及以上心理问题。

（韦　红　张京平）

【史小举办哮喘知识讲座】 12月

10 日，东城区史家胡同小学举办儿童哮喘知识讲座。该讲座邀请首都儿科研究所哮喘防治教育中心 6 名医生，分别讲解儿童哮喘预防和护理知识。该校师生 70 人参加学习。

（孙蒲远　汪　忱）

【举办防控“非典”知识培训班】 12 月 11 日，市教委、市卫生局联合举办学校卫生管理人员防控“非典”培训班。该培训班采用专题讲座形式，听取首医大预防医学教授、中国疾病预防控制中心流行病学专家作题为《学校公共卫生突发事件的对应策略及措施》和《SARS 与艾滋病的防控知识》专题报告。来自高校、中专学校和区县教委主管卫生工作领导 150 人参加学习。

（宋玉珍）

艺术与校外教育

综 述

学校艺术教育工作

2003年，北京市全面贯彻实施《全国学校艺术教育规程》、《全国学校艺术教育规划(2000～2010)》，举办普及艺术教育活动，开展艺术基础知识的教学和基本艺术技能的训练以激发学生的学习兴趣，提升艺术审美情感。

加强依法行政

2003年，北京市结合《全国学校艺术教育规程》，制订相应工作制度和实施措施，使学校艺术教育成为学校教育重要的组成部分，成为展示学校精神面貌、办学水平、育人成果的窗口。

不断强化队伍建设

艺术教育的管理队伍正在朝着年轻化、专业化的方向发展，教师队伍的学历达标程度实现北京市规定指标，艺术学科教师在学校和社会的地位进一步提高。

2003年，北京市开展“园丁工程”艺术学科省市的二级培训工作，培养中小学音乐、美术学科教师各20人，逐渐建立艺术教育学科带头人队伍；开展《美育管理干部的培训》、《区县教研员的培训》工作。

不断提高艺术课教学水平

艺术学科是首批列入教学改革的课程之一。2003年，市教委提出要高标准要求、高起点实施、高效率运作、高水平体现的课程改革思路，各区县和学校都加大艺术学科硬件的投入，按照教学规律和审美要求，改善办学条件。

课外活动丰富多彩

市教委举办北京市第八届学生艺术节，本着公开、公平、公正的原则开展评比。此次艺术节打破报名的限制，鼓励学生积极参与，全市25万中小学生和100多名知名艺术家参与活动。

市教委组织参加首届全国中小学文艺展演，代表队涉及各种比赛形式，兼顾到中学、小学、职业教育和专业教育，选送的12个节目中10个进入决赛，其中，9个表演节目获得一等奖。还获得美术、书法、摄影和论文共5个一等奖。

同时，北京市积极开展对外文化交流工作，承办教育部中德艺术教育研讨会，组织首都大学生艺术团赴香港交流等。

为贯彻市委、市政府建设新北京、迎接新奥运，创造良好人文奥运环境精神，市教委在首都各级各类学校开展“文化广场”活动，组织学生艺术社团、北京市学生艺术节获奖节目在文化广场开展义务演出。

抓好品牌特色的建设

2003年，北京市决定调整金帆艺术团的管理和运行体制，并重新认定承办学校。北京市中学生金帆艺术团是北京市艺术教育的一个窗口，市教委对31所学校开展重新认定工作。

北京高校承办和建设北京大学生艺术团工作。

校外、科技教育工作

2003年，北京校外、科技教育工作进一步发挥校外教育工作联席会议作用，举办两期社会校外教育工作人员培训，并充分利用社区教育资源，建立国际教育、革命传统教育、爱国主义教育、社会实践基地46处。

2003年，市教委拨专款1500万元支持18个区县22个校外教育机构28个项目，促进校外教育教学质量的提高。由于市教委加大对校外教育的投入，再加上彩票公益金的投入，带动本市各区县对校外教育活动场所建设的投入。至年底，怀柔区投资2978万元，建成8976平方米青少年活动中心；通州区建成占地面积16700平方米，建筑面积9500平方米；密云、延庆、昌平新建青少年学生活动中心。

市教委编辑出版《北京市中小学生科技教育工作资料汇编》。在北京成立“全国青少年学生校外教育培训中心”，同时建立北京市校外教育培训中心，分别承担全国和北京地区校外教育培训任务。

8月，市教委举办北京市校外教育系统教育教学活动创新系列展示活动。

本市建立多层次的表彰制度。表彰金帆奖、银帆奖，金鹏青少年学生科技教育先进集体，北京市青少年科技创新市长奖，以及北京市青少年学生校外教育工作先进集体、先进个人奖。本年共有44人在国际、国内重大科技、艺术、体育、学科竞赛中取得优异成绩。获金帆奖2人，银帆奖42人；11个单位获金鹏奖；5人获首届青少年科技创新市长奖。

3月，市教委举办“联想1+1”第23届北京市青少年科技创新大赛。共有247587人参加科技论文、发明创造、实践活动、科幻画4个项目13个学科竞赛。8月，市教委组织31名青少年学生的21个项目参加第18届全国青少年科技创新比赛，全部获奖。

本年北京市中小学爱科学月活动主题是“关注生存环境，探索宇宙奥秘”，中国载人飞船发射成功教育广大青少年，唤起广大青少年积极参加科技活动的热情。各区县都按要求组织开展丰富多彩的具有时代特色的教育活动，举办十多项科技竞赛活动。

（刘兆武）

总　　类

【昌平新少年宫落成】　1月，昌平

区新少年宫落成。新少年宫占地面积4500平方米，建筑面积5700平方米，拥有多功能厅和天象厅设施。少年宫建设工程于2001年9月开工建设，总投资2700万元。其中，办公、教学设备投资70万元。

（聂玉峰）

【怀柔青少年活动中心落成】　1月，怀柔区青少年活动中心落成。该中心占地面积3万平方米，建筑面积8976平方米，设有各种活动室及实验室，可以开展文学艺术、体育、科技和科普文化4个门类32个项目活动。每年可开设各类普及班、提高班32个，招收学员1500人，群众科普文体活动普及量可达10万人次。中心于2002年3月1日开工建设，投资近2978万元，是区政府建设的第一个青少年活动专用场所。

（王凤海）

【5所学校入选全国绿色学校】　2月21日，北京5所学校入选第二批全国绿色学校。5所学校分别是十五中、新源里中学、正义职业学校、西城区白云路小学和房山区良乡三小。另有5名教师获得全国绿色园丁奖、3名教师入选全国绿色学校工作先进个人。该奖项由国家环保局和教育部联合评选，全国共有179所学校入选全国绿色学校，177人获得全国绿色园丁奖，76人入选全国绿色学校工作先进个人。至此，北京共有全国绿色学校9所。

（曾可平　华　蕾　魏　强）

【5名中学生获得首届青少年科技创新市长奖】　3月28日，在市政府召开的首届青少年科技创新市长奖颁奖会上，5名中学生获得奖励。该奖项由市科协、市教委、市科委联合评选，孟奂、曹鹏飞、陈炜、王思远和马尧当选。孟奂，八十中学生，2002年获得第53届国际科学与工程大奖赛三等奖、国际天文奥林匹克竞赛全国选拔赛一等奖、以Menghuan（孟奂）命名第12106号小行星（美国麻省理工学院林肯实验室）；曹鹏飞，六十五中学生，2002年获得明天小小科学家二等奖、全国青少年科技创新大赛一等奖；陈炜，一零一中学生，2002年获得迈向未来——国际少年科学大会二等奖；王思远，四中学生，2002年获得明天小小科学家一等奖、全国青少年科技创新大赛一等奖；马尧，一零一中学生，2002年获得全国青少年科技创新大赛一等奖、明天小小科学家二等奖。

（崔向红　张福泉）

【举办全国少儿平安行动启动仪式】　4月1日，中国少年儿童平安行动全国启动仪式在东城区灯市口小学举行。启动仪式听取灯市口小学学生结合切身实际，讲述对“平安”理解，用舞蹈、朗诵等形式表达对“平安”渴望，并观看师生安全知识演讲、溺水急救表演、安全知识竞赛和包扎等安全教育活动，参观校园内“平安长廊”及安全小报、绘画作品、安全格言展览。来自教育部领导及

师生共计1300人参加启动仪式。

（秦晓芳　杨志红）

【成立北京金鹏科技报告团】　4月10日，北京金鹏科技报告团成立。该报告团由从事科技教育多年、教学经验丰富中小学特级教师组成，以举办科技报告形式，开展青少年科技服务活动，并为各单位提供科技活动资料和信息。报告团日常工作由北京学生活动管理中心管理。至年底，共举办30场科技报告会。

（张　峥）

【评选百所好家长学校】　6月6日，市教委、市家庭教育研究会和《当代家庭教育报社》公布北京市“百所好家长学校”名单。全市262所学校入选，其中，中学75所、小学187所。此次评选经过学校自查、区县初评、市级评审等程序。

（华　蕾　魏　强　岳广顺）

【环境人口与可持续发展教育北京委员会成立】　7月30日，环境人口与可持续发展（EPD）教育北京指导委员会和工作委员会在教科院成立。两个委员会隶属联合国教科文组织（UNESCO）中国委员会，承担健全北京地区环境人口与可持续发展（EPD）教育网络组织，开展全社会关注环境保护、关爱健康、关注可持续发展活动的任务。

（富　涛）

【参加全国青少年科技创新比赛】　8月14至19日，市教委组团参加第18届全国青少年科技创新比赛。北京代表队31名学生21个项目参加比赛，共获得43项奖励。其中，一等奖7项、二等奖11项、三等奖

3 项，30 人次获得专项奖励 22 项。其中，一六六中唐鼎皓“水稻两组分信号传递系统基因 OSPK1 植物表达载体的构建及其亚细胞定位”项目获得优秀一等奖和首届柯达科学奖，获得奖金 1 万美元；另有 3 名学生获得优秀奖。北京团获得金牌和奖牌总数以及专项奖数量均居全国第一。在展示系列项目中，北京团选送 20 幅青少年优秀科学幻想绘画作品，获得一等奖 3 项、二等奖 7 项、三等奖 7 项；8 项科学实践活动获得优秀科学实践活动一等奖 3 项、二等奖 3 项、三等奖 2 项。该比赛由中国科协、教育部和科技部等 8 部委联合主办，全国 37 个代表队 400 名青少年 383 项科技作品参赛，共评选一等奖 42 项、二等奖 97 项、三等奖 119 项和柯达科学奖等 14 个专项奖（单项奖）。

（崔向红　秦晓芳　王　蕾）

第 18 届全国青少年科技创新大赛一等奖（北京）

应用底栖动物对北京市城区部分湖泊污染状况的评价

凌方穹　金启萌　冯　楠（北京市第一六六中学）

水稻两组分信号传递系统基因 OSPK1 植物表达载体的构建及其亚细胞定位

唐鼎皓（北京市第一六六中学）

六足仿生智能机器人

陈晓荞　张丽德（北京景山学校）

高灵敏度自动水平尺

律　晔（北京市第十五中学）

HIV 逆转录酶抑制剂的筛选

王建彬（北京大学附属中学）

绿化树种蒸腾作用的比较

薛晓辰（北京市海淀区实验小学）

导向小帮手

段宇平（北京理工大学附属小学）

（崔向红）

【通州青少年活动中心落成】 9月

6 日，通州区青少年活动中心落成。该中心位于卫星城中心地段，占地面积 16700 平方米，建筑面积 9500 平方米，由办公楼、科技楼、音乐楼、工美楼和正义楼 5 个相对独立、相互连接的建筑组成，可以开设声乐、美术和航模等 23 个专业，容纳 166 个班级 4000 人学习。中心购买及建设总投资 5000 万元。

（匀庆祥）

【建工学院召开艺术教育工作会】 10 月 20 日，北京建筑工程学院召开艺术教育工作研讨会。会议总结艺术课程开设与管理、大学生艺术团和学生艺术实践情况，讨论通过《艺术教育工作实施细则》和《艺术教育课程管理办法》。会议研讨学院艺术教育的发展规划、课程设置、艺术教育经费等问题，并提出意见和建议。

（黄　琇）

【21 件电脑作品获奖】 11 月 5 至 7 日，市教委召开中小学师生电脑作品评选总结会议。会议听取教育部、市教委领导讲话，听取全国中小学生电脑作品评选活动情况介绍，提出全国电脑作品评选活动以“创新”为主题。会议部署第五届中小学师生电脑作品评选工作，表彰 21 件全国中小学生电脑作品评选活动获奖作品，表彰 10 个区县和 13 名优秀组织者。各区县主管教育技术现代化领导 100 人参加会议。全国中小学生电脑作品评选活动由教育部主持，来自全国 31 个省、直辖市和自治区 1474 件作品参加比赛，其中，356 件获奖。北京共有 50 件作品参赛，21 件获奖，其中，获一等奖 4 件，二等奖5 件，三等奖 5 件，优秀奖7 件。

（倪美娟　张燕玺）

艺术教育活动

【北方工大举办画家示范教学】 1 月 8 日，北方工业大学举办书画家现场示范教学活动。此次教学活动观摩北京美术家协会、北京书法家协会 10 名艺术家现场书画表演，示范、指导和交流传统书画艺术。该校师生 1000 人参加学习。1986 年，北方工大建成全国工科类高等学校第

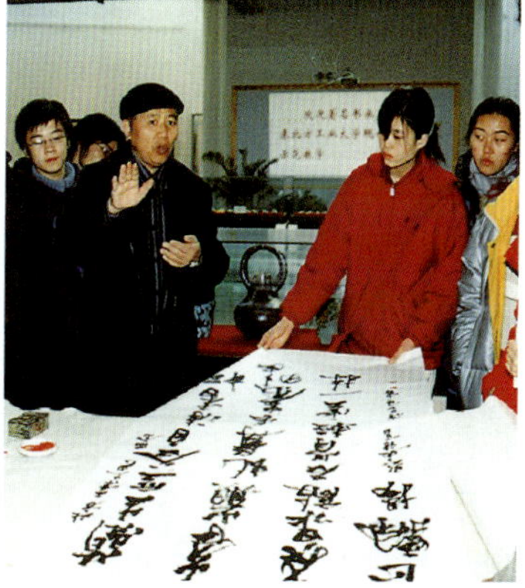

一家艺术馆。

（刘　姝）

【舞院师生赴西南地区采风】 4月15至18日，北京舞蹈学院师生赴贵州采风。该活动以学习西南地区民间舞、补充民间舞教材薄弱环节为重点，在贵阳凯里苗寨学习苗族舞蹈。该校中国民族民间舞系1999级表演专业学生参加学习，并在6月6日和7日举办两场汇报演出。

（肖卫兵　赵铁春）

【参加郊区青少年儿童钢琴音乐节】 8月30日，北京9个郊区县青少年儿童参加首届北京市郊区青少年儿童钢琴音乐节。比赛分初级一组、初级二组、中级组、高级组。600名选手参加比赛，经过初赛、复赛，评出一等奖8个、二等奖16个、三等奖24个。高级组一等奖分别由顺义和怀柔区2名选手获得。该音乐节由北京市音乐家协会和顺义牛栏山酒厂共同举办。

（杜淑霞　华　蕾）

【天坛东里小学建成书法艺术走廊】 9月1日，崇文区天坛东里小学建成书法艺术走廊。该走廊利用学校大门侧面和教学楼道墙壁，装饰办学特色大型壁画、历代书法名家作品、格言警句以及师生软、硬笔书法作品，全长35米，面积40平方米。走廊每学年更换一次。配合艺术走廊建成，该校组织由40名学生组成的书法艺术解说团。

（彭爱军　王　莉）

【北师大举办北京大学生电影节】 9月20日至10月12日，北京师范大学举办第10届北京大学生电影节。该电影节与北京市广播电视局联合举办，分别在北师大、北大、清华和理工大4个主会场和30所高校，放映31部2002至2003年度优秀国产电影。设置最佳故事片奖、最佳导演、最佳男女演员以及最受大学生欢迎的影片、男女演员奖，其中，最受大学生欢迎的奖项由学生投票产生。《卡拉是条狗》获得最佳故事片奖，《西施眼》获得最受大学生欢迎的影片奖。北京大学生电影节创建于1993年，每年举办一次。

（刘长旭　华　蕾）

【戏曲学院举办亚洲舞美作品展】 9月20至30日，中国戏曲学院举办亚洲舞台美术学生作品展。该展览分设中、日、韩3国学生展区，来自3个亚洲国家舞台美术设计专业学生100幅作品参加展览。亚洲舞台美术学生作品展始于20世纪80年代末，每年举办一次。

（薛中君）

【举办第七届学生艺术节】 9月22至27日，市教委举办第七届学生艺术节。该艺术节以“新世纪、新北京、新校园、新生活”为主题，分为区县初评和市级调演两个阶段，要求内容健康，展示中小学生奋发向上的精神风貌。来自18个区县1.5万名学生184个节目参加市级调演，其中，46个团（队）获一等奖。

（王　军　秦晓芳　朱世诚）

【北语召开中法艺术交流研讨会】

9月24日，北京语言大学召开中法艺术交流的回顾与前瞻研讨会。会议回顾两国文化艺术交流历程，研讨艺术交流规律，交流文化艺术创作经验。会议认为，艺术交流根本目的在于促进本国艺术发展，要处理好“源”与“流”的关系，“源”是传统，“流”则是现代生活，二者要紧密结合。会议指出，20世纪法国艺术培育一批中国艺术家，这一阶段在中法艺术交流史上弥足珍贵，值得记录、挖掘。研讨会由北语图书馆、比较文学与世界文学研究所和艺术系联合举办，来自6个单位学者30人参加研讨。

（彭艳棠）

【崇文举办古墙神韵教育活动】 10月4日，崇文区教委举办古墙神韵教育活动。该活动在明城墙遗址公园举行，分为长卷情思、翰墨书情、含苞绽放、科学艺苑和美的旋律5项内容，先后举办百名中小学生“我爱北京明城墙”绘画、书法、签名活

动，“古墙神韵”素描速写比赛，文艺表演，车模表演和科普展览。区委、区人大、区政府领导以及500名中小学生参加活动。活动是首届北京明城墙文化体育节组成部分。

（李　宏　阎光生）

【北语成立中外学生艺术团】 10月15日，北京语言大学成立中外学生艺术团。艺术团下设器乐、舞蹈、舞美、合唱、话剧5个团体，由专业教师担任艺术辅导。来自中国、英国和智利等8个国家230名学生报名参选，其中，164人成为正式团员。

（彭艳崇）

【召开高校舞蹈美育教学研讨会】 10月19日，市教委在北京舞蹈学院召开高等院校舞蹈美育现场经验交流会。会议采用观摩公开课、召开研讨会和观看舞台表演等形式，研讨如何发展高等院校舞蹈美育，开发舞蹈美育潜力培养高素质人才等问题。来自市教委、舞院、北大、北师大和人大教师96人参加会议。

（肖卫兵）

【举办首届大学生原创歌曲比赛】 11月2日，第一届北京大学生原创歌曲比赛结束。该项比赛由团市委、市学联等联合举办，高校学生100个作品参加初赛，35个作品进入复赛，15所高校选手进入决赛。其中，北大、物资学院和公安大学等10所高校选手获得音乐先锋奖；北航、首师大、民大和北广选手获得优秀歌手奖；公安大学作品《黑夜里的蓝》获得最佳作词奖；物资学院作品《镇守光荣》获得最佳作曲奖；北大学生获得最佳演唱奖；民大学生获得最佳表现奖；中央音乐学院学生获得最佳人气奖。

（华　蕾　高和鸿）

【电影学院举办高校动漫艺术节】 11月7至9日，北京电影学院举办第二届北京高校动漫艺术节。该艺术节以“在创业中实现人生理想”为主题，举办学术研讨会、动漫画作品展、动漫人物真人模仿秀、现场作画比赛等活动。北京10所高校师生、

杂志社和企业5000人参加活动。

（刘瑛凯）

【东城召开舞蹈教育实践研讨会】

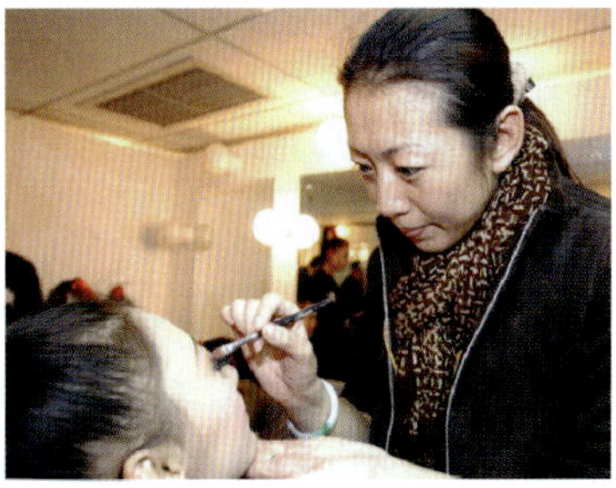

11月11至12日，东城区教委召开舞蹈实践研讨会。会议听取北京市第二中学校外教育工作介绍，听取教师孟艳舞蹈教育实践发言和中国舞蹈协会、舞院及学生、家长代表发言。会议观摩二中题为《舞动青春》舞蹈演出，参观六十五中、灯市口小学、少年宫艺术教育课、学生课外活动及师生书画展等。外交部、文化部、教育部领导及其他省市代表500人参加研讨会。孟艳，1992年北京舞蹈学院毕业，进入二中任教。由她指导的舞蹈《跳跃的青春》1998年获得首届全国中小学生艺术节舞蹈大赛一等奖，《红扇》2000年相继获得首届中央电视台（CCTV）电视舞蹈比赛和全国第十届“群星杯”舞蹈比赛最佳作品奖和金奖第一名；《如火的青春》2002年获得第二届中央电视台（CCTV）电视舞蹈比赛业余组金奖第一名。

（秦晓芳　王　军　李　震）

【舞院举办高校巡回演出】 11月

14日，北京舞蹈学院举办“寻根述祖谱华风”首都高校巡回演出开幕式。该演出由中国古典舞系汉唐舞教研室承办，包括古典舞蹈展演、舞蹈知识讲座和征文等活动。演出历时30天，历经人大、农大和首师大等6所高校。

（肖卫兵）

【地大举办剪纸艺术作品展】 11月

28日，中国地质大学（北京）举办大学生剪纸艺术作品回顾展。该展览展出北京17所高校150块展板、学生作品500幅，均为1997至2003年学生剪纸艺术精品，分别反映港澳回归、北京申奥、抗击“非典”等各时期社会热点。在随后召开的研讨会上，听取地大剪纸教学经验介绍，观摩民间剪纸艺术家、延安剪纸艺人白秀娥、田星现场表演。来自教育部、美院、清华文学院、中国美术馆和学院路教学共同体代表参加开幕式和研讨会。

（承　金）

【电影学院举办国际影视作品展】 12月2至8日，北京电影学院举办第二届国际学生影视作品展。该展览采用专家评选与观众投票相结合方式，来自20个国家和地区学生影视作品231部参加评选，76部作品

入围，其中，剧情片《满足愿望》（丹麦国家电影学院）获得金奖、纪录片《耶稣保佑你》（北师大艺术与传媒学院）获得银奖、动画片《影子》（电影学院动画学院）获得铜奖。

（刘瑛凯）

【北林大举办雕绘盆景展】 12月10日，北京林业大学举办学院派雕绘盆景展览。该展览以雕绘为主，兼硬石盆景、丛林式盆景等形式。北林大学院派雕绘盆景融汇国画、西画、雕刻和盆景四种艺术形式，拥有浓厚文化色彩和艺术底蕴。

（汪海洋）

【东城成立少儿古筝艺术团】 12月

12日，东城区少年宫“芽芽筝艺”少儿古筝艺术团成立。该团首批团员39人，年龄最小4岁，最大15岁。成立仪式上，艺术团演奏11首古筝古曲、小曲及儿童古筝乐曲。

（秦晓芳　周　良）

【大学生军乐团举办新年音乐会】

12月16日，北京大学生军乐团在中山音乐堂举办新年音乐会。军乐团近百名演员先后演奏《天堂长号》、《音乐之声》、《坎迪德序曲》等12首曲目。来自教育部、市教委领导及首都师范大学师生参加音乐会。北京大学生军乐团成立于1991年，前身是首师大军乐团，于1993年获得全国首届大学生吹奏乐比赛队列表演金奖、室内演奏银奖、开幕式演出特别奖，1999年获得北京大学生艺术节器乐一等奖。

（王　群）

【舞院参加国际舞蹈演出】 12月18至19日，北京舞蹈学院参加首届国际舞蹈演出季活动。该院同景舞蹈团在天桥剧场举办《古今之间》专场演出，上演《秦王点兵》、《也许要飞翔》和《黄河》等剧目。首届国际舞蹈演出季由文化部、市政府联合举办。

（肖卫兵）

【少儿摄影比赛结束】 12月20日，市教委、市公安局举办的“红领巾——孩子眼中的新警察”少儿摄影比赛结束。该比赛举办系列风采活动，行程3000公里，走遍北京18个区县。共有18279幅作品参加比赛，其中，209幅获奖。评委认为，参赛作品构思质朴、巧妙，抓拍画面生动。

（崔向红）

【北广召开电视剧艺术与法研讨会】

12月27日，北京广播学院召开“电视剧艺术与法”研讨会。会议分析电视剧事业、电视剧产业法制建设，电视剧制作、发行和传播中的法律问题，研讨电视剧艺术中的法制精神、功能、社会意义及其与法制关系。会议认为，电视剧在文化生活中占有重要地位，电视剧艺术事业和产业健康发展需要法律保障。同时，法学研究也应关注电视剧领域涉及的法律问题。来自国内电视剧业界、管理部门以及法学界人士等50人参加会议。

（张桂凤）

艺　术　成　果

【黄村六小剪纸作品获奖】 1月，在中国日本少年儿童美术书法、摄影比赛上，大兴区黄村六小学生剪纸及绘画作品获奖。该校学生56人102幅作品参加比赛，83人次获奖。其中，4人获金奖，7人获银奖，18人获铜奖。剪纸获奖作品《牧童》被刊登在《中国、日本少年儿童美术书法摄影比赛·中国赛区·艺蕾花絮》在两国间交流。该比赛由中国青少年对外文化艺术教育交流基金会和日本东京大和国际艺苑集团等单位主办。黄村六小是中国剪纸特色学校，2001年获得中国民间剪纸研究会黄村剪纸学校称号。

（李金艳）

【鞋作品获得克瑞斯比设计赛银奖】 2月24日，北京服装学院学生鞋作

品获得意大利克瑞斯比设计大赛银奖。该作品是用有机玻璃制作的鞋，以线为主贯穿设计，鞋跟造型像算盘珠，风格简洁流畅。该赛事由意大利克瑞斯比公司于1988年设立，每两年举办一次，参赛者为各国时装设计院校学生。本届共有40个国家选手参加比赛。

（顾　全）

【服装《数字时代》获奖】　3月25

日，北京服装学院学生服装作品《数字时代》获汉帛奖第11届中国国际青年时装设计师作品大赛铜奖。该作品采用白色镂空革面料，以阿拉伯数字为背景，彩色紧身衣为衬托，表现时代飞速发展变化。根据比赛规定，铜奖获得奖金1万元。比赛由中国服装设计师协会和浙江汉帛服饰有限公司主办，26个国家和地区的1708件作品参赛，38件作品入围。汉帛奖前身是兄弟杯，连续举办10届，2002年更名为汉帛奖。

（李树春）

【莫怡获得国际音乐奖】　6月，在第16届慕尼黑音乐协会国际音乐大奖赛上，中央音乐学院教师莫怡与台湾留德学生蔡佳璇演奏组获得“巴洛克古乐表演实践”专业组第一名和观众奖。该比赛由慕尼黑音乐会协会、拜仁广播电台联合主办，要求演奏曲目为17、18世纪巴洛克时期作品，参赛选手必须使用古乐器或复制古乐器。莫怡和蔡佳璇组成“怡璇”二重奏组（巴洛克小提琴和羽管键琴）参加比赛。

（宋学军　李雪英）

【美术片《塘》获奖】　8月12至17日，在汉城国际动画节上，北京电影学院艺术短片《塘》获得亚洲特别奖。该艺术片由动画学院2001级研究生黄颖制作，是水墨动画短片，曾先后在韩国富川国际大学生动画电影节和日本广岛国际动画电影节获奖。汉城国际动画节是韩国规模最大动画节，短片竞赛组共有15个国家48部作品入围决赛，其中，中国作品3部。

（刘瑛凯）

【舞院参加“桃李杯”比赛】　8月22

至30日，在第七届全国青少年“桃李杯”舞蹈比赛上，北京舞蹈学院、舞院附中共获得一等奖18项、二等奖22项、三等奖18项，舞蹈论文一等奖2项、二等奖4项，舞院附中6人获得园丁奖、8人获得剧目创作奖、1人获得学术论文优秀奖。该比赛由文化部主办，来自全国60所院校1058名选手参加比赛。

（肖卫兵　李雪梅）

【张晨入选世界女大学生和平大使】

8月29日，在韩国举办的第16届世界女大学生和平大使比赛中，北京服装学院学生张晨当选和平大使。该比赛由联合国校长会议1986年发起，设立才艺、服饰和表演比赛项目，来自32个国家40名选手参加本届比赛。张晨，服装学院2003级学生，比赛中她以美丽容貌、完美舞台表演和机智现场反应，获得最上镜小姐奖，成为中国首位世界大学生和平大使。

（李树春）

【电影学院获得两项华表奖】　8月30日，在第九届中国电影华表奖评选会上，北京电影学院获得两个奖项。其中，该院教师担任导演、摄影、录音和制片的纪录片《天风海涛鼓浪屿》获得优秀纪录片奖，表演学院教师徐静蕾主演《我爱你》获华表奖电影新人奖。

（刘瑛凯）

【民大发行民族体育题材邮票】　9月6日，中央民族大学“少数民族传统体育”纪念邮票首发式在银川举行。该套邮票由美术学院教授设计，共四枚，分别是“藏族响箭”、“朝鲜族秋千”、“蒙古族摔跤”、和“维吾尔族赛马”。邮票为第七届全国少数民族传统体育运动会设计，是中国首套少数民族传统体育项目邮票。

（哈斯也提）

【《世界爱牙日》获得视觉设计金奖】　9月27日，在第六届全国大学生视觉设计大赛上，北京印刷学院学生作品《世界爱牙日》获得未来设计师金奖。该比赛由同济大学主办，来自全国22个省市120余所高校2414件作品参加比赛，共评出入围奖250件，未来设计师金奖4人、银奖6人、铜奖10人以及评委特别奖6人。来自印刷学院、北京东方艺术文化学院、北京联合大学6名学生5个作品分别获得未来设计师金奖1项、银奖2项、铜奖2项。全国大学视觉设计大赛暨靳埭强设计奖创办于1999年。

（华　蕾　杜　鹃）

【徐静蕾获得百花奖最佳女演员奖】 10月9日，在第16届大众电影百花奖颁奖仪式上，北京电影学院表演学院教师徐静蕾获得最佳女演员奖。该奖项由《大众电影》杂志社主办，经观众投票产生。17部影片参评，3部获奖。50人次获提名，4人获奖，徐静蕾在影片《开往春天的地铁》中饰演小慧获得最佳女演员奖。

（刘瑛凯）

【李斯羽获得世界超级模特奖】 10月10日，北京广播学院学生李斯羽获得世界超级模特大赛"超级模特"奖。该比赛在法国嘎纳由法国时尚电视台（Fashion TV）主办，分为初赛和决赛，来自世界20个国家100名选手参加比赛，20人进入决赛，其中，3人获奖。李斯羽是北广国际传播学院2002级英语播音与主持专业学生，她以"纳爱斯"超级模特总决赛最佳形体大奖资格，入围决赛。

（张桂凤）

【T恤《如愿》获奖】 10月14日，北京服装学院学生作品《如愿》获得盖奇杯亚太地区T恤面料及花样设计大赛金奖。该作品通过面料质地、款式变化及针织工艺，展示时尚元素及T恤文化多样性和创造魅力。比赛由中国纺织工业协会主办，来自中国、韩国和日本等国家978件作品参加比赛，金奖奖金3万元。

（李树春）

【《神秘东方》获纺织品金奖】 10月14日，北京服装学院《神秘东方》获得首届中国家用纺织品设计大赛产品设计金奖。该作品由教师和研究生合作完成，通过体验现代人生活方式，研究分析居住空间，挖掘东方文化，采用色彩凝重真丝双宫绸主料，配以朴实自然棉麻织物，获得特别搭配效果。在造型方面，作品将印度建筑中的曲线应用于软体造型，并配以细节装饰，表现出东方民族神秘色彩。该比赛由中国家用纺织品行业协会、中国国际贸易促进委员会纺织分会、法兰克福展览有限公司联合主办，共有国内外2000件作品参加比赛。

（李树春）

【评选中小学师生电脑作品】 10月14日，市教委公布第四届北京市中小学师生电脑作品评选结果。各区县行政部门共推荐作品862件，评出获奖作品182件。学生获奖作品122件，其中，一等奖29件、二等奖37件、三等奖56件。教师获奖作品60件，其中，一等奖10件、二等奖20件、三等奖30件。

（华　蕾　杜书霞　张洪茹）

【音乐学院附中学生参加国际钢琴赛】 10月15日，在第14届意大利肖邦国际钢琴比赛中，中央音乐学院附属中等音乐学校学生赵雪戎获得A组第二名。该比赛由意大利肖邦文化协会主办，来自20个国家40名选手参加比赛。赵雪戎，1987年出生，曾获北京市第三届"希望杯"9岁组一等奖。这是内地青年选手首次获得该奖项。

（刘美琴　华　蕾）

【吴文雪举办个人戏曲脸谱展】 10月22日，中国戏曲学院教师吴文雪举办个人戏曲脸谱绘画艺术展。该展览展出吴文雪3年来创作的戏曲脸谱、戏曲人物和年画等不同类型绘画作品64幅（件），作品将中国传统绘画技法融入戏曲脸谱创作中，使人物生动、色彩鲜明、造型各异，体现脸谱艺术装饰、意象及审美特

色。该院师生600人次观看展览。吴文雪（女），1957年出生，北京市人，2000年10月在英国讲学并举办个人戏曲艺术展。

（薛中君　王梓丞）

【电影学院动画短片获奖】 10月24日，在第二届中国动画短片学术奖评选中，北京电影学院动画短片获奖。其中，动画学院2003级研究生作品《影子》获最佳二维动画艺术短片奖，2003届学生作品《风》、2003届毕业班联合作业《The Cat》、2000级学生作品《采薇》获得优秀二维动画艺术短片奖。该奖项由中国电视艺术家学会举办，来自大专院校、中央电视台、动画制作公司和文化传播公司的864部作品参加评选，其中，22部获各类奖项的提名奖，2部获得最佳动画艺术短片奖，8部获得优秀动画艺术短片奖。

（刘瑛凯）

【两个学生装作品获奖】 10月26

日，在首届全国十大院校学生装设计比赛中，北京服装学院学生作品《weekend》、《魔力宝贝》分别获得中学生组、小学生组金奖。该比赛由中国服装设计师协会、第七届南宁国际学生用品交易会组委会主办，全国10所艺术院校作品参赛。根据

规定，金奖获得 1 万元奖金。

（李树春）

【7 名学生获得声乐新人奖】 10 月，在全国声乐新人新作比赛中，中国音乐学院、中央音乐学院共有 7 名学生获奖。其中，中国音乐学院 5 人分别获得民族组一等奖、三等奖各 1 项，美声组一等奖、三等奖各 1 项，通俗组二等奖 1 项；中央音乐学院 2 人分别获得美声组二等奖和三等奖。该项比赛由文化部主办。

（田　婷　刘　红）

【国际提琴制作比赛获奖】 10 月，在第 10 届意大利克雷蒙那斯特拉蒂瓦里国际提琴制作比赛上，中央音乐学院 4 把提琴获奖。其中，1 把中提琴获第 3 名，3 把小提琴分获第 4、第 14 和第 18 名。该比赛由意大利文化部门主办，每 3 年举办一次，是国际最重要提琴制作赛事，本届有 32 个国家 500 把提琴参赛。

（戴美容）

【电影学院获得 3 项金鸡奖】 11 月 5 日，在第 23 届中国电影金鸡奖评选仪式上，北京电影学院获得 3 项奖励。其中，表演学院教师徐静蕾以执导影片《我和爸爸》、在《我的美丽乡愁》中饰雪儿分别获得最佳导演处女作奖和最佳女配角奖；摄影系教师穆德远以《惊涛骇浪》获得最佳摄影奖。该奖项由中国文联主办，中国电影家协会承办，全国共有 14 部影片获提名，7 部获奖，51 人次获得个人奖提名，22 人次获奖，共涉及影片 22 部。

（刘瑛凯）

【牛仔装《节拍》获奖】 11 月 22 日，北京服装学院学生作品《节拍》获"威鹏杯"首届中国牛仔装设计大赛冠军和最佳面料创新奖。该作品运用拉链、口袋等流行元素，用紫色色彩打破传统牛仔风格，采用点、线、面结合，形成独特结构造型。该比赛由中国服装设计师协会、广东恒威集团有限公司举办，全国 893 件作品参赛，26 件作品入围决赛。

（李树春）

【张英席获得台北声乐比赛首奖】 11 月，在中国台北 2003 世华声乐比赛中，中国音乐学院张英席获得首奖和歌剧选曲演唱奖。张英席，声歌系 5 年级学生，她参赛曲目是《乡音乡情》、《天空海河》等。来自世界各地 100 名选手参加比赛。

（田　婷）

【地方戏《山东汉子》获奖】 12月

1 日，中国戏曲学院导演地方戏《山东汉子》获得第 11 届中国人口文化奖（华东杯）戏曲最佳导演奖。该戏讲述山东农民孟昭良雪夜抢救折断双腿土家族女子田云，并用脚蹬三轮车行程 3000 里把田云送回湖南老家的故事。中国人口文化奖是全国常设综合类文艺奖，由国家计生委、文化部、广电总局等 6 个单位联合评选，本届共有 120 部戏曲参加评选。《山东汉子》由山东省菏泽市地方戏剧院创作演出。

（薛中君）

【3 所学校获得 18 项中国音乐金钟奖】 12 月 13 至 21 日，在第三届中国音乐"金钟奖"比赛中，中央音乐学院、中国音乐学院和中央音乐学院附中获得 18 个奖项。其中，表演奖项目中：中央音乐学院获得小提琴比赛、二胡比赛 A、B 组 3 项金奖，二胡比赛 A、B 组 2 项铜奖和 2 项伴奏奖；中国音乐学院获得二胡比赛 A 组银奖，二胡比赛 A 组 2 项铜奖，声乐比赛银奖和 2 项伴奏奖；音乐学院附中获得小提琴比赛 2 项铜奖。在作品奖评选中，中央音乐学院《抚弦聆梦》、《浔》获银奖，金奖空缺，另有 1 个作品获铜奖。该比赛由中国文联、中国音乐家协会联合举办，来自全国专业选手 155 人参加比赛，评出表演奖声乐金奖 3 人、小提琴金奖 1 人、二胡金奖 2 人。

（李雪英　华　蕾　刘美琴）

【京剧《杜十娘》通过精品工程初选】 12 月 23 日，中国戏曲学院创排京剧《杜十娘》入选国家舞台艺术精品工程初选剧目。来自全国 166 台剧目参加初选，30 台剧目进入复选，其中，包括北京京剧《宰相刘罗锅》、《杜十娘》和舞剧《情天恨海圆明园》3 个剧目。《杜十娘》是全国教育系统惟一通过初选剧目。

（薛中君）

校外教育活动

【丁晓彤出任世界新闻摄影赛评委】 2 月 17 日，北京市第八中学学生丁晓彤出任世界新闻摄影赛儿童奖评委。该比赛在荷兰阿姆斯特丹举行，丁晓彤和另外 8 名不同国家小评委参加儿童大奖评选。丁晓彤，八中初一学生，2002 年 11 月，获得全国青少年网上主题摄影征文比赛少年组摄影二等奖。

（张　挥）

【北庄中学树立公益广告牌】 3月 18 日，密云县北庄中学举办树立公益广告牌活动。该校师生 500 人打着"保护环境，关爱动物"横幅，抬

着捐款制作的“向它们献爱心”公益广告牌，来到距学校 2.5 公里清水河边，举行签名树牌仪式，同时向全校、全社会发出“保护水源、保护环境、保护地球；珍惜草木、珍惜动物、珍惜生命”倡议。

（魏志稳）

【平谷三中举办环保教育活动】 4 月 8 日，平谷区第三中学举办“迎奥运，三中在行动”环保教育活动。该活动分别听取中国科协、农学院和中科院研究人员科普专题演讲，论述任何一种生命都是整个生态系统不可缺少的一环，没有绿色便没有人类，保护环境就是保护人类自己的道理。该校学生共回收废旧报纸 2000 公斤，废电池 6000 节，提交环境摄影作品 160 幅、绘画 128 幅、小论文 87 篇。

（岳广顺　刘福华）

【电业中学地震组获得科协资助】 6 月 20 日，房山区电业中学地震组获得中国科协 5000 元资助。该地震组成立于 1995 年，由师生 603 人组成，长期致力于地震研究，先后取得粘贴器等成果。中国科协开展“大手拉小手青少年科技传播行动”项目，全国共有 31 所学校获得资助。

（李翼明）

【板厂小学获得地球村持之以恒奖】 7 月 14 日，在中国少年儿童手拉手地球村年度颁奖会上，崇文区板厂小学获得持之以恒奖。该奖项由中国少年儿童手拉手地球村主持评选，来自全国 10 所学校获奖。板厂小学 1999 年 1 月开展“手拉手地球村”活动，相继开展绿色卫士在行动、美丽校园伴我成长和我写环保提示语等活动。

（李忆湄　郝洪春）

【崔村小学入选珠心算教学示范校】 8 月 17 日，昌平区崔村中心小学入选北京市珠心算教学训练示范学校。该评选工作由北京市珠算协会主办，全市共有 50 所学校参加评选，该校是惟一入选学校，这是北京第一所珠心算示范学校。崔村中心小学自 1998 年开展珠心算教学实验，共有 200 名学生参加实验，先后取得 5 次昌平区团体第一，3 次北京市团体第一等成绩。

（朱春郁）

【北京湿地学校成立】 9 月 10 日，北京湿地学校成立。该学校由首师大生命科学学院、顺义区杨镇一中教育集团、牛栏山一中联合组建，校址设在杨镇一中，设有多媒体教室、湿地教育展室、活动室等设施，由杨镇一中北侧 53280 平方米校园湿地、牛栏山一中北京市常见鸟类标本馆及实地景观展室组成。学校拥有各种鸟类 150 种、植物 200 种，面向全市开展湿地实地考察、研究等活动，承担湿地生态系统、生物多样性、湿地功能等方面环境教育。这是北京市第一所环保教育学校。

（武建龙）

【举办节约用水活动】 9至12月，

北京学生活动管理中心举办少先队员节约用水活动。该活动以“我为奥运做贡献——争戴节水章”为主题，先后举办北京水资源专题讲座，开展节约用水宣传、展览和咨询等活动。该活动与市城市节约用水办公室联合举办，来自 400 所学校 10 万名少先队员参加活动，其中，600 名少先队员获得市级节水章。

（张京华　张　铮）

【立新学校举办环保讲座】 10 月 21 日，海淀区立新学校举办环保讲座。该讲座听取叶榄环保专题报告，运用大量数据揭示中国环保现状和必须改变环境现状的意义。该校师生 200 人参加学习，并聘任叶榄为校外辅导员。叶榄坚持 10 年骑单车走遍全国，义务宣传环保知识，是中国环保最高奖“地球奖”获得者。

（宋亚甫）

【举办模拟联合国活动】 10 月 22 日，外交学院举办“中国·北京 2003 年模拟联合国”活动。该活动以“反对恐怖主义”为主题，提出“恐怖主义的根源”和“恐怖主义与人权”两个分议题，来自全国 19 所高校学生分别扮演 31 个国家外交官，按照联合国大会形式，以英语为工作语言，经过提出议案、观点陈述、政策辩论等阶段，最后完成提案投票表决。该活动与中国联合国协会联合举办，共设最佳提案奖、外交风采奖和杰出外交官奖等 7 个奖项。其中，外交学院、二外获得最佳提案奖；北大、人大和北广获得最佳团队奖。

（李洪梅　华　蕾　陈剑青）

【北广举办计算机周活动】 11 月 17 日，北京广播学院举办“E 周——计算机周”活动。该活动主题为“了解数码，体验数码”，包括“E 周”知识竞赛、计算机知识讲座、数码产品走近校园、首届北广首都高校电子竞技邀请赛、“E 动时空”晚会暨电子竞技赛颁奖典礼等。其中，知识讲座邀请新浪游戏频道技术人员介绍计算机及网络知识；电子竞技邀请赛分为 CS 大赛、FIFA 大赛、魔兽 3 个项目。来自北京 8 所高校 400 名学生参加学习。

（张桂凤）

【举办联合国环境保护座谈会】 11 月 22 日，市教委举办联合国环境保护学家座谈会。会议观看海淀区学院路小学宣传展板，听取动物学家、

联合国信使珍·古道尔近期世界环境保护情况介绍和一年来北京各校开展环境保护教育活动、保护野生动物活动汇报。

（张荣强）

【首师大举办地理信息系统日活动】 11月22日，首都师范大学举办地理信息系统日（GISDAY）活动。该活动分为中小学和大学两个会场，先后举办地理信息系统（GIS）基础知识、应用热点与前沿技术专题讲座；参观开放大型虚拟现实实验室、天文台；举办地理信息系统软、硬件产品展览等活动。中国地理信息系统协会、资源环境信息系统国家重点实验室、美国环境系统研究所（ESRI）中国（北京）有限公司以及北京大中小学师生150余人参加活动。地理信息系统日是一项全球性活动，1999年11月由美国国家地理系统（NGS）、美国地理协会（AAG）、地理信息科学大学联盟（UCGIS）和美国环境系统研究所（ESRI）机构发起。

（王　群）

【一六六中入选科技创新实验学校】 12月3日，北京市第一六六中学举行青少年科技创新项目实验学校启动仪式。该仪式宣布成立由30名科学家组成的研究型学生指导教师组，宣布成立由创新比赛获奖学生出资2万元设立的创新人才培养基金。该校师生3100人参加仪式。一六六中是北京惟一首批青少年科技创新人才培养项目实验学校。

（秦晓芳　王　蕾　曹志广）

【昌平举办古诗词背诵竞赛】 12月8至11日，昌平区教委举办小学生古诗词背诵竞赛。该比赛分为学校初赛，教学片复赛和区教委决赛3个阶段，采用现场抽题方法，先从《小学生必背古诗词》抽取5首背诵，再按类别抽取山、水、春、秋字或带颜色、动物、植物古诗背诵。该区43所小学二年级学生8000人参加比赛，其中，小汤山中心小学一名学生连续抽取背诵古诗36首。

（门海英）

科　普　活　动

【举办青少年科技创新赛】 3月

28至31日，市教委、市科协、市科委联合举办“联想1+1”第23届北京市青少年科技创新比赛。该比赛以“快乐科学”为主题，分为竞赛和科技动手做两个区域，竞赛区举办科技发明作品、科学研究论文答辩，数学、物理和化学等13个学科比赛；科技动手做区展示科普场馆、科技企业科技互动作品，参观青少年通过动手操作和现场制作直接学习科学知识，感受科学快乐。842个科技作品参加比赛，其中，竞赛项目454项、科技实践活动35项、科学幻想绘画353幅。266项科技作品和30组机器人竞赛队参加比赛终评展示活动。全市247587名青少年参加比赛，最终评出一等奖68项、二等奖118项、三等奖268项。

（崔向红）

【曲恩霈获得国际机器人比赛冠军】 4月13日，在第10届家用机器人

灭火比赛中，北京市第二十五中学曲恩霈获得初中组冠军。比赛要求参赛机器人选择不同比赛方式，在最短时间内，熄灭放置房间里蜡烛，蜡烛摆放位置通过抽签决定，熄灭蜡烛所用的时间最短，选择模式的难度最大，综合扣分最少的选手为冠军。该比赛在美国康涅狄格州哈特福德三一学院举行，是世界上规

模最大的智能机器人比赛。来自7个国家142支代表队参加比赛。曲恩霈是二十五中初一（3）班学生。

（张卞宁　鲁剑平）

【丰台举办阳台绿化科普活动】 4月14日，丰台区东高地青少年科技馆召开中小学生阳台绿化科普种植活动动员会。会议公布该科技馆学生设计“阳台半平方米绿化”方案，听取阳台绿化知识讲解，并接受种子与花苗捐赠。同时，宣读丰台区学生向全市中小学生倡议书，号召中小学生绿化美化家园，以实际行动为奥运做贡献。该区园林局、科协和教委领导12人参加会议。至年底，该区30所学校6000名中小学生参加活动，种植花卉7098株。

（沈　燕）

【牛栏山一中承办科普进校园活动】

9月1日，顺义区牛栏山一中举办科普进校园活动。该活动由中国科协、中央电视台共同主办，面向全国中学生，号召学生努力学习，积极参加各项科普活动。活动向牛栏山一中赠送科普DVD光盘及《科技博览》、《走进科学》等书籍。

（万　柏）

【二十中气象观测站成立】 9月20日，北京市第二十中学校园气象观测站成立。该气象站与国家气象局、北京气象局合建，由学生气象小组管理，主要任务测报二十中局部小气候，包括气温、地温（最高值和最底值）、湿度、气压、降水量、风向和风力，每天发布一次，同时完成原始数据资料保存。

（宋亚甫）

【北工大学生科普志愿团成立】 9月24日，北京工业大学学生科技科普志愿团成立。该志愿团在市科协指导下，由校团委、校学生会共同组建，面向全校学生，承担举办学生科技活动，提高学生创新意识和能力任务，为爱好科研学生提供活动舞台。该校师生200人参加成立会议。

（江飒英　刘　冰）

【举办第21届爱科学月活动】 10月12日至12月28日，市教委举办第21届中小学生爱科学月活动。该活动开幕式在六十五中举行，主题为“关注生存环境、探索宇宙奥秘”。来自18个区县中小学生参加活动。该活动形成市、区县、学校为一体，城乡结合科技教育网，多种形式、多种途径、多条渠道地促进科技教育的普及和提高的工作格局。

（崔向红　秦晓芳）

【丰台区少年科学院成立】 10月

19日，丰台区少年科学院成立。该科学院设在区中小学生学科学、爱科学活动办公室下，最高权力机构是院士大会，常设机构为院办公室。科学院专家委员会和指导委员会由各学科专家和区内优秀科技活动辅导教师组成，负责小院士辅导、评选推荐工作以及日常课题研究、科技活动组织协调等工作。小院士每年评选一次，并授予年度院士称号，凡丰台区中小学8至16周岁在校学生均可申报。小院士每年在规定的时间内完成新一年的课题申报和成果汇报。凡隔年无课题、无成果者视为自动退出。少年科学院经费由区科普经费划拨、接受企业或个人赞助、收取院费每人每年10元（对困难学生可减免）三部分组成。

（樊　凌　崔向红　张明才）

【大兴举办虚拟创造比赛】 10月23日和12月3日，大兴区教委、区科协举办两次虚拟创造比赛。10月比赛以《假如没有了耕地，你如何解决粮食问题》为题，要求学生运用自己智慧，发挥想像力，解决未来社会生活问题。来自21所中小学、职高师生300人43个设计方案参加比赛，其中，10个方案进入现场比赛。12月比赛要求围绕《我理想中的青少年活动中心》设计方案，并完成实物模型制作，学生3至5人组队参赛，依据各自设计方案，结合模型、计算机图形演示，介绍给评委和在场观众，并通过方案答辩。来自25所学校60个方案参加初赛，其中，8个队进入现场比赛。

（李永奎　李金艳）

【北科大夺得全国机器人比赛冠军】

11月3日，北京科技大学获得“红河杯”第二届全国大学生机器人电视大赛冠军。北科大代表队携带“射雕”、“飞狐”、“无忌”、“倚天”和“屠龙”5个机器人参加比赛，经过现场竞赛，最终夺得冠军。该比赛由中央电视台主办，来自清华、中科大和上海交大等院校33支代表队参加比赛。2002年，北科大获得首届比赛第三名。

（盛国家　田　实）

【举办中小学生智能车竞赛】 11月15日，北京市青少年科技馆举办第四届中小学生智能车竞赛。该比赛分为区县初赛、市级决赛两个阶段，共设立团体和个人两个项目。来自5个区县的中小学生参加比赛，100人进入决赛，其中，6人获得一等奖。

（沈长生）

【参加中国智能机器人比赛】 11月16至18日，北京中学生参加第四届"广茂达杯"中国智能机器人大赛。该比赛由中国人工智能学会、中国教育学会和中国科学技术馆主办，设有机器人灭火竞赛、智能机器人足球竞赛、机器人创新展示竞赛、机器人现场设计竞赛、机器人论文竞赛、机器人擂台赛和中型组机器人足球赛7个项目，来自全国22个省170支代表队600名学生参加比赛。北大附中、景山学校和市青少年科技馆等6个单位组队参赛，获得11项奖励。其中，北大附中获得机器人灭火比赛初中级一等奖、景山学校获得机器人擂台赛冠军。

（华　蕾　陈廷礼）

【清华获课外科技作品竞赛冠军】 11月24日，在第八届"挑战杯"全国大学生课外学术科技作品竞赛中，清华大学获得挑战杯。该校共有6个参赛作品，其中，2个获得特等奖、1个获得一等奖、2个获得二等奖，以总分360分的成绩名列第一。中国人民大学、北京大学和北京航空航天大学分别以总分290分、280分和280分获得优胜杯。其中，北航连续8次获得优胜杯。此次竞赛共评出特等奖作品22个、一等奖作品75个、二等奖作品219个、三等奖595个。该比赛由团中央、中国科协、教育部、全国学联和广东省政府主办，来自内地及港澳台地区的375所高校3000余名师生的1168个作品参赛。

（华　蕾　陈　颖　廖志敏）

学　科　竞　赛

【郭[redacted]获得主持人比赛第一名】 1月6日，在全国第二届"新苗杯"大中学生电视节目主持人比赛上，北京中加学校学生郭媞媞获得中学生组北京赛区第一名、全国总决赛第八名。该赛事由北广主办，分为省、大区和全国总决赛3个阶段，来自全国15个省市选手参赛，90人进入全国总决赛。比赛规定，省级前三名、大区前六名报考北广播音艺术专业可免除专业加试。

（荆　枝）

【平谷举办首届理化实验比赛】 1月13日，平谷区首届中学生物理、化学实验比赛结束。该比赛分为校级初赛、分片复赛和区级决赛三个阶段，其中，物理决赛设立组装实验设备、测量用电器耗电和验证"法拉第定律"3个项目；化学设立配制浓度为5%盐酸溶液、演示电镀过程和氢气收集3项。比赛开始于2002年11月，该区33所中学组队参赛，物理、化学各5支代表队进入决赛，其中，韩庄中学获得物理、化学两项竞赛一等奖。

（岳广顺）

【清华获得国际程序设计赛银奖】 3月25日，在第27届国际大学生计算机程序设计大赛（ACM/ICPC）上，清华大学代表队获得总决赛银奖第一名。该比赛分预赛和决赛，来自68个国家3850支队伍参加预赛，26个国家68支队伍进入在美国洛杉矶举行世界总决赛，清华代表队经过5个小时比赛，获得总决赛银奖第一名（世界第五名），同时也是亚洲第一名。

（崔　凯）

【景观园林设计方案获奖】 5月，在国际景观园林师联盟（IFLA）第40届大会（加拿大）2003大学生设计竞赛中，清华大学研究生作品《20年内边缘的渐没》获大奖（I-FLAUNESCO Prize）。该比赛由国际景观园林师联盟与联合国教科文组织主办，是世界景观园林学界最重要赛事，每年举办一次。

（崔　凯）

【付云皓获得国际数学奥赛金奖】 7月16日，在第44届国际数学奥林匹克竞赛（IMO）中，清华附中学生付云皓获得金牌。本次比赛满分

选手共3人，付云皓以中国队惟一满分的成绩获金牌。2002年，付云皓以满分成绩获得该赛事金牌。

（高　岷）

【参加全国中学生生物竞赛】 8月21至25日，北京3名中学生参加第12届全国中学生生物竞赛。该项比赛由中国动物学会和中国植物学会共同主办，来自全国28个省市的29个代表队87名选手参加比赛，评出一等奖18人、二等奖26人、三等奖43人。人大附中2名学生分获一、三等奖，二中1名学生获得二等奖。根据比赛规则一等奖学生参加2004年冬令营出国队员选拔赛。

（华　蕾）

【参加全国高中学生化学竞赛】 9月14日，在全国高中学生化学竞赛（北京赛区）上，北京31人获得一等奖。其中，北师大二附中7人，人大附中5人，清华附中4人，北师大实验中学、一零一中各3人，二中2人，八十中、四中、景山学校、宏志中学、首师大附中、北大附中和汇文中学各1人。该项比赛由中国化学

会主办，在全国分设30个省市赛区，来自30个省市14万名普通高中学生参赛，获得一等奖的学生可取得高校保送资格，每个省市区的前5名，获得参加来年举办的全国高中学生化学竞赛决赛资格。全国高中学生化学竞赛（省级赛区）为全国高中化学竞赛初赛，开始于1984年，每年举办一次。

（华　蕾）

【王珊获得亚洲新娘化妆赛亚军】

9月23日，在第27届亚洲发型化妆比赛上，北京实用美术学校教师王珊获新娘化妆亚军。该比赛在中国主办，来自12个国家200人参加比赛，其中，23人获奖。王珊，该校美容专业教师，她的参赛作品名称《银冰仙子》。

（王秋生）

【举办数学建模与计算机应用竞赛】 9月，市教委举办年度大学生数学建模与计算机应用竞赛。来自41所学校408个队（含48个大专组的参赛队），共计1224名学生参加北京赛区比赛。共获20个全国一等奖（包括2个为大专组二等奖），26个全国二等奖（包括3个为大专组二等奖）；40个北京赛区一等奖（包括5个为大专组一等奖），48个北京赛区二等奖（包括4个为大专组二等奖），2个新苗一等奖。

（金红莲　冯宽所）

【北方工大建筑设计作业获奖】 9月，在“晶艺杯”第二届全国建筑学专业大学生建筑设计作业观摩和评

选中，北方工业大学建筑学院学生作业《古建筑木作技术研究与实践》和《漂流的盒子》获得优秀作业奖。该竞赛由全国高等学校建筑学学科专业指导委员会主办，来自全国48所高校建筑院系327份作业参展，其中，37所高校92份作业获得优秀作业奖。

（刘　姝　罗　丹）

【16个队获得电子设计竞赛一等奖】 9月，北京地区35所高校228个队684名学生报名参加2003年全国大学生电子设计竞赛。其中，16个队获全国一等奖，10个队获二等奖；27个队获北京赛区一等奖，41个队获二等奖。本年电子设计竞赛参赛学校比上年增长30%，参赛队数增长42%，是历届竞赛中参赛学校数和参赛队数最多的一次。

（金红莲　陈　颖　杜　鹃）

【中日非言语行为的对照研究获奖】 10月11日，在第三届中日友好中国大学生日语专业毕业论文大奖赛上，北京第二外国语学院日语系99级学生洪頔论文《中日非言语行为的对照研究》获社会文化类一等奖，指导教师吴世平获得优秀毕业论文指导奖。该比赛由日中友好市民俱乐部、中国日语教学研究会和二外共同举办，设立3类9个竞赛项目，来自全国27所学校学生参加比赛。这是二外第二次获得该项奖励。

（李志杰）

【7人参加全国中学生物理竞赛】 10月18至22日，北京7名学生参加第20届全国中学生物理竞赛决赛。其中，人大附中两名学生获得一等奖、四中和北师大实验中学各两名学生获得二等奖、四中1名学生获得三等奖。该比赛由中国物理学会主办，分为预赛、复赛和决赛。预赛由全国竞赛委员会统一命题，采取笔试形式，所有在校中学生都可以参加；在预赛中成绩优秀学生由地、市、县推荐参加复赛，复赛包括理论和实验两部分，理论部分由全国竞赛委员会统一命题，满分140分；实验部分由各省市区竞赛委员会命题，满分60分。根据复赛理论和实验总成绩，由省市区竞赛委员会推荐成绩优秀学生参加决赛。本届比赛全国共有170人参加决赛，其中，获得一等奖29人、二等奖58人、三等奖83人。

（华　蕾　景　华）

【北外获全国越南语口语比赛第一】

10月25日，在全国越南语口语比赛中，北京外国语大学学生陈洋获得第一名。该比赛由洛阳外国语学院主办，全国9所大学21名选手参赛，北外亚非语系越南语班两名学生参赛，分别获得第一、二名。

（李　勇）

【举办科技英语创意比赛】 10月31日至12月7日，北京学生活动管理中心举办北京市中小学生科技英语创意比赛。该比赛以“趣味性、

创新性和科学性”为主题，分为初赛、复赛和决赛3个阶段，设立听、说、读、写、译综合运用英语能力测试项目。全市19个区县（单位）700所中小学校的小学四年级至初中三年级学生57431人参加比赛，2007人进入决赛。其中，16个团队64名学生进入团体表演赛决赛。

（李　晨　张　慧　张　铮）

【举办高校外交礼仪比赛】 11月19

日，外交学院举办北京市第二届外交外事礼仪比赛。该比赛分为各校预赛和决赛两个阶段，决赛设立必答题、抢答题和情景题3个项目，要求选手根据设定的礼仪场景、特定身份，运用外交外事礼仪知识，通过行为和语言完成一个外交外事活动。外交学院、国关学院、北外、二外和外经贸大5校学生参赛，外交学院队获团体冠军。该比赛由外交学院发起，创办于2002年。

（李洪梅）

【举办青少年信息学奥林匹克联赛】 11月29日，市教委、市科协联合举办第九届全国青少年信息学奥林匹克联赛（北京赛区）。5名学生获普及组一等奖，分别来自三帆中学、北大附中、牛栏山中学分校和一六一中。5名学生获提高组一等奖，分别来自北师大实验中学、四中、清华附中和人大附中。该项比赛为全国同步竞赛，分普及、提高两组，每组分BASIC语言组和PASCAL语言组。有计算机程序设计能力在校中学生均可参加。

（华　蕾）

【北大获得商业挑战赛冠亚军】 12月14日，北京大学两支代表队分别获得2003北京商业挑战赛冠、亚军。共有来自北京工业大学、北京科技大学等6所高校8支代表队参赛。该项比赛开始于2001年，由国际青年成就组织中国部主办，每年举办一次。优胜队获得参加惠普全球商业挑战赛资格。

（廖志敏　华　蕾）

【全国大学生英语竞赛结束】 12

月20日，2003年全国大学生英语竞赛（北京赛区）结束。40所高校120名学生参加比赛，其中，20人获得特等奖（包括北京邮电大学6人），100人获得一等奖。该比赛由高等学校大学外语教学指导委员会、高等学校大学外语教学研究会主办，全国各高等学校非英语专业本专科学生均可参加，每个省市区设1个赛区，分初赛和决赛，均为全国统一命题。决赛由赛区统一进行、统一评卷。比赛设特等奖、一等奖、二等奖和三等奖。二等奖和三等奖由初赛产生，特等奖和一等奖由决赛产生。比赛规定，获得特等奖学生同时获得参加2004年全国大学生英语夏令营资格。

（李　萍　陈　颖　刘如林）

校外教育机构

北京市少年宫
北京市青少年科技馆

【概　况】 2003年，北京市少年宫、北京市青少年科技馆有教职工121人，其中，高级教师28人、中级教师32人、初级教师23人，有专业技术职务教师85人。聘请兼职教师114人。设有文艺、体育和科技三大类培训项目55个，兴趣培训小组400个，拥有学员9800人。全年参加各类型国际、国内比赛，获得国际奖、全国金奖、银奖、铜奖和北京市第一名400人次。同时还承担组织北京市大、中、小学生参加国际、国内各种大型交流、赛事及活动，年均人数150万人次。接待来自美国、法国和日本等外宾及香港、澳门同胞20余批530人次。占地面积5万平方米，建筑面积1.5万平方米。

（赵　伟）

【艺术团赴巴黎参加中国周活动】 2月3日，少年宫艺术团赴法国参加“中国周”活动。该艺术团由师生50人组成，在巴黎市政大厅中国春节联欢晚会上，先后表演合唱、武术、舞蹈、钢琴和长笛等节目，并向巴黎市市长、中国驻法国大使赠送

书法班学员作品。

（赵　伟　申怀学）

【举办科学魔术表演】 8月22至

23日，少年宫举办科学魔术表演。该表演邀请英国科学魔术表演家展示科学魔术，通过生活中的科学原理、科学知识讲解小魔术科学道理，并邀请学生和家长共同参与表演。表演与英国驻华使馆文化教育处共同举办，来自全市400名中小学生及家长参加活动。

（张　峥）

【接待美国旧金山市访华团】 10

月16日，少年宫接待美国旧金山市访华团。该访华团由市长威力布朗率领，共计35人，在听取少年宫、科技馆情况介绍后，参观少年宫50年辉煌成就小展览，并参观手风琴小组和乒乓球馆活动。

（赵　伟　安久荣）

【合唱团参加公益演出】 11月27日，少年宫合唱团参加宣传防治艾滋病公益演出。该合唱团90名学生演唱艾滋病防治宣传片主题歌《同行》等歌曲。演出由香港演艺界发起，部分艾滋病患者和1.8万名观众观看演出。

（申怀学）

【交响管乐团举办新年音乐会】 12月28日，少年宫交响管乐团举办新年音乐会。该音乐会在北京中山公园音乐堂举办，管乐团先后演奏经典曲目美国《西区故事》、电影《指环王》插曲、欧洲音乐剧改编乐曲《波吉与贝丝》和中国经典乐曲。来自音乐界艺术家及1400名观众参加音乐会。

（申怀学）

北京教学植物园

【概　况】 2003年，北京教学植物园有教职工53人。园内占地总面积11.65万平方米，其中，建筑面积1万余平方米，温室面积4392平方米。建有树木分类区、草本植物区和温室植物区等专类园区。有展览室、实验室、组培室和养殖室等教学设施。园区内根据中小学教材及植物专业知识教学的需要选择和配置植物，种植有园林树木、花卉、作物、药用植物、亚热带观赏植物等1500余种。新建木化石区、农作物展示区；新引进露地树木、草本花卉、水生植物、温室植物新种99种。为中小学劳动、生物、自然、劳技及其相关学科直观教学提供服务；为学校和有关单位绿化美化提供技术咨询、设计施工等服务。至年底，开展教育教学及科普活动20余项，为200余所学校提供生物实验材料；为2万多名学生提供劳技课实习材料；接待师生5万余人次。

（常　晶）

【接待冬（夏）令营考察团队】 1月

14至24日和8月2至16日，教学植物园先后接待冬令营、夏令营师生考察团队515人。其中接待崇文区青少年科技馆学生冬令营3期，共计232人；中国铁道旅行社香港学生夏令营团队6期，共计263人；北京市科学技术研究院科普夏令营20人。

（常　晶　顾思本）

【参加中小学生爱科学月活动】 10至12月，教学植物园参与组织北京市中小学生爱科学月活动。该园以“认识生命，亲近自然——走进绿色植物王国”为主题，让学生在植物园中，观赏千余种植物，体验植物与人类关系。该园还设置植物栽培、植物粘贴画、扎染等学生动手和植物果实“猜猜看”制作活动。9个区县6800余名学生参加各种活动。

（常　晶）

【举办环境保护绘画比赛】 11月12日，教学植物园举办首届小学生“爱伟永盛杯”环境保护绘画比赛。该比赛与市教委联合主办，来自8个区县252所学校802名学生802幅作品参加比赛，其中，9人获得一等奖。

（常　晶）

【完成2项园区建设工程】 11月，教学植物园完成2项园区建设工作。2项工程总投资98.5万元。其中，投资49.5万元，完成区内农家小院、菜架及道路、阳光温室的建设；投资49万元，完成硅化木化石林组装工作。硅化木标本从辽宁省北票征集，共计15株。

（常　晶）

【编写制作完成2个区植物标牌】 12月，教学植物园编写制作完成2个区植物标牌。该园投资39.5万元，购置制作标牌机器设备，编写制作完成水生植物区、草本植物区简介牌4块；部分植物类群说明牌4块；特殊植物说明牌16块；树木分类区、水生植物区、草本植物区、温室各种植物标牌2000块。

（常　晶）

【完成人事制度改革】 12月，教学植物园完成人事管理制度改革。该改革按照编制聘用、竞争择优原则，分为全员聘用合同和岗位聘用合同签订两个部分。该园教职工51人参加改革，其中，31人签约上岗。

（常　晶）

【开设多种课外活动】 至年底，教学植物园开设多种课外活动。该园接待并辅导朝阳区北工大附中、宣武区育才中学等学校课外生物、科技小组活动，组织在园内开展科学小实验、植物种植等实践活动；接待特教学院20名聋哑学生来园教学和学习水仙雕刻方法。

（常　晶）

【提供教学实验实习材料】 至年底，教学植物园为学校生物和劳动技术教育课提供实验实习材料。其

中，为13个区县及外省市219所中学和2所大学提供水螅、草履虫、衣藻等生物实验材料；为6个区47所学校20383名学生提供劳动技术课用（植物栽培）实习材料26种28万份；为劳技课教师提供教学演示材料31种1032份。

（常　晶　李　康）

家　庭　教　育

【房山召开小学家教现场会】 1月2日，房山区教委召开小学家庭教育现场会。会议观看良乡中心小学家教工作录像片、展览和学生表演专题节目，听取家长代表关于做好创新家教工作、家庭教育和学校教育沟通整合、教子观念转变等方面发言。会议提出一切以学生发展为本，通过家庭教育与学校教育合作，培养学生良好学习兴趣、习惯和意志品质。区教委、各小学师生及家长代表300人参加会议。

（李翼明）

【西城举办今日父母讲堂】 3月8日，西城区教委举办今日父母讲堂。该讲堂连续占用两个双休日，采用专题讲座形式，听取家庭教育研究学者分别讲解青春期子女的学习方法、两代人的沟通和性教育等专题讲座。该讲堂与《今日父母》杂志社联合举办，来自全市40所中学1万名家长参加学习。

（詹小雪）

【平谷二幼举办系列家长讲座】 3月30日、10月26日和12月5日，平谷区第二幼儿园举办3次幼儿家长讲座。其中，3月30日，聘请北京金色童年家庭教育研究中心教师，以周弘教育女儿事迹为线索，介绍如何培养孩子自立能力，教育孩子奥妙在哪里，实施赏识教育等内容，400多名家长参加学习。10月26日，与平谷一幼合作举办《教育就是培养习惯》专题讲座，讲解幼儿养成教育的重要性、关键期、内容、途径和方法等内容，600名幼儿家长参加学习。12月5日，聘请中国预防控制中心营养与食品安全所教授，讲授儿童膳食营养与骨骼健康、营养与肥胖、体能与锻炼等内容，共有630名家长参加学习。

（岳广顺　李金凤）

【东里幼儿园举办入学儿童家长专题讲座】 3月31日，通州区东里幼儿园举办入学儿童家长专题讲座。该讲座由张家湾镇中心小学教师担任，分别讲授《幼儿入学习惯的培养》、《幼儿入学学习、生活准备》和《小学一年级教材基本介绍》3个专题。120名家长参加学习。

（匀庆祥）

【双兴小学建立家校联系簿】 3月，顺义区双兴小学建立家校联系簿。该联系簿设有教师填写的学生在校表现，需家长配合事项；家长填写的学生在家表现，对学校、教师建议；学生填写的对家长、学校和教师要说的话等内容，建立教师、学生和家长沟通的文字纽带。至年底，该校共发放家校联系簿780册。

（张立新）

【平谷二小举办第15届家长学校】 4月3日，平谷区第二小学第15期家长学校开学。开学典礼传达家长学校工作计划及活动安排，听取《小班化教育，有利于学生全面而富有个性的发展，提高学生的综合素质》专题讲座，并举办座谈，反馈学生在校情况，同时征求家长意见。130名学生家长参加学习。该校家长学校开办于1988年，共有2500名家长

参加学习。

（朱浩云）

【崇文举办家庭科技制作比赛】 8月16日，由崇文区教委举办首届社区家庭科技小制作擂台赛。比赛与区科协联合举办，以家庭为单位，由一个孩子和两位家长组成，采用当场演示科技制作，现场评定记分方法。来自7个街道36个家庭代表参加比赛，其中，6个家庭获一等奖。

（张　婷　赵　颖　李　谦）

【大兴举办家教专题讲座】 9月13至14日，大兴区教委举办首期小学家教专题讲座。该讲座邀请丰台区心理健康研究中心学者，专题讲授现阶段家庭教育误区、家长怎样科学教育孩子，家庭教育怎样与学校教育相结合并形成合力等问题。该区8所小学三、六年级学生家长6127人参加学习。

（李永奎）

【宣武举办青春期教育家长培训班】 9月20日至10月11日，宣武区教委举办青春期教育家长培训班。培训班聘请中国社科院、中国少年报和同仁医院专家，专题讲授中学生青春期教育知识，并现场回答家长提问。该区初、高一学生家长1万人参加学习。宣武区青春期教育家长培训班始于2000年，每年举办一次，共有3.4万人次参加学习。

（李　辉）

【京源学校举办家庭教育讲座】 10月28日，京源学校中学部举办家庭教育专题讲座。该讲座以“如何做21世纪的爸爸妈妈”为题，听取中科院研究员从做人、做事、学习3方面分析作为家长，应该如何正确引导孩子，让家庭教育为孩子健康成长服务，为孩子未来的发展服务。讲座强调21世纪爸爸妈妈，首先要树立终身学习观念，营造有利于孩子发展环境。该校354名学生家长参加学习。

（付江泓　雷锋利）

【顺义一职校召开新生家长会】 11月8日，顺义区第一职业学校召开新生家长会。会议观看新生军训汇操表演录像，听取《现代家庭教育报》记者《如何做一名懂教育的好家长》专题讲座，以谈话形式，研讨教师、家长关心的问题。该校2003级新生家长1000人参加会议。

（申淑芝　刘胜利）

【马池口小学举办家长计算机培训班】 11月20日，昌平区马池口中心小学举办免费家长计算机培训班。该培训班分为4个教学班，开设计算机基础知识、汉字录入、国际互联网（Internet）基本操作、邮箱使用等，学制1月。该校学生家长80人参加学习。

（王秋云）

【怀柔二中举办家教讲座】 11月23日，怀柔区第二中学举办家教讲座。该活动听取中国教育学会研究人员家庭教育专题讲座，听取学生装管理情况报告，并开展教学开放日、问卷调查和研讨等活动，普及心理学、教育学等知识。该校学生、家长1800人参加学习。

（杜书霞　宋学淑）

【仪器仪表学校开办家长学校】 11月，北京市仪器仪表工业学校举办两期家长学校。该学校采用讲座形式，讲解学生日常管理、毕业分配情况及家长教育孩子对策等专题。学生家长430人次参加学习。

（董　锋）

【密云举办家庭教育专题讲座】 12月13日、14日和26日，密云县教委举办家庭教育专题讲座。该讲座分别在4所学校举办，听取中国家庭教育学会、北京家教宣讲团研究员题为《给孩子一把学习的金钥匙》、《树立正确的家庭教育理念》和《创设良好家庭学习环境，有效进行学习心理的调试》专题报告，并现场回答家长问题。该县学生家长4100人参加学习。

（郭占云）

【求实职校举办专题讲座】 12月26日，北京市求实职业学校家长学校举办专题讲座。该讲座邀请《班主任》杂志社主编专题讲解家庭教育有关问题，分析家庭教育存在问题，论证职高学校技能培养发展前景。

（邹国祥　王玉琴）

学　生

综　　述

2003年，北京地区各级各类学校学生管理工作以“三个代表”重要思想和十六大精神为指导，从首都稳定大局出发，解放思想、转变观念、强化服务、创造性地开展工作，取得明显成效。

加强学生学籍学历管理工作。根据普通高等教育扩招的实际情况，加强高等教育学生学籍学历管理工作理论研究，进行论文征集评选工作，并开展普通高等教育大众化阶段学生学籍管理如何有利于创新型人才培养研究，取得一定成绩。北京大学、清华大学、北京航空航天大学、北京理工大学、北京化工大学、中国农业大学、中国地质大学(北京)、北京工业大学、北京建筑工程学院等十余所高校参加活动。

完成普通中专学校、高等学校学生学籍学历管理工作人员培训工作。培训包括政策业务、现代化管理、相关法规以及如何处理好学生与学校纠纷等内容。

完成学历证书电子注册工作。克服“非典”影响，改变现场集中审核方式，采取网络传输数据，适当延长审核注册时间的方法进行。共注册高等教育本专科（含高职）、研究生，普通中等专业教育学历证书243097本。

毕业生就业工作取得进展。2003年，北京地区毕业生就业工作面临严竣形势，一是全国普通高等学校本科扩招后第一届毕业生共有本专科（含高职）毕业生、研究生103537人，为人数最多年份。二是由于“非典”疫情，毕业生就业工作困难。市教委采取多种措施，为毕业生就业提供良好的政策环境。落实“一手抓抗击‘非典’，一手抓好各项工作”的指示精神，与市人事局联合印发《关于近期做好高校毕业生就业工作的通知》，要求高校及用人单位在保证疫情不蔓延、不扩散和确保学生健康和生命安全前提下，采取灵活多样的供需见面方式，并简化相关手续。首创毕业生就业网上“双选周”。通过网络向用人单位投递简历35147份。双选周期间，网站最高点击率从平时的一天50万人次提高到500万人次；毕业生办理就业手续由集中办理改为分散办理，由面对面审核为通过网络传输数据进行审核，由时段性工作为按学校要求延长办理时间；调整就业率公布时间。通过采取上述措施，高校毕业生初次就业率83.15%，名列全国第三名。至年底，高校毕业生(含高职）就业率为89.68%，高于同期水平。毕业生心态平和，文明离校，确保高校稳定。

2003年，高校毕业生就业工作呈现以下特点：

一是内地生源赴西部地区就业人数以及在京就业毕业生到远郊区县就业人数增加。内地生源毕业生到西部地区就业283人，比上年187人增加96人。到京郊就业毕业生4828人，比上年4342人增加486人。

二是从毕业生就业单位主管部门划分，本科毕业生到北京市属单位就业22504人，占实际就业人数的48.11%，到中央所属单位就业13440人，占28.73%；到其他省（市、自治区）就业10829人，占23.15%。

从毕业生就业单位性质看，本科毕业生到机关工作4656人，占9.95%；到企业就业23076人，占49.34%；到事业单位就业10798人，占23.09%；到其他类型单位就业8243人，占17.62%。毕业研究生到机关就业1569人，占8.9%；到高等学校就业4014人，占22.77%；到科研单位就业2781人，占15.78%；到企业单位就业5830人，占33.07%；到其他事业单位就业3188人，占18.08%；到部队246人，占1.40%。

三是未就业京外生源毕业生中，户口和档案保留在就读学校比例较高。其中，本科生5229人，比上年3200人增加2029人，研究生1168人，比上年300人增加868人。

四是西部省区生源毕业生回生源所在地就业比例较低。

开展毕业生就业工作检查。为落实教育部高校毕业生就业工作党政“一把手”负总责要求，促进高等学校招生、培养、就业的紧密结合，以市场需求、就业状况、提高就业率为切入点，推动高校深化教育教学改革。市教委组成检查组，在各校自查基础上，于11月下旬至12月上旬对部分高校毕业生就业工作进行检查，推动毕业生就业工作。

召开2003年毕业生就业工作会。会议交流经验、研究问题、明确工作目标，收到良好效果。

困难生资助工作取得进展。市委教育工委、市教委印发《关于做好家庭经济困难学生资助和未就业毕业生工作的通知》，要求各校从实践“三个代表”重要思想高度和维护首都稳定大局出发，落实各项资助措施。确保北京地区高校学生顺利入学和报到注册，未发现因家庭经济困难辍学现象。下拨市财政350万元专款到市属市管高校，用于特困学生经费补助。同时，完成市属市管26所普通高校国家奖学金评审工作，获奖学生476人。

（杨文茹）

总　　类

【表彰高校外国留学生管理先进】

1月3日，市教委召开高校外国留学生教育管理评估工作总结会。会议听取评估工作总结报告，听取先进单位经验介绍，表彰45所评估合格学校、9所先进学校和73名先进工作者。北京高校留学生教育管理工作者200人参加会议。2002年，市教委组建专家组，采用听取学校汇报，召开座谈会和实地考察等方法，全面评估高校留学生教育、生活设施和教学设施管理情况，北京63所具有接收留学生资格高校和科研院所参加评估活动。

（彭艳崇　李志杰　林　业）

【检查电力大学留学生教学】 1月，国家对外汉语教学领导小组办公室检查华北电力大学（北京）留学生教学工作。检查组听取该校领导和国际教育学院留学生教学工作汇报，考察留学生学习和生活设施，肯定学校留学生教学工作，并现场指导对外汉语教学工作。

（裴志林）

【刘丹青获得全国扶残助残先进称号】 1月，怀柔区第三中学学生刘丹青获得全国扶残助残先进个人称号。该奖项由全国残联主持评选，全国共有10人获奖。刘丹青，1989年出生，自1995年，他连续8年照顾本村丈夫智障、妻子肢残邻居家庭，获得乡邻称赞。9月，刘丹青在全国自强模范暨扶残助残先进集体和个人表彰大会上，受到党和国家领导人接见。刘丹青为全国年龄最小的扶残助残先进个人。

（李长明）

【评选第十届十佳中学生】 3月28日，团市委、市教委、北京青年报、中学生时事报完成第十届北京十佳中学生评选。评选活动始于2002年9月，候选人要求突出当代中学生创新精神、责任意识、笑对逆境和全面发展素质。经过区县初选29人进入市级评选，最终14人当选。

（魏　强　马　瑞）

北京市第十届
“十佳”中学生

王思远	北京四中
欧阳玉倩	北京市第十一中学
张　岩	北京市第十五中学分校
孟　奂	北京市第八十中学
陈　璐	北京市第十八中学
郭　旋	大兴区黄村第一中学
刘　奕	昌平区第三中学
刘　宇	顺义区第八中学
郭子涵	怀柔区第五中学
岳　鑫	延庆县第四中学
肖琳娜	宣武区第三职业学校
崔新华	昌平区职业学校
张　旭	西城区实用美术分校
王　伟	北京市黄庄职业高中

（魏　强　马　瑞）

【20人获得计算机世界奖学金】 3月，北京10所高校20名学生获得2002年度计算机世界奖学金。该奖学金由中国计算机世界出版服务公司1989年设立，面向全国50所高校，奖励学生注重计算机及信息技术领域应用成果开发与研究。奖学金评审活动首届实施期由1989年至2000年。2001年，设立第二届“计算机世界奖学金”，时间自2001年到2010年。本年，其中来自40所高校74人获奖，每人获得奖金2000元。

（江飒英）

【246人入选志愿服务西部计划】 7

月18日，北京高校246名毕业生入选大学生志愿服务西部计划。入选毕业生中，本科生217人，占88.21%，专科（高职）26人，占10.6%，硕士研究生3人，占1.22%；女性51人，占20.73%。其中，中央民族大学入选27人，为北京大学生志愿服务西部计划人数最多学校。大学生志愿服务西部计划由团中央、教育部等单位联合实施，自2003年开始，按照公开招募、自愿报名、组织选拔、集中派遣方式，每年招募普通高等学校应届毕业生，到西部贫困地区从事1至2年教育、卫生、农技、扶贫以及青年中心建设和管理等方面志愿服务工作。根据规定，志愿者除享受国家高校毕业生就业优惠政策外，在生活补贴、升学、就业等方面享受政策支持。本年全国共有6000名高校毕业生参加大学生志愿服务西部计划，其中，本科学历占80%。

（魏　强　哈斯也提）

【外经贸大承办就业工作座谈会】 9月10日，对外经济贸易大学承办全国就业工作座谈会。会议听取北大、清华、外经贸大等单位就业指导工作经验介绍，研讨如何建立就业指导长效机制等问题，并提出就业工作建议。会议分析2004年就业工作形势，提出新的工作任务。会议由教育部主办，来自全国30所高校主管就业工作领导50人参加会议。

（袁利新）

【完成中小学生金银帆奖评选】 9月17日，市教委完成中小学生金帆奖、银帆奖评选。该评选分为申报、初评和终评3个阶段。经过审核、筛选、事迹整理和征求意见等程序。来自10个区县138名学生参加评选，44人当选，其中，金帆奖2人、银帆奖42人。按年级分，高中36人、初中8人；按性别分，男31人、女13人；按类别分，品德类4人、学科类15人、科技类16人、体育类9人；按区县分：东城区10人、西城区5人、崇文区1人、宣武区1人、朝阳区2人、海淀区23人、丰台区1人、平谷区1人。

（崔向红）

2003年北京市
中小学生金帆奖

孟　奂　北京市第八十中学

付云皓　清华大学附属中学

（崔向红）

【李文仲任学联驻会主席】 9月，中央民族大学学生李文仲担任北京市学生联合会驻会主席。李文仲，法学院2000级本科生，民大团委副书记。根据有关规定，李文仲任期自2003年9月至2004年7月，其间他将休学一年。

（哈斯也提）

【北京大学生就业之家成立】 10月15日，北京大学生就业之家成立。该就业之家由市教委主办，北京高校毕业生就业单位指导中心负责日常工作，按照市教委毕业生就业工作要求，常年为北京高校毕业生就业提供多种形式服务，逐步形成提供就业信息、“双选”招聘、指导咨询、个性推荐多功能、综合性就业服务基地。

（王智丽）

【承办外国留学生新年文艺晚会】 12月12日，市教委承办2004年首都外国留学生新年文艺晚会。该晚会设立歌舞、器乐和戏剧多种项目，北京高校200名留学生参加演出。

晚会由教育部、北京市政府共同主办，来自40个国家驻华使节、80个国家外交官、教育部领导及1500名外国留学生参加晚会。

（司占树）

【13人获得首届惠普奖学金】 12月29日，在惠普奖学金（华北区）颁奖仪式上，北京大学、清华大学13名学生获奖。其中，北大7人、清华6人。该奖学金由中国国家留学基金管理委员会与中国惠普有限公司共同设立，面向中国高校在校学生，鼓励高校计算机专业学生在新兴学科领域学习和研究。奖学金计划在3年内奖励学生216人，每人1万元及惠普奖学金银牌。本届全国共有12所高校66名学生获奖。

（华　蕾）

学 生 管 理

【北方工大研讨学生管理】 1月12日，北方工业大学召开学生工作研讨会。会议听取修订学生管理制度指导思想说明，研讨修订内容和条款。会议决定修订完善学生教育管理制度18项。该校学生管理干部20人参加会议。2002年，北方工大学生管理体制实行学院管理为主、学生工作办公室管理为辅新方法。

（刘　姝）

【财经大学完成毕业生跟踪调查】 2至3月，中央财经大学完成毕业生跟踪调查。该调查分为7个小组，先后走访海南、上海和黑龙江7个省市，走访用人单位70个，完成用人单位毕业生评价、学校学科建设、专业设置、课程设置建议以及所需人才要求5项指标调研。结果显示，该校毕业生总体上得到用人单位肯定。

（韦　红　张京平）

【密云五中试行差异评价方案】 3月18日，密云县第五中学试行《对学生学习成绩的差异评价方案》。该方案设立铜奖、银奖、金奖3个级别目标评估奖励，每个级别标准分别对应及格、优良、优秀3个标准。强调3个奖励由学生自主认定，认定方法以学期初学生自己认定夺奖目标为准，期末考试后，由学生自己对照评价标准，完成自我评价。

（郭占天）

【交流班集体建设经验】 4月4日，密云县教委召开新型班集体建设经验交流会。会议听取焦家坞中学经验介绍，听取密云三中、焦家坞中学教师先进典型发言，交流新型班集体建设做法、实施方案和创建要求方面内容。该县中学德育干部40人参加会议。

（郭占云）

【北语研讨学生管理工作】 7月30日至8月1日，北京语言大学召开学生工作专题研讨会。会议研讨网络招生录取、就业指导、学生干部培养和选拔、新生心理适应、学生手册修改问题，提出增加经费投入，加强政策宣传，加强就业教育要求；同时修改学生手册中出国办护照、重修、军训有关规定等工作任务。会议认为，学生普遍心理问题可以定性为成长问题，而严重心理问题则可判断属于心理疾病。因此应该开展新生心理素质辅导，以心理辅导为主要矫治手段。该校学生管理干部17人参加会议。

（彭艳崇）

【建工学院举办新生交友活动】 9月20日，北京建筑工程学院举办新生交友活动。该活动以小组为单位，通过讨论“我是一个怎样的人”等话题，帮助新生完成从中学生到大学生身份转换，推动新生彼此了解。该校2003级学生1100人参加活动。

（黄 琇）

【西辛房中学实施成绩二次评价】 9月，门头沟区西辛房中学改革学生成绩评价制度。新制度采用学生期中、期末试卷成绩与平时成绩相结合的方法，考试成绩占80%，平时成绩占20%，学习成绩输入计算机后，利用成绩换算软件，得出学生综合成绩。

（宋淑英）

【工商大学举办学生管理员培训班】 10月14日，北京工商大学举办学生管理员培训班。该培训班讲解学校自行研制学生管理系统，演示学生质量综合评价、学生申请勤工助学、申请国家助学贷款、更改银行卡具体方法。该校2000至2003级学生管理员300人分两批参加学习。

（王晓华）

【考试院举办首次违纪考生听证会】 11月5日，北京教育考试院高等教育自学考试办公室举办首次违纪考生听证会。会议针对10月自考违纪考生行为听取考试部门与违纪考生违纪事实适用处罚陈述。有违纪考生、考试部门代表40人参加会议。

（穆 松）

【首体院举办先进班集体评选答辩】 11月12至13日，首都体育学院举办先进班集体评选公开答辩。答辩活动按照各班自荐、各系初审和校级公开答辩方法，由参加评选班利用计算机、文艺表演等形式，陈述工作、学习和生活成绩；评委根据优秀班集体标准逐一打分。该校19个班参加公开答辩，其中，10个班获得先进班集体称号。

（郑 刚）

【地大举办文明课堂漫画展】 11月25日，中国地质大学（北京）地球物理与信息学院举办“创建文明课堂，大家从‘我’做起”漫画展。该展览展出面积20平方米，展出漫画协会成员、学院学生会宣传部作品60幅，画面简洁，主题鲜明，讽刺上课迟到、早退，在教室大声喧哗，吃东西等不文明行为。该校师生2000人参观画展。

（承 金 王世林）

【北语完成大学生需求调查】 11月，北京语言大学完成大学生需求调查。调查采用问卷（UNI）形式，范围是大一新生，共发放问卷270份，收回237份。结果表明，新生自我认知和自我开发需求强烈，想认清自己优缺点，想开发自己职业潜力和能力；与增强学习动力和学习目标相比，大一新生更需要掌握有效学习技能，获取更多专业学习资料；希望提高社会交往技能和建立良好的人际关系；希望增强解决压力、困难和消除消极情绪的能力；在基本技能上，提高英语水平和计算机应用能力需求大，对提高中文水平、阅读能力、写作能力和做课堂笔记等能力需求不高；自我管理方面，如何学习有效运用时间和确立人生目标需求强烈。

（彭艳崇）

学 籍 管 理

【概 况】 2003年，北京地区73所普通高校共有本专科在校生459653人。其中，涉及学籍变动5411人次，占在校生总数的1.73%。学籍变动人员中，留级493人、降级576人、跳级56人、转学131人、转专业956人、专转本599人、本转专99人、停学278人、退学试读679人、因病休学926人（含精神病休学203人）、其他原因学籍变动618人；退学1682人，其中成绩差退学637人，自动退学404人、取消学籍139人、自费出国留学320人（不含当年毕业生出国人数）；死亡31人，其中因病死亡12人、溺水死亡4人、事故死亡10人、自杀4人、其他死亡1人；共发生各种违纪行为2299人次，占在校生0.74%。其中考试作弊1266人次、打架斗殴227人次、偷窃85人次、其他违纪721人次；处分2625人次，占在校生总数的0.84%。其中警告498人次、严重警告459人次、记过874人次、留校察看571人、勒令退学154人、开除学籍46人、其他处分23人。

（张道明）

【平谷学籍管理数据库建成】 3月5日，平谷区教委学校学籍管理数据库系统建成。该系统包括33所中学、28所小学、4所市立园，共65个单位，可实现网上转学和录取新生工作。

（岳广顺）

【矿大教务管理系统投入使用】 3月，中国矿业大学（北京校区）本科生教务管理信息系统投入使用。该系统包括学籍管理、成绩管理、课表编排、选课系统系列子系统。其中，学籍管理和成绩管理系统支持多种培养层次管理，提供学生个人入学信息、学籍变动、毕业信息以及对课程、学院、专业、年级、班级、学生个人成绩管理和统计排名。系统数据库可实现排课、学籍、成绩数据转换，从排课数据转换为原始待选课程，学生在网上选择课程，其结果自动进入成绩系统。课表编排系统涉及各专业年级与培养计划，可满足不同专业年级执行相同培养计划实际情况，可同时建立课组、课程、教学环节、课时、实验课时5级课程数据，并自动生成合理的课表单元和注释。

（谭 凯）

【规范外籍学生毕业证书颁发办法】 6月10日，市教委印发在京外籍中小学生毕(结)业证书使用专用验印章的通知。该通知规定，与中国学生同班就读外籍学生，取得本市规定中小学毕业资格，学校为其颁发中小学毕业证书；未取得毕业资格发给结业证书或肄业证书。外籍学生单独编班，考试成绩符合毕业要求且取得毕业资格的，学校应准予毕业，为其颁发毕业证书；未取得毕业资格发给结业证书或肄业证书；学历证书应注明“外籍”字样。

（张 源）

【发放中职毕业证书27000本】 6月17至19日，市教委完成中职毕业生毕业证书发放工作。该工作要求各学校按照学籍管理办法、专业教学计划要求，完成毕业生考核，保证预防“非典”传播和毕业证书及时发放。全市职业学校参加发放工作，共发放毕业证书27000本。

（马千里）

【电大完成毕业生学籍审核】 6月17日和8月，北京广播电视大学完成春秋两季毕业生审核。春季共办理学生毕业541人，其中，统招生241人（含大学基础班28人），开放本科105人，1997、1998级专升本3人，开放专科65人，注册视听生127人。办理申请学位13人。利用教务管理软件统一打印开放教育专、本科毕业证书300份。秋季共完成1846人毕业审核，其中，统招生670人、开放本科890人、开放专科286人。审核推动分校版软件使用。

（高勤丽 唐 鹏）

【完成中专教育学历证书注册】 6至7月，市教委完成81所普通中等专业教育学历证书审核注册工作。共审核注册毕结业证书29494张，比上年减少2981张，减少9.18%。其中，颁发毕业证书29442张，颁发结业证书52张。

（张道明）

【完成普通高等教育学历证书注册】 6至7月，市教委完成普通高等教育学历证书审核注册工作。共审核注册79所普通高等教育本专科学历证书85281张，比上年增加16738张，增长24.42%。其中本科60182张，专科（含高职）23470张，双学位1629张。注册129个研究生培养单位毕业研究生学历证书23905张，比上年增加5736张。其中，博士学位证书6157张，硕士学位证书17748张。

（张道明 张宪国）

【完成成人高等教育学历证书注册】 7月，市教委完成北京地区103所成人高等教育学校学历证书审核注册工作。共审核注册毕、结业证书104417张，比上年增加21185张，增长25.45%。其中本科35666张，比上年增加15406张，增长76.04%；专科68751张，比上年增加5779张，增长9.18%。

（张道明）

【理工大取消补考制度】 8月30日，北京理工大学取消补考制度。根据该校学籍管理规定，在校学生所有不合格学科必须重修重考，重修重考不设次数限制，但重修超过30个学分不能获得学位。同时规定，实行学分制弹性学制，本科教学标准学制4年，学生取得最低毕业学分后，可在入学3至6年内自主选择毕业时间。

（辛雪琴）

【法大实验双专业双学位培养模式】 9月，中国政法大学实验双专业双学位人才培养模式。该模式适应非法学专业学生学习法学课程要求，在本科生修读入学专业同时，修读第二专业第二学位，基准学制5年，修业年限5至7年。该校2001级非法学专业学生298人参加实验。

（武 焰）

【外经贸大本科生自主选择专业】 9月，对外经济贸易大学实施自主选择专业实验。该实验面向2002级本科生，完成基础课程学习，符合修满60学分，所修公共基础课满足拟选专业的专业要求，均可以在全年级范围内，自主选择专业。该校2002级学生12人自主选择专业，占学生总数的2%。

（袁利新）

【北航试行双学位和辅修学制】 9月，北京航空航天大学试行双学位和辅修制。该校规定全日制本科生完成主修专业课程学习任务后，第三学年开始，均可以申请注册修读双学位或辅修，其课程设置由各院系自主安排，分为必修和选修，修满30个学分，可获得双学位证书；修满 20 学分，可获得辅修专业证书。

（陈　颖）

【门头沟评选优秀学籍档案】　12 月 11 日，门头沟区教委举办中小学优秀学籍档案评选活动。该活动由评选委员会主持，按照《北京市中小学档案管理办法》，要求各校每类学籍档案选送 2 卷参加评选。该区 44 所学校参加评选，42 所合格，其中 31 所良好，占参加评选单位的 70.1%。

（王德习）

奖　学·助　学

【概　况】　2003 年，北京市学生助学贷款管理中心接受申请贷款学生 14286 人，其中，部属高校 8767 人，地方高校 5519 人。申请贷款金额 19646.27 万元，其中，部属高校 16318 万元，地方高校 3328.27 万元。实际发放助学贷款金额 13883.85 万元，其中，部属高校 12621.12 万元，地方高校 1262.73 万元。涉及院校 72 所，其中，部属高校 35 所，地方高校 37 所。涉及贫困生 19195 人，其中，部属高校 16854 人，地方高校 2341 人。

（王　晶）

【北交大颁发女学生奋进奖】　1 月 10 日，北方交通大学颁发首届女大学生奋进奖学金。该奖学金与海淀区妇联联合设立，面向家庭经济困难、求学上进女大学生。奖学金不定期评选，每次 10 人，每人 1000 元。

（张其坤）

【韩村河小学颁发奖学金】　1 月 20 日，房山区韩村河中心小学颁发奖学金。该奖学金由团区委筹措资金，组织发放，面向生活困难、品学兼优学生，称为“北京市希望之星（1+1）奖学金”。该校 21 名学生分别获得 1 万元资助。

（李翼明）

【昌平职校设立民族奖学金】　2 月 17 日，北京市昌平职业学校设立圣星“民族团结班”助学奖学金。该奖学金与中外合资圣星电机整流电子制造有限公司联合设立，根据协议，

公司和学校每年各出资 1 万元，面向“民族团结班”外省市贫困学生，每年评选一次，其中，助学金每年评选一次每人 1000 元。

（刘文军）

【工商大学首次评选勤勉奖】　2 月 25 日，北京工商大学首次评选贫困学生勤勉奖。该奖项面向 2002 级全日制普通本专科贫困学生，每学期评选一次，奖金按月发放。其中，一等奖 1500 元、二等奖 1200 元。评选条件为上半学年学习成绩名列本专业、同年级全体学生前 50%，无违纪行为；下半学年综合测评名列本专业、同年级全体学生前 50%，无违纪行为。最大奖励面达到 2002 级贫困生的 80%。该校学生 549 人参加评选，439 人获奖，其中，一等奖 228 人、二等奖 211 人。

（王晓华）

【陈旻获得国际电子协会奖学金】　3 月 1 日，北京理工大学研究生院硕士研究生陈旻获得年度暑假学生研究奖学金（WalterKarplus）。该奖学金始于 1999 年，由国际电子电器工程师协会（IEEE）主持评选，面向全世界研究生，支持全日制在校研究生利用暑假开展计算智能应用研究，评选依据研究提案创新性和应用价值。奖学金每年评选一次，每人 8000 元。本届全球共有 4 名研究生获奖。陈旻是大陆地区高校首次获奖研究生。

（辛雪琴）

【人大颁发黄达蒙代尔博士论文奖】　3 月 19 日，中国人民大学颁发首届黄达——蒙代尔博士论文奖。该奖项由人大中国财政金融政策研究中心设立，面向经济学研究领域博士学位研究人员，每两年颁发一次，每人 8400 元。本届来自北大、人大、西南财大和厦门大学 4 名博士获奖。颁奖仪式后，诺贝尔经济学奖获得者、人大名誉博士、美国哥伦比亚大学教授罗伯特·蒙代尔发表题为《一个经济学家一生的回顾》演讲。该校师生 400 人参加学习。

（白连永）

【北邮颁发三星奖学金】　3 月 27 日，北京邮电大学首次颁发三星奖学金。该奖学金与三星集团联合设立，集团每年出资 12 万元，期限 3 年，奖励学校优秀学生。首次共有 15 名学生获奖，其中，本科生、硕士生、博士生各 5 人。

（李　萍　刘如林）

【空中客车公司资助北航贫困生】　4 月 10 日，美国空中客车公司（Airbus）再次资助北京航空航天大学贫困学生。根据协议，空中客车捐赠 10 万元，资助北航贫困学生 38 人完成学业，每人 2000 元或 3000 元。

2001年，空中客车公司曾出资10万元在北航设立奖学金。

（陈 颖 谭典元）

【北航软件学院设立奖学金】 6月，北京航空航天大学软件学院设立首批企业奖学金。首批设立奖学金企业共有3个。其中，中讯软件集团股份有限公司设立“中讯日文软件工程”奖学金，面向日文软件工程专业学生，每学期10人，每人3000元；中华英才网设立“中华英才”奖学金，面向优秀学生，每学年奖励10人，每人1000至3000元；博彦科技发展有限责任公司设立“北航——博彦科技创新”奖学金，面向每年专业实践中评选的“优秀作品”。

（陈 颖）

【顺义首次发放教育助学金】 7月，顺义区教委首次发放教育助学金。该助学金分为人民助学金和高等教育助学金，其中，人民助学金面向家庭贫困中小学生，高中生每人每年1000元、初中生每人每年400元、小学生每人每年300元；高等教育助学金面向考取大学的应届高中毕业生，分为甲、乙两等，甲等每人一次发放入学学费金额的80%，乙等发放70%。首次共有758名学生获得助学金55.4万元，其中，小学生195人、初中生353人、高中生142人，考入大专院校学生56人。顺义人民助学金、高等教育助学金均设立于2003年。

（王 伟）

【电影学院设立宋祖德奖学金】 8月4日，北京电影学院设立宋祖德奖学金。该奖学金由广东宋祖德影视文化传播公司每年出资20万元

设立，面向该校学生支持短片创作与制作。

（刘瑛凯）

【戏曲学院修订奖学金评定办法】 8月18日，中国戏曲学院完成学生奖学金评定办法修订工作。新办法规定，优秀学生奖学金分为三等，其中，一等获奖人数不超过同年级学生总数的1%，奖励金额5000元；二等不超过2%，金额2000元；三等不超过3%，金额1000元。奖学金以年级为单位评选，获奖总人数不超过同年级总人数的6%。办法规定，优秀学生奖学金每年评选一次，年初发放。奖学金不得用于请客吃饭。

（薛中君）

【民大为新生设“绿色通道”】 9月1日，中央民族大学为贫困新生入学开设“绿色通道”。该校以校园卡形式向贫困新生每人发放1000元借款，解决贫困新生入学和生活问题。本年共有57人通过“绿色通道”入学，借款总额57000元。

（哈斯也提）

【地大简化新生报到手续】 9月2

日，中国地质大学（北京）简化新生报到手续。该校新生报到“绿色通道”突出快捷、方便的特点，在寄送录取通知书同时，寄送学校经济资助政策和“绿色通道”简介，贫困学生报到，只需几分钟即可领取“绿卡”，办理相关入学手续。地大（北京）于2001年设置新生报到“绿色通道”，每年均有600名学生获得助学贷款，贷款毕业生拥有良好还贷信誉。

（承 金 王世林）

【红螺寺中学设立奖学金】 9月2日，怀柔区红螺寺中学设立红螺学子奖学金。该奖学金由学校退休教师王万仁捐赠20万元设立，面向品学兼优学生，每学期评选一次，每次评出100人，每人60至100元。首次共有100名学生获奖。

（杜书霞）

【服装学院中捷希望之星班开学】

9月11日，北京服装学院中捷希望之星大学班开学。该教学班由30名品学兼优、家庭经济困难2003级新生组成，浙江中捷缝纫机股份有限公司提供资助，每人5000元，帮助他们完成学业。这是“希望工程”实施以来，高校首次以企业名称命名的大学班。中捷缝纫机股份有限公司创建于1994年，是工业缝纫机生产基地。

（顾 全 张淑英）

【北航颁发松岗元教育奖学金】 9月22日，北京航空航天大学颁发首次松岗元教育奖学金。会议授予松岗元北航客座教授称号，听取松岗元专题学术讲座，并向6名学生每人颁发1万日元奖学金。该校土木工程专业学生225人参加学习。松岗元教授是日本土力学领域学者，曾提出强度准则——空间滑动面破坏（SMP）准则，其专著《土力学》是北航土木工程专业教材。

（陈 颖）

【程雪岷获得国际光学学会奖学金】

9月，北京理工大学研究生院博士生程雪岷获得国际工程光学学会（SPIE）奖学金。该奖学金由国际工程光学学会评选，面向全球优秀光学设计人才，促进光学设计研究发展。每年评选一次，每次一人。

（辛雪琴）

【经济技术学院建立入学绿色通道】 9月，北京经济技术职业学院建立入学“绿色通道”。该校办理93名学生学杂费缓交手续，其中，减免15名贫困生学费6万元，减免78名学生学杂费二分之一至五分之一。同时，统一减免内蒙古赤峰市地震灾区学生每人1000元，减免费用累计50万元。

（李　平）

【首经贸大贫困生全部入学】 9月，首都经济贸易大学贫困生全部入学。该校共有贫困新生367人，其中，306名符合贷款条件贫困学生全部获准贷款，共发放国家助学贷款170.54万元，299名特困生领取勤工助学补助金18万元。同时，开通“绿色通道”，新生无法按时交纳学费，经本人申请，所在院系和学生处审批，财务处备案，可以缓交6000元学费和住宿费。首经贸大贫困生主要来自内蒙古、安徽和北京。

（钟志红）

【人大续签香港信善奖助学金协议】 10月8日，中国人民大学与香港道教信善玄宫续签奖助学金协议。根据协议，香港道教信善玄宫再次捐资50万元，设立面向人大优秀学生和贫困学生奖助学金，每年奖励209人。香港道教信善玄宫1999年在人大设立奖助学金，累计捐款210万元，人大经济学院、人文学院宗教学系、徐悲鸿艺术学院和学生艺术团优秀学生207人次、经济困难学生666人次获得奖学和助学金。

（白连永）

【首体院召开助学金调整工作会】 10月16日，首都体育学院召开学生助学金调整工作会。会议通报自2004年1月执行新的助学金标准，研讨制订新的助学金奖励办法，提高学生奖学金额度。会议决定拨专款100万元保证年内学生伙食补助费发放。首体院更名后不再享受师范院校待遇，除体育教育系各专业学生每月生活补助标准由185元调整到60元。

（郑　刚）

【化大设立博士创新基金】 10月24日，北京化工大学设立佑利博士创新基金。该基金由化大和中国·佑利控股集团合作设立，根据协议，佑利集团每年向化大提供资金，面向材料学及其相关领域学科的博士生和优秀硕士生，支持其学科前沿领域理论研究和技术开发项目，支持博士生申请探索性、基础性研究课题。中国·佑利控股集团是生产氯化聚氯乙烯（CPVC）系列产品惟一中美合资公司。

（罗　伟）

【汽车学校设立学生奖励基金】 10

月，北京市汽车工业学校设立燕宝汽车江可伯奖励基金。该奖励基金由燕宝汽车公司出资设立，面向汽车制造与维修专业学生，每年评选一次，每次40至50人，每人奖金3000至5000元。获得奖励学生可优先被推荐到燕宝汽车公司就业。

（张凤芬　贺济坡）

【北方工大发放贫困生住宿补助】 10月，北方工业大学向校外公寓贫困学生发放住宿补助。该校规定，除特困生、贫困生月补助外，给予校外金鼎大学生公寓特困生、贫困生住宿补助，标准为校内外一学年住宿费差额。本次共有374人获得补助，每人450元。

（刘　姝）

【女子学院开展诚实守信教育】 10月，中华女子学院举办“诚实守信、自立自强”主题教育月活动。该活动采用发出倡议书、签名、征文、签订承诺书等形式，弘扬诚实守信传统美德，提高学生信誉意识、大局意识，引导学生遵纪守法、自立自强。此前，该校学生出现不按协议规定归还助学贷款、拖欠还贷等现象。

（郑　雷）

【北青院颁发首届院长奖学金】 11月5日，北京青年政治学院颁发首届院长奖学金。该奖学金面向学院正式注册的全日制学生，由主管学生工作、教学工作职能部门联合评选，每年奖励10人，每人2000元。首批共有5名学生参加评选，其中，5人获奖。院长奖学金是该校学生最高荣誉奖。

（邓雪凯）

【计算机学校颁发阳光助学金】 11

月18日，北京市计算机工业学校颁发阳光学子助学金。该助学金由学校出资1.5万元设立，面向品学兼优、家庭经济困难学生，每年颁发一次，每次30人，每人500元。本年度共有12名学生获得资助。

（左少华）

【建工学院设立新生优秀奖】 11月，北京建筑工程学院设立新生优秀奖。该奖项面向录取优秀学生，凡高于第一批高考录取成绩分数线80分以上、第二批30分以上或名列专业录取分数第一名学生，每人奖励3000元。首届2003级学生中，共有20人获奖。

（黄　琇）

留　　学　　生

外派留学生

【民族职高召开赴英学生汇报会】 3月27日，北京市民族职业高中召开赴英国学生汇报会。会议听取学生们使用中英文两国语言，讲述在英国见闻、英语学习、专业成绩和英国教育体制认识，并展示自编小报、自制小点心。该校教师、学生以及学生家长参加会议。

（张静静）

【中科院举办留学生报告会】 4月11日，中国科学院研究生院金属研究所举办首期中外联合培养博士生工作报告会。会议听取6名从英国、法国、日本归国博士生专题报告，分别讲授个人博士论文和国际学术交流思考与体会。报告突出国内外科技、教育管理体制、人才成长环境、科研水平比较，指出国外科研机构图书、文献查阅系统和设施；科研机构先进仪器设备和高效率运转，以及定期学术讨论、研究气氛利于中国留学生成长。报告认为，与其他国家留学生相比，中国留学生更具有较强理论分析能力和刻苦精神，通常得到国外导师欣赏。

（肖　斌）

【5人入选朗讯学生科技奖励计划】 7月17日，清华、北大、北邮、人大和北科大各1名学生入选年度朗讯科技全球优秀学生科技奖励计划。其中，清华郭时敏获得前往美国参观、学习机会。该奖励计划由美国国际教育协会（Institute of International Education）委托中国国家留学基金委实施，鼓励大中学生在科技、信息及通信领域研究兴趣。中国大陆地区获奖励学生每人1000美元，其中，最优秀4人获得前往美国朗讯科技有限公司贝尔实验总部参观学习机会，为期一周。本届全国共有20名学生入选。

（华　蕾）

【地大派出俄罗斯联培生】 9月1日，中国地质大学（北京）派出赴俄罗斯联培生。该批学生共计21人，其中，赴莫斯科大学地质系学习10人，赴国立地质勘探大学学习2人，赴伊尔库茨克国立技术大学学习9人。根据协议，联培生采用"2＋3"学制，在地大完成一、二年级基础课学习，后3年在莫斯科签约大学完成专业课学习（其中一年学习俄语），修业期满，获得两校毕业证书和学士学位证书。

（承　金）

【平谷一职学生再赴日本研修】 9月，平谷区第一职业学校3名学生再次赴日本研修。3人均为服装专业学生，在日本他们将完成日语学习、服装设计理论和服装加工技术方面为期两年研修，年薪十几万日元。1996年，平谷一职与日本冈山景腾因郡签订研修协议，7年来，共有51名学生在日本完成研修。

（张丽娟　岳广顺）

来华留学生

【概　况】 2003年，北京高校共招收外国留学生13925人，其中，春季招生4172人。按性别划分，男6504人，女7421人。按层次划分，攻读博士学位161人，硕士学位362人，本科348人，专科13人，短期培训9909人。按州际划分，亚洲11752人，非洲177人，欧洲1131人，北美洲671人，南美洲54人，澳洲140人。按经费来源划分，中国政府资助919人，本国政府资助62人，学校间交换195人，自费12749人。在校生17122人。按性别划分，男生8639人，女生8483人。按层次划分，攻读博士学位532人，硕士学位992人，本科5929人，专科16人，短期培训9653人。按经费来源划分，国际组织资助4人，中国政府资助1535人，本国政府资助201人，学校间交换202人，自费15180人。毕（结）业生15760人，按性别划分，男6962人，女生8798人。按层次划分，博士124人，硕士297人，本科1542人，专科4人，培训13793人。按洲际划分，亚洲12365人，非洲233人，欧洲1921人，北美洲974人，南美洲43人，澳洲224人。按经费来源划分，中国政府资助1405人，本国政府资助21人，学校间交换258人，自费14076人。

（魏　强）

【北师大举办留学生羽毛球赛】 3月24日，北京师范大学举办外国留学生羽毛球比赛。该比赛分为分组单淘汰、小组单循环和同名次比赛3个阶段，设立男、女单打两个项目。来自印度尼西亚、韩国和德国等10个国家32名选手参加比赛，其中，印尼选手和韩国选手以全胜战绩分获男、女单打冠军。

（刘长旭）

【财经大学留学生无一感染"非典"】 6月16日，中央财经大学留学生返校复课。这批留学生24人，均为学习汉语学生。这是4月17日学校因"非典"疫情调整教学计划后，首批复课学生。"非典"期间，该校46名外国留学生26人临时回国，学校及时联系学生家长，准确掌握留学生去向，留学生无一人感染"非典"。

（韦　红　张京平）

【北语完成留学生返校工作】 6月20至24日，北京语言大学完成首批留学生返校工作。该工作按照《离校留学生返校工作预案》，要求留学生返校前投保非典型肺炎（SARS）保险，来自疫区、曾在疫区逗留、途经疫区学生，完成一周健康观察。体温不正常，完成二周医学观察。同时，建立留学生体温档案。截至6月24日，北语留学生1002人返校复课，占留学生总数的25%。北语共有来自100多个国家和地区4317名外国留学生，"非典"时期未发生临床诊断病例和疑似病例。

（彭艳崇）

【中科院颁发留学生奖】 7月19日，中国科学院研究生院召开第一届来华留学生、港澳台学生奖学金评审委员会成立暨颁奖会议。会议通过"外国来华留学生、港澳台学生奖学金评审委员会章程"，并按学科颁发首届奖学金，13个培养单位的16名外国来华留学生、港澳台学生获奖。教育部、市教委以及培养单位专家学者50人参加会议。

（肖 斌）

【北语留学生参加国际辩论赛】 9月24日，北京语言大学辩论队参加2003年国际大专辩论会友谊赛。该比赛论题为：夫妻之间应不应该有隐私，北语担任正方，四名辩手为莫阿（美国）、莫里斯（西非）、米雪（加拿大）和胡秋云（越南）。2003年国际大专辩论会A、B组联队担任反方，比赛结果双方积分相同，北语学生莫里斯获得最佳辩手称号。

（彭艳崇）

【北航首批埃及博士生毕业】 11月21日，北京航空航天大学首批埃及博士留学生毕业。首批毕业生共计3人，均为中国航空公司（中航技）资助学生。北航是教育部批准首批以英文为教学和指导语言培训留学生院校，在读硕士和博士学位留学生150人。

（陈 颖）

【举办高校外国留学生羽毛球赛】

12月5日，北京高校外国留学生2003"来华杯"羽毛球决赛在北京语言大学举行。该比赛由市教委主办，设立男、女团体和男、女单项共4个项目，分为预赛、决赛两个阶段，历时两个月。来自北京26所高校100支代表队参加比赛，其中，对外经济贸易大学代表队、北京第二外国语学院代表队分获男子、女子团体第一名，清华马来西亚留学生黄龙海、北大新加坡留学生苏淑惠分获男、女单打第一名。

（司占树 彭艳崇）

毕 业·就 业

【概 况】 2003年，北京地区高等学校、科研单位共有应届研究生、本专科（含高职）毕业生103537人。其中博士生5380人，硕士生16753人，本科生58135人，专科生9310人，高职生12911人，二学位生1048人。毕业生总数比上年增加14735人，增长17%。除考研13691人、出国3898人等原因减派外，实际参加就业84068人，其中研究生19054人。毕业生就业率为89.68%。

（沈聪伟 巫梅琳）

【电影学院举办毕业生供需见面会】 1月7至8日，北京电影学院首次举办毕业生与用人单位供需见面会。会议分为用人单位专业报告会、用人单位与学院各系负责人座谈会和用人单位与毕业生供需现场见面会3个部分。14家用人单位与300名毕业生参加会议，共签订聘用意向协议12份。

（刘瑛凯）

【举办外语外贸类毕业生招聘会】 1月11日，北京第二外国语学院、北京外国语大学、对外经济贸易大学、北京语言大学和外交学院联合举办外语、外贸类5校毕业生联合招聘会。来自5所高校3000名毕业生，北大、清华、北广以及大连外国语学院部分学生，67家用人单位参加招聘活动，提供需求职位851个。招聘活动显示，外语专业仍是社会需求热点。与上年相比，企业需求量增加，精通外语又具有经贸、法律等专业知识毕业生受到欢迎；国家部委和机关事业单位毕业生需求量相对减少。

（李志杰）

【公安大学召开毕业生供需见面会】 2月21至23日，中国人民公安大学召开毕业生供需见面会。来自全国47家单位参加见面会，提供就业岗位900个（不含各省本地生源需求计划）。该校本科毕业生933人，专科毕业生280人参加供需见面会，其中，592名本科生与用人单位签订就业协议，占本科毕业生总数的63%，就业取向多为沿海及经济发达地区。见面会显示两个问题，一是女生分配难，毕业女生154人，签约85人，占毕业女生总数的55%；二是海关缉私部门招收毕业生要求必须到各地海关面视、体检，给毕业生带来很大经济负担。

（尹华业）

【顺义电大分校讲授求职技巧】 3月4日，北京广播电视大学顺义分校召开专科毕业生就业指导会。会议邀请区人才交流中心干部，系统分析社会经济发展与就业形势，讲授求职常见问题排解方法。会议结合模拟面试活动，介绍多种求职方法和技巧。该校毕业生150人参加学习。

（聂　鑫）

【舞院举办毕业生招聘会】 3月18至20日，北京舞蹈学院举办毕业生供需见面会。会议分为用人单位介绍单位情况及招聘条件，毕业生作专业课汇报展示和双方洽谈3个阶段。来自全国20多个省市75家用人单位和学院毕业生参加会议。

（肖卫兵）

【北方工大举办就业咨询报告会】 3月21日，北方工业大学举办毕业生就业咨询报告会。会议采取政府、企业、学校、毕业生四方对话交流形式，研讨择业原则、户口限制、如何制作简历等问题，并现场回答毕业生提出的问题。该校毕业生400人参加会议。

（刘　姝）

【工商大学举办就业指导讲座】 3月25日，北京工商大学首次举办大三学生“就业前的心理准备”讲座。该讲座以增强学生对就业政策与形势了解为切入点，提出要拓宽就业渠道和途径；要利用各种就业信息，研究感兴趣企业的企业文化和工作风格，有针对性设计简历和增强就业紧迫感3项工作任务。该校学生120人参加学习。每年就业初期会有大批职位供选择，后期则为数不多，很多学生因持有“等等看”的态度，导致贻误就业机会。

（王晓华）

【地大召开就业工作会】 5月20日，中国地质大学（北京）召开年度就业工作会议。会议传达教育部、市

委市政府、市教委就业工作文件，通报学校就业形势和工作进展情况，分析影响学生就业全国高校扩招后第一个就业高峰年、长期存在的毕业生期望值过高问题、“非典”时期毕业生与用人单位没有接触和研究生招生工作延迟4个原因。会议提出，鼓励毕业生到基层和西部就业、各院系组建招生与就业工作小组、利用现代科技建立校内毕业生就业网、争取数十家用人“大户”支持和走访用人单位上门推荐毕业生5项工作任务。该校就业工作教师35人参加会议。

（承　金　王世林）

【举办网络双选会】 5月21至27日，8月4至10日和10月20至26日，市教委举办3次高校毕业生就业网络招聘会。3次招聘会分别是5月网上双选周、8月冲刺双选会和毕业在春天双选会。来自690家用人单位、14455名学生参加双选活动，共计提供就业岗位6333个、投递简历47691份。

（文双元）

【建立高校就业服务平台】 7月9日，北京高校就业指导中心举办“远程交互式高校毕业生就业服务平台”捐赠仪式。该平台由双威通讯网络有限公司免费向指定高校捐赠，包括卫星小站接收设备、摄像头、麦克风以及相关软件。首次接受捐赠单位是北航。

（王智丽）

【昌平职校毕业生全部就业】 7月，北京市昌平职业学校应届毕业生全部就业。该校毕业生共有389人，其中，95人被各级各类大学录取，294人参加就业，从业单位有首都公路发展有限公司、高德软件公司、高瑞达科技发展有限公司、兴商房地产经纪中心和首都机场等。

（刘文军）

【北方工大44名学生提前毕业】 7月，北方工业大学44名2000级学生（含春季生）提前半年或一年毕业。此外，151名1999级学生因未能在4年标准学制内完成学业，继续在校学习。该校自1999年7月全面试行弹性学制和学分制改革。

（刘　姝）

【建工学院开展新生就业教育】 8月，北京建筑工程学院举办“直击人才市场”主题教育活动。该活动由学生组建小组，参加人才招聘会，调研招聘岗位总数、本专业招聘岗位人数、应聘者基本要求等问题，并以小组为单位完成如何面对人才市场竞争调研报告。该校大一年级学生参加活动。

（黄　琇）

【北方工大承办春季毕业生就业工作会】 9月26日，北方工业大学承办春季毕业生就业工作会议。会议听取市教委关于做好春季毕业生就业工作的报告，研讨如何做好春季毕业生就业工作和当前亟需解决的问题，2004届春季毕业生就业派遣日期、毕业生留京调控期限和比例等问题上取得一致。会议由市教委、高校毕业生就业指导中心联合主办，来自11所招收春季学生高校领导人参加会议。自2000年，北方工大招收春季生，共有在校生1213人，其中，毕业生315人。

（刘　姝）

【法大举办就业工作人员培训】 10月23日，中国政法大学召开首届就业工作人员岗位培训会。会议研讨就业工作人员政策法律意识、服务意识和全局意识等问题。会议认为，解决毕业生就业问题需要建立长效就业机制，学校应该把毕业机制纳入社会就业服务体系。该校就业工作教师30人参加学习。

（武　焰）

【举办毕业生与用人单位双选会】 10月30日至12月20日，北京高校毕业生就业指导中心举办7次高校毕业生与用人单位双选会。分别是10月30日研究生专场双选会、11月15日大连专场双选会、11月22日电子信息类双选会、11月30日财经法律类双选会、12月6日建筑房地产类双选会、12月13日高职类双选会和12月20日师范类双选会，共有778家用人单位、16955个工作岗位和61400名学生参加双选活动。7次双选会具有按照专业组织、针对性强，采用高校与京外用人单位合办以及“场地见面”与“网络双选”等特点。

（王智丽）

【顺义一职校举办用人单位与家长见面会】 11月9日，北京市顺义区第一职业学校首次举办用人单位与实习家长见面会。会议邀请延锋伟世通（北京）汽车饰品有限公司代表与实习生家长见面，双方各自表明对实习生就业的看法，共同研讨如何做好实习生就业安置工作、现代企业对员工要求等问题。

（陈成元）

【检查高校毕业生就业工作】 11至12月，市教委开展高校毕业生就业工作检查。该检查由专家组主持，分为高校自查和市教委随机抽查两个阶段，重点是就业机构、人员和经费落实以及信息化建设情况。随机抽查22所高校，市教委将专家组反馈意见以文件形式下发各校。

（沈聪伟）

【戏曲学院毕业生就业工作小组成立】 12月12日，中国戏曲学院成立毕业生就业工作领导小组。该小组由校领导、各系、处、室、部负责人共12人组成，主要职责是搜集就业信息、举办就业双向选择招聘会议。同时，开展毕业、就业心理教育活动。

（薛中君）

【二外召开招生就业工作会】 12月23日，北京第二外国语学院召开招生就业工作会。会议总结本年招生就业工作。会议分析扩招后毕业生急剧增多、社会竞争逐步激烈形势，提出以就业为导向配置教学资源，加强招生统一管理，开展多种形式招生宣传等工作任务。受“非典”影响，本年就业情况不如往年。截至12月1日，二外高校扩招后首批本科毕业生一次就业率90%以上，毕业生在京就业占50%，其中，国家机关7.2%，事业单位15.8%，企业62.2%，外省就业14.8%。研究生一次就业率96%。

（李志杰）

【美语学院举办毕业生远程面试】

12月23日，北京美国英语语言学院举办首次毕业生远程面试。面试通过“交互式高校毕业生就业服务平台”，与用人单位完成初步面试。该校日语部20名毕业生参加面试。

（蒋淑云）

【研究生就业率增长】 截至12月31日，北京地区高校应届毕业研究生就业率97.05%。本年，北京地区121个研究生培养单位（包括高等学校和科研机构）共有22148名毕业研究生列入就业方案，其中，博士生5380人，硕士生16753人。实际参加就业19054人，就业18492人。

（张宪国）

【平谷一职召开毕业生报告会】 12月，平谷区第一职业学校召开优秀毕业生报告会。会议听取5名优秀毕业生报告，以亲身经历说明只要塑造高尚的人格，掌握扎实的理论，过硬的技能，无论什么专业都可以大显身手。该校应届毕业生525人参加学习。

（张丽娟）

招 生 · 考 试

综　　述

2003年，北京教育考试院共组织各级各类教育考试123次；共有194万人次参加，比上年增加9万余人次，增长4.9%；为各级各类学校录取新生35万余人，比上年增加1万余人，增长3%。

完成“非典”期间考试工作

2003年，考试院认真贯彻和执行市委市政府“两个确保”文件精神，完成春、夏季高考单独命题、中考统考命题，完成自学考试全国统考命题工作，命题体现“注重对考生能力和素质考察”要求，命题质量稳中有升。及时成立防控“非典”领导小组，统筹协调全院防控工作；落实考试所需人员、物资、经费等多项事宜，保证高考、中考和自学考试的顺利进行；成立高考指挥部，搞好非常时期高考；制订文件，出台措施，指导考试工作中疾病防控，保证高考、中考考生和工作人员身体健康和生命安全；推迟和调整部分考试安排；改变工作模式，加强对考生的服务和宣传，克服因疫情带来的影响。

从北京发生第一例“非典”到疫情结束，本市教育考试过程中未发生过一例感染事件，考试院所有工作人员也保持“零报告”。

召开第二届党员大会，选举组成新一届党委和纪委成员，提出“建设一个专业化、多功能、服务型的北京教育考试院”奋斗目标，明确前进方向

不断提高各项工作水平，完成全年工作任务

2003年，北京市首次将高考时间提前，高招办正确处理“稳”与“变”的关系，确定调整工作原则。调整专科批次填报志愿方式，实行“底线控制，登记补录”方法，提高专科录取率和报到率。

7至8月，考试院受市教委委托，完成调阅朝阳区高考试卷工作，并总结可分析数据，完成统计分析的同时，提出研究分析报告。

研究生招生积极探索网上报名试点，方便考生报名。

2003年，北京市首次调整成人高校招生考试科目，并推迟考试时间。考试院成招办积极贯彻执行教育部规定，结合北京市实际情况制订招生办法，做好宣传工作，确保改革顺利进行。并组织有关高校部分专业对视障、听障残疾考生进行单考单招。根据教育部精神，调整大龄考生的照顾政策。

2003年，考试院继续落实市领导关于北京教育考试“四个不能出”指示，加强保密工作，严抓考风考纪，保证北京的教育考试有较高社会信誉。并针对四川省出现高考泄密事件，在高考工作中加大保密工作力度，增加警力协助看守试卷，加强安全检查巡视，严格试卷交接手续，落实保密值班制度，严格履行安全报告程序。

2003年，北京教育考试院加大社会监督力度，保证举报、信访渠道畅通，邀请人大、政协监督工作实施情况，继续加强考试期间的巡视检查，考试违纪率继续下降，成人高考由上年的2.5‰下降到1.7‰，自学考试违纪率由上年的1.35‰下降到0.47‰。

信息化建设取得较大进展。考试院建成局域网，成功举办成人高校招生和中考网上咨询活动，访问量近百万人次。进行成人高考网上报名的试点，为业务开展取得试点经验。

积极开展考试评价工作。完成高考试题评价工作，完善统计指标设计，使评价工作更有针对性，总体评价报告得到市领导高度评价。为朝阳区进行该区高考成绩评价与分析，提供高水平、个性化服务。中考结合全市统一命题，通过试题评价与成绩分析为教育行政部门了解全市基础教育情况提供服务。

试行人员制度改革工作

2003年，考试院全面试行聘用合同制，完成职代会代表培训，编制《干部人事制度改革文件汇编》，制订考试院聘用合同制试行办法的配套措施，成立以院长为主任的聘用委员会和以工会主席为主任的聘用合同争议调解委员会；按照平稳、整合、精简、效能、按需设岗原则，合理确定机构、人员编制和岗位职责；对行政后勤和招生考试业务进行整合，提高工作效率，体现人力资源优化组合。

至4月，考试院聘用合同制试点工作顺利完成。

完善干部监督制度，加强廉政建设

2003年，考试院加大干部监督工作，为考试院队伍建设、事业发展提供保证。考试院立足于制度创新，进一步完善民主生活会制度、谈话制度，推进领导干部经济责任审计制度。

实行领导干部述职述廉制度和纪委负责人同新任处级干部谈话制度。实行纪检部门到一线，全面了解干部表现，为参与干部选拔任用工作提供可靠依据。

加强招生工作制约和监督。监督部门按要求参与招生考试工作，强化监督作用。要求各招生考试部门不断改进决策程序，强化部门之间制约作用。高招录取现场成立招生考试领导小组，实行集体决策，中招实行集体审批制度。

（刘　泓）

总　　类

【召开中招会考工作会】 1月17日，考试院召开2002年中招、会考工作总结暨2003年工作布置会。会议总结2002年中招及高中会考工作，公布中招、会考目标管理评比结果，表彰年度先进工作者。会议听取市教委2003年中考中招方案指导思想讲解和说明，会议部署中招工作各项任务。市教委、市体检中心、市劳动和社会保障局单位负责人和各区县考试中心、中招、会考办主任70人参加会议。

（李　华）

【完成人事机构改革】 2月24日，考试院试行人事机构改革。改革依据《贯彻北京市事业单位聘用合同制试行办法的实施办法》和《分配制度改革方案》，实行淡化身份、年龄，强调岗位职责，由身份管理转向岗位管理，明确岗位职责原则，组建聘用委员会和聘用合同争议调解委员会。对处级及以下人员试行聘用合同制，并签订聘用合同书和岗位协议书。改革后，设置综合处室8个、业务处室7个、直属单位4个。截至4月，该院职工192人签订聘用合同和岗位协议书。

（刘芙蓉）

【召开社会考试5周年纪念会】 2月28日，考试院召开社会考试工作5周年纪念会。会议听取题为《满怀信心迈向社会考试发展的新里程》工作报告，系统回顾总结北京社会考试5年来成绩。来自教育部、考试院领导及考试院各处室、全市各考点代表50人参加会议。社会考试办公室始建于1998年，负责非学历教育考试工作，5年来考试项目由3个发展到9个。报名总人数达131.5万人，共有69万人获得不同级类合格证书。

（谭德深）

【召开区县考试中心主任会议】 4月17日，考试院召开区县考试中心主任会议。会议传达市政府在考试院调研讲话，部署近期高等教育自学考试、成人高考、高中会考、中考和高考防控“非典”工作。会议强调，在防控“非典”期间，区县考试部门应该加强卫生防疫领导和组织工作。来自各区县考试中心主任等60人参加会议。

（刘　泓）

【召开考风考纪紧急会议】 6月6日，市委教育工委、市教委召开加强高考考风考纪和安全保密工作紧急电视电话会议。会议传达《教育部关于加强2003年普通高校招生全国统一考试考风考纪和安全保密工作的紧急通知》，要求各级党委和政府、教育行政部门、学校和相关人员高度重视高考保密工作，立即检查高考各环节工作，查漏洞，堵死角，坚决防止失密泄密、大规模考场舞弊事件的发生。增加关键环节投入，保密、防范实行责任追究制。同时，严格值班制度，严格请示报告制度。各区县主管书记、区县长，教育工委书记、教委主任及公安、交通、卫生相关部门领导参加会议。

（钱进军）

【召开高考高招工作汇报座谈会】 6月26日，市教委召开人大代表、政协委员高考高招工作汇报座谈会。会议听取市教委高考前期各项准备工作、高招工作目标汇报，听取考试院高招工作基本情况、及格率、分数线划定和录取等具体工作汇报。会议肯定高考前期工作，要求加强高考录取工作监督、严格管理，并就“非典”防控时期录取工作困难、高考社会化等问题提出建议。会议指出，市政府十分重视高考工作，工作人员要总结成绩，查找不足，坚决抵制不正之风，保证高招公正、公平。同时，设立专门电子信箱，反馈代表、委员提出建议。市人大代表、政协委员参加会议。

（王宇红）

【燕山教育考试中心成立】 9月，燕山教育考试中心成立。该中心在编工作人员7人，负责燕山地区成人高考、高等教育自学考试以及中小学高考、中考、会考和毕业考试等工作。

（李守业）

【组团访问伦敦三一学院】 12月7至14日，考试院组团出访伦敦三一学院。访问团由院长及英语口语考试（GESE）考官3人组成，先后与伦敦三一学院总裁、各业务部门负责人商谈合作现状、下一轮合作意向以及具体业务有关事宜。

（徐　铎）

【召开中招会考工作总结会】 12月10至12日，考试院召开2003年中考中招、高中会考工作总结暨2004年中招工作动员会。会议总结2003年中考中招、高中会考工作，公布2003年中招、会考工作目标管理评比结果，表彰先进区县。会议听取市教委工作报告，向全市中招、会考工作人员，在防控“非典”特殊时期取得优异成绩表示祝贺。同时，通报2004年北京基础教育形势和工作任务，提出中考工作具体要求。会议听取教科院《2004至2008年北京市高级中等学校招生考试改革对策与研究》课题组发言，专题讲解中外招生考试现状、发展趋势。来自市教委、教科院、市劳动和社会保障局、市体检中心以及各区县考试中心主管领导和中招办、会考办共计85人参加会议。

（李　华）

高级中等学校招生

【概　况】 2003年，北京市初中毕业生共计18.5万人。报名升学18.06万人，高级中等学校招生计划为18.47万人。北京325所普通高中、1所中等师范学校、77所中等专业学校、48所技工学校、82所职业高中共计533所高级中等学校共录取新生164276人（提前单独招生录取17150人、统一招生录取137786人、补录9340人）。其中，普通高中录取81809人、普通中专（含师范）录取37338人、职业高中（职业中专）录取23637人、技工学校录取21492人。本年，北京推出顺延考试时间、减少考试科目、实行全市统一命题、取消大型咨询活动与一般专业面试等中招调整方案。

（王大平）

【编印报考咨询资料】 3月12至19日，考试院编印2003年高级中等学校报考咨询材料。该材料由《招生简章》、《升学报考指南》和《部分学校情况介绍》组成，《招生简章》刊载155所提前招生学校、507所统一招生学校招生计划；《部分学校情况介绍》汇编309所招生学校情况介绍，占全市公示学校总数的59.77%。其中，普通高中153所，占高中公示校总数46.93%；中专学校58所（含外埠），占中招校总数78.38%；职业高中54所，占职高公示校总数65.06%；技工学校44所，占技工校总数91.67%。

（李　华）

【召开提前招生工作会议】 3月26日，考试院召开高级中等学校提前招生工作会议。会议提出中招考生专业测试合格、按文化课考试成绩择优录取，文化课考试合格、按专业测试成绩择优录取，将文化课考试成绩与专业测试成绩综合择优录取3种提前招生录取原则，要求提前招生学校根据专业特点选择其中一种。来自19个区县（地区）中招办、150所提前招生学校及市体育局、市劳动和社会保障局共180人参加会议。

（李　华）

【举办首次中招网络咨询活动】 4月19日，考试院首次举办高级中等学校招生网络咨询活动。来自全市86所学校近200名工作人员参加活动，在线回答42万人次询访提问。4月16日，考试院举办高级中等学校招生网络咨询培训班，各咨询学校170人参加学习。

（李　华）

【调整中考中招工作】 6月4日，考试院印发《2003年北京市高级中等学校招生工作调整实施意见的通知》。该通知明确中等学校招生考试时间由原6月24至26日调至7月8至10日，考试科目由原来5科减为语文、数学、外语（含听力）3科，每科满分为120分。通知强调，凡参加提前招生、统一招生、补录学生均须填涂“2003年北京市高级中等学校招生报考卡”，并参加全市统一文化课考试。

（李　华　刘　泓）

【盲校实现“同步中考”】 7月8日，北京市盲人学校12名初中毕业生同步参加北京市2003年全市统一中招考试。此次中考，首次在北京盲校设立考点，并采用特制盲文试卷，首次实现同卷、同时、统一录取。为中国特殊教育界首次创举，被北京市教委推荐参加“北京市教育创新奖”评选。

（黄小丽　丁柏明）

【完成中招考试工作】 7月8至10日，考试院完成全市高级中等学校招生考试。该考试共设考点420个，考场6805个，来自19个区县（地区）考生185304人参加考试。考试期间，市委、市政府、市政协以及市教委领导分别巡视4个考点，考试院人员巡查480个考场。

（李　华）

【完成提前招生录取工作】 7月27至30日，考试院完成部分高级中等学校提前招生录取工作。来自全市155所高级中等学校，共录取新生17150人，占提前招生计划的72.72%。其中，9所普通高中录取926人，33所普通中专录取2860人，43所技工学校录取6044人，70所职业高中录取7320人。

（李　华）

【完成中考分析评价】 7月，考试院完成中考分析评价工作。该工作采用全样本采集方法，语文、数学、英语3科共计采集数据46万条，数据点1800万个，完成整卷最小值、最大值、平均分、标准差、方差等指标分析统计，形成13万字分析报告。自1999年以来，本年首次实现中考全市统一命题。

（刘　泓）

【完成特殊学生录取】 8月4至6日，考试院完成高级中等学校统一特殊学生招生录取资格审核工作。

全市共录取特殊学生 3133 人。其中，体育特长生 578 人、文艺特长生 757 人、科技特长生 80 人、大学子弟 288 人、实验班 729 人、直升三好生 545 人、外交部及外交人员服务局子弟 150 人、金银帆奖 2 人、集训队员 4 人。

（李　华）

【完成中招录取】 8 月 16 至 22 日，考试院完成全市高级中等学校统一招生录取工作。该录取改变过去集中驻会组织模式，采用分期录取，分批审批方法，各学校按规定时间到达会场，在半天内完成录取工作。来自全市 504 所高级中等学校，共录取新生 137786 人。其中，321 所普通高中 80180 人，63 所中专校 30605 人，47 所技工校 12488 人，73 所职高 14513 人。

（李　华）

【完成中招补录工作】 9 月 16 至 18 日，考试院完成高级中等学校中招补录工作。全市 179 所高级中等学校参加补录工作，共补录考生 9340 人，其中，25 所普通高中补录 703 人，59 所中等专业学校补录考生 3873 人，43 所技工学校补录考生 2960 人，52 所职业高中补录考生 1804 人。

（李　华）

高中毕业会考

【概　况】 2003 年，北京教育考试院完成春季和夏季两次高中毕业会考。全市参加考试 251818 人，比上年增加 26528 人，增长 14.51%。春季会考开设语文、数学、外语、政治、物理、化学、生物、历史、地理 9 门文化课考试，共 84415 人参加考试。夏季会考调整为全市统一命题、统一时间，由学校以期末考试形式组织考试、阅卷。会考开设高一年级地理、历史；高二年级物理、化学、生物、外语、历史；高三年级数学、语文、政治，共 167403 人参加考试。全年处理违规违纪考生 59 人；办理高中会考成绩证明转出本市 289 人，转入本市 624 人；颁发《北京市高中会考合格证》59275 份。

（李　华）

【完成春季高中毕业会考】 1 月 7 至 9 日，考试院完成春季高中毕业会考。该会考在 20 个区县(地区)设立考点 144 个，81372 名学生参加考试，比上年增加 8510 人，增幅为 10.46%；231322 科次，比上年增加 21999 科次，增幅为 9.51%。

（李　华）

【公布会考目标管理评比结果】 1 月 9 日和 12 月 3 日，考试院先后公布 2002 年和 2003 年高中会考目标管理评比结果。该评比分为区县总结自评、考试院结合全年工作，量化计分综合评定两个阶段。2002 年，全市 20 个区县（单位）会考办参加评选，全部获得 2002 年度目标管理优秀称号。2003 年，全市 19 个区县（单位）全部获 2003 年度目标管理优秀称号。

（李　华）

【完成春季高中会考阅卷】 1 月 10 至 17 日，考试院完成春季高中毕业会考阅卷。该评卷由教科院主持，分为客观题、主观题两个阅卷点，聘请评卷教师 526 人，其中语文 189 人、数学 92 人、外语 28 人、政治 108 人、物理 19 人、化学 22 人、生物 28 人、历史 22 人、地理 18 人。评卷总量 231322 份。

（李　华　赵　跃）

【完成春季会考试卷统计】 1 月 18 至 26 日，考试院完成春季高中会考试卷统计。该统计包括试卷复核、登分、统计及各项指标检测，会考语文、数学、外语、政治、物理、化学、生物、历史和地理 9 科试卷 23.13 万张参加检验，全部获得评卷质量奖。其中，生物、历史两科试卷实现零差错率。

（李　华）

【召开夏季高中会考工作会】 4 月 12 日，考试院召开 2003 年夏季高中会考工作会议。会议部署夏季高中会考各项工作。来自全市各区县会考办主任及考务工作人员 40 人参加会议。

（李　华）

【颁发高中会考合格证】 6 月 4 日，考试院颁发《2003 年北京市高中会考合格证》。北京 308 所学校完成 70110 名应届高三学生会考成绩核定，其中，成绩全部合格 51415 人，占应届毕业生总数 73.33%。另外，还有会考成绩全部合格职技类学校 15 人、非在校公民考生 8 人，分别领取职技类和社会类《北京市高中会考合格证》。

（李　华）

【完成夏季高中毕业会考】 7 月 16 至 18 日，考试院完成夏季高中毕业会考。依据市教委《关于调整 2003 年夏季高中毕业会考工作的通知》文件要求，此次会考调整为全市统一命题、统一考试时间，由学校以期末考试形式组织考试、阅卷。考试科目为高一年级考地理、历史；高二年级考物理、化学、生物、外语、历史；高三年级考数学、语文、政治。全市 160597 名学生参加考试，其中，盲残考生 5 人。这是北京市首次印制盲文试卷。会考期间，市会考办巡视检查 5 个自行组考或有替代科目考试考点。

（李　华　张士佐）

普通高等学校招生

【概　况】 2003年，全国共有457所高等学校在京招生，高考升学率75.44%。统招计划为57566人，比上年增加7950人。报名人数为81266人，比上年增加9458人。实际录取新生61307人，比上年增加6051人，比计划增招3741人。其中，文史类录取新生19552人，占31.89%；理工类录取新生41755人，占68.11%。2003年，本市高职班试行单考单招高校36所，计划招生7512人，报名12876人，录取7493人。

（张　鹏）

【二外首次参加春季招生】 1月11日，北京第二外国语学院首次参加春季招生。该校参加春季招生共有法学、新闻学两个本科专业和英语高职专业。其中，法学、新闻学各招收30人，英语高职专业招生100人，共计160人。其中，北京90人、内蒙古70人。这是该校法学、新闻学两个本科专业首次招生。

（李志杰）

【完成春季招生工作】 1月11至12日，考试院完成春季招生考试工作。北京15所高校参加招生，计划招生1700人（其中本科735人、专科965人），报名参加考试5604人，实际录取1521人（其中本科637人、专科884人）。各批次录取分数线分别是文科本科录取分数线511分，专科录取分数线359分；理科本科录取分数线470分，专科录取分数线346分。

（张　鹏）

【完成北京全国高校统一招生考试】 6月7至8日，考试院完成北京地区全国高校统一招生考试。该考试北京共计设立213个考点，共计4829个考场，来自各区县9.3万名学生参加考试，1.5万名教师参加组考工作。本年全国普通高等学校招生统一考试时间由7月7至10日提前至6月7至10日，是恢复高考20年首次调整。

（张　鹏）

【完成澳门5所大学招生】 6月11至15日，考试院完成澳门5所大学在京招生报名工作。5所大学分别是澳门大学、澳门理工学院、澳门旅游学院、澳门科技大学和澳门镜湖护理学院，北京263人报名，实际录取154人，其中，澳门大学录取70人（其中13名预科生）、澳门理工学院23人、澳门旅游学院3人、澳门科技大学57人（其中8名预科生）、澳门镜湖护理学院1人。这是澳门地区高校首次招收北京生源。

（张　鹏）

【举办高招电台咨询活动】 6月13至25日，考试院举办高招电台系列咨询活动。该活动利用北京人民广播电台新闻广播，采用现场咨询回答问题方法，辅导考生填报志愿。北京60所高校参加咨询活动，解答考生、家长提问。受“非典”影响，北京取消大型现场咨询活动，采用高校开放日、部分高校联合咨询、高考报告会形式开展招生咨询。

（张　鹏）

【举办高职升本科招生实验】 6月21日，考试院完成首次高职升本科招生实验。该实验首次将高等职业教育（专科层次）优秀应届毕业生选入本科阶段继续学习，北京56所高等职业教育学校推荐2421人参加考试，37所高校参加招生，计划招生1614人，实际录取1516人。

（张　鹏）

【确立普通高校录取分数线】 6月24日，市招生委员会第二次会议确定普通高校招生录取分数线。北京普通高校专业，文科本科第一批录取分数线470分，第二批录取分数线434分；理科本科第一批录取分数线455分，第二批录取分数线408分。提前批次专科录取参考分数线文科364分，理科323分。艺术类专业，文科（不含数学）本科史论编导及师范347分，其他专业208分；专科录取参考分数线史论编导及师范291分，其他专业175分；理科（含数学）本科史论编导及师范408分，其他专业245分，专科录取参考分数线史论编导及师范323分，其他专业194分。体育教育专业文科（本科）300分（体育成绩70分），理科（本科）285分（体育成绩70分）。

（张　鹏）

【调整专科批次志愿填报方式】 7月，考试院调整专科批次志愿填报方式。调整后，专科批次志愿填报在本科录取结束后，志愿表格增加考生参考志愿（4个正式志愿、6个参考志愿），取消“是”与“否”服从调剂志愿办法。同时，根据录取现场结果，公布生源不足招生学校和专业情况，实行“底线控制，登记补录”方法。该方法提高录取现场有志愿考生录取率和报到率，专科批次新生报到率由原来70%增至90%，部分学校超过95%。

（张　鹏）

【完成华侨港澳台学生高考】 8月15至17日，考试院完成普通高等学校联合招收华侨、港澳台学生升学考试。该考试在北大举行，来自国外华侨和港澳台学生160人报名参加考试，其中，香港考生47人、台湾考生97人、华侨考生16人；报考文史类考生75人、理工类考生39人、医学类考生46人。

（张　鹏）

研究生招生

【概　况】 2003年，北京地区研究生（博士生、硕士生）招生规模为48048人，比上年增加10359人，增长27.5%，其中国家计划招生31380人，比上年增加6344人，增长25.3%。博士生招生规模为12404人，比上年增加2770人，增长28.8%。其中，国家计划9427人，比上年增加1979人，增长26.6%。硕士研究生招生规模为35644人，比上年增加7589人，增长27.1%。其中，国家计划招生21953人，比上年增加4365人，增长24.8%。

（吴文卒）

【完成硕士生全国统一入学考试】 1月18至19日，考试院完成北京地区硕士生全国统一入学考试。来自全国31个省市141671人报考北京招生单位，其中，在北京参加考试考生64564人，比上年增加10556人，增长10.5%。全市共设置70个考点，1865个考场。按照教育部统一规定，硕士生招生考试初试科目由原来5科改为4科，政治理论课不再分文、理，硕士生入学考试初试外语听力测试成绩计入总分。

（吴文卒）

【硕士生报名人数增长26.5%】 1月，考试院完成研究生报名统计工作。全国报考北京高等学校、科研机构硕士研究生考生148519人，比上年增加31083人，增长26.5%。其中，北京地区考生69981人，占报考总数47.1%。考生中，非应届考生79027人，占报考总数53.2%；应届考生69492人，占报考总数46.8%。从报考专业分布看，报考“工商管理硕士（MBA）联考”考生10732人，比上年减少2195人，降低16.9%，仍居报考专业首位。

（吴文卒）

【硕士生录取36605人】 4至5月，考试院完成北京地区硕士生录取工作。北京地区185个招生单位，共录取硕士生36605人。其中，高等学校录取31750人，占录取总数86.7%，在京部属科研机构录取1592人，占4.3%；中科院在京单位录取1870人，占5.1%；解放军在京单位录取1040人，占2.8%；北京市属科研机构43人，社科院195人，党校系统115人。

（吴文卒）

【7所高校自主决定复试分数线】 4至5月，北京7所高校实验自定复试分数线改革。7所学校分别是北大、人大、清华、北航、理工大、农大和北师大。教育部决定，2003年扩大全国34所高校硕士生招生自主权。

（吴文卒）

【博士生录取12413人】 4至5月，考试院完成北京地区博士生录取工作。北京115个招生单位，计划招生12404人，来自全国31702人报名参加考试，比上年26123人增加5579人，增长21.4%。实际录取博士生12413人，比上年增加2088人，增长20.2%，招生专业覆盖全部12个学科门类。招生单位博士生导师5480人参加招生工作。

（吴文卒）

【协和医大与清华联合招生】 9月，中国协和医科大学与清华联合招生。协和医大将90名八年制临床医学招生计划分为两部分，其中，60名招生计划面向全国12个省、市，30名招生计划通过面试从清华录取新生中二次招考录取。首次合作招生共计26人。合作招生可以改变生源种类单一局面。

（林　菲）

【举办申请硕士学位外国语考试】 10月26日，市教委举办北京地区同等学力人员申请硕士学位外国语水平全国统一考试。考试语种包括英语、日语、俄语、德语、法语和其他小语种。北京地区共有14304人报名，比上年减少229人。其中英语13617人，日语275人，俄语249人，法语103人，德语45人，其他语种15人。成绩合格4629人，合格率32.4%，比上年降低3.6个百分点。各语种合格人数及合格率分别为：英语4380人占32.2%；日语86人占31.3%；俄语104人占41.8%；法语32人占31.1%；德语19人占42.2%；其他语种8人占53.3%。考试原定5月25日举办，受“非典”疫情影响延期。

（侯东云）

【举办申请硕士学位综合考试】 10月26日，市教委举办北京地区同等学力人员申请硕士学位学科综合水平全国统一考试。北京共有10652人报名，比上年减少339人。考试涉及学科24个，其中，哲学71人、经济学3158人、法学1113人、政治学146人、社会学15人、教育学86人、心理学338人、新闻传播学399人、历史学11人、地理学30人、生物学90人、机械工程45人、动力工程及工程热物理8人、电气工程61人、电子科学与技术39人、信息与通信工程332人、控制科学与工程35人、计算机科学与技术1013人、建筑学43人、作物学20人、临床医学1138人、管理科学与工程395人、工商管理1994人、农林经济管理72人。考试成绩合格4100人，合格率为38.5%，比上年提高4.6个百分点。

（侯东云）

【举办攻读硕士学位入学联考】 11

月1至2日，市教委举办北京地区在职人员攻读硕士学位入学全国联考。北京地区共有9170人报名，比上年减少1446人，其中网上报名8304人，网报率90%。报考各专业学位的人数分别为：工商管理硕士（MBA）985人，公共管理硕士（MPA）766人，法律硕士708人，教育硕士593人，高校教师在职攻读硕士学位576人，中等职业学校教师在职攻读硕士学位35人，公共卫生硕士90人，军事硕士143人，兽医硕士36人，农业推广硕士285人，工程硕士4953人。

（侯东云）

成人高等学校招生

【概　况】 2003年，共有123所成人高校在京招生。其中，市属院校45所，部（委）及外埠院校78所。举办函授、脱产、夜大普通高校88所，职工大学19所，管理干部学院14所，教育学院1所，广播电视大学1所。本年计划招生64084人，比上年增加4218人，增长7.5%。其中，高中起点专科（高职）39171人，高中起点本科5009人，专科起点升本科19904人。报名181699人，比上年增加10459人，增长6.1%。其中，统一考试考生180053人，预科转正1487人，劳模、优秀运动员免试159人。报考高中起点专科（高职）82035人，比上年减少8551人，降低9.4%，比例为1∶2.05；报考高中起点本科35115人，比上年增加4673人，增长15.35%，比例为1∶7；报考专科起点升本科64549人，比上年增加14317人，增长28.5%，比例为1∶3.24。各在京高校共录取新生67672人，完成计划105.5%。其中，高中起点本、专科艺术体育类录取9839人，完成计划105.0%；高中起点本科非艺术、体育类和专科起点升本科录取26272人，完成计划106.9%；高中起点专科非艺术、体育类（高职）31561人，完成计划104.5%。

（滕　岩）

【举办首次网络咨询活动】 3月8日，考试院举办首次成人高校招生计算机网络咨询活动。该活动利用考试院信息网，向考生宣传招生政策，解答考生问题。来自全市415876人次点击咨询网页，5000人次参与电话声讯咨询，共解答考生问题1740个。

（滕　岩）

【成招报名人数增长6.10%】 3月，考试院完成成人高校全国统一招生报名人数统计工作。本市共有181699人报名参加全国成人高校统一招生考试，比上年增加10459人，增长6.10%。这是北京地区成招人数连续4年增加。

（滕　岩）

【完成小自考阅卷工作】 6月5至11日，北京教育学院完成小学教师自学考试卷阅卷任务。该工作包括中文、数学、教管、信息技术等专业，含《中外文学作品导读》、《汉语基础》、《数论初步》、《高等数学基础》、《教育原理》、《小学教育科学研究》、《现代教育技术》7科1028份考试卷阅卷和分数核实工作。该校教师18人参加阅卷工作。

（郭　坤）

【完成成招补充报名工作】 9月，考试院完成成人高校招生考试补充报名工作。本次报名首次采用网络报名方式，共有6694人参加网络报名，占补充报名考生总数31.74%，有效避免报名现场人员聚集。

（滕　岩）

【规范招生学校招生简章】 9月，考试院发出规范招生学校招生简章通知。该通知要求，各招生学校落实教育部“依法治招，依法治考”要求，检查学校招生章程编制工作，招生章程要符合教育部有关规定，使之成为学校对社会做出的全面、准确、规范招生承诺，约束高校招生的行为规范，考生和各级高校招生办公室监督高校招生行为依据。

（滕　岩）

【完成成人高校招生考试】 11月15至16日，考试院完成北京市成人高校招生全国统一考试。北京地区共设20个考区、273个考点、6091个考场，来自全市18万名考生参加考试。全市共有1.6万名教师参加组考工作，各考场共查处违纪考生320人，违规考生130人。由于“非典”疫情，北京成人高校招生考试由原定5月10至11日，推迟到11月15至16日。

（滕　岩）

【确定成人高招最低录取分数线】 12月9日，市高校招生委员会主任会议确定北京成人高校招生最低录取控制分数线。高中起点本科文史类（含外语类）386分，理工类378分，艺术类203分（史论编导专业347分），体育类200分。高中起点专科（高职）文史类（含外语类）231分，理工类162分，艺术类104分（史论编导专业208分），体育类97分。“3+1”医疗医护西医类237分，中医、中药类200分，公安类258分。专科起点升本科文史中医类291分，理工类242分，经济管理类283分，法学类255分，教育学类210分，农学类216分，医学类277分，艺术类222分，体育类200分。

（滕　岩）

高等教育自学考试

【概　况】 2003年，北京自学考试开考专业106个，其中，自学考试64个，学历文凭考试25个，应用技术类专业17个。按学历层次分，独立本科23个，专科76个，衔接式本科7个。在开考专业中，有17个专业含职业资格证书或技能证书。全年共组织各类考试37次，699915人次参加1885383科次考试，比上年增长1.59%。其中，参加自学考试1482131科次，学历文凭考试250376科次，部门委托考试9723科次，应用技术教育专业100469科次，中英合作专业36587科次，电大注册视听生考试3241科次，中专自学考试2856科次。全年共完成189万科次阅卷、复核和登统工作，完成各类考试数据统计和上报工作。全年共有15599人获取自学考试毕业证书，比上年增加3705人，增长31.15%。其中，专科12886人，本科2713人。2546人获取学士学位证书。

（王玲一）

【完成1月四类考试】 1月10至13日，自考办完成四类考试。四类考试分别是学历文凭考试、中英合作《商务管理》和《金融管理》专业考试、应用技术类专业考试以及电大注册视听生考试，共有86250人报名参加44个专业的153门课程172893科次考试。其中，参加中英合作《商务管理》和《金融管理》专业考试3400人。

（穆　松）

【完成上半年自学考试报名工作】 3月1至7日，自考办完成上半年自学考试报名工作。北京共有264873人报考795975科次，其中，66769人办理新生注册手续，比上年同期增加89480科次，增长12.67%；报考人数比上年同期增加18555人，增长7.53%；新生注册人数比上年增加4433人，增长7.11%。在报考专业中，法律、计算机及应用、英语、工商企业管理、国际贸易、会计、金融等专业报考人数较多，占报考总科次75%。

（穆　松）

【完成上半年自学考试工作】 4月12至13日和19至20日，自考办完成上半年自学考试工作。本次考试共开考68个专业279门课程，共有264873人参加全市236个考点的5228场考试。13070名教师参加组考和监考工作。考试中发现并处理作弊、违纪考生418人，违纪率0.5‰。

（穆　松）

【调整防控"非典"考生考试政策】 6月11日，考试院调整防控"非典"一线医护人员考生考试政策。该政策规定，参加"非典"护理工作一线自考学生，可免除护理专业临床实习课程，通过专业计划课程考试后，可直接参加临床考核。受局以上单位表彰先进工作者，经市卫生局核准，可免考不高于5学分一门公共政治课。

（穆　松）

【北邮完成高自考远程答辩】 6月18至26日，北京邮电大学完成高等教育自学考试毕业设计远程答辩。答辩利用网络学院远程教育网（ATM）实时交互教学系统在广东、山东和天津3个教学站进行。该校"计算机通信工程"、"邮电管理工程"专业62名考生参加答辩。

（李　萍　刘如林）

【自学考试增加6个新专业】 10月9日，考试院决定增加一批高等教育自学考试专业。这批专业共计6个，其中，高等教育自学考试增加林业生态环境与工程（独立本科）、餐饮管理（专科、独立本科）3个专业，高等教育自学考试学历文凭考试增加物流管理、生物技术和武术3个专业。至此，北京高等教育自学考试专业已达106个。

（穆　松　张树刚）

【完成下半年自学考试工作】 10月11至12日、18至19日和25至26日，自考办完成下半年自学考试工作。本次考试共有19个区县（地区）291269人报考846358科次，其中，高等教育自学考试考生217479人，报考644165科次，新生35385人。实考633898科次，实考率74.09%。全市共设20个考区，305个考点，6652个考场，31229场次考试。抽调全市16601名教师参加监考和组织工作，发现并处理作弊、违纪考生315人，违纪率0.37‰。因"非典"疫情影响，原定于7月考试推迟至10月，成为自学考试有史以来规模最大、种类最多的考试。

（穆　松）

【扩大分卷考试实验范围】 10月，自考办扩大高等教育自学考试分卷考试实验范围。分卷考试减轻评卷教师工作强度，缩短评卷、登分时间，增加评卷透明度和准确度。首先在4月自学考试5门公共课实验，10月有142门考试课程参加实验，占总报考科次90%。

（穆　松）

社 会 考 试

【概　况】 2003年，北京非学历教育考试组织10个项目共16次考试，338673人报名考试。其中，报考全国计算机等级考试96372人，全国计算机应用技术证书考试34201人，全国少儿计算机考试（少儿NIT）14215人次，全国公共英语等级考试（PETS）39618人，剑桥少儿英语全国统一考试37479人次，北京市中等职业学校文化基础课统一水平考试58732人（含补考人数），北京市英语口语等级证书考试56154人，剑桥秘书证书考试38人，创新能力水平等级证书考试1864人。

（谭德深）

【组织全国少儿计算机考试】 3月、6月、8月和12月，考试院举办4次全国少儿计算机考试（少儿NIT）。该考试设立操作基础、文字处理和网络应用等共计10个模块，14215人次参加考试，其中，14070人次获相应模块合格证书。

（杨　涛）

【举办全国英语等级考试】 3月和9月，考试院举办两次全国英语等级考试(PETS)。两次考试全市共有39618人报名参加，其中，报考一级(B) 6508人；一级12416人；二级15786人；三级4006人；四级902人。共有17770人获取全国英语等级证书，总及格率44.8%。10月20日，教育部决定全国公共英语等级考试更名为全国英语等级考试，更名后英文简称不变，一级、二级、三级考试每年举办两次，3月开考一级（B）至四级，9月开考一级至三级。同时，笔试和口试可分项报名、分项收费，单项合格成绩可保留到下一次相邻考试。

（赵晓茫）

【组织全国计算机等级考试】 4月和9月，考试院举办两次全国计算机等级考试。两次考试共设立考试点145个，96372人参加考试，其中，报考一级38797人、一级B类8040人、二级40173人、三级9079人、四级283人。共有29716人获取不同等级合格证书。

（马兰新）

【组织全国计算机应用技术证书考试】 6月和12月，考试院举办两次全国计算机应用技术证书考试。两次考试累计开考16个模块，34201人次参加考试，其中，24392人次获得相应模块合格证书。

（杨　涛）

【北语举办汉语水平考试】 7月12至13日，北京语言大学举办中国汉语水平考试（HSK）。该考试在全国11个城市14个考点同时举行，分为基础、初中等和高等3个级别。来自7个国家500名留学生报名参加考试，其中，报考高等200人，占40%。北京考点共有283人。

（彭艳崇）

【云岗科技站承办剑桥英语考务会】

7月25至27日，丰台区云岗青少年科技站承办全国青少年外语培训考务工作会议。会议听取教育部、云岗科技站专题讲座，完成考务人员口试和笔试，并观摩云岗科技站剑桥英语班20节教学课。来自团中央、教育部、首师大和全国各省剑桥英语班教师300人参加会议。丰台区云岗青少年科技站1997年开办剑桥英语教学，共有4372名青少年参加学习。

（李淑云　陈敏琴）

【举办中职学校基础课水平考试】 9月24至25日，考试院举办普通中专学校、职高学校（含职工中专、成人中专、民办中专学校）文化基础课水平考试。该考试设立数学、语文和英语3科，来自北京183所学校58732名学生参加考试，总及格率87.05%，其中，数学及格率84.14%、语文及格率89.06%、外语及格率72.17%。

（姜树森）

【举办北京市英语口语等级考试】 11月1至2日，考试院举办北京市英语口语等级证书考试。来自全市56147人次报名参加考试。其中，报考初级36049人，合格率为66%；中级16307人，合格率为66%；高级3791人，合格率为67%。

（冯国红）

【财经大学承办经济技术资格考试】 11月2日，中央财经大学继续教育学院承办2003年度全国经济技术（金融专业）资格考试。该校是北京最大考点，共有考生1599人，其中，中级1412人，初级187人。全国经济技术资格考试由人事部主办，通过考试可以获得经济专业初级或中级任职资格。

（韦　红　张京平）

【举办首次创新能力等级考试】 12月28日，考试院举办首次创新能力水平等级证书考试。该考试分为初、中、高3个级别，综合测试个人创新能力。来自全市1864人报名参加考试，其中，报考初级227人、中级1561人、高级76人。1689人获合格证书，总及格率90.6%。

（杨　涛）

中外合作考试

【概　况】 2003年，考试院发展中心共举办英语口语等级考试（GESE）68次，考生11327人次；举办英语口语等级考试（GESE）英语口语培训班21个，培训学员613人；举办英语口语等级考试（GESE）考官再培训班2期，参加培训考官50人次；举办剑桥英语五级证书考试（MSE）2次，考生854人，举办剑桥英语五级证书考试（MSE）口试考官培训班4期，参加培训考官61人次；举办剑桥少儿英语学习系统教师上岗资格培训班6期，培训教师650人，获取上岗资格542人。

（徐　铎）

【举办英语口语考试考官培训班】 1月和8月，考试院举办两期英语口语等级考试（GESE）考官培训班。两次培训班采用专题讲座形式，邀请英国伦敦三一学院高级培训官担任教学，讲解评分标准、语言训练等课程。28名英语口语等级考试考官参加培训。

（徐　铎）

【与丰台签署英语考试合作协议】 2月19日，考试院与丰台区教委签署开展英语口语培训和英语口语等级考试（GESE）合作协议。根据协议，丰台区教委在“十五”期间教师继续教育规划中，制订中小学英语教师英语等级考试目标，考试院举办英语口语师资培训班，指导英语1至6级培训，并承担7级以上培训工作。双方共同努力，在2006年12月31日前使丰台区小学、初中、高中英语教师英语口语达到英语口语等级考试5至7级水平。

（徐　铎　周文君）

【举办剑桥少儿英语考试】 3月和9月，考试院举办两次剑桥少儿英语全国统一考试。北京地区共有37479人次报名参加考试，其中，报考预备级2612人，一级16149人，二级10618人，三级8100人。共有36356人获取证书。

（何森森）

【城市学院设立剑桥秘书考点】 10月15日，北京城市学院设立剑桥秘书考点。该考点设在学院成人教育学部职业技能培训部，负责北京地区剑桥秘书报考、组考和阅卷工作，并负责合格证书的发放。这是继人大、教育考试指导中心后北京市第三个剑桥秘书考点。剑桥秘书考试由中国教育部考试中心和剑桥大学考试委员会联合组织。

（徐　莹）

【首次举办剑桥办公国际证书考试】 11月，考试院举办首次剑桥办公管理国际证书考试（原剑桥秘书证书考试）。该考试开设《办公室管理》、《沟通和项目管理》两个模块，分为初、中、高3个级别考试。来自全市38人参加考试，其中，33人获取剑桥办公管理国际证书考试合格证书，合格率86.8%。

（毕　胜）

【表彰剑桥少儿英语优秀学员】 12月27日，考试院召开剑桥少儿英语优秀学员表彰会。会议听取优秀学员评比工作汇报，宣读关于表彰剑桥少儿英语优秀学员的决定，表彰优秀学员4000人。来自各区县少儿英语培训点师生600人参加会议。10月，考试院开展剑桥少儿英语优秀学员评选活动，来自18个区县、112个剑桥少儿英语培训机构学生报名参加评选。

（何森森）

【举办剑桥少儿英语教师考官培训班】 至年底，考试院共组织7期剑桥少儿英语教师和考官培训班。在6期教师培训班中，590名教师参加学习，合格教师570人，其中，A级520人，B级50人。1期考官培训班，共有98人参加学习，其中，91人获得合格证书。

（何森森）

北京教育考试院
院长、副院长
书记、副书记

院　长　王　健
副院长　章家祥　刘枫耘　吴凤臣
书　记　王　健
副书记　章家祥　杜　明

教　师

综 述

2003年，市教委以改革、创新为指导思想，重点在人事人才工作体制、机制改革和创新方面进行探索，努力为培养、引进高层次人才创造宽松环境，各项工作取得新进展。

开展调查研究，努力探索新型人才管理模式

2003年，市教委对全市各区县中小学、幼儿园及其他教育单位推行聘用合同制工作的情况进行调查摸底，研究改革推进中的重点、难点问题。调研采取发放问卷、召开座谈会、听取汇报等形式。共发放问卷12400份，涉及147个中小学、幼儿园和直属事业单位；分别召开校长、人事干部或教职工参加的7个座谈会，涉及32个单位；听取各区县教委主管主任和人事科的汇报。调研形成《北京市教育系统部分单位实施聘用合同制的情况分析及对策思考》调研报告及问卷分析，编辑出版《加强学习交流，促进依法行政，全面推进中小学人事制度改革》一书。该书除收录国家和北京市有关法律法规及人事工作政策外，刊载人事制度改革疑难问题解答50问及典型案例实录和分析45例，供区县教委和学校参考。

为保证教育系统聘用合同制工作沿着法制化轨道平稳推进，市教委开展培训工作，共培训中小学校长和人事干部300人，先后请人事部领导和高校法学专家就如何从国家政策法规视角看事业单位人事制度改革以及事业单位行政任用制与聘用合同制关系对比、实施聘用合同制的有关法律法规问题等开展普法讲座。

市属市管高校、市教委直属事业单位和各区县中小学均已启动聘用合同制工作，整体工作推进平稳。

适应形势发展，转变政府职能，积极探索教师职务评审制度改革。本着事责权相统一的原则，自2003年，中学教师高级专业技术职务评审权下放至各区县教委。在评审工作中，各单位严格掌握标准及工作程序，评审工作顺利完成，为专业技术职务评审制度改革奠定基础。

认真做好人才引进工作，为吸引高层次人才和紧缺人才充实教师队伍、发挥才干创建良好环境

开展人才引进情况追踪调查。市教委采取发放调查统计表、召开研讨会等形式，对近三年市属市管高等学校和市教委直属事业单位引进国内外人才情况进行追踪调查，形成题为《市属市管高等学校和市教委直属事业单位人才引进工作的调研与思考》调研报告。

继续做好对高层次人才引进的经费资助。一是继续做好市属市管高等学校特聘教授的考核和享受特聘教授岗位津贴人员选聘工作，对已聘用一年以上特聘教授进行考核。

二是继续做好对高等学校引进骨干拔尖人才的经费资助工作。对17所高等学校由国内外引进的47名骨干拔尖人才给予不同程度的经费资助，为其创造工作和生活条件。

2003年，市属市管高校引进学科带头人和紧缺专业骨干教师105人，中小学接收应届高校毕业生3892人，其中接收本市毕业生2170人，接收外省市毕业生1722人。

进行教师教育制度、内容、方法及技术手段的创新，加强和改进教师教育工作

针对不同类型学校教师继续教育工作提出不同的管理模式，完成基础教育学科指导组和中等职业学校学科指导组、专业研修中心组的组建。完善各级各类学校教师继续教育配套文件，印发幼儿园和中等职业学校教师继续教育管理及考核办法、公共必修课培训意见等9个配套文件，分别召开幼儿园、中等职业学校教师继续教育工作会议。

加强骨干教师队伍建设，规范骨干教师的选拔与管理，充分发挥骨干教师的示范带动作用。市教委制订《北京市幼儿园、中小学、中等职业学校教师学科教学带头人、骨干教师选拔和管理暂行办法》，使该项管理工作进一步规范化。继续实施“特级教师行动计划”。

为切实解决教师在培训中存在的工学及经费不足的矛盾和远郊区县教师培训力量相对薄弱的问题，市教委以“最小的投入获取最大的效益”为原则，探索新型教师培训模式和手段。在培训中，除传统课堂面授外，发挥远程教育、网络技术、音像资料等现代教育手段的作用。开设“中小学教师空中课堂”，将电视课堂、电脑课堂、网络课堂融为一体，组织优秀师资录制新课程改革的培训课程，在北京电视台播放，并安排网络和电话答疑。据统计，电视台播放平均收视率为87%，满意率为81%以上。

探索培养高层次教育人才新途径。近年来，为进一步提高教师队伍整体素质，培养一批能适应21世纪首都社会发展需求、教育管理及教育教学水平与国际接轨的高水平的中小学管理人才和骨干教师，市教委先后选送多批中小学校长及骨干教师出国学习培训。年内，编辑出版《国外归来的报告》一书，该书收录赴美国希望国际大学学习的50名中小学校长及后备干部撰写的论文，供中小学干部、教师学习。

（张甫建）

总　　类

【16人入选长江计划特聘教授】 2月20日，在“长江学者奖励计划”第五批特聘教授、讲座教授受聘和第四届高校青年教师奖颁奖大会上，北京高校16人当选特聘教授、2人当选讲座教授、22人获得青年教师奖。长江学者奖励计划由教育部、香港特别行政区李嘉诚基金会联合设立，全国第五批特聘教授共84人，讲座教授共计10人。青年教师奖由教育部主持评选，第四届全国共表彰青年教师115人。

（梁占发　林　菲　华　蕾）

“长江学者奖励计划”
第五批特聘教授（北京）

北京大学
　高克勤　古生物学与地层学
　张平文　计算机数学
　唐金陵　流行病与卫生统计学
　肖瑞平　内科心血管
　俞大鹏　凝聚态物理
　尚永丰　生物化学与分子生物学
　苏晓东　生物化学与分子生物学
　高　松　无机化学
　方精云　自然地理学
北京航空航天大学
　张　涛　材料学
北京化工大学
　陈建峰　化学工程
清华大学
　方岱宁　固体力学
　雒建斌　机械设计及理论
　楼宇庆　理论物理
　裴端卿　细胞生物学
中国协和医科大学
　詹启敏　肿瘤学

（华　蕾　梁占发　林　菲）

“长江学者奖励计划”
第五批讲座教授（北京）

北京大学
　汤　超　凝聚态物理
清华大学
　华泰立　生物物理学

（华　蕾）

【理工大召开博士后工作会】 2月27日，北京理工大学召开博士后工作会。会议总结博士后工作，审议通过2003至2005年发展计划。会议决定，对博士后培养和使用相结合，在培养和使用中发现更高级的人才。会议提出，博士后是学校教师队伍重要组成部分，在承担科研工作同时，在人才培养中发挥作用，是补充优秀师资重要来源。该校教师30人参加会议。

（辛雪琴）

【小学教育专业首届本科生毕业】

7月2日，北京市小学教育专业首届本科生在首都师范大学毕业。该专业本科生培养目标是“全面发展，学有专长”，317名毕业生以其专业知识宽厚，现代教学技术手段应用熟练，得到实习单位好评，全部就业。小学教育专业本科始于1999年，首批招收中师毕业生317人。

（王　群）

【教科院完成内蒙古教师培训】 8

月14至23日，教科院完成“爱生学校”教师培训任务。该任务受联合国儿童基金会、教育部委托，赴内蒙古库伦旗、准格尔旗和凉城县举办5期教师培训班，讲授教师应具备专业素质、新课改理念、教育学性别平等对于男女儿童发展重要性等专题。内蒙古自治区教师225人参加学习。

（卢　笛）

【首次评选北京高校教学名师】 8月25日，市教委完成首次北京高校教学名师评选。该评选工作按照坚持标准、宁缺勿滥原则，坚持较高学术造诣、长期从事基础课教学和教学效果良好等条件，制订申报名额分配比例，分为学校初评推荐，市教委综合平衡、审核批准方法。来自64所高校123名教师参加评选，其中，74人获得市级教学名师奖。北京高校教学名师奖每人奖励金额1万元。

（徐山清　郑　刚）

【18人入选全国高校教学名师】 9月9日，在第一届高等学校教学名师表彰大会上，北京11所部属高等学校18人入选。高校教学名师由教育部主持评选，面向学术研究成就突出，努力探索教育教学规律，运用现代教育教学理论改革传统教学过程长期坚持基础教学课程教学，且教学效果好的教师（教授），全国共计表彰100人。北京18名教师全部来自部属院校，其中，北大获奖4人。获奖教师平均年龄55.94岁，其中，最大年龄68岁、最小40岁，分布文、理、工全部学科。

（辛雪琴　陈　颖　华　蕾）

全国第一届高等学校教学名师奖（北京高校）

北京大学
陆俭明 （汉语研究）
丘维声 （高等代数）
吴思诚 （近代物理）
祝学光（女） （外科学）
中国人民大学
方福前 （西方经济）
清华大学
范钦珊 （材料力学）
李砚祖 （设计艺术）
申永胜 （机械原理）
吴庆余 （现代生物）
袁 驷 （结构力学）
北京航空航天大学
王 琪 （理论力学）
北京理工大学
梅凤翔 （理论力学）
北京科技大学
余永宁 （材料科学）
北京化工大学
张常群（女） （物理化学）
中国农业大学
刘庆昌 （普通遗传学）
北京师范大学
舒 华（女） （心理学）
中央财经大学
李 健（女） （货币银行学）
中央民族大学
金炳镐 （马克思主义民族理论）

（华 蕾）

【召开境外培训成果汇报会】 9月

16日，北京市校长教师境外培训成果汇报会在北京教育学院召开。会议总结北京教师境外培训成果，要求教师要有责任感、紧迫感和危机意识。要继续深入贯彻“三个代表”重要思想，加强教育管理者培训，使北京教育继续保持全国的领先地位。会议强调，要以人为本，加快人力资源开发，优化结构，提高北京教师队伍素质；要进一步推进教育对外开放，加强首都教育国际合作与交流。来自国家外国专家局、教育学院以及各区县部分中小学校长250人参加会议。

（郭 坤 聂 荣 龙 梅）

【15人获留学回国人员先进个人】 9月30日，在全国留学回国人员先进个人和先进单位表彰会上，北京高校共有15人获得“全国留学人员先进个人称号”，北京市留学人员服务中心、北京大学获全国留学回国人员先进单位称号。该奖项由中组部、人事部和教育部等六部委联合举办，全国共评选出留学回国人员先进个人311人，留学回国人员先进工作单位22个。

（魏 强）

【财经大学首批教师赴新疆支教】 9月，中央财经大学首批教师赴新疆财经学院支援教育工作。首批援疆教师共计3人，分别来自税务和国际金融与贸易专业，支教时间一个学期。根据教育部关于支援新疆汉语教师工作计划，财大自2003至2006年每年向新疆财经学院派出3名教师。

（韦 红 张京平）

【北大承办生命科学博士后研讨会】 10月27至28日，北京大学研究生院承办第二届全国博士后生命科学与人类进步学术研讨会。会议通报生命科学与生物技术、医学、药学及生命科学交叉科学领域研究进展和成果，研讨技术创新和研究途径等问题。来自全国100名博士后研究人员参加会议。

（廖志敏）

【特级教师讲学团赴福建讲学】 11月10至19日，市教委组建特级教师讲学团赴福建讲学。该讲学团由

7名特级教师组成，采取公开课、交流课、专题报告、互动座谈会等多种方式，讲授小学语文、数学，中学语文、数学、英语、物理学科和学校管理共计7个专题，共作公开课12节，现场听课、评课30节，举办专题报告、座谈会28场次。福建省福州市、泉州市南安县3000名教师参加学习。讲学活动受教育部委托举办，这是市教委第四次组团赴外省市讲学。

（冯爱平）

【王牧获得国际杰出学者奖】 11月24日，中国政法大学刑事司法学院王牧教授获得国际杰出学者奖。该奖项由美国犯罪学会设立并评选，面向在国际犯罪学研究或交流领域做出贡献的非美国籍杰出学者。本届共有2人获得该奖项。王牧，1941年出生，吉林省安广县人，1967年毕业于吉林大学，1996年到法大任教。这是法大学者第二次获得该奖项。

（武 焰）

【丰台成立特级骨干教师工作室】 12月29日，丰台区教委成立特级、骨干教师工作室。该工作室负责全区特级、知名、骨干教师管理，创建发挥特长、辐射作用工作环境与机制，逐步完善优秀教师评价体系；组织、实施、管理“导师带教”活动，重点组建“导师带教”实验学校；组建名优教师讲师团，配合区教委中心工作，完成相应教学诊断，为教育教学管理工作献计献策等工作任务。这是北京成立的第一个特级、骨干教师工作室。

（周文君）

管　　理

【服装学院完成首次全员聘用】 1月，北京服装学院完成首次全员聘用。该校649名教职工与学校签订聘用合同书，其中，签订至退休年限合同152人，占23.42%；签订2至4年聘用期合同497人，占76.58%。

（黄霆珺）

【燕山限制使用非固定职工】 1月，燕山教委提出使用非固定制职工指导意见。该意见指出机关及所属单位应清退非固定制职工，行政机关50人以下按5%配备临时工，各中小学（单位）原则只能配备1个非固定制职工。意见要求各单位在2003年2月底前清退非固定制职工，并发放相当于本人一个月工资生活补助金，最多不超过六个月。

（李守业）

【北京电大完成人事制度改革】 3月1日，北京广播电视大学完成人事制度改革。该改革依据《北京市事业单位聘用合同书》文件精神，实行全员聘任制度，全校247名事业编制教职工，其中，内退1人，待岗11人，签订岗位聘任协议书235人，其中，签订聘用至退休合同76人。

（唐　鹏）

【协和医大处级干部实施轮岗重聘】 3月，中国协和医科大学（中国医学科学院）首次实施处级干部轮岗、重聘。该校机关42名处级干部参加重聘、轮岗。管理岗位重新聘任处级干部30人，其中通过轮岗形式调整12人，占40%；成教学院、后勤中心、科教中心、出版社及公司重新聘任干部12人（包括从机关管理岗位转向非管理岗位4人）。另有6个副处级干部岗位以竞聘形式产生。轮岗重聘同时，院校调整部分机构职能，将原21个职能部门调整为20个，新成立科研教育服务中心。

（林　菲）

【北林大实行人事代理制度】 6月26日，北京林业大学与人事部全国人才流动中心签署人事代理、人才派遣协议。根据协议，北林大录用教职工（除教学人员），一律实行人事代理制度，其他用工实行人才派遣制度。

（汪海洋）

【丰台完成全员聘任制改革】 7至8月，丰台区教委完成全员聘任制改革。改革以建立教职工聘用合同制和岗位聘任制度为目标，汲取市区人事制度改革经验，听取基层意见和建议，制订人事制度改革4个配套文件。该区177家单位12000名教师签订聘任合同书。

（周文君）

【平谷六中完成人事制度改革】 8

月13至24日，平谷区第六中学完成人事制度改革。该改革由人事改革领导小组主持，按照人事改革实施方案，分为校内岗位竞聘演讲、填写聘用合同书、竞聘上岗等程序。该校职工191人参加改革，其中，178人竞聘上岗，13人未聘，与学校签订内部退休协议。

（王雅梅　邢久海）

【通州选派教师到农村任教】 8月25日，通州区教委选派20名城镇优秀教师到农村中学任教。这批教师分别来自运河中学和第三中学，经过自愿报名、学校推荐、区教委审批等程序，均具备政治思想好、工作认真负责、身体健康、具有较强教育教学能力等条件。选派教师为期一年，不转移工资关系，在评优、职称评定、教师聘用时优先考虑。同时，每人每月浮动一级职务工资（60元）并增加交通补助60元。

（勾庆祥）

【延庆首次实行聘用合同制】 9月28日，延庆县教委召开推进事业单位改革，实行全员聘用合同制动员会。该制度打破教职工人员管理终身制，由身份管理变为岗位管理。截至11月，该县教育系统88个事业单位教职工5755人参加改革，5512人签订聘用合同。其中，本学年聘任在岗5224人，占94.8%；未聘任上岗288人，占5.2%。其中，申请内部退休215人，批准213人，申请离岗待退3人，安排临时岗位29人，病休30人，借出系统外3人，其他人员10人。

（李晶华）

【人大新增人员实行聘用合同制】 9月，中国人民大学完成新增人员聘用合同制管理改革。该改革采用学校（院）与新教职工签订聘用合同方式，确定聘用关系，明确双方权利和义务。新教职工154人（含博士后出站5人）全部签订聘用合同，其中，校本部教学科研人员66人，教学辅助人员27人，党政群管理人员48人，附中、附小教师13人。

（白连永）

【财经大学完成第五轮干部选聘】

10月9日，中央财经大学完成第五轮中层干部选聘选任工作。经民主推荐、组织考察、党委常委会讨论决定，共聘任中层干部131人，平均年龄43岁。其中，45岁以下占65%，比上届提高3个百分点；大学本科以上学历占88%，比上届提高8个百分点；高级专业技术职务占53%。该校于1993年实施中层干部选聘选任，五轮聘任504人次。至年底，该校完成第五轮教职工岗位聘任，共聘任教学岗400人，科研岗13人，管理岗186人，辅助服务岗139人，工勤岗16人（不含后勤服务集团）。全校缓聘9人，拒聘3人，落聘3人，申请提前退休10人。

（韦　红　张京平）

【戏曲学院规范硕士生导师资格认定】　10月12日，中国戏曲学院实施硕士研究生导师资格评审认定暂行条例。该条例规定硕士生导师年龄在57岁以下，能担负指导研究生的实际工作；必须具有副高以上专业技术职称，并具有3年以上任职资格；有公开发表著作或在省级以上专业刊物上发表学术论文3篇以上。条例规定硕士生导师任职资格必须经过本人书面申请，学院学术委员会表决批准等程序。

（薛中君）

【北航成立劳动争议调解委员会】
10月，北京航空航天大学人事劳动争议调解委员会成立。该委员会由12人组成，由工会牵头负责维护学校和教职工合法权益，调解学校内部劳动争议，督促和检查争议双方当事人履行调解协议。同时，负责劳动法律、法规宣传教育，维护学校正常工作秩序。

（陈　颖）

【戏剧学院制订兼职教授聘任办法】
11月，中央戏剧学院制订聘请客座教授、兼职教授实施办法。该办法规定受聘教授义务、资格条件以及审批程序及待遇。根据本办法，该校首次聘请客座、兼职教授15人，其中，客座教授12人，聘期3年；兼职教授3人，聘期1年。

（张　般）

【海旅职校实施岗位聘用制】　12月8至9日，北京市海淀区旅游职业学校实施岗位聘用制。该校设置管理岗30个，教学岗61个。该校干部教师竞聘上岗91人，其中，管理岗30人、教学岗61人。1月，海旅职校教代会通过全员聘用合同制试行方案。

（王雪松　徐素霞）

【北工大博士生导师述职】　12月12至14日，北京工业大学召开博士生导师学术交流与述职会议。会议听取84名在校博导学术交流和述职报告，要求15分钟内全面、客观评价学校和自己整体学科学术水平，推动学科交叉与融合。该校学术委员会委员、教授及具有博士学位教师22人参加会议。

（江飒英）

【中医学校完成人事制度改革】　12月，北京市中医学校完成人事制度改革。该改革分为中层干部、班组负责人、教师及服务岗位聘任3个阶段，按照按需设岗、公开招聘、个人申报、竞聘和组织考察等程序。其中，竞聘中层干部人员要求参加笔试和面试，笔试考察政治素质、业务水平、管理能力、逻辑思维、文字表达及公文写作能力，面试考察演说与应变能力。该校职工115人参加竞聘，全部应聘上岗。

（吴　云）

师　　德

【顺义表彰师德建设先进】　2月27日，顺义区教委召开优秀师德群体、师德标兵表彰会议。会议总结师德建设工作，表彰优秀师德群体57个、师德标兵112人，并听取师德标兵代表经验介绍。会议提出建立师德行风监督机制，聘请学生、家长为学校师德行风监督员；挖掘师德建设内涵，探索和研讨新型师德建设活动；加强青年教师师德教育和教学技能训练；完善师德考评方案，做好区、校两级工作等任务。来自该区教育系统103家单位工会主席参加会议。

（雒宝林）

【塘子中学举办师德报告会】　3月，密云县塘子中学举办师德报告会。该报告会邀请师德宣讲团两名教师作题为《发挥学生主体作用共创优秀班集体》和《挖掘班主任工作潜能》专题报告，讲授班干部轮换制、学生轮流上岗、班主任工作角色的定位等问题，并与部分教师研讨有关问题。

（郭占云）

【密云开展师德教育活动】　6至7月，密云县教委开展师德教育系列活动。该活动分为开展“我与师德”、“新时期师德内涵”研讨，“优秀师德群体”、“师德优秀教师”评选两个部分，要求教师人人参与，把研讨、征文和争创活动作为一次教育过程。该县教师7000人参加学习活动，评出优秀师德群体14个，优秀征文108篇。

（郭占云）

【密云举办师德论坛】　7月17日，密云县教委举办“弘扬高尚师德，培养高素质人才”教师论坛。该论坛听取6名优秀教师，结合自己工作，讨论弘扬高尚师德，培养高素质人才的看法。论坛认为，教师应该按照“志存高远、爱国敬业、为人师表、教书育人、严谨笃学、与时俱进”标准要求自己，弘扬高尚师德。来自7所学校党支部书记和优秀教师30人参加学习。

（郭占云）

【北工大评选最爱戴老师】　8月4至8日，北京工业大学举办第二届“我爱我师——我心目中最爱戴的老师”评选。该评选由学生会发起，采用条幅签名、问卷调查和投票选举方式，共发放选票3000张，获得有效选票2850张。该校教师800人参加评选，其中，20人获得“我心目中最爱戴的老师”称号。

（江飒英）

【崇文三幼家长参与教师评优】　9月1至9日，崇文区第三幼儿园举办优秀教师评选活动。该活动邀请家长参与，设立“我心目中的好教师”家长投票箱，共收到家长选票320张，提名教师48人。

（王　辉）

【海淀举办新教师集体宣誓】　9月9日，海淀区教委举办首次新教师集体宣誓活动。该活动听取新教师代表发言，听取特级教师、市劳动模范专题报告，并举行宣誓仪式。来自30所高校272名新教师参加宣誓活动，其中，年龄最大27岁，最小19岁。

（宋亚甫）

【电影学院举办教师社会实践】　9

月30日至10月4日，北京电影学院举办青年教师社会实践活动。该活动走访河南省辉县回龙村、新乡县刘庄，了解张荣锁、史来贺先进事迹，参观河南大学、河南师范大学和黄河小浪底工程，并瞻仰刘少奇逝世纪念地。该校青年教师13人参加活动。

（刘瑛凯）

【石景山开展师德教育活动】　9月，石景山区教委开展师德教育活动。该活动分为师德教育和关心学生健康两个部分。师德教育采用学习与思考形式，开展学法、守法、用法教育活动，利用网络举办“教师的违法行为”专题研讨，要求教师树立责任和法制意识，干部加强校园安全日常管理及检查。同时，强化学生日常法制安全教育，增强学生法制观念与自我保护意识。关心学生健康，要求教育有不良行为学生体现人文关怀，创造宽松、和谐发展的教育环境。做到了解学生成长环境，掌握学生心理，因人施教。同时，在社会上形成关心学生健康环境，使家长承担起学生监护人职责。该区教师7000人参加教育活动。

（王德文）

【平谷举办爱在幼教演讲比赛】　10

月28日，平谷区教委举办“爱在幼教”师德演讲比赛。比赛分为初赛、复赛和决赛，设立听、说、读和写等项目。39人进入决赛，其中，3人获得一等奖。

（陈亚静　王玉梅）

培　　训

【举办高校干部科研管理培训班】　3月16至22日，市委教育工委、市教委举办市属市管高校领导干部科研管理培训班。该培训班按照干训“十五”规划分层次、类别原则，采用专题讲座、分组讨论和工作交流形式，共举办15个专题讲座、2次讨论和1次工作交流，系统讲解高校科研管理基本知识、基本理论和相关政策，介绍国内外高校科研管理发展情况及成功经验，科技发展重要理论和有关政策。科技部、教育部和北京市科技计划项目资源状况等问题。市属市管高校主管领导50人参加学习。

（张年武）

【平谷召开继续教育工作会】　3月

20日，平谷区教委召开继续教育工作会议。会议颁发关于教师“十五”时期继续教育工作实施意见、关于中小学教师校本培训工作实施意见

和2003年职评工作意见3个文件，指出师资队伍缺乏敬业精神，缺乏应有的文化素养和教育教学实践中反思习惯。会议指出，教师队伍建设重点要放在校本师资培训上，职评工作要采取人本、能本相结合方式。

（岳广顺　王玉梅）

【建材学校举办全国师资培训班】 3月22至28日，北京建筑材料工业学校举办第四期全国数控工艺员师资培训班。该培训班采用讲座形式，讲授工艺员考核大纲、数控加工工艺理论知识、计算机制图与制造（CAD/CAM）、手工编程和机床操作5个专题。来自全国60所大专院校108名教师参加学习。

（王新法）

【大兴培训口风琴教师】 4月9日，大兴区教师进修学校举办中小学音乐教师口风琴培训班。该培训班设立口风琴结构及演奏技巧、如何在课堂上开展器乐教学活动等课程。该区30所学校初高中音乐教师40人参加学习。

（李永奎）

【昌平举办民族舞蹈培训班】 4至10月，昌平区教委举办中国民族舞蹈培训班。该培训班采用每月培训一天，共计7天方法，开设蒙古舞和藏族舞共计2门课程，完成学业通过考核，取得结业证书。该区中小学音乐教师43人参加学习，全部获得结业证书。

（刘　坤）

【教师“空中课堂”开通】 6月7日，市教委开通教师“空中课堂”。该课堂依靠教育学院、教科院优秀师资和教研力量，通过北京电视台8频道，面向全市中小学教师，播送中小学课程改革全部培训内容。

（冯爱平　倪美娟）

【二轻学校举办教师礼仪培训班】 7月3至4日，北京二轻工业学校举办教师礼仪培训班。该培训班邀请朝阳区教研中心教研员讲解举止、礼节和课堂常规，完成站姿、坐姿、走姿、表情、手势、致意和鞠躬课堂礼节演练。该校教师86人参加学习。

（杨香荣）

【黄村一小举办新教师培训班】 8

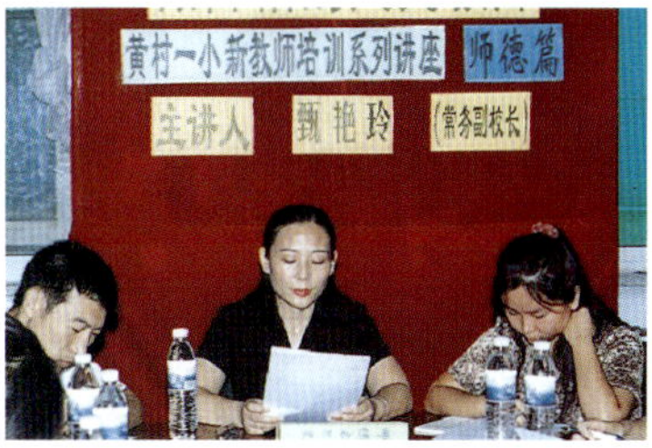

月24至25日，大兴区黄村一小举办新教师岗前培训班。该培训班以“做合格的人民教师”为主题，分为师德、教学、安全、科研、交流和研究6个专题，奠定新教师爱岗敬业基础。培训结束进行答卷测试。该校新教师16人参加学习。

（王　娜）

【举办中职教师信息技术培训班】 8月24至29日，市教委举办两期中等职业学校骨干教师信息化技术培训班。该培训班采用专题讲座方式，讲授职成教信息化建设目标进程、教育资源数字化整合技术、信息化教学设备介绍与使用多媒体课件制作与网络课程开发、中职校优秀多媒体课件演示等专题。400名骨干教师参加学习。

（武怀海　左少华）

【法大举办人权法培训班】 9月1日至10月31日，中国政法大学举办人权法大学师资培训班。该培训班配合教育部人权法教学计划，邀请国内14所高校、国家机关23名学者，分别讲授人权理论、国际人权法等课程，涉及诸多法学界前沿、敏感问题。培训班由欧盟委员会资助，法大人权与人道主义研究所承办。来自全国14所高校、研究机构25名教师、博士生参加学习。

（武　焰）

【首经贸大教师赴美国进修】 9月9日，首都经济贸易大学教师团首次赴美国进修学习。该校教师团由5人组成，在美国多米尼肯大学，他们将完成美国教学管理、教学方法、教学组织和教材等专题学习，为期3个月。

（钟志红）

【昌平确定首批干部培训基地】 9

月17日，昌平区委教育工委、区教委确定首批中小学干部培训实践基地。首批基地共计昌平一中、昌平二中、昌平五中和昌平实验小学4所学校，主要承担提高干训教师素质和中小学干部培训工作。

（郝志惠　刘　华）

【延庆举办教师科技培训】 9月17日，延庆县教委举办中小学辅导教师科技培训。该培训设立四驱车模型和科技英语辅导班两个教学班，其中，四驱车模型辅导班，开设四驱车模型组装、比赛技巧课程；科技英语辅导班讲授《趣味科普英语》学习方法。来自16所实验学校78名教师参加学习，其中，33人学习四驱车模型，45人学习科技英语。

（李晶华）

【韩庄中学举办青年教师献课活动】

10月11日至11月10日，平谷区韩庄中学举办青年教师献课活动。该校23名青年教师每人献课一节，学校从中评选出5节优秀课给予表彰，同时给予“师傅”200元奖励。4月5日，该校23名青年教师分别与18名老教师结成师徒对子，学校要求半年内师徒互相听课不得少于30节，业务交流不得少于50次，师傅帮助徒弟掌握备课、授课的基本要领。

（卢洪忠　王立波）

【教育学院培训打工子弟学校教师】 10月18日至11月23日，教育学院举办首期打工子弟学校教师培训班。该培训班突出重前沿、重实用特点，采用面授方式教学，由各科教授或教学骨干担任教学，共开设东方传统美德、教师心理素质提高、中小学教育法规、新课程实施与评价等13门课程。来自5所打工子弟学校50名教师参加学习。

（郭　坤）

【石景山举办管理干部作课活动】 10月22日，石景山区教委举办首届小学教学干部作课活动。该活动利用实验小学教学班，要求运用国家、北京市课改理念，贯彻国家、北京市课程标准，在实践中锻炼、培养教学干部作课、评课、说课能力，提高课堂教学指导能力。来自37所学校教学管理干部25人参加作课活动，共作课25节。

（厉　丽）

【举办机器人大师培训班】 10月30日至11月4日，市教委、市科委和英国驻华使馆联合举办机器人大师培训班。该培训班采用专题讲座、表演和交流方式，听取5名长年从事机器人工作英国专家讲解机器人制作、比赛和科普教育常识，在北航体育馆举办大型机器人表演和培训班学员制作机器人表演。来自北京、上海、重庆和广州4个城市20名教师参加学习。

（张　铮）

【延庆教师珠心算培训班结业】 11月1日，延庆县教委首批小学教师珠心算培训班结业。该培训班开设珠算基础理论课程，学制1个月。来自珍珠泉、四海、刘斌堡和永宁4所小学的44名教师参加学习，全部获得市珠算协会颁发珠心算初级结业证书。该县2003年开始珠心算教学，共有783名学生参加学习。

（高天学）

【戏曲学院鼓励教师进修】 11月3日，中国戏曲学院制订《关于教职工进行学历教育给予部分补助费用的暂行规定》。该规定明确经系、处领导推荐，主管院领导批准同意，在编、在职、在聘、在岗教职工均可以参加高一级学历教育。参加学习教职工在取得学历后，凭正规学费收据每年报销1500元，其中，获得本科报销3000元，硕士4500元，博士6000元。

（薛中君）

【继续教育学科指导组召开会议】 11月13至14日，北京市“十五”期间继续教育中学数学学科指导组召开会议。会议交流各单位“十五”期间继续教育工作实施方案、课程设置、进展情况以及工作计划。会议决定，各区县继续完善“十五”继续教育挂牌课，充实中学数学学科“十五”继续教育计划，征集新课程理念指导下数学课堂教学及评课实录。该指导组成员及各区县主管领导19人参加会议。

（郭　坤）

【将台路中学签订师徒协议书】 12月2日，北京市将台路中学青年教师拜师学艺师徒协议书签字。根据协议，师徒共同完成教材分析、教学设计、教学技艺、课程研究、教改项目和学情分析等9个项目指标，协议有效期两年。期满后由学校完成师徒考评。该校14名新教师与14名老教师签订师徒协议书。

（刘淑珍）

【特级教师讲学团赴房山支教】 12

月9至11日，市教委组建特级教师讲学团赴房山区讲学支教。该讲学团由13名特级教师组成，包括语文、数学、英文等学科。采用举办示范课、观摩课、评课交流、专题讲座和拜师活动等形式，分别到良乡中学和良乡三小为中小学教师作示范课和观摩课，共作示范课22节、专题讲座13场、听课22节、收徒弟35人。房山区中小学教师共计3000人次参加学习。这是市教委举办的第四次全市范围内特级教师讲学支教活动。

（冯爱平　李翼明）

【劲松职高举办英国课程培训班】

12月22至30日，北京市劲松职业高中举办魁维亚英国课程培训班。该培训班听取劲松职高合作课程教材使用情况、合作专业学生出国学习有关事宜，听取中国大饭店、国际俱乐部企业用人标准和员工素质要求介绍，参加国宾酒店、皇冠假日饭店、国际俱乐部饭店“圣诞晚会”活动。来自广西、杭州和安徽3个省市自治区12所学校36名教师参加学习。2000年，劲松职高与伯安茅斯学院签订协议，开展魁维亚英国课程教学。

（文梅龄）

【建工学院联合培养博士生】 12月，北京建筑工程学院与荷兰代尔夫特工业大学联合培养博士生项目签字。根据合作备忘录，双方合作研究及联合培养博士生项目为期四年，实行“1+2+1”教学模式，第一、第四年在荷兰学习，第二、第三年在国内学习。修业期满，参与合作研究人员可申请荷兰代尔夫特工业大学博士学位。

（黄　琇）

教 学 竞 赛

【昌平举办化学实验改革汇演】 3月27日，昌平区教委举办中学化学实验技术改革汇演。该汇演要求运用现代教育技术，突出创新理念。来自30所学校100名教师109项实验改革成果参加汇演，获奖84项。

（侯淑兰　徐敬来）

【昌平举办音乐教师声乐比赛】 3月31日至4月2日，昌平区教委举办中小学音乐教师声乐比赛。该比赛分为中学和小学共计2组，设立美声唱法和民族唱法共计2个项目。来自79所学校176名教师报名参加比赛，其中，100人获奖。

（刘　坤）

【平谷首届教师主持人比赛结束】 4月10日，平谷区教委举办的教育系统首届主持人比赛结束。该比赛分为初赛、复赛和决赛，内容是“教书育人，服务育人，管理育人”，时间5分钟，包括精神面貌、演讲内容和语言运用能力等5个方面内容。该区教师101人报名参赛，24人进入决赛，其中，6人获得一等奖。

（张光存）

【平谷举办青年教师歌唱比赛】 9

月16日，平谷区教委举办首届青年教师歌唱比赛。该比赛与北师大平谷附中共同举办，分为通俗、民族和美声三个组，该区青年教师98人参赛，其中，5人获得一等奖。

（邢春艳）

【语文课《葡萄沟》获奖】 10月27

日，在全国小学语文研究会第15届年会上，丰台区为师范学校附属小学语文课《葡萄沟》获得录像课一等奖。该奖项由全国教育技术协会主持评选。语文课《葡萄沟》在教学过程中突出指导者、组织者作用，留出更多时间让学生参与教学，体现以读为本，读中感悟特点；鼓励学生大胆质疑学习内容，培养思维能力和创新意识，体现学生主体参与。同时，利用多媒体优化教学，利用信息反馈技术开展思维训练，提高课堂教学效率。

（王建华）

【政治课《做情绪的主人》获奖】 11月9至15日，在全国第三届思想政治优质课竞赛上，教科院选送的《做情绪的主人》课程获得一等奖。该竞赛由中国教育学会中学政治课专业委员会主办，来自全国30个省市区31节课程参加评选。《做情绪的主人》由花园村中学教师执教，以学生自主体验、合作学习为主，采用基于教材超越教材活动内容设计，强调真实体验、轻活动形式，活动过程设计和独具特色的学生“学案”设计，为学生提供思考空间和丰富学习资源。

（赵　跃）

【石景山举办教学设计比赛】 12月8至19日，石景山区教委举办中学教学设计比赛。该项比赛分为初中、高中两个组别，初中每校15人组队，高中每校18人组队，项目共涉及中学教学全部学科。来自全区22所中学300名教师的298节课参加比赛，参赛教师平均年龄34岁，中学一级教师162人，占参赛教师人数的54%。其中，84人获得课堂教学一等奖，93人获得教学设计一等奖。

（叶向红）

【财经大学举办教师基本功赛】 12月14日，中央财经大学第五届青年教师教学基本功比赛结束。该项比赛分为预赛、决赛两个阶段，共设立教案、教学演示和板书等项目。该校共有200名教师参加比赛，15个院系39名教师进入决赛，其中，5人获得综合一等奖。与往届相比，参赛教案、课件质量均有提高。1990年，财大举办首届青年教师教学基本功比赛，当时称为“青年教师教学观摩评比”。

（韦　红　张京平）

【举办“丰职杯”烹饪技能比赛】 12月20至21日，教科院、市烹饪协会联合举办首届中等职业学校“丰职杯”烹饪技能比赛。该比赛共设热菜、面点、冷拼、果蔬雕刻和团体展台5个项目，采用评委现场评分方法。经评审，门头沟区职业教育中心学校、顺义区职业教育中心学校获团体展台铜奖。顺义区民办大方职业学校、平谷区第一职业学校、北京市远大职业高中学校、丰台区职业教育中心学校获团体展台银奖。古城旅游职业学校、延庆县第一职业学校、北京市第六十一中学、劲松职业高中、北京酒店管理职业学校获团体展台金奖。比赛还评出个人单项金奖17个，银奖15个，铜奖15个。比赛由丰台区职业教育中心学校承办，来自13所学校100名烹饪专业教师参加比赛。

（唐耶夫　李桂祥　王　伟）

职称与资格认证

【概　况】 2003年，市教委高等学校教师、学校图书系列，中等专业学校教师、中学教师、小学教师和中小学图书等10个系列11个高、中、初级评委会，评议审定北京地区高校、中专、区县及部分直属单位推荐申报晋升高、中、初级专业技术职务计1606人，通过1272人，通过率为79.2%。

（郭宏伟）

【平谷召开职称评定工作会】 2月19日，平谷区教委召开教师职称评定工作会议。会议总结上年教师职称认定情况。来自75个单位110人参加会议。2002年，平谷区共有111名教师参加北京市中学高级教师职务申报，其中，94人获得中学高级教师任职资格。至此，该区8083名在职教师中，556人获得高级教师职务，占6.9%；3037人获得中级教师职务，占37.6%；3741人获得初级教师职务，占46.3%，分别比上年提高2.3%、6.5%和7.2%。

（岳广顺）

【北外完成教师资格认证】 3月，北京外国语大学完成首次教师资格认定工作。该工作始于2001年5月，严格审查认定人员范围、条件和程序。该校参加首次资格认证284人，其中在职人员213人，离退休人员71人。

（李　勇）

【大兴教师职称高评委成立】 7月，大兴区教委成立高级教师职务评审委员会。该委员会拥有100人的高评委专家库，负责教师中文、数学等10个学科高级教师专业技术职务最终评审权。

（李永奎）

【女子学院完成教授评聘答辩】 9月15日，中华女子学院完成首次教授职务任职资格学科答辩。该答辩会邀请3所北京高校5名专家、院内4名专家，组成2个综合学科答辩组，分别完成9名申报教授职务教师答辩。其中，5人通过市教委高级专业技术职务评审委员会评审，获得教授专业技术职务。

（郑　雷）

【西城首次评定教师高级职称】 9月20至28日，西城区教委完成首次中小学教师系列高级专业技术职称评审。该区共有543名教师申请参加专业技术职务评审，其中，申报小学高级教师178人、中学一级教师203人、中学高级162人。513名教师晋级，其中，小学高级教师175人，中学一级教师199人，中学高级教师139人。这是该区教委首次自行开展中学高级教师职务评定工作。

（陈慧珍　吴　彤）

【229名中专学校教师晋升技术职称】 11月7至10日，北京市中等专业学校教师高、中级职务评委会完成中等专业学校教师职称评审。该评审分为高级、中级、初级共计三个层次，全市各中专学校共申报290人，通过229人，其中，获得高级职务任职资格118人，占73.8%；中级职务106人，占86.2%；初级职务5人，占71.4%，通过率为79%。

（王　晶　郭宏伟）

【49人获得高等学校图书系列高中级职务任职资格】 11月10至11日，北京市高等学校图书系列高级职务评委会召开评审会议，对北京地区10所高校申报图书系列高、中级职务58人进行评议审定，通过49人。

（郭宏伟）

【411人获得高校教师系列任职资格】 11月10至18日，北京市高等学校教师高级职务评审委员会召开评审会议，对北京地区部分普通高等学校、成人高等学校等98个单位申报的高等学校教师、科研、工程、实验和教育管理系列高、中、初级职务进行评审。共申报566人，获得正高级职务任职资格192人；副高级职务176人；中级职务39人；初级职务4人，平均通过率为72.6%。

（王　晶　郭宏伟）

【573人获得中学教师系列高级职务任职资格】 11月16至21日，北京市中学教师高级职务评委会召开评审会议，对北京地区18个区县、部分直属单位推荐的申报中学教师系列高级职务进行审定。申报684人，通过574人，通过率为83.9%。

（王　晶　郭宏伟）

【10人获得中小学图书系列中级职务任职资格】 11月27日，北京市中小学图书系列中级职务评委会召开评审会议，对北京地区5个区县推荐的申报中小学图书系列中级职务进行审定。申报10人，通过10人，通过率100%。

（郭宏伟）

【机械学院完成年度技术职务评审】 11月，北京机械工业学院完成年度专业技术职务评审。该评审严格遵循个人申请和答辩、校专业技术职务评审委员会评议和投票表决、上级主管部门批准等规定程序。来自13个单位共计47名教师申请参加评审，42名教师晋升高、中级专业技术职务，其中，2人晋升教授、16人晋升副教授、3人晋升副研究员、2人晋升高级工程师、3人晋升高级实验师。

（王志伟）

待 遇

【海大部分教师入住望京教师住宅】 1月14日，海淀走读大学部分教师入住望京花园东区。这批教师共计9人，其中，教授1人，讲师8人。他们根据市教委有关政策，以3500元1平方米价格购买住房。这是该校首批入住望京花园教师。至年底，该校共有21名教师入住望京花园高校教师住宅区。

（徐 莹）

【怀柔开展送温暖活动】 1月，怀柔区教委开展送温暖活动。该活动由区教委领导带队，分5个慰问小组，慰问27家单位劳模、优秀教师、离退休教职工、生活困难教职工、住院教职工1287人，发放慰问金23万元。

（王凤海）

【东高村镇修订教师奖励办法】 2月21日，平谷区东高村镇第二学区修订教师教学质量管理奖励办法。新办法增加奖励素质教育综合评价优秀学科教师、各类竞赛活动获奖教师、教研工作成绩突出教师、课程改革出色教师四项内容。办法同时规定奖励方式和奖励数额。至年底，学区共有24名教师获得总额4500元奖励。

（姚景武 李满会）

【房山提高山区教师待遇】 7月1日，房山区教委提高山区教师待遇。该区山区教师补贴每人每月增加50元，全年核发10个月；区校两级学科教学带头人和中青年骨干教师补贴每人每月增加20元，全年核发10个月。增资所需经费全部由区财政负担。同时，规定山区教师（区教委统一批准）学历进修学费由区、学校、教师本人各负担三分之一。首批执行范围包括十渡、蒲洼、霞云岭、史家营、大安山、佛子庄、南窖和河北8个乡镇全部学校以及张坊、大石窝、韩村河、青龙湖、周口店、长沟6个乡镇部分中小学校，共涉及教师1413人，总增资额年70.65万元。

（李翼明）

【燕山补缴职工保险】 8月，燕山教委完成合同制职工养老保险和事业单位职工失业保险补缴。其中，为16家单位合同制职工40人（1987年7月1日以后参加工作）补缴934905.69元养老保险金（1987年7月至2003年7月），为20家单位教职工1116人补缴失业保险金624319.75元（1999年1月至2003年7月）。

（李守业）

【北林大奖励教学科研先进】 9月10日，北京林业大学召开庆祝教师节大会。会议表彰教学、科研先进工作者65人，颁发奖金总额180万元。其中，个人奖金数额最高达到9万元。

（汪海洋）

【石景山举办青年教师联谊活动】 9月11日，石景山区教委举办“明月送真情”青年教师中秋联谊活动。该活动由区委教育工委、教育团工委联合举办，领导、教师共同表演歌曲、舞蹈和小品节目。来自该区教育系统共计240名青年教师参加联谊活动。

（张树生）

【大兴完成教师增资工作】 10月，大兴区教委与区人事局、财政局联合完成教职工增资工作。该工作按照区教委具体发放办法，坚持“以岗定薪，岗变薪变”原则，参加月增资教师11865人，月增资总额1600829元，一次性发放2003年冬季住宅取暖费11938人，金额7879140元。

（李金艳）

【大兴幼儿园园长划归教委管理】 11月13日，大兴区镇级中心幼儿园园长纳入教委干部队伍管理。划归县教委管理后，园长执行事业单位四级职员职务工资标准（享受副校级待遇）。

（李金艳）

【北航颁发优秀青年教师奖】 11月，北京航空航天大学颁发首届优秀青年教师奖。该奖励面向教学和科研一线、在教学和科研领域取得显著成绩、副教授以上专业技术职务或博士学位中青年教师。入选教师连续3年每年获奖励5万元。其中，1万元用于个人奖金，其余用于教学科研工作。首届共有10名教师获奖。

（陈 颖）

【农大实施学术休假制度】 12月1日，中国农业大学实行学术休假制度。该制度规定学校副高级专业技术职务以上，在本校工作满5年、且任现职满3年，年度考核优良的教师，均可以申请学术休假。学术休假每4年为一个周期，每个周期可以一次性安排6个月（只能占用一个学期）。休假周期以聘任高级职务时间为准，一般不做跨周期累计。制度规定，学术休假期间，教师工资及福利待遇不变，年工作量减半。

（郭立群）

【崇文颁发优秀青年教师奖】 12月，崇文区教委颁发“期望杯”优秀青年教师奖。来自该区20所中小学和幼儿园的20名教师获奖，每人获得500元奖励。该奖励基金由崇文培训学校每年出资1万元于1991年设立，每年评选一次，13届共计奖励335名中小学青年教师，发放奖金12万元。

（陈 月 沈桂红）

人 才 交 流

【法大聘任香港教授】 2月19日，中国政法大学聘请香港城市大学莫世健教授协议签字。根据协议，莫世健担任国际法学院教授，承担普通商法原则、国际经济法、国际贸易法课程，协议有效期8年。莫世健，1978年考入吉林大学，1984年留学加拿大获得硕士学位，1986年留学澳大利亚悉尼大学获得博士学位，自1996年在香港城市大学任教。

（武　焰）

【东城制订引进人才优惠政策】 3月，东城区教委制订引进优秀人才优惠政策。该政策规定，凡硕士学位以上教师、省市级骨干教师、省市级中小学特级教师年龄在45周岁以下，学校均可根据需要引进，区教委为引进人才提供办理户口及调入手续等服务。

（秦晓芳）

【电影学院调入校友教师】 5月和8月，北京电影学院调入校友教师。首批聘任导演田壮壮和演员徐静蕾。田壮壮是导演系1982届毕业生，从事电影导演创作，他拍摄的《猎场扎撒》、《盗马贼》、《蓝风筝》和《小城之春》在国际影坛享有声誉。徐静蕾是表演学院1997届毕业生，主演多部影视作品，2002年她自编、自导、自演电影《我和爸爸》引起关注。

（刘瑛凯）

【完成档案室设施改造】 6月，北京教育人才交流中心完成档案室设施更新改造。该中心将原215个独立档案柜更换成全封闭手动密集档案架，共计11组，档案存储达到10万份。

（冯美新）

【北航调入两名院士教师】 7月7日和10月13日，北京航空航天大学分别调入姚福生、姚骏恩两名院士教师。姚福生，1994年首批当选中国工程院院士，是工程院主席团成员、机械与运载工程部主任。他长期从事汽轮机叶片、叶栅及汽轮机旁路系统工程技术工作，是动力机械和汽轮机专家。姚骏恩，中国工程院院士，是中国扫描隧道显微镜（STM）研制和生产主要开创者，中国电子显微镜研制和发展主要负责人，他主持十多种纳米检测仪器、器件研制开发，先后获得11项国家和省部级科技奖励。

（陈　颖）

【戏曲学院处理出国逾期不归教师】 9月5日，中国戏曲学院制订《关于对出国逾期不归者的处理意见》。该意见规定，凡因私出国（境）人员超假3年（含），均按自动离职处理，其档案转入市、区人才交流中心或职业介绍中心。在规定期限内不办理档案转移手续，由学院统一转往街道办事处。1985年至2003年8月，该院出国留学或因私出境逾期不归教师共有34人。

（薛中君）

【东城引进276名大学毕业生】 9月，东城区教委引进276名应届大学毕业生。这批大学生来自全国50所院校，其中，硕士、双学位毕业生18人，本科生208人，占接收毕业生总数82%；党员48人，占17%；外地生源毕业生100人。至年底，该区小学大专以上学历教师85.7%，初中本科以上77.7%，高中本科以上92.7%，职高本科以上78.8%。距2005年底实现“小学教师基本达到大专、初中达到本科、高中和中等职业学校原则上达到本科学历”目标分别相差14.3%、22.3%、7.3%和21.2%。

（秦晓芳）

【农大引入首批特聘教授】 9月，中国农业大学引入首批特聘教授。这批特聘教授共计8人，均经过公开招聘、平等竞争和择优聘任。根据规定，农大特聘教授可获得启动经费200万元（含聘期内岗位津贴）。

（郭立群）

【建工学院实行“双聘院士”制】

12月11日，北京建筑工程学院召开“双聘院士”聘任会议。会议聘请李圭白为“双聘院士”，根据聘任协议，“双聘院士”承担加强师资队伍建设、提高科研水平、指导学科建设任务，任期3年。该校领导8人参加聘任会议。李圭白，1955年毕业于哈尔滨工业大学，是哈工大教授，博士生导师，中国工程院院士，中国给排水科学家和教育家。

（黄　琇）

教育研究

综　　述

2003年，北京教育科学研究院现有在职职工312人，其中，具有高级职称146人（研究系列43人，教师系列91人），中级职称78人（研究系列28人，教师系列30人）。在职职工中具有本科以上学历203人，其中，硕士71人，博士8人。

2003年，教科院参与筹备北京市教育大会，先后开展大型调研活动28次，组织7项专题调研；完成各类教育调研报告149篇，约156万字，教育改革创新决策咨询报告、论文等54篇，约100万字；完成对百名专家、学者、相关领导、企业界人士及大中小学校长的访谈，撰写访谈报告35万字。向“两委”提交万余字的《首都教育创新战略纲要》报告，为制订首都教育发展战略提供重要参考依据。

2003年，教科院以《教育快报》（分为领导版与普通版）方式，及时提供国内外教育前沿信息及最新教育研究成果；教科院承担《两委学习参考》资料编辑工作，主要为领导及时提供国内外教育发展的新观点、新理论、新动态、新趋势，具有很强的时效性。主要栏目有“部委之声”、“各地教育动态”、“国际教育视角”、“教育言论”和“教育调查”。全年共编辑、提交《两委学习参考》16期，总计约16万字。

2003年“非典”期间，教科院承担开设“空中课堂”的任务，先后开设基础教育“空中课堂”、职成教育“空中课堂”和学前教育“空中课堂”，推出电视、广播和在线学习，开发大量数字模拟资源。使全市中小学学生“非常时期”没有间断文化课学习，而且还学会借助网络等现代化手段学习，提高学生自主学习兴趣和能力。“空中课堂”的开通，及时平缓全市中小学生、中职学生和学前儿童家长思想情绪，得到师生和学生家长好评。

2003年，教科院先后完成北京市、教育部教育科学“十五”规划年度课题申报立项工作。全市共有36人参加申报，申请立项课题36个，其中，申报市级课题26项、教育部课题10项；承担“十五”规划共有13项课题获准立项。其中，全国教育科学“十五”规划课题4项、北京市教育科学“十五”规划课题9项。市教委2002年度委托的25项课题的研究工作已全部结题；完成市教委委托的2003年度26项课题的招标工作。

教科院承担教育部委托课题（职成教）15项，涵盖当前职业教育与成人教育领域热点和难点问题，包含宏观、中观、微观三个层面。教科院业务主管部门组织完成对所有立项课题的中期检查，总结经验，发现问题，保证课题研究质量。

2003年，教科院召开“北京基础教育教学研究工作创新研讨会”，对教研工作新思路、新特点进行研讨，就如何通过教研工作创新推动课堂教学创新进行探讨。教研工作注重深入课堂听课，积极参与学科教学研究活动。2003年，教研员听课3493节，学科教学研究活动503次，参加活动教师123380人次。顺利完成高考、中考和会考命题工作，并撰写论文及专著若干。

2003年，教科院完成对北京市基础教育课程教材改革实验教材、教师参考用书组织审查工作；开展对部分实验区的课程与教材改革实验情况调研；分批组织干部教师使用新教材培训；完成对课程教材管理建设工作系列文件起草及北京市普通中小学教学用书目录和学具目录编制；正式启动与课程改革相关的资源库建设。

职业教育与成人教育课程教材先后完成语文、数学、英语和计算机4科文化课的部分教科书、教学参考书编写等23册，共计544.5万字；编写出版中等职业学校《礼仪》课程教材12.7万字；并组织开发和研制配套课件提供给相关学科教师，为提高中等职业学校教学质量起到促进作用。

教科院与联合国教科文组织、欧盟等国际组织合作，努力推进以环境教育、学习型社会、义务教育和教师专业发展等为主题的国际多边合作项目，建立教科院与欧洲、亚洲、北美洲和大洋洲的工作网络，发展境外资源。

教科院先后成功主办、承办和协办首届环境人口与可持续发展（EPD）教育国际论坛等7个较高水平的教育论坛，扩大教育研究领域，推进研究的深化和成果转化，促进国际间研究与合作，扩大在国内外影响。

2003年，教科院坚持“内脑”、“外脑”相结合，走跨越式发展之路。积极借用社会优秀人才和研究成果资源，邀请政府部门、经济部门的专家、高等院校学者、信息专家担任教科院研究顾问或课题组成员。并与“百年树人集团”合作，努力形成集开放的资源管理应用平台、高效的传输系统、完善的培训和应用指导于一体的资源服务体系，提高教科院的整体研究水平。

2003年，教科院修订和制订包括党务工作、行政管理、业务管理、财务管理、企业管理等一整套管理制度。做到件件有章可循，事事有法可依，推进“依法治院”。

（郝淑仪）

总　　类

【北京教育丛书召开编委会议】 2

月 21 日，北京教育丛书召开编委会会议。会议听取北京教育丛书主编工作报告，要求坚持丛书服务一线教学宗旨，完成第二个百本丛书组稿、编辑、审查和出版工作。会议宣布编委会与办公室人员变动情况。来自教科院、北京教育丛书编委会成员 70 人参加会议。

（王海芳　丁柏明）

【验收环境人口与可持续发展项目校】 3 月 21 日至 10 月 27 日，教科院完成环境人口与可持续发展（EPD）教育项目实验学校验收。该验收由中国环境人口与可持续发展教育项目专家组主持，采用实地考察方法，根据项目章程及项目指南要求，完成北京地区实验学校年度审查和第二批实验学校资格评审。来自 9 个区县 100 所中小学实验校参加验收。

（富　涛）

【承办亚洲可持续发展教育研讨会】 3 月 25 至 28 日，教科院承办联合国教科文组织（UNESCO）第二届亚洲地区 ASPnet 可持续发展教育研讨会。会议听取中国环境人口与可持续发展（EPD）教育项目基本理念与操作方式专题报告，以 ASPnet 中国可持续发展教育为主题，讨论联合国教科文组织关于可持续发展远景与展望、联合国教科文组织在教育与可持续发展中的作用、各国、各地区 ASPnet 可持续发展教育进展情况以及今后 ASPnet 可持续发展教育在各国、各地区以及全世界发展前景规划等问题。会议期间，部分国家代表专程考察北京环境人口与可持续发展（EPD）教育项目实验学校。会议由联合国教科文组织（UNESCO）中国全委会主办，来自 6 个国家教育官员、教师和学者 30 人参加会议。

（富　涛　石少岩）

【完成局域网技术改造工程】 6 月 6 日，教科院完成局域网技术改造工程。该工程按照“以应用为核心、以应用定架构”方针，将网络带宽分别增加 16 倍和 32 倍，实现局域网 24 小时运行，并配置并防火墙（NETSCREEN），更换核心交换机，可满足未来 3 至 5 年内网络应用需要。同时，在部分办公区域实现无线上网，开通个人电子信箱 299 个，信息点转接到每个办公位。工程于 2002 年 12 月开工建设，总投资 150 万元。

（何　引）

【合作建立北京教科研网台】 9 月 15 日，教科院与百年树人集团合作建设北京教科研网台协议签字。根据协议，双方整合优势资源，力争用 3 年时间，建成以北京为中心，覆盖全国的“星地一体”宽带多媒体远程教育科研网络，为教师、教育科研提供系统服务。

（唐科莉）

【承办奥林匹克教育研讨会】 9 月 26 至 27 日，教科院承办“北京 2008

——奥林匹克教育研讨会”。会议以“机遇与挑战——奥运背景下北京教育发展与改革”为主题，听取来自北京高校、区县教育 10 名学者专题演讲，围绕奥运背景下北京教育发展与改革问题，论证现代奥林匹克运动与北京教育改革和发展、如何突出首都教育特色和如何开展奥运教育研究等问题。会议由市教委主办，来自国际奥委会、市政府、市委教育工委、市教委以及各区县、高等院校领导和教师代表 250 人参加会议，共提交论文 150 篇。

（郝淑仪）

【首师大成立3个基础教研机构】

9 月 28 日，首都师范大学成立 3 个基础教育研究机构。3 个教育机构隶属教育部，分别是中小学综合实践活动课程师资研究与培训基地、初等教育研究所和科技教育中心，其中，综合实践课程师资培训基地主要职责是加强中小学综合实践课程师资培训；初等教育研究所主要职责是开展高水平教育科学研究；科技教育中心主要职责是推进青少年科技普及教育。首师大重视青少年课外科技教育，先后参与 4 项部委级课题研究；建立科技教育与传播辅修专业，培养全国第一批活动课教师。

（王　群）

【承办可持续发展教育国际论坛】 11月8至11日，教科院承办首届可持续发展教育国际论坛。该论坛以教育和可持续发展为主题，听取全国人大常委会、教育部、市委教育工委领导以及联合国教科文组织(UNESCO)官员主题报告。论坛宣传联合国可持续发展十年的宗旨与精神，交流国际社会实施可持续发展教育理论与实践成果，展示中国环境人口与可持续发展(EPD)教育项目创新成果。论坛通过《可持续发展教育行动建议》。会议与中国联合国教科文组织全国委员会秘书处、市教委等单位联合主办，来自29个国家和地区以及8个国际组织代表500人参加论坛。

(富　涛　范　玮)

【首都教育经济研究院成立】 12月28日，首都教育经济研究院在北京师范大学成立。该研究院根据2002年教育部与北京市政府共建北师大协议，以为政府教育决策提供咨询服务为主，开展集教育经济学术研究、研究生培养、为政府决策提供咨询服务、在职培训服务和实体性教学科研机构。研究院学术委员会由北师大、北大和市教委学者代表组成。

(刘长旭)

科　研　管　理

【概　况】 2003年，北京市教育科学“十五”规划课题完成申报工作。此次受理课题申报共431项，其中，部属高校申报102项，市属高校申报105项，区县属单位申报189项，市直属单位申报33项，其他系统申报2项。完成2002年25项市教委委托课题评审，其中，21项课题通过鉴定。

(周春红　申　炜)

【完成年度课题申报立项】 3月31日和4月12日，教科院先后完成北京市、教育部教育科学“十五”规划年度课题申报立项工作。本年全市共有36人参加申报，申请立项课题36个，其中，申报市级课题26项、教育部课题10项；13人申报的13项课题获准立项，其中，市级课题9项(重点课题5项、规划课题4项)，教育部课题4项，均为重点课题。

(申　炜)

【完成年度课题立项评审】 7月25日，北京市教育科学规划领导小组完成年度教育科研课题审批。该审批受到“非典”疫情影响，由会议评审改为通讯评审，按照课题评审原则和课题活页评审评估指标，采用匿名评审方法，将评审材料寄送48名学者完成初审，复评采取会议方式，集体审读《申报审议书》，以投票方式确定110项建议立项课题。来自全市59个单位（个人）共计432项课题参加评审，其中，106项课题获准立项，占申报课题总数24.59%。其中，重点课题40项，青年专项课题12项，中小幼专项课题24项，中小幼青年教师专项课题8项，规划课题22项。按课题承担单位划分，中央级单位45项，市级单位12项，区县级单位49项。

(周春红)

【完成在研课题中期检查】 9月22日至10月31日，北京市教育科学规划领导办公室完成在研课题中期检查。该检查由专家组主持，采用集中听取汇报的方式，检查重点是2004年上半年结题的86项课题，来自15个区县60所中小学、幼儿园承担的76项课题参加检查。结果显示，在研课题整体上进展顺利，多数课题进展较好。但有些课题缺乏理论指导，研究深度不够。

(周春红)

【“理工融合”教改项目通过鉴定】 10月20日，北京邮电大学教改项目“电子与电气信息类专业理工融合教育模式及课程体系的研究与实践”通过鉴定。教育部专家组认为，项目理论研究成果全面、系统，阐明理工融合教育理念。成果包括构建理工互动的学科架构，实验理工融合多种模式，实施理工兼备方法论教育，探索主干课程教学内容和课程体系改革。该项目是世行贷款21世纪初高等教育教学改革项目，2000年8月立项。

(李　萍)

【油气勘查国际人才培养研究通过验收】 10月24日，石油大学（北京）承担的“油气资源勘查开发国际合作人才的培养研究与实践”通过教育部验收。该项目2000年8月立项，由石油大学、大庆石油学院、西南石油学院联合申报，是教育部“新世纪高等教育教学改革工程”项目之一。课题组采取3校合作调查研究、实践探索研究方案，完成各大石油公司人才需求实地调研，探索石油经济发展对油气资源勘查开发国际合作人才知识结构需求，确定油气资源勘查开发国际合作人才培养目标。同时，制订“多层次、多模式、复合型”油气资源勘查开发国际合作人才培养方案，分别由项目组成员院校开展教学实践研究。

(张　奎)

【完成学术年会论文评审】 12月5日，教科院完成年度学术论文评审。该评审由教科院学术委员会主持，评选范围是2001至2002年教科院学术年会论文。116篇论文参加评选，其中，2001年参评论文59篇，

2002年57篇。2002年1篇论文获得一等奖。

（申　炜）

【高职高专专业设置研究结题】 12月8日，北京城市学院主持高职高专教育专业设置与管理问题的研究通过结题论证。专家组认为，课题组研究成果打破按学科系统设置专业传统做法，根据高职教育特点，结合经济和社会发展需求，设置高职专业。课题组研究起点高，研究成果有较高理论水平和较大的应用价值。该课题于2000年立项，是教育部研究项目，课题组通过调研和资料分析，完成《北京高等学校高职高专指导性专业目录》（试行）、高职高专教育专业设置原则与分类方法研究、国内外高职高专教育专业设置及管理的比较研究等成果，具有实用和创新特点。11月10日，课题成果《高职高专教育专业设置与管理问题的研究》一书由高等教育出版社出版。

（徐　莹）

【主体性教育研究课题结题】 12月，北京市十五中学分校承担的“主体性教育研究”结题。该课题2000年10月立项，是联合国教科文组织、中国教育学术交流中心总课题“21世纪学校优质教育研究”的子课题，课题组开展主体性教育研究，探索德育主体性教育研究和课堂改革模式，在课堂、课外作业，假期活动中如何增强学生主体性、实效性方面均取得成果。课题历经四年研究实践，经总课题组鉴定，以《主体性教育研究结题报告》论文和主体性教育研究专著形式结题。

（朱龙华）

教育科学研究

【概　况】 2003年，教科院完成市教委委托课题研究25项，组织市教委委托课题招标工作，其中，26人申报课题中标。教科院承担教育部委托课题（职成教项目）15项，涵盖当前职业教育与成人教育领域热点和难点问题。完成“首都教育发展战略研究”和“百名领导、专家访谈”任务。

（申　炜　史士本）

【公安大学召开涉外警务专业研讨会】 1月12日，中国人民公安大学召开涉外警务专业方向研讨会。会议研讨涉外警务专业方向定位、培养目标、人才培养模式、课程设置和保障措施等问题。会议认为，涉外警务专业应突出公安特色，突出警务英语，培养精通公安业务，通晓拉丁美洲、欧洲及中国周边国家司法制度、警务制度，能够从事国际警务合作、涉外犯罪侦察业务的高层次公安专门人才。来自公安部、出入境管理局、市公安局等单位领导及学校教师28人参加会议。

（尹华业）

【北师大承办中美教学改革研讨会】 3月3日，北京师范大学承办中美“培科——万花筒”教学改革项目研讨会。会议以自然科学领域本科生教学，以学生为中心、以学习为中心教学改革与实践为主题，交流中美自然科学领域本科生教学成果和经验，分析存在问题，研讨改革措施和途径。会议由教育部主办，来自美国8人与中国学者40人参加会议。

（刘长旭）

【法大研讨法制心理学学科建设】

3月16日，中国政法大学召开法制心理学学科建设与发展研讨会。会议听取中国法制心理学学科历史报告，研讨学科建设、人才培养和服务实践等问题。会议与中国心理学会法制心理学专业委员会联合举办，来自该校教师10人参加会议。

（武　焰）

【承办全国基教教学创新研讨会】 4月15至17日，市教委、教科院联合承办全国基础教育教学研究工作创新研讨会。会议由报告和研讨两部分组成，听取教育部题为《课程改革与教学研究思路创新》专题报告，研讨教研工作创新、教研员自身素质、校本教研和学科教研工作特点3个专题。来自全国14个省市教育科研部门领导、部分高校、各区县教育行政部门领导及教师代表150人参加会议。

（赵　跃）

【平谷研讨中小学一体化问题】 4月16日，平谷区教委召开中小学教学管理一体化问题研讨会。会议认为，中小学教学一体化研究要制订方案，小学应侧重教育教学质量延后管理、反馈评价问题研究，中学应侧重教育前瞻性，重点解决生源质量开发研究。会议强调，试点校要重点抓好学生养成教育，调动学生学习兴趣，在教学中要坚持以人为本，以能为本，重视教学管理制度改革与创新。来自平谷四中、五小、七小的主要领导17人参加会议。

（岳广顺）

【北航研讨软件工程硕士培养】 8月16至17日，北京航空航天大学

召开全国首届软件工程硕士培养工作研讨会。会议研讨软件工程领域工程硕士培养特点、培养方案以及软件工程硕士质量评价体系等问题，成立软件工程领域协作组和核心组，选举产生协作组正副组长以及各核心组负责人。会议由全国软件工程硕士教育指导委员会主办，北航研究生院、软件学院承办，来自全国 63 家软件工程硕士培养点代表 300 人参加会议。

（陈　颖　谭典元）

【民大召开管理学科研讨会】 8 月 23 至 24 日，中央民族大学召开全国民族院校管理学科科研、教学研讨会。会议听取中国社科院西部大开发战略实施情况通报，各民族院校管理学科负责人研讨发展及面临问题。会议决定，建立全国民族院校科研教学暨院长、系主任联席会议制度；组建教材编写委员会，共同编写民族院校管理学教材；加强科学研究方面合作，组成联合课题组，开展特色科学研究；加强师资和研究生培养合作，各院校发挥优势给予支持。来自全国 7 所民族院校管理学科领导 50 人参加会议，提交论文 30 篇。

（哈斯也提）

【北师大研讨地理信息专业教育】

8 月 28 至 30 日，北京师范大学召开首届全国地理信息系统专业教育研讨会。会议听取北师大题为《中国地理信息系统学科建设与人才培养探讨》主题报告，听取工程院、中科院院士专题演讲。会议研讨地理信息系统学科发展与定位、人才培养模式、专业核心课程设置等问题。来自教育部、科技部、国家测绘局和全国高校、科研院所 70 个单位 100 名代表参加会议。

（刘长旭）

【召开落实语文新课标研讨会】 9 月 9 日，教科院召开落实语文新课程标准，提高学生读写能力研讨会。会议听取语文特级教师题为《落实语文新课程标准，提高学生读写能力》专题报告，听取教育学院教授题为《谈谈阅读》专题讲座，听取教科院 21 世纪基础教育课程教材改革实验进展情况介绍。各区县中小学语文教研员 60 人参加会议。

（崔召云）

【首体院承办百年学校体育论文报告会】 9 月 18 至 21 日，首都体育

学院承办“中国近现代百年体育学校回顾与展望”论文报告会。会议听取教育部题为《我国学校体育工作现状与前景》报告，回顾近代以来中国体育学校建设与发展，研讨现代体育学校教育教学问题。报告会由中国体育科学学会、中国教育学会联合主办，来自全国学校体育教育工作者 150 人参加会议，共提交大会论文 200 篇。

（郑　刚　王光鼎）

【北外召开双语学会国际学术会议】

10 月 17 至 18 日，北京外国语大学召开双语学会——北京国际学术会议。会议讨论韩国语教育、韩国语教材等问题，分组商议优秀论文、学术著作。来自中国、韩国和日本大学的 200 名学者参加会议，共提交论文 84 篇。

（李　勇）

【承办职业教育与职业资格证书论坛】 10 月 19 日，教科院承办职业教育与职业资格证书论坛。该论坛围绕国际职业教育发展动态和趋势，国内外实施职业教育证书经验，职业教育改革与发展模式 3 个专题，听取 10 名国内外学者、企业家专题演讲。论坛是第四届中国国际论坛组成部分，来自教育部、教科院以及世界和全国专家、学者 200 人参加论坛。

（张翠珠）

【完成“百名领导专家访谈”任务】 10 月 28 日至 12 月 31 日，教科院完成“百名领导、专家访谈”工作任务。该访谈以组建访谈小组形式，采用面对面交谈方法，面向省部、市级领导、企业界经济学者、部分教育专家和教育工作者，不设置专门题目，广泛征求北京教育发展方面意见建议。该院 21 个访谈小组，共走访 100 人，完成主要观点摘编和访谈报告 35 万字。访谈受市委教育工委和市教委委托，为筹备首都教育大会做准备。

（申　炜）

【完成高教布局调整专题调研】 10

至 11 月，教科院完成部分省市高等教育布局调整调研。该调研围绕高等教育布局结构主题，设立学科专业结构、层次结构、类别结构、投资结构以及体制结构调整等专项，采用座谈方式，先后走访北京、上海、广东、福建和浙江 5 个省市教育行政单位、26 所高校。并完成《聚焦京、沪、粤、浙、闽高等教育结构》

调查报告。

（孙毅颖）

【中科院研讨工程硕士培养方案】 11月8日，中科院研究生院软件学院召开计算机领域工程硕士培养研讨会。会议指出，工程硕士正受到大企业、中外合资企业以及外资企业欢迎，需求量大、市场前景广阔，应该加强工程硕士培养范围。会议提出工程硕士培养方案应该以研究生院名义，按照工程领域设置，各培养单位按统一方案培养硕士生。该院13个培养单位代表参加会议。

（肖 斌）

【北工大承办管理科学与工程学科论坛】 11月8至10日，北京工业

大学承办首届中国管理科学与工程学科论坛。该论坛主题是：新型工业化与管理学科的发展，听取工业化问题、管理学科建设问题和管理专业研究生培养问题等专题演讲。研讨中国管理学发展、高校管理学相关专业教学、人才培养和科学研究等问题。来自70个单位学者100人参加会议。

（江飒英 牟钟诚）

【地大举办国土资源管理与教育论坛】 11月28日，中国地质大学

（北京）举办第二届国土资源管理与教育高级论坛。该论坛以全面建设小康社会与资源保障能力为主题。听取中国国土资源部、美国德克萨斯州A&B大学学者专题报告，研讨国内外资源供需形势、资源规划与国土安全及资源市场建设等10个议题。论坛与中国地质科学院共同主办，来自中国相关院校、科研机构学者100人参加会议，共提交论文107篇。

（承 金 王世林）

【调研儿童教育产品市场状况】 11月，教科院完成儿童教育产品市场问题专题调研。该调研以问卷形式，设立儿童玩具、学具等共计12个项目，涉及全市11所幼儿园330名儿童及家长，并完成调研报告。调研结果显示，北京儿童教育产品市场存在质量低劣、价格不合理和流通环节不规范等主要问题。

（梁雅珠）

【承办新课改与评价研讨会】 12月27至29日，教科院承办国家基础教育课程改革实验与评价专题研讨会。会议听取北师大、中国教育学会、市人大常委会题为《新课程与教育评价改革》、《加强教育评价研究推进优质教育发展》和《基础教育课程改革与评价创新》的3个专题报告。会议由全国普通教育评价学术委员会主办，来自全国150名代表参加学习。

（卢 笛）

【北航承办高等工程教育论坛】 12月，北京航空航天大学承办高等工程教育论坛。该论坛的主题是：构建适应经济发展的工程教育体系，听取20名专家专题发言，研讨工程应用型人才培养体系，工程类博士、硕士培养体系以及工程教育科学的其他相关问题。论坛由中国工程院教育委员会、国务院学位委员会联合主办，中国工程院院士、国务院学位委员会以及10所重点工科大学学者40人参加会议。

（陈 颖）

教育教学研究

【概 况】 2003年，教科院承担基础教育、职业与成人教育、学前教育“空中课堂”，组织基础教育教研员51人共听课3493节；完成学科教研活动503次，参加活动教师123380人次；完成各学科教学培训160次，参加16400人次；完成高考、中考和会考等考试命题工作，参与、指导教师共1587人次；完成调研237次；发表论文263篇；内部刊物论文94篇；出版书籍135本；参加国家新课改培训37人次；为教育部、市教委起草文件42件，报告68篇；出版著作13本。

（赵 跃 郝淑仪）

【召开基础教育教学创新研讨会】 1月20至22日，教科院召开北京基础教育教学研究工作创新研讨会。会议分为报告和研讨两个部分，听取教育研究学者题为《对基础教育教学研究工作的几点思考》和《课程改革对教学研究的新要求》等3个专题报告。以重新审视教研工作态度，研讨新形势下教研工作新思路、新特点，探讨如何通过教研工作创新，推动课堂教学创新方法，研讨教研工作创新思路、教研员自身素质、学科教研工作特点3个专题。来自全市教育行政教研部门100人参加会议，共提交论文60篇。

（赵 跃）

【完成延庆县中小学教学视导】 3

月23至26日，教科院完成延庆县中小学教学集体视导。该视导组由中小学各学科教研员59人组成，听取延庆县教委题为《以课改为契机，务实创新，推进延庆教育现代化》情况介绍，各学科教研员走访26所中小学，共计听课306节，举办专题讲座23场。

（赵 跃）

【民大召开藏学藏语教学研讨会】 4月1日，中央民族大学召开第三届全国民族院校藏学暨藏语教学研讨会。会议中心议题是如何建构藏学本科专业课程体系。会议认为，藏学本科专业课程体系的总体框架应以马克思主义哲学、宗教学原理为指导；中国通史、民族史、藏族史为主线；藏族文学、语言、宗教为主干；藏医、藏族天文历法、藏族工艺技术等为补充；英语和计算机为工具；经济学、管理、文艺、考古、教育、民俗学、旅游文化为辅翼，培养复合型人才。研讨会由民大藏学院主办，来自全国13所民族院校、在京有关单位学者60人参加会议，共提交论文15篇。

（王嘉云）

【民大举办国际双语教学研讨会】 8月25至29日，中央民族大学举办第三届国际双语教学研讨会。会议研讨语言对比包括汉语与少数民族语言教学偏误分析、语言习得问题研究与教学难度分析；双语地区个案调查研究包括少数民族地区双语调查报告，对双语理论和政策思考与探索；汉语方言和少数民族语言关系研究；对内对外汉语教学包括华语社区和少数民族地区汉语教学、方言区普通话教学及测试等。会议提出，语言对比要区分深层和表层，隐性和显性，重视语料库建设；重视双语地区和具体语言个案调查和专题研究，揭示语言规律；要走汉语与少数民族语言研究相结合道路；做为学科双语学必须加强方法论研究，开展本体研究、类型学比较和历史比较。会议与香港中文大学、香港理工大学、吉首大学联合主办，来自美国、澳大利亚、新加坡、菲律宾以及中国内地、香港64名学者参加会议，共提交论文42篇。

（哈斯也提）

【二外召开德语应用教学研讨会】 10月11至13日，北京第二外国语学院召开德语应用教学研讨会。会议以“德语文学文章在‘德语作为外语’课上的应用”为主题，会议邀请匈牙利德语教学法专家B·威瑞斯女士作主题发言，系统探讨德语文学文章教学方法，教学目标设定以及实现目标方法等问题。会议由二外德语系与歌德学院北京分院共同主办，来自歌德学院、北语及北外等校教师20人参加会议。

（李志杰）

【完成燕山地区集体教学视导】 10月12至14日，教科院完成燕山地区中小学教学集体视导。该视导听取地区教委教学情况汇报，视导6所中小学教学活动，共听课198节，根据课堂教学评价总体要求完成每一节课点评。同时，举办研究课23节，与燕山教师交流、探讨课程改革和教学改革问题，并提出建议。

（赵 跃）

【民大召开预科教育教学研讨会】 10月25至27日，中央民族大学预科部召开全国民族预科教学研讨会。会议研讨民族预科教育管理、课程设置、教材编写及民族预科发展规模和机构建设等问题。会议认为，民族预科教育要转变观念，摒弃填补高中教育旧思想，使之成为民族高等教育组成部分。会议提出组织力量编写民族预科教育新教学大纲和主干课教材；增加民族预科班经济投入，开设语音室、多媒体教室、计算机室；制订预科生专项补贴办法，解决特困生学费问题等建议。会议与新疆教育厅联合举办，来自全国20所民族院校（单位）65名学者参加会议，共提交论文26篇。

（哈斯也提）

【举办英语教与学展示活动】 10月31日，教科院举办基础教育“外研社杯”英语教与学展示活动。该活动分别听取《以行动研究促进教师发展》、《首都国际化大都市背景下基础教育英语教育改革与发展》两个专题报告，推出小学、初中和高中三节展示课，并完成点评。同时，举办教师论坛，研讨学习方式转变，教学活动设计，信息技术与学科整合等问题。市教委、教科院领导及中学英语教师1500人参加活动。

（赵 跃）

【召开重点中学数学研讨会】 11

月12日，教科院在密云二中举办北京市重点中学第24届数学教学研讨会。会议以“探索以学生为本教学方式，促进学生积极主动学习”为主题，听取密云二中关于数学教学改革和开展研究型学习经验介绍，分4个组听取8名教师数学课。会议提出立足校本教研，研究信息技术整合与教学实施关系，争做“研究型”和“专家型”教师工作目标。会议决定从下一届研讨会起，正式更名为“北京市示范高中数学教学研讨会”。来自全市80余所中学的360余名教师参加研讨会。

（赵 跃 郭占云）

【举办信息技术与学科教学论坛】

11月23至24日，教科院在北师大二附中举办“北京市信息技术与学科教学整合论坛”。论坛以“信息技术与教师发展”为主题，听取华南师

范大学、清华大学、基教研中心、英国使馆专家分别做专题发言。会议对 29 个学科研究情况进行总结，并展示初期研究成果。会议在一师附小、史家胡同小学、一零九中学、师大附中四个分会场 23 个中小学科进行研讨和交流。市教委、市教育学会、教科院有关领导及 2200 名教师参加论坛。

（赵　跃　宏文华）

【举办小学数学教学研讨会】 11

月 26 日，教科院举办小学数学教学方式课题研讨会。会议观摩东城区史家胡同小学六年级数学课《圆的周长》，运用引导方法，让学生自己想办法研究圆周长与直径的关系。学生先后探索用绳子测量；把圆在尺子上滚动测量周长；把一张圆纸对折两次，测量对折弧线长，再乘以 4 计算方法；把纸杯拍成扁片，测量周长和把纸杯圆口边剪下，再用尺子测量长度等方法。课堂气氛生动、活泼。课后，史小教师发表题为《运用探究性学习，探索教与学的和谐》经验介绍。来自全市小学数学教师 100 人参加会议。

（孙蒲远）

【外经贸大研讨国际商法教学】 11 月 28 至 29 日，对外经济贸易大学承办首届全国高校国际商法教学研讨会。会议结合中国入世后外经贸形势，研讨“国际商法”概念、内容、范围、学科发展方向以及双语教学和案例教学等问题，会议提出，成立全国国际商法研究会，提高国际商法专业教学质量等建议。会议由该校法学院主办，来自全国 60 所高校学者 100 人参加会议。

（克利新）

【承办两岸四地小学语文教学观摩活动】 12 月 15 至 21 日，教科院、北京小学承办两岸四地（港、澳、台、内地）中国小学语文教学观摩活动。该活动利用北京小学现场观摩 12 名教师教学，其中，内地 6 人、香港 3 人、台湾 2 人、澳门 1 人。听取北师大教授专题报告。活动由中国小学语文研究会、香港小学语文研究会主办，来自两岸四地 500 名教师参加观摩活动。

（赵　跃　张明雪）

【举办课程教材实验培训班】 12 月 22 至 30 日，教科院举办 21 世纪基础教育课程教材改革实验 2004 年春季教材培训班。该培训班分为 4 期，采用专题讲座形式，听取北京高校学者、参与教材编著和参与新教材实验教师专题报告，系统介绍、讲解 18 个学科 21 个版本教材。同时，举办改革实验问题交流和研讨活动。来自各区县教师 3000 人参加学习。

（赵　跃）

【考察新课改实验情况】 12 月，教科院完成国家基础教育课程改革实验情况考察。考察组由研究人员及部分校长 60 人组成，分别前往云南、贵州和福建等地，采用进入课堂，听课、评课，参加课题活动，召开教师、校长、研究人员座谈会等形式，分析实验中遇到的困难，研讨解决问题方法。

（卢　笛）

教　材　编　写

【概　况】 2003 年，教科院完成北京市 21 世纪基础教育课程教材改革实验教材、教师参考用书等 13 个学科计 59 册次教材审查工作。完成部分实验区课程与教材改革实验情况调研和干部教师 80 人次培训。建立“课改咨询专家及顾问库”、“课程改革实验工作专题研究项目库”和“课程改革资源库”；组织召开实验教材编写立项协调会。

（崔召云）

【庙城小学拍摄独轮车教学片】 1 月 27 日，教学片《独轮车（1）》在中央电视台播出。该教学片以怀柔区庙城镇中心小学独轮车队训练和比赛为背景，系统讲解世界流行各种独轮车骑行技术，介绍世界独轮车运动现状、国际比赛规则和游戏方法。该教学片由中央电视台体育中心、中国独轮车委员会、怀柔区教委联合拍摄，共 10 集，每集 25 分钟。

（赵仕阔）

【北语座谈对外汉语教材发展战略】 3 月 31 日，北京语言大学召开对外汉语教材发展战略座谈会。会议回顾中国对外汉语教材发展历史与现状，提出开发适应时代需求、符合外国学生学习规律的对外汉语新教材目标。会议认为，对外汉语教材编写要了解市场，教材品类要多，适应面要广，还应该考虑适合不同国家、不同人群和不同母语学生的学习。会议要求根据不同学习目的采用相应策略编写教材，内容要生动有趣，编排要新颖，达到功能、结构和文化完美结合。会议还研讨对外汉语教材语料的文化取向、教材与教学的关系以及立体教材的开发等问题。该校对外汉语研究与教学学者、教师30人参加会议。

（彭艳崇）

【完成课程教材实验教材审查】 3月、9月和10月，教科院完成21世纪基础教育课程教材改革实验教材审查。这批教材包括13个学科、59册次，分别在2003年秋季和2004年春季投入使用。其中，《语文》第5、6、15、16册，《语文读本》第1至6册、13至16册，《数学》第5、6、13、14册，《英语》第3、4、11、12册（北京版和北师大版），《科学》第5、6、11、12册（北京版和首师大版），《美术》第5、6、17、18册，《音乐》第5、6、15、16册，《历史》第3、4册，《地理》第3、4册，《化学》全1册，《综合实践》第2、6册和高中第2册，《劳技——纸塑》等7册，《思想品德》第5、6册。

（崔召云）

【东大出版学生课外读物丛书】 7月20日和9月16日，北京东方大学先后出版两部学生课外读物系列丛书。该丛书均为学校学生课外读物系列丛书组成部分，其中，《东风育放花千万——东大学子成才篇》共计9.5万字，收录37名优秀毕业生求职、就业、成才历程；《宋诗词一百首》共计9万字，精选篇幅短小、易于记诵宋代诗词。东方大学学生课外读物系列丛书自2001年开始编撰，已出版5部。

（王益伟　刘钟英）

【永泰小学出版校本教材】 7月，海淀区永泰小学《写字》书法校本教材出版。该教材是中国教育学会“十五”科研规划重点课题研究成果，适用于小学教育。教材共计12册、16万字，由远方出版社出版。永泰小学自2000年开发书法校本课程。

（熊联菊）

【人大7部教材入选研究生教学用书】 7月，中国人民大学7部教材入选年度全国推荐研究生教学用书。7部教材分别是：《物权法研究》、《当代国外社会思潮》、《中国共产党思想政治教育史》、《城市社会学》、《中国新闻事业通史》、《受众心理与传媒引导》和《社会保障学》。全国推荐研究生教学用书由教育部组织评选，本年度全国共有79部教学用书入选。1998年，教育部开展遴选、出版、推荐研究生教学用书工作，先后推荐用书5次，涉及109所高校和科研机构364部教学用书。其中，人大有18部教材入选，占总数的5%，入选总数名列全国高校之首。第2至10位依次是，清华（16部）、南京大学（14部）、武汉大学（14部）、复旦大学（12部）、国防大学（11部）、北师大（10部）、军事科学院（10部）、北大（8部）、首医大（8部）。

（白连永）

【《0—3—6宝宝养育专家问答》出版】 9月，教科院编辑的《0—3—6宝宝养育专家问答》出版。该教材收集防控“非典”时期，“学前儿童家庭教育指导空中课堂”专家与家长网络问答500个，融知识、教育与趣味于一体，是第一本基于网络对话的儿童教育书籍，为0至6岁儿童家长家庭教育提供可操作的指导。教材共计14万字，由华东师范大学出版社出版。

（梁雅珠）

【北语成立对外汉语教材研究中心】

12月20日，北京语言大学对外汉语教材研究开发中心成立。该中心利用北语对外汉语教学核心基地优势和外国留学生集中优势，以开发、研究、编写并推广对外汉语教材为中心工作，科学、系统规划对外汉语教材出版，吸引海内外专家学者编教成果，开发多媒体教材和适应不同国别学生需求系列教材，推动对外汉语教学事业发展。教育部领导、来自全国百家对外汉语教学单位200名学者和代表参加成立仪式。统计资料显示，全球有2500万人学习中文，85个国家2300余所高校开设中文课程。2002年，来自175个国家85829名留学生有70%学习中文专业。

（彭艳崇）

【教材《政治经济学》出版】 12月，中央民族大学主编的《政治经济学》一书出版。该教材分为商品经济、自由资本主义经济、垄断资本主义、社会主义基本经济制度、社会主义市场经济、社会主义经济发展共六篇，系统介绍政治经济学基本理论、基本概念，是全国民族院校成人高等教育教材。教材共计37万字，由民大出版社出版。

（哈斯也提）

史　志　研　究

【概　况】 2003年，北京教育志编纂委员会办公室完成《北京市教育委员会文件选编（2002）》、《北京教育史志丛刊》（共四期）、《北京市教育委员会政报》（共四期）编辑出版工作，编发《北京教育信息》71期，《“非典”专报》54期，完成《北京普通教育志稿（下）》出版任务。截至年底，教志办工作人员11人，全市教育系统专兼职史志、年鉴工作者200人，市级教育史志科研经费投入110万元。

（孟祥辉）

【中国教育史志研究会秘书处迁址】 4月22日，中国地方教育史志研究会秘书处迁址。秘书处由教志办迁至中央教科所教育史研究室，行政挂靠中央教育科学研究所。该研究会成立于1986年，是国家一级学会，有来自全国29个省市和香港特别行政区会员单位30个。1997年，该研究会由湖南省教委迁出，挂靠北京市教委，同时承担全国教育科学“九五”规划重点课题“中国地方教育史研究”，共设立子课题24个，至年底，通过鉴定结题17个。

（华　蕾）

【购置一批历史照片】 7月7日，教志办购置一批近代北京教育历史照片。这批照片共计231幅，包括国立北京大学医学院、国立北京师范大学、国立北京女子师范学院、市立二中、市立三中、市立四中以及部分民办学校校舍、教学及教育活动，画面清晰，保存完好，初步推断为1935至1938年间多人拍摄，应属某日伪机构档案藏品。

（任　彧）

【召开教育志编纂工作汇报】 7

月9日，教志办召开北京教育系统修志工作汇报会。会议听取北京教育志编委会近年工作汇报，听取北京修志工作进展情况通报。会议重点讨论《北京志》篇目遗漏职业教育卷目问题。会议指出，自1992年，北京普通中等专业教育志编委会及其办公室开始编纂，先后出版《北京普通中等专业教育志资料》八册，总计358万字，并于2000年出版《北京普通中等专业教育志稿》。会议认为，北京职业教育是北京教育事业重要组成部分，应将其列入《北京志》编目，不给后人留下遗憾，具体解决方法由市地方志办公室研究制订。来自市政府地方志办公室、市教委、教科院领导及教志办工作人员20人参加会议。

（任　彧）

【《北京普通教育志稿（下）》出版】 10月，《北京普通教育志稿（下卷）》出版。该志稿为《北京普通教育志稿》第十三篇“人物志”，分为传略、简介、名表和名录4种体例，收录自清末兴学迄1990年12月间，北京行政区划内基础教育、学前教育、职业高中教育以及教育行政部门教育人物3000人。其中，见诸传略、简介者1500人，是有史以来北京普教系统教育人物总汇。志稿由原北京市普通教育志编委会主持编纂，共计97万字，由北京出版社出版。至此，自1990年开始编纂的《北京普通教育志稿》全部出版。

（孟祥辉）

【大峪中学举办校史展】 11月22日，门头沟区大峪中学校史展开幕。该展览占地面积150平方米，展出37块展板和600幅照片、200个奖杯及多面奖旗、奖状，系统反映学校57年来在教育教学方面成绩。大峪中学始建于1946年，位于门头沟区九龙山下，永定河畔，原名“门城中学”，1948年为“北京市第九中学”，1952年为“北京市第五十一中学”，1962年为“大峪中学”至今。建校以来共培养学生2万人。

（刘景敏）

北京教育科学研究院
院长、副院长
书记、副书记

院　长　季明明

副院长　时　龙　张铁道　吴　岩

副书记　季明明　李凤琴

现代教育技术

综　　　述

2003年，北京市委教育工委、市教委提出加快实现中小学教育信息化决定，提前完成首都教育信息化目标，对全市经济基础较落后的五个远郊区县开展教育信息化工作重点扶持，使五个区县率先基本达到教育信息化目标要求。到2004年全市各区县将基本达标，实现中小学教育信息化，建立高质量的中小学教育信息化环境，推动首都基础教育跨越式发展。

为教育信息化提供政策保障

2003年春，北京受"非典"疫情影响，全市130余万名中小学生停课，为确保学生停课不停学，市教委召开北京市中小学教育信息化工作部署会，会议总结近几年来全市教育信息化工作总体发展情况，肯定前一阶段开展"空中课堂"工作，分析当前信息化建设形势，明确今后几年北京教育信息化工作推进重点。会议指出教育信息化工作要加快速度，要继续加强基础设施建设，同时，要把工作重点放在加强应用上。会议印发《北京市教育委员会关于加强北京市中小学教育信息资源建设的意见》及《北京市教育委员会关于推进中小学信息技术与学科教学整合的指导意见》等文件，为教育信息化提供政策保障。

加快教育信息化环境建设

2003年，根据北京市教委关于教育信息化工作统一部署，北京教育信息网骨干光纤环路工程建设顺利完成第一、二期工程建设任务。光纤环路连通海淀、朝阳、宣武、西城、东城、昌平、丰台、顺义等区域网络中心节点，及北京教育学院、中国教育电视台、国家教育部、北京邮电大学等相关单位，初步实现北京教育信息网骨干光纤环路的高速互连。实现全市各区县与北京教育信息网连通，80%左右的区县建成区县区域网络中心，50%区县完成宽带光纤连接；所有高校均拥有不同规模的校园网，实现与国际互联网连通；农村教育信息化工作进展顺利，市财政投入1755万元，完成密云、延庆、平谷、怀柔、房山、通州6个远郊区县农村完小以上学校建设100个网络计算机教室项目。采取企业垫资，市、区县共同分担机制，为远郊区县205所完小建设计算机教室。2003年，全市中小学建设校园网557个，其中，远郊区县中小学建设415个。10个远郊区县实现与北京教育信息网主干网的连通，其中，7个远郊区县建成区域网络中心，农村地区所有中学和中心小学基本实现校校通，改善山区中小学教学条件，提高教育质量。全市完小以上中小学实现校校有计算机教室，全部开设信息技术课，提前两年达到国家标准，市教委组织开展信息技术应用研究，发展远程教育，通过高科技手段将城市优质教育资源传播到农村及边远山区。百余所农村学校网络计算机教室投入使用，北京市已建成并投入使用的中小学校园网达1400个。

扩大教育信息化应用

4月24日，市教委开通专题学习网页"课堂在线"网上教学，帮助学生在家自学，解答学生疑难问题。5月6日，开通北京教育资源网。5月12日，市教委、北京景山教育网、北京汇文网校、101远程教育网、人大附中教育网、北京育才网校、北京五中网校、北大附中网校、北京二中网校向全市所有网络教育机构和学校，开放网上教育资源。5月26日，北京教育网络和信息中心开通"北京教育在线"和"北京数字校园"网站。北京教育在线提供"空中课堂"播出课程表、教师教案和教学视频，发布"空中课堂"开播以来教师的讲稿、录像资料和"课堂在线"学生论坛精华，学生进入"北京数字学习环境"可自主选择课程，浏览课程内容。"北京数字校园"作为北京市中小学数字校园的总门户，为全市所有中小学的校园网站提供导航和链接，为广大中小学师生提供一个网上学习、交流的平台。

北京教育网络和信息中心及八所网校开办"课堂在线"，同时，全市各区县全部开通局域网，免费提供学生网上学习资源及在线辅导答疑；约400余所有条件的中小学校开通校园网，通过多种形式教师进行教学辅导，发布信息，给学生建立信箱进行个别沟通，部分区县和学校还利用网络开展各种教学竞赛和论文征集等活动。

据统计，"非典"期间"课堂在线"点击总次数达6.7亿次，在线答疑630.8万道题，在线答疑教师达31.8万人次；广播教学共播出3450分钟，参与教师125人次；拍摄"空中课堂"教学节目1115节课，播出节目36740分钟，专设高三、初三毕业生电视现场辅导答疑780分钟，参与教师达1089人次；"空中课堂"参与电视制作和网络技术工作人员达2000人次；先后共有230余名中小学特级教师、市级骨干教师和学科带头人直接参与电视、广播授课。中国教育电视台、中国教育电视台、"空中课堂"频道播出电视教学节目1270小时，北京地区的"空中课堂"时段收视率增长近5倍，中国教育卫星宽带传输网同步转播"空中课堂"节目919小时。北京130余万名中小学生在家上课。

（倪美娟）

总　　类

【举办中英信息技术教学研讨会】 2月19至21日，市教委召开电子社区——中英信息技术教学研讨会。会议听取题为《信息技术在北京市教学中的发展与应用》、《信息技术与课堂教学》和《信息技术在教学领域应用评估与效益问题论坛》专题讲座，研讨信息技术在全球发展趋势及其在中国机遇与挑战等问题。会议与英国驻华大使馆文化教育处联合主办。

（覃祖军）

【召开"空中课堂"教学工作会议】 6月10日，市教委召开中小学"空中课堂"教学工作电视电话会议。会议印发《关于加强中小学"空中课堂"教学工作的指导意见》，提出加强"空中课堂"工作领导小组协调和管理，学校管理和教师教学情况列为年度工作考核内容；建立市区县教研部门联系和沟通制度，建立同步教学质量监控系统，使教学与评价一体化；加强全市各区县"空中课堂"同步教学工作检查和加强授课教师培训等工作。来自市委教育工委、市教委和7个录播"空中课堂"节目摄制单位以及19个区县（地区）领导共40人参加会议。

（倪美娟）

【召开中小学教育信息化工作会】 7月27至28日，市教委召开中小学教育信息化工作会。会议肯定"空中课堂"工作，通报近几年来教育信息化工作总体发展情况，分析信息化建设发展形势，听取北京市中小学信息技术与学科整合及教育信息资源建设总体规划专题报告。会议要求加快北京教育信息化发展，在加强基础设施建设同时，把工作重点放在应用上。会议印发加强中小学教育信息资源建设的意见、推进中小学信息技术与学科教学整合指导意见等文件，表彰100所信息化工作先进校。来自19个区县（地区）教委领导70人参加会议。

（倪美娟）

【召开教育电视节目制作研讨会】 7月29至31日，教育网络和信息中心主持召开教育电视节目制作研讨会。会议以"教育电视节目制作如何适应基础教育信息化发展进程"为主题，提出抓住教育信息化发展机遇，在中小学信息资源建设与应用中，强化教育音视频队伍建设和提高工作目标。会议要求各单位把教育电视节目制作与教育信息化工作结合起来，提高创新意识，扩展创作领域，改革管理机制并形成规模。会议向13个单位颁发年度优秀教育教学电视教材奖。来自各区县信息中心领导和学校代表共40人参加会议。

（倪美娟　张燕玺）

【召开"空中课堂"摄制总结会】 7月29至31日，教育网络和信息中心召开"空中课堂"摄制单位总结会议。会议总结"空中课堂"工作，听取先进区县代表经验介绍，交流工作体会。表彰"空中课堂"同步教学录像节目摄制东城、西城、崇文、朝阳、丰台、石景山6个区县，颁发"万众一心抗击'非典'北京市'空中课堂'同步教学录像节目摄制纪念"牌。来自19个区县（地区）代表40人参加会议。

（倪美娟）

【举办信息技术培训班】 8月8至29日，教育网络和信息中心与美国World Links举办首轮信息技术与课程整合培训班。该培训班采用分组、交流、提问等合作形式，每组3人，要求充分利用教学资源、介绍信息和通讯技术，采用轮流提问、交谈方式完成各项学习内容。来自全市16所中学90名教师参加学习。信息技术与课程整合培训是中央电教馆与美国World Links合作项目。World Links是一个非盈利国际组织，致力于发展中国家教师和学生信息技术教育和培训。

（杨燕生　倪美娟）

【顺义举办网络应用管理培训班】 10月10至27日，顺义区教委举办第二批建网学校网络管理员、学科教师培训班。培训班与北控软件培训中心共同举办，采用分班分类培训方式，网络应用管理员学习服务器、交换机、红旗Linux3.0、Windows2000server和育典校园等，学科教师学习Dreamweaver、Flash、Authorware和育典校园等。来自110所学校教师242人参加培训，其中，网络管理员96人，学科教师146人。

（王成效）

【举办教育信息化高级研讨班】 12月11至12日，首都师范大学举办第二届北京市教育信息化中小学校长高级研讨班。该班与市高等师资培训中心联合举办，讨论基础教育信息化问题，交流教育信息化发展动态，展示首师大教育技术系以多学科交叉与多元文化研究为特点的信息化教师专业发展研究成果。教育部领导、有关专家、中小学校长60余人参加学习。

（王　群）

网 络 建 设

【概　况】 2003年，北京基础教育网络建设取得进展。远郊区县205所小学建成计算机教室，557所中小学建成校园网。其中，415所为农村中小学。至此，北京投入使用中小学校园网达到1400个。

（倪美娟）

【电大城域校园网开通】 1月，北京广播电视大学城域校园网开通。该校园网覆盖全市各区县分校（工作站），通过CPIP平台采用光纤或无线传输技术以10兆带宽将教学、管理和办公用计算机、资源服务器、远程教学系统等连接，一期工程连通西直门、皂君庙2个校区和18个区县分校（工作站）。

（唐　鹏）

【巩华二小校园网开通】 2月18日，昌平区巩华中心第二小学校园网开通。该校园网配备2台服务器、2台交换机，设置40个双信息点，计算机教室配备24台学生机、1台教师机和1台服务器、交换机。校园网和计算机教室10月19日开工建设，总投资40万元，其中，市教委投资20万元、昌平区10万元、学校自筹10万元。

（张俊国）

【吉利大学校园网投入使用】 4月，吉利大学校园网投入使用。该校园网采用千兆网技术，分教学区和生活区两部分，共布设网络终端6800个，利用光纤技术与CHINANET主干网连接，可实现信息发布、信息浏览和教学管理功能。校园网2002年5月开工建设，总投资1000万元。

（夏娇霞　崔　瑛）

【北京教育资源网开通】 5月6日，北京教育资源网开通。该网络以教育资源管理和交流为中心，为中小学师生提供教育教学资源信息，开展网络化学习平台类门户网站。网络由教育部和市教委指导，北京教育网络和信息中心组织建设和管理。至年底，网络管理平台注册用户14596人，累计登陆用户26.8万余人次，累计下载资源8万余条次。网址：www.res.bjedu.gov.cn

（申军霞）

【怀柔开通电话语音信箱】 5月11日，怀柔区教委开通电话语音信箱。该信箱在怀柔政府网、163网上建立公用电子信箱，公开用户名和密码，利用"家校通"系统，连接各中小学、幼儿园，可供用户查询。

（杜书霞）

【北京教育在线网站开通】 5月26日，教育网络和信息中心开通北京教育在线网站。该网站提供"空中课堂"课程表、教师教案和教学视频，发布"空中课堂"开播以来教师讲稿、录像资料和"课堂在线"学生论坛。网站设有"北京数字学习环境"栏目，学生进入数字学习环境可以自主选择课程，浏览课程内容。

（倪美娟）

【北京数字校园网站开通】 5月26日，教育网络和信息中心开通北京数字校园网站。该网站是全市中小学数字校园总门户，为全市各中小学校园网站提供导航和链接服务，是师生网上学习、交流平台，并提供免费电子信箱。网站具有完善学校校园网站功能，是北京教育信息网重要组成部分。

（倪美娟）

【农大双向视频交互系统投入使用】 7月，中国农业大学双向视频交互系统投入使用。该系统基于国际互联网（Internet），包括主控教室和4个远程答疑教室，教师在主控教室授课，通过网络回答学生问题；学生在远程答疑教室通过计算机听讲，并通过系统短信功能向教师提问。系统可以满足50名教师同时在线实时授课，可以开展一对一的远程辅导、班级小组讨论、虚拟课堂、召开专题研讨会，并可以实况转播和回放点播。

（郭立群）

【开通10万中小学生电子信箱】 9月1日，市教委免费开通10万中小学生电子信箱。配合信箱开通，市教委制订因特网地址分配规则、学校域名定义和学生邮件命名规则等文件，规范信箱使用。同时，要求各区县做好信箱地址保密、安全工作。

（倪美娟）

【兴华中学育港教学信息化平台投入使用】 9月，大兴区兴华中学育港教学信息化专业平台投入使用。该平台由北京中庆公司生产，由e帆网络教学计算机和软件平台组成，可以达到整合教育教学资源、优化教育教学设计、创新教育教学思路、促进教育教学发展。该校31间教室全部安装e帆网络教学计算机，成为真正"数字化"校园。

（李金艳）

【大兴开通师生电子邮箱】 9月，大兴区教育信息中心开通师生电子邮箱。该中心通过中小学师生综合信息采集系统校对，为全区9.7万名师生整理电子文档数据，为每名师生设置专用邮箱，下载邮箱网址是211.153.22.48，密码是学校三位区级码，电子邮箱使用网址：mail.dx.bjedu.cn。至年底，该中心开通大兴教育资源库和信息中心技术服务两个网站。

（李永奎　李金艳）

【供销学校数字化多网系统开通】 9月，北京市供销学校数字化多网合一系统开通。该系统利用网络技术、多媒体技术，通过教室终端网管中心服务器、教师个人计算机，共同构成校园网延伸教学子网，推动网络资源进入实用阶段。

（宋建军）

【商业学校网络中心落成】 9月，北京市商业学校校园网络中心落成。该中心建筑面积80平方米，配备CISCO4等系列网络交换设备和HPDL专业服务器等设施，网络设有校内主页、校外主页和节目点720个，通过电信10M光纤连接国际互联网。该中心7月开工建设，总投资210万元。

（金瑞明）

【工商大学开通无线网络实验区】 10月，北京工商大学计算机与网络中心开通无线网络覆盖实验区。该实验区位于东区耕耘楼三层，采用最新推出标准802.11g技术，可以支持最高54Mbps传输速度。无线网络支持设备，均可在此漫游上网。同时，中心还开辟10人“笔记本专用上网区”，学生可以自由使用网络资源。

（王晓华）

【昌平教育信息网开通】 12月5

日，昌平区教育信息网开通。该网络拥有区域教育信息资源共享、互动交流和远程教育性能，依靠北京教育网络和信息中心和昌平电信，连接49所学校6000个终端。网络于2001年10月开始建设，总投资5900万元。

（王　娟　张国义）

【崇文首次试验远程听课】 12月17日，崇文区教委首次召开远程听课现场会。会议在五十中主会场推出8节示范课，通过视频技术，利用城域光纤网将汇文中学、培新小学和现代职业学校三个分会场同步传送，并完成远程交互式听课、评课活动。该区主会场200人与分会场150人参加会议。这是该区首次利用城域光纤网远程听课实验。

（陈　红）

【建成100个农村学校网络计算机教室】 至年底，市教委建成远郊区县中小学网络计算机教室100个。其中，密云县33所、延庆县27所、平谷区10所、怀柔区10所、房山区10所、通州区10所。这批教室4月10日立项建设，是市政府年度60件实事之一，市财政总投资1755万元。至此，北京6个远郊区县农村完全小学以上学校全部实现计算机联网。

（倪美娟）

【信息网光纤环路两期工程竣工】 至年底，教育网络和信息中心完成北京教育信息网骨干光纤环路第一、二期工程建设任务。该工程光纤环路连通海淀、朝阳、宣武、西城、东城、昌平、丰台、顺义等区域网络中心节点及教育学院、中国教育电视台和教育部等单位，架空敷设光纤线路151.5公里，实现教育信息网骨干光纤环路互连。

（冯　慷）

资　源　配　置

【开发“绿色上网卡”】 1月，教育网络和信息中心推出96789“绿色上网卡”。该网卡在出口处设置公安部、信息产业部安全信息过滤系统，内置30类网站分类列表，具有对包括色情、赌博、毒品和邪教过滤功能。同时根据不同用户过滤规则，捕捉用户访问行为，并可判断其访问网站是否合法。

（倪美娟）

【育英学校完成网络图书馆专访】 2月19日，北京市育英学校完成学校网络图书馆专访。该专访采用翰林汇软件产业公司教育资源库，专为中小学设计等方法，先后完成《K12资源库》、《翰林汇多媒体》、《中广三维》等资料库，“课件素材库（动画）”、“教学参考”、“学科知识参考”、“教研论文库”、“实验天地（初高中理化生各种模拟实验）”等栏目检测以及图书查阅和图书借阅、续借功能检测。育英学校“网上图书馆”于2002年下半年投入试运营，每天上午三、四节阅览课班级开设电子阅览课。网络图书馆由学生自己管理阅览。

（宋亚甫）

【人大附中引入整套学习课件】 3月，人大附中网络学校引入整套学习课件。该课件实现课程录制、编辑、点播课件整套学习，通过中心服务器将授课内容同步发送3个方向，并且收录处于课堂，远端“学生与学生”、“教师与教师”、“学生与教师”视频，语音和教师课件讲稿。

（宋亚甫）

【北语开发外语网上课件】 6月3日，北京语言大学完成网上系列外语教学课件开发。系列课件包括英、法、德、意、俄5个语种，英语分为初、中、高3个等级，其他语种均为中级水平。课件包括听、说、读、写以及练习和录音脚本、课文辅导讲义等，总计590学时，其中，音频文件 900 分钟。课件于 5 月 16 日研制，总投资 10 万元。

（彭艳崇）

【教育学院参加教材资源展示会】 9 月 8 日，北京教育学院参加全国教师教育优秀课程教材资源展览。该展览由教育部主办，来自全国优质教师网络课程、卫星电视课程资源参加展览。教育学院 4 门网络课程与教学课件参加展览，其中，《学科网络课程拼装教程》被列入教育部“推荐使用的教师优秀课程教材资源目录”，《信息技术与远程教育》、《中国可持续发展战略》2 门网络课程被列入教育部“推荐使用的教师课程教材资源目录”。

（郭　坤）

【二中建成教育教学资源库】 9 月，北京市第二中学建成教育教学资源库。该资源库与中央卫星电视传播中心、中央电化教育馆合作建立，通过卫星接收装置和互联网，教师可以下载全国各地网络教学资源，同时网上传播二中教师、学生计算机作品。

（常　宏）

【机械学院应用多种教学软件】 9 月，北京机械工业学院机械系在教学中应用多种先进工程软件。该软件包括计算机辅助设计应用参数化特征造型设计软件、三维计算机辅助设计软件、生产线设计和仿真软件，计算机仿真工程分析应用机械系统动力学分析软件、通用有限元分析软件、运动学/动力学仿真软件，计算机辅助制造软件应用工件实体造型和自动编程加工软件、通讯与数控程序管理系统。

（王志伟）

【一九六中举办教师课件比赛】 10 月 5 日至 12 月 9 日，北京市第一九六中学举办青年教师课件比赛。该比赛评委由教学干部、教研组长和电教教师 5 人组成，按照评选标准，强调教学思想、教学理念和教学效率，要求侧重课件科学价值和课件对教学的辅助作用。该校 13 名青年

教师参加比赛。

（胡彦丽）

【举办首届优秀体育课件评选】 10 至 12 月，市教委举办首届优秀职高体育教学课件评选。该评选面向一线教学体育教师，要求贯彻教学指导纲要，结合课程改革，提高体育教师运用现代化教学手段能力和计算机操作能力。来自全市一线体育教师的 33 个教学课件参加评选，其中 12 个课件获得一等奖。

（白荣正）

【宏志中学连通新华社多媒体数据库】 12 月 1 日，宏志中学连通新华社多媒体数据库。该数据库包括人物、组织机构、专题资料、香港、澳门、台湾、译名、教育内部信息以及政治、外交、国防与军事、港澳台与祖国统一、法制与法律、哲学与艺术、科学技术和社会生活等多媒体图片数据库共计 18 个品种，是国内大规模综合数据库之一，拥有信息 2000 万篇，图片 60 万张。

（贺南丁）

【东城开通网络课程资源】 12 月 5 日，东城区教委网络课程资源项目开通。该项目凭借东城教育城域宽带光纤网络，整合区域优秀教育资源和师资资源，先期开设网络高三年级 9 科同步课堂教学辅导课程。实现由“选择合适的学生”向“学生选择适合自己教育”的转变。该区教师 50 人参加开通仪式。

（秦晓芳）

【首师大开通新华社多媒体数据库镜像站点】 12 月 10 日，新华社多媒体数据库（教育版）首都师范大学镜像站开通。该站点由北京高校网络图书馆和新华社联合主办，作为国内首家示范镜像站点，面向 27 家北京高校网络图书馆成员单位 17 万名师生提供服务。来自市教委、北京高校网络图书馆和 66 所高校图书馆领导 110 人参加开通仪式。

（王　群）

【北外召开教学课件制作研讨会】 12 月 12 日，北京外国语大学召开多媒体教学课件制作研讨会。会议交流网络学院多媒体教学课件制作经验，讲解课件开发主要工作环节，演示部分课件和网络学习平台，研讨加强多媒体课程建设，提高教学质量等问题。会议由教务处和网络教育学院联合举办，各院系、教研室领导 40 人参加会议。

（李　勇）

【首经贸大教学管理系统投入使用】

12 月，首都经济贸易大学教学综合管理系统投入使用。该系统具备六大功能：利用学校网络环境，实现教学软件、课件资源共享；通过视窗，观察全校教学情况，了解教师需求，解决教学过程中问题；利用局域网和教育系统，形成东西校区异地教学，提供分校、函授教学以及“一对多”交互教学条件；通过局域网和管理系统代理服务器，播放学校信息，课件点播以及影碟机（VOD）点播；转播和重播学校大型活动、会议、专题讲座、学术交流；通过校园网络开展校际和国际交流。

（钟志红　王银江）

【开发办学条件管理系统软件】 12 月，市教育技术设备中心开发“北京市中小学办学条件管理系统软件”。该软件根据中小学办学条件标准纲要，可以完成教育技术装备配备、管理、使用、统计、分析，为各级教学

行政部门、中小学校投资决策、效益评估提供准确数据。

（陈　谦）

【工商大学开通文化资源数据库】 12月，北京工商大学开通全国文化信息资源共享工程数据库。该数据库利用高新技术手段，将图书馆、美术馆、研究机构等文化信息资源，按照国际通用标准规范，完成数字化加工处理，通过该网络传输系统，建成国际互联网上中华文化信息中心和网络中心服务平台，实现文化信息全国范围内共建共享。该数据库由文化部主持建设。

（王晓华）

电　化　教　育

【通州推出现代教育技术应用研究课】 3月11日、19日和22日，通州区教委举办现代教育技术应用教学研究课。11日，北苑学校推出初中地理“巴西”研究课，主讲教师从足球入手，使用课件、利用网络，指导学生查寻信息。来自14所中学27名地理教师参加学习。19日，运河中学推出高一英语研究课，主讲教师利用自己制作的软件，完成教学内容英语配音，使学生在意境中得到学习，高中校英语教师11人参加学习。28日，运河中学推出高一化学“氧族元素”研究课，主讲教师展示由学生介绍氧族元素小资料短片和学生搜集实物彩色图片，配合录音，完成课堂小结。

（勾庆祥）

【开通职成教“空中课堂”】 5月14日，市教委开通职成教“空中课堂”。该课堂依托北京职成教信息网，采用网络邮箱、电话答疑等形式，面向全市20万名中职校在校学生，开设文化基础课教育、应届毕业生高职考前辅导和中等职业学校文化课水平测试3个栏目。

（武怀海）

【宣武三职录制医药专业课程】 5月，宣武区第三职业学校完成医药专业课程录制。该工作与市药监局合作，为医药系统职工开设“空中课堂”，共录制《中医药的基本特点》、《戒毒药品管理办法》、《中药的性能》、《中药调剂的基本知识》和《医疗用毒性药品管理法》等7个专题，共计20课时教学内容。

（孙桂芳）

【制作“空中课堂”教学节目】 7月13日，教育网络和信息中心完成“空中课堂”教学节目制作。该节目以人民教育出版社出版教科书为蓝本，课程涵盖小学一年级到高中三年级，共拍摄教学节目1115课时，播出节目36740分钟，专设高三、初三毕业生电视现场辅导答疑780分钟，参与教师1089人次。同时，将全部课程制成VCD光盘及教学录像带，其中，高中42张/套、初中28张/套、小学28张/套。共发放教学录像带2970盘，教学光盘近万套（每套98张），向远郊区县、医务人员和兄弟省市赠送教学录像带、光盘3万余套。

（倪美娟）

【小学电教专业委员会召开年会】

10月14至16日，北京市小学电化教育专业委员会召开信息技术与小学学科课程整合第四届年会。会议以“运用现代信息技术，促进学习过程优化的研究”为主题，同时，举办语文、思品（健康与心理、社会）、音乐、英语学科优秀研究论文、优秀教学软件、优秀录像课“三优”评选活动。会议表彰124节录像课、215件教学软件和364篇研究论文。来自全市电化教育工作者80人参加会议，共提交论文700篇。

（潘东庭　郭占云）

【顺义举办网络教学观摩】 11月2日，顺义区教委举办网络教学观摩活动。该活动采用网络同步方法，观摩木林中心小学计算机课“曲线工具”，课程要求学生利用网络接收教师绘画工具创作作品练习作业，根据自己爱好、能力，选择不同的背景完成独立创作，然后通过“网上邻居”互相交流作品，发表对别人作品意见。该区中小学计算机课教师参加观摩活动。

（刘遵义）

出　版

综 述

2003年，北京教育音像报刊总社下辖一报三刊：《现代教育报》、《学前教育》(幼教版、家教版)、《北京教育》(高教版、普教版)、《中小学信息技术教育》；两个音像出版社：高教音像出版社、普教音像出版社。有职工195人，正式职工125人，招聘职工70人，其中具有正高级专业技术职务4人，副高级专业技术职务18人。全年共发行报刊6种600万份（册）。

2003年，总社经受“非典”的严峻考验，完成新址装修和搬迁的任务。在总社党委的领导下，全体干部职工共同努力，完成总社第二个三年发展规划确定的任务指标，总社“两个效益”继续稳中有升。

2003年，总社要求以提高选题策划质量为核心，落实中央“三贴近”和“三项学习教育活动”，进一步提高音像报刊内容质量。现代教育报落实选题策划责任制，近年进社的优秀青年记者崭露头角，《湖北崇阳民办教师问题的调查》等好文章在读者中产生较大影响。

《学前教育》加强与读者、广告客户的互动，年内栏目调整、内容改进效果显著。2003年第九期回收近千份读者问卷，统计结果表明，自愿到邮局订阅《学前教育》的读者占40%，拿到杂志就开始阅读者高达75%。

《北京教育》(普教版)以栏目建设带动选题策划。2003年增设《我与新课程同行》等栏目，策划一批比较成功的选题，《小学科走出的大教师》、《健康也是教师的素质》等赢得读者喜爱。《北京教育》(高教版)2003年下半年突出强调对教育教学的关注。《中小学信息技术教育》8月成功召开第二届全国信息技术教育研讨会，共有500名代表参加会议，对提高选题的实用性起到积极作用。

提高美术设计和印刷装帧水平，是总社2003年提出的另一质量要求。各音像报刊社普遍把美术设计、印刷装帧作为提高质量、打造品牌的重要组成部分加以研究，图文设计、色彩、装帧、用纸精益求精，并逐步形成自己的风格。

各报刊的编校质量稳定在较好水平。业务部全年共完成月评刊12次(每次4种)，报刊全年评2次。综合2003全年质量评审结果显示，一报三刊均达到90分以上，评为一等。《北京教育》(普教版)、《北京教育》(高教版)、《学前教育》(幼教版)、《学前教育》(家教版)第11期4本期刊年评中，共评出好文章168篇，比2002年增加72篇，好栏目59个，比2002年增加24个。

提高编辑记者业务素质，是提高出版质量的基础。总社2003年共举办业务讲座4次，40人次参加学历提高、资格培训、职称培训等各类形式的继续教育，32人经培训获得新闻出版署正式颁发的记者证，3月，26名新职工参加总社首次举办的新职工培训。9月，总社业务部召开庆祝第四届记者节暨总社第二次业务表彰会，共评出好作品、好编辑、优秀栏目奖各7个，6人荣获“好编辑好记者”称号。

在防控“非典”的特殊战斗中，在市委教育工委、市教委的领导下，总社发挥新闻媒体的舆论阵地作用。5月1日至6月25日，总社以现代教育报社为主体，出版现代教育报抗击“非典”特刊18期，向各区县和大中小学派送90万份。7月中旬出版首都教育系统抗击“非典”专集文献《赤诚》，共40万字，近60幅照片，由龙新民同志做序。两个音像出版社积极参与市教委“空中课堂”电子版教学出版制作。

在防控“非典”的斗争中，总社领导班子和各级党组织层层落实责任，总社职工（包括离退休老同志）和亲属中未发生一例“非典”病情。由于在防控“非典”斗争中表现突出，现代教育报社及党支部、现代教育报社及普教音像出版社2人受到北京市表彰。

在内部管理体制改革方面，总社党委以把事业做大做强为目标，年内，达成了与深圳华强实业股份有限公司的合作。2003年4月，市编办批准现代教育报社由总社内设机构变更为事业法人。9月底，现代教育报社与华强公司共同组建北京五色石教育文化有限公司。2004年，该公司将按新的管理体制、运行机制进行出版经营。

自2002年11月至2003年6月，历时8个月，总社白广路新址装修工程完工，计算机及其网络、办公家具等办公设备全面更新，总社办公条件现代化程度明显提高。8月，总社完成整体搬迁。

总社积极开展党建和思想政治工作，为出版经营中心工作保驾护航：在新址装修工程中建立“廉政工程”；修订了总社党支部工作考核评价标准，依据新标准进行了先进党支部和优秀党员评选；开展“学习十六大精神，改革创新求发展”学习研讨活动，全社118名职工写了改革建设书；工会完成了职工思想状况问卷调查，为党委有针对性地做好工作起了很好作用。与万维网合作的总社网站年内正式开通，初具宣传功能。

（曹 坚）

总　　类

【7校学报获得国家期刊奖】 1月17日，国家新闻出版总署第二届国家期刊奖颁奖会上北京7所高校8种学报获奖。其中，《北京师范大学学报》（自然科学版）、《清华大学学报》、《装饰》、《北京大学学报》（哲学社会科学）、《中国人民大学学报》获国家期刊奖；《北京林业大学学报》（自然科学版）、《北京航空航天大学学报》入选国家期刊奖、重点科技期刊奖。国家期刊奖由国家新闻出版总署主持评选，开始于1999年，本届全国近9000种期刊参加评选，346种获奖，其中，60种（社会科学和自然科学各30种）获得国家期刊奖、97种期刊获国家期刊奖提名奖，189种期刊被评为国家期刊奖百种重点期刊。

（刘长旭　辛雪琴　汪海洋）

【人大召开发行体制改革研讨会】 2月17日，中国人民大学出版社召开中国出版物发行管理体制改革研讨会。会议分析中国出版物发行体制现状，研讨"中国出版物发行体制改革研究"课题有关问题，宣布正式启动课题研究。会议与国家新闻出版总署联合召开，参与课题研究单位学者参加会议。

（白连永）

【两所中学设立中学生报记者站】 3月3日和10月17日，西城区实验学校、丰台区云岗中学先后成立中国中学生报社记者站。学校记者站承担向报社提供搞件、组织专题文章、举办专题讲座和提高学生写作能力等任务。

（赵　彤　陈纳新）

【中央音乐学院召开学术道德研讨会】 4月10日，中央音乐学院学报编辑部召开全国音乐教育学术道德建设研讨会。会议列举音乐学术界剽窃、抄袭、拼凑和重复行为等现象，研讨净化学术空气，提倡真实学风措施。各地音乐研究、出版学者60人参加会议，共提交论文10篇。

（黄旭东　李雪英）

【中央音乐学院出版社成立】 4月，中央音乐学院出版社成立。该出版社拥有独立法人地位，采用事业单位企业化管理，承担出版国内音乐教育教学研究成果，引进国外最新音乐教材和学术著作，并编写、出版适合国民音乐素质教育示范教材等任务。出版社注册资金50万元，编制10人。

（俞人豪　李雪英）

【印刷学院多媒体光盘获奖】 9月26日，在第二届"中华杯"多媒体光盘大奖赛上，北京印刷学院设计艺术学院师生作品《中国风筝》、《走进吴桥》分别获得艺术奖和特别推荐奖。该比赛由国家新闻出版总署、中国出版协会、中国电子协会共同举办。

（杨少敏）

【5所中学获得九十九佳文学奖】 11月9日，在首届全国中学生九十九佳文学社刊（报）颁奖会上，北京5所中学文学刊物获得特别奖。分别是北京汇文中学《汇文人》、通州区潞河中学《潞园》、北京市西城外国语学校《无弦琴》、北京工业大学附中《红帆》和北京市第一七一中学《天使之翼》。该奖项由中国作家协会、人民文学杂志社、中国校园文学杂志社共同主办，来自全国上千家中学社刊（报）参加评选，其中，20家获特别奖。

（孙慧芹　刘振凤）

【法大召开学报改革与发展座谈会】 11月15日，中国政法大学召开学报改革与发展座谈会。会议听取学报总结报告，研讨提高办刊质量，扩大读者面等问题。该校教师40人参加会议。

（武　焰）

【总社报刊编校质量提高】 11月，北京教育音像报刊总社完成期刊评审工作。该评审坚持公开、公正、公评原则，重点是编校质量。《北京教育》（普通版）、《北京教育》（高校版）、《学前教育》（幼教版）和《学前教育》（家教版）4本期刊参加评审。评选结果，好文章共计168篇，比上年增加72篇；好栏目共计59个，比上年增加24个。

（杨明起）

【北交大出版社更名】 12月11日，北方交通大学出版社更名为北京交通大学出版社。更名后，出版社仍然由教育部主管，是企业化管理的事业单位。出版社更名后实行社长负责制，为学校教学、科研和学科建设服务。此前9月，北方交通大学恢复使用北京交通大学校名，出版社由此而更名。

（陈今南）

【13种图书获得国家奖】 12月25日，在第六届国家图书奖评选中，北京教育系统出版社共有13种图书获奖。其中，中国人民大学出版社出版的图书《中国佛教哲学要义》获得国家图书奖。该书系统记述中国佛教哲学研究成果，认为应发掘其现代价值，为社会服务。该奖项由国家新闻出版总署主持评选，本届共有400家出版社2068种图书参加评选，232种图书进入复评，其中191种图书获奖，包括国家图书奖荣誉奖12种、国家图书奖30种、国家图书奖提名奖99种、国家图书奖特别奖50种。此届国家图书奖评选中，北京教育系统出版社获得国家图书奖1项、国家图书奖提名奖6项、国家图书奖特别奖6项。

（白连永　廖志敏　张其坤）

报　　刊

【《北京电化教育》杂志更名】 1月，《北京电化教育》杂志更名为《北京教育技术研究》。更名后，该刊成为指导、宣传现代教育技术主要媒体，属于市级内部资料季刊，面向中小学教师和现代教育技术爱好者，全年出版4期。该刊原为北京电化教育研究会会刊，于1958年创刊，1966年“文化大革命”中停刊，1979年复刊。复刊以来，24年共出刊107期。

(冀春生)

【《班主任》杂志改版】 1月，教科院《班主任》杂志完成改版工作。改版后，该杂志封面采用联合国教科文组织提供的世界儿童美术获奖作品，重新设计栏目和版面，增添“我心目中的好老师”、“教育大视野”、“世界教师沙龙”和“教育多棱镜”等新栏目。

(卢　笛)

【《中国水土保持科学》创刊】 3月1日，《中国水土保持科学》创刊。该杂志是全国性学术刊物，主要刊登水土保持荒漠化防治、生态环境建设、林业生态工程等方面基础理论与应用技术研究新成果。杂志由中国科协主管，中国水土保持学会主办(学会设在北京林业大学)，每年出版4期。

(汪海洋)

【出版抗击“非典”特刊】 5月7日，现代教育报社抗击“非典”特刊出版。该特刊以“首都教育界众志成城抗非典，万众一心送瘟神，全力打好教育保卫战”为主题，及时报道党中央、国务院，市委、市政府，市委教育工委和市教委关于防控“非典”方针政策、工作部署和各项指示精神，交流各级教育党政机关和各级各类学校防控“非典”情报信息，刊登教育战线师生动人事迹和经验，普及防控“非典”的科学常识。至6月25日，特刊共出版18期，免费发送高校、中小学90万份。

(袁　莉)

【《中国教师》(月刊)创刊】 5月，《中国教师》(月刊)在北京师范大学创刊。该月刊以教育理论研究、教师职业道德和教师生活研究为重点，设有政策解读、法制视窗、科学与人文、教育新视野、热点争鸣、教师视点、励耘心曲、木铎金声和人淡如菊等专栏。月刊由教育部主管，北师大主办，全国发行。

(刘长旭)

【服装学院学报入选美国文摘检索】 7月，《北京服装学院学报》(自然科学版)被美国《化学文摘》(CA)确定为检索刊物。美国化学文摘是由美国化学学会文摘社、英国化工学会和德国化学情报文摘社合作出版的大型化学化工文献检索系统，创刊于1907年，收录文献以化学化工为主。服装学院学报2003年第1期开始被收录。

(顾　全)

【《北京经济瞭望》更名】 8月7日，首都经济贸易大学院刊《北京经济瞭望》更名为《当代经理人》。更名后，该刊以企业微观管理研究为中心，以培养社会主义市场经济管理人才为目标，促进学校教学研究与社会经济活动结合，为广大中、小企业和社会主义经济建设服务。《北京经济瞭望》是首经贸大院刊，1978年创刊，共出版148期。

(钟志红)

【首经贸大学报出版200期】 8月20日，首都经济贸易大召开《首都经贸大学报》出版200期座谈会。会议回顾校报创刊8年来历程，肯定成绩，总结经验。会议认为，校报全面、真实反映学校工作，办出特色。该校报创刊于1995年，2000年出版第100期。防控“非典”期间，从4月30日至7月15日出版22期。该校领导、校报工作人员、通讯员30人参加会议。

(钟志红)

【《财经法律评论》创刊】 10月，中央财经大学《财经法律评论》(总第1卷)创刊。该学刊由财经大学法律系、财税金融法律研究所联合主办，设有特稿、金融监管、财税法制等10个栏目，融理论研究和实务探讨为一体，从经济和法律不同专业领域和观察视角研究财经领域亟待解决问题。学刊由法律出版社出版，每年出版2至4卷。

(韦　红　张京平)

【化大学报入选“核心期刊”】 10月，“核心期刊”测评和文献计量单位的专家对全国学术期刊进行考核和评估，《北京化工大学学报》(自然科学版)再度被科技部中国科学技术信息研究所、中国科学院文献情报中心遴选为“核心期刊”和“来源期刊”。

(沈时蓉)

【北广学报召开编委会议】 12月7日，北京广播学院学术期刊《现代传播——北京广播学院学报》召开编委会。会议回顾学报一年工作，指出坚持思想性、学术性和前沿性是取得成绩的主要原因。会议认为，要不断强化学术研究深度，拓展学术研究领域，讲求话语多元化，将深度研究与时尚研究更好结合。该学报编委12人参加会议。北广学报创刊于1999年，近年获得“七个核心期刊”称号。2003年获得国家人文社科评价研究中心“新闻传播类”期刊综合排名第一位。

(张桂凤)

报刊出版单位

现代教育报

【概　况】　2003年，现代教育报社共有采编人员80人。出版《现代教育报》，该报主要设有周（专）刊：《中学生周刊》、《小学生专刊》、《启蒙专刊》、《招生考试专刊》、《现代生活周刊》、《新教育导刊》等，开设教育新闻"特别关注"、"一周论坛"、"坦言堂"、"深度报道"、"学校管理"、"教科研视点"、"文化茶坊"等20多个栏目，出版《抗击非典特刊》18期。《现代教育报》全年共出版266期，每期5万份。

（王维京）

【推出中招特刊】　3月，现代教育报社推出中招特刊。该特刊为对开8版，共12期，设有政策资询、复习指导、心理指导、招生广场四个版块，面向各区县教委、招生办、学校、家长及广大中学生，提供中考、中招信息服务。

（袁　莉）

【召开全国记者站工作会议】　3月29至30日，现代教育报社召开全国记者站工作会议。会议强调，组建全国记者站网络是现代教育报社2003年的大事，各地记者站要坚持正确的新闻导向，遵守新闻法规，为把《现代教育报》建设成为真正在全国教育界有影响力的大报而努力。来自天津、湖南和辽宁等10省市记者站负责人30人参加会议。

（秦　影）

【编辑出版《赤诚》】　7月，现代教育报社编撰的《赤诚——决胜非典遭遇战》一书出版。该图书真实地记录北京教育界防控"非典"历程，翔实地记录首都教育系统开展防疫工作取得的胜利以及干部和师生员工直面"非典"、迎接挑战动人事迹。全书40万字，照片60幅。

（黄红新）

北京教育

【概　况】　2003年，北京教育杂志社设有普教版、高教版两个编辑部，《北京教育》普教版编辑部共有编辑4人，其中，硕士学历1人，大学本科学历3人，全年出版发行36万册。《北京教育》高教版编辑部共有编辑3人，全年出版发行3.3万册，发表论文225篇。

（王雪莉　蔡桂兰）

【高教版开设3个新栏目】　1月，《北京教育》（高教版）开设3个新栏目。新栏目分别是"教师视窗"、"工作部署"、"学习贯彻十六大精神"，其中"教师视窗"栏目刊登12名教学一线学科带头人事迹；"学习贯彻十六大精神"栏目刊登高校领导学习十六大精神体会文章。

（蔡桂兰）

【普教版出版2期增刊】　至年底，《北京教育》（普教版）共出版两期增刊。两期增刊总发行量为3万册。其中《"紫禁杯"优秀班主任专辑》与市教委合作出版，宣传2003年获得"紫禁杯"优秀班主任称号教师的先进事迹和先进经验；《北京教育》（职成教）专版反映北京近年来职成教发展状况。

（王雪莉）

清华大学学报

【概　况】　2003年，《清华大学学报》设有自然科学版（中英文两刊）、哲学社会科学版。自然科学版编辑部在职人员10人，其中，正高级3人，副高级2人；博士2人，硕士6人。哲学社会科学版有编辑5人，其中博士生导师1人，高级职称4人，博士2人。

（崔　凯）

【实现全部论文上网】　6月，清华学报（自然科学版）完成全部论文上网工作。上网论文共计10个大类，包括1915年至2002年自然科学版发表全部论文。

（崔　凯）

【实行文稿合同签约制】　7月1日，清华学报（自然科学版）实行文稿合同签约制。该制度要求作者投稿后与编辑部签订《文稿出版合同》，规范作者、编辑部双方合法权益和应履行义务，将出版工作纳入国家相关法律规程。此前该编辑部实行稿约制度。

（崔　凯）

【英文版首次收录《工程引文索引》】　7月，清华学报（自然科学版）英文版首次被《美国工程引文索引》（EI）收录。首次论文收录共61篇，收录率超过50%。

（崔　凯）

【获得百种杰出期刊称号】　12月9日，清华学报（自然科学版）再次获得百种中国杰出学术期刊称号。该奖励由中国科学技术信息研究所评选，由1500种科技期刊文献计量学参数分析产生。

（崔　凯）

【社科版影响因子提高】　至年底，清华学报（社科版）影响因子提高。据《中国学术期刊综合引证报告》，在全国综合大学社科学报影响因子分类排序表中，清华学报（社科版）名列第6位，总被引频次分类排序表中，名列第17位，综合评价指标分类排序第11位。

（崔 凯）

《装饰》杂志

【概 况】 2003年，清华美院《装饰》杂志开设艺术设计论坛、现代艺术与设计和设计教育等13个栏目，全年出版12期，每期印数15000册，发行11000册。杂志社正式人员3人，其中主编1人、办公室主任1人、助理编辑1人；外聘人员8人，其中兼职编辑5人，编务3人。

（崔 凯）

【增加刊稿容量】 1月1日，《装饰》杂刊增加稿件容量。该杂刊分别增加黑白印张、彩色印张各1个，开本不变，总页码由原72页增加到96页。该刊来稿数量急剧增加，许多优秀稿件、重要信息难以及时刊登问题得到较好解决。

（崔 凯）

【推出防控“非典”专版】 5月，装饰杂志社推出防控“非典”专版。该专版以《装饰》第6期形式出版，收录防控工作指导文件、预防常识以及师生防控工作先进经验和优秀事迹。“非典”时期，杂志社工作人员坚持工作，向千名在校学生赠送存留《装饰》杂志。

（崔 凯）

中国农业大学学报

【概 况】 2003年，中国农业大学学报编辑部有职工5人，其中编辑4人，编务1人；具有研究生学历1人，大学本科学历2人，中专1人，初中1人；具有副高职称3人。学报为双月刊，每期印800册，交换发行650册。全年学校拨款10万元。

（郭立群 苏 燕）

【农大学报改版】 2月20日，农大学报完成改版。改版后，该刊由正16开改为大16开，每期96页码。发行数量、定价不变。学报做为综合性农业学术刊物，设有基础生物学、作物遗传育种及经济等栏目。

（苏 燕 郭立群）

【入选美国《化学文摘》】 12月，农大学报入选美国《化学文摘》(CA)。该刊主要刊登生物科学、农业科学、食品科学、农业工程、机电和土木工程基本学科和相关学科学术论文。至此，该刊先后入选俄罗斯《文摘杂志》(AT)、美国《剑桥科学文摘网站：污染文摘》(CSA)等5家国外数据库。

（苏 燕 郭立群）

北京林业大学学报

【概 况】 2003年，《北京林业大学学报》具有3种版本，即《北京林业大学学报》(自然科学版)、《北京林业大学学报》(社会科学版)和《中国林学》(英文版)，其中自然科学版为双月刊，社会科学版、英文版为季刊。《中国林学》特聘9名国际专家编委。编辑部共有工作人员8人，其中，正高级职务1人，副高级职务3人。

（汪海洋）

【进入自然科学期刊前10名】 1月，北林大学报进入中国自然科学学术期刊显示度排行表前10名。该刊在农林科学类排名第九位，成为进入前10名惟一非综合类高校学报。中国自然科学学术期刊显示度由中科院主持评选。

（汪海洋）

【入选美国工程引文索引】 7月23日，北林大学报入选美国工程引文索引（EI）。该索引为世界期刊论文三大检索系统之一，由美国工程信息公司主持，北林大学报是惟一入选的中国农林类科技期刊。至此，该刊已先后入选美国《林业文摘》(CAB)、联合国粮农组织AGRIS数据库、俄罗斯《文摘杂志》和美国《动物学记录》等索引。

（汪海洋）

北京航空航天大学学报

【概 况】 2003年，《北京航空航天大学学报》设有自然科学和社会科学两个版本。自然科学版为月刊，全年发行1.3万册。社会科学版为季刊，全年出版5期(增刊1期)。发行4000册。编辑部在职人员6人，其中高级职称4人，中级职称2人。

（朱丽萍）

【自然科学版改为月刊】 1月，北航学报自然科学版由季刊改为月刊。该刊创办于1956年，近年先后获得第三届航空优秀期刊评比二等奖、第二届全国优秀科技期刊评比三等奖、全国优秀高等学校学报以及教育部优秀科技期刊评比一等奖、第二届国家期刊奖百种重点科技期刊。

（朱丽萍）

【社会科学版扩版】 1月，北航学报社会科学版扩版。扩版后学报由64页增加至80页。社科版学报创刊于1988年，曾获得北京市优秀社科学报奖、全国人文社科学报优秀编辑质量奖、第二届全国理工农医院校社科学报优秀期刊等奖项。

（朱丽萍）

【美国《工程引文索引》收录率73%】 至12月，北航学报（自然科学版）在美国《工程引文索引》(EI)收录率为73%。本年该刊1至7期发表论文158篇，被美国《工程引文索引》收录115篇。该学报1993年入选美国《工程引文索引》，此后陆续被美国《化学文摘》(CA)、美国《剑桥科学文摘网站：污染文摘》(CSA)等收录。

（朱丽萍）

图　书

【《纳税人权利专论》出版】　6月，中央财经大学教授撰写的《纳税人权利专论》出版。该书是国内理论界第一部专门探讨纳税人权利的专著。作者从纳税人权利保护分析入手，分五章论述纳税人权利理论根据，纳税人整体权利、个体权利以及美、英等十多个国家和国际组织对纳税人权利保护和保障等内容。全书共28万字，由中国广播电视出版社出版。

（韦　红　张京平）

【《芬兰教育体制与基础教育课程改革概况》出版】　6月，教科院《芬兰教育体制与基础教育课程改革概况》编辑出版。该图书内容涉及芬兰学前教育、义务教育、普通高级中等教育和高等师范教育等领域，是国内第一部介绍芬兰基础教育课程改革、教育体制现状的公开出版物。图书共计16万字，由北京教育出版社出版。

（崔召云）

【“非典”与中国经济研究报告出版】　7月，中央财经大学《2003：非典与中国社会经济》大型研究报告集出版。该报告集收录学校各学科教师23篇研究论文，从中国社会、经济、财政、金融、保险、企业管理、公共管理、信息化建设、社会文化等方面入手，反思、探讨“非典”对中国社会经济的影响。报告集共计37万字，由中国财政经济出版社出版。

（韦　红　张京平）

【《透视台湾民进党》出版】　8月，北京联合大学台湾研究所新著《透视台湾民进党》出版。该书是大陆首部公开出版有关民进党研究的专著，收录15年来有关民进党研究论文35篇，35万字。该书分别由台湾海峡学术出版社和大陆台海出版社出版（台湾版书名《民进党研究——大陆学者眼中的民进党》）。

（杜　鹃）

【《和风细雨集》出版】　9月10日，东城区史家胡同小学编辑的《和风细雨集》出版。该文集是《杏坛育苗录丛书》史小专集，收集64篇教育论文和教学案例，9篇学生小课题研究报告。文集共计28万字，由首师大出版社出版。

（孙蒲远）

【《应尚能音乐论著及作品选集》出版】　10月15日，中国音乐学院举办《应尚能音乐论著及作品选集》首发仪式。该选集收录应尚能中、晚期音乐论著15篇，音乐作品42篇，展现他最早研究和介绍欧洲声乐艺术的成果。选集由吉林音像出版社出版。应尚能（1902—1973）浙江省宁波市人，1923年毕业于北京清华学校，同年赴美，1927年和1929年分获密什根大学工程与建筑学院理学学士学位和音乐学院的音乐学士学位，1930年回国。先后任教于上海国立音乐专科学校、重庆国立音乐学院、北京艺术师范学院和中国音乐学院，曾举办个人独唱音乐会，是中国独唱音乐会先驱者之一。

（田　婷）

【“黄达——蒙代尔讲座”演讲文集出版】　10月31日，中国人民大学举办《“黄达——蒙代尔讲座”演讲文集》首发式暨演讲会。会议听取罗伯特·蒙代尔题为《未来之路：全球视野下的中国经济和金融》学术演讲。该校师生400人参加会议。《“黄达——蒙代尔讲座”演讲文集》收录“黄达——蒙代尔讲座”发表的演讲13篇，反映世界著名经济学家的最新研究成果。文集共计20万字，由人大出版社出版。

（白连永）

【《航空百年》系列科普丛书出版】　10月，北航出版社出版《航空百年》系列科普丛书。该丛书为纪念人类航空飞行100周年出版，以多位航空届知名人士为编委，聘请航空科普作家执笔。全书共计10册，历时两年完成。

（娄铁军）

【构建终身教育体系文集出版】　12月，市教委编辑的《构建终身教育体系，创建学习型城市》一书出版。该文集总结北京市多年来创建学习型社区、学习型组织、学习型城区和学习型城市理论与实践经验，收集理论文献、学术论文和经验介绍材料。该文集由北京工业大学出版社出版。

（武怀海）

【《办人民满意的学校》出版】　12月，首都师范大学育新学校编辑的《办人民满意的学校》一书出版。该图书分为办学宗旨、管理理念、办学特色等5个部分，系统记述学校办学历程。图书共计28万字，由中国科学技术出版社出版。

（江　英）

图书出版单位

中国人民大学出版社

【概　况】 2003年，中国人民大学出版社在职员工227人，其中，编辑人员122人，市场营销人员57人。中级专业技术职务人员66人，高级专业技术职务人员53人。研究生及以上学历人员85人，大学本科以上学历人员168人。年出新书754种、发行码洋4亿元，销售收入17542万元，全年利润5500万元。

（白连永）

【召开国际出版业学者报告会】 2月26日，人大出版社召开国际出版业学者报告会。会议邀请英国牛津布禄士大学教授、牛津国际出版研究中心总监利卓森发表关于出版产业国际化趋势学术报告，并举办出版社编辑、市场营销人员座谈活动。200人参加学习。

（白连永）

【《中国佛教哲学要义》出版】 3月8日，中国人民大学召开《中国佛教哲学要义》出版新闻发布会。会议围绕《中国佛教哲学要义》一书，研讨中国佛教哲学研究进展、存在问题以及发展方向，认为应加强佛教哲学研究，发掘其现代价值，为社会发展和文化建设服务。《中国佛教哲学要义》由文学院教授撰写，系统记述中国佛教哲学研究成果，全书共计90万字，由人大出版社出版。来自国家宗教事务局、北大等学者和佛教界人士60人参加会议。12月25日，该书获得第六届国家图书奖。

（白连永）

【与哈佛商学院签订合作协议】 12月16日，人大出版社与美国哈佛商学院出版公司签订合作协议。根据协议，人大出版社获得哈佛商学院网课（elearning）在中国推广和销售权。来自北大、清华和首经贸大以及20家新闻媒体记者参加签字活动。哈佛商学院被称为美国“总经理摇篮”，是许多重要市场和经济理论的诞生地。人大与哈佛商学院合作开始于1998年。

（白连永）

【《朱兰质量手册》新书出版】 12月17日，人大出版社召开质量与竞争力研讨会暨《朱兰质量手册》新书发布会。朱兰（Joseph M·Juran）美国质量管理思想家，他的“随着全球社会经济和科学技术发展，质量概念必然拓展到全社会各个领域，包括人们赖以生存的环境质量、卫生保健质量以及人们在社会生活中的精神需求和满意程度”等重要观点集中体现在《朱兰质量手册》中，被誉为“质量管理领域中的圣经”。

（白连永）

【获得3项国家图书奖】 12月25日，人大出版社获得3项国家图书奖。其中，专著《中国佛教哲学要义》（上、下）获得第六届国家图书奖第一名、专著《物权法研究》获得国家图书奖提名奖、《公共危机启示录——对SARS的多维审视》获得国家图书奖特别奖。

（白连永）

北京理工大学出版社

【概　况】 2003年，北京理工大学出版社全社职工90人，在编职工54人，专业技术人员65人，高级职称34人。全年出版图书334种，其中新版图书148种，销售码洋6440.29万元。

（辛雪琴）

【2部教材获奖】 3月，理工大出版社出版的《机械制图》和《画法几何及工程制图》获得中国工程图学学会优秀教材奖。这两部书编写目标明确、内容取舍恰当，采用新国标，传授知识清楚，可作为高等学校非机械类、近机械类各专业教科书。

（辛雪琴）

【《兵器科学与技术》丛书出版】 6月，理工大出版社出版《兵器科学与技术》丛书。该丛书由兵器科学与技术丛书编辑委员会近百名专家、学者编写，包括《兵器科学技术总论》、《坦克装甲车辆》、《火炮与自动武器》、《弹药工程》、《制导弹药技术》、《火炸药科学技术》、《目标控测与识别》和《火力与指挥控制》8卷。

（辛雪琴）

【《中国高技术产业发展年鉴》出版】 12月，理工大学出版社出版《中国高技术产业发展年鉴》。该年鉴由国家发展和改革委员会、高技术产业司、宏观经济研究院共同编写，全书分为综合发展、产业发展、地区发展、政策发展、大事记录和海外发展篇6个部分，真实记录中国高技术产业的发展历程和高技术产业方面国家有关政策法规。

（辛雪琴）

【2部图书获得全国优秀畅销书奖】 12月，理工大学出版社出版的《雅思基础写作》、《雅思基础词汇》获得中国书刊发行协会优秀畅销书奖。《雅思基础写作》科学地设计阶梯式训练，以循序渐进的方式提高读者字、词、句、段以及篇章写作水平。《雅思基础词汇》针对“雅思”考试，配备同步学习录音磁带，全书内容分为30个单元，使考生可以在1个月内掌握。

（辛雪琴）

北京邮电大学出版社

【概　况】 2003年，北京邮电大学出版社有职工56人。出版图书种数276种，其中新版图书139种，重版图书137种。全年出版图书89.82万册，实现码洋3693万元，销售收入1056万元，利润208万元。

（田瑞华）

【《宽带通信前沿技术》丛书出版】 1月，北邮出版社出版《宽带通信前沿技术》丛书。该套丛书共6册，以反映前沿宽带通信技术为主，技术覆盖面广，在行文和体例上生动灵活、语言通俗。

（田瑞华　李　萍）

【出版市级精品课程教材】 7月，北邮出版社出版一批北京市精品课程教材。该教材共5册，其中包括《现代通信技术》（第二版）、《网络管理》（第二版）、《通信软件设计基础》、《卫星通信系统与技术》和《数字通信》。

（田瑞华　李　萍）

【《视频通信》系列丛书出版】 10月，北邮出版社出版《视频通信》系列丛书。该丛书共5册，丛书力求紧跟世界视频通信及相关技术发展潮流，突出经典和新型实用系统及实用技术。注重全面系统性和关键技术细节，利用实例、图解说明重要部分、核心概念。

（田瑞华　李　萍）

【《信息安全系列教材》出版】 11月，北邮出版社出版《信息安全》系列教材。该教材是国家“十五”规划、北京市精品立项教材，由从事信息安全教学及科研工作专家、学者撰写，选材参考国内外已出版同类教材，内容根据信息安全专业学生培养目标确定。

（田瑞华　李　萍）

外语教学与研究出版社

【概　况】 2003年，外语教学与研究出版社（简称外研社）设有8个独立法人单位，员工800人，分布在全国15个信息中心，出版大楼建筑面积2万平方米。全年出版新书670种，实现发行码洋11亿元，实现增长35.8%发展速度。

（李　勇）

【举办“外研社杯”全国英语辩论赛】 3月，外研社举办“外研社杯”第七届全国英语辩论赛。该比赛分为初赛和决赛两个阶段，分为长春、秦皇岛、西安、上海、武汉、成都和广州七个赛区。比赛与国际口语联盟、中国高校英语口语协会联合主办，来自72所大学代表队参加比赛。其中，复旦大学、广东商学院和天津外国语学院分获前三名。

（李　勇）

【举办全国英语演讲赛】 11月，外研社举办CCTV杯全国英语演讲赛。该比赛分为初赛、复赛、半决赛和决赛4个阶段。初赛由各高校举办，复赛以各省市为单位，半决赛和决赛在北京举行。比赛与中央电视

台联合举办，来自30个省市500所大学600万名大学生参加比赛。其中，23人进入总决赛，天津财经学院1名学生获得总冠军。

（李　勇）

【许国璋铜像落成】 11月，许国

璋铜像在外研社落成。许国璋浙江省人，1915年11月25日出生，曾任北京外国语大学英语系主任、外国语言研究所所长、中国英语教学研究会会长、《外语教学与研究》主编等职，1994年9月11日病逝。他主编的《英语》教材、教育论文和演讲对中国外语教学产生深远影响。

（李　勇）

【开发“外研通”电子词典】 12月，外研社成功开发“外研通”电子词典。该词典收录外研社《高级英汉词典》8万个单词和短语、21万条例证，内置外研社《现代汉英词典》5.3万个词和新词1万条。

（李　勇）

对外事务·港澳台侨事务

综　　述

2003年，市教委对外合作与交流工作根据国家总体外交方针，按照教育部、北京市政府外事工作统一要求，宣传北京的优质教育，积极开拓世界教育市场。

建立防控“非典”应急机制。4月，面对“非典”疫情，教育系统外国专家和留学生管理工作受到巨大冲击。市教委及时召开会议，布置防范措施。从4月24日至6月24日期间，根据学校情况市教委共发出6个文件指导基层防控工作，并做出预案。保证外国文教专家和外国留学生无一例感染。为恢复发展来华留学生教育预留发展空间，在退费、换汇、出入境方面协调有关方面提供政策和程序上优惠。此外，推动外国文教专家和留学生保险等工作，此经验得到教育部的肯定和支持，并推广至全国。

重新审核、清理对外合作与交流审批项目。市教委下放审批权，将政务性工作按照隶属关系、管理职能下放到各高等学校和区县教委，将事务性工作委托给民间社团和教育服务机构。其中，把中小学赴境外短期交流和举办夏(冬)令营活动审批权、中小学校接收华侨、华人学生来华学习汉语审批权下放到区县和学校；把接受港澳台侨学生来京学习的审批权下放给各高等学校；中等以下中外合作办学机构的日常管理工作下放到区县教委。同时，要求各有关学校和区县教委设立与之适应的机构，确定外事主管部门及专人负责，分别举办北京地区高校引智工作干部、留学生管理干部、区县教委外事工作干部三次培训班，保证外事工作管而不死，放而不乱。

招收外国留学生工作方面，从地区、国别和合作内容方面均有较大突破。3月，市教委组织12所学校一行19人赴合作交流项目较少的北欧国家举办研讨会和教育展，并开展招生宣传，取得很好的效果。“非典”后期，及时调整年度出国访问计划，将市教委各专项考察团重新整合，会同市外办等有关部门组成三个大的综合团组，宣传北京优质教育，开拓世界教育市场。三个综合团集“举办展览，招生宣传，境外办学。引进人才，外派教师”多种职能于一身，又考虑地区需求不同而任务各有侧重。共有100所大中小学学校和企事业单位153人次参加出访，举办展览和说明会7次，发放资料40000份，接待咨询人员11000人次，开发新项目211项，签署合作协议20份，表示来京人数达到1000人。

中外合作办学取得新发展。2003年，经市教委批准设立中外合作办学机构13个，其中，高等学历教育机构5个，高等非学历教育机构4个，中等学历教育机构2个，非学历培训机构2个。审核上报教育部批准3所外籍人员子女学校；批准北京石油化工学院在香港办学和北京市经济管理干部学院赴泰国办学；共审批3所高等学校接收外国留学生资格和10所中小学校接收境外中小学生资格。同时，还分别与日本签署中日友好国际学校的合作意向；与新加坡教育集团签署关于护士等职业技术人员输出和引进外国专家备忘录；与加拿大签署教师培训合作意向书。

继续发展引进国外智力工作。本年度审核25家教育机构聘请外国文教专家资格。共聘长期外国专家1304人，5所院校获得2003年度北京市“长城友谊奖”(清华大学、北京大学、人大附中、西城外国语学校、京西学校)。2003年经外专局批准10个境外培训计划，共派出253名中学教师及教育管理人员赴美国、加拿大、澳大利亚、新西兰等国培训。为交流引智培训经验与成果，召开中小学校长赴美国参加硕士班学习、中等职业学校管理干部赴澳大利亚参加培训班、小学英语教师赴加拿大培训班三个团培训成果汇报会。

港澳台侨管理工作不断加强。2003年度，组织北京教育系统23人赴台交流团访问考察工作，并与10余家教育机构建立关系。组织并筹建“北京市港澳台侨学生工作研究会”。审批5所高等学校招收港澳台侨学生资格。至此，北京地区共有44所高校具有接收港澳台侨学生资格。

积极开展对外宣传工作。“非典”期间，市教委接待安排35批分别来自10个国家和地区的境外记者采访“空中课堂”现场、学校和高考考场，宣传真实的中国，效果很好。为顺利完成下半年出访任务，9月邀请8个国家使领馆教育文化官员小型中秋招待会，向他们介绍北京教育情况，给予出访团组支持。市教委主办“来华杯”羽毛球比赛。共有26所学校，100多个代表队200多名留学生参赛。12月，举办首都外国留学生新年文艺晚会。教育部和北京市领导，外国驻华使节219人以及1000名外国留学生参加活动。从3月到11月，北京高校先后接待圭亚那、韩国、英国、德国、爱尔兰、巴基斯坦、塞尔维亚、瑞士联邦和以色列等国家元首。

完成《留学北京》的编辑工作，并发往驻京外国使领馆和中国驻外使馆。

（宋立军）

总　　类

【北师大召开外事工作研讨会】　1月10至11日，北京师范大学召开年度外事暨港澳台工作研讨会。会议听取学校外事工作报告，强调外事工作在学校整体工作中重要地位。会议提出，学校外事工作应坚持积极开拓、规范秩序、提高水平、促进发展4个原则，鼓励各单位外事干部积极开拓，通过高层次对外交流与合作，促进学科建设和科研工作发展。该校各院系所、职能部门、附属学校及幼儿园领导90人参加会议。

（刘长旭）

【北语获得首届外事宣传"宇虹奖"】　2月27日，北京语言大学获得首届"宇虹奖"。该奖项由北京市外事宣传办公室、人事局联合创立，来自北京50个单位217件作品参评，其中北语《北京语言大学》画册和电视专题片《你好，中国》获"宇虹奖"外宣窗口提名奖，是惟一获奖高校。北语坚持开展对外宣传工作，组织留学生参加各项比赛等活动。

（彭艳崇）

【加拿大总理会见中加学校师生】　2月，加拿大总理约瑟夫·让·克雷蒂安（Jean Chretien）会见中加学校师生。会见中加拿大总理克雷蒂安询问中加学校办学情况，希望学校越办越好。中加学校赴加拿大参加冬令营39名师生参加会见。克雷蒂安总理长期关注中加学校建设，多次听取学校汇报并接见中加学校师生。

（荆　枝）

【西班牙王后访问北外】　3月7日，西班牙王后索菲娅率代表团访问北京外国语大学。访问期间，索菲娅参

加庆祝中西建交30周年学术活动，向3名中国西班牙语学者颁发西班牙伊莎贝尔女王勋章，参加《中国——西班牙关系史》首发式。1984年，北外与西班牙马德里自治大学开展校际交流。2000年，西班牙国际合作署资助北外建立西班牙研究中心。2002年10月，北外与马德里自治大学合作，在北京开办当代西班牙与拉丁美洲专业博士班。

（李　勇）

【圭亚那总统访问外交学院】　3月28日，圭亚那总统贾格迪奥访问外交学院。访问中，贾格迪奥发表题为《弱小经济体国在经济全球化发展条件下的困境及其应对措施》演讲。该校师生100人参加学习。

（李洪梅）

【韩国总统访问清华】　7月9日，韩国总统卢武铉夫妇访问清华大学。卢武铉发表关于中韩合作和东北亚繁荣演讲，论证韩国外交政策、韩国对朝鲜半岛统一的原则立场等问题，并现场回答学生们提问。

（崔　凯）

【英国首相访问清华】　7月22日，英国首相布莱尔夫妇访问清华大学。布莱尔参加清华——BP清洁能源研究与教育中心揭幕仪式并致词，参加与学生面对面交谈，现场回答14名学生提出的关于伊拉克问题、英国与其他国家间关系、中英教育交流等问题。该校学生90人参加交谈活动。

（崔　凯）

【德国总统访问清华】　9月12日，德意志联邦共和国总统约翰内斯·劳访问清华大学。劳发表题为《中德两国在世界上的作用》专题演讲，现场回答学生提问。

（崔　凯）

【波兰参议长夫人访问史小】　9月

23日，波兰参议长夫人安娜·帕斯吐斯克（Anna Pastusiak）访问东城区史家胡同小学。波兰客人参观校园，观摩学生教学课程，并和学校领导座谈交流。

（孙蒲远　黄守圣）

【新西兰议长访问潞河中学】　9月

23日，新西兰议长乔纳森·亨特访问潞河中学。乔纳森·亨特发表题为《关于新西兰国家总体情况与中新两国友好关系》演讲，称赞中国近几年经济和社会发展，称赞潞河中学校园和现代化教学设备，对中新

两国友好合作充满希望。

（孙慧芹）

【爱尔兰总统访问北大】 10月10日，爱尔兰总统玛丽·麦卡利斯访问北京大学。访问中，玛丽·麦卡利斯发表题为《爱尔兰在国际事务中的角色和与中国扩大关系》演讲。

（廖志敏）

【巴基斯坦总统访问清华】 11月4日，巴基斯坦伊斯兰共和国总统佩尔韦兹·穆沙拉夫访问北京大学。在简短会见以后，穆沙拉夫发表题为中巴关系演讲。

（廖志敏）

【塞尔维亚总理访问外交学院】 11月7日，塞黑共和国塞尔维亚总理日夫科维奇访问外交学院。访问中日夫科维奇询问学校情况，并以《塞尔维亚的内政与外交重点及其对华

政策》为题发表演讲。

（李红梅）

【瑞士联邦主席访问北外】 11月

21日，瑞士联邦主席帕斯卡尔·库什潘主席访问北京外国语大学。访问中，库什潘听取学校工作介绍，参观北外瑞士研究中心，并询问学生们生活、学习情况。

（李 勇）

【以色列总统访问农大】 12月18

日，以色列总统摩西·卡察夫访问中国农业大学。卡察夫总统先后参观农大校园、实验室和图书馆，在欢迎仪式上，农大授予卡察夫总统名誉博士学位。

（郭立群）

引 智 工 作

【概 况】 2003年，北京市教育机构共聘请外国文教专家2010人次。其中，长期专家1843人次，短期专家167人次；新批准24家教育机构获得聘请外国文教专家资格。市教委向市财政申请1309万元资助市属院校开展引智工作，并为学校科研合作项目向国家外国专家局申请20万元专项经费资助。

（许株桦）

【舞院聘请长期外籍教师】 2月16日，北京舞蹈学院签订长期聘任外籍教师协议。根据协议，原新西兰皇家芭蕾舞团副团长欧鹿及夫人邹英女士到舞蹈学院任教，欧鹿担任芭蕾舞系副主任、教授，邹英在舞蹈考级中心任教。聘任期至2008年2月16日。

（肖卫兵）

【国际志愿教师在中国启动】 3月

5日，国际志愿教师中国教育服务活动在中国农业大学启动。该活动由农大国际学院与国际志愿者组织（i—to—i）联合举办，英美等国每年派驻4批义务志愿教师支援中国农村地区英语教学，每批3个月。来自共青团中央、21名英国国际志愿教师和农大经济困难学生代表100人参加启动仪式。

（郭立群 康 莹）

【北外外国专家“非典”时期坚持工作】 5至6月，北京外国语大学英语学院外国专家防控“非典”时期坚持教学工作。该学院外国专家8人坚持教学，并协助学校稳定学生情绪，托马斯·博克（Thomas Bork）、詹姆斯·林富（James Lindsay）和帕梅拉·科利特（Pamela Collett）参加学校电视台访谈节目制作，富布赖特项目专家凯瑟林·波恩（Catherine Boone）和彼得·特鲁波维兹（Peter Trubowitz）在其他专家离京时，坚持上课，并与离校学生保持联系，确保学生同步自学。托马斯·博克（Thomas Bork）参加市委教育工委示范课观摩活动。

（李 勇）

【地大聘任长期外籍教授】 7月3日，中国地质大学（北京）聘任美籍教师威廉·怀特为外籍教授。1983年，怀特在美国耶鲁大学研究生毕业后，到地大（北京）担任英语教学工作，每周举办英语现场讲演并举办外语教师培训活动，多次参加英语四级考试命题，他还担任《北京青年报》英语顾问。

（承 金）

【举办外国专家中秋晚会】 9月11

日，市委教育工委、市教委举办外国专家中秋佳节音乐会。晚会在颐和园昆明湖举办，教育部、北京市委、市政府领导向在京高校外国专家、教师和留学生代表表示节日慰问，感谢外国专家、教师为中国教育事业做出贡献。来自教育部、中共北京市委、市政府领导以及北大、清华、北外、北语和北工大的美国、英国和法国等23个国家教育专家、教师和留学生代表90人参加晚会。

（钱进军）

【5名外籍专家获得“长城友谊奖”】 9月24日，北京教育系统5名外籍专家获得“长城友谊奖”。该奖项始于1999年，由北京市政府主持评选，每年评选一次。此奖是在京外国专家最高荣誉奖。本届全市共有15人获奖。

（华　蕾　崔　凯）

2003年北京市教育系统
外国专家“长城友谊奖”

爱德华（Edward Noel Oherty）
　加拿大　北京市西城外国语学校专家
萨文迪（Gavrid Salvendy）
　美国　清华大学工业工程系教授
施密特（Gerhard Schmitt）
　德国　北京大学环境学院教授
杰　夫（Teff Entner）
　美国　人大附中外籍教师
柯马凯（Michael Alan Crook）
　英国　北京京西学校校长

（华　蕾　崔　凯）

【5所学校获得聘请外国专家先进】 11月10日，在全国外事工作表彰会上，北京5所学校、9人获得先进称号。该奖项由外交部、公安部和教育部联合评选，全国表彰聘请外国文教专家先进单位97个、先进个人133人、高校师资外语培训工作先进单位6个、引智项目成果先进单位7个。北京获奖5所学校是北京航空航天大学、外交学院、对外经济贸易大学、北京外国语大学、人大附中。9名先进个人分别来自北航、北外、首医大、首经贸大、西城外国语学校、北京第二外国语学院、北京语言大学、新桥外国语学校和北京市第二十中学。其中，北航获得先进单位、先进个人和高校师资外语培训工作先进单位3项奖励，是获奖最多单位。

（陈　颖　魏　强）

【地大外籍教师获得地质学贡献奖】

12月，中国地质大学（北京）外籍客座教授乔治瑞·A·戴维斯（Gregory A·Davis）获得美国地质学会构造地质学职业贡献奖。戴维斯是美国南加州大学教授，近年在地大（北京）为研究生开设《构造地质学专题》课程，并与中国地质学家合作开展内蒙古北部白垩纪伸展构造以及变质核杂岩研究。本届美国地质学会共授予11名地质学家职业贡献奖，构造地质与大地构造学只有戴维斯1人获奖。

（承　金　王世林）

国　际　合　作

【概　况】 2003年，市教委共派出248名中小学英语教师及管理人员赴国外培训。国际文化交流项目AFS派出28名学生、3名教师赴国外进行为期一年国际文化交流；与英国驻华大使馆文化委员会合作推荐英语外语助教项目，有11名英国大学生到中小学担任英语助教。

（许株桦）

【师大二附中参加中美交流项目】 1月25日至2月16日，北京师范大学第二附属中学代表团访问美国本杰明班纳克中学（Benjamiin Banneker Academic high School）。该访问是中美青年交流项目，师大二附中作为全国首批七所学校之一，在本杰明班纳克中学举办随堂听课，参与教学，陈述中国文化等活动。中美青年交流项目由江泽民与克林顿倡议发起，中国教育国际交流协会与美国国际文化交流项目（AFS）共同组织。

（刘长旭　姚雪莹）

【合作开展西班牙语教学】 3月10日，市教委与西班牙驻华使馆文化教育处签订合作开展西班牙语教学。根据协议，西班牙驻华使馆文化教育处负责协调，帮助朝阳区外国语学校开展西班牙语教学并提供师资及教材，开设第二外语。

（王学松）

【北交大成立中英智能交通中心】 3月28日，北方交通大学成立中英智能交通系统（ITS）中心。该中心是科技部与英国贸易工业部合作项目，依靠英国南安普敦大学和北交大，实施智能交通系统（ITS）研究。

（张其坤）

【召开中英网络教育视频会】 6月17日，北京师范大学召开中英网络教育合作项目视频会。会议在中英两地利用视频同步举行，研讨网络教育合作项目实施计划和具体问题。中英两国学者40人参加会议。网络教育合作项目由北师大与英国全球高校联合体（WUN）共同承担，通过开发教育硕士层次网络课程，开展网络教育教学规律研究。项目首期合作期限两年，英方曼彻斯特大学、谢菲尔德大学、布里斯通大学以及南安普敦大学参加合作研究。

（刘长旭）

【与荷兰国际集团签署合作协议】

8月28日，市教委与荷兰国际集团（ING）签署培养2008奥运体育后备人才协议。根据协议，到2005年，荷兰国际集团每年提供20万欧元设立ING2008年奥运篮球体育人才训练营。市教委采取多种形式，在各级各类学校中开展奥林匹克教育活动，加强学校体育训练工作，建立体育后备人才培训机制，为国家输送高质量体育人才。10月28日，市教委与荷兰国际集团（ING）联合举行篮球训练营授牌仪式，向北京市第四中学、北京市第二十二中学、首师大附中、清华附中、东直门中学和密云二中首批训练营学校授牌，并赠送体育服装和篮球。

（郑淑媛 郭占云）

【北航选拔法国奖学金研究生】 9月19日，北京航空航天大学完成法国斯奈克玛奖学金研究生选拔。选拔工作与法国斯奈克玛公司、里昂中央理工大学共同完成，来自北航5个学院11名学生参加面试选拔。2002年，北航加入法国"UUC 4+2"合作项目，两所大学与一个公司共同培养研究生，入选学生在派出院校完成4年本科课程后，获得合作公司奖学金，到接收院校完成两年研究生学习。7月，北航首批5名入选学生赴法国里昂中央理工大学学习。

（陈 颖）

【北航合作项目留学研究生开学】 10月9日，北京航空航天大学留学研究生开学。来自5个国家50名留学生参加开学典礼。北航共招收留学生150人，其中，33名攻读硕士学位。缅甸留学生是筹建该国第一所航空学院师资，属中缅两国政府人力资源开发领域合作项目；11名巴基斯坦博士留学生属中巴两国教育部高级人才培养合作项目。

（陈 颖）

【舞院实施中法交流合作计划】 10月19日至11月1日，北京舞蹈学院举办法国舞蹈家排练课。该课程邀请法国芭蕾舞艺术家让·保罗·格拉维埃为学生排练睡美人双人舞、花节双人舞、蓝鸟双人舞。该校芭蕾舞系2001级、2002级12名学生参加学习。该活动属于法国使馆与舞蹈学院交流合作计划项目。

（肖卫兵）

【实施法国工程师学院网合作项目】

11月29日，法国"N+1"工程师学院网与中国合作培养研究生协议签字。依据协议，法国在中国选拔本科毕业生赴法学习两年专业课程，并授予法国工程师硕士学位，法方为中国留学生提供100万欧元奖学金，首批北京航空航天大学等26所高等学校中国学生66人赴法学习。该项目由法国教育协作署管理，是法国教育部及外交部支持的国家级项目。

（陈 颖 谭典元）

友 好 往 来

【概 况】 2003年，市教委审批中小学生赴境外参加夏（冬）令营、短期学习交流团组21个，学生428人。受"非典"疫情影响，审批工作4月22日停止，10月31日后恢复审批工作。

（王学松）

【澳大利亚工党代表团访问人大】 2月26日，澳大利亚工人党代表团访问中国人民大学。该代表团一行9人，由工党副领袖詹尼·麦克林女士率领。会谈后，麦克林发表题为《中澳关系问题》演讲，该校师生200人参加学习。澳大利亚工人党曾于1983年至1996年执政。

（白连永）

【组团出访北欧3国】 3月3至14日，市教委组建高教代表团出访北欧3国。代表团由19人组成，在斯德哥尔摩举办中国、丹麦、瑞典、芬兰国际教育研讨会。先后在挪威、瑞典举办教育展及座谈交流活动，走访挪威、瑞典和丹麦5所高校，发送宣传资料 2000 份，影碟宣传片（VCD）50 张。北京 12 所学校参加访问活动。

（潘芳芳）

【北语接待美国教育部代表团】 3

月 17 日，北京语言大学接待美国教育部代表团。接待工作中，中美双方强调开展多方面合作重要意义，表达在对外汉语、外语教学和网络教育等方面建立友好合作关系愿望，并商讨一些合作交流项目。

（彭艳崇）

【赴韩国参加国际教育展】 9月4至

11 日，市教委组团赴韩国参加国际教育展览。代表团共计 50 人，在汉城参加第十七届汉城国际教育展，在釜山召开北京·釜山教育交流座谈会。来自北京 29 所学校参加展览，其中，高等学校 14 所、中小学 12 所、职业高中 2 所、中等专业学校 1 所。

（潘芳芳）

【舞院出访地中海 3 国】 9 月 5 至 22 日，北京舞蹈学院舞蹈团先后出访地中海周边 3 国。该校舞蹈团一行 15 人，携带《换扇仕女》、《踏歌》和《苗女》等民间剧目，在叙利亚参加布斯拉国际民间艺术节，并在阿勒波举办艺术节闭幕专场演出；在马耳他参加中国文化中心开幕式；在埃及开罗共和国剧院举办专场演出。舞蹈团应叙利亚文化部、埃及中国文化中心邀请，由中国对外文化交流协会委派。

（肖卫兵）

【公安大学接待两国代表团】 9 月 17 日和 28 日，中国人民公安大学分别接待越南公安部代表团和孟加拉国内务部代表团。两个代表团均由部长率领，分别听取学校教育情况介绍，先后参加木樨地校区、侦查实验室和校史馆。

（尹华业）

【民族服饰博物馆赴法国举办展览】 10 月 6 日，北京服装学院民族服饰博物馆应歌华文化集团邀请赴法国巴黎举办百年时尚——中国衣饰展。该展览是中国在法国举办的中国文化年的活动之一。该馆展出清末、民国、新中国至今 200 余件服饰实物及百余幅珍贵图片。同时，编辑出版《中国服饰百年时尚》图册，展示百年来中国各时期服装时尚与神韵。

（顾　全）

【接待赫尔辛基市教育代表团】 10 月 7 至 9 日，教科院接待芬兰赫尔辛基市教育代表团。该代表团由两人组成，先后参观课程教材中心、北大附中和牛栏山一中，研讨具体教育合作事宜，并举办《芬兰课程改革与发展》报告会，介绍芬兰课程改革，特别是高中课程改革与发展情况、新趋势以及成功经验。北京市部分高中校校长、市区教研人员 40 人参加研讨。

（崔召云）

【越南副总理看望留学生】 10 月 16 日，越南副总理阮晋勇到北京语言大学看望留学生。在听取北语越南留学生学习和生活情况介绍后，阮晋勇感谢北语教师对学生的培养，他说，越南经济发展需要一批懂外语和文化的人才，越南会派出更多留学生到北京学习。北语自 1964 年接收第一批越南留学生，39 年共培养 610 人。

（彭艳崇）

【牛栏山一中接待芬兰教育代表团】

10 月 24 至 28 日，顺义区牛栏山一中接待芬兰教育代表团。该代表团由 6 人组成，在牛栏山一中，他们参加学校升旗仪式，观察高一、高二课堂教学，参观校园环境，并代表芬兰罗苏（Ressu）学校与牛栏山一中商讨建立友好关系事宜。

（万　柏）

【俄罗斯文化部长访问北外】 10

月 29 日，俄罗斯文化部长什维德科伊访问北京外国语大学。访问中，什维德科伊举办俄罗斯文化形式专题演讲，运用大量引文和事实，从哲学角度评述俄罗斯文化，论证自己对俄罗斯文化形式看法，并现场回答学生关于俄罗斯文化、经济及中俄关系等问题。该校俄语学院师生 200 人参加学习。

（李　勇）

【接待新加坡教育部代表团】 11 月 6 日，新加坡教育部代表团访问清华附中。该代表团由代部长尚达曼率领，先后参观图书馆、操场、荣誉室和教室，听取学校历史和现状、教学特色以及师资队伍建设等情况介绍，肯定学校基础设施建设和教育教学成绩。并询问学校“一条龙”试验班具体情况。

（高　岷）

【组团出访南美 3 国】 11 月 10 至

27日，市教委组团出访南美洲3个国家。代表团由24人组成，先后访问墨西哥、阿根廷和巴西3个国家4个城市7所大学，举办2次北京教育展，6次教育交流座谈会，发放宣传材料、手册5000份，接待咨询2000多人。来自北京8所高校、3所中小学代表参加访问。

（潘芳芳）

【组团出访美国】 11月17至27

日，市委教育工委、市教委组团出访美国。代表团先后会见美国马萨诸塞、佛蒙特和加利弗尼亚3州政府，会见明尼苏达大学、麻省理工学院、波士顿大学、斯坦福大学与加州大学伯克利分校5所大学校长、教务长及相关院长，马萨诸塞州3所私立中学、加利弗尼亚4所中文学校及一个艺术培训中心负责人，签署3个合作协议（合作备忘录），达成4项合作意向。

（潘芳芳）

【赴法国参加中国高教展】 11月17至30日，中央财经大学、中国人民大学、中央民族大学、北京外国语

大学、北京语言大学等高校代表团赴法国参加“21世纪中国高等教育展”。该活动由教育部主办，是中法文化年的组成部分，主要展示建国54年以来中国高等教育成果，同时与法国高等学校进行交流。该展共有70多所高校、10家高科技企业和6个国际教育交流机构参加，并签署有关合作协议。

（韦红　哈斯也提　李勇）

【赴泰国越南举办教育展】 11月

20日至12月4日，市教委组团出访泰国、越南两国。代表团由39人组成，在曼谷和胡志明市举办北京教育展览，共发放宣传材料1.3万册，接待咨询4000人次，巩固学校间原有合作项目5个，达成学校间洽谈合作意向34个，接待19个两国出国留学中介机构代表。北京19所学校参加展览活动。

（潘芳芳）

【赴美国加拿大进行项目洽谈】 11月28日至12月15日，市教委组团出访美国和加拿大。代表团由17人组成，先后访问加拿大BC省教育部、多伦多市教育局和金斯敦市教育局，美国纽约州立大学、中小学中文教师协会、新泽西州高教委共18个教育单位。先后与美国新泽西州高教委、美国希望教育基金会、加拿大西门菲莎大学达成合作意向。来自北工大、北邮、石化学院等11个教育单位代表参加访问。

（潘芳芳）

【《赵氏孤儿》在芬兰上演】 12月

10至12日，中国戏曲学院经典传统剧目《赵氏孤儿》在芬兰上演。演出是文化部与芬兰芬中友好协会文化交流项目，在赫尔辛基亚历山大剧院共演出3场。该校师生25人参加访问演出。1996年，戏曲学院与芬兰建立文化交流关系，2002年曾携带经典剧目《霸王别姬》赴芬兰、瑞典和挪威演出。

（薛中君）

港 澳 台 侨 事 务

【民大民族乐团赴香港演出】 1月，中央民族大学少数民族乐团赴香港演出。在中国少数民族音乐及民族服饰展演期间，民族大学乐团共举办15场民族音乐会，演奏热瓦甫独奏《卡布拉什卡》、吐良独奏《景颇山谣》和马头琴独奏《四季》等少数民族曲目。香港各族民众1万人观看演出。

（王嘉云）

【接待香港教育统筹局官员】 3月15日，市教委接待香港教育统筹局代表团。该代表团由中国语文组官员4人组成，在北京教育科学研究院考察、交流中小学课程教材的设置及课堂教学等情况。并通报香港课程教材改革现状。

（王学松　崔召云）

【顺义举办台湾学者英语学习讲座】 7月26日，顺义区教委举办英语学

习公益讲座。该讲座邀请台湾学者扶忠汉作《如何学好英语》报告，系统讲授英语公益教学、双向教学的方法。市、区领导及学生、家长1500人参加学习。扶忠汉是台湾英语教学专家、双向式英语教学法创造者。

（赵云霞）

【舞院赴马来西亚慈善义演】 8月23日至9月15日，北京舞蹈学院赴马来西亚慈善义演。在马来西亚8个城市，舞院师生举办16场演出，表演《鼓舞声声》、《中国风》、《飞天》等剧目。该义演应马来西亚浮罗交怡集团邀请，为马来西亚华侨学校及慈善机构募捐，舞院师生36人参加义演活动。

（肖卫兵）

【人大学生艺术团出访港台】 9月29日至10月8日，中国人民大学学生艺术团出访台湾和香港。该艺术团由师生25人组成，在台湾逢甲大学、中国文化大学、台湾原住民文化园区分别举办《青春舞动、心手相连》专场演出，完成与文化大学舞蹈系、原住民文化园区舞蹈团文艺交流。在香港理工大学、香港城市大学举办专场演出，会见人大香港校友会部分代表。访问期间，人大网络信息与管理中心技术人员重点考察台湾、香港大学校园网络和"校园一卡通"建设情况。

（白连永）

【戏剧学院组团参加台北研习营】 9月29日至10月12日，中央戏剧学院学生代表团赴台北参加两岸大学生（艺文青年人才）研习营活动。该代表团由8人组成，在台北市参加研习营"赏心悦目"联谊会，与台湾大学生共同举办《两岸大学生课余活动经验分享》和《青年愿望——筑梦与踏实》主题交流活动。此行是应台北筑梦教育基金会邀请。

（张　般）

【香港语文主任培训班开学】 10月14日，北京师范大学第四届香港特别行政区政府法定语文主任培训班开学。该培训班采用专题讲座形式，邀请国务院秘书局、中央机构编制办公室、外交部、商务部领导以及北师大教授执教，开设公文写作、翻译和法律等多门课程，学制三周。培训班受香港特区政府法定语文事务部委托，来自香港特区20名学员参加学习。自2000年，北师大先后举办3届培训班，香港51名学员参加学习。

（刘长旭）

【首师大接待台湾高校访问团】 10月15日，首都师范大学接待台湾高校访问团。该访问团由台湾大学、中国文化大学、慈济大学、台湾师范大学、彰化师范大学、元智大学、成功大学和台北大学8所台湾高校师生12人组成。在首师大，访问团先后听取古代汉语课、中国当代文学课、古代文学课以及中国现代诗歌史论课程，并与文学院比较文学系师生共同探讨"全球化与汉语言文化身份认同"问题。活动由台湾筑梦教育基金会主办，是第三届筑梦海峡两岸中文系学生交流活动组成部分。

（王　群）

【举行欢迎台湾新生仪式】 10月18日，市教委、市台办联合举行台湾新生欢迎仪式。市教委、市台办先后致欢迎词，代表北京高校表达欢迎之情，希望台湾学生在北京取得优异学习成绩。北京高校台湾新生100人、在读台湾学生200人参加欢迎仪式。

（任　军）

【大学生艺术团出访香港】 11月8至14日，北京大学生艺术团出访香港。该艺术团受市教委委托由首都师范大学负责组建，首师大、北京舞蹈学院和中国音乐学院70名学生组成艺术团，在香港举办两场歌舞艺术晚会，表演舞蹈《天山原色》和管乐《蝶韵》等节目，并参观香港中文大学、香港演艺学院。艺术团此行参加"香港青年大专学生协会"10周年庆典。

（王　群　王　军）

【丰台五小接待香港访问团】 12

月26日，丰台区第五小学接待香港圣三一堂小学北京体验之旅访问团。该访问团由学生、部分教师、家长共96人组成，双方师生举办听课、联欢、就餐、观看艺术团体演出和互赠礼物活动。

（霍良庆）

校 办 产 业

综　　述

2003年，北京市校办产业系统认真贯彻党的十六大和十六届三中全会精神，努力实践“三个代表”重要思想，克服“非典”带来的影响，坚持改革创新发展的思路，在推进校办企业改革、加强校办企业管理、拓展教育产业发展渠道、促进校办产业科技成果转化等方面取得可喜的进展。

进一步推进校办企业改革，加快建立现代企业制度的步伐

按照市教委、市经委《关于加快北京市校办企业改革的若干意见》，主要采取建立股份制公司、有限责任公司消号关闭等10种形式，积极推进全市校办企业产权制度改革，建立现代企业制度。

截至年底，北京市共有2221家校办企业完成改革任务，占应完成改革任务总数2429家校办企业的91%。其中，区县校办企业完成改革任务的92%，市属高校完成改革任务的81%，市教委直属（管）单位校办企业完成改革任务的78%，中专校完成改革任务的71%；部属院校已有327家企业完成改革任务，占应完成改革任务506家企业的65%。

年内，在已经改革的企业中，市属（管）高校和单位企业以及区县校办企业消号关闭1537家，兼并、出售、破产72家，两项合计1609家，占应改革企业的66%；改制为有限责任公司、股份合作、合资、分立等形式的464家，占应改革企业的19.1%；其他形式（实习工厂、出版社、书店等）138家，占应改革企业的5.6%。

经过改革，全市校办企业总资产从2000年的293.25亿元增长到2002年的451.97亿元；净资产从2000年的146.63亿元增长到2002年的179.79亿元。上缴学校利润基本持平，年约4亿元。上缴国家税金逐年增长，一种“产权清晰、责权明确、校企分开、科学管理”的现代企业制度已见雏形。

全市校办产业较好地完成各项经济指标

2003年，全市校办企业在同舟共济抗击“非典”、积极推进各项改革的同时，不断寻求新的经济增长点，在各高校和普教校办产业系统的努力下，仍然较好地完成了各项经济指标。

2003年，全市校办产业完成销售收入总计363.56亿元，比上年增长15.75%；税后利润18.21亿元，比上年增长47.81%；补充教育经费3.54亿元，比上年减少14.08%；上缴各项税费12.35亿元。其中，高校校办产业完成销售收入356.52亿元，比上年增长18.38%；税后利润17.69亿元，比上年增长65.64%；补充高校教育经费比上年增长13.83%；上缴各项税费达到11.95亿元，比上年减少17.64%。区县校办产业完成工业产值7.04亿元，比上年减少45.51%；利润总额5175万元，比上年减少68.45%；上缴各项税金3958万元，比上年增长53.98%。

加强国有资产管理，探索国有资产的监管办法

年内，北京市校办产业系统在做好国有资产日常产权登记和年检的同时，积极推进北京工业大学、北京教育科学研究院校办产业内部管理体制改革试点工作；开展了对市属（管）单位国有经营性资产以及学校内非经营性资产转为经营性资产的调查摸底工作，在此基础上制定了市教委所属单位经营性国有资产实施监管的计算机软件设计基础方案，并进入实际编程阶段。

调整产业结构，拓宽校办产业发展渠道

根据国家教育部科技发展中心关于建立全国教育行业风险管理服务体系的总体构想，经市教委同意，并经中国保监会批准，于2003年9月27日成立了北京联合保险经纪有限公司北京分公司。年内，北京分公司已在东城、崇文、房山等12个区县建立业务处，处理了36起校方责任保险的理赔案件，转移和降低了学校的办学风险，帮助学校较好地解决了责任事故的善后处理有关事宜，使受伤学生得到及时救助和经济补偿。

9月3日，市教委批准在东城、西城、崇文、宣武4个城区进行中小学后勤社会化改革试点工作。

加强科技成果转化基础工作

年内，在对部分高等院校的科技成果现状进行调查摸底的基础上，全市筛选出可以推广的科技成果2000余项，并按需要进行了三级分类。与房山区签订了在其科技园区建立科技成果转化基地的意向书；开通了北京教育科技产业信息网，为学校科技成果转化提供了一个新的服务平台。

进一步强化北京市中小学学生装工作

年内，北京市校办产业系统继续加强质量管理，不断提高学生装设计、制作水平。同时，完善了《北京市中小学学生装管理办法》。北京市校办产业管理中心会同北京市质量技术监督局于11月对部分区县、学校的学生装工作及学生装质量进行了检查。共抽取16个区县，涉及学生装生产企业24家，检查结果显示：合格率73%。

（李　继）

总　类

【认定4个北京市大学科技园】 1月20日和7月23日，市科委、市教委联合认定4个北京市大学科技园。认定工作根据北京市大学科技园管理实施办法（试行），经过学校申报、专家评审、北京市大学科技园工作指导委员会审核等程序，中国农业大学科技园、华北电力大学（北京）科技园、中国人民大学文化科技园和首都师范大学科技园被认定为北京市大学科技园。至此，北京市大学科技园达到12家。

（张年武　裴志林　王　群）

【恒通热力科技公司成立】 4月，北京高校恒通热力科技有限责任公司在北京邮电大学成立。该公司由北京邮电大学、北京交通大学、首都师范大学、北京工业大学和北京希克斯科技有限公司、北京世纪蓝天环保设备有限公司、溧阳市建工集团锅炉安装有限公司联合组建，实行股份制，注册资金400万元，主要以开发工业锅炉脱硫除尘设备与高压静电除尘设备、工业锅炉鼓引风机的变频调速、温度自动控制等节能技术和在线测试技术，承揽工业锅炉安装、大修改造和管网安装工程，提供人员培训、技术咨询、规划方案以及配件、辅机代购代销业务为发展方向。

（李异军）

【未名集团完成产权制度改革】 6月25日，北京北大未名生物工程集团完成产权制度改革。改革按照《公司法》实施前，全民企业以“关闭”为主，改制为辅；《公司法》实施后有限公司和股份公司先把属于北大股份划归资产公司，然后清理冠用“北大”校名企业，不宜冠用校名的限期更名，将北大持有股份转入资产公司，并更名北京北大未名生物工程集团有限公司。2002年6月，北京大学资产公司成立，代表学校统一持有校办企业及学校对外投资股权，负责经营、监督和管理，并承担相应的保值增值责任，避免产业风险可能对学校造成冲击。

（刘淑媛）

【延庆规范闲置校舍管理】 8月1日，延庆县教委印发《关于处理中小学闲置校舍的管理办法》。该办法规定，凡政府投资、村筹资自建、“希望工程”等校舍均属国有资产，各校应按照盘活国有教育资产原则，保证不使其流失。

（温艳红）

【6家大学科技园获得国家级称号】 10月23至24日，在第二次全国大学科技园工作会议上，14家大学科技园获得国家级称号。其中，北京有4家（北京理工大学、北京航空航天大学、北京邮电大学、北京师范大学——北京中医药大学）获得国家大学科技国称号。国家大学科技园由科技部、教育部联合评选，首批22家，北京有2家（北京大学、清华大学）科技园当选。至此，北京有6家国家大学科技园，其中，清华大学科技园是惟一A级国家大学科技园。

（崔　凯　辛雪琴　李　萍）

【昌平组建学闻教育服务中心】 10月28日，昌平区教委组建北京学闻教育服务中心。该中心面向各级各类学校及考生，开展招生咨询、摄像服务、考前培训辅导，代售自考成考教材、报名报考资料、考试辅导材料、文化考试用品等经营服务。中心隶属于昌平区招生考试中心，实行经理负责制管理体制，注册资金50万元，职工23人。

（胡　杰　张　宏）

【清华控股有限公司成立】 12月

18日，清华控股有限公司成立。该公司是清华大学出资设立的国有独资有限责任公司，清华大学依法行使出资人权利，并以其全部出资额为限，对公司承担责任，“清华控股”对有关企业中由清华大学投资形成的国有资产依法进行经营、管理，承担相应的资产保值增值责任，并设立经营资产管理委员会行使出资人权利。“清华控股”投资企业共有80家，其中主要企业有“清华同方”、“清华紫光”、“诚志股份”等数家直接或间接控股的上市公司和“阳光能源”、“清华科技园”、“博奥生物”等控、参股公司。“清华控股”与其所出资企业以资本为纽带建立母子公司关系。公司注册资本20亿元。

（崔　凯）

【宣武推进校办企业改革】 至年底，宣武区校办企业管理中心完成部分校办企业产权制度改革。该区关闭校办企业9家，完成8个企业清算、审计和企业资产、债权、债务处置，监督收回国有资产15万元，有12家企业进入改制程序。全系统实现销售收入7500万元，创利润400万元。

（潘　军）

【怀柔校企完成年度生产任务】 至年底，怀柔区校办企业完成年度生产任务。该区校办企业全年实现产值1810万元，销售收入1792万元，实现年利润13万元，上缴税金80万元，补充教育经费5万元。

（杜书霞）

校 办 企 业

清华控股有限公司

【概 况】 2003年，清华大学校办企业开展产权管理制度改革，撤销、退出企业达33家，改制1家，完成原订计划79%。12月18日，清华控股有限公司成立。注册资本20亿元，投资企业80家。

（崔 凯）

【生物芯片扫描仪投产】 6月，生物芯片激光(CCD)扫描仪及其配套软件在北京博奥生物芯片有限责任公司投产。该扫描仪及其配套软件包括生物芯片激光扫描仪、SARS病毒基因芯片诊断试验盒和SARS临床信息系统3个部分。“非典”时期，完成数百例“非典”临床病人和疑似病人上千份样品验证。

（崔 凯）

【集装箱检查系统通过欧盟认证】 8月，“同方威视”MB1215和

MT1213大型集装箱/车辆检查系统通过欧盟CE认证。该系统由清华同方威视技术股份有限公司自主研制开发，以其高科技含量参与国际市场竞争。至年底，签署海外合同16套，行销韩国、澳大利亚和挪威等9个国家和地区。

（崔 凯）

【推出500万像素照相机】 12月，清华紫光股份有限公司推出500万像素高档数码相机。该照相机依靠清华计算机技术开发研制，是该公司首家推出400万像素数码相机后，又一高科技产品，填补国产数码相机高档产品空白。

（崔 凯）

北京大学校办产业

【概 况】 2003年，北京大学科技产业产值237.5亿元，比上年增长22%，其中方正集团销售收入200亿元。各产业上缴学校6460万元。

（刘淑媛）

【北大青鸟推广数字电视】 7月，北大青鸟集团召开数字电视推广交流会。其间，该集团与10省市广播电视网络公司签署供货合同，推广青鸟数字机顶盖19万台。北大青鸟集团自1999年开始进入国内有线电视市场，分别与四川、湖南和河南等10省市广电局合资成立省级广播电视网络传输公司。

（刘淑媛）

【科技园入选“863”计划产业基地】 10月，北大科技园入选国家“863”计划成果产业化基地。该科技园干细胞生物技术及其产业化取得进展。其中，干细胞技术治疗帕金森综合症研究进入临床阶段，角膜干细胞技术在解放军309医院进入临床应用，并申请获得国家“863”项目。

（刘淑媛）

【科技园孵化器通过认定预审】 11月，北大科技园孵化器通过北京市高新技术企业孵化基地认定预审。2002年9月，北大与中关村管委会签署共建北大留学人员创业园协议。经过一年发展，创业园空间建设及服务体系取得进展，逐步形成3M+T（Money融资服务，Mentor创业服务，Marketing市场营销，TLO技术转移服务）服务模式，接待留学和创业人员咨询400人次，安排46家企业入驻。园区企业技工贸总收入823.76万元，上缴税金42.62万元。

（刘淑媛）

中国农业大学校办产业

【概 况】 2003年，中国农业大学有校办企业有58家，其中学校全资企业25个，股份制企业28个，中外合资企业1个。企业员工1305人（其中学校编制98人），高级专业技术职务40人，大专学历占70%。企业总资产29705万元，全年实现销售收入13572万元，总利润1250万元，上缴学校3000万元。

（郭立群）

【获准建立农大科技园】 1月24日，市教委、市科委批准农大成立科技园。该科技园包括金码大厦、涿州农业科技园、昌平科技园基地和农大科技企业孵化器。此前，该校向市科委、市教委申报建设大学科技园并通过评估。

（郭立群）

【与新疆签订全面合作协议】 3月

9日，农大与新疆自治区签订全面合作协议。来自新疆自治区、教育部、农业部、科技部、国家计委、国家经贸委、国务院西部开发办公室

有关领导以及农大师生 600 人参加签字仪式。2 月 3 至 6 日，农大 16 名教授赴新疆全面考察，提出建设新疆天山北坡绿色生态经济区发展规划。

（郭立群）

【成立朝来农产品技术开发公司】 6 月，北京中农大朝来农产品技术开发有限公司成立。该公司由农大（委托北京市富通环境工程公司）与朝阳区来广营农工商实业总公司共同出资组建，是集农副产品生产基地与物流配送为一体的现代化企业。至年底，该公司建成 1440 平方米净菜加工车间、450 平方米杂粮加工车间、700 平方米保鲜冷库以及附属设施，总投资 670 万元。

（郭立群）

【中农大康科技开发有限公司成立】 7 月，北京中农大康科技开发有限公司成立。该公司依靠农大国家玉米改良中心，采用现代生物技术，从事玉米新品种选育、生产加工、推广服务及产业化发展。公司注册资本 3000 万元。8 月，北京中农大康科技开发有限公司 3 个玉米新品种通过国家审定。

（郭立群）

北京理工大学校办产业

【概　况】 2003 年，北京理工大学校办产业由科技、文化和服务产业构成，校办产业办公室统一管理，职工 168 人。主要产品有“金海豚”网络动态防护系统、BJD6100—EV 电动公交车和 EBM 气溶胶自动灭火装置等 7 个高科技产品，年产值 3.63 亿元，上缴利税 1158 万元。

（辛雪琴）

【研制防控“非典”设备】 5 月 15 日，理工大所属北京理工中兴科技股份公司向北京小汤山医院捐赠高科技防控“非典”设备。这批设备包括纳米光催化复合式空气净化器、纳米光催化灭菌冷风机各 10 台。此前，该公司向学校捐赠 23 台纳米光催化复合式空气净化器。

（辛雪琴）

【纯电动客车项目通过一期验收】 6 月 14 日，理工大召开“纯电动客车项目”一期项目验收会。会议听取纯电动旅游客车 BFC6110—EV、纯电动低地板公交车 BK6120—EV 研制情况和零部件研究汇报，完成技术答辩和评议。同意项目通过一期验收。科技部、市科委领导以及项目监理公司整车生产基地代表 60 人参加会议。纯电动客车研究项目是国家“863”计划项目，北京理工科凌电动车辆股份有限公司负责实施。

（辛雪琴　徐思军）

【签订共建留学人员创业园协议】

7 月 19 日，理工大与中关村科技园区管委会签订《共建北京理工留学人员创业园》协议。该创业园位于理工大科技园内，先期建设面积 1 万平方米。该园吸引一批创业团队完备、具有跨洋研究开发能力、拥有自主知识产权的留学人员创业企业，促进科技成果交流、转化与应用。

（辛雪琴　徐思军）

北航天华集团公司

【概　况】 2003 年，北京北航天华集团公司拥有资产关系企业 40 家。其中，高新技术企业 26 家，在科技园区、系统集成、智能楼宇、软件开发、信息化建设、飞行器设计与制造、精密机械与仪器等领域拥有独立知识产权。公司职工 300 人，其中具有本科以上学历 197 人，中级以上专业技术职务 100 人。全年实现工业总产值 2.1 亿元，实现利税 2150 万元，注册资金 2.4 亿元。

（张小健）

【中德软件研究所成立】 10 月 13

日，北航举行中德软件技术联合研究所成立仪式。根据协议，研究所分设在德国柏林和中国北京，双方共同研究开发智能航空软件。

（陈　颖　张小健　谭典元）

北京科技大学校办产业

【概　况】 2003 年，北京科技大学产业系统拥有校办企业及联营公司 28 家，其中学校独资企业 5 家，有限责任公司 23 家。从业职工 342 人，其中，学校事业编制 84 人，外聘员工 258 人；博士后研究人员 2 人、博士 32 人、硕士 144 人、本科 148 人。全年实现科技产业合同 5 亿元，销售 3 亿元，利润 2000 万元。

（盛国家）

【稀土超磁致伸缩材料公司成立】 6 月 27 日，北科大稀土超磁致伸缩材料有限责任公司成立。该公司与海南力气大实业投资有限公司共同组建，利用北科大国家“863”计划项目“信息获取及对抗用巨磁致伸缩”研究成果，共同开发“稀土超磁致伸缩材料”。公司注册资本 5000 万元，北科大技术出资作价 1500 万元，注册地贵州省。

（盛国家）

【校办企业产权制度改革完成】 至年底，北科大校办企业产权制度改革完成。改革组建科技产业集团，注销、合并部分校办企业，完成北科大科技园有限公司注册登记，成立北科大留学人员创业园，吸收留学人员创业企业9家。

（盛国家）

北邮通信（集团）公司

【概　况】 2003年，北邮通信（集团）公司拥有北京市北邮通信技术公司、北邮电信科技股份有限公司和北邮信息谷科技园有限公司等高新技术企业40家，主要从事通信领域产品研制开发、生产和经营业务，年总产值20560万元，总资产55043万元，上缴国家税金1684.7万元。有员工事业编制134人，企业编制68人及其他各公司外聘人员。其中，本科学历占70%。

（胡星宇）

【获国家大学科技园称号】 10月

23至24日，在第二次全国大学科技园工作会议上，北邮科技园入选国家大学科技园。国家大学科技园建设与发展将纳入国家中长期科学与技术发展规划。

（李　萍　刘如林）

【留学人员创业园开园】 12月4日，北邮留学人员创业园开园。来自市政府、中关村科技园区管委会以及各创业园、新闻单位代表共80人参加开园仪式。创业园位于北邮科技园内，可使用孵化面积3万平方米，先期启动1万平方米。这是继北大、清华、北航、北科大、理工大之后，中关村管委会与园区内高等院校共建的第六家留学生创业园。

（李　萍　刘如林）

北京化工大学校办产业

【概　况】 2003年，北京化工大学校办产业依靠学校科技和人才优势，在生物化工、日用化工、精细化工和化工新材料等领域形成系列技术和多种产品，在密云、大兴等地建有高科技产业基地。全年实现销售额1.1亿元，实现利税1750万元，上缴学校基金220万元，返还学校工资368万元。下属企业14家，员工224人，资产超过1亿元。

（新万民）

【天荣新材料技术公司成立】 12月，北京化大天荣新材料技术有限公司成立。该公司依靠化大科技成果，从事聚乙烯蜡研究和产品开发。公司注册资本1000万元，其中，精细化工厂以资产和技术出资475万元，管理团队出资25万元，社会企业出资500万元共同组建有限公司。学校批准在精细化工厂技术股份中奖励技术研发团队60万元。

（新万民）

【化大弹性体材料公司成立】 12月，化大山东道恩北化弹性体材料有限公司成立。该公司由化大材料科学与工程学院“高性能的EPDM/PP共混型热塑性硫化橡胶（TPV）生产技术”与山东道恩化学有限公司合作成立，主要从事混型热塑性硫化橡胶研究开发和弹性体材料生产。公司注册资金900万元，化大以技术入股占25%。

（新万民）

【成立校办产业办公室】 12月，化大校办产业工作领导小组和产业办公室成立。该办公室负责产业管理，逐步建立权利、义务、责任相统一，管资产和管人、管事相结合的学校产业资产管理和监督体制，初步建立现代企业制度，依法代表学校监督、管理企业各项行为。同时，北京化工大学产业集团撤销。

（新万民）

北京交通大学校办产业

【概　况】 2003年，北京交通大学校办企业由学校科技处、科技园管理办公室共同管理，工作人员共129人。其中，具有高级专业技术职务26人、中级48人、初级12人、工人43人。企业自聘人员210人。主要经营铁路专用设备、铁路通信信号系统产品、通讯设备、工业自动化控制设备。资产总额1.7亿元，净资产1亿元，年产值1.4亿元，年缴纳税金0.13亿元，税后净利润0.09亿元。学校共有企业46个，其中，资产总额1000万元以上6个、资产在1000至500万元有5个。全年校办企业支持学校教育经费657.97万元。

（郭爱香）

【成立交大科技孵化器有限公司】 12月23日，北交大科技孵化器有限公司成立。该公司承担为入孵企业提供场地、仪器设备以及技术、信息和营销服务，接受委托从事经营管理服务中小企业管理咨询、政策咨询、企业注册登记、认证及企业形象策划。公司注册资金300万元。

（郭爱香）

【完成全资企业管理制度改革】 12月26日，北交大完成全资企业管理体制改革。明晰产权，使学校独资主办企业逐步向投资主体多元化方向发展。该校校办企业31个参加改革，占企业总数67%。

（郭爱香）

北京建筑工程学院校办产业

【概　况】 2003年，北京建筑工程学院校办企业共有8家，从事建筑工程设计、施工和监理以及建筑施工机械贸易等服务，固定资产1025万元，在岗职工116人。全年实现总产值11996万元，上缴学院2306.5万元，上交税费1337万元，固定资产增加额23万元。

（黄 琇）

【监理公司获得甲级资质】 6月，京精大房工程建设监理公司获得交通部公路工程甲级监理资质。根据有关规定，甲级资质可以实施公路工程领域监理，在扩大企业经营领域的同时，为学校产、学、研活动提供新的平台。

（黄 琇）

【中标前门东路城市设计任务】 9月12日，建工建筑设计院中标前门地区设计工程。该工程北起前门东大街，南至珠市口东大街，西起食粮店街，东至新革路，规划占地面积95公顷，建筑面积72万平方米，是北京市七个试点工程之一。

（黄 琇）

【获得文物保护甲级设计资质】 12月，建工建筑设计研究院获得首批国家文物保护工程甲级设计资质。自20世纪80年代，该设计院先后完成包括辟雍、恭王府、三峡古建移迁等国家重点保护文物修复设计、测绘及鉴定。国家文物保护工程甲级资质由国家文物局主持评选，首届共有23家企业入选。

（黄 琇）

北京市教工休养院

【概 况】 2003年，北京市教工休养院为三星级宾馆。该院占地面积14.5万平方米，建筑面积3.8万平方米，设床位558张、餐位900个，康乐会议中心拥有保龄球馆和游泳馆等配套设施。全年接待教职工休养3.5万人次（住宿费由市教委划拨），营业额1600万元。

（李树成）

【接待防疫医务人员】 5月10日

至6月26日，教工休养院完成防控“非典”医护人员接待任务。这批人员共计3批，分别来自北京9所高校和宣武医院，共计186人。接待期间，该院职工强化卫生管理，提高饭菜质量，保证医务人员和服务人员“零”感染。

（李树成）

【接管北京教育旅行社】 8月26日，市教工休养院接管北京教育旅行社。接管工作要求“加强团结，提高素质；强化管理，增强活力；开拓市场，办出特色；提高效益，多做贡献”。2002年4月，该休养院接管黄山北京教育教研中心。

（李树成）

【会议中心投入使用】 至年底，市

教工休养院会议中心投入使用。该中心位于院内北侧，建筑面积1400平方米，内设50至200人大小会议室5个，并装配声像设备和同声传译设施。

（李树成）

东城区校办产业

【概 况】 2003年，东城区校办企业总公司所属校办企业包括教育产业、学校后勤服务、国内外教育交流培训及合作、饭店旅游服务、房地产开发、物业管理、建筑装修、建材，专业培训，教育教学设备开发销售和加工业等行业共58家，资产总额21442万元，从业职工1207人。全年完成总收入9048万元，完成总利润1610万元，向本区教育系统补充教育经费851万元。

（王德立）

【普度寺迎接参观2000人次】 至

年底，东城校办企业总公司所属普度寺接待国内外客人2300人次。普度寺位于东城区南池子大街普庆前巷35号，始建于元代，称太乙神坛，明代改称崇质宫，1756年清乾隆赐名普度寺。清末寺庙殿宇累遭破坏，解放后，由南池子小学和部分居民占用。1984年市政府将普度寺列为市文物保护单位，2001年9月东城区政府决定迁出学校和居民，2002年9月由东城区教委校办企业总公司负责管理并对外开放。

（王德立）

教育团体

总　　类

【恢复关心下一代工作委员会】 4月9日，市委教育工委、市教委印发《关于恢复北京教育系统关心下一代工作委员会的意见》。该意见决定整合原高校和普教两个关工委，组建北京教育系统关心下一代工作委员会，委员会设秘书处和办公室，挂靠在“两委”老干部处，设专职工作人员一人，聘请离退休老同志二至三人。意见要求各区县教育部门和各级各类学校建立和健全关工委组织，开展关心下一代工作。

（田　丽）

【3人获得全国五一劳动奖章称号】 4月29日，中华全国总工会印发关于颁发2003年全国五一劳动奖状和全国五一劳动奖章的决定，北京教育系统共有3人获得全国五一劳动奖章。同时，平谷区黄松峪中学、清华大学两个单位获得全国五一劳动奖状。此次，全国共有404个先进集体获得全国五一劳动奖状，共有995名先进个人获得全国五一劳动奖章。

（魏　强）

2003年全国五一劳动奖章
（北京教育系统）

李燕香	北方交通大学附属中学
刘姝威	中央财经大学
武维华	中国农业大学

（魏　强）

【燕山成立关工委】 9月15日，燕山教委成立关心下一代工作委员会。该委员会由3人组成，针对青少年实际，坚持以德育为主线，加强青少年社会主义思想道德和中华民族、中国革命传统教育。

（李守业）

【纪念全国地学哲学委员会成立20周年】 10月15日，全国地学哲学

委员会成立20周年纪念会在中国地质大学（北京）召开。会议听取中国自然辩证法研究会理事长兼地学哲学委员会理事长题为《地学哲学研究要努力为全面建设小康社会服务》学术报告，听取3名院士学术报告，40名代表大会发言。来自全国120名代表参加会议，提交论文80篇。全国地学哲学委员会是中国自然辩证法研究会下属群众学术团体。20年来，开展多种学术活动，出版学术专著24本，论文集8本。

（承　金　王世林）

【北京数学会庆祝成立70周年】 10月26日，北京数学会召开成立70周年庆祝会。会议回顾中国现代数学发展历程，总结交流北京数学会工作。会议听取数学家杨乐题为《数学与成才》专题报告。会议由北京航空航天大学承办，来自中国数学会、市科协领导、学者共200人参加会议。

（陈　颖）

【北林大成教学院获得全国先进】 10月30日至11月1日，在中国林业教育学会成人教育分会第二次会议上，北京林业大学成人教育学院获得全国林业成人教育先进单位称号。该奖项由中国林业教育学会主持评选，每4年评选一次，来自全国135家单位参加评选，其中，18家单位获奖，北林大是惟一获奖高校。北林大成教学院成立于1992年，共培养学员4万人。

（汪海洋）

【大学生体育协会棒垒球分会成立】

12月1日，中国大学生体育协会棒垒球分会在北方工业大学成立。成立大会审议通过分会章程、选举产生分会第一届委员会，决定分会会址设在北方工业大学。该分会拥有会员单位30个，包括27所高校和体育管理部门，网址：http://www.ncut.edu.cn/baseball/index.html。中国大学生体育协会成立于1975年，下设24个分会。

（刘　姝　贾樱英）

【举办图书馆自动化数字化展会】 12月5日，北京市中小学教育文献信息研究会在北京教育学院举办图书馆自动化管理及数字化产品展示会。该展示会结合中小学图书馆发展状况及实际需求，邀请7个公司展示数据库、软件产品7个品种。各区县教委装备部门负责人140人参加会议。

（郭　坤）

【首体院武术协会成立】 12月19日，首都体育学院召开武术协会成立会议。会议宣读协会有关章程，观

看部分会员的武术表演。来自中国武术协会、市体育局、亚洲武术联合会代表共计29人参加会议。首体院武术协会为专业学术团体，拥有会员180人，根据章程开展武术培训、比赛、武术交流和学术研究活动。8月5日，中国武术协会批准首体院武术协会为中国武术协会一级专业性单位会员。中国武术协会成立于1958年，共有一级专业性单位会员11个。

（郑　刚　王光鼎）

【高校校报研究会召开会议】　12月19至20日，北京高校校报研究会第四次会员代表会议召开。会议听取研究会工作报告，研讨研究会发展、建设有关问题，选举产生第四届理事会理事、理事长。该研究会会员代表56人参加会议。北京高校校报研究会成立于1991年，主要承担高校校报学术研讨及交流方面研究工作，研究会秘书处设在北京林业大学。

（汪海洋）

群　众　团　体

北京市教育工会

【石景山工会开展送温暖活动】　1至2月，石景山区教育工会开展“两节”送温暖活动。该区教育工会所属78个单位，先后举办劳动模范团拜会、教职工文体文娱活动147次，共有4130人参加活动，占在岗教职工总人数84.96%。区教委487名党政干部、234名兼职工会干部走访1144名教职工家庭。共发放慰问补助金59.04万元，其中，工会自筹134953元。区教育系统各单位召开团拜会、座谈会972次，共计1787人参加活动，走访退休职工887人，占退休人员总数近二分之一。186人接受节日补助。

（曹艳玲）

【崇文举办女教师烹饪比赛】　3月6日，崇文区教育工会举办让生活更美好——庆“三八”美食讲座暨烹饪比赛。该活动包括烹制菜肴比赛，听取烹饪厨师知识讲座，参观一零三中烹饪专业师生食雕作品，品尝中西面点等。该区教育工会领导及女教育工作者70人参加比赛。

（李　梅）

【举办捐资助学活动】　3月17日，

市教委、市教育工会联合举办“奉献爱心、关注未来——为首都贫困家庭子女完成学业捐资助学”活动。至年底，北京20个区县（单位）、57所高校教职工共捐款216万元，按照重点资助义务教育阶段特别是远郊区县农村地区家庭经济困难学生就读的原则，200万元通过区县教委发放给家庭经济困难学生，16万元用于救助北京艺术设计学院中专部1名患病学生。

（郭占云　曹艳玲）

【顺义开展“民主日”活动】　3月18日和9月18日，顺义区教委举办两次“民主日”活动。该活动要求各单位通过教代会、学生会，校务公开栏、广播、板报和发放《收费执行标准》、《征求意见书》等形式，公开学校规划、计划、财务收支情况和教职工结构工资发放情况，公开重大改革方案、党风廉政建设情况和招生、学生收费项目和标准情况。该区教职工100%参加活动，满意率90%。

（雒宝林）

【农大召开首次教职工代表会】　7月5日，中国农业大学召开首次教职工暨工会会员代表会。会议选举产生第一届教职工代表大会常设主席团成员、工会委员会委员和工会经费审查委员会委员，同意教代会下设科研教学、民主管理、生活福利和提案工作4个委员会。会议通过《关于教代会工会工作报告的决议》、《关于工会财务工作报告的决议》、《中国农业大学教代会工作条例》、《中国农业大学工会工作细则》，通过会议主席团《关于教职工住房出售办法的几点说明》。该校教职工代表214人参加会议。

（田肃肃）

【国关学院举办教师集体生日会】　9月10日，国际关系学院举办首次教师集体生日会。会议听取学校领导生日贺词，举办宣读生日贺卡、切蛋糕和共唱生日歌等活动。该校1至9月出生的教职工、离退休职工50人参加活动。

（刘平杰）

【昌平举办首届教职工运动会】　10月12日，昌平区教育工会举办首届教职工运动会。该运动会分为青年、中年、老年男女共计6个组别，设立40个比赛项目。同时，设立干部组趣味项目。来自70家单位、1200名运动员参加比赛。

（姚淑惠）

【平谷一职举办大众健身活动】 10

月14日，平谷区第一职业学校举办大众健身活动。该活动以工会小组为单位，分为个人和集体组别，个人设立单人单摇、双摇跳绳、踢毽子、三步上篮4个项目；集体设立大众健身操、10人八字跳和30米往返接力跑3个项目。该校教职工196人参加活动。

（孙秀敏　陈学军）

【丰台职教中心举办太极拳学习班】

10至11月，丰台区职业教育中心学校工会举办太极拳、交谊舞学习班。该学习班聘请体育工作者讲授“24式太极拳”、交谊舞4种基本舞步。该校50名教职工参加学习。

（唐耶夫）

【建工学院召开第五届教代会】 12

月5至6日，北京建筑工程学院召开第五届教代会暨第五次工代会。会议听取学院工作报告，讨论并通过《工会工作细则》、《教职工代表大会工作细则》和《教职工福利费管理和使用办法》。会议选举产生新一届教代会常设主席团、工会委员会和工会经费审查委员会。该校教职工代表119人参加会议。

（黄　琇）

共青团·少先队

【黄城根小学竞选大队委员】 2月24日，西城区黄城根小学举办少先队大队委员竞选活动。该竞选面向三至六年级少先队大队，要求竞选队员具备热爱少先队工作，乐于为队员服务；有胆量、有热情、有组织能力，身心健康；会使用计算机制作幻灯片或网页，会使用简单英语交流；至少有一项特长等条件。该校少先队员20人参加竞选，其中，16人当选。

（丁　岚）

【举办雷锋精神和时代青年论坛】

3月2日，中国人民大学承办雷锋精神和时代青年主题论坛。该论坛听取全国学雷锋标兵、北京十大杰出青年、中国社科院专家关于“雷锋精神”专题报告，研讨“雷锋精神”内涵及其现实意义。论坛为纪念毛泽东“向雷锋同志学习”题词发表40周年，由团市委、市学联联合主办，北京80所大中专院校400名学生参加学习。

（白连永）

【举办保护母亲河日活动】 3月9日，北京林业大学举办首都大学生保护母亲河日活动。该活动主题是“人人参与，共建美好家园”，启动仪式发放绿色承诺卡，种植纪念树，表演大学生创编环保节目。来自团中央、团市委、市林业局等单位领导和50所高校学生代表1500人参加启动仪式。首都大学生保护母亲河日活动由共青团中央主办。

（汪海洋）

【门头沟总结红领巾文明街活动】

3月28日，门头沟区教育团工委召开红领巾文明街创建工作表彰会。会议总结新桥大街红领巾文明街创建六年来工作及校级红领巾文明街创建情况，宣读《关于表彰红领巾文明街创建工作先进集体和文明小卫士的决定》，表彰15所学校250名中小学生。该区师生180人参加会议。门头沟区教育团工委1997年举办红领巾文明街区创建活动，6年来，共举办10种活动，5万名学生参加义务劳动。

（宋爱民）

【怀柔举办志愿服务月活动】 3月，怀柔区教育团工委举办弘扬雷锋精神，爱心奉献社会志愿服务行动月活动。该活动举办环境保洁、文明宣传、社区服务、扶残助残和文艺演出等活动，共捡拾白色垃圾500袋，发放文明宣传材料2000份。该区28个团委及少先队总队5000人参加活动。

（王凤海）

【开展首都百万学子植树活动】 4月5日，市教委、团市委联合开展首都百万学子植树活动。该活动以“百万学子齐关注，密云水库去植树，装扮绿色古长城，生命之水我保护”为主题，来自北大、北外、吉利大学等38所高校1万名学生参加植树活动，共种植杨树和油松5万余棵。该活动由北大团委倡议举办，面向北京高校学生，是团市委“青春绿色行动”活动的组成部分。

（戚海燕　李　勇）

【平谷建立红领巾小记者站】 4月

10日，平谷区东高村第一学区建立红领巾小记者站。成立会议观看学区读报、用报成果展，由北京少先报社完成100名少先队辅导员、160

名小记者通讯、新闻稿写作技巧培训。共青团平谷区委及各学区、直属小学的少先队辅导员、小记者等1000人参加成立会议。9月24日，该区王辛庄中心小学红领巾小记者站成立。这是平谷首批红领巾小记者站。

（邢殿春　姜学红）

【11人获“五四奖章”】 4月18日，团市委、市人事局授予北京教育系统11人“五四奖章”称号。其中，高校7人，中小学3人，校外教育单位1人。“五四奖章”是共青团组织授予青年的最高荣誉，本次共有35人获奖。

（赵文秀）

第17届北京市“五四奖章”获得者（教育系统）

张守文	北京大学
黄晓军	北京大学
郑　力	清华大学
赖德胜	北京师范大学
赵　耀	北方交通大学
徐春明	石油大学（北京）
刘　林	海淀走读大学
张　毅	北京市第五中学
王　蕾	北京市第一六六中学
李　燕	北京市大兴区少年宫
倪百明	海淀区东升中心学区

（赵文秀）

【枣园小学举行特殊入队仪式】 5月28日，大兴区枣园小学举行特殊入队仪式。该校领导、少先队辅导员来到学生代表家中参加入队仪式，同时，给每名学生发出“六一”节日贺信，要求家长主持“六一”少先队入队仪式，为新队员戴上红领巾。该校一年级学生72人参加特殊入队仪式。

（李永奎）

【举办“阳光心语行动”活动】 6月30日，市委教育工委、市教委、团市委和市少工委联合举办中小学“阳光心语行动”活动。该活动按照“试点带动、逐步推进”原则，以实践、活动、体验以及专题讲座形式开展中小学生心理健康教育。试点学校每学期至少举办3至5次心理健康教育活动知识讲座，通过问卷调查、座谈会等方式，总结心理健康教育活动经验，探索行之有效的方法。本市122所中小学首批列入试点校，其中，中学62所，小学60所。

（魏　强）

【举办青春奥运活动】 9月15日，

牛栏山一中举办青春奥运文艺演出。该演出邀请北林大艺术团举办“青春奥运，活力北京”专场演出，先后演出民乐合奏、独唱和相声等文艺节目。该活动由团市委、大学生联合会联合主办，牛栏山一中师生2300人观看演出。

（万　柏）

【北语成立团校】 10月31日，北

京语言大学团校成立。该团校主要任务是提高团委、团组织干部思想水平，培养学生干部。首期基层团组织学生干部193人参加学习。

（彭艳崇）

【矿大召开首次团代会】 12月6日，中国矿业大学（北京校区）共青团召开第一次代表大会。会议听取并审议《与时俱进，勇于实践、自觉奉献、为开创北京校区共青团工作新局面而努力奋斗》团委工作报告，总结该校6年共青团工作，明确未来3年共青团工作任务，选举产生

第一届团委。

（谭　凯）

【召开中小学团队衔接工作会】 12月24日，团市委在昌平区实验中学召开中小学系统团队衔接工作推进会。会议观摩实验中学“团徽、队徽戴起来”主题活动，参观中小学团队衔接工作展板，收看团队衔接工作巡礼电视片。听取昌平、东城、宣武、海淀、怀柔共青团、少先队工作经验介绍。会议要求，各区县要充分认识团队工作政治功能、育人功能，做好团队干部思想上衔接、教育上衔接、制度上衔接和队伍上衔接，推进全市团队衔接工作开展。来自18个区县团委、少工委领导和部分学校团委干部、大队辅导员共计300人参加会议。

（柏连亮　马红国）

红十字会

【概　况】 2003年，北京地区共有学校红十字会1279个，其中高校46个，职业学校54个，普通中学502个，小学677个；共有师生会员374629人，其中教职工会员28642人，青少年会员345987人。“北京市红十字学校”131所，学校急救队1818个。全年参加现场卫生救护培训师生133476人；取得急救员师资合格证书96人；取得初级急救员合格证书2116人，其中，学生1873

人、教职工 243 人。

（黄中豫）

【发放“博爱助学卡”】 1月16日，

市红十字会发放“博爱助学”助学款。该助学款面向家庭经济困难红十字学校学生，共集资 418000 元，资助 117 所红十字学校中小学生 1045 人，每人 400 元。分别是市红十字会资助 447 人，各区县红十字会资助 598 人，其中，大兴区红十字会、区教委共计资助 41 人。与往年不同，市区红十字会联合推出《博爱助学卡》，持有该卡学生可以连续获得资助。

（黄中豫　李永奎）

【接受消毒药品捐赠】 4月，市红

十字会接受“活性氧消毒剂”捐赠。这批药品由北京精诚教育机构捐助，共计 17857 瓶，总价值达到 50 万元。市红十字会转赠城八区“红十字学校”、市教委和部分区县教委。

（黄中豫）

【电力大学举办“三下乡”活动】 11 月 9 日，华北电力大学（北京）红十字会举办“科技、卫生、文化”、“三下乡”活动。该校红十字会员到昌平高口镇北流村发放预防艾滋病、防“非典”等健康知识宣传册 200 份，并为村民们测血压，举办现场急救包扎技术讲座等活动。

（黄中豫）

【召开救灾募捐活动表彰会】 11 月 13 日，市红十字会召开救灾募捐表彰会。会议总结教育系统红十字救灾募捐工作，表彰市红十字会学校工作委员会和西城区、朝阳区 3 个募捐工作先进单位。来自教育系统红十字单位 30 人参加会议。7 月，市红十字会开展救灾募捐活动，截至 9 月 30 日，共收到捐款 88.44 万元，募捐物资价值 40.29 万元。其中，西城区捐赠 23 万元，朝阳区捐赠 13 万元。

（黄中豫）

【命名第七批市红十字学校】 11 月 14 日，市红十字会召开第七批“北京市红十字学校”命名大会。会议命名 14 所学校为市红十字学校，分别是东城和平里九小、西城展览路一小、宣武三义里小学、海淀中关村一小、人大附小、北大附小、海淀西苑小学、怀柔三小、宣武外国语实验学校、中关村中学、香山中学、首师大附中、育英中学、二十中学。来自全市中小学红十字会代表 600 人参加会议。自 1996 年，北京首次命名红十字会学校以来，全市红十字学校已达到 131 所。

（黄中豫）

【表彰优秀活动和会员】 11月14日，市红十字会召开十佳红十字青少年活动和百名优秀红十字青少年会员表彰会。会议总结北京学校红十字会开展活动情况，表彰 2002 年度十佳红十字青少年活动和百名优秀红十字青少年会员。首医大、北大

医学部、财大、北航、中医学校、房山四中、宣武外国语实验学校、西城展览路一小、海淀六一小学和崇文永生小学 10 所学校红十字活动获得十佳活动奖；100 所学校红十字会青少年会员 100 人获得优秀会员称号，其中，高校 12 人、职业学校 9 人、中学 37 人、小学 42 人。北京 150 所学校红十字会师生 600 人参加会议。

（黄中豫）

【举办世界艾滋病日宣传活动】 11 月 30 日，市红十字会举办世界艾滋病日宣传活动。该活动以“正视艾滋病，告诉你我他——红十字在行动”为主题，在北京站广场、大厅、候车室举办启动仪式，开展发放宣传材料、咨询活动。同时，部分大学生志愿者到佑安医院、地坛医院慰问艾滋病感染者。活动与中国红十字会总会、红十字会与红新月会国际联合会联合举办，来自北京 18 所高校红十字会 600 人参加活动。

（黄中豫）

【共建青少年红丝带之家】 11月

30 日，市红十字会“首都红十字青少年红丝带之家”成立。红十字青少年丝带之家与地坛医院联合创办，面向青少年，开展学习、宣传预防艾滋病知识，关怀、帮助艾滋病感染者

志愿服务等活动。

（黄中豫）

北京市老教育工作者协会

【概　况】 2003年，北京市老教育工作者协会下设区县协会18个，高校分会17个，共有会员64189人。全年举办贯彻十六大精神座谈会3次，学术报告会1次；举办重阳登高活动；表彰文体活动先进社团16个，信息工作先进单位6个；成立北京老教育工作者培训中心、北京老教育工作者协会纵横汉字信息技术应用研究会，建立北京老教育工作者协会网，编印《北京老教育工作者之友》4期。网址：http：//ljx.bjedu.com.cn。

（李守德）

【老教育工作者培训中心成立】 1月20日，北京老教育工作者培训中心成立。该中心隶属于老教协，是民办教育培训机构，主要开设成人高考考前辅导，英语口语等级证书，剑桥少儿英语和大学英语四六级考试培训，以及职业资格证书和继续教育培训等。至年底，共举办培训班2期，参加培训256人。

（李守德）

【考试院分会成立】 9月22日，老教协北京教育考试院分会成立。该分会拥有会员29人，主要开展学习、培训和文体活动。

（李守德）

【举办老龄工作专题讲座】 9月23日，老教协举办老龄工作方针专题讲座。该讲座听取中国社会科学院教授题为《国际老年事业发展趋势及我国老龄工作政策》专题学术报告，论证老年学研究、国际老龄化趋势、中国老龄化特点及政策等问题。来自18个区县协会和高校分会老教育工作者80人参加学习。

（李守德）

【举办重阳登高活动】 10月15

日，老教协举办年度重阳节登高活动。该活动在八大处公园举办，从正门到四处，全程200余米。来自各区县老教协、高校老教师分会1000人参加活动。

（李守德　王东江）

【成立纵横汉字技术应用研究会】 10月18日，老教协召开纵横

汉字信息技术应用研究会成立会议。来自中联办、教育部、北京市香港苏浙同乡会，上海、江苏、浙江有关领导及理事成员100人参加会议。纵横汉字输入法是香港苏浙同乡会名誉会长周忠继先生发明的一种汉字输入简便方法，已在上海、江苏、宁波等地推广。

（李守德　张　定）

【表彰先进文体社团和信息单位】 11月16日，老教协召开先进文体社团、信息社团表彰会。会议表彰16个先进文体社团、6个先进信息单位，观看先进文体社团文艺表演。来自区县、高校老教育工作者400人参加会议。

（李守德）

学　术　团　体

北京市高等教育学会

【概　况】 2003年，北京市高等教育学会共有团体会员（院校）单位68个，下属研究会（分会）59个，比上年增加2个研究分会，其中教学类23个，管理类36个。会员人数达万人以上。

（薛晓华）

【纪念中国高教学会成立20周年】 10月18日，市高教学会承办纪念中国高等教育学会成立20周年暨2003年高等教育国际论坛。该论坛听取教育部中国高等教育学会20周年华诞贺词，听取中国高教学会题为《加强教育科学研究，促进高等

教育创新，建设高等教育强国》工作报告，围绕“加强教育科学研究，促进高等教育创新”主题，听取世界银行驻中国代表处、澳大利亚驻华使馆教育处、联合国教科文组织教育规划研究所和部分中国高等教育研究学者发言。论坛由中国高教学会、市教委主办，来自教育部、中国高教学会、市政府领导以及全国高校、科研院所、教育管理部门学者200人

参加会议，共提交论文 95 篇。

（薛晓华）

【组建机械设计研究分会】 4 月 25 日，市高教学会机械设计研究分会成立。该分会由北京 31 所高校组成，主要开展机械设计及理论学科教育研究。

（薛晓华）

【艺术教育研究分会成立】 12月

19 日，市高教学会艺术教育研究分会在北京电影学院成立。该分会由在京 8 所艺术院校发起，是高教学会下属专业学会，负责开展高等艺术教育、艺术人才培养过程中重要问题、理论、学术研究，探索未来艺术教育发展趋势。首批会员单位(院校）25 个。

（刘瑛凯　薛晓华）

【举办纪念毛泽东诞辰学术研讨会】 12 月 24 日，市高教学会、中国革命史研究会和首都师范大学联合举办纪念毛泽东诞辰 110 周年学术研讨会。会议听取首师大教授《毛泽东是中国社会主义建设理论与实践的开创者》、《毛泽东著作版本研究》、《毛泽东的国际战略思想》和《毛泽东在解决台湾问题上的历史贡献》4 个专题报告。来自北京党史研究工作者、首师大师生近百人参加会议。

（王　群）

北京市教育学会

【概　况】 2003 年，北京市教育学会有团体会员单位 73 个，比上年增加 2 个。其中，区县学会（含燕山教育学会和北京铁路分局教育学会）20 个，学科、专业研究会 53 个，新增双榆树中学、中国矿业学院附中基层学校学会 2 个。全年教育学会系统共召开学术年会 19 次，参加人数 7902 人；39040 人参加市、区、校级课题研究 1716 项；举办优秀论文评选 65 次，组织会员撰写科研论文 23089 篇；召开座谈会 268 次，参加 4556 人；召开研讨会 351 次，参加 29745 人；举办讲座 230 场，参加 4970 人；举办报告会 102 场，参加 16353 人；举办短期培训 228 次，培训教师 43288 人；新发展会员 37000 人。

（董素艳）

【完成初中外语实验情况调研】 3 月 6 日，市教育学会完成初中外语实验校（班）实验情况调研。该调研设立基本情况、主要成绩和重点问题等专题。来自全市 50 所初中外语实验校（班）参加调研。结果显示，2002 年，北京市 50 所中学共开设初一外语实验班 127 个，学生 5029 人，实验班外语教师 147 人，另有外教 48 人。实验班不突破初中周课时总量，不占用其他学科课时，实现年度实验目标。

（闫长文）

【召开第 10 届学术年会】 3 月 26 日，市教育学会召开第 10 届学术年会。会议设立全面推进素质教育实践、基础教育课程改革、教师成长与发展和校长办学思想与实践 4 个主题，先后听取学术委员会本届优秀学术论文工作汇报、4 名获奖论文作者经验介绍和学会题为《基础教育的课程改革与教育科研》学术报告。会议表彰获奖论文 230 篇。该学会顾问、理事、学术委员会与各区县教育学会代表 300 人参加会议，共提交论文 466 篇。

（闫长文）

【接待台湾私立学校访问团】 9 月 25 日，市教育学会接待台湾私立学校文教协会亚洲名校参观访问团。该访问团由 26 人组成，先后参观北京私立汇佳学校、参加首届海峡两岸私立（民办）学校交流座谈会，交流海峡两岸私立(民办)学校办学经验、体会，研讨共同关心的问题。来自北京 30 所民办学校负责人 60 人参加接待活动。

（董素艳　王学松）

【召开信息技术与学科教学研讨会】

11 月 25 至 27 日，市教育学会召开信息技术与中小学学科教学整合研讨会。会议听取 13 名中小学干部教师经验介绍，华东师大、北师大、北京教育网络信息中心等作专题报告。会议表彰获奖优秀论文 214 篇。会议由英特尔（中国）公司赞助，来自北京、山西和广东等省市代表共计 267 人参加会议，共提交论文 458 篇。

（董素艳　王建华）

【完成中小学外语教育现状调研】 11 月，市教育学会完成中小学外语教育现状与对策调研。该调研分为中小学外语课程开设、师资现状、教师进修培训、外语教育改革以及外语教育中存在问题等专题，结果显示，2003 年，北京城区小学自一年级开设英语课，其中，一至三年级每周 2 节，四至六年级每周 3 节。全市中学于 20 世纪 90 年代开设外语课，除西城区月坛中学主修日语外，其余学校主修英语课程。外语周课时初中四至六节，高中五至八节。五中、汇文学校等 29 所中学开设第二外语。中小学外语教育主要存在着外语教师数量不足，教师学历专业水平低，区县外语教研室力量不足，小学英语教材版本过多等问题。

（闫长文）

【举办基础教育创新论坛】 12 月 14 日，市教育学会举办基础教育创新论坛。该论坛以专题讲座方式，听取中央教科所研究人员题为《基础教育创新最受关注的几个问题》、首师大《建立学校本位课程评价机制，实现学校持续的课程改革》和教科院《教师培训创新探索》3个专题报告。会议强调，教师应该了解学生感受，并根据学生的心理需要、愿望改进自己的教育方式。中小学教师继续教育应针对教育教学中具体问题，集体分析、研究，并形成解决对策。市教育学会、各区县学会学科专业研究会、部分学校教科研人员200人参加论坛活动。

（董素艳）

【召开微格教学年会】　12月23日，市教育学会微格教学研究会召开年会。会议听取市教育学会、教育学院学者讲座，观摩丰台区首师大附属丽泽中学3名教师研究课。会议由丽泽中学承办，来自32所中小学120名教师参加会议，共交流论文32篇。

（田学茹）

北京市职业教育学会

【概　况】　2003年，北京市职业教学学会共有团体会员179个，专业研究会6个。举办第四届优秀论文评选，共有300篇论文参加评选。

（仉　琨）

【成立4个教学研究会】　8月20日，市职教学会成立语文、数学、计算机和外语4个教学研究会。4个研究会分别由北京市汽车工业学校、北京二轻工业学校、北京市信息管理学校和北京市宣武区第一职业学校校长任理事长，负责开展群众性教学研究活动，推动教学改革，提高中职学校教学质量。

（仉　琨）

【推广英国商业技术教育课程】　9月19至20日，北京市商贸学校召开英国商业技术教育委员会课程（BTEC）模式推广会。会议听取商贸学校题为《以合作促发展、借外力练内功、实现我校跨越式发展》报告，分组观摩学校4名教师英国商业技术教育委员会课程，参观5所学校教学情况展览。会议与中国职业教育协会联合举办，来自中国职教学会、英国商业技术教育委员会课程协会及全国82所学校180名代表参加会议。

（刘庆选）

【民族职高青年教师研究会成立】　12月13至14日，在北京市民族职业高中第三届教科研年会上，民族职高中青年教师研究协会成立。该协会承担提高中青年教师业务水平，组织业务交流活动等任务。

（初岩松）

【中专数控专业教学研究会成立】　12月18日，北京市高职中专数控专业委员会在北京市建筑材料工业学校成立。该委员会为群众学术团体，隶属北京市高职中专研究会，承担数控专业教学研究，推动现代加工制造业发展，共有团体会员单位681个。

（王新法）

【召开常务理事会】　12月20日，市教委、市职教学会联合召开职业学校校长会暨市职教学会常务理事会。会议通报该学会近期工作，听取商贸学校、商业学校、交通学校、建材学校、计算机工业学校、现代职业学校、宣武区第一职业学校、昌平职业学校和中华商科学校办学经验介绍。学会常务理事成员单位参加会议。

（仉　琨）

北京市成人教育学会

【大兴举办论文辅导讲座】　4月4日，大兴区成人教育学会举办成人教育创新论文写作辅导讲座。该讲座邀请教育学院教师，论证科研论文选题、构思、资料查阅以及研究成果表述等问题。该区电大、电中、成教中心、乡镇成人学校教师50人参加学习。

（李金艳）

【召开成人高教研究会理事会】　11月21日，北京市成人高等教育研究会常务理事会在中央民族大学召开。会议总结一年来成教工作改革发展情况，强调各院校要深化成教工作改革，推进成人教育健康发展。会议分析成人招生工作，部署新的招生工作。北大、人大等16家常务理事单位及市教委、市成招办领导30人参加会议。

（哈斯也提）

区县（单位）教育

东　城　区

基础教育

【概　况】 2003年，东城区有托幼园所40所，在园所幼儿7382人。其中，市立园所15所，社会办园所16所，街道办园所9所；教职工1320人，其中，专任教师602人；学前三年教育普及率100.3%。小学48所，教学班937个；在校生28022人，招生3988人，毕业5979人；教职工3148人，其中，专任教师2104人，教师学历合格率100%；小学入学率100%，巩固率100%，毕业及格率100%。中学28所，其中，初级中学4所，高中校2所，完全中学19所，一贯制学校3所；教学班1025个（初中612个，高中413个）；招生13161人（初中6721人，高中6440人），毕业14293人（初中8967人，高中5326人），在校生42859人（初中24708人，高中18151人）；初中入学率100%，巩固率100%，毕业及格率99.8%，应届高考录取率80.74%；教职工5276人，其中，专任教师3269人；初中教师学历合格率98%，高中教师93%；中小学教师具有高级专业技术职务1377人，其中，小学教师67人，初高中教师1310人。特教学校1所，教学班19个，招生13人，毕业12人，在校生144人；教职工71人，其中，专任教师41人；残疾儿童入学率100%，巩固率100%，结业率100%。校外教育单位5家，教职工193人，其中，专任教师89人。至年底，全区教育事业拨款51453.59万元，比上年增长10.06%，高于区财政经常性收入增长2个百分点；生均教育事业费4155元，比上年增加610元；生均公用经费1451元，比上年增加174元。全年教育经费投入10.2亿元，其中，国拨7亿元，自筹3.2亿元。

（秦晓芳）

【召开小班化教育研讨会】 1月3至4日，东城区教委召开小学小班化教育培训研讨会。会议听取什锦花园小学参加浙、沪小班化教育学术研讨会情况通报，听取华东师大题为《小班化教育的现状和对策》、上海音荟思实验小学《聚焦教学提升教育服务质量》报告，听取东城教育督导室关于21所“小班教育”实验学校调研报告。会议观摩上海音荟思实验小学《长方形周长的计算》数学示范课，杭州市胜利小学《赤壁之战》语文示范课，并完成点评。在研讨小班教育改革中教育观念、方式、手段、模式和环境变化等问题后，会议要求各校正视矛盾，总结经验，推进小班化教育教学改革。来自21所小班教育实验校校长70人参加会议。

（秦晓芳）

【举办中学生守则培训班】 2月20日，东城区教委举办新《中学生守则》和新《中学生日常行为规范》培训班。该培训班听取《中学生守则》、《中学生日常行为规范》修改背景、新《中学生守则》和《中学生日常行为规范》主要内容介绍，要求正确理解“指导学生学会正确处理个人与他人、个人与集体、个人与社会的关系，懂得自己的责任与义务，学会如何生活和学习，培养良好的思想品德和行为习惯”等中心内容。培训班要求各校加强宣传，强化师德规范，完成班主任系统培训，并结合新文件修订校纪校规。该区中学、职高和民办学校校长60人参加培训。

（秦晓芳）

【召开外语实验校（班）工作会】 2月26日，东城区教委召开中学外语实验校（班）主管领导工作会。会议总结实验班上学期教学工作，要求实验校开展教材、教法、培养学生模式等方面研究，使其符合学校、学生特点，逐步形成学科特色。该区外语实验校教师30人参加会议。

（秦晓芳）

【开展学雷锋系列教育活动】 3月

3日，东城区教委举行“雷锋精神永驻校园”系列教育活动启动仪式。仪式听取二十七中志愿者、东总布小学孙茂芳中队开展学雷锋活动情况介绍，向学生代表赠送孙茂芳先进事迹图书《心碑》，宣读景山学校“弘扬雷锋精神，做高尚道德的实践者”倡议。会议要求中小学生以新《中小学生守则》、《中小学生日常行为规范》健全、发展和规范自我，通过读书、参观、讨论、征文活动塑造优秀品质。该活动与区档案局联合举办，德育教师及学生代表400人参加启动仪式。

（秦晓芳　周　良）

【青年湖小学接待幼儿园大班学生】 3月10至14日和17日，东城区青年湖小学分别举办“让幼儿园大班的孩子走进校园，体验学校生活”主题活动。该活动历时1周，邀请幼儿走进校园，参观教学设施，观看升旗仪式，体验课堂教学。来自总政幼儿园和公交总公司宏运达第一幼儿园大班学生230人参加接待活动。

（秦晓芳）

【召开课外教育工作会】 3月14至15日，东城区教委召开中小学艺术、科技、课外教育工作会。会议听取市教委美育工作报告，听取5所中小学经验介绍，研讨课外教育有关问题。会议认为，东城区中小学艺术、科技、课外教育应定位在全国一流、北京领先发展战略位置。该区金帆艺术团、科技示范校和课外活动实验校领导教师70人参加会议。

（秦晓芳）

【举办小学信息技术教学培训班】 3月26日，东城区教委举办小学信息技术教学培训班。该培训班观摩东四七条小学键盘基础课、灯市口小学网络应用课，要求各校根据教学大纲制订教学规划，避免随意性，把信息技术课教师评价纳入教师基本功评价体系中，努力提高课堂教学水平。该区52所小学教学干部60人参加学习。自2002年，东城区小学全部开设信息技术课，其中90%从一年级开始教学。

（秦晓芳）

【评选中青年骨干教师】 3月28日，东城区教委评选中青年骨干教师。该评选面向45岁以下、具有合格学历及中级以上职务教师，要求计算机水平达到A级，其中，35岁以下教师英语水平达到国家四级。该区教师576人申请参评，241人获得区级中青年骨干教师称号。

（秦晓芳）

【举办中小学生英语口语比赛】 3月，东城区教委团工委、区少年宫联合举办中小学生英语口语比赛。该比赛分初、决赛两个阶段，设立小学一至三年级、四至六年级、初中和高中4个组别。来自67所学校学生3800人参加比赛。

（秦晓芳）

【六十五中舞蹈团举办专场演出】 4月1日，北京市第六十五中学金帆舞蹈团在保利剧院举行“我们一起走过”专场演出。该舞蹈团先后演出《辣妹子》、《燃烧的火把》和《花际》等13个节目。来自各界群众1200人观看演出。六十五中舞蹈团成立于1995年，2000年被市教委命名为“北京市中学生金帆舞蹈团第五分团”，曾赴英、德、美、日、法交流访问。

（秦晓芳）

【召开模拟高考分析会】 4月18日，东城区教委召开高三第二次模拟高考考试分析会。会议针对“二模”中问题，及时总结分析“二模”总体及分科情况，要求各校统筹安排，梳理知识，开好年级会，做好动员工作，并结合学校实际情况强化落实，促进高三教学质量提高。该区各高中校校长60人参加会议。

（秦晓芳）

【检查高三学生返校复课工作】 5

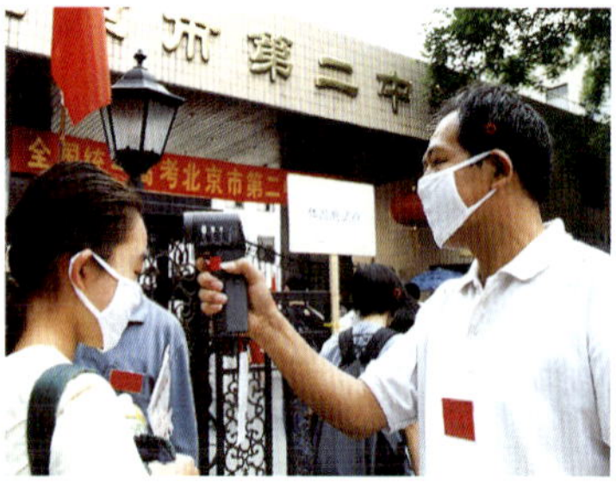

月19日，东城区教委完成高三学生返校复课检查。该检查涉及学生、教师身体状况，学校卫生环境、消毒制度落实情况，教室适用标准以及学生返校复习工作方案等。该区28所学校参加检查。

（秦晓芳 周 良）

【开设网上教学专栏】 5月26日，东城区教育网开设“东城在线学习”专栏。该专栏包括同步课堂讲授、自主学习指导和疑难问题解答3个部分。由二中、景山学校和史家胡同小学根据教学进度，同步推出小学一年级至高三年级全部学科多媒体教学课件（语音、板书）。

（秦晓芳）

【完成高考工作】 6月7至8日，东城区教委完成全国高校统一招生考试工作。该区开设20个考点、469个考场。其中，隔离考点1个，备用考场57个。全区考生7989人报名参加高考，其中，普通大学报考7109人，比上年增加591人，增长9.07%，文科考生2822人，占报名总数35.3%，比上年增加516人，增长22.38%，理科4287人，占53.7%，比上年增加75人，增长1.78%；高职882人，比上年减少180人。社会考生1002人。普通高考录取5740人，录取率80.74%。其中，理科3575人，文科2165人；一批本科1757人，二批本科1577人。缺考67人。整个高考工作涉及卫生、公安、交通、城管、建委、街道、财政、监察各部门。

（秦晓芳）

【完成小学毕业考试工作】 7月1至2日，东城区教委完成小学毕业考试工作。该区共有小学考生5715人，考场190个，每考场不超过40人。各校设立备用考场。

（秦晓芳）

【完成中考中招工作】 7月8日，东城区教委举办年度中考中招。该区共有考生9735人，设立32个考点、339个考场。考试科目为数学、语文、外语3科，均采用北京市统一考试试卷。

（秦晓芳）

【召开中学教学工作会】 9月21至23日，东城区教委召开中学教学工作会。会议以“全面贯彻教育方针，推进素质教育；深化教学改革和课程改革；管理到位，落实到人；有目标，有特色，争创一流，再创东城教育辉煌”为主题，听取《继往开来，再铸东城教学辉煌》工作报告，听取五中、宏志中学和一六五中经验介绍。会议分析中、高考情况，分组讨论如何加强教学管理等10个问题。会议提出“立足于高、突破于常、探索于新”工作方针，要求各校思考课改与升学考试关系、如何改革招生机制、优秀生和尖子生培养、优秀教师整合使用、教育教学质量评价、建立奖励机制6个问题。该区“两委”、各中学领导130人参加会议。

（秦晓芳）

【方家胡同小学开展队前教育】 9月29日，东城区方家胡同小学少先队大队开展“手拉手心向红领巾”队前教育活动。该活动要求高、低年级学生结成红领巾互助班和手拉手互助对子。活动包括举办队前教育辅导课、汇报队前教育成果、举行少先队知识竞赛和入队仪式。该校五年级学生42人“一对一”辅导二年级学生队前教育。

（秦晓芳）

【召开高三教学工作会】 10月14日，东城区教委召开高三教学工作会。会议围绕教学管理体系、教学工作主体组成、教学内容层级水平等方面，提出高三教学工作措施。会议要求，区教委整合部门优势，发挥一线特级教师、市区骨干教师、教研中心特级教师辐射作用，严把教育教学质量关；教研中心成立高三教学研究组，加强高考命题、教育测量、教研活动及课堂教学模式研究；学校强化责任意识，校长关注教学、高三、教学工作会议，教师要全神贯注、讲求方法、沟通信息。会议向36名骨干教师颁发高三毕业班研究组成员聘书。该区高中校长及全体高三任课教师500人参加会议。

（秦晓芳）

【召开优秀班主任表彰会】 11月4日，东城区教委召开中学优秀班主任表彰会。会议表彰获得“紫禁杯”优秀班主任特等奖教师和一、二等奖教师13人，表彰区中学优秀班主任64人。会议听取宏志中学、景山学校、五中、一七一中《真情是开启心扉的钥匙》、《初中班主任工作新思考》、《新课程德育思考》和《做健康小细胞》经验介绍。该区班主任400人参加会议。1987年，北京市设立“紫禁杯”优秀班主任奖，16年来，东城区先后有197人获奖。1994年，东城区设立中学优秀班主任奖励制度，10年来共有班主任298人获奖。分别占全区中学班主任总数16％和25％。

（秦晓芳）

【评选校园环境示范校】 11月27日，东城区教委召开小学校园环境示范校评选陈述会。会议听取东城区校园环境建设情况介绍，听取和平里二小、和平里四小题为《营造文明优美育人环境，全面推进素质教育》、《优化校园环境，营造美的乐园》申报陈述。来自50所小学德育教师60人参加会议，并完成评价表填写和投票。东城区教委完善校园环境示范校评选，参评学校必须履行“动员、自主评价、自主申报、开放展示、验收评估、下校沟通、现场陈述”程序。

（秦晓芳）

【评选幼儿教师电脑作品】 12月

24日，东城区教委召开首届幼儿教师电脑作品表彰会。会议听取评选工作总结报告，听取获奖作品展示讲评，观看多媒体课件小组教学录像，表彰获奖教师28人。

（吴瑞华　张静玲）

【完成人大议案政协提案办理】 12月，东城区教委完成年度人大议案和政协提案办理。该区人大代表议案、建议和政协委员提案共计49件，其中，市政协提案1件，区人大建议3件、区人大议案6件。区政协提案33件，复查补办提案6件，内容涉及教育教学、干部教师队伍建设、教育资源优化、办学改革、示范校建设、体育卫生、房产7个方面。区教委按时办结率100％，其中，满意及同意率96％。

（秦晓芳）

【完成年度教育布局调整】 至年底，东城区教委完成部分小学、幼儿园布局调整。调整将大方家幼儿园与回民幼儿园合并，在危改小区内建成具有6个班规模“大方家回民幼儿园”；将东直门小学、北门仓小学、培红小学合并，成立史家胡同小学分校；将香饵胡同小学并入府学胡同小学；将大甜水井小学并入灯市口小学；将东四十三条小学并入东四十四条小学；为支持东四奥林匹克社区建设，妥善做好东四三条小学师生分流安置工作，将其分别分流至育芳小学和东四七条小学。

（秦晓芳）

职业教育

【概　况】 2003年，东城区有职业中学8所，其中，独立设校5所，职普联合设校3所。开设专业45个，教学班230个；招生1566人，完成招生计划75％，毕业1827人，在校生6629人。教职工1014人，其中，专任教师583人。专任教师学历合格率79％，高级专业技术职务107人。职业教育学校占地面积163398平方米，建筑面积81853平方米。国家拨款3083万元，自筹2495万元，固定资产总值3504万元。

（秦晓芳）

【召开学籍管理工作会】 1月6日，东城区教委召开职高学校学籍管理工作会。会议学习《北京市职高学校学生学籍管理办法》，研讨学籍管理中难点及存在问题，部署各校制订学籍管理规定等工作。该区职高学校领导、教师20人参加会议。

（秦晓芳）

【召开职教系统德育工作会】 3月21至22日，东城区教委召开职业教育系统德育工作会。会议传达市教委加强法制、心理健康和基础教育等会议精神，交流德育工作经验。要求提高德育工作质量，加强制度建设、师德建设和服务意识，提高管理实效，形成德育特色。全区中等职业学校德育校长30人参加会议。

（秦晓芳）

【召开推进职业教育发展工作会】 12月23至24日，东城区教委召开推进职业教育发展工作会。会议听取区教委、财经学校、职教中心校关于职业教育发展、学校建设及重点专业实验实习基地建设专题发言，研讨2004年招生工作。来自10所中等职业学校领导50人参加会议。

（秦晓芳）

成人教育

【概　况】 2003年，东城区有成人高校2所，开设24个专业，招生1205人，毕业692人，在校生2947人，教职工80人，其中，专任教师28人。成人中等学校3所，开设27个专业，招生477人，毕业1174人，在校生1608人，教职工106人，其中，专任教师70人。职工学校3所，全年培训5910人次，教职工23人，其中，专任教师17人。成人教育学校占地面积7670平方米，建筑面积7828平方米。国家拨款381万元，自筹638万元，固定资产总值1272万元。社会力量办学教育机构235所，在校生78294人，结业134788人，培训213082人；教职工1538人，其中，专任教师687人。

（秦晓芳）

【召开成人培训工作总结交流会】 1月22至23日，东城区教委召开成人教育培训工作总结交流会。会议听取奥士凯集团职工学校、区卫生局、东华门街道社区学院（紫禁城人才培训中心）关于“创建学习型企业”、“如何更好的为社区教育服务”、“怎样开展对驻区单位教育培训”经验介绍，表彰2001年度北京市成人教育培训工程优秀培训项目单位4家，研讨争创“北京市发展社区教育、促进学习化社区建设先进区”及推动成人教育培训工程等问题。该区成人教育培训机构领导50人参加会议。

（秦晓芳）

【23786人参加高自考】 3月1至7日和9月1至7日，东城区共有23786人参加高等教育自学考试。报考58672科次，实考40151科次，实考率68.4%。考试发现违纪考生33人，违纪率0.82‰。至年底，该区新注册考生4397人，在册考生26966人。专科毕业408人，本科毕业222人。

（秦晓芳）

【电大东城分校颁发学位证书】 7月9日，电大东城分校首次颁发学位证书。首次颁发4人法律学士学位证书，他们是东城区教育机构培养首批学士。北京电大系统首批学士学位获得者共计13人。

（秦晓芳）

【完成全国成人招生考试】 11月15至16日，东城区教委完成全国成人统一高考。该区共有11184人参加考试，其中，高中起点专科4648人，高中起点本科1325人，专科升本科5211人。报考人数比2002年减少1457人，负增长率11.53%。录取3836人，其中，高中起点专科2164人，高中起点本科111人，专科升本科1561人，录取535人。全区共设18个考点，375个考场，监考及工作人员1163人，发现违纪15人次。

（秦晓芳）

中共东城区委教育工委

书　　记　周焕奇（8月免）
　　　　　金　旭（8月任）

东城区教育委员会

主　　任　蔡福全

东城区政府教育督导室

主　　任　王汉民

西　　城　　区

基础教育

【概　况】 2003年，西城区有托幼园所55所，其中，市立园10所，集体部门办园15所，其他部门办园28所，社会力量办园2所；在园所幼儿9313人；教职工1815人，其中，专任教师882人；学前三年教育普及率100%。小学54所，教学班1083个；在校生28658人，招生4350人，毕业6876人；教职工3439人，其中，专任教师2662人，教师学历合格率99.59%；小学入学率100%，巩固率100%，毕业及格率100%。中学42所，其中，初级中学10所，高中3所，完全中学28所，九年一贯制学校1所；教学班1318个（初中737个，高中581个）；招生15475人（初中7084人，高中8391人），毕业18326人（初中11127人，高中7199人），在校生47965人（初中25395人，高中22570人）；初中入学率100%，巩固率100%，毕业及格率98.8%；高中入学率100%，毕业及格率96%，应届高考录取率87.4%；教职工6432人，其中，专任教师4109人；初中教师学历合格率99.02%，高中教师94.37%。中小学专任教师具有高级专业技术职务1206人，其中，小学教师27人，初、高中教师1179人。特殊教育学校3所，教学班40个；招生106人，毕业133人，在校生593人；教职工162人，其中，专任教师116人，学历合格率100%；残疾儿童入学率100%，巩固率100%，结业率100%。校外教育单位8家，教职工163人，其中，专任教师85人。工读学校1所，在校生176人，教学班7个。全年教育经费投入10.7亿元，其中，国家拨款8亿元，自筹2.7亿元。

（杨海蓉）

【制订优秀教学干部评选条件】 1月，西城区教委制订优秀教学干部评选条件。该文件提出优秀教学干部思想表现、知识水平、管理能力和工作业绩4个方面量化指标，明确自我考核、教学片组推荐、学校推荐和区教委审批等评比程序。文件强调，建立西城区优秀教学干部表彰制度，优秀教学管理干部每三年评选一次。8月21日，该区教委首批表彰优秀教学干部21人。

（王 红）

【召开继续教育总结表彰会】 2月26日，西城区教委召开“九五”期间继续教育总结表彰会。会议表彰先进培训单位1家，校本培训示范校20所，中小学教师继续教育管理先进单位46家，先进工作者47人。该区教师400人参加会议。“九五”期间，西城区教委参加继续教育工作单位89家，完成率100%。

（陈慧珍）

【劳动教育培训中心更名】 3月12日，西城区中学生劳动教育培训中心更名为西城区中学生国防教育中心。更名后，人员及独立法人资格不变，工作由劳动教育转向国防教育。

（朱语高）

【举办随班就读专题讲座】 3月21日，西城区教委举办随班就读专题讲座。该讲座听取特殊教育研究学者题为《随班就读的新理念》报告，讲授随班就读工作背景、发展历程、国内随班就读工作现状以及发展内在推动力等专题，论证搞好中学随班就读工作意义。该区特殊教育教师90人参加学习。

（詹小雪）

【视导实验班教学情况】 3月和10月，西城区教委完成实验班教学情况视导。该视导采用听取汇报、看材料、听课和访谈等形式，检查学校教学常规管理、领导办学思想和学校教育教学改革情况，重点是英语、计算机实验班教学情况。其中，3月视导3所中学教学常规、英语实验班教学情况；10月视导4所中学计算机实验班教学情况。

（张平平）

【曙光幼儿园举办自制玩具展】 8

月26日，曙光幼儿园举办首届自制玩教具展。该展览以各教学班为单位，强调集体设计、制作方法，要求参展作品精致、美观、耐用。该园教师百余件自制玩教具参加展览，结合展览全国教师开展自评、互评和研讨活动。

（高春江 陈 立）

【制订接收初中借读生管理规定】 8月，西城区教委印发加强普通中学接收初中借读生管理规定。该规定指出，西城区公立学校均应接收借读学生，其中，北海中学、分院附中、二十九中、一五四中为专门接收借读生公办学校。年初，该区公办学校接收外省市借读学生964人。

（王燕平）

【举办台湾知识竞赛】 9月6日，西城区教育工委举办“我爱祖国宝岛台湾”知识竞赛。该竞赛以学校为单位，分为教师和学生两个组别，采用现场评分方法，设立必答题和抢答题2个项目。该区11所学校组队参赛，其中，三十九中和电子电器职高分获教师和学生组第一名。

（曹 平）

【撤销8所小学】 9月6日，西城区教委决定撤销8所小学。其中，撤销西城区福绥境小学、庆丰小学建制，教职工、在校学生并入官园小学；撤销新兴中巷小学和礼士路第二小学建制，教职工、在校学生并入进步小学；撤销刘海小学建制，教职工、在校学生并入护国寺小学；撤销孝友小学建制，教职工、在校学生并入鸦儿胡同小学；撤销双秀小学建制，教职工、在校学生并入育翔小学；撤销府右街小学建制，教职工、在校学生并入自忠小学。福绥境小学1947年成立，建校以来共培养毕业生1.6万人；庆丰小学1972年成立，建校以来共培养毕业生1万人；新兴中巷小学1958年成立，建校以来共培养毕业生1.4万人；礼士路第二小学1949年成立，建校以来共培养毕业生1.6万人；刘海小学1943年成立，建校以来共培养毕业生1.5万人；孝友小学1950年成立，建校以来共培养毕业生1万人；双秀小学1991年成立，建校以来共培养毕业生800人；府右街小学1949年成立，建校以来共培养毕业生1.4万人。

（朱语高）

【举办家庭教育系列讲座】 9月13至14日、21至22日，西城区教委举办家庭教育系列讲座。该讲座采用报告形式，听取家庭教育研究学者如何引导孩子上好初一、家庭教育重要性及中小学衔接、和家长谈初一心理教育等专题报告。讲座与《今日父母》杂志社联合举办，来自该区40所学校初一学生家长1万人参加学习。

（詹小雪）

【举办儿童教育专题讲座】　9月17日，月坛小学和阜外二小联合举办儿童教育专题讲座。该讲座听取儿童教育学者题为《习惯、人格与成功人生》的报告，通过50个成功人士、50个失败人士事例，论证智力成就依赖于人格道理。讲座强调，家长和教师要学会欣赏孩子，增加与孩子情感交流。来自2所小学教师、学生家长800人参加学习。

（陈冬云）

【开展人防教育教师培训】　9月26日，西城区教委、人防办举办人民防空教育教师培训活动。该活动由“人防知识与防护技能”教学要点培训、传达年度人防教学计划以及实弹射击等部分组成。同时，听取防化指挥工程学院教授题为《当前人民防空教育现状与发展》专题报告，讲解高新技术武器空袭、核化生武器防护等知识。该区中学人防教育任课教师42人参加活动。

（詹小雪）

【举办新课标专题培训】　10月15至17日，西城区教委举办小学全国基础教育全日制义务教育课程标准实验专题培训。该培训采用专题讲座形式，听取教育部、北师大和教科院等单位教育研究学者专题报告，系统讲授通识培训、学科课标解读和校本培训经验。培训后印发新课改经验集《足迹》和《实验工作问答》。该区教委、小学领导及部分教师200人参加学习。

（梁　勇　徐丽娟）

【评选学前教育示范基地】　11月7日，西城区政府、区教委和区妇联联合召开“儿童幸福成长工程、社区学前教育示范基地颁牌”会议。会议向10所幼儿园颁发西城区学前教育示范基地牌匾，听取区教委、当选示范基地幼儿园代表发言，并参观中国石油天然气华油总公司服务中心幼儿园早期教育基地展览。来自市妇联、西城区政府、区教委领导及各幼儿园园长70人参加会议。西城区“儿童幸福成长工程”开始于2002年10月，主要开展0至3岁儿童早期教育实验。

（陈淑兰　许育红）

【召开外语实验班汇报会】　11月11日，西城区教委召开首届外语实验班（校）中期工作汇报会。会议听取实验学校工作汇报，从教学目标、实施步骤、教材选用和师资配备4个方面总结实验班工作，讨论实验班教学工作问题与困难。该区10所外语实验校领导30人参加会议。

（张平平）

【蓝天宇锋幼儿园举办50周年庆典】

11月12日，蓝天宇锋幼儿园举办50周年庆典。该活动由教学楼竣工剪彩、文艺表演组成，来自全国妇联、北京军区空军和市教委领导50人参加庆典活动。

（赵春荣　丁　征）

【举办教育科研周活动】　12月1至5日，西城区教委举办教育科研周活动。该活动推出三帆中学《主体、创新、发展——综合活动实践在课堂教学中的体现》和西城实验学校《诱思导学、主动探究、合作推进教学模式探究》公开课，集中交流以大纲、课程标准为准则，通过教材多样化和现代教育技术手段纠正“重教轻育”错误，重视课堂教学“育人”经验。

（张平平　赵　彤）

【三中举办名师摇篮培训班】　12月11日，北京市第三中学首期名师摇篮培训班开学。该培训班采用理论学习、与友好校进行学术交流、外出考察学习方式，开设心理健康系列讲座，力争通过两年学习，使中青年教师在师德修养、业务水平和工作能力方面有较大进步。首批教师19人参加学习。

（梁　琪）

【表彰德育工作先进教师】　12月26日，西城区教委召开年度德育工作先进教师表彰会。会议表彰德育工作先进教师703人，其中，中学253人、小学450人。会议听取西城外国语学校教师题为《有多少爱可以重来》，宏庙小学教师《网络德育工作新天地》发言。听取专家题为《德育与新课程改革》专题讲座。该区德育教师400人参加会议。

（詹小雪　桑丽萱　王　昆）

【力学小学开展良好习惯教育】　至年底，力学小学开展寻找陋习，建设文明校园教育活动。该活动以教学班为单位，要求各班制订培养良好习惯计划、措施，设立监督岗，绘制评比图表和树立文明小标兵。该校师生500人参加教育活动。

（王　玫）

职业教育

【概　况】　2003年，西城区有职业高中学校4所，开设专业39个，教学班238个；招生1950人，毕业1792人，在校生6820人；教职工988人，其中，专任教师565人（30岁以下191人，31至35岁126人，

36至40岁82人，41至45岁32人，46至50岁68人，51至55岁44人，56至60岁22人）。专任教师学历合格率76.5%，高级专业技术职务教师112人，中级166人。全区职业教育学校占地面积77216平方米，建筑面积93141平方米。

（伊 宏）

【召开职业教育发展专题办公会】 1月15日，中共西城区委教育工委、区教委召开职业教育发展专题办公会。会议认为，经过4次较大布局结构调整，西城中职教育规模、格局达到市教委要求，即有4所职高校。会议决定，力争创办1所现代化标志性学校，地点设在回龙观育荣国际教育园区，占地面积133332平方米，在2004年8月前启用。标志校采取“3+2”5年制高等职业教育模式，面向本区、全市、全国招生。该区“两委”主任12人参加会议。

（伊 宏）

【举办听评课活动】 3月17至21日，西城区教委举办职业教育文化课听评课活动。该活动采用学科教研员听评课办法，要求做到一对一、面对面、节节评。同时，强调评课与研究教学相结合，让教师参与研讨问题，达到贴近学生、教师、教材和实际目的。活动在北京市外事服务职业高中举办，共听课132节次，涉及教师59人。

（伊 宏）

【电子电器职高新增专业招生】 7月，西城区电子电器职业高中新增通讯技术专业招生。该专业主要培养拥有通信专业技能，从事生产、维修、维护的高素质复合型人才，学制3年，学生修业期满获得中等职业教育学历。

（伊 宏）

【召开职业教育报告会】 12月24日，西城区教委召开职业教育改革与发展报告会。会议听取《职业教育要坚持与时俱进》报告，论证职业教育所面临发展机遇、严峻挑战及加强职业教育研究，抓住机遇迎接挑战等专题。该区职高学校领导、教师400人参加学习。

（伊 宏）

【召开职业教育发展研讨会】 12月24至25日，西城区教委召开职业教育发展研讨会。会议以“深化改革提高质量”为主题，分析职教发展现状、存在问题，研讨解决问题方法、途径。会议认为，职业学校要盯住市场、盯住校内、盯住政府政策导向，灵活把握发展时机。会议指出，职业教育必须与企业、市场相结合，加强经营理念。各校要巩固原有专业，积极根据市场需求开发新专业，树立品牌专业。该区职业教育教师68人参加会议。

（伊 宏）

成人教育

【概 况】 2003年，西城区共有各级各类成人学校299所。其中，成人高校1所，开设41个专业；招生1487人，毕业1158人，在校生6227人；教职工199人，其中，专任教师64人。成人中等学校1所，开设10个专业；招生284人，毕业260人，在校生678人；教职工43人，其中，专任教师15人。职工学校6所，开设17个专业；教职工30人，其中，专任教师20人；全年培训5500人次。社会力量办学单位291所，教职工7465人，其中，专任教师1265人。直属校站教师学历合格率100%，高级专业技术职务教师17人。西城区成人教育培训进行干部教育9.2万人次，工人教育4.3万人次；社会力量办学单位组织培训28万人次；市民素质教育培训45万人次。西城区学习型社区居委会试点扩大至全区48个，占全区25%。80%以上中小学以不同形式向社区开放，市民培训达37万人次。全区成人教育学校占地面积40295平方米，建筑面积43530平方米，固定资产总值1566万元。

（侯百红 王 珍）

【完成社会力量办学单位年检】 1至3月，西城区教委完成年度社会力量办学单位年检。该年检设立执行社会力量办学法律、法规情况，财务管理情况，党建、工建情况等项目，分为自查、上交材料、财务审计审核和换证4个阶段，重点检查违法、违纪学校。该区社会力量办学单位282家参加检查，其中，合格253家、不合格29家。

（李晓琳 王 坤）

【完成经科大中专部教学评估】 9月9日，西城区教委完成西城经济科学大学中专部办学条件评估。该评估按照《北京市办学条件合格中等职业学校评估细则》，采用听取学校自查报告、查阅档案材料、实地考察等方法，检查学校领导、办学规模、教师队伍、校园占地面积、校舍建筑面积、体育用地、图书馆和阅览室、现代教育技术和信息化建设、办学经费各方面工作。该校被评为合格学校。

（王 和）

【召开成人学校工作会议】 11月28日，西城区教委召开成人学校工作会议。会议通报成人学校现状、面临困难和存在问题，研讨今后发展方向和解决问题方法。会议认为，成人学校应该做好职成教衔接工作，发展高职教育。会议要求，成人中专招生要了解生源情况，职工学校要解决与企业联合办学发展问题。该区成人教育工作者40人参加会议。

（王 和）

中共西城区委教育工委

书 记 姚 恕

西城区教育委员会

主 任 程 刚

西城区政府教育督导室

主 任 程 刚

崇　文　区

基础教育

【概　况】 2003年，崇文区有托幼园所22所，在园所幼儿5157人。其中，市立园所8所，在园所幼儿2280人；社会力量办园2所，在园所幼儿493人；其他部门和集体办园12所，在园幼儿2384人；教职工906人，其中，专任教师367人。学前三年教育普及率100%。小学29所，教学班530个，在校生15008人，招生2067人，毕业3426人；教职工1997人，其中，专任教师1442人；小学入学率99.99%，巩固率99.99%，毕业及格率99.77%。中学20所，其中，初中校10所，高中校1所，完全中学9所；教学班575个（初中345个，高中230个），招生6604人（初中3259人，高中3345人），毕业8567人（初中5789人，高中2778人），在校生22592人（初中12661人，高中9931人）；初中入学率99.85%，巩固率98%，毕业及格率97.97%；高中入学率57.69%，毕业及格率89.01%，应届高考录取率89.10%；教职工2323人，其中，专任教师1518人（初中778人，高中740人）。特殊教育学校1所，9个班，招生9人，毕业8人，在校生90人；教职工42人，其中，专任教师25人。残疾儿童入学率100%，巩固率100%，结业率73.08%。校外教育单位4家，教职工117人，其中，专任教师61人。中小学教师学历合格率97.67%，其中，小学教师合格率99.86%，初中教师合格率97.24%，高中教师合格率93.57%。中小学教师具有高级专业技术职务692人，其中，小学教师27人，初高中教师644人，其他单位21人。全年教育经费投入51368万元，其中，国拨34136万元，自筹17232万元。

（王存良）

【召开牛叔明办学思想研讨会】

1月3日，中共崇文区委教育工委、区教委召开牛叔明办学思想研讨会。会议听取牛叔明从教40年“不懈探索，真诚服务，谋求发展”工作作风和逐步建立“以人为本、促进发展”管理体制经验介绍，听取其他教师不同角度经验介绍和北京教育学院、区人大、光明小学等代表点评。会议认为：牛叔明以“潜心学习、苦心求索、倾心投入、诚心待人、精心管理”为座右铭，实现办学、治校、育人教育观质量观和为学生发展服务价值观。市区领导、专家及各单位教师200人参加会议。牛叔明，景泰小学校长，工作中坚持实践“必须为学生的需要和利益服务，为每一个学生全面、主动、多样化发展创设宽松的环境和公平的机遇，提供良好的服务和优质的教育”工作思想，使景泰小学从落后校发展为管理规范、社会满意和学生喜欢学校。

（郭九菊　周连胜）

【召开课程教材实验研讨会】 1月21日，崇文区教委召开小学第六届素质教育研讨会。会议围绕21世纪基础教育课程教材改革实验工作，听取区教研中心专家三至六年级学科知识、能力调研质量分析，以及15所小学课程教材实验做法、经验、体会介绍。会议认为，课改新理念已经树立，改革实验工作已经落实，学校要抓住课改实验契机，做好中小学衔接工作，研究课改评价及考试方法。该区小学干部教师及教研员200人参加会议。

（牛世炯　郝洪春）

【展示中学素质教育成果】 1月22

日，崇文区教委举办中学素质教育成果展示活动。该活动以“青春的年华、多彩的乐章”展示会为重点，听取7名参加市级奥林匹克竞赛，亚洲极限运动比赛，演奏、书法比赛，助人为乐默默无闻做好事，自强不息承担家庭生活重担学生先进事迹介绍。汇文中学学生会发出关于向7名优秀学生学习，做新世纪合格中学生倡议。区教委、中学领导以及部分学生500人参加活动。

（胡　靖　王铁峰）

【少年艺术团出访欧洲6国】 2月6至17日，崇文区少年宫少年艺术团出访欧洲6国。艺术团一行21人，应德中友好协会邀请，先后访问德、法、意等国部分中小学和艺术学校，并与德国学生艺术团举办同台演出。

（马俊青　郝洪春）

【崇文门中学召开办学模式研讨会】 3月1至2日，崇文门中学召开综合高中办学模式研讨会。该校在《创建人才成长的立交桥——综合高中办学模式思考》发言中，提出综合高中是兼顾升学预备教育和就业预备教育双重任务的普通高中，这种普职渗透教学方式适应科学技术发展需求的观点。会议认为，综合高中拥有自身特点，学生参加职业类文化课水平统测和学完职业技术专业课可以获取职业高中毕业证书，参加普通高中毕业会考也可获得普通高中毕业证书，学生毕业可以选择报考普通高校、高等职业技术院校，或是直接就业，拓宽学生毕业出路。崇文区教委领导及教师33人参加会议。2000年，崇文门中学试办综合高中，实践证明，综合高中具有生命力。

（赵秀兰　郝洪春）

【开展中学生学守则绘画比赛】　3月，崇文区教委举办中学生“学守则、贯规范”绘画比赛。比赛分为学校初赛、区级复赛2个阶段。该区20所中学277名学生参加比赛，18所中学277幅作品进入决赛。赛后获奖作品在全区中学巡回展出。

（胡　靖）

【“空中课堂”开通】　5月8日，崇文区教委网站开办“空中课堂”。该课堂包括“教委公告通知”和“各校学习资料下载”专区2部分。“教委公告通知”发布区教委各项工作通知；“学习资料专区”分小学、中学、职成教育3个版块，发布各学校通知及各科作业。至6月30日，“空中课堂”先后为37所学校发布200次作业，日访问量达7000人次。

（陈　红）

【完成全国高校招生考试】　6月7至8日，崇文区教委完成全国高校招生考试工作。该区高考报名3713人，被高校录取3363人，录取率90.57%。其中，本科录取2277人，专科录取1086人。中等专业学校、职业高中、技工学校及社会考生单考单招641人，高等院校高职专业录取考生429人，录取率66.93%，比上年47.99%增加18.94个百分点。

（项文璞）

【撤并2所小学】　7月1日，崇文区教委撤并2所小学。其中，向新小学随城市建设和危房改造拆除，该校学生就近转入体育馆路小学；紫竹林小学随北京市重点工程南中轴路改造工程拆除，该校学生就近转入天坛南里小学和精忠街小学。两校班主任教师随班调整，科任教师首先充实到接收学生学校，其余教师全区安置。撤并工作共涉及学生533人，教师150人。崇文区向新小学成立于1967年，地处龙潭湖畔的向新西里；崇文区紫竹林小学成立于1950年，原名天桥小学，先后四次迁址，1960年迁至永定门内大街10号。

（郝洪春）

【调整“小升初”工作方案】　7月4日，崇文区教委调整小学升初中工作方案。该方案与往年相比发生4点变化：允许广渠门中学开办一个初中宏志班，招收本区家庭经济困难、品学兼优学生，由各小学按指标推荐；一零九中、广渠门中学增设外语实验班，两校和已开设外语实验班的五十中、实验中学、一一四中面向全区招生；父亲一方户口在北京的小学毕业生，按正式生对待，参加电脑派位；已办理《在京借读批准书》外省市借读生由区教委分配中学就读。

（郝洪春）

【检查中小学食堂卫生】　7月7日，崇文区教委完成中小学食堂卫生检查。检查组由卫生专业人员和校医联合组成，重点检查食品生产、供应和销售各环节管理、卫生注意事项。该区31所学校食堂参加检查，结果表明，各校食堂均有专人管理，食品加工规范，规章制度健全，卫生状况良好。

（李松龄　郭静茹）

【完成中考组考录取工作】　7月8至10日，崇文区教委完成中考组考录取工作。该区初三毕业生报名参加高级中等学校招生考试6006人（含往届生45人），提前招生学校录取851人。参加统一招生考试5135人，普通高中录取3127人，占报考人数60.9%，其中，市区重点高中录取2219人，一般高中录取908人；中等专业学校录取464人，技工学校录取115人，职业高中录取863人。

（项文璞）

【时念洋再次捐款崇文教育事业】　7月10日，崇文区教委再次接到时念洋捐款。这笔捐款共计20万元，主要用于发展素质教育。时念洋是北京西比利实业集团董事长，自2000年始，他先后三次捐款支持崇文区教育事业，总金额达60万元。

（郭文伟）

【召开深化课程教材实验研讨会】　8月18至20日，崇文区教委召开加强质量监控，深化课程改革研讨会。会议分析21世纪基础教育课程教材改革实验进展情况，通报教育教学质量监控情况，要求学校落实区教学质量监控实施细则，加强课堂教学实效性研究。会议认为，质量监控内容应包括教育思想、教学管理、教师教法和学生学习4方面，遵循导向、主体和可操作3个原则。该区教研中心、各小学领导150人参加会议。自2001年，崇文区共有29所小学8000名学生参加课程教材实验。

（李　芳　刘燕君）

【召开中学教育教学研讨会】　8月

20至23日，崇文区教委召开中学教育教学工作研讨会。会议邀请北

京市第八中学介绍学校管理先进经验，听取五十中、十一中《管理工作无止境》、《怎样做一名合格的主管校长》专题发言，分析全区中、高考成绩，通报全区教科研工作和课堂教学情况，表扬坚持课堂听课学校领导。会议要求，学校领导必须树立教学中心思想，随时掌握、了解教育教学一线情况。该区中学、区教研中心学科领导 80 人参加会议。

（郝洪春　杨学银　韩景毅）

【崇文小学迁入新校舍】　9 月 1 日，崇文区崇文小学迁入新校舍。新校舍位于上国强胡同 17 号，占地面积 1.26 万平方米，建筑面积 1.52 万平方米。其中，宿舍楼 6 层，建筑面积 4518 平方米；综合楼 2 层，内建 843 平方米体育馆；教学楼 5 层，建筑面积 9826 平方米，设有书法、音乐、科技、美术和计算机等专用教室；室外操场建筑面积 7500 平方米，建有 200 米环形跑道和 100 米直形跑道。

（赵兰风　郝洪春）

【崇文分院探索继续教育新方法】　9 月 2 日，北京教育学院崇文分院探索"以校为本"多元化继续教育培训新方法。该方法强调以学校发展为本，解决现实问题；以教师发展为本，培养提高教师素质；以学生发展为本，解决学生发展过程中存在的疑难问题。由此出发，创建面授式、研讨式、问题引导式、异地式和科研式 5 种教学方式。至年底，该分院利用新方法完成 1650 名教师培训。

（郑　军　郝洪春）

【信息网开通免费电子邮箱】　9 月 27 日，崇文区教育信息网为该区师生免费开通电子邮箱。该邮箱建设总数 10 万个，每个中小学设置子域，全体师生可以免费获得本子域邮箱。其中，每个学生邮箱容量 2M，教师 5M。邮件系统网址：mail.cwedu.gov.cn。

（陈　红）

【举办骨干教师公开课展示活动】　11 月 30 日，崇文区教委举办中学学科带头人、骨干教师公开课展示活动。该活动由汇文中学、十一中、五十中、广渠门中学、一零九中和前门外国语学校 12 名教师作语文、数学、英语、物理、化学、生物、历史、地理和政治 9 个学科展示课，并现场完成点评。该区教师 260 人参加学习。

（郝洪春　杨学银）

【举办法制知识专题培训】　12 月 11 日，崇文区教委举办法制知识专题培训。该培训以《北京市中小学生人身意外伤害事故预防与处理条例》为主，系统讲述校方责任险概念、具体规定和有关理赔法律程序。培训指出，各校要增强责任意识，明确岗位责任，建立安全稳定台账，强化及时报告意识，保持信息渠道畅通。培训强调，建立教育行业风险管理服务体系，制订突发事件应急预案，建立应急处理机制。该区中小学、幼儿园、校外教育单位领导和区教委机关干部 100 人参加学习。

（许艳霞）

【文汇中学与老区学校建立联谊校】　12 月 16 至 18 日，北京市文汇中学与河北省固新镇中学建立"手拉手"联谊校。文汇中学向固新镇中学捐赠价值 2000 元体育文化用品，并决定每年捐赠 2 万元设立"文汇奖学金"，帮助和鼓励当地品学兼优学生。固新镇中学位于河北省最南端，是八路军一二九师抗日根据地。

（张　晔）

【五十中举办 50 周年校庆】　12 月 28 日，北京市第五十中学举行 50 周年校庆。该活动由庆祝大会、校友联谊活动和教学成果展览等内容组成，庆祝大会宣读陶西平贺信，听取现任校长讲话。该校师生、校友和曾在学校工作过教职工 2000 人参加庆祝活动。五十中始建于 1953 年，是北京市政府为解决劳动人民子女入学，在北京南城地区建立公办学校之一。1978 年被定为区级重点中学。2003 年，学校共有 44 个教学班，2300 名学生。教职工 161 人，其中，高级教师 39 人、一级教师 50 人，市、区学科带头人和骨干教师 31 人。学校占地面积 22695 平方米，建筑面积 13977 平方米，包括教学楼、实验楼、运动场等综合设施，图书阅览室可容纳 400 名学生就读，全封闭式运动场拥有人造草坪 1 万平方米。学校高考上线率一直稳定在 98%，一类本科上线率始终保持在 65%至 70%。

（王君实）

【完成部分学校操场改造】　至年底，崇文区教委完成学校操场改造工程。该工程涉及 11 所学校，其中，中学 5 所，小学 6 所。改造完成后，总建筑面积 43268 平方米，包括铺设人造草皮和塑胶跑道，总投资 1136 万元。

（张　楠　郝洪春）

【完成年度设备购置更新】　至年底，崇文区教委完成年度设备购置更新。设备更新包括课桌椅、音乐设备、实验室器材、体育设备、黑板、办公家具、卫生设备、美术设备、教学仪器和图书 10 个项目，总投资 500 万元。

（闫志敏）

职业教育

【概　况】　2003 年，崇文区有职业中学 3 所。全部为独立建制学校。开设专业 8 类 37 个，教学班 156 个。招生 1419 人，毕业 1837 人，在校生 5505 人。教职工 574 人，其中，专任教师 297 人。专任教师学历合格率 79.13%。高级专业技术职务 122

人。全区职业学校占地面积67405平方米，建筑面积61844平方米，固定资产总值4232万元。

（王存良　李素珍）

【正义学校通过国际质量认证】 5月9日，北京市正义职业学校通过ISO9000国家质量体系认证。4月，该校接受新世纪国际质量认证中心检查，检查组进驻学校，对照质量体系完成为期3天现场审核，并提出改进意见。这是崇文区第一所通过ISO9000国际质量认证学校。2002年8月30日，正义学校开始使用ISO9000国际质量体系规范管理教育教学全过程，并且在实践中不断改进工作。

（刘静萍）

【文化课测试再获好成绩】 9月24至25日，崇文区职业学校参加全市文化基础课统一水平考试再次获得好成绩。该区职业学校高二学生1923人参加考试，语文及格率98.57%，高出全市平均水平9.51个百分点；数学及格率98.93%，高出14.79个百分点；英语及格率98.93%，高出10.95个百分点。语文优秀率18.34%，高出全市平均水平8.54个百分点；数学优秀率31.58%，高出18.23个百分点；英语优秀率26.77%，高出15.75个百分点。语文平均分123.26分，高出全市平均分数10.39分；数学138.38分，高出17.38分；英语138.26分，高出20.71分。这是该区连续第3年取得职业学校统一考试好成绩。

（李素珍）

【职教中心校本教材投入使用】 9月，崇文电子职教中心编写的《Excel2000实例教程》校本教材投入使用。该教材以建构主义理论为指导，以“任务驱动”式教学法为原则，分为四篇，收集实例22个。首批在高二年级170名学生中使用。

（马　騄）

【接待洛桑酒店管理大学代表团】 10月11日，北京酒店管理职业学校接待瑞士洛桑酒店管理大学代表团。代表团参观学校烹饪专业实习室和校园文化橱窗，交流烹饪文化和烹饪技艺。访问中，双方达成合作协议，酒店管理学校将派遣烹饪专业教师赴瑞士传播东方烹饪技术，同时学习西餐制作技艺。

（刘静萍　李素珍）

【电子职教中心开展青年教师培训】 11月17日，崇文电子职教中心开展青年教师培训。该培训内容包括教师职业道德、教育教学基本功、教育法律法规和人事制度改革等，采用讲座、座谈、外出参观学习和现场观摩等形式，通过教案、教研论文和公开课方式考核培训效果。培训至2004年7月，该校青年教师36人参加学习。

（李素珍）

成人教育

【概　况】 2003年，崇文区共有各级各类成人教育学校7所。其中，成人高等学校2所，开设31个专业，在校生7524人（含学历教育2628人）；招生709人，毕业427人；教职工95人，其中，专任教师50人（含高级专业技术职务13人，中级35人）。全区成人教育单位占地面积4980平方米，建筑面积8933平方米，固定资产总值753万元。社会力量办学单位108所。其中，民主党派办1所，行政单位办3所，企业单位办6所，事业单位办79所，社团组织办6所，公民个人办13所。全年培训396802人次。教职工1868人，其中，专任教师460人。企事业单位职工学校5所，全年培训2129人次，教职工38人，其中专职教师26人。

（李素珍　陈　月　沈桂红）

【完成社会力量办学机构年检】 1至3月，崇文区教委完成社会力量办学机构年检。年检突出办学行为和财务审计2项内容。该区122所学校参加年检，其中，合格108所，停办撤销3所，缓检10所，转至外区1所。至年底，该区新审批民办校11所。其中，公民个人办学7所，公司办学1所，社团组织办学2所，事业单位办学1所。

（陈　月　沈桂红）

【自学考试人数下降】 4月和9月，崇文区完成春秋两季自学考试。该区高等教育自学考试全年注册7393人，比上年减少1740人；全年报考31481人，与上年持平。高等职业教育自学考试全年注册新生8401人，两季报考人数共计36306人。中等教育自学考试全年注册新生469人，比上年减少732人；全年报考人数1489人，比上年减少1148人。

（项文璞）

【电大崇文分校开放教育学生毕业】 7月2至3日，北京电大崇文分校完成开放教育首届本、专科毕业生论文答辩。答辩小组成员由中央电大和北京电大教授组成，该校38名本科毕业生、24名专科毕业生参加答辩，全部通过。

（松盛青　郝洪春）

【举办创建学习型组织专题讲座】 9月22日，崇文区教委举办创建学习型组织专题讲座。讲座邀请教科院研究员作《学习型组织的概念、内容、基本要素》、《如何开展创建学习型组织工作》专题讲座，系统介绍市、区创建学习型组织情况。该区58个委办局和企事业单位干部60人参加学习。

（李素珍）

【职工大学论文评比结束】 10月

22日，崇文区职工大学召开论文评比总结会。会议听取获奖论文作者关于论文内容和撰写论文体会介绍，强调学校支持教师开展科研活动，将在时间、人力、资金等方面给予保证。该校论文评比共收到论文32篇。

（李素珍　郑春蕾）

【完成全国成人高校招生考试】 11月15至16日，崇文区教委完成全国成人高校招生考试。该区报名考生8950人，其中，高中起点专科考生3434人，高中起点本科考生2363人，专科升本科考生3153人。

（项文璞）

【首批社区专职干部持证上岗】 12月，崇文区首批社区、街道干部经过培训持证上岗。这批社区专职干部共计180人，来自7个街道居委会主任155人、社区党委书记25人。他们均经过一个月学习，完成80课时培训，并通过市民政局统一考试。

（李素珍）

【博文学校召开年度办学研讨会】 12月，崇文区博文培训学校召开年度办学研讨会。会议听取区教委首都教育发展规划和民办教育改革发展情况介绍，听取中小学各学段负责人发言，交流工作体会，研讨依法办学、规范管理等问题。会议认为，博文培训学校应该坚持依法办学、安全办学、诚信办学、高质量办学原则，增强服务意识，办出自己特色。该校教师30人参加会议。

（舒永襄）

【完成年度成人培训任务】 至年底，崇文区教委完成年度成人教育培训任务。该区干部、职工和市民参加各级各类培训60399人次。其中，岗位技术培训8879人次，继续教育培训7824人次，文化生活培训8867人次，其他培训34829人次。结业416356人次，其中，岗位培训51834人次，继续教育培训26637人次，文化生活培训31020人次，其他培训306865人次。

（李素珍）

中共崇文区委教育工委

书　　记　崔树毅

崇文区教育委员会

主　　任　崔树毅

崇文区政府教育督导室

主　　任　崔树毅

宣　武　区

基础教育

【概　况】 2003年，宣武区有托幼园所31所，在园所幼儿4191人。其中，市立园13所，社会力量办园18所，教职工825人，其中，专任教师397人；入园率95.31%。小学37所，在校生20685人，招生2327人，毕业3822人；教职工2340人，其中，专任教师1769人；小学入学率100%，巩固率100%，毕业及格率99.9%。中学24所，其中，初中校9所（含民办公助学校2所），高中校2所，完全中学13所（含民办公助学校2所，一贯制学校1所），教学班721个（初中418个，高中303个），在校生27945人（初中15137人，高中12808人），招生8720人（初中3927人，高中4793人），毕业9483人（初中6349人，高中3134人）；初中入学率100%，巩固率100%，毕业及格率100%；高中入学率87.9%，毕业及格率90.83%，应届高考录取率88.34%。中学教职工3393人，其中，专任教师2186人。中小学专任教师学历合格率97.77%，其中，小学教师合格率100%，初中教师97.49%，高中教师93.95%。中小学教师具有高级专业技术职务588人，其中，小学教师12人，初高中教师500人。特殊教育学校1所，教学班21个，招生12人，毕业5人，在校生216人；教职工62人，其中，专任教师52人。残疾儿童入学率100%，巩固率100%。校外教育单位4家，教职工125人，其中，专任教师71人。全年教育经费投入65363万元，其中，国家拨款43803万元，自筹21560万元。

（李　辉）

【华夏女中开通女生教育网】 3月8日，北京市华夏女子中学“当代女生教育网”开通。网页由会员校、女生研究、科研动态、专家论坛、中国女校、国外女校、有关法规、左邻右舍和留言簿9个栏目组成，以绿色为底色，象征生命、和平、环保。该网站与陶行知研究会、北京华夏女子教育研究所联合主办。

（李　辉）

【与北师大共建师大附中】 4月2日，宣武区政府与北师大签属共建师大附中协议。根据协议，和平门中学并入师大附中，校舍、场地、教学设备和设施由师大附中使用，期限20年；在职教职工由师大附中统一管理。协议还规定，师大附中招收初中学生原则上70%来自宣武区。和平门中学成立于1963年，共培养学生50700人。

（李　辉）

【三义里一幼举办开放活动】 9月

14 日，三义里一幼早期教育基地免费向社区幼儿开放。开放日针对婴幼儿年龄特点，推出 1 至 3 岁婴幼儿游戏活动，并指导家长掌握正确育儿方法和具体措施。该园是北京市首批 20 个早期教育基地之一，全年早期教育基地共接待幼儿及家长 240 人次。

（张惠清）

【召开小学新课改研讨会】 9 月 24 至 28 日，宣武区教委召开第二届国家基础教育课程改革实验研讨会。会议听取 38 所学校语文、数学和英语等学科 53 节公开课，并完成点评。该区教师 2300 人次参加研讨活动。2002 年 9 月 1 日，宣武区小学一年级实施新课改，40 所学校 103 个班学生 3100 人参加实验。

（李　辉）

【举办首届中小学生科技博览会】 10 月 18 至 19 日，宣武区教委举办首届中小学生科技博览会。博览会以“动手、动脑、体验科学”为主题，举办科技作品展和机器人实验、小模型制作、天文观测等科普活动。该区学生 6000 人参加活动。

（李　辉）

【召开于洪武办学思想研讨会】

10 月 21 日，中共宣武区委教育工委、区教委在回民学校召开于洪武办学思想与实践研讨会。与会者参观学校图书馆、网络中心和学生宿舍，观摩初、高一年级示范课、综合实践活动和学生民乐表演。会议听取于洪武“特色、主体、人和”办学理念介绍会以及专家点评，并分组完成专题研讨。教育部、宣武区和民大领导，宣武区中小学和外省市部分学校校长 300 人参加会议。于洪武，1944 年 9 月出生，山东省武城县人，回族。1963 年参加工作，1969 年 4 月加入中国共产党，自 1971 年历任广安中学、八十八中、一三六中、宣武区职教中心学校校长。1993 年，任回民学校校长，逐步确立民族特色办学思想、学生为主体办学育人思想以及“人和为根”办学管理思想。

（李　辉　刘佳萍）

【建成校长远程教育培训基地】 11 月 5 日，宣武区教委建成校长远程教育培训基地。该基地设在现代教育技术信息中心，利用宣武教育信息网，以千兆宽带网为载体，提供远程信息交流和咨询。培训基地开设“校长园地”专题，下设“名校长风采”、“校长远程教育”和“办学经验”等栏目，是校长转变观念及信息、经验交流平台。

（李　辉）

【北师大实验中学参加蓝带优质学校论坛】 12 月 2 至 6 日，北师大实验中学首次参加美国蓝带优质学校国际论坛。该论坛创办于 1982 年，由美国教育部主办，每年 12 月举办，本届共有 8 个国家 900 名校长参加会议。北师大实验中学校长作为惟一亚洲校长，先后发表题为《面向世界的中国学校教育》和《北京师范大学附属中学的成功经验》两个专题报告，并回答学校文化生活、学生干部民主选举、课程改革以及国际交流等问题。这是中国校长首次参加蓝带优质学校国际论坛。

（李　军）

【重新聘任中小学法制校长】 12 月 3 日，宣武区教委召开中小学校法制校长聘任会。会议宣布重新聘任法制校长 65 人，均由区政法部门副处级干部担任。该区各校领导、德育教师 82 人参加会议。宣武区自 2000 年建立中小学校法制校长、法制辅导员制度。3 年间共有政法部门干部 65 人担任法制校长，举办专题法制讲座 1650 次。

（李　辉）

【槐柏幼儿园接待香港研习团】

12 月 22 日，宣武区槐柏幼儿园接待香港幼儿教育研习团。该研习团由香港幼儿教育学院师生 50 人组成，在槐柏幼儿园观摩“瓦罐的联想”、“美丽的圣诞树”主题活动，参观幼儿园整体环境，并举办教师座谈会。

（贾静嫣）

【举办中学教学校长论坛】 12 月 26 至 27 日，宣武区教委举办首届中学教学校长论坛。该论坛以国家基础教育课程改革实验与学校教学管理机制创新为主题，分为教学片和全区两个层次，采用演讲、质疑、演讲人答辩和交流研讨等形式，重点探索校本教研途径与方法。全区共有 27 名教学校长在 4 个教学研讨片发表演讲，推荐 8 人在全区论坛上发言，二零四中、十四中分校、师大附中和十五中分校分别推出数学、生物、英语、语文 4 节新课改研究课。该区中学校长、教研人员及区政府、教委领导 100 人参加论坛。

（李　辉）

【2758 名特困生减免书费】 至年底，宣武区教委减免 2758 名中小学特困生书费。其中，小学 1418 人、初中 920 人、培智学校 420 人。共减免

237752元，其中，小学121532元，初中108670元，培智学校7550元。小学生人均减免书费86元，初中生人均减免118元。

（李　辉）

【完成年度校园环境整治任务】 至年底，宣武区教委完成年度校园环境整治任务。该区全年累计拆除违章建筑2800平方米，新增绿化面积1850平方米，清理校内出租房屋58处，清除垃圾1800吨，疏导交通拥堵路段3处，增设交通标志2个。

（李　辉）

【实现学校布局结构调整目标】 至年底，宣武区教委完成学校布局结构调整。该区撤并小学4所，其中，小马厂小学并入天宁寺小学，南丰小学并入三义里小学，粉房小学并入福州馆小学，里仁街小学并入宣师一附小。撤并中学4所，其中，和平门中学并入师大附中，梁家园中学并入四十三中，一八一中学并入回民学校，五十一中并入一四零中。调整工作共涉及学生9460人，教职工1126人。至此，该区小学已从1999年的58所调整到38所，中学由38所调整到24所（不含3所职业高中），职业高中由10所调整到3所。同时，将财贸干校、职工中专并入职业高中，提前实现区政府规划目标。

（李　辉）

职业教育

【概　况】 2003年，宣武区共有中等职业学校3所。其中，宣武区第一职业学校、第二职业学校为国家级重点学校，宣武区第三职业学校为市级重点学校。3所职业学校总占地面积88431平方米，建筑面积84928平方米。开设近30个专业（工种），教学班175个，在校生5889人，毕业1700人，招生1355人。教职工735人，专任教师420人，其中，高级教师108人。全年教育投入5943万元，其中，国拨4559万元，自筹1384万元。

（刘钟仁）

【宣武三职培训青年教师】 10月

15日至11月12日，宣武区第三职业学校开展青年教师培训。该培训以整合传统教学与现代教学手段为主题，推出11节骨干教师观摩课，演示利用多媒体手段把理论知识形象化全部过程。该校青年教师60人参加学习。

（孙桂芳　王志峰）

【举办骨干教师作课活动】 10至11月，宣武区职教中心举办职业教育骨干教师作课活动。该活动邀请宣武三职骨干教师12人分别作数学、语文、英语、计算机、中药、中药化学、美术、体育、声乐、幼儿心理10个学科示范课和研究课，并完成现场点评。该区职教系统青年教师500人次参加学习。

（张来成）

【召开教育教学经验交流会】 12月15日，宣武区职教中心召开教育教学经验交流会。会议听取3所职业学校教育教学经验介绍，研讨加强职业教育、提高教育教学质量等问题。来自3所职业学校教师19人参加会议。

（刘钟仁）

【检查职业技能训练课教学情况】 12月18日、19日和24日，宣武区教委检查职业高中技能训练课教学情况。该检查采用实地检查方式，分别听取宣武二职弹性学制与学分制改革工作、宣武三职课堂教学质效探究和宣武一职探索职教课程体系改革，推动学校整体发展工作汇报，查看教学大纲、教学计划和技能标准材料。检查组分别观摩宣武二职《丝网印刷教学训练》、《单门直冷式电冰箱压缩机绕组检测及电路测量训练》，宣武三职《中药专业皮类中药饮片识别》、《中药炮制学加敷料炒法：麸炒、沙炒操作训练》、《中药调剂学审方和调配》，宣武一职饭店服务专业、烹任专业5节技能训练课。来自3所职业学校领导和教师代表40人参加检查。

（刘钟仁　张来成）

成人教育

【概　况】 2003年，宣武区共有各级各类成人教育学校142所。其中，成人高等学校2所，设28个专业，在校生4613人，招生1617人，毕业877人；教职工99人，其中，专任教师45人。各类企业职工学校4所，全年培训5884人次；教职工28人，其中，专任教师12人。社会力量办学136所，教职工2239人，其中专任教师764人，兼任教师1475人，全年培训141824人次。

（汤　毅）

【召开社会力量办学校长会】 3月19日，宣武区教委召开社会力量办学校长（主任）会议。会议听取上年社会力量办学年检工作总结报告，印发《关于加强社会力量办学管理的通知》、《宣武区社会力量办学教育机构收退费管理办法（试行）》两个文件。至上年，宣武区共有社会力量办学校142所。其中，2所新批学校免检，年检合格学校116所，18所学校由于亏损、有投诉、未招生等原因缓检，停办4所，2所未办年检手续。

（樊立华）

【举办终身学习型制度专题讲座】 4月21日，宣武区教委举办全面小康社会与全民终身学习型制度建设专题讲座。该讲座讲授全面小康社会与全民终身学习型制度建设。来自8个街道干部、教师60人参加。

（高晓宁）

【天桥社区编辑教育资料汇编】 10月，天桥社区完成教育资料汇编工作。该汇编分天桥社区教育情况综述、规划构想、规章制度、经验材料、调研报告和大事纪6个部分，搜集规章制度、经验材料和调研报告共计40篇。汇编全书10万字。

（赵兴力）

【完成年度社区教育工作】 至年底，宣武区教委完成街道社区教育工作。该区社区保证适龄儿童接受九年制义务教育，资助经费10万元，保障特困生429人就学。街道社区倡导为学校办实事，8个街道共办实事65件，投入经费23万元，开展居民素质教育、青少年校外教育、市民法律法规培训、老年教育、下岗人员再就业培训、外来务工经商人员培训、普及英语培训，共计11513次，有33.9万人次参加学习。

（汤 毅）

【69所学校向社区开放】 至年底，宣武区69所学校向社区开放。其中，开放操场41个，利用320场次，参加活动10642人次；开放教室84间，利用644间次；开放图书馆12座，借阅3060人次；开放计算机260台，有1550人次使用学习。2001年，该区教委印发文件，要求各级各类学校向社区开放。

（汤 毅）

中共宣武区委教育工委

书　记 曹寿延（10月免）
郑　然（10月任）

宣武区教育委员会

主　任 高子忠

宣武区政府教育督导室

主　任 王永新

朝 阳 区

基础教育

【概　况】 2003年，朝阳区有托幼园所145所，其中，市立园24所（含2所改制园），企事业单位、机关、部队办园60所（含8所改制园），社会力量办园30所（含20家独立法人单位），街道办园16所，农村幼儿园15所，农村地区幼儿班19个；幼儿班总数1034个，在园所幼儿30688人；教职工4540人，其中，专任教师2305人。小学186所，其中，教育部门办182所（城市办110所，农村办72所），社会力量办学2所，其他部门办学2所；教学班2598个；在校生84047人，招生8181人，毕业10268人；教职工6444人，其中，专任教师5397人，教师学历合格率100%；小学入学率100%，巩固率100%，毕业及格率99.9%。中学84所，其中，初中43所，高中41所；教学班1689个（初中1108个，高中581个）；招生22323人（初中9457人，高中12866人），毕业23935人（初中15677人，高中8258人），在校生67918人（初中42648人，高中25270人）；初中入学率100%，巩固率98.3%，毕业及格率97.4%；高中入学率54%，毕业及格率87.1%，应届高考录取率79.19%；教职工7807人，其中，专任教师5053人；初中教师学历合格率87.62%，高中教师90.14%。中小学教师具有高级专业技术职务909人，其中，小学教师41人，初高中教师868人。特殊教育学校1所，教学班16个；招生13人，在校生182人；教职工45人，其中，专任教师36人；另有6所小学附设弱智班13个，在校生128人，专任教师17人；残疾儿童入学率98.5%。工读学校6所，教学班6个，招生15人，毕业213人，在校生17人；教职工93人，其中，专任教师39人。民族学校6所，正式生2424人，借读生1616人，其中少数民族学生556人；教职工39人。至年底，朝阳区教育事业费收入70354万元，比上年64664万元增加25690万元，增长8.8%，高于区财政经常性收入增长；生均教育事业费比上年提高5.34%；生均公用事业费比上年提高0.18%。全年教育经费投入149769万元，其中，国家拨款101117万元，自筹48652万元，固定资产总值244801万元。

（赵 光）

【视导特殊教育幼儿园】 3月5日，朝阳区教委与区残联联合视导2所“残健合一，随班就读”课题实验园。在新源里幼儿园、群星幼儿园，视导组先后检查特教儿童早期教育环境创建、教师半日活动组织和教师对待特殊儿童个别指导，结果证明，“残健合一，随班就读”课题进展顺利，受到特教幼儿家长高度评价。2003年，朝阳区教委在《北京市学前教育条例》宣传周活动中，在上述2所实验园召开现场会，倡导各类幼儿园对学前特教儿童实施早期教育。

（杨 青 叶 蕾）

【召开小学“三礼”教育工作会】 4月4日，朝阳区教委召开小学推进“三礼”教育工作会。区委教育

工委、区教委领导及全区各小学德育干部200人参加会议。会议听取北京东方道德研究所教授"三礼"教育工作点评，总结"三礼"教育工作在实践中丰富、在研究中提升情况，以及从内容到形式，从途径到方法，从教师到学生，从学校到家庭，不断深入、拓展经验。

（张朝晖）

【检查打工子弟学校】 4月25日，朝阳区政府教育督导室、区教委联合检查打工子弟学校。该检查根据《朝阳区打工子弟学校办学资质认定评估指标体系》，采用实地察看方法，从学校设施、师资力量和经费来源等方面全面检查办学情况。至年底，该区141所打工子弟学校调整为38所。

（刘 红）

【团结湖一幼完成人事制度改革】 7月23日，朝阳区团结湖第一幼儿园完成人事制度改革。该改革依据以岗定薪、岗变薪变、绩效优先、以业绩主导分配等原则，采用竞聘上岗方法。该园共设待聘岗位47个，共计49人参加竞聘，通过竞聘上岗47人。

（王 欣）

【取消义务教育捐资助学款】 8月28日，朝阳区政府决定取消义务教育阶段捐资助学款。该决定作为区政府下半年推出的23项直接关系群众利益实事之一，表明坚决治理教育乱收费，发现一起，查处一起的决心。同时，朝阳区政府决定投入6800万元教育专项资金，用以补充学校办学经费不足，支持这一政策落实。

（赵 光）

【世青中学高中毕业生成绩显著】 9月，朝阳区世青中学高中毕业生成绩显著。该校高中毕业生65人，其中，北大录取16人，清华录取4人，复旦大学录取6人，美国哈佛大学录取1人，加拿大温莎大学录取1人。世青中学由团中央国际文化交流机构举办，是具有招收境内外中外籍学生资格的全日制普通中学，拥有来自40个国家和地区学生400人，教职工100人，其中外籍教师20人。

（龙海珠）

【检查小学校长教学管理档案】 9月，朝阳区教委完成小学校长教学管理档案检查。该检查强调校长指导教师、教研组实际能力，重点是校长对教师备课、上课、布置作业和考试各教学环节质量监控状况。该区小学校长200人参加检查。

（赵 光）

【印发心理健康教育宣传卡】 9月，朝阳区教委向区内小学生发放心理健康服务宣传卡。该宣传卡统一印制朝阳区小学心理健康教育指导中心心理咨询热线电话，对小学生成长中所遇心理问题提供咨询。朝阳区小学生10万人领到宣传卡。

（张朝晖）

【完成首次教师资格认证工作】 10月23日，朝阳区首次教师资格认证工作完成。该认证工作分为市、区两个层次，其中，市教委认定高中教师2218人，中等职业学校教师98人；朝阳区教委认定幼儿园教师202人，小学教师2247人，初中教师489人。全区共有教师5254人通过认证。

（李 众）

【中医学院附中"精英图书馆"落成】 10月28日，北京中医学院附中"精英图书馆"落成。该图书馆由长城宽带网络有限公司赠送3000册图书组建，总价值5万元，是全国第一座义务捐赠"精英图书馆"。义务捐赠图书馆活动由中国青少年发展基金会希望书库工作委员会实施，计划为全国省、地、县城市中一所重点中学建设图书馆，全国共建立2861个。

（刘飞会）

【再次获得国家重点课题实验区称号】 10月29日，朝阳区被评为全国教育科学"十五"规划国家重点课题先进实验区。朝阳区连续5次获此奖励，前4次分别在1999年、2000年、2001年和2002年。同时区内20所学校被评为先进实验校，教师60人获得优秀成果奖。

（黄煜盈）

【完成首次义务教育监测】 10月，朝阳区教委完成首次九年义务教育监测。该监测涉及委、办、局和各中小学，设立2002年度全区义务教育，干部教师学历，教学质量，教育经费，残疾儿童、少年入学率，流动儿童少年接受义务教育比率多项指标，并完成监测统计。

（张福家）

【评选表彰小学德育论文】 11月，朝阳区教委举办小学第22届德育论文评选表彰活动。该活动历时一年，共收到来自学区、乡推荐论文518篇。经评审，最终评出一等奖3篇，二等奖21篇，三等奖159篇，组织奖12家单位。

（张朝晖）

【认定社区早期教育基地】 12月17日，朝阳区教委召开社区早期教育基地暨示范幼儿园颁牌现场会。会议听取松榆里幼儿园开展"彩虹伞亲子园"早期教育基地工作经验介绍，观摩早期教育活动。会议认定15所幼儿园为区级社区早期教育基地。

（叶 蕾）

【市妇联评估"十五"妇儿发展规划】 12月26日，朝阳区和平街幼儿园接受"十五"期间妇女儿童发展规划评估检查。该检查组由市妇联、市教委联合组成，听取幼儿园美术特色、CPM课程教学和幼儿

园快乐与发展课程教学情况汇报，重点检查园所设施、教育教学工作和早期教育基地建设情况。检查组肯定和平街幼儿园发挥幼儿主体、创建目标代教育环境和鼓励幼儿在探索、操作中主动学习等教学实践做法。

（段玉娟 寇 力）

【教职工人均收入增加】 至年底，朝阳区教育系统职工人均收入继续增加。该区教职工工资总额48247万元，年人均收入30803元，比2002年人均收入27302元增加3501元，增长12.82%；月人均收入2567元，比2002年月人均2275元增加292元，增长12.84%。1999年朝阳区教职工人均月收入1382元，5年增长85.75%。

（李庆春）

职业教育

【概 况】 2003年，朝阳区职业高中11所，其中，独立设置职业高中10所，职业高中与工读学校合办1所，在校生12413人，占本区高中阶段招生总数27%，教学班381个；招生3526人，毕业2382人；教职工1313人，其中，专任教师751人；设有农林类、机械类、信息技术类、服装类、商贸与旅游类、财经类、应用文科类、文化艺术类、体育类9个大类，36个专业。全区办有涉及一、二、三产业农林、加工与制造、交通运输、信息技术、商贸与旅游、财经、文化艺术与体育、社会公共事物等8个专业门类，共计35个专业，59个专门化方向。三类产业在校生比例1∶3∶20，与朝阳区经济结构基本吻合，其中，中西餐烹饪、酒店管理、财会金融、商务外语为大专业，占在校生总数64.3%。朝阳区职业高中为北京市输送合格毕业生59124人。

（郑培林）

【金融职校接待郝尼·卡斯学院代表团】 4月21日，北京市金融商贸职业学校接待法国阿尔萨斯大区政府郝尼·卡斯学院代表团。该代表团由6人组成，他们参观学校教学设施，相互通报学校专业设置及办学情况，并签署合作办学协议。这是金融职校继与新西兰理工学院合办会计专业，与加拿大泰乐佛商学院合办国际商务专业后又一合作教育项目。

（郑培林）

【将台路中学完成花家地校区改造】 9月22日，将台路中学完成花家地校区改造。改造后，花家地校区占地面积8000平方米，建筑面积5500平方米，改造完校区拥有塑胶操场、实习实验教室等设施。该校区改造工程总投资400万元，首批入驻师生500人。

（刘淑珍）

【将台路中学获国家级职教考察基地称号】 10月28日，国家教育行政学院授予将台路中学“职业教学考察基地”称号。该校因管理严格规范，办学效果突出，具有代表北京市职高学校接受全国各层次主管教育领导考察实力。

（郑培林）

【外经贸大附中与马来西亚教育集团合作办学】 12月15日，朝阳区对外经济贸易大学附属中学与马来西亚立肯教育集团签订合作办学协议。根据协议，双方共同努力加强对外经济贸易大学附属中学英语教学工作，并共同探索适合职业教育发展道路。

（黄煜盈）

成人教育

【概 况】 2003年，朝阳区有各级各类成人学校275所，在校生432048人，结业1012605人。其中，干部培训人数25225人，结业52152人；工人培训人数1178人，结业1499人；社区市民教育人数16932人，结业54814人；农民培训10671人，结业37424人；社会力量办学22564人，结业373388人。

（武永森）

【建立学习型朝阳讲坛】 7月26日，朝阳区政府建立“学习型朝阳讲坛”。该讲坛设在朝阳社区学院。讲论内容为发展社区教育，建设学习型社会，第一讲由北师大教授发表题为《发展社区教育与创建学习型社会》演讲。有关专家学者和社区工作者200人参加学习。

（郑培林）

【民办学校非财政教育投入1.5亿元】 至10月，朝阳区社会力量办学单位非财政教育投入15991万元。其中，北京拔萃双语学校投入720万元，亚奥学校投入600万元，忠德学校投入2700万元，爱迪学校投入8500万元，西幕国际艺术培训中心投入600万元，实验女子学校投入230万元，新亚中学投入176万元，实验外国语学校投入195万元，其他新批学校共投入注册资金2270万元。

（郑培林）

中共朝阳区委教育工委

书　记 张克成（12月免）
　　　 吴金龙（12月任）

朝阳区教育委员会

主　任 谢 莹

朝阳区政府教育督导室

主　任 诸 平

海　淀　区

基础教育

【概　况】 2003年，海淀区有托幼园所174所，在园所幼儿34815人。其中，市立园所4所，单位办园123所，街道办园11所，乡村办园36所；教职工7915人，其中，专任教师6591人。小学附设学前班105个，在班幼儿3649人；学前三年教育普及率99%。小学136所，教学班2687个；在校生84870人，招生17361人，毕业13796人；教职工6632人，其中，专任教师5657人；小学入学率100%，巩固率100%，毕业及格率100%；教师学历合格率99.81%。中学86所，其中，初级中学24所，完全中学53所，高中校6所，九年一贯制学校3所；教学班2487个(初中1463个，高中1024个)；招生6730人(初中3968人，高中2762人)，在校生95946人(初中55250人，高中40696人)，毕业生31862人（初中20817人，高中11045人)；初中入学率111%，巩固率99.9%，毕业及格率99.7%，高中入学率77.28%，高考上线率70.8%，应届高考录取率78.52%；教职工8957人，其中，专任教师6206人；初中教师学历合格率99.11%，高中教师97.2%；中小学教师具有高级专业技术职务1579人，其中，小学教师19人，初高中教师1560人。特教学校3所，教学班47个，招生167人，毕业86人，在校生650人；教职工197人，其中，专任教师150人；残疾儿童入学率100%，巩固率100%，结业率100%。校外教育单位8家，教职工132人，其中，专任教师95人。全年经费投入19.06亿元，其中，国家拨款12.3亿元，自筹6.76亿元。

（宋亚甫）

【举办社区科普知识讲座】 1月28日，海淀区青少年学生校外教育联席会议办公室举办社区校外教育科普知识讲座。该讲座听取中国科学院研究员讲授保护环境和保护动物等知识。该区学院路、花园路、紫竹院和中关村街道4个社区单位学生和家长300人参加学习。

（宋亚甫）

【部署初中毕业考试和中招工作】 2月20日，海淀区教委印发年度初中毕业考试和高中学校招生工作通知。该通知明确全区统一组织、命题初中毕业考试，各校组织阅卷，考试科目是初中三年级结业各学科。中招考试仍由区教委自主命题，考试科目为语文、数学、外语、物理和化学5科。中招仍然采取提前招生、统一招生和补录3种方式。

（宋亚甫）

【召开首届小学校长研讨会】 2月25日，中共海淀区委教育工委召开首届小学校长教学思想研讨会。会议听取翠微小学校长《“以人为本”办学理念的思考与实践》专题报告，系统介绍该校“以人为本”办学思想，实现学校与师生共同发展，逐步成为市区窗口校、对外交流单位历程。该区小学校长200人参加会议。

（宋亚甫）

【举办谭玉芬办学思想论坛】 2月28日和3月1日，中共海淀区委教育工委、区教委举办谭玉芬办学思想论坛。该论坛听取谭玉芬《自主发展，主动适应，追求卓越》专题报告，听取中央教科所、北京教育学院教授点评，研讨校长指导教学改革、利用管理促进学生全面发展和管理模式创新等问题。该区小学领导200人参加会议。谭玉芬，1943年出生，湖南省岳阳县人，1961年高中毕业于湖南南县一中，1995年到中关村一小工作，同年任校长，逐步形成自主发展、自动适应和追求卓越办学思想，曾获湖南省教育系统劳动模范，全国优秀教师称号，海淀区模范校长，特级教师等成绩。

（赵　宇　宋亚甫）

【召开小学示范校建设工作会】 3月1日，海淀区教委召开小学示范校建设工作会。会议印发《小学示范校建设实施方案》、《小学示范校评价指标体系（试行)》两个文件，提出整体规划、分步实施、分层评定等工作方针。会议要求，至2005年建成近20所小学示范校。该区小学领导300人参加会议。

（宋亚甫）

【召开治理中小学乱收费座谈会】 3月12日、14日和18日，海淀区教委召开治理中小学乱收费问题座谈会。会议分5个不同层次研讨治理学校乱收费、政治经济形势发展与首都发展环境建设关系等问题。会议要求各校顾全大局，遵守教育收费政策、法规及规定，严格执行北京市中小学统一收费项目、标准卡制度，自觉接受社会监督。会议强调，加强监督检查，坚决追究领导有令不行、有禁不止责任。该区中小学书记、校长50人参加会议。

（宋亚甫）

【举办义务教育监测员培训班】 3月18日，海淀区教委举办义务教育监测员培训班。该培训班听取区督导员关于义务教育监测项目工作内容专题讲座，该区200名义务教育监测员参加学习。海淀区是教育部确定的全国首批60个义务教育监测系统项目区县之一。

（宋亚甫）

【召开学校外事工作会】 3月26日，海淀区教委召开学校外事干部工作会。会议听取海淀公安分局关于美伊战争形势下加强对外籍教师、学生管理报告，要求学校了解和掌握外籍师生思想动态，确保外籍师生人身安全。会议强调，学校要重视外事工作，坚持“外事无小事”原则，严格执行外事工作各项规章制度。该区35所具有聘请和招收外籍师生资格学校干部参加会议。

（宋亚甫）

【印发治理教育乱收费工作文件】 6月9日，中共海淀区委教育工委、区教委印发《关于治理教育乱收费工作若干意见》。该意见包括10项具体措施，要求各校严格执行收费卡规定收费标准，规范捐资助学行为、共建行为、义务教育阶段入学行为、高中择校行为、办学体制改革、试点校招生和收费行为。同时，做好流动人口子女入学工作。

（宋亚甫）

【高考获得好成绩】 6月24日，海淀区高考取得好成绩。该区15848名学生参加高考，其中，600分以上考生220人，占全市25.9%，达到本科录取线9827人，录取6815人，北大附中肖潇以总分693分列北京市理科考试第一名。

（宋亚甫）

【成立教育信息中心】 6月25日，海淀区教委成立教育信息中心。该中心是北京教育信息网4个骨干节点之一。信息中心开通海淀教育网，负责现代教育技术管理、校园网建设以及现代教育技术培训等。中心拥有技术人员26人。

（宋亚甫）

【完成多媒体教学设备招标采购】 7月，海淀区教委完成多媒体教学设备招标采购。该区招标587间多媒体教室设备，2863台计算机和35间电子备课教室设备。来自国内20家企业参投，标的总额4385万元。

（宋亚甫）

【海淀实验学校北校区投入使用】 9月1日，海淀教师进修学校附属实验学校北校区投入使用。该校区位于昆玉河畔世纪城社区内，占地面积2.4万平方米，建筑面积1.8万平方米，拥有标准教室48间，实验室12间，活动课教室和专业教室14间，图书馆和电子图书馆各1间以及汽车模拟驾驶教室、形体教室、木工车床教室和烹饪教室等。该校区由小区开发商建设，属配套工程，首次招生120人。

（莫树文）

【举办后备干部培训班】 9月11日，海淀区举办中学第15期、小学第11期中青年后备干部培训班。该培训班开设政治理论、业务理论、英语口语等课程，学制3个月。该区中小学后备干部64人参加学习。

（宋亚甫）

【完成幼儿园安全工作检查】 9月22至26日，海淀区教委完成幼儿园安全工作检查。该检查采取小组普查和重点抽查相结合方式，设立环境设施、食品卫生和消防安全三方面检查。该区174所幼儿园参加检查，共发放整改意见书174份。

（宋亚甫）

【四十七中举办80周年校庆】 10月6日，北京市第四十七中学召开建校80周年庆祝会。会议回顾学校80周年历程，宣读区委、区政府，区教委贺词，并观看文艺节目。该区领导和学校校友3000人参加庆祝会。四十七中始建于1923年，原为私立北平中法大学附属温泉中学，创办人李石曾。师生曾参加“一二九”运动。解放战争时期，温泉中学是中国共产党北平地下党组织活动据点。1950年，学校改为重工业部职工子弟温泉中学，1953年划归北京市管理，更名为北京市第四十七中学。校友有杨沫、颜一烟、杜棻等。

（宋亚甫）

【召开示范幼儿园建设表彰会】 10月10日，海淀区教委召开示范幼儿园建设表彰会。会议总结两年来全区幼儿园推进优质学前教育建设工作，听取先进园所经验介绍，展示、交流示范园建设成就，表彰区第二批示范园4所、优秀园长5人、教育活动创新奖教师5人。该区174所幼儿园、30所区级示范园园长200人参加会议。

（宋亚甫　夏红霞）

【举办中小学秋季田径运动会】 10月10至12日，海淀区教委举办中小学秋季田径运动会。该运动会分为高中女子组和高中男子组共10个组，设立20个比赛项目。来自140所学校学生3000人参加比赛，其中，10人分别以15秒4、12.17米、5.71米、61.88米等成绩打破高中男子110米栏、高中女子三级跳远、高中女子跳远和初中男子铁饼等共14项运动会纪录。

（宋亚甫）

【中关村三小万柳部落成】 10月25日，海淀区中关村三小万柳部落成。万柳部实行教师均衡分配、“一校两址”管理体制，原1至5年级学生900人就近在“万柳部”学习。

（宋亚甫）

【海淀颁发贫困学生奖学金】 10月29日，海淀区教委颁发贫困家庭优秀学生奖学金。该区学生25人获贫困家庭优秀学生奖学金，每人400元；学生36人获中学生热心基金，每人200元。

（宋亚甫）

【召开新课改实验工作会】 10月31日，海淀区教委召开国家基础教育课程改革实验工作会。会议听取《认真总结工作　坚定实验信心全力推进基础教育课程改革向纵深发展》工作报告，总结工作，部署深化课程改革工作任务。会议表彰38家先进单位，97个先进教研组和219名先进教师。该区教师400人参加会议。海淀区从2002年秋季实施新课改实验。

（宋亚甫）

【举办幼儿体能发展研究成果展示】 11月26日，海淀区教委举办“玩具及操作性学习方式与幼儿创新能力

发展关系”研究成果展示会。该活动推出兵器工业机关服务中心幼儿园教师发现并分析幼儿游戏活动兴趣和需求，利用废旧教材制作玩教具，建设幼儿快乐游戏空间，使幼儿通过教学实践提高创新能力，来自该区10所幼儿园教师参加观摩。

（燕　华　王庆红）

职业教育

【概　况】　2003年，海淀区有职业中学21所，其中，独立设校18所，独立设置高中学段3所。开设专业47个，教学班313个；招生2952人，毕业2474人，在校生8545人。教职工1123人，其中，专任教师658人。职业学校占地面积21.5万平方米，建筑面积12.08万平方米。

（宋亚甫）

【召开职成学校德育工作会】　1月13日，海淀区教委召开职成学校德育工作会。会议认为，职成学校德育工作要树立正确德育观，建立稳定德育教师队伍。会议提出加强职成学校德育制度建设，开展法制教育和加强“不良行为在校生”管理等工作任务。该区职成教育工作者25人参加会议。

（宋亚甫）

【开展教学开放日活动】　3月25日，海淀区教委开展教学开放日活动。该开放日要求家长进入学校了解课程设置，参与教学活动，参观学校教学设备；要求学校召开教师座谈会议，共同研讨提高职业学校教学质量途径。该区职业学校学生家长1300人参加活动。

（宋亚甫）

【花园路职高开设读书课】　9月，花园路职业高中语文教学开设读书课。该课程共计20学时，依据课外语文书、职高语文预备课本及杂志，采取先读后写方式教学内容，以调动学生学习语文兴趣为目的。首次在高一学生378人中开设。

（曹红梅）

【4所职业学校通过评估】　10月，海淀区4所职业学校通过评估。评估工作根据教育部《关于开展中等职业学校合格评估的通知》精神，采用专家组评估方法，依照学校领导、办学规律和教师队伍等共计10项指标。该区远大职业高中、北京市军乐艺术学校、海淀区成人中专和海淀区四季青成人中专4所学校首批通过评估。

（宋亚甫）

【召开职业学校校长座谈会】　12月2日，海淀区教委召开职业学校校长座谈会。会议主题是探索职业学校办学模式，听取职业学校校长办学情况汇报，交流办学情况和未来办学设想。会议认为，随着普通高中升温，职业教育生源减少、质量下降；多年形成封闭办学模式束缚发展，束缚与普通高中和社区教育结合是职业教育困境主因。会议要求，校长解放思想，敢于创新，走集团化发展道路，全区职业教育形成整体，实现校际间开放。同时调整专业结构，突出学校骨干特色专业，实现多元化办学以及与普、成衔接。该区职业教育校长13人参加会议。

（宋亚甫）

成人教育

【概　况】　2003年，海淀区共有各级各类成人学校1185所。其中，成人高校（社区学院）1所，开设13个专业，招生643人，毕业443人，在校1777人，教职工109人，其中专任教师75人。成人中等学校2所，5个专业，招生103人，毕业180人，在校855人，教职工115人，其中专任教师28人。社会力量办学单位474所，全年培训697338人次，教职工13054人，其中专任教师4323人。市民学校669所，全年培训60万人次。乡办成人校（站）7所，全年培训18155人次，教职工50人，其中，专任教师20人。村办成人校（站）32所，全年培训1万人次，教职工50人。成人学校教师学历合格率100%，高级专业技术职务9人。

（宋亚甫）

【区政府调研新东方教育集团】　2月18日，海淀区政府组团调研新东方教育集团办学情况。调研组听取新东方教育集团历史、现状和未来发展情况汇报，指出海淀区应该发挥利用教育和科技资源优势，创建全国知名中关村教育园区。区政府支持新东方等教育集团发展。

（宋亚甫）

【完成民办教育机构年检】　4月，海淀区教委完成民办教育机构年检。该区490所民办教育机构参加年检，其中，411所培训机构和30所民办中小学、幼儿园通过年检；26所内容与所审批办学项目不符，补办变更手续；8所投诉多、问题多机构限期整改；14所培训机构和1所民办中学注销。2002年，海淀区共有民办中小学、幼儿园33所，在校生2万人；培训机构442所，年培训915691人次。

（宋亚甫）

中共海淀区委教育工委

书　　记　南顺弟

海淀区教育委员会

主　　任　孙　鹏

海淀区政府教育督导室

主　　任　赵建忠

丰 台 区

基础教育

【概　况】 2003年，丰台区有托幼园所110所，在园所幼儿20381人。其中，教育部门和集体办17所，社会力量办93所；教职工3074人，其中，专任教师1472人。小学96所，在校生39681人。其中，教育部门和集体办90所，社会力量办3所，其他部门办3所；教学班1716个，招生6192人，毕业7427人，在校生39681人；小学入学率100%，巩固率100%，毕业及格率100%；教职工4621人，其中，专任教师3676人；小学教师学历合格率99.4%。中学53所，其中，初中校25所，高中校7所，完全中学14所，九年一贯制学校7所；教学班1053个（初中726个，高中327个）；在校生36313人（初中22624人，高中13689人），招生11388人（初中6059人，高中5329人），毕业13360人（初中10264人，高中3096人）；初中入学率100%，巩固率100%，毕业及格率98.48%；高中入学率51.43%，应届高考录取率73.83%，毕业及格率87.36%。中学教职工5187人，其中，专任教师3189人。中学教师学历合格率96.27%，其中，初中教师96.84%，高中教师95.2%。特殊教育学校2所，12个教学班，招生45人，毕业68人，在校生352人；教职工45人，其中，专任教师28人。残疾儿童入学率98.1%，巩固率100%，结业率100%。校外教育单位4家，教职工197人，其中，专任教师114人。中小学教师学历合格率97.3%，其中，小学教师合格率99.4%，初中教师合格率96.84%，高中教师合格率95.7%。中小学教师具有高级专业技术职务1092人，其中，小学教师44人，中学教师1048人。全年教育经费投入64319万元，其中，国家拨款47768万元，自筹16551万元。

（宋海燕）

【召开课程教材实验研讨会】 1月9至10日，丰台区教委召开21世纪基础教育课程教材改革实验研讨会。会议听取洋桥学校、丰台实验学校和丰台五小等10所实验学校第一学期课程教材改革实验经验、体会介绍，研讨洋桥学校鼓励教师创新，邀请市、区教育专家“走进学校”，学校干部“走近教师”、“走近学生”，在实验中挖掘教材创新因素，灵活运用教材，创设情境，让学生积极参与教学活动全过程和丰台实验学校教师尊重学生个性差异，强化激励法，因材施教，给不同层次学生留不同作业教学实验。会议要求，学校要加强学习，坚持“以科研为先导”，强化教师队伍建设，把课程教材实验工作纳入学校发展整体规划，坚持在继承中发展，在发展中创新。区教科所、区督导室、区教委以及10所课程教材改革实验校领导30人参加会议。

（崔德跃）

【召开促进教育发展工作会议】 3月27日，丰台区教委召开全面实施“两个工程”加快教育现代化进程会议。会议传达区委教育工委、区教委“向内涵发展，创新教育活力”，着重培养年轻后备干部（灵魂工程），创建全区教育持续发展体系（未来工程）工作精神。会议指出，实施“两个工程”就是培养一支符合时代要求、代表先进教育思想校长队伍；建设出一批高质量能满足广大人民群众要求学校。会议提出，开展干校、党校干部培训和政治思想教育，与各种专题学习相结合。通过诊断学校工作案例，分析办学思想培训模式，建立校长培训为中心辐射全体领导成员、高效开放培训系统，实现干部素质整体提高。该区教委、各中小学领导300人参加会议。

（张爱民）

【云岗教育社区设立奖学（教）金】

4月3日，丰台区云岗教育社区设立奖教奖学基金。该基金与中国航天科工集团第三研究院联合设立。根据协议，研究院3年投入100万元，与社区共建奖教奖学基金，支持云岗中学、云岗一小、云岗二小教育教学发展。

（刘新海　张会利）

【建立网上教育论坛】 5月6日，丰台区教委建立网上论坛。该论坛由丰台教育分院、丰台师范附小和十二中承办，丰台教育信息传播中心负责电子业务协调，内容包括网上答疑、试题解析、学法指导、心理讲座等。至年底，总浏览量达100万人次，文章数3万篇，固定注册成员2500人，日访问峰值270人。网址：www.ftedu.gov.cn。

（张爱民）

【召开乡督导站督导交流会】 6月17日，丰台区教育督导室召开乡教委、乡督导站综合督导规划交流座谈会。会议听取3个乡综合督导规划说明，研讨督导评价步骤和方法，区、乡督导机构协调、配合等问题。会议要求，乡镇综合督导规划应该结合建设规划，参考其他乡镇经验不断完善，做到规范评价与自主发展评价、乡教委工作与督导工作、日常随访检查与督导检查相结合。会议强调，乡镇督导过程要树立服务意识，尊重学校主体地位，调动学校积极性。该区、乡两级督学30人参加会议。

（乔菊芳）

【召开校长个性化培训研讨会】 7月18日，丰台区教委召开校长个性化培训研讨会。会议听取丰台教育行政干校开展个性化培训工作汇报，研讨校长个性化培训有关问题。北京教育学院、北京干训中心领导21人参加会议。丰台区校长“个性化培训”始于1997年，基于校长培训中“规定课程不解决实际问题”反映，在“九五”干训总结时提出个性培训不是个体培训，而是把培训重点与校长实际联系起来，解决校长实际问题。其实施过程是：整体分析丰台区教育发展状况，以全区面临主要困难作为培训基本思想；分析校长专业素质和学校发展状况，寻找校长素质欠缺作为培训解决问题重点。

（张爱民）

【英语教师赴境外培训】 7月24日至8月29日，丰台区教委完成小学英语骨干教师国外培训。该培训由区教委与新西兰奥克兰教育学院共同举办，分为专业培训和教育教学观摩两项，测试合格获得奥克兰教育学院专业培训结业证书。该区教师24人参加学习。

（张爱民）

【十中校舍改造工程竣工】 7至8月，丰台区教委完成北京市第十中学校舍改造工程。该工程建筑面积20883平方米，包括新建6间专业教室、2间实验室，完成3栋教学楼装修，总投资900万元。

（王　虹）

【丰台一小开办丰益花园分校】 8月3日，丰台区第一小学开办丰益花园分校。该分校由丰台一小与北京东兴联房地产开发公司联合创建，占地面积7700平方米，建筑面积5300平方米，教职工125人，学生88人。实行公立教育管理体制。

（张红旗）

【召开中小学校长科技教育工作会】

8月7日，丰台区教委召开中小学校长科技教育工作会。会议听取市教委、区政府及科技教育专家专题报告，研讨中小学科技教育发展途径。会议要求，学校制订科技教育工作计划，利用一切可利用资源，调动一切积极因素，推动科技教育发展。市教委、区政府、区教委以及学校领导170人参加会议。

（沈　燕）

【完成重点校舍维修改造工程】 8月25日，丰台区教委完成重点校舍维修改造工程。该工程包括12所学校重点维修改造，维修总面积59400平方米。工程于2月28日开工建设，总投资1215万元。

（张爱民）

【郭公庄中学改造工程竣工】 8月，丰台区郭公庄中学改造工程竣工。该工程包括原址新建教学楼、大门及传达室改造、校园道路重新规划布局、校园绿化和学校水、暖、电等附属工程，总建筑面积6800平方米。工程2002年11月开工建设，总投资1000万元。

（张爱民）

【劳技中心举办万宝柱作品音乐会】 9月10日，丰台区劳动技术教育中心举办万宝柱从教41年作品音乐会。音乐会演出大合唱《植树歌》、电子琴独奏《晨曦牧歌》、歌舞表演《不懂礼貌的大白鹅》、钢琴独奏《G、D、A、E大调音阶练习曲》、二重唱《音符与小鸟》、独唱《歌唱祖国》、《歌唱党》各曲目。万宝柱是丰台区劳动技术教育中心教师，中国音乐家协会会员。在40年教育生涯中，他先后创作《学拼音》等少儿歌曲，编撰《少年儿童电子琴初、中、高级教程》。

（吴庆颐）

【开展心理健康教育实验】 9月，丰台区教委开展中小学生心理健康教育实验。该实验由区青少年心理健康教育中心负责，以提高学生心理素质，树立健康学习、生活态度为目标，要求教师增强心理健康教育意识，提高管理水平，重点研究选修课、活动课开设，建立学校心理健康教育体系。实验为期2年，32所学校100个教学班40名教师4000名学生参加实验。

（杨联文）

【完成中学分片交流活动】 9至12月，丰台区教委完成首批中学分片交流互访活动。该活动探讨全国基础教育全日制义务教育课程标准如何把握、主管领导如何有效指导课堂教学、学科教学与信息技术整合途径与方法等问题，增强学校间互相了解，借鉴成功经验，提高教育教学管理水平。首批共有5所中学教师参加交流。丰台区地域狭长，开展校际间交流困难，该区将中学按地域分布划分为东、中、西三片推动校际交流。

（富汉生）

【首批学校操场整治工程竣工】 至10月，丰台区教委首批学校操场整治工程竣工。该工程涉及23所学校，分为场地硬化和塑胶铺设两个部分，工程总面积15.71万平方米，总投资3031万元。

（张爱民）

【召开校本培训交流研讨会】 12月24日，丰台区教委召开校本培训交流研讨会。会议听取区委教育工委、区教委专题报告，听取丰台实验学校、十中、东高地一小、南宫中心小学经验介绍。会议指出，校本培训根据学校教育教学改革与发展需要，针对性强，利用学校人力、物力、财力和信息资源，便于管理。该区160所中小学、幼儿园领导300人参加会议。

（张　洋）

职业教育

【概　况】 2003年，丰台区（县）有职业学校3所，其中，独立设校3所。开设专业60个，教学班186个；招生1725人，完成招生计划78%；毕业192人，在校生6652人。教职工776人，其中，专任教师447人。专任教师学历合格率87%，高级专业技术职务157人。全区职业教育学校占地面积134022平方米，建筑面积60210平方米，固定资产总值2267万元。

（宋海燕）

【首批物流班学员结业】 2月9日，城市园林建设学校云岗职高校区首批物流班学员结业。该培训班由云岗职高与双臣一城快运公司联合举办，开设物流管理、企业文化和储运与保管等共计9门课程，学制3个月。首批物流班学员22人全部通过结业考试。2002年2月25日，城市园林建设学校在云岗职高设立校区，双方共同开展职业教育方面合作。

（周泓宇）

【开展教师基本功比赛】 4月5日，丰台区教委举办职业高中教师“师慧杯”基本功比赛。该比赛设立教案书写、课件制作、大纲考试3个项目，分初、决赛两个阶段。该区职业高中教师80人参加比赛，20人进入决赛，其中，15人获奖。

（林　宇）

【职高毕业生参加高职考试】 7月，丰台区教委组织职业高中毕业生参加高等职业教育考试。该区职高共计67个教学班，毕业学生2160人，596人报名参加高职考试，占毕业生总数27.6%。其中，上线260人，占参加考试总人数43.6%，占毕业生总数12.04%。

（张爱民）

【洋桥职高举办高职辅导班】 7月，丰台区洋桥职业学校举办高职辅导班。该辅导班采用考试方法，选拔高二年级学生，共计4个教学班，分别开展语言、数学和外语辅导。该校学生250人参加选拔考试，入选156人。

（秦　正）

【洋桥职高建成两间专用教室】 12月，洋桥职业学校建成两间专用教室。两间教室均为电子商务专业仿真教室，购置设备54台件，拥有无线上网、复印、传真和一般商务中心功能。教室建设通过政府采购方式，总投资47.8万元。

（秦　云）

成人教育

【概　况】 2003年，丰台区（县）有各级各类成人学校571所。其中，成人高等学校（社区学院）2所，开设14个专业；招生463人，毕业343人，在校生1385人；教职工64人，其中，专任教师27人。成人中等学校1所，开设4个专业；招生164人，毕业150人，在校生254人；教职工4人。职工学校2所，全年培训747人次；教职工25人，其中，专任教师5人。社会力量办学249所，全年培训13万人次；教职工1606人，其中，专任教师901人。市民学校243所，全年培训267164人次。乡办成人校（站）5所，全年培训32488人次；教职工28人。村办成人校（站）69所。成人学校教师学历合格率100%，有高级专业技术职务14人。

（宋海燕）

【开通花乡远程教育网】 1月，丰台区花乡成人教育学校远程教育网开通。该网络开设蔬菜、花卉和医疗等课程。至12月，总计培训2000人。网络由市农科院与花乡政府联合建设，总投资6万元。

（刘燕忠）

【高等教育自学考试报名增加】 3月，丰台区高等教育自学考试报名人数增加。该区开考36个专业，报考总人数8871人，报考总科次24635科次，新生注册1624人。与2002年同期相比，报考总科次增加3602科次，增长14.6%；报考人数增加373人，增长4.4%。

（刘新海）

【召开首次社区教育工作会】 7月2日，丰台区政府召开首次社区教育工作会。该会议听取区政府题为《积极探索努力实践，开创丰台区社区教育工作的新局面》工作报告。同时，宣布区政府关于成立丰台区社区教育委员会决定，并印发《丰台区政府大力推进社区教育工作的意见》。该区区委、区政府等领导5人参加会议。

（周泓宇）

【完成农村成人教育培训】 9月，丰台区教委完成年度农村成人教育培训任务。该区50岁以下乡（镇）干部大专学历占80%，村级干部大专学历占70%。至年底，农村“农转非”人员及富裕劳动力培训完成，共计培训7000人。

（林　宇）

中共丰台区委教育工委

书　记　赵常学

丰台区教育委员会

主　任　赵常学

丰台区政府教育督导室

主　任　罗　洁

石　景　山　区

基础教育

【概　况】　2003年，石景山区有托幼园所36所，在园所幼儿7088人；其中，市立园所8所，社会力量办28所；教职工1172人，其中，专任教师570人，保健员46人。小学37所，教学班627个；招生2350人，在校生14397人，毕业生2746人，小学入学率100%，巩固率100%，升学率100%；教职工1857人，其中，专任教师1480人，具有高级专业技术职务1067人，教师学历合格率100%。中学22所，其中，初级中学14所，高级中学7所，九年一贯制学校1所；初中302个教学班，高中148个教学班；在校生15630人（初中9498人，高中6132人），招生4807人（初中2446人，高中2361人），毕业生5428人（初中4092人，高中1336人）；初中入学率100%，巩固率100%，高考上线率71.7%，高考录取率77.1%；教职工2251人，其中，专任教师1418人，具有高级专业技术职务206人；教师学历合格率98.7%，其中，初中教师99.4%，高中教师96.6%。特殊教育培训中心校1所，教学班8个，在校生86人，教职工28人；残疾儿童入学率100%，结业率100%。全年教育经费投入3.6亿元，其中，国拨2.7亿元，自筹0.9亿元。

（王德文）

【评选学科带头人骨干教师】　3月，石景山区教委完成第三届区级学科带头人和骨干教师评选。评选打破"终身制"，在全区范围重新评选学科带头人和骨干教师。经过学校初评、区评审小组考核，共有362名教师当选，其中，学科带头人100人、骨干教师262人。

（石显富）

【评选首批区级示范幼儿园】　4月3日，石景山区教委评选首批区级示范幼儿园。评选采用观摩展示方法，听取示范园基本情况、办园优势、发展规划以及教科研工作情况介绍，完成观摩展示活动点评。同时依据《北京市示范幼儿园标准》，考查幼儿园保教工作、教科研、社区工作、幼教人才培养4方面基础工作及幼儿园优势方面各项指标。该区9所幼儿园参加评选，其中，5所成为石景山区首批示范幼儿园。

（李国荣）

【开通"电视课堂"】　5月，石景山区教委"电视课堂"开通。该课堂通过石景山电视台、首钢电视台播出，面向初、高中毕业年级，采用讲座形式开展考前辅导教学。其中，高三9个学科播出27讲，2340分钟；初三语文、数学、英语3个学科播出36讲，2160分钟。收视率95%。

（叶向红）

【召开中学课程建设研讨会】　7月3日，石景山区教委召开中学课程建设研讨会。会议听取部分学校课程建设概念论证、课程建设现状和发展设想，研讨学校课程建设规划与课程规划、学校定位发展目标和培养目标、德育与课程建设整体规划、课程建设与教师校本培训以及促进教师专业发展等问题。该区中学校长、书记65人参加研讨会。

（叶向红）

【六一小学增设形体课】　9月1日，石景山区六一小学增设形体校本课程。该课程由形体教师执教，面向低年级学生，每周1课时，开展少儿芭蕾、少儿基本舞蹈2门形体课程及训练。该校一、二、三年级学生450人参加学习。

（刘小娴）

【授予王能智教师楷模称号】　9月

5日，石景山区教委召开庆祝教师节表彰会。会议授予特级教师王能智"教师楷模"称号，号召学习王能智先进教学理念，优秀品质，全面推动石景山区教育事业发展。会上表彰21家教育先进单位，优秀教师230人。该区教育工作者180人参加会议。

（王德文）

【举办环境与健康科普讲座】　9月17日，石景山区教委举办《环境与健康》专题科普讲座。该讲座以图片、实验等形式，系统介绍、讲解季节性传染病流行、环境污染处理以及各种消毒方法。同时赠送园所《抗"非典"实用图集》挂图38套，书籍70册。该区幼儿园园长和保健医生70人参加学习。

（李国荣）

【学前教育系统召开拜师会】　9月17日，石景山区教委召开学前教育系统骨干教师拜师会。会议听取一级一类园和骨干教师先进经验介绍，采用区园结对、跨园结对、园内结对方式，发挥学科带头人、骨干教师作用。参加结对教师共计268人，占全区教师总数50%。

（李国荣）

【召开校外教育联席会议】　9月23日，石景山区青少年学生校外教育联席会议召开全体委员会。会议审议通过区校外教育发展规划、关于加强校外教育活动场所建设意见、校外教育联席会议工作职责和议事制度、关于调整街道校外教育活动经费的报告、关于增设校外联席会议办公室经费的报告、关于评选表彰校外教育先进集体和先进个人的决定、关于调整校外教研员和设立专职校外教研员意见7个文件，确定联席会工作任务和工作要求，以及各个单位在学生校外教育方面责任。联席会议37家成员单位代表参加会议。该区校外教育联席会成立于6月。

（马　威）

【召开中学教学质量分析会】 10

月15日，石景山区教委召开中学教学质量分析会。会议分析教学管理、课堂教学和教育科研问题，查找上述问题形成原因，并再次重申"向课堂要质量，向管理要质量"教育管理思想。同时部署新学年教学工作任务。该区中学教学领导、教研员120人参加会议。

（叶向红）

【举办信息技术与学科整合说课比赛】 10月22至23日，石景山区教委举办小学信息技术与学科整合说课比赛。该比赛分校级初赛和区级决赛两部分，采取现场演示课件、说课、评委现场打分方式。该区小学教师140人报名参加比赛，36人进入决赛。

（厉　丽）

【举办中学生成人宣誓活动】 12月7日，石景山区教委举办中学生成人宣誓活动。活动以"履行神圣使命，争做合格公民"为主题，结合12月5日国际志愿者日、"一二九"爱国运动，鼓励青年学生承担历史责任，行使宪法赋予神圣权利。该区学生2000人参加宣誓仪式。

（张树生）

【召开中小学德育工作会】 12月

23日，石景山区教委召开中小学德育工作会。会议听取《求真务实，开拓创新，为学生终身发展服务》工作报告，表彰心理健康教育示范校、德育管理先进工作者和德育先进工作者。会议回顾两年来中小学德育工作，分析问题并提出主要任务。该区中小学和职业高中校长、书记、德育教师300人参加会议。

（叶向红）

【首行安全保卫工作量化考核】 12月，石景山区教委完成首次安全保卫工作量化考核。考核根据《教育系统安全保卫工作量化考核标准》，设立制度建设、安全教育、校园环境、交通和食品等11个方面指标。72家单位参加考核，全部合格。

（段新仓）

职业教育

【概　况】 2003年，石景山区有职业高中2所，教学班125个，开设专业20个。在校生3931人，毕业生982人，招生895人，完成招生计划71.6%。教职工362人，其中，专任教师181人，学历全部达标，三分之二是"双师型"教师。全区职业学校占地面积94754平方米，建筑面积54274平方米，固定资产总值2472万元。全年高等职业学校入学率78.6%，普通高考录取率90%。

（郭德伶）

【制订学生基础道德实施方案】 至7月，石景山区教委制订职业学校学生基础道德实施方案。该方案提出，以培养职业学校学生"五爱"精神和科学"三观"为基础道德建设总目标，通过思想、文明礼貌、学习态度、俭朴卫生、心理过程和个性品质等途径，教育学生会做人、会学习、会生存、会创造，使具备良好职业道德和正确择业观。

（郭德伶）

【职业教育中心更名】 8月，石景山区职业教育中心更名石景山区职业与成人教育中心。更名后该中心职能由职业教育教学科研向职业教育与成人教育方面扩展。同时拓展职业教育中心教学科研内容，推动职业教育和成人教育发展。

（吴　彬）

【盛基艺术学校通过合格评估】 9月10日，北京盛基艺术学校通过市教委合格评估。评估采取校长自评、听取课堂教学、召开座谈会、查看教学设施、校园环境和档案资料形式。经评估认定北京盛基艺术学校为合格学校。北京盛基艺术学校创建于1995年。在校生509人，教师67人，开设舞蹈、戏剧和播音主持等专业。校园占地面积3万平方米，建筑面积2万平方米。

（郭德伶）

【开通职成教育网】 9月，石景山区职成教育网开通。该网站设职业教育成人教育概况、教育动态、政务公开、政策导航、学校风采、教学科研、招生培训、学习化社区、投诉建议和职成论坛10个栏目，网址：www.sjsva.sjsedu.net.cn。

（吴　彬）

成人教育

【概　况】 2003年，石景山区共有

各级各类成人教育学校 204 所。其中，成人高等学校（站）2 所，设 16 个专业，毕业 271 人，在校生 2261 人，教职工 195 人，其中，专任教师 64 人。成人中等学校 1 所，开设 3 个专业，招生 38 人，在校生 89 人，毕业 197 人。社会力量办学单位 76 所，全年培训 60304 人次，教职工 1368 人，其中，专任教师 523 人。市民学校 125 所，培训 126120 人次。

（袁成钧）

【举办民办教育促进法学习班】 4 月 2 日，石景山区教委举办《民办教育促进法》学习班。该学习班邀请全国人大常委会《民办教育促进法》起草人，系统介绍其起草经过、主要精神和应掌握重要内容。社会力量办学单位校长 65 人参加学习。

（白新茹）

【召开社会力量办学年检总结会】 4 月 3 日，石景山区教委召开社会力量办学单位年检总结会。会议总结社会力量办学工作，表彰 6 所学校和 12 名校长。宣布 9 所生源不足，不能正常开展办学活动，注册资金不足单位暂缓办理年检手续，限期整改；5 所生员严重不足，不能开展教育教学活动，不参加本年度年检单位停办。该区社会力量办学教师 80 人参加会议。至年底，石景山区社会力量办学单位专职教师 523 人，兼职 1237 人，完成各项培训 60304 人次。

（白新茹）

【召开社区教育经验交流会】 8 月，石景山区教委召开社区教育经验交流会。会议听取部分社区先进经验介绍，研讨创建学习型社区和学习型组织途径。会议认为社区教育要发挥社区学院和文明市民总校作用，举办多种形式理论培训、实践考察和学习活动。社区教育工作者 69 人参加会议。

（吴　彬）

【召开民办教育社区教育报告会】 11 月 6 日，石景山区政府召开民办教育社区教育报告会。会议听取区经济发展、城区建设和社会综合经济发展方向介绍，听取区民办教育、社区教育基本情况通报。民办学校校长 70 人和社区教育教师 40 人参加会议。石景山区民办学校创立于 1983 年，经过 21 年发展形成 21 所学校在校生 6 万人办学规模。社区教育年培训 13 万人次。

（吴　彬）

【完成社区教育中心年检】 12 月 29 日，石景山区教委完成街道办事处、社区教育中心年检。检查组由区文明办、区社区办及区社区学院联合组成，分别听取各街道社区教育工作汇报。依据北京市学习化社区评估指标体系、示范社区教育中心评估指标体系指标，检查社区教育专项经费使用情况、各街道社区教育中心基本建设情况和开展工作情况，查看各社区教育中心及选送居委会社区教育档案材料。该区 9 个街道办事处、9 家社区教育单位参加检查，全部合格。

（吴　彬）

中共石景山区委教育工委

书　　记　刘国庆

石景山区教育委员会

主　　任　刘国庆（3 月免）
田利跃（3 月任）

石景山区政府教育督导室

主　　任　刘国庆（3 月免）
田利跃（3 月任）

房　山　区

基础教育

【概　况】 2003 年，房山区有托幼园所 79 所，在园所幼儿 10388 人；其中，市立园 2 所，集体办园 33 所，其他部门办园 1 所，社会办园 43 所；全区幼儿园教职工 971 人，其中，专任教师 477 人。小学 181 所，1606 个班；招生 5785 人，毕业 10262 人，在校生 39346 人；教职工 4579 人，其中，专任教师 3426 人；小学入学率 100%，巩固率 100%，毕业及格率 100%。中学 58 所，其中，初级中学 36 所，一贯制学校 9 所，完全中学 11 所，高级中学 2 所；教学班 1290 个（初中 988 个，高中 302 个），招生 15684 人（初中 9834 人，高中 5850 人），毕业 18528 人，（初中 16057 人，高中 2471 人），在校生 54077 人（初中 40414 人，高中 13663 人）；初中入学率 97.8%，巩固率 99.95%，毕业及格率 95.6%；高中入学率 36.4%，毕业合格率 87.6%，应届高考录取率 71.87%；中学教职工 5238 人，其中，专任教师 3789 人。特殊教育学校 2 所，6 个班，招生 25 人，毕业 52 人，在校生 311 人；教职工 8 人，其中，专任教师 5 人。校外教育单位 1 家，教职工 62 人，其中，专任教师 42 人。中小学教师学历合格率 96.6%，其中，小学教师学历合格率 99.3%，初中教师学历合格率 95.8%，高中教师学历合格率 89.3%。中小学教师具有高级专业技术职务 303 人，其中，小学教师 4 人，初高中教师

299人。全年教育经费投入44872.9万元，其中，国家拨款40087.6万元，自筹4785.3万元。

（李翼明）

【召开教育质量综合评价总结会】 1月3日，房山区教委召开教育质量综合评价总结会。会议听取房山中学、窦店中心校经验介绍，总结年度督导工作规范化、制度化进程，指出督导深入、导向作用明显增强。会议提出加强评价工作导向作用，加强评价要素客观性和明确科学工作目标。各乡镇及中小学校长200人参加会议。

（李翼明）

【征询教育发展建议】 2月5日，房山区教委召开教育发展主题座谈会。会议征询建立大教育体系，完成教育事业发展新任务意见和建议。会议提出应该整合全区教育资源，加强青年教师和骨干教师培养，完善高中招生区域政策，加强校园周边环境治理，完善教育质量评价体系和激励机制等建议。该区部分校长及教师代表30人参加座谈会。

（李翼明）

【举办第15届乒乓球赛】 2月10至12日，房山区教委举办第15届中小学生乒乓球赛。比赛按男女分为小学、初中、高中6个组别，采用淘汰赛制。来自29所学校32支代表队共计187名运动员参加比赛，其中22支代表队48名运动员获奖。该区中小学乒乓球比赛开始于1989年，15年来共有2736名学生参加比赛。

（李翼明）

【区政府召开教育工作会】 2月26日，房山区政府召开教育工作会。会议重申教育是经济社会基础工程，社会各界应从实际出发优先发展教育。会议强调结合经济社会发展，加强职业教育与成人教育工作；发展学前教育，加强薄弱环节建设。会议提出乡镇政府在教育事业发展中责任，要求为发展教育提供良好环境。区政府及各委办局、乡镇领导300人参加会议。

（李翼明）

【完成高中新课改调研】 3月，房山区教委完成高中国家基础教育课程改革实验调研。该调研采用问卷、座谈、随访等方式，共涉及18所学校，教师1300人，学生7200人。调研显示，该区共有233个教学班师生12278人参与新课改。调研发现全区开展新课改工作不平衡，少数学校参与积极性不高，师资数量和师资素质不能完全适应需要，符合新课改理念教学模式尚未建立，缺乏有效实施过程管理机制。

（李翼明）

【召开研究型学习现场会】 4月8日，房山区教委召开高中国家基础教育课程改革实验暨研究型学习现场会。会议听取实验中学语文、数学和英语等10节研究课，查看学生研究型学习成果，听取学校开展研究型学习实验汇报。会议要求校长、教学管理人员总结学校管理、教师队伍建设和教学经验，提高新课改意义认识，贯彻“尊重、相信、服务”理念，并使之成为行动。该区高中教师200人参加会议。

（李翼明）

【召开高考检测分析会】 4月18至19日，房山区教委召开高考前首次检测分析会。会议听取各校分析汇报检测情况及考试存在问题，研讨下阶段应对措施。会议指出，2003年高三复习教学重点是统筹与个别辅导相结合，注重个性发展；注意学生心理状态调整，缓解学生紧张情绪。会议要求，学校围绕考试说明，加强复习方式、方法、答题技巧指导，为学生升学提供最优学习环境。该区高中学校领导50人参加会议。

（李翼明）

【全国高考房山区工作结束】 6月7至8日，全国高等教育招生考试房山区各项工作结束。房山区参加全国高考人数增加，共有3420人参加高考，比上年增加787人。高考录取2458人，录取率71.87%，比上年增加1.53个百分点；本科录取1234人，增加501人，首次超过千人，录取率36.08%，增加8.24个百分点；重点大学录取487人，增加189人，录取率14.24%，增加2.92个百分点。考生中13人考入清华，1人考入北大，1人被上海复旦大学提前录取。9月18日，区教委召开高考总结表彰会，表彰先进集体32家，173名优秀教师，18名优秀教研员和49名优秀教学管理工作者。

（李翼明）

【实验中学首届毕业生参加高考】 6月7至8日，房山区实验中学首届毕业生参加高考。该校共有毕业生268人，报名参加高考268人，录取160人。其中，普通高校录取49人，包括文科5人，理科44人，录取率18.28%；重点高校录取9人，包括文科1人，理科8人，录取率3.36%。文科考生最高分483分，理科518分。房山区实验中学前身是房山师范学校，2000年秋季改为普通高中校。

（李翼明）

【成立信息中心和人才中心】 6月16日，房山区教委成立信息中心和人才中心。信息中心共有工作人员15人，主要承担本区中小学校服务工作，开展现代信息技术教育教学领域应用和整合，提高师生信息技术应用能力；人才中心共有工作人员5人，负责人才资源管理，为教育系统人事制度改革作准备。

（李翼明）

【检查中小学校食堂卫生】 6月16日至7月6日，房山区教委与区卫生局联合检查中小学食堂卫生。检查重点是食品储藏、购货渠道和食品加工过程，共检查中小学46所。其中，合格45所，不合格1所，主要问题是食品储藏不规范。对存在问题学校，检查组提出批评并限期整改。

（李翼明）

【改革小学毕业检测方法】 6月，房山区教委改革小学毕业检测方法。该项改革将检测分为笔试和平时考查两部分，笔试成绩占70%，平时考查成绩占30%。同时，邀请中学教师参加小学毕业检测监考、阅卷和登统工作。

（李翼明）

【参加中考学生人数增加】　7月8至10日，房山区参加中考学生人数增加。该区参加考试学生15571人，比上年增加2360人，达历史最高水平。其中，6137人考入普通高中，比上年增加1721人，首次突破6000人；7535人考入职高、技校。中考升学率87.8%，比上年增长0.69个百分点。

（李翼明）

【举办第五届中学生篮球联赛】　7月22至26日，房山区教委举办第五届“金鸡杯”中学生篮球联赛。比赛设立高中男、女，初中男、女4个组别，采用循环赛制。来自28所学校30支代表队参加比赛，良乡附中一队、韩村河中学分获高中组冠军，房山二中包揽初中男、女组冠军。房山区中学生篮球比赛始于1999年，每年举办一次，五届共有学生1500人参加比赛。

（李翼明）

【举办卫生健康促进校培训班】　7月25日，房山区教委举办卫生工作健康促进学校培训班。该培训班邀请中小学保健所、区疾病控制中心、健康教育所和卫生监督所专家负责教学，讲授学校卫生技术人员工作职责、学生集体用餐与食品卫生管理、传染病和常见病防治、怎样开展健康促进校工作等内容。该区中小学校长、校医200人参加学习。

（李翼明）

【举办首届学前教育师资培训班】　7月30日至8月5日，房山区教委举办首届学前教育师资岗位培训班。该培训班讲授《幼儿园工作规程》、《幼儿园教育指导纲要》、《幼儿园课程》等课程，采用笔试和实际操作两种形式检验培训成果，合格者可以获得结业证书。该区从小学转入幼儿园54名教师参加学习，全部获得结业证书。

（李翼明）

【召开中学教育教学工作会】　8月

23日，房山区教委召开中学新学年教育教学工作会。会议部署新学年教育教学和教育科研工作，提出要关注教育教学领域方向问题，把全体教职员工意志凝聚到教育教学中等工作任务。各校校长、副校长300人参加会议。

（李翼明）

【提高山区寄宿生伙食补助标准】　9月1日，房山区教委提高山区寄宿生伙食补助标准。该标准将山区寄宿生伙食费由每人每月30元提高到100元，每年按10个月发放（上半年从3月至7月计发，下半年从9月至次年1月计发），所需费用由区财政负担60%，乡镇财政负担40%。新标准涉及十渡镇、河北镇、周口店镇（原黄山店乡所辖区域）、蒲洼乡、霞云岭乡、佛子庄乡、大安山乡、南窖乡等15所山区学校共计1743名学生，总金额104.58万元。

（李翼明）

【谭兆小学教学楼落成】　9月10

日，房山区佛子庄乡中心校谭兆中心小学教学楼落成。该教学楼占地面积610平方米，建筑面积1220平方米，地上2层，拥有教室10间。教学楼2002年开工建设，总投资150万元，其中，香港谭兆基金捐资100万元。

（李翼明）

【举办首届保育员岗位培训班】　9月14日至10月22日，房山区教委举办首届幼儿园保育员岗位培训班。该培训班采用面授、专题讲座方法，开设学前教育、学前心理、学前卫生、游戏以及教师职业道德等课程。来自23所幼儿园保育员91人参加学习。

（高玉艳）

【举办中小学生武术比赛】　9月27至28日，房山区教委举办“米兰杯”中小学生武术比赛。比赛与区体育局联办，设立6个集体项目和60个个人项目。有33所学校307名学生参加比赛，其中，18所学校和195人次获奖。

（李翼明）

【举办中小学田径运动会】　10月17至19日，房山区教委举办中小学田径运动会。运动会设立100米跑、跳高和铅球等18个比赛项目，分为高中，山区、平原、直属初中，山区、平原、直属小学7个组别。来自87所学校1500名学生参加比赛。其中，以2分39秒16、1.48米和51.85米成绩打破运动会高中女子800米，高中女子跳高和初中男子铁饼纪录；周口店中学、磁家务中学、良乡三中、良乡二中、十渡中心小学、长育中心小学、城关小学分获7个组总分第一名。

（李翼明）

【召开高中教学工作会】　11月26日，房山区教委召开高中教学工作会。会议结合2003年高考录取情况，提出高考备考工作建议，要求各校注意建立学习气氛，做好解决学生心理问题、开发非智力因素、教导学生学习方法和考试指导等工作。

会议印发《房山区教委关于进一步加强普通高中教学工作意见》、《高考、会考评价奖励方案》等文件。来自18所高中学校78人参加会议。

（李翼明）

【表彰综合评价先进单位】 12月

26日，房山区教委召开年度综合评价表彰会。会议听取综合评价实施工作总结报告，宣读综合评价表彰奖励办法，表彰42所获得各组一等奖学校，听取韩村河中心小学、周口店中学、良乡二中经验介绍。会议要求各部门政策进一步向农村倾斜，促进全区教育均衡化；各学校注意培养学生创新和实践能力，发挥课堂教学主渠道作用，始终把握全面实施素质教育方向。该区中小学校长、乡镇教育助理130人参加会议。

（李翼明）

【乡镇教育投入7893.32万元】 至年底，房山区乡镇教育事业投入继续增加。该区21个乡镇完成教育事业发展投入7893.32万元，比上年增加3779.12万元，增长91.9%。其中，8个乡镇年投入达到500万元以上。

（李翼明）

【完成川区建设投资1亿元】 至年底，房山区教委完成川区教育建设投资1亿元。其中，投资909万元，建设9740平方米专用教室，解决7所中学专用教室缺乏问题。投资328万元，改造22所中小学危旧电路38290米。投资770万元，抢修川区中小学危房9163平方米。投资7445万元，改造45所学校校舍71381平方米。投资3212万元，新建校舍27917平方米。投资208.8万元，配置教学设备2165件套。

（李翼明）

职业教育

【概　况】 2003年，房山区有职业中学4所，均为独立设校。开设专业19个，教学班36个。在校生2718人，招生1235人，完成招生计划59.8%，毕业304人。教职工297人，其中，专任教师180人，专任教师学历合格率100%，具有高级专业技术职务21人。职业学校占地总面积141438平方米，建筑面积54422平方米，固定资产总值3996万元。

（李翼明）

【二职与经职学院联合办学】 4月15日，房山二职与北京经贸职业学院联合办学协议签字。根据协议，双方采用“2+3”方式培养高职人才，前两年在房山二职完成高中学业，后三年在经贸职业学院完成大学专科学业。首期合作办学在计算机应用、平面广告设计、美容美发与形象设计、电子电器应用与维修、服装制作与营销和室内装饰6个专业，计划招生60人。至9月，该校首批学生3人进入经贸学院学习。房山区第二职业高中有专任教师85人，设有美术设计、印刷技术和烹饪等16个专业。北京经贸职业学校有专任教师83人，设有外贸英语、会计和旅游英语等6个专业，被列入国家高等院校统一招生计划，属高等职业教育性质。

（李翼明　穆启娟）

【二职开展校本培训】 9月18日，房山二职开展信息化知识校本培训。该培训利用9月周六、日时间，系统讲授PowerPoint、Flash、Photoshop使用知识。该校教师90人参加学习。

（李翼明）

【二职举办学生就业洽谈会】 9月，房山二职举行毕业生就业洽谈会。来自清华同方、中国人寿保险和房山报社等28家企事业单位（公司）与260名毕业生参加会议。双方本着“先就业，后择业”和“条件公开，诚聘人才”求职、招工原则。毕业生全部与用人单位签订录用协议。至此，该校460名毕业生全部落实工作。此前，该校已有200人被联想集团、中国网通等单位聘用。

（李翼明）

成人教育

【概　况】 2003年，房山区有各级各类成人学校537所，其中，成人高校（社区学院）2所，开设12个专业，招生1622人，毕业654人，在校生2785人；教职工259人，其中，专任教师154人。成人中等学校3所，开设12个专业，招生3209人，毕业2120人，在校生1346人；教职工82人，其中专任教师71人。职工学校1所，全年培训233人次，教职工10人。社会力量办学单位84所，全年培训17273人；教职工991人，其中专任教师577人。市民学校38所，全年培训13095人次。乡村办成人学校（站）409所。成人学校教师学历合格率100%，高级专业技术职务34人。全区成人学校占地面积38150平方米，建筑面积25700平方米，固定资产总值5200万元。

（李翼明）

【完成自学考试报考工作】 3月8日，房山区2003年自学考试报考工作结束。社会助学单位集体报考1702人，6440科次；社会零散考生报考4365人，9524科次；总计报考6067人，15964科次，分别比上年增长12%和43%。

（李翼明）

【完成成人高考报名工作】 3月，房山区2003年全国成人高考报名工作结束。报名普通高中起点本科

1041 人，含文史类 764 人，艺术体育类 47 人，理工类 174 人，外语类 56 人；高中起点专科 3381 人，含普通高中起点专科 1892 人，高职类 1243 人，医疗医护类 246 人。报名普通高中起点专科含文史类 920 人，理工类 220 人，艺术体育类 594 人，外语类 158 人；报名高职类专科含文史类 1081 人，理工类 162 人。共有 7557 人报名，

（李翼明）

【成人培训网络形成】 7 月，房山区成人培训网络形成。该网络以成教中心为主，联系 21 所乡镇成人学校、6 家社区教育服务中心，区属行业、企业培训中心（机构），409 所村成人学校和 38 所市民学校。各类成人培训基地占地总面积 185366 平方米，建筑面积 84317 平方米，专职工作者 156 人。

（李翼明）

【合作开展导游员资格证书培训】 9 月 6 日，房山区成教中心开展国家导游员资格证书培训。该培训与区旅游局联合举办，共开设 6 门课程，学制 1 个月。该区旅游系统 530 人参加学习。这是成教中心首次开展导游资格培训。

（李翼明）

【召开成教工作会】 9 月 15 日，房山区教委召开成教工作会。会议指出，成人教育在推动区域经济建设和社会发展方面有着不可替代作用，要紧密教育培训与经济建设联系，继续实施 2001 至 2005 年成人教育培训工程，加快推动学习化社区、学习型企业创建，积极推进成人教育制度建立。会议强调，要以专业建设为重点，推动成人学校改革与发展，以骨干特色专业带动学校快速发展，为广大群众提供各种形式教育和培训。各乡镇成教助理、成人学校校长 80 人参加会议。

（李翼明）

【阎村镇成人文化技术学校落成】 9 月 28 日，房山区阎村镇成人文化技术学校落成。该校占地面积 52000 平方米，建筑面积 1000 平方米，建有计算机房、图书阅览室、多功能活动室等。学校本年开工建设，总投资 40 万元。

（李翼明）

【完成农村成人培训工作】 至年底，房山区完成农村成人培训。该区全年完成各类成人培训 12.8 万人次。其中，农村实用技术培训 6.9 万人次，推广农业实用技术培训 38 项、农业科技项目培训 113 项。

（李翼明）

中共房山区委教育工委

书　　记　郭志族

房山区教育委员会

主　　任　郭志族

房山区政府教育督导室

主　　任　徐维珍

门　头　沟　区

基础教育

【概　况】 2003 年，门头沟区教委所属幼儿园 3 所，社会办园 8 所，入园幼儿 2762 人；教职工 315 人，其中，专任教师 193 人。小学 57 所，教学班 537 个；在校生 12084 人，招生 1833 人，毕业 2303 人；教职工 2155 人，其中，专任教师 1558 人。小学入学率 100%，巩固率 100%，毕业及格率 100%。中学 19 所，其中，初中校 15 所，高中 4 所（含完全中学 2 所）；教学班 325 个（初中 243 个，高中 82 个）；招生 3438 人（初中 2074 人，高中 1364 人），毕业生 4501 人（初中 3617 人，高中 884 人），在校生 11441 人（初中 7740 人，高中 3701 人）；初中入学率 100%，初中会考合格率达到规定水平，中考及格率 95%；初中升学率 95%。中学教职工 1777 人，其中，专任教师 1088 人。中小学具有高级专业技术职务 259 人，其中，小学 18 人，初高中 241 人。培智中心校 1 所（城子小学东院），教学班 3 个，在校生 35 人，招生 3 人。教职工 12 人，其中，专任教师 11 人（含在其它学校带教残疾儿童教师）。全年教育投入 25363.1 万元，其中，国拨 22631.8 万元，自筹 2731.3 万元。

（石明廷）

【举办青年幼儿教师培训班】 1 月 7 至 8 日，门头沟区教委举办学前教师培训班。该培训班分为理论理解、案例分析和技能考核 3 个部分，以提高对《幼儿园教育指导纲要》理解。运用现代教育理论、观念结合儿童特点分析案例，考察教师命题作画和弹唱能力。8 所幼儿园参加工作不足 5 年青年教师 22 人参加学习。

（王惠平）

【完成教师计算机应用技能培训】 1 至 7 月，门头沟区教委完成教师计算机应用技能培训。该培训由教育学院教师担任，共计 8 期，内容以英特尔未来教育（Intel Teach To The Future）计算机应用技能为主。该区教师 240 人参加培训，确保每所学校教师 3 人以上参加学习。

（卢秀敏）

【支援喀喇沁旗协议签字】 3 月 1

日，门头沟区教委对口支援内蒙古喀喇沁旗教育局协议签字。根据协议，门头沟区教委每学期指派教师5至10人在喀喇沁旗短期支教，每年指派教研员开展教学视导，每学期接受喀喇沁旗教师5至10人学习培训，每年出资6000元资助特困学生20人等。签字仪式后，门头沟区教委向喀喇沁旗教育局捐赠3.6万元和1460件衣物。

（刘甫通）

【召开学校医护人员工作会】 3月26日，门头沟区教委召开学校医护人员工作会。会议通报春季流行传染病基本情况，部署预防呼吸道、肠道传染病工作。会议要求各校加强宣传教育，防止出现大范围流行性传染病。要求校医做好每天因病缺勤统计，发现疫情及时上报。学校领导、校医50人参加会议。

（史炳民）

【召开课堂教学评价方案研讨会】 4月15日，门头沟区教委召开实施中小学课堂教学评价方案研讨会。会议研讨学习培训、实践运用细节，提出逐步完善、发挥“方案”导向、激励和调控作用等任务。该区各小学教学主任、小教研室教研员50人参加会议。2002年，门头沟区教委制订中小学课堂教学评价方案，借以更新教育观念、规范教育行为。

（王惠平）

【举办新课改专题报告会】 4月27日和10月31日，门头沟区教委召开中小学国家基础教育课程改革实验专题报告会。会议观摩新课改示范课，并完成点评，听取北京教育学院教授题为《新课程改革理念下的教学管理与课堂教学》专题报告和《基础教育课程改革下课堂教学评价研究》，从教材改革背景与现状、课程教材研究成果与做法两个方面，论证课堂教学评价问题。该区中学教学主任、教研员和部分教师200人和小学教学主任、教研员40人参加学习。

（赵金明　王惠平）

【举办校本培训专题讲座】 6月26日，门头沟区教委举办校本培训专题讲座。讲座特邀该区进修学校教师，从校本培训与教师继续教育关系，校本培训产生背景，校本培训特点、优势内容、方式和管理，培训方案的制订等方面系统讲述校本培训工作。该区小学教学主任100人参加学习。

（王惠平）

【教师221人晋升职称】 7月29日至8月1日，门头沟区教委完成教师专业技术评审。该区教师436人参加评审，其中，申请晋升高级专业技术职称54人，中级201人，初级173人，员级8人。有402人晋升专业技术职称，其中，高级41人、中级180人、初级（助理级）173人、员级8人。

（卢秀敏）

【召开教育执法检查工作会议】 7月31日，门头沟区教育执法检查领导小组召开工作会议。会议听取督导室2002年教育执法工作报告，传达市人大常委会、市政府领导关于开展教育执法自查工作讲话，分析教育支出比例、农村教育三年规划和教育经费增长等问题。会议要求自查报告要增强针对性、讲实效。该区人大常委会、政府及小组全体成员40人参加会议。

（刘雪琴）

【教师44人赴山区任教】 8月29日，门头沟区教委召开教师交流动员会。会议宣布交流教师44人名单，其中，高级专业技术职务5人，中级39人，平均年龄35岁。根据该区规定，交流教师将在山区或对口校任教一年。交流学校、对口校领导及交流教师80人参加会议。

（卢秀敏）

【新桥路中学首届宏志班开学】 9月1日，门头沟区新桥路中学首届宏志班开学。该宏志班面向门头沟区家庭贫困、品学兼优学生，采用免除各种学杂费和基本免除伙食费方法。首期招生45人。

（刘甫通）

【举办王能智先进事迹报告会】 9月19日，门头沟区教委举办王能智先进事迹报告会。王能智是石景山区地理教师，在长期地理教学中刻苦钻研，取得显著成绩。同时培养出大批青年教师。该区教师260人参加学习。

（金　涛）

【举办幼儿健康安全讲座】 9月25日，门头沟区教委举办学前教育健康安全讲座。讲座邀请免疫预防医学学者，从幼儿园日常卫生保健、常规管理和“非典”防控等方面介绍杜绝食物中毒、防止疾病传染知识和基本方法。该区幼儿园、小学主管领导及教师70人参加学习。

（王惠平）

【撤并一批中小学校】 9月，门头沟区教委完成一批中小学校撤并工作。撤并按照农村地区每镇一所初级中学、一所中心小学规划，撤销黄塔、齐家庄、大村和上苇甸4所中心小学独立建制，改为村完小，分别并入相应中心小学；清水涧小学并入王平中学小学部；陈家庄、担礼、丁家滩和下苇甸4所小学高年级并入妙峰山学校寄宿部；撤销南庄小学和琉璃渠中学。

（王德习）

【举办首届校长开放课堂活动】 10月25日，门头沟区教委举办首届校长开放课堂活动。开放课邀请老校长传授学校管理经验，并现场回答新校长提问，展现“形式开放，内容灵活、选听自由，切合实际”特点。新校长10人参加学习。

（孙金良）

【召开新课改探索与实践研讨会】 11月7日，门头沟区教委召开国家基础教育课程改革实验探索与实践课堂教学研讨会。会议推出永定中心小学、育园小学和西辛房小学思想品德、美术与信息技术整合、体育与健康3节研究课，并分别完成点评。各小学主管教学主任及科任教师80人参加学习。

（王惠平）

【召开中学小班教育研讨会】 11月13日，门头沟区教委举办第三次中学小班教育研讨会。会议观摩军庄中学2节小班教育实验研究课，完成点评和研讨，并听取6所实验校开展小班教育实验情况和经验、体会介绍。会议认为，小班制是生源减少后实现优质教育良好方式，在创造学生个性培养条件同时，为青年教师成长提供机遇。该区教委、中学校长30人参加会议。

（张文生）

【举办中小学生足球比赛】 11月15至23日，门头沟区教委举办中小学生足球比赛。比赛分高中男子、初中男子、小学男子和小学女子4个组，采用淘汰（循环）赛制。来自10所学校12支代表队参加比赛。

（史炳民）

【召开“任务型”教学研讨会】 11月21日，门头沟区教委召开“任务型”教学研讨会。会议听取大峪中学分校“任务型”英语教学研讨课，展示这种教学方法各种理念，并完成点评。该区英语教师50人参加研讨活动。“任务型”教学是20世纪80年代一种强调“用语言做事”的语言教学方法，进入21世纪，这种教学理论逐渐进入基础英语课堂教学。

（郭玉菊）

【举办中学生英语论坛】 12月12日，门头沟区教委举办中学生英语论坛。来自13所学校学生15人参加演讲，其中3人获得第一名。9至11月，该区17所学校开展校级论坛活动，共有学生100人参加演讲。

（宋爱民）

【培智中心校改善办学条件】 12月20日，门头沟区教委投资改善培智中心学校办学条件。该校配备计算机9台、视频展台4个、打印机1台、会议桌40张和多媒体活动车1套，并完成残疾学生厕所改造。总投资20万元。

（邓建民）

【琉璃渠小学举办消防培训班】 12月30日，门头沟区琉璃渠小学举办消防安全培训班。该培训班邀请市消防协会教官，从常见火灾原因、全国和北京市每年发生火灾情况及经济损失统计资料等方面，结合重大火灾案例，论证预防火灾重要性。同时介绍灭火器使用和自救方法。该校教师15人参加学习。

（石明廷）

【少年宫举办第五届艺术比赛】 12月，门头沟区少年宫举办中小学生第五届迎新春“我为奥运增光彩”艺术比赛。该比赛设立书法、绘画、摄影、卡通画、声乐、器乐、朗诵、舞蹈艺术8个项目。来自30所学校中小学生2000人参加比赛。该少年宫设立迎新春艺术比赛以来，共有7000名中小学生参加比赛。

（李日成）

职业教育

【概　况】 2003年，门头沟区有职业技术学校2所，教学班47个，在校生2100人，招生808人，毕业897人。教职工302人，其中专任教师168人。开设旅游服务、计算机网络和商务英语等17个专业。职业教育学校占地面积34371平方米，建筑面积16512平方米，固定资产总值1861.3万元。

（王克英）

【召开农科教三结合工作座谈会】 5月27日，门头沟区农村职业教育工作领导小组办公室召开农口局农科教三结合工作座谈会。会议传达区政府办公室《关于大力推进门头沟区农村职业教育工作实施意见的通知》精神，听取各局、成教中心农科教工作开展情况及其存在问题汇报，通报参加农业现代化培训工程项目申报工作情况。该区农委、教委、科委等领导20人参加会议。5月20至22日，区农职办分别在雁翅镇敬老院、永定镇瑞丰农庄召开发展农村职业教育座谈会，结合主导产业和特色经济确定12个项目参加农业现代化培训工程重点项目申报。

（侯凤兰）

【职教中心评比课堂教学】 10月，门头沟区职教中心学校举办课堂教学评比活动。该活动依照说课、讲课、评课程序，分为青年教师课堂教学评优和高级、骨干教师示范课展示两个部分。该校教师80人参加评比，其中10人获得优秀。

（梁仕民）

【职教中心举办广播操比赛】 11月4日，门头沟区职教中心举办广播操比赛。比赛以教学班为单位，设立精神面貌、动作要领和整齐划一等4项指标。该校共32个教学班1100名学生参赛，其中，17个教学班获奖。

（董国舫）

【职教中心开展优秀传统教育】 11

月14日，门头沟区职教中心开展优秀传统教育。活动分为参观中国印刷博物馆、中国人民抗日战争纪念馆以及举办大型升国旗仪式3个部分。该校师生1300人参加活动。

（董国舫）

【举办《我爱我的专业》演讲比赛】 12月21日，门头沟区教委举办《我爱我的专业》征文、演讲比赛。该比赛由征文、演讲两个部分组成，分为中专和职高两个组，采用学校初赛和区决赛方法。来自2所学校60名学生参加比赛，其中20人进入决赛。比赛是该区中等职业学校德育教育组成部分。

（侯凤兰）

成人教育

【概 况】 门头沟区共有成人教育单位58家。其中，乡镇学校9所，区属委办局办学单位4家，社会力量办学单位44家（全部为租用场地，建筑面积48284平方米，固定资产总值839万元），区教委所属成人教育单位1家（成人教育中心）。区教委成人教育中心有教学班39个，设有专科5个专业，本科6个专业。在校生1587人，招生713人，毕业240人；教职工85人，其中，专任教师12人。成人教育学校占地面积36646.64平方米，建筑面积17765平方米，固定资产1451.9万元。

（张秀珍）

【召开成人教育工作会】 4月10日，门头沟区教委召开成人教育工作会。会议总结上年成人教育工作，并布置本年工作。会议表彰成人教育工作先进个人和优秀培训项目，同时兑现农科教培训“以奖代补”。该区委办局、乡镇和办事处干部200人参加会议。

（侯凤兰）

【召开建设学习型社会工作会议】 7月21日，门头沟区教委召开加强普职成三教统筹建设学习型社会会议。会议听取北京教育学院学习化社会讲座和终身教育讲座，听取育园小学、东辛房办事处代表专题发言。会议认为，要进一步树立大教育观，完善成人教育培训网络，不断提高成人教育工作者综合素质。会议强调，要转变观念，抓好具体项目落实。该区中小学校长、成教工作领导400人参加会议。

（侯凤兰）

【下半年高自考结束】 9月1至7日，门头沟区教委完成2003年下半年高等教育自学考试工作。该区共有1877人报名参加考试，报考4271科次。实际参加考试3295科次，缺考976科次，实考率77.15%。

（杨秀林）

【成人高考工作结束】 11月15至16日，门头沟区教委完成成人高考工作。该区共设5个考点，有3370人报名参加考试。其中，实际参加考试2696人。考试中没有违反考场纪律事件发生。

（王 兰）

中共门头沟区委教育工委

书　记　刘德泉（2002年12月免）

门头沟区教育委员会

主　任　万　钦

门头沟区政府教育督导室

主　任　刘德泉（2000年1月免）
万　钦（2000年1月任）

通　州　区

基础教育

【概 况】 2003年，通州区有托幼园所86所，在园幼儿7937人。其中，教育部门和集体办74所，在园幼儿5560人，社会力量办8所，在园幼儿1810人，其他部门办4所，在园幼儿567人；教职工711人，其中，园长69人，专任教师382人，学前三年教育普及率84.33%。小学126所，在校生42345人（含借读生8583人），其中，教育部门和集体办119所，在校生40411人（含借读生6902人），社会力量办4所，在校生1491人（含借读生1437人），其他部门办3所，在校生443人（含借读生244人）；小学入学率100%，巩固率100%，毕业及格率98.8%；教职工3690人，其中，专任教师3210人；小学教师学历合格率98.93%。中学48所，其中，完全中学9所（教育部门和集体办7所，社会力量办2所），高级中学7所（教育部门和集体办2所，社会力量办5所），初级中学28所，九年一贯制学校4所（教育部门和集体办3所，社会力量办1所）；在校生52169人（含借读3179人），其中，高中生14424人（含借读1254人），初中生37745人（含借读1925人）；初中入学率100%，巩固率99.4%，毕业及格率98.1%；高中阶段教育95%以上，普通高中入学率45.2%，高考上线率80.6%，录取率79.4%；教职工4467人，其中，专任教师3192人；初中教师学历合格率94.1%，高中教师93.6%。特殊教育学校1所，残疾儿童入学率98.3%，巩固率100%；校外教育单位1家。全年教育经费投入41548万元，其中，国家拨款39386万元，自筹2162万元。

（勾庆祥）

【完成春季高招考试录取工作】 1月28日，通州区教委完成年度普通高校春季招生录取工作。该区共有296人报名参加考试，其中文科105人，理科191人。区教委在潞河中学设立考点，文科4个考场，理科7个考场。实际参加考试296人，其中，文科105人，理科191人。考生上线率84%，比上年增加12个百分点，录取率24%。

（勾庆祥）

【培训区级骨干教师】 2月11至13日，通州区教委举办区级骨干教师培训班。该培训班以骨干教师职责与作用为主题，分为动员、专家报告、课例录像研讨3个阶段，先后研讨积累经验形成素质教育理念、合作推进发展，坚持与学生、教师、领导合作、与名师、特级教师交朋友提高水平3个主题。该区2002年认定166名区级骨干教师参加学习。

（勾庆祥）

【召开创业课中心组成立会】 2月27日，通州区教委召开地方课程创业课中心组成立会议。会议分析课程教材改革形势，部署抓好创业课教学研究，推出各种类型研究课。会议研讨依靠课堂教学，搞好《青少年创业素质的启蒙教育和基础教育》课题研究以及抓好创业素质教育理论研究和教材编写等内容。来自该区12所学校创业中心组教师15人参加会议。

（勾庆祥）

【展示优秀生物学动态信息】 2月28日，通州区教师进修学校举办优秀生物学信息展示活动。该活动共展示优秀信息60条，推荐生物教师在课堂教学中应用。有30名教师700条信息参加展评。2001年9月，通州区教师进修学校搜集生物学研究成果，要求全区初中生物教师自备专用信息资料本，随时记录最新生物学研究进展情况，每学期分2次报送学校资料库。

（勾庆祥）

【两所小学实施联合办学】 3月7日，通州区东方小学与公园下坡小学联合办学。实施联合后，两校沿用通州区东方小学名称，组建统一领导集体，实行一校两址管理体制，重组教育资产，统一教师编制，学生重新分班，并按年级安排校园分配。联合后，两校占地面积12106平方米，建筑面积9643平方米，共有教师127人，在校学生1888人。通州东方小学，前身通县新城东里小学，1982年建成，1985年迁入东方化工厂生活区，改称现校名。通州公园下坡小学，前身为1905年官立新街口初立小学堂，1923年改为县立第九初级小学校，先后名为新街口国民学校，通州市新街口初级小学，1952年为通州市第七小学，1958年改为现校名。

（勾庆祥）

【举办首届英语演讲比赛】 3月8日，通州区教委举办首届中学生英语演讲比赛。比赛由区教师进修学校承办，分为初、高中组。区直属中学35名学生参加比赛，其中，初中参赛选手18人，高中17人。参赛选手10人分获初中组一、二、三等奖，10人分获高中组一、二、三等奖。

（勾庆祥）

【完成教师资格认定】 3月21日，通州区教委完成教师资格认定工作。该认定分为市、区两级，市教委教师资格审查委员会审核认定565人，其中，具有高级中学教师资格515人、中等职业学校教师资格35人、中等职业学校实习指导教师资格12人、高校教师资格3人；经区教委教师资格审查委员会审核认定2487人，其中，具有初级中学教师资格740人，小学教师资格1633人，幼儿园教师资格114人。

（勾庆祥）

【召开初三教学工作会】 3月28日，通州区教委召开2003届初三教学工作会。会议传达考试院中考语文、数学、英语考试说明，分析全区初三教学工作现状，提出考前周密计划，坚持课堂教学主渠道，扶优帮差共同提高等措施。会议要求各校加强管理，规范教育教学行为，努力提高教育教学质量。该区38所中学教师60人参加会议。

（勾庆祥）

【实施防控“非典”紧急措施】 4月

20日，通州区教委实施防控“非典”紧急措施。该措施包括取消本学期期中考试、检测等；取消应届初三年级体育加试；取消学校各类大型学生活动；各年级一律不讲新课，改为复习、教师答疑。23日除初、高中毕业年级以外，其他学生离校在家自学，25日初、高三年级学生离校回家自学。5月23日该区高三学生返校复课，6月9日小学六年级和初三学生复课，16日高二学生复课，30日高一、初一、初二和小学一至五年级学生返校复课。自4月15日，通州区教育系统发生首例“非典”病例，至5月12日，教育系统共报告“非典”病例12人，其中，教师2人，学生10人。

（勾庆祥）

【建立领导干部联系高中校制度】 5月9日，中共通州区委教育工委、区教委建立领导干部联系高中学校制度。该制度确立潞河中学、运河中学、永乐店中学、通州二中、通州三中和社会力量办高中6个点，指派区“两委”6名领导分别负责，监督学校完成教职工10天体温监测，学生入校时体温测量，在校复习实行封闭式管理，实行小班教学以及保证学生每天8小时睡眠等措施落实，确保高考学生在“非典”时期返校复习安全。

（勾庆祥）

【完成高招录取工作】 7月6日至8月12日，通州区教委完成普通高校招生录取工作。该区参加高考3572人。其中，单考单招考生400人，统招考生3172人。单考单招录取238人，其中，师资本科录取6人，单考高职录取232人。统招考生录取2383人，其中，本科生录取1431人，专科生录取952人；文科生录取701人，理科生录取1682人；应届生录取1882人，往届生录取501人。文科最好成绩613分，理科651分，均为潞河中学应届高中学生。

（勾庆祥）

【选拔小学教师到中学任教】 8月22日，通州区教委选拔优秀农村小学教师到中学任教工作结束。该工作按照政治思想好、工作认真负责、身体健康、具有大专以上学历、年龄不超过35周岁等条件，分为本人申请，单位听取意见、考核，区教委审核决定等步骤。来自11所农村中心小学35名教师参加选拔，其中，9所小学26名教师入选。由于生源减少，该区农村产生小学教师超编与初中教师缺编矛盾。

（勾庆祥）

【九棵树小学更名】 8月29日，通州区九棵树小学更名为“北京教育科学研究院通州区第一实验小学”。更名后，该校属区教委直属小学，由北京教育科学研究院、北京天兴雅坤房地产开发公司和通州区教委协商开展教育教学实验。九棵树小学成立于1951年，原为梨园中心小学所属农村完全小学。8月2日，教科院与通州区教委签订合作办学协议，双方力争在短期内把实验一小办成一流实验校。

（勾庆祥　程　晗）

【表彰名校长名教师】 9月6日，通州区政府召开庆祝教师节会议暨区级名校长、名教师和骨干教师命名表彰会。会议表彰名校长、名教师13人，其中，校长3人、教师10人。根据规定，3名校长、10名教师获得金牌、奖状和每人5000元奖金。会议公布区教委认定骨干教师62人。其中，基础教育中学骨干教师31人，小学26人，学前教育1人，职业教育3人，成人教育1人。2002年9月10日，通州区首次表彰名校长2人，名教师10人。

（勾庆祥）

【幼儿园园长岗位培训班结业】 9月6日，通州区教委幼儿园园长岗位培训班结业。该培训班历时5个月，主要开设政治理论、政策法规、幼儿园管理和幼儿教育课程。培训班与北京师资培训中心合作举办，该区52名园长参加学习，全部取得岗位合格证书。

（勾庆祥）

【表彰中小学优秀教学管理干部】 9月12日，通州区教委召开中小学优秀教学管理干部表彰会。会议表彰优秀教学工作管理干部10人，向获奖者颁发荣誉证书，并给予每人2000元奖励。评选工作开始于2002年12月，要求经过本人申请，学校推荐，完成考察、评议后，将候选人名单报送区教委，由领导办公会议决定。

（勾庆祥）

【研讨学习焦虑心理疏导方法】 10月14日，通州区教师进修学校召开学生学习焦虑方面问题心理疏导研讨会。会议听取潞河中学学生学习焦虑心理典型事例、原因分析以及疏导方法介绍，交流、探讨实际教学中事例和处理方法。会议提出采取心理暗示、自我定位、改变认知、倾诉和挖掘积极资质等解决方法。该区心理健康教育学科组40人参加会议。

（勾庆祥）

【首次评比中小学师生电脑作品】 10月16日，通州区教师进修学校召开首届中小学师生电脑作品表彰会。会议表彰教师电脑作品一等奖10项、二等奖28项、三等奖28项，学生作品一等奖6项，二等奖12项，观摩5所中小学6名教师获奖作品演示。该区师生110人参加会议。该活动始于9月，48所学校参加活动，共征集作品213件，其中，教师作品145件。

（勾庆祥）

【学校德育与社区道德建设取得成果】 10月16日，通州区教委举办学校德育与新世纪社区道德建设实验阶段性成果展示会。会议观摩梨园中心小学“礼”和“孝”为主题两节班会，参观学校美德教育环境和各实验校美德实验展板，听取区教委、社区代表和家长代表参与美德教育实验体会和感受汇报。国家督学、市区教委领导、相关院校学者以及来自北京、江西、山东等实验校代表150余人参加会议。2001年，北京市东方道德研究所发起学校德育与新世纪社区道德建设实验课题研究，通州区教委选择城镇和农村8所小学参加实验，开展“礼”、“孝”传统美德为内容多种主题教育活动，通过“我和父母一起做”互动教育模式，取得一个学生影响一个家庭，一个家庭影响一个社区，最后辐射整个社会阶段成果。

（勾庆祥）

【召开初三教学现场会】 10月22日，通州区教委在玉桥中学召开初三教学工作现场会。会议听取玉桥中学初三语文、数学、外语教学课，听取姚村中学、玉桥中学初三工作设想与做法介绍，听取市区学科教研员教学信息、教学思路、改革动态指导意见。区属中学主管教学干部、农村10所学校外语教师45人参加会议。

（勾庆祥）

【举办中小学生田径运动会】 10月25至27日，通州区教委举办中小学田径运动会。运动会分为小学A、B组、初中组和高中组4个组，共计14个比赛项目。71所学校942名选手参加比赛，其中，官园小学获得小学A组第一名，马驹桥小学获得小学B组第一名，第六中学获得初中组第一名，潞河中学获得高中组第一名，共有31人次打破27项运动会纪录。

（勾庆祥）

【保育员岗位培训班结业】 11月1日，通州区教委幼儿园保育员岗位培训班结业。该培训班强调基本理论知识和基本应用知识，开设幼儿心理、幼儿卫生、幼儿教育、职业道德课程。培训班与北京师资培训中心合作举办，历时44天，幼儿园保育员84人参加学习，全部取得岗位培训合格证书。

（勾庆祥）

【召开张世义办学思想研讨会】 11

月1日，中共通州区委教育工委、区教委召开张世义办学思想研讨会。会议听取张世义题为《我的教育思想》演讲，从不同侧面回顾潞河中学发展历程，总结坚持传承与创新，团结领导班子成员，发挥核心作用，加快学校发展工作经验。来自教育部、市教委及部分重点中学领导300人参加会议。张世义，1946年3月出生，辽宁庄河人，1970年北京工业大学毕业，1977年潞河中学任教，1998年任校长。

（孙慧芹）

【东里幼儿园开办幼儿早期教育基地】 11月15日，通州区东里幼儿园开办幼儿早期教育基地（亲子乐园）。基地面向社会0至3岁幼儿，每周六、日开放，每次2个小时。在教师指导下，家长伴随幼儿参加亲子、体能、美劳、语言游戏活动。

（勾庆祥）

职业教育

【概　况】 2003年，通州区职业教育学校6所。其中，教育部门办3所，在校生2194人；教职员工146人，其中，专任教师82人，专任教师中大专学历11人，专科及以上学历70人。社会力量办职业学校3所，在校生1348人；教职工287人，其中，专任教师199人。

（勾庆祥）

【一职开设旅游服务与管理专业】 9月1日，通州区第一职业学校开设旅游服务与管理专业。该专业与神州国旅集团联合举办，设立旅游概论、地理和实用英语等15门课程。首批学生通过暑期中考被录取82人。根据协议，神州国旅负责学生实习与分配。

（勾庆祥）

【完成职业学校评估】 9月，通州区教委完成职业学校评估。评估采用听取学校汇报，实地考察，查阅相关资料，综合评分，交换意见方法，按照学校领导、办学规模和教学设施10个细则评定分数。结果显示，该区4所职业学校全部合格。

（勾庆祥）

【评选青年教师优秀课】 11月5至14日，通州区教委完成青年教师优秀课评选。评选工作要求学校成立评课小组，根据课堂教学运用素质教育体现学生主体作用和教学方法等指标，完成校级优秀课评选。然后由区教委组成评课领导小组，完成校级优秀课最后评选。该区4所职业学校56名教师参加评选，其中6人分获一、二、三等奖。

（勾庆祥）

成人教育

【概　况】 2003年，通州区成人教育单位含1所成人教育中心、10所乡镇成人学校、57个社会培训机构。成人教育中心大专部在籍电大分校注册生2148人。其中，一年级1001人，二年级599人，三年级429人，四年级119人。中专部在籍中专生718人，其中，一年级312人，二年级234人，三年级127人，四年级45人。成人教育中心教职员工114人，其中，专任教师74人，专任教师中具有中学高级专业技术职务3人，中学一级职称者28人。中心外聘教师134人。

（勾庆祥）

【马驹桥镇成人学校开展4项培训】 1月18日，通州区马驹桥镇成人学校实施4项培训。4个项目分别是富民就业培训、中等人才培训、万名人口培训和特殊人群培训。每项培训设立不同专业，采用长短班结合和镇、村两级结合方式教学。至年底，共有11235人次参加学习。

（勾庆祥）

【完成计算机应用水平考试】 4月，通州区成人教育中心完成上半年专业技术人员计算机应用水平考试。该区共有675人报名，共参加2351个模块考试，实考2237个模块，合格2097个模块，合格率为93.7%。

（勾庆祥）

【成教中心开设电子课堂】 5月5日，通州区成人教育中心大学部开设电子课堂。该课堂设有护理、临床两个相关专业课程、复习及练习等内容，利用局域网通过“电子邮箱”向在防控“非典”第一线的327名医务学员传送。

（勾庆祥）

【举办后备干部培训班】 10月27至31日，通州区张家湾成人学校举办镇村后备干部培训班。该培训班着重创新意识、执政为民意识和服务农民意识培养，设立“三个代表”在农村、农民土地承包法、农村税费改革、市场经济中公关本领等专题讲座。来自镇村两级后备干部47人参加学习。

（勾庆祥）

【成教中心完成3项管理体制改革】 11月19日，通州区成人教育中心完成3项管理体制改革。第一，重新制订《通州区成人教育中心规章制度》、《岗位津贴发放办法及津贴标准》、《岗位津贴量标准》、《超工作量酬金标准和发放办法》，突出效率优先、多劳多得、兼顾公平原则。第二，建立重大开支由党委集体研究决策制度，撤销5个下设部门财务室，成立中心财务科，统一管理中心财务工作。第三，减少行政后勤人员，安排学历高、有职称教师充实教学一线，使一线教学人员由原来30%上升到70%。

（勾庆祥）

中共通州区委教育工委

书　　记　宋京璋

通州区教育委员会

主　　任　宋京璋

通州区政府教育督导室

主　　任　臧兴仁

顺　义　区

基础教育

【概　况】 2003年，顺义区有托幼园所29所，其中，市立园26所，社会办园3所；收托幼儿7634人，教职工570人，其中专任教师399人。小学40所，1219个教学班；招生4322人，毕业10202人，在校生29488人；教职工3709人，其中，专任教师2954人；小学入学率100%，巩固率100%，毕业及格率100%。中学43所，其中，初中校30所，高中校5所，完全中学8所；教学班1202个（初中887个，高中315个）；招生16091（初中10366人，高中5725人），毕业18163人（初中14913人，高中3250人），在校生55094人（初中40292人，高中14802人）；初中入学率100%，巩固率99.56%，毕业合格率100%；高中入学率38.39%，毕业及格率81.31%，应届高考录取率87.26%；教职工4370人，其中，专任教师3433人。特教学校1所，10个班；招生12人，在校生120人；教职工48人，其中，专任教师41人。校外教育单位1所，教职工43人，其中，专任教师34人。中小学教师学历合格率98.38%，其中，小学教师合格率100%，初中教师合格率97%，高中教师合格率94.26%。中小学教师具有高级专业技术职务323人，其中，小学教师6人，初、高中教师317人。全年教育投入53274.5万元，其中，国家拨款41080.1万元，自筹12194.4万元。

（曾文桂）

【召开教育系统领导干部会议】 2月8至9日，中共顺义区委、区政府召开教育系统领导干部会议。会议总结2002年教育教学工作成绩，部署2003年课程教材改革、“十五”教师继续教育、中小学二次布局调整、中小学校园网建设和建设学习化社会等工作。会议要求教育工作要主动适应和服务于经济社会发展，坚持改革，推进素质教育，全面提高教育质量与效益。区委、区政府领导及教育系统干部500人参加会议。

（王　伟）

【建立小学教学视导制度】 2月，顺义区教委建立小学课堂教学视导制度。该制度规定，小学课堂教学视导由区教委、考研中心共同主持，分为区、校两级，其中区级集体视导每学期20所学校，每学年完成全区小学视导。制度规定，视导定于每周二举行，包括听课、随机检测课堂效果、听取教学校长评课、教研员评课、学校汇报、意见反馈等内容。

（李树东）

【举办首期校领导信息技术培训班】 3月11日，顺义区教研考试中心举办中小学副校长信息技术培训班。培训班为期6个月，分为基础班、提高班两个层次。其中，基础班采取理论和上机操作相结合教学形式，主要讲授Word、Excel、PowerPoint和网络四个模块；提高班主要讲授现代信息技术教育观念、学科整合、多媒体课件评价、远程教育、教学设计等课程。首期共有47人参加学习，其中，基础班32人，提高班15人。

（赵桂兰）

【召开幼儿园管理工作会】 3月18日，顺义区教委、区卫生局联合召开幼儿园管理工作会议。会议讲解《北京市托幼园所分级分类验收标准及细则》，说明级类验收中卫生方面具体内容和标准，明确讲述申报、自查和验收等操作程序。会议强调，幼儿园要更新教育管理观念，重点培养幼儿良好生活习惯；要加强环境建设，抓住级类验收契机，提高学前教育质量。来自各镇、街道办事处干部、幼儿园园长130人参加会议。

（王艳芳）

【高中班全部安装多媒体教学设备】 至3月，顺义区高中班全部安装多媒体教学设备。该区教委多方筹集资金1000万元，通过政府采购中心公开招标，采购多媒体教学设备

230套，实现“全区高中班班通多媒体”目标。

（单秋英）

【成立艺术团和书画院】　4月13日，顺义区教委“绿港小天使艺术团”和“绿港小天使书画院”成立。艺术团下设民乐、管乐、舞蹈表演等8个分团，团员600人；书画院设立书法、美术共31个组，成员1500人。艺术团和书画院负责学生艺术技能培养和人才选拔，指导学校建立艺术团体，开展艺术教育活动。

（高荷莲）

【高丽营一中教学楼改造工程竣工】　5月17日，顺义区高丽营一中教学楼改造工程竣工。该工程分为楼房改造、环境改造和设备更新3部分。其中，楼房改造包括粉刷墙壁，更新门窗、大理石地面、地板瓷砖，新建不锈钢栏杆、灯池和玻璃钢大门等；环境改造铺设甬路、小广场；设备更新包括购置升降桌椅、理化生仪器柜和计算机主控机房。工程于1月17日开工，总投资248万元，其中，高丽营镇政府148万元，区教委100万元。

（王朝亮）

【举办“我与教育科研”征文活动】　5月，顺义区教研考试中心举办“我与教育科研”主题征文活动。该活动以“我与课题研究”和“我与教科室建设”为题，撰写教育科研论文，经过初评择优报送区教研考试中心。该区2700名教师参加活动，462篇征文参加复评，其中，中学206篇，小学181篇，幼教61篇。评出一等奖29篇，二等奖108篇，三等奖188篇。

（赵文增）

【接受现代汽车公司捐赠】　6月1日，顺义区石园小学、东风小学和仁和小学接受北京现代汽车有限公司捐赠。赠品为60台最新配置方正计算机，总价值30万元。该区政府、现代公司领导以及师生代表200人参加捐赠仪式。

（李冬红　王　伟）

【仓上小学合作开办汉语学校】　6月20日，顺义区仓上小学与韩国重韩企业联合举办汉语学校。该校面向北京现代汽车有限公司韩方工作人员子女，每年1月和7月两次招生，韩国学生完成6个月汉语培训，征得家长同意，可以插入仓上小学普通班学习。至年底，汉语学校共招收学生8人。

（王　伟）

【实现“校校通”工程建设目标】　7月，顺义区教委实现“校校通”工程建设目标。该工程采用光纤接入，综合布线方式，共建成校园网79个，总投资3500万元。

（王成效）

【召开高三教学工作研讨会】　8月24至27日，顺义区教委召开高三教学工作研讨会。会议总结2002年高三教学工作，分析2003年高考试卷、教学大纲和高考大纲，研讨2004年高考发展走向，明确高考学科教学指导思想。会议印发教学计划，部署各学科教学工作。该区高中各科教研员和部分骨干教师32人参加会议。

（张华礼）

【完成年度中招中考工作】　8月，顺义区教委完成年度中招中考工作。该区共有初中毕业生14745人，被各类高级中等学校录取13989人，占毕业生总数94.9%。其中，提前录取975人，普通高中（含私立高中）录取5647人，中等职业学校录取（中专、技校、职高）7367人。

（贾贺旺）

【接受爱立信公司捐赠】　9月5日，顺义区龙湾屯中学接受北京爱立信普天移动通信有限公司捐赠。赠品为计算机63台，总价值30万元。该区领导及师生1430人参加捐赠仪式。

（王　伟）

【启动绿港少年奥运行动】　9月12日，顺义区教委、区精神文明办、团区委和奥管委联合举办“绿港少年奥运行动”启动仪式。仪式中向师生发放《奥运知识读本》11万册，总值50万元。该区团委、奥管委及师生130人参加启动仪式。该活动分为启动、实施、展示和表彰4个阶段，围绕奥运会主题开展读书征文、知识竞赛、双语演讲、“我的2008”绘画比赛、“我做文明小公民”评选和当好“小小城市协管员”等活动。

（曾文桂）

【召开中美克服学习障碍报告会】　9月18日，顺义区教委召开“中美教育学术交流——克服学习障碍”报告会。会议听取美国学习障碍研究学者关于学习障碍学生特征、生理机制及克服学习障碍方法专题报告，并现场交流克服学习障碍热点问题。该区各中学主管德育干部教师200人参加学习。

（张华礼）

【召开特殊教育艺术节总结会】　9月18日，顺义区教委召开首届特殊教育艺术节总结会。会议表彰美术、书法和手工制作获奖选手168人，其中，专兼职教师82人、残疾学生86人，授予12家单位“优秀组织奖”。该区特教师生280人参加会议。首届艺术节于5月举办，来自42所学校800件作品参加比赛。

（曾文桂）

【高考成绩揭晓】　9月，顺义区高考成绩揭晓。该区毕业生4164人报名参加高考，被大专及以上院校录取3628人，录取率87.1%，连续26年居远郊区县之首。其中，大学本科录取2418人，比上年增加609人；专科录取1210人，比上年增加83人；清华、北大录取79人，比上年增加15人。

（曾文桂）

【举办中小学生秋季田径运动会】　10月19至21日，顺义区教委举办年度中小学生秋季田径运动会。比赛分小学、普通初中、传统校初中、普通高中和重点高中5个组，设立86个比赛项目。来自90所中小学校1090名选手参赛，其中，21人次打破11项运动会纪录，杨镇中心小学、沿河中学、马坡中学、顺义三中和顺义一中分获小组总分第一名，15 所学校获得入场式优秀奖，13 所学校获得体育道德风尚奖。

（言承东）

【完成学校安全检查】 11 月 11 至 13 日，顺义区教委完成学校安全检查。检查分为 2 个小组，重点检查“119”防火宣传、法制教育和冬季安全三个方面。涉及学校 59 所，其中，幼儿园 13 所，小学 22 所，中学 24 所，占该区学校 50%。结果显示，多数学校开展“119”防火宣传日活动，举办灭火、疏散演习等活动。全区学校已经取消明火取暖，70%学校安装红外线自动报警器。

（杨广田）

【推广“适时指导”备课方法】

11 月 26 日，顺义区教委推广仁和幼儿园“适时指导”备课方法。该方法强调实践体验，备课教师分为两组，一组搭积木（幼儿角色），一组观察（教师角色）。搭建者体会观察者指导是否“适时”；观察者在积木搭建中体验什么是“适时”。

（杨海君　张　洁）

【召开小学古诗文诵读现场会】 12 月 4 日，顺义区教委在西辛小学召开小学古诗文诵读现场会。会议观摩该校两节古诗文评价课，观看学生古诗文才艺表演和学生读书作品征文展示，听取《三位一体课外阅读的研究与实践》经验介绍。市、区教委及各校教学领导 100 人参加现场会。西辛小学自 2001 年开展学生古诗文诵读活动，取得 28 项成绩。

（胡翠荣）

【完成部分学校装备招标采购】 12 月 9 日，顺义区教委完成 18 所办学条件困难校装备公开招标采购工作。采购活动由区政府采购办、采购中心主持，采用国内公开招标形式，区监察局、区检察院反贪局、区审计局、区财政局实行全程监督，评标专家组由市政府采购中心“评标专家库”7 名专家组成。采购项目有多媒体设备 46 套，教学用计算机房设备 15 套，教师办公计算机 369 台，办公桌椅 955 套，课桌椅 5100 套，文件柜 360 个，小学自然实验仪器室设备 2 套。来自全国 61 家企业参加投标，其中，15 家中标。

（单秋英）

【开展校长调研活动】 12 月 22 至 29 日，顺义区教委召开校长调研报告交流会。年初，该区教委要求校长围绕教育管理、21 世纪基础教育课程教材改革实验、信息化建设等工作，结合工作实际，调研、分析所遇到突出问题，寻找解决办法。全区 170 名中小学校长和幼儿园园长全部完成调研报告。

（王　伟）

职业教育

【概　况】 2003 年，顺义区有职业中学 5 所，开设专业 33 个；教学班 210 个，招生 2097 人，完成招生计划 70%，毕业 2012 人，在校生 5783 人；教职工 660 人，其中，专任教师 416 人，专任教师学历合格率 78%，高级专业技术职务 87 人。职业学校总占地面积 147 万平方米，建筑面积 83392 平方米，固定资产总值 7401 万元。

（曾文桂）

【一职校举办法制教育报告会】 2 月 25 日，顺义区第一职业学校举办法制教育报告会。会议听取区公安局干警《争做一名遵纪守法的优秀学生》法制报告，结合案例，分析青少年违法、犯罪原因、特点，讲授个人预防发生过激行为方法。该校学生 2300 人参加学习。

（王　丽）

【一职校开展暑期培训】 7 至 8 月，顺义区第一职业学校开展多项暑期培训。该校与北京市汽车工业学校联合开办汽车制造与维修培训班，培训现代汽车集团技术工人 300 人；与北京市汽车技工学校联合开办汽车贸易与维修培训班，培训汽车营销人员 78 人；与北京现代汽车集团联合开办机加工培训班，培训工人 57 人；举办中方人员韩语培训班、韩方人员汉语培训班，北京现代汽车集团职工 21 人参加学习。

（拜晓勇）

【一职校与外埠学校联合办学】 8 月 19 日，顺义区第一职业学校与河北省 2 所学校联合办学。其中，与邯郸工贸学校联合举办计算机应用和会计专业中专班，学制 3 年，招收学员 110 人；与三河市职教中心联合举办汽车运用与维修专业中专班，学制 3 年，招收学员 48 人。

（陈成元）

【一职校首届免试入学大专班开学】 9 月 6 日，顺义区第一职业学校首届免试入学自考大专班开学。该大专班与联大商务学院共同举办，网络技术应用与服务专业，开设 18 门课程，采用业余学习方式，学制 3 年，考试合格获得大专毕业证书和国家职业技能资格证书。大专班首批招收学生 46 人。

（陈成元）

【一职校21名学生考入普通高校】 9 月，顺义区第一职业学校 21 名学生考入普通高校。该校共有 32 名毕业生报名参加高考，占毕业生总数 3.6%；21 人被录取，均为专科，升学率 65.6%。

（陈成元）

【一职校学生参观消防教育基地】 11 月 8 日，顺义区第一职业学校学生参观区消防安全教育基地。学生们首先观看消防战士灭火表演，现场学习消防自救知识和技能，并完成消防技能学习演练。该校学生干部70人参加学习。

（陈成元）

【汽车职高学生在现代汽车公司就业】 12月19日，顺义区汽车职业高中第二批学生到北京现代汽车有限公司就业。第二批就业学生共计115人，其中，汽车维修与驾驶专业52人、汽车运用工程专业63人。11月，该校首批6名学生被现代汽车公司录用，经过对学生英语水平、专业水平考察，决定再次录用新生。

（王东红）

成人教育

【概　况】 2003年，顺义区共有各级各类成人学校489所。其中，成人高等学校3所，开设8个专业，教学班25个；招生1073人，毕业494人，在校生2706人；教职工42人，其中，专任教师9人。成人中等学校1所，开设4个专业，教学班20个；招生120人，毕业142人，在校生762人；教职工132人，其中，专任教师100人。社会力量办学单位33所，全年培训19551人次。乡办、村办成人学校（市民学校）452所。直属校站教师学历合格率72.5%，高级专业技术职务26人，全年培训92万人次。

（曾文桂）

【部署学习化社会建设工作】 1月14日，顺义区政府召开学习化社会建设工作会。会议总结学习化社会建设成绩，表彰先进单位和个人。会议要求，统一思想，强化责任，宣传学习化社会典型，重视社会化教育培训职能，创建新型学习组织。会议强调，各级领导干部要研究问题，率先做一名学习者。市教委、区政府及各单位领导160人参加会议。

（赵云霞）

【参加高自考人员增加】 3月1至7日和9月1至7日，顺义区自考办完成年度两次高等教育自学考试报名工作。其中，上半年报名4370人，报考10786科次，比上年同期增加4560科次，增长73.2%；下半年报名3550人（含新生621人），报考8110科次，增长11.2%。上半年实际参加考试4370人，10786科次；下半年实际参加考试3502人，8200科次。

（李明春）

【电大顺义分校总结教学工作】 3月14日，电大顺义分校召开脱产班学生教学总结会。会议表彰学习成绩优秀学生20人、优秀学生干部8人，总结考试成绩、学习方法、学习目的等教学关键工作，分析存在问题，要求学生树立正确学习观念，掌握正确学习方法，发挥脱产学习时间优势，提高教学质量。该校师生220人参加会议。

（聂　鑫　蒋国锋）

【电大顺义分校举办电子政务培训班】 3月23日，电大顺义分校举办电子政务培训班。该培训班分为提高和基础2个班次，开设计算机管理、应用，网络应用、维护等课程，学制3个月。培训班受区质量技术监督局委托举办，共计招生94人，占该局职工总数90%。

（许景山　聂　鑫）

【电大顺义分校招收开放生】 6月18日至9月1日，电大顺义分校完成年度秋季开放教育招生。共有495人报名参加学习，比上年增加82人。开放教育利用业余时间开展本科教学，设立法学、土木工程和汉语言共3门课程，学制3年，考试合格获得中央电大毕业证书，成绩优秀者可获得学士学位。

（赵德敏）

【成人高考报名人数增加】 9月12至15日，顺义区成教招生办公室完成年度成人高考补报工作。共有463名考生参加补报，其中，专科334人，本科129人。至此，该区成人高考报名4002人，比上年增加17人，其中，专科2754人，本科1248人，分别比上年增加269人和减少252人。

（李明春）

【社教中心新校区投入使用】 9月20日，顺义区社区教育中心新校区投入使用。新校区占地面积16666.5平方米，建筑面积14723平方米，包括宿舍、教学楼和8000平方米塑胶体育场。该工程2002年10月开工，总投资2200万元。

（单小红）

【电大顺义分校在校生增加】 9月，电大顺义分校在校生人数增加。该校毕业学生188人，比上年减少148人；招收新生1264人，比上年增加297人，增长31%；在校生总数（不包括遗留生）2707人，比上年增加384人，增长16.5%。

（聂　鑫）

【电大顺义分校教学楼投入使用】 10月31日，电大顺义分校教学楼投入使用。该楼占地面积6003平方米，建筑面积7600平方米，拥有标准教室30间，大教室36间，可容纳2300名学生就学。教学楼2002年12月开工建设，总投资140万元。

（聂　鑫）

【首次评估学习型组织先进单位】 11月12日，顺义区政府完成首次创建学习型组织先进单位评估。该评估按照领导重视、机构制度健全和开展有特色教育活动3个方面，采用听取汇报、现场查看等方法。该区共有16家单位报名参加首次评估，全部通过。

（拜晓勇　李　伟）

中共顺义区委教育工委

书　　记　线长久

顺义区教育委员会

主　　任　线长久

顺义区政府教育督导室

主　　任　线长久

怀　柔　区

基础教育

【概　况】 2003年，怀柔区有托幼园所89所，在园所幼儿4880人。其中，市立园所2所，单位办园所1所，乡村办园所54所，社会办园所32所；教职工569人，其中，专任教师347人；学前三年教育普及率92%。小学53所，教学班648个；在校生18881人，招生2894人，毕业3615人；教职工2478人，其中，专任教师1760人，教师学历合格率99.5%；小学入学率100%，巩固率100%，毕业及格率100%。中学26所，其中，初级中学19所，高中2所，完全中学3所，九年一贯制学校1所，体育运动学校1所；教学班446个（初中335个，高中111个）；招生5582人（初中3735人，高中1847人），毕业6032人（初中5009人，高中1023人），在校生16679人（初中11568人，高中5111人）；初中入学率100%，巩固率99%，毕业及格率100%，升学率95%；高中入学率95%，应届高考录取2028人（本科750人，专科1278人），录取率75.2%；教职工2266人，其中，专任教师1420人；初中教师学历合格率96.8%，高中教师95.3%；中小学教师具有高级专业技术职务171人，其中，小学教师2人，初、高中教师169人。培智学校1所，教学班5个，招生5人，毕业4人，在校生34人；教职工28人，其中，专任教师24人；残疾儿童入学率95%，巩固率100%，结业率100%。校外教育单位1家，教职工11人，其中，专任教师10人。全年教育经费投入29615万元，其中，国家拨款27382万元，自筹2233万元。

（杜书霞）

【新一轮内蒙古支教协议签字】 1月3日，怀柔区教委组团赴内蒙古乌兰察布盟察右前旗慰问。该慰问团由5所对口支援学校组成，捐赠慰问款5万元，并签订新一轮对口支援协议。根据协议，怀柔区教委选派优秀教师，每年3次为察右前旗教师举办英语、计算机、普通话培训班；每年接受5所对口支援校教师到怀柔学校挂职锻炼；每年资助对口贫困生100人每生300元。同时加强相互间信息交流，共同参加大型教研活动，共同提高教育教学水平。协议有效期3年。

（杜书霞）

【举办英语教师培训班】 1月6至17日，怀柔区教委举办中学英语教师培训班。该培训班聘请美国威斯康星州卡尔齐大学教授，利用现代教育技术，采用交互式教学方法，讲授英语教法及口语等专题。同时，展示现代化教育技术教学方法。该区中学英语教师35人参加学习。

（杜书霞）

【举办民主日活动】 2月18日，怀柔区教委所属单位举办民主日活动。该活动要求各学校教职工审议通过工作总结、工作计划和财务收支情况。校领导听取教职工代表建议和意见，强化学校民主管理，调动教职工参与学校管理。

（王凤海）

【电视台播出《教育之窗》节目】 2月28日，怀柔区电视台播出《教育之窗》节目。该节目由区教委教科研中心制作，设有教育新闻、校园风采、校长论坛等栏目，每周六19时30分首播，周日早、午、晚及周一早重播，每期10分钟。

（杜书霞）

【举办高三综合研究课】 3月14日，怀柔区教委举办高三年级综合研究课。该研究课题为《西部大开发的昨天、今天、明天》，课长90分钟，学生60人按政治、历史、地理3科分成3个小组，分别将本组课前从网络及书刊上搜集文字、图片、音乐等资料，在班上展示、交流、讨论。研究课由2名学生主持，3科教师做适当指导，该区高三教师45人参加学习。

（杜书霞）

【举办新课改研讨活动】 3月14日至4月4日，怀柔区教委举办“我与新课程同成长”大型教学研讨活动。该活动与北师大共同举办，分为区二小、三小、实验小学和三中、四中5所学校活动场所，分别观摩小学语文、数学、音乐、美术，中学数学、历史学科80节研究课。活动举办教师说课、专家点评、辅导讲座24场，观摩7个国家级实验区教师70人作课和评课。该区中小学教师1000人参加活动。

（杜书霞）

【召开教育科研工作会】 3月31日，怀柔区教委召开教育科研工作会。会议听取年度教育科研工作总结，表彰教育科研工作示范校、先进集体和科研论文获奖者。听取教科研中心《运用现代教育技术，构建主动——交互式教学模式》研究进展情况汇报，观摩第五中学数学、第三小学语文各1节现代教育技术与学科教学整合研究课。全区中小学校长、教科研中心部分教研员200人参加会议。

（杜书霞）

【召开心理健康教育现场会】 4月10日，怀柔区教委召开心理健康教育现场会。会议听取宝山寺中心小学开展心理健康教育经验介绍，参观校园，号召各小学学习先进经验，推动心理健康教育工作。该区7所小学心理健康教育研究试点校60名教师参加会议。宝山寺小学开展心理健康教育，该校举办专家讲座、教师外出学习培训、在课堂教学中渗透心理健康教育、创办《心育小报》、编辑《心育手册》和《教师用语、忌语与评语》，并开设心理健康教育网站。

（杜书霞）

【电视台播出“空中课堂”节目】 5月11至20日，怀柔区电视台播出“空中课堂”节目。该节目由怀柔区教科研中心摄制，面向高三学生进行考前辅导，涉及高考9个学科，共计20讲，全长1200分钟。

（杜书霞）

【召开高考考务工作现场会】 5月29日，怀柔区教委召开高考考务工作现场会。会议演练高考期间工作程序和紧急情况处理方法，包括考生进入考点健康排查程序、考场内异常情况应急处理、考场消毒。会议强调，通过演练查找不足，千方百计做好防控“非典”工作，确保考生和工作人员健康平安。考试院、区政协、卫生局、公安分局领导及各考点领导50人参加演练。

（王凤海）

【完成校园环境食堂卫生检查】 6月，怀柔区教委完成校园环境食堂卫生检查。该检查分为卫生领导机构建设、环境整治措施、重点部位防范、消毒制度、科学用药等方面。该区22所中小学参加检查，检查目的为查找不足，未分类评定，存在主要问题是食品生熟不分、学生公用餐具消毒不严格。

（王凤海）

【实验小学改革毕业考试方法】 7月，怀柔区实验小学改革毕业考试方法。该方法采用笔试和口试相结合，笔试强调书面与动手相结合，分为闭卷、开卷和半开卷3种形式；口试强调学生具有全面综合素质，突出基础知识和分析、解决问题能力。该校毕业年级全体学生参加改革后考试。

（杜书霞）

【举办学校干部提高培训班】 8月13至15日，怀柔区教委举办首期中小学领导干部“十五”期间提高培训班。该培训班听取美国基础教育概况介绍，邀请教育学院研究员举办《课程与管理》和《学校管理诊断》专题讲座。该区各中小学校长120人参加学习。

（王凤海）

【怀柔一中聘请外籍教师】 8月20日，怀柔一中首次聘请外籍教师。外籍教师共计2人，是来自加拿大籍教师夫妇，任期1年。他们担任高一、高二两个年级学生口语课程，同时承担提高学校英语教师口语水平任务。

（范海波）

【召开治理乱收费工作会】 9月13日，怀柔区教委召开治理教育乱收费工作会。会议传达北京市治理教育乱收费会议精神，总结治理教育乱收费工作，通报具有违规收费行为学校。会议要求，学校收取学生费用必须经过区教委及物价部门批准，代收费项目必须纳入财务管理。区教委统一印制试卷、学生证、毕业证、校徽、成绩册以及小学生综合评价手册等一律列入学校公用经费开支，不得另行收取费用。会议强调，各乡镇小学不许向村级组织收取任何费用，不许自行收取捐资助学款或赞助费。该区中小学校长79人参加会议。

（王凤海）

【首届骨干教师高级研修班开学】 10月31日，怀柔区教委第一届中小学区级骨干教师高级研修班开学。该研修班由教育学院教授担任教学，开设教育理论与教学研究、教师修养与教学技能、教学研究与教学实践等课程，总计124课时，学制1年。该区中小学骨干教师56人参加学习。

（杜书霞）

【完成百名教育新星评选】 10月，怀柔区教委完成小学第三届百名教育新星选拔赛。该比赛采用笔试与实际操作相结合方法，设立教育教学理论、课堂教学、计算机应用、英语阅读与写作4个项目。该区18所小学96名教师参加比赛，其中50人入选。至此，该区小学百名教育新星评选工作全部完成。

（杜书霞）

【青年教师基本功比赛结束】 11月8日，怀柔区青年教师教学基本功比赛结束。该比赛分为初、复赛两个阶段，设立微格教学录像、教学论文、英语能力、计算机操作及教学特长加试等5个项目。比赛由教育工会主办，来自79所中小学校全体青年教师参加比赛，136人进入复赛，其中60人获奖。

（杜书霞）

【召开信息技术与教学整合报告会】 11月10日，怀柔区教委召开信息技术与学科教学整合专题报告会。会议邀请北京市教育网络和信息中心研究员作《运用整合思想，把握整合目标，推进整合实践》专题报告，讲授信息技术、网络环境下多媒体教学、整合与学科教学整合、信息技术与课程、学科教学整合以及整合目的等问题。该区中小学领导、骨干教师300人参加会议。

（杜书霞）

【召开教育教学管理研讨会】 11月11至13日，怀柔区教委召开小学现代教育教学管理研讨会。会议实地考察宝山镇小学、渤海小学和实验小学校园，听取3所学校现代教育教学管理经验介绍，研讨现代教育教学管理内涵和如何开展现代教育教学管理等问题。会议认为，要使学校迅速发展，必须树立现代管理思想和先进教育理念；要办好学校，必须有高素质教师队伍、科学管理规范和先进教育教学设施。该区小学领导50人参加会议。

（杜书霞）

【怀北中学教学楼投入使用】 11

月14日，怀柔区怀北中学教学楼投入使用。该教学楼占地面积2.66万平方米，使用面积6000平方米，共4层，拥有教室29间。教学楼2002年5月开工，总投资1000万元。

（杜书霞）

【召开新课改报告会】 11月14日，怀柔区教委举办国家基础教育课程改革实验报告会。该报告会邀请北京教育学院教授作《基础教育课程改革与学生学习方式的转变》专题报告，重点讲授中国基础教育改革背景、改革目标与规划、改革基本理念、改变学生学习方式、基础教育课程改革与教师观念转变问题。该区中小学校长、骨干教师200人参加会议。

（杜书霞）

【举办健康促进学校知识培训班】 11月28日，怀柔区教委举办中小学健康促进学校知识培训班。该培训班由中小学卫生保健所、区疾病控制中心联合举办，讲授该工作组织管理、业务指导和学生卫生知识水平提高等内容，并发放卫生宣传材料。该区中小学领导、校医和保健教师150人参加学习。

（杜书霞）

【完成体育卫生检查工作】 11月，怀柔区教委完成中小学体育卫生检查工作。该检查采用听取学校汇报，实地观看课间操、眼保健操、体育课，检查学生食堂和宿舍，查看相关资料等方式，重点检查领导体制、经费投入、师资资格、课程教学和食堂管理5方面内容。该区39所中小学参加检查，20所优秀。

（王凤海）

【举办干部法规培训班】 12月30日，怀柔区教委举办干部法规培训班。该培训班分析讲解中小学生人身伤害事故处理、责任承担与赔偿等内容。各单位领导及机关干部120人参加学习。

（杜书霞）

【探索督导评价工作新方法】 12月，怀柔区教育督导室探索督导评价工作新方法。新方法坚持统一领导、统一组织、统一方案和统一实施，强化督评人员培训，提高实际工作能力和水平，提前做好问卷调查、统计分析，增强工作针对性和实效性。同时要求规范评价、量化打分，用语言评价描述学校自主发展，形成初步意见。利用新方法，该区完成五中、杨宋中学、三小和桥梓镇小学专项试点督评。

（杜书霞）

职业教育

【概　况】 2003年，怀柔区有职业高中学校2所，职普联合设校1所。开设专业23个，教学班76个；招生1072人，毕业1162人，在校生3179人；教职工331人，其中，专任教师195人。专任教师学历合格率92.4%，具有高级专业技术职务17人。

（杜书霞）

【聘任首批兼职职成教研员】 2月27日，怀柔区教委聘任中等职业教育、成人教育兼职教研员。首批兼职教研员共计19人，组成职成文化课教研组和中职专业课教研组，采用定期召开会议方法，交流职业教育、成人教育情况，查找问题，研究解决问题方法。3月25日，兼职教研员召开首次工作会议。

（杜书霞）

【举办职高评优课活动】 4至10月，怀柔区教委举办职业高中教师评优课活动。该活动分为初、复评两个阶段，要求以探究型学习为主，突出学生主体地位，并能够科学应用现代教育手段。该区职业教育教师195人参加评选活动，22人进入复评，全部获奖。

（杜书霞）

【422名学生考入高职学校】 6月7至8日，怀柔区职业高中422名学生考入高职学校。该区职高学生575人参加考试，422人被录取，其中，本科14人，专科408人，录取率73.4%。

（杜书霞）

【一职庆祝建校20周年】 9月26日，怀柔区第一职业高中举办建校20周年庆典活动。活动中听取学校《适应市场经济需求，创办一流职业教育》报告，听取毕业生代表利用所学知识服务社会、为社会创造财富成绩汇报。市教委、区委、区政府及师生代表1750人参加庆祝活动。怀柔一职成立于1983年，原名怀柔县第一农业高中，1985年更名为怀柔县第一职业高中，现名为怀柔区第一职业高中；占地面积186676平方米，建筑面积37218平方米，操场6000平方米；有教职工193人，20年来共培养毕业生4073人。

（杜书霞）

【举办探究型教学方法研讨会】 12月，怀柔区教委举办探究型学习教学模式研讨会。会议推出一职《源电池的构成条件》化学课和二职《海洋运输货物保险》国际贸易专业课，并完成点评和研讨。会议认为，两节课采用探究型学习课堂教学模式，教师利用现代信息技术教学，体现学生在现代信息技术条件下自主、探究学习。该区教师40人参加会议。

（杜书霞）

成人教育

【概　况】 2003年，怀柔区共有各级各类成人教育学校360所。其中，成人高等学校1所，开设7个专业；在校生1469人，招生531人，毕业220人；教职工31人，其中，专任教师10人。成人中等学校1所，开设2个专业；在校生58人，招生58人，毕业25人；教职工14人，其中，专任教师7人。社会力量办学57所，全年培训23224人，教职工554人，其中，专任教师374人。乡办成人学校14所，全年培训105000人次，教职工23人。村办成人学校287所。成人学校教师学历合格率80%，高级专业技术职务14人。

（崔文霞）

【首批远程教育英语本科生毕业】 1月5日，怀柔区电大分校首批远程教育英语本科生毕业。该教学班采用网络学习为主，面授辅导为辅方式，开设19门课程，学制3年。共有学员65人参加学习，经考试60人毕业，获得本科学历证书。

（杜书霞）

【长哨营成人学校培训农机驾驶员】 3月，怀柔区长哨营满族乡成人学校举办农机驾驶员培训班。该培训班邀请综治办干部讲解农机知识，并发放有关法律、法规及《致全区农机驾驶员公开信》等材料。该乡农机驾驶员100人参加学习。

（杜书霞）

【雁栖镇举办冷水鱼养殖培训班】 3月和6月，怀柔区雁栖镇成人学校举办冷水鱼养殖培训班。3月，该校邀请畜牧水产服务中心技术员讲解虹鳟鱼养殖方法，并现场解答养殖户疑难问题，该镇养殖专业户30人参加学习。6月，该校邀请大连市水产学院、北京市畜牧水产局专家讲解鲟鱼、虹鳟鱼生长特点、养殖技术等实用知识，发放《鲟鱼实用养殖新技术》、《冷水鱼健康养殖技术》等资料70份。该镇养殖户60人参加学习。

（杜书霞）

【举办礼仪培训班】 6至7月，怀柔区汤河口镇、九渡河镇成人学校分别举办礼仪培训班。该班聘请成教中心教师讲解服饰礼仪、电话礼仪和办公礼仪等8方面知识。两镇领导及妇女代表200人参加学习。

（杜书霞）

【九渡河镇举办信息员培训班】 7月4日，怀柔区九渡河镇成人学校举办通讯、信息稿件撰写培训班。该培训班邀请区广电中心主编讲授通讯、信息稿件撰写知识。该镇18个村副书记、信息员30人参加学习。

（杜书霞）

中共怀柔区委教育工委

书　　记　刘生勃

怀柔区教育委员会

主　　任　杜连顺

怀柔区政府教育督导室

主　　任　杜连顺

密　云　县

基础教育

【概　况】 2003年，密云县有托幼园所140所，其中，教育部门办3所，单位办6所，乡村办111所，社会力量办20所；幼儿班332个，在园所幼儿7540人，毕业3723人，招生2815人；教职工760人，其中，专任教师517人，代课教师94人；学前三年教育普及率78%。小学79所，其中，寄宿制学校15所；教学班896个；在校生26981人，招生3949人，毕业6282人；教职工3222人，其中，专任教师2470人，教师学历合格率100%；小学入学率100%，巩固率100%，毕业及格率99.89%。中学26所，其中，初级中学19所，高中3所，完全中学3所，九年一贯制学校1所；教学班633个（初中477个，高中156个）；招生9499人（初中6425人，高中3074人），毕业9353人（初中7836人，高中1517人），在校生37387人（初中24975人，高中12412人）；初中入学率100%，巩固率97.89%，毕业及格率93.75%，升学率92.58%；高中入学率95%，毕业及格率100%，应届高考录取率80.53%；教职工2990人，其中，专任教师1906人；初中教师学历合格率100%，高中教师93.79%；中小学教师具有高级专业技术职务1061人，其中，小学教师883人，初、高中教师178人。特教学校1所，教学班12个；招生8人，毕业21人，在校生163人，其中，小学随班就读44人，初中随班就读12人；教职工31人，其中，专任教师19人，学历合格率100%；残疾儿童入学率97.7%，巩固率100%，结业率100%。校外教育单位1家，教职工18人，其中，专任教师8人。小学总占地面积901633平方米，建筑面积181636平方米；特殊教育学校占地面积4642平方米，建筑面积1965平方米；普通中学总占地面积825225平方米，建筑面积236403平方米。全年教育经费投入36356.8万元，其中，国家拨款32296.6万元，自筹4060.2万元。

（郭占云）

【中小学生乒乓球比赛结束】 1月16日，密云县中小学生乒乓球比赛结束。该比赛分为6个组别，设立男单、女单和团体共计3个比赛项目，采取5局3胜每局11分单淘汰制。来自25所中小学运动员130人参加比赛。

（郭占云）

【完成收费工作检查】 2月21至27日，密云县教委完成收费和财务工作检查。该检查重点是上学期收费情况，本学期收费项目、标准以及公示情况。该县62家单位全部参加检查。检查显示，学校能够做到依卡依规收费，账目清楚，结算及时。

（郭占云）

【召开学雷锋总结表彰会】 3月1

日，密云县教委召开中小学学雷锋活动暨百名优秀学生总结表彰会。会议表彰学雷锋活动中表现突出雷锋班20个、学雷锋小组20个、学雷锋先进个人20人及中小学优秀学生各100人。该县教委领导及师生200人参加会议。

（郭占云）

【“八一”爱民小学再次获得捐款】 3月13日，密云县新城子“八一”爱民小学获得解放军总后勤部机关捐款。这笔捐款共25万元，主要用于建设计算机房。该校前身是1994年建成的新城子中心小学，1996年参加军民共建活动，获得解放军总后勤部机关捐款20万元，用于翻建学生宿舍，学校更名为密云县“八一”爱民小学。1998年总后勤部机关再次捐款30万元，为学校建成多功能餐厅，并捐赠计算机和电视机。

（郭占云）

【完成学生宿舍管理情况抽查】 3月18至19日，密云县教委完成学生宿舍抽查。该抽查分为领导重视程度，宿舍管理制度，清洁卫生以及学生良好生活习惯养成等内容。抽查涉及穆家峪、冯家峪和古北口等11所中学。结果显示，各校领导普遍重视宿舍管理具体要求，宿舍管理员工作负责，能坚持每天一次检查、每周一次扫除工作制度。

（郭占云）

【举办新任副校长培训班】 3月21日，密云县教委举办小学新任副校长培训班。该培训班听取县教委领导教育教学法律法规、文件和政策专题讲座，听取2名老校长工作经验和体会介绍，听取科研室研究员如何搞好教育科学研究专题讲座。该县新任副校长17人参加学习。

（郭占云）

【展示小学教科研成果】 4月8日，密云县教委举办小学教科研成果展示活动。该活动听取密云六小《以科研为先导，全面提高教育质量》主题发言，讲述学校教师以教科研带动教育教学工作经验和做法。与会者观摩9个学科14节展示课，并完成点评。该县各中心小学、直属小学教师120人参加活动。

（郭占云）

【召开提高寄宿管理水平培训会】 4月18日，密云县教委召开加强寄宿管理，提高规范化水平培训会。会议听取石城寄宿小学《贯彻以人为本的办学思想，提高学生自我教育的能力，培养学生良好的行为习惯》和大城子中心小学《加强寄宿规范化管理，建设学生自主发展的“家园”》经验介绍。该县12所寄宿小学干部教师40人参加学习。

（郭占云）

【举办监考员培训班】 6月6日，密云县教委举办监考员培训班。该培训班分为5个培训点，传达市教委电视电话会议精神，学习“监考员职责”。培训班要求，各考点优化环境，营造安静、祥和、宽松气氛，严肃考风、考纪。同时观察学生健康状况，妥善处理突发事件。该县监考员499人参加学习。

（郭占云）

【完成高等教育招生考试】 6月7至8日，密云县教委完成全国统一招生考试。该县设立5个考点，1个隔离考点；考场159个，其中备用考场29个。每考场安排考生20人，隔离考场考生不超过8人。共有2523名学生报名参加考试，实际参加2513人，无考试违纪现象。

（郭占云）

【完成高中招生考试】 7月8至10日，密云县教委完成高中招生考试。该县设10个考点，考场276个，其中备用考场10个。7832名学生报名参加考试，实际参加7819人。结果显示，60分以上7330人，90分以上4238人，语文、数学、外语3科平均分264.88分。北京市中考原定于6月24至26日举行，推迟至7月8至10日，考试科目由5科调整为语文、数学、外语3科，各科满分均为120分，总分360分。

（郭占云）

【举办法制副校长座谈会】 7月22至23日，密云县教委召开法制副校长座谈会。会议听取公安局、检察院、法院、司法局和镇司法所兼职法制副校长开展法制教育工作经验介绍，听取法制副校长意见和建议。该县兼职法制副校长133人参加会议。2000年，密云县政法委、县未成年人保护委员会和县教委开展聘请法制副校长活动，183所中小学校共同聘请法制副校长133人。

（郭占云）

【完成教师暑期信息技术培训】 7月27日，密云县教委举办中小学教师暑期信息技术培训班。该培训班分校级、中层干部、学科带头人骨干教师和部分学科教师4个层次，共计8期、16个教学班。主要开设《信息技术理论》、《网络基础知识》、

《网页制作》课程。该县教师480人参加学习。

（郭占云）

【总结年度高考工作】 9月9日，密云县教委召开年度高考工作总结会。会议总结高考工作，听取密云二中、一中和教研中心经验介绍。该县高中教师30人参加会议。本年度，该县参加高考学生2513人，高考上线1744人，比2002年增加539人，上线率84.66%，增加8.78个百分点。录取率79.81%，超过全市平均水平5.51个百分点。文科平均分高于市平均分14分，理科接近市平均水平，数学成绩有较大提高。考生中考入北大6人、清华9人。中职考生被高职校录取259人，其中，本科12人，比上年增加7人。录取率76.2%，增加25个百分点。

（郭占云）

【举办最佳服务单位论坛】 9月16日，密云县教委举办最佳服务单位论坛。该论坛听取中小学卫生保健所、成教中心、教育技术装备部和信息中心为中小学和社会提供优质服务做法与经验介绍，同时交流“服务”内涵、如何创造性工作，提高服务质量等经验。该县机关干部30人参加论坛。

（郭占云）

【赴内蒙古支教】 9月20日，密云县教委组团赴内蒙古支教。该支教团共计18名教师，在察右中旗举办专题讲座4场，系统介绍高中教学“新教材、新理念、新观点”、“研究性课堂教学”和现代化教育手段在新教材教学中运用等经验。支教教师同时作观摩课6节，听课33节，评课24节，教学辅导2次，召开座谈会21次，集体备课10节，并资助贫困生3万元。

（郭占云）

【小学全部开设英语课】 9月，密云县小学全部开设英语课。一至六年级学生每周两课时，全县有25403人参加学习。为保证新学年小学全部开设英语课，县教委把第一批参加学习教师60人安排到教学岗位，扩充英语教师队伍。

（郭占云）

【密云二中分校综合楼落成】 10月9日，密云县第二中学分校综合楼工程竣工。该综合楼三层框架结构，由阶梯教室、图书室、师生阅览室、视听教室4部分组成。占地面积1500平方米，建筑面积3100平方米。综合楼于4月开工建设，总投资508.4万元。

（郭占云）

【举行中小学生田径运动会】 10月18至19日，密云县教委举办中小学生田径运动会。该运动会分为6个组别，设立94个比赛项目。来自50所学校635名学生参加比赛，共有13人次打破11项县运会纪录。其中，2人分别以1.78米、16.10米成绩打破高中男子跳高和铅球运动会纪录，1人分别以15秒12和41秒18成绩打破初中男子110米栏和300米栏纪录，3个运动队分别以4分26秒11、54秒6和52秒14成绩打破高中女子4×400米、初中女子和小学男子4×100米县运会纪录。

（郭占云）

【溪翁庄小学教学综合楼投入使用】 10月21日，密云县溪翁庄中心小学教学综合楼投入使用。该教学楼占地面积19980平方米，建筑面积4115平方米，地上4层，拥有教室24间。教学楼6月开工建设，总投资558万元。

（郭占云）

【召开维权小卫士表彰会】 11月13日，密云县教委召开维权小卫士表彰会。会议听取“维权”活动总结，表彰维权小卫士20人。会议由县教委与县工商局联合召开，该县7所中小学学生150人参加会议。2001年3月，密云县启动维护青少年消费权益活动，通过各种形式宣传《消费者权益保护法》，全县已有29所中小学建立“青少年消费维权岗”。

（郭占云）

【检查中小学供暖情况】 11月17日，密云县教委完成中小学冬季供暖检查。该检查分为8个组，重点检查供暖工作管理、司炉工持证上岗和用煤储备，涉及61所中小学、幼儿园。11月6日，该县中小学全部实施供暖。

（郭占云）

【完成乡镇幼儿园检查】 11月17至21日，密云县教委完成乡镇幼儿园环境建设设施检查。该检查采用听取汇报，实地考察方法，重点是房屋建筑、取暖设备、内外环境、饮水洗手和活动场所。该县18个镇34所幼儿园接受检查，各项指标全部达到标准。

（郭占云）

【诞生首批一级一类幼儿园】 11月，密云县诞生首批一级一类幼儿园。首批一级一类幼儿园共计3所，分别是密云第一、第二和第四幼儿园。7月，3所幼儿园先后接受办园方向、物质条件、管理工作、保教工作、卫生保健和儿童身心发展等方面验收。

（郭占云）

【举办法制教育观摩课】 12月2日，密云县教委举办法制教育观摩课。该课听取密云三中法制副校长结合具体案例，分析讲解违法与犯罪、违法与犯罪关系和犯罪类型等知识。并要求全县各学校加强法制教育，要把法制副校长工作纳入本单位重要议事日程，制订考核办法。该县政法部门、县教委有关负责人及部分中小学法制副校长128人参加观摩活动。

（郭占云）

【举办中小学生冬季长跑比赛】 12月13日，密云县教委举办中小学生冬季长跑比赛。该比赛分为小学、初中、高中男女共计6个组别，其中，小学组2500米，初、高中女子组4400米，初、高中男子组4700米。全县35支代表队175名学生参加比赛。

（郭占云）

【完成基建投资 9605.7 万元】 至年底，密云县教委完成基建投资 9605.7 万元。其中，投资 7584.3 万元，新改扩建教学楼面积 36480 平方米，为中小学配备设备 10936 件(套)；投资 826.4 万元，新建校园网 22 套，中学、中心小学校园网主干全部建成；投资 730 万元，完成 47 所中学供暖改造；投资 465 万元，完成 29 所寄宿制中小学新建、改造、装修浴室 2000 平方米，配备太阳能洗浴设施。

（郭占云）

【颁发贫困学生助学金】 至年底，密云县教委为贫困学生颁发助学金。全县有 11971 人次中小学生享受减免教科书费共 1493892 元；有 11989 人次中小学生享受人民助学金共 1359150 元；有 12344 人次中小学住宿生享受伙食补助共 1902830 元。该县全年共发放扶贫助学资金 4773392 元。本年，密云县有中小学生 635 人接受社会资助，金额 298910 元。

（郭占云）

职业教育

【概　况】 2003 年，密云县有职业中学 2 所，均为独立设校。开设专业 17 个，教学班 85 个；招生 1489 人，毕业 1022 人，在校生 3950 人。教职工 314 人，其中，专任教师 159 人，学历合格率 80%，高级专业技术职务 39 人。职高毕业生就业率 99.2%。职业中学总占地面积 113260 平方米，建筑面积 28339 平方米，固定资产总值 2250 万元。

（郭占云）

【职业学校完成毕业生就业升学工作】 7 月，密云县职业学校完成毕业生就业升学工作。该校参加就业毕业生 528 人，被录用 524 人，就业率 99.2%。参加高职招生考试学生 305 人，其中，205 人超过专科录取分数线，上线率 67.2%。

（郭占云）

【与北京齿轮厂签订用人协议】 10 月 30 日，密云县教委与北京齿轮厂签订用人协议。根据协议，工厂每年录用密云职业学校毕业生 20 人，在工厂实习半年后转为正式员工；密云职业学校负责完成毕业生 2 个月专项培训。协议有效期限 1 年。

（郭占云）

【职校展示礼仪教育成果】 11 月 22 日，密云县教委召开“三礼”教育成果展示现场会。会议听取 3 所试点学校“三礼”教育工作汇报，观摩教育成果汇报表演。会议提出借鉴试点校成功经验，制订本校“三礼”教育活动计划和实施方案工作要求。该县中小学校领导 168 人参加会议。本年，密云县教委开展礼仪、礼节和礼貌教育试点，确定密云职业学校、密云二小和塘子中学 3 所试点校。

（郭占云）

成人教育

【概　况】 2003 年，密云县共有各级各类成人学校 272 所。其中，成人高校 1 所，开设 12 个专业；招生 876 人，毕业 832 人，在校生 2589 人；教职工 35 人，其中，专任教师 11 人。职工学校 5 所，全年培训 3600 人次，教职工 24 人，其中，专任教师 12 人。乡办成人校（站）18 所，全年培训 8 万人次，教职工 19 人。村办成人校（站）220 所。直属校站教师学历合格率 95%，高级专业技术职务 2 人。另建有市民学校 28 所，全年培训 211 万人次。成人教育学校总占地面积 146740 平方米，建筑面积 30680 平方米，固定资产总值 2950 万元。

（郭占云）

【完成上半年社会力量办学机构年检】 6 月，密云县教委完成社会力量教育机构上半年年检工作。该年检按照《教育法》规定设置标准，共检查社会力量办学机构 33 个，其中，16 个合格、3 个转入职工教育系列、2 个不合格须整改、2 个主动申请停止办学并解散教育机构、10 个被注销办学资格。

（郭占云）

【两个第二学历脱产班毕业】 7 月，密云县教师培训中心 2 个第二学历脱产班毕业。该脱产班与首都师范大学联合举办，分别是英语、计算机专业，其中，英语专业开设课程 12 门，学制 2 年，计算机专业开设课程 14 门，学制 2 年。该区教师 120 人参加学习，英语、计算机专业各 60 人。

（郭占云）

【成教中心举办社区免费培训】 11 月 12 至 26 日，密云县成人教育中心举办社区免费培训班。该培训班由密西花园小区举办，讲授计算机和网络知识，讲解 Win98、Word 使用方法，学制两周，共计 24 课时。该小区居民 28 人参加学习。

（郭占云）

【完成年度培训任务】 至年底，密云县教委完成年度培训任务。该县培训外经贸、市场营销、工商管理、医药、财政金融等人员 500 人；电大分校法律、英语、金融专业招生 545 人；成人高等教育毕业 1012 人。现代企业职工教育培训 2.3 万人次，2383 名职工获得工人技术等级证书。开展实用技术培训 8 万人次，绿色证书培训 900 人次，农民 703 人获得绿色证书。认定 11 所县级镇村示范成人学校。

（郭占云）

密云县教育委员会

主　　任　李钟勤

党委书记　高淑贤

密云县政府教育督导室

主　　任　赵长荣

平　谷　区

基础教育

【概　况】 2003年，平谷区有幼儿园163所，其中，市立园4所，集体办园115所，社会力量办园44所；幼儿班316个，其中学前班54个；招收幼儿2237人，离园3161人，在园7028人，全区幼儿入园率98%；教职工840人，其中，专任教师583人；幼儿教师学历合格率78.5%。小学108所，其中，县镇25所，乡村83所，教学班996个；招生3861人，毕业8189人，在校生27558人；教职工2969人，其中专任教师2385人。小学入学率、巩固率、毕业合格率均为100%。中学33所，其中，完全中学6所，高级中学4所（含民办1所），初级中学23所（含九年一贯制学校1所）；教学班840个（初中班601个，高中班239个）；招生12811人（初中8172人，高中4639人），毕业生13442人（初中10942人，高中2500人），在校生38182人（初中26266人，高中11916人）；教职工3841人，其中专任教师2622人；初中入学率100%，巩固率98.3%，毕业合格率97.4%，优秀率38.5%；高中入学率48.6%，毕业合格率87.4%，高考上线率79.67%，录取率78.59%。特教学校1所，学制9年，教学班13个，招生15人，毕业23人，在校生179人；教职工59人，其中专任教师35人。残疾儿童入学率、巩固率、结业率均为100%。校外教育单位1家，教职工32人，其中专任教师27人。小学专任学历合格率99.12%；全区中小学占地面积220.6万平方米（小学117.3万平方米，中学103.3万平方米）；建筑面积43.8万平方米（小学18.8万平方米，中学25万平方米）。全年教育经费投入3.57亿元，其中，国拨2.71亿元，自筹0.86亿元，分别比上年增长9.2%、1.9%和41%。

（岳广顺）

【举办幼儿科学知识讲座】 1月4日，平谷区教委举办幼儿科学教育知识讲座。讲座聘请教育学院丰台分院研究员，结合实例讲授现代科学教育特征、幼儿为什么要学科学、儿童怎样学科学、教师怎样教科学、科学教育活动如何展开、幼儿园科学教育指导策略和科学教育中注意事项7个问题，并加以说明。来自乡镇机关、幼儿园幼教领导及教师300人参加学习。

（陈亚静）

【韩庄学区实施帮扶学困生新方法】 1月5至15日，平谷区韩庄学区实施帮扶学困生新方法。新方法分学困生为重度、中度、轻度。重度生由任课教师确定辅导内容，制订复习计划，每天辅导时间不少于40分钟；中度生由任课教师选取辅导内容交由家长辅导或监督复习，每天不少于30分钟；轻度生由教师选编适量知识，由学习成绩较好学生辅导。该学区采用新方法共帮扶学困生75人。

（岳广顺）

【召开课程教材实验研讨会】 2月17日，平谷区教委召开小学21世纪基础教育课程教材改革实验研讨会。会议听取平谷四小、五小、山东庄学区、镇罗营学区4所试点校《新课程教材实验应注重的几个问题》、《新教材与原有教材的关系》、《如何使教师尽快适应新课程教材》和《新课程教材的突出特点》专题发言，研讨课程教材实验热点、难点问题。会议提出探索课改研究专题、注重典型案例研究、探求课堂教学模式及质量监控办法和强化师资培训工作4项任务。

（岳广顺）

【平谷四小试行长短课时】 2月17日，平谷区第四小学试行长短课时制度。新课时改变原每天六节、每节40分钟课程设置方法，试行每天9节，2节40分钟、5节30分钟、1节20分钟、1节10分钟长短结构。长课讲授语文、数学，短课讲授英语、社会、音乐、美术、体育，10或20分钟小课为英语对话训练、语文阅读、计算机操作及校本课程。该校学生1200人参与课时试验。

（岳广顺）

【召开小学德育工作会】 3月11日，平谷区教委召开小学德育工作会议。会议听取平谷第六小学、王辛庄第二学区小学生养成教育和勤俭节约教育经验介绍，部署德育工作任务。平谷六小在低年级开展培养良好习惯教育，包括写字姿式、自己穿衣洗漱和按时起床等10方面；在中年级开展尊师敬长教育，包括主动向教师、长辈打招呼，学会使用“请”、“谢谢”、“没关系”等文明用语；在高年级开展关心他人，爱护公物，发奋学习，建设祖国教育。王辛庄第二学区在低年级中开展“不浪费一粒米，不乱花一分钱”主题教育活动；在中年级开展“人人节省1元钱，栽花、植树美化校园”活动；在高年级开展不挑吃穿，不互相攀比教育。各小学政教主任、班主任代表150人参加会议。

（岳广顺）

【召开中考工作分析会】 3月20日，平谷区教委召开中考工作分析会。会议宣布中考语文、数学、外语由考试院统一命题，其他科目区县自主命题，全市统一组织考试，分区县阅卷；语文、数学、外语考试分数均为120分；招生方式由过去登记入学，提前招生，统一招生，补录改为提前招生，统一招生，补录。会议同时通报参加提前招生学校和学生，必须参加文化课统一考试；补录工作纳入计算机统一管理，由考试院统一审批等要求。各中学校长、教务主任60人参加会议。

（岳广顺）

【首届跳绳踢毽比赛结束】 3月26日，平谷区首届中小学生跳绳、踢毽比赛结束。该比赛分小学、中学组，其中，小学设单人计时跳绳、双摇五人计时跳绳、单人计时踢毽、五人计时接力踢毽4个项目；中学设花样跳绳、双绳连跳、花样踢毽、10人接力踢毽、双人互踢5个项目。比赛始于1998年11月，来自45所学校300名学生参加比赛，其中，山东庄学区、黄松峪中学分获小学组和中学组团体总分第一名。

（岳广顺）

【召开初中实验教学现场会】 3月27日，平谷区教委在韩庄中学召开初中实验教学现场会。会议观摩该校初三年级物理、化学实验示范课，由教研员完成点评，表彰2002年初中理化实验技能比赛10所获奖学校。会议强调，学校不要忽视实验教学在素质教育中的作用，要配齐、配足实验室必备仪器和药品，保证实验教学开课率。该区教师70人参加会议。

（岳广顺）

【召开学习型学校建设现场会】 4

月3日和13日，平谷区教委分别召开中、小学学习型学校建设现场会。中学现场会在平谷三中召开，会议听取建设学习型学校工作目标及基本做法经验介绍，传达区教委《关于进一步推进学习型学校建设工作意见》文件，颁发教育理论学习与教学改革实践征文比赛奖，并参观学校“学习型学校校园文化建设”和“学习型学校档案管理”展览。该区中学师生80人参加会议。小学现场会在王辛庄第二学区召开，会议观看校园文化建设、图书资料配备及档案管理，听取先进单位经验介绍。会议认为，推进小学学习型学校建设是各校领导主要工作之一，要激励中青年教师标新立异、成名成家，要敢于推进教学管理制度、教师评价和奖励方法改革。该区小学教师64人参加会议。

（孟　宏　岳广顺　张立新）

【信息中心完成首批教师培训】 4月10日，平谷区教育信息中心完成首批教师培训。首批培训面向7所2001年建成网校中小学，内容为信息技术与课程整合基本理论、课件制作、常用教育软件安装与使用、电子备课方法、电脑制作集锦、网络基础与网络安全。来自峪口第一学区教师48人参加学习。

（岳广顺）

【平谷七中送课下乡】 4月28日至6月17日，平谷区第七中学开展送课下乡活动。该校教师组成15个下乡小分队，前往各村指定教学地点等候学生；学生以村为单位按年级编制名册，分不同时段到达教学点，听取教师答题指导，布置当天作业并收回前一天作业。其他教师编成出题组（编制作业）、阅卷组（批改作业）和后勤组为下乡教师服务，保证教学活动开展。

（马连贺　王玉荣）

【杨桥中学设立林中课堂】 5月16日至6月15日，平谷区杨桥中学设立林中课堂。该校以各村外杨树林为授课点，按照年级组织教学，每天坚持按课表上课6节，并定时开展身体锻炼。预防“非典”时期，该校共授课287课时，学生520人参加学习，占学生总数95%，

（岳广顺）

【征收教育基金74.2万元】 5月20日，平谷区教委完成年度人民教育基金征收。全系统共征收教育基金74.2万元，比上年增长4%。该区教育基金设立于1989年，15年来共征收基金7800万元。

（符太海）

【召开特殊教育工作研讨会】 5月25日，平谷区教委召开特殊教育工作研讨会。会议研讨关于进一步加强随班就读工作意见、特殊教育工作评价方案及此前6项特教工作规章制度，学习贯彻《北京市特殊教育工作检查标准》。来自该区特教教师36人参加会议。

（岳广顺）

【召开治理乱收费工作会议】 7月2日，平谷区教委召开治理教育乱收费工作会议。会议要求与单位拥有共建关系学校，必须严格执行接收人数、比例规定（不超过计划招生数12%），并按统一规定收费，小学不超过3000元、初中9000元、高中28000元。同时，初、高中毕业年级讲义费按每节5元标准收取。会议强调，被群众举报学校应做到有报必查，有举必究，严肃处理违规行为。该区学校领导80人参加会议。

（岳广顺）

【七小改革考试方法】 7月，平谷区第七小学改革考试方法。新考试采用分散时间、分项考试、分别评分和教师、学校最后汇总形式，语文设写字10分、听说10分、朗读背诵10分、闭卷基础知识70分；数学设口算10分、实践操作10分、思维表达10分、闭卷基础知识70分。考试题目通过抽签、自选和指定相结合产生。该校学生450人参加考试改革实验。

（岳广顺　郭晓凤）

【高考录取工作结束】 7月，平谷区教委完成高考录取工作。该区参

加高校招生考试学生 3044 人，其中，文史类 813 人，理工类 2231 人。全区文、理考试最高 603 分和 650 分，总上线率 55.7%，比上年提高 4.2%。共有 2243 人被录取，录取率 73.7%。其中本科录取 1104 人，比上年增加 321 人，为该区 1977 年恢复高考以来人数最多一年。本科中清华 7 人、北大 1 人、人大 2 人、南开 4 人、浙大 1 人。专科录取 1139 人。此外，188 人参加高职学校招生考试，被录取 150 人，录取率 79.8%。

（岳广顺）

【中考录取工作结束】 8 月，平谷区教委完成中考录取工作。该区中考科目由语文、数学、英语、物理和化学改为语文、数学、英语，总体满分 360 分。参加考试 11737 人，比 2002 年增加 1602 人，其中，满分（含 3 分加分）1 人，300 分以上（不含 300 分）2756 人，占考生总数 23.5%。179 所学校录取 9525 人，录取率 81.2%。其中，普通高中录取 5344 人，占参加考试学生总数 45.5%；中专录取 2539 人，占 21.6%；技校录取 1083 人，占 9.2%；职高录取 559 人，占 4.8%；未被录取 2212 人，占 18.8%。

（岳广顺）

【大兴庄学区召开数学教改研讨会】 9 月 12 日，大兴庄学区召开数学课堂教学改革研讨会。会议提出，数学教师要具备创新精神，创造轻松课堂气氛和师生关系，开展创新课余活动，扩展学生数学知识。会议强调，要树立依靠教材不唯教材，数学来源于生活服务于生活教学观。该学区数学教师 36 人参加研讨。

（赵庆海）

【举办语言教学研讨会】 10 月 14 日，平谷区教科研中心举办语言领域教学研讨会。会议指出，幼儿语言教学活动僵化，教学形式呆板，严重阻碍幼儿语言交往能力。会议要求，必须坚持儿童故事教学形式，利用电化教学手段，增加语言教学游戏活动内容。该区幼儿教育工作者 106 人参加会议。

（岳广顺）

【召开课堂教学改革现场会】 10 月 23 日和 24 日，平谷区教委分别在平谷二中和平谷四中举办中学课堂教学改革现场会。会议观摩两所学校课堂设问、自学、研讨、点拨和练习等教学环境，观看课间操表演、成果展览，听取课改总结汇报和教师发言。平谷二中、四中学习、借鉴江苏省洋思中学素质教育理念，课堂教学改革取得阶段性成果。

（岳广顺　高凤国）

【举办首届电子技术竞赛】 10 月，平谷区教委举办首届中小学生电子技术竞赛。该比赛分为笔试答题和实际操作，16 所学校 70 名中小学生参加比赛，25 人获奖，其中 5 人获得一等奖。赛后 60 件作品参加展示活动。

（岳广顺）

【举办首届特奥运动会】 11 月 5 至 6 日，平谷区教委举办首届特殊奥林匹克运动会。运动会设立足球射门、定点投篮和 50 米抱球跑等 9 个项目，来自 17 个教学单位 150 名残疾学生参加比赛，平谷聋校获得团体总分第一名。

（岳广顺）

【表彰优秀班主任】 11月13日，平谷区教委召开小学优秀班主任表彰暨班主任工作培训会。会议表彰 9 名市级“紫禁杯”优秀班主任、10 名区级优秀班主任，听取市班主任学会关于个人发展、班级管理、家教工作等专题讲座。来自 72 所学校 300 名班主任参加学习。

（岳广顺　王玉梅）

【举办首届机器人灭火比赛】 11 月 15 日，平谷区教委举办首届中小学生机器人灭火比赛。比赛设立机器人负重行走、抢险、寻找失火目标等 5 项，分小学、初中和高中 3 个组，根据负荷量、找点准确、灭火时间等标准评定。该区 10 所中小学 42 人参加比赛，其中，平谷一小、平谷三中和平谷六中分获团体总分第一名。

（岳广顺）

【三幼举办教师技能技巧比赛】 11 月，平谷区第三幼儿园举办教师技能技巧比赛。该比赛分为前勤、后勤 2 个组，后勤组设立面点技能项目，5 名炊事员十余种面点花样参加比赛；前勤组设立玩、教具制作、环境创设和全能项目。14 名教师利用废旧物品制作教具 15 种 213 件参加比赛。

（崔书义　曹红梅）

【举办废旧物品小制作评比】 12 月 10 至 11 日，平谷区教委举办中小学生小制作评比。该评比分为小学、初中组，要求全部使用废弃原料。该区 45 所学校 67 个品种 210 件作品参加比赛，其中，24 件作品获奖。

（岳广顺）

【召开信息化工程建设总结会】 12 月 30 日，平谷区教委召开信息化工程建设总结会。会议总结信息化工程建设情况，全年该区投资 1240 万元，新建校园网 31 个，除望马台中学和马坊学区外，中心小学以上 56

所学校全部建成校园网，45所农村完小建成计算机专用教室。全年该区举办会计电算化、课件制作和校园网管理等培训班276个，培训干部、教师4675人。来自70所学校干部教师130人参加会议。统计资料显示，自2000年，平谷区实现累计投资5000万元，建成校园网58个、计算机房139间，安装计算机5974台，为386间教室配备终端设备，实现市教委中心小学以上学校建成校园网目标。

（符太海　岳广顺）

【二幼投入28万元改善育人环境】 至年底，平谷二幼投入28万元改善育人环境。其中，投入11万元完成校园网建设；投入15万元装修和改造幼儿洗漱间、厕所、楼房窗户和部分幼儿生活室、睡眠室；投资2万元添置幼儿图书、玩具。

（岳广顺）

职业教育

【概　况】 2003年，平谷区有职业学校3所，其中，县镇2所、乡村1所（平谷中学分校）。开设计算机管理与应用、服装加工和园林等10个专业，教学班33个。招生740人，其中，初中应届毕业生730人、其他10人，毕业604人，其中职高毕业生94人（33人获得职业资格证书）、其他培训510人，在校生1601人。教职工627人，其中专任教师440人，专任教师中本科以上学历306人，学历合格率69.5%；具有高级专业技术职务23人，中级126人，初级210人，无职称81人。校园占地面积12.6万平方米，建筑面积7.9万平方米，体育场面积3.2万平方米。

（岳广顺）

【二职签订国际合作协议】 1月13日，平谷区第二职校与马来西亚友联国际教育中心签订教育合作协议。根据协议，中心为学校提供国际教育咨询服务，开拓学校与其他国家大专院校合作办学途径，提供学生出国留学和境外教育服务等；学校为该中心提供实习场地及举办培训班所需设备，定期反馈教育服务信息。该区政府、区教委领导5人参加签字仪式。

（岳广顺）

【二职实践教学投资200万元】 至3月，平谷二职完成实践教学设备投资154万元。其中，投资10万元建成6600平方米温室大棚两个，绿化苗木7992平方米；投资32万元购置计算机20台，配套设备117件，建成计算机实习室1间；投资80万元建成机器加工、广告实习场地；投资3万元建起汽车实习车间。自2001年，该校已累计完成实践教学投资200万元。

（岳广顺）

【大华山中学举办学生画展】 4月9日，平谷区大华山中学举办学生美术画展。该校美术专业学生100幅作品参加展览，分为素描、水粉画、油画、国画、工笔画和图案设计多种类型。其中，45幅画、7个图案设计被12家企业订购。区教委、大华山镇政府领导及18家企业1500人参加活动。

（张　欣）

【二职培训实习楼投入使用】 8月，平谷二职培训实习楼投入使用。该实习楼占地面积7305平方米，建筑面积6399.54平方米，主体4层，局部5层，可容纳800名学生实习。实习楼2002年6月6日开始施工，总投资1200万元。

（贾纯喜）

【一职召开教学成果汇报会】 9月19日，平谷一职召开合作学习教学成果汇报会。会议听取2002级机制班“合作学习”基本理论、教学实验一年来成果介绍，观摩实验基本操作演示。会议研讨实验中亟待解决问题。该校师生380人参加学习。

（李桂祥）

【一职考核毕业生专业技能】 12月26至31日，平谷一职完成就业学生综合考核。考核小组由校长、教学副校长、教务主任、教研组长和专业教师组成，逐一考核烹饪专业刀工、勺工、热炒、面点、冷拼、雕刻和仪容仪表。该校2001级烹饪专业学生48人参加考核，其中，优秀18人、合格26人、不合格4人。

（李翠敏）

成人教育

【概　况】 2003年，平谷区有各级各类成人学校312所，其中职工技术培训学校4所（均由其他部门办），农村成人文化技术培训学校260所（其他部门办16所，民办244所），培训机构48所（教育部门办2所，其他部门办10所，民办36所）。教学班4030个，其中，职工培训学校118个，农村成人培训学校3345个，其他培训机构567个。毕业生297123人，注册学生33204人，招生12307人。教职工1038人，专任教师461人，其中，职工培训学校49人，农村成人培训学校5人，其他培训机构407人。另聘校外教师908人。全区成人学校占地面积39.2万平方米，教学行政用房建筑面积95980平方米。固定资产总值1.07亿元，其中仪器设备资产2515万元。

（岳广顺）

【完成高自考报名考试工作】 3月11日，平谷区自考办完成春季高等教育自学考试报名。该区报考1392人，其中新生327人。报考2814科次，涉及40个专业166门学科。报考法律、会计、计算机应用、工商企业管理专业考生呈上升趋势，本科段考生占报考人数44%。4月21日，该区考试工作结束，1392名报考人中实际有1160人参加考试。12月17日，平谷区高等教育自学考试成绩揭晓。该区1160人参加1922科次考试，合格716科次，合格率37.3%。此次考试设考场103个，监考员208人次，考场为平谷区第二职业学校。

（岳广顺）

【完成首次学习型组织评估】 3至12月，平谷区教委完成首次学习型组织评估。评估根据区政府《关于在全区开展“创建学习型组织先进单位”评估工作的意见》精神，从教育培训管理系统、保障系统、实施系统、成果和效益、特色5个方面检查。该区共有12家单位参加首次评估，其中，7家单位获得平谷区创建学习型组织先进单位称号。

（岳广顺）

【电大平谷分校举办首期计算机培训班】 8月，电大平谷分校举办首期计算机培训班。该培训班设立计算机基础知识、Window2000基础应用、Word2000基础应用、Excel基础应用、PowerPoint2000基础应用和互联网基础应用等课程，学制15天。南独乐河镇26名村干部、17名幼儿园教师参加学习。

（岳广顺）

【完成成人高校招生考试】 11月16日，平谷区教委完成全国成人高等学校招生考试。该区设有2个考点，共计72个考场，249个场次。统考科目语文、外语、数学，分类报考科目为物理、化学、历史、地理和医学综合科。来自各界2107人报名考试，实际参加考试1645人。

（岳广顺）

【首期农民转岗培训班结业】 12月11日，平谷区首期青年农民转岗培训班结业。该培训班设有电工、焊工、烹饪、汽车修理、汽车驾驶、项目经理和计算机操作7个专业，学制1个月。首期共499名青年农民参加培训，全部获得技术资格证书。

（岳广顺　王文左）

中共平谷区委教育工委

书　　记　刘汉勤

平谷区教育委员会

主　　任　梁茂生

平谷区政府教育督导室

主　　任　梁茂生

大　兴　区

基础教育

【概　况】 2003年，大兴区有托幼园所36所，在园所幼儿4512人。其中，市立园所5所，单位办园所17所，乡村办园所14所；教职工566人，其中，教师298人，园长37人，保育员231人；小学附设学前班111个，收幼儿3481人；学前三年教育普及率83.6%。小学131所，教学班1356个；在校生34365人，招生5172人，毕业9058人；教职工3435人，其中，专任教师2800人，教师学历合格率99.7%；小学入学率100%，巩固率100%，毕业及格率100%。中学50所，其中，初级中学33所，高中校3所，完全中学10所，九年一贯制学校4所；教学班1064个（初中853个，高中211个）；招生13189人（初中9170人，高中4019人），毕业14042人（初中12220人，高中1822人），在校生42410人（初中32421人，高中9989人）；初中入学率100%，巩固率99.73%，毕业及格率99.76%；高中入学率31.58%，高中毕业及格率92%，应届高考录取率83.97%；教职工4300人，其中，专任教师3271人；初中教师学历合格率99%，高中教师94%。中小学教师学历合格率97.6%；中小学教师具有高级专业技术职务369人，其中，小学教师20人，初、高中教师349人。特教学校1所，教学班4个，招生37人，毕业9人，在校生37人；教职工20人，其中，专任教师15人；残疾儿童入学率99%，巩固率100%，结业率100%。校外教育单位1家，教职工58人，其中，专任教师41人。教师进修学校1所，教职工164人，其中，专任教师153人。全年教育经费总投入44172万元，其中，国家拨款37381万元，自筹6791万元。固定资产总值63493万元。

（李永奎）

【表彰卫生工作先进】 1月10日，大兴区教委召开卫生保健工作表彰会。会议听取《落实学校卫生工作条例继续把我区普教系统的卫生保健工作推向前进》工作报告，听取先进学校、校医代表工作经验介绍，表彰15家卫生保健先进单位、14名先进校医、6名先进教师。会议要求继续提高认识，按照《学校卫生工作条例》标准，把学校卫生工作落到实处。会议提出加强队伍建设，解决校医队伍人员不足、业务水平不高问题，按600∶1比例要求配备校医，增加卫生经费投入等近期工作目标。该区校医180人参加会议。

（李金艳）

【召开学前教育工作会议】 2月25日和9月5日，大兴区教委分别召开上半年、下半年学前教育工作会议。会议分别部署工作要点，颁发学前教育教研工作计划，安排黄村四幼接受市级一类园验收、黄村二幼申报市级示范园工作。来自各镇教委办、各幼儿园和小学学前班负责人 150 人参加会议。

（李金艳 李永奎）

【举办课程教材实验培训】 2月，大兴区教师进修学校举办 21 世纪基础教育课程教材改革实验教科书七、八年级音乐教材培训班。该班听取教材责任编辑介绍教材编写情况，分析音乐课程改革背景，教材改革现状以及编写思想、体例、框架、内容和特色，观摩一二五中七年级下册《江河万古流》录像课及德茂中学七年级下册《春之声》课件。来自各实验校教师 38 人参加学习。

（李金艳）

【举办中小学生田径运动会】 3月27至28日，大兴区教委举办中小学生田径运动会。该运动会分为高中、中学和小学 3 个组别，设立 3 大类共计 100 项比赛项目。该区 85 所中小学、职业高中学生 1450 人参加比赛，14 人次分别打破 10 项区运会纪录，1 队 30 人 34 人次打破 27 项运动会纪录，取得历年最佳成绩。兴华中学获高中组冠军，黄村三中、黄村二小、太和中学分别获区镇、区直中学组、小学组第一名。

（李金艳）

【组建教师艺术团】 3月，大兴区教委组建大兴区教师艺术团。该艺术团分设合唱、器乐、舞蹈 3 个分团，共有团员 110 人。教师节期间，艺术团分别在兴城广场、印刷学院举办慰问演出。

（李永奎）

【修订镇级教育工作评价方案】 4月1日，大兴区教育督导室召开镇级政府教育工作评价方案修订研讨会。会议听取评价方案修改意见，提出主要建议。来自各镇主管教育领导 20 人参加会议。

（李金艳）

【举办中学生学用心理演讲比赛】 4月11日，大兴区教师进修学校举办第五届中学生学用心理演讲比赛。该比赛分为两个阶段，初中、高中两个组。来自 39 所学校中小学生 44 人参加比赛，26 人获奖。

（李金艳）

【高考工作结束】 6月7至8日，大兴区教委完成全国高等学校统一招生考试。该区设立黄村一中、二中、五中、兴华中学、兴达中学 5 个考点，共计 169 个考场。全国统一高考共有 3369 名学生报名参加，其中，参加普通高考考生 2689 人（文科 1113 人，理科 1576 人），高职单考单招考生 680 人。

（李金艳）

【召开治理教育乱收费工作会】 7月16日，大兴区教委召开治理教育乱收费工作会。会议颁发《大兴区 2003 年治理教育乱收费工作意见》，要求义务教育阶段公办学校免试就近入学，高中招收择校生，严格执行限分数、限人数、限钱数政策。会议重申按照“北京市中小学统一收费项目、标准卡”项目和标准收费，学校应收费用实行“收支两条线”管理，代收费用按“收费卡”规定收费项目收取。会议强调，教育行政部门加强检查，严肃执纪，违规必纠，发现违规行为实行“一停、二退、三没、四罚、五处分、六追究、七通报”办法。会议按照“谁主管、谁负责”原则，逐级签订责任书。该区监察局、财政局、物价局、审计局及学校党政领导 200 人参加会议。

（李金艳）

【少年宫举办消夏文艺晚会】 7月19日，大兴区少年宫举办手拉手共创美好明天消夏文艺晚会。该晚会在星城商厦肯德基店前举办，先后演出声乐、曲艺、器乐、舞蹈和艺术体操节目，艺术专业学生 180 人参加演出。

（李金艳）

【召开目标教学总结表彰会】 7月23日，大兴区教委召开中学目标教学总结表彰会。会议听取区教委《实施高品位的目标教学，全力推进素质教育》工作报告，及目标教学研究与推广委员会题为《让素质教育的有效手段更加有效》发言。会议总结中学目标教学经验，表彰先进集体、优秀个人，提出近期改革工作任务。该区中学校长、教导（或教务）主任及教师进修学校教师 140 人参加会议。该区自 1993 年开始目标教学整体改革，先后出版《目标教学简论》、《目标教学艺术论》、《目标教学操作论》书籍 3 本，并形成体系。

（李金艳）

【庞各庄二小建成农艺园】 7月，大兴区庞各庄第二中心小学建成农艺园。该农艺园占地面积 2400 平方米，拥有鱼池、鸽子房和文化墙等设施，学生课余动手种植茄子、西红柿和果树，养殖鸽子、乌鸡等小动物。

（李永奎）

【举办小学英语教师培训班】 7月，大兴区教委举办小学英语教师培训班。该培训班设置提高班 4 个、普通班 2 个，由爱华英语培训中心外籍教师负责教学，主要讲授口语技巧和表达能力方面课程。培训班为期 10 天，来自 74 所学校教师 213 人参加学习。

（李金艳）

【黄村五小试验楼落成】 8月15日，大兴区黄村第五小学试验楼落成。该试验楼占地面积 695 平方米，建筑面积 2780 平方米，采用砖混结构，地上 4 层，设有大会议室 1 间，接待室、小会议室各 1 间，各种专用及普通教室 16 间，办公室 12 间。试验楼2月28日开工建设，总投资374万元。

（刘洪旺）

【举办首届学前班教师培训班】 8月25至27日，大兴区教委举办首届学前班教师培训班。该培训班贯彻《北京市学前班管理办法》、《北京市幼儿园教育指导纲要》精神，邀请市早期教育研究所专家作《怎样做一个新时期幼儿喜爱的学前班教师》专题讲座，系统讲授相关规定、游戏、体操及舞蹈等教学内容。该区教师140人参加学习。

（李金艳）

【大兴完成人事制度改革】 8月，大兴区教委完成人事制度改革。该改革按照事业单位人事制度改革意见，实行全员聘任制。教职工提前退休401人、离岗待退80人、7人城区转岗分流至农村小学，领导干部保留待遇52人。

（李永奎）

【西红门镇增加教育经费投入】 9至12月，大兴区西红门镇增加教育经费投入。该镇为兴海、金海和志远学校建设9间多媒体教室、4间电子备课室，为志远小学安装计算机房，完成新建小学教室、操场翻修和地面硬化，共投资200万元。同时，与日月星房地产公司联合设立“日月星”奖学金，向品学兼优学生78人颁发奖学金15万元。

（李金艳）

【黄村三幼举办半日开放活动】 10月13日、17日和31日，大兴区黄村三幼举办半日开放活动。13日，接待内蒙古赤峰市教育考察团一行15人；17日，接待全区各镇教委办、各幼儿园教师100人；31日，参加幼儿园骨干教师半日活动考核，接待各幼儿园教师100人。黄村三幼是市级一级一类幼儿园，教学中尊重幼儿年龄、学习特点，倡导以游戏为基本活动，保教并重，为幼儿创设与教育相适应各种室内外活动。

（李金艳）

【举办青年教师科研普及培训班】 10月15日，大兴区教师进修学校举办中小学青年教师科研普及培训班。该培训班按学校所在区域分为2个教学班，开设科研意识与方法、科研基本知识、科研型教师应具备基本素质、教育新理念等课程。学制一年。该区教师103人参加学习。

（李金艳）

【举办首届中小学生游泳比赛】 10月26日，大兴区教委举办首届中小学生游泳比赛。该比赛设立初中、小学两个组，设置自由泳、蛙泳和仰泳共计58个项目，采用分组淘汰赛制。全区14所学校151名学生参加比赛，其中，黄村一中、黄村八小分获初中组、小学组团体总分第一名。

（李永奎）

【命名首批中小学示范校】 10至11月，大兴区教委完成首批中小学示范校评选。评选工作采用学校申报、专家组论证和实地评估、区教委主任办公会批准以及公示等程序。该区22所学校申报参加评选，其中，黄村七中、黄村二中、长子营中学、黄村五中、兴华中学、黄村镇第一中心校、黄村五小、黄村二小和庞各庄第二中心小学9所学校获得示范校称号。

（李金艳）

【举办电子技术竞赛】 11月1日，大兴区教委举办学生电子技术竞赛。该竞赛分为电子知识笔试和趣味电子制作两部分，其中，小学组制作循环灯、中学组制作简易三管收音机、高中组制作六管超外插式收音机。来自20所学校130名选手参加比赛。

（李金艳）

【评选首届科研骨干教师】 11月11日，大兴区教委首届科研骨干教师评选工作结束。该工作分为论文、录像课、综合答辩3个阶段，经过市、区专家筛选，30人获得区级科研骨干教师称号。

（李永奎）

【黄村三中举办书法知识讲座】 11月14日，大兴区黄村三中举办青年教师书法知识讲座。该讲座听取区老年大学、区老年书法协会传统书法知识专题报告，从书法起源开始，介绍中国特有书法艺术，系统讲解书法学习技巧、品评鉴赏等知识。该校青年教师68人参加学习。

（张利欣）

【举办英语创意比赛】 11月16日，大兴区教委举办英语创意比赛。该比赛分为初复赛两个阶段，包括笔答和听力两部分，历时1小时40分钟。来自45所学校6000名学生参加比赛，1086人进入复赛。11月8日，该区举办英语创意团体赛，来自10所学校100名师生参加比赛。

（李永奎）

【召开高中语文教学研讨会】 11

月25日，大兴区教委召开第二届高中语文教学研讨会。会议观摩黄村一中、二中、五中、八中7名教师示范课，分年级研讨语文教学工作，并听取特级教师薛川东《语文教育观念与高考命题》专题报告。来自市区领导、各高中校语文教师120人参加会议。

（李金艳）

【特教中心举办趣味运动会】 11月26日，大兴区特教中心举办首届趣味运动会。该运动会突出游戏与教育结合，设立套圈、投包入筐、小保龄球、足球射门、金鸡独立、倒球6个比赛项目。该中心学生36人参加比赛。

（李金艳）

【召开两次教导主任交流会】 11月28日和12月24日，大兴区教师进修学校召开两次教导主任会议。11月28日，会议采用分组座谈形式，探讨学校教研工作应该有哪些新举措、国家基础教育课程改革实验反映突出问题是什么、对新课改工作建议是什么等问题。12月24日，会议听取黄村一小、七小、八小、庞各庄镇第二中心小学、魏善庄镇第一中心小学校本教研、校本培训和校本课程开发等方面经验介绍。来自41所小学教导主任60人参加会议。

（李永奎）

【举办学生电脑动画比赛】 11月，大兴区少年宫举办中小学生flash电脑动画比赛。该比赛以“新北京、新大兴、新环境”为主题，分为小学、初中和高中3个组，要求参赛作品主题表现、动画手法运用以及画面整体效果达到一致。来自27所学校84名学生100幅作品参加比赛。

（李金艳）

【召开新闻与素质教育现场会】 12月5日，大兴区教委召开首届新闻教育与素质教育现场会。会议探讨用新闻教育手段推动素质教育发展，全面提高学生综合素质等问题。来自市教委、各区县教委领导、现代教育报社人员及12所小学小记者128人参加会议。2001年4月1日，大兴区教委与《现代教育报》联合成立小记者站，小学生200人成为小记者。

（李金艳）

【旧宫二小举办安全教育周活动】 12月8至12日，大兴区旧宫二小举办安全教育周活动。该活动突出检查、宣传和整改3环节，要求每个教学班编辑1期安全法规、安全规章宣传板报，收看一次交通法规宣传教育光盘，阅读一本《中小学生安全教育读本》。为配合教育周活动，该校举办全校师生应紧疏散演习和消防骨干教师技术培训。

（李金艳）

【黄村一小研讨数学教学】 12月11日，大兴区黄村一小举办数学教学研讨会。会议观摩教科院研究员《圆的认识》示范课，听取《提高教师

反思意识和能力，促进师生共同发展》专题讲座。会议认为，人人学有价值数学，不同人得到不同数学，教师应正视差异，尊重个性，学会等待，让不同学生有不同发展。来自大兴区教委领导、18所学校教师120人参加研讨活动。

（李金艳）

【礼贤小学新教学楼落成】 12月22日，大兴区礼贤第一中心校新教学楼落成。该教学楼占地面积1050平方米，建筑面积2658平方米，地上3层，内设18间教室、1间会议室、1间多功能教室。教学楼3月开工建设，总投资300万元。

（兰金龙）

【完成中学学科带头人评选】 12月，大兴区教委完成新一届中学学科带头人和骨干教师评选。该评选有初评和复评两个阶段，分为学科登记、核实材料、教学思想、教学成绩和陈述答辩等程序。来自43所学校教师318人报名参加评审，其中，14个学科评出学科带头人79人、骨干教师131人。该区学科带头人、骨干教师评选始于1994年，至此，共有学科带头人79人、骨干教师131人。

（李金艳）

职业教育

【概　况】 2003年，大兴区有职业高中5所，开设专业19个，教学班98个，在校生3953人，招生1384人，毕业1142人。教职工552人，其中，专任教师398人，学历合格率77.1%，具有高级专业技术职务33人，中级职务120人。全区职业教育学校占地面积23万平方米，建筑面积7万平方米。

（李永奎）

【研讨职教集团网站建设】 1月6日，大兴区职教集团召开网站建设研讨会。会议围绕加强职教集团网站建设，研讨职教集团网站设置内容、实现目标等问题，提出近期全面更新职教集团网页工作任务。部分理事长、秘书长、教育信息中心主任和网站工程师13人参加会议。

（李永奎）

【二职举办教师讲坛】 1月14日，大兴二职举办首届教师讲坛。该讲坛涉及班级管理中师生关系处理、课堂教学方式方法优化两方面问题，10名教师参加演讲。讲坛认为，教师应注重自身思想政治水平和业务素质提高，适应教育改革不断发展。该校教师85人参加活动。

（李永奎）

【职教集团召开理事长会议】 4月9日，大兴区职业教育集团召开第一届理事会第一次理事长会议。会议听取集团工作汇报和年度工作要点介绍，通过新增副秘书长、理事候选人名单。会议强调，发挥学校和企业优势，把集团工作做强、做实，保证校企互动渠道畅通。会议提出调研大兴区用人市场需求，具体落实校企合作方案等工作任务。集团理事长、秘书长15人参加会议。9月，集团召开第二次理事长会议，决定成立集团办事处，负责日常工作。

（李永奎　李金艳）

【举办职校青年教师培训班】 10月14日，大兴区教师进修学校举办职业学校第五期青年教师培训班。该培训班观摩大兴二职教师研究课，结合研究课指出新教师容易出现问题，研讨新教师如何更快、更好进入角色等问题。该区职教教师36人参加学习。

（李金艳）

【举办计算机研究课活动】 11月11日，大兴区教师进修学校举办计算机研究课活动。该活动观摩第二职业学校一节“flash”应用研究课，研讨授课中有关问题。该区职业教育计算机课教师28人参加研讨活动。

（李金艳）

【举办中职学校礼仪比赛】 12月

12日，大兴区教委举办中等职业学校礼仪比赛。该比赛以《人人讲道德，个个用礼仪》为主题，设立抢答题、必答题、综合展示和指定表演4个比赛项目。来自5所职业学校25名学生参加比赛，其中，第一职业学校、第五职业学校获得一等奖。

（李金艳）

成人教育

【概　况】 2003年，大兴区共有各级各类成人学校830所。其中，成人高等学校分校（北京电大大兴分校）1所，设14个专业，在校生2248人，招生881人，毕业441人；教职工52人，其中，专任教师36人。成人中等专业学校2所，开设7个专业，在校生430人，招生90人，毕业320人；教职工21人，其中，专任教师14人。市民文明学校298所，全年培训19.7万人次。社会力量办学131所，在校生33069人，全年培训77623人次；教职工3226人，其中，专任教师1996人。镇成人学校14所，村办成人学校384所，全年培训54.4万人次。成人教育直属学校教师学历合格率100%，其中，高级专业技术职务5人，中级职务21人。成人学校占地面积370万平方米，建筑面积197万平方米。

（李永奎）

【教学片《魅力英语》开播】 1月1日，大兴区广播电视中心播出《魅力英语》教学片。该教学片由区市民讲外语活动领导小组主办，内容简捷、实用，节目形式声情并茂，共计180集，总长900分钟。该区市民30万人参加学习。

（李金艳）

【完成社会力量办学年检】 2月27日至3月12日，大兴区教委完成社会力量办学年检工作。该区144所社会力量办学学校，105所学校年检合格，22所暂缓年检，17所不符合《教育法》规定被注销。该区重点检查3所民办幼儿园、2所民办小学、3所民办中学和30所培训学校。结果显示，民办中小学办学目标明确，能够达到预期教学目的，无违法行为违章现象。民办学校重视教师队伍建设，所聘任教师均有任职资格证书、聘任合同及岗位职责，各项收费项目依据齐全，并能向社会公示。部分民办学校存在课程未开齐、课时不足、借读生借读手续不齐，卫生室、食堂不符合规定，安全管理制度不健全等问题。

（李金艳）

【举办计算机应用水平考试】 3月1日和9月6日，大兴区举办两次计算机应用水平考试。其中，3月，1838人报考模块5331个，单科合格4668个，取得A级合格证书1114人；9月，1366人报考模块4037个，单科合格3496个，取得A及合格证书979人。

（李永奎）

【成人高校招生报名工作结束】 4月，大兴区成人高校招生报名工作结束。该区共有5493人报名参加考试，比2002年减少251人。其中，20岁以下考生2141人，占考生总数38.98%。报名人数减少主要原因：考试科目改革，英语记入总分，中等职业学校毕业生因英语基础较差放弃报名；电大实行“开放教育”吸引部分生源；医学类考试要求具有医学类职业资格证书，限制部分考生报考。

（李金艳）

【召开成人教育工作座谈会】 10月31日，大兴区政府召开成人教育工作座谈会。会议听取黄村镇、旧宫镇和采育镇成教工作经验和体会介绍，重点研讨编制不全、经费不足以及农村成人教育方式方法单一等问题，提出解决问题各种建议。区委、区人大领导，区农委、区教委、各镇成教干部21人参加会议。

（李永奎）

【职教集团举办职工培训班】 12月8日，大兴职教集团举办新职工岗前培训班。该培训班开设餐厅服务和客房服务等课程，培训时间4周。来自大兴宾馆新职工36人参加学习。

（李金艳）

【完成年度成教培训任务】 至年底，大兴区教委完成年度成人教育培训工作。该区共完成各项培训74.1万人次，其中，岗位（职业）技术培训16.3万人次，继续教育培训3.4万人次，文化生活培训52.1万人次，其他培训2.3万人次。在校学习7.6万人次，其中，岗位（职业）技术培训4万人次，继续教育0.6万人次，文化生活培训2.2万人次，其他培训0.8万人次。

（李永奎）

中共大兴区委教育工委

书　记　乔宗珩

大兴区教育委员会

主　任　李克仁

大兴区政府教育督导室

主　任　乔宗珩

昌 平 区

基础教育

【概 况】 2003年，昌平区有托幼园所125所，在园所幼儿9907人。其中，城镇园所30所，农村园所89所，社会力量办园所6所；城镇园所教职工892人，其中，专任教师447人，教师学历合格率98%；学前三年教育普及率100%；小学101所，其中，中心校26所，完全小学48所，农村小学27所，另有13所高中附设小学部；教学班666个；在校生22681人，招生3723人，毕业4142人；教职工（教育部门办）3408人，其中，专任教师2513人，教师学历合格率100%，高级专业技术职务教师2人，中级961人，35岁以下教师1307人；小学入学率99.95%，升学率100%。中学45所，其中，初级中学27所（另有一所职高附设初中），完全中学13所（铁路部门办1所，私立5所），纯高中校5所（私立4所）；教学班726个（初中504个，高中222个）；教职工（教育部门办）3627人，其中，专任教师2137人，特级教师1人，高级专业技术职务教师368人，中级2567人；初中专任教师学历合格率99.7%，大学本科以上学历教师44.7%，高中专任教师学历合格率92.4%，35岁以下教师1391人；初中在校生15628人，招生4030人，毕业7193人，升学率99.01%，辍学率0.25%，高中在校生8725人，招生3123人，毕业1871人，升学率79.32%；随班就读弱智残疾儿童264人，入学率97.4%。社会力量办中小学14所（包括流动人口子女学校1所），在校生3093人，教职工760人。民族学校2所，少数民族学生99人，少数民族教师20人。全区学校占地面积247万平方米，建筑面积55万平方米；理、化、生实验室136间，专用教室403间；体育场地114万平方米；图书室藏书569.1万册，电子图书0.8万册，订阅杂志541种，报刊5402种。全年教育经费投入38507万元，其中，国家拨款33105万元，自筹5402万元。

（苏凤兰 孟春雨）

【召开教育系统领导干部会】 1月

13至15日，昌平区教委召开教育系统领导干部会。会议提出昌平区教育事业2003年至2008年发展规划，要求各校开展“理性思考，推进创新”教育思想讨论，引导教师从学校在社会中定位、校长在学校发展中责任、教师工作性质3个方面理性思考，把握教育发展方向，推进学校各项工作开展。该区各级干部150人参加会议。

（杨晓伟）

【完成首次学前骨干教师评选】 2至3月，昌平区教委完成首次区级中青年骨干教师评选。该评选采用资格审查、半日活动考核和理论知识答辩等程序。该区教育部门办园、事业单位办园、企业单位办园、部队办园和民办园24名教师参加评选，18人当选。

（张 伟）

【开设中小学校长论坛】 3月26

日，昌平区教委开设中小学“自主发展，推进创新”校长论坛。该论坛听取昌平一中、二中、南口学校、二毛学校、回龙观中心小学校长发言，论证学校自主创新发展规律和相应措施与做法，总结成功经验与失败教训。论坛通过学习讨论促进教师改良思想观念和行为模式，树立新教育理念，正确定位，用新思路和新措施推进教育创新及学校自主发展。该区教委、各学校领导110人参加论坛活动。

（郝志惠）

【区政府召开教育工作会】 3月28

日，中共昌平区委、区政府召开教育工作会。会议回顾“九五”期间教育工作成绩和基本经验，部署2003至2008年教育指导思想、发展目标和任务措施，印发教育事业发展类文件15种，政策性文件3种，表彰10个教育先进乡镇街道、13所学校、38家单位、3家支教单位和486名优秀教师。会议决定每2年为教师做一次体检，制订教师住房建设减免费用政策，改善农村师生饮水条件等10件实事。市教委、区委、区政府领导及教师500人参加会议。

（杨晓伟）

【召开实验教学和图书管理工作会】　4月16日，昌平区教委召开中小学实验教学和图书管理工作会。会议听取《加强管理，深化改革，进一步做好实验教学和图书管理工作》报告，听取沙河中学、马池口中心小学《不断创新是实验教学的发展方向》和《规范管理争创一流》经验介绍。加强教师队伍建设、进一步改进完善教学及图书工作评价机制和加大教育技术装备投入，深化素质教育。该区各中小学领导、部分教师共240人参加会议。

（孟宪龙）

【召开德育工作会】　4月18日，昌平区教委召开德育工作会。会议听取《育人为本，德育为先，努力开创昌平区德育工作的新局面》工作报告，听取先进单位、先进个人经验介绍，表彰10所德育工作先进学校、20名优秀德育干部和100名优秀班主任。该区教委领导、各校德育教师代表100人参加会议。

（张建飞）

【完成首轮骨干教师送课下乡】　4月，昌平区教委完成首轮市区骨干教师送课下乡。该活动开始于2002年10月，采用示范课、专题讲座等形式，走访农村学校20所，作示范课48节、专题讲座22次。

（门海英）

【召开流动人口子女教育工作会】　6月4日，昌平区教委召开流动人口子女义务教育工作会。会议印发《社会力量办学条例》和《昌平区人民政府关于贯彻执行〈北京市对流动人口中适龄儿童少年实施义务教育暂行办法〉的实施方案》，听取流动人口子女学校基本情况介绍。会议要求，流动人口子女学校纳入社会力量办学，各流动人口子女学校要加强建设，争取早日达标、早日审批。会议强调，不符合办学要求学校限期整改，整改仍不合格学校必须停办。该区33家流动人口子女学校（共47所）负责人33人参加会议。

（王　蓉）

【完成全国统一高考】　6月7至8日，昌平区教委完成普通高等学校招生全国统一考试工作。该区设立8个考点，其中，隔离考点1个。共有学生2970人报名参加。考生中参加普通高校招生考试2641人，其中，文科考生1033人，理科考生1608人；参加职业高中师资班高职班考试329人。普通高等院校录取2095人，录取率79.33%；职业高中师资班高职班录取192人，录取率58.36%。

（胡　杰　张　宏）

【完成普通高中招生考试】　7月8至10日，昌平区教委完成本区普通高中招生考试工作。该区设考点22个，含山区分点3个，考场255个。共有7333人报名参加考试，其中，具有升学资格6946人，缺考5人。共录取新生6877人，升学率99.08%。其中，普通高中3256人（含重点高中1476人），中专1911人，技校1260人，职高450人。

（胡　杰　张　宏）

【召开城南小学现场办公会】　8月14日，昌平区督导室在城南中心小学召开现场办公会。会议由区教委、城南街道办事处联合举办，共同商议解决校园规划和操场修建问题。会议决定，三方共投资25万元，作为学校二期工程第一阶段工程款。

（应春银）

【大东流小学与昌师附小对口交流】　9月1日，昌平区大东流中心小学与昌师附小签订对口交流协议。根据协议，大东流小学选派青年教师到昌师附小学习；昌师附小选派骨干教师指导大东流小学教学。至年底，大东流小学青年教师2人完成学习，昌师附小骨干教师10人分两批到大东流小学作示范课。双方共同举办学校管理、队伍建设、教育教学改革方面座谈会4次。

（李国栋）

【区政府召开教师座谈会】　9月10日，昌平区政府召开教师座谈会。会议听取学校办学、教师生活情况汇报，分析存在的主要问题。会议认为社会发展需要不同层次、不同技能劳动人才，幼、小、中、高、成、职各种教育都不能偏废。要逐年增加教育经费，逐步提高教师待遇。会议提出，首先解决教师医疗资金缺口较大问题。该区领导、部分学校教师代表30人参加会议。

（杨晓伟）

【接待国际珠心算教育学者】　9月19日，昌平区教委接待韩国、马来西亚珠心算教育专家。专家们到崔村中心小学考察珠心算教学情况，研讨儿童珠心算教学策略与方法。

（朱春郁）

【举办心理健康教育教师培训班】　9月20日，昌平区教委举办心理健康教育教师培训班。该培训班聘请首师大、教育学院教师授课，采取多种授课形式，突出理论和实践结合特色，学制半年。该区50所学校58名教师参加学习。

（王　君）

【开通中学数学平台】　9月，昌平区教委开通网络“中学数学平台”。该平台拥有发布信息、网上交流和资源共享功能，通过昌平教育信息网络提供教学资源服务。至年底，平台搜集教学资源600条，注册用户200人。

（高丽娟）

【举办中小学生田径运动会】　10月10至12日，昌平区教委举办中小学生田径运动会。该运动会分为小学男女、初中男女和高中男女共计6个组，设立100米跑、跳远和铅球共计17个比赛项目。来自32所学校学生4866人、教师600人参加开幕式文体表演，学生1184人、教师1478人参加比赛，其中，26名学生达到国家二级运动员标准，37人以11秒1、1分58秒、5分4秒2、

2米、6米83和1米59等成绩，分别打破初中男子100米、高中男子800米、初中女子1500米、高中男子跳高、高中男子跳远、高中女子跳高等共计16项运动会纪录。

（刘健鹏）

【召开办学特色现场会】 10月16日，昌平区教委召开“全面育人，办有特色”现场会。会议观摩马池口中心小学10个学科17节展示课，听取《以质量求生存，以特色求发展》专题报告和教师、学生代表发言，观看学生才艺表演。会议认为，马池口中心小学在学校定位、利用自身资源和培育学生3方面做出尝试，取得良好社会效益。该区教委领导、教师代表130人参加会议。

（张建飞）

【召开高中教育工作会议】 11月4日，昌平区教委召开高中教育工作会议。会议听取《加强管理，开拓创新，稳步提高昌平高中教育质量》工作报告，听取昌平三中、实验中学、昌平二中和昌平一中教育教学改革、年级管理和自身成长经验介绍。会议提出“办出让学生满意、让家长满意、让社会满意的高中教育”总目标，要求各校围绕总目标分析问题，逐校、逐年级、逐班提出要求。该区高中学校领导80人参加会议。

（王丽梅）

【召开学前教育工作会】 11月6日，昌平区教委召开昌平区学前教育工作会。会议观摩回龙观中心幼儿园半日活动和园内外环境创设，听取学前教育成绩、存在问题和工作任务报告，听取回龙观镇政府、回龙观中心小学、回龙观中心幼儿园经验介绍，推广回龙观中心幼儿园“镇办校管”经验。该区各镇（街道）、小学和幼儿园领导110人参加会议。

（张　伟　谷长志）

【聘请特约监督员】 11月12日，昌平区教委聘请首批特约监督员。首批特约监督员共计20人，分别来自企业、事业和行政机关等行业，他们承担教育系统勤政廉政、依法行政和依法治校监督工作。

（李贵松）

【召开创造和谐师幼关系现场会】

11月12日，昌平区教委召开贯彻落实新《幼儿园教育指导纲要（试行）》精神，创造和谐师幼关系现场会。会议听取教工幼儿园从改善师幼关系入手，贯彻落实新《纲要》经验介绍，推出教师观摩课。会议肯定该园贯彻新《纲要》精神成绩，提出实施新《纲要》工作要求。该区40所幼儿园教师140人参加会议。

（尚　南　马自民）

【展示优秀音乐教学课】 12月16日，昌平区教委召开小学优秀音乐教师教学课展示会。会议展示十三陵中心小学《手拉手》研究课，以“竞赛式小组参与”为原则，体现新教材现代教育思想，注重培养学生竞争意识、参与意识、团队意识，突出参与广、合作顺、反馈快、点拨巧效果。该区教师140人参加会议。

（周洁冰）

【举办示范园开放活动】 12月17至19日，昌平区教委举办示范幼儿园开放活动。该活动推出教工幼儿园、机关幼儿园、工业幼儿园区域活动、集中教育活动和户外活动以及园所内外环境创设内容。该区学前教育教师500人次参加活动。

（张　伟）

职业教育

【概　况】 2003年，昌平区有职业高中校2所（其中纯职高校1所）。职业教育开设13个专业，在校生2873人，毕业304人，招生1621人。教职工204人，专任教师152人，高级专业技术职务25人，中级46人。其中，35岁以下教师123人。物理、化学、生物实验室各1间，音乐、美术、劳技、计算机、多媒体专用教室23间。体育场地9100平方米。图书室藏书7.4万册，电子图书4万册，订阅杂志183种，报刊47种。学校占地面积133200平方米，建筑面积55707平方米。全年教育投入经费2000万元，其中，国拨1700万元，自筹300万元。

（刘江禹）

【南口职校建立教学成绩档案】 3月，昌平区南口职业学校建立教师教育教学成绩追踪档案。该档案以个人为单位，设立基本情况、每学期教学计划、总结和成绩4个项目，使用计算机管理。该档案是教师评定专业技术职称、行政晋级和评选先进个人依据。

（马玉兰）

【南口职校开通青年网站】 6月10日，昌平区南口职业学校团委青年网站建成并开通。该网站开设机构设置、团务知识、校园信息、团队活动、团队工作和先进青年6个板块，是学校对外宣传窗口。

（马玉兰）

【区政府召开创建标志校办公会】 6月18日，昌平区政府召开职业学校创建现代化标志性中等职业学校办公会。会议听取区教委职业学校创建标志校工作情况及所遇问题汇报。与会领导表示全力支持创办现代标志性中等职业学校工作，并解决昌平职业学校所遇贷款、基础设施建设和征地等困难。

（刘文军）

【检查南口职校安全工作】 12月6日，中共昌平区委组团检查南口职业学校安全工作。该检查重点是学生宿舍和学生食堂安全设施。检查组提出，校门口应该增设减速设施，避免交通事故，保证师生生命安全。

（马玉兰）

成人教育

【概 况】 2003年，昌平区成人教育中心有教职工65人，专业人员49人。有各级各类成人教育学校224所，其中，6所站、校开设工商管理、计算机、英语、经济管理、法律、信息管理、财会、办公自动化、金融、物业管理专业；在校生5351人，毕业1362人。社会力量办学126所（其中，大学14所），在校生55936人，教职工2862人；其他培训类学校92所，教职工1427人，培训36800人次；涉及文化、艺术、影视、科技、英语、计算机、法律、医疗、特教、高考助考、航空乘务员培训、物业人才培训几十个专业。社会力量办学机构占地面积514.6万平方米，建筑面积28.1万平方米，固定资产总值11.9亿元。

（杨 徽 王 蓉）

【完成高等教育学历文凭考试】 1月和10月，昌平区教委招生考试中心完成2次高等教育学历文凭考试。该区共有32374人参加考试，比上年增加19957人。共报考74104科次，比上年增加46194科次。

（胡 杰 张 宏）

【完成高等教育自学考试】 3月1至7日和9月1至7日，昌平区招生考试中心完成2次高等教育自学考试工作。该区共有71514人参加考试，报考267809科次，实考221004科次，实考率82.52%。全年毕业2720人，其中，专科毕业1948人，本科毕业772人。全年注册新生17355人。

（胡 杰 张 宏）

【成立昌平社区学院城北街道分院】 6月20日，昌平区社区学院城北街道分院成立。该分院隶属于昌平区城北街道办事处，教职工3人。将开展短期职业技术和岗位、下岗职工再就业、老年人群社会文化生活、弱势群体技能、外来务工人员适应城市生活等培训，开展社区内婴幼儿教育和青少年校外教育，举办社区居民科普、法制、环保、文化、体育和文明健康生活方式等活动。

（刘江禹）

【首次颁发学士学位证书】 8月，昌平区教师进修学校首次颁发学位证书。该校举办本科生英语三级培训班，首师大汉语言文学专业2000级44名毕业生参加考试，其中，11人通过考试获得学士学位，占毕业生总数25%。

（王 君）

【完成成人高考组考工作】 11月15至16日，昌平区教委完成本区全国成人教育统一招生考试组考工作。该考试共设立10个考点、279个考场。8317人报名参加考试，其中，3月报名6612人，9月补报1705人，报名总人数比2002年增加105人。其中，报考高中起点专科4837人，高中起点本科3211人，医学综合269人。总科次28431科次。

（胡 杰 张 宏）

中共昌平区委教育工委

书 记 李永生

昌平区教育委员会

主 任 李永生

昌平区政府教育督导室

主 任 李永生

延 庆 县

基础教育

【概 况】 2003年，延庆县有托幼园所36所，在园所幼儿5341人。其中，市立园所3所，单位办园2所，小学办园3所，乡镇中心园10所，社会力量办园18所。教职工356人，其中，专任教师279人。学前三年教育普及率92%。小学90所，教学班666个；在校生18780人，招生2922人，毕业4008人；教职工2175人，其中，专任教师1294人；小学入学率99.7%，巩固率100%，毕业及格率100%。中学33所，其中，初级中学25所，完全中学5所，高中校2所，九年一贯制学校1所；教学班559个（初中414个，高中145个）；招生6730人（初中3968人，高中2762人），毕业6741人（初中5312人，高中1429人），在校生22873人（初中15879人，高中6994人）；初中入学率99.9%，巩固率98.2%，毕业及格率99.5%，升学率95%；高中阶段教育95%以上，普通高中入学率50.9%，高中毕业合格率75%，应届高考录取率66.3%；教职工2870人，其中，专任教师1755人。附设在3所小学特教班4个，在班生40人，专任教师6人，残疾儿童入学率97.5%，巩固率100%。校外教育单位1家，教职工32人，其中，专任教师19人。中小学教师学历合格率96.2%，其中，小学教师合格率98%，初中教师合格率96%，高中教师合格率90.7%。中小学教师具有高级专业技术职务288人，其中，小学教师9人，初高中教师279人。全年教育经费投入27197.6万元，其中，国家拨款22818万元，自筹4379.6万元。

（李晶华　赵约林　孙慧艳）

【举办骨干教师脱产培训班】 2月18日和9月23日，延庆县教委举办两期中小学骨干教师脱产培训班。该培训班开设全国基础教育全日制义务教育课程标准、新课程理念下的教师教学行为变化、信息技术与学科课堂教学整合、多元智能理论、研究学习理论、合作学习理论课程，学制均为半年。来自79所学校骨干教师219人参加学习，210人获得合格结业证书。

（李晶华）

【举办"妫川杯"艺术作品比赛】 2至3月，延庆县教委举办"妫川杯"中学生艺术作品比赛。该比赛设立美术、书法、摄影、工艺作品项目，内容要求反映延庆风土人情、自然风光和改革开放成果。来自22所中学167件学生作品参加比赛，其中，35件作品获奖。

（孙慧艳）

【召开心理健康教育观摩交流会】 3月21日，延庆县教委召开心理健康教育实验校观摩交流会。会议听取延庆一中、二中、三中、四中、五中、六中心理健康教育经验介绍，观摩延庆二中心理教育活动课，听取崇文区、西城区心理健康教师、德育专家现场点评指导。该县德育教师40人参加会议。

（孙慧艳）

【举办迎奥运专题教育活动】 3至6月，延庆县教委举办迎接奥运主题教育活动。活动制订《宏扬民族精神与青少年责任》工作方案，在高中举办奥运知识辩论赛，在初中举行撰写征文和调查报告等活动，要求每个教学班均举办主题教育班会。该县中学学生5800人参加活动，共收集征文120篇。

（孙慧艳）

【评选优秀美术音乐课程】 4月和12月，延庆县教委举办2次优秀艺术教学课程评选活动。该评选采用观看录像方法，设立美术和音乐为参评学科，要求以课程改革为主题，强调课程创新。该县中学艺术教师51人参加比赛，其中，美术教师21人，音乐教师30人。

（孙慧艳）

【改善中小学校饮水设施】 5月26至28日，延庆县教委完成中小学校饮水设施改善检查。检查显示，"非典"时期各中小学加装水龙头1234个，新接管线578米，新砌水池576平方米，硬化路面588平方米，贴墙砖61平方米，做下水井47个。实现县教委提出每个教学班2个水龙头配比标准。

（孙慧艳）

【首届中小学干部培训班结业】 7月22日，延庆县首届中小学青年干部培训班结业。该培训班开设《现代教育理论与实践》，《教育法制基础》、《中外教育思想史》、《邓小平理论与三个代表》、《中小学教育研究及管理》、《心理学》6门必修课，《信息技术教育》、《WTO与中国》、《知识经济与创新教育》3门选修课，学制1年。来自63所中小学校3所幼儿园及县教委机关87名学员全部获得结业证书。

（李晶华）

【开办校级干部英语培训班】 7月，延庆县教委举办中小学干部英语培训班。该培训班分为"零起点"基础培训班和英语提高班两个，结合"十五"继续教育，课程计入继续教育课时；结合英语口语等级培训，学员毕业后可以获得英语口语初级证书。该县中小学干部121人参加学习，其中，基础班68人，提高班53人。至年底，两个培训班均完成160课时学习。

（李晶华）

【延庆五中实验楼落成】 8月，延庆县第五中学实验楼落成。该实验楼占地面积2200平方米，建筑面积9227平方米，地上6层，拥有实验室16间，教室11间。实验楼3月开工建设，总投资1620万元。

（赵约林）

【教师计算机模块考试结束】 9月7至9日，延庆县教委举办教师计算机模块考试。该考试设立DOS、Windows、Excel、Word、PowerPoint和计算机网络应用基础共计6个模块，来自该县中小学教师297人参加考试。这是该县教委最后一次举办教师计算机模块考试。延庆县2000年举办计算机模块考试，共有4500名教师参加考试，4232名教师获得合格证书。

（邵占华）

【延庆一中召开克服学习障碍报告会】 9月17日，延庆县第一中学召开中美教育学术交流——克服学习障碍报告会。会议听取美国南达科他州学习障碍协会执行主任迪·汤普森女士、对外开拓部主任詹姆斯·胡弗先生学术报告，他们并现场回答实验校教师结合课题研究所提问题。该县教委领导、教师260人参加学习。

（李晶华）

【总结初中教学工作】 10月16日，延庆县教委召开初中教学工作总结会议。会议分析各校中考成绩，提出问题，总结经验，并提出新学年教学工作任务。会议授予6所学校"初中教学管理优秀奖"，授予3所学校"教学质量进步奖"。31所学校领导教师65人参加会议。

（孙慧艳）

【举办美术教师技能竞赛】 10月29至30日，延庆县教委举办美术教师技能比赛。该比赛与县教科研中心联办，设工艺制作、绘画创作、文字试卷和计算机平面设计4个项目。来自33所中学美术教师16人报名，9人参加比赛。

（孙慧艳）

【延庆二中实验楼落成】 10月，延庆县第二中学实验楼落成。该实验楼占地面积1805平方米，建筑面积7725平方米，地上5层，拥有实验室10间，教室21间。实验楼3月开工建设，总投资1230万元。

（赵约林）

【举办优秀创新课评选活动】 10至12月，延庆县教研部举办中学优秀创新课评选活动。该活动采用个人申报、学校批准形式，分为片级、县级评选两个阶段。该县31所中学教师640人参加评选，186人参加县级评选，25人获奖。

（孙慧艳）

【教师珠心算培训班结业】 11月1日，延庆县教委首批小学教师珠心算培训班结业。该培训班开设珠算基础理论课程，学制1个月。来自珍珠泉、四海、刘斌堡和永宁4所小学的44名教师参加学习，全部获得市珠算协会颁发珠心算培训初级结业证书。该县2003年开始珠心算教学，共有783名学生参加学习。

（高天学）

【检查财物管理工作】 11月3日至12月13日，延庆县教委举办直属单位财务管理工作检查。该检查主要针对校舍、仪器设备、专用教室等设施，采用当面量化打分，提出整改意见方法。该县71所学校和18家直属单位参加检查。其中，优秀单位36个、合格53个。

（赵约林）

【举办首届中小学中国象棋比赛】 11月，延庆县教委举办首届中小学中国象棋比赛。该比赛采用淘汰赛制，分为中小学男、女团体，小学男、女个人6个组。来自40支代表队120人参加比赛。经6轮竞赛，姚家营中学获得中学男、女团体冠军，康庄小学、东白庙小学分获小学男、女团体冠军。

（孙慧艳）

【举办心理健康教育现场会】 12月12日，延庆县教委举办“建立知心团，促进学生心理健康”教育现场会。会议观摩延庆二小数学活动课《对称》和永宁小学美术课《我们的眼睛怎么了?》，全面展示心理健康教育新理念。该县37名德育教师参加会议。

（高天学）

【56所学校新建成校园网】 至年底，延庆县56所学校新建成校园网。新建校园网总投资2060万元。至此，该县共有83所学校建成校园网，县属完小以上学校全部建成校园网。

（邵占华）

【完成专业技术职称评审】 至年底，延庆县教委完成年度教师专业技术职称评审。该区共有518人申请晋升专业技术职称，485人晋升，占申请总人数93.6%。晋升者中，高级专业技术职称29人，其中，中学高级27人，小学评中学高级2人（含1人破格）；中级179人，其中，中学一级109人，小学高级69人，其他系列1人；初级职称277人，其中，中学二级197人，小学一级80人。7月2日，该县首次成立中学高级教师职务评审委员会。

（李晶华）

【教学设备总值过亿元】 至年底，延庆县教育系统教学设备固定资产总价值超过亿元。该县拥有固定资产1901659件，总价值11179万元。其中，当年新增各种仪器、设备133572件，价值2552万元，占教育经费总支出26208万元的9.7%。新增仪器设备中，电教设备3600件，价值1426万元（其中，计算机1126台，641万元）；各类汽车40辆，390万元；教学仪器6529件，32万元；一般设备29474件，518万元（其中，医疗、音乐、美术、体育等器材设备4034件，59万元，学生课桌椅5480套，57万元）；图书93499册，120万元；其它设备430件，66万元。

（赵约林）

【完成修缮投资508万元】 至年底，延庆县教育系统完成学校设备修缮工程。工程包括抢修危房1100平方米，投资29.3万元；新建校舍1500平方米，投资107.2万元；综合维修7870平方米，投资38.2万元；建围墙869米、修甬路2600平方米、换暖气管线800米、平房楼房做防水6260平方米，投资60万元；取暖锅炉更新15校24台、维修6校68台、环保改造7校9台，投资152.1万元；其它修缮工程125项，投资121.1万元。共耗资508万元。

（赵约林）

职业教育

【概　况】 2003年，延庆县有职业中学2所（独立设校）。开设专业20个，教学班56个。招生1241人，完成招生计划103%，毕业435人，在校生3363人。教职工280人，其中，专任教师155人。专任教师学历合格率100%，高级专业技术职务23人。全县职业教育学校占地面积147000平方米，建筑面积43900平方米，固定资产总值3555.42万元。

（吴铁华）

【评选职教系统教学论文】 11月，延庆县教委完成职教系统教育教学论文评选。该评选要求公平、公正，采用评委阅读、讨论的方法。该县教师186人论文129篇参评，其中，德育类60篇、教学类69篇。

（吴铁华）

【召开优秀教学课程评选总结会】 12月17日，延庆县教委召开优秀职成教学课程评选总结会。会议听取职业教育教师2人、成人教育教师1人经验介绍，交流课堂教学经验，向获奖教师颁发证书。教师22人参加评优。

（吴铁华）

成人教育

【概　况】 2003年，延庆县有各级各类成人学校113所。其中，成人高校2所，开设18个专业。招生987

人，毕业882人，在校生3389人；教职工71人，专任教师19人。社会力量办学单位35所，培训25269人；教职工145人，专任教师29人。市民学校1所，培训2437人次。乡办成人学校15所，培训47908人次，教职工16人。村办成人学校60所。成人学校教师学历合格率100%，有高级专业技术职务10人。全县成人教育机构占地面积16000平方米，建筑面积7700平方米，固定资产总值1658.49万元。

（吴铁华）

【召开成人教育表彰会】　4月3日，延庆县教委召开成人教育总结表彰会。会议听取年度成人教育工作总结报告，表彰市级职业教育先进单位1所（延庆第一职业学校）、先进个人2人、学习型先进企业1家；县级实验成人教育培训工程优秀培训项目1个（大榆树镇民俗旅游培训）、学习型企业1家、学习型社区2个（川北东社区居民委员会、康安社区居民委员会）、学习型农村2个（八达岭镇里炮村、旧县镇白草洼村）、学习型家庭69户（工委口29户、农村30户、城镇办事处10户）。该县成人教育教师90人参加会议。

（吴铁华）

【社教中心举办法治教育讲座】　10月8日，延庆县社区教育中心举办“依法治国建设社会主义法制国家”专题讲座。该讲座通过列举事例，说明法治建设必要性和紧迫性，论证依法治国重要意义。电大分校70名大中专学生参加学习。

（吴铁华）

【社教中心召开业余班工作会】　10月23日，延庆县社区教育中心召开业余班工作研讨会。会议研讨抓住成人特点、改进班级管理、提高成人教育质量等问题。该中心班主任18人参加会议。

（吴铁华）

【电大分校检查教师教案教学】　11月4至27日，北京电大延庆分校完成教师教案教学检查。检查分为电子教案授课教学，电子、计算机和大投影使用项目，注重检查现代教育技术应用。该校任课教师11人参加检查。

（吴铁华）

【举办社区居民法律知识竞赛】　11月20日，延庆县教委举办社区居民法律知识竞赛。该竞赛与城镇办事处、司法局联合举办，设立个人必答、小组必答和抢答题项目，采用分组竞赛方法。该区16支社区代表队参加竞赛。

（吴铁华）

中共延庆县委教育工委

书　　记　耿华年

延庆县教育委员会

主　　任　耿华年

延庆县政府教育督导室

主　　任　耿华年

北京铁路分局

【概　况】　2003年，北京铁路分局普教管理中心有小学12所，教学班160个；招生605人，毕业1048人，在校生5024人；教职工671人，其中，专任教师527人；小学入学率100%，巩固率100%，毕业及格率100%。中学9所，其中，初中校3所，完全中学2所，一贯制学校4所；教职工642人，其中，专任教师430人；教学班136个（初中87个，高中49个）；招生1543人，毕业1789人（初中1237人，高中552人）；初中入学率100%，巩固率100%，毕业合格率100%；中小学教师学历合格率99.5%，其中，小学教师合格率100%，中学教师合格率99%。中学教师具备高级专业技术职务155人。全年教育经费国家投入2244万元。

（王玉茹）

【教职工全部参加基本医疗保险】　1月1日，分局普教中心教职工参加北京市基本医疗保险。该中心共有职工2598人，其中在职1410人，退休1188人。参加保险后，实行基本医疗保险用人单位和职工双方负担、共同缴纳、全市统筹原则。

（韩　梅）

【铁五小“家校通”系统开通】　4月29日，北京铁路职工子弟第五小学“家校通”系统开通。该系统设有交流中心、班集管理和教师资料等共计6个栏目，采用普通公共电话交换网、移动通讯网和国际互联网技术，与因特网主干网连接，具有发布通知、心理咨询、布置作业、答疑解惑等功能。至5月，“家校通”家长留言达16万条。

（张天华）

【参加新课改实验】　9月1日，分局普教中心实施国家基础教育课程改革实验。实验首先在小学一年级进行，全部使用全国基础教育全日制义务教育课程标准教材。分局沿线11所学校18个教学班503名学生参加实验。中心要求教师学习新大纲和新课程教材改革标准，组织教师参加所在区县新课程培训。管内21所学校79名教师参加学习。

（王玉茹）

【编辑《小学教学文集》】 9月，分局普教中心编辑《北京铁路分局普教管理中心小学教学文集》。该文集有63篇，分别由小学教师和教学管理人员撰写，系统展示近年来分局所属学校教师实践经验和教研成果。文集共计18万字，由廊坊铁路学校印刷。

（王玉茹）

【完成年度专业技术职称评审】 9月，分局普教中心完成年度专业技术职称评审工作。该中心成立专门评审机构，采用评审、考核相结合办法，注重能力、业绩和成果考核。来自分局教育系统教师80人参加评审，73人晋级。其中，中学高级教师16人，中级46人，初级11人。

（李建平）

【参加路局优秀教研成果评选】 10月15至16日，分局普教中心教师参加路局优秀教研成果评选。该中心8篇论文参加路局年度优秀教育教学论文评审，其中，7篇获奖；4个教学课件参加路局教学成果评选，其中，3个课件获得教学成果二等奖。

（王玉茹）

【举办教学基本功技能竞赛】 11月29日，分局普教中心举办中学青年教师教学基本功技能竞赛。竞赛设语文、数学、英语、政治、历史、地理、物理、化学8个学科，分为11个竞赛组，设立理论考试、计算机操作测验和教学片段展示3个项目。分局青年教师83人参加竞赛，46人获奖。其中，一等奖11人，二等将13人，三等奖22人。

（王玉茹）

【骨干教师队伍形成】 至年底，分局普教中心骨干教师队伍形成。该中心共有高级专业技术职务教师155人，其中，分局专业技术带头人2人，分局专业技术骨干18人，路局拔尖人才3人，享受一类津贴人员4人，二类津贴10人。12名新工作大学生获得优秀称号。

（魏小萍）

【中心完成办学条件改善工作】 至年底，分局普教中心完成年度办学条件改善工作。改善工作重点是现代教育技术设备，为7所小学、5所中学装备多媒体计算机教室12间。总投入210万元，其中，路局和分局出资165万元。

（刘淑琴）

北京铁路分局
普教管理中心

主　　任　陈　浦

北京京煤集团有限责任公司

基础教育

【概　况】 2003年，北京京煤集团有限责任公司有托幼园所3所，均为企业单位办园。园所幼儿582人；教职工34人，其中，专任教师22人。集团办完全中学1所，初中班2个，高中班3个。在校生242人，其中，初中生53人，高中生189人；教职工54人，其中，初中专任教师8人，学历合格率95%，高中专任教师54人，学历合格率90%；初中升学率100%，高中升学率85%。初高中已停止招生。教育单位占地面积22158平方米，建筑面积6609平方米，固定资产829万元。全年教育经费投入200万元。

（赵　满）

【举办学生心理健康讲座】 3月4日，矿务局中学举办学生心理健康教育讲座。讲座分析中、高考及各方面压力在学生中所产生心理障碍，学生中出现怪异思想、异常行为给自身和他人带来不良影响。讲座论证健康定义，说明健康不仅是身体没有疾病和缺陷，还要有完整生理、心理状态，良好社会适应能力和道德。该校学生187人参加学习。

（赵　满）

【举办新北京一日游活动】 3月22日，矿务局中学举办“新北京一日游”活动。该活动先后参观工人体育馆、朝阳公园和北京野生动物园，总行程120公里。该校教师54人参加活动。

（赵　满）

【完成年度高中会考报考组考工作】 3月和9月，集团公司完成年度春季、夏季两次高中会考报考、组考工作。集团公司下属学校共有学生138人参加考试，考试科次346次。合格率95%。

（赵　满）

【首次完成高考组考录取工作】 6月7至8日，集团公司完成首次普通高考组考、录取工作。集团公司设立10个考场，含3个备用考场。来自集团公司考生187人参加考试，其中，112人被全国各高校录取，录取率60%。全国普通高校招生考试正值“非典”时期，市高招办决定在集团公司设立考场。

（赵　满）

【矿务局中学完成撤并工作】 7月28日，集团公司矿务局中学撤并工作完成。该校资产、教职员工全部划归集团公司教育培训中心，学生已全部毕业。矿务局中学组建于1992年，校园占地面积18188平方米、建筑面积4624平方米，固定资产总值

759万元。教职工83人，其中，专任教师55人。学校成立10年，先后招收学生1785人，其中，初中968人，高中817人；毕业1785人，其中，初中968人，高中817人。为解决煤矿职工子女入学问题做出重要贡献。

（赵 满）

职业教育

【概 况】 2003年，北京京煤集团有限责任公司拥有国家高级技工学校1所，开设39个教学班，在校生1241人，教职工241人，其中，专任教师99人。高级专业技术职务教师13人，中级59人，教师学历合格率100%。

（杨宝华）

【购置3台先进机床】 6月3日，科技学校购置3台先进机床。其中，全新封闭式数控机床2台、立式加工车床1台，实现车、铣、镗、钻、扩、铰、攻丝等多种工序加工数控一体化。机床购置资金80万元。

（张汝建）

【举办"双师型"教师培训班】 7月7日，科技学校举办"双师型"教师培训班。该班为期10天，开设计算机、电工、电气焊和车工操作技能等课程。该校教师100人参加学习。

（刘 燕）

【完成毕业生技术等级考试】 7月，科技学校完成毕业学生等级技术资格考试。该校毕业生373人参加考试，其中，336人获得钳工初级证书，215人获得电工操作证书（其中91人获得中级证书），34人获得焊工操作证书（31人获得中级证书），51人获得车工中级资格证书，16人获得汽车维修中级证书。

（杨宝华）

【学生宿舍全部安装空调】 9月1日，科技学校学生宿舍全部安装空调。该校学生宿舍283间，安装空调216台，总投资32万元。这是北京技校教育系统首所学生宿舍安装空调学校。

（张凤霞）

【入选职业资格培训学校】 9月12日，科技学校入选"高职院校毕业生职业资格培训工程"学校。培训学校由市劳动和社会保障局、市教委共同指定，按照"市场导向，政府调控，免费培训"原则，培训高职院校毕业生，以提高他们就业能力。全市培训学校共有10所，科技学校主要承担组合机床操作工培训。

（安宝春）

【在校生达到2553人】 9月，科技学校在校学生人数达到历史最高水平。该校招生755人，在校生达2553人。该校从专业设置入手，主动参与社会竞争，加强宣传，学校社会信誉不断提高。

（杨宝华）

【毕业生分配率达98%】 9月，科技学校毕业生分配率达到98%。该校毕业生205人，毕业分配205人。科技学校重视学生基本技能培养，促进学生能力向多方向发展，学生毕业合格率100%，中级技术证书取证率96%。

（杨宝华）

【承办技校系统冬季长跑比赛】 12月19日，科技学校承办北京技校系统"元旦"公路长跑比赛。比赛在石龙公路举行，设立男子5000米和女子3000米两个项目。来自全市9所重点技校学生200人参加比赛，科技学校20名学生参赛，获得男子团体总分第二名，男子5000米、女子3000米个人第一名。

（姚林林）

成人教育

【概 况】 2003年，北京京煤集团有限责任公司有成人高等学校（站）1所，设置2个专业，在校生69人。社会力量办学1所，设置2个专业，在校生366人。成教系统专任教师6人，具有高级专业技术职务2人。全年完成干部岗位职业技术培训19363人次，各级各类工人培训46938人次。成人教育学校占地面积41158平方米，建筑面积8034平方米，固定资产总值1059万元。

（钱学武）

【完成成人高考工作】 11月15至16日，京煤集团完成全国成人高考矿务局考区报名、组考、录取工作。矿区招生办报名参加考试579人，实考考生474人。其中，184人被各高等院校录取，录取率38%，高出市平均值5个百分点。

（刘 燕）

【完成工人技术等级培训鉴定】 至11月，京煤集团完成工人技术等级培训鉴定。培训鉴定涉及电工、集控值班员和跳汰选煤工等22个工种，有944人参加，808人获技术等级证书。其中，高级工291人、中级工156人、初级工361人。同时完成采煤工、矿井维修电工和矿井维修钳工等8个工种技师和内部技师培训鉴定，128人获得技师和内部技师资格证书。

（钱学武）

【举办7次专题讲座】 至年底，京煤集团开展"学习、创新、发展"主题教育活动。该活动共举办7次专题讲座，先后邀请中央党校、中国人事科学研究院、中国企业文化研究会、太极鸿达公司和人大学者讲授如何加强党管人才、如何应对入世后国有企业面临激烈人才竞争、创建学习型企业、加强企业文化建设等课程。集团中、高级管理人员2000人次参加学习。

（李得宝）

【完成科技人员继续教育培训】 至年底，京煤集团完成科技人员继续教育培训。培训各类专业技术人员4154人，参加继续教育学习人数3633人，学习比率87.5%；累计学习时间72课时2882人，比率

67.9%。开展四新教育、任职晋职培训和骨干、学科带头人培训等，先后有6033人次参加学习。

（李得宝）

【完成全员安全培训】　至年底，京煤集团完成全员安全培训。该集团制订培训计划，建立公司、矿（厂）、段（车间）三级培训网络，采取多种形式开展安全培训。全年共举办安全培训班132期，培训职工11092人次。

（钱学武）

【完成特殊工种培训】　至年底，京煤集团完成特殊工种培训。该集团木城涧矿、门城物业、华源公司、建安总公司4个培训站完成1474人次培训。其中，电工1114人次，焊接工284人次，起重工76人次。

（钱学武）

北京京煤集团有限责任公司教育培训处

处　　长　雷家鹏

燕　山　地　区

基础教育

【概　况】　2003年，燕山地区有托幼园所8所，在园所幼儿1776人。其中，市立园所1所，社会办园所7所；教职工178人，其中，专任教师116人；学前三年教育普及率95.1%。小学7所，教学班131个；在校生4270人，招生855人，毕业731人；教职工460人，其中，专任教师363人，教师学历合格率98.6%；小学入学率100%，巩固率100%，毕业及格率100%。中学6所，其中，初级中学4所，高中校2所；教学班145个（初中92个，高中53个）；招生1427人（初中701人，高中726人），毕业1696人（初中1012人，高中684人），在校生6030人（初中3751人，高中2279人）；初中入学率100%，巩固率100%，毕业及格率100%；高中入学率100%，毕业及格率100%，应届高考录取率90.8%；教职工598人，其中，专任教师451人；初中教师学历合格率99.2%，高中教师99.4%；中小学教师学历合格率99.4%；中小学教师具有高级专业技术职务79人，其中，小学教师6人，初高中教师73人。特教学校1所（北京科技技术学校），教学班5个，招生0人，毕业2人，在校生24人；教职工20人，其中，专任教师12人；残疾儿童入学率98.4%，巩固率100%，结业率100%。校外教育单位1家，教职工26人，其中，专任教师15人。全年教育经费投入5700万元，其中，国家拨款5000万元，自筹700万元。

（李守业）

【举办书记校长研讨班】　1月18至20日，燕山教委举办书记、校长研讨班。该研讨班总结2002年教委党委及行政工作，宣读年度工作计划，分成三组交流、分析校工作成绩和存在问题，研讨党政工作计划和做好中招、中小学衔接和建设终身教育等近期工作。该教委、中小学和直属单位领导60人参加会议。

（李守业）

【召开视导工作总结会】　3月21日，燕山教委召开中小学视导评优总结暨表彰会。会议总结视导评优工作，表彰3所获优秀组织奖学校，39名获优秀课奖教师。会议号召教师进一步转变教育观念，走学习、继承、借鉴、改革、发展和创新之路。该地区中小学领导及获奖教师70人参加会议。2002年9至10月，燕山教委完成全区中小学视导，共听评课500节。

（李守业）

【召开地区教育工作会】　4月17日，

燕山地区教育工委、办事处召开教育工作会。会议听取题为《开拓创新，与时俱进，努力打造燕山精品教育》工作报告，同时总结教育事业发展成绩和经验，提出立足现实，着眼发展，实现教育工作新突破和创建学习型社区等工作任务。燕山办事处所属各单位领导及教师代表160人参加会议。

（李守业）

【分析初四年级模拟考试质量】　6月11日，燕山教委召开初四年级模拟考试质量分析会。会议通报语文、数学、英语摸底考试情况及中考信息，分析各校考试成绩和中考命题，要求各校制订有针对性教育教学计划，力争在较短时间内取得较好复习效果。燕山各中学教师21人参加会议。

（李守业）

【撤并宏塔小学】　7月，燕山教委完成宏塔小学撤并工作。该教委撤销宏塔小学建制，其教职工、教学设备并入前进第二小学。宏塔小学成立于

1991年，教职工32人，学生168人，占地面积11607平方米，建筑面积3706平方米，固定资产总值450.7万元。成立以来共培养学生500人。

（李守业）

【完成中考中招工作】　8月22日，燕山教委完成中考中招工作。该地区学生1019人参加中考，平均成绩278.1分，及格率89.1%，优秀率30.6%。参加中招录取991人，其中，提前招生录取91人，统一招生录取877人。统一录取学生中，重点高中录取143人，一般高中录取690人，职技类学校录取44人。录取率95%。

（李守业）

【举办管理与实践创新研修班】　9月17日，燕山教委举办中小学干部、教师管理与实践创新研修班。该研修班采用特级教师授课、专家评课及讲座方式，对教师教学理念和课堂教学实践进行指导和培训。来自中小学领导、新教师和各学科教研员170人参加学习。

（李守业）

【教育信息中心成立】　9月，燕山教委教育信息中心成立。该中心隶属于燕山教委，在编人员7人，负责向社会提供教育信息采集、加工处理、分析、发布，现代教育技术系统建设管理，资料管理、查询与咨询服务，业务培训与产品研发等。

（李守业）

【举办中小学秋季田径运动会】

10月16至17日，燕山教委举办第11届中小学秋季田径运动会。该运动会分为男女小学、初中、高中6个组，设立56项次比赛。14支代表队运动员421人参加比赛，其中，9人、1队分别以1分7秒5、14秒7、29秒24和77秒26等成绩，打破燕山地区小学男子400米、小学男子100米、小学男子200米和小学男子4×100米接力共11项房山区中小学生田径运动会纪录，2人1项成绩达到国家二级运动员标准，东风小学、前进中学、燕化附中分获小学、初、高中组团体总分第一名。

（李守业）

【免收低保户子女教科书款】　10月，燕山教委完成免收“低保户”子女教科书款，提高特殊教育学生生活补贴工作。该教委共为学生79人清退书款、发放生活补贴36000元，其中，清退书款57人、发放补贴22人。

（李守业）

【召开“三热爱”活动总结会】　11月5日，燕山教委召开“三热爱”教育活动总结会。会议总结“三热爱”教育活动，表彰5所先进中小学校和12所学校12个年级组、2个先进科室以及47名先进个人。该地区中小学教师300人参加会议。2002年8月，燕山教委发起“爱燕山、爱家乡、爱祖国”学校德育系列活动，共有1万名师生参加活动，占全体师生总数100%。

（李守业）

【召开王能智先进事迹报告会】　11

月8日，燕山教委召开王能智先进事迹报告会。会议听取王能智事迹报告团关于王能智推行“教学活动化”、提出“区域教育资源校本开发”、培养中青年骨干教师和学科带头人先进事迹报告。该教委所属单位教职工1100人参加学习。

（李守业）

【检查学校卫生工作】　11月26至27日，燕山教委完成学校卫生工作检查。该检查以食品卫生为重点，采用自查与检查相结合方式，设立食堂工作人员持证上岗、进货渠道、食堂硬件设施、库房储存、饭菜留样、餐具消毒、餐具使用生熟分开、冷冻食品存放是否符合标准共计8个项目。共有8家单位参加检查，其中，优秀2家、合格6家。检查发现部分食堂对饭菜留样工作不够重视。

（李守业）

【举办跳绳比赛】　12月18日，燕山教委举办中小学生跳绳比赛。该比赛分为中学、小学两个组，设立30秒单摇、30秒双摇和30秒单摇编花等8个比赛项目。来自11所学校440人次参加。

（李守业）

职业教育

【概　况】　2003年，燕山地区有职业学校1所，在校生902人，毕业241人，招生112人。开设计算机基础与应用、电子和商务英语等7个专业。教职工61人，其中，专任教师48人。专任教师中在读研究生3人，本科以上学历占教师总数90%，专任教师学历合格率100%；高级教师6人，一级教师28人。学校占地面积29000平方米，建筑面积14000平方米，图书馆藏书3.7万册，固定资产621.9万元。全年教育经费总投入266.58万元，其中，国家拨款131.58万元，自筹135万元。

（沈　朔）

【燕山职业学校迁址】　9月12至13日，燕山职业学校由东万路2号迁到东万路15号原羊耳峪中学。迁址后，学校占地面积44669平方米，建筑面积18422.73平方米，分别比原址扩大59%和56%。同时，住宿部和教学部相距200米，为学校加强管理提供方便。

（姜　茜　沈　朔）

【校园网扩建工程竣工】 12月，燕山职业学校校园网扩建工程竣工。该校园网由2001年所建网络改建，为节省资金采用教职工自己动手，部分学生参与方法，完成全部改造任务，并建成拥有41台计算机机房1间，总投资20万元。

（姜　茜　沈　朔）

成人教育

【概　况】 2003年，燕山成人教育中心学历教育开设9个专业，学历班19个；招生375人，毕业180人，在校生950人。非学历教育培训865人次。教职工20人，其中，专任教师9人，管理人员7人，工勤人员4人。专任教师学历全部在本科以上，学历合格率100%。有中级职务3人，初级职务6人。中心占地面积4698平方米，建筑面积2843.3平方米，固定资产总值643万元。

（张　莉）

【召开谋发展之路研讨会】 1月3日，成教中心召开"学习十六大精神，共谋成教发展之路"研讨会。会议分析燕山地区成人教育现状和人员构成，研讨年度工作和发展方向等问题。会议认为，做好成人教育工作必须树立忧患意识、竞争意识和改革意识，要以发展眼光分析问题、解决问题。该中心教育工作者50人参加会议。

（张　莉）

【完成年度高自考】 3月1至7日和9月1至9日，燕山教委完成两次高等教育自学考试。该地区注册新生210人，考籍变动252人次。接纳1343人报考，3087科次（较上年下降4%），涉及37个专业和304门课程，实考率78.1%，无考试违纪。毕业本科13人，专科38人。

（李守业）

【成人考试报名人数增加】 3月8至16日，燕山教委完成全国成人高校招生考试报名工作。该地区成人高考报考人数1364人，比上年增加542人。其中，高中起点本科考生267人，高中起点专科考生936人，高职文科类考生161人。

（李守业　张　莉）

【电大分校完成毕业答辩】 6月2日，电大燕山分校完成毕业生论文答辩。该答辩邀请市电大经济部6名教师担任指导，采用一对一方法。该校2001级金融专科毕业生20人参加答辩，全部通过答辩毕业。

（张　莉）

【完成计算机等级考试】 9月25日，燕山成教中心完成年度计算机等级考试。该地区共有240人参加考试，其中，笔试195人，实际参加考试187人。64人取得合格证书。

（张　莉）

【电大分校赴门头沟学习】 12月11日，电大燕山分校举办电大门头沟分校参观学习活动。该活动由参观基础设施建设和召开交流座谈会两部分组成，共同探讨电大教育教学管理、师资构成以及发展方向等问题。该校教师11人参加学习。

（张　莉）

【成教中心完成基础设施改造】 12月20日，燕山成教中心完成基础设施改造工程。该工程包括将原3间标准教室改为2间大教室、改造2间会议室和教师休息室、楼内电路维修和改造以及新建47台计算机室。改造工程总计投资54万元。

（张　莉）

【完成年度培训任务】 至年底，燕山成教中心完成年度培训任务。该中心举办公务员电子政务、营运性道路运输驾驶员从业资格培训班，累计培训2800人，及格率99.83%。同时开展电子政务培训，来自32家单位186人参加学习。

（张　莉）

燕山（地区）教育委员会

主　　任　王大利
党委书记　李广海（3月免）
　　　　　　张维勋（3月任）

房山区燕山办事处教育督导室

主　　任　赵永顺

校园生活

奉　献

【夏各庄学区创建少先队路】 3月

31日，平谷区夏各庄学区创建“少先队一条路”。该道路长3000米，横穿三个自然村，学区少先队大队倡议，确定道路两侧20米为队员定期清理、保护范围，提出“保护环境，从我做起；服务社会，利国利民”口号。

（李　松　刘佩祥）

【北航举办无偿献血活动】 3至6月，9至12月，北京航空航天大学举办无偿献血活动。该活动于每月4日、14日、24日无偿献血日举办，没有任何补贴和休假。至年底，该校师生2008人参加无偿献血活动，师生264人参加造血干细胞志愿捐献检测。

（陈　颖　黄中豫）

【农职院开展科教兴村活动】 3月，北京农业职业学院举办科教兴村活动。该校选派7名教师，分赴房山、昌平和门头沟等6个远郊区县12个乡村，先后举办京白梨、日韩梨、设施葡萄、设施桃栽培技术咨询和农村产业结构调整、果菜花园林一体化讲座共计20场，培训农民100人。

（刘淑芳）

【吕国蔚捐赠医护人员】 5月，首都医科大学退休教师吕国蔚捐赠“非典”一线医护人员。吕国蔚，首医大原学科带头人、博士生导师，他长期从事医学教育、科研和医务管理工作。“非典”时期，吕国蔚夫妇把多年积蓄10万元捐献宣武医院防控“非典”医护人员。

（甘　哲）

【协和医大师生赴河北志愿服务】 7月25至27日，中国协和医科大学（中国医学科学院）师生服务队赴河北省怀来县志愿服务。该服务队由10名青年医师、20名临床医学生组成，涉及肝胆外科、泌尿外科、内分泌、呼吸内科、心内科、神经内科、妇产科、皮肤科8个专业学科，他们在怀来县医院、存瑞镇开展义诊、医疗咨询和医学讲座等活动，共完成义诊300人次，发放药品总值5000元，并完成5次重病会诊。

（林　菲　马春雨）

【美语学校义务讲授英语】 8月1

日，北京美国英语语言学院举办义务讲授英语实践活动。该活动由学生利用每周六上午时间，在展览路街道朝阳庵小区街心花园，使用英语与社区居民交谈，讲授简单英语，并举办4次儿童英语培训和演讲活动。该校青年志愿者80人参加讲授活动。

（蒋淑云）

【人大研究生再赴江西支教】 8月28日，中国人民大学研究生支教团赴江西支教。该支教团由8名硕士研究生组成，在江西瑞金地区他们将从事教育活动，为期一年。支教团得到安利（中国）公司15.5万元捐赠。自1999年，人大连续开展支援中西部贫困地区教育行动，5年共派出志愿人员30人。

（白连永）

【门头沟举办第10个社区志愿者服务日】 10月19日，门头沟区教委举办第10个社区志愿者服务日活动。该活动日主题为“扶贫济困送温暖，邻里互助献爱心”，举办清洗新桥大街两侧护栏、宣传栏，清除站牌、墙壁非法小广告等活动。该区2000名中小学生参加服务日劳动。1993年，门头沟区教育局发起举办中小学生社区志愿者服务日活动，10年来，共有中小学生9万人参加义务劳动。

（宋爱民）

【北方工大学生当选志愿教师】 10

月，在石景山区麻峪小学举办的“手拉手”捐资助学活动志愿者受聘仪式上，北方工业大学经管学院10名学生当选“志愿者老师”。根据两校协议，“志愿者老师”开展义务助学辅导活动，开办英语、数学辅导班，并组织小学生成立业余文体活动队，教授武术、合唱、舞蹈等。4月，北方工大经管学院02A－1班学生在麻峪小学开展“手拉手”活动。

（刘　姝　孙　强）

【财大学生登记捐献干细胞】 11月23日，中央财经大学学生登记捐献造血干细胞。该校学生38人到市红十字会血液中心，为中华骨髓库登记捐献造血干细胞。中华骨髓库现有14700人抽血样本，其中7000余人通过检测可以作为配型对象。这一数据与发达国家相比偏低。

（韦　红　张京平）

【北工大实施公交“双语”服务培训】　12月5日，北京工业大学实施长安街公共交通“双语”服务培训。该培训由校团委与公交客运六分公司团委联合举办，每月两次为该公司司售人员培训英语，争取2008年在长安街公交线路实行“双语”服务。

（江飒英）

【北方工大为患病学生捐款】　12月11至12日，北方工业大学为患病学生捐款。该校学生共捐款48488元，机电工程学院补充1512元，共计5万元，全部捐赠患病学生。2月18日，该校机电工程学院机械设计制造及自动化专业00S－2班学生孙士金患急性髓性白血病，骨髓移植手术费用40至45万元，其中，10至15万元为自费药。孙士金家在安徽农村经济困难无力支付。

（刘　姝）

风　　尚

【海淀表彰见义勇为学生】　1月10日，中共海淀区委、区政府召开见义勇为积极分子表彰会。会议授予三名学生见义勇为积极分子称号。同时号召全区人民向他们学习。该区各委办局、中小学校领导及学生代表1000人参加会议。1月3日，北京市第一二二中学初一年级学生张乐声、扈邑、梅冬雨在放学路上，跳入昆玉河冰水中，成功救起一名10岁落水儿童。

（宋亚甫）

【顺义表彰文物小卫士】　3月9日，顺义区8名学生发现商代陶器。8名学生分别来自牛栏山二中和牛栏山中心小学，他们在牛山镇张庄村南玩耍时，发现古代陶器，其中一件比较完好，立即保护现场，并及时与派出所取得联系。经该区文物局鉴定，完好陶器是商代“三足鬲”，距今4000余年，是迄今为止顺义区发现最古老的文物。3月底，顺义区文委授予8名学生“文物保护小卫士”称号。

（李连平　张文勇）

【一六三中开办一个人课堂】　5月，北京市第一六三中学开设一名学生课堂。该课堂由7名教师负责，学生为初一年级（6）班吴琼一人，每

日按照学习计划，设立文化学习、体育锻炼和自习等课程。吴琼母亲是武警总队医院护士长，身处防控“非典”工作第一线，孩子一人在家学习困难。

（胡凤玲　左家仓）

【北大附中颁发“飞燕奖学金”】　6月24日，北大附中颁发“飞燕奖学金”。该奖学金面向学生莫潇燕，奖金总额1万元。莫潇燕，北大附中高三年级（1）班学生，2000年患骨癌，但仍以顽强精神，在高考中取得620分成绩。11月17至21日，北大附中师生及家长为莫潇燕捐款107352.65元。

（宋亚甫）

【刘川意勇救落水儿童】　7月8日，北方交通大学学生刘川意勇救落水儿童。当日，刘川意在家乡打石场河边听见有人呼救，发现有一儿童溺水，立即跳入河中，将儿童抢救上岸。孩子得救后，刘川意带着被尖石擦伤的脚离去，未留下姓名。刘川意，北方交大计算机系2004届学生，2002年获得全国大学生数学建模竞赛北京市赛区一等奖、全国二等奖，获得学校学习二等奖学金、科技一等奖学金。

（张其坤）

【翠微小学捐建“翠微林”】　9月20

日，海淀区翠微小学师生捐建“翠微林”。该树林位于内蒙古自治区鄂尔多斯市泊江海世珍园保护区，占地面积666.66万平方米，一期建设39.99万平方米。2001年，翠微小学与内蒙古鄂尔多斯市东胜区合作办学，东胜区派出3批42名教师、翠微小学派出15名教师参加交流。翠微小学师生开展“让校园少一片白，让西部多一片绿”教育活动，把劳动所得45000元全部捐赠东胜市第四中学。

（史利平）

【协和医大举办马拉松义跑活动】　9月20日，中国协和医科大学（中国医学科学院）举办2003年北京泰瑞·福克斯马拉松义跑活动。该活动从北京工人体育场出发，沿二环

路辅路到达肿瘤医院，全程8公里，主题是倡导社会各界人士关心、资助癌症研究事业。活动由肿瘤医院与北京市外办联合举办，加拿大使馆和北京青年报社协办，来自北京各界人士7000人参加义跑活动。泰瑞·福克斯义跑是全世界最大为癌症研究募集资金活动，已在全球58个国家开展。北京于1999年开展这项活动，本届为第五届。

（林　菲）

【考试院首次设立病房考场】 10月26日，北京教育考试院自学考试办公室首次设立病房特殊考场。该考场设在海淀医院骨科病房，考生为海淀区国际贸易专业李蓉，该生于10月19日参加完考试后，遭遇车祸骨折住院治疗。

（穆　松）

【顺义四学生成功救起落水少年】 11月1日，顺义区4名学生成功救起一名落水少年。4名学生均为成人职业高中2002级计算机二班学生，当日在密云奥林匹克公园游园，听到呼救声，4人立即赶往现场，手牵手组成一线，并借助身边工具救出一名落水少年。

（张伶英）

【海淀教师合唱团慰问部队】 11月1日，海淀区教师合唱团到驻京某部慰问。该合唱团在“秋之韵军民联欢音乐会”上，采用混声合唱、独唱形式，先后演唱《伐檀》、《松花江上》和《念故乡》等曲目。部队官兵也表演武术《中国功夫》等节目。

（宋亚甫）

文　　化

【北广评选校园十大新闻】 3月4日，北京广播学院完成首次校园十大新闻评选。评选采用发放问卷、网上投票两种方式，其中，发放问卷3000份，收回有效问卷2562份；网上投票8670人次，总票数达到26973张。共计27条新闻参加评选，其中，中国矿业大学（北京校区）东校区并入广院、广院完成院系调整和“十五”“211工程”建设项目通过论证等10条新闻入选。

（张桂凤）

【二外举办爱西藏宣传活动】 3月24至25日，北京第二外国语学院举办“爱西藏”宣传活动。该活动由校团委、学生会联合举办，邀请中国西藏信息中心以展览、咨询、多媒体演示多种形式，系统介绍西藏建设成就和风土人情。同时开展“爱西藏联谊会”会员咨询服务和西藏旅游咨询服务。活动中，二外图书馆接受中国西藏信息中心赠送的《西藏画册》、《西藏百题问答》和《西藏七百年》等8种宣传书籍。该校学生百余人参加宣传活动。中国西藏信息中心是国家对外宣传西藏的重要传媒机构。

（李志杰）

【地大举办剪纸展】 3月25日，中国地质大学（北京）举办“灵魂出窍”剪纸艺术展。该展览由珠宝学院艺术设计专业33001班主办，突出“民族的就是世界”理念，展出学生作品百余幅，均为取材民间传统图案作品，包括鱼与莲花组成喜花“鱼戏莲”、传统喜花“鹰踏兔”、马与猴构成“马上封侯”等。

（承　金）

【北体大举办第十届艺术节】 4月7日，北京体育大学举办第十届文化艺术节暨“动感杯”主持人比赛。该艺术节由校团委、学生会主办，举办文化艺术作品展示，体育科研学术文化活动和歌友会，设立主持人大赛、校园歌手大赛和北京高校大学生定向越野赛等十余个比赛项目。该校师生3000人参加艺术节活动。1994年，北体大举办首届文化艺术节，以后每年举办一次，十届共有1万名学生参加活动。

（王　辉）

【潘丹琳制作防“非典”飞行棋】

5月28日，东城区史家胡同小学二年级学生潘丹琳制作防“非典”游戏飞行棋。该飞行棋是一种掷骰子跳格游戏，棋盘由96个方格组成，每个方格设有“用84液消毒”、“多锻炼身体”和“多饮水”等内容，棋走到不良习惯处要受到退格处罚。飞行棋设计原稿被首都博物馆收藏。

（秦晓芳　吕轮超）

【舞院举办五月鲜花音乐节】 5月

29日至6月1日，北京舞蹈学院举办“五月鲜花”戏剧音乐节。该音乐节由音乐剧系主办，先后演出4场戏剧和音乐节目，其中自编自演节目18个，表达师生“非典”时期特殊感受。该校师生1000人参加音乐节活动。

（肖卫兵）

【北邮捐赠抗“非典”个性化邮品】

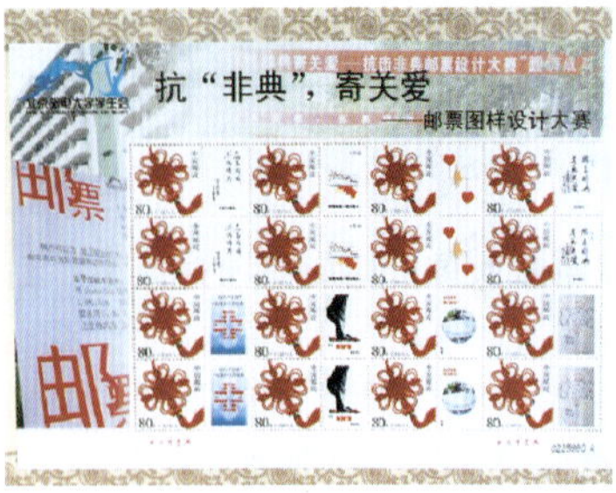

6月17日，北京邮电大学向首都博物馆捐赠“抗‘非典’·寄关爱”个性化邮品。防控“非典”时期，该校举办“抗‘非典’·寄关爱”个性化邮品图样设计比赛，共征集作品89件，其中评委会将6件获奖作品印制成纪念邮折，以个性化邮票形式发行，寄往北京14家防控“非典”指定医院。

（李　萍　刘如林）

【北交大发行更名纪念邮票】 9月10日，北京交通大学发行恢复使用“北京交通大学”校名纪念邮票。该邮票1套4枚，发行1万套，内容注重反映交大历史发展进程，突出学校“知行”校训的宣传。邮票由中国集邮总公司发行。

（张其坤）

【平谷二职校编辑校刊】 9月12日，平谷区第二职业学校编辑出版校刊《职教学苑》。该校刊设有成果采撷、班主任园地和毕业生追踪8个专栏，以职业教育改革为主题，开展职业教育生存、发展，改革、创新等理论和实践探索。校刊每年出版1期，每期10万字。

（刘彦荣）

【北方工大举办中国画联展】 9月

25日至10月10日，北方工业大学艺术馆举办中国画联展。该展览与北京画院研修生部联合举办，展厅占地面积615平方米，共展出北京画院13名研修生中国画作品100件。该校师生3000人参观展览，并与画家们交流艺术技巧。

（刘　姝）

【首师大举办左权盲人宣传队演出】 10月10日，首都师范大学举办左权盲人宣传队文艺演出。该宣传队由山西省左权县11名盲人民歌手组成，先后表演民间器乐曲《听花戏》、左权县传统民歌《桃花红杏花白》等8个节目。在京音乐界人士以及该校师生400人观看演出。左权县盲人宣传队成立于1938年，是一支民间特殊艺术团队。

（王　群）

【北航庆祝“神舟”五号发射成功】

10月16日，北京航空航天大学举办“神舟”五号载人飞船发射成功庆祝活动。该活动邀请校友、飞船总设计师戚发轫院士等人作关于“神舟”五号研制、发射与回收情况的报告，接受《载人航天器技术》著作捐赠和“中国航天事业需要年青人”题词。该校学生发起“中国航天，我们为你骄傲”万人签名活动，研究生向全国青年发出“勤奋学习、报效祖国”倡议。

（陈　颖）

【矿大举办校园文化广场活动】 10

月24日，中国矿业大学（北京校区）举办首届校园文化广场系列活动。该活动以活跃校园文化为宗旨，内容包括文艺演出、中英文短剧大赛、相声小品比赛、专业歌手演唱会等，开幕式举办“青春的旋律”文艺演出。该校学生参加活动。学校决定该活动将每年举办一次。

（高来举　谭　凯）

【举办《勘探队之歌》50周年报告会】 11月1日，中国地质大学（北

京）召开纪念《勘探队之歌》诞生50周年报告会。会议听取《勘探队之歌》曲作者晓河题为《永远的勘探队之歌》专题演讲，讲述《勘探队之歌》创作经历。该校师生200人参加学习。《勘探队之歌》是中国地质大学校歌。

（承　金　王世林）

【工商大学菊花种子完成太空实验】 11月21日，北京工商大学完成菊花种子太空实验。该校30克菊花种子搭乘返回式试验卫星，在太空轨道运行18天，安全返回地面。该校培育菊花多次在全国、市级花卉展获奖。

（王晓华）

【地大举办英语文化节】 11月，中国地质大学（北京）举办校园英语文化节。该文化节历时1个月，以“传播英语文化”为主题，开展国外风情、英文短剧比赛、英文卡拉OK大赛和英文电影展播等活动。其中，国外风情讲座分别听取新东方、清华等校4名外籍教师以美音、英音讲解不同文化间差异，评点国外节日；英文短剧参赛作品有《三打白骨精》、《哈姆雷特》和《假如爱有天

意》等 8 个节目。该校师生 2000 人参加文化节活动。

（承　金）

【首师大举办研究生书学学术周】 12 月 14 日，首都师范大学举办首届研究生书学学术周活动。该活动分为四院校研究生习作展和研究生书学论坛两个部分，其中，习作展展出中央美院、北师大、人大和首师大四院校研究生创作的书法作品 120 幅；书学论坛研讨书法发展与研究生使命，文化修养与书法创作等问题。来自 4 所院校研究生 120 人参加活动。

（王　群）

校　园

【中科院成立学生志愿护校队】 4 月 25 日，中国科学院研究生院学生志愿护校队成立。该护校队实施“保卫校园，人人有责”行动，协助学校承担校园管理和巡视等任务。至 6 月 1 日，该院学生 2753 人次参加护校活动。

（肖　斌）

【一零九中校园花园落成】 6 月 20 日，北京市一零九中学校园花园落成。该花园位于南北教学楼之间，占地面积 5000 平方米，绿地面积 4000 平方米，包括树木、花草、雕塑等景观，是学校最大绿地花园。花园于 3 月开工建设，总投资 45 万元。

（庞文华）

【人大召开“视觉形象”推进会】 6 月 26 日，中国人民大学召开视觉形象识别系统推进会。会议印发视觉形象识别系统管理办法（试行）和旗帜管理办法（试行），研讨推进学校现代化、规范化管理，体现学校良好精神风貌、深厚文化底蕴和与时俱进精神品质等问题。该校领导、师生 150 人参加会议。2002 年 6 月，人大实施视觉形象识别系统，要求师生不断净化校园精神风貌。

（白连永）

【外经贸大“E”卡通投入使用】 8 月，对外经济贸易大学“E”卡通投入使用。该卡两张一套，其中，建行储蓄卡具有一般龙卡全部金融功能，作为“E”卡通主账户，通过自

助交易设备向 IC 卡划转资金；校园 IC（CPU）卡校园内部专用，拥有学费、就餐、文体和上机消费结算功能。“E”卡通系统平台可以实现与财务、教学、人事、学生、图书等管理部门专用局域网数据交换。

（袁利新　刘永阁）

【西辛房中学修建文化墙】 9 月 10

日，门头沟区西辛房中学文化墙竣工。该文化墙长 50 米，以江泽民“传承中华美德，培养民族精神”题词为中心，分成左右两个部分。右边悬挂 8 幅画卷，分别以忠、孝、诚、信、礼、义、廉、耻为标题，每幅画卷都配有历史传统故事的图画，右边是一座月亮门，门的两侧悬挂着“学海探宝物，风檐展书读”的对联。文化墙建设总投资 1.5 万元。

（宋淑英）

【机械学院创建文明寝室】 9 月 22 日至 12 月 12 日，北京机械工业学院举办文明寝室创建活动。该活动以配合学校标准化公寓建设，创造良好学习、生活环境和育人氛围为主要内容，包括宣传发动、卫生达标建设、营造宿舍文化和检查评比四个阶段。该校 1203 间学生宿舍全部参加创建活动，其中 14 间宿舍获得星级文明称号。

（王志伟）

【王各庄小学修建百年古钟亭】 10 月，大兴区魏善庄镇王各庄小学百年古钟亭落成。该钟亭占地面积 9 平方米，建筑面积 9 平方米，为六角亭式仿古建筑。王各庄小学古钟 1867 年铸造，拥有 130 年历史。

（李　伟）

【商业学校电视台落成】 10 月，北京市商业学校电视台落成。该电视台由 1 名专职、4 名兼职教师和 8 名学生组成，设有时事政策、校园文化、师生风采等 12 个栏目，周一、二、三、四、日 20 时至 21 时播出，每次 1 小时。电视台投资 40 万元。

（金瑞明）

【密云二中获得化石标本捐赠】 9 月 28 日，密云县第二中学获得化石标本捐赠。该标本由一名高三学生家长赠送，为鹦鹉嘴龙化石标本，总值 20 万美元。鹦鹉嘴龙生活在 1.1 亿至 1.3 亿年之间，是古脊椎动物中珍稀物种。

（郭占云）

【中国移动北邮营业厅开业】 12 月 3 日，中国移动通讯公司北京分公司北京邮电大学营业厅开业。该营业厅占地面积 110 平方米，可以承担北邮 90%的移动业务。同时开展学校与企业间文化、技术交流。

（李　萍　刘如林）

团　　体

【二职校组建学科专业学会】 1月10日，平谷区第二职业学校组建10个专业学会。专业学会成员由专业教师和学生共同组成，承担了解专业技术发展动态，开辟专业实践实习场所，调查行业用工需求，指导学生就业，反馈社会需求，改革学校教学等任务。首批会员共计220人。

（王　燕）

【全美法大校友会成立】 1月26日，中国政法大学全美法大校友会在美国纽约正式成立。该校友会主要开展中美法律学术交流及人才培训，为校友提供联谊交流机会等多种活动。

（武　焰）

【北语文音社举办首届学生论坛】 3月7日，北京语言大学文音社举办首次学生论坛。论坛以“汉语文化的未来与全球化”为主题，分析当代国人渴望成就强势文化心理，从城市人文精神、中国现代作家作品中的国民性与民族性、经济文化使命与文化经济意识觉醒具体问题入手，论述汉语文化历史、现状与发展以及继承传统文化等问题。该校学生70人参加论坛。北语文音社为学生学术团体。

（彭艳崇）

【十四中分校成立青年教师研究会】

4月6日，北京市第十四中学分校青年研究会成立。该研究会是青年教师开展学术活动的群众组织，承担组织青年教师参与学校建设，参与教育、科研和文体活动等任务。

（李宏强）

【良乡三小成立绿色社团】 4月22日，房山区良乡三小绿色社团成立。该社团下设自律社、百花园、环保社、心桥社、太阳雨报社5个分社，主要开展文艺演出、送环保知识入户、认领小区绿地等活动。近千名学生自愿报名参加该社团。

（李国荣　王文俊）

【红旗业大成立风展红旗书画社】 4月，北京宣武红旗业余大学风展红旗书画社成立。该书画社由艺术系实用美术专业2001级学生发起，是学生切磋绘画技艺，交流艺术感悟，提高创作能力学术团体。书画社成立后，多次组织学生外出写生、摄影，用业余时间创作大量作品。

（杜　敏）

【青棕榈话剧社参加戏剧展演】 8月2至3日，北京工业大学青棕榈话剧社参加全国大学生戏剧展演。该话剧社由师生100人组成，他们在北京人艺小剧场演出话剧《图兰朵》。北工大青棕榈话剧社1996年成立，是青年师生校园话剧组织。

（江飒英）

【东大成立首届校友会】 8月9日，北京东方大学召开校友会成立会议。会议听取校友会筹备工作汇报，审议、通过校友会章程草案，选举产生第一届校友会理事会。该校校友代表42人参加会议。

（李晓斌）

【人大老校友召开敬老祝寿联谊会】 9月14日，陕北公学、华北联合大学校友会召开敬老祝寿联谊会。会议通报“陕北公学华北联合大学校友会”更名为“中国人民大学陕公联大校友会”工作情况，听取“陕公联大”校友会会长凌云、校友田华和陈强发言。会后，老校友们参观世纪馆、百家园等校园景观。人大领导与200名陕北公学、华北联合大学老校友参加联谊会，其中，90岁以上14人、80岁以上44人。

（白连永）

【建工学院举办首届社团节】 10

月14日至12月3日，北京建筑工程学院举办首届学生社团节。该艺术节举办音乐会、篮球比赛和英语演讲比赛等多种活动。该校学生社团320名学生参加活动。

（黄　琇）

【民大民族理论学会获表彰】 12月9日，中央民族大学青年民族理论学会被评为首都高校优秀学生理论社团。该学会成立于2000年，本着“学术的、严谨的、创新的”精神，在学生中宣传马克思主义，倡导各民族和睦相处的民族观。至年底，共有学生会员450人。评选由首都高校学生理论社团学会举办，全市共有36所高校学生社团获得表彰。

（哈斯也提）

【北林大注册学生社团109个】 至12月31日，北京林业大学拥有学生社团109支。其中，市级社团2个，校级社团40个，院级社团67个。全校7560名学生参与社团活动。该校学生社团活动活跃，山诺会曾多次获得团中央、团市委、国家林业局等部门表彰，校科协、校红十字会、校辩协、工学院汽车协会多次获得市级奖项。

（汪海洋）

人　物

先　进

【许国芳被评为见义勇为好市民】 3月27日，在市政府见义勇为好市民表彰会上，北京市经济贸易学校许国芳获得“首都见义勇为好市民”称号。许国芳，1957年1月出生，北京市房山区人，市外经贸学校干部。2002年5月17日10时30分，京朝环卫服务中心一环卫工人在疏通外经贸学校围墙外下水管道时，被有毒气体熏倒，在两人先后下井均未解救成功的情况下，许国芳奋力跳入5米深的污井，在井上群众帮助下，将中毒者救出。2002年度，市政府共授予16人首都见义勇为好市民（荣誉市民）称号，8个单位首都见义勇为权益保护工作先进单位称号。

（魏　强　李海霞）

【刘姝威获全国“五一”劳动奖章】 4月28日，中央财经大学刘姝威获得全国“五一”劳动奖章。刘姝威，女，1952年出生，黑龙江人，1980年毕业于黑龙江大学，1984年考入北大经济学院攻读研究生，1986年到财经大学财经研究所从事国际金融理论和实务以及商业银行管理研究工作。2001年，她在写作《上市公司虚假会计报表识别技术》一书时，偶然看到蓝田集团在网上公布财务报告资料，并对其分析研究，结果发现“蓝田已经没有创造现金流量的能力”。她撰写《应立即停止对蓝田股份发放贷款》的600字文章，在《金融内参》发表，防止国家资金浪费。4月30日，刘姝威获得首都劳动奖章。

（韦　红　张京平）

【熊一新获得特级优秀警察称号】 7月2日，中国人民公安大学教授熊一新获得特级优秀人民警察荣誉称号。该奖项由公安部主持颁发，自1993年开始，每年授予一次，本届全国共有118人获得特级警察称号。获奖以后，熊一新将1万元奖金全部捐献中国公安民警英烈基金会。熊一新，1951年10月出生，湖南省益阳市人。1988年7月东南大学硕士研究生毕业；1992年9月至1993年10月被国家教委和公安部公派到法国波城大学刑事犯罪中心任访问学者；1994年4月至10月，公派到法国巴黎大学法学院任高级访问学者。1995年8月至1996年7月，在天津市公安局河东分局挂职锻炼。1996年12月任公安大学治安系主任。1998年2月被评为北京市爱国立功标兵。1998年12月聘为教授，晋升专业技术三级警监。2002年3月，晋升专业技术二级警监。著有《治安管理学》、《治安案件查处》等专著、译著、教材13部，其中主编5部，参编7部。获省部级以上科研成果8项，在国内外学术刊物上发表论文数十篇，主持国家级、部级科研项目3项。

（尹华业）

逝世人物

【杨立铭】 1月12日，北京大学物理学院杨立铭院士因病在京逝世，享年84岁。杨立铭，1919年2月出生，江苏溧水人，1942年毕业于重庆中央大学机械系，1948年获得美国爱丁堡大学博士学位。1951年回国任清华物理系副教授，1952年到北大物理系任教，历任物理系副教授、教授、博士生导师及中国核物理学会理事长。1991年当选中国科学院院士。他是中国原子核理论的开拓者之一。在发展原子核多重散射理论、原子核多体模型、原子核集体运动的微观理论、原子核的相互作用玻色子模型以及强子结构和强子多体理论等方面做出重要贡献。

（魏　强）

【杨福鹿】 1月21日，原北京体育学院（现北京体育大学）院长杨福鹿因病在京逝世，享年75岁。杨福鹿，1927年出生，江苏省常州市人。1950年武汉大学毕业，1954年至1964年历任国家男子篮球队运动员，国家女子篮球队、北京女子篮球队教练，1982年任国家体委科教司副司长，1985年调任北京体育学院院长。杨福鹿曾任中华全国体育总会常务委员、中国现代五项和中国冬季运动协会主席、中国篮球协会副主席，先后获得“新中国篮球运动杰出贡献奖”，“新中国体育开拓者”荣誉奖章和“体育工作荣誉奖章”。

（石　凌）

【马启伟】 3月19日，原北京体育学院院长（现北京体育大学）、体育教育家马启伟教授因病在京逝世，享年83岁。马启伟，1920年出生，福建省厦门市人。1948年毕业于美国春田学院。1950年为创建中国6人制排球项目做出贡献。1982年至1985年任北京体育学院院长。在恢复和调整学校系科设置，整顿学校教学秩序，实行多层次办学，为学校整体建设和发展做出重要贡献，先后获得“新中国体育开拓者荣誉奖章”、“体育工作荣誉奖章”、“体育科技进步奖”和国际奥林匹克委员会授予的“体育运动学习和研究奖”，1984年还被美国春田学院授予人文科学名誉博士学位，1991年享受国务院颁发的政府特殊津贴，2002年被国际排球联合会授予“银十字”勋章。

（石　凌）

【罗元铮】　8月31日11时30分，中国经济学家、首都经济贸易大学教授罗元铮因病在京逝世，享年80岁。罗元铮，1924年2月14日出生，四川省成都市人。1947年毕业于成都华西大学，后到美国留学和工作，并任冯玉祥将军英文翻译和随行秘书。1948年9月到1951年7月，在苏联列宁格勒大学东方学院任教员。1951年9月至1954年3月，就读于列宁格勒大学经济系，获得博士学位。1954年8月至1966年5月，历任中国科学院经济研究所国际经济理论组组长、经济所学术情报室负责人、国务院科学规划办公室经济组秘书。1961年12月加入中国共产党，是全国政协第六、七、八届委员，第七、八届经济委员会委员。1966年5月至1973年4月下放“五七干校”。1973年4月后历任国家计委外事组组长，国家计委经济所世界经济协作组组长，中国社会科学院世界经济研究所常务副所长、研究员，中央财经小组经济研究中心常设委员，国务院学位委员会经济学评议组第一届成员，中国经团联第一届执行主席，党组副书记。1986年任北京经济学院（首都经济贸易大学）教授、博士生导师。罗元铮1991年被评为北京市有突出贡献专家，享受政府特殊津贴。1996年3月，出版《中国走向世界的求索——罗元铮文选》，2003年2月，出版《罗元铮文选续集》。

（钟志红）

【李　凌】　11月3日，音乐评论家、音乐教育家、音乐活动家，中国音乐学院原院长李凌因病在北京逝世，享年90岁。李凌，1913年出生，广东省台山县人。1938年在延安鲁迅艺术学院学习，曾任该院教务处教育科长。1940年在重庆参与创办《新音乐》杂志，开展新音乐运动。1980年任中国音乐学院院长。曾任中国音乐家协会副主席及表演艺术委员会、音乐教育委员会、中国文联书记处书记等职务，是创建中央音乐学院、中央乐团，复建中国音乐学院倡导者之一。2001年被授予首届中国音乐金钟奖终身荣誉勋章。

（田　婷）

【王企贤】　11月4日20时40分，北京第一实验小学离休教师、北京市劳动模范王企贤，因病逝世，享年97岁。王企贤（曾用名王溯雍），1906年3月出生，河北省高阳县人，大学文化，1949年2月参加工作，1956年被评为特级教师，1959年加入中国共产党，1979年加入中国民主促进会，1998年9月离休。在50年教育生涯中，先后多次被评为市、区先进教育工作者，是全国文教系统先进工作者、北京市劳动模范，曾参加1959年全国群英大会。

（李　辉）

【王路宾】　11月7日，北京大学原党委副书记、常务副校长王路宾因病在京逝世，享年90岁。王路宾，1913年9月出生，山东省聊城市人。1929年11月在济南参加革命工作，并加入中国共产主义青年团，次年4月加入中国共产党。1933年8月，王路宾考入青岛国立山东大学生物系，1934年夏，王路宾负责山东大学党支部工作，1935年参加“一二九”爱国运动，后被反动当局拘押。1936年8月，王路宾考取成都国立四川大学生物系，参与发展“民先”组织，成立“民先”四川省总队部，任副总队长。1939年秋，他随董必武到达延安，后赴莫斯科学习。1942年5月任陕甘宁边区保安处研究组组长。1945年抗战胜利后，王路宾被派往冀鲁豫边区工作。1949年任中共平原省委委员、省政府委员，省公安厅副厅长、厅长。历任中共中央山东分局委员、山东省公安厅厅长、省委常委兼秘书长，济南市委第一书记。1959年，王路宾被错划为“右派”，“文化大革命”期间，被关进监狱。1975年，山东省委为他彻底平反，任曲阜师范学院党委书记。1979年11月，调任北大党委副书记兼常务副校长，负责北大行政工作，并参加拨乱反正、平反冤假错案工作，为北大稳定做出贡献。1984年，退居二线，任北京大学顾问，1990年离休。王路宾是中共第八次全国代表大会代表，第一届全国人民代表大会代表，第六届全国政协委员。

（廖志敏）

统 计 表

2003～2004学年度北京教育事业统计资料

一、综　合

1—1 全市各级普通学校基本情况

单位：人

	学校数（所）	毕业生数	招生数	在校学生数	毕业班学生数	教职工数	
						计	其中：专任教师
总　计	**4158**	**609329**	**659620**	**2291296**	**540794**	**293095**	**166510**
一、研究生	(164)	22496	47580	120386	35011		
1. 高等学校	(46)	19434	40989	103757	30387		
2. 科研机构	(118)	3062	6591	16629	4624		
二、普通高等学校本专科	74	82324	140226	450789	105240	102778	38296
其中：市属市管	33	30859	54688	172671	40355	26715	11628
民办	8	3339	10597	20931	4349	2835	1543
三、普通中等学校	977	303043	302071	968024	300937	99890	64648
1. 中等专业学校	63	29248	35271	116725	35404	8001	3775
中等技术学校	62	29004	34993	116137	35253	7875	3721
中等师范学校	1	244	278	588	151	126	54
2. 技工学校	48	15644	21800	61800		3742	2571
3. 普通中学	763	234207	218560	704405	239148	76484	51448
高中	329	56601	94894	250959	69834		17179
初中	434	177606	123666	453446	169314		34269
4. 职业中学	97	23261	25947	84262	26385	11244	6634
5. 工读学校	6	683	493	832		419	220
四、小学	1652	123580	82631	546530	99606	63174	49843
五、特殊教育学校	25	1007	647	6177		929	667
六、幼儿园	1430	76879	86465	199390		26324	13056

补充资料：①外国留学生在校学生数为17122人。

②74所普通高校中，有一所为2003年统计时点之后批准设置的高校。

1—2 全市各级成人学校基本情况

单位：人

	学校数（所）	毕业生数	招生数	在校学生数	毕业班学生数	教职工数	
						计	其中：专任教师
一、成人高等学校		96174	125455	360628	123688		
独立设置成人高等学校	32	15072	16911	51224	19922	8804	3537
普通高等学校举办：		81102	108544	309404	103766		
函授班		39034	46768	147924	49104		
业余班		18731	27139	82745	24505		
成人脱产班		23337	34637	78735	30157		
二、成人中等学校							
1. 成人中等专业学校	17	4451	2620	12408	5947	1005	414
2. 成人技术培训学校	3360	2725030		1797288		44963	19469

注：成人技术培训学校在校生数为注册学生数

1—3 全市社会力量办学基本情况

单位：人

	学校数（所）	毕（结）业生数	招生数	在校学生数	教职工数		兼任教师
					计	其中：专任教师	
高等教育机构	76	24643	51237	169143	9333	3597	16560
其中：学历文凭	38	22753	45415	107221	7562	2823	
普通中学	81	6393	12720	33882	3169	1924	163
高中	24	2602	8148	18349			
初中	57	3791	4572	15533			
职业中学	18	1486	1243	4230	989	528	126
小学	10	777	845	4750	797	540	9
幼儿园	218	6358	9118	21808	4341	2134	81

注：本表除“高等教育机构”外，其他各项数据均含在普通教育系列中。

二、普通高等学校

2—1 全市分科研究生数

单位：人

	毕业生数			招生数			在校学生数		
	计	博士	硕士	计	博士	硕士	计	博士	硕士
总 计	**22496**	**5311**	**17185**	**47580**	**11984**	**35492**	**120386**	**34619**	**85620**
其中：女	8260	1573	6687	19609	3929	15624	47154	10339	36730
哲 学	320	119	201	491	169	322	1341	539	802
经济学	1555	366	1189	3071	652	2407	7687	1951	5724
法 学	2298	460	1838	4642	865	3760	11578	2538	9023
教育学	547	114	433	1272	261	1011	3052	703	2349
文 学	1514	243	1271	3866	626	3206	9029	1648	7304
历史学	333	116	217	500	167	333	1381	487	894
理 学	2489	1063	1426	5698	2400	3298	14337	6402	7935
工 学	8198	1690	6508	18719	4691	13987	48970	14519	34410
农 学	517	197	320	1284	478	806	2838	1114	1724
医 学	1350	681	669	2397	856	1541	6378	2442	3936
军事学	10	1	9	37	18	19	108	40	68
管理学	3365	261	3104	5603	801	4802	13687	2236	11451

2—2 普通高等学校基本情况

单位：人

	学校数（所）		本专科学生数			教职工数								
						合计	校本部教职工					科研机构人员	校办工厂农场人员	辅设机构人员
	计	其中：中央部委属	毕业生数	招生数	在校学生数		计	专任教师	教辅人员	行政人员	工勤人员			
总 计	**73**	**33**	**82324**	**140225**	**444382**	**102778**	**80678**	**38296**	**14484**	**16241**	**11657**	**12086**	**4313**	**5701**
其中：女						50267	40240	17626	8978	8970	4666	5593	1532	2902
综合大学	7	4	22292	30315	103610	26761	19954	9347	3452	4015	3140	3344	1423	2040
理工院校	17	8	26014	46483	157875	26446	21924	11545	3155	3976	3248	1659	1535	1328
农业院校	2	1	3597	6163	21720	3391	2983	1518	577	530	358	66	94	248

续表

	学校数（所）		本专科学生数			教职工数								
						合计	校本部教职工					科研机构人员	校办工厂农场人员	辅设机构人员
	计	其中：中央部委属	毕业生数	招生数	在校学生数		计	专任教师	教辅人员	行政人员	工勤人员			
林业院校	1	1	1780	3672	12662	1369	1051	606	162	253	30	29	97	192
医药院校	3	2	1678	3543	11538	14107	6943	1471	3149	1270	1053	6584	471	109
师范院校	2	1	4221	4974	18574	5394	5047	2308	1091	779	869	24	182	141
语文院校	7	5	6544	9765	28733	6188	5243	2965	572	1055	651	112	56	777
财经院校	4	2	5210	8210	28765	4746	4053	1993	480	1160	420	95	263	335
政法院校	4	4	4778	5132	17705	3740	3447	1498	399	1074	476	64	14	215
体育院校	2	1	929	1928		1269	1144	569	126	203	246		20	105
艺术院校	7	3	1287	3400	9687	2763	2468	1313	345	577	233	76	78	141
民族院校	1	1	864	2602	8100	1501	1489	734	227	330	198	12		
职业技术学院	16		3130	14038	25413	5103	4932	2429	749	1019	735	21	80	70
总计中：														
中央部委所属院校	33	33	48126	74940	257187	73228	53789	25125	10251	10467	7946	11782	3472	4185
地方所属院校	33		30859	54688	172671	26715	24120	11628	3846	5310	3336	289	841	1465
普通高校中：民办校			3339	10597	20931	2835	2769	1543	387	464	375	15		51

三、中等职业学校

3—1　中等职业学校基本情况

单位：人

	学校数（所）	毕业生数	招生数	在校学生数	教职工数								聘请校外教师
					合计	校本部教职工					校办企业职工	附设机构人员	
						计	专任教师	教辅人员	行政人员	工勤人员			
总　　计	**177**	**57865**	**64937**	**216981**	**20465**	**19852**	**10980**	**1823**	**4315**	**2734**	**148**	**465**	**1932**
其中：女		30265	31661	111482	11820	11567	7180	1021	2332	1034	54	199	953
分办学类型													
普通中专学校	63	27686	34107	111432	8001	7474	3775	699	1673	1327	119	408	968
成人中专学校	17	5332	3417	15390	1008	1005	414	129	344	118	3		405

续表

	学校数（所）	毕业生数	招生数	在校学生数	教职工数								聘请校外教师
					合计	校本部教职工					校办企业职工	附设机构人员	
						计	专任教师	教辅人员	行政人员	工勤人员			
职业高中	97	23273	26019	84482	11244	11161	6634	962	2282	1283	26	57	557
其他机构		1574	1394	5677			157						
分举办者													
中央部门	10	2023	2808	10673	951		475						270
地方部门	148	54338	60878	201964	18525		9977						1536
民办	19	1504	1251	4344	989		528						126

注：教职工总数包含不计校数的其他机构数据。

四、普通中学

4—1　普通中学分区县基本情况

单位：人

	学校数（所）		班　数（个）			在校学生数			教职工数	
	合　计	其中：高中及完　中	合　计	初　中	高　中	合　计	初　中	高　中	合　计	其中：专　任教　师
总　计	**763**	**329**	**17877**	**12022**	**5855**	**704405**	**453446**	**250959**	**76484**	**51448**
东城区	32	27	1082	631	451	44824	25219	19605	5276	3269
西城区	45	35	1390	778	612	50014	26527	23487	6432	4109
崇文区	23	10	575	345	230	22592	12661	9931	2323	1518
宣武区	27	16	721	418	303	28261	15137	13124	3393	2186
朝阳区	84	37	1695	1108	587	60583	35745	24838	6532	4287
海淀区	86	59	2487	1463	1024	95946	55250	40696	8957	6206
丰台区	53	21	1053	726	327	36313	22624	13689	5187	3198
石景山区	22	8	450	302	148	15630	9498	6132	2251	1418
门头沟区	19	4	325	243	82	11441	7740	3701	1694	1023
房山区	58	20	1290	988	302	54077	40414	13663	5238	3789
燕山	6	2	145	92	53	5584	3348	2236	598	451
昌平区	45	18	726	504	222	23993	15268	8725	3641	2424
大兴区	50	13	1064	853	211	42410	32421	9989	4300	3271

续表

	学校数（所）		班　数（个）			在校学生数			教职工数	
	合　计	其中：高中及完　中	合　计	初　中	高　中	合　计	初　中	高　中	合　计	其中：专　任教　师
通　州　区	48	16	1192	883	309	48990	35820	13170	4467	3192
顺　义　区	43	13	1160	845	315	55094	40292	14802	4370	3433
怀　柔　区	30	7	490	351	139	18322	12090	6232	2390	1498
密　云　县	26	6	633	477	156	29276	21247	8029	2990	1906
平　谷　区	33	10	840	601	239	38182	26266	11916	3841	2622
延　庆　县	33	7	559	414	145	22873	15879	6994	2604	1648

五、工读学校

5—1　工读学校基本情况

单位：人

	学校数（所）	班　数（个）	毕业生数	招生数	在校学生数	教　职　工　数	
						计	其中：专任教师
总　计	**6**	**38**	**683**	**493**	**832**	**419**	**220**
其中：女			68	45	55	146	80

六、小　　学

6—1　小学分区县基本情况

单位：人

	学校数（所）	班数（个）	在　校　学　生　数							教职工数	
			计	一年级	二年级	三年级	四年级	五年级	六年级	合　计	其中：专　任教　师
总　计	**1652**	**21418**	**546530**	**83091**	**85528**	**91150**	**92579**	**95402**	**98780**	**63174**	**49843**
东　城　区	48	937	28022	3989	4278	4443	4770	5270	5272	3148	2104
西　城　区	54	1099	28868	4350	4250	4522	4813	5310	5623	3439	2662
崇　文　区	32	530	15008	2068	1993	2459	2603	2941	2944	1997	1442
宣　武　区	37	641	17039	2327	2330	2614	2993	3307	3468	2340	1769
朝　阳　区	184	2598	51989	8187	8113	8557	8801	9214	9117	6498	5399
海　淀　区	134	2687	84202	13619	13703	14061	14271	14752	13796	6632	5657
丰　台　区	96	1716	39681	6198	6346	6630	6850	6783	6874	4621	3676

续表

	学校数（所）	班数（个）	在校学生数							教职工数	
			计	一年级	二年级	三年级	四年级	五年级	六年级	合计	其中：专任教师
石景山区	40	627	14397	2354	2276	2350	2389	2487	2541	1857	1480
门头沟区	57	537	12084	1845	1922	2050	2042	2010	2215	2155	1559
房山区	181	1606	39346	5862	6231	6460	6478	6709	7606	4579	3426
燕山	7	131	4072	812	761	867	836	796		460	363
昌平区	101	1140	22685	3761	3692	3979	3893	3620	3740	3673	3028
大兴区	131	1356	34365	5278	5412	5573	5612	6024	6466	3435	2800
通州区	126	1373	33762	4478	5090	5536	5649	6038	6971	3690	3210
顺义区	92	1219	29488	4368	4492	4882	4894	4928	5924	3709	2954
怀柔区	55	663	19229	2959	3062	3388	3326	3169	3325	2536	1815
密云县	79	896	26981	3987	4472	5027	4680	4143	4672	3222	2470
平谷区	108	996	27558	3881	4213	4634	4737	4884	5209	2967	2385
延庆县	90	666	17754	2768	2892	3118	2942	3017	3017	2216	1644

七、特殊教育学校

7—1 特殊教育学校基本情况

单位：人

	学校数（所）	班数（个）	毕业生数	招生数	在校学生数											教职工数	
					合计	一年级	二年级	三年级	四年级	五年级	六年级	七年级	八年级	九年级	十年级	计	专任教师
总计	**25**	**274**	**1007**	**647**	**6177**	**442**	**591**	**641**	**687**	**798**	**909**	**524**	**592**	**657**	**336**	**929**	**667**
按学校类别分																	
特殊教育学校	25	245	210	288	2451	260	241	221	206	224	246	245	227	245	336		
小学附设特教班		29	55	18	218	20	24	45	56	23	50						
小学随班就读			411	95	2452	162	326	375	425	551	613						
普通（职业）初中附设特教班																	
普通（职业）初中随班就读			331	246	1056							279	365	412			
按残疾情况分																	
视力残疾		11			229	21	24	25	28	38	30	25	17	21			

续表

	学校数（所）	班数（个）	毕业生数	招生数	在校学生数 合计	一年级	二年级	三年级	四年级	五年级	六年级	七年级	八年级	九年级	十年级	教职工数 计	专任教师
听力残疾		61			868	93	91	68	74	63	78	81	98	103	119		
智力残疾		202			5080	328	476	548	585	697	801	418	477	533	217		
其中：女学生、女职工			34	234	2333	152	234	231	262	304	337	193	216	265	139	711	544

八、幼儿园

8—1　幼儿教育基本情况

单位：人

	园数（所）		班数（个）		在园幼儿数		教职工数				
	计	其中：三班及以上	计	其中：学前班	计	其中：学前班	计	其中 园长	教师	保健员	其他
总计	**1430**		**7733**	**1293**	**199390**	**35768**	**26324**	**1569**	**13056**	**1261**	**10438**
城市	545		4254	388	116564	12121	19109	968	9097	905	8139
县镇	376		1984	535	52995	15166	5139	391	2945	268	1535
农村	509		1495	370	29831	8481	2076	210	1014	88	764
总计中：女幼儿、女教职工					93223	16250	24573	1511	12910	1235	8917
教育部门和集体办	899		4523	1156	117247	31530	11795	747	6193	542	4313

九、职业技术培训学校

9—1　职业技术培训学校基本情况

单位：人

	学校数（所）	教学班（点）（个）	毕业生数 计	其中：女	注册学生数 计	其中：女	教职工数 计	其中：专任教师	聘请校外教师
总计	**3360**	**23124**	**2725030**	**1353825**	**1797288**	**971480**	**44963**	**19469**	**23107**
职工技术培训学校（机构）	38	557	38108	17671	35751	15190	592	304	153
教育部门和集体办	3	41	1676	968	1030	545	83	53	16
其他部门办	19	398	19044	9190	12026	6444	253	122	101

续表

	学校数（所）	教学班（点）（个）	毕业生数		注册学生数		教职工数		聘请校外教师
			计	其中：女	计	其中：女	计	其中：专任教师	
民 办	16	118	17388	7513	22695	8201	256	129	36
农村成人文化技术培训学校（机构）	1581	5859	852187	413474	475629	268012	1742	301	2851
教育部门和集体办	1320	2511	580777	324646	472131	265968	1476	295	2190
其中：县办									
乡办	104	777	301403	137354	176919	93734	623	135	1261
村办	1216	1734	279374	187292	295212	172234	853	160	929
其他部门办	17	1737	142499	43709	3498	2044	22	6	173
民 办	244	1611	128911	45119			244		488
其他培训机构（含社会培训机构）	1741	16708	1834735	922680	1285908	688278	42629	18864	20103
教育部门和集体办	63	783	36362	17696	97270	41578	1058	547	823
其他部门办	297	11123	631061	293612	463769	203948	5656	2536	2592
民 办	1381	4802	1167312	611372	724869	442752	35915	15781	16688

十、校外教育

10—1 校外教育单位和教职工数

单位：人

	单位数（个）	教职工数					兼职辅导员
		计	领导干部	行政人员	专职辅导员	工勤人员	
总 计	**787**	**2166**	**153**	**263**	**1503**	**247**	**2651**
少 年 宫	17	1025	96	169	573	187	306
少年科技馆	7	194	23	43	107	21	16
少 年 之 家	27	336	34	51	212	39	106
少年活动站	736	611			611		2223

索　　引

说　明：

一、本索引由主题词、单位名称和人名三部分组成。

二、索引词条均以汉语拼音顺序排列，第一字相同的，按第二字顺序排列，余类推。

三、本索引数码标记依次为：页码、栏序、本栏自上而下条目所处位置（自然段），三部分均用“/”隔开。如：爱国主义教育　57/右/1，则表示在57页右栏第1个条目拥有涉及爱国主义教育的内容。

四、本索引检索具有统计意义的数字均以2003年1月1日至12月31日时间为限，超出时间界限的不在检索范围。

五、本索引检索范围包括各级各类教育的主体部分，即本年鉴三栏编排的部分，其中表格、名单及一览表均不在检索范围。

六、主题词索引按实际内容编制。

七、单位名称索引检索到单位名称栏标以及除本栏以外的全书各处。

八、人名索引不含外国人（外籍华人除外）。

主题词索引

C

D

F

G

H

J

K

R

S

单位名称索引

C

D

人名索引

版 权 声 明

编辑部地址：北京市前门西大街 109 号
市教委大楼 809 室
邮 政 编 码：100031
电　　　话：66074237
传　　　真：66074216
电 子 信 箱：szb@bjedu.gov.cn

图书在版编目（CIP）数据

北京教育年鉴·2004/北京市教育委员会编．
北京：开明出版社，2004.12
ISBN 7-80133-812-X

Ⅰ．北… Ⅱ．北… Ⅲ．教育事业—北京市—2004—
年鉴 Ⅳ．G527.1—54

中国版本图书馆CIP数据核字（2003）第111765号

北京教育年鉴（2004）

责任编辑/吕志敏 **封面设计**/尚云波
彩图设计/任 彧 **英文翻译**/魏 娜 张 丽

开明出版社出版发行
（北京市海淀区西三环北路19号）
邮 编 100089
印 刷 北京强华印刷厂

开 本	787×1092 1/16	2004年11月第1版	
印 张	50	2004年11月第1次印刷	
印 数	1—4，000册	**字 数**：1400千字	

ISBN 7-80133-812-X
国内定价 125元